此项研究受国家文物局专项基金资助

中国田野考古报告集

考古学专刊

丁种　第六十九号

桂 林 甑 皮 岩

中国社会科学院考古研究所
广西壮族自治区文物工作队
桂林甑皮岩遗址博物馆　编
桂 林 市 文 物 工 作 队

文物出版社

北京·2003

责任编辑　杨　轲

封面设计　周小玮

图书在版编目（CIP）数据

桂林甑皮岩/中国社会科学院考古研究所等编著 . - 北京：
文物出版社，2003.11
ISBN 7-5010-1511-2

Ⅰ . 桂…　Ⅱ . 中…　Ⅲ . 新石器时代-文化遗址-发掘
报告-桂林市-1973～2001　Ⅳ . K878.05

中国版本图书馆 CIP 数据核字（2003）第 063691 号

桂 林 甑 皮 岩

中国社会科学院考古研究所
广西壮族自治区文物工作队
桂林甑皮岩遗址博物馆　　编
桂 林 市 文 物 工 作 队

*

文 物 出 版 社 出 版 发 行
（北京五四大街 29 号）

http://www.wenwu.com

E-mail：web@wenwu.com

东莞新扬印刷有限公司印刷
新 华 书 店 经 销
787×1092　1/16　印张：51.75
2003 年 11 月第 1 版　2003 年 11 月第 1 次印刷
ISBN 7-5010-1511-2/K·750　定价：380.00 元

ARCHAEOLOGLCAL MONOGRAPH SERIES
TYPE D NO.69

ZENGPIYAN--A PREHISTORIC SITE IN GUILIN

(With an English Abstract)

Edited by

The Institute of Archaeology,Chinese Academy of Social Science

The Archaeological Team of the Guangxi Zhuang Municipality

The Zengpiyan Museum

The Archaeological Team of Guilin City

The Cultural Relics Publishing House

Beijing · 2003

目　　录

第八章　体质特征 ………………………………………………（405）

插图目录

彩版目录

图版目录

前　　言

桂林以"山青、水秀、洞奇、石美"而著称于世。宋人王正功以"桂林山水甲天下"的美誉，直白地表述了桂林山水天下第一的理念。其实，唐代文学家韩愈"江作青罗带，山如碧玉簪"（韩愈《送桂州严大夫》）的吟唱则更为形象及丰满，更能传达出桂林山水的神韵及真谛。

桂林是世界上岩溶峰林发育最集中、最典型的地区，石峰平地峭拔，四野林立。漓江蜿蜒舒缓地萦绕着簇簇青山，山水相依，环境优越，兼之无山不洞，气候温暖湿润，动植物资源丰富，为古代人类提供了非常良好的生存条件，因此有"五岭皆炎热，宜人独桂林"（杜甫《寄杨五桂州谭》）之说。已知的考古材料证实，从旧石器时代晚期开始，原始先民就在桂林这块土地上择穴而居，繁衍生息，创造了特色鲜明的史前文化。

驰名中外的甑皮岩遗址就位于如诗如画的桂林市南郊，独山西南麓。

1965 年 6 月，广西壮族自治区文物管理委员会和桂林市文物管理委员会在桂林地区进行的第一次大规模的文物普查中发现了甑皮岩遗址，并进行小范围试掘。1973 年 6 月因修建防空洞对遗址造成破坏，桂林市文物管理委员会开始进行抢救性发掘，后广西壮族自治区文物工作队参与了发掘及整理工作。1974～1975 年，又陆续对遗址进行了发掘。1978 和 1979 年，为配合北京大学历史学系考古专业 ^{14}C 实验室和中国社会科学院考古研究所 ^{14}C 实验室的测年工作，对遗址再次进行了小范围清理。

甑皮岩遗址的发掘及相关资料的公布，引起了考古学界、体质人类学界、古生物学界、古动物学界及岩溶地质学界的极大关注，不断有研究成果在相关刊物上发表。鉴于甑皮岩遗址在学术界的重要地位，1978 年，在甑皮岩原址建立了"甑皮岩洞穴遗址陈列馆"（2001 年更名为"甑皮岩遗址博物馆"），1981 年被公布为区（省）级文物保护单位，2001 年被公布为国家级重点文物保护单位。甑皮岩遗址成为在华南地区史前考古学研究中占有重要地位的一个洞穴遗址，在国内外享有盛名。

1986 年 10 月，在桂林召开了"原始社会史与甑皮岩遗址"学术研讨会，1990 年编辑出版了《甑皮岩遗址研究》一书，该书汇集了当时学术界在甑皮岩遗址研究方面比较有代表性的学术观点。

从 1973 年算起，甑皮岩遗址发掘至今已 30 年了。毋庸置疑，在过去的 30 年里，无论在科研还是遗址保护方面，学术界及相关文物管理机构都做了大量的富有成效的工作。但是，由于甑皮岩遗址特殊的自然地理环境以及发掘时特殊的社会条件，存在的问题也不可忽视。第一，1973 年的发掘未理清遗址的地层叠压关系，1974 年之后的几次发掘也未形成完整的发掘报告，使得研究工作受到限制，该遗址所涉及的一些重要学术课题，如遗址的年代、文化特征、农业的起源、家猪的饲养等等，一直是争论不休、悬而未决的问题，严重影响到对甑皮岩遗址正确、全面的认识和评价，也在一定程度上降低了该遗址在学术界应有的地位。第二，每年雨季，甑皮岩遗址便面临着来自两个方面的威胁：一是沿洞顶裂隙渗漏而下的水滴，对遗址现存平面遗存、遗物的破坏。二是地下河水上涨对现存探方的破坏。如任其发展下去，后果不堪设想。

90 年代中期以后，广西地区的史前考古工作开始进入一个快速发展的时期，一些重要遗址如邕宁县顶蛳山、那坡县感驮岩、临桂县大岩、资源县晓锦等遗址的考古发掘相继取得了重大成果，建构广西区域性史前文化发展序列逐渐成为可能，而甑皮岩遗址究竟在其中占有什么样的位置，自然成为人们关心的事情。

鉴于以上原因，我们认为应该再次对甑皮岩遗址进行发掘。一方面，通过发掘理清甑皮岩遗址的地层叠压关系，判明各层出土遗物、遗迹的特征及其演变规律，同时将甑皮岩遗址历年发掘出土的自然及文化遗物作进一步科学的整理、分析与研究，以期全面、客观地认识和评价甑皮岩遗址在中国史前考古学上的价值，确立其应有的学术地位，进一步推动广西乃至华南地区史前考古学研究。另一方面，与地质等学科密切协作，通过发掘了解甑皮岩遗址之下岩溶管道的走向及地质构造，以便制订方案，采取措施，从根本上消除地下河水上涨对遗址造成的破坏，确保遗址的安全。

在上报国家文物局并得到批准之后，在广泛征求专家学者意见的基础上，经精心准备、科学规划，2001 年 4～8 月，中国社会科学院考古研究所、广西壮族自治区文物工作队、甑皮岩遗址博物馆及桂林市文物工作队联合对甑皮岩遗址进行了新的发掘。

本次发掘以中国社会科学院考古研究所广西工作队队长傅宪国为领队，参加发掘的工作人员包括广西壮族自治区文物工作队的李珍、何安益，甑皮岩遗址博物馆的周海、韦军，桂林市文物工作队的刘琦、贺战武、苏勇以及平乐县文物管理所的黄志荣。上述人员多年来一直致力于广西及华南地区史前考古遗址的发掘与研究，有着较为丰富的本地区田野考古工作经验。这个集体团结、宽容的合作精神，踏实、认真的工作态度，是发掘工作顺利进行，发掘成果科学、客观的基本保证。

多学科综合研究在史前考古学研究中扮演着十分重要的角色，在桂林这个特殊的地理环境中，多学科综合研究尤其显得重要。为做好这项工作，在力所能及的范围内，我们邀请有关方面的专家学者参与了这项工作。古动物分析与研究由中国社会科学院考古研究所的袁靖负责，古植物的分析与研究由中国社会科学院考古研究所的赵志军负责，体质人类学方面的工作由中国社会科学院考古研究所的王明辉负责，陶器实验考古由中国社会科学院考古研究所的王浩天负责，古环境分析与研究、石器及骨、角、蚌器的实验考古及微痕分析由香港中文大学的吕烈丹负责，石器岩性鉴定由中国有色金属工业总公司桂林矿产地质研究院的王雅芬负责，陶器成分及烧成温度的分析与研究由中国科学院上海硅酸岩研究所古陶瓷实验室的吴瑞、吴隽负责。这些研究人员在相关领域都做过大量的富有成效的工作。

石灰岩地区的碳十四年代一直是困扰考古界的一个难题，尽管过去有关专家做了一定的努力，试图给出一个客观、合理的解释，但因种种原因，争论仍然存在。本次发掘我们希望能对石灰岩地区年代学的分析寻找一个突破口，所以我们将标本分别送到中国社会科学院考古研究所考古科技实验研究中心[14]C实验室、北京大学考古文博学院[14]C实验室、国土资源部桂林岩溶地质研究所[14]C实验室、澳大利亚国立大学以及英国牛津大学进行测试分析，其结果体现在本书第九章。中国社会科学院考古研究所仇士华、张雪莲，北京大学考古文博学院[14]C实验室吴小红，国土资源部桂林岩溶地质研究所王华，澳大利亚国立大学Abaz Alimanovic以及牛津大学Thomas Higham和Tamsin o'Connell，都为此付出了辛勤的劳动。

甑皮岩遗址除1973～1975年较大规模的发掘之后，直至1979年，因各种原因对甑皮岩遗址进行的小范围清理工作一直断断续续的进行着。截至2002年整理本报告时为止，甑皮岩遗址的出土遗物（包括文化和自然遗物）共包括两大部分：2000年之前库房保存的遗物和2001年发掘出土的遗物。为了将两者区别开来，我们制定了统一的编号原则。这些原则在本书第二章第三节有详细说明。同时，为了让读者能够明了我们发掘、整理的整体思路及方法，我们在第二章第三节也对相关问题作了详细的说明。第二章第二节是对2001年之前甑皮岩遗址发掘及研究工作的回顾与反思，这部分对有兴趣了解甑皮岩遗址考古史的读者，是至关重要的。

中国社会科学院考古研究所为甑皮岩遗址的发掘和本报告的编写给予了极大的支持。另外，本报告的部分研究项目受到香港研究资助局（Research Grants Council of Hong Kong Special Administrative Region，China）的资助。在各方的大力协助及大家的共同努力下，甑皮岩遗址的发掘报告终于在第一次发掘30周年之际正式编辑出版了，这也算了结了几代人的一个心愿。虽然我们付出了大量辛勤的劳动，但受时间和精力所限，未尽之事，只有留待今后的智者去完成了。

第一章　区域生态环境及历史沿革

第一节　区域生态环境

桂林位于广西壮族自治区东北部，地理范围为北纬 24°15′23″～26°23′30″，东经 109°36′50″～111°29′30″。其地处南岭山地西南部的越城岭之南，坐落在越城岭、海洋山、驾桥岭及天平山等海拔 1000 米左右的中低山所夹持的岩溶盆地中，地扼湘、桂走廊南端。北、东北与湖南交界，西、西南与柳州地区相邻，南、东南与梧州市、贺州市相连，地理位置优越，历来是北通中原，南达海域的重镇（图一）。其地势大致自西北向东南微倾斜，北、东、西部较高，以中低山地形为主；中部地势低平，为漓江岩溶谷地，南北长 120 余公里，东西宽 20～60 公里，发育有溶蚀侵蚀平原、峰丛洼地和峰林平原等地貌类型。地面海拔 140～160米。现辖 5 区 12 县，市域面积 2.78 万平方公里（图二）。

一、地　质

桂林位于南岭纬向构造带的西段及广西山字形构造东翼内侧，属桂东之南北向构造带的桂林弧形构造亚带，并夹于东西两侧之富川及大瑶山南北构造亚带之中。弧形构造带展布范围北起全州绍水，南到平乐青龙，西达永富罗锦一带，东至恭城栗木以西，东西宽 70 余公里。北翼展布于兴安、灵川境内，自北而南由窄变宽。南翼散布于阳朔、平乐境内，总体为一北窄南宽的帚状形态（中国地质科学院岩溶地质研究所，1988）。

桂林市区主要位于南北向弧形构造北翼南段至弧顶部位，构造线以近南北－北北东向为主，主要褶皱自西向东有塘家湾背斜、尧山背斜。主要断裂有芦笛岩－窑头山断裂及尧山断裂，其生成发育为中生代印支－燕山期。新生代喜山期则以上升活动为主，局部发育有规模较小的北西相断裂。

桂林市区地层，自下而上依次有上古生界中、上泥盆统和下石炭统，中生界上三叠统和上白奎统，新生界第三系和第四系。地层出露总厚 1405～2146 米，其中泥盆、石炭系碳酸盐岩厚 1361～2066 米。泥盆、石炭系碳酸盐岩分布广泛，具有典型的台地浅水相和台地斜坡相沉积类型，出露良好，古生物丰富，研究程度较高。南边村剖面，1988 年由国际地质学联合会确认为国际泥盆－石炭系界线副层型剖面。中生界各系分布零星。

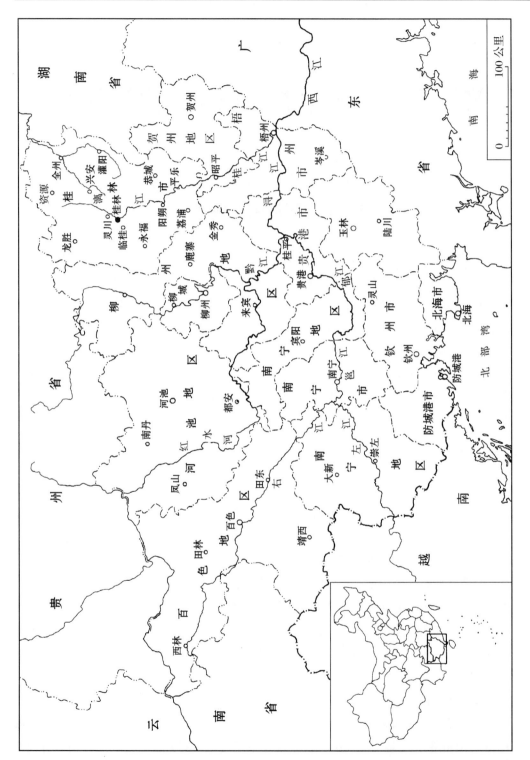

图一　桂林市位置图

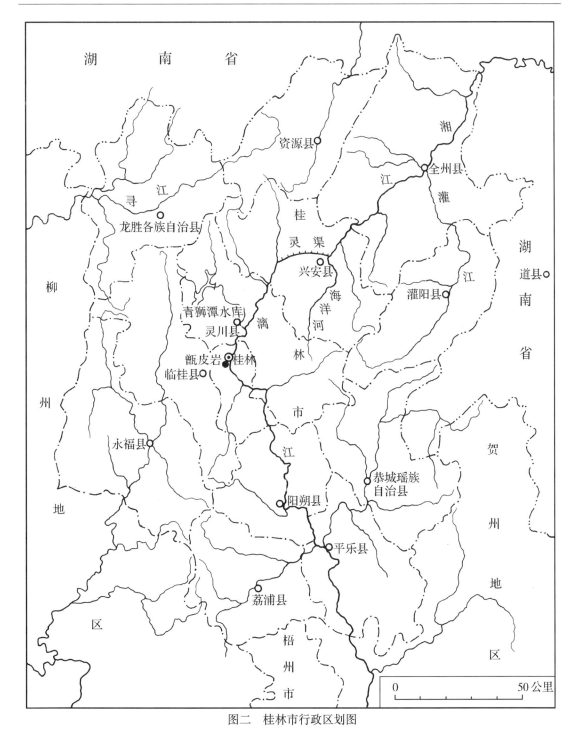

图二　桂林市行政区划图

　　桂林碳酸盐岩的特点是分布广，厚度大，岩性纯，岩溶发育强烈。碳酸盐岩的岩溶发育程度及其洞穴化程度（包括洞穴的数量、形态及规模等）很大程度上受围岩的岩性所控制。据统计，在上泥盆统融县组（D3r）中发育的洞穴数目在桂林占绝对优势，其岩性主要为亮晶颗粒灰岩，其特点是质纯，厚层至块状，性脆，易于破裂形成次生节理或裂隙，最容易遭受岩溶作用，所以洞穴也最为发育（中国地质科学院岩溶地质研究所，1988）。甑皮岩遗址就发育在上泥盆统融县组（D3r）中。

二、地　貌

桂林地貌具有两个重要的特点。第一，在地质上，发育有很厚且质纯的上古生代碳酸盐岩，并且经历了多次构造运动，断层、裂隙、节理十分发育。第二，在自然地质条件方面，长期处于炎热、潮湿的热带、亚热带季风气候条件下。所以,该地区地貌的发育受控于地质构造(岩性、构造)和气候(降雨、温度)。由于各种岩石所表现出的稳定性上的差异，不同的岩石在湿热气候地貌带的特殊外营力组合作用下,表现出了迥然不同的地貌形态和类型。

桂林市在地貌上处于南北向岩溶盆地内的漓江河谷阶地和峰林平原上，地面标高145～155米。盆地东部较高，一般山顶标高550～650米，相对高差在400～500米以上；西和西南稍低，一般山顶标高350～450米。地貌类型复杂，形态多样。山地、丘陵、平原（包括谷地、阶地、岗地和山麓冲洪积扇等）均有分布，而以平原为主，山地次之，丘陵较少。其地貌景观可分为非岩溶地貌和岩溶地貌两大类（表一）。

表一　桂林地区地貌分类表

Ⅰ级形态成因类型		Ⅱ级形态成因类型		
非岩溶地貌	侵蚀地貌	流水堆积地貌	洪积裙（扇）	
			岗　地	
			阶　地	二级阶地
				一级阶地
		流水侵蚀地貌	中　山	
			低　山	
			丘　陵	
岩溶地貌	溶蚀侵蚀地貌		丛丘谷地	
			岭丘谷地	
			缓丘谷地	
			溶蚀侵蚀波状平原	
	溶蚀地貌	峰丛洼地	典型峰丛洼地	
			边缘峰丛洼地	
			岛状峰丛洼地	
		峰林平原	典型峰林平原	
			边缘峰林平原	
			坡立谷峰林平原	

（据中国地质科学院岩溶地质研究所，1988，第20页，表6）

非岩溶地貌主要包括流水堆积地貌和流水侵蚀地貌两种。洪积裙（扇）和岗地主要分布于尧山西、南坡，地形上自东向西或自北向南顺山坡倾斜，逐渐与河谷阶地或峰林平原相接。其堆积物主要为黏土含砾、碎石，亚黏土含碎、块石，扇顶部以碎、块石为主。地面受后期水流侵蚀作用，常呈岗丘状。现在，这些地区多种植林木或作为墓地。另外在漓江等河流还存在着河漫滩和江心洲等堆积地貌。

流水侵蚀地貌（中、低山和丘陵）发育在元古界、下古生界、下泥盆统和中泥盆统下部的变质岩、碎屑岩以及火成岩地区，这些岩类构成的山地的分水岭脊线较为连续，绵延若干公里，山体比较完整、宏大，斜坡上沟谷密集，线状水流侵蚀强烈，不同级别的水流组成统一的地表水系，沿地表总的倾斜方向连续分布，河谷呈 V 型。主要分布在东、西两侧的海洋山和驾桥岭，西北部的定江、东北的尧山及南部的谭南村－桂林市园艺场等地。其中，西北部定江－庙头一带为丘陵分布区，山坡较缓，水系发育，由下石炭统砂页岩夹泥质灰岩或泥灰岩组成。谭南村以南至桂林市园艺场一带亦为丘陵分布区，呈北－北东向条带状分布，由白垩系紫红色钙质泥岩、粉砂岩及砾岩组成。由于岩石易风化，山坡多有厚度不等的残集积或坡残积黏土或黏土含碎石土覆盖。中低山主要为东北部的尧山，是该地区最高山体，由中泥盆统下部紫红色页岩、砂岩组成。

阶地主要发育于漓江两岸，其中一级阶地广泛分布于大河、定江里、渡头、瓦窑、蒋家渡、柘木、禄坊洲、黄沙桥及市区南部一带。阶面较宽，一般宽 1.5 公里，最宽达 3 公里多，是现代主要的农作物种植区和居民集中地。在一级阶地前缘往往发育有漫滩，为砂及砂砾石层组成，洪水期多被淹没。甑皮岩遗址出土的石器原料，可能就来自瓦窑附近的漓江漫滩上。二级阶地断续分布于漓江两岸的董家巷、桂林北站、金鸡岭－三里店、蒋家渡、窑头村－于家村等地。其前缘与一级阶地紧接，后缘与峰林平原相连，由冲洪积成因的红色黏土和黏土砾卵石组成，一般厚 20～30 米。阶面受后期剥蚀侵蚀作用，呈缓丘状，凸立于峰林平原与一级阶地之间，现多为坟地荒岭，而近市区的金鸡岭－三里店、桂林火车站及瓦窑一带现已成为繁华的城区。

桃花江等漓江支流亦发育有一级阶地，一般宽数十至百余米，高出河水面 2～4 米，由红色黏性土或黄褐色亚黏土组成，局部有砂及砂砾石层分布。阶面平坦，为主要农作区。

桂林可溶盐岩分布广泛，层厚质纯，岩溶极为发育，岩溶形态较齐全，并且在地层中含有大量的海洋生物化石。据地质研究，桂林在两亿多年前是一片汪洋大海，由于地壳运动，海底具有强烈可溶性的石灰岩渐次上升为陆地，又经过亿万年漫长岁月以岩溶作用为主的地质作用，逐渐形成了众多奇特的峰丛、峰林、孤峰、沟槽、石芽、石林、洼地以及溶洞、溶沟、乳石等岩溶景观。中国科学院岩溶地质研究所根据"成因形态特征"，在中国岩溶地貌的初步区划中将广西岩溶地貌划归为湿润热带亚热带岩溶地貌区，即峰林岩溶地貌亚区，进而，按照"岩溶地貌形态成因的区域相似性"原则，将广西岩溶地貌进一步划分为 10 个岩溶地貌区和 2 个岩溶地貌亚区（图三），桂林被划入桂东北山间盆地谷地岩溶地貌区－峰丛

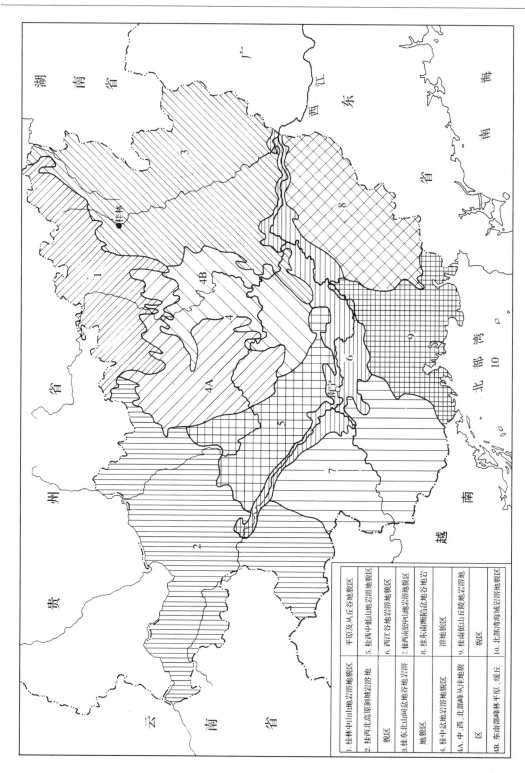

图三　广西岩溶地貌分区示意图

1.桂林中山川地岩溶地貌区	平原及丘谷地貌区
2.桂西北高原斜坡岩溶地貌	5.桂西中低山地岩溶地貌区
貌区	6.两江谷地岩溶地貌区
3.桂东北山间盆地岩溶地貌	7.桂西南低中山地岩溶地貌区
地貌区	8.桂东南断陷盆地岩溶地岩
4.桂中盆地岩溶地貌区	溶地貌区
4A.中西北部峰林丰地地貌	9.桂南低山丘陵地岩溶地貌
区	貌区
4B.东南部峰林平原·绥丘	10.北部湾海域岩溶地貌区

洼地及峰林平原区。

桂林岩溶地貌包括溶蚀侵蚀地貌和溶蚀地貌两大类。

溶蚀侵蚀地貌发育在上泥盆统榴江组、下石炭统严关阶和大塘阶的碳酸盐岩与碎屑互层和中泥盆统东岗岭组的泥质灰岩中，正向地形为浑圆的穹丘，而不是拔地峭立的石峰；负地形多为锅状洼地和略有起伏的平原。其中的丛丘谷地主要分布在漓江兴坪－阳朔段的东西两侧、大墟镇南的磨盘山、海洋至潮田这一狭长地带，在高尚西边也有分布；岭丘谷地主要分布在阳朔县城北木浪岗水库、仁洞一带，在白石南部至帽子岭一带、大墟华侨农场南部等处也有分布；缓丘谷地主要沿兴安县城经崔家、高尚一线广泛出现，在灵川县西部、桂林市东郊熊村东河谷地等处也有分布；波状平原主要分布在桂林市以北的广大地区，市南的二塘、三塘等处也有分布。

溶蚀地貌发育在质纯的碳酸盐岩——中泥盆统东岗岭组、上泥盆统桂林组和融县组以及部分下石炭统严关阶和大塘阶之中，表现为典型的热带岩溶峰林地貌。峰丛洼地为峰丛间有岩溶洼地或谷地所组成的地貌组合。分布于桂林市东、东南、西及西南一带，构成盆地的周边。最大的一片位于潜经村至兴坪的漓江两岸，并沿海洋山麓连续分布绵延约一百公里。石峰密集，洼地呈圆形或不规则形状，谷地较宽，一般 100～300 米。洼地和谷地中多发育有落水洞。谷地往往形成溪流或季节溪流，内有 2～5 米厚的残坡积红色黏性土或黏土含碎、块石覆盖。峰丛洼地外部边缘常以陡峭的坡面、悬殊的高差和分明的边界线与峰林平原相邻接，并有一些地下河、泉沿边界流出。峰林平原的分布范围大致北起桂林市，向南和西南延展，经庙头、会仙、六塘、大塘、葡萄直至白沙，再断断续续延至福利、青鸟一带，也即漓江河谷阶地两侧至峰丛洼地之间的广阔地带。平原面上或基岩出露，或覆有薄层蚀余红土、冲积层和红土砾石层。拔峭的石峰皆相互离立，相对高度多在 150 米以下。石峰个体呈塔形、锥形、马鞍形。均具陡峭的边坡，四周为平原、略微低下的洼地或水体所环绕，石峰基部坡脚多发育有溶洞（称脚洞），部分高程适宜、朝向合理、内部干燥的洞穴常常成为史前时期人类的天然居所。目前，桂林地区发现的洞穴遗址主要集中分布在这些地区（图四）。

在岩溶地貌区，石峰的洞穴化程度主要受围岩的岩性所控制。中国地质科学院岩溶地质研究所在桂林周围地区调查的 263 座孤峰石山中，由亮晶颗粒灰岩组成的孤峰为 172 座，占 65.40％；泥晶灰岩和泥晶颗粒灰岩组成的孤峰为 32 座，占 12.17％；微晶化灰岩组成的孤峰 50 座，占 19.01％；白云岩组成的孤峰 9 座，占 3.42％。而对市区 74 座孤峰石山的统计（亮晶颗粒灰岩孤峰 43 座，泥晶灰岩和泥晶颗粒灰岩孤峰为 21 座，微晶化灰岩孤峰 10 座），亮晶颗粒灰岩孤峰的洞穴化程度最高，达 3.97％，泥晶灰岩和泥晶颗粒灰岩孤峰为 0.90％，微晶化灰岩孤峰为 2.99％（中国地质科学院岩溶地质研究所，1987）。由此说明，白云岩难以形成陡立的孤峰，并且几乎不发育洞穴；而亮晶颗粒灰岩组成的山体，洞穴化程度比泥晶灰岩和泥晶颗粒灰岩组成的山体大四倍多。桂林附近地区峰林平原上的孤峰石山主要由上泥盆统融县组（D3r）的亮晶颗粒灰岩组成。兀立于平原地面的石峰，是洞穴发育的主要场

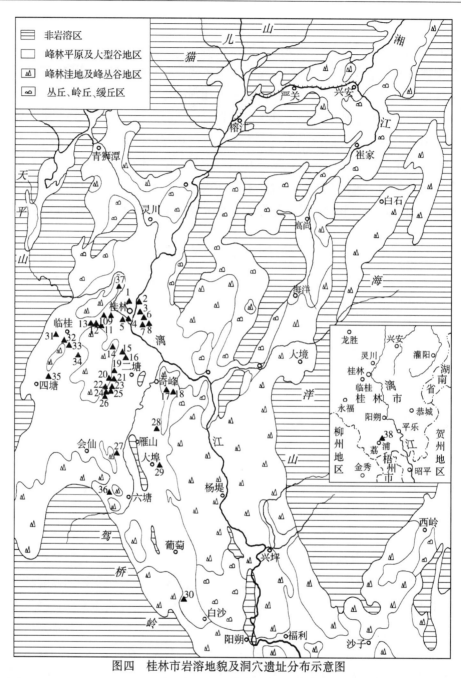

图四　桂林市岩溶地貌及洞穴遗址分布示意图

1.宝积岩遗址　2.D洞遗址　3.丹桂岩遗址　4.象山顶遗址　5.牯牛洞遗址　6.观音岩遗址　7.媳妇岩遗址　8.上岩遗址　9.鼻子岩遗址　10.琴潭岩遗址　11.轿子岩遗址　12.释迦岩遗址　13.菩萨岩遗址　14.马鞍山遗址　15.甑皮岩遗址　16.朝桂岩遗址　17.大岩口遗址　18.白竹境遗址　19.火灰岩遗址　20.雷神庙遗址　21.琴头岩遗址　22.象鼻岩遗址　23.后背山岩遗址　24.唐僧山遗址　25.肚里岩遗址　26.钝头岩遗址　27.看鸡岩遗址　28.庙岩遗址　29.平头山遗址　30.塘后山遗址　31.穿岩山遗址　32.太平岩遗址　33.大岩遗址　34.螺蛳岩遗址　35.铜钱岩遗址　36.青龙岩遗址　37.新岩遗址　38.东洞遗址

所，每座石峰几乎都已洞穴化，因此桂林有"无山不洞"之说。

岩溶洞穴的分布，北起兴安县界首，南至阳朔县高田，集中发育于弧形构造带这个碳酸盐岩分布区内。据中国科学院岩溶地质研究所估算，该区域至少存在二三千个具有一定规模的岩溶洞穴（中国地质科学院岩溶地质研究所，1988）。仅桂林市区内人可进入的洞穴就数以千计，已调查、考察、测绘的洞穴有 300 多个，分布在各种地貌类型区内，其中以峰林平原中洞穴数量最多，约占洞穴总数的 90%。在市区附近约 150 平方公里的峰林平原中有石峰 220 座，在主要的 80 座石峰中已调查的洞穴有 292 个洞道，总长度达 2.1 万米，平均每个洞穴长 71.8 米，少数洞穴长度超过 1000 米。峰丛洼地区洞穴总数较少，但有许多长大的地下河洞穴。桂林洞穴内有发育十分完好的溶蚀形态、极为丰富多彩的化学沉积和生物堆积，具有很高的科研价值。在垂直方向上，洞穴的发育亦十分强烈，从平原以下 100 米左右至平原以上 300 多米高度的空间都有程度不同的分布，尤以平原面以下 70 米左右的高度范围内为甚，是当今人类活动最频繁和开发利用最多的主要场地（桂林市地方志编纂委员会，1997a）。

三、气　候

桂林市地处低纬度，属亚热带季风气候区，一年四季气候温和，光照充足，全年无霜期 309 天。年平均温度 18℃～19℃，最高值 19.4℃，最低值 17.9℃。最冷月为一月，时有霜雪，平均气温 7.9℃，最热月为 7 月，平均气温 28.2℃。年最高气温 39.4℃，年最低气温 -4.9℃。热量丰富，光照充足，太阳辐射的年平均值为 99034.1 卡每平方厘米，最多年达 119581.9 卡每平方厘米，最少年 82025.0 卡每平方厘米。年平均日照时数为 1602.1 小时，最多的年日照时数达 2026.5 小时，最少的年日照时数达 1190 小时。平均年日照百分率为 36%，最大年日照百分率为 46%，最小年日照百分率为 29%。年大于 0℃的积温，平均为 6874.7℃，最多达 7155.9℃，最少 6571.8℃。年大于 10℃的活动积温，平均为 5955.6℃，最多达 6554.0℃，最少 5340.9℃。雨量充沛，年平均降水量为 1872.1 毫米，最多年降水量 2679.1 毫米，最少年为 1362.7 毫米。降水量全年分配极不均匀，春季降水占全年的 39.2%，冬季仅占 10%。秋冬雨少，较为干燥，历年平均降水日数为 174.4 天，最多年 208 天，最少年 147 天（表二）。空气相对湿度年均 76%，最大值 79%，最小值 71%。历年平均蒸发量为 1482.5 毫米，最多为 1887.4 毫米，最少为 1225.8 毫米。历年平均气压为 995 百帕，最高年平均气压为 995.9 百帕，最低年平均气压为 993.7 百帕。历年平均风向以东北偏北风居多，年平均风速 2.6 米每秒，最大风速为每秒 31.9 米。桂林四季分明，且雨热同季，冬无严寒，夏无酷暑，气候条件十分优越（桂林市地方志编纂委员会，1997a）。

表二　桂林月平均气温及降雨量表

月　份	一	二	三	四	五	六	七	八	九	一〇	一一	一二
平均温度（℃）	8	6	13	18	23	26	28	27	25	20	15	10
降雨量（mm）	5	71	126	284	352	316	233	164	64	101	79	54

四、水　系

桂林北部地区是属长江水系的湘江和属珠江水系的漓江的分水地段。在桂林市区过境的河流有漓江、桃花江、相思江（亦称良丰河）和南溪河；境内河流有灵剑溪、小东江、宁远河等。

漓江是本区最大的水系，属珠江水系的桂江上游河段。发源于兴安县华江乡猫儿山东北海拔 1732 米的越城岭老山界南侧，往南流至兴安县大溶江镇附近与灵渠汇合始称漓江，其总的流向受构造控制，由北东转向南东，流经兴安、灵川、桂林、阳朔，至平乐县恭城河口止，全长 164 公里。继续南流称桂江，至梧州汇入西江、珠江，最后注入南海。流经桂林市区的河道长 49.3 公里，河段总落差 23.27 米，平均坡度为 0.58%。河床较宽，一般为 180～200 米，水较浅，属宽浅形河。部分地段江心洲发育，多叉道，河床增宽达 700～800 米。年内各月径流量分配不均，其中 3～8 月径流量占全年的 77.5%，5、6 月占 37.7%，12 月至第二年 1 月为径流低值期，仅占 4.5%（桂林市地方志编纂委员会，1997a）。

桃花江发源于灵川县境内的中央岭东南侧，由北向南流至临桂县庙岭莲塘后折而向东、向南，在桂林市区南门桥下分流，主流经象鼻山北麓汇入漓江，部分水流经虹桥坝流入宁远河（桃花江故道），在雉山萝卜洲处注入漓江。全长 65 公里，流经桂林市区河段长 18.4 公里，河面宽 40～60 米。最小流量 1.06 立方米/秒，最大流量约 700 立方米/秒，年平均流量 11.6 立方米/秒。

相思江发源于临桂县境内的驾桥岭南边山，向北流经六塘镇，进入桂林市南郊雁山区，有桂柳运河（古称相思水、南陵河）水自西来汇流，穿过良丰、奇峰镇后，在柘木镇附近的湖子岩汇入漓江。全长约 39.7 公里，年平均流量 16.4 立方米每秒。相思江是桂林历史上重要的交通水道。唐代开辟人工运河，连接柳江支流清水河和漓江支流相思江，是为著名的桂柳运河，形成了一条由漓江经相思江、桂柳运河、清水河、洛清江、柳江以至桂西南的水路交通线。

桂林地表水系较为发育，但在不同岩性地区水系的格局也有所不同。碎屑岩地区地表水系一般发育成树枝状；而在碳酸盐岩地区，支流相对较少，特别在峰丛洼地区，多呈地下河和伏流。

桂林市有大小湖塘百余个，总面积达 13.65 平方公里，其中面积较大的湖塘有榕湖、杉湖、宝贤湖、丽泽湖、西清湖、西湖、芳莲池等。2001 年桂林市进行城市改造，将两江四湖（漓江、桃花江、木龙湖、桂湖、榕湖和杉湖）连为一体，引漓江水入木龙湖，流经桂湖、榕湖、杉湖，从杉湖排入漓江，其中，榕湖又与桃花江相通，桃花江水既可注入榕、杉湖，又可顺流而下至象鼻山与漓江汇合，从而形成宋代时"千峰环野立，一水抱城流"之景观。

桂林市区多年平均径流深为 1120 毫米，年径流量 6.33 亿立方米，入境水 38.8 亿立方米，共计地表水资源 45.1 亿立方米，人均拥有水量 1.0 万立方米，是全国人均拥有水量的 3.6 倍（桂林市地方志编纂委员会，1997a）。

五、土 壤

市区土壤属以红壤为主的红壤土带，酸碱度 4.5～6.5。郊区多属冲积砂质壤土和水稻土，土层较厚，耕性好，肥力较高，为蔬菜和粮食高产区。在石灰岩分布区域的基础上风化残积着棕色和黑色石灰石土，是旱作物和造林的好地方。土壤依其成土的母质可分为红壤土、石灰土、紫色土、冲积土、水稻土等 5 个土类，14 个亚类，36 个土属，89 个土种。其中红壤土有 3.73 万亩，占旱地面积的 62.5%（桂林市地方志编纂委员会，1997a）。

六、植 物

桂林市植物群落（植被）属于亚热带常绿林带范围的南缘，植物种类繁多，群落复杂。自然植被主要有马尾松林、石灰山常绿阔叶林、石灰山常绿落叶混交残林、樟树加竹类林及草丛类，种类有马尾松、枫香、白栎、冬青属、樟、泡桐、油桐、桃金娘、柃、乌饭树、假黄杨、栀子、水杨梅、金樱子、青岗栎、铜钱树、海桐花、斜叶榕、小栾树、珍珠梅、紫堇、九里明、黄荆、山胶木、沙皮树、菜豆树、乌冈栎、圆叶乌桕、青檀、榆树、枫杨、乌桕、石山棕、三叶薯、竹叶椒、黄背茅、水蔗草、画眉草、蜈蚣草、黄茅、狗尾草属、蟋蟀草、棕叶茅等。植物种类包括乔木、灌木、藤本和草本，其中属孢子植物的有蘑菇、木耳、苔藓类、凤尾蕨、凤尾草、桫椤等 3 门 23 科 46 种，种子植物有苏铁、银杏、金钱松、雪松、湿地松、柳杉、杉、水杉、南方红豆杉、玉兰、八角、南天竹、鱼腥草、芥菜、萝卜、野荞麦、冬瓜、南瓜、番石榴、猕猴桃、木薯、李、桃、梨、葛薯、芭蕉芋、美人蕉、棕榈、凤尾竹、水竹、罗汉竹、麻竹等。高等植物的种类从蕨类植物开始统计，共计 2329 种。桂林原产 1166 种，作物栽培和外来种 1163 种，隶属 247 科，969 属。首次在桂林或桂林附近发现而以"桂林"或"桂"命名的植物有桂林铁角蕨、桂林紫薇、桂林猕猴桃、桂林乌桕、桂林石楠、桂林锥、桂林楼梯草、桂北械、桂林白蜡树、桂林厚壳树、湘桂柿 11 种。林业主产杉木和毛竹，有森林 93333 平方公里，森林蓄积量达 2868 万立方米，毛竹种植面积 200 平方公里（桂林市地方志编纂委员会，1997a）。

七、动 物

桂林有各类动物 1593 种，隶属 60 目 295 科。其中软体动物 1 纲 2 目 3 科 14 种。脊椎动物 5 纲 31 目 76 科 272 种。节肢动物 5 纲 27 目 21 科 1287 种。软体动物只有瓣鳃纲的 14 种，以蚌科为主，有背瘤丽蚌、中国尖嵴蚌、卵形尖嵴蚌、具角无齿蚌等 11 种，蚬贝科有淡水壳菜，蚬科有河蚬和黄蚬。脊椎动物主要有鱼纲的鲤鱼、青鱼、草鱼、鲫鱼、白鲢、鳙鱼、泥鳅、鲶鱼、塘角鱼、塘虱、白鳝、青鳝、鳗鱼、鳜（桂鱼）、乌鱼等 8 科 13 种；两栖纲有大蟾蜍、沼蛙、泽蛙、黑纹蛙、虎纹蛙、大树蛙、斑腿树蛙、饰纹姬蛙、花姬蛙等 4 科 9 种；爬行纲有黑颈水龟、鳖、沙鳖、壁虎、赤链蛇、百花锦蛇、金环蛇、银环蛇、眼镜蛇等 7 科 20 种；哺乳纲有穿山甲、野兔、竹鼠、东方田鼠、蝙蝠等 14 科 35 种；鸟纲有鸬鹚、苍鹭、大白鹭、白鹇、斑嘴鸭、鸳鸯、凤头鹃隼、鸢、苍鹰、白尾鹞、鹧鸪、鹌鹑、环颈雉、竹鸡、海鸥、红嘴鸥、山斑鸠、小杜鹃、喜鹊、画眉、大山雀、麻雀、山麻雀、黑枕黄鹂等 34 科 184 种。节肢动物有蛛形纲、软甲纲、多足纲、昆虫纲的河虾、米虾、沼虾、河蟹、溪蟹、地蜈蚣、蜘蛛类、蜻蜓类、螳螂类、蝗虫类、胡蜂、马蜂、蜜蜂等 5 纲 21 科 1287 种，其中 140 种全广西只有桂林有分布。在飞凤山等洞穴中发现鲤形目鲤科的桂林波罗鱼，为一新种，是洞穴特有的珍稀鱼类之一（桂林市地方志编纂委员会，1997a）。

第二节　历史沿革与行政区划

今桂林，古属百越地。

始皇二十八～三十三年，开凿灵渠，沟通湘江和漓江。始皇三十三年（公元前 214 年），秦始皇统一岭南，置桂林郡、象郡和南海郡，其辖境约相当于今广西都阳山、大明山以东，九万大山、越城岭以南地区及广东肇庆市至茂明市一带，郡治布山，在今广西贵港市和桂平市交界处。今桂林属桂林郡。

秦末汉初，今桂林属南越国。汉武帝元鼎六年（公元前 111 年），汉武帝平定南越，分长沙王国南部置零陵郡，今桂林属零陵郡之始安县地，故"始安"为今桂林建制之始，也是桂林最早的政区称谓。东汉时始安县为侯国，今市区为侯国属地。

三国时代，今桂林属吴国，孙皓甘露元年（公元 265 年）从零陵郡南部析置始安郡，属荆州管辖，统辖始安、熙平、荔浦等县，今桂林属始安县地，归始安郡所辖。西晋、东晋以及南朝宋、齐、梁、陈四代，沿袭三国时代的区域制，仍称始安县。南朝时，在始安县地置州，南齐复旧。梁置桂州，州治始安县，这是今桂林称"桂"之始。

隋炀帝大业元年（公元 605 年）将桂州复置为始安郡，隶扬州。始安县为郡的治所，今桂林为始安郡、始安县治所在地。

唐高祖武德四年（公元 621 年）复置桂州。唐至德二年（公元 757 年，一说贞观八年，即公元 634 年），改始安县名为临桂，今桂林为临桂县治地。唐朝在广西境置邕州都督府、桂州都督府、容州都督府。桂州都督府治临桂县，即今桂林市。这种情况一直延续至宋朝。五代十国，今桂林地先属楚，后属南汉，但其行政区域仍沿袭唐制，临桂县为桂州治所。州治、县治亦在今桂林境。

宋太宗至道三年（公元 997 年）置广南西路（今广西境），路治桂州。今桂林第一次成为广西首府所在地，为南方重镇之一。高宗绍兴三年（公元 1133 年），改桂州为静江府，治临桂县，府治、县治也在今桂林境。

元世祖至元十五年（公元 1278 年），改静江府为静江路。路治在临桂县，即今桂林。

明朝时，广西布政使司下设府制，明洪武五年（公元 1372 年）改静江路为桂林府，这是桂林正式定名之始。桂林府统辖临桂、灵川、义宁（今临桂、灵川境）、兴安、全州（今全州、资源一带）、灌阳、阳朔、永福及永宁州（今永福境），司治、府治和县治均在今桂林。

清朝时，区域仍沿袭明制，称桂林府临桂县，今桂林仍为府治。

民国元年（公元 1912 年），撤销府治之临桂县，今桂林直属桂林府所辖。同年 10 月，广西军政府将广西省会迁至南宁。民国 2 年（公元 1913 年），撤销府制，恢复府治之县，改临桂县为桂林县，今桂林为桂林县地，隶属漓江道（民国 3 年改桂林道）。民国 16 年（公元 1927 年）桂林道废，桂林县直隶广西省政府。民国 25 年（公元 1936 年），新桂系将广西省会复迁桂林。民国 29 年（1940 年），析桂林县城及灵川县地一部分设桂林市，正式成立市一级行政建制，为广西省直辖市，省会驻地。同时将桂林县复改为临桂县。

桂林以桂树而得名。广西盛产桂树，桂木丛生成林。《山海经》中有"桂林八树"之说。晋人郭璞云："八树成林，言其大也。"八桂实为"多桂"之义，故广西又称桂。《旧唐书·地理志》云："江源多桂，不生杂木，故秦时立为桂林郡也。"因桂成林，故称桂林。秦始皇统一岭南，在广西置桂林郡，治所不在桂林，但辖地包括今桂林。南朝以桂树之名置桂州，明朝置桂林府，其治所均在桂林。

1949 年 11 月 22 日桂林解放，仍沿用旧称桂林市。1950 年广西省人民政府成立，省会设南宁，桂林市直属广西省人民政府领导。1958 年 3 月广西省改为广西僮族自治区（1965 年 11 月改为广西壮族自治区），桂林市直属广西僮族自治区，1958 年 8 月改属桂林专区统一领导。1961 年 11 月复为广西壮族自治区直辖市。

1981 年 7 月阳朔县划归桂林市管辖，1983 年 10 月临桂县划归桂林市管辖，至 1998 年 11 月，桂林市除市区外，辖阳朔、临桂两县。桂林地区辖灵川、兴安、全州、灌阳、恭城、平乐、荔浦、永福、龙胜、资源 10 县。

1998 年 11 月，桂林地、市合并。据 2001 年统计，桂林市辖象山、独秀、叠彩、七星、雁山 5 城区和阳朔、临桂、灵川、兴安、全州、灌阳、恭城、平乐、荔浦、永福、龙胜、资源 12 县，辖区面积达 2.78 万平方公里，人口总数约 483 万。其中，桂林市区面积 80 平方公里，人口约 62 万。人口密度为每平方公里 171 人。桂林为多民族聚居区，居住壮、瑶、回、苗、侗等 36 个民族，少数民族人口有 69.49 万人，占总人口的 14.5%。

第二章　发掘及研究概说

第一节　地理位置与周边环境

甑皮岩遗址位于桂林市南郊象山区独山西南麓，为一石灰岩孤峰，因山体外貌形似当地居民蒸锅之盖，故方言称"甑皮岩"。其地理坐标为北纬25°12′，东经110°16′，北距桂林市中心约9公里，东距桂林市旅游黄金通道——桂阳公路（桂林至阳朔）约300米，东边约4公里为闻名遐迩的漓江（图五）。独山坐落于漓江二级阶地西缘，周围是典型的石灰岩孤峰—溶蚀平原，石灰岩孤峰稀疏罗列，平原海拔约149米（彩版一）。其北与相人山相望，南与大风山相邻，三山独立成峰，自北向南一线排列，西边为一片窄长的荒坡洼地平原，向西约2公里处为绵延的石灰岩峰林（属桂林龙泉森林公园的连绵群山），中间是一片视野开阔的平原盆地（图六；彩版二，1、2）。

独山峰体形态为单斜型（又称老人山式或单面山式），峰体外缘边坡不对称，山体自东南向西北逐渐抬升，西面至西南呈陡坎状边壁，相对高度89米，面积约3.6万平方米，由上泥盆统融县组上部泥亮晶砂屑灰岩夹球粒泥晶灰岩、白云质灰岩、白云岩所组成（图七；彩版三，1、2；图版一，1）。构造上位于唐家湾背斜的东翼，岩层倾向为南东125°，岩层产状倾角为22°。在西面和西南面坎壁的基部有四个顺层发育的小型溶洞，而以西南山脚的甑皮岩面积最大（图七）。

独山峰体与周邻峰体、平原区岩层产状非常一致，无错动现象，均为单斜地层，未见断层等发育。独山及周邻岩体仅发育顺层面的溶洞、地下河和裂隙，如甑皮岩及周邻的岩溶洞穴（穿山砖厂抽水溶洞、穿山砖厂旱洞、冶金疗养院仙女洞等）均是顺层面裂隙而逐渐发育起来的，而垂向裂隙、节理则较少发育，尤其是穿越岩层的、导水性强的大型裂隙、节理更为少见，导致本区均未见有垂直型溶洞（竖井、漏斗）发育。本区地下水主要以水平径流为主，顺层的水平型溶洞、管道较发育，而向深部、垂直型的溶洞、管道未见发育。

从区域地下水径流水平分布来看，甑皮岩位于无压流区。其地貌为浅覆盖（土层一般厚1～4米）峰林平原区，含水层有众多峰体边缘脚洞及平原、中溶潭（水塘）与地面连通，故地下水基本不具承压性，以水平自由流为主，水力坡度小，水位埋深浅（枯水期埋深2～3米，洪水时与地面基本持平）。

甑皮岩洞穴属脚洞型洞穴，洞口朝向西南，方向240°（图八；彩版四，1；图版一，2）。

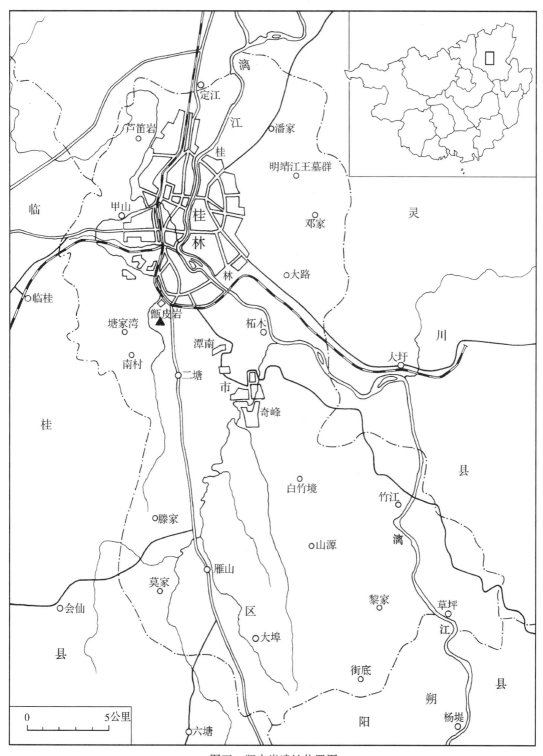

图五　甑皮岩遗址位置图

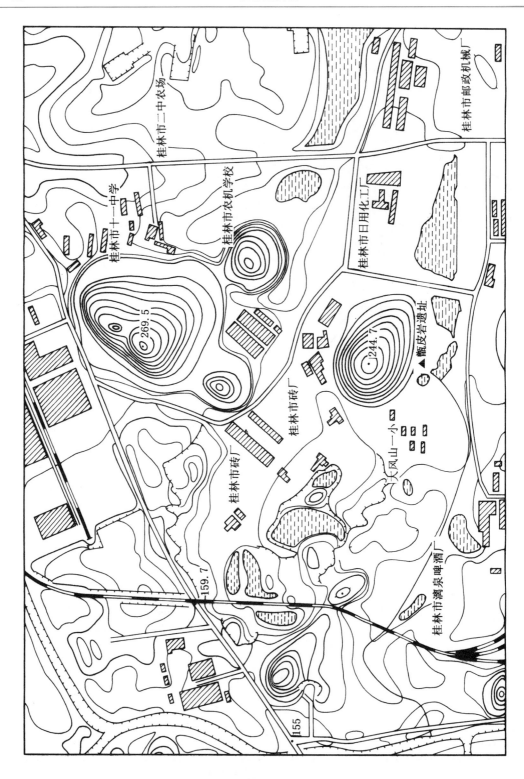

桂林市二中农场
桂林市十一中学
桂林市农机学校
桂林市日用化工厂
桂林市邮政机械厂
⊙ 269.5
甑皮岩遗址
▲ 甑皮岩遗址
桂林市砖厂
·244.7
桂林市砖厂
天风山一小
-159.7
桂林市漓泉啤酒
155

图六 甑皮岩遗址周围地形示意图

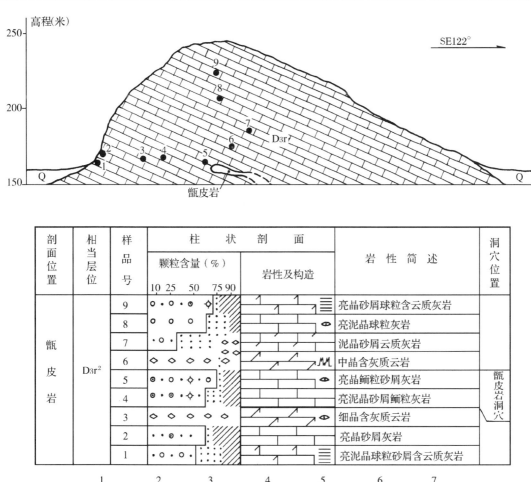

图七　甑皮岩遗址附近地层示意图

发育于泥亮晶粒屑灰岩中,其顶、底板为厚度不大的细中晶白云岩,可以起到隔水层的作用,对洞穴沿层面发育起到了岩性控制作用。洞体沿层面发育,随倾斜方向变矮,洞顶由洞口往里逐渐降低倾斜,洞的末端发育有三条上下相互平行的边槽,系由流水所造成的。甑皮岩洞穴系统由主洞、矮洞及水洞三部分组成(图九),主洞进深 19.4 米,面阔最宽处约 15 米,高度约 0~4 米,总面积约 220 平方米。西面侧洞——矮洞面积最小,宽 5.5 米,最高约 1.7 米,发育有少量钟乳石。东南侧有一通道,宽 1.5、高 1~2、长 1 米,与水洞相通。水洞为一常年性地下河,面积较大,长约 40、宽 3~4、高约 8 米,水深 2~12 米,枯水期水面低于主洞洞地面 2~3 米。

甑皮岩洞穴背风向阳,左侧水洞内的地下河一年四季提供清冽质纯的水源。独山周围分

图八　甑皮岩洞口立面复原图

布的湖沼、水塘和洼地，蕴藏有丰富的水生螺蚌，还有不少的峰丛山地，是原始先民从事捕捞、采集、狩猎的良好地区，为甑皮岩原始先民提供了极好的生活环境。现在，甑皮岩的周边环境与史前时代自然不可同日而语，即使与 60 年代相比，也有了非常明显的差异。据我们目前所能了解到的资料，与独山北边山脚相连的桂林砖厂 60 年代已存在（现已停产）。西面是桂林大风山第一小学及大片砖厂闲置的荒地和水塘，这些水塘基本是砖场制砖取土而形成的。南边是原毛纺厂厂区，90 年代末该厂破产后被桂林滴泉啤酒公司收购，现为该公司的仓库。东边隔甑皮岩路与桂林日用化工厂及 33 亩水塘相邻。水塘原为国民党二塘机场用地，平山村委村民后来开挖改造成鱼塘养鱼，从前这里是否有水塘分布已不可考。甑皮岩遗址博物馆内现分隔开的 3 个水塘，在 60 年代仍是天然的土坡边水塘，1991 年才修筑了垂直的片石驳岸。估计史前时代这些水塘也应存在。据地质勘探调查，独山周围的桂林氮肥厂、砖厂一带地下存在较厚的泥炭和淤泥，说明这里在古代曾是一片沼泽。

甑皮岩遗址所在的独山及其附近地区的植被调查表明，因人类的长期干扰，如砍伐、火烧、开垦、放牧等，该区域原生植被已不复留存。独山山体及甑皮岩洞口周围的植被，大致可分为两种类型，即人工植被类型和次生天然藤刺灌丛类型。人工植被主要分布于独山山脚底部、甑皮岩洞口，池塘边及道路两侧。次生天然藤刺灌丛主要分布于独山山脚至山顶（附录二）。1973～1975 年的照片资料显示，当时的独山，岩石大部分裸露在外。山上林木均是在 1976 年封山育林后人工种植或自然恢复起来的。

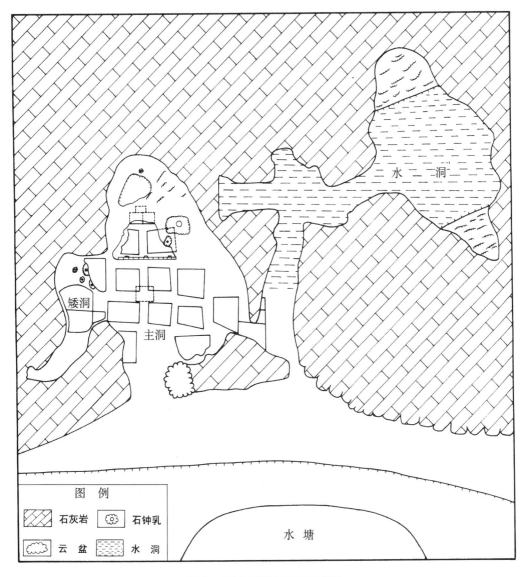

图九　甑皮岩洞穴平面示意图

　　甑皮岩洞穴内的堆积以洞口处为最高，自洞口往里向左侧呈10°左右坡度缓倾斜。堆积包括化学堆积和文化堆积两类。化学沉积物包括石钟乳、石笋、石梯田、层状钙华板和穴珠。石钟乳和石笋在主洞中仅有两处，规模不大的石钟乳和石笋主要发育于矮洞中。据北京大学历史学系考古专业^{14}C 实验室测定结果，矮洞中的石钟乳 BK78310 的生长年代为距今16200～11250 年，石笋 BK79320 的生长年代为距今 14600～11330 年。这两个测定结果表明，石钟乳和石笋几乎同时在距今 11000 年停止生长。石梯田发育于主洞体的东北隅，呈阶梯状，表明片状流水来自东北 20°方向。层状钙华板厚约 10～100 厘米，随洞内堆积地势呈倾斜状，愈往洞里地势愈低，钙华板也愈厚。层状钙华板直接覆盖于下伏的文化层之上，其层理随文化层堆积的表面形状而起伏，在洞的东北角过渡为云堤（一种盆状石堤），在洞的北面和西北面逐渐尖灭，与洞底石灰岩基岩吻接。文化层上部堆积受洞顶滴水及地表水中碳酸钙沉积的影响，钙化胶结严重，含天然石灰岩石块、螺壳、兽骨、炭屑等自然遗物及陶片等文化遗物，其上覆盖的钙华板则相当纯净，不含杂质。钙华层之上部分地方发育有现代穴珠。正是这层钙华板的覆盖，使甑皮岩遗址的文化堆积历经万余年而仍然保存完好。

文化堆积主要分布在主洞和矮洞，水支洞也有分布，总面积约 260 平方米，文化堆积最厚处达 3.2 米。矮洞和主洞原本相连为一体，为主洞的一个侧洞，在史前人类离开之后的漫长岁月里，沿石壁而下的水流中所含的碳酸钙逐渐沉积，钙化胶结了文化层，并在部分地段形成了钟乳石和石笋，以至形成了现在两个相互隔离的空间。

根据洞穴的发育及沉积物年代测定结果，桂林岩溶地质研究所认为，在更新世晚期（大约距今 15000 年前），甑皮岩附近发育有地表河流，由于溶蚀作用的结果，发育了顺层状脚洞。当洞穴抬升以后，由于洞内滴水，产生了石钟乳和石笋沉积。到了距今 11000 年左右，由于气候变得炎热，滴水量减少，洞内干燥，洞口又向阳，为人类居住提供了条件。因古人类的活动，逐渐形成了文化堆积。到全新世中期（距今 7500～6600 年），因雨量增加，洪水泛滥，文化层被淹没。洪水退后，洞顶大量滴水下落，沿文化层斜坡面流淌，造成较长时间（距今 6600～3000 年）的片状流水沉积，形成了钙华板，封存了文化层。随着沉积作用的不断进行，地下水位的逐渐下降，逐渐形成了下层的溶蚀廊道，而洞穴中滴水量减少，仅沿裂隙形成少量的石钟乳和石笋（桂林岩溶地质研究所，1990）。

第二节　1973～2000 年的发现与研究

一、发现与发掘

1965 年 5 月，由广西壮族自治区文物管理委员会组织的文物普查工作开始在桂林地区展开。自治区博物馆历史组副组长王克荣为实际负责人，参加工作的除区博物馆年轻的专业人员外，还包括了桂林市文物管理委员会的部分文物干部（附录七）。根据桂林专区（即现在桂林市所辖的 1 市 12 县）的具体情况，普查组共分为三个小组。6 月 3 日，发现了甑皮岩遗址（当时受误导，把甑皮岩所在的独山当作其北的相人山，1973 年以后才纠正过来。1973 年甑皮岩发掘之初的陶片上仍可见"相人山"字样）。6 月 4 日，将洞内左侧现 DT1、DT2、DT3 和 DT4 四探方中间的隔梁关键柱处一现代扰坑扩展为约 2×1.5 平方米探方试掘，至 9 日下午试掘结束，并回填探方。试掘深度 3 米多，大致到达今 DT4 第 29 层。据当时的调查记录，试掘时将地层划分为三层：第 1 层，扰土层，灰褐色黏土，含近现代瓷片、灰烬等。厚 0.2 米。第 2 层，乳黄色钙华板层，仅分布在试掘坑西北角，厚 0.1～0.3 米。第 3 层，文化层，质疏松，含螺壳、兽骨等。厚 2.6 米。第 3 层可分为三个亚层：3a 层，浅灰色，厚 0.8 米；3b 层，灰白色夹红土，厚 0.1 米；3c 层，浅灰色，层次较错乱。在距地表深 1.1、1.5、1.6、1.9、2.5 米处，共发现人骨 5 具，包括 1 个儿童和 4 个成年个体。另外，还发现有夹砂绳纹陶片 39 件、刻划纹陶片 1 件、砾石打制石器 38 件、穿孔石器 1 件、磨制石器 2 件、骨器 1 件、蚌器 7 件。上述人类遗骸及文化遗物均运往南宁，在"文化大革命"中下落不明。

1973 年，位于甑皮岩遗址西侧的桂林市大风山第一小学响应上级号召，在甑皮岩洞内爆破钙华板，准备修建防空洞，对遗址造成了一定程度的破坏，桂林市文物管理委员会遂上报相关单位，并于当年 6 月由阳吉昌负责进行抢救性发掘（图版二，1、2）。随着文化遗物的大量出土及工作量的增加，自治区文物工作队派巫惠民参加了遗址清理和遗物整理工作。较大面积的发掘工作持续到 1975 年 8 月，而配合建馆、修封闭门及采样所进行的零星清理工作则一直延续至 1979 年 10 月。

至 2001 年初甑皮岩第二次发掘前（1965 年试掘方不计在内），甑皮岩遗址（包括主洞、矮洞、水洞）被分为 A、B、C、D、矮支洞、矮洞及水支洞等七个区，共布大小不等、方向不一的探方二十一个（AT1、BT1～BT3、CT1、DT1～DT9、矮支 T1～T3、水支 T1～T3、矮洞口），布方总面积约 80 平方米。其中主洞被分为 A、B、C、D 四个区，包括 AT1、BT1～BT3、C 区、DT1～DT9 计十四个探方（图版三，1、2）；矮支洞包括矮支 T1～T3 三个探方；水支洞包括水支 T1～T3 三个探方；矮洞口布一个探方（图一〇）。上述探方是在不同的时间内划定并发掘的，有的探方已发掘至基岩，有的探方则还保留着深浅不一的文化堆积。由于洞穴遗址特殊的地貌特征，其底部深浅不一，落差较大。为了完整地表现遗址文化堆积表面及底部的特征，2001 年发掘结束后，我们沿 DT3—DT4—DT5、DT1—DT2—DT6 和 AT1—BT1—BT2 测量了三个南北向剖面（图一一、图一二、图一三）；沿 DT3—DT1—BT1—BT3、矮支 T1—DT4—DT2—BT2、DT5—DT6 测量了三个东西向剖面（图一四、图一五、图一六）。

依甑皮岩遗址各探方发掘的时间及资料公布的状况，大致可将遗址的发掘、清理和采样等工作分为三个阶段。

第一阶段（1973 年 6 月～1974 年 12 月），发掘工作主要集中在主洞内，同时，清理修防空洞时运出洞外的文化堆积，寻找其中包含的文化遗物（编号为"洞外堆土"）。将主洞分为 A、B、C、D 四个区，布探方十二个（AT1、BT1、BT2、CT1、DT1～DT8），其中 AT1、DT1、DT3 三个探方基本发掘至基岩，其余探方均未发掘到底（图版四，1～4；图版五，1～4）。该阶段的发掘资料，一部分已经公布（广西壮族自治区文物工作队等，1976）。

第二阶段（1974 年 12 月～1975 年 8 月），发掘工作主要集中在水洞和矮洞。水洞布探方三个（水支 T1～T3），矮洞布探方四个（矮洞口、矮支 T1～T3），另外，在主洞新布探方 BT3 和 DT9，总计九个探方。

水支 T1、水支 T2 位于主洞东侧水洞西缘，已经掘至基岩。其上覆钙华板，下为胶结较严

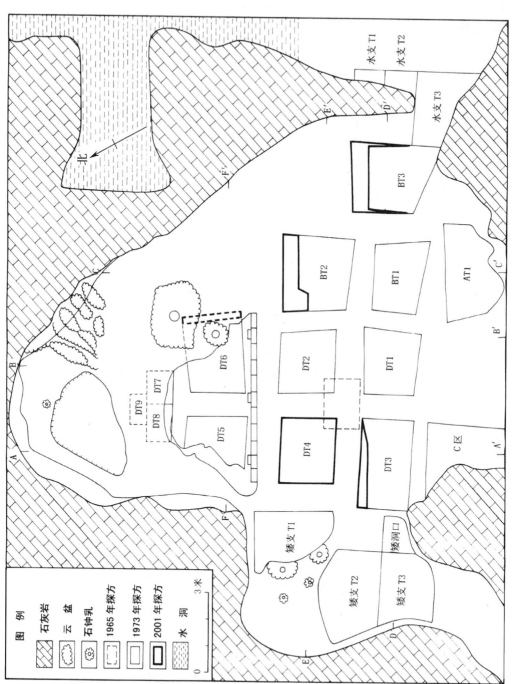

图一〇　甑皮岩遗址探方分布图

图　例

石灰岩
云　盆
石钟乳
1965 年探方
1973 年探方
2001 年探方
水　洞

0　　　　3 米

重的黏土及石灰岩石块堆积，不含螺壳，出土鹿角等陆生动物遗骸、天然砾石以及砾石打制石器等，还发现成人胫骨一段。未见陶片等人类生活用具。1958年砖厂为安装水泵在此爆破胶结堆积时也曾发现过人类遗骸，说明该区域或许曾经作为埋葬地使用。

水支T3位于主洞与水洞的通道处，已掘至基岩，深1.5米左右，也为胶结的黏土堆积，但含较多的螺壳、兽骨等水、陆生动物遗骸。文化遗物显著增加，出土数量较多的刻划纹陶片、砺石及少量的砾石打制石器。从出土遗物判断，应与BT3堆积的时代相同，属甑皮岩遗址第五期堆积。

BT3位于主洞左侧邻近通水洞的通道处，深0.8米，未掘到底。为含较多水、陆生动物

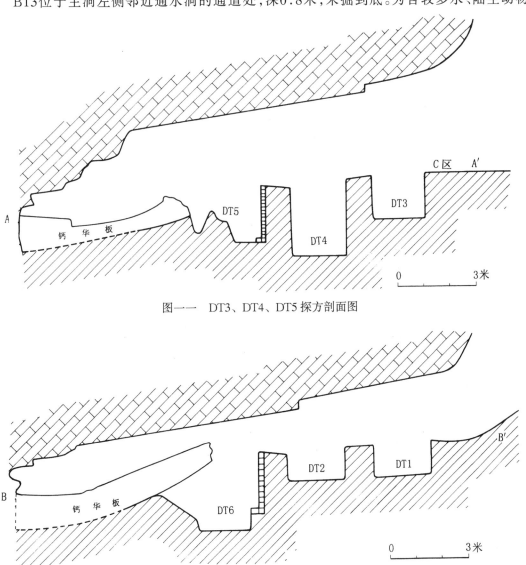

图一一　DT3、DT4、DT5探方剖面图

图一二　DT1、DT2、DT6探方剖面图

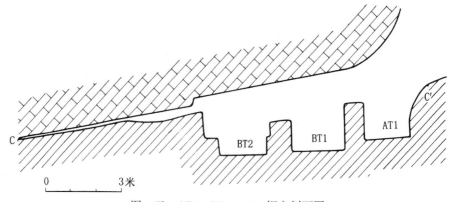

图一三 AT1、BT1、BT2 探方剖面图

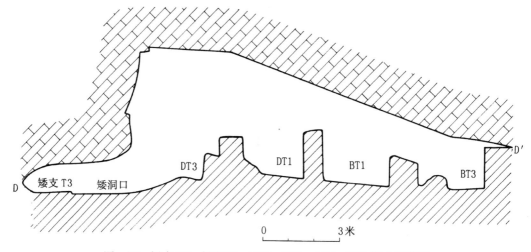

图一四 矮支 T3、矮洞口、DT3、DT1、BT1、BT3 探方剖面图

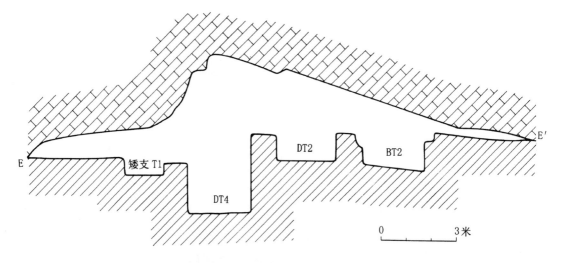

图一五 矮支 T1、DT4、DT2、BT2 探方剖面图

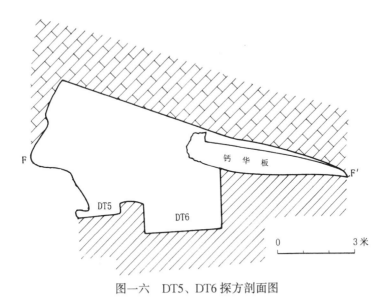

图一六　DT5、DT6 探方剖面图

遗骸的堆积。出土遗物非常丰富，包括刻划纹陶片、磨制石器、骨器、角器、穿孔蚌器、蚌匙、砺石及少量的砾石打制石器。均属甑皮岩遗址第五期遗物。另外，在南部发现人骨1具（编号BT3M1）。

DT9位于主洞后部钙华板下，灰褐色含螺壳堆积，上部近钙华板部分胶结较甚。因上面钙华板较厚，所以该探方是从南向北从钙华板下部平行掏挖进去的。出土遗物包括夹砂绳纹陶片、打制砾石石器以及较多兽骨。

矮洞口、矮支T1、矮支T2、矮支T3等探方均位于主洞近洞口处左侧。堆积中含较多水、陆生动物遗骸，未清理到底。出土遗物包括夹砂绳纹陶片、少量刻划纹陶片、陶豆、石砧、砺石、骨器等。其中部分遗物属甑皮岩第五期遗物。

另外，在洞口铁门外左侧（应为今C区西南位置）清理12×1米的斜坡形洞外堆积，深1~1.5米左右。上为扰乱层，下为红色黏土，在距地表1.4米深的地方发现磨制石锛1、磨制骨锥1及带凹槽砺石1件。

第三阶段（1977年8月~1979年10月），较大规模的发掘工作基本结束，仅进行小范围的清理和采样工作。1977年8月，为配合陈列馆建设，在洞口外右侧至现陈列厅东墙之间进行清理。地层分三层：第1层为表土；第2层为扰乱层，黑色土夹杂石灰岩碎块；第3层为文化层，黄色土，不含螺壳，偶见炭屑。含少量兽骨、较多的天然砾石、废料、打制石器、穿孔石器和磨制石器等，未见陶片。从出土遗物情况看，该区域似应为甑皮岩第三期之后人类加工石器的场所。期间，中国科学院南京地质古生物研究所采集了瓣鳃类、腹足类动物遗骸，进行鉴定分析。中国社会科学院考古研究所[14]C实验室和北京大学历史学系考古专业[14]C实验室工作人员也在遗址采样进行[14]C年代分析。

1983年和1986年，地质矿产部岩溶地质研究所在遗址中采样进行孢粉分析。

二、1973年发掘成果综述

截至2000年底，甑皮岩遗址仅公布了1973～1974年的发掘资料（广西壮族自治区文物工作队等，1976）。多年来，学术界有关甑皮岩遗址的各种研究及争论也都以此为基础，所以，有必要对该阶段的发掘成果进行统计和说明，并对其中的一些事实加以澄清。因时日已久，甑皮岩遗址库存的文化遗物大部分已无标签，无法确定遗物的出土时间，我们的统计和说明全部依据1976年公布的发掘简报。

（一）遗　迹

包括灰坑、灶和墓葬等。

1．灰　坑

1座（H1）。位于BT1北隔梁中部第3层底部，呈不规则椭圆形，内填灰白土。部分压在北隔梁下，暴露部分长宽约1、深0.6米。坑壁未经加工，坑底较平整。坑上部未出任何遗物，中部和底部的灰土中夹少许陶片、零碎兽骨及蚌壳。估计为存放灰烬等物的垃圾坑。

按：2001年发掘前，我们对照1973年发掘简报中的剖面图及描述，对BT1北隔梁进行了仔细的清理，未发现任何灰坑的痕迹。何况，1973年发掘时将文化堆积划分为三层，而该探方并未发掘至基岩，发表的剖面图将该灰坑置于第3层底部并打破生土，不妥。据观察，该探方确实存在灰白色土夹红土的堆积，其平面呈片状分布，剖面也参差不齐，但并不是灰坑，也不是灶一类的用火遗迹。其形成原因我们将在下面详述。

2．用火遗迹

位于BT2探方西南角，为一东西长约0.28、南北残存0.2米的椭圆形凹坑。坑面烧土坚硬，坑内填松散白灰土，质纯，应为柴草的灰烬，是一处经长期烧火使用，后来废弃的烧坑。周围为长0.6、宽0.5、厚0.02米的红烧土。类似的用火遗迹在BT1、BT2、DT2等探方中均有发现，但已残破，看不出具体形状。

按：据2001年发掘前对各探方的清理及对BT2、BT3的发掘，遗址中类似的堆积现象确实在不少区域存在着。不过，据我们观察，这些灰白色土与红土应与草木灰和红烧土没有关系，也不是用火留下的痕迹。灰白土和红土主要分布在DT1、DT2、BT1、BT2以及BT3的西部，该区域分布着较多的埋葬，应是主要的墓葬区。其灰白色土应是在较为干燥的环境下洞顶石灰岩风化后飘落下来的粉尘，因长期无人活动而堆积起来的；而红色土则存在于洞顶的石灰岩裂隙中，也是因风化而飘落到堆积中的。灰白色土和红色土在部分区域胶结，则是因为在某一段时期，该区域相对湿度较大而形成的胶结，与火烧形成的硬面完全不同。

3．石料贮放点

位于洞内后部的倾斜洼坑内，计有石头 200 余块，多为石灰岩石块，其中也有鹅卵石和少数稍经打击过的石器半成品及残断的砺石，可能是原来制作石器和石料的贮放点。

按：此说被不少学者引用。曾参加 1973 年发掘的赵平已经完全否定了这种推断（赵平，1999）。我们完全同意赵平的意见。其一，所有资料都证明，甑皮岩遗址的文化堆积形成在先，在人类因种种原因离开洞穴之后，才在文化堆积层上形成了厚薄不一的钙华板。文化堆积与钙华板的形成之间相隔数千年，甑皮岩的居住者不可能在其后几千年才形成的钙华板上制作石器并存储石料。其二，现场大量存在的是甑皮岩洞穴内随处可见的石灰岩石块，仅有少数砾石和石器半成品（赵平认为有 5 件砾石、1 件磨制石斧和 1 件残断砾石）。甑皮岩遗址文化堆积中发现的石器，尤其是打制石器，几乎全是用河滩砾石制作的。其三，未发现石器加工点必须具备的石锤、石核、石片等遗物。所以该处堆积应是自然扰乱堆积，而不应是"制作石器和石料的贮放点"。

4．墓　葬

发现人骨 18 具，保存较好的 13 具。其中 BT2 发现 7 具（图版六，1～4），DT2 发现 6 具，另外，在 BT1 和 DT3 探方中也有发现。人骨多分布在灰土层内和红烧土旁，而 BT1M1 和 DT3M1 分布于岩浆胶结土的侧面。均无墓坑痕迹。葬式以屈肢蹲葬为主（10 具），另有侧身屈肢葬（3 具）和二次葬（2 具）。在 14 个人头骨中，有 6 个在顶骨处有人工穿孔现象。在 BT2M2 的头骨和 DT2M3 的盆骨上发现有赤铁矿粉末。在 DT3M1 的人骨附近出土 2 件蚌刀，其中 1 件穿孔。在 BT2M5、M7 和 DT2M7 的人头骨附近，都发现有鹅卵石和青石板（图一七）。

按：有关头骨穿孔等问题，本书第八章将有更详细、全面的论述，这里仅谈墓坑和二次葬问题。在 2001 年发掘时发现的 3 座史前墓葬均存在墓坑，并且有的墓葬（如 BT2M8）开口处还有意识地放置天然石灰岩石块，这说明甑皮岩人实行的是坑葬，而不是平地掩埋。临桂县大岩遗址的发现也证明，坑葬是桂林地区史前人类普遍采用的一种埋葬方式。同样，有关二次葬的判断也欠准确。据鉴定，BT2M3 墓主为一幼童，其骨骼细小，极易残缺，不能据此而断定为二次葬。赵平认为是子从母葬，可能更接近真实。

（二）文化遗物

出土遗物包括陶、石、骨、蚌器等。

1．陶　器

据 BT2、DT1、DT3、DT4 和 DT6 五个探方的统计，共发现陶片 921 件。器形有罐、釜、钵、瓮等，而以罐类最多。另有少数三足器。陶器均手制，火候低，胎厚薄不均，最厚 2.6、最薄 0.3 厘米，一般在 0.5～0.7 厘米之间。从口沿观察，有敞口、直口、敛口，以敞口为最多。器足有透空和不透空两种。按陶片质地和色泽可分为红陶和灰陶两系。红陶系

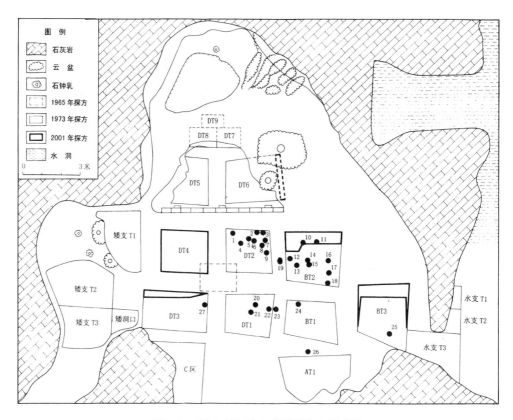

图一七　甑皮岩遗址墓葬平面分布示意图

1.DT2M5　2.DT2M9　3.DT2M8　4.DT2M6　5.DT2M7　6.DT2M3　7.DT2M2　8.DT2M1　9.DT2M4
10.BT2M8　11.BT2M9　12.BT2M1　13.BT2M4　14.BT2M2　15.BT2M3　16.BT2M5　17.BT2M6
18.BT2M7　19.BT2 西隔梁　20.DT1M3　21.DT1M1　22.DT1M2　23.DT2M4　24.BT1M1　25.BT3M1
26.AT1M1　27.DT3M1

679 件，分夹砂和泥质两种。夹砂红陶 671 件，质粗，羼和料为粗细不均的石英粒。火候低，纹饰以细绳纹最多，次为粗绳纹、绳纹加划纹，席纹和划纹最少。泥质红陶 8 件，火候较高，质较细。纹饰有细绳纹、划纹。另有 1 件器表施红色陶衣。灰陶系 242 件，分夹砂和泥质两类。夹砂陶 233 件，分粗细两种，羼和料为粗细不同的石英粒，以质粗的为多。纹饰多粗、细绳纹，其次为绳纹加划纹、席纹、篮纹。泥质陶 9 件，质细，胎较薄，纹饰有细绳纹、划纹。

2.石　器

文化层中发现石器 63 件。其中打制石器 31 件（砍砸器 14、盘状器 2、刮削器 3、石砧 9、石杵 3）、磨制石器 27 件（斧 10、锛 13、矛 1、穿孔石器 3）、砺石 5 件。另外，在扰乱层中还采集到打制石器半成品和砾石等 120 件，磨制石器 3 件。骨器 14 件，包括镖、镞、锥、针、簪等。蚌刀 3 件，其中穿孔者 2 件。

按：由于地层关系判断上的问题，简报未将不同时代的遗物分别进行报道。只要对那个年代有所了解，就会充分理解作者当时所处的特殊的社会环境和简陋的工作和科研条件，对此过多苛求是不公平的，尽管此后有关甑皮岩遗址的一系列争论很大程度上都因此而起。

（三）自然遗物

发现了大量水、陆生动物遗骸。包括 34 种哺乳类，3 种鸟类，3 种龟鳖类，2 种鱼类，7 种腹足类，23 种淡水瓣鳃类，共计 72 种水、陆生动物，其中，包括经驯养的家猪。此外，通过孢粉分析，还鉴定出 184 个科、属、种的植物。

按：家猪的驯养，是学术界普遍关心的问题，其牵涉的问题也是一连串的、多方面的。本书第五章第二节及第六章对此会有专门的论述。

（四）小　结

甑皮岩遗址首次发现并小范围试掘距今已近 40 年，抢救性发掘距今也整整 30 年了。时过境迁，物是人非，尤其是主持 1973 年甑皮岩遗址发掘的阳吉昌先生已经故去，他手里有关甑皮岩遗址的资料已经佚失。所幸自始至终参加甑皮岩遗址发掘的原桂林市文物工作队队长赵平先生心细如芥，他向我们提供了自己业余时间精心整理并保存的有关甑皮岩遗址的资料，使我们得以了解甑皮岩遗址发掘、整理及保护的大致过程。原广西壮族自治区博物馆馆长蒋廷瑜先生则无私的提供了他 1965 年参加桂林文物普查时的调查手记，使我们能够知悉当年桂林市洞穴遗址的普查及甑皮岩遗址的试掘情况。否则，这一段历史或许也就永远湮没了。

根据赵平先生的有关记录，甑皮岩遗址能够被保护下来，实在是一件非常偶然的事，但也可以说是一种必然的结果——因为在当时那个特殊的年代、那种特殊的学术氛围里，确实存在着一批极有魄力、极具眼光的行政管理工作者和专业考古工作者，没有他们的大力支持、努力工作和无私奉献，现在留给我们的不可能是一个具有一定规模、保存较为完好的国家级文物保护单位，桂林、广西甚至整个华南地区的史前考古也一定会因此而失色不少。我们无疑应该记住他们的名字以及他们为甑皮岩所做出的贡献。

蒋廷瑜，1965 年桂林市文物普查的参加者之一。他详细的调查手记和亲手绘制的相当专业的遗址位置、平面草图，是我们目前惟一能够找到的较为详细的 1965 年桂林市的文物普查资料。同时也向我们生动地再现了那个特定年代的时代特征。

阳吉昌，1973 年甑皮岩遗址发掘的主持人，当时桂林市惟一一个北京大学考古专业的毕业生，甑皮岩遗址博物馆（原称"甑皮岩洞穴遗址陈列馆"）的第一任馆长。在他的精心指导下，甑皮岩遗址的田野发掘和整理有序进行。完全可以想像得出，假如没有他的努力工作，甑皮岩遗址会是一个什么模样。

赵平，1973 年甑皮岩遗址发掘的参加者之一。他不只贡献了他记录并保存下来的甑皮岩遗址资料，其实，他本身就是一本有关甑皮岩遗址的活"字典"。在 2001 年度的发掘过程中，我们不时地叨扰他，请其就相关问题指点迷津，他也总是不厌其烦，有求必应。

黄云，时任自治区教育局长，区文物管理委员会委员，桂林市前市委书记。1973 年 8 月 14 日参观发掘现场，明确指示，要建陈列馆；要上报自治区相关单位；要尽快编写试掘简报。

贺亦然，时任广西壮族自治区宣传部副部长，一个非常关心和支持文物工作的行政管理者。他曾亲临甑皮岩遗址发掘现场，对甑皮岩遗址的发掘与保护提出了指导性意见，并在发掘及保护经费上给予了大力支持。现在，曾参与当年遗址发掘与陈列馆筹建工作的人，每提及他仍然赞不绝口。

郭文纲，时任桂林市文化局分管文物的副局长，一个非常有魄力的文化行政管理者。从有关记录中可以深切的感受到，他有关遗址发掘、保护与资料整理的讲话，即使在今天也是极具远见的。在他的领导、协调与斡旋下，大风山小学在甑皮岩遗址修建防空洞的工程下马，甑皮岩遗址的发掘与保护工作有序运行，并开始筹建陈列馆。对那个时代稍有了解的人都知道，当时"深挖洞、广积粮"是一项非常紧迫、非常重要的政治任务。这件事对我们现在正确处理经济发展与文物保护间的关系难道不也是一种有益的启示？

夏鼐、王仲殊、安志敏、卢兆荫，当时分别任中国社会科学院考古研究所所长、副所长和学术秘书。当由广西壮族自治区文化局熊树和、自治区博物馆巫惠民和桂林市文管会阳吉昌组成的三人小组赴京汇报甑皮岩遗址发掘成果，并征求保护意见时，他们对甑皮岩遗址的学术价值给予了高度评价，支持建立陈列馆，现场保护遗址，并对陈列馆的建设提出了意见。夏先生并说，陈列馆建筑要朴素，要与洞穴遗址相协调。

贾兰坡、吴新智、张银运，中国科学院古脊椎动物与古人类研究所专家。他们提出了与考古所专家大致相同的意见。张银运先生并特别就人骨的保护提出了建议。

王冶秋，时任国家文物事业管理局局长，亲自会见赴京汇报工作的三人小组，充分肯定了有关专家提出的保护意见，肯定了甑皮岩遗址在考古学研究上的重要性。

还可以列出很多，基本上都体现在本书附录七《甑皮岩遗址大事记》中了。作为甑皮岩遗址第二次发掘工作的组织者和参加者，我们花了大量的时间和心血来收集整理前辈们对甑皮岩遗址所做工作的资料，怀着极度崇敬的心情，用我们的心来讲述他们，希望看过这本书的人也如我们一样永远记住他们……

三、专题研究

近 30 年来，有关甑皮岩遗址的研究与争论一直没有间断。1973～1975 年间的发掘及相关研究成果公开发表以后，引起了学术界的普遍关注，围绕遗址的年代、葬俗、家猪饲养、动物群、植物群等问题进行了一系列认真的、富有成效的讨论，在一定程度上丰富和推动了中国史前考古学的研究和发展（附录八）。上述各项专题的研究，在本报告的相关章节中都有详细的论述与说明，这里仅略作概括。

（一）年代讨论

甑皮岩遗址的年代是有关甑皮岩遗址的讨论中争论最多、也是研究最深入的一个问题。综合来讲，大体上存在四种认识，且这四种认识随讨论的深入逐步趋于一致。四种认识可归纳为：早、晚之争，两期之论和三期之说。

第一，早、晚之争。最初的试掘报告认为，"第3层出土的文化遗物和遗迹均属新石器时代的遗存，看不出有早晚的不同"，并将其定为"新石器时代晚期中较早的类型"（广西壮族自治区文物工作队等，1976）。同时，为了把握甑皮岩遗址的准确年代，发掘者将遗址中出土的蚌壳和兽骨送中国社会科学院考古研究所[14]C实验室进行测年。螺壳测出的数据首先公布，年代为距今 11310±180 年（中国社会科学院考古研究所[14]C实验室，1978）。位于华南的新石器时代遗址年代竟逾万年，且其文化内涵具有一定的先进性，这大大出乎众多专家、学者的意料，也引起了众多学者的怀疑，认为甑皮岩遗址不可能达到 1.1 万年，仍应属"新石器时代晚期中较早的类型"（夏鼐，1977）。此时，骨样本的测年数据公布，年代为距今 7580±410 年（中国社会科学院考古研究所[14]C实验室，1978）。这两个同层出土的测年标本，测出的年代却相差数千年，学者们更陷入深深的困惑之中。对此，学者们开始从华南地区特殊的地理环境寻找原因，认为石灰岩地区由于附近流水中含有大量由石灰岩溶化而来的几乎不含放射性碳素的古老碳酸盐，所以年代一般误差较大，往往年代偏早（安志敏，1979）。同一地区的不同物质标本，年代差距竟达数千年之久，因而不能作为断代的根据（安志敏，1981）。与此同时，也有部分学者相信[14]C测年数据，坚持认为甑皮岩遗址应属新石器时代的早期阶段（王克荣，1978；阳吉昌，1980）。

第二，两期之论。1978～1979 年，为了探讨并解决石灰岩地区各类[14]C样品年代可能受到的影响，同时弄清楚甑皮岩遗址的年代，北京大学历史学系考古专业和中国社会科学院考古研究所[14]C实验室两次到甑皮岩遗址采集样品，认为遗址中有第2层钙华板存在，以第2层钙华板为界，可将遗址堆积分为早、晚两期，晚期年代大约在距今 7500 年左右，早期年代在 9000 年以上（北京大学历史学系考古专业[14]C实验室等，1982）。1984 年，上海博物馆的王维达先生用热释光法对甑皮岩遗址的陶片进行年代测定，所得数据也支持早、晚两期的划分（王维达，1984）。两篇用科技手段测年的报告发表以后，学术界基本上接受了华南在新石器时代也有较先进文化这一事实。同时，也基本上认同了甑皮岩遗址不应属新石器时代晚期遗址，而是属于新石器时代早期，且可分为早、晚两期（李松生，1987；张子模，1990a；何乃汉，1990；原思训，1993）。

学术界对甑皮岩遗址年代产生怀疑，主要原因在于采集的测年样品出于不同的地层，而一些样品采集点所处地层在 1973 年的试掘中并未发掘到，故产生试掘报告所提供的资料与[14]C、热释光测年所用资料不尽一致的情况，从而导致学术界对遗址年代产生怀疑。1973

年 6~9 月的试掘确实只涉及晚期的堆积，较早期的地层是在 1975 年以后的发掘、采样过程中逐渐揭露的（漆招进，1991）。

第三，三期之说。1999 年，有关人员通过对甑皮岩遗址出土陶片的重新整理，认为甑皮岩遗址的陶器经历了三个发展阶段。第一期文化年代为公元前 8000~前 7000 年，第二期文化为公元前 6000~前 5000 年，第三期文化为公元前 5000~前 4600 年。并认为，至第三期时，甑皮岩人已迁出甑皮岩，遗址由原来的居所变成安葬有身份的死者的墓地（胡大鹏等，1999）。

（二）环境复原

对甑皮岩人类生存环境的研究主要集中在动物群和植物群两个方面。

在动物群的研究方面，李有恒等认为，由于甑皮岩遗址出土兽骨包含了相当数量的种群，并代表了当时存在过的一个与当地现生动物群有一定区别的动物群，故将之暂名为"甑皮岩遗址动物群"，并将其中的哺乳类动物分为五大类：一是绝灭和绝迹的动物，有象、水牛、漓江鹿。二是人类饲养的动物，有猪一种。三是主要的狩猎对象，有麂和梅花鹿。四是偶然猎获的动物，有水鹿、猴、苏门羚、豹、猫等。五是穴居动物，有中华竹鼠、豪猪、褐家鼠、板齿鼠、猪獾、狗獾、狐等。兽类之外，另有鱼类、龟鳖类、鸟类，软体动物有蚌、河蚬、中华圆田螺等。作者认为，由于绝灭种秀丽漓江鹿的出现，其角及牙都具有原始性，故遗址的年代可能相对较早；同时从猪的驯养水平来看，也似乎表示甑皮岩遗址的年代较为古老。在畜养动物方面，猪是人类驯养的，但饲养业并不兴旺。遗址处于一个多水的、有小型湖沼分布的山间盆地之中，当时桂东北的气候条件，如果从大的区域上和今天相比，可以说并无重大变化，但它可能更接近于现在西双版纳或更南地区的气候（李有恒等，1978）。

1998 年，对甑皮岩的兽骨重新进行了鉴定与整理（陈远珌等，1999）。新鉴定出 9 个种属，分别为食肉目的虎、棕熊、爪哇豹、水獭，偶蹄目的麝、獐、黄牛、羊以及奇蹄目的犀牛，共计 3 目 7 科 9 种。在对动物群进行再分析研究的基础上，作者认为，甑皮岩遗址动物群大多数是生活于热带、亚热带地区的种类，除秀丽漓江鹿外都是现生种。动物群反映的遗址时代属全新世初期。当时，甑皮岩附近的水源和动植物资源都极为丰富，气候曾产生较大波动，但总体上仍表现为高温湿润的热带、亚热带气候，气温较今天略高。甑皮岩居民的经济方式是以狩猎、采集和捕捞为主的综合经济，但逐渐掌握了家畜饲养技术，开始驯化猪，并可能在距今 7000 年前有了原始的农业生产。

淡水瓣鳃类动物共 11 属 23 种，其中新属 1，新种 7，并可分成 3 个类群。由 3 个类群来看，甑皮岩的瓣鳃类动物群与我国现生的瓣鳃类有些相近，但又有一定区别，古老种（包括新种）的百分比较高，显示出它的古老性（黄宝玉，1981）。

腹足类动物包括 7 种，这 7 种腹足类动物都有现生种。甑皮岩含此腹足类的堆积，应属于全新世早期的产物。腹足类大部分缺少壳顶，如个体大的圆田螺（*Cipangopaludina*）属的壳顶，绝大部分均未保存，而个体小的如田螺（*Viviparus*）或环棱螺（*Bellamya*）属，保存壳顶的比圆田螺的多。由此认为当时的人类喜食个体大的圆田螺，同时也说明甑皮岩人已经知道去了壳顶才能吸出肉体部分。当时人类居住的洞穴不远之处，应有盛产田螺类的水域（王惠基，1983）。

植物研究方面，共鉴定出 184 个科、属和种。根据孢粉组合所反映出的植被特征，可以划出三个不同的植被演替和气候变化阶段：疏林植被阶段；阔叶植物为主的针阔叶混交林阶段；针叶植物为主的针阔叶混交林阶段。研究者认为，甑皮岩从文化层堆积到钙华板形成这一过程，该区植被发生了明显的演替变化，即疏林—阔叶植物为主的针阔叶混交林—针叶植物为主的针阔叶混交林。相应的气候变化是温湿偏凉—暖热潮湿—温暖稍干。同时，研究者还认为甑皮岩从文化层堆积到钙华板形成，整个过程是经历了全新世早、中、晚三个漫长的地质历史阶段（王丽娟，1989）。

（三）生业模式

自甑皮岩遗址被鉴定有家猪存在后，关于该遗址是否存在原始农业的问题得到了学术界热烈的讨论。遗址中出现的石杵及家猪的驯养，使多数学者认为甑皮岩遗址已出现了原始农业。但对原始农业的种类，又有不同的认识。一部分学者认为甑皮岩已有原始稻作农业（何英德，1990；李泳集，1990；何乃汉，1990；袁家荣，1990），而另一部分学者则认为应是园圃式的块茎类植物的栽培（韦军等，1999；邱立诚等，1999；李富强，1990）。

（四）埋葬习俗

在年龄及体质特征方面，中国科学院古脊椎动物与古人类研究所对 1973 年发现的 14 具人骨、头骨进行了观察、测量和鉴定。认为，14 具头骨中，6 例为成年男性，5 例为成年女性，幼童 3 例；且其中中年或老年 10 例，幼童 3 例，壮年 1 例。至少有 4 具头骨可看出比较明显的人工伤痕。从头骨的一系列特征来看，甑皮岩居民属蒙古人种，与蒙古人种中的南亚种族最为接近，但与现代南亚种族还有一定程度的差别。甑皮岩遗址居民与华北新石器时代各遗址的居民在头骨绝大部分形态上表现出十分相近的特征，但甑皮岩遗址居民与半坡、宝鸡、华县遗址居民接近的程度大些，与大汶口、西夏侯遗址居民接近的程度小些，与半坡遗址的居民最为接近。甑皮岩遗址居民头骨上的若干"赤道人种"倾向的形态特征，应该看作是继承和发展了我国旧石器时代晚期人类体质特征的结果，未必意味着其他人种的混杂（张银运等，1977）。1993 年，广西民族研究所等单位对甑皮岩遗址的 14 具人骨又进行了测量、鉴定。该鉴定在原 27 项的基础上，增至 94 项，收集了原报告未作测量的肢骨、躯干骨等，得出了与原鉴定不同的结果。认为，14 具人骨中，共 6 例男性、5 例女性，3 例未成年个体因缺少性别确定依据未作年龄鉴定。11 例成年居民的死亡年龄分布是青年 1 例，成年期 1 例，中年期 9 例，平均年龄约为 35.7 岁左右，远低于现代居民，未有寿命能达老年期

（60 岁以上）者，年少夭折者的比率比较高。在身高方面，受材料限制，可估计身高的仅有 6 位，其中 3 位男性居民的平均身高为 161.16 厘米，3 位女性的平均身高为 156.51 厘米。在颅容量方面，女性颅容量平均为 1433.95 毫升，男性平均为 1456.88 毫升，两者颅容量的性差仅为 22.93 毫升。经与其他组群进行比较，认为柳江人与甑皮岩组群之间具有密切的亲缘关系。同时，其他比较结果表明，华南地区与印支地区或者整个亚洲南部地区旧石器时代晚期的居民与该地区的新石器时代居民之间，以及该地区的新石器时代各居民组群之间均有非常密切或密切的亲缘关系（张子模等，1994）。

埋葬习俗方面，不少学者就"屈肢蹲葬"提出了自己的观点。认为，广西新石器时代早期流行的屈肢蹲葬是源于人们日常习惯的蹲踞休息姿势，是"人死而灵魂不死"意识观念影响的结果（覃彩銮，1984）。或认为屈肢蹲葬的真正、直接动因是人类由猿进化而来，猿的休息、睡眠姿势是蹲坐姿势，而早期人类模仿性很强，因此古人类施行屈肢蹲葬是由人类早期的原始生活习性——蹲式睡眠姿势所决定的（张超凡，1990）。或认为，甑皮岩的屈肢蹲葬是由神灵崇拜和祖先崇拜而来的，是仿祖先休息睡眠之蹲姿而葬（周鸿，1990）。或认为屈肢蹲葬在石器时代流行，主要源于其省时、省工、省力。而其周围撒有赤铁矿粉又表明了该葬式受迷信影响（廖国一等，1996）。还有一种观点认为，屈肢蹲葬是人类母系情结和回归母体的一种表现（张子模，1990a；张子模等，1999）。

针对甑皮岩先民头骨上的穿孔现象，也有不少学者发表了自己的看法。有观点认为甑皮岩先民的头骨穿孔并非梅毒或麻风的病菌所蛀蚀，也不是开颅治病，更不是放走灵魂。头骨的凹陷是人为的，但不是"棍棒礼"的习俗，也没有人吃人的现象，同时认为该遗址内先民头骨与骨骼上的伤痕都是人为的（赵平，1998）。大概是部落间的战争导致了颅骨穿孔（周开保，1998）。还有学者认为，这是吸食人脑髓的有力证据，但吸食脑髓并非单纯为了充当食品，更重要的是出于某种宗教上的原因（李锦山，1987）。

（五）地质地貌

有学者对甑皮岩洞穴的发育、文化堆积和钙华板的形成等方面提出了看法。桂林岩溶地质研究所根据洞穴的发育及沉积年代测定结果，推测在更新世晚期（大约距今 15000 年前），甑皮岩附近发育有地表河流，由于岩溶作用的结果，发育了顺层状脚洞。当脚洞抬升了以后，由于洞内滴水，产生了石钟乳和石笋沉积。到了距今 11000 年左右，由于气候变得炎热，滴水量减少，洞内干燥，洞口又向阳，为古人类穴居提供了方便。根据动物群的分析，当时的气候条件比现在暖和，雨量充沛，更接近于现代西双版纳的气候。由于古人类的活动，堆积了文化层，产生了甑皮岩新石器时代文化。到了全新世中期（距今 7500～6600 年左右），由于雨量增加，洪水泛滥，文化层被淹没。洪水退后，洞顶又有大量滴水沿着文化层斜坡面上流淌，造成了较长时间（距今 6600～3000 年左右）片状流水沉积，沉积了钙华板，把文化层很好地封存起来。随着沉积作用的不断进行，地下水位的下降，逐渐形成了下层的溶蚀廊道。在上层洞穴中滴水量减少，只有沿裂隙形成少量的石钟乳和石笋（桂林岩溶地质研究所，1990）。也有人认为，钙华板是在积水的条件下形成的，而这种积水具有静水状态和流水状态交替的特征，水的来源主要是地表水和地下水，顶板和洞壁的透水不是主要的。沉积方式虽以化学沉积为主，但也有机械沉积的夹杂（翁金桃，1981）。

除此之外，还有学者认为甑皮岩晚期文化层的陶片上已有了原始的陶文，晚期陶器上的类似于水波纹一样的刻划符号是象形字"川"字（张树春，1999）。

第三节　2001 年的发掘与研究

一、发掘原因

甑皮岩遗址的再次发掘，经过了长时间的思考与酝酿。遗址保存的现状，科学研究的需要，使甑皮岩遗址的再次发掘成了一件不得不为之，又不得不早为之的事情。

（一）保存现状

桂林是我国高值暴雨区之一，降雨量季节分配不均匀，汛期雨水集中，导致地表及地下河水暴涨。甑皮岩遗址属于脚洞型遗址，地质环境对其影响较大，遗址主要受地质环境水的危害。其危害主要表现在如下几个方面。

第一，地下水上涨浸泡文化堆积。甑皮岩遗址位于峰林平原孤峰中的脚洞型溶洞内，属浅覆盖土层（厚 1～4 米）岩溶峰林平原水支地质结构类型。土层下部基岩及峰林由强岩溶化上泥盆统融县组（D3r）上部泥亮晶砂屑灰岩夹球粒泥晶灰岩组成，加之桂林雨量极为充沛，导致灰岩中溶蚀裂隙、溶洞、地下河较为发育。考古发掘表明，甑皮岩洞穴底部为可溶性较强的石灰岩，岩溶洞穴、管道、裂隙等非常发育，遗址文化堆积相当部分悬空在这些岩溶管道和裂隙之上。目前，遗址中共发育有 6 个冒水洞，分布在矮洞、AT1 东部、DT3 东部、DT5 东隔梁、DT9 中部及水支 T3 等处，冒水洞底部可见水平发育的充水岩溶管道。这些岩溶管道与洞外水塘及水洞地下河相互贯通，且水位随雨枯季而循环涨落。自 1973 年发掘以来，每逢汛期，AT1、DT3、DT5 和 DT9 底部就陆续有地下水通过冒水洞涌入探方。1974 年汛期，遗址受洪水浸泡，致使 DT4、DT5 北隔梁局部崩塌，1998 年 6 月大洪水时，地下水位上涨至离文化层顶面 0.18～0.4 米。文化层下部地下水因雨枯季反复涨落，浸泡、冲刷、掏空了部分文化堆积，导致部分区域的文化层松软、垮塌、下沉。目前遗址中发现的 6 个下部岩溶管道天窗，就是文化堆积被下部岩溶管道水冲刷、掏空、塌陷而形成的，若任其发展下去，崩塌、下沉、掏空现象将会不断扩大加剧，严重危及遗址文化堆积的永久保存及文物安全。

第二，洞顶渗漏滴水危害文化堆积。甑皮岩岩体节理、裂隙多为西高东低的斜向层面节理、裂隙，降水经坡面流经节理、裂隙渗入洞内，并沿倾斜的洞顶裂隙滴淋上部文化堆积，部分隔梁因滴水而剥落、崩塌。1990年，为解决洞顶裂隙渗水问题，甑皮岩遗址博物馆曾用防水水泥砂浆沿顶部裂隙构筑引水槽，将渗漏水排至遗址之外，起到了较好的防水作用。但随着时间的推移，水槽老化，引水管阻塞，原引水槽大部分开裂剥落，已逐渐失去了它的排水功能。

第三，潮湿引起的霉变侵蚀文化堆积。桂林地区空气湿度较大，温度适宜，尤其是春季，微生物繁殖、生长速度快，而地下水的浸泡及洞顶渗漏水的滴淋，无异于雪上加霜，加速了微生物的大量繁殖，黑色斑痕、苔藓及成片泛白的风化病毒在探方表面大面积存在，导致文化遗物霉腐及探方地层霉变。

（二）研究现状

1973～1974年间的发掘简报及相关鉴定结果陆续公布之后，学术界对遗址年代、文化性质、埋葬习俗、家猪饲养、古代环境等问题进行了一系列认真的、富有成效的讨论，成果已如前述。但是，由于发掘时未能很好地判明遗址的地层叠压关系，而1974年之后的发掘资料也没有完整地整理公布，在很大程度上制约了研究工作的深入。该遗址所涉及的一些重要学术课题，如新石器时代早期文化的年代、特征、农业的起源、家猪的饲养等等，依然是争论颇多、悬而未决的问题，严重影响了对该遗址全面、正确的认识和评价。

鉴于以上原因，我们广泛征求了文物主管部门及专家学者的意见，在上报国家文物局并得到批准之后〔考执字（2001）第066号〕（图版二，3），经科学规划、精心准备，于2001年4月再次对甑皮岩遗址进行了发掘，希望通过发掘，理清甑皮岩遗址的地层叠压关系，判明各地层遗迹、遗物的特征及其演变规律，同时将甑皮岩遗址历年发掘出土的自然及文化遗物作进一步的整理、分析与研究，以期全面、客观地反映甑皮岩遗址文化堆积的全貌，认识甑皮岩遗址在中国史前考古学上的价值。另外，与岩溶地质、文物保护等单位密切协作，通过发掘及勘探，了解洞穴的地质构造，判定地下岩溶管道、裂隙的分布及地下河的走向，以便制定切实可行的保护方案，采取有效措施，消解洞顶及地下河水对遗址造成的破坏，全面、妥善地保护这一在中国史前考古学上占有重要地位的国家级文物保护单位。

二、发掘位置

尽管甑皮岩遗址经过较大规模的清理与发掘，但除保留下来的探方隔梁及部分未清理到底的探方外，仍然保留着约70平方米未经近现代任何扰动的原生堆积，对其进行发掘，无疑是省心、省力又容易出成果的事情，但我们未敢冒然进行发掘。原因有三，其一，再次发掘甑皮岩遗址的初衷是本着"保护第一，发掘第二"的原则而展开的，保护是目的，发掘是手段；其二，文物资源不可再生，尤其是南方地区的洞穴遗址，面积本来就小，目前能较好保存下来的遗址更是凤毛麟角，我们希望尽可能多地保留遗址的文化堆积，维持遗址原貌，这是我们义不容辞的责任；其三，学科在不断的进步，理念在不停的更新，发掘技术及手段愈先进，从遗址中提取的文化信息也会越来越多。我们比过去做得好，但后人做的无疑会比我们更好。另外，发掘者，尤其是发掘的组织者个人学术理念及专业素质的高低，也在很大程度上决定着发掘工作的最终成果。我们希望能留下更多的东西，让以后的学者能有机会和条件做进一步的分析与研究。

基于以上考虑，我们把发掘面积控制到了尽可能小的范围内。我们选择发掘的地点是DT3、BT2 和 BT3 的北壁、DT6 的东壁以及 70 年代未清理到基岩的 DT4（图一○；图版七，1~4），发掘总面积约 10.26 平方米。如此选择出于四个方面的考虑：第一，甑皮岩遗址的探方并不是一次布定的，所以探方面积大小不一，平面布局参差不齐。为了尽量将探方隔梁修理规整，我们在 BT2 北壁向北清理宽约 0.7 米，与 DT2 北壁看齐，并将东壁取直；在 BT3 北壁向北清理宽约 0.5 米，大致与 BT2 南隔梁看齐，并将西壁取齐；在 DT3 北壁向西清理了原留下来通往矮洞的台阶，并将北壁剖面进行适当清理，与台阶部分的地层相连；在 DT6 东壁向东清理约 0.3 米；将 DT4 未清理到底的部分清理至基岩。第二，根据我们对2001 年之前甑皮岩遗址出土遗物的整理、摸查，发现陶质较硬，火候较高、饰细绳纹和刻划纹的陶器在大部分探方中都有出土，而陶质疏松、火候较低、夹粗方解石或石英颗粒、饰粗绳纹的陶器，在其他探方中均有发现，惟独不见于 BT3 等探方，说明不同时期人类在洞内的活动范围是不尽相同的，而 DT3、DT4、DT6、BT2 和 BT3 五个探方正好绕遗址呈半圆形分布，通过清理、发掘，既可以验证上述看法，又可发现不同时代的遗物，为甑皮岩遗址的分期提供地层学上的依据。第三，BT2 探方中墓葬集中，且是目前惟一绘制有墓葬平面图的探方，或许有可能在此重新发现墓葬，解决甑皮岩人是平地掩埋还是坑葬的问题。而在 DT6 东壁处，1978 年，为解决石灰岩地区 ^{14}C 年代的异常问题，北京大学历史学系考古专业 ^{14}C 实验室和中国社会科学院考古研究所 ^{14}C 实验室曾在这里采集过测年样品，得出甑皮岩遗址存在两层钙华板，以第二层钙华板为界，可将遗址分为早晚两期的结论（北京大学历史学系考古专业 ^{14}C 实验室等，1982）。第四，选择 DT4 则是因为该探方 70 年代仅下掘0.5 米，对其进行清理，或许可以发现一些遗迹现象，解决遗迹的平面分布问题，同时因其保存面积较大，可以获得较多的文化遗物，为遗址分期提供有力的证据。发掘结果表明，我们的考虑和选择基本上是正确的。

三、发掘方法

遗址发掘严格依田野考古发掘规程进行，此不赘述。

鉴于洞穴遗址特殊的埋藏环境及条件，为了尽可能全面地获取遗址内所保留的文化及自然信息，我们用 0.5 厘米的钢质网筛对清理出的全部原生堆积土进行筛选，将陶片、石片、石块、水陆生动物遗骸等，不论大小，悉数选出，以供分析与研究。

为了解当时人类对植物的利用情况，过完筛的土样被全部保留下来，在发掘工作结束后，用中国社会科学院考古研究所考古科技实验研究中心赵志军博士设计制作的浮选机进行浮选，总共浮选土样 8700 余升。收集浮选（水面漂浮的炭化物）和粗选（沉淀在下部的炭化物或非炭化物）的标本，并拣选筛漏的细小动物遗骸，如鸟类、鱼类等遗骸，供进一步分析研究。

为进行土壤酸碱性、植物孢粉、植物硅酸体的分析与研究，发掘结束后，在每一探方的每一地层均采集了 5×20×5 厘米的土样。同时，在甑皮岩洞口西侧 20 米处的自然堆积层中采集土样 10 个，在独山南 200 米处的大风山东侧山坡的自然堆积层中采集土样 8 个。

由于甑皮岩遗址的特殊情况，无法采用柱状取样法采集螺壳和兽骨标本。所以，只能依据探方各地层的出土标本进行水、陆生动物种类及变化等方面的分析与研究。

上述样品的分析过程及结果，均体现在本书不同的章节之中。

四、发掘结果

通过发掘及筛、浮选，明确了遗址的堆积状况和层位关系，获得了大量地层关系明确的文化和自然遗物，包括陶片、石器、骨器和蚌器等史前人类生活用具、生产工具以及人类食用后遗弃的水、陆生动物遗骸。另发现墓葬 5 座，石器加工点 1 处，取得了重要的学术成果。

在发掘过程中及发掘结束后，委托桂林市测绘院科学、准确地测量并绘制了甑皮岩遗址的保护范围及建设控制地带图。委托中国地质科学院桂林工程勘察院对遗址文化堆积下的岩溶地质构造进行地质雷达探测，并形成探测报告。委托中国地质科学院岩溶地质研究所和广西壮族自治区文物工作队对遗址及周边地区进行水文地质调查。在探测和调查的基础上，由中国地质科学院岩溶地质研究所和广西壮族自治区文物工作队制定了详细的遗址防水保护方案（中国地质科学院岩溶地质研究所等，2002）。

至此，发掘前提出的两个目标——保护与科研——基本上都得以实现。

五、相关说明

这本报告的整理工作始于 2002 年 4 月，内容包括 2001 年及其之前历年发掘及清理过程中发现的文化及自然遗物。

1973～1975 年较大规模的发掘结束后，因各种原因对甑皮岩遗址进行的小范围清理工作一直断断续续的进行着，并且每次清理工作的目的不同，主持人不同，编号方法也完全不同。另外，大部分遗物的标签或霉烂，或因受潮而漫漶不清，或已经遗失。再则，清理工作大部分没有详细的文字、照相或绘图记录。如此种种，给 2002 年的整理工作带来了许多麻烦和困难。几经权衡、比较，我们制定了统一的整理及编号原则，加上对相关报道的解释，一并说明如下。

（一）遗物、遗迹整理

甑皮岩遗址库存遗物大部分已无出土地点和出土层位，有出土层位的也全部标示为"第3层"，因70年代的发掘将全部原生堆积均称为第3层，这些编号已无任何地层学上的意义。所以，本报告的分期全部以2001年发掘时确定的地层叠压关系为基础，以2001年发现的文化遗物的组合及演化规律为标尺。库存陶器，凡特征明显，可以进行归期的，将其纳入相应的期别中，并在不同的期别中予以公布。

库存石器、骨器、蚌器和角器，因无原生层位，时代特征不甚明显，演变规律的细节不易把握，故专列一节（"其他文化遗存"）予以介绍。

甑皮岩遗址1965年试掘时发现了5座墓葬，详细位置已不可考，人类遗骸也在"文化大革命"中遗失。1973年发掘时发现的墓葬数量有不同的说法（赵平，1998），经我们对所能查阅到的有关原始记录的整理，目前可以明确认定的墓葬共23座。这些墓葬已经没有原生的地层关系，尽管部分墓葬有出土时的坐标点，但并不是十分准确，很难把它们归入相应的期别中进行介绍。所以，我们将1973年发现的墓葬制成一个表格（附表四），并将其与库存文化遗物放在同一节中进行介绍。

甑皮岩遗址出土的文化遗物相当丰富，但基于以下两种考虑，我们仅依质地和器类对文化遗物进行描述、说明，而未对各类器物作进一步的型式划分。其一，库存陶片多为器底、腹或口沿残片，完整器物较少，尽管花了相当多的心血进行拼对，终因出土时日已久，成器者不多。2001年的发掘，因面积较小，能复原的完整器物也有限。这些陶片，时代特征明显，演变关系清楚，但其中一部分陶片并不能反映出该类器物的整体特征，煞费苦心地进行分型、分式，未必能反映出什么文化上的意义。其二，文化遗物中包括了大量的打制石器，这些打制石器大部分取材于天然的河滩砾石，从外部形态上看，厚薄不一，形态各异，件件不同，难以确立统一的划分标准；从制作方法上看，加工方法简单，以单面打制为主。如砍砸器，很难从外部形态的特征和加工方法上进行型式划分，勉强为之，反而容易把问题复杂化。实事求是地说——仍以砍砸器为例，我们目前的划分（单边直刃、单边弧刃等）也流于形式，只是为了描述上的方便。直刃或弧刃，可能只是史前人类在加工石器时无意识留下的器物特征，并不表示它们在使用功能上有什么差别。

桂林地区经科学发掘的史前遗址较少，甑皮岩是其中工作做得最多、出土遗物最丰富的一个遗址。如上所述，遗址中出土的陶器大部分难以复原，很难判断器物的整体形态，所以，甑皮岩遗址陶片的分类、定名大体上是参照湖南地区的同类器而作出的判断，管中窥豹，难免会有偏差。对没有参照物，又实在难以做出判断的陶片，我们注明为"未定名器"，单独进行描述，供研究者确定其完整的器物形态及合理的器物名称。

（二）器物编号

2001年甑皮岩遗址第二次发掘前，我们首先对库房中保存的历年出土遗物进行了梳理，发现库存遗物存在着几个方面的问题。第一，大部分遗物出土年月不详；第二，编号凌乱，除探方名称外，尚有"洞内右堆积"、"洞外右堆积"、"洞外左堆积"、"C区"等字眼；第三，大部分遗物无出土单位，无探方号；第四，有探方号而无地层号；第五，偶尔保留有探方号和地层号的遗物，均记录为第3层；第六，一部分遗物保存在桂林市博物馆，已不属甑皮岩遗址博物馆藏品。为了区别2001年之前的遗物，我们制定了统一的编号原则。

1.2001年出土遗物抬头均略写为"2001GGZ"（"GGZ"表示广西-桂林-甑皮岩）。为节约篇幅，报告行文及表格中均略去该略写。

2.2001年出土遗物，依遗物出土的探方和地层统一编号，如DT4㉛:001～00X、DT6⑯:001～00X……，均涵盖了该层出土的不同质材的所有文化遗物。

3.库存的无出土单位和探方号的文化遗物，不考虑出土时间，均冠以"K"（库存遗物）字，依不同质材（石器、骨器、蚌器、陶器）分别编号。如石器编号为"K:001～K:00X"；陶器编号为"K:001～K:00X……"。

4.库存的有出土单位、探方号和探方地层的文化遗物，不考虑出土时间和出土地层，均在出土单位和探方号之前冠以"K"字，依不同出土单位、不同探方和不同质材（石器、骨器、蚌器、陶器）分别编号。如DT3出土遗物，石器编号为"KDT3:001～KDT3:00X"；陶器编号为"KDT3:001～KDT3:00X……"；DT5出土遗物，石器编号为"KDT5:001～KDT5:00X"；陶器编号为"KDT5:001～KDT5:00X……"；矮洞口出土遗物，石器编号为"K矮洞口:001～K矮洞口:00X"；陶器编号为"K矮洞口:001～K矮洞口:00X……"等等。

5.保存于桂林市博物馆的文化遗物，种类有陶器、石器和骨器三类，包括无出土单位、探方号和有出土单位、探方号和探方地层两种情况，其编号规则与甑皮岩遗址博物馆库存文化遗物相同，但在前面冠以"SBK"（"市博物馆库藏"），以与甑皮岩遗址博物馆库藏文物相区别。

（三）相关报道

本报告是目前对甑皮岩遗址最全面、最客观的阶段性总结。2001年之前以报告形式正式公布的是1973～1974年间的发掘资料（广西壮族自治区文物工作队等，1976）。对此，我们已在前面进行了说明。2001年的发掘资料曾在《中国文物报》上进行过报道（傅宪国等，2002）。因各种原因，该报道中的部分数据并不准确。另外，因一时理解不透，把握不准，在报道中将史前时期的文化遗存分为四期，其中第二期被分为前、后两段。在报告中我们把史前时期的文化遗存调整为五期，将第二期前段调整为第二期，第二期后段调整为第三期，原第三期调整为第四期，依此类推，但各期所包含的地层关系并未改变。要特别地感谢张忠培先生，调整的建议是先生提出来的。之前，我们确实一直受困于此，不知所措。总之，凡该报道中与本报告相悖的地方，均以本报告为准。

第三章　地层堆积

　　洞穴遗址，尤其以螺壳为主要堆积的洞穴遗址，其地层叠压关系普遍比较复杂。甑皮岩遗址地层起伏较大，各地层在探方中的分布也很不均匀，加上甑皮岩遗址 2001 年发掘的探方面积较小，分布较零散，所以，不同探方的地层均独立为序，地层序号均自上而下编排，代表各探方的自然堆积层次。发掘表明，甑皮岩遗址堆积最厚处达 3.3 米，地层变化相当复杂，自然堆积层次最多达 32 层。大致以主洞中部近洞口处为中心，地层堆积向西、北及东等方向倾斜，如位于洞穴左侧的 DT3、DT4，地层堆积大体自东向西倾斜；位于洞穴后部的 DT6 地层堆积大体自南向北倾斜；位于洞穴右侧的 BT2、BT3，地层大体自西向东倾斜。

　　现以 2001 年发掘的 BT2、BT3、DT3、DT4、DT6 五个探方的剖面为例予以说明。

第一节　BT2 地层堆积

　　位于主洞中部右侧，其西为 DT2，南为 BT1，东南为 BT3。1973 年首次进行发掘，面积 2.7×2 平方米。未清理到底。发现"用火遗迹"1 处，墓葬 7 座（BT2M1～M7）。所谓"用火遗迹"已在第二章第二节作了说明。7 座墓葬因出土层位不清，年代已难准确认定。

　　因该探方北壁与 DT2 北壁不在一条直线上，所以，我们沿北壁向北清理，与 DT2 北壁取齐，并将东壁取直。该探方清理面积长约 2.7、宽约 0.7 米，总面积约 1.89 平方米。在第 12 层下发现了 M8（依 1973 年墓号续编。下同），在第 14 层下发现了 M9，坑壁均非常清楚。70 年代发掘时均未清理出墓坑，且人骨大部分已起取，为了保存这两座墓葬，未继续向下清理（图一八；图版八，1）。

　　第 1 层：黄色土，厚 10～32 厘米。质地疏松，含大量不规则的、表面风化且呈灰白色的石灰岩石块及少量石灰碎屑。因洞顶石灰岩风化飘落，层面呈灰白色。地层自西向东、自南向北倾斜。文化遗物包括现代瓦片、宋代瓷片和少量打制砍砸器。

　　第 2 层：褐色土，厚 6～10 厘米。质地疏松，含极少量石灰岩碎块、石灰碎屑及较多的木炭碎屑。出土文化遗物较少，仅见少量宋代瓷片。

　　第 3 层：灰褐色黏土层，厚 4～9 厘米。表面坚硬平整，成分层的路土状，含少量红烧土颗粒，应是经人长期踩踏而形成的。文化遗物包括较多的宋代瓷片和极少量夹砂细绳纹陶片。

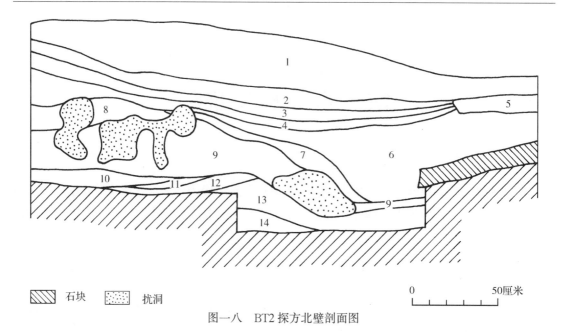

石块　　　　扰洞　　　　　0　　　　　50厘米

图一八　BT2探方北壁剖面图

第4层：灰黄色土，厚4～21厘米。表面坚硬平整，呈可成层剥离的路土状，表明人类入住时曾对地表进行过修整。文化遗物包括较多的宋代瓷片和少量夹砂细绳纹陶片。

第5层：钙华板层，仅残存于东北角，南北宽45、东西长50、厚2～8厘米。未见文化遗物。从水平深度上来看，其直接叠压在第1层下，西与第2层相接，第3、4两层东端低于钙华板，这种状况是因为第2、3、4层下沉而形成的。钙华板原应直接覆盖在第6层上，其形成时间应在第4层之前，说明第4层堆积的主人（宋代人）来此居住时，曾将此前形成的钙华板打去，并对地表进行修整，形成了一层居住面。

第6层：灰黄色土，厚0～40厘米。主要分布在东北角，自南向北、自西向东倾斜，以东北角为最厚。该层下东北角为一厚约12厘米的大石板。包含较多完整的螺壳。文化遗物较多，包括细绳纹陶片、刻划纹陶片、罐、盘口釜、盆、钵、支脚以及石锤、砍砸器等。

第7层：灰白色土，厚0～10厘米。分布在中部，含少量红土块及螺壳。文化遗物较少，包括细绳纹陶片、戳印纹陶片、刻划纹陶片以及骨针等。

第8层：灰黄色土，厚0～12厘米。主要分布在西北角，含少量兽骨、螺壳，被两个横向扰洞打破，可能是啮齿类动物所为。文化遗物较少，仅见细绳纹陶片和支脚等。

第9层：灰白色土，厚17～28厘米。质地纯净，细腻，夹部分红土碎屑，部分区域胶结钙化呈块状。存在5个或横向或竖向的扰洞，可能是啮齿类动物所为。仅见极少量夹砂粗绳纹陶片。

第10层：黄色黏土层，厚0～10厘米。仅分布在西北角，质地较密实，含少量炭屑及红土、灰白土。文化遗物极少，仅见少量夹砂粗绳纹陶片。

第11层：灰白色土，厚0～4厘米。含红土碎屑，仅分布在西北角。未见文化遗物。

第12层：灰黄色土，厚0～8厘米。含少量红土碎屑和灰白土，仅分布在西北部。文化遗物极少，仅见少量夹砂粗绳纹陶片。该层下发现M8，为保留墓葬，该区域未继续向下发掘。

第13层：灰白色土，厚12～16厘米。含少量分散的红土块，底部为红色土，质地纯净、细腻，部分区域较硬，胶结呈块状。仅见少量夹砂粗绳纹陶片。

第14层：灰黄色土，厚0～12厘米。夹少量灰白土，质地疏松，纯净，不含螺壳，仅见部分夹砂粗绳纹陶片和骨锥等。该层下发现M9，为保留墓葬，未继续向下发掘。

依地层叠压关系及出土文化遗物的变化，上述地层中，第14～9层属甑皮岩遗址第四期文化遗存；第8～6层属甑皮岩遗址第五期文化遗存；第5层为史前人类离开甑皮岩后形成的钙华板；第4～2层属宋代文化遗存；第1层为近现代堆积（表三）。

第二节　BT3地层堆积

位于主洞右侧，其东为水支T3，西北为BT2，西为BT1。1974～1975年发掘。形状不规则，面积约2×2.6（最宽处）平方米。出土遗物丰富，包括细绳纹陶片、刻划纹陶片、支脚、磨制石器、骨器、角器等，并发现墓葬1座（BT3M1）。

为了解接近水洞位置的地层堆积及不同时期地层及遗物的分布范围，决定在原BT3探方的北壁向北扩方，直至与BT2探方南壁取直，并将西壁和东壁取直。清理东西长2.7、南北宽约0.5米，总面积约1.35平方米（图一九；图版八，2）。

第1层：黄色土层，厚8～31厘米。质地疏松，含大量不规则的、表面风化且呈灰白色的石灰岩石块。因洞顶石灰岩风化飘落，该层层面呈灰白色。地层自西向东、自南向北微倾斜。文化遗物包括宋代瓷片和少量夹砂细绳纹陶片、刻划纹陶片、泥质陶片等。

第2层：黄褐色黏土，厚0～19厘米。质地较纯净，不含石灰岩石块，主要分布在东北角。文化遗物包括宋代瓷片及夹砂细绳纹陶片、刻划纹陶片、戳印纹陶片、盘口釜等。

第3层：灰白色土，厚0～4厘米。较薄，质地疏松，较纯净，仅分布在东北角。未见文化遗物。

第4层：灰黄色土，厚0～12厘米。仅分布在东部，含少量石灰岩石块。文化遗物包括宋代瓷片和夹砂细绳纹陶片、刻划纹陶片。

第5层：钙华板层，厚0～10厘米。西部较厚，自西向东渐薄，部分区域不连贯，中部未见。未见文化遗物。

第6层：黄色黏土，厚0～12厘米。质地纯净，疏松，不含螺壳。文化遗物较多，包括敞口罐、盘口釜、钵、支脚等，纹饰有细绳纹、刻划纹、捺压纹、戳印纹和弦纹等。

第7层：灰黄色土，厚0～9厘米。含较多螺壳，仅分布在北部。文化遗物较多，包括敞口罐、高领罐、盘口釜、钵、支脚等，纹饰有细绳纹、刻划纹、捺压纹、戳印纹、弦纹和

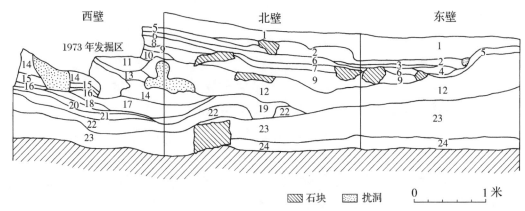

图一九　BT3 探方剖面图

扁草纹等，另外还有少量灰白陶、素面陶和骨器。

　　第 8 层：灰黄色黏土层，厚 0～15 厘米。含少量螺壳，主要分布在探方西北角。文化遗物包括盘口釜、钵、圈足盘以及陶片等，纹饰有细绳纹、刻划纹、弦纹等，另外还有少量灰白陶片。

　　第 9 层：浅黄褐色黏土层，厚 0～28 厘米。含较多螺壳，部分区域含天然不规则石灰岩石块。文化遗物较多，包括敞口罐、高领罐、盘口釜等，纹饰有刻划纹、细绳纹等，另外还有少量灰白陶片。

　　第 10 层：灰黄色土层，厚 0～11 厘米。含少量螺壳，仅分布在探方西北角。未见文化遗物。

　　第 11 层：浅灰黄色土层，厚 0～20 厘米。含少量螺壳及较多兽骨，仅分布在探方西北部。文化遗物较少，包括敞口罐、盘口釜、支脚等，纹饰有细绳纹、刻划纹和扁草纹等。

　　第 12 层：灰黄色黏土层，厚 0～53 厘米。含较多螺壳。出土文化遗物较多，包括敞口罐、盘口釜、钵、磨制石锛、骨铲、骨锥等，陶器纹饰有细绳纹、刻划纹、戳印纹、扁草纹等。在西北角发现横向扰洞一个，可能为啮齿类动物所为。

　　第 13 层：灰黄色土，厚 0～13 厘米。含少量螺壳、兽骨，分布在探方西北角。仅见极少量细绳纹碎陶片。

　　第 14 层：灰白色土层，厚 0～32 厘米。夹红色土，质地纯净、细腻，部分区域胶结坚硬，不含螺壳、兽骨。未见文化遗物。西南部发现扰洞一个，深至第 16 层。

　　第 15 层：灰黄色土层，厚 0～13 厘米。不含螺壳，仅分布在西部。未见文化遗物。

　　第 16 层：灰黄色土层，厚 0～6 厘米。含少量灰白色及红色土碎屑，仅分布在西部。未见文化遗物。

　　第 17 层：黄色土层，厚 0～21 厘米。夹少量灰白土，质地纯净，不含螺壳，仅分布在西北角。未见文化遗物。

　　第 18 层：灰白土，厚 0～9 厘米。夹少量黄土，质地纯净、细腻，部分胶结，较坚硬，仅分布在探方西部。未见文化遗物。

第19层：灰黄色土层，厚0～28厘米。质地纯净，不含螺壳，分布在探方西北部。仅见少量细绳纹、刻划纹碎陶片及骨锥。

第20层：红色土层，厚0～8厘米。夹少量灰白土。质地纯净，不含螺壳，部分区域胶结，较坚硬，分布在探方西部。未见文化遗物。

第21层：灰黄色土，厚0～12厘米。含少量螺壳，分布在探方西部。未见文化遗物。

第22层：灰白色土，厚0～20厘米。夹少量灰黄色土，含少量螺壳，分布在探方西北部。未见文化遗物。

第23层：黄色土，厚18～66厘米。含少量螺壳和石灰岩石块，在探方中分布较均匀。文化遗物较少，仅见少量细绳纹、刻划纹陶片及打制石器。

第24层：灰黄色土，厚0～18厘米。不含螺壳，部分区域胶结，在探方中均匀分布。文化遗物极少，仅见极少量细绳纹碎陶片。

依地层叠压关系及出土文化遗物的变化，上述地层中，第24～6层属甑皮岩遗址第五期文化遗存；第5层为史前人类离开甑皮岩后形成的钙华板；第4～2层属宋代文化遗存；第1层为近现代堆积。该区域未见第五期之前的文化遗存（表三）。

第三节　DT3地层堆积

位于主洞左前侧，其右为DT1，北为DT4，西接矮洞。该探方1973～1974年已发掘，面积约3.4×1.5平方米，未清理到底。发现陶器、石器及打制石器等。在东北角发现墓葬1座（DT3M1）。探方北部偏东有一岩溶管道天窗，每年雨季地下河水上涨对地层堆积造成较大破坏。

在DT3探方的西南角留有一宽30厘米的阶梯，故先清理该台阶处堆积。在DT3北壁向西清理了原留下来通往矮洞的台阶，并清理北壁剖面，与台阶部分的地层相统一，清理面积约2.5×0.4平方米。地层堆积总体上自东向西倾斜（图二〇）。

第1层：灰黄色土，厚0～9厘米。含石灰岩碎屑，为现代填土层。

第2层：灰黄土，厚0～14厘米。含少量螺壳。该层大部分已于1973年掘去，仅在西北部有少量留存。

第3层：灰白胶结层，厚0～9厘米。该层大部分已于1973年掘去，仅在北壁西端有少量分布。

第4层：灰白色土，厚4～36厘米。含少量螺壳。文化遗物包括敞口罐、夹砂粗、中绳纹陶片以及打制石器等。

第5层：灰黄色土，厚0～10厘米。质地疏松，纯净，含极少量螺壳，仅分布在西北角。文化遗物较少，仅见少量夹砂粗绳纹陶片。

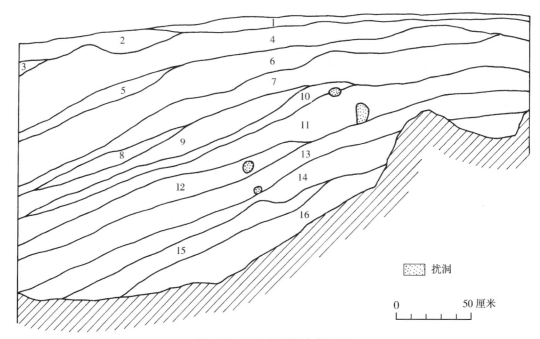

图二〇　DT3北壁探方剖面图

第6层：灰白色土，厚0～28厘米。含少量螺壳。文化遗物包括夹砂粗绳纹陶片、磨制骨针、骨锥等。

第7层：灰白色土，厚4～21厘米。部分区域胶结严重。未见文化遗物。

第8层：灰黄色土，厚0～9厘米。含少量螺壳。文化遗物仅见少量夹砂粗绳纹陶片。

第9层：黄色土，厚0～18厘米。含较多螺壳。未见文化遗物。

第10层：灰白色土，厚0～10厘米。不含螺壳。仅见少量夹砂粗绳纹陶片。东侧底部发现斜向扰洞一个。

第11层：灰白色土，厚6～28厘米。含较多螺壳。文化遗物较少，仅见敞口罐两件及少量夹砂粗绳纹陶片。东侧发现横向扰洞一个。

第12层：灰白色土，厚0～16厘米。含极少量螺壳。文化遗物包括敞口罐及夹砂粗绳纹陶片、石锤、骨针等。发现横向扰洞一个。

第13层：灰黄色土，厚11～21厘米。含少量螺壳。文化遗物极少，仅见少量夹砂粗绳纹陶片。发现横向扰洞一个。

第14层：灰白色土，厚4～20厘米。含较多螺壳。仅见少量夹砂粗绳纹陶片及砾石打制石器。

第15层：灰黄色土，厚0～16厘米。含少量螺壳。仅见少量夹砂粗绳纹陶片。

第16层：灰白色土，厚12～25厘米。含少量螺壳。仅见少量夹砂粗绳纹陶片。

依地层叠压关系及出土文化遗物的变化，上述地层中，第16～6层属甑皮岩遗址第三期文化遗存；第5～4层属甑皮岩遗址第四期文化遗存；第3～2层时代不详；第1层为近现代堆积（表三）。

第四节　DT4地层堆积

位于主洞左侧，其北为DT5、南为DT3、西为矮洞口、东为DT2。面积2.5×2.1平方米。该探方上部及西隔梁上部60厘米已于1973～1974年发掘时掘去。发现夹砂细绳纹陶片、刻划纹陶片、打制石器、象牙等文化和自然遗物。本次发掘在原发掘面上向下清理，并将探方四壁剖面进行了适当的修整和清理（图二一A、B）。

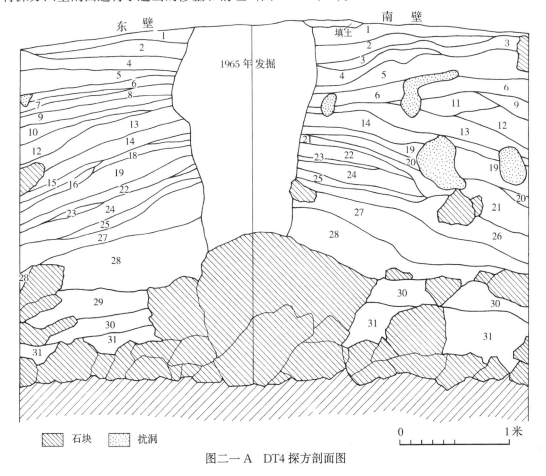

图二一A　DT4探方剖面图

第1层：灰黄土，厚0～22厘米。含较多现代碎石片，为1973年修筑防空洞和发掘时所留下的现代堆积。

第2层：灰黄土，厚0～17厘米。质地纯净，不含螺壳，较疏松。已于1973年掘去。但在清理南隔梁剖面时发现盘口釜碎片及夹砂细绳纹和刻划纹陶片。

第3层：灰白色土，厚0～12厘米。质地纯净，较疏松。已于1973年掘去。在南隔梁清理少量堆积，但未见文化遗物。

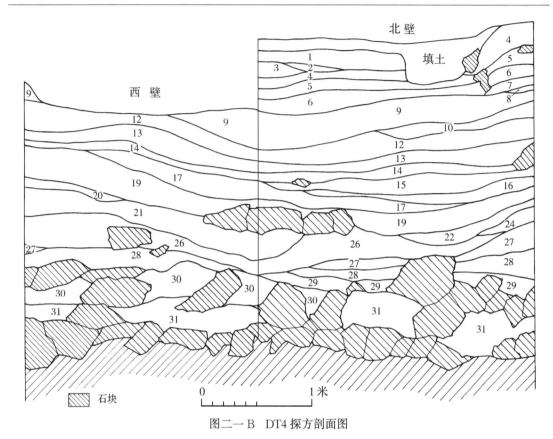

图二一 B　DT4 探方剖面图

第 4 层：灰褐色。厚 0～27 厘米。已于 1973 年掘去。在南隔梁清理少量堆积，但未见文化遗物。

第 5 层：灰色土，厚 4～26 厘米。疏松，出土石器、螺壳等。在南隔梁清理少量堆积，文化遗物包括敞口罐、夹砂粗绳纹陶片等。

第 6 层：灰白色土，厚 5～19 厘米。质地疏松，在探方东南角清理少量堆积，仅见少量夹砂粗绳纹陶片。

第 7 层：灰白色土，厚 0～9 厘米。夹红土碎粒，仅分布在探方东南角，已于 1973 年掘去。在南隔梁清理少量堆积，但未见文化遗物。

第 8 层：灰白色土，厚 0～10 厘米。已于 1973 年掘去。在南隔梁清理少量堆积，但未见文化遗物。

第 9 层：灰色土层，厚 0～34 厘米。自南向北倾斜，质地疏松，出较多兽骨。文化遗物较多，包括敛口釜、敞口罐、夹砂粗绳纹陶片及砾石石锤。

第 10 层：灰白色土层，厚 0～14 厘米。质地疏松，自南向北倾斜，南薄北厚。文化遗物包括敞口罐及夹砂粗绳纹陶片。

第 11 层：灰色螺壳层，厚 0～18 厘米。主要分布在探方东南部，含螺壳较多，自南向北倾斜，南厚北薄，至北壁逐渐尖灭。文化遗物较少，仅见夹砂粗绳纹陶片。

第12层：灰色土层，厚0～24厘米。质地疏松，较潮湿，含兽骨较多。文化遗物包括敞口罐、高领罐及夹砂粗绳纹陶片。在该层下发现用火遗迹一处（编号DT4灶1）。该用火遗迹位于DT4中部，由两块不规则大石块和三块不规则小石头围成三角形，附近发现陶器2件，饰粗绳纹，器表有较多烟炱，器已破碎，陶器周围发现较多木炭屑、兽骨、鱼骨、螺壳等，未见红烧土痕迹。

第13层：灰色土层，厚4～20厘米。含螺壳较多，质地疏松，主要分布在探方西部。文化遗物包括敞口罐、高领罐及夹砂粗绳纹陶片。

第14层：灰白色土层，厚4～18厘米。含螺壳较少，自南向北倾斜。文化遗物包括敞口罐及夹砂粗绳纹陶片。在南壁附近发现互相串联的扰洞，部分深入至第21层。

第15层：灰色螺壳层，厚0～18厘米。含较多螺壳。自南向北倾斜，出较多兽骨及夹砂粗绳纹陶片。文化遗物包括敞口罐及夹砂粗绳纹陶片以及骨锥、穿孔蚌器等。

第16层：灰白色土，厚0～12厘米。质地疏松，纯净，不含螺壳，在探方近东北部分分布较厚，向西、向北渐薄，至西北角消失。文化遗物包括敞口罐及夹砂粗绳纹陶片。

第17层：灰褐色土，厚0～20厘米。含较多螺壳，自南向北倾斜，南薄北厚。文化遗物包括敞口罐、夹砂粗绳纹陶片以及砍砸器、鱼镖等。

第18层：灰白色，厚0～6厘米。下为红色，仅分布在探方东部。文化遗物包括敞口罐、夹砂粗绳纹陶片及骨锥等。

第19层：灰白色土，厚4～32厘米。含少量螺壳。文化遗物包括敞口罐、夹砂粗绳纹陶片、少量砍砸器及骨针。

第20层：灰黄色土，厚0～9厘米。质地纯净，不含螺壳。文化遗物仅见夹砂粗绳纹陶片及骨针等。

第21层：灰白色土，厚0～34厘米。南部较薄，北部、西部较厚，中部以北含较多螺壳，螺壳大，但易碎。文化遗物包括敞口罐、夹砂粗绳纹陶片及骨锥等。

第22层：灰黄色土，厚0～13厘米。主要分布在东南角，自东南向西、向北倾斜。文化遗物包括敞口罐、夹砂粗绳纹陶片及骨器、蚌器等。

第23层：灰白色土，厚0～4厘米。较薄，部分区域厚仅2厘米，在探方南壁东段可见该层堆积，至中部消失。文化遗物包括敞口罐、夹砂粗绳纹陶片及骨锥等。

第24层：灰黄色土，厚0～16厘米。含少量螺壳，自东南角向西北角倾斜。文化遗物包括敞口罐、夹砂粗绳纹陶片以及较多的骨器、蚌器。

第25层：灰白色土，厚0～9厘米。部分区域含较多螺壳，在探方中分布不均匀，仅在南壁东段及东壁隔梁上可见该层堆积。文化遗物较少，仅见少量夹砂粗绳纹陶片及砍砸器、石锤。

第26层：灰黄色土，厚0～35厘米。含少量螺壳。出土文化遗物较多，包括敞口罐、夹砂粗绳纹陶片以及砍砸器、石锤、骨锥、蚌器等。

第27层：灰白色土，厚0～39厘米。含少量螺壳。文化遗物包括夹砂粗绳纹陶片、刻划纹陶片及较多骨器。

第28层：灰黄色土，厚0～52厘米。较厚，含较少螺壳。出土文化遗物较多，包括敞口罐、夹砂粗绳纹陶片、刻划纹陶片及数量众多的砾石砍砸器、石锤、半成品、石片等。

第29层：灰褐色土，厚0～26厘米。含碎螺壳。出土文化遗物较多，包括敞口罐、夹砂粗绳纹陶片、刻划纹陶片及数量众多的砾石砍砸器、石锤、半成品、石片等。

第30层：灰褐色，厚0～36厘米。仅分布在探方东北角，含少量碎螺壳。出土文化遗物较多，包括少量陶片碎末及数量众多的砾石砍砸器、石锤、半成品、石片等。

第31层：棕红色土，厚36～67厘米。黏性较大，含较多兽骨。出土文化遗物较多，包括少量陶片碎末及数量众多的砾石砍砸器、石锤、半成品、石片等。

依地层叠压关系及出土文化遗物的变化，上述地层中，第31～30层属甑皮岩遗址第一期文化遗存；第29～28层属甑皮岩遗址第二期文化遗存；第27～16层属甑皮岩第三期文化遗存；第15～5层属甑皮岩第四期文化遗存；第4～2层属甑皮岩第五期文化遗存；第1层为近现代堆积（表三）。

第五节　DT6地层堆积

位于主洞后部，其南为DT2，西为DT5，北为DT7。1973～1974年发掘，文化遗物包括细绳纹陶片、刻划纹陶片、夹砂粗绳纹陶片、打制石器等。1979年，中国社会科学院考古研究所^{14}C实验室和北京大学历史学系考古专业^{14}C实验室在此探方东侧采样，进行测年分析；1983年地质矿产部岩溶地质研究所在探方东侧采样作孢粉分析。本次发掘沿东壁向内清理2.4×0.3平方米。堆积全位于钙华板下（图二二；图版八，3）。

第1层：胶结坚硬的钙华板，质纯，厚17～32厘米。

第2层：胶结坚硬的钙华板含螺壳堆积。厚2～60厘米。因其下未钙化胶结堆积下陷，形成一宽0～18厘米的裂隙。

第3层：灰黄色土，厚0～17厘米。质疏松，含较多螺壳、石块，因接近钙华板，部分已胶结。出土少量陶片、兽骨。该层层面上发现少量宋代瓷片，应为宋代时期，人类打掉前部钙华板后，晚期遗物沿钙华板与史前地层间的裂隙流入钙华板下的后代遗物。

第4层：灰黄色土，厚0～16厘米。土质、土色与第3层大致相同，但含螺壳较少。出土夹砂细绳纹陶片、刻划纹陶片等。

第5层：灰黄色土，厚0～18厘米。仅分布在南部，质地疏松，含较多螺壳。仅见少量泥质陶片。

第6层：黄色土，厚8～36厘米。质地疏松，含少量螺壳。出土少量夹砂粗绳纹陶片。

第7层：层面有一层极薄的胶结层，黄色土，厚0～10厘米。质地较致密，黏性较强，

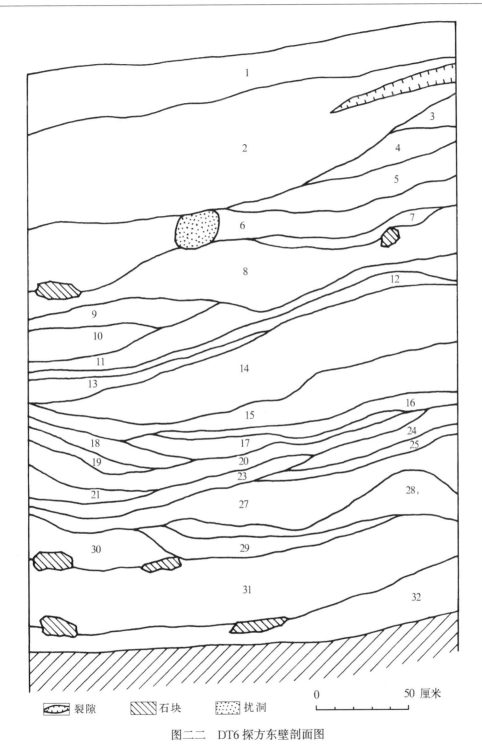

图二二　DT6 探方东壁剖面图

土纯，基本不见自然及文化遗物。

第 8 层：灰白色土，厚 8~36 厘米。夹杂少量黄土，土质疏松，黏性差，堆积自南向北倾斜，南端含螺壳较少，北端含螺壳较多。文物遗物包括夹砂粗绳纹陶片。

第9层：灰白色钙化层，厚0～15厘米。主要分布在北端，含螺壳较多，有少量兽骨，胶结较硬。出土少量陶片。

第10层：灰色土，厚0～18厘米。轻微胶结，主要分布在北端，含螺壳较多，分布范围较小，无文化遗物。

第11层：灰黄色土层，厚4～17厘米。自南向北倾斜，南、北两端堆积较薄，中间堆积较厚。出土夹砂粗绳纹陶片、打制石器等。

第12层：灰白色土，厚2～8厘米。轻微胶结，较薄，质地纯净，出土少量夹砂粗绳纹陶片。

第13层：灰黄色土层，厚0～13厘米。质疏松，含较多螺壳、兽骨及夹砂粗绳纹陶片。

第14层：灰白土，厚0～38厘米。较厚，有一定黏性，含较多炭粒，北部有少量螺壳，陶片也多发现在北部。

第15层：灰黄色土层，厚4～27厘米。质地疏松，含少量螺壳、兽骨及较多夹砂粗绳纹陶片等。主要分布在南端，北部较薄，南部较厚。

第16层：灰白色土，厚0～8厘米。黏性较大，层面已轻微钙化，胶结成块状，质纯，基本不见螺壳、兽骨和陶片。

第17层：灰黄色土，厚0～10厘米。含螺壳、兽骨及少量陶片等。

第18层：灰白色螺壳层，厚0～12厘米。螺壳少且碎。部分区域胶结坚硬。文化遗物包括夹砂粗绳纹陶片、打制石器等。

第19层：黄色土，厚0～7厘米。含螺壳较多，螺壳大且完整。出土夹砂粗绳纹陶片。

第20层：灰白色土层，厚0～16厘米。螺壳少且碎。未见文化遗物。

第21层：灰黄色螺壳层，厚0～18厘米。螺壳较多。出土较多夹砂粗绳纹陶片。

第22层：钙化胶结层，厚0～15厘米。部分地方胶结严重，部分仅轻微钙化，东壁不见该层堆积，仅在北壁可见少许堆积。

第23层：灰黄土，厚0～8厘米。含极少量碎螺壳。出土少量粗绳纹陶片。

第24层：灰白色土，厚0～11厘米。含少量螺壳，主要分布在南部。出土夹砂粗绳纹陶片、打制石器及磨制穿孔蚌器等。

第25层：灰黄土，厚0～6厘米。含少量螺壳。出土打制石器和夹砂粗绳纹陶片等。

第26层：主要分布在北部，为钙化胶结层，厚0～6厘米。部分区域胶结严重。无自然及文化遗物。部分区域为大石块堆积。

第27层：灰白色土，厚4～32厘米。含螺壳及较多兽骨，文化遗物包括夹砂粗绳纹陶片、打制石器等。

第28层：黄色土，厚0～23厘米。极黏湿，出较多兽骨及打制石器。尤其重要的是，出土1件夹粗砂陶器，灰褐色，敞口、斜直壁，圜底，与大岩遗址第三期所出相同。

第 29 层：灰黄色，厚 0～11 厘米。质地疏松，不含螺壳。出土打制石器等。

第 30 层：灰白色钙化胶结堆积，厚 0～20 厘米。仅见于北部。

第 31 层：灰黄色螺壳层，厚 16～35 厘米。出土打制石器、磨制骨锥等。

第 32 层：黄色土，厚 0～29 厘米。含少量碎螺壳。出土打制石器、磨制骨锛等。

依地层叠压关系及出土文化遗物的变化，上述地层中，第 32～28 层属甑皮岩遗址第一期文化遗存；第 27～25 层属甑皮岩遗址第二期文化遗存；第 24～12 层属甑皮岩遗址第三期文化遗存；第 11～6 层属甑皮岩第四期文化遗存；第 5～3 层属甑皮岩第五期文化遗存；第 2～1 层为史前人类离开甑皮岩后形成的钙华板（表三）。

表三　甑皮岩遗址探方分期对照表

层位期别\探方	DT3	DT4	DT6	BT2	BT3
第一期		31～30	32～28		
第二期		29～28	27～25		
第三期	16～6	27～16	24～12	发现墓葬未下掘	
第四期	5～4	15～5	11～6	14～9	未见五期以前堆积
第五期	3～2（?）	4～2	5～3	8～6	24～6
钙华板			2～1	5	5
宋　代				4～2	4～2
近现代	1	1		1	1

第四章　文化分期及特征

甑皮岩遗址文化堆积深厚，文化内涵丰富。依据地层叠压关系及出土文化遗物的特征，可将甑皮岩遗址分为史前和宋代两大时期，其中，史前文化遗存可分为五期。

史前时期文化遗迹包括石器加工场所 1 处，用火遗迹 1 处，墓葬 26 座；史前文化遗物包括陶制品 439 件（另有未定名器 45 件）以及大量的陶器碎片，石制品 5333 件（包括石器 841 件，半成品 233 件，余为石器加工过程中截断的石块及剥离下来的石片和碎屑）（附表一），原生砾石 353 件，骨制品 262 件（其中骨器 211 件，骨器加工过程中产生的骨料及残次品 51 件）（附表三），角制品 14 件，牙制品 3 件，蚌制品 76 件。宋代文化遗迹包括居住面 1 处，墓葬 1 座以及 61 件可辨认器形的陶瓷器和 104 件陶瓷碎片。

以下分节介绍各时期文化遗存的内涵及特征。

第一节　第一期文化遗存

遗迹发现石器加工场所。遗物包括陶制品、石制品、骨制品、角制品、牙制品以及蚌制品。

一、遗　迹

发现石器加工场所 1 处（DT4 第 31 层）。在该层共发现石制品 2086 件，其中石锤 47 件，棒形石凿 10 件，砍砸器 124 件，切割器 34 件，尖状器 7 件，穿孔石器 1 件，半成品 59 件，石块、石片和碎屑 1804 件（附表一），另外还发现了无任何人类加工痕迹的天然砾石 194 件（其中可制作砾石石器的 5 件，可作为石凿的棒形砾石 5 件，余均为较小的圆或椭圆形小砾石）。根据考古学通用的分类原则以及实验考古学的分析与研究结果（本书第七章第二节），上述石制品中，石锤和棒形石凿为石器加工工具；砍砸器和穿孔石器为经过第二次加工的石核石器；切割器和尖状器为有第二次加工痕迹的石片石器；半成品为已经打制成形但无第二次加工痕迹的石制品；石块、石片和碎屑为石器加工过程中产生的废料；至于那些圆或椭圆形的小砾石，不适宜用来加工石器或作为石器加工工具，其中有不少为石英质小砾石，参照第一期陶器中的羼和料成分，这些石英质小砾石很可能是作为陶器的羼和料而采集回来的，其他质地的小砾石则可能是人们在拣选砾石时无意带回的，也可能是随成年人一起去漓江采集石器原材料的儿童自己采回的玩物。

上述文化内涵涵盖了作为一个石器加工场所的基本内容，具备了确认其为石器加工场所的条件。在发掘时，因该地层表面距地表最深处已达 2.4 米，加上面积较小（仅 5.25 平方米），在该层层面上未发现人类长期生活、踩踏等活动痕迹。继续向下发掘时，我们在地层中发现了较多的石器、半成品及废料，意识到可能与石器的加工有关，于是，我们以探方东南角为坐标点，分别在距地表深 2.5～2.59 米（称"第一层面"）和 2.65～2.75 米（称"第二层面"）两个深度对出土石制品的平面分布情况进行了测绘。

第一层面共发现石制品 80 件，其中石锤 7 件，砍砸器 21 件，半成品 6 件，切割器 2 件，天然砾石 5 件，其余均为石器加工过程中截断的石块（其中可能包括了部分砍砸器废品）以及剥落下来的石片和碎屑。各类器物分布集中但混杂交错，无一定规律可寻（图二三）。

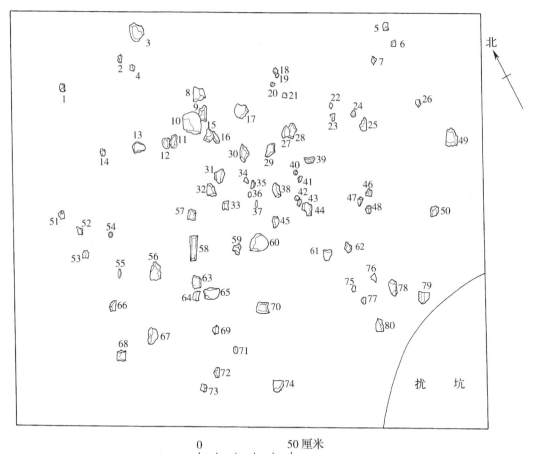

图二三　DT4③第一层面石制品平面分布图

Ⅰ.石锤（10、25、40、44、60、61、65）　Ⅱ.砍砸器（3、9、11、15、17、27、30～32、38、49、56、58、63、67、68、70、74、78～80）　Ⅲ.半成品（8、12、28、29、57、66）　Ⅳ.切割器（62、64）　Ⅴ.砾石（24、36、37、42、71）　Ⅵ.余为石块、石片和碎屑

　　第二层面共发现石制品 82 件，其中石锤 8 件，砍砸器 21 件，半成品 9 件，切割器 2 件，尖状器 1 件，其余均为石器加工过程中截断的石块（其中可能包括了部分砍砸器废品）以及剥落下来的石片和碎屑。其分布状况与第一层面相同。该层面发现的第 40 号（石片）和第 42 号（砍砸器，小件号 DT4㉛：074）可以拼合（图二四）。

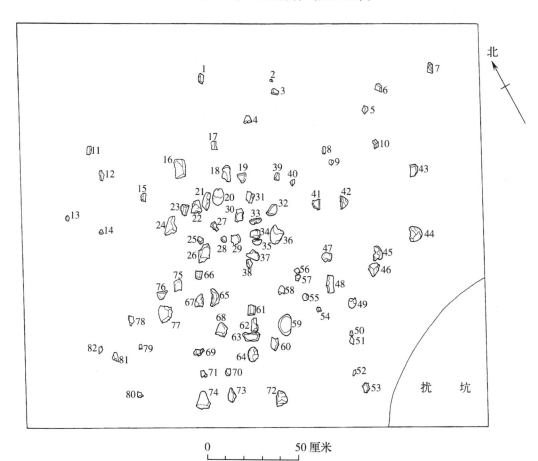

图二四　DT4㉛第二层面石制品平面分布图

　　Ⅰ．石锤（33、35、44、47、49、59、64、76）　Ⅱ．砍砸器（21～23、24、29、31、32、34、37、38、42、45、48、60、62、63、65、66、68、73、77）　Ⅲ．半成品（16、18、19、26、30、36、61、74、75）　Ⅳ．切割器（41、67）　Ⅴ．尖状器（46）　Ⅵ．余为石块、石片和碎屑

　　室内整理阶段，我们对各层出土的石制品进行了仔细的拼对，希望为"石器加工场所"的判定提供更为翔实的证据。可能是受发掘面积所限，在这些石制品中仅拼合出了 4 件，其中 2 件为石核（砍砸器）与剥落的石片之间的拼合，2 件为石片与石片的拼合。

　　标本 DT4㉛：074，板岩。拼合包括 1 件单边弧刃砍砸器和 2 件小石片。砍砸器器身呈三角形，上端较尖，长边为砾石截断面。在长边打制刃面，刃面较陡，片疤多且浅。刃缘略弧，修理刃缘的小崩疤不明显。刃角 75°，长 9.5、宽 4.5、厚 3.5 厘米，重 230 克。小石片

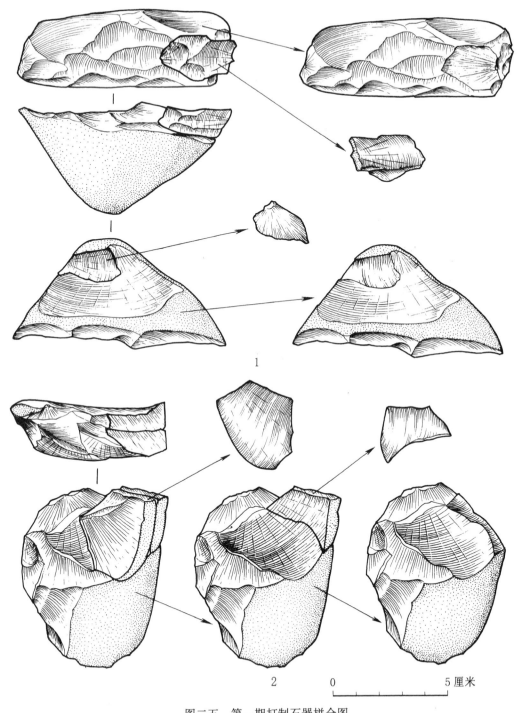

图二五　第一期打制石器拼合图

1.DT4③:074　　2.DT4③:349

上打击点、放射线和半锥体非常清楚，一件拼合于砾石截断面上，另一片拼合于一侧平面上（图二五，1）。

标本 DT4㉛:090，粉砂岩。拼合包括单边直刃砍砸器和小石片各1件。砍砸器器身略呈长方形，该砾石至少经过两次以上的截断，其下端为较宽的砾石截断面，左端为稍窄的砾石截断面。在砾石的长边截断面单向打制刃缘，痕迹不明显。刃角85°，长8、宽4.4、厚4.7厘米，重320克。剥离的小石片拼合于左端截断面（图二六，1）。

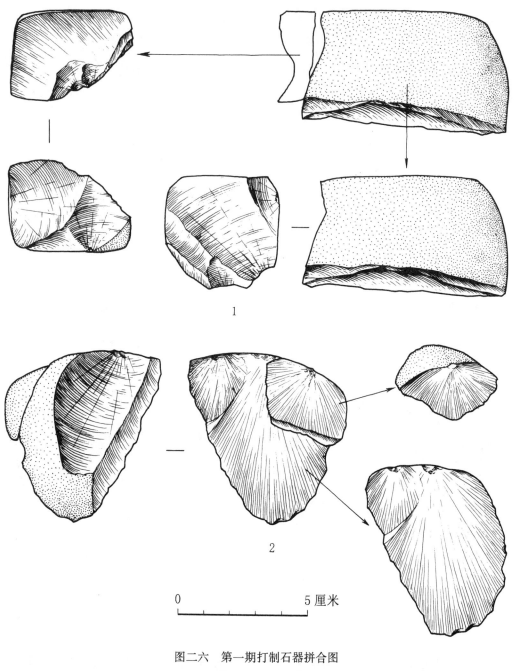

图二六　第一期打制石器拼合图

1.DT4㉛:090　2.DT4㉛:353

标本 DT4㉛:349，中细砂岩。拼合包括1件较大的石片和2个较小的石片，石片上打击点、放射线和半锥体非常清楚。长7.6、宽5.9、厚2.4厘米，重90克（图二五，2）。

标本 DT4㉛:353，泥质粉砂岩。拼合包括较大和较小的石片各1件，石片上打击点、放射线和半锥体非常清楚。长6.4、宽6.2、厚1.4厘米，重40克（图二六，2）。

二、遗　物

（一）陶制品

仅发现1件。

标本 DT6㉘:072，圜底釜，敞口，圆唇，斜弧壁。夹粗石英灰白陶，内、外壁及胎心同色，近口沿部分呈灰褐色，石英颗粒较大，最大粒径1.1～1.5厘米。烧成温度极低（不超过250℃），胎质疏松。器表开裂，呈鳞片状。制作粗糙，捏制而成。器表大部分为素面，仅在近口部分隐约可见纹饰，似为粗绳纹，滚压而成，后又经抹平。口径27、高16.4、口沿厚1.4、胎厚3.6厘米（图二七；彩版五，1～4）。

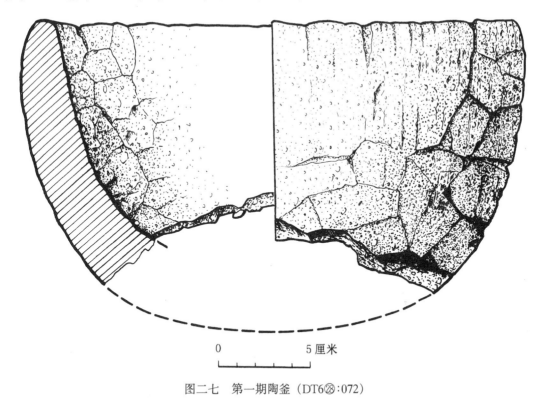

0　　　　　5厘米

图二七　第一期陶釜（DT6㉘:072）

（二）石制品

共2547件。其中石器273件，半成品78件，余为石器加工过程中截断的石块及剥离下来的石片和碎屑。另外，还发现大小砾石239件，其中可制作砾石石器的7件，可作为石凿的棒形砾石12件，其余均为较小的椭圆形小砾石。

1．石　器

273件，占石制品的10.72％。均以河砾石为原材料，石质以砂岩占绝大部分，包括各种不同颜色的细砂岩、粉砂岩、石英砂岩等，另有少量的花岗岩、碳质板岩、泥质板岩和灰岩（附表二）。均为打制石器，大部分为单面单向打击成形，只有个别采用双面打击加工。以石核石器为主，直接用砾石打制加工而成，少部分为石片石器。器类包括石锤、砍砸器、切割器、尖状器、棒形石凿和穿孔石器等。

（1）石　锤

54件，占该期石器的19.78％。石质以细砂岩、粉砂岩为主，有少部分的花岗岩。以扁圆形为主。器身散布有大小、数量不等的崩疤、凹疤和打击麻点，使用痕迹多见于器侧周围边缘，部分见于两面中间部分。多以整件砾石直接用作石锤，少量用砾石断块作为石锤。种类包括盘状石锤、有凹石锤、半球状石锤、条状石锤和不规则石锤。

盘状石锤　31件，占石锤的57.41％。以细砂岩、粉砂岩为主，少部分为花岗岩。器体扁圆形，状似圆盘，部分器物在使用过程中断裂，而呈半圆盘状。

标本DT4③:015，风化中粒花岗岩。扁圆形。器身四周遍布敲砸使用痕及由此形成的坑疤和片疤，个别片疤可见明显的打击点和放射线。长9.9、宽9.6、厚4.6厘米，重620克（图二八，1；彩版六，1）。

标本DT4③:012，紫色粉砂岩。器体近扁圆形，背面较平，正面略弧拱。上、下两端有细密的砸击麻点或浅凹疤。长10、宽7、厚4.7厘米，重490克（图二八，2）。

标本DT4③:014，灰褐色中细砂岩。器体略呈扁圆形。上、下两端及正面中部均有使用砸击痕，正面砸击痕迹稀疏，上、下两端砸击痕细密。长8.9、宽8.7、厚5.1厘米，重460克（图二九，1；图版九，2）。

标本DT4③:013，残。紫色细砂岩。器体呈扁圆形。正面带有大而深的片疤，器身下端有明显敲砸使用痕，右端伴有小崩疤。长7.7、宽9.5、厚4厘米，重330克（图二九，2；图版九，1）。

有凹石锤　12件，占石锤的22.22％。在石锤的一面或两面中部有较明显的因砸击而形成的圆形凹坑。

标本DT4③:003，灰褐色细砂岩。器体呈扁圆形。正、背两面中部均有砸击而形成的浅圆形凹坑，器身四周遍布细密的敲砸使用痕及由此形成的坑疤和片疤，正面下部留有使用时形成的大片疤。长10.5、宽10.3、厚4.3厘米，重600克（图三〇，1；彩版六，4）。

标本DT4③:002，黄褐色细砂岩。器体呈扁圆形。正面中部有砸击使用形成的浅凹坑，器身四周除上端外均伴有细密的敲砸痕或较大的片疤。长12.5、宽10.6、厚4.6厘米，重870克（图三〇，2；图版九，4）。

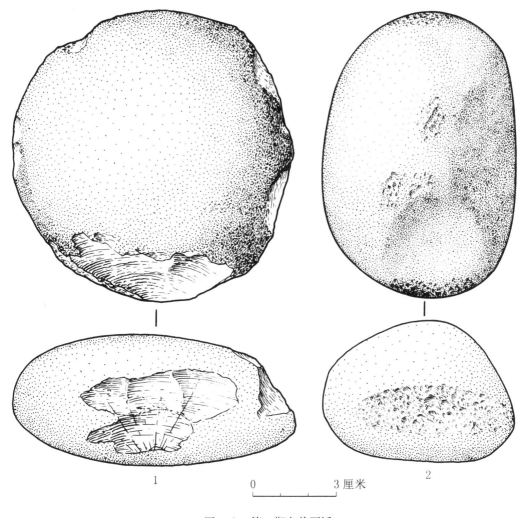

图二八　第一期盘状石锤

1.DT4③:015　2.DT4③:012

标本 DT4③:004，灰褐色粉砂岩。器体呈扁长形。正、背两面均有因砸击而形成的浅圆形凹坑，器身右侧也有细而密的使用痕，下端有砸击痕和砸击片疤并伴有明显的砸击点和放射线，器身右侧还留有使用时形成的断裂面。长 10.7、宽 6.7、厚 3.7 厘米，重 300 克（图三一，1；图版九，5）。

标本 DT4③:001，风化中粒花岗岩。器体略呈扁圆形。正面中部有砸击而形成的浅圆形凹坑，器身周围有明显的使用敲砸痕迹，大部分比较细密，局部形成小片疤。长 11.3、宽 8.9、厚 4.4 厘米，重 670 克（图三一，2；图版九，3）。

半球状石锤　4 件，占石锤的 7.41%。多为花岗岩。器体呈半球形。

标本 DT4③:032，风化花岗岩。半球形，为球形砾石断裂部分，较厚。上端断裂面有明显的砸击凹疤。长 6.8、宽 5.2、厚 5.6 厘米，重 240 克（图版九，6）。

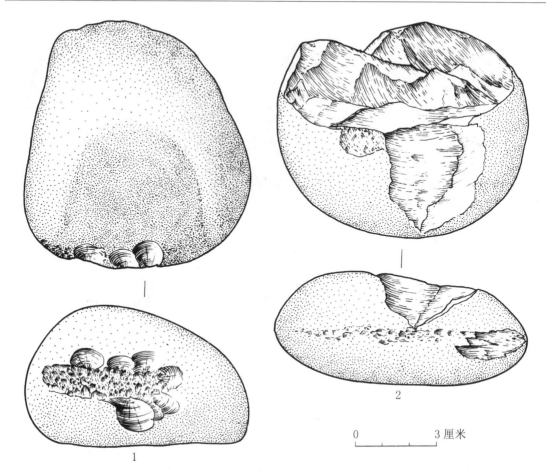

图二九　第一期盘状石锤
1.DT4③1:014　2.DT4③1:013

条状石锤　3件，占石锤的5.56％。形体呈长条形。

标本DT4③1:305，灰黄色细砂岩。器长条状。下端有明显的砸击崩疤和麻点，背面及一侧缘有砸击凹疤。长6.8、宽4.1、厚4.6厘米，重160克。

不规则石锤　4件，占石锤的7.41％。形体不规则。

标本DT4③1:035，青灰色粉砂岩。横剖面近椭圆，平面近三角形。上端为较宽的砾石截断面，下端较窄，伴有较大的砸击崩疤。长5.1、宽7.9、厚5.7厘米，重250克。

（2）砍砸器

158件，占该期石器的57.88％。以粉砂岩和细砂岩为主。均打制而成，器身保留部分或大部分砾石自然面。器形较大，以大、中型居多。单向打制为主，部分器物刃缘有明显的二次修整痕迹。刃面多较陡，刃缘处多有使用痕迹。种类包括单边直刃砍砸器、单边弧刃砍砸器、双边刃砍砸器和盘状砍砸器四种。

单边直刃砍砸器　61件，占砍砸器的38.61％。质地以粉砂岩和细砂岩为主，多在砾石

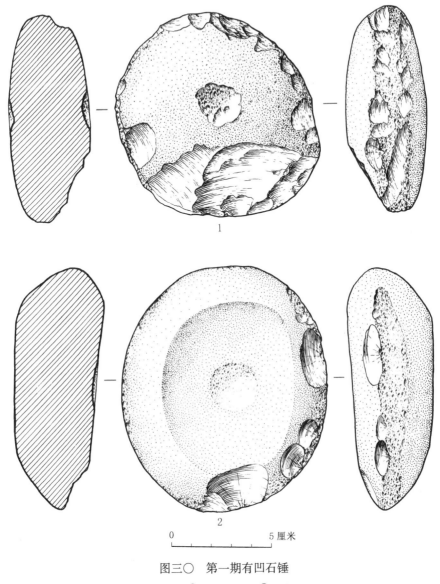

图三〇　第一期有凹石锤

1.DT4③:003　2.DT4③:002

的一侧长边单向打制出刃缘，且刃缘较直。

　　标本 DT4③:001，灰黑色粉砂岩。器身窄长而厚。在砾石的一个长边单向打制刃面，片疤较小，深浅不一，有明显的二次修整痕迹。刃陡直，有锯齿状使用痕迹。刃角 90°，长 12.9、宽5、厚 5.3 厘米，重 500 克（图三二，1；彩版六，6）。

　　标本 DT4③:078，浅黄色石英粉砂岩。器身为不规则长形，下端为砾石截断面。在砾石的一个长边单向打制刃面，片疤大小不一，但均较浅，在与刃缘相对的另一侧也有少量打击片疤。刃缘陡直，使用痕迹不明显。刃角 90°，长 10.7、宽 5.3、厚 3.9 厘米，重 300 克（图三二，2；图版一〇，1）

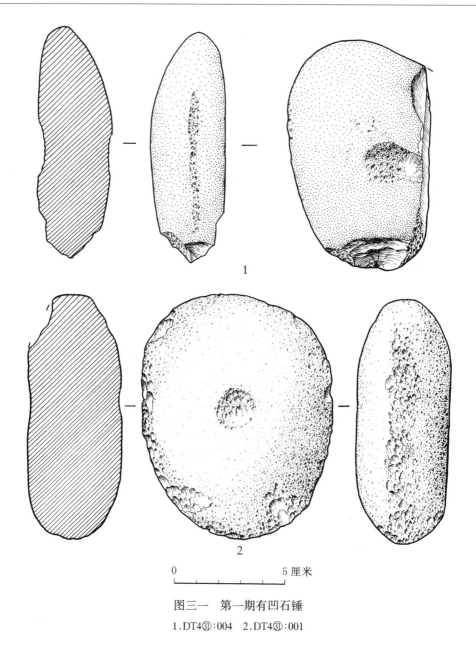

0 ————————— 5 厘米

图三一　第一期有凹石锤

1.DT4㉛:004　2.DT4㉛:001

　　标本 DT4㉛:106，灰绿色粉砂岩。器体窄长而厚。在砾石的一个长边单向打制刃面，片疤大而深，有清晰的二次修整痕迹，第二次修整的片疤较小。刃缘陡直，无使用痕迹。刃角 78°，长 10.7、宽 4.5、厚 5.3 厘米，重 300 克（图三二，3）。

　　标本 DT4㉛:117，细粒石英砂岩。器体窄长而厚，上端及右侧为砾石截断面。左侧单向打制出刃面，片疤大而浅。刃部锋利，刃缘较直，刃角较小，刃部有使用留下的崩疤。刃角 59°，长 11.1、宽 5.8、厚 3.8 厘米，重 520 克（图三二，4；图版一〇，3）。

　　标本 DT4㉛:104，粉砂岩。器身近长方形，上、下两端为砾石截断面。在砾石的左侧

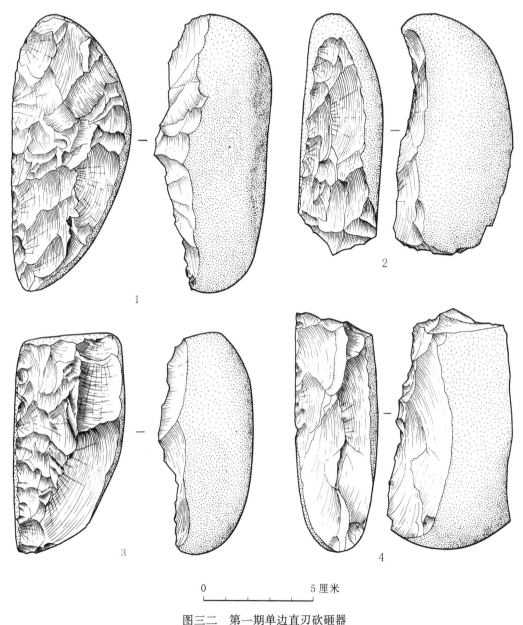

图三二 第一期单边直刃砍砸器

1.DT4㉚:001　2.DT4㉛:078　3.DT4㉛:106　4.DT4㉛:117

长边打制刃面，刃面平缓，片疤较大而浅。刃缘锋利、陡直，经过二次修整，并留有少量小片疤。刃角63°，长7.1、宽4.9、厚3.1厘米，重150克（图三三，1；图版一〇，2）。

标本DT4㉛:073，灰褐色细砂岩。器体略呈三角形，上端为较宽的砾石截断面，下端为窄的自然面。在砾石的正面左侧斜向打击出一个斜的刃面，片疤较大稍深。刃缘略有起伏，经过二次修整，并有一些小片疤。刃角84°，长8.7、宽7.6、厚4.4厘米，重440克（图三三，2；图版一〇，4）。

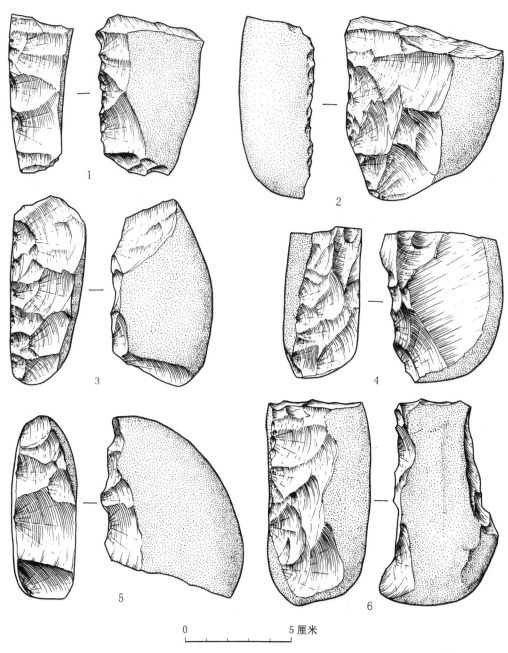

0　　　　　　　　　5厘米

图三三　第一期单边直刃砍砸器

1.DT4㉛:104　2.DT4㉛:073　3.DT4㉛:071　4.DT4㉛:079　5.DT4㉛:123　6.DT4㉛:086

标本 DT4㉛:071，灰白色粉砂岩。器身略呈椭圆形，上、下两端为砾石的截断面。在砾石的左侧长边打出刃面，刃面较直，片疤大小不等，均较浅。刃缘略有起伏，经二次修整，留有小片疤痕。刃角79°，长8.1、宽5.1、厚3.5厘米，重230克（图三三，3；图版一〇，5）。

标本 DT4㉛：079，灰色细砂岩。器体呈不规则方形，上端为稍宽的砾石截断面，下端为窄的自然面，正面为劈裂面。在劈裂面的左侧斜向打制刃面，刃面片疤较小。刃缘有经二次修整的小片疤，刃缘略有起伏。刃角80°，长6.9、宽5.5、厚3.6厘米，重240克（图三三，4；图版一〇，6）。

标本 DT4㉛：123，灰色细砂岩。器体略呈三角形，上端为窄的自然面，下端为较宽的截断面。在砾石的左侧长边打制刃面，刃面片疤较大，有二次修整痕迹。刃缘略有起伏。刃角60°，长7.8、宽6.6、厚3.2厘米，重230克（图三三，5；图版一一，1）。

标本 DT4㉛：086，紫红色粉砂岩。器体呈不规则的窄长形，正面中部如棱状突起，较厚，上端为砾石截断面，下端为自然面。在砾石的左侧长边打制刃面，刃面较陡，片疤较小。刃缘有二次修整痕迹并留下了小崩疤。刃角73°，长9.6、宽4.6、厚5厘米，重330克（图三三，6；彩版六，3）。

标本 DT4㉛：114，灰褐色粉砂岩。器身呈窄长形，较厚，正面为砾石劈裂面，下端为砾石截断面。在砾石的一个长边打制刃面，刃面较长，片疤小而浅，有二次修整痕迹，修整片疤较小。刃角较陡，刃缘平直。刃角82°，长11.1、宽4.8、厚4.2厘米，重300克（图三四，1；图版一一，2）。

标本 DT4㉛：075，棕褐色粉砂岩。器身窄长形，上、下两端均为砾石截断面。以砾石的左侧长边打制刃面，刃面宽而长，石片疤宽而浅。刃缘较直，有二次修整痕迹，修整片疤较小。刃角85°，长10.9、宽4.8、厚6.5厘米，重460克（图三四，2）。

标本 DT4㉛：067，深灰色细砂岩。器体略呈三角形，上端为较宽的截断面，下端窄并有砸击痕。在砾石的右侧长边打制刃面，片疤较大。刃缘稍直，刃角较大。刃角84°，长10.6、宽7.2、厚4.5厘米，重460克（图三四，3）。

标本 DT4㉛：098，紫红色细砂岩。器身略呈椭圆形。直接在椭圆形砾石的左侧长边打制出一个斜的刃面，刃面较小，片疤较大。刃缘稍直，经过第二次修整，修整片疤较小。刃角62°，长10.2、宽5.9、厚3.2厘米，重240克（图三四，4；图版一一，5）。

单边弧刃砍砸器　54件，占砍砸器总数的34.18%。质地以粉砂岩和细砂岩为主，在砾石的一侧长边单向打制出刃缘，刃缘呈凸弧形或凹弧形。

标本 DT4㉛：069，土黄色风化砂岩。器体略呈不规则的三角形，器厚重，上窄下宽，正面为砾石的劈裂面。在劈裂面左侧长边打制出刃面，刃面片疤较大，深浅不一。上段刃缘呈拱弧形，下段刃缘略凹，有明显的二次修整痕迹，留有许多的小片疤。刃角80°，长10.5、宽7.2、厚5.3厘米，重490克（图三五，1）。

标本 DT4㉛：087，灰色砂岩。器呈窄长形。在砾石的劈裂面左侧长边打制刃面，刃面片疤较大，深浅不一。刃缘中部弧形凸出，经二次修整并有少许小片疤。刃角70°，长10.8、宽5、厚3.1厘米，重310克（图三五，2；图版一一，4）。

标本 DT4㉛：119，紫色砂岩。器近桃形，上端较尖，下端为稍宽的砾石截断面。在

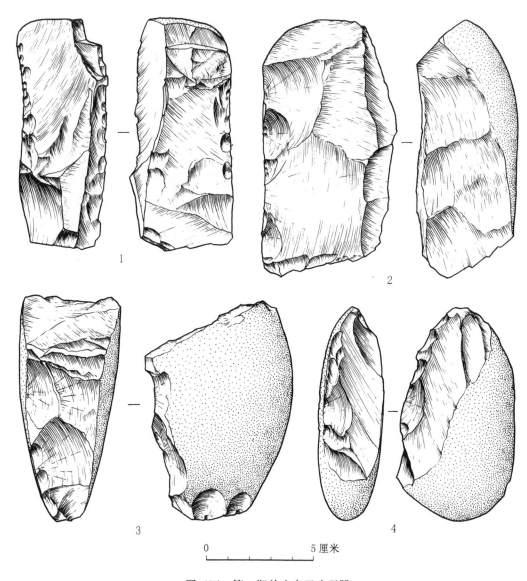

图三四　第一期单边直刃砍砸器

1.DT4㉛:114　2.DT4㉛:075　3.DT4㉛:067　4.DT4㉛:098

砾石的左侧长边打制刃面，刃面较陡，片疤较大较浅。刃缘弧形凸出，留有一些小崩疤，似为二次修整痕迹。刃角75°，长9.2、宽5、厚4厘米，重220克（图三五，3；图版一一，3）。

标本DT4㉛:005，灰黄色粉砂岩。器体近椭圆形。正、背两面中心部位均有浅的凹坑，右下侧有砸击时留下的坑疤。整体观察，该器原应为有凹石锤，后加工成砍砸器。在砾石的左侧长边打制出刃面，片疤较小而浅。刃缘呈弧形凸出，无二次修整痕迹和使用痕迹。刃角67°，长8.6、宽6、厚3.3厘米，重210克（图三五，4；图版一一，6）。

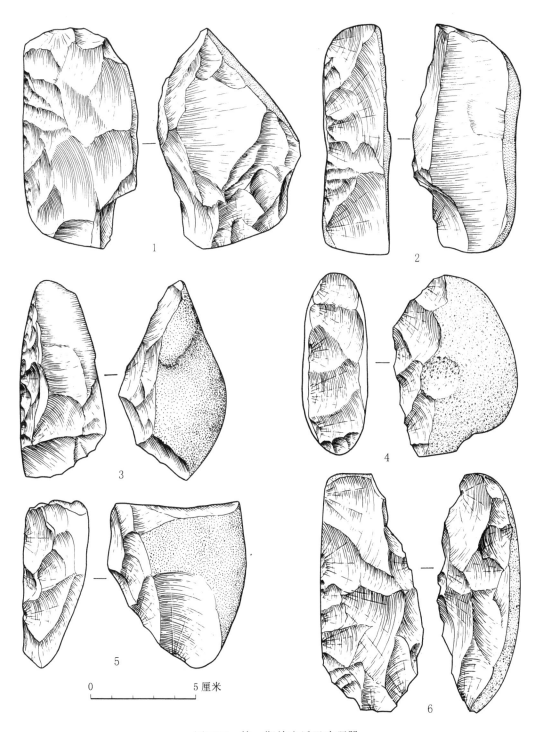

0   5 厘米

图三五 第一期单边弧刃砍砸器

1.DT4③:069 2.DT4③:087 3.DT4③:119 4.DT4③:005 5.DT4③:064 6.DT4③:103

标本 DT4③:064，灰色碳质板岩。器身略呈三角形，上端为较宽的砾石截断面，下端窄。在砾石的左侧长边打制刃面，刃面平缓，片疤较大而浅，无二次修整痕迹和使用痕迹。刃缘弧形。刃角 52°，长 7.8、宽 6.8、厚 2.9 厘米，重 200 克（图三五，5）。

标本 DT4③:103，灰色中粒砂岩。器身为不规则的长形，背面呈拱背形。在砾石的左侧长边打制刃面，刃面长且宽，片疤较大。刃缘弧形，经二次修整并留有小片疤，无使用痕迹。刃角 50°，长 11.4、宽 4.1、厚 5.4 厘米，重 240 克（图三五，6）。

标本 DT4③:050，灰色细砂岩。器身为不规则的长形，厚重，上、下两端窄而尖。在砾石的左侧长边打制刃面，刃面较宽，片疤较深。刃缘弧形凸出，长而锋利，经过二次修整并有许多小片疤，还有使用痕迹。刃角 70°，长 13、宽 5.5、厚 4.5 厘米，重 470 克（图三六，1；彩版六，2）。

标本 DT4③:131，灰褐色细砂岩。器体呈窄长形，较厚，两端均较尖，砾石右侧为截断面。在砾石的左侧长边打制刃面，刃面陡，片疤较大，有清楚的二次修整的痕迹，但二次修整的石片疤较小。刃缘弧形凸出，锋利，有使用痕迹。刃角 78°，长 10.9、宽 5、厚 4.3 厘米，重 340 克（图三六，2；图版一二，1）。

标本 DT4③:112，棕褐色粉砂岩。器为不规则的长形，上端为砾石截断面，下端为自然面。在砾石的左侧长边打制刃面，刃面较短，片疤较浅。刃缘弧形凸出，无使用痕迹。刃角 78°，长 9.9、宽 4.4、厚 4.2 厘米，重 230 克（图三六，3；图版一二，2）。

标本 DT4③:109，紫红色细砂岩。器体略呈梯形，厚重。在砾石的左侧长边打制刃面，其他面均保留砾石面，刃面陡直，片疤较大而浅。刃缘弧形凸出，有小崩疤，应为使用痕迹。刃角 90°，长 14.5、宽 8.2、厚 5 厘米，重 910 克（图三六，4；图版一二，3）。

双边刃砍砸器　41 件。占砍砸器总数的 25.95%。质地以粉砂岩和细砂岩为主，在砾石的两侧长边或一侧长边和一侧短边分别单向打制出刃缘。

标本 DT4③:049，灰黄色细粒石英砂岩。器身窄长形，上、下两端为砾石面。以砾石劈裂面的一侧加以修整作为一刃面，在另一侧再打制一个刃面，刃面片疤较大。左侧刃缘较直，右侧刃缘较弧，有二次修整痕迹并带有许多细碎的片疤，无明显使用痕迹。左、右刃角分别为 82°、85°，长 11.1、宽 4.5、厚 5.1 厘米，重 400 克（图三七，1；图版一二，5）。

标本 DT4③:045，灰褐色粉砂岩。器体略呈梯形，上端为砾石面，下端为截断面。在砾石一面相对的两边分别单向打制出刃面，片疤大而浅。刃缘均锋利，左侧刃缘略有起伏，右侧刃缘较直，刃缘均有二次修整痕迹并留有许多小片疤。左、右刃角分别为 80°、75°，长 7、宽 5.4、厚 4.1 厘米，重 230 克（图三七，2）。

标本 DT4③:047，灰黑色碳质板岩。器体略呈不规则的三角形，上端为窄的砾石截断面，下端为宽的自然面。在砾石一面相对的两边分别打制出刃面，左侧片疤宽大而浅，右侧片疤较小而深。左侧刃缘较直，右侧刃缘稍弧，刃缘均有二次修整的痕迹，修整的片疤较小。左、右刃角分别为 78°、80°，长 9、宽 5、厚 6 厘米，重 380 克（图三八，1）。

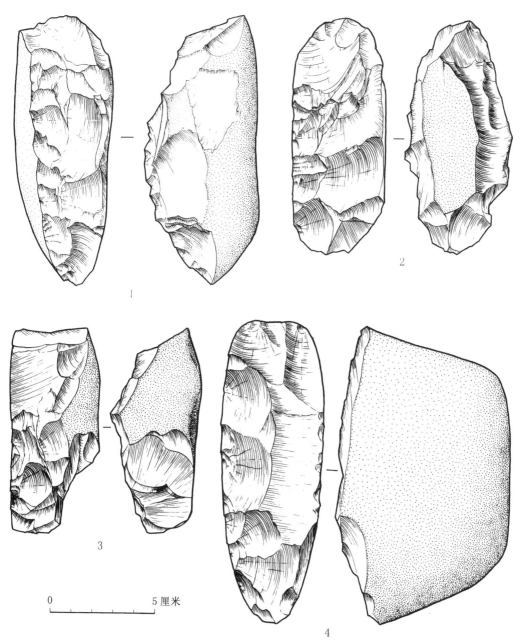

0 _____ 5厘米

图三六　第一期单边弧刃砍砸器

1.DT4③:050　2.DT4③:131　3.DT4③:112　4.DT4③:109

标本 DT4③:041，黄褐色粉砂岩。器身呈不规则梯形，上端为砾石截断面，下端为砾石面。在砾石一面相对的两边分别打制出刃面，石片疤宽大，有明显的二次修整痕迹，修整的片疤较小。左侧刃缘较直，有侧刃缘略弧。左、右刃角分别为 80°、85°，长 8.5，宽 6.8、厚 5.1 厘米，重 350 克（图三八，2）。

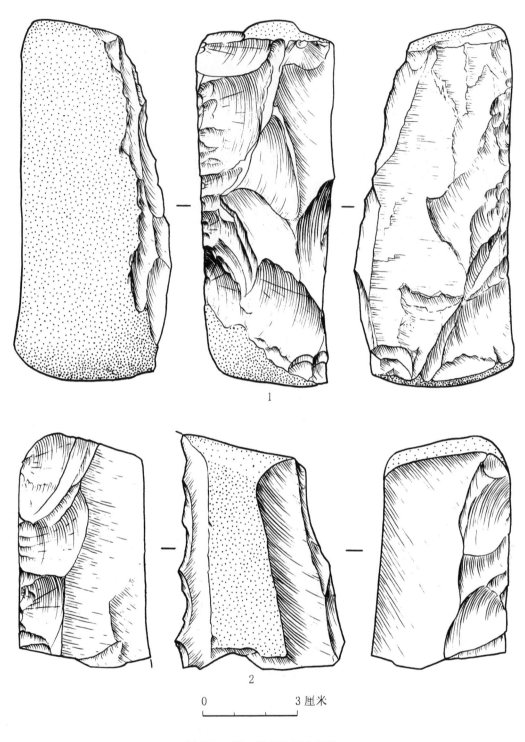

1

2

0　　　　　　　3 厘米

图三七　第一期双边刃砍砸器

1.DT4③:049　2.DT4③:045

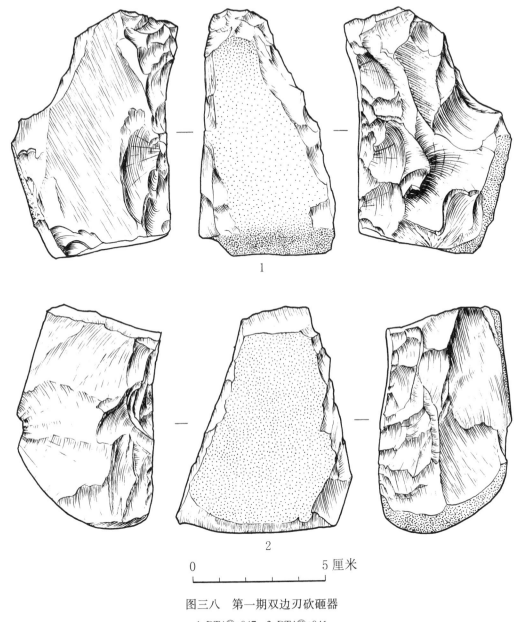

图三八 第一期双边刃砍砸器
1.DT4③:047 2.DT4③:041

标本 DT4③:038，灰褐色石英粉砂岩。器身呈窄长形，较厚，上、下两端为砾石截断面。在砾石的左侧长边打制刃面，刃面石片疤较大，有较明显二次修整痕迹，刃缘较平直，有使用形成的细碎凹疤。同时在砾石下端截断面修整另一刃缘，该刃缘较直，有起伏状的砸击使用凹痕。左侧刃角79°，右侧刃角74°，长10.9、宽4.8、厚4.3厘米，重310克（图三九，1；彩版七，1）。

标本DT4③:048，黄褐色粉砂岩。器体平面略近三角形，显得短而厚，下端为砾石截

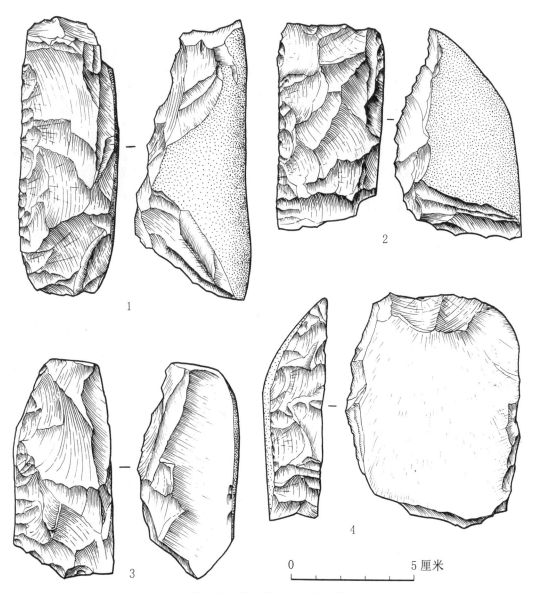

图三九　第一期双边刃砍砸器
1.DT4㉛:038　2.DT4㉛:048　3.DT4㉛:040　4.DT4㉛:057

断面。在砾石的左侧长边打制刃面，刃面陡直，石片疤较小，有修整痕迹，刃缘不平直，有使用痕迹。同时利用砾石下端截断面边缘作为刃缘，没有二次修整痕迹，但有较明显的使用凹疤。左侧刃角78°，右侧刃角68°，长7.9、宽5、厚4.2厘米，重260克（图三九，2；图版一二，4）。

　　标本DT4㉛:040，灰褐色粉砂岩。器身形状不规则，较厚，下端为砾石截断面，正面为砾石劈裂面。在劈裂面的左侧长边打制刃面，刃面较陡，片疤较大，有二次修整痕迹，二次修整片疤较小，刃缘略弧，刃缘处有锯齿状的使用小崩疤。同时利用劈裂面右侧边缘为刃缘，刃缘较平直，也有使用凹痕。左侧刃角 76°，右侧刃角 82°，长 8.6、宽 4.2、厚 4.2 厘米，重 240 克（图三九，3）。

标本 DT4③:057，紫色细砂岩。器身略呈方形，宽而薄，正面为砾石劈裂面，下端为砾石截断面。在砾石的左侧长边打制刃面，刃面短，片疤小，刃缘呈弧形，较锋利，有呈锯齿状的使用痕迹。同时利用正面劈裂面右侧锋利的边缘作为刃缘，刃缘平直，上也留有锯齿状的使用凹痕。左侧刃角 76°，右侧刃角 49°，长 9、宽 7、厚 2.5 厘米，重 250 克（图三九，4）。

盘状砍砸器　2 件。占砍砸器总数的 1.27%。均为砂岩，器体厚重，略呈圆球形，周边形成多边或周边刃，刃缘处有明显的使用痕迹。

标本 DT4③:199，深灰褐色细砂岩。器正面中央没有保留砾石面，背面则保留原砾石面。正面周围打制刃面，刃面石片疤较大较深，个别片疤较浅。刃缘处有二次修整的片疤及使用时留下的小崩疤。刃角 70°、80°，长径 11、短径 9.7、厚 6.3 厘米，重 870 克（图四〇，1；彩版六，5）。

标本 DT4③:004，灰褐色细粒石英砂岩。器正面中央隆起，保留少量砾石面，背面则保留全部砾石面。在砾石周边大部打制刃面，石片疤多深而大。刃缘不平直，有不少凹痕或崩疤，应为使用痕迹。刃角 68°、80°，长径 11.6、短径 11.2、厚 9.1 厘米，重 1230 克（图四〇，2；图版一二，6）。

（3）切割器

40 件，占该期石器的 14.65%。质地以粉砂岩和细砂岩占绝大多数。大多以稍大而锋利的石片直接作为工具使用，少量利用适合的石片进行二次加工而形成刃缘。器形扁薄，多有明显的使用痕迹。

标本 DT4③:182，灰黄色粉砂岩。器体近椭圆，正面上端左、右两侧均呈拱形。用一块稍大的砾石石片制作，单边刃。正面左上端有修整的小坑疤，下端为弧形刃，刃缘处有许多细小片疤，应为使用痕迹。高 5.3、刃宽 7.8、厚 2.2 厘米，重 110 克（图四一，1；图版一三，1）。

标本 DT4③:178，紫红色粉砂岩。器形不规则，扁薄，左、右两端有少许砾石面，其余均为砾石劈裂面。砾石石片制作，单边刃。刃缘略呈弧形，上有因使用而形成的细小凹疤。高 4.5、刃宽 4.5、厚 1.4 厘米，重 50 克（图四一，2）。

标本 DT4③:180，灰褐色粉砂岩。器体形似蚌，扁薄，正面上端左、右两侧形成拱形。砾石石片制作，双边刃。正面右端较尖薄，刃部锋利，弧形，使用痕迹不明显，下端刃略呈弧形，有使用痕迹。高 5.1、右端刃宽 5.4、下端刃宽 6.2、厚 1.6 厘米，重 60 克（图四一，3）。

标本 DT4③:174，深灰色细砂岩。器体形状不规则，器扁薄。砾石石片制作，仅背面保留砾石面，单边刃。刃部锋利，弧形刃，有使用痕迹。高 5.9、刃宽 5.3、厚 1.5 厘米，

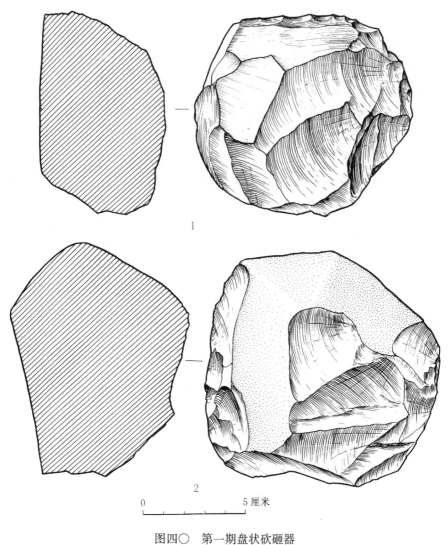

图四〇　第一期盘状砍砸器
1.DT4③①:199　2.DT4③①:004

重 80 克（图四一，4）。

标本 DT4③①:172，灰褐色粉砂岩。器体近椭圆形，器扁薄。用砾石小石片制作，仅顶端有极少的砾石面，背面可见较小而浅的片疤。刃缘呈圆弧形，锋利，没有使用痕迹。高 4.4、刃宽 5.4、厚 1.2 厘米，重 40 克（图四一，5）。

标本 DT4③①:181，灰色细粒粉砂岩。器身略呈三角形，器较厚，正面保留较少的砾石面。系小块砾石制作，单边刃。左下打制出刃面，背面也稍加打制但保留较多的砾石面。弧形刃，刃缘处有一些小片疤，应为使用痕迹。高 4.8、刃宽 6.6、厚 2.8 厘米，重 90 克（图四一，6）。

标本 DT4③①:170，紫红色细砂岩。器体近三角形，右侧斜长，左侧稍短，背面留有砾

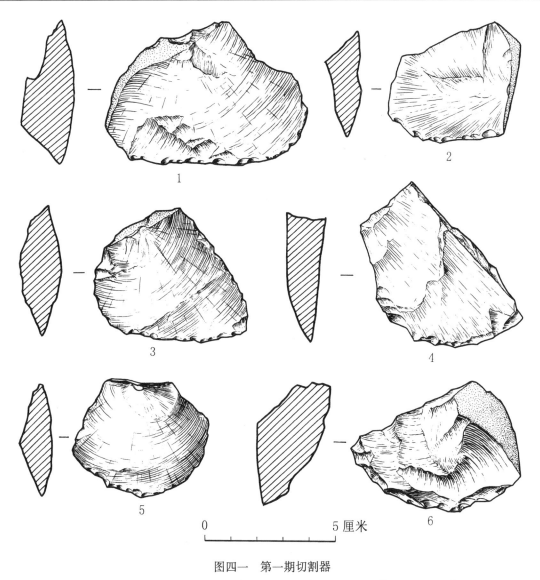

0　　　　　　　　　5 厘米

图四一　第一期切割器

1.DT4③:182　2.DT4③:178　3.DT4③:180　4.DT4③:174　5.DT4③:172　6.DT4③:181

石面，正面为劈裂面。用一块稍大的砾石石片制作，单边刃。弧形刃，刃缘处有呈起伏状的小片疤，为使用痕迹。高6.3、刃宽7.1、厚2.9厘米，重160克（图四二，1）。

　　标本 DT4③:187，棕色粉砂岩。器形不甚规则，上端及左侧为砾石打击断面，正面为砾石自然裂面或裂纹分离面。用一块稍大的砾石石片制作，单边刃。刃缘较直，有呈起伏状的小片疤，为使用痕迹。高5.6、刃宽5.6、厚2.7厘米，重170克（图四二，2；图版一三，2）。

　　标本 DT4③:124，灰色粉砂岩。器体近长方形，器扁薄，上端及右侧为砾石面，正面及左侧为打击时的断裂面。用一块稍大的砾石石片制作，单边刃。刃缘较长，略有起伏，经

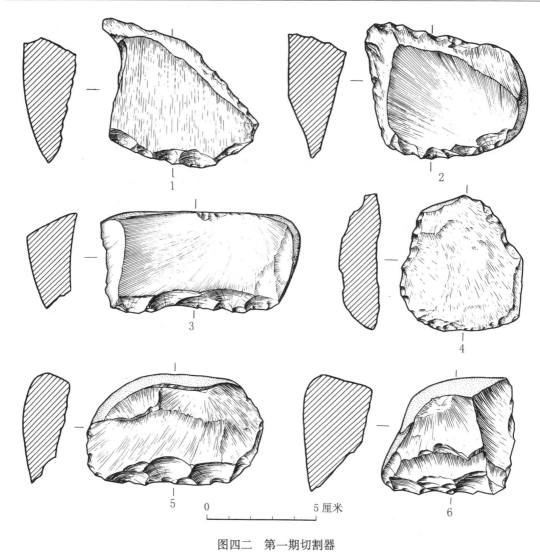

图四二　第一期切割器

1.DT4③1:170　2.DT4③1:187　3.DT4③1:124　4.DT4③1:177　5.DT4③1:168　6.DT4③1:173

过二次修整，留有明显的修整小片疤。高 4.6、刃宽 7.8、厚 2.1 厘米，重 160 克（图四二，3；图版一三，3）

　　标本 DT4③1:177，浅灰黄色细砂岩。器体略呈圆形，器扁薄，背面弧拱形，正面为劈裂面，背面保留较多的砾石面。周边刃。从整体观察，其原为一块边缘锋利的较小砾石剥片，直接用来作为工具。器身周边大部有细碎呈锯齿状的片疤，应为使用痕迹。高 6.3、厚 1.8 厘米，重 90 克（图四二，4）。

　　标本 DT4③1:168，棕黑色中细砂岩。器身呈椭圆形，正面为砾石劈裂面，背面为砾石面。系用一块稍大的砾石石片再打片加工而成，单边刃，正面可见清晰的加工打击点和放射线，片疤较浅。刃缘稍直，经过二次修整，修整片疤较小。刃缘处还有一些细碎的小坑疤，应是使用痕迹。高5.1、刃宽7.8、厚2.6厘米，重140克（图四二，5；图版一三，4）。

标本DT4③:173，紫色细砂岩。器体近梯形，较厚，正面为砾石劈裂面，再加工的片疤和打击点明显。系用厚的砾石断块加工而成，单边刃。刃缘锋利，刃缘处有锯齿状细碎片疤，使用痕迹不明显。高5.5、刃宽5.6、厚4.1厘米，重170克（图四二，6）。

（4）尖状器

10件，占该期石器总数的3.66%。质地以细砂岩为主，多用砾石断块加工而成，少部分利用从砾石上剥落下来的石片制成。器形多呈三棱形或近三棱形，下端有精心加工而成的锋尖。

标本DT4③:166，灰黑色粉砂岩。器体呈倒三角形，器形扁薄，上端为较宽的截断面，背面打制较平，正面弧拱形，下端为锋尖。系用石核打制而成，两侧也经过仔细单向打制，均为呈锯齿状的锋利刃缘，片疤大小、深浅不一。锋尖有断痕，为使用痕迹，边刃使用痕迹不明显。从其器形特点看，该器既是极好的尖状器，也是上好的切割器。长7.3、宽6、厚2厘米，重110克（图四三，1）。

标本DT4③:034，灰黑色细砂岩。器体略呈不规则的弧形，器形较厚，上端隆起，保留大部分砾石面，左侧为砾石截断面。系用较大的砾石断块打制加工而成，利用砾石的弧度，在断块块下再打片加工出锋端。锋端可见使用痕迹。长7.5、宽6.6、厚4.8厘米，重260克（图四三，2；图版一三，5）。

标本DT4③:037，灰黑色细砂岩。器体近三棱形，器形较厚，背面有脊棱隆起，正面和上端为砾石截断面，其余均为砾石自然面，系用尖形砾石断块加工而成，片疤较浅。锋端部位可见使用痕迹。长7.2、宽4.6、厚3.3厘米，重110克（图四三，3）。

标本DT4③:190，灰黑色细砂岩。器体呈近薄的三棱形，器形较厚，上端为砾石截断面，左上和右上端保留少许砾石面。正面和背面均加工打片，制作出薄的尖刃，两侧刃缘可见修整的小片疤痕。锋尖部位有使用痕迹。长6.5、宽5.8、厚2.9厘米，重110克（图四三，4）。

标本DT4③:167，黄褐色细砂岩。器身三棱形，器形较厚，上端和背面为砾石面。在三棱体其他相邻的两侧打制加工出锋尖，一侧较平直，一侧略弧，但片疤均较小而浅。锋端未见明显的使用痕迹。长8.4、宽4.7、厚4.7厘米，重180克（图四三，5）。

标本DT4③:164，黄褐色细砂岩。器身近三棱形，器体较厚，保留大部分的砾石面。系用较小的扁圆形砾石打制而成，在砾石的一面和一侧分别单向打制，形成尖的锋端，打制片疤较大、较深。锋端未见明显的使用痕迹。长8.2、宽5.9、厚4.1厘米，重230克（图四三，6；图版一三，6）。

（5）棒形石凿

10件，占该期石器的3.66%。为间接打击法制作石器时的中介物。一般用长条圆形或扁圆形的天然砾石充当，不经加工，两端较尖圆。石凿上端与石锤接触，下端与被打击加工

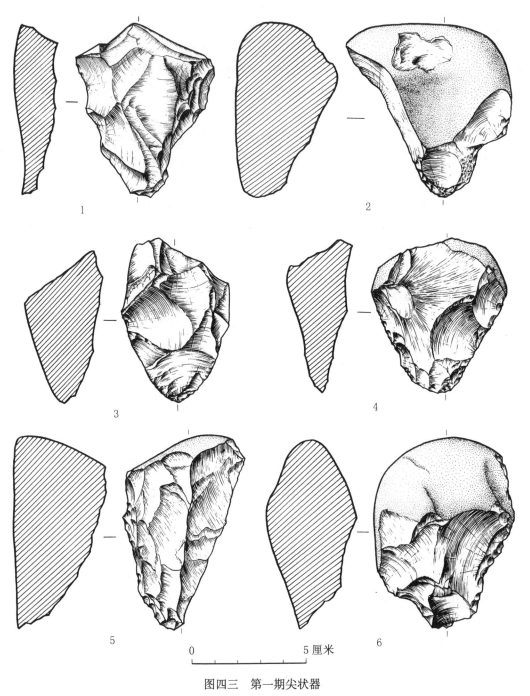

图四三　第一期尖状器

1.DT4③:166　2.DT4③:034　3.DT4③:037　4.DT4③:190　5.DT4③:167　6.DT4③:164

的石器接触，所以经石锤击打后，多在石凿顶端留下锤击时产生的麻点或小片疤，在下端则形成大小不一的崩疤。

标本DT4③:198，灰黑色石灰岩。器体略呈长条形，横断面近椭圆形，下端残断，为受力截断面。砾石顶端呈圆弧状，正面有数块石片疤，片疤较深，近顶及顶端稍侧可见较为明显两个受力点或打击点，相应的放射线也较为清晰。残长 5.8、宽 4.1、厚 2.4 厘米，重 100 克（图四四，1；图版一四，5）。

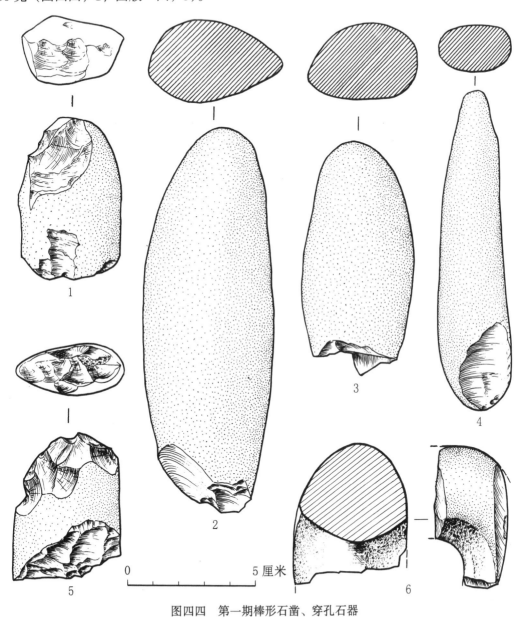

图四四　第一期棒形石凿、穿孔石器

1～5. 棒形石凿(DT4③:198、DT4③:193、DT4③:194、DT4③:196、DT4③:195)　6. 穿孔石器(DT4③:200)

标本 DT4③:193，紫色粉砂岩。器体略呈长扁圆柱形。顶端有打击留下的麻点痕迹，但不十分的清晰，下端为受力挤压形成的崩裂面，片疤较小而浅。长 14.8、宽 5.1、厚 3 厘米，重 350 克（图四四，2；图版一四，1）。

标本 DT4③:194，棕黄色粉砂岩。器体呈长圆柱形，横断面近椭圆形。顶端有打击留下的麻点痕迹，下端为受力挤压形成的崩裂面，片疤较小而深。长 9、宽 4.4、厚 2.7 厘米，重 180 克（图四四，3；图版一四，2）。

标本 DT4③:196，黄褐色细砂岩。器体呈狭长圆柱形，横断面近椭圆形。顶端有较为明显的细密的打击麻点痕迹，下端有小块崩裂面，片疤较浅，从下端片疤分析，为多次崩裂而形成。长 12.1、宽 2.9、厚 1.8 厘米，重 100 克（图四四，4；图版一四，3）。

标本 DT4③:195，灰黑色粉砂岩。器体略呈长圆条形，横断面近椭圆形，砾石下端残断，为受力截断面。砾石顶端成圆弧状，顶端周边有细密的石片崩疤，片疤小而浅，多个受力打击点及其放射线清晰可见。残长 5.4、宽 4.4、厚 2 厘米，重 80 克（图四四，5；图版一四，4）。

（6）穿孔石器

1 件。占该期石器的 0.37%。

标本 DT4③:200，残。为加工过程中产生的残件。灰黑色细砂岩。器体圆而厚。使用两边对琢法在天然砾石中央打出两个相对的圆形凹坑，然后钻磨穿透，孔内壁中央最小径处有钻磨而成的光滑磨面。两面孔径大致相等。孔径 3.6 厘米，重 120 克（图四四，6；图版一四，6）。

2. 半成品

78 件，占该期石制品的 3.06%。质地以粉砂岩和细砂岩为主，器物以大、中型为主，有一个或多个明显的打击截断面，断面多较陡直，有的断面经过初步修整，但都没有形成明显的刃面和刃缘。

标本 DT4③:161，红褐色中细砂岩。器体略呈梯形，较厚重，仅正面保留砾石面，其余各面石皮均经打制剥离。没有经过二次修整，也没有形成刃缘。片疤大而浅，多从砾石的一侧一直延伸到砾石的另一侧，均采用单向打击法。从整体上观察，该器为砍砸器半成品。长 10.4、宽 8.2、厚 5.2 厘米，重 540 克（图四五，1；图版一四，7）。

标本 DT4③:162，灰褐色细砂岩。器体平面近三角形，器身稍狭长。系用一块扁圆形砾石从中央打击截断而成，只在左侧长边有截断面。采用单向打击法，片疤较小而浅，没有二次修整的痕迹。长 10、宽 4.9、厚 3 厘米，重 170 克（图四五，2；彩版七，2）。

标本 DT4③:137，灰褐色粉砂岩。器体略呈梯形，较厚。器身左、右两侧均经打制，但右侧保留部分砾石面。正面也经打击，下方可见石片崩疤，正面其余则是受打击的震动而沿砾石石缝剥离。采用单向打击法，片疤较小而浅，没有二次修整的痕迹，也没有形成一定的刃缘。长 7.5、宽 7、厚 4 厘米，重 290 克（图四五，3）。

标本 DT4③:160，灰褐色细砂岩。器体平面略成不规则方形，较厚，砾石的左侧长边和下端为截断面，其余均为原砾石面。采用单向打击法，片疤较大而浅，没有二次修整的痕迹，也没有形成一定的刃缘。长 8.8、宽 6.6、厚 3.6 厘米，重 330 克（图四五，4；图版一

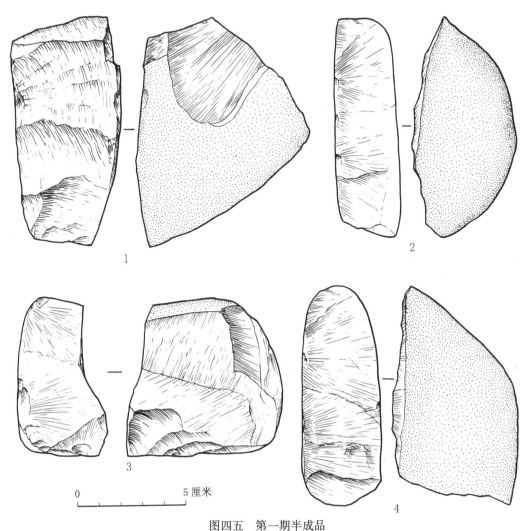

图四五　第一期半成品
1.DT4③:161　2.DT4③:162　3.DT4③:137　4.DT4③:160

四，8）。

3.石块、石片与碎屑

共 2196 件。其中包括石块 975 件、石片 309 件、碎屑 912 件。均为加工石器过程中产生的废料。其中石块一般是在截断砾石的过程中产生的，形状多不规则；碎屑是在截断砾石或对石器进行进一步加工的过程中产生的，较为细小；石片中一部分大小适中、刃缘锋利的，或直接用作它途，而成为事实上的石器，或进行第二次加工修整，作为切割或刮削器。

4.砾　石

共发现大小砾石 239 件。其中可制作砾石石器的 7 件，可作为石凿的棒形砾石 12 件，其余均为较小的圆或椭圆形小砾石。从出土遗物观察，这些圆或椭圆形的小砾石不适宜用来加工石器，或作为石器加工工具，可能是人们在拣选砾石时无意带回的，也可能是随成年人一起去漓江采集石器原材料的儿童自己采回的玩物。

（三）骨制品

发现了较多的各类动物骨骼碎片，其中部分为经过人类加工的骨制品。这些骨制品具有以下的一个或几个特征：①人类有意识地加工成某种器物形状。从骨片的劈裂面可以较明显看出打击片疤和修整片疤，并有基本一致的方向性或规律性，从而形成作为某类工具的特定形状。②骨制品采用了磨制加工、火烤、钻孔等技术。骨制品的磨制加工技术是最容易确认的，其器形一般较为规整。③与他物不断摩擦，刃缘常会产生细碎的崩疤，刃面会逐渐形成一定程度的磨滑面。

依据上述标准，第一期可以确认的骨制品共有 90 件，其中骨器 76 件，另有加工过程中产生的残次品 14 件。

1. 骨　器

骨器 76 件，占骨制品的 84.44%。包括骨锥、骨铲及鱼镖。

（1）骨　锥

61 件，占骨器总数的 80.26%。均为残器。器形较小，大多经火烤。锋尖有圆尖锋、扁薄锋和侧凹锋几种，横剖面有圆形、椭圆形和凹形几种。

标本 DT4③:243，上、下两端残。横剖面近圆形。经火烧，器表颜色青灰泛白。一侧有明显的长条形磨滑面，器表可见十分细密的斜向磨痕。残长 4、最大径 0.6 厘米（图四六，1；图版一五，2）。

标本 DT4③:242，上、下两端残。横剖面近圆形。经火烧，部分呈黑色，未烧部分呈土黄色。器表可见十分细密的斜向磨痕。残长 2.9、最大径 0.6 厘米（图四六，2）。

标本 DT4㉚:013，残。横剖面圆形。器表土黄色，可见因火烤而形成的黑褐或红褐色斑点。器表可见磨痕，近尖端有清晰的小崩疤，为使用痕迹，锋端微钝，也为使用所致。残长 2.7、最大径 0.6 厘米（图四六，3）。

标本 DT4㉚:016，上端残。横剖面近圆形。器表因风化侵蚀呈白色。磨痕不明显，但打制加工痕迹依稀可见，由上而下渐收成锋端。残长 3.4、最大径 0.7 厘米（图四六，4）。

标本 DT4③:240，上、下两端残。横剖面近三角形。器表浅黄色，带有少许因火烤而形成的黄褐斑点。器表光滑，可见细微的磨痕。残长 4.1、最宽 0.7 厘米（图四六，5）。

标本 DT4③:244，横剖面三角形。器表浅土黄泛白。近尖端有使用形成的小崩疤。残长 4.1、最宽 0.8 厘米（图四六，6）。

标本 DT6㉘:063，上端残断。横剖面近三角形。器表浅黄色，夹杂少许因火烤而形成的黄褐斑点。背面为骨器的劈裂面，可见较多清晰的打制疤痕，下端斜向加工出锋尖。残长 6.4、最宽 1 厘米（图四六，7）。

标本 DT4③:246，下端略残。横剖面近三角形。经火烧器表呈褐色。正面下端有明显的打制加工痕迹，器表可见细微的磨痕。残长 3.3、最宽 1 厘米（图四六，8）。

标本 DT4③:245，下端略残。横剖面近方形。器表经火烧，呈色灰褐或灰黄色。一侧为较明显的磨滑面。残长 2.5、最宽 0.6 厘米（图四六，9）。

标本 DT4③:256，上、下两端残。横剖面椭圆形。器表土黄色。一侧有较明显的磨滑面。残长 2、最宽 1.3 厘米（图四六，10）。

标本 DT4③:288，上端残。横剖面近凹圆形。器表土黄色，带经火燎的黑褐斑。器表可见细微的磨痕。残长 3.5、最大径 0.7 厘米（图四六，11）。

标本 DT4③:248，上、下两端残。横剖面呈凹形。有清晰的火烧痕，器表经烧部分为黑色，未烧部分浅土黄色。正面有少量的磨痕。残长 2.7、最大径 0.8 厘米（图四六，12）。

标本 DT4③:236，上端残。器身宽扁，横剖面呈凹形。器表受侵蚀影响，呈现灰白和灰黑夹杂的颜色。两侧劈裂面有明显的打制加工片疤，下端斜向加工出锋尖。残长 5.4、最宽 1 厘米（图四六，13；图版一五，6）。

标本 DT4③:006，上端残。器身宽扁，横剖面呈凹形。器表泛白，有极少的经火烤形成的黄褐斑点。两侧劈裂面尚有隐约可见的打制加工疤痕，下端斜向加工出锋尖，锋端光滑，器表有细微的磨痕。残长 3.1、最宽 1.3 厘米（图四六，14）。

标本 DT4③:247，上、下两端残。横剖面略呈凹形。器身呈浅黄色。两侧劈裂面均被磨制成光滑面，下端斜向加工出锋尖。残长 3.4、最宽 0.9 厘米（图四六，15）。

标本 DT4③:241，上端残。器身宽扁，横剖面呈凹形。器身呈灰白色，受侵蚀部位呈黑色。两侧劈裂面均被磨制成光滑面，下端斜向加工出锋尖，锋尖处有使用留下的崩疤。残长 4、最宽 1.2 厘米（图四六，16；图版一五，4）。

标本 DT4③:292，上端残。器身宽扁，横剖面呈凹形。器表浅黄色，带有经火烤形成的黄褐斑点。两侧劈裂面均被磨制成光滑面，下端斜向加工出锋尖，锋端呈弧形，锋口有细小的凹痕，为使用痕迹。残长 3.4、最宽 0.9 厘米（图四六，17；图版一五，3）。

标本 DT4③:237，上端残。上段横剖面呈凹形，下段圆形。器身浅黄色，由上而下渐收成锋尖，全身磨制光滑，锋尖微钝，为使用所致。残长 6.6、最宽 0.9 厘米（图四六，18；图版一五，7）。

标本 DT4③:238，上、下两端残。器身宽扁，横剖面呈凹形。器身呈灰白色。两侧打制加工痕迹明显，下端斜向加工出锋尖，其中一侧边缘有较小的磨滑面。残长 4.8、最宽 1.2 厘米（图四六，19）。

标本 DT4③:251，横剖面略呈凹形。器身浅黄色。两侧劈裂面有明显打制痕迹，但没有磨痕，没有形成锋端。残长 4.7、最宽 1.3 厘米（图四六，20）。

标本 DT4③:255，上、下两端残。横剖面略呈凹形。器身浅黄色。两侧劈裂面有明显打制痕迹，下端斜向加工出锋端，但锋端没有明显的磨痕。残长 5.3、最宽 1.3 厘米（图四六，21）。

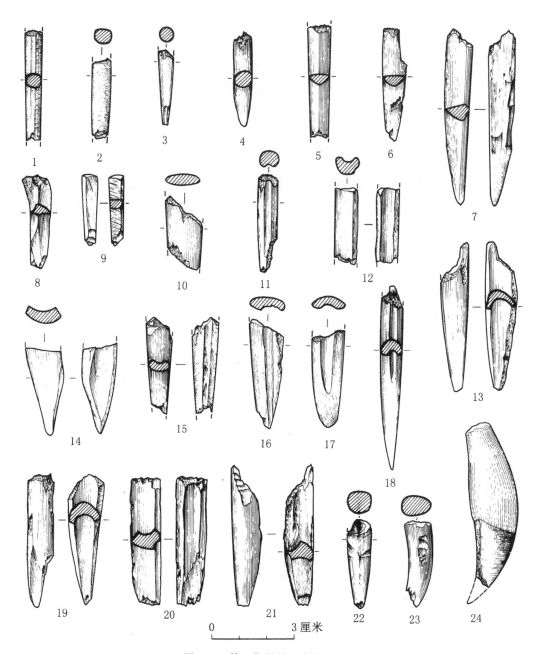

图四六　第一期骨锥、角锥、牙锥

1～21. 骨锥（DT4③:243、DT4③:242、DT4③:013、DT4③:016、DT4③:240、DT4③:244、DT6㉘:063、DT4③:246、DT4③:245、DT4③:256、DT4③:288、DT4③:248、DT4③:236、DT6③:006、DT4③:247、DT4③:241、DT4③:292、DT4③:237、DT4③:238、DT4③:251、DT4③:255）　22、23. 角锥（DT4③:015、DT6㉘:034）　24. 牙锥（DT4③:258）

标本 DT6③:019，上端残。扁薄。器表经火烤，呈黑褐色或黄褐色。通体磨制光滑。一侧缘有使用崩疤，锋尖略钝，当为使用所致。残长 4.6、最宽 1.1 厘米（图版一五，5）。

（2）骨　铲

12 件，占骨器总数的 15.79%。形体多宽大，系用较粗大的动物骨骼制成。

标本 DT4③:229，略残。横剖面近弯月形，器较宽大，用大型食草类动物（可能是牛或鹿）肢骨制成。器身白里泛黄。两侧切割加工不甚规整，可见较长、较深的打制片疤。器平直，前端刃部宽弧形，后端渐收并被加工成斜向的把手，磨制较明显，因使用较频，骨槽内骨松质几被磨平，且刃部正、背两面均形成了较大的磨滑面。刃缘处有较清晰的细碎凹疤，为使用痕迹。长 11.3、宽 3.4、厚 0.7 厘米（图四七，1；图版一五，8）。

标本 DT4③:230，略残。横剖面呈弯月形，器较宽大，为大型食草类动物（可能是牛或鹿）肢骨。两侧切割加工不甚规整，可见凹凸不平的打片疤痕。器平直，前端刃部宽弧形，后端加工成把手状，该器骨槽内骨松质保留较完整，背面有两处崩疤。刃缘磨制锋利，刃缘处有呈锯齿状的使用痕迹。长 8.9、宽 4.4、厚 1 厘米（图四七，2；图版一五，11）。

标本 DT4③:291，刃部残片。横剖面扁圆形。器表白中泛黄。正、背两面均形成明显的使用或磨制光滑面，正面后端骨松质保留较完整。刃部较锋利。残长 3.3、宽 1.1、厚 0.4 厘米（图四七，4）。

标本 DT4③:231，上端残。横剖面略呈弯月形，较宽大，为大型食草类动物（可能是牛或鹿）肢骨。器表浅黄色。前端刃部两面均形成明显的使用或磨制光滑面，后端由于残断，不见明显的打制加工痕迹。刃缘处有因使用而形成的较大的崩疤。残长 7、宽 4.3、厚 0.9 厘米（图四七，5；图版一五，9）。

标本 DT6㉘:032，上端残。横剖面呈等腰三角形。器表浅黄色。正面为平直的劈裂面，上有少许磨痕，背面隆起，上有三道清晰的人工砍痕。没有形成明显的刃部。残长 5.7、宽 2、厚 1.6 厘米（图四七，6）。

标本 DT4③:232，残。横剖面扁圆形。器表白中泛黄。风化较严重，但刃部残片的两面仍可见磨制或长期使用而形成的光滑面，刃缘处有细碎的因使用而形成的凹疤。残长 5.2、宽 1.7、厚 0.5 厘米（图四七，7）。

标本 DT4③:235，上、下两端残。横剖面呈扁薄凹形。器表浅黄色。两侧边缘有明显、规整的切割痕迹，20 倍放大镜下观察，背部有磨制痕迹。残长 4.7、宽 2.6、厚 0.7 厘米（图四七，8）。

标本 DT6③:020，上端残。横剖面略呈弯月形，较宽大，为大型食草类动物（可能是牛或鹿）肢骨。器表经火烤，呈浅黄色，并夹有黄褐色斑点。两侧向下渐张，边缘磨制明显，可见隐约的切割痕迹。刃面磨制光滑，刃缘中部有细碎的使用凹疤，两侧有较大的崩疤。残长 9.3、宽 4.1 厘米（彩版一四，6）。

（3）骨鱼镖

2 件，占骨器的 2.63%。

标本 DT4③:257，残，仅见铤部。横剖面略呈椭圆形。器表灰白色，部分呈黑褐色，

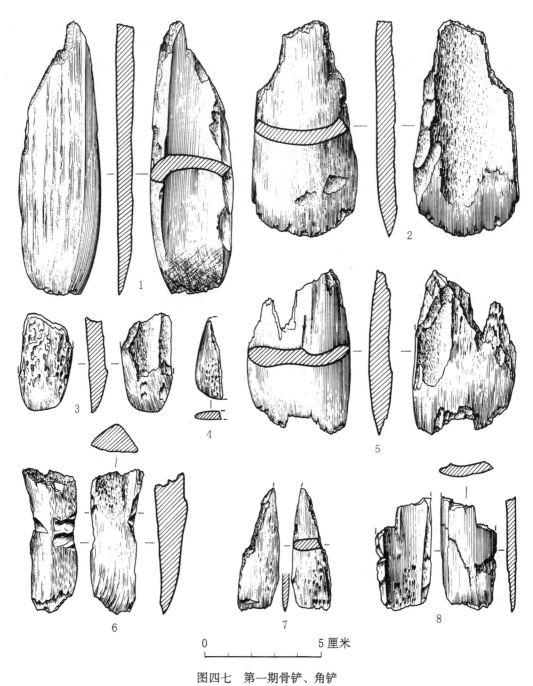

图四七 第一期骨铲、角铲

1、2、4~8. 骨铲（DT4㉛:229、DT4㉛:230、DT4㉛:291、DT4㉛:231、DT6㉘:032、DT4㉛:232、DT4㉛:235） 3. 角铲（DT6㉘:033）

为火烧所致。正面略弧拱，背面略平，近锋端两侧各有一略倾斜的小凸起，铤部刻划鱼鳞状网格纹。残长2.5、宽1.5厘米。

（4）骨　针

1 件，占骨器的 1.32%。

标本 DT6㉛:036，上、下端残。横剖面呈圆形。器表浅灰白色。通体磨制光滑。残长 3.3、径 0.5 厘米。

2. 残次品

14 件，占骨制品的 15.56%。大小不一，宽窄不同，但从外部形体可以看出，应为加工骨锥、骨铲过程中产生的残次品，器体可见明显的打制、锯切等痕迹，但均不见磨制痕迹。

（四）角制品

数量较少，仅见 6 件，包括角铲和角锥两种。

（1）角　锥

5 件。均为鹿角尖制成。

标本 DT4㉚:015，残。鹿角尖，横剖面近圆形。器表浅灰黄色。可见较明显的人工砍痕，锋端有使用痕迹。残长 3.1、最大径 0.8 厘米（图四六，22；图版一五，1）。

标本 DT6㉘:034，上、下两端残。鹿角尖，横剖面圆形。器身灰白色。上段表面有明显的人工砍痕和崩疤。残长 3.2、最宽 1.2 厘米（图四六，23）。

（2）角　铲

1 件。系用鹿角制成。

标本 DT6㉘:033，残。横剖面呈凹形。青灰色。背面为凹凸不平的鹿角面，刃面有明显的磨痕。正面两侧切割加工不甚规整，可见起伏的片疤痕，后端骨松质保留较完整，前端刃部渐收成舌形刃，刃缘处有磨痕。残长 4、宽 2、厚 1 厘米（图四七，3）。

（五）牙制品

牙锥 1 件。标本 DT4㉛:258，下端残。兽的犬齿，横剖面圆形。器身灰白色，有侵蚀痕，侵蚀部分呈灰黑色。齿冠的部分珐琅质已剥离，齿尖崩断，为使用痕迹。残长 5.7、最宽 1.7 厘米（图四六，24）。

（六）蚌制品

遗址堆积中含有部分经人类取食后遗留的蚌壳，其中一部分可明确认定为人类加工制作的蚌制品。这些蚌制品利用蚌壳长而薄的边缘作刃缘，大多有明显属于人类有意识加工打制、磨制及钻孔等痕迹。由于长久使用，有些在刃缘或蚌壳面形成了明显的崩疤和磨滑面。

共 22 件，均为蚌刀，且以残件居多，大多有钻孔。

标本 DT6㉘:056，顶部残。在蚌中部对穿两个大小相近的孔，孔近圆形。刃缘较钝，并带有因使用而形成的细碎崩疤。残长 6.2、孔径 0.8 厘米（图四八，1）。

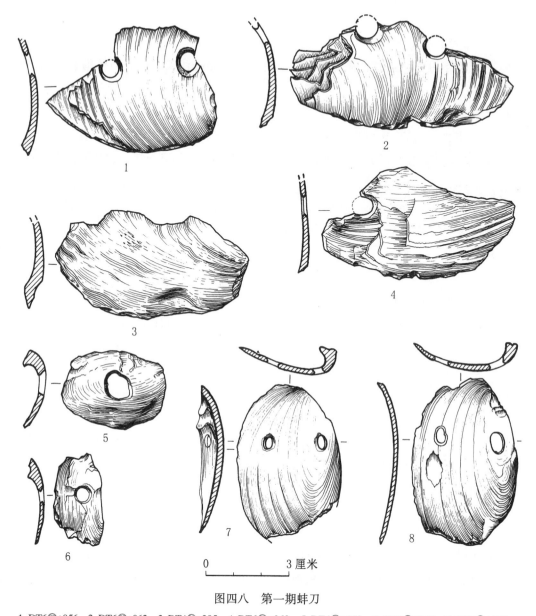

图四八　第一期蚌刀

1.DT6㉘:056　2.DT6㉘:062　3.DT4㉛:295　4.DT6㉘:060　5.DT6㉘:058　6.DT6㉘:059　7.DT6㉘:055　8.DT6㉘:054

标本 DT6㉘:062，顶部残。系丽蚌制成。在蚌中部对穿两个大小相近的孔，孔近圆。刃缘厚钝，上有明显的因使用而形成的细碎崩疤。残长 8.2、孔径 0.8 厘米（图四八，2）。

标本 DT4㉛:295，残。系丽蚌制成。未见穿孔，在刃缘有较明显的崩疤。残长 6.7 厘米（图四八，3）。

标本 DT6㉘:060，残。在蚌中部左侧有一穿孔，孔近椭圆。刃缘有明显的使用凹痕。残长 7、孔长径 0.8 厘米（图四八，4）。

标本 DT6㉘:058，在蚌中部穿一个孔，孔形近圆。刃缘较钝，当为使用所致。残长 3.8、孔长径 1.1 厘米（图四八，5）。

标本 DT6㉘:059，器型小巧，在蚌中部钻一个圆孔。刃缘有大小不等的因使用而形成的崩疤。残长 3.2、孔径 0.6 厘米（图四八，6）。

标本 DT6㉘:055，在上端钻大小不等的两个孔，采用单向钻，孔近圆。刃缘锋利，上有细微的使用凹痕。残长 5.7、大孔径 0.47、小孔径 0.4 厘米（图四八，7）。

标本 DT6㉘:054，在上端钻大小相近的两个孔，采用单向钻，一孔近圆，另一孔不规则，可能是使用所致。刃缘锋利，上有细碎的使用崩疤。残长 5.9、孔径 0.6 厘米（图四八，8；图版一五，10）。

第二节　第二期文化遗存

第二期未发现遗迹现象，出土遗物仍为陶制品、石制品、骨制品和蚌制品。

（一）陶制品

陶器数量较少，较破碎，多数仅存口沿或器底部分，无可复原器。器类单一，器形简单，大多为器形较大的敞口、束颈、鼓腹、圜底罐，另有部分饰刻划纹或附加堆纹的小件器物，因太破碎，整体特征不详。陶质陶色以夹方解石灰褐或褐陶为主，部分夹石英，另有部分红褐陶，方解石或石英颗粒较多，大小不匀称，形状不规则。陶器烧成火候低，质地疏松。在陶器的制作技术上新出现了泥片贴塑法，但大部分未见贴片痕迹，少部分器颈部可见泥片贴筑痕迹。器表均饰分段多次重复滚压而成的绳纹，其中以印痕较深、较细密的中绳纹最具特点，少量在绳纹上加施刻划纹；口沿多饰绳纹，另有部分刻划纹，沿下还有少量附加堆纹（图四九）。

（1）敞口罐

27 件。均残，无可复原器。但从出土陶片的总体特征分析，应为敞口，束颈，溜肩，鼓腹，圜底。以夹砂灰褐陶为主，羼和料主要是较粗大的石英或方解石颗粒。器表通体饰绳纹，以中绳纹为主，绳纹均经多次重复滚压，比较凌乱，尤以器底部分为甚。

标本 DT4㉘:052，颈、肩部位。夹粗石英褐陶，石英最大粒径 0.8 厘米。器表饰单股中绳纹，为分段多次滚压而成，滚压随意，分段不明显，印痕较深、清晰，尤以颈部为甚，绳纹粗 0.2 厘米。残高 10.5、颈径 16.4 厘米（图五〇，1；彩版八，1；图版一六，1）。

标本 DT4㉘:053，近底部残片。夹石英红褐陶，内、外同色，胎心略呈褐色，石英最大粒径 0.37~0.6 厘米。在近底部内壁处有贴筑加厚痕。器表饰单股中绳纹，印痕深浅不一，多次重复滚压，交错叠压，滚压随意，分段不明显，绳纹粗 0.2 厘米。残高 4.2 厘米（图五〇，2）。

0　　　　　　3厘米

图四九　第二期陶器纹饰拓片

1.DT6㉕:010　2.DT6㉕:016　3.DT4㉘:068　4.DT6㉕:011　5.DT4㉘:052　6.DT4㉘:054　7.DT6㉗:021
8.DT4㉘:052　9.DT6㉗:036　10.DT4㉘:053　11.DT6㉕:009

标本 DT6㉕:009，颈、肩部位。夹方解石红褐陶，胎及内壁偏红色，方解石最大粒径 0.67～0.8 厘米，胎壁较厚。器表饰粗绳纹，印痕较深，多次重复滚压，形成较宽的绳纹印痕，绳纹分段衔接明显，自上而下可分三段，绳纹粗 0.3 厘米。残高 7.6 厘米（图五〇，3；

图版一六，2）。

标本 DT6㉕:010，近底部残片。夹方解石褐陶，内壁略呈红褐色，方解石最大粒径 0.3～0.5 厘米。饰单股细绳纹，印痕较深，多次重复滚压，交叉叠压，分段明显，粗 0.1 厘米。残高 5.4（图五〇，4；图版一六，6）。

标本 DT4㉘:057，颈部残片。夹方解石红褐陶，内、外同色，方解石最大粒径 0.6 厘米。泥片贴筑法制成，可见两层贴片。器表饰细绳纹，印痕较浅，多次重复滚压，纹饰较乱，分段较明显，有明显停顿捺压痕迹，绳纹粗 0.1 厘米。残高 3.5 厘米（图五〇，5）。

标本 DT6㉕:011，腹部残片。夹方解石褐陶，内、外同色，方解石最大粒径 0.4 厘米。器表饰中绳纹，印痕较深，多次重复滚压，有明显停顿捺压痕迹，绳纹粗 0.2 厘米。残高 4.2 厘米（图五〇，6；图版一六，3）。

标本 DT6㉗:035，肩部残片。夹石英红褐陶，石英最大粒径 0.8 厘米。器表饰单股细绳纹，印痕较浅，多次重复滚压，每次滚压长度约 2.7 厘米，绳纹粗 0.1 厘米。残高 4.8 厘米（图五〇，7；图版一六，4）。

（2）未定名器

7 件。均为口沿残片，因陶片太碎，器物整体特征不详，故暂不予定名。可能为小型罐或钵类器，一般为直口，在口沿下饰刻划纹或附加堆纹。

标本 DT6㉕:014，口沿残片。夹石英红褐陶，石英最大粒径 0.5 厘米。器表饰单股粗绳纹，多次滚压而成，绳纹较乱，印痕较浅，成形后在外沿下饰一周附加堆纹，附加堆纹上亦滚压绳纹，沿上饰捺压纹。残高 3.6 厘米（图五〇，8）。

标本 DT4㉘:055，口沿残片。夹方解石红褐陶，方解石最大粒径 0.3 厘米。胎壁较薄，口沿处贴筑一周扁平突棱，沿上饰捺压纹。器表先饰单股细绳纹，再饰“Z”字形刻划纹。残高 1.8 厘米（图五〇，9；图版一六，5）。

标本 DT4㉙:048，口沿残片。夹方解石红褐陶，含方解石较少、较细，最大粒径 0.2 厘米。胎壁较薄，口沿部分可见两层贴筑痕迹，从内往外包贴至外沿。器表饰单股细绳纹，印痕较深，多次滚压，绳纹粗 0.1 厘米。残高 1.9 厘米（图五〇，10）。

标本 DT6㉕:015，口沿残片。夹方解石红褐陶，含方解石较细，最大粒径 0.27 厘米。器表饰双线“Z”字形刻划纹。残高 2 厘米（图五〇，11）。

标本 DT4㉘:060，口沿残片。夹方解石褐陶，方解石最大粒径 0.2 厘米。器表饰单股细绳纹，印痕较乱，绳纹粗 0.1 厘米。残高 1.7 厘米（图五〇，12）。

标本 DT6㉗:038，器口残片。夹石英褐陶，含石英较多，颗粒较粗，最大粒径 0.6～0.9 厘米。器表饰粗绳纹，绳纹上饰附加堆纹，附加堆纹上再滚压绳纹，沿上亦滚压绳纹。残高 2.5 厘米（图五〇，13）。

标本 DT4㉘:059，口沿。夹方解石红褐陶，方解石较细碎，最大粒径 0.3 厘米。器表先饰单股细绳纹，再饰曲折刻划纹，沿面滚压绳纹。残高 1.3 厘米（图五〇，14）。

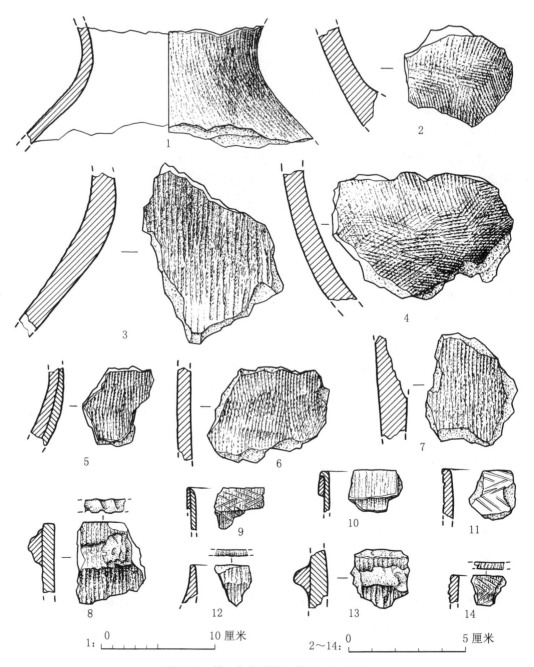

图五〇 第二期陶器敞口罐和未定名器

1～7. 敞口罐（DT4⑱:052、DT4⑱:053、DT6㉕:009、DT6㉕:010、DT4⑱:057、DT6㉕:011、DT6㉗:035） 8～14. 未定名器（DT6㉕:014、DT4⑱:055、DT4㉙:048、DT6㉕:015、DT4⑱:060、DT6㉗:038、DT4⑱:059）

（二）石制品

共发现石制品453件，其中石器59件，半成品43件。其他为石器加工过程中截断的石块及剥离下来的石片和碎屑。

1. 石 器

59 件，占石制品的 13.08%。均以河砾石为原材料，石质以砂岩占绝大部分，包括各种不同颜色的细砂岩、粉砂岩、石英砂岩等，另有少量的花岗岩、碳质板岩、泥质板岩和个别灰岩。石器均为打制石器，均单面单向打击成形。以石核石器为主，直接用砾石打制加工而成，少部分为石片石器。器类包括石锤、砍砸器、切割器和穿孔石器等。

（1）石 锤

9 件，占该期石器总数的 15.25%。质地以细砂岩和粉砂岩为主，有少部分的花岗岩。器身散布有大小、数量不等的崩疤、凹疤和打击麻点，使用痕迹多见于器周边缘，部分见于两面。多以整块砾石直接用作石锤，少量用砾石断块作为石锤。包括盘状石锤、有凹石锤、半球状石锤等。

盘状石锤 5 件。占石锤的 55.56%。均在使用过程中断裂而呈半圆盘状。

标本 DT4㉙:001，灰黑色细砂岩。器身较厚，器身一侧有较细密的麻点状锤击使用痕迹。直径 11、厚 5.9 厘米，重 330 克（图版一七，1）。

标本 DT4㉙:004，灰色粉砂岩。器身较薄，器身一侧有较细密的麻点状锤击使用痕迹。直径 9、厚 3.5 厘米，重 260 克（图版一七，4）。

有凹石锤 1 件。占石锤的 11.11%。正、背两面均有砸击使用而形成的浅凹坑。

标本 DT4㉘:001，紫色细砂岩。器体扁圆形。器身上端两面及左、右侧有使用砸击痕迹，片疤较小但较深，正面下半部由于砸击形成大而深的片疤。下部刃缘呈弧形，锋利并有二次修整痕迹，刃缘修整片疤较小，使用痕迹不明显。该器既可作为石锤，也可作为切割器。长 8.2、宽 7.5、厚 2.8 厘米，重 210 克（图五一，1；图版一七，3）。

半球状石锤 3 件。占石锤的 33.33%。质地以细砂岩和花岗岩为主，略呈半球状。

标本 DT4㉘:002，灰色细砂岩。器身为半球形，较厚，为一块球形砾石的小部分，下端为砾石截断面。上、下两端可见较多的砸击坑疤，有明显的砸击点，但没有放射线。长 9.7、宽 4.9、厚 5.9 厘米，重 350 克（图五一，2）。

（2）砍砸器

44 件，占该期石器总数的 74.58%。均打制而成，器身保留部分或大部分砾石自然面。器形较大，以大、中型居多。单向打制为主，刃面多较陡，刃缘处多有使用痕迹。种类包括单边直刃砍砸器、单边弧刃砍砸器和双边刃砍砸器三种。

单边直刃砍砸器 18 件，占砍砸器的 40.91%。质地以粉砂岩和细砂岩为主，多在砾石的一侧长边单向打制出一刃缘，且刃缘较直。

标本 DT4㉘:007，灰褐色细砂岩。器身近方形，较薄，上端成弧拱形，下端为砾石截断面。在砾石的左侧长边斜向打制出刃面，片疤较大较深。刃缘处略有起伏，并有细碎的因使用而形成的崩疤。刃角 54°，长 7.2、宽 6.7、厚 2.3 厘米，重 200 克（图五二，1）。

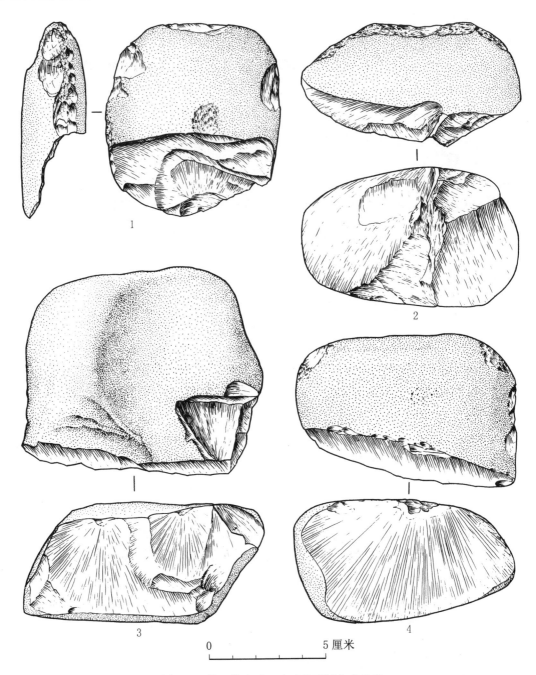

图五一　第二期有凹、半球状石锤和半成品

1.有凹石锤（DT4㉘:001）　2.半球状石锤（DT4㉘:002）　3、4.半成品（DT4㉘:021、DT4㉙:021）

标本 DT6㉕:001，石灰岩。器体形状不规则，较厚，背面略平，正面中部隆起，石块上端、右侧及背面保留大部分的原石皮，下端为截断面。在石块左侧长边斜向打制刃面，片疤或大而浅，或小而深。刃缘成锯齿状，有一些小的因使用而形成的崩疤。刃角 68°，长

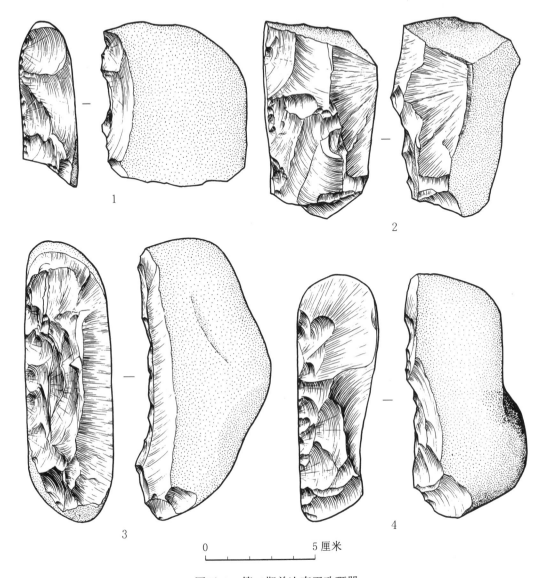

图五二 第二期单边直刃砍砸器

1.DT4㉘:007 2.DT6㉕:001 3.DT4㉙:006 4.DT4㉙:009

8.7、宽5.6、厚5厘米,重340克(图五二,2)。

标本DT4㉙:006,灰褐色细砂岩。器体为不规则长形。在扁长形砾石的左侧长边单向打制出刃面,片疤宽而长,有二次修整的痕迹,二次修整片疤较细碎。刃缘略内弧,有锯齿状的使用崩疤。刃角90°,长13、宽5.8、厚4.2厘米,重400克(图五二,3;彩版七,5)。

标本DT4㉙:009,棕褐色细砂岩。器体为不规则长形。在扁长形砾石的左侧长边单向打制出刃面,片疤较大而浅,有二次修整的痕迹,二次修整片疤较细碎。刃缘较直,有锯齿状的使用崩疤。刃角75°,长11.1、宽5.1、厚3.5厘米,重300克(图五二,4;图版一七,2)。

标本 DT4㉘:003，紫色细砂岩。器体形状略呈方形，较厚重，右侧和上端呈拱背形，下端为较宽的砾石截断面。在砾石左侧长边单向打制出刃面，片疤较小，深浅不一。刃缘处有因使用而形成的小崩疤。刃角68°，长9、宽7.6、厚5厘米，重500克（图五三，1；图版一七，5）。

标本 DT4㉘:005，棕褐色粉砂岩。器体略呈长形，较短，上端为较宽的砾石截断面，下端为稍窄的砾石自然面。在砾石的左侧长边单向打击刃面，片疤较小、较浅。刃缘使用痕迹不明显。刃角60°，长7.9、宽4.9、厚3.5厘米，重220克（图五三，2；图版一七，6）。

标本 DT4㉙:007，灰褐色细砂岩。器身为不规则长形，较厚，正面向左倾斜，下端为砾石截断面。在砾石的左侧长边单向打击刃面，刃面较陡，片疤较小，有二次修整痕迹。刃

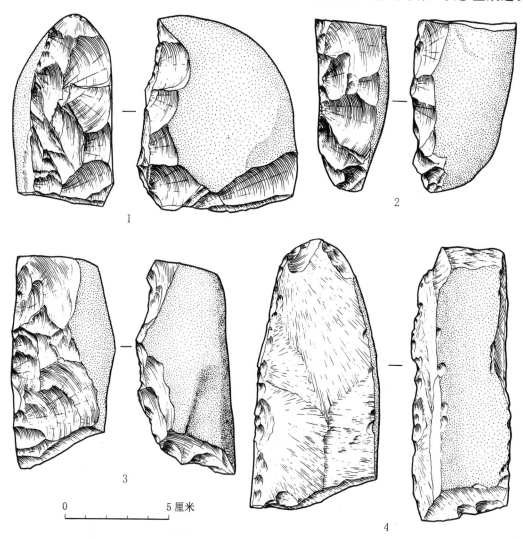

0   5厘米

图五三　第二期单边直刃砍砸器

1.DT4㉘:003　2.DT4㉘:005　3.DT4㉙:007　4.DT4㉙:008

缘处呈起伏状并有因使用而形成的小崩疤。刃角90°，长10、宽4.3、厚4.9厘米，重300克（图五三，3；彩版七，4）。

标本DT4㉙:008，深灰色细砂岩。器身窄长，较厚，正、背两面保留砾石面，右侧长边和下端均为砾石截断面。在砾石的左侧长边用单向打击法打制出刃面，刃面陡直，片疤大而浅。刃缘较直，上有许多因使用而形成的小崩疤。刃角90°，长13.1、宽4.7、厚6厘米，重600克（图五三，4）。

单边弧刃砍砸器 15件，占砍砸器的34.09％。质地以粉砂岩和细砂岩为主，多在砾石的一侧长边单向打制出一刃缘，且刃缘多呈凸弧形。

标本DT6㉕:002，紫色粉砂岩。器体近方形，厚重。在方形砾石的左侧长边及上端单向砸击打制出刃面，刃面宽长，片疤较大而深，有二次修整痕迹，二次修整片疤则较小而密。刃缘长，呈圆弧形，刃缘处有锯齿状使用形成的崩疤。刃角75°，长11.3、宽8.5、厚6.6厘米，重820克（图五四，1；彩版七，6）。

标本DT4㉙:012，紫色粉砂岩。器体形状不规则，较厚，背面略平，正面中部隆起。在砾石的下侧单向打制出刃面，刃面宽而长，刃面片疤较大，近刃缘处有二次修整痕迹，修整片疤较小。刃缘长弧形，有锯齿状使用痕迹。刃角90°，长9.5、宽4.8、厚5.9厘米，重340克（图五四，2）。

标本DT4㉙:013，黄褐色细砂岩。器身不规则，较为扁薄。在砾石下侧双向打制出刃面，刃面宽而短，刃面片疤较大，二次修整和使用痕迹不明显。刃缘锋利，起伏并呈弧拱形。刃角68°，长11、宽7.6、厚3.4厘米，重390克（图五四，3；图版一八，1）。

标本DT4㉙:011，灰黄色粉砂岩。器体略呈椭圆形，厚重，背面较平，正面隆起。在砾石的下侧单向打制出刃面，刃面宽而长，较陡，刃面片疤较为小，有二次修整痕迹。刃缘长弧形，有锯齿状使用痕迹。刃角90°，长12.1、宽7.3、厚5.1厘米，重720克（图五四，4；图版一八，2）。

双边刃砍砸器 11件，占砍砸器的25％。质地以粉砂岩和细砂岩为主，在砾石的两侧长边或一侧长边、一侧短边分别单向打制出刃缘。

标本DT4㉙:018，棕褐色粉砂岩。器体平面略呈方形，器厚重，背面较平，正面隆起，下端为砾石的截断面。在砾石的左侧长边单向打制出刃面，并利用刃面较锋利的两侧作两刃缘，片疤大部分沿砾石原有石缝剥离，故刃面较为平整，二次修整不明显。刃缘较直，使用痕迹不明显。两刃角分别为80°、78°，长10.3、宽6.3、厚6厘米，重660克（图五五，1；彩版七，3）。

标本DT4㉙:005，浅黄色细粒砂岩。器身近长方形，较厚重，背面及右侧为较平的砾石面，下端为砾石截断面，正面经打制没有石皮。在砾石的左、右侧长边单向打制出刃面，刃面较陡，片疤或宽或窄，深浅不一，有二次修整痕迹。刃缘较直，有使用砍砸时留下的小坑疤。左、右刃角分别为80°、76°，长11.5、宽6.2、厚5.2厘米，重590克（图五

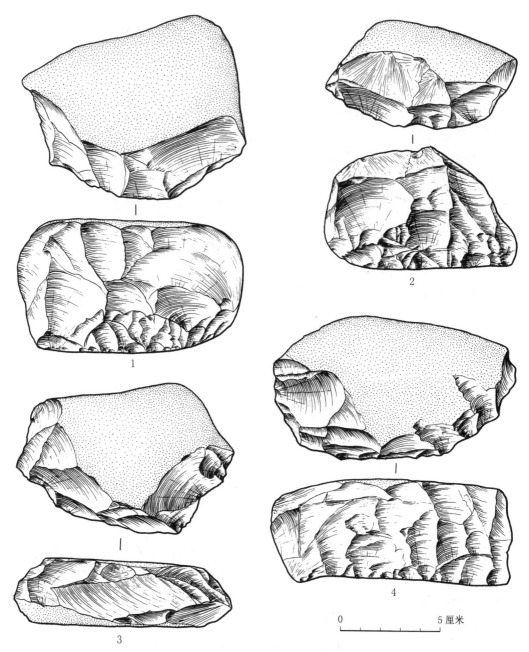

图五四　第二期单边弧刃砍砸器
1.DT6㉕:002　2.DT4㉙:012　3.DT4㉘:013　4.DT4㉙:011

五，2）。

标本DT4㉙:017，棕褐色粉砂岩。器体平面略呈长方形，较厚，背面弧拱形，上、下两端稍加打制但保留大部分的砾石面，正面打制后则没有砾石面。在砾石的左、右两侧分别单向打制出刃面，左、右两侧刃面片疤均较大，且有二次修整的痕迹，二次修整的片疤较

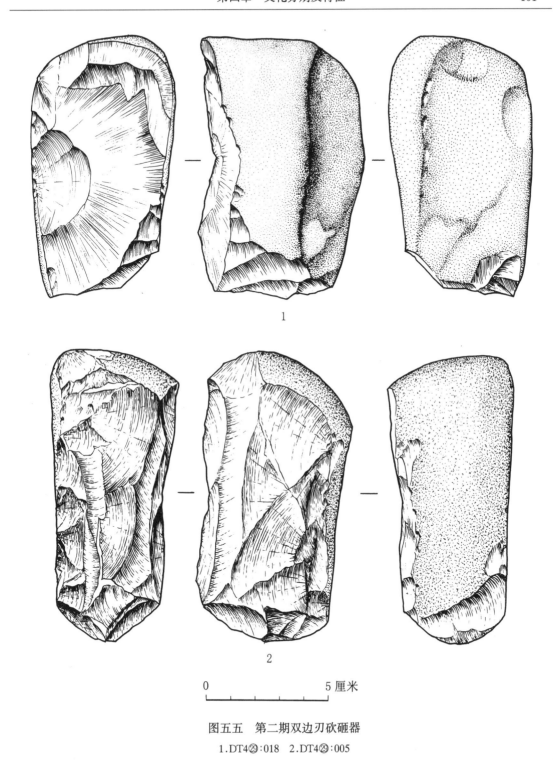

1

2

0　　　　　　　　　5 厘米

图五五　第二期双边刃砍砸器
1.DT4②:018　2.DT4②:005

小。左、右两侧刃缘都略呈弧形，起伏呈锯齿状，有许多使用形成的小崩疤。左侧刃角80°，右侧刃角77°，长9.3、宽5.9、厚5.5厘米，重410克（图五六，1；图版一八，3）。

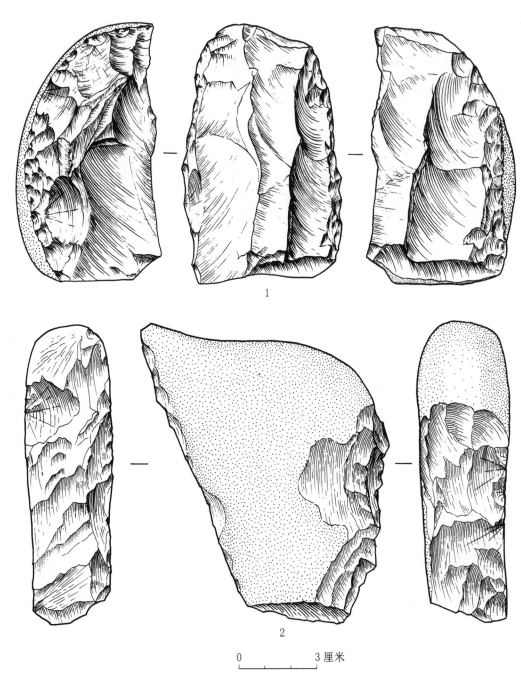

1

2

0 　　　　　　　　3厘米

图五六　第二期双边刃砍砸器

1.DT4⊗:017　2.DT4⊗:014

　　标本 DT4⊗:014,紫色粉砂岩。器体平面似一鸟头状,右上有如喙嘴形的凸起,器较扁薄,正面及背面均较为平整,下端为截断面。在砾石的左、右两侧分别单向打制出刃面和刃缘,左、右两侧刃面片疤均较细碎而浅。左侧刃较长且刃陡直,右侧刃较短且略弧,左、右两侧刃缘处均有使用形成的小崩疤。左侧刃角90°，右侧刃角82°，长10.2、宽8.4、厚3.4厘米，重470克（图五六，2；图版一八，4）。

（3）切割器

5件，占该期石器的8.47%。以细砂岩和粉砂岩为主。器形扁薄。以稍大而锋利的石片直接作为工具使用，少量利用适合的石片进行二次加工而形成刃缘，多有明显的使用痕迹。

标本DT4㉙:024，灰黄色细砂岩。器体近长方形，用一块稍大的砾石石片制作，背面和上端保留原砾石面。在下端长边仔细修整出弧形刃缘，上有许多细小片疤，为二次修理痕迹，使用痕迹不明显。高5.5、刃宽9、厚2厘米，重170克。

（4）穿孔石器

1件，占该期石器的1.7%。

标本DT6㉗:041，为加工过程中产生的残件。风化中粗粒花岗岩。器体圆而厚。使用两边对琢法在天然砾石中央打出两个相对的圆形凹坑，凹坑最大径3厘米，尚未穿透即从中间破裂。器体直径7.1、厚4厘米，重180克（图版一八，6）。

2．半成品

43件，占该期石制品的9.49%。质地以粉砂岩和细砂岩为主，器物以大、中型为主，有一个或多个明显的打击断面，断面多较陡直，有的断面虽经过初步修整，但都没有形成明显的刃面和刃缘。

标本DT4㉘:021，紫红色细砂岩。器体近方形，厚重。从砾石下端单向打击截断，可见两个明显的打击点及其片疤，片疤大而浅，截断边缘有少许二次修整痕迹，但刃缘没有修整成形，砾石正面右下也有一打击片疤。长10、宽8.5、厚5厘米，重780克（图五一，3；图版一八，5）。

标本DT4㉙:021，棕红色中粒石英砂岩。器体为不规则长形，较厚重。从砾石中央截断，可见两个清晰的打击点，打击片疤平整，断面陡直。器身两侧也有较小的砸击坑疤。长9.8、宽5.8、厚5.2厘米，重480克（图五一，4）。

3．石块、石片和碎屑

共351件，占石制品的77.48%。其中包括石块39件、石片39件、碎屑273件。其形成原因已在本章第一节作过论述。

4．砾 石

共发现大小砾石66件。其中可制作砾石石器的2件，可作为石凿的棒形砾石6件。其余均为较小的圆或椭圆形小砾石。其用途已在本章第一节中作了论述。

（三）骨制品

共出土各类骨制品36件。其中骨器31件，骨器加工过程中产生的残次品5件。

1. 骨　器

其中骨器 31 件，占骨制品的 86.11%。包括骨锥、骨铲、鱼镖和骨针。多数为残器。

（1）骨　锥

22 件，占骨器总数的 70.96%。均残。器形较小，下端有一个瘦长的锋尖，大多数经过了火烤。

标本 DT4㉘：047，上端残。横剖面圆形，器身小巧。经火烤，呈浅灰褐色。器体光滑，为磨制或长期使用所致。残长 1.6、最大径 0.3 厘米（图五七，1）。

标本 DT4㉘：044，上、下端残。横剖面圆形。灰白色，风化较重。器表磨痕不明显，器中部有一道啮齿类动物啃咬形成的凹槽。残长 2、最大径 0.6 厘米（图五七，2）。

标本 DT6㉗：020，上、下端残。横剖面圆形。灰白色，风化较重。器表有人工切割痕迹。残长 3.2、最大径 0.9 厘米（图五七，3）。

标本 DT4㉙：040，上、下端残。横剖面近圆形。器身因经火烧而呈黑色。器表有明显的人工纵向劈裂痕和加工痕迹。残长 4.4、最大径 0.6 厘米（图五七，4）。

标本 DT4㉘：039，上、下端残。横剖面椭圆形。器身经火烧，上段呈黑褐色，下段灰黄色。器表有较细微的磨痕。残长 3.2、最大径 0.7 厘米（图五七，5）。

标本 DT6㉗：019，上、下端残。横剖面近椭圆形。器表白中泛黄，夹有极少的经火烤形成的黄褐斑点。器表有较细微的磨制擦痕。残长 3.6、最大径 1 厘米（图五七，6）。

标本 DT4㉘：046，上、下端残。横剖面近三角形。器表经火烤呈红褐色。器周均为光滑面，上有细微的磨痕。残长 2.8、最宽 0.6 厘米（图五七，7）。

标本 DT4㉙：042，上、下端残。长条形，剖面形状不规则。器表浅黄色。正面两侧可见较多的打制或切割片疤，近刃部渐收，刃部有明显的磨滑面。残长 4.6、宽 1.2 厘米（图五七，8）。

标本 DT6㉗：022，上、下端残。长条形，剖面形状不规则。器表浅黄色。两侧有较多的打制加工片疤，左侧并有磨痕。残长 5.9、宽 1.2 厘米（图五七，9）。

标本 DT4㉘：043，上、下端残。长条形，横剖面呈凹形。灰白色并夹杂较多的火烤斑痕。正面两侧有狭长的劈裂片疤，并有二次修整痕迹。残长 7.2、宽 1.6 厘米（图五七，10）。

标本 DT4㉘：041，残骨片。长条形，横剖面形状不规则。器表经火烤呈灰黑色。两侧有窄长的砍劈片疤痕和细微磨痕。残长 7.2、宽 0.8 厘米（图五七，11）。

标本 DT4㉘：042，残。横剖面呈凹形。灰白色，夹杂少许因火烤形成的黄褐斑点。两侧有切割加工痕迹，但由于使用较多，加工片疤痕已较模糊。刃部较钝，当为使用所致。残长 5.4、宽 1.2 厘米（图五七，12）。

（2）骨　铲

7 件，占骨器总数的 22.58%。形体多宽大，系用较粗大的动物骨骼制成。

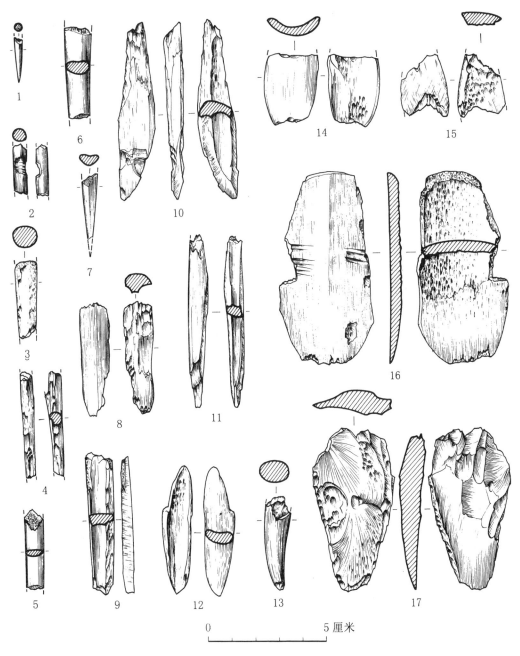

图五七　第二期骨锥、铲，角锥

1～12. 骨锥（DT4㉘:047、DT4㉘:044、DT6㉗:020、DT4㉙:040、DT4㉘:039、DT6㉗:019　DT4㉘:046、DT4㉙:042、DT6㉗:022、DT4㉘:043、DT4㉘:041、DT4㉘:042）　13. 角锥（DT4㉙:044）　14～17. 骨铲（DT6㉗:018、DT4㉘:045、DT6㉗:017、DT4㉘:038）

标本 DT6㉗:018，上端残。横剖面略呈弯月形。正面灰白色，背面经过火烤而呈黑褐色。两侧边缘及刃部的打制和磨修痕迹均较明显，刃缘处有小的崩疤，为使用痕迹。残长

2.7、宽2.2厘米（图五七，14）。

标本DT4㉘:045，残片。器身扁薄。经火烧，部分黑色，部分呈红褐色。正面可见较完整的骨松质，背面有细密的磨痕。残长2.6、宽1.6厘米（图五七，15）。

标本DT6㉗:017，略残。横剖面扁薄略凹，较宽，为大型食草类动物（可能是牛或鹿）肢骨。浅黄色，背面有火烤斑点。背面有横向的切割痕和使用崩疤，正面两侧打制加工片疤痕迹明显，后端加工为适合使用的弧形把手，后端截断面有明显的磨痕，骨松质保留较完整。前端刃面光滑，刃缘呈半圆弧形，上有细碎的使用凹痕。长8.1、宽3.5厘米（图五七，16；图版一九，1）。

标本DT4㉘:038，残。横剖面扁薄，器较宽，为大型食草类动物（可能是牛或鹿）肢骨。浅黄色，有火烤斑点。正、背两面均有清晰的打制片疤，背面片疤较多。下端渐收成舌形刃面，刃面两侧有细碎的打制痕迹，磨痕不明显。残长6.7、宽3.3、厚0.7厘米（图五七，17）。

（3）骨鱼镖

1件，占骨器的3.23%。

标本DT6㉗:023，残，仅见锋尖。横剖面略呈椭圆形，正面略弧拱，背面略平。器表灰白色，有经火烧所形成的褐色斑点。近锋端两侧有略倾斜的小凸起，为鱼镖的倒刺。残长2.7、宽1.1厘米。

（4）骨针

1件，占骨器的3.23%。

标本DT6㉕:006，上、下端残。横剖面呈圆形。器表浅土黄色，略经火烤，带有褐色小斑。通体磨制光滑。残长2、径0.26厘米。

2. 残次品

5件。占骨制品的13.89%。大小不一，宽窄不同，但从外部形体可以看出，应为加工骨锥、骨铲过程中产生的残次品。器体可见明显的打制、锯切等痕迹，但均不见磨制痕迹。

（四）角制品

仅角锥一种，1件。

标本DT4㉙:044，上端残。系鹿角制成，横剖面呈圆形。浅土黄色。器身没有明显的加工痕迹，但角尖处有细碎的崩疤，为使用痕迹。残长3.9、最宽径1厘米（图五七，13）。

（五）蚌制品

共7件，均为蚌刀，且残件居多，大多有钻孔。多数以整个蚌为原料制成，少部分仅以蚌片制成。

标本DT4㉘:050，一端略残。系丽蚌制成，器形较大。在蚌的中部偏左对穿一孔，孔近圆形。蚌的铰合部两侧均有明显的打制和加磨痕迹，铰合部略呈鱼头状。蚌长而厚的一侧也有清晰的磨痕，形成一个较适合手握的光滑面，长而薄的另一侧则有细碎的崩疤，为使用痕迹。残长9.7、宽7、孔径1厘米（图五八，1；图版一九，2）。

标本DT6㉕:007，在蚌的中部偏上处单向穿两个孔，孔近椭圆形。刃缘因使用而凹陷，上有使用形成的小崩疤。残长6.7、宽3.7、孔径0.7～0.8厘米（图五八，2；图版一九，

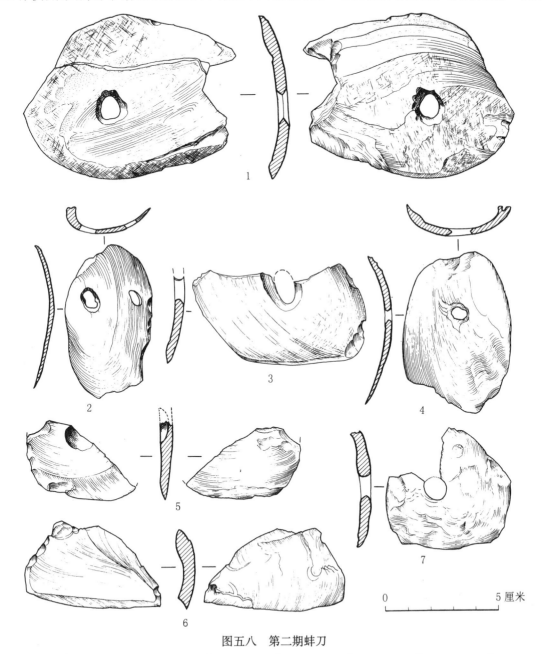

图五八　第二期蚌刀

1.DT4㉘:050　2.DT6㉕:007　3.DT6㉕:008　4.DT6㉗:034　5.DT4㉙:046　6.DT4㉙:045　7.DT4㉘:051

4)。

标本 DT6㉕：008，残。在蚌中部对穿一个孔，孔近椭圆形。铰合部、两侧及正面经过磨制，尤以下端刃缘磨制较精细，使用痕迹不清晰。长 8.3、残宽 4、孔径 1.5 厘米（图五八，3；图版一九，3）。

标本 DT6㉗：034，一端残。丽蚌制成，在蚌的中部偏上处对穿一个孔，孔近圆形。下端刃缘处有使用形成的细碎凹痕。残长 6.5、宽 4.9、孔径 0.6 厘米（图五八，4）。

标本 DT4㉙：046，丽蚌制成，器身呈斜三角形。上端及右侧为蚌的切割断面，左下及下缘为略呈弧形的刃缘，刃缘处有使用形成的小崩疤。长 5.2、宽 2.9、孔径 0.5 厘米（图五八，5）。

标本 DT4㉙：045，丽蚌制成，器身呈斜三角形，其中两侧磨制十分光滑。刃缘处有使用形成的锯齿状崩疤。长 6.2、宽 3.6 厘米（图五八，6）。

标本 DT4㉘：051，残。丽蚌制成，在蚌的中部对穿一个孔，孔近圆形。下端刃缘处有使用的凹痕。残长 5.6、宽 5.1、孔径 1 厘米（图五八，7）。

第三节　第三期文化遗存

受发掘面积所限，未发现任何遗迹现象。文化遗物与第二期相比没有太多变化。

（一）陶制品

陶器数量较多，但破碎较严重，多数仅存口沿、领肩和底部。陶器种类少且制作简单，主要器形是罐，另有部分饰刻划纹或附加堆纹的小件器物，因太破碎，整体特征不详。以夹方解石的红褐陶为主，夹石英陶较少，方解石颗粒较多而粗，且大小不匀称，形状不规则。火候低，胎质疏松。多数为泥片贴筑法制成，可见较明显的贴筑痕迹。该期大部分陶器因羼和方解石或石英的比例较小，陶片起层，呈千层饼状，与泥片贴筑法形成的分层迥然不同。纹饰以粗绳纹为主，中绳纹次之，细绳纹较少（图五九），另有部分刻划纹、捺压纹。刻划纹多在绳纹上施划，纹样简单，刻划随意，划痕较深。

（1）敞口罐

80 件。敞口，束颈，溜肩，鼓腹，圜底，底较尖厚。腹径明显大于口径，最大腹径在腹中部。以夹方解石红褐陶为主，夹石英陶较少，方解石颗粒较粗大。大部分为泥片贴筑法制成，断面可见清晰的泥片贴筑痕迹。胎壁一般较厚，火候低，胎质疏松。器表通体饰绳纹，以粗绳纹为主，有部分中、细绳纹，绳纹均经多次重复滚压，比较凌乱，器表部分区域因纹饰排列叠压而形成较宽的绳纹印痕。

标本 DT6⑭：002，颈部内束较甚。夹方解石红褐陶，内、外壁及胎同色，含方解石较多，颗粒较粗，且形状不规则，大小不匀称，最大粒径0.6厘米。断面可见明显的两层贴筑

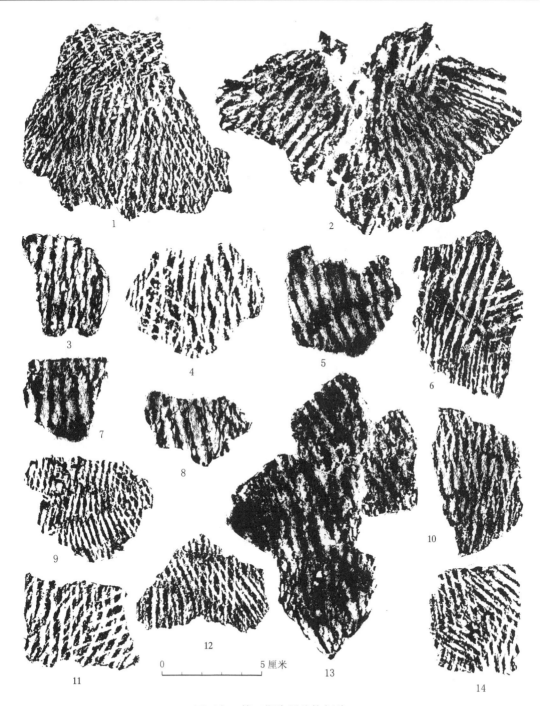

图五九　第三期陶器纹饰拓片

1.DT4㉖:023　2.DT4⑰:002　3.DT6⑬:010　4.DT4㉔:014　5.DT6⑭:006　6.DT6⑱:009　7.DT6⑭:002
8.DT6⑱:011　9.DT4⑲:012　10.DT6⑳:008　11.DT6⑮:020　12.DT4⑳:005　13.DT6⑭:002　14.DT6⑮:
012

痕迹，内壁有清晰的砾石垫窝。饰单股粗绳纹，从口沿处自上而下分段多次重复滚压，每次滚压的长度约2.8厘米，印痕清晰，分段清楚，段与段相接处叠压痕迹明显，口沿至颈部可见三段滚压痕迹，绳纹粗0.4厘米。口径19.6、腹径30.8、高约36厘米（图六○，1）。

标本DT4⑲:006，口颈部残片。夹方解石红褐陶，内、外壁同色，胎心略褐，含较多方解石颗粒，最大粒径0.4厘米。饰双股中绳纹，绳纹稍显凌乱，每次滚压长度约1.5厘米，口沿至颈部可见四段滚压痕迹。绳纹粗0.2厘米。口径10.8、残高3.3厘米（图六○，2）。

标本DT3⑪:005，口颈部残片，口略敞，平沿，颈较短。夹方解石红褐陶，内、外壁及胎同色，含方解石较多，颗粒较粗，且形状不规则，大小不匀称，最大粒径0.4厘米。从口沿到颈部可见三层贴筑痕迹，器表贴片在口沿处略向内包。饰单股中绳纹，印痕较浅，口沿至颈部可见三段滚压痕迹，颈部一组滚压长度约1.6厘米，绳纹粗0.2厘米。口径9.8、残高3.8厘米（图六○，3；图版二○，2）。

标本DT3⑪:003，器形瘦长，腹呈橄榄球状。夹方解石灰黄陶，含方解石较多，颗粒较粗，形状不规则，大小不匀称，最大粒径0.7厘米。未见清晰的泥片贴筑痕迹。饰双股粗绳纹，绳纹交错叠压，印痕较深，每次滚压长度约2.51厘米。绳纹粗0.26厘米。口径14、腹径25.2、高34厘米（图六○，4；图版二○，1）。

标本DT4㉔:016，口颈部残片，口略敞，颈较短。夹方解石红褐陶，内、外壁及胎同色，含方解石较多，形状不规则，大小不匀称，最大粒径0.5厘米。口颈部可见明显的两层贴筑痕迹，内片向外卷包裹住外片，并用缠有草绳的棍棒滚压，沿外留有明显的贴筑、滚压痕迹。饰单股粗绳纹，印痕较深，多次重复滚压，先滚压的绳纹受后滚压绳纹的挤压而变形，口沿亦见绳纹印痕，绳纹粗0.3厘米。口径20.5、残高3.7厘米（图六○，5；图版二○，3）。

标本DT6⑱:010，口颈部残片。夹方解石红褐陶，内、外壁及胎同色，含方解石较多，形状不规则，大小不匀称，最大粒径0.8厘米。颈部可见二层贴筑痕。饰双股中绳纹，近口沿处印痕较深，颈部印痕较浅，口沿亦见绳纹印痕，可见四段滚压痕迹，每次滚压长度约1.8厘米，绳纹粗0.2厘米。口径9.1、残高6.4厘米（图六○，6；图版二○，4）。

标本DT6⑬:010，口颈部残片。夹方解石红褐陶，内、外壁及胎同色，含较多的方解石颗粒，最大粒径达0.9厘米。可见两层贴筑痕，自颈部一直延伸至口沿，外片包压内片。口沿和器表饰单股中绳纹，印痕较凌乱，绳纹粗0.2厘米。残高5.4厘米（图六○，7；图版二一，2）。

标本DT4㉔:013，颈肩部残片。夹方解石红褐陶，内、外同色，胎心略呈褐色，含方解石较多，最大粒径达1厘米。可见两层贴筑痕，器内壁有数个相互叠压的砾石垫窝。饰单股粗绳纹，先滚压的绳纹受后滚压的绳纹的挤压而变形，肩部印痕较浅，可分辨出六段滚压痕迹，每次滚压长度约1.9厘米，绳纹粗0.3厘米。颈径17.8、残高10.6厘米（图六

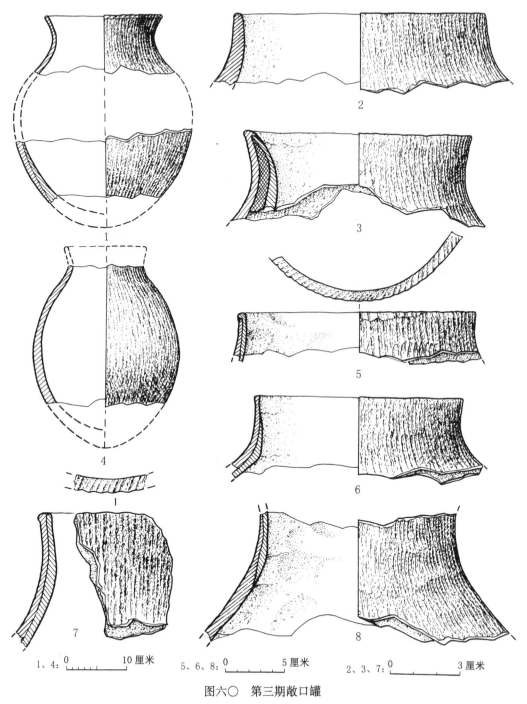

1、4:　0 ——— 10 厘米　　5、6、8:　0 ——— 5 厘米　　2、3、7:　0 ——— 3 厘米

图六〇　第三期敞口罐

1.DT6⑭:002　2.DT4⑲:006　3.DT3⑪:005　4.DT3⑪:003　5.DT4㉔:016　6.DT6⑱:010　7.DT6⑬:010
8.DT4㉔:013

〇,8;图版二〇,5)。

　　标本 KDT4:001，口颈部残片。夹石英红褐陶，内、外同色，胎心呈褐色，含石英较

多，颗粒较粗，形状不规则，大小不匀称，最大粒径0.7厘米。在颈部内壁转折处贴片，内壁口沿处留有植物茎叶擦抹痕迹，并可见多个砾石垫窝。饰双股中绳纹，近口沿处印痕较深，多次重复滚压，纹饰较凌乱，颈部有明显的停顿捺压痕迹，每次滚压长度约1.7厘米，绳纹粗0.2厘米。残高6.1厘米（图六一，1；图版二〇，6）。

标本K∶243，口沿较薄，颈、肩较厚。夹方解石红褐陶，内、外同色，胎心呈褐色，含方解石较少，形状不规则，大小不匀称，最大粒径0.4厘米。火候低，胎质疏松，起层呈千层饼状。从断面观察，可见三层贴片。饰单股粗绳纹，印痕清晰，分段清楚，多次重复滚压，从口沿到颈部分三段滚压，一次滚压长度约1.9厘米，绳纹粗0.3厘米。残高5.2厘米（图六一，2）。

标本KDT5∶004，口颈部残片。夹石英红褐陶，内、外同色，含较多的石英颗粒，较粗，大小不匀称，形状不规则，最大粒径0.7厘米。颈部可见清晰的二层贴筑痕。器表饰单股中绳纹，多次重复滚压，印痕较浅，有的地方模糊不清，自口沿至肩部可见四段滚压痕迹，沿上亦滚压绳纹，绳纹粗0.2厘米。残高5.9厘米（图六一，3；图版二一，3）。

标本DT4㉑∶005，口、颈部残片。夹石英红褐陶，内、外同色。含较多的石英颗粒，较粗，大小不匀称，形状不规则，最大粒径0.7厘米。贴筑痕迹不清晰，内壁可见多个相互叠压的砾石垫窝。饰单股粗绳纹，分段多次滚压，印痕较深，纹饰被挤压变形，分段清楚，从口到下可分三组，一次滚压长度约1.8厘米，绳纹粗0.3厘米。从实验可知应是在泥胎尚软时就滚压绳纹。残高6厘米（图六一，4；图版二一，4）。

标本K∶283，口、颈部残片。夹方解石黑陶，内、外同色。含较多方解石颗粒，较粗，大小不匀称，形状不规则，最大粒径0.7厘米。在口沿部可见明显的贴片痕。饰双股中绳纹，在泥胎较软时就滚压绳纹，印痕较深，多次重复滚压，绳纹被挤压变形，有明显的停顿痕迹，绳纹粗0.2厘米。残高4.2厘米（图六一，5；图版二一，5）。

标本K矮支T1∶027，颈肩部残片。夹石英红褐陶，内、外同色，含较多石英颗粒，颗粒较小，形状不规则，最大粒径0.4厘米。颈部可见二层贴片，在器表贴片至口沿，内壁可见砾石垫窝。饰单股中绳纹，印痕较浅，多次重复滚压，颈部有明显停顿痕迹，从上至下分三段滚压，一次滚压长度约1.6厘米，绳纹粗0.2厘米。残高5.3厘米（图六一，6）。

标本K∶014，口、颈部残片。夹石英红褐陶，内、外同色，含较多石英颗粒，较细，不规则，最大粒径0.3厘米。在颈部可见二层贴片，内壁可见砾石垫窝。器表饰单股细绳纹，多次重复滚压，有明显的停顿痕迹。从口至下分四段滚压，每次滚压长度约2厘米，在颈部有很深的按压痕，粗0.1厘米。残高5.7厘米（图六一，7）。

标本K∶009，颈肩部残片。夹方解石褐陶，内、外同色，胎心呈褐色，含较多的方解石颗粒，较粗，大小不匀称，形状不规则，最大粒径0.83厘米。颈部可见三层贴片，内壁较光滑，存留植物茎叶擦抹痕。器表饰单股中绳纹，印痕深浅不一，而以颈、肩相交处印痕最深。多次重复滚压，从上到下分三段滚压，每次滚压长度约2.7厘米，为斜向滚压，绳纹粗

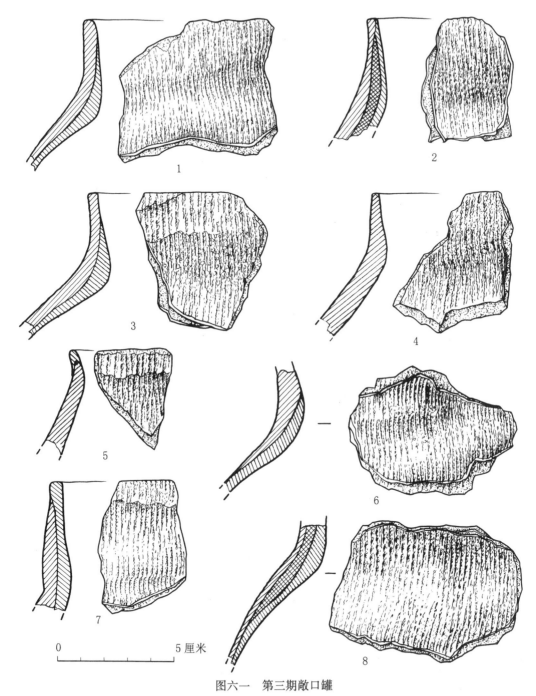

图六一 第三期敞口罐

1.KDT4:001 2.K:243 3.KDT5:004 4.DT4㉑:005 5.K:283 6.K矮支 T1:027 7.K:014 8.K:009

0.2厘米。残高6厘米（图六一，8；图版二一，1）。

（2）器 底

20件。圜底，多数较尖厚。从器形观察，应为敞口罐的底部残片。均为夹砂红褐陶，羼和料主要是方解石或石英，颗粒多而粗，大小不匀称，形状不规则。均不见贴片痕迹，捏制而成。火候较低，质疏松。器表均施绳纹，但多较凌乱或模糊不清。

标本 K:133，夹方解石红褐陶，内壁及胎心褐色，含较多的方解石颗粒，最大粒径 0.6 厘米。饰单股中绳纹，多次重复滚压，从四周向底部交错汇聚，大部分绳纹模糊不清，每次滚压长度约 9 厘米，绳纹粗 0.2 厘米。残高 7.8、底厚 2.6 厘米（图六二，1）。

标本 K:127，夹石英红褐陶，内壁及胎心呈褐色，含较多的石英颗粒，最大粒径 0.6 厘米。内壁光滑，隐约可见植物茎叶擦抹痕迹。饰单股中绳纹，从四周向底部交错汇聚，印痕较浅，底较尖厚，因多次重复滚压，纹饰大部分模糊不清，一次滚压长度约 1.7 厘米，绳纹粗 0.2 厘米。残高 7.8、底厚 3.4 厘米（图六二，2）。

标本 KDT5:020，夹石英红褐陶，胎心呈褐色，含较多的石英颗粒，较粗，最大粒径 0.8 厘米。内壁留有植物茎叶擦抹痕迹。器表饰双股细绳纹，多次重复滚压，印痕较浅，滚压较凌乱，绳纹粗 0.1 厘米。残高 9.2、底厚 2.4 厘米（图六二，3）。

标本 DT6⑫:002，夹方解石红褐陶，含较多方解石颗粒，大小不匀称，形状不规则，最大粒径 0.4 厘米。饰单股中绳纹，多次重复滚压，印痕较浅，绳纹粗 0.2 厘米。残高 4.7、底厚 2 厘米（图六二，4）。

标本 K:126，夹石英灰黄陶，内壁及胎心呈褐色，含较多粗石英颗粒，最大粒径 0.8 厘米。饰单股粗绳纹，印痕清晰，交错滚压，分组清楚，一次滚压长 2.4 厘米，绳纹粗 0.3 厘米。残高 4.2、底厚 2.6 厘米（图六二，5）。

标本 DT4⑰:002，夹方解石红褐陶，胎心褐色，含较多的方解石颗粒，较粗，最大粒径 0.8 厘米。最底部用一块泥捏制成底，然后向上贴筑。器表饰单股粗绳纹，印痕较浅，多次重复交错滚压，从四周向底汇聚，绳纹粗 0.3 厘米。残高 6、底厚 2 厘米（图六二，6；彩版八，2；图版二一，9）。

标本 DT4⑳:003，夹方解石红褐陶，胎心褐色。含较多方解石颗粒，最大粒径 0.6 厘米。器表饰双股中绳纹，多次重复滚压，从四周交错汇聚底部，印痕较深，衔接明显，一次滚压长 2.2 厘米，绳纹粗 0.2 厘米。残高 6、底厚 0.6 厘米（图六二，7）。

标本 DT4⑲:009，夹方解石红褐陶，胎心呈褐色，含较多的方解石颗粒，最大粒径 0.5 厘米。器表饰双股中绳纹，多次重复滚压，印痕较浅，绳纹粗 0.2 厘米。残高 4.8、胎厚 0.4 厘米（图六二，8）。

标本 K:218，夹方解石红褐陶，胎心呈褐色，含较多的方解石颗粒，最大粒径 0.6 厘米。未见贴片痕迹，内壁可见砾石垫窝及植物茎叶擦抹痕。器表饰双股细绳纹，多次重复滚压，印痕较浅，绳纹较凌乱，分段不清楚，绳纹粗 0.1 厘米。残高 3.2、底厚 1.9 厘米（图六二，9）。

标本 DT6⑱:009，夹方解石、石英红褐陶，内、外同色，含较多的方解石、石英，颗粒较粗，方解石最大粒径 0.6 厘米，石英最大粒径 1 厘米。内壁可见较明显相互叠压的砾石

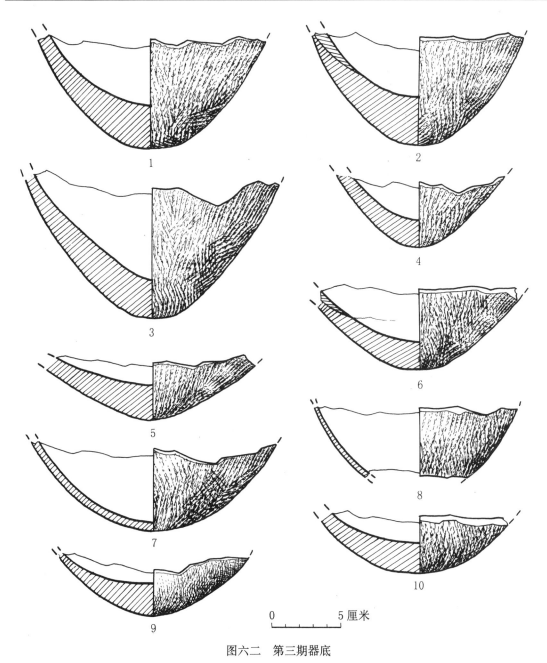

0　　　　5 厘米

图六二　第三期器底

1.K:133　2.K:127　3.KDT5:020　4.DT6⑫:002　5.K:126　6.DT4⑰:002　7.DT4⑳:003　8.DT4⑲:009
9.K:218　10.DT6⑱:009

垫窝。器表饰单股粗绳纹，多次重复滚压，印痕较深，有的地方绳纹被抹平，模糊不清，一次滚压长 3.2 厘米，绳纹粗 0.3 厘米。残高 4.2、底厚 2.2 厘米（图六二，10）。

标本 KDT5 石板下:051，夹方解石红褐陶，胎心褐色，方解石颗粒较大，但含量较少，最大粒径 0.8 厘米。泥片贴筑，器底偏上部可见二层贴筑痕。器表饰单股粗绳纹，部分区域交错叠压，分组清楚，绳纹粗 0.3 厘米。残高 14、底厚 3 厘米。

（3）未定名器

26 件。器物整体特征不详，故暂不予定名。一般为直口，在口沿下饰刻划纹或附加堆纹。以夹方解石的红褐陶为主，方解石颗粒较多、较细，大小不匀称，形状不规则。火候低，胎质疏松，胎壁较薄。多数为泥片贴筑法制成，可见较明显的贴筑痕迹。器表多先施细绳纹，然后再在绳纹上施刻划纹，刻划纹较简单、随意，划痕较深。另有少量捺压纹。

标本 DT6㉑:009，夹方解石红褐陶，含方解石较多，最大粒径 0.3 厘米。从断面观察，有两层贴片，外片在口沿处内裹，包住内片。口沿下先饰绳纹，然后再在绳纹上施刻划纹，划纹从左上向右下方斜划，划痕较深，划纹长 1.6、宽 0.1 厘米，内壁沿下有数个近圆形捺压纹。残高 2.1 厘米（图六三，1）。

标本 DT4㉗:020，夹方解石灰黄陶，内、外同色，含方解石较多，但极细碎，最大粒径 0.2 厘米。先饰细绳纹，再作刻划纹，先从左上方向右下方斜划，划痕较深，长 0.6、宽 0.1 厘米，然后顺着上面的划痕从右上方向左下方斜划，形成一个尖角向右的横“V”字形纹，沿上亦饰细小的刻划纹。残高 1.1 厘米（图六三，2）。

标本 DT6㉓:012，夹方解石褐陶，内、外同色，含方解石较多，最大粒径 0.4 厘米。可见两层贴片痕迹。刻划纹从右上方向左下方斜划，然后折向右下方，形成尖角向左的横“V”字形纹，划纹长 0.9、宽 0.2 厘米。残高 1.8 厘米（图六三，3）。

标本 DT4㉗:019，夹方解石褐陶，内、外同色，含较多方解石颗粒，最大粒径 0.8 厘米。划纹从左上方向右下方斜划，然后折向左下方，形成一个尖角向右的横“V”字形纹，划痕较深，长 1.5、宽 0.2 厘米，沿上有一道深细的凹槽，内壁亦可见到自上而下的刻划纹两道。残高 1.4 厘米（图六三，4）。

标本 DT6㉔:013，夹方解石红褐陶，内、外同色，方解石较多，但极细碎，最大粒径 0.2 厘米。饰单股细绳纹，然后作“Z”字形刻划纹，划纹长短不一，宽 0.8 厘米，划痕较深。残高 2.6 厘米（图六三，5；图版二一，8）。

标本 DT6㉔:012，夹方解石红褐陶，内、外同色，含较多的方解石颗粒，最大粒径 0.3 厘米。先饰细绳纹，然后作“Z”字形刻划纹，划纹宽 0.1 厘米。残高 2.4 厘米（图六三，6）。

标本 DT6⑰:001，夹石英红褐陶，内、外同色，含较多的石英颗粒，最大粒径 0.5 厘米。有二层贴片，并且由外向里包，口沿内壁有明显的痕迹。器表饰捺压纹，宽而浅，纹先从左上方向右下方斜压，然后折向左下方斜压，两次压纹形成一个夹角，在相交处稍有叠压，捺压纹长 1.4、宽 0.4 厘米。残高 2.1 厘米（图六三，7）。

标本 DT6㉓:007，夹方解石红褐陶，内、外同色，含较多的方解石颗粒，最大粒径 0.8 厘米。先施双股细绳纹，多次重复滚压，印痕清晰，成器后，在器表贴附薄薄的一周宽带附加堆纹，纹上施绳纹和刻划纹。残高 2.6 厘米（图六三，8；图版二一，6）。

标本 DT4㉖:029，夹方解石红褐陶，内、外同色，含较多较粗的方解石颗粒，最大粒径 0.6 厘米。断面可见两层贴片。先饰单股细绳纹，印痕较浅，纹饰模糊，绳纹粗 0.1 厘米，再作刻划纹，由左上方斜着刻划，从右下方拖出，形成中间深，两边浅，尖角向左的横"V"字形纹，刻纹深 0.2、宽 0.2 厘米。残高 3.2 厘米（图六三，9）。

标本 DT6㉓:006，夹石英红褐陶，内、外同色，含较多粗石英颗粒，大小不匀称，形状不规则，最大粒径 0.8 厘米。从断面可见两层贴片。先多次重复滚压细绳纹，印痕较浅，在绳纹上，另施较深的刻划纹，先从右上方向左下方按压拖出然后顺着向右下斜划，形成一个尖角向左的横"V"字形纹。残高 3.8 厘米（图六三，10）。

标本 DT6⑲:005，夹石英红褐陶，内、外同色，含较多粗石英颗粒，大小不匀称，形状不规则，最大粒径 0.8 厘米。先多次滚压双股细绳纹，后在绳纹上捺压较粗的捺压纹。残高 3.6 厘米（图六三，11）。

标本 DT6㉓:009，夹方解石红褐陶，内、外同色，含较多细方解石颗粒，最大粒径 0.3 厘米。然后在器表先饰单股细绳纹，多次滚压，印痕较深，绳纹粗 0.1 厘米，成器后在外表贴附一周宽扁的附加堆纹，在附加堆纹上施刻划纹，形成一个尖角向左的横"V"字形纹。残高 2 厘米（图六三，12；图版二一，7）。

标本 DT6㉑:011，夹方解石红褐陶，内、外同色，含方解石颗粒较细。在器表先饰单股细绳纹，多次滚压，印痕较浅，成器后在外表贴附一周宽扁的附加堆纹，在附加堆纹上施刻划纹。残高 2.3 厘米（图六三，13）。

标本 DT6㉑:010，夹方解石红褐陶，内、外同色，含较多细方解石颗粒，最大粒径 0.2 厘米。刻划纹从左上方向右下方斜划，划痕较深，两道划纹的间距约 0.3 厘米。残高 1.3 厘米（图六三，14）。

标本 DT6㉑:012，夹方解石红褐陶，内、外同色，含较多方解石颗粒，最大粒径 0.7 厘米。先饰绳纹，然后施刻划纹，自左上方向右下方斜划，再自右上方向左下方斜划，形成一个尖角向右的横"V"字形纹，划痕较深，有的挤压变形。残高 1.7 厘米（图六三，15）。

标本 DT6㉓:016，夹方解石红褐陶，内、外同色，方解石较少，较细。器表先饰细绳纹，多次滚压，印痕较浅，模糊不清，然后作刻划纹，划纹较深，似为较锋利的工具划出。残高 2.8 厘米（图六三，16）。

标本 DT6㉔:011，夹方解石红褐陶，胎心呈褐色，含较多细方解石颗粒，最大粒径 0.2 厘米。先饰细绳纹，再作刻划纹，划纹从左上方向右下方斜划，第二次顺着第一次由右上方向左下斜划，第三次又由左上方向右下方斜划，形成"Z"字形纹。残高 1.8 厘米（图六三，17）。

标本 DT6㉓:011，为略经火烧的泥质土块，夹杂着黄、红两色，质疏松，内、外同色。器类不详，有较深的捺压痕和刻划痕，捺压痕较平较宽，其长度 2、宽 0.4 厘米，每道刻痕刻过两次，形成由两边向中间倾斜的"V"字形槽。残高 2.8 厘米（图六三，18）。

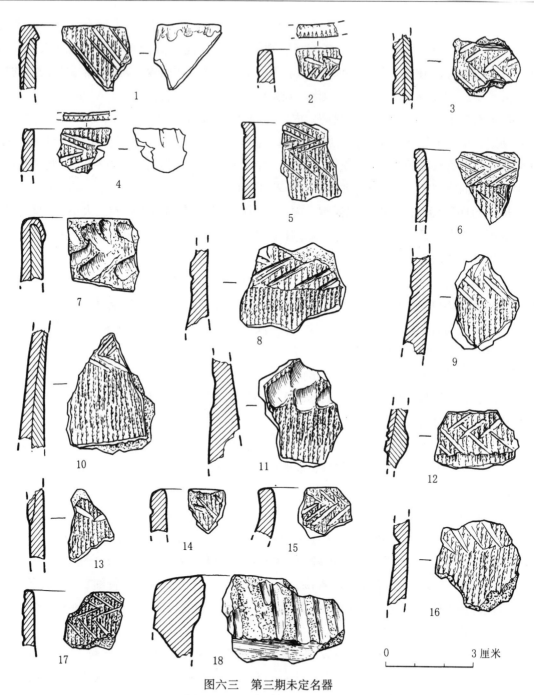

图六三　第三期未定名器

1.DT6㉑:009　2.DT4㉗:020　3.DT6㉓:012　4.DT4㉗:019　5.DT6㉔:013　6.DT6㉔:012　7.DT6⑰:001
8.DT6㉓:007　9.DT4㉖:029　10.DT6㉓:006　11.DT6⑲:005　12.DT6㉓:009　13.DT6㉑:011　14.DT6㉑:010　15.DT6㉑:012　16.DT6㉓:016　17.DT6㉔:011　18.DT6㉓:011

（二）石制品

共有石制品 263 件，其中石器 32 件，半成品 8 件，其他为石器加工过程中截断的石块及剥离下来的石片和碎屑。

1. 石　器

32 件，占石制品的 12.17%。均以河砾石为原材料，石质以砂岩占绝大部分，包括各种不同颜色的细砂岩、粉砂岩、石英砂岩等，另有少量的花岗岩。均为打制石器，都单面单向打击成形。以石核石器为主，直接用砾石打制加工而成，少部分为石片石器。器类包括石锤、砍砸器、切割器、棒形石凿、穿孔石器和锛形器等。

（1）石　锤

9 件，占该期石器总数的 28.13%。岩性以细砂岩、粉砂岩为主，有少部分的花岗岩。器身散布有大小、数量不等的崩疤、凹疤和打击麻点，使用痕迹多见于器周边缘，部分见于两面。多以整块砾石直接用作石锤，少量用砾石断块作为石锤。包括盘状石锤、有凹石锤、条状石锤等。

盘状石锤　7 件。占石锤的 77.78%。器体呈扁圆形，状似圆盘，部分器物在使用过程中断裂，而呈半盘状。质地以细砂岩、粉砂岩为主，少部分为花岗岩。

标本 DT4㉖:004，灰黑色粉砂岩。器体扁薄，保留了大部分的砾石面。左、右侧及下端均经单向打制，下端有明显的敲击使用而形成的麻点，右端刃缘也有许多锤击小凹或麻点。经观察分析，该器原为砍砸器毛坯，后作为石锤使用。长 8.8、宽 6.1、厚 3.4 厘米，重 260 克（图六四，1）。

标本 DT6⑮:005，褐色中粒砂岩。器身圆而厚。正面和背面均无锤击使用痕迹，左侧边缘则有较细密的麻点状锤击使用痕迹，右侧锤击痕迹较为稀疏。直径 9.3、厚 4.8 厘米，重 590 克（图六四，3）。

有凹石锤　1 件。占石锤的 11.11%。正、背面中部均有砸击使用而形成的浅凹坑。

标本 DT4㉖:003，黄褐色中细砂岩。器体扁圆形。下端有砸击使用而形成的崩疤，砸击点和放射线较为清晰。长 6.8、宽 6.4、厚 2.4 厘米，重 150 克（图六四，2；图版二二，1）。

条状石锤　1 件。占石锤的 11.11%。器身长条形。

标本 DT6⑮:006，风化粗粒花岗岩。器体呈长圆形，背面略平，厚重。下端为截断面，上有明显的锤击凹痕，顶端有少量的砾石面，顶部有细密而清晰的麻点状锤击使用痕迹。长 15.5、宽 6.9、厚 5.2 厘米，重 890 克（图六四，4；图版二二，2）。

（2）砍砸器

18 件，占该期石器总数的 56.25%。均打制而成，器身保留部分或大部分砾石自然面。器形较大，以大、中型居多。单向打制为主，刃面多较陡，刃缘处多有使用痕迹。种类包括

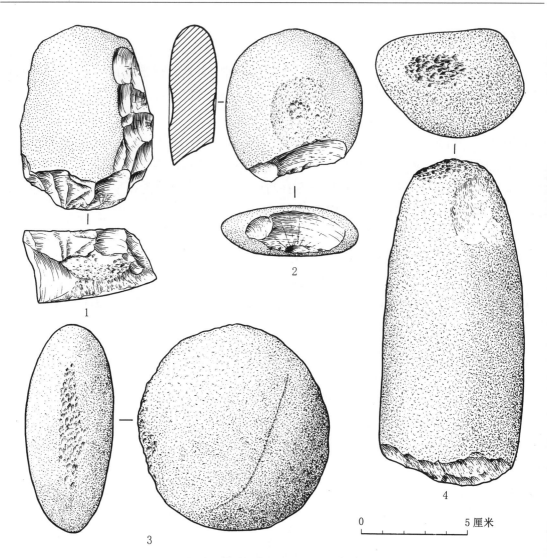

图六四　第三期盘状、有凹、条状石锤

1、3. 盘状石锤（DT4㉖:004、DT6⑮:005）　　2. 有凹石锤（DT4㉖:003）　　4. 条状石锤（DT6⑮:006）

单边直刃砍砸器、单边弧刃砍砸器和双边刃砍砸器三种。

　　单边直刃砍砸器　7件，占该期砍砸器的38.89%。质地以粉砂岩和细砂岩为主，多在砾石的一侧长边单向打制出刃缘，且刃缘较直。

　　标本DT6⑮:002，紫红色粉砂岩。器体略呈梯形，较扁薄，上端及右侧为弧拱形的砾石自然面，下端为截断面。在砾石的左侧短边斜向打制出刃面，采用单向打击法，片疤较小而浅。刃缘短而直，有因使用而形成的锯齿状崩疤。刃角66°，长6.9、宽7.5、厚3.2厘米，重230克（图六五，1；图版二二，3）。

　　标本DT6⑳:002，黄褐色粉砂岩。器体略呈长方形，上端为稍宽的砾石面，下端为稍

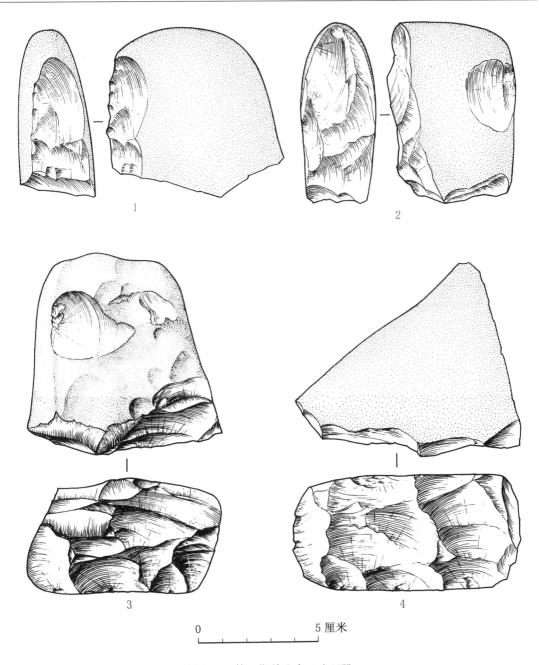

图六五　第三期单边直刃砍砸器

1.DT6⑮:002　2.DT6⑳:002　3.DT4㉖:001　4.DT6⑮:001

窄的截断面，右上侧有一块打击片疤。在砾石较长的左侧打制刃面，片疤较小但较深。刃缘略有起伏，有使用形成的凹痕。刃角68°，长7.6、宽5.4、厚3.1厘米，重200克（图六五，2；图版二二，4）。

标本DT4㉖:001，灰黑色粉砂岩。器身平面略呈梯形，较厚重，器身保留绝大部分砾石面。在砾石下端单向打制出刃面，刃面较陡，打制片疤较大，有二次修整的痕迹，修整片疤较小。刃缘锋利，呈起伏状，并有一些使用形成的小崩疤。刃角85°，长8.5、宽8.4、厚4.5厘米，重520克（图六五，3）。

标本 DT6⑮:001，黄褐色石英粉砂岩。器体平面略近三角形，左上边为砾石自然面，右侧为砾石的截断面。在下端单向打制出刃面，刃面较陡，片疤稍大而深，有二次修整痕迹，二次修整片疤较小。刃缘较直，有使用形成的小崩疤。刃角85°，长9.3、宽7.8、厚4.6厘米，重410克（图六五，4；图版二二，5）。

单边弧刃砍砸器　9件，占该期砍砸器的50％。质地以粉砂岩和细砂岩为主，多在砾石的一侧长边单向打制出一刃缘，且刃缘呈凸弧形或凹弧形。

标本 DT6⑳:001，灰褐色细砂岩。器体平面略近三角形，较厚，左、右两侧为砾石面。在下端单向打制出刃面，刃面较陡，片疤大而浅，有二次修整痕迹，二次修整片疤则较小。刃缘呈弧形凸出，有锯齿状的使用崩疤。刃角71°，长5.3、宽9.8、厚7.2厘米，重350克（图六六，1）。

标本 DT6⑮:003，黄褐色粉砂岩。器身形状不规则，较厚，上端为砾石面。在砾石下端单向打制刃面，刃面片疤较小稍深，有二次修整痕迹。刃缘呈圆弧形，有较为清晰的小崩疤，为使用痕迹。刃角90°，长10.4、宽6.3、厚5.2厘米，重410克（图六六，2；图版二二，6）。

标本 DT6⑮:004，紫红色粉砂岩。器体平面略近三角形，正面和背面均较平整，右侧为砾石面，左为砾石截断面。在下端的较长边单向打制刃面，片疤大小、深浅不一，有二次修整痕迹。刃缘呈弧形凸出，有锯齿状的使用崩疤。刃角70°，长10、宽8.1、厚4.1厘米，重440克（图六六，3；图版二三，1）。

双边刃砍砸器　2件，占该期砍砸器的11.11％。质地均为粉砂岩，在砾石的两侧长边或一侧长边、一侧短边分别单向打制出刃缘。

标本 DT6㉑:001，紫红色粉砂岩。器体平面呈不规则多边形，较厚重，正面、背面及上端保留砾石面。左侧及下端均单向打制出刃面，刃面片疤多较大较深，可见明显的修整痕迹，修整片疤稍小。左侧刃面略倾，而下端刃面则较陡，刃缘起伏呈锯齿状，有许多使用形成的细碎崩疤。两刃角分别为78°、85°，长9.8、宽11.5、厚5.2厘米，重620克（图六六，4；图版二三，2）。

（3）切割器

1件，占该期石器的3.13％。

标本 DT4㉔:023，灰褐色细砂岩。器体呈上窄下宽的梯形，用一块稍大的砾石石片制作，背面和上端保留原砾石面，破裂面上端有明显的打击点和半锥体。在下端长边单向打制仔细修整出弧形刃缘，上有许多细小片疤，为二次修理痕迹，使用痕迹不明显。高8.4、刃宽6.9厘米，重120克（图版二三，3）。

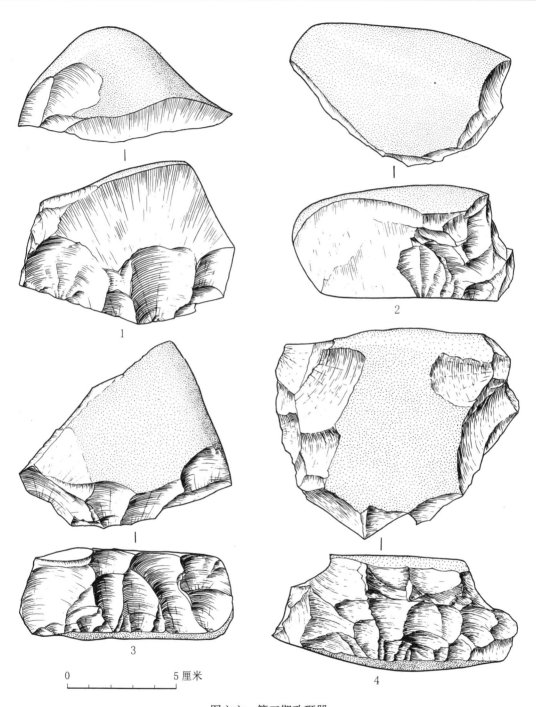

图六六　第三期砍砸器

1～3.单边弧刃砍砸器（DT6㉑:001、DT6⑮:003、DT6⑮:004）　4.双边刃砍砸器（DT6㉑:001）

（4）棒形石凿

2件，占该期石器的6.25％。为间接打击法制作石器时的中介物。

标本 DT4㉔:003，灰绿色细砂岩。器体呈长条形，横断面近圆形。一端大，一端小，两端均呈圆弧状，上有细碎的砸击麻点。长 20、最大径 4、最小径 1.8 厘米，重 320 克（图版二三，4）。

（5）穿孔石器

1 件，占该期石器的 3.13%。

标本 DT6⑲:008，残。灰色细砂岩。器体扁圆，使用两边对琢法在天然砾石中央打出两个相对的圆形凹坑，最后用钻将孔钻透。器体直径 7.3、厚 2.3 厘米，重 90 克（图版二三，5）。

（6）锛形器

1 件，占该期石器的 3.13%。

标本 DT4⑲:018，碳质板岩。近长方形，正面弧拱，背面保留天然砾石面，形状近似石锛之毛坯。利用从砾石上打下的石片，在器身两侧及下端进行第二次加工，打击疤细碎规整。刃缘有使用而形成的崩疤。长 9.5、宽 5.4 厘米，重 120 克（图版二三，6）。

2.半成品

8 件，占石制品的 3.04%。质地以粉砂岩和细砂岩为主，另有碳质泥岩和石灰岩各 1 件。器物以大、中型为主，有一个或多个明显的打击截断面，断面多较陡直，有的断面经过初步修整，但都没有形成明显的刃面和刃缘。

标本 DT6⑯:001，灰褐色粉砂岩。器体平面近三角形。系用一块扁方形砾石从中央打击截断而成，没有二次修整的痕迹。长 8.5、宽 6.5、厚 3 厘米，重 280 克（图版二三，7）。

标本 DT6⑮:008，灰色粉砂岩。器体平面略成长方形，系用一块扁方形砾石从中央打击截断而成，一侧长边为截断面，其余均为原砾石面。长 12.5、宽 6、厚 4 厘米，重 470 克。

3.石块、石片与碎屑

共 223 件，包括石块 34 件、石片 35 件、碎屑 154 件。其形成原因已在本章第一节作了论述。

4.砾　石

共发现大小砾石 74 件。其中可制作砾石石器的 10 件，可作为石凿的棒形砾石 14 件。其余均为较小的圆或椭圆形小砾石，其用途已经在本章第一节作过论述。

（三）骨制品

共出土各类骨制品 57 件。其中骨器 51 件，骨器加工过程中产生的残次品 6 件。

1.骨　器

51 件，占骨制品的 89.47%。包括骨针、骨锥、骨鱼镖及骨铲。器形较小，多数为残器。大部分器物在制作前或制作过程中经火烤，器表留有烘烤痕迹。

（1）骨　锥

41 件，占骨器总数的 80.39％。器形大小不等，大多经火烤，磨制多较精细。从锋尖、器横剖面形状等可以分为较多的种类，锋尖有细长圆锋尖、粗大圆锋尖、扁薄锋尖、三角形锋尖、凹形锋尖等，横剖面有椭圆形、圆形、三角形、三角凹槽形、凹形、弯月形、不规则形等。

标本 DT4㉗:005，上、下端残。横剖面圆形。经火烧，器表黑色或黑褐色。通体磨制光滑发亮，器表可见窄长的切削痕和细密的磨制痕迹。残长 6、最大径 0.6 厘米（图六七，4；图版二四，3）。

标本 DT3⑪:001，横剖面圆形。经火烧，色白中闪黄，并伴有少许浅褐色小斑。通体磨制光滑，但顶端可见切割加工痕迹。残长 9、最大径 0.6 厘米（图六七，5；图版二四，4）。

标本 DT4⑱:001，上端残。横剖面圆形。器表白色，有少许经火烤而形成的黄褐斑。通体磨制光滑，器表可见细密的磨制痕迹。锋尖略钝，当为使用所致。残长 7.3、最大径 0.8 厘米（图六七，6；图版二四，5）。

标本 DT3⑫:002，上、下端残。横剖面略呈圆形。经火烧，器表黑色或黑褐色，有较多细长的磨制痕迹。残长 4.8、宽 1 厘米（图六七，7）。

标本 DT4㉗:002，上端残。横剖面略呈椭圆形。器表灰白泛黄，有受侵蚀的黑斑。锋端及器大部磨制光滑，小部分为初步磨制，尚可见明显的切削加工痕迹。残长 7.6、宽 0.9厘米（图六七，8；图版二四，6）。

标本 DT4㉗:008，上端略残。形体较大，横剖面近三角形。器表灰白泛黄，有少许经火烤形成的小黄褐斑点。通体磨制，下端渐收成锋尖，锋端较长。正面中间凸起一棱，两侧为凹槽，其中一侧为骨的自然凹槽，另一侧为人工切割加磨的凹槽，凹槽宽 0.8、深 0.2 厘米。隐约可见打制切割片疤，器身有细密的磨制痕迹。残长 9.8、宽 1.2 厘米（图六七，9；图版二四，7）。

标本 DT4㉒:001，器较长，中段横剖面为带两凹面的不规则形，两端渐收。器表浅土黄色，有轻微火烤痕，通体磨制。正面中间一棱凸起，两侧为人工切割加磨制成的浅凹槽。锋端磨损明显，为使用痕迹。长 13.5、宽 0.9 厘米（图六七，10；图版二四，8）。

标本 DT4㉔:005，上端略残。横剖面为斜长方形。经火烧，器表红褐色并有少量的黑斑。正、背两面磨制光滑平整，但两侧可见打制的片疤痕。残长 2.9、宽 0.7 厘米（图六七，11）。

标本 DT4㉗:007，锋尖略残。横剖面近三角形。器表受侵蚀明显，浅土黄色夹杂黑色斑点，锋端部分有红褐斑点，为火烤痕迹。顶部保留较多骨关节面，并有清晰的两小块切割平面，正面为劈裂面，两侧有较长的片疤痕。锋端磨制光滑，锋尖稍残，当为使用时崩断。长 9.4、宽 1.8 厘米（图六七，12）。

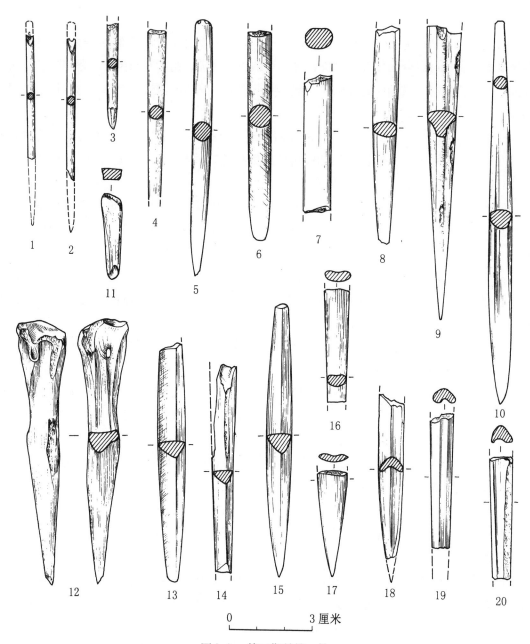

图六七　第三期骨锥、针

1~3. 骨针（DT6㉑:002、DT4㉔:002、DT4⑲:004）　　4~20. 骨锥（DT4㉗:005、DT3⑪:001、DT4⑱:001、DT3⑫:002、DT4㉗:002、DT4㉗:008、DT4㉒:001、DT4㉔:005、DT4㉗:007、DT3⑥:004、DT4㉗:004、DT4㉗:001、DT4㉓:001、DT4㉗:009、DT4㉗:003、DT4㉗:006、DT4㉑:003）

标本 DT3⑥:004，上端残。横剖面近三角形，下端渐收成锋端。器表稍有侵蚀痕，灰白色并加少许黑点。通体磨光。残长8.2、宽1厘米（图六七，13；图版二四，10）。

标本 DT4㉗:004，上、下端残。横剖面近三角形。经火烧，器表黑色或红褐色。通体磨制光滑发亮，可见细微的磨痕。残长 7.4、宽 0.7 厘米（图六七，14；图版二四，11）。

标本 DT4㉗：001，横剖面近三角形，上、下两端渐收，中间稍宽。器表经火烤，呈灰色。通体磨制光滑，锋尖有崩疤，为使用痕迹。残长 9.6、宽 0.9 厘米（图六七，15；图版二四，12）。

标本 DT4㉓：001，上、下端残。横剖面略呈扁凹形。器表白中泛黄。一侧形成了较明显的磨滑面。残长 3.9、宽 0.9 厘米（图六七，16）。

标本 DT4㉗：009，上端残。横剖面呈扁凹形。器表经火烤，呈青灰色，部分为灰白色。通体磨制光滑发亮，可见细微的磨痕。残长 3.5、宽 1 厘米（图六七，17）。

标本 DT4㉗：003，上、下端残。横剖面呈三角凹槽形。器表风化痕迹明显，呈灰白泛黄色，锋端少许有火烤形成的黄褐斑点。正面切割加磨成一条较深的凹槽，凹槽面光滑平整，槽宽 0.78、深 0.23 厘米。下端渐收形成锋端，锋端打磨光滑。残长 5.8、宽 0.9 厘米（图六七，18）。

标本 DT4㉗：006，上、下端残。横剖面略呈凹形。器表经火烤，呈褐色或黑褐色。通体磨制，正面劈裂面可见细密的磨痕，背面两侧均为磨光面。残长 4.8、宽 0.8 厘米（图六七，19）。

标本 DT4㉑：003，上、下端残。横剖面略呈凹形。器表经火烤，呈黄褐或红褐色，背面有细微的磨痕。残长 4.3、宽 0.8 厘米（图六七，20）。

标本 DT4㉗：011，上端略残。横剖面呈弯月形，较宽大，为大型食草类动物（可能是牛或鹿）肢骨。器表浅黄色，有经火烤的小黄褐斑点。正面两侧及背面可见较大的打制片疤，下端向一侧渐收形成锋端，锋的一侧有明显的磨痕。残长 9、宽 2.2 厘米（图六八，1；图版二四，9）。

标本 DT4㉗：013，下端残。横剖面近弯月形，较宽大，为大型食草类动物（可能是牛或鹿）肢骨。器表浅黄色，有经火烤的小黄褐斑点。正面两侧可见细碎的打制修整片疤，背面有少许人工砍痕。残长 10.6、最宽 3.2 厘米（图六八，2）。

（2）骨　铲

2 件，占骨器的 3.92%。

标本 DT4㉗：012，上、下端残。横剖面为扁凹形。器表灰白色。正面一侧有明显的磨痕，另一侧为残断面，下端有磨滑面，当为刃面的一部分。残长 3、残宽 2 厘米（图六八，4）。

（3）骨鱼镖

2 件，占骨器的 3.92%。均残。

标本 DT4㉔：007，残。横剖面为椭圆形。呈灰白色。器表留有明显的切割片疤痕和磨痕，圆锥形锋端，近锋两侧有略呈垂直的凸起，其中一侧的凸起残断。残长 4.5、宽 0.9 厘米（图六八，5；图版二四，13）。

（4）骨　针

6件，占骨器总数的11.77％。均体小细长，器表经火烤，磨制较精细。

标本DT6㉑：002，上、下端残。横剖面呈圆形。器表浅土黄色，略经火烤，带有褐色小斑。通体磨制光滑，在器的顶部对钻一小椭圆孔。残长4.4、径0.3、孔径0.1厘米（图六七，1；图版二四，1）。

标本DT4㉔：002，上、下端残。横剖面呈圆形。器表浅土黄色，略经火烤，带有褐色小斑。通体磨制光滑，顶部对钻小圆孔。残长5、径0.3、孔径0.2厘米（图六七，2；图版二四，2）。

标本DT4⑲：004，上端残。形体细长，横剖面呈圆形。器表经火烤，呈浅红褐色，并带有褐色小斑。通体磨制，器表有细密的磨痕。锋端尚可见细小的打制崩疤，锋尖有使用痕迹。残长3.5、最大径0.4厘米（图六七，3）。

2．残次品

6件，占骨制品的10.53％。大小不一，宽窄不同。从外部形体可以看出，应为加工骨锥、骨铲过程中产生的残次品。器体可见明显的打制、锯切等痕迹，但均不见磨制痕迹。

（四）角制品

数量较少，仅见锥、铲各1件。

（1）角　锥　1件。

标本DT4㉔：008，上、下端残。鹿角尖制成，横剖面圆形。器表灰黄色。锋尖周围有较细微的切削痕和磨痕，锋尖有崩疤，当为使用所致。长5.1、宽1.1厘米（图六八，7）。

（2）角　铲　1件。

标本DT4㉔：006，大部残。横剖面为扁凹形。器表灰黄色。背面为凹凸不平的鹿角面，正面下端为明显的磨滑刃面。刃面弧形，刃缘较钝，当为使用所致。残长3.2、宽1.8厘米（图六八，3）。

（五）牙制品

数量较少，仅见牙锥一种。

牙　锥　2件。系用较小的兽牙作为工具使用，牙尖有使用的小崩疤。

标本DT4⑱：001，横剖面近椭圆形。牙根土黄色，牙冠白色，器表有少许经火烤形成的黄褐斑点。牙尖有细微的使用痕。长7.4、宽2.3厘米（图六八，6）。

（六）蚌制品

可以确认的蚌制品共14件，均为蚌刀，且残件居多，大多有钻孔。

标本DT4㉒：003，略残。丽蚌制成，铰合部两侧有明显的打制和加磨痕，蚌远端为刃

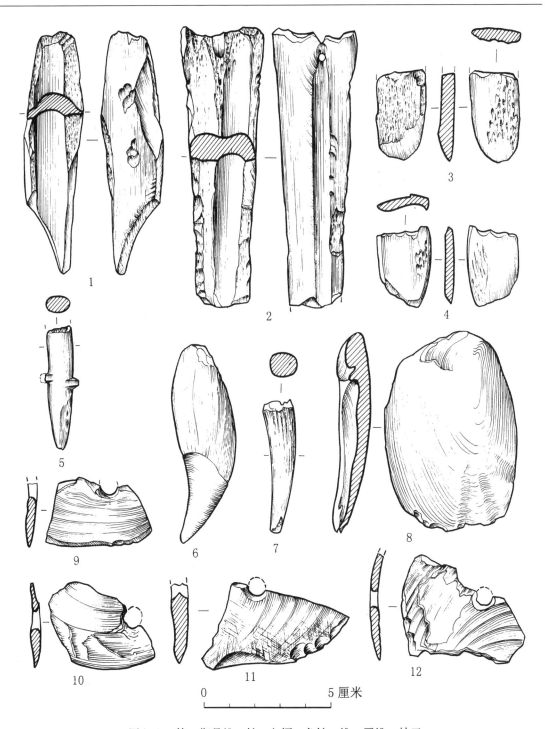

图六八　第三期骨锥、铲、鱼镖，角铲、锥，牙锥，蚌刀

1、2.骨锥（DT4㉗:011、DT4㉗:013）　3.角铲（DT4㉔:006）　4.骨铲（DT4㉗:012）　5.鱼镖（DT4㉔:
007）　6.牙锥（DT4⑱:001）　7.角锥（DT4㉔:008）　8～12.蚌刀（DT4㉒:003、DT4㉕:011、DT4㉕:
012、DT4㉔:012、DT4㉔:011）

部，刃缘处有凹凸不平的崩疤，为使用痕迹。残长7.7、宽5.3厘米（图六八，8；图版二五，14）。

标本DT4㉖:011，残。在蚌的中部对钻一圆孔，下端刃缘较钝，当为使用所致。残长4.1、残宽2.6、孔径0.8厘米（图六八，9）。

标本DT4㉖:012，残。在蚌的中部对钻一圆孔，蚌左侧缘较平整，有明显的磨痕。残长3.9、残宽2.9、孔径0.7厘米（图六八，10）。

标本DT4㉔:012，残。丽蚌制成，在蚌的中部对钻一圆孔，下端刃缘较钝，刃缘右段有细碎的崩疤，当为使用痕迹。残长5.9、残宽2.9、孔径0.7厘米（图六八，11）。

标本DT4㉔:011，大部残。在蚌的中部对钻一圆孔，左侧缘平整，有明显的磨痕，下端刃缘有打制痕迹，刃缘薄而利。残长5.3、残宽3.3、孔径0.8厘米（图六八，12）。

标本DT6㉔:006，残。丽蚌，在蚌的中部对钻一孔，孔近椭圆形。蚌壳打制成五菱形，其中三边有明显的磨制痕迹，铰合部则被完全磨去。下端刃缘处有清晰的细碎凹疤，为使用痕迹。长8.1、最宽5.6、孔径0.8厘米。

第四节　第四期文化遗存

遗迹现象包括用火遗迹和墓葬。遗物包括陶制品、石制品、骨制品、蚌制品。

一、遗　迹

受发掘面积所限，遗迹现象仅发现用火遗迹1处，墓葬2座。

灶或称"用火遗迹"，编号DT4灶1。位于DT4中部偏西，第12层下，第13层之上（图六九）。由5件天然石灰岩石块围成一半圆状，并发现残陶器2件。周围发现较多的木炭碎屑，但不见红烧土痕迹。据出土现象观察，应为用火遗迹（图七〇）。

墓葬2座，墓坑明显，坑口清晰可见，形状均为不规则圆形竖穴土坑。

BT2M8　蹲踞葬。位于探方西北第10层下，近圆角方形竖穴土坑墓，东南角一部分在1973年发掘时挖去。长0.67、宽0.6、深0.68米。内填黄色土夹灰白土、红土及少量螺壳、兽骨。人骨上压大小不等的不规则石灰岩石块9件。从形状观察，原应为背南面北而蹲踞，但因骨架扭曲变形，使头、面向发生变化，男性，25～30岁（图七一；彩版九，1、2）。

BT2M9　蹲踞葬。位于探方北部第14层下，近圆形竖穴土坑墓。内填黄色土夹少量灰白土、红土及少量螺壳、兽骨。为幼年个体，墓坑口放置较大的不规则石块1件，墓坑直径仅0.32～0.35、深0.23～0.31米，人骨头部用两件相叠的大蚌壳覆盖，1岁左右，性别不详（图七二；彩版九，3、4）。

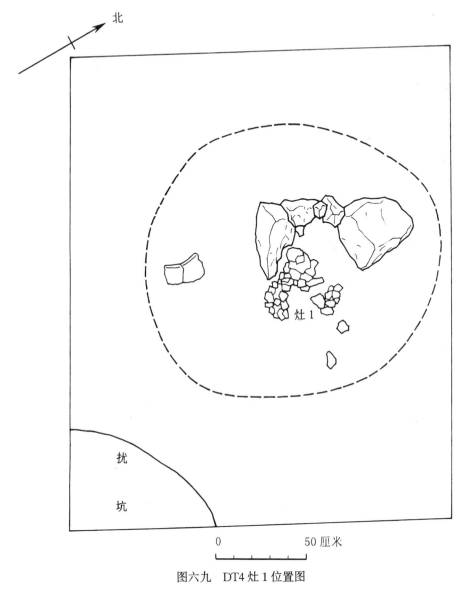

图六九　DT4 灶 1 位置图

二、遗　物

（一）陶制品

陶器数量较多，但多为碎片，器类较第三期明显增多，除敞口罐外，新出现高领罐、敛口罐和敛口釜等。以红褐陶为主，羼合料以方解石为主，石英次之，方解石、石英颗粒较粗较多，大小不匀称，形状不规则。陶器制法仍以泥片贴筑法为主，胎壁断面可见明显的贴筑痕迹。胎壁变薄，大部分陶器火候仍较低，胎质疏松，易碎，但少部分陶器的火候有明显提高。器表均施绳纹，以中绳纹为主，次为细绳纹，粗绳纹较少，部分器物口沿也施绳纹（图

北

0　　　　25厘米

图七〇　DT4 灶 1 平、剖面图

七三）。

（1）敞口罐

49件。敞口，束颈，溜肩，鼓腹，圜底，颈较短。最大腹径在器物中部，腹径明显大于口颈，底部较平缓，不似第二、三期尖厚。以红褐陶为主，羼合料主要为方解石，石英较少，方解石、石英颗粒较粗较多，大小不匀称，形状不规则。胎壁一般较厚，泥片贴筑法制成，部分可见清晰的贴片痕迹。火候低，胎质疏松，易碎。器表施绳纹，以中绳纹为主，次为粗绳纹，部分器物在唇沿滚压绳纹，为分段多次滚压而成。

标本 KDT5∶050，口颈部残片，圆唇，球形腹，最大腹径在器物中部。夹石英红褐陶，内、外同色，石英最大粒径 0.7 厘米。火候较高，陶质较硬。饰单股中绳纹，印痕深浅不一，多次重复滚压，可见明显分段，一次滚压长度约 1.7 厘米，绳纹粗 0.2 厘米。口径 18.4、残高 13.2 厘米（图七四，1；彩版一〇，2）。

标本 DT6 采∶012，口颈部残片，斜平唇。夹石英红褐陶，胎心呈褐色，石英粒最大径 1 厘米。内壁可见砾石垫窝。饰单股中绳纹，多次重复滚压，颈部有明显停顿按压痕迹，绳纹印痕清晰，分段滚压，一次滚压长度约 2.1 厘米，颈部滚压较短，绳纹粗 0.1 厘米。口径 16.4、残高 6.8 厘米（图七四，2；图版二五，1）。

标本 SBKDT5∶048，口颈部残片，圆唇。夹石英红褐陶，内、外壁同色，胎褐色，含石英较少，颗粒较大，最大粒径 0.8 厘米。内壁留有清晰的砾石垫窝。器表饰双股中绳纹，印痕较深，多次重复滚压而成，绳纹粗 0.3 厘米。口径 17、残高 8 厘米（图七四，3；图版二五，2）。

标本 DT4⑫∶003，颈较长。夹方解石灰黄陶，内、外同色，方解石颗粒较粗，最大径 0.7 厘米。火候较低，陶质疏松。器表饰单股粗绳纹，多次重复滚压，滚压方向或右或左，相互

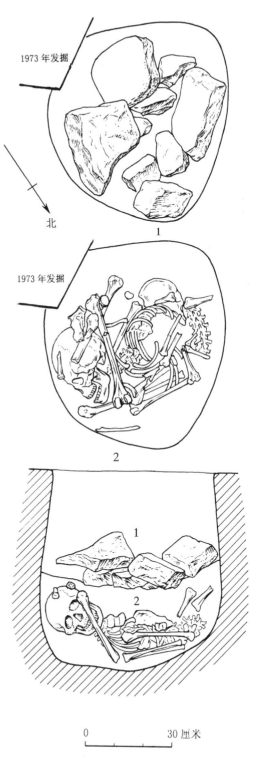

图七一　BT2M8 平、剖面图

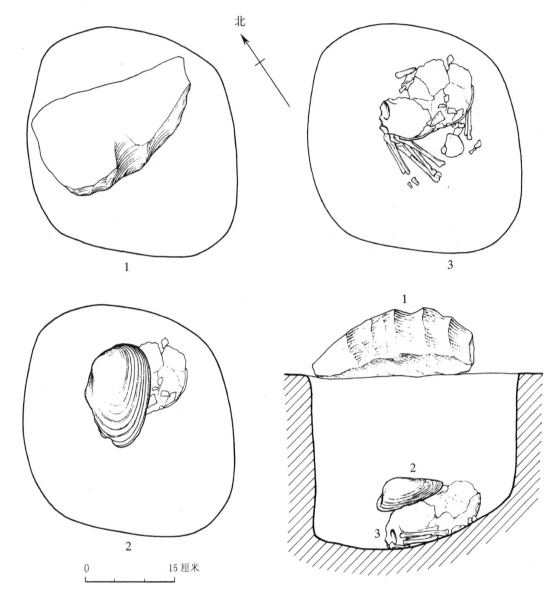

图七二　BT2M9 平、剖面图

叠压，分组清楚，每组 5 条，其宽度为 2.1 厘米，每次滚压长度约 2 厘米，绳纹粗 0.3 厘米。残高 14 厘米（图七四，4；彩版一〇，4）。

标本 DT4 灶 1:002，口颈部残片，平唇，颈较短。夹石英红褐陶，内、外同色，石英最大粒径 0.5 厘米。火候底，胎质疏松，有起层现象。内壁可见砾石垫窝。唇上施绳纹，器表施双股中绳纹，多次重复滚压，印痕较深且清晰，分段清楚，从口沿至断裂处，可分三段，每次滚压长度约 1.7 厘米。绳的拧法为逆时针方向，绳纹粗 0.2 厘米。口径 19.4、残高 4.6 厘米（图七四，5；图版二五，3）。

标本 DT4⑫:002，腹部以上残。夹石英红褐陶，内、外同色，器表陶色不匀，部分区

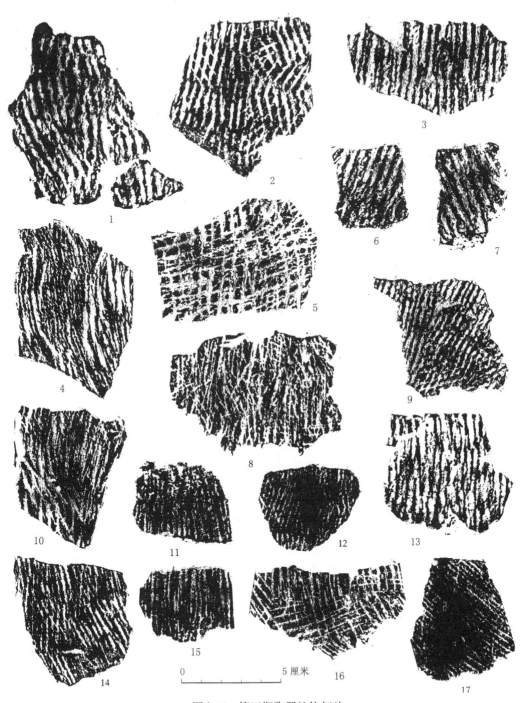

图七三 第四期陶器纹饰拓片

1.DT4⑫:002 2.DT4⑨:020 3.DT4㉒:022 4.DT3⑤:001 5.DT4⑬:004 6.DT4⑭:005 7.DT4⑭:002
8.DT4⑨:016 9.DT4⑫:010 10.DT3⑤:005 11.DT6⑨:001 12.DT6⑧:004 13.DT4⑭:007 14.DT4⑤:004
15.DT4⑨:023 16.DT4⑨:021 17.DT3④:004

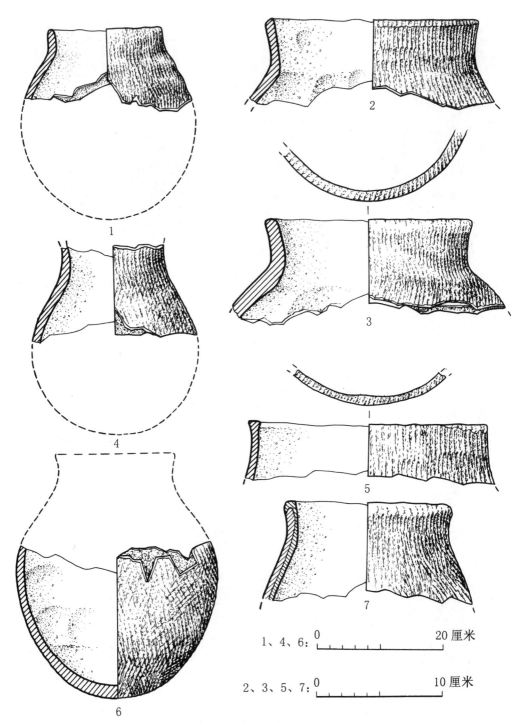

图七四　第四期敞口罐

1.KDT5：050　2.DT6采：012　3.SBKDT5③：048　4.DT4⑫：003　5.DT4灶1：002　6.DT4⑫：002　7.DT4
⑮：002

域呈褐色，石英最大粒径0.5厘米。火候较高，陶质较硬。饰单股中绳纹，腹部以下纹饰交错叠压，较凌乱，尤以底部为甚，绳纹粗0.3厘米。残高32厘米（图七四，6；彩版一〇，1）。

标本DT4⑮：002，颈肩部残片，圆唇。夹石英红褐陶，器表颜色较驳杂，部分呈灰褐色，含石英较少，最大粒径0.6厘米。泥片贴筑法制成，断面可见两层贴筑痕迹，口沿处由里往外包贴。器表饰双股中绳纹，多次重复滚压，印痕较深且清晰，其麦粒状痕迹由左上方向右下方倾斜，绳纹粗0.2厘米，唇上施绳纹。口径13.4、残高7.8厘米（图七四，7；图版二五，4）。

标本DT4⑮：008，口沿残片，平唇。夹方解石红褐陶，内、外同色，含方解石较少，最大粒径0.4厘米。火候低，胎质疏松，易起层。泥片贴筑，内片向外包住外片，器表沿下可见明显贴片痕迹。饰单股粗绳纹，多次重复滚压，绳纹被挤压变形，沿上亦滚压绳纹。绳纹粗0.3厘米。残高3.2厘米（图七五，1）。

标本DT4⑫：006，颈肩部残片，斜平唇。夹石英灰黄陶，胎心褐色，含石英较多，颗粒大小不均匀，形状不规则，最大粒径0.6厘米。火候低，胎质疏松。泥片贴筑法，内片向外包住外片。饰单股中绳纹，多次重复滚压，有的绳纹被挤压变形，分段清楚，从上到下可见四段滚压痕迹，每次滚压长度约2.9厘米，绳纹粗0.2厘米。残高5.4厘米（图七五，2）。

标本DT3⑤：004，颈肩部残片，圆唇。夹石英红褐陶，内、外同色，含石英较少，颗粒较小，形状不规则，最大粒径0.3厘米。火候低，胎质疏松，起层。泥片贴筑法，断面可见三层贴片，内片向外包住外片，内壁可见砾石垫窝及植物茎叶擦抹痕。饰单股中绳纹，分段多次重复滚压。残高4.9厘米（图七五，3）。

标本KDT7：008，颈肩部残片，尖唇。夹石英红褐陶，器表陶色不匀，部分区域呈褐色，石英颗粒较小，大小不均匀，最大粒径0.5厘米。火候较低。断面可见二层贴片，内壁可见相互叠压的砾石垫窝。饰双股中绳纹，多次重复滚压，在颈部有明显的捺压停顿痕迹，绳纹印痕较清晰，分段清楚，从口沿到下分五段滚压，每次滚压长度约1.4厘米，绳纹粗0.2厘米。残高4.6厘米（图七五，4；图版二六，4）。

标本DT4⑮：007，颈肩部残片，圆唇。夹方解石红褐陶，内、外同色，方解石颗粒较小，大小不匀称，形状不规则，最大粒径0.5厘米。火候较低，胎质疏松，起层。未见贴片痕迹，但为弥补制陶过程中的缺陷，在口沿部分另贴一小片泥片。饰单股中绳纹，多次重复滚压，绳纹印痕清晰，可见两段滚压痕，每次滚压长度约1.9厘米，绳纹粗0.2厘米。残高4.5厘米（图七五，5；图版二五，5）。

标本DT4⑨：010，颈肩部残片，平唇。夹方解石红褐陶，胎心褐色，方解石颗粒较小，大小不匀称，形状不规则，最大粒径0.4厘米。火候较低，胎质疏松，易起层。未见泥片贴筑痕迹，在口沿处贴有一小块泥，从里往外包住口沿。饰单股细绳纹，多次重复滚压，印痕较凌乱，不清晰，肩部绳纹交错滚压，每次滚压长度约1.5厘米，绳纹粗0.1厘米，唇上亦滚压绳纹。残高7.3厘米（图七五，6；图版二六，5）。

标本DT4⑨:011，颈肩部残片，平唇。夹石英红褐陶，内、外同色，含石英较少，大小不匀称，形状不规则，最大粒径0.5厘米。火候低，胎质疏松，易起层。可见三层贴筑痕迹。饰单股细绳纹，绳纹较浅，印痕较模糊，分段不清楚，绳纹粗0.1厘米，唇上亦滚压绳纹。残高5.5厘米（图七五，7）。

标本DT4⑭:004，颈肩部残片，平唇。夹方解石红褐陶，胎心褐色，含解石较少，颗粒大小不匀称，形状不规则，最大粒径0.5厘米。火候较低，胎质疏松，易起层。断面可见二层贴片，内片向外包住外片，内壁有明显砾石垫窝及植物茎叶擦抹痕。饰单股中绳纹，绳纹从上而下滚压，唇上亦滚压绳纹。绳纹深浅不一，滚压较凌乱，分段较清楚，每次滚压长度约1.7厘米，绳纹粗0.2厘米。残高6.6厘米（图七五，8）。

标本KDT8:001，颈肩部残片，平唇。夹石英红褐陶，内、外同色，含石英较少，颗粒较粗，大小不匀称，形状不规则，最大粒径0.9厘米。火候较低，胎质疏松，易起层。未见贴筑痕迹，内壁可见砾石垫窝。饰双股中绳纹，多次重复滚压，颈部有明显的停顿按压痕迹，绳纹印痕较清晰，其麦粒状由右上方向左下方倾斜，其绳的拧法为逆时针向内拧，分段较清楚，可见四段滚压痕迹，每次滚压长度约1.8厘米，绳纹粗0.1厘米。残高6.9厘米（图七五，9）。

标本DT4⑭:001，肩部残片。夹方解石灰黄陶，内壁及胎褐色，含较粗的方解石颗粒，最大粒径0.6厘米。火候不高，陶质疏松。未见贴片痕迹。饰单股粗绳纹，绳纹印痕较浅，有明显停顿捺压痕迹，绳纹粗0.3厘米。残高4厘米（图七五，10）。

标本DT4⑭:005，颈肩部残片。夹石英红褐陶，内、外同色，含石英较少，但颗粒较粗，大小不匀称，形状不规则，最大粒径0.8厘米。火候低，胎质疏松，易起层。颈部未见贴筑痕迹。饰单股中绳纹，多次重复滚压，有明显停顿捺压痕迹，绳纹粗0.3厘米。残高3.6厘米（图七五，11）。

标本DT4⑨:015，肩部残片。夹石英红褐陶，胎心褐色，含石英较少，颗粒大小不匀称，形状不规则，最大粒径0.3厘米。火候低，胎质疏松，易起层。未见贴片痕迹。饰双股粗绳纹，多次重复滚压，印痕清晰，每次滚压长度约1.8厘米，绳纹粗0.3厘米。残高3.2厘米（图七五，12）。

标本K:239，颈肩部残片，颈部内束较甚。夹方解石灰褐陶，内、外同色，胎心褐色，含石英较少，但颗粒较粗，最大粒径1厘米。火候低，胎质疏松，易起层。未见贴片痕迹。饰双股中绳纹，多次重复滚压，印痕深浅不一，滚压力度不均，致使器表凹凸不平，绳纹粗0.2厘米。颈径17.6、残高7.2厘米（图七五，13）。

（2）敛口罐

7件。多为口或颈肩部残片。口微敛，颈较短，溜肩，鼓腹。夹砂红褐陶为主，羼和料

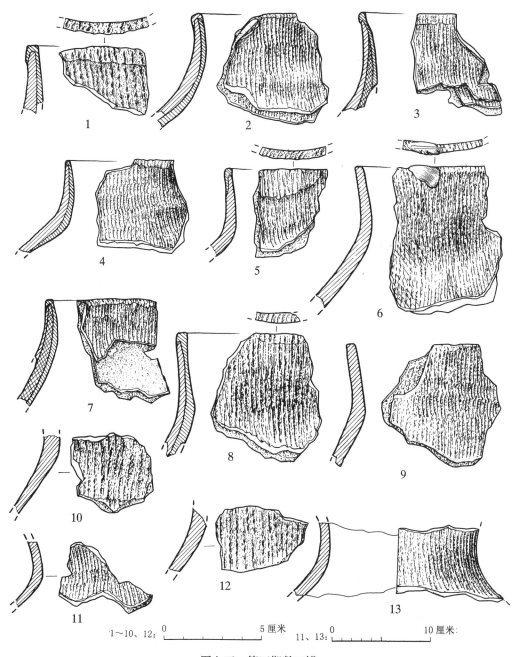

图七五　第四期敞口罐

1.DT4⑮:008　2.DT4⑫:006　3.DT3⑤:004　4.KDT7:008　5.DT4⑮:007　6.DT4⑨:010　7.DT4⑨:011
8.DT4⑭:004　9.KDT8:001　10.DT4⑭:001　11.DT4⑭:005　12.DT4⑨:015　13.K:239

为方解石和石英颗粒，含量较少，大小不匀称，形状不规则。火候低，胎质疏松。纹饰以细绳纹为主。

标本矮洞采:002，口颈部残片，圆唇。夹石英红褐陶，内、外同色，石英最大粒径0.6

厘米。火候低，起层。未见贴筑痕迹。饰双股细绳纹，多次重复滚压，印痕清晰，颈部有明显的停顿按压痕迹，使绳纹的印痕较深。纹饰分组清楚，绳纹由右上方向左下方倾斜，其绳的拧法为逆时针，一次滚压有长有短，颈部滚压短，绳纹粗 0.1 厘米。口径 17、残高 6.4 厘米（图七六，1；图版二六，6）。

标本 KDT1∶002，口颈部残片，平唇。夹方解石褐陶，内壁红褐色，含较多方解石颗粒，最大粒径 0.6 厘米。器表饰双股中绳纹，多次重复滚压，印痕清晰，颈部有明显的停顿按压痕迹，每次滚压长度约 1.3 厘米，绳纹粗 0.3 厘米。残高 4.8 厘米（图七六，2）。

标本 DT2 采∶001，口颈部残片，斜平唇。夹方解石红褐陶，内、外同色，方解石最大粒径 0.5 厘米。未见泥片贴筑痕迹，内壁可见清晰的砾石垫窝。器表饰双股中绳纹，多次重复滚压，印痕清晰，颈部有明显的停顿捺压痕迹，分段清楚，可见四段滚压痕迹，绳纹粗 0.3 厘米，沿上亦施绳纹。残高 5.4 厘米（图七六，3）。

标本矮洞采∶001，口及腹以下残。夹石英红褐陶，内、外同色，器表陶色不匀，部分呈褐色，石英最大粒径 0.8 厘米。未见泥片贴筑痕迹，内壁有砾石垫窝。器表饰双股中绳纹，绳纹滚压不均匀，随意性很大，有的地方多次滚压，有的地方仅滚压一次，每次滚压长度约 2.2 厘米，绳纹粗 0.2 厘米，颈部有明显捺压痕。口径 10、残高 10.6 厘米（图七六，4；图版二六，1）。

（3）高领罐

14 件。均残，其总体器物特征为敞口，高领，宽圆肩，鼓腹。多为夹方解石红褐陶，含方解石颗粒较多，大小不匀称，形状不规则。火候低，胎质疏松。部分器物用泥片贴筑法制成。器表滚压绳纹，以中、粗绳纹为主。

标本 KDT5∶049，残，斜平唇。夹石英红褐陶，胎心褐色，含较多石英颗粒，最大粒径 0.7 厘米。该器物高领部分与肩腹部为分别制作，然后粘接而成，在领、肩相交处可见清晰的粘接痕迹。饰单股细绳纹，多次重复滚压，有的地方有明显的按压停顿痕迹，口沿上滚压有绳纹，从口沿到颈部，直滚，在肩部以下绳纹交叉斜向滚压，颈、肩相交处，有一周用手抹过的宽带痕迹，绳纹被抹平，其他地方印痕清晰，每次滚压长度约 1.9 厘米，绳纹粗 0.1 厘米。口径 18.4、残高 14.4 厘米（图七六，5；图版二六，3）。

标本 KDT5∶018，残，斜平唇。夹石英红褐陶，内、外同色，石英最大粒径 0.5 厘米。该器物高领部分与肩腹部为分别制作，然后粘接而成，在领、肩相交处可见清晰的粘接痕迹。器表饰双股粗绳纹，多次重复滚压，印痕较深且清晰，领、肩衔接处有明显的停顿捺压痕迹，每次滚压长度约 1.8 厘米，绳纹粗 0.3 厘米。口径 16.4、残高 8 厘米（图七六，6）。

标本 DT4 灶 1∶001，残，领较短，斜平唇。夹方解石红褐陶，内、外同色，方解石最大粒径 0.4 厘米。断面可见两层贴筑痕迹，在口沿处由里往外包。器表饰双股中绳纹，多次重复滚压，每次滚压长度约 2.5 厘米，绳纹粗 0.2 厘米。口径 16.1、残高 5.9 厘米（图七六，7）。

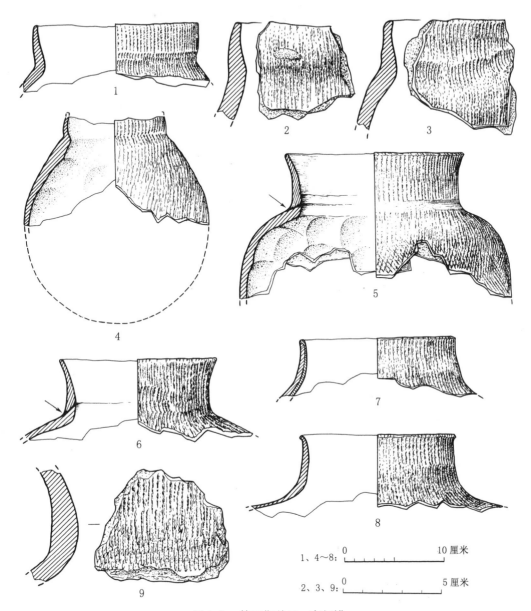

图七六　第四期敛口、高领罐

1～4. 敛口罐（矮洞采：002、KDT1：002、DT2 采：001、矮洞采：001）　　5～9. 高领罐（KDT5：049、KDT5：018、DT4 灶 1：001、DT4⑬：001、K：010）

标本 DT4⑬：001，残。夹方解石红褐陶，胎心褐色，方解石最大粒径 0.5 厘米。火候低，胎质疏松，易起层。未见泥片贴筑痕迹。器表饰双股中绳纹，多次重复滚压，印痕较清晰，可见三段滚压痕迹，每次滚压长度约 1.7 厘米，绳纹粗 0.2 厘米，沿上亦施绳纹。领、肩相交处有明显停顿按压痕迹。口径 15.8、残高 7.2 厘米（图七六，8；图版二六，2）。

标本 K：010，残。夹石英红褐陶，胎心褐色，石英最大粒径 0.6 厘米。火候低，胎质疏松，易起层。未见贴片痕迹。饰单股粗绳纹，多次重复滚压，绳纹较凌乱，为做出领、肩相交处的角度，领、肩相交处有明显的多次捺压停顿痕迹，绳纹被挤压变形，绳纹一次滚压长1.7厘米。残高5.6厘米（图七六，9）。

（4）陶 釜

3件。均残，仅1件可大致复原。敛口或微敞口、溜肩、圜底。

标本DT4⑬:003，敛口，溜肩，口沿较薄，腹下垂，最大腹径在近底部，圜底，底较平缓，不似三期底部尖厚。夹石英红褐陶，内、外同色，含石英较少，颗粒较细，形状不规则，最大粒径0.4厘米。火候较高，陶质较硬。未见贴片痕迹。器表饰单股细绳纹，绳纹交叉滚压，并重复滚压多次，形成一个个不规整的菱形，印痕清晰，较深，每次滚压长2.1厘米，绳纹粗0.1厘米。口沿饰一周细密的捺压纹。口径17.2、残高13.2厘米（图七七，1；彩版一〇，3）。

标本DT4⑩:003，残。敛口，斜平唇。夹石英红褐陶，胎心褐色，石英颗粒较粗，大小不匀称，形状不规则，最大粒径0.6厘米。火候不高，胎质疏松，易起层。未见贴片痕迹，内壁可见用手擦抹的痕迹。器表饰双股中绳纹，绳纹滚压较规整，每次滚压长2.5厘米，绳纹粗0.2厘米，唇上亦斜向滚压绳纹。口径19.6、残高3.2厘米（图七七，2；图版二五，6）。

标本DT4⑨:008，残。微敞口，平唇。夹石英红褐陶，内、外同色，含较多较细的石英颗粒，形状不规则，最大粒径0.3厘米。火候较高，胎质较硬。未见贴片痕迹。器表饰双股细绳纹，绳纹从口沿右上方向左下方倾斜滚压，并多次重复，较凌乱，绳纹粗0.1厘米，唇上亦饰绳纹。口径15.1厘米、残高3.4厘米（图七七，3）。

（5）腹部残片

为敞口罐、敛口罐、高领罐或敛口釜腹部残片。

标本DT4⑮:006，夹方解石红褐陶，内壁偏灰色，含方解石较多，颗粒较粗，大小不匀称，最大粒径0.8厘米。火候不高，胎质疏松。未见贴片痕迹，内壁可见砾石垫窝。饰单股中绳纹，绳纹较凌乱，每次滚压长度约1.4厘米，绳纹粗0.2厘米。残高6厘米（图七七，4）。

标本DT4⑨:017，夹石英红褐陶，胎心褐色，器表陶色不均，部分地方呈褐色，含石英较多，颗粒较粗，大小不匀称，形状不规则，最大粒径0.9厘米。火候不高，陶胎从贴片处裂开起层，可见二片贴筑痕。饰双股细绳纹，绳纹交错滚压，有两道交叉划纹，其中一道较弯曲，均是制陶过程中无意间划出的，绳纹粗0.1厘米。残高4.1厘米（图七七，5）。

标本DT4⑨:006，夹石英褐陶，内、外同色，石英颗粒较细，大小不匀称，形状不规则，最大粒径0.5厘米。火候不高，胎质疏松，器表部分位置因起层而剥落，但并不是泥片贴筑痕迹。饰单股中绳纹，绳纹重复交叉滚压，绳纹印痕较深，绳纹粗0.2厘米。残高4.7厘米（图七七，6）。

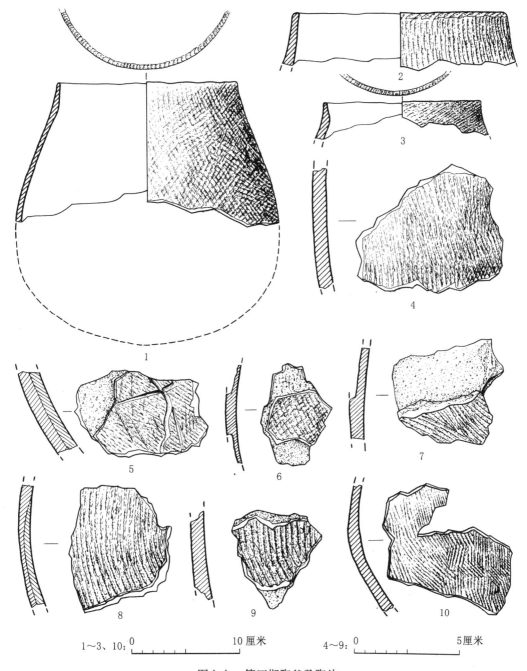

图七七 第四期陶釜及陶片

1~3. 陶釜（DT4⑬:003、DT4⑩:003、DT4⑨:008） 4~10. 陶片（DT4⑮:006、DT4⑨:017、DT4⑨:006、
DT3④:008、DT3④:005、BT2⑭:003、DT3⑤:001）

标本 DT3④:008，夹石英红褐陶，内、外同色，含石英较少，颗粒大小不匀称，形状
不规则，最大粒径 0.7 厘米。火候不高，胎质疏松，器表剥落痕为起层所至，而非泥片贴筑

痕迹。饰单股中绳纹，绳纹多次滚压，绳纹粗0.2厘米。残高4.9厘米，（图七七，7）。

标本DT3④:005，夹石英红褐陶，内壁偏黄，胎心呈褐色，含石英较多，颗粒较细，大小不匀称，形状不规则，最大粒径0.4厘米。火候较高，胎质较硬。可见二层贴筑痕。饰单股中绳纹，印痕较浅，模糊难辨，绳纹滚压有一定弧度，绳纹粗0.2厘米。残高5.9厘米（图七七，8）。

标本BT2⑭:003，夹方解石灰黄陶，胎心及内壁褐色，方解石颗粒较粗，大小不匀称，最大粒径0.7厘米。火候不高，胎质疏松，易起层。饰单股粗绳纹，因陶片太小，绳纹分组不清楚，印痕较清晰，滚压较深，绳纹粗0.3厘米。残高4.2厘米（图七七，9）。

标本DT3⑤:001，夹石英红褐陶，内、外同色，石英颗粒较小，最大粒径0.5厘米。火候较高，陶质较硬。因含石英较少而起层，不见贴片痕。饰双股细绳纹，绳纹重复交叉滚压，印痕较凌乱，滚压力度有轻有重，使器表凹凸不平，绳纹粗0.1厘米。残高11.6厘米（图七七，10）。

(6) 器 底

19件。敞口罐、敛口罐、高领罐或敛口釜底部残片。底较薄、较平缓，不似第二、三期尖厚。均捏制而成，不见泥片贴筑痕迹。

标本K:128，夹石英红褐陶，胎心褐色。含石英较少，大小不匀称，形状不规则，最大粒径0.3厘米。火候较高，胎质较硬。饰双股细绳纹，绳纹从四周滚压向底部汇聚，交错叠压，印痕较浅，模糊不清，绳纹粗0.1厘米。残高3.4、底厚2.3厘米（图七八，1）。

标本DT3⑤:003，夹石英红褐陶，含石英较多，大小不匀称，形状不规则，最大粒径0.7厘米。火候不高。饰单股中绳纹，绳纹滚压凌乱，从四周滚压向底部汇聚，交叉叠压，绳纹粗0.2厘米。残高2.9、底厚1.2厘米（图七八，2）。

标本K:124，夹石英红褐陶，胎心褐色，含石英较少，颗粒较细，最大粒径0.4厘米。火候较低，胎质疏松，易起层。饰双股细绳纹，绳纹印痕较深，较清晰，绳纹衔接明显，经实验绳纹为顺时针拧成单股然后逆时针合股滚压而成，一次滚压1.3厘米，绳纹粗0.1厘米。残高2.6、底厚1.8厘米（图七八，3）。

标本KDT3西隔梁:007，夹石英红褐陶，内、外同色，胎心褐色，石英颗粒大小不均匀，形状不规则，最大粒径0.8厘米。火候较高。内壁有清晰砾石垫窝。饰单股细绳纹，多次重复滚压，并且交错叠压，滚压较凌乱，印痕较模糊，一次滚压长2.3厘米，绳纹粗0.2厘米。残高4.7、底厚1.8厘米（图七八，4）。

标本K:131，夹石英红褐陶，胎心褐色，石英大小不匀称，形状不规则，最大粒径0.5厘米。火候较高，胎质较硬。饰单股细绳纹，印痕较浅，凌乱，较模糊，绳纹粗0.1厘米。残高4.8、底厚2.04厘米（图七八，5）。

标本K:216，夹方解石红褐陶，胎心及内壁褐色，含方解石较少，大小不均匀，形状不规则，最大粒径0.5厘米。火候不高，易起层。内壁可见相互迭叠的砾石垫窝。饰单股中绳

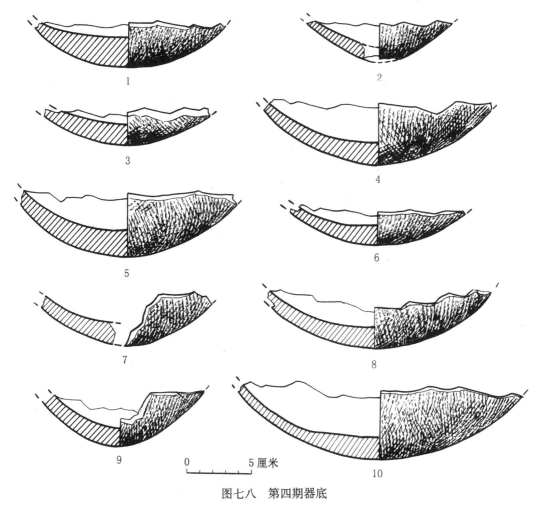

图七八　第四期器底

1.K:128　2.DT3⑤:003　3.K:124　4.KDT3 西隔梁:007　5.K:131　6.K:216　7.DT3④:004　8.BT2⑬:001
9.DT3⑤:002　10.K:008

纹，多次重复滚压，从四周向底部汇聚，并且交错叠压，印痕较浅，绳纹粗0.1厘米。残高
2.4、底厚1.5厘米（图七八，6）。

标本DT3④:004，夹石英颗粒红褐陶，胎心及内壁呈褐色，含石英较多，颗粒较细，
且大小匀称，似经有意遴选，最大粒径0.2厘米。火候较高，陶质较硬。饰单股细绳纹，印
痕较浅，较模糊，绳纹粗0.1厘米。残高4.06、底厚1.7厘米（图七八，7）。

标本BT2⑬:001，夹方解石橙黄陶，胎心及内壁红褐色，含方解石较少，颗粒大小不匀
称，形状不规则，最大粒径0.8厘米。火候低，胎质疏松，易起层。饰单股中绳纹，多次重
复滚压，印痕清晰，较深，绳纹衔接明显，绳纹粗0.3厘米。残高4.3、底厚1.7厘米（图
七八，8）。

标本DT3⑤:002，夹石英红褐陶，胎心灰褐，含少量石英颗粒，大小不均匀，形状不

规则，最大粒径 0.4 厘米。火候不高，易起层。饰单股细绳纹，印痕较浅，较模糊，绳纹粗0.1 厘米。残高 3.6、底厚 1.4 厘米（图七八，9）。

标本 K:008，夹石英红褐陶，内壁部分区域呈褐色，石英颗粒较细，形状不规则，最大粒径 0.5 厘米。火候较高，陶质较硬。饰单股细绳纹，绳纹多次滚压，交错叠压，绳纹粗0.1 厘米。残高 5.2、底厚 1.7 厘米（图七八，10）。

（二）石制品

34 件。其中石器 6 件，半成品 2 件，其余为石器加工过程中截断的石块以及剥离下来的石片和碎屑。

1. 石　器

6 件，占石制品的 17.65%。均以河砾石为原材料，石质以细砂岩、粉砂岩为主，另有少量的花岗岩和石灰岩。均为打制石器，大部分为单面单向打击成形，只有个别采用双面打击加工。均为石核石器，直接用砾石打制加工而成。器类包括石锤、砍砸器。

（1）石　锤

2 件，占石器的 33.33%。盘状石锤和有凹石锤各 1 件。

盘状石锤　1 件。标本 DT4⑨:028，残，风化中粒花岗岩。呈半盘状。器侧边缘可见砸击使用而形成的麻点。直径 7.7、厚 3.8 厘米，重 140 克。

有凹石锤　1 件。标本 BT2⑩:001，棕灰色中细砂岩。器身呈扁圆形，较重。正面中部有砸击使用形成的浅凹坑，器身周边有明显的敲砸痕迹，器左、右两侧边缘及下端有连续的崩疤或凹疤，大小深浅不一，局部有大而浅的片疤，均为明显的使用痕迹。长 11.2、宽11.7、厚 3.9 厘米，重 590 克（图七九，3；图版二七，1）。

（2）砍砸器

4 件，占石器的 66.67%。均为单边弧刃砍砸器。

标本 DT3④:001，灰色中细粒砂岩。器体略呈不规则长形，器扁薄，正面和背面保留砾石面，右侧和左侧均为砾石截断面，上端也有砸击凹疤。在砾石的左下及下端单向打制出刃面，片疤较小而浅。刃缘呈弧形，上有细碎的崩疤，为使用痕迹。刃角 68°，长 10.6、宽7.2、厚 3.4 厘米，重 360 克（图七九，1；图版二七，2）。

标本 DT3④:002，石灰岩。器身平面略呈方形，但正、背两面均不平整，器身右侧为截断面。在石块的下端单向打制刃面，片疤较大而深，有二次修整痕迹。刃缘略弧，使用痕迹不明显。刃角 56°，长 9、宽 8.8、厚 3.3 厘米，重 380 克（图七九，2；图版二七，3）。

2. 半成品

2 件，形状都不甚规整。

标本 DT4⑤:001，紫红色细砂岩。器体形状不规则，器较扁薄，正面、背面、上端、右端均为完整的砾石面，下端为砾石截断面。在砾石的左侧长边打制截断作为刃面，但未加

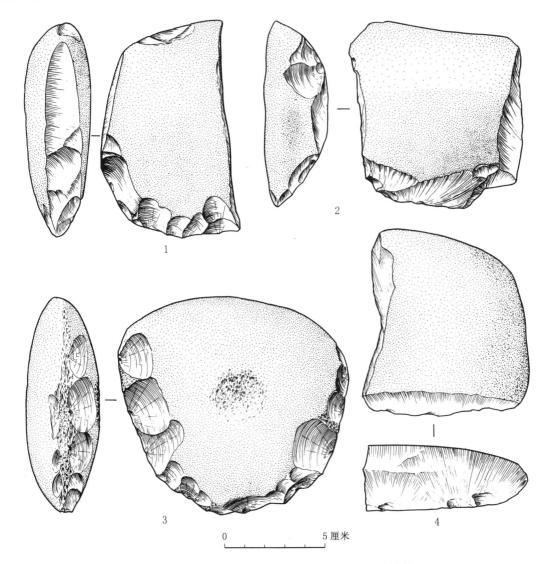

0　　　　　　　5厘米

图七九　第四期单边弧刃砍砸器、有凹石锤、半成品

1、2. 单边弧刃砍砸器（DT3④：001、DT3④：002）　　3. 有凹石锤（BT2⑩：001）　　4. 半成品（DT4⑤：001）

任何修整，没有形成刃缘。从整体上看，应为砍砸器的半成品。长9.4、宽8.6、厚3.3厘米，重400克（图七九，4；图版二七，4）。

3. 石块、石片与碎屑

共26件，其中包括石块7件、石片4件、碎屑15件。其形成原因已经在本章第一节作了论述。

4. 砾　石

共发现大小砾石14件。其中可作为石凿的棒形砾石9件。其余均为较小的圆或椭圆形小砾石，其用途已在本章第一节作过论述。

（三）骨制品

共出土 5 件。均为骨锥，其中多数为残件，多数略经火烤。

标本 BT2⑭:001，上端残。横剖面呈圆形。器表经火烤而呈灰褐色。通体磨制光滑，锋端尖锐。残长 7.5、径 0.6 厘米（图八〇，1）。

标本 DT6⑧:001，上、下端残。横剖面呈圆形。器表白中泛黄，略经火烤，带有少许黄褐色小斑。通体磨制光滑。残长 3.4、径 0.5 厘米（图八〇，2）。

标本 DT4⑮:001，上、下端残。横剖面呈圆形。器表浅黄色，略经火烤，带有黄褐色小斑。通体磨制光滑。残长 3.1、径 0.5 厘米（图八〇，3）。

标本 DT6⑪:001，上端残。横剖面扁凹形，器表白中泛黄。两侧有明显的打制修整痕迹，下端渐收成锋，锋两侧有磨痕，锋尖有细碎的崩疤，当为使用所致。残长 4.1、宽 1 厘米（图八〇，4）。

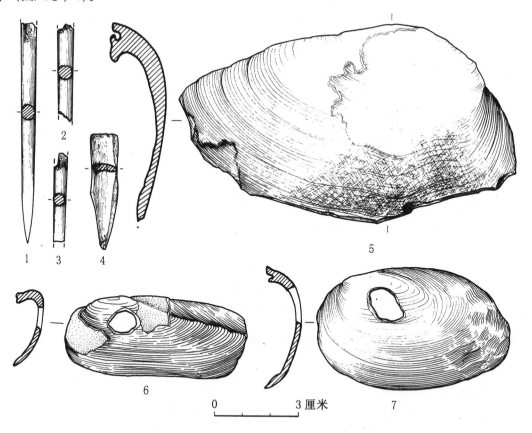

图八〇　第四期骨锥和蚌刀

1～4.骨锥（BT2⑭:001、DT6⑧:001、DT4⑮:001、DT6⑪:001）　　5～7.蚌刀（DT4⑫:001、DT4⑮:002、DT4⑮:003）

（四）蚌制品

5件。均为蚌刀，大多有钻孔，有较明显的使用痕迹。

标本DT4⑫:001，丽蚌制成。形体较大，无钻孔。下缘中部较钝，两侧较锋利并有起伏的崩疤，为使用痕迹，背面由于长期使用形成了光滑的磨损面。长12.5、宽7.1厘米（图八〇，5；图版二七，5）。

标本DT4⑮:002，形体较小。一侧对钻有一孔，孔近椭圆。远端边缘稍钝，有明显的使用磨损痕迹。长6.7、宽2.7、孔径1厘米（图八〇，6）。

标本DT4⑮:003，中部单向钻一孔，形状不规则。远端边缘有细碎的凹痕，当为使用所致。长7、宽4.2、孔最大径1.5厘米（图八〇，7；图版二七，6）。

第五节　第五期文化遗存

此期遗迹较少，仅发现墓葬。遗物包括陶制品、石制品、骨制品和角制品，不见蚌制品。

一、遗　迹

发现墓葬2座。编号为BT2M1、DT1M4。

BT2M1　蹲踞葬。位于BT2西北紧邻西隔梁处，部分位于西隔梁内。1973年发掘时已经发现，取出了一部分人骨。2001年发掘该探方时，对其重新清理，发现有墓坑存在，但大部分已被挖去。从残存部分看，墓坑上部近方形，下部近圆形。上部墓坑长0.61、宽0.5、深约0.5米。内填黄土夹少量螺壳、兽骨。残余骨骼包括右上肢、盆骨、脚趾骨及部分肋骨、椎骨等。从1973年保留的照片来看，该个体原应背北面南而蹲踞，盆骨着地，双手屈于腹部，头略下垂，呈蹲跪状。男性，40岁左右（图版六，3）。

DT1M4　蹲踞葬。位于DT1东隔梁第1层下。大部分在东隔梁上，西部一部分被1973年发掘时挖去。近圆形竖穴土坑墓，墓坑口大底小，在中部形成一台阶。墓口最大径0.63、深0.5米。内填黄色土夹少量灰白色土、螺壳和兽骨等。墓口压不规则块状石灰岩石块10件。部分人骨已被1973年发掘时挖去，从残存骨骼位置观察，该个体原应背北面南而蹲踞，但因骨架扭曲，使头、面向发生变化。头向北，面向下。双上肢屈于胸前，左、右股骨及胫、腓骨直立，盆骨在墓葬底部。女性，30岁左右。膝盖上放置石块2件（图八一）。

二、遗　物

（一）陶制品

数量较多，器形、陶色、纹饰种类比前几期都有大量的增加。器类包括敞口罐、高领

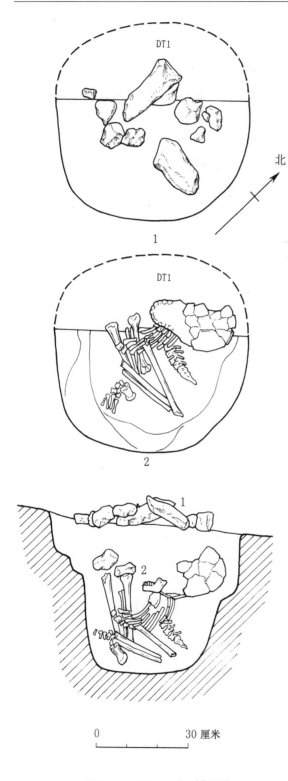

北

0　　　　　　30 厘米

图八一　DT1M4 平、剖面图

罐、敛口釜、直口或敛口盘口釜、盆、钵、支脚、圈足盘和豆等。以夹细方解石颗粒的红褐陶为主，少部分夹石英，方解石和石英颗粒一般比较匀称，应经过仔细遴选；另有部分泥质陶，但陶土均未经淘洗，质地不纯，不细腻，此外还有部分灰、灰黄、橙黄、红、灰褐、白陶等。部分器物采用泥片贴筑法制成，多数经慢轮修整，器形规整，胎壁较薄，在近口沿部分常可见到慢轮修整留下的匀称抹痕。烧制火候较高，陶质较硬。纹饰种类丰富、样式复杂，主要有细绳纹、扁草纹以及种类繁多、组合复杂的刻划纹、戳印纹、捺压纹等，而以细绳纹和刻划纹为主。另有少部分素面陶，少部分器表施陶衣，并经磨光（图八二～八五）。

（1）敞口罐

49件。均残，部分可复原。多为口沿、肩部，部分可修复。器形一般为敞口，折沿或卷沿，溜肩，圜底，部分束颈。以夹细方解石颗粒的红褐陶为主，方解石颗粒一般比较匀称，大部分经过仔细遴选；另有部分泥质陶，但陶土均未经淘洗，质地不纯。部分器物可见泥片贴筑痕迹，器物多经慢轮修整，胎壁较薄，厚薄匀称，少部分手制，未经轮修。烧制火候较高，陶质较硬。器表肩、腹部以下均饰纹，有绳纹、刻划纹、戳印纹及其组合纹等；领部多素面，部分饰扁草纹或一道刻划纹；另有少量的器物内、外施红色陶衣并经磨光。

标本 BT3⑨：040，折沿，深弧腹，圜底，最大腹径靠上部。泥质灰陶，但陶土未经淘洗，质地不纯，陶胎较轻，口沿光滑细腻，厚薄均匀。肩部饰两组横刻划纹，每组两条，在两组刻划纹间，先饰单线斜刻划纹，

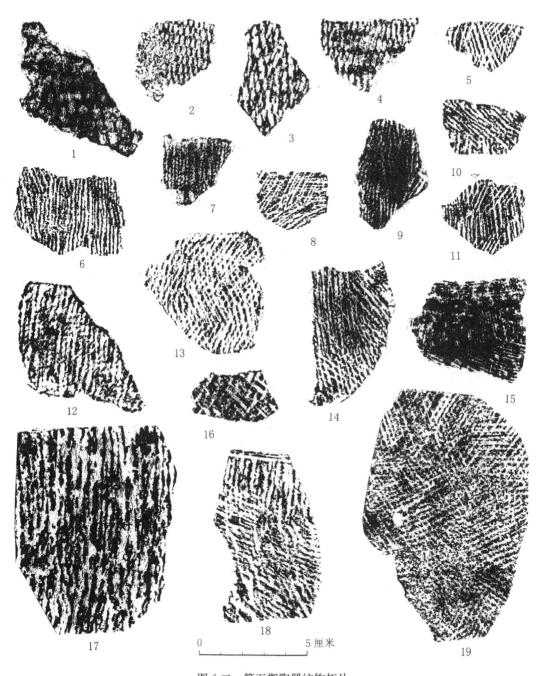

图八二　第五期陶器纹饰拓片

1.BT3⑪:002　2.BT3⑫:045　3.BT3⑪:006　4.BT3⑫:046　5.BT3⑧:012　6.BT3⑥:033　7.BT3⑫:047　8.BT3
⑧:014　9.BT3⑥:034　10.BT3⑧:013　11.BT3⑦:003　12.BT3⑫:048　13.K矮支T1:006　14.BT2⑥:023
15.KBT3:051　16.DT6①:001　17.KBT3中部:036　18.K:001　19.K:008

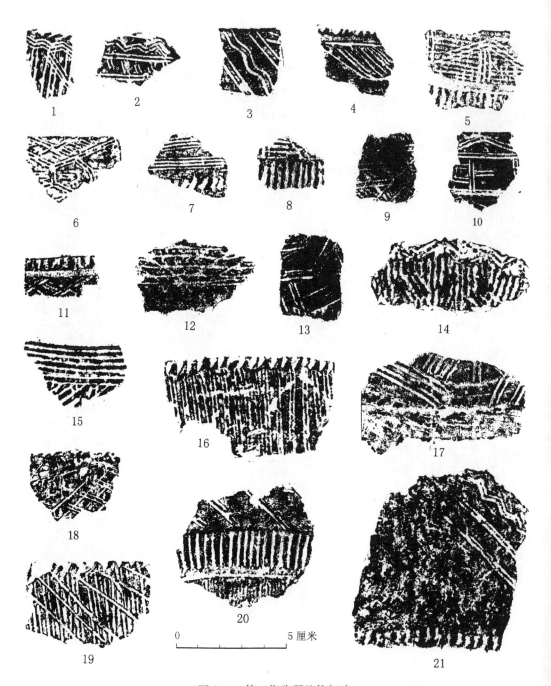

图八三   第五期陶器纹饰拓片

1.K水支 T3:002   2.K:121   3.K 洞内右③:003   4.KBT3:066   5.K 矮支 T1:018   6.KBT3:003   7.K:015
8.KBT3:018   9.BT3⑦:057   10.K:118   11.BT3⑦:058   12.KBT3:056   13.BT3⑦:006   14.BT2⑥:009
15.KBT3:054   16.BT2⑥:022   17.KAT1:005   18.KDT5:010   19.BT3⑪:004   20.K 洞内右:027   21.K 矮支
T1:002

图八四　第五期陶器纹饰拓片

1.BT3⑨:023　2.BT3⑦:050　3.BT3⑥:013　4.KAT1:002　5.KBT3:062　6.K:213　7.KDT6:001　8.KBT3北隔梁:010　9.KBT3:012　10.KDT3:005　11.KDT7:007　12.BT2⑥:013　13.KDT7:020　14.K矮洞:027　15.KBT3:058　16.KDT5:001　17.KDT5:013　18.KBT3:059　19.BT3⑨:040　20.KBT3:023　21.BT3⑧:010

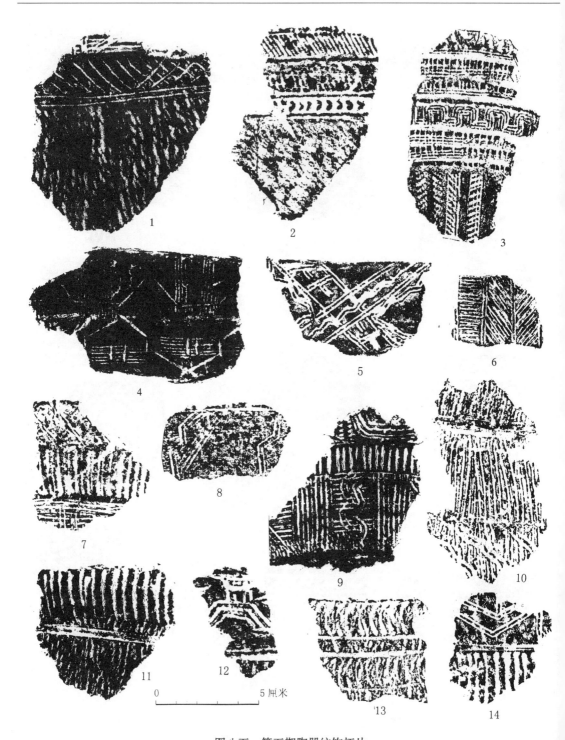

图八五　第五期陶器纹饰拓片

1.KBT1:010　2.KBT3:013　3.K:011　4.KAT1:001　5.K矮支T1:009　6.K:002　7.K:004　8.KDT6:002
9.KBT3北隔梁:047　10.K:005　11.K水支T3:004　12.KBT3:004　13.BT3⑧:005　14.K矮支T1:001

而后在斜刻划纹上施两道浅单线刻划纹，形成一个个小菱形，腹部饰单股中绳纹，斜向滚压，印痕较浅，绳纹粗 0.2 厘米。口径 15.6、残高 11.6 厘米（图八六，1；彩版一一，4）。

标本 KAT1：037，口沿残，圆折肩，圜底。夹方解石灰黄陶，内壁偏黄色，胎心褐色，方解石颗粒极细碎，较匀称。肩部上、下各饰两周戳印纹，为同一件工具戳印而成，长 1.8 厘米，衔接紧密又不相叠压。两组刻划纹之间施一周戳印纹，为长 1 厘米的工具戳印而成，每横戳两次，即下折或上折形成一夹角，各夹角之间距离几乎完全相等。两种长度不同的戳印工具，其宽度则完全相同（均宽 0.2 厘米），说明为同一种材料制成（不详，或为竹子）。肩部圆弧处上、下各有一条单线刻划纹，下边一条不规则但连续不断，略嫌潦草，腹部饰单股中绳纹，绳纹粗 0.2 厘米，绳纹斜向滚压，印痕较浅，部分区域已变得模糊不清。残高 14、颈径 18 厘米（图八六，2；彩版一一，2）。

标本 K 洞内右堆积：002，敞口，窄折沿，颈内壁有明显的折棱。夹方解石红褐陶，部分地方灰黄色，内壁灰黄色，胎心褐色，方解石颗粒很细，大小均匀，经仔细遴选，最大粒径 0.2 厘米。唇上饰一周斜捺压纹，颈部饰划纹，划纹从口往下划，每次一组，每组四条，两组间距宽窄不一，每间隔一组或两组，在原来的竖划纹上或向左或向右作斜划纹。口径 16.2、残高 3.4 厘米（图八六，3；图版二八，1）。

标本 BT3⑦：029，敞口，折沿，溜肩。泥质橙黄陶，内、外同色，胎略呈灰色，陶质细腻。口沿规整，厚薄均匀。肩部饰单斜线刻划纹，划纹宽窄不等，间隔宽窄不一，其下饰四条单横线刻划纹，单横线刻划纹下饰单斜线刻划纹。残高 6.2、宽 8.9 厘米（图八六，4；图版二八，2）。

标本 SBK 矮支 T1：238，敞口，沿外卷，溜肩。泥质灰陶，内、外同色，胎心略褐，陶土未经淘洗，质地不纯。胎较薄，厚薄均匀。颈、肩相交处施一周刻划纹，肩部以下先施细绳纹，然后施间隔大体相同的单斜线刻划纹、单竖线刻划纹和四周单横线刻划纹。口径 17、残高 8 厘米（图八六，5；彩版一二，1）。

标本 K：085，微敞口，领近直，溜肩。夹方解石，红褐陶，内、外同色，胎心褐色，含方解石较多，颗粒较细，最大粒径 0.3 厘米。口沿以下饰麦粒状细绳纹（双股细绳纹），略经抹平。口径 7.8、残高 4.6 厘米（图八六，6）。

标本 K：084，夹方解石灰褐陶含方解石较多，颗粒很细，大小较均匀，最大粒径 0.3 厘米。口沿较规整，厚薄较均匀。颈部饰两周单线横刻划纹，颈部以下先饰细绳纹，然后再加单线斜刻划纹，划纹相互交叉，形成菱形方格纹。口径 19、残高 5.5 厘米（图八六，7）。

标本 KDT5 东隔梁：006，夹方解石红褐陶，内、外同色，胎心褐色，方解石颗粒很细，经仔细遴选，最大粒径 0.2 厘米。肩部饰细绳纹，印痕较浅，已被抹平。器表有刮抹过的痕迹。残高 5.3 厘米（图八六，8）。

标本 KBT3：016，夹方解石灰黄陶，内壁红褐色，胎灰色，方解石颗粒很细，大小匀称，经仔细遴选。器表有刮抹过的痕迹，素面。残高 5.3 厘米（图八六，9）。

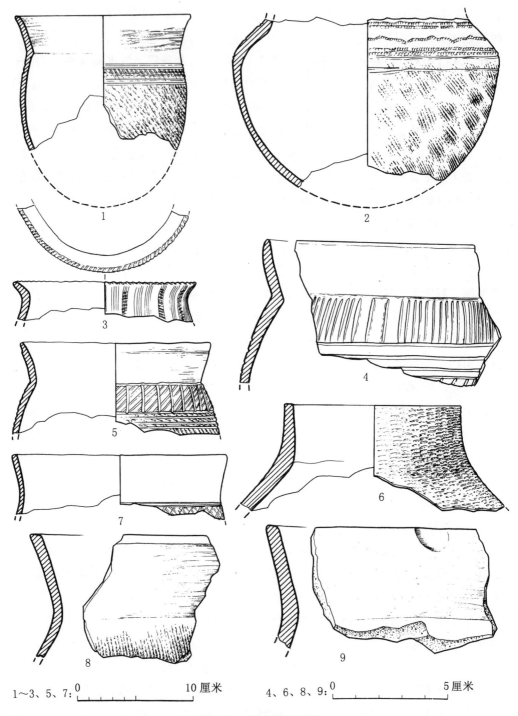

图八六　第五期敞口罐

1.BT3⑨:040　2.KAT1②:037　3.K 洞内右堆积:002　4.BT3⑦:029　5.SBK 矮支 T1:238　6.K:085　7.K: 084　8.KDT5 东隔梁:006　9.KBT3:016

标本 KBT3:032，泥质红褐陶，内、外同色，胎灰褐，陶土未经淘洗，陶胎厚薄较均匀。颈部饰一道单线横刻划纹，余素面磨光，器表留有刮抹痕。残高 2.8 厘米（图八七，1）。

标本 BT3⑨:016，泥质橙黄陶，陶胎厚薄较均匀。器表及内壁较光滑，素面磨光。残高 3.4 厘米（图八七，2）。

标本 KBT3:039，夹方解石红褐陶，内、外同色，胎心褐色，含方解石较多，颗粒较细，大小不匀称，最大粒径 0.2 厘米。素面，部分地方隐约可见绳纹印痕。残高 4.8 厘米（图八七，3）。

标本 KDT6:021，夹方解石红褐陶，内壁灰黄，胎心褐色。含方解石较少，颗粒呈粉末状。口沿规整，内壁光滑细腻，素面。残高 4.8 厘米（图八七，4）。

标本 KDT5:005，夹方解石红褐陶，内、外同色，胎心灰褐，含方解石较多，颗粒较细。器表内、外施一层红色陶衣，磨光。颈部饰戳印纹一周。残高 5 厘米（图八七，5）。

标本 BT3⑫:008，束颈。夹方解石红褐陶，内、外同色，胎心灰褐色，含方解石较多，颗粒较细，大小不匀称，形状不规则，最大粒径 0.3 厘米。口沿以下纹饰为用扁草缠在竹木棒上按压而成的压印纹（扁草纹，由于此种纹饰以前不见，本文称之为扁草纹，以下相同），错格按压，纹饰较规整。残高 5.2 厘米（图八七，6）。

标本 BT3⑫:017，束颈。夹方解石红褐陶，部分褐色，内壁大部分呈灰色，含方解石较多，颗粒较细。口沿以下滚压绳纹，短而且按压痕迹明显，器表呈凹凸不平的波浪状，绳纹粗 0.2 厘米。残高 4 厘米（图八七，7）。

标本 BT3⑫:007，束颈。夹方解石红褐陶，内、外同色，胎心褐色，方解石颗粒较细，最大粒径 0.4 厘米。口沿以下饰扁草纹，纹长 0.4、宽 0.2 厘米。残高 6 厘米（图八七，8）。

标本 KBT3:045，敛口。夹方解石灰黄陶，内、外同色，含方解石颗粒较细，最大粒径 0.2 厘米。器表饰扁草纹，纹长 0.5、宽 0.3 厘米。残高 3.6 厘米（图八七，9）。

标本 KBT3:008，敞口。夹方解石红褐陶，内、外同色，含方解石颗粒较细。器表口沿以下饰扁草纹，但已变形，在器表上形成一个个的小麻点。残高 3.9 厘米（图八七，10）。

标本 K:007，敞口，束颈。夹方解石灰褐陶，器表陶色不匀，局部呈红褐色，含方解石较多，颗粒较细，大小不匀称，形状不规则，最大粒径 0.3 厘米。泥片贴筑，颈部可见两层清晰贴片，由里往外贴，腹部亦有两层贴片，内壁有明显砾石垫窝。器表饰单股细绳纹，绳纹多次滚压，腹部绳纹凌乱，颈部有明显的停顿捺压痕迹，绳纹粗 0.1 厘米。残高 8.4 厘米（图八七，11）。

标本 KBT3:085，夹方解石红褐陶，方解石颗粒较细，最大粒径 0.2 厘米。口沿以下饰扁草纹，但已变形，在器表形成一个个的小麻点。残高 3.2 厘米（图八七，12）。

标本 BT3⑨:007，泥质红褐陶，内、外同色，胎心褐色，陶土未经淘选，质不纯。颈部

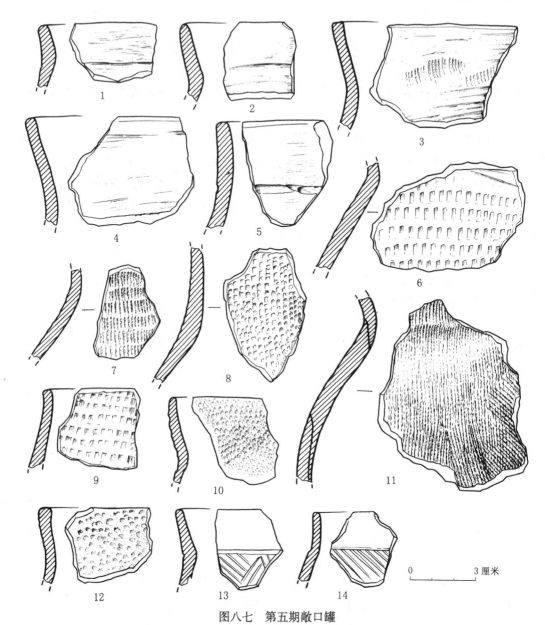

图八七　第五期敞口罐

1.KBT3：032　2.BT3⑨：016　3.KBT3：039　4.KDT6：021　5.KDT5：005　6.BT3⑫：008　7.BT3⑫：017
8.BT3⑫：007　9.KBT3：045　10.KBT3：008　11.K：007　12.KBT3：085　13.BT3⑨：007　14.BT3⑨：006

饰单线横刻划纹一周，其下饰交叉单线斜刻划纹。残高3.5厘米（图八七，13）。

标本BT3⑨：006，泥质灰白陶，陶土未经淘洗，质不纯。颈部素面磨光，肩部饰单线斜刻划纹，从左上方往右下方斜划，划痕较深，划纹宽0.1厘米。残高3.1厘米（图八七，14）。

（2）高领罐

20件。器物多仅存口、领、肩部。高领近直，直口或敞口。主要为夹方解石的夹砂陶，方解石颗粒较细，含量很少，部分近泥质；另有部分泥质陶，但陶土未经淘洗。未见贴片痕迹，多经慢轮修整，口沿较规整，厚薄较均匀。火候较高，陶质较硬。领部大部分施刻划纹，少量施戳印纹，纹饰复杂多样，有着不同的组合，较精美。

标本 K 水支 T3:001，夹方解石褐陶，内、外同色，含方解石颗粒较多。内壁较光滑，领、腹部分别制作而后粘接。领及肩部先饰细绳纹，然后将领部绳纹抹平，领、肩相交处绳纹犹在，另饰一周单线横刻划纹。领部饰单线竖刻划纹，由上向下刻划，划痕较深，并带出泥棱，然后再作单线斜刻划纹，并打破竖划纹，划纹长 2.8、宽 0.1 厘米。残高 4 厘米（图八八，1）。

标本 K 矮支 T1:007，夹方解石灰褐陶，内、外同色，含方解石较少，颗粒较细。领部饰双线竖和横刻划纹及单线斜刻划纹。残高 3.1 厘米（图八八，2；图版二八，5）。

标本 K:095，夹细方解石灰黄陶，内、外同色，胎心灰色，含方解石较少，近泥质。内壁光滑细腻，施陶衣。领部饰两种刻划纹，一种为五线横或斜刻划纹，一种为单线横或斜刻划纹。残高 3 厘米（图八八，3）。

标本 BT3⑨:008，近泥质灰白陶，内、外同色，陶土未经淘洗，质不纯，未有意添加羼和料，胎壁较薄。领部饰单线横和竖刻划纹，形成小长方格状，划纹较浅，肩部饰单线斜刻划纹。残高 3.2 厘米（图八八，4）。

标本 KBT3:019，夹方解石浅红陶，内、外同色，胎略灰，器表陶色不匀，部分呈灰黄色，含方解石极少，极细，近泥质陶。领部饰单线刻划纹，刻划纹从左下方向右上方斜划，接着顺势往右下方斜划，并形成一个大于90°的夹角，纹宽 1.5 厘米。残高 3.9 厘米（图八八，5）。

标本 KDT5 东隔梁:001，直口，沿外翻。夹方解石浅灰褐陶，含方解石较多，较细，内壁光滑细腻。领、肩分制合成。唇部饰一周较浅的按压纹，领部先饰双线斜刻划纹，划痕较浅，由左上方向右下方斜划，间隔宽窄不一，然后再施双线竖刻划纹，竖划纹两条一组，每组间隔均匀，组宽 0.4 厘米，但组与组之间不均匀。残高 4.3 厘米（图八八，6）。

标本 KDT7 西隔梁:007，夹细方解石红褐陶，器表陶色不匀，部分呈灰黄色，内、外同色，胎心灰色，含方解石较少。内壁光滑细腻，内、外均上有一层陶衣，并略经磨光。领部上、下各施一周水波状戳印纹，戳印工具近三角形，在两周水波纹之间夹饰正或倒"山"字纹和倒"U"字形纹，肩部饰一周戳印纹，自左至右相互叠压。施纹工具不详。残高 4.7 厘米（图八八，7；彩版一二；4）。

标本 K:021，泥质红陶，内、外同色，胎浅灰色，陶土未经淘洗。器表及内壁施一层陶衣，较光滑细腻，并经磨光。领部饰三组刻划纹，第一组四条，第二组二条，第三组八条，第三组在领、肩相交处，每组均单线刻划而成，深浅不一，间距不等，纹宽 0.1 厘米。残高 9 厘米（图八八，8；图版二八，3）。

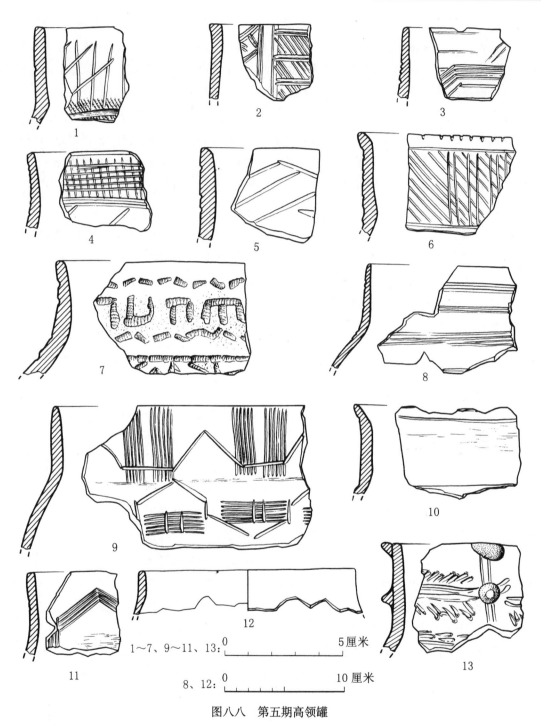

图八八　第五期高领罐

1.K水支T3:001　2.K矮支T1:007　3.K:095　4.BT3⑨:008　5.KBT3:019　6.KDT5东隔梁:001　7.KDT7
西隔梁:007　8.K:021　9.KAT1:001　10.KBT3:020　11.K洞外土:002　12.KAT1:009　13.BT3④:001

标本 KAT1：001，直领较短。夹方解石浅红陶，内壁颜色较杂，呈灰黄、浅褐等色，含方解石较多，颗粒较细，胎壁较薄。器表及内壁较光滑细腻，口沿规整。领部先饰多线竖刻划纹，每组六条，由上往下刻划，每两组为一个单元，然后单线刻划连续的山形图案，肩部先刻划连续的山形图案，然后在图案空白处横刻一组六线刻划纹，再在其上施单线竖刻划纹。残高 6 厘米（图八八，9；彩版一二，3）。

标本 KBT3：020，直口，唇略外翻。泥质浅灰陶，内、外同色，陶土未经淘洗，质不纯，但未有意加入羼和料。器表及内壁较光滑细腻并且有一道道轮修痕迹。在沿下饰一周单线刻划纹。残高 3.8 厘米（图八八，10）。

标本 K 洞外土：002，夹细石英浅黄陶，内、外同色，内壁陶色不匀，部分呈褐色，方解石较细，几近粉末状。领部饰多线刻划纹，从左下方往右上方斜划，接着折向右下方，形成一个大于 90° 的夹角，划纹每组 5 条，宽 0.5 厘米，深浅不一，为用力不均所致。残高 3.5 厘米（图八八，11）。

标本 KAT1：009，泥质深红陶，胎及内壁为浅红色，陶土未经淘洗，不纯，胎轻。素面，器表施一层深红色陶衣，多数已脱落。口径 18.6、残高 3.4 厘米（图八八，12）。

标本 BT3④：001，夹方解石红褐陶，方解石颗粒较多。领部先用带两齿的工具作双线竖刻划纹和横刻划纹，然后在横刻划纹两侧斜向刻划，形成的图案近鱼状，最后在竖划纹上饰扁圆状乳钉纹。残高 4.5 厘米（图八八，13；图版二八，4）。

（3）直口盘口釜

48 件。因陶器破碎较严重，发现的多为口沿残片，可看出为直盘口，盘口较深。多为夹细方解石和石英颗粒的红褐陶，颗粒较多，大小匀称，不见泥质陶。较少见到泥片贴筑痕迹，多数经慢轮修整，口沿较规整，内沿或内壁有轮修痕迹。大部分火候较高，陶质较硬。器表饰绳纹、刻划纹、捺压纹和戳印纹，以刻划纹为主，纹饰种类丰富，样式复杂多变。盘口与颈、腹部为分别制作，而后粘接而成。在陶器成形时，盘口均为素面，而颈、腹部则滚压细绳纹，两部分粘接成形后，出于装饰需要，将颈部细绳纹抹平，再饰以刻划、捺压等纹饰，部分器物颈部尚留有隐约的绳纹痕迹。

标本 KDT6：020，平唇，盘口较浅，束颈，可复原。夹方解石红褐陶，内壁褐色。唇上饰一周斜刻划纹，沿下先饰较细密的单线竖刻划纹，然后在其上饰双线斜刻划纹，每组双线斜刻划纹中间夹两双线斜水波刻划纹，颈部饰细密的双线竖刻划纹，分布不均匀，颈下饰细绳纹，颈部浅划纹宽 0.7 厘米。口径 28.2、残高 13.4 厘米（图八九；图版二八，6）。

标本 BT3⑥：014，夹细方解石灰褐陶，胎壁较薄。沿下饰一周近三角形戳印纹，颈以上饰单线斜刻划纹。残高 5.7 厘米（图九○，1）。

标本 BT3⑪：004，夹细方解石红褐陶，含方解石较多且细碎。口沿饰一周捺压纹，其下先后饰较浅细密的单线竖刻划纹和单线斜刻划纹，斜划纹划痕较深，宽 0.1 厘米。残高 3.9 厘米（图九○，2；图版二九，1）。

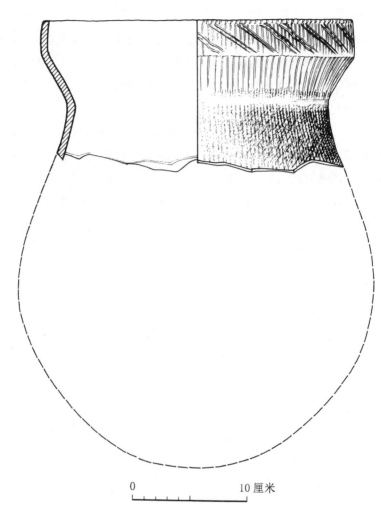

0 ⊢──┴──┴──┴──┴──┤ 10 厘米

图八九　第五期直口盘口釜（KDT6：020）

标本 KBT3：023，夹细石英红褐陶。口沿饰一周斜捺压纹，沿下饰一周双线水波纹，水波纹下饰较细密的单线竖刻划纹，其上饰两道交叉的单线斜刻划纹。残高 4.7 厘米（图九○，3）。

标本 K 矮支 T1：010，夹细方解红褐陶。口沿上饰一周斜捺压纹，领部饰两组斜双线刻划纹，其间夹一组双线斜水波纹，划痕较深，而后饰短横双线刻划纹，纹饰组合不详。残高 3.8 厘米（图九○，4；图版二九，3）。

标本 K 矮洞口：013，夹细方解石红褐陶，内壁褐色。沿下饰单线竖刻划纹、斜刻划纹和横刻划纹。残高 3.7 厘米（图九○，5）。

标本 BT3⑥：016，夹方解石灰褐陶，器表陶色不匀，部分地方呈褐色。沿下自上而下饰竖半圆形戳印纹、双线水波纹、斜长方形戳印纹和斜双线水波纹。残高 3.3 厘米（图九○，6）。

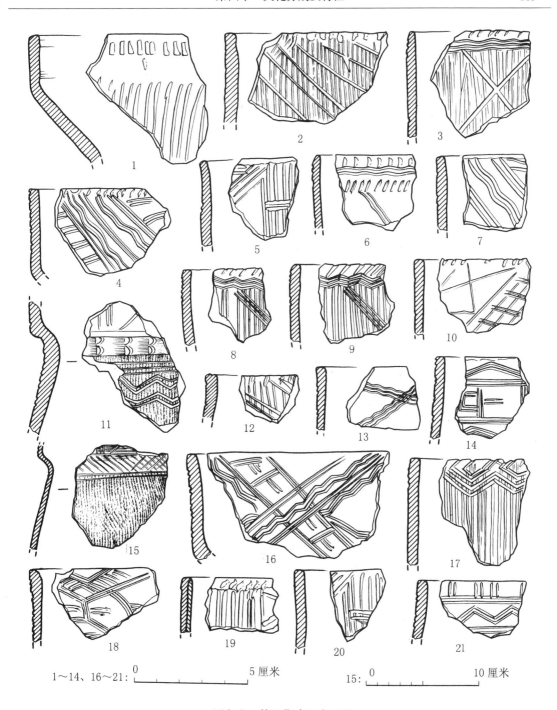

1～14、16～21：$\quad$ 0 $\underline{\hspace{3cm}}$ 5 厘米

15：$\quad$ 0 $\underline{\hspace{3cm}}$ 10 厘米

图九〇　第五期直口盘口釜

1.BT3⑥:014　2.BT3⑪:004　3.KBT3:023　4.K矮支 T1:010　5.K矮洞口:013　6.BT3⑥:016　7.K洞内右:
003　8.K水支 T3:002　9.KBT3:007　10.KDT5 南隔梁:010　11.KBT1:011　12.BT3⑨:011　13.K矮洞口:
005　14.K:118　15.KBT1 石板上:010　16.K矮支 T1:009　17.BT2⑥:004　18.KBT3:003　19.K:117
20.K矮洞:007　21.K矮支 T1:004

标本 K 洞内右:003，夹细方解石浅红陶，方解石多且细碎。沿下饰双线斜刻划纹，两组刻划纹间夹一条双线斜水波纹。残高 3.3 厘米（图九〇，7；图版二九，2）。

标本 K 水支 T3:002，夹细方解石红褐陶，器表陶色不匀，部分呈灰黄色。口沿饰一周斜捺压纹，沿下饰一周三线水波纹，下边饰较细密的双线竖刻划纹，再饰三线斜刻划纹。残高 3.3 厘米（图九〇，8）。

标本 KBT3:007，夹细方解石红褐陶。沿上饰一周斜捺压纹，沿下饰一周三线水波纹，下边饰较密的单线竖刻划纹，再饰宽 0.4 厘米的三线斜刻划纹。残高 3.2 厘米（图九〇，9；图版二九，4）。

标本 KDT5 南隔梁:010，夹细石英红褐陶。口沿上饰一周斜捺压纹，沿下饰单线斜刻划纹和双线斜刻划纹。因陶片较小，完整的纹饰组合不详。残高 3.3 厘米（图九〇，10；图版二九，5）。

标本 KBT1:011，夹细方解石灰陶。沿下施单线竖刻划纹、单线斜刻划纹、单线横刻划纹、双线水波纹、戳印纹及绳纹等。因器片较小，纹饰组合情况难以判断。残高 5.8 厘米（图九〇，11；图版二九，6）。

标本 BT3⑨:011，夹细方解石灰褐陶，方解石较细碎，大小匀称，似经有意遴选。沿上饰一周捺压纹，沿下先饰单线竖刻划纹，而后饰双线斜刻划纹。残高 2 厘米（图九〇，12）。

标本 K 矮洞口:005，夹细砂浅红陶，含砂极少，似为天然砂。沿下饰交叉三线斜水波纹，每组宽 0.4 厘米。残高 2.8 厘米（图九〇，13）。

标本 K:118，夹细石英红褐陶，胎心褐色。沿下饰双线曲折刻划纹，而后饰两周双线横刻划纹，并在两周横刻划纹之间填以双线竖和横刻划纹。因陶片较小，组合情况不详。残高 3.5 厘米（图九〇，14；图版三〇，1）。

标本 KBT1 石板上:010，夹细石英褐陶，含石英较多且大小匀称。盘口部分施刻划纹，因存留部分太少，纹饰结构不详。颈部先自左上方向右下方施单线斜刻划纹，再自右上向左下施单线斜刻划纹，划纹间距不均匀，斜刻划纹下又施两周单线刻划纹，颈以下施粗绳纹，绳纹经抹平，多次滚压，粗 0.3 厘米。残高 9.1 厘米（图九〇，15；彩版一三，3）。

标本 K 矮支 T1:009，夹方解石红褐陶，方解石颗粒较细，最大粒径 0.4 厘米。盘口与颈为分别制作而后粘接而成。沿下饰交叉双线斜刻划纹，在双线斜刻划纹之间夹饰双线水波纹和短直线组合纹。因陶片较小，整体纹饰组合不详。残高 4.6 厘米（图九〇，16；彩版一二，6）。

标本 BT2⑥:004，夹细石英褐陶。沿上饰一周斜划纹，划痕较深，沿下饰较细密的单线竖刻划纹，有明显的挤压痕迹，而后饰多线横水波纹。残高 4.6 厘米（图九〇，17；图版三〇，2）。

标本 KBT3:003，夹细方解石灰褐陶，含方解石多且细碎，大小匀称。沿下饰双线刻划出的直线、斜线、弧线等组合纹饰。因陶片太小，整体结构难以判断。残高 3 厘米（图九〇，18；图版三〇，3)。

标本 K:117，夹细方解石红褐陶。泥片贴筑，从断面可见两层贴片，在口沿处由外往里包。沿上饰一周捺压纹，沿下饰双线竖刻划纹，划痕较深。残高 2.4 厘米（图九〇，19)。

标本 K 矮洞:007，夹细石英灰黄陶，内壁褐色，含石英较多，且大小匀称。沿下先施单线竖刻划纹，而后施单线斜或横刻划纹，组合情况不详。残高 3.3 厘米（图九〇，20)。

标本 K 矮支 T1:004，夹方解石灰黄陶，内壁红褐色，胎心褐色，石英颗粒较细，最大粒径 0.2 厘米。沿下饰一周竖双线短刻划纹，两周横双线刻划纹，横双线刻划纹间夹饰双线曲折纹。残高 2.6 厘米（图九〇，21；图版三〇，4)。

（4）敛口盘口釜

49 件。多为口沿和肩部残片。均敛口，盘口较浅。在陶质陶色、制陶方法和技术、烧成温度、纹饰种类、施纹手法等与直口盘口釜基本相同。

标本 SBK 矮洞支 T1:053，仅存颈、肩部，但综合其他同类器残片可将其大致复原。夹砂灰黄陶，内壁土黄色，胎心灰褐，含方解石较多，颗粒较细，最大粒径 0.3 厘米。火候略低，质地较疏松。颈部饰捺压纹，粗 0.1～0.2 厘米。腹部施单股细绳纹，印纹清晰，深而细密，颈、腹相交处饰一周浅而宽的划纹。残高 9.4 厘米（图九一，1)。

标本 SBK:237，平唇。夹石英灰黄陶，内壁土黄色，胎心灰黑色，含石英较多，颗粒较小，最大粒径 0.3 厘米。盘口先饰双线刻划曲折纹，折线之间填单线竖刻划纹，颈部饰竖压印纹。口径 23.2、残高 7.8 厘米（图九一，2；彩版一二，2)。

标本 K:004，夹方解石红褐陶，内、外同色。盘口饰双线斜水波纹，颈部饰竖捺压纹，颈、腹相交处饰单线横刻划纹和双线竖刻划纹，竖划纹施于横划纹之上。口径 19.2、残高 5.2 厘米（图九一，3；图版三〇，5)。

标本 SBK:236，夹石英红褐陶，胎心灰黑色，内表灰黄，含石英较多，颗粒较小，最大粒径 0.3 厘米。盘口素面，颈部饰压印竖条纹，宽 0.1～0.2 厘米。口径 16、残高 4.6 厘米（图九一，4)。

标本 K 矮洞口:026，夹方解石红褐陶，胎心及内壁褐色。经慢轮修整，口沿较规整，内壁有轮修痕。素面。残高 3.8 厘米（图九一，5)。

标本 KBT3:001，夹方解石红褐陶，内、外同色，胎心褐色，含方解石较少，颗粒较细。盘口饰单线竖和横刻划纹，以及捺压纹，盘、颈转折处饰一周捺压纹。残高 3.7 厘米（图九一，6；图版三〇，6)。

标本 K 洞内右堆积:004，夹方解石红褐陶，胎心及内壁褐色，含方解石较多，颗粒较细，最大粒径 0.3 厘米。颈部饰双线竖刻划纹，腹部饰细绳纹，印痕较凌乱，颈、腹相交处饰一周浅宽的划纹，绳纹粗 0.1 厘米。残高 5.4 厘米（图九一，7)。

标本 BT3⑦:009，夹方解石褐陶，器表陶色不匀，部分呈红褐色，含方解石较少，颗粒较细，最大粒径 0.3 厘米。盘口饰双线竖刻划纹，颈部先饰细绳纹，而后将绳纹抹平，再饰

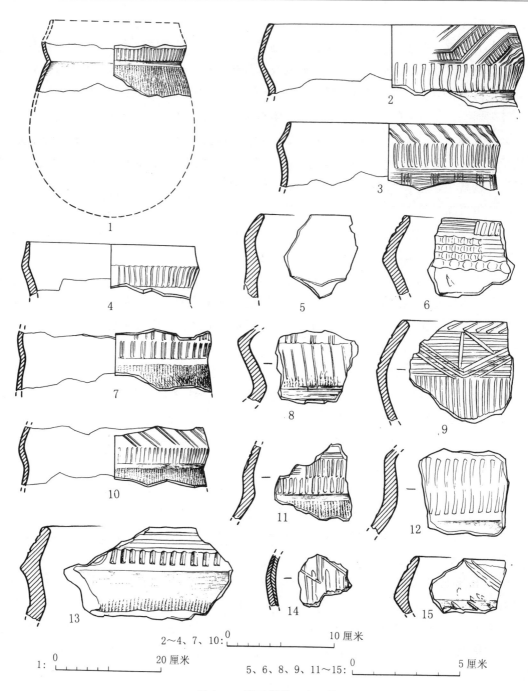

2~4、7、10: 0 |_____| 10 厘米

1: 0 |_____| 20 厘米

5、6、8、9、11~15: 0 |_____| 5 厘米

图九一 第五期敛口盘口釜

1.SBK 矮洞支 T1:053 2.SBK:237 3.K:004 4.SBK:236 5.K 矮洞口:026 6.KBT3:001 7.K 洞内右堆
积:004 8.BT3⑦:009 9.KBT3:068 10.K:209 11.K:042 12.K 矮洞:009 13.KDT6 钙华板下:001
14.BT2⑥:017 15.BT3⑦:043

单线斜刻划纹，划纹较浅细，颈、腹相交处饰一周浅宽的划纹。残高 3.4 厘米（图九一，8）。

标本 KBT3∶068，夹方解石灰黄陶，内、外同色，胎心褐色。盘口自上而下依次饰斜捺压纹、单线横刻划纹、竖刻划纹及斜刻划纹，颈部饰多线竖刻划纹。因陶片太小，完整纹饰组合不详。残高 4.7 厘米（图九一，9；图版三一，1）。

标本 K∶209，夹方解石红褐陶，器表及内壁陶色不匀，部分呈灰褐色，内壁褐色。胎壁较薄，经慢轮修整，内壁有轮修痕。盘口饰双线斜刻划纹，颈部饰单线捺压纹，捺压纹较规整，颈下饰细绳纹，绳纹粗 0.1 厘米，颈、腹相交处饰一周浅宽的划纹，将绳纹痕迹抹去。残高 5.4 厘米（图九一，10；图版三一，2）。

标本 K∶042，夹方解石红褐陶，器表陶色不匀，部分呈灰褐色。颈部饰横刻划纹和两组竖捺压纹，腹部饰细绳纹，颈、腹相交处饰一周浅宽的划纹，将绳纹痕迹抹去。残高 3.4 厘米（图九一，11）。

标本 K 矮洞∶009，颈部残片。夹方解石红褐陶，内壁褐色，胎心灰褐色。颈部先饰细绳纹，而后将绳纹抹平，饰长条形捺压纹，两头深、中间模糊，叠压在细绳纹之上。残高 3.9 厘米（图九一，12）。

标本 KDT6 钙华板下∶001，夹方解石红褐陶，器表陶色不匀，部分地方呈褐色，内壁褐色，胎心灰褐色。经慢轮修整，口沿较规整。盘口饰三周横刻划纹和一周竖捺压纹，颈部饰细绳纹，而后抹平，尚留有隐约绳纹痕迹，颈部似有一镂孔，镂孔周缘施半圆形附加泥堆。残高 4.3 厘米。（图九一，13）

标本 BT2⑥∶017，夹方解石红褐陶。可见两层贴筑痕迹。颈部饰刻划纹，划痕较深，间隔不均匀。残高 2.4 厘米。（图九一，14）

标本 BT3⑦∶043，夹细砂褐陶，含砂较多，为天然砂。盘口饰双线斜刻划纹，颈部饰单线斜刻划纹。残高 2.6 厘米。（图九一，15）

标本 BT3⑨∶005，夹细方解石浅红陶，内、外同色，胎心略褐，含方解石较多，极细，较匀称。先在沿下饰长三角形斜捺压纹，再施多线横刻划纹和竖刻划纹，而后饰三线斜刻划纹和单线斜刻划纹。整体图案不详。残高 3.7 厘米（图九二，1）。

标本 KBT3 北隔梁∶047，夹方解石红褐陶，内、外同色，胎心褐色，含方解石较多，颗粒较细。盘口为单独制作，颈、腹为同时制作，而后将两者合为一体。盘口部分已残，仅见多线刻划的近"回"形纹及小长方戳印纹，颈部先施细绳纹，而后抹光，自上而下依次施长条形捺压纹、多线横刻划纹、多线竖刻划纹（8 条），在两组多线划纹之间饰四线竖水波纹，颈下部尚存留细绳纹痕迹，颈、腹相交处有一周宽带刻划纹，腹部施绳纹。残高 7 厘米（图九二，2；彩版一三，4）。

标本 KBT3∶069，夹方解石红褐陶，含方解石较多，颗粒较细。盘口为单独制作而后与其余部分粘接成器。盘口及颈部先饰细绳纹，而后饰单线斜刻划纹，一组从左上方向右下方

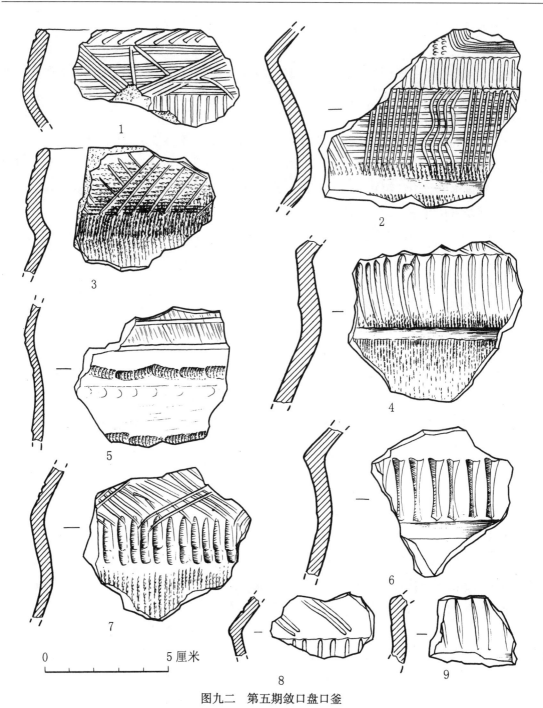

图九二　第五期敛口盘口釜

1.BT3⑨:005　2.KBT3北隔梁:047　3.KBT3:069　4.K水支T3:004　5.KAT1:007　6.BT3⑥:019　7.K矮洞口:027　8.BT3⑧:010　9.DT6③:004

斜划，划痕较深，一组自右上方向左下方斜划，印痕较浅。残高4.8厘米（图九二，3；图版三一，3）。

标本 K 水支 T3：004，夹方解石红褐陶，内壁灰色，胎心灰白。盘口单独制作而后粘接，可见明显粘接痕。盘口饰刻划纹，颈及肩部先施双股细绳纹，绳纹滚压较乱，印痕较浅，而后将颈部绳纹抹平，饰弧形捺压纹，间隔不均匀，纹宽 0.2、长 2.2 厘米，颈、肩相交处施一周浅宽的划纹。残高 6.3 厘米（图九二，4）。

标本 KAT1：007，夹细砂橙黄陶，器表陶色不匀，部分呈浅红色，含砂较少，为天然河砂。盘口饰极浅细的单线斜刻划纹，并被两条较宽的单线横刻划纹打破，颈部饰弧形戳印纹，状如略弯之蚕虫，颈部抹细泥，修整覆盖了最早施上去的细绳纹，肩部饰细绳纹。残高 5.2 厘米（图九二，5；图版三一，4）。

标本 BT3⑥：019，夹细方解石红褐陶，内壁灰色，含方解石较多。盘口素面略磨光，颈部施长条形捺压纹，两头深，中间浅，施纹工具两头粗，中间细，其下有一周浅宽的划纹，腹部饰细绳纹。残高 5.7 厘米（图九二，6；图版三一，5）。

标本 K 矮洞口：027，夹方解石红褐陶，内壁褐色。器体分段制作，而后粘接而成，可见明显接痕。盘口部分施密集的单线斜刻划纹，而后施双线斜刻划纹，两者方向不同，相互交叉，颈部施宽捺压纹，器体施细绳纹。残高 5.9 厘米（图九二，7；图版三一，6）。

标本 BT3⑧：010，夹方解石红褐陶。盘口饰双线斜刻划纹，颈部饰长条形捺压纹。残高 2.2 厘米（图九二，8）。

标本 DT6③：004，颈部。夹方解石褐陶。饰捺压划纹，印痕较浅，间隔不匀，划纹宽 0.1、长 2 厘米。残高 2.6 厘米（图九二，9）。

标本 K：159，夹方解石红褐陶，内、外同色，含石英较多，最大粒径 0.3 厘米。颈部先饰细绳纹，而后抹平，再饰捺压纹，颈、腹相交处饰一周浅而宽的划纹，腹部饰细绳纹。残高 4 厘米（图九三，1）。

标本 BT3⑨：025，夹方解石灰黄陶，含方解石较多，颗粒较细。较模糊。颈、腹相交处纹饰被抹平，腹部饰细绳纹，印痕浅。残高 2.8 厘米（图九三，2）。

标本 BT3⑧：006，夹方解石灰褐陶，胎及内壁褐色，含方解石较多，颗粒较细，最大粒径 0.3 厘米。盘口饰双线竖刻划纹，颈部饰单线捺压纹，捺压纹下隐约可见细绳纹。残高 3.5 厘米（图九三，3）。

标本 K 洞内右堆积：005，夹方解石灰褐陶，含方解石较多，颗粒细碎，最大粒径 0.2 厘米。盘口、颈、腹三部分，分别制作而后粘合成器。盘口饰双线水波纹一组，线条纤细流畅，并饰双线斜刻划纹，颈部饰捺压纹。残高 4.3 厘米。（图九三，4）

标本 K 矮支 T1：018，夹方解石红褐陶，胎心褐色，胎壁较薄。泥片贴筑，可见两层贴片。颈部饰横向多线刻划纹，三线竖刻划纹及三线斜刻划纹，斜刻划纹组成三角形。颈、腹相交处饰一周浅宽划纹，并隐约可见细绳纹痕迹，腹部饰中绳纹。残高 3.8 厘米（图九三，5）。

BT3⑥：032，夹方解石灰褐陶，内、外同色。颈部先饰竖划纹，划痕深浅不一，间隔有

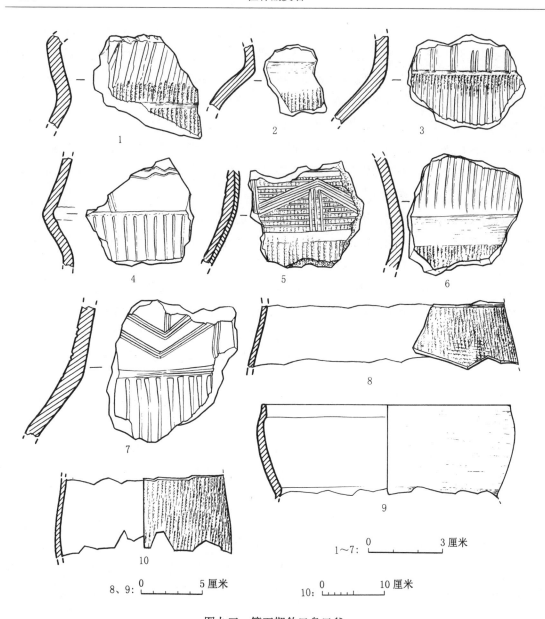

图九三　第五期敛口盘口釜

1.K:159　2.BT3⑨:025　3.BT3⑧:006　4.K洞内右堆积:005　5.K矮支 T1:018　6.BT3⑥:032　7.K矮支
T1:001　8.BT3⑥:029　9.BT3⑨:018　10.KBT3:036

宽有窄，颈、腹相交处饰一周浅宽划纹，宽 1.3 厘米，将绳纹抹掉，腹部饰细绳纹。残高
4.8 厘米（图九三，6）。

　　标本 K 矮支 T1:001，夹方解石浅红陶，胎心及内壁褐色。盘口饰双线竖或斜刻划纹，
其斜刻划纹组成三角形，盘口与颈部相交处饰一周双线刻划纹，颈部饰长捺压纹。残高 5.7
厘米（图九三，7；图版三二，1）。

标本 BT3⑥:029，腹部残片。夹方解石红褐陶，内壁灰黄色，含方解石较多，但极细碎，经仔细遴选。饰细绳纹，印痕较浅，较模糊，绳纹粗 0.1 厘米。颈径 23、残高 5.4 厘米（图九三，8）。

标本 BT3⑨:018，敛口，平唇，折沿，沿面下凹。夹方解石灰黄陶，内壁部分为褐色，胎心褐色，含方解石极少，极细。口沿规整，厚薄均匀，口沿部内壁及器表有手抹或用工具刮的痕迹。口径 20.8、残高 7.4 厘米（图九三，9）。

标本 KBT3:036，腹部残片。夹方解石红褐陶，器表陶色不匀，部分呈褐色，内壁灰黄色，胎褐色，含较多的方解石颗粒，最大粒径 0.3 厘米。腹部饰单股中绳纹，绳纹多次重复滚压，印痕较清晰，绳纹粗 0.2 厘米。腹径 28.4、残高 12.2 厘米（图九三，10）。

（5）敛口釜

1 件。残。敛口，弧形壁。火候较高，制作精致。

标本 K:083，夹细方解石红褐陶，内、外同色，含方解石极少，近粉末状。火候高，陶质硬。经慢轮修整，口沿较规整，器表较光滑，有较多制陶工具留下的刮抹痕迹。口沿饰半圆形戳印纹和多线刻划纹，两个半圆戳印纹间隔宽 1.8 厘米，相反方向间用刻划纹连接，刻划纹长 1.6 厘米，每组 4 条，宽 0.6 厘米。口径 16、残高 6.2 厘米（图九四，1）。

（6）直腹釜

2 件。均残。直腹略内弧，圜底。

标本 KDT1:005，夹细砂红褐陶，砂粒极细，为天然河砂。火候高，胎轻，陶质较硬。经慢轮修整，器表光滑细腻。腹部素面，圜底部分饰戳印纹和细绳纹。残高 2.5 厘米（图九四，2）。

标本 K:011，夹方解石红褐陶，器表陶色不匀，圜底部分呈褐色，含方解石较多，颗粒极细，经仔细遴选。火候略低。经慢轮修整，胎壁厚薄均匀。腹中部可见一组单线刻划的竖刻划组合纹和一组戳印组合纹。其下用制陶工具在器外壁上横向刮压出六周宽窄不一的浅凹槽，同时形成六道突棱，然后用带四齿的工具在凹槽处横向施刻划纹，中间较宽的凹槽则刻划连续的曲折纹，最后自上而下施纵向的刻划纹，与横向之刻划纹相交，形成细方格纹，圜底部分饰细绳纹。残高 9 厘米（图九四，4；彩版一三，2）。

（7）圈足盘

4 件。均残，为泥质陶，但陶土未经淘洗，质不纯。都经慢轮修整。火候高，胎轻，陶质较硬。

标本 BT3⑨:033，圈足。泥质灰陶，内、外同色，胎心褐色。素面。底径 20、残高 2.2 厘米（图九四，3）。

标本 KAT1:008，圈足。泥质橙黄陶，经慢轮修整，器表施一层陶衣，大部分已脱落。饰镂孔和双线斜刻划纹，刻划纹近菱形或三角形，每组划纹宽 0.3 厘米。残高 4.6 厘米（图九四，5）。

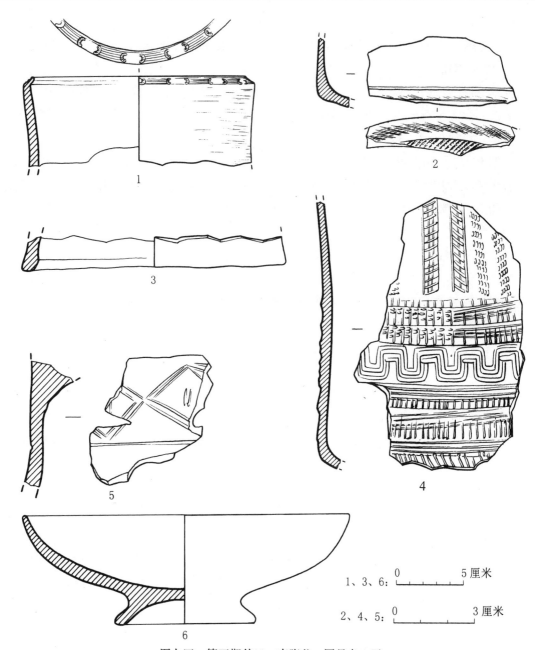

图九四　第五期敛口、直腹釜，圈足盘，豆

1. 敛口釜（K:083）　　2、4. 直腹釜（KDT1:005、K:011）　　3、5. 圈足盘（BT3⑨:033、KAT1:008）　　6. 豆
（K 矮支 T1:055）

（8）豆

1件。标本 K 矮支 T1:055，敞口，斜弧壁，下附喇叭形矮圈足。泥质灰黄陶，陶土未经淘洗，质不纯。火候较高，陶质较硬。圈足与盘分制而后粘接成器，经慢轮修整。素面，器内、外壁均施一层细泥陶衣并经磨光，大部分陶衣已脱落。口径24.8、高7.9厘米（图

九四，6；彩版一一，3）。

（9）盆

2件。数量较少，破碎严重，多为器口、腹残片。器形主要为敞口、斜直或弧壁类。以夹方解石颗粒的细砂陶为主，另有部分泥质陶，但陶土未经淘洗。火候较高，质较硬。均未见泥片贴筑痕迹。器表多饰绳纹和刻划纹，纹样较简单。

标本BT2⑥:022，敞口，斜直壁，腹下部略内束，然后外弧内收成平坦的圜底。夹方解石红褐陶，器表陶色不匀，部分呈红色或褐色，内壁褐色，含方解石颗粒较多，较细，且相当均匀，应经仔细遴选。内壁有一道手抹的痕迹。口沿上饰一周捺压纹，沿下用带两齿的工具作划纹，划痕较深，两条一组，组与组间隔距离不等，腹部饰细绳纹，绳纹滚压凌乱，印痕很浅，腹部有一周手抹过的痕迹，将绳纹抹平。口径23.8、高11厘米（图九五；彩版一一，1）。

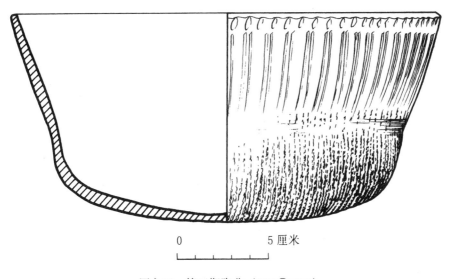

0　　　　5厘米

图九五　第五期陶盆（BT2⑥:022）

标本K:082，腹部残片。近泥质灰白陶，夹极少量粉末状方解石，陶土未经淘洗，质不纯。素面，磨光，内、外皆施有一层陶衣，部分地方已剥落。残高4.1厘米。

（10）陶　钵

23件。均为残片。从残存的口沿来看，器形均较小，弧形腹，包括敞口、直口和敛口三种。主要为夹方解石红褐或褐陶，所夹方解石颗粒少而细，经仔细遴选，另有部分泥质陶，但陶土未经淘洗。少量为泥片贴筑而成，但均经轮修。火候较高，陶质较硬。以素面为主，部分器表饰绳纹和简单的刻划纹。

标本KBT3北隔梁:014，底部残，敞口，尖圆唇，斜弧壁。夹方解石红褐陶，胎心褐色，含方解石较少，颗粒很细，最大粒径0.2厘米。器表及内壁留有较多修整而形成的一条条刮痕。素面，内、外皆施一层薄薄的陶衣。口径19、残高6.8厘米（图九六，1）。

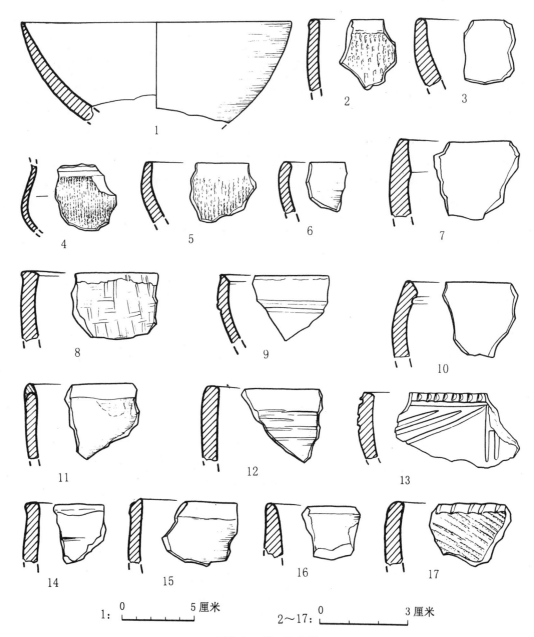

图九六　第五期陶钵

1.KBT3 北隔梁:014　2.BT3⑫:025　3.BT3⑥:028　4.BT2⑥:020　5.BT3⑦:021　6.BT3⑨:036　7.BT3⑨:
031　8.BT3⑨:029　9.BT3⑧:008　10.BT3⑫:021　11.BT2⑥:016　12.BT3⑥:025　13.BT3⑦:013　14.BT3
⑫:028　15.BT3⑥:024　16.BT3⑥:010　17.BT3⑫:020

　　标本 BT3⑫:025，口近直。夹方解石红褐陶，含方解石较多，颗粒较细，大小匀称，最
大粒径 0.1 厘米。腹部饰压印的细扁草纹，印纹长 0.4 厘米。残高 2.4 厘米（图九六，2）。

　　标本 BT3⑥:028，口近直。夹方解石灰黄陶，内、外同色，胎心褐色，含方解石较少，颗粒较细，大小不匀称，形状不规则，最大粒径 0.2 厘米。素面。残高 2.2 厘米（图九六，3）。

标本 BT2⑥:020，口沿残。夹方解石褐陶，含方解石较多，颗粒较细，最大粒径 0.2 厘米。腹部饰单股细绳纹，印痕浅而模糊，绳纹粗 0.1 厘米。残高 2.2 厘米。（图九六，4）

标本 BT3⑦:021，敛口。夹方解石红褐陶，内壁褐色。腹部饰细绳纹，印痕较模糊，绳纹粗 0.1 厘米。残高 2 厘米（图九六，5）。

标本 BT3⑨:036，敛口。夹方解石褐陶，内、外同色，胎心褐色，含较多较细方解石颗粒。素面。残高 1.7 厘米（图九六，6）。

标本 BT3⑨:031，敛口，内壁有一周突棱。夹方解石褐陶，方解石颗粒较细，最大粒径 0.3 厘米。素面。残高 2.5 厘米（图九六，7）。

标本 BT3⑨:029，敛口。夹方解石红褐陶，含方解石较少，大小匀称，最大粒径 0.2 厘米。腹部饰扁草纹，印痕模糊不清。残高 2.3 厘米（图九六，8）。

标本 BT3⑧:008，敛口。泥质红褐陶，陶土未淘洗。器表饰一周凸弦纹和一周凹弦纹，器壁光滑，略经磨光。残高 2.3 厘米（图九六，9）。

标本 BT3⑫:021，敛口。夹方解石红褐陶，内、外同色，胎心灰色，含多而细的方解石颗粒，最大粒径 0.2 厘米。素面。残高 2.5 厘米（图九六，10）。

标本 BT2⑥:016，敞口。夹方解石红褐陶，内、外同色，胎心褐色，方解石颗粒较细，最大粒径 0.2 厘米。素面。残高 2.5 厘米（图九六，11）。

标本 BT3⑥:025，敛口。夹方解石红褐陶，内、外同色，胎心灰褐，方解石颗粒很细，呈粉末状，内壁光滑细腻。腹部饰三道浅细的刻划纹。残高 2.5 厘米（图九六，12）。

标本 BT3⑦:013，敛口。夹方解石浅红陶，内、外同色，方解石颗粒较细，最大粒径 0.1 厘米。口沿上饰一周斜压印纹，腹部饰单线斜刻划纹和双线竖刻划纹。残高 2 厘米（图九六，13）。

标本 BT3⑫:028，口近直。夹方解石红褐陶，含方解石较多，颗粒较细，最大粒径 0.2 厘米。素面。残高 1.9 厘米（图九六，14）。

标本 BT3⑥:024，敛口。夹方解石红褐陶，含方解石较多，颗粒较细，最大粒径 0.2 厘米。素面。残高 2.1 厘米（图九六，15）。

标本 BT3⑥:010，敞口。泥质橙黄陶，内、外同色，胎心灰色。陶土未经淘洗。素面磨光。残高 1.7 厘米（图九六，16）。

标本 BT3⑫:020，敛口。夹石英红褐陶，内壁褐色。含较多较细的石英颗粒，最大粒径 0.2 厘米。口沿上饰一周斜压印纹，器表饰细绳纹，绳纹由左上方向右下方滚压，绳纹粗 0.13 厘米。残高 2 厘米（图九六，17）。

（11）未定名器

12 件。整体特征不详。

标本 SBK 矮洞口：028，仅存颈肩部，束颈，折肩。夹细砂灰黄陶。火候低，质地疏松。颈部下段先施二道凹弦纹，再压印不规则条纹，肩部饰凹弦纹，上腹施单股绳纹，没有分组，轮修明显。残高 5.5 厘米（图九七，1）。

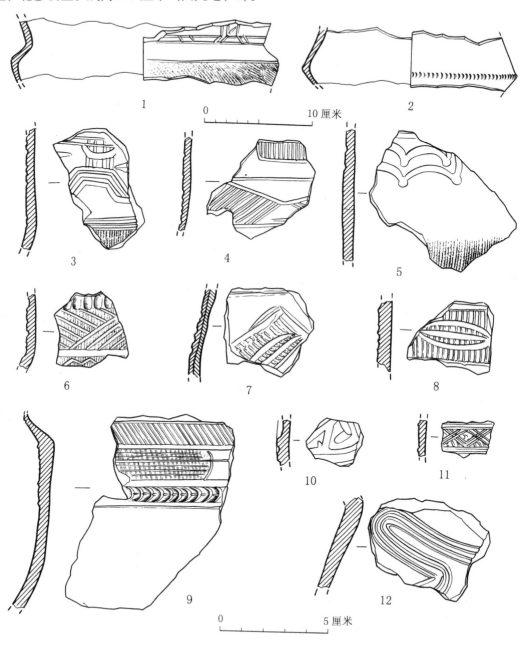

图九七　第五期未定名器

1.SBK 矮洞口：028　2.KBT3：026　3.KBT3：004　4.K 矮支 T1：005　5.KBT3：010　6.K：023　7.KBT3：062
8.BT3⑦：014　9.KBT3：013　10.BT3⑥：013　11.BT3⑨：023　12.KDT7：020

标本 KBT3:026，器物的颈肩部陶片。泥质橙黄陶，壁薄胎轻。火候高，陶质较硬。未见贴片痕迹，经慢轮修整，磨光。素面，仅在肩部饰一周半圆形戳印纹，工具不详。颈径20厘米（图九七，2）。

标本 KBT3:004，夹方解石灰陶，砂粒极少，极细，大小匀称。火候较高，陶质较硬。未见贴片痕迹。颈部饰由直线、斜线及弧线组成的组合纹，最下部饰细绳纹。但因陶片太小，完整的组合图案不详。残高5.5厘米（图九七，3；图版三二，2）。

标本 K矮支 T1:005，口沿。近泥质灰褐陶，砂粒极少，胎壁很薄。火候高，陶质较硬。未见贴片痕迹，经慢轮修整，内壁较光滑。沿下饰单线划纹，包括竖直线、横直线、弧线、斜线等。因陶片太小，纹饰组合不详。残高4.2厘米（图九七，4）。

标本 KBT3:010，器物的肩部陶片。夹细方解石红褐陶，内壁褐色，胎灰褐色，方解石颗粒极细且较多。火候高，陶质硬。未见贴片痕迹，经慢轮修整，内壁光滑细腻，内壁有慢轮修整痕迹。器内壁施陶衣，器表绳纹以上部分经刻意磨光，少部分并留有隐约的绳纹痕迹，在磨光部分戳印圆点纹而后用弧线刻划纹将两个圆点连接起来，下端饰细绳纹。残高6.3厘米（图九七，5；图版三二，3）。

标本 K:023，器物的颈部陶片。夹细方解石灰褐陶，方解石极细，含量极少。火候较高，陶质较硬。未见贴片痕迹。上部饰一周捺压纹，其下饰斜刻划纹和水波纹。残高3.4厘米（图九七，6）。

标本 KBT3:062，器物的肩部陶片。夹细石英灰黄陶，内、外同色，胎心略呈褐色，砂粒很细。火候高，陶质硬。未见贴片痕迹，内壁有明显砾石垫窝。器表先饰较细划纹，斜向右下方，纹宽0.2厘米，再饰较粗的划纹，打破细划纹，斜向左下方，组成近长方形框，然后在框中刻划近似眼睛的图案。残高4.1厘米（图九七，7；图版三二，4）。

标本 BT3⑦:014，夹细方解石灰黄陶，内、外同色，胎心褐色，方解石较少，极细碎。火候高，陶质硬。未见贴片痕迹。器表先饰较细密的单线竖刻划纹，宽0.2厘米，再饰较粗的划纹将其打破，粗划纹形成一个椭圆形的眼睛，长3.2、宽1.3、残高3.3厘米（图九七，8；彩版一二，5）。

标本 KBT3:013，器物的口颈部陶片。夹细方解石灰白陶，内壁近青灰色，含方解石极细，大部分已近粉末状。火候较高，陶质较硬。未见贴片痕迹，经慢轮修整，器表较规整，内壁有明显的平行刮抹痕。沿下饰直线、斜线、弧线刻划纹及半圆形戳印纹、凸弦纹等。因陶片太小，完整的构图形态不详。残高8.9厘米（图九七，9；彩版一三，1）。

标本 BT3⑥:013，夹方解石灰陶，内、外同色，胎心褐色。含方解石较多，颗粒呈粉末状，火候较高，陶质较硬。未见贴片痕迹。饰戳印纹。因陶片过小，完整图案不详。残高2.2厘米（图九七，10）。

标本 BT3⑨:023，夹细砂灰白陶，内、外同色，胎略褐色，砂粒极细，呈粉末状，胎壁较薄。火候高，陶质硬。未见贴片痕迹，经慢轮修整，内壁有轮修痕迹。上、下两周凸弦纹，其间饰绞股状双线刻划纹和小戳点纹。残高 1.5 厘米（图九七，11）。

标本 KDT7:020，器物的颈部陶片。夹石英灰褐陶，含石英粒较多，颗粒较细，最大粒径 0.2 厘米。火候较高，陶质较硬。未见贴片痕迹。颈部饰"S"形划纹，每组五条，宽度为 0.9 厘米，划纹每条宽 0.1 厘米。残高 4.6 厘米（图九七，12）。

（12）支　脚

20 件。均残，整体形态不清，但可以看出多为圆柱状，束腰，实心或空心。主要为含较多细方解石颗粒的夹砂陶。部分器物为泥片贴筑。火候较高，陶质较硬。器表大部分饰绳纹，少量饰刻划纹和镂孔。

标本 BT3⑫:016，空心，桶状。夹方解石红褐陶，内、外同色，方解石颗粒最大粒径 0.2 厘米。器表饰细绳纹，绳纹印痕较浅，修整时被抹过，变得模糊。残高 2.3 厘米（图九八，1）。

标本 BT3⑦:019，空心，桶状，底部平。夹方解红石褐陶，内、外同色，方解石颗粒细碎匀称，最大粒径 0.2 厘米。可见两层贴筑痕迹。器表饰细绳纹，绳纹印痕较浅，修整时被抹过，较模糊。残高 2.9 厘米（图九八，2）。

标本 BT3⑨:028，空心，桶状。夹方解石红褐陶，内、外同色。器表饰双股细绳纹，绳纹印痕较浅，较模糊，粗 0.1 厘米。残高 3.1、底径 10.2 厘米（图九八，3）。

标本 BT2⑥:006，空心，桶状。夹方解石红褐陶，方解石颗粒最大粒径 0.3 厘米。泥片贴筑，内壁光滑，有一道道较细的手纹印。器表饰单股细绳纹，绳纹滚压凌乱，印痕较浅，粗 0.1 厘米。残高 4、底径 8.1 厘米（图九八，4）。

标本 BT3⑦:034，空心，桶状。夹方解石灰黄陶，胎心红褐色。泥片贴筑，两片相贴，在底部由外往里包。器表饰单股细绳纹，印痕较浅，变得模糊，粗 0.1 厘米。残高 2.6 厘米（图九八，5）。

标本 KBT3:083，空心，喇叭状。夹细方解石红褐陶，内、外同色，方解石颗粒匀称。泥片贴筑，里外包了一层，将底沿包住。器表饰细绳纹，大多已被抹平，仅在近底处隐约可见。残高 4.2、底径 10 厘米（图九八，6）。

标本 BT2⑧:001，空心，塔状，底部平且内勾。夹细方解石红褐陶，内、外同色。器表饰单股中绳纹，印痕较浅，绳纹粗 0.2 厘米。残高 4.3、宽 3 厘米（图九八，7）。

标本 BT3⑨:030，空心，喇叭状。夹细方解石红褐陶，内、外同色，内壁有手指按窝。器表饰细绳纹，绳纹印痕较浅。残高 2.9 厘米（图九八，8）。

标本 KBT3:028，空心，桶状。器身穿有两孔。夹方解石灰黄陶，胎及内壁红褐色，含较多较细的方解石颗粒，最大粒径 0.5 厘米。器表饰细绳纹，绳纹印痕较浅，模糊。残高 4.9 厘米（图九八，9）。

标本 K:140，上端空心，下端实心。夹方解石橙黄陶，胎心红褐，含较多较细的方解石颗粒，最大粒径 0.3 厘米。器表较光滑平整，饰印痕较浅的细绳纹，修整时有的已被抹平，

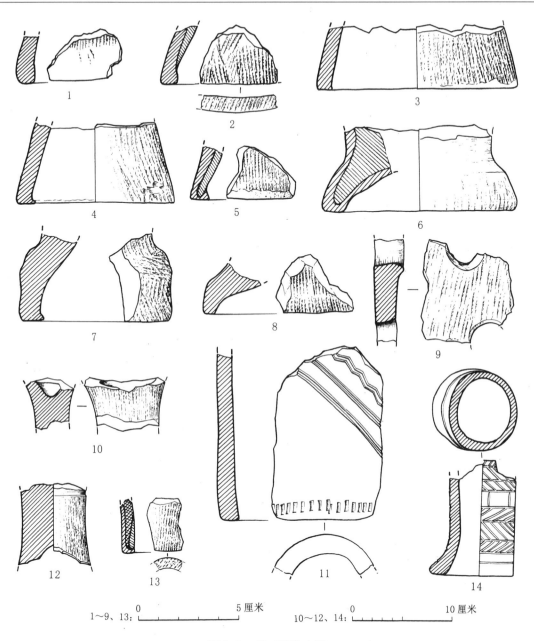

图九八　第五期陶支脚

1.BT3⑫:016　2.BT3⑦:019　3.BT3⑨:028　4.BT2⑥:006　5.BT3⑦:034　6.KBT3:083　7.BT2⑧:001
8.BT3⑨:030　9.KBT3:028　10.K:140　11.K矮支T1:002　12.K:136　13.K:115　14.K水支T3:020

绳纹粗0.1厘米。残高5.4厘米（图九八，10）。

　　标本K矮支T1:002，空心，圆桶形。夹细方解石灰黄陶，内壁红褐。器表较光滑，中部饰一道双线斜刻划水波纹和两道双线斜刻划纹，每组宽0.3厘米，下部饰一周长方形戳印纹。残高8.7厘米（图九八，11；图版三二，5）。

标本 K:136，实心，柱状。夹石英橙黄陶，胎心红色，石英最大粒径 0.3 厘米。火候不高，胎质疏松。器表施细绳纹，但经手擦抹，大部分地方已无绳纹痕迹，绳纹粗 0.1 厘米。残高 8.2 厘米（图九八，12）。

标本 K:115，空心，扁圆桶状。夹方解石红褐陶，胎心红色，含较多较细的方解石颗粒，最大粒径 0.2 厘米。火候不高，胎质疏松。泥片贴筑，里外包了一层，将底沿包住。器表饰单股细绳纹，印痕较浅，绳纹粗 0.1 厘米。残高 5.3 厘米（图九八，13）。

标本 K 水支 T3:020，靴形，空心，体扁平，似象蹄，或因接触大象多而出此创意。夹方解石灰黄陶，内、外同色，含方解石较多，颗粒较细，大小较匀称。从残存部分观察，先饰单线刻划纹 8 道，除最下 2 道为空白外，在其他单线刻划纹之间刻单线斜刻划纹或竖刻划纹，间隔宽窄不一。最大径 6.7、残高 11.5 厘米（图九八，14；图版三二，6）。

（二）石制品

共 26 件，其中石器 11 件，半成品 2 件。其他为石器制作过程中截断的石块和剥离下来的石片及碎屑。另外，还有 5 件砾石。

1. 石　器

11 件。占石制品的 42.31%。均以河砾石为原材料，石质以细砂岩及粉砂岩占绝大部分。除主要作为石器加工工具的石锤外，包括打制石器和磨制石器两种，以打制石器为主，但打制石器仅砍砸器一种，磨制石器仅见石锛。

（1）石　锤

7 件，占该期石器总数的 63.64%。质地以花岗岩为主，器身散布有大小、数量不等的崩疤、凹疤和打击麻点，使用痕迹多见于石锤周侧边缘，部分见于两面。包括盘状石锤、有凹石锤和球状石锤三种。

盘状石锤　3 件。器体扁圆形，状似圆盘。

标本 BT3⑫:043，风化中粒花岗岩。扁平片状。器身周缘有许多敲砸使用形成的麻点。直径 9.8、厚 2.5 厘米，重 420 克（图版三三，3）。

标本 DT6③:002，略残。紫黑色细砂岩。器体近扁圆形，略厚。周缘有细密的砸击麻点。直径 6.8、厚 3.4 厘米，重 200 克。

有凹石锤　2 件。在石锤的一面或两面中部有较明显的因砸击而形成的圆形凹坑。

标本 DT6③:001，灰白色中粒花岗岩。器体呈长扁圆体，较厚重，正、背两面中部均有砸击而形成的浅凹坑。器身周边有明显的使用敲砸痕迹，局部形成细密的崩疤或凹疤。长 13.7、宽 8.8、厚 4.6 厘米，重 840 克（图九九，2）。

标本 BT3⑪:001，残。灰色中细粒花岗岩。呈半盘状，正、背两面中部均有砸击使用形成的浅凹坑。器身周边有明显的使用敲砸麻点，局部有使用而形成的小崩疤。直径 9.8、厚 5.2 厘米，重 420 克（图九九，4；图版三三，6）。

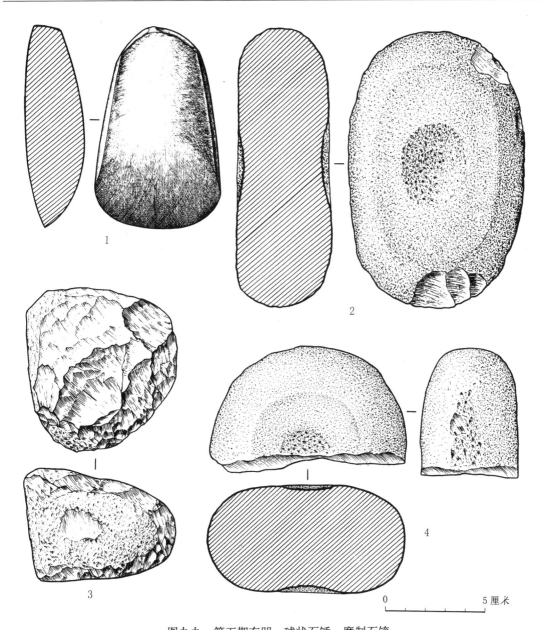

图九九　第五期有凹、球状石锤，磨制石锛

1. 磨制石锛（BT3⑫:001）　2、4. 有凹石锤（DT6③:001、BT3⑪:001）　3. 球状石锤（BT3⑨:001）

球状石锤　2件。器体较厚，近球状。

标本 BT3⑨:001，石灰岩。器身略呈圆球状，但右侧稍平，其余各面都呈圆弧形。除右侧没有砸击使用痕迹外，器体其他部位均遍布麻点、崩疤、凹疤等锤击使用痕迹，正面中部留有一个较大的砸击凹坑。长径7.6、厚5.5厘米，重340克（图九九，3）。

（2）砍砸器

3件，占该期石器总数的27.27%。其中单边直刃砍砸器2件，单边弧刃砍砸器1件。

单边直刃砍砸器　2 件。

标本 BT3㉓:002，灰褐色细砂石英岩。器身窄长而厚，一端为截断面。在一个长边单向打制刃面，石片疤大而浅，二次修整的打击点较小。刃陡直。刃角 90°，长 12.4、宽 5.5、厚 5.6 厘米，重 550 克（图版三三，1）。

标本 BT2⑥:001，紫色细砂岩。器身近方形，两端为砾石截断面，正面为破裂面，背面为砾石自然面。在一个长边单向打制刃面，石片疤较小。刃缘较陡直，使用痕迹不明显。刃角 80°，宽 7.5、厚 2.7 厘米，重 240 克。

单边弧刃砍砸器　1 件。

标本 BT3㉓:003，灰色细砂岩。器身近三角形，上、下两端窄而尖。将砾石截去一半，在长边打制刃面，片疤较深。刃缘处经过二次修整并有许多小片疤，刃缘呈弧形凸出，长而锋利，有使用痕迹。刃角 50°，长 12、宽 5、厚 3.8 厘米，重 220 克（图版三三，2）。

（3）磨制石锛　1 件。

标本 BT3⑫:001，青灰色粉砂岩。器体略呈梯形，横剖面近扁圆形，圆弧顶并留有部分未磨平的打击崩疤，正面及背面均呈弧背形。凸弧刃，锋利，没有使用痕迹。长 10.1、宽 6.5、厚 3.1 厘米，重 280 克（图九九，1；图版三三，4）。

2. 半成品

2 件，占该期石制品总数的 7.7%。

标本 BT3⑫:044，棕褐色粉砂岩。器体厚重。在砾石一端多次打击截断砾石，截断面陡直，打击点清晰，但没有作进一步加工修理，也没有形成刃缘。长 9.5、宽 7.2、厚 5 厘米，重 470 克（图版三三，5）。

3. 石片、石核与碎屑

共 13 件，其中包括石块 6 件、石片 1 件及碎屑 6 件。其形成过程在本章第一节已经论述过。

4. 砾　石

5 件。均无任何人工加工痕迹，其中可用作石凿的棒形砾石 4 件，小圆砾石 1 件。

（三）骨制品

8 件。均为骨器，包括骨针、骨锥及骨铲，均为残件。

（1）骨　锥

5 件。器形较小，大多经火烤。锋尖有圆尖锋、扁薄锋之分，横剖面有圆形、椭圆形和三角形几种。

标本 BT3⑲:001，上部残。横剖面呈圆形。器表经火烤，呈青灰色。锋端处有细密的磨痕。残长 2.1、最大径 0.5 厘米（图一〇〇，3）。

标本 BT3⑦:001，上、下端残。横剖面近椭圆形。器表浅黄色，略经火烤，伴有少许黄

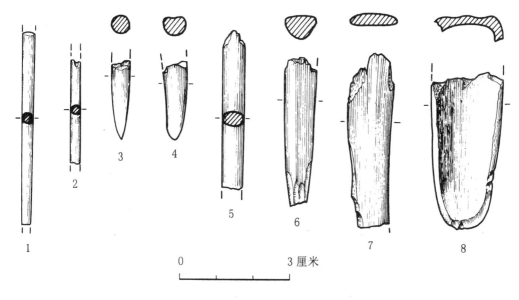

图一〇〇　第五期骨针、锥、铲，角锥

1、2.骨针（BT2⑦:001、BT2⑦:002）　　3、5～7.骨锥（BT3⑲:001、BT3⑦:001、BT3㉓:001、BT3⑫:
004）　4.角锥（BT3⑨:002）　8.骨铲（BT3⑫:003）

褐色小斑。通体磨制。残长4.2、宽0.6、厚0.3厘米（图一〇〇，5）。

标本BT3㉓:001，上、下端残。横剖面近三角形。器表浅黄色，略经火烤，伴有少许黄褐色小斑。器表大部可见细密的磨痕，下端刃部有明显的切削片疤。残长3.8、宽0.8厘米（图一〇〇，6）。

标本BT3⑫:004，上、下端残。扁薄长条形，一侧有较明显的人工切割片疤。残长4.6、最宽1.2厘米（图一〇〇，7）。

（2）骨　铲

1件。

标本BT3⑫:003，上端残。横剖面略呈弯月形。器表白中泛黄。两侧边缘有明显的打制加磨痕迹，刃部呈舌形，刃缘大部圆滑，伴有小的崩疤，为使用痕迹。残长4、最宽1.8厘米（图一〇〇，8）。

（3）骨　针

2件。体小细长，器表经火烤，磨制较精细。

标本BT2⑦:001，上、下端残。横剖面呈圆形。器表浅黄色，略经火烤，带有黄褐色小斑。通体磨制光滑。残长5.1、径0.4厘米（图一〇〇，1）。

标本BT2⑦:002，上、下端残。横剖面呈圆形。器表浅黄色，略经火烤，伴有少许黄褐色小斑。通体磨制光滑，在器的顶部对钻小圆孔。残长2.6、径0.3、孔径0.1厘米（图一〇〇，2）。

（四）角制品

为角锥，1件。为鹿或麂的角尖。

标本BT3⑨:002，大部残。横剖面近圆形。器表经火烤，呈灰白色。锋端磨制光滑。残长1.9、最大径0.6厘米（图一〇〇，4）。

第六节　宋代文化遗存

尽管遗址中发现有汉、唐等时期的文化遗物，但数量极少，应是偶然的遗弃物。宋代人应该是甑皮岩最后一批居住者。

宋代遗迹包括居住面和墓葬。文化遗物包括青瓷碗、碟、杯、壶、坛和硬陶罐、擂钵等。从出土遗迹现象分析，甑皮岩遗址自第五期以后一直无人类长久居住，在第五期堆积层上逐渐形成了一层厚薄不一的钙华板。至宋代，新的居住者将临近洞口部分的钙华板打掉，并重新修整地面，作为居住点。该期堆积在1973年修防空洞时遭到较严重的破坏，目前仅在洞内右侧保留有部分堆积。

一、遗　迹

居住面1处。位于BT2北隔梁第2层下，包含第3层和第4层，表面坚硬平整，且被人长期踩踏，呈可成层剥离的路土状。其中第3层为褐色黏土层，厚4~9厘米；第4层为灰色土层，厚4~21厘米。在该层东北角残余一层厚约5厘米的钙华板，似乎说明宋代人来此居住时，曾将之前形成的钙华板打去，并对地表进行修整，形成了一层居住面。因洞穴内该层之上的大部分堆积已于1973年前后被掘去，其整体状况不详。

墓葬1座（编号AT1M1）。仰身直肢葬。位于AT1北隔梁处，左侧紧邻一从洞顶掉落的巨大石块。1974年发掘时将墓葬上部掘去，墓葬开口层位不详。同时，右上肢右侧盆骨及下肢也在清理AT1时被掘去。从残余迹象观察，为长方形竖穴土坑墓，未见葬具，在右侧肱骨处随葬青瓷壶1件（图一〇一）。

二、遗　物

出土可辨认器形的陶瓷器标本59件。均为生活实用器，包括碗、罐、壶、杯、瓮、缸、坛、钵、擂钵等，而以碗、罐为主。以青瓷和灰硬陶器为主，并有少量的青白瓷，绝大部分为残件，完整器极少。另有陶瓷碎片104片，以青瓷残片和灰硬陶为主，其中有2片为方格纹灰硬陶。

（1）瓷　碗

35件。都为残件。以青瓷占绝大多数，另有少量的青白瓷和白瓷。均为轮制，多有较

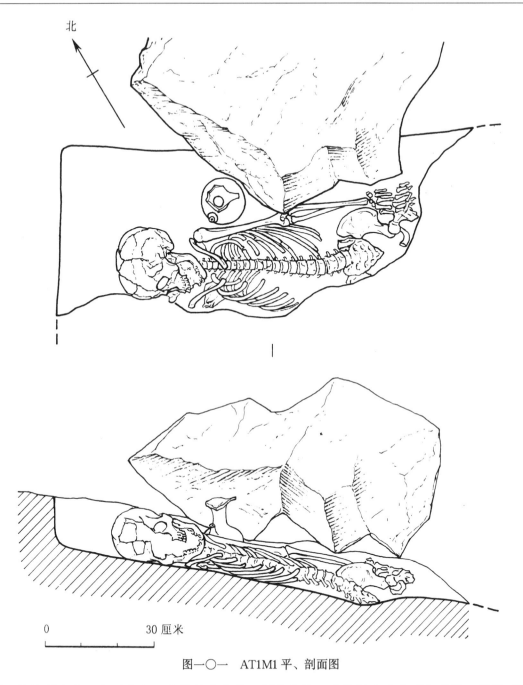

北

0　　　　30 厘米

图一○一　AT1M1 平、剖面图

明显的旋削痕迹。素面为主，少量的有印花、刻花装饰。青瓷胎为青灰或灰黄胎，外釉不及底，内底或外底多有垫珠或支钉痕迹。

标本 BT2③:001，青瓷莲瓣刻花碗。薄唇，侈口，弧腹，矮圈足底。青灰胎，胎质坚硬细腻，内、外施青绿釉，釉面温润明澈，釉层带有细碎开片。碗底外壁较直，内壁外斜，旋削痕迹明显。外腹饰随手刻划的单重莲瓣纹，刻划流畅有力，内腹无纹饰，内底有五个小垫珠痕。口径 11.4、高 5.7 厘米（图一〇二，1）。

标本 BT2④:001，青瓷印花碗。圆唇，敞口，弧腹，碗底残缺。青灰胎，胎质致密而厚薄均匀，内、外施青绿釉，外为半釉，釉层没有开片。外腹无纹饰，内腹压印缠枝卷叶花卉

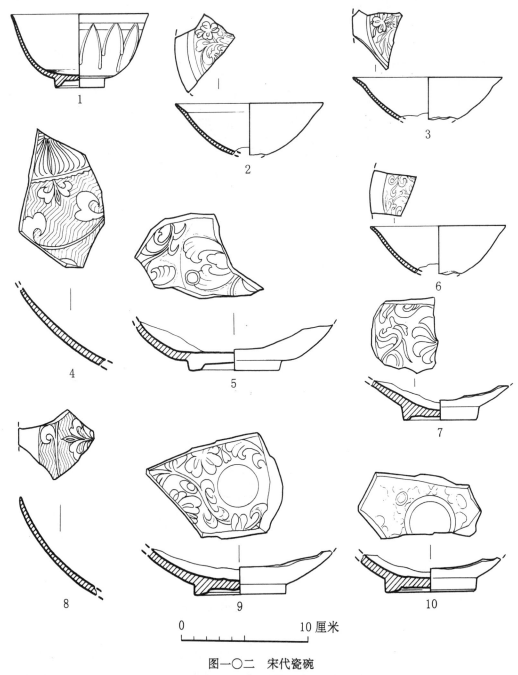

图一〇二　宋代瓷碗

1.BT2③:001　2.BT2④:001　3.BT2④:002　4.BT2④:003　5.BT3②:001　6.BT2④:004　7.BT3①:001

8.BT2④:005　9.BT2④:006　10.BT2④:007

纹，花纹凸起处釉色清淡，花纹凹处则绿釉盎然，构成了花纹清晰、浓淡相依的艺术效果。口径 12.1、残高 4 厘米（图一〇二，2）。

标本 BT2④:002，青瓷印花碗。圆唇，敞口，弧腹，碗底残缺。青灰胎，胎质细密坚致，内、外均施青黄釉，釉面光洁淡雅，带有细碎开片。外腹素面无纹饰，内腹为缠枝卷叶花卉。口径 12.2、残高 3.2 厘米（图一〇二，3）。

标本 BT2④:003，青白瓷印花碗。口沿及碗底残缺。胎质洁白，细腻规整，内、外施青白色的影青釉，釉色晶莹，光泽透明。外腹无纹饰，内腹压印席地纹缠枝菊花（图一〇二，4）。

标本 BT3②:001，青白瓷印花碗。口沿及上腹残缺，下腹弧形内收，矮圈足底，内底有垫珠痕。灰胎，施青黄色釉，釉层较薄。外腹无纹饰，内腹为卷叶花卉纹。底径 7.4、残高 3.6 厘米（图一〇二，5）。

标本 BT2④:004，青瓷印花碗。圆唇，敞口，弧腹，碗底残缺。青灰胎，规整而细腻施青黄釉，外为半釉，釉色温润淡雅。外腹无纹饰，内腹压印缠枝花卉。口径 11、残高 3.8 厘米（图一〇二，6）。

标本 BT3①:001，青瓷碗底。碗口沿及上腹残缺，矮圈足底。灰黄胎，施青绿釉，釉层有细碎开片。内底底心为模印的菊花纹，内腹压印缠枝花卉。底径 6、残高 2.6 厘米（图一〇二，7）。

标本 BT2④:005，青白瓷印花碗。碗腹及碗底残缺，圆唇，侈口。胎薄而质坚，洁白而细腻，内、外施青白色的影青釉，釉色晶莹，光泽透明。外腹无纹饰，内腹压印席地纹缠枝花卉（图一〇二，8）。

标本 BT2④:006，青瓷碗。口沿及上腹残缺，下腹弧形内收，矮圈足底。灰胎，质坚，施青绿釉。内腹模印花纹，近内底为一圈火焰状纹饰，最上为缠枝花卉。底径 7.4、残高 3.2 厘米（图一〇二，9）。

标本 BT2④:007，青瓷碗。口沿及上腹残缺。灰胎，较坚硬，施青黄釉，釉层带细碎开片。内底有垫珠痕，底足也有垫珠垫烧而留下的凹痕。底径 7.4、残高 2.6 厘米（图一〇二，10）。

标本 BT2④:008，青瓷碗。圆唇，敞口，弧腹，碗底残缺。灰黄胎，施青黄釉，釉层薄而带有细碎开片。口径 12.1、残高 4.1 厘米（图一〇三，1）。

标本 BT3④:002，青瓷碗。薄唇，侈口，弧腹，碗底残缺。青灰胎质，内、外施青灰釉，口沿蘸酱釉一周。内腹近口沿饰凹弦纹一道。口径 16、残高 4.4 厘米（图一〇三，2）。

标本 BT2④:009，青瓷碗。圆唇，侈口，弧腹，底残缺。灰黄胎，质地较粗糙，内、外施青黄釉，口沿处溜釉现象明显。口径 11.6、残高 2.6 厘米（图一〇三，3）。

标本 BT2③:002，青瓷碗。圆唇，敞口，弧腹，碗底残缺。灰胎，胎质粗糙，施青釉，釉层有窑变现象，局部呈蓝色，釉层有较多剥落。口径 16.8、残高 4.4 厘米（图一〇三，

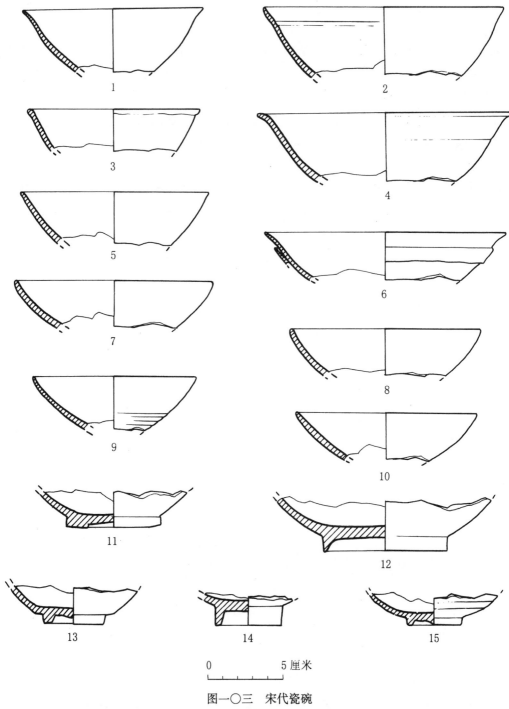

图一〇三 宋代瓷碗

1.BT2④:008 2.BT3④:002 3.BT2④:009 4.BT2③:002 5.BT2④:010 6.BT2④:011 7.BT2④:012
8.BT2④:013 9.K:021 10.BT3①:003 11.KDT5东隔梁:011 12.KDT7:022 13.BT3②:002 14.BT3②:
003 15.KDT5东隔梁:012

4）。

标本 BT2④:010，青瓷碗口沿。薄唇，敞口，弧腹，碗底残缺。断面处露红胎，施灰黄釉，釉面光洁度极差。口径 12.7、残高 3.4 厘米（图一〇三，5）。

标本 BT2④:011，青瓷碗口沿。敞口，圆唇，弧腹，下腹及碗底残缺。青灰胎，釉层薄而且有细碎开片。外上腹尚粘贴有烧成后未能分开的碗口沿残片。口径 15.9、残高 3 厘米（图一〇三，6）。

标本 BT2④:012，青瓷碗口沿。圆唇，口微敛，弧腹，下腹及碗底残缺。灰黄胎，胎质较疏松，施灰黄釉，内施满釉。口径 13.4、残高 3 厘米（图一〇三，7）。

标本 BT2④:013，青瓷碗口沿。圆唇，口微敛，弧腹，下腹及碗底残缺。灰胎，施青黄釉，内施满釉。口径 12.8、残高 3 厘米（图一〇三，8）。

标本 K:021，白瓷碗。圆唇，侈口，上腹弧形，下腹及碗底残缺。器壁薄而均匀，胎质洁白细腻，施透明釉，釉层有细碎开片，釉易剥落，内施满釉，口沿处不施釉，为芒口瓷。口径 11、残高 3.4 厘米（图一〇三，9）。

标本 BT3①:003，青瓷碗。圆唇，侈口，下腹及碗底残缺。胎呈土红色，粗糙而疏松，施黄釉，釉层薄而且有细碎开片，内施满釉，外施半釉。口径 12.1、残高 3.1 厘米（图一〇三，10）。

标本 KDT5 东隔梁:011，青瓷碗。碗上部残缺，下腹斜收，浅玉璧底，足底有旋削痕。无釉处露青灰胎，内施青灰釉，釉层较薄，内底有五垫珠痕。底径 6.3、残高 2.6 厘米（图一〇三，11）。

标本 KDT7:022，青瓷碗。碗上部残缺，下腹，弧形内收，大圈足底，底足外壁较直，内壁外斜。灰胎，胎质坚硬，施青黄釉，釉层稍厚并有细碎开片，内底有支钉痕。底径 8.2、残高 3.4 厘米（图一〇三，12）。

标本 BT3②:002，青瓷碗。碗上腹残缺，下腹弧形内收，矮圈足底。灰胎，胎质较细腻，施青黄釉，釉层较薄，并有细碎开片。旋削痕迹明显，内底有五垫珠痕。底径 4、残高 2.4 厘米（图一〇三，13）。

标本 BT3②:003，白瓷碗底。圈足低，底足外壁稍直，内壁向外略斜。胎质细腻而致密，洁白纯净，内底残余部分可见白釉，釉面光洁无瑕，厚薄均匀，不见支钉或垫珠痕。底径 4.3、残高 1.9 厘米（图一〇三，14）。

标本 KDT5 东隔梁:012，青瓷碗底。碗上部残缺，下腹弧形内收，圈足矮而小，带有明显旋削痕迹。灰黄胎，内施米黄色釉，釉层希薄，外下腹无釉。底径 3.5、残高 2 厘米（图一〇三，15）。

（2）青瓷杯

2 件。

标本 K:009，圆唇，直口，弧腹内收，假圈足底。青灰胎质，质地坚致，施青黄釉，釉层薄而均匀，内施满釉，外施半釉。口径8.2、高4厘米（图一○四，1）。

标本K：010，平沿，敛口，直腹略弧，底部残缺。口沿及外腹施酱黄釉，釉层薄并带有细碎开片，内腹不施釉，无釉处露红胎。口沿施一浅凹弦纹。口径8.7厘米（图一○四，2）。

（3）青瓷小钵

仅1件。

标本BT2④：014，口沿及底部残缺，上腹稍斜，下腹内收，腹部有纵向的凹沟。外腹施青黄釉，釉层较薄，内腹素面。青灰胎质。最大腹径15.2、残高6.1厘米（图一○四，3）。

（4）陶擂钵

仅1件。

标本K：001，斜沿，敛口，弧腹，底部残缺。胎体由于火候不均，外侧呈青灰色，内侧呈红色。外腹饰数道宽而浅的凹弦纹，内腹刻划细而密的条纹。口径17.2、残高6.6厘米（图一○四，4）。

（5）陶　罐

10件。多为灰陶或灰红陶，制作多较粗糙。

标本K：008，罐身上部残缺，下部呈弧形内收，矮圈足底，底足外壁外撇。外施酱釉，不及底，内不施釉，胎断面及内壁呈灰色，罐底外侧无釉处呈灰红色。底足有明显的旋削痕。底径7.6、残高3.8厘米（图一○四，5）。

标本KDT5东隔梁：018，陶罐口沿。直口，圆唇，外沿略卷，短颈，溜肩。胎体外侧呈青灰色或灰红色，内侧呈红色。口径6.8、残高4.7厘米（图一○四，6）。

标本K：016，陶罐底。罐身上部残缺，下部斜收，平底微凹。灰色胎，质地坚硬。底径8、残高2.8厘米（图一○四，7）。

标本K：007，陶罐底。罐身上部残缺，下腹弧形内收，平凹底。胎呈红色。底径6.9、残高4厘米（图一○四，8）。

标本KDT5：014，陶罐底。罐身上部残缺，下腹斜收，平底。胎体呈色斑驳不均，灰黑色或灰红色，胎质粗糙疏松。底径12、残高8.2厘米（图一○四，9）。

标本BT2③：003，陶罐底。罐身上部残缺，下部斜收，呈弧形内收，平凹底。胎呈青灰色，质地较坚硬。底径8、残高4.2厘米（图一○四，10）。

（6）青瓷壶

4件。均为青瓷。

标本AT1M1：001，青瓷壶。圆唇，喇叭形敞口，长颈，长弯流，手柄残缺，圆鼓腹，平凹底。胎体较粗，表面有明显的小凸起和坑疤，无釉处显红褐胎，断面呈灰褐色。青灰釉，釉面温润，有较强的玻璃质感。肩部饰两道浅凹纹。口径10.5、高37.2厘米（图一○五，1）。

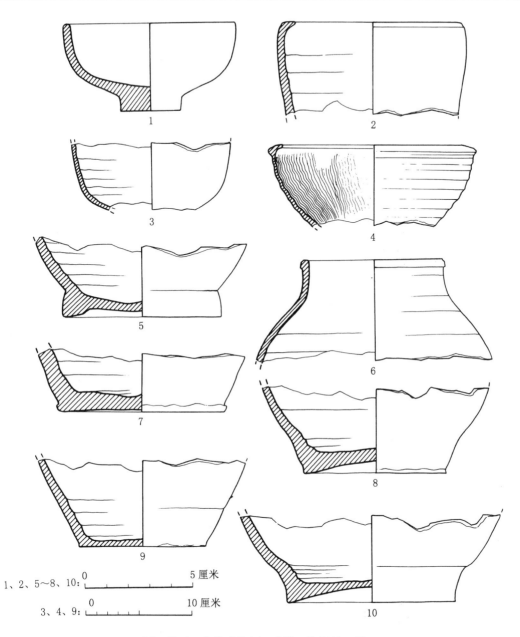

图一〇四　宋代青瓷杯、小钵，陶擂钵、罐

1、2.青瓷杯（K：009、K：010）　3.青瓷小钵（BT2④：014）　4.陶擂钵（K：001）　5～10.陶罐（K：008、KDT5 东隔梁：018、K：016、K：007、KDT5：014、BT2③：003）

标本 BT2④：015，壶口沿。圆唇，喇叭形敞口，长颈，颈下残缺。施青黄釉，大部分由于窑变作用而呈蓝色或灰蓝色，釉层较薄。灰黄胎。口径 8.2、残高 1.9 厘米（图一〇五，2）。

标本 BT2④：016，口沿。圆唇，侈口。青灰胎，胎质坚硬但含有较多的气孔，内、外施

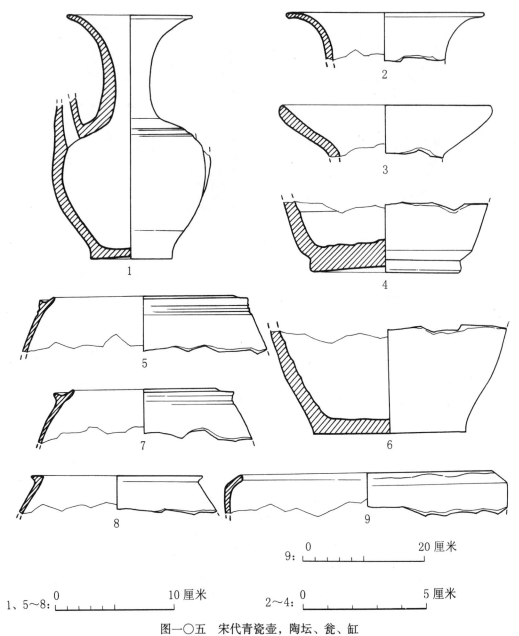

图一〇五　宋代青瓷壶，陶坛、瓮、缸

1～4. 青瓷壶（AT1M1：001、BT2④：015、BT2④：016、K：003）　5、7. 陶坛（K 矮支 T1：006、K 矮支 T1：005）　6、8. 陶瓮（KDT7：013、K：004）　9. 陶缸（KDT5 东隔梁：015）

青黄釉，釉色温润，带细碎开片。口径 8.6、残高 2.1 厘米（图一〇五，3）。

标本 K：003，壶底。壶口沿及底部等残缺，壶底为假圈足微凹底。胎外层呈青灰色，内层呈泥红色，烧制火候不均，胎质较粗糙。外腹施青黄釉，釉不及底。内底有明显的旋削痕迹。底径 6.2、残高 2.8 厘米（图一〇五，4）。

（7）陶　坛

3件。均为圆唇，檐口，下腹部及底部残缺，泥红色胎，粗糙而疏松。

标本 K 矮支 T1:006，口沿。檐口外侧饰数道凹弦纹并刷有少量酱青釉，其余部分不施釉。内口径 14.8、外檐口径 17.4、残高 4.4 厘米（图一○五，5）。

标本 K 矮支 T1:005，陶坛口沿。外腹不规则刷有少量酱青釉，其余部分不施釉。檐口外侧施二道凹弦纹。内口径 12、外檐口径 15、残高 4.2 厘米（图一○五，7）。

（8）陶　瓮

共2件。

标本 KDT7:013，口沿及上腹残缺，下腹渐收，平底。灰胎或灰黄胎，器壁较厚，胎质粗糙，内、外不施釉。底径 12.6、残高 8.4 厘米（图一○五，6）。

标本 K:004，平折沿，敛口，弧腹，下腹及底部残缺。青灰胎，坚硬，口沿处刷有青灰釉，釉层薄，其余部位不施釉。口径 14.4、残高 3.1 厘米（图一○五，8）。

（9）陶　缸

仅见1件。

标本 KDT5 东隔梁:015，器形较大，圆唇，敛口，上腹及底部残缺。胎质粗糙，含少量细沙颗粒，胎表面呈灰红或灰黄色，断面呈青灰色，通体不施釉。口径 40.8、残高 5.2 厘米（图一○五，9）。

第七节　其他文化遗存

2001 年再次发掘甑皮岩遗址之前，甑皮岩遗址博物馆保存着大量 1973 年以来甑皮岩遗址发现的自然和文化遗物，这些遗物大部分已无出土地点和出土层位，有出土层位的也全部标示为第 3 层。因 70 年代发掘时将全部原生堆积均归为第 3 层，这些编号已无任何地层学上的意义。库存陶器，凡特征明显，可以进行分期的，我们已在相应的期别中进行了介绍。库存石器、骨器、蚌器和角器，因无原生层位，时代特征也不明显，难以进行分期，为保证遗址出土资料的完整性，我们在此节分类予以介绍。

甑皮岩遗址 2001 年之前发现的墓葬，因未清理出墓坑，没有原生的地层关系，也无详细的墓葬记录，其所属时代难以准确认定，所以，该批墓葬也放入此节进行介绍。

一、遗　迹

甑皮岩遗址 1965 年试掘时发现了 5 座墓葬，其详细位置已不可考。1973 年发掘时发现的墓葬数量有不同的说法（赵平，1998），经我们对所能查阅到的相关资料的整理，目前可以明确认定的共 23 座（附表四）。

1976 年发表的简报公布了 18 座墓葬，葬式包括屈肢蹲葬、侧身屈肢葬和二次葬三种，并对 BT2M1、BT2M6 和 BT2M3 进行了重点介绍（广西壮族自治区文物工作队等，1976）。因我们目前认定的 23 座墓葬均找不到详细的墓葬记录，所以，难以准确认定其年代，也无法对其葬式进行详细的介绍。为了使读者能够了解这批墓葬出土的大致位置，我们翻查了能找到的所有资料，大体推定了这些墓葬的位置，并绘出了这些墓葬的位置示意图（图一七）。需要特别说明的是，我们所查到的墓葬，其坐标基点并未完全依考古通用的测量方法，所以，DT1 和 DT2 两个探方的墓葬位置可能是不准确的，但其绝不超出所属探方的范围。从墓葬分布图上可以看出，甑皮岩遗址的墓葬主要分布在 DT3 东侧、DT1、BT1 北侧以及 DT2 和 BT2 中，而以 DT2 和 BT2 中分布最为密集。而 DT3 西部、矮支 T1～3、支 T1 及 DT3～DT9 等探方中则未发现墓葬，说明甑皮岩遗址的墓葬区应主要位于主洞右侧近洞口处。从埋葬深度来看，较深的墓葬主要位于 DT2 的西北部，如 M5～M7，其年代大体在第四期之前；BT2 探方未掘到底，不排除存在早于第四期墓葬的可能。但 BT1、BT3、DT1 和 DT3 已发掘到底，这些探方中的墓葬埋葬较浅，其年代应较晚，大体属甑皮岩遗址第五期。

二、遗 物

（一）石制品

共 2010 件。其中石器 460 件，半成品 100 件，其余为石器加工过程中截断的砾石石块。

1. 石 器

460 件，占石制品的 22.89%。除主要作为石器加工工具的石锤外，包括打制石器和磨制石器两种，而以打制石器为主。

①打制石器

打制石器 431 件，占库房石器总数的 93.7%。均以河砾石为原材料，石质以砂岩占绝大部分，包括各种不同颜色的细砂岩、粉砂岩、石英砂岩等，另有少量的花岗岩、碳质板岩、泥质板岩和个别灰岩。大部分为单面单向打击成形，只有个别采用双面打击加工。以石核石器为主，直接用砾石打制加工而成，少部分为石片石器。器类包括石锤、砍砸器、切割器、棒形石凿和穿孔石器等。

（1）石 锤

202 件，占库房打制石器的 46.87%。质地以细砂岩、粉砂岩为主，有部分的花岗岩。种类包括盘状石锤、有凹石锤、球状石锤、半球状石锤、条状石锤和不规则石锤等。

盘状石锤　98 件，占石锤的 48.51%。器体呈扁圆形，状似圆盘，部分器物在使用过程中断裂，而呈半盘状。质地以细砂岩、粉砂岩为主，少部分为花岗岩。

标本 K:057，灰黑色细砂岩。器身长扁圆形。器体正面和背面有少量分布不规则的砸击麻点或小崩疤，器身周边大部分有明显而细密的因砸击使用而形成的麻点痕和崩疤，左下有一处较大的砸击崩疤，砸击点和放射线清晰。长 12.5、宽 10.1、厚 4.2 厘米，重 730 克

（图一〇六，1；图版三四，1）。

标本 K:053，灰褐色粉砂岩。器身长扁圆形。正面、背面均没有砸击痕迹，器身周边则有明显砸击使用而形成的崩疤或片疤，另有少量的砸击麻点痕，左侧边缘处有一处较大的砸击片疤，打击点和放射线较为明显。长 13.3、宽 9.2、厚 4.3 厘米，重 700 克（图一〇六，2）。

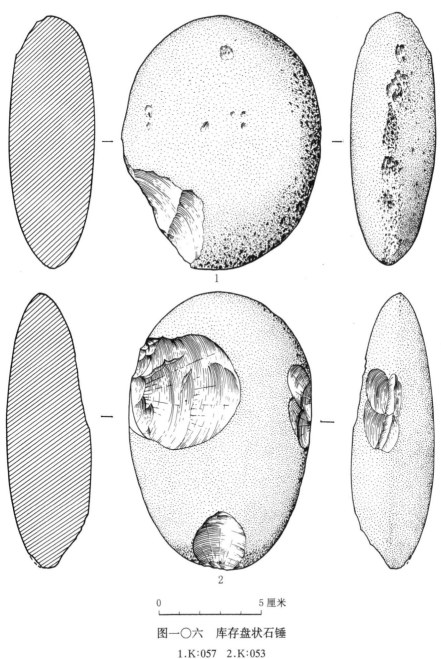

0　　　　　　　5 厘米

图一〇六　库存盘状石锤

1.K:057　2.K:053

标本 K:078，灰黄色粉砂岩。器身近扁圆形，正、背两面略呈弧形。器体正面和背面有少量分布不规则的小凹坑，似为琢击痕迹，两面没有砸击麻点痕迹，器身周边有稍多的砸击麻点和小崩疤或凹痕，为锤击使用痕迹。长 10.6、宽 9.5、厚 3.7 厘米，重 530 克(图一〇七，1)。

标本 K:076，棕黄色细砂岩。器身扁圆形，较扁薄，一侧稍厚，一侧稍薄。正面、背面中部有少量砸击使用形成的麻点痕，但没有形成凹坑，器身周边有稍多的砸击麻点和小崩疤或凹痕，为锤击使用痕迹。长 9.9、宽 11.2、厚 3.1 厘米，重 440 克（图一〇七，2）。

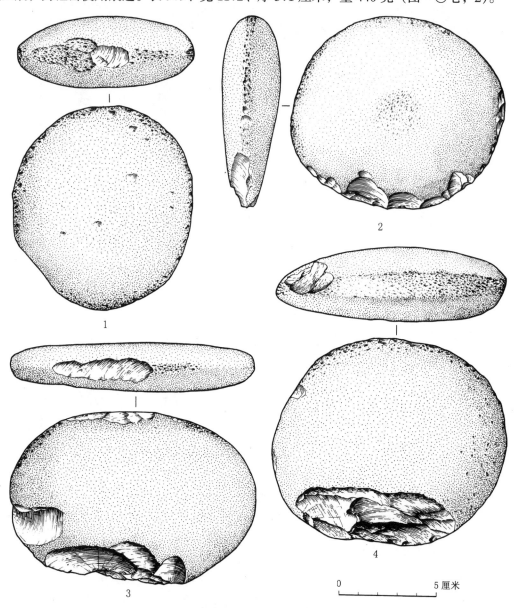

0   5 厘米

图一〇七 库存盘状石锤

1.K:078   2.K:076   3.K:083   4.K:071

标本 K:083，灰黄色粉砂岩。器身长扁圆形，较扁薄。正面、背面均没有砸击痕迹，但器身周边大部则有明显的砸击使用而形成的麻点痕和崩疤。长 8.9、宽 13.1、厚 2.6 厘米，重 420 克（图一〇七，3）。

标本 K:071，灰色细砂岩。器身扁圆形，稍厚。正面、背面均没有砸击痕迹，但器身周边大部则有细密的砸击麻点并成带状，另有少量的砸击崩疤或凹疤，下端有一处较大的崩疤，打击点和放射线清晰可见。长 12.3、宽 10.7、厚 4 厘米，重 730 克（图一〇七，4；图版三四，2）。

标本 K:060，灰褐色细砂岩。器身近扁圆形，较扁薄，下端残断。正面、背面均没有砸击痕迹，器身周边有较多的砸击麻点和小崩疤或凹痕，局部崩疤较大，下端有打制截断面和较为明显的刃缘，片疤较小，有二次修整痕迹及使用痕迹。从整体观察，该器既是石锤，也可用作砍砸器。长 8.5、宽 10.1、厚 2.4 厘米，重 320 克（图一〇八，1；图版三四，3）。

标本 K:067，风化细粒花岗岩。器身近扁圆形，稍厚。器体正面和背面有少量分布不规则的砸击麻点或小凹坑，器身周边有稍多的砸击麻点和小崩疤或凹痕，下端形成了一个较大而深的砸击片疤。长 8.2、宽 7.6、厚 4 厘米，重 320 克（图一〇八，2）。

标本 K:081，黄褐色粉砂岩。器身呈扁圆形。器正面有少许砸击麻点痕迹，右侧边缘有一处较大的砸击片疤，上、下两端有连续的砸击凹疤和麻点。长 9.2、宽 9.1、厚 3.6 厘米，重 440 克（图一〇九，1）。

标本 K:050，灰黑色细砂岩。器身略呈扁圆形。器正、背两面均有少许砸击形成的凹疤或麻点，器身周边则有较多的明显是砸击使用而形成的崩疤或片疤，其中上、下两端有一些大的片疤，打击点和放射线清晰可见。长 10.3、宽 9.1、厚 3.4 厘米，重 450 克（图一〇九，2）。

标本 K:070，黄褐色细砂岩。器身略呈长扁圆形。器正、背两面均有砸击形成的凹疤或片疤，正面砾石面较少，背面保留大部分的砾石面，器身周边则有较多的明显是砸击使用而形成的崩疤或片疤，这种崩疤或片疤呈条带状环绕器体四周边缘。长 11.6、宽 8.4、厚 4.1 厘米，重 550 克（图一〇九，3）。

标本 K:079，灰黑色粉砂岩。器身略呈扁薄形。正面有少许砸击形成的凹疤，背面则有大块的砸击片疤并形成大片的凹陷，在背面上端有二次修整的痕迹，并形成一个较为锋利的刃缘，刃缘处有使用痕迹，正面左侧及下端有明显的砸击使用凹疤或片疤。从整体分析，该器既是石锤，也曾作为砍砸器使用。长 11、宽 10.4、厚 2.7 厘米，重 330 克（图一〇九，4）。

标本 K:108，残。灰黑色细砂岩。器身呈扁圆形，较扁薄。正面和背面没有砸击使用痕迹，器体左、右边缘及下缘则有较多的砸击使用凹痕或崩疤，局部崩疤较大并有明显的打击点和放射线。长 7.8、残宽 10.7、厚 3 厘米，重 300 克（图一一〇，1）。

标本 K:104，残。紫红色中粒砂岩。器身长扁圆形，较扁薄。正面和背面及左侧边没有

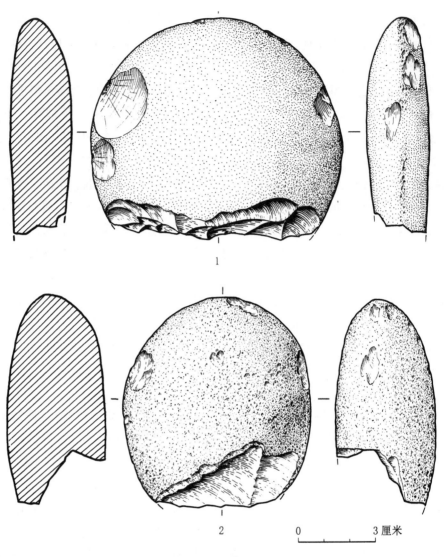

图一〇八　库存盘状石锤

1.K:060　2.K:067

砸击使用痕迹，下缘与右侧边缘有细密的砸击麻点或小坑疤并呈条带状，为使用痕迹。残长8、宽9.9、厚2.7厘米，重360克（图一一〇，2；图版三四，4）。

标本 KDT8:001，残。紫红色粉砂岩。器身扁圆形，较扁薄。正面和背面没有砸击使用痕迹，下缘与右侧边缘有较多的砸击麻点或小坑疤。残长4.8、宽10.6、厚4.7厘米，重250克（图一一〇，3）。

标本 K:122，残。灰绿色细砂岩。器身扁圆形。正面和背面没有砸击使用痕迹，左、右两侧缘则有细密的砸击麻点或小坑疤并呈条带状，为使用痕迹。残长3.5、残宽8.7、厚3.7厘米，重140克（图一一〇，4）。

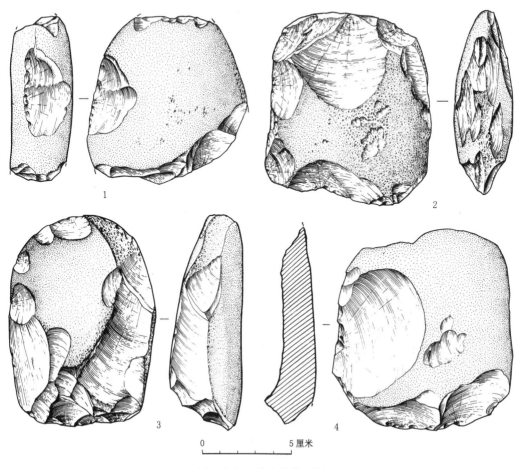

0　　　　　　　5厘米

图一〇九　库存盘状石锤

1.K:081　2.K:050　3.K:070　4.K:079

有凹石锤　55件，占库房石锤的27.23%。在石锤的一面或两面中部有较明显的因砸击而形成的圆形凹坑。

标本 K:004，深灰色细砂岩。器身略呈扁圆形。正面中部有砸击使用形成的浅凹坑和细密的敲砸麻点，器身右侧有少许的敲砸麻点，下端有较为清晰的砸击崩疤，砸击点和放射线明显，左侧为砾石的单向打击截断面，为拟打制的石器刃面，但没有二次加工痕迹，没有形成明显的刃缘。长9.4、宽7.3、厚3.7厘米，重400克（图一一一，1）。

标本 K:003，灰黄色细砂岩。器身略呈扁圆形，背面略呈弧拱形。正面、背面中部有砸击使用形成的浅凹坑和细密的砸击麻点，器身四周有许多砸击麻点和小崩疤或凹痕，为使用痕迹。长10、宽8.4、厚3.7厘米，重470克（图一一一，2）。

标本 K:007，紫黑色细砂岩。器身扁圆形，较厚。正面、背面中部有砸击使用形成的凹亢和细密的砸击麻点，正面凹坑略深，背面凹坑略浅，器身四周有细密的砸击麻点和小崩疤或凹痕，并形成带状环绕器周，为使用痕迹，其中左侧有一个较大的锤击崩疤。长11.2、残

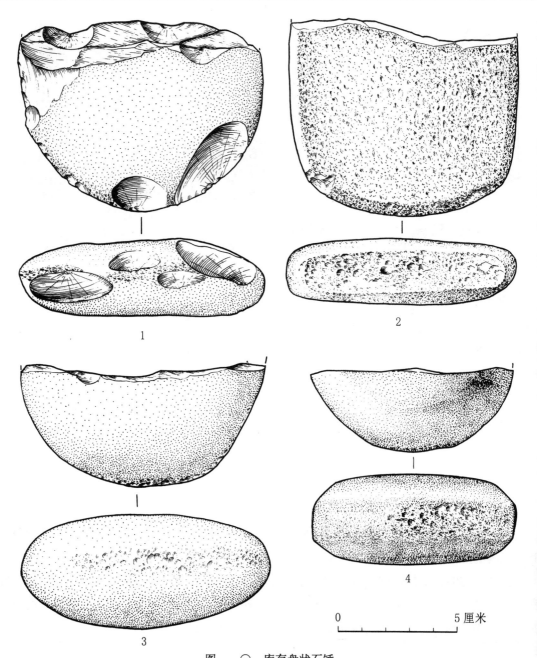

图一一〇　库存盘状石锤
1.K:108　　2.K:104　　3.KDT8:001　　4.K:122

宽8.7、厚5.7厘米，重830克（图一一二，1；彩版一五，3）。

标本 KDT6:001，紫红色细砂岩。器身扁圆形，厚重。正面、背面中部有砸击使用形成的凹坑和细密的砸击麻点，正面凹坑略深，背面凹坑略浅，器身周边有细密的砸击麻点和小崩疤或凹痕，并形成带状环绕器周，为使用痕迹。长12.7、宽11.5、厚4.7厘米，重106

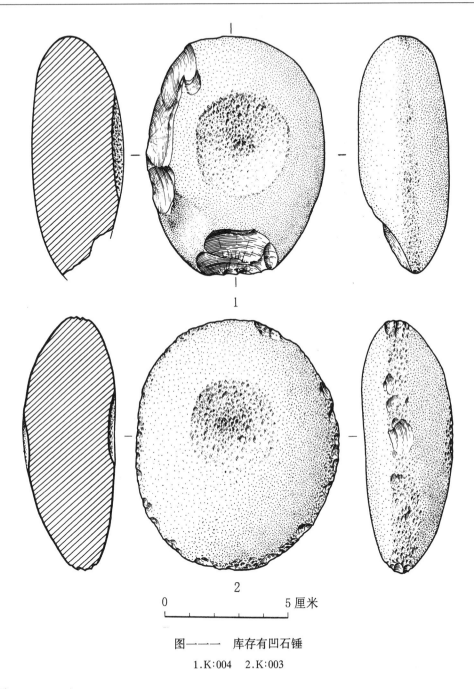

图一一一　库存有凹石锤

1.K:004　2.K:003

克（图一一二，2）。

标本 K:009，灰褐色细砂岩。器身呈长扁圆形，左上侧残断。正、背两面有砸击使用形成的浅凹坑和细密的敲砸麻点，敲砸痕迹遍布正、背两面的绝大部分范围，器体右侧边缘有细密的锤击麻点，左侧和下端有连续的砸击时的小崩疤。左上端断面留有几个明显间隔均匀的砸击点和放射线。长 12.8、宽 9.3、厚 3.5 厘米，重 680 克（图一一三，1;图版三四,6）。

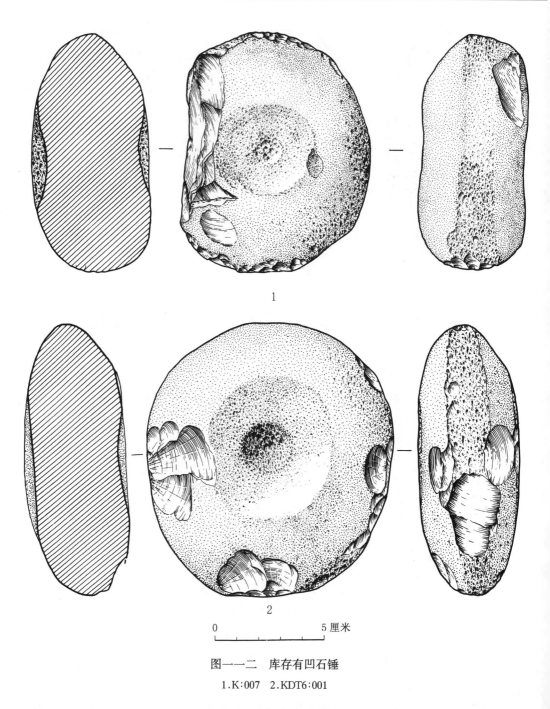

1

2

0　　　　　　　　5 厘米

图一一二　库存有凹石锤

1.K:007　2.KDT6:001

标本 K:011，风化粗粒斑状花岗岩。器身呈长扁圆形。正面、背面中部有砸击使用形成的浅凹坑和细密的砸击麻点，器身四周有许多砸击麻点和小崩疤或凹痕，为使用痕迹。长13.4、宽8.5、厚3.9厘米，重720克（图一一三，2）。

标本 K:005，灰色泥质板岩。器身近扁圆形，较小。正面中部有砸击使用形成的极浅的

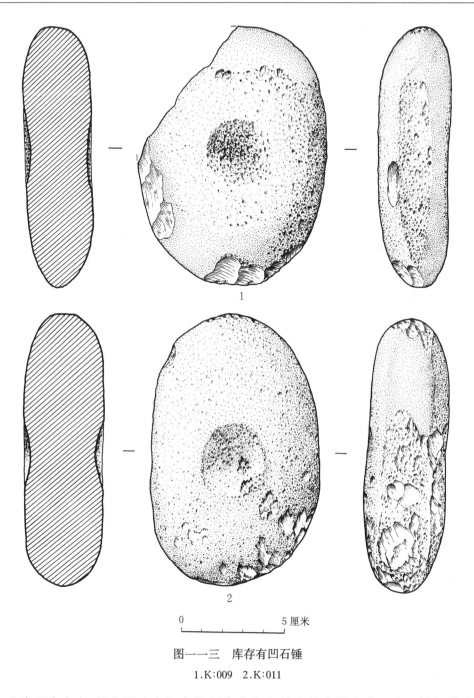

图一一三 库存有凹石锤
1.K:009 2.K:011

凹坑和少许砸击麻点,器身周边有细密的砸击麻点和较多的小崩疤或凹痕,局部崩疤较大,其中正面下端崩疤最大,均为使用痕迹。长8.6、宽8.8、厚3.5厘米,重440克(图一一四,1;图版三五,2)。

标本K:008,紫红色细砂岩。器身呈长扁圆形。正面中部有砸击使用形成的呈条状分布的砸击麻点痕迹,背面砸击痕迹则成圆形,但两面均基本未形成明显的凹坑,器身周边有较

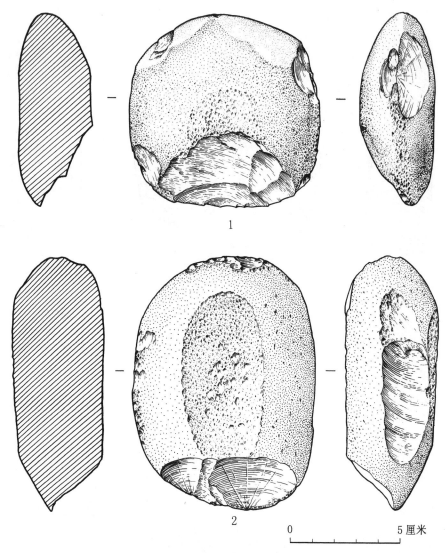

图一一四　库存有凹石锤
1.K:005　2.K:008

多的砸击麻点和小崩疤或凹痕，局部崩疤较大，其中正面下端崩疤最大，均为使用痕迹。长11.3、宽8.4、厚4.2厘米，重610克（图一一四，2；图版三五，1）。

标本 K:002，灰黑色泥质板岩。器身近扁圆形，上端残断。正面、背面中部有砸击使用形成的凹坑和细密的砸击麻点，正面凹坑略小而深，背面凹坑稍大而略浅，器身周边有较多的砸击麻点和小崩疤或凹痕，局部崩疤较大，其中正面下端崩疤最大，均为使用痕迹。长9.3、宽10.1、厚3.5厘米，重500克（图一一五，1）。

标本 K:006，紫黑色细砂岩。器身近扁圆形。正面、背面中部有砸击使用形成的凹坑和细密的砸击麻点，背面砸击痕迹范围较宽，器身四周边缘有较多的砸击麻点和小崩疤或凹

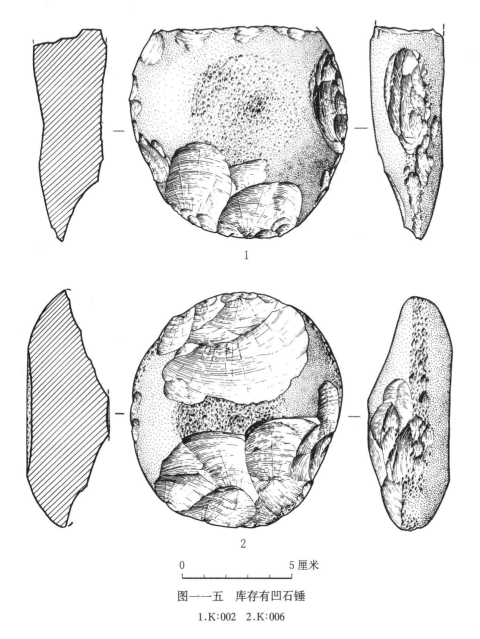

图一一五　库存有凹石锤

1.K:002　2.K:006

痕，局部崩疤较大，上、下两端形成了大范围的砸击崩疤。长10.6、宽9.7、厚4厘米，重550克（图一一五，2）。

标本 K:012，灰褐色粉砂岩。略呈扁圆形，器身左侧残断。正、背两面中部有砸击使用形成的凹坑和细密的敲砸麻点，凹坑稍深，器右下侧有许多砸击麻点和小崩疤或凹痕，也为使用痕迹。长12、宽8.2、厚3.9厘米，重620克（图一一六，1）。

标本 K:001，风化中粒花岗岩。器身左侧残断，略呈扁长形。正、背两面中部有砸击使用形成的凹坑和细密的敲砸麻点，凹坑稍大而深，但凹坑只残余半边，故器左侧应为在砸击

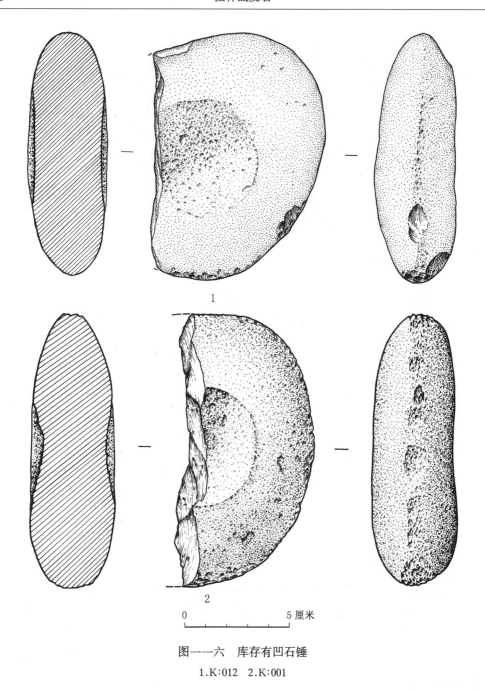

图一一六　库存有凹石锤

1.K:012　2.K:001

使用时断裂所致，器体周边有细密的锤击小崩疤或凹痕，也为使用痕迹。长13.1、残宽6.2、厚4.3厘米，重550克（图一一六，2）。

球状石锤　15件，占库房石锤的7.43%。器形略呈圆球状，以细砂岩和花岗岩为主。

标本 K:143，灰黄色细砂岩。器身略呈圆球形，较厚重。正面和背面有少许砸击使用而成的麻点或凹痕，下端则有较多的砸击使用形成的麻点和凹疤。长9.3、宽11.2、厚6厘米，重 870 克（图一一七，1；图版三五，3）。

标本 K：148，风化中粗粒花岗岩。器身略呈圆球形，背面稍平，正面弧拱形。正面有少量砸击凹痕，器体左、右边缘及下缘则有较多的砸击使用凹痕或崩疤，尤以右侧边缘及下缘崩疤大而深。残长 9.3、宽 8.8、厚 5.3 厘米，重 590 克（图一一七，2）。

标本 K：149，风化中粒花岗岩。器身略呈圆球形，较厚重。正面和背面没有明显的砸击使用痕迹，器身下缘及左上边缘有较多的砸击使用凹痕或崩疤。长 11.2、宽 9.5、厚 5.4 厘米，重 740 克（图一一七，3）。

标本 K：141，棕灰色细砂岩。器身略呈圆球形，厚重。正面、上、下边缘及右侧边缘均有少量的砸击使用凹痕或小崩疤。长 12、宽 9.9、厚 7.4 厘米，重 1160 克（图一一七，4）。

半球状石锤　　10 件，占库房石锤的 4.95%。形体略呈半球形，多为花岗岩。

标本 K：157，风化中粒花岗岩。器身约为球形砾石的一半。上端为砾石的打击截断面，正面和背面没有砸击使用痕迹，左侧边缘及下端有少量的砸击麻点或小坑疤，为使用痕迹。长 7.3、宽 8.9、厚 6 厘米，重 540 克（图一一八，1）。

标本 K：159，风化中粒花岗岩。器身为长圆形砾石的一部分。正、背两面没有明显的砸击使用痕迹，下端留有砸击使用形成的凹疤和细密麻点。长 6.9、宽 7.9、厚 4.4 厘米，重 360 克（图一一八，2）。

标本 K：161，风化中粒花岗岩。器身约为球形砾石的一半，较厚，上端为砾石截断面。正面和背面没有砸击使用痕迹，下端留有砸击使用形成的凹疤。长 6.9、宽 8、厚 6.7 厘米，重 450 克（图一一八，3）。

标本 K：156，风化中粒花岗岩。器身为圆球形砾石的一大部分，较厚重，上端为砾石截断面。正面和背面没有砸击明显的使用痕迹，下端留有砸击使用形成的凹疤。长 9.5、宽 10、厚 5.5 厘米，重 780 克（图一一八，4）。

标本 K：099，风化粗粒花岗岩。器身扁圆，上端为砾石截断面。正面和背面有少许砸击使用而形成的小崩疤或凹疤，下端留有较密集的砸击形成的凹疤。长 7.9、宽 9.5、厚 4.7 厘米，重 520 克（图一一九，1）。

标本 K：110，棕黄色中细砂岩。器身扁圆，残，上端为砾石截断面。正面和背面没有砸击明显的使用痕迹，左、右两侧缘及下端留有砸击使用形成的凹疤和麻点，并形成条带状。长 8.8、宽 11.1、厚 4.7 厘米，重 580 克（图一一九，2）。

标本 K：103，风化粗粒花岗岩。器身扁圆形，残，上端为砾石的打击截断面。正面和背面没有砸击明显的使用痕迹，下端留有砸击使用形成的麻点。长 5.3、宽 7.9、厚 4.1 厘米，重 190 克（图一一九，3）。

标本 K：094，灰褐色细砂岩。器身扁圆形，残，上端为砾石的打击截断面。正面和背面没有砸击明显的使用痕迹，下端留有砸击使用形成的大崩疤。长 5.9、宽 12.9、厚 5.6 厘米，重 550 克（图一一九，4）。

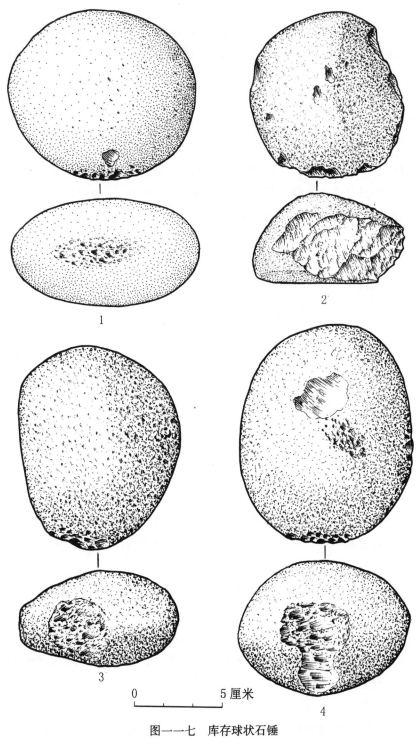

图一一七 库存球状石锤

1.K:143 2.K:148 3.K:149 4.K:141

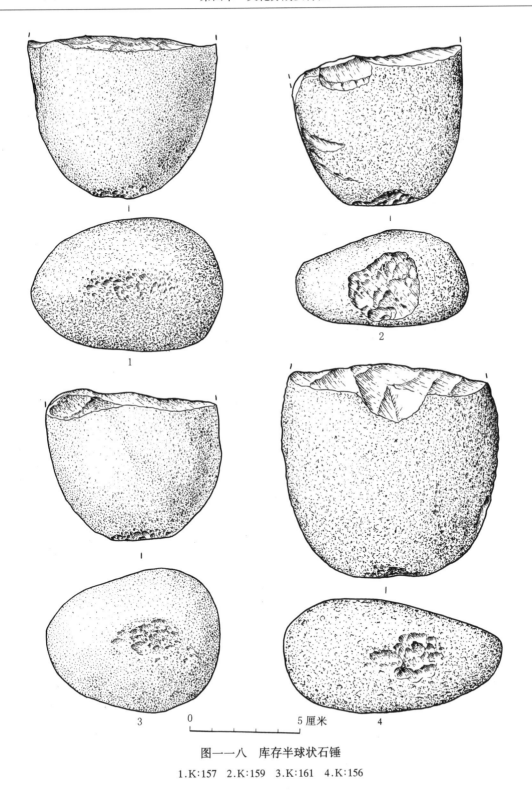

图——八　库存半球状石锤

1.K:157　2.K:159　3.K:161　4.K:156

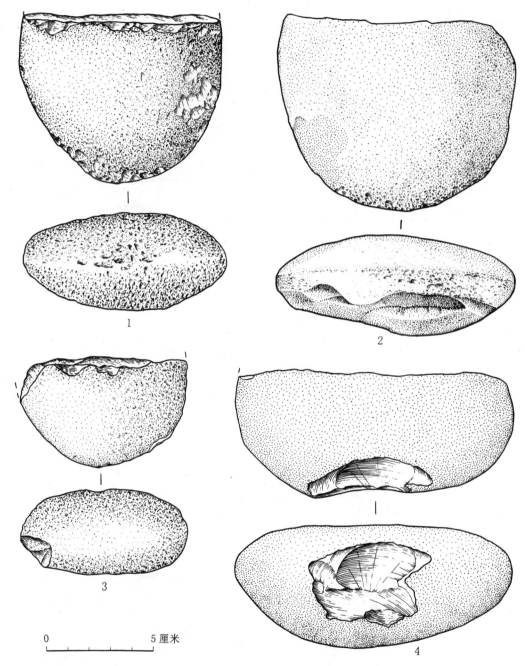

图一一九　库存半球状石锤

1.K:099　2.K:110　3.K:103　4.K:094

　　条状石锤　22 件，占库房石锤的 10.89%。质地以粉砂岩和细砂岩为主，形体略呈长条状。

　　标本 K:169，灰黑色碳质板岩。器身略呈不规则长条形，厚重。正、背面均有砸击而形成的大面积的崩疤，上、下两端有细密的小崩疤或麻点，均为使用痕迹。长15.4、宽7.2、厚5.2厘米，重790克（图一二〇，1；图版三五，4）。

标本 K:171，灰黄色粉砂岩。器身为长扁形，厚重，背面略平，正面弧拱形，横截面略呈三角形。上端为砾石截断面，下端有较多使用砸击而形成的小崩疤和成片状的麻点痕迹，两侧缘也有少许小崩疤，局部崩疤较小而深。长17.5、宽8.4、厚3.8厘米，重1000克（图一二〇，2；图版三五，5）。

标本 K:174，灰色细砂岩。器身略呈不规则长条形，厚重，背面为较完整的砾石面，正面有少量砾石面。上、下两端均为凹凸不平的崩裂面，并有明显的砸击麻点或凹痕，但没有形成刃缘，右侧由于砸击使用也形成了较多的崩疤。长11.8、宽7.6、厚5.9厘米，重780克（图一二〇，3）。

标本 K:168，灰色细砂岩。器身略呈圆柱形，较短。上、下两端均形成了成片状的砸击麻点痕迹，并有少量的崩疤。长7.9、宽4.1、厚3.7厘米，重180克（图一二〇，4）。

标本 K:165，黄褐色细砂岩。器身近长方形，较厚重，正、背两面及两侧为较完整的砾石面。上、下两端有明显而较多的砸击崩疤和麻点痕迹，上端崩疤较小，麻点或小凹疤稍多，下端崩疤大而浅。长13.6、宽6.3、厚5.1厘米，重630克（图一二〇，5）。

不规则石锤　2件，约占库房石锤总数的0.99%。

标本 K:184，灰白色风化细粒石英岩。河砾石，器形较大，形状呈不规则球状。利用砾石的突棱作为砸击点，在突棱上留下大量的砸击麻点和崩疤。最大径12厘米，重850克。

（2）砍砸器

139件，占库房打制石器总数的32.25%。质地以细砂岩和粉砂岩为主，均打制而成，器身保留部分或大部分砾石自然面。器形较大，以大、中型居多。单向打制为主，刃面多较陡，刃缘处多有使用痕迹。种类包括盘状砍砸器、单边直刃砍砸器、单边弧刃砍砸器和双边刃砍砸器四种。

盘状砍砸器　1件，占库房砍砸器的0.72%。

标本 SBKDT6:005，灰黑色细砂岩。器体近椭圆形，背面较平，正面呈龟背形，上端为较平直的砾石面，正面保留较少的砾石面。在砾石的左、右及下圆打制刃面，形成周边刃。刃面片疤较大而浅，可见二次修整痕迹。刃缘呈锯齿状起伏，较锋利，上有细碎的使用凹痕。长10.4、宽9.2、厚3.5厘米，重502克（图一三四，4；彩版一五，1）。

单边直刃砍砸器　49件，占库房砍砸器的35.25%。质地以粉砂岩和细砂岩为主，多在砾石的一侧长边单向打制出一刃缘，且刃缘较直。

标本 K:187，灰色粉砂岩。器身扁长形。在扁圆形砾石的右下较长边单向打制出刃面，片疤较小，二次修整痕迹不明显。刃缘较直，上有较多的小崩疤，为使用痕迹。刃角74°，长13.6、宽8.8、厚2.8厘米，重480克（图一二一，1；图版三六，1）。

标本 K:277，灰黑色细砂岩。器体呈扁长形，较薄。在砾石的右侧较长边打制刃面，片

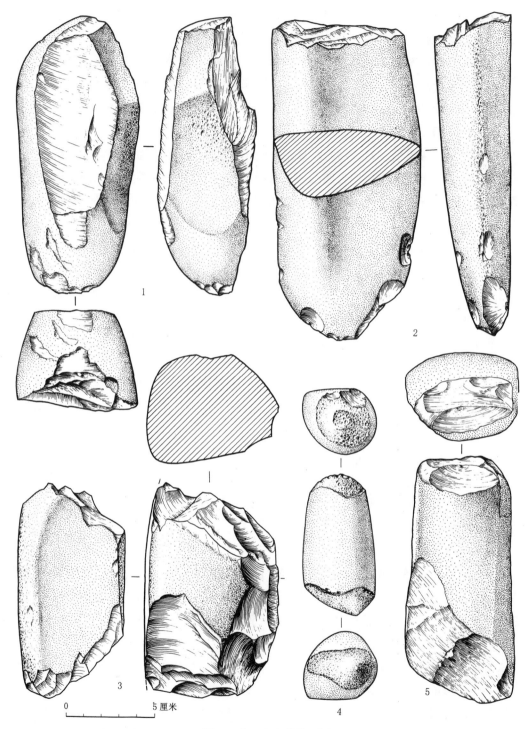

0 ———— 5厘米

图一二〇　库存条状石锤

1.K:169　2.K:171　3.K:174　4.K:168　5.K:165

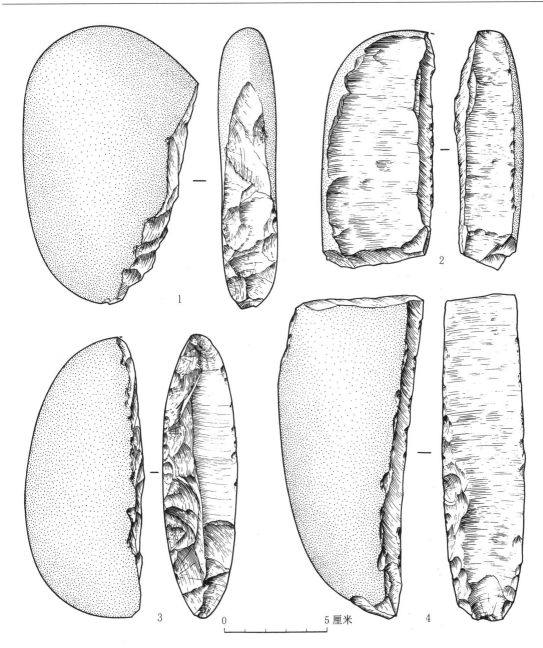

图一二一　库存单边直刃砍砸器

1.K:187　2.K:277　3.K:201　4.K:192

疤长而浅，二次修整痕迹不明显。刃缘较直，有使用形成的小崩疤。刃角75°，长11.7、宽
5.7、厚3.4厘米，重370克（图一二一，2；图版三六，2）。

标本K:201，灰黑色粉砂岩。器体呈扁长形，较薄。在长扁圆形砾石的中部沿纵向单向
打制出刃面，刃面较陡直，片疤较浅，大小不一，有较明显的二次修整痕迹。刃缘较直，上
有较多的小崩疤，为使用痕迹。刃角90°，长13.8、宽5.8、厚3.8厘米，重450克（图一

二一，3；图版三六，3）。

标本 K:192，深灰色粉砂岩。器体呈扁长形，较薄。在扁圆形砾石的上端截断，沿砾石中部纵向单向打制出刃面，刃面较陡直，片疤较大、较浅，没有二次修整痕迹。刃缘略弧，上有较密集的因使用而形成的小崩疤。刃角75°，长15.9、宽6.7、厚4.1厘米，重670克（图一二一，4；图版三六，5）。

标本 K:253，褐色粉砂岩。器身平面略成椭圆形，背面较平，正面稍隆起。在扁圆形砾石的下端单向打制出刃面，刃面较陡直，片疤大小不一，或深或浅，有二次修整的痕迹。刃缘较直，有较明显的使用痕迹。砾石的周边有少许砸击坑疤或崩疤，也为使用痕迹。刃角88°，长8、宽9.3、厚4厘米，重430克（图一二二，1；图版三六，4）。

标本 K:219，棕黄色粉砂岩。器体呈扁长形，较薄，砾石左侧为截断面。在砾石的下端单向打制出刃面，刃面较斜且直，刃面片疤较大、较浅，有二次修整的痕迹。刃缘较直，有较明显的使用形成的小崩疤。刃角58°，长10.8、宽7.5、厚3.1厘米，重460克（图一二二，2；图版三六，6）。

标本 K:267，深灰色粉砂岩。器身平面略成椭圆形，背面较平，正面近弧形。正面和背中部均有少许砸击使用形成的麻点或凹疤，边缘也有不规则的砸击凹疤或片疤。在砾石的较长而薄的下端单向打制出刃面，刃面狭长，片疤细碎，没有二次修整痕迹。刃缘锋利，较直，有明显的使用坑疤或崩疤。该器曾作石锤，后来用作砍砸器。刃角50°，长10、宽12、厚4.1厘米，重620克（图一二二，3）。

标本 K:257，棕黄色粉砂岩。器身近方形，正、背两面均较平，左侧为砾石截断面。在砾石较长的下端打制出刃面，片疤浅而平，没有二次修整痕迹。刃缘处有清晰的打击点和放射线，使用痕迹不明显。刃角68°，长7.5、宽9.2、厚3.2厘米，重360克（图一二二，4；图版三七，1）。

标本 K:202，灰绿色粉砂岩。器身近长方形，较端小，砾石下端为截断面。在砾石一侧长边单向打制出刃面，刃面片疤较大、较浅，没有经过二次修整。刃缘略有起伏，上有砸击使用时留下的小崩疤。刃角72°，长5、宽8.4、厚3.9厘米，重270克（图一二三，1；图版三七，2）。

标本 K:247，灰黄色细砂岩。器身近方形，较端小，砾石下端为截断面。在砾石一侧长边单向打制出刃面，片疤较小、较浅，有二次修整痕迹。刃缘较直，有锯齿状的使用崩疤。刃角80°，长6、宽7.7、厚3.9厘米，重310克（图一二三，2；图版三七，3）。

标本 K:220，浅紫色粉砂岩。器身为不规则长方形，较厚，正、背两面砾石面均起伏不平，砾石的上、下两端均为较窄的截断面。在砾石左侧长边单向打制出刃面，刃面陡，片疤较大、较深，有二次修整痕迹。刃缘较直，有打击使用留下的小崩疤。刃角90°，长5.3、宽12.7、厚5.6厘米，重570克（图一二四，1；彩版一五，6）。

标本 K:237，灰褐色粉砂岩。器身近长方形，较厚。在砾石一侧长边单向打制出刃面，

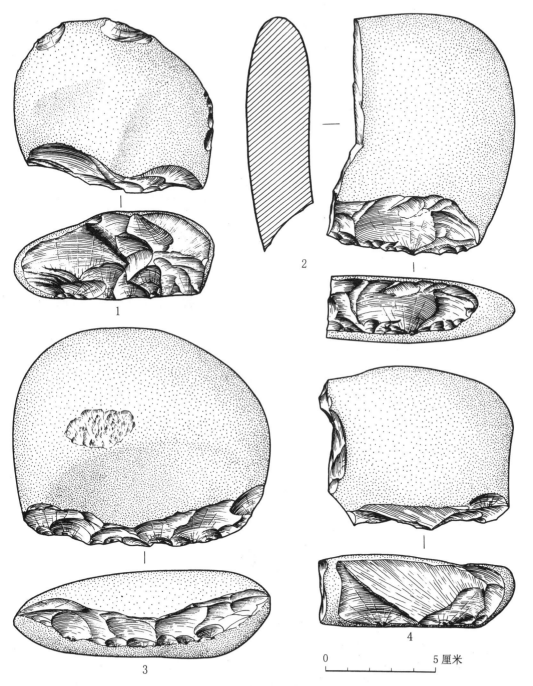

图一二二　库存单边直刃砍砸器
1.K:253　2.K:219　3.K:267　4.K:257

刃面较陡，片疤较大、较深，有二次修整痕迹。刃缘较直，有较多的打击使用留下的小崩疤。刃角80°，长5.3、宽9、厚4.3厘米，重330克（图一二四，2；图版三七，4）。

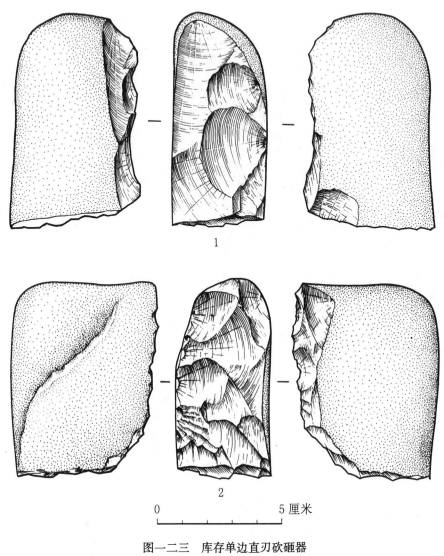

图一二三　库存单边直刃砍砸器

1.K:202　2.K:247

标本 K:273，棕色粉砂岩。器身形状不规则，略呈狭长形，砾石上、下两端为较短的截断面，正面大部为劈裂面。在砾石较长的左侧单向打制刃面，片疤较小，深浅不一，有二次修整痕迹。刃缘略直，上有较密集的小崩疤，为使用痕迹。刃角80°，长5.6、宽10.8、厚5.1厘米，重400克（图一二五，1）。

标本 K:259，灰色粉砂岩。器身形状不规则，正面和背面均较平整，上端为较宽而斜的砾石截断面，下端为窄的砾石面。在砾石较长的左侧单向打制刃面，片疤较小，深浅不一，二次修整痕迹不明显。刃缘较直，使用痕迹不明显。刃角85°，长6.2、宽10、厚3.4厘米，重300克（图一二五，2；图版三七，5）。

单边弧刃砍砸器　60件，占库房砍砸器总数的43.17%。质地以粉砂岩和细砂岩为主

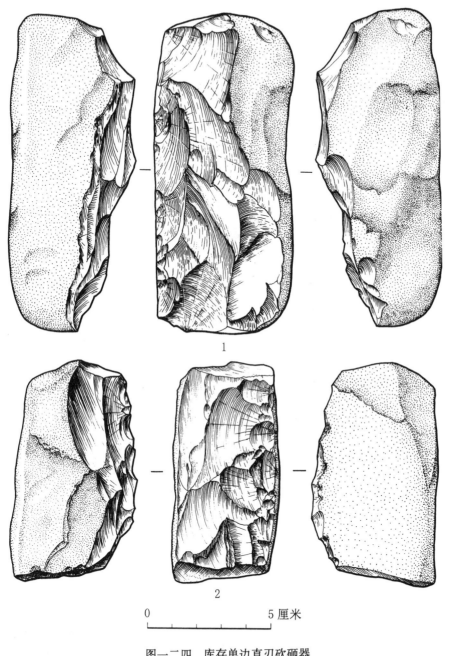

1

2

0　　　　　　　　　　5 厘米

图一二四　库存单边直刃砍砸器
1. K:220　2. K:237

多在砾石的一侧长边单向打制出一刃缘，且刃缘呈凸弧形或凹弧形。

标本 K:243，棕褐色粉砂岩。器身平面略成椭圆形，背面较平，正面呈隆起。在砾石的左侧长边单向打制出刃面，刃面有二次修整痕迹，修整片疤较小。刃缘锋利，呈弧形凸出，上有较多的小崩疤，为使用痕迹。刃角 68°，长 7、宽 10.3、厚 4.3 厘米，重 370 克（图一

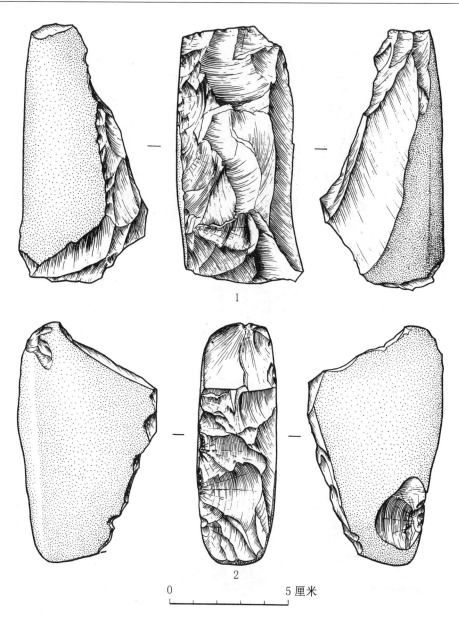

0　　　　　　　　　5 厘米

图一二五　库存单边直刃砍砸器
1.K:273　2.K:259

二六，1；图版三七，6）。

　　标本 K:296，灰褐色石英粉砂岩。器身平面略成三角形，较厚重，正面和背面均较平。在砾石的左侧长边斜向右下单向打制刃面，刃面长而宽，片疤较大，深浅不一，二次修整痕迹不明显。刃缘长弧形，由左上角延伸至右下角，上有较多的小崩疤，为使用痕迹。刃角78°，长7.3、宽13、厚4.7厘米，重590克（图一二六，2；彩版一五，2）。

　　标本 K:231，灰黑色粉砂岩。器身形状不规则，正面、背面及上端保留砾石面，右侧为

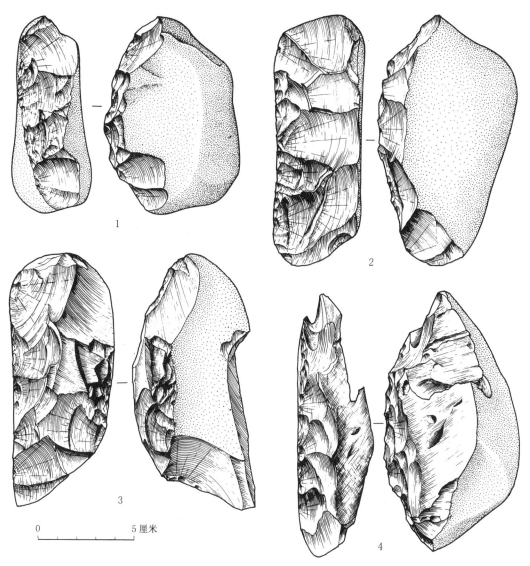

图一二六 库存单边弧刃砍砸器
1.K:243 2.K:296 3.K:231 4.K:271

砾石的截断面。在砾石的左侧长边斜向右下单向打制刃面，刃面较陡，且长而宽，片疤较大，有明显二次修整痕迹，修整片疤较小。刃缘长弧形，由左上角延伸至右下角，上有较多的小崩疤，为使用痕迹。刃角81°，长5.6、宽13.3、厚5.5厘米，重540克（图一二六，3；图版三八，1）。

标本 K:271，灰黑色泥质板岩。器身平面略成椭圆形，较扁薄，背面较平，正面稍隆起。正面有清晰的打制痕迹，在砾石的左侧长边单向打制刃面，刃面较长，片疤较小，有二次修整痕迹。刃缘锋利，呈长弧形，上有较密集的小崩疤，为使用痕迹。刃角64°，长7.3、宽13.5、厚4厘米，重390克（图一二六，4；图版三八，2）。

标本 K：186，灰色粉砂岩。器体略呈方形，厚重，正面略弧，背面较平。在砾石的下端长边单向打制出刃面，片疤大而深，打击点和放射线清晰可见。刃面有清晰的二次修整痕迹，第二次修整的片疤较小，其他各面均为砾石面。刃缘凸弧形，异常锋利，上有稍多的小崩疤，为使用痕迹。刃角 62°，长 11、宽 12.6、厚 6.2 厘米，重 1150 克（图一二七，1；图版三八，3）。

标本 K：233，灰黄色粉砂岩。器身形状不规则，较厚重，正面、背面均较平。在砾石的下端较长边单向打制出刃面，刃面较斜，片疤较大，二次修整痕迹不明显。刃缘略弧，上有砸击的小崩疤，为使用痕迹。砾石的上端及左侧也有打制的截断面，但没有形成刃面和刃缘。刃角 60°，长 11、宽 12、厚 4.6 厘米，重 670 克（图一二七，2；图版三八，4）。

标本 K：225，灰黄色石英岩。器身平面略成三角形，较扁薄，背面为砾石面，正面为砾石的劈裂面，右上为呈弧拱形的砾石边缘，左侧为砾石截断面。在砾石的下端较长边单向打制出刃面，刃面较短，片疤较小，二次修整痕迹不明显。刃缘弧形，略有起伏，上有较明显的小崩疤，为使用痕迹。刃角 65°，长 9.5、宽 11.8、厚 3 厘米，重 430 克（图一二七，3）。

标本 K：280，灰黑色碳质板岩。器身平面略成梯形，厚重，器右侧为较短的砾石截断面。在砾石的下端较长边双向打制出刃面，刃面片疤较大而浅，二次修整的痕迹不明显。刃缘较弧，上有较密集的因使用而形成的小崩疤。刃角 62°，长 10.6、宽 13.8、厚 6.3 厘米，重 1200 克（图一二七，4）。

双边刃砍砸器　29 件，占库房砍砸器的 20.86%。质地以粉砂岩和细砂岩为主，在砾石的两侧长边或一侧长边和一侧短边分别单向打制出刃缘。

标本 K：311，紫色细砂岩。器身近长方形，较短小。在砾石的右侧长边和下端短边分别单向打制出刃面，右侧刃面片疤稍大，有二次修整的痕迹，下端刃面片疤较小，经过二次修整。两侧刃缘较直，均有小的崩疤，应为使用痕迹。右侧刃角 54°，下端刃角 68°，长 8.1、宽 5.7、厚 3.4 厘米，重 240 克（图一二八，1；图版三八，5）。

标本 KDT5：008，棕褐色粉砂岩。器体略呈长方形，较厚重，背面较平，正面左侧边缘隆起。在砾石的右侧长边及下端短边分别单向打制刃面，两侧刃面均较陡，并都有二次修整痕迹，右侧刃面较长，片疤较大、较深，下端刃面片疤较浅。右侧刃缘呈弧形凸出，下端刃缘略直，均有使用形成的小崩疤等痕迹。右侧刃角 76°，下端刃角 80°，长 11.9、宽 6.7、厚 5.6 厘米，重 620 克（图一二八，2；图版三八，6）。

标本 K：288，褐色细砂岩。器体略呈窄长形，正面、背面均较平。在砾石的左侧长边及下端短边分别单向打制刃面，两侧刃面都有二次修整痕迹，左侧刃面长，刃面片疤较大、较浅，下端刃面断，片疤较小。刃缘锋利且较直，上有较多的因使用形成的小崩疤，下端刃缘略弧，使用痕迹不明显。左侧刃角 71°，下端刃角 84°，长 11.4、宽 6.3、厚 4.6 厘米，重 500 克（图一二八，3；彩版一五，4）。

标本 KDT8：002，灰黑色粉砂岩。器体略呈方形，较扁薄，正面、背面均较平，砾石的

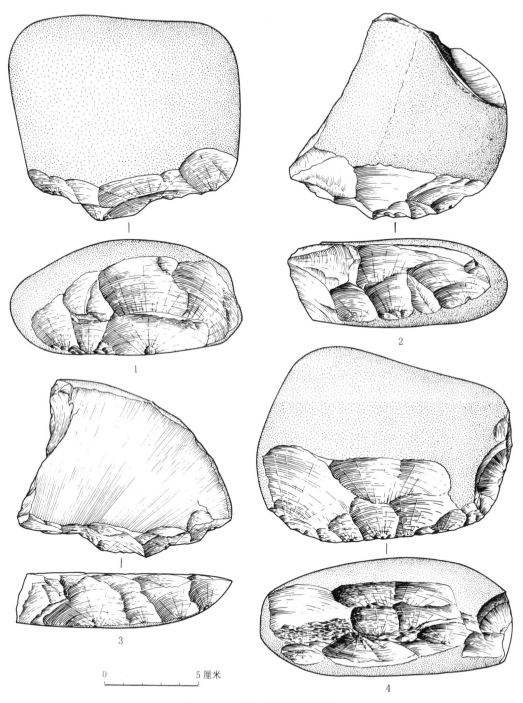

图一二七　库存单边弧刃砍砸器

1.K:186　2.K:233　3.K:225　4.K:280

右侧为截断面。在砾石的左侧长边及下端短边分别单向打制刃面，两侧刃面都有二次修整痕迹，左侧刃面片疤较深，下端刃面片疤较浅，使用痕迹不明显。刃缘均较直，左侧刃缘处有

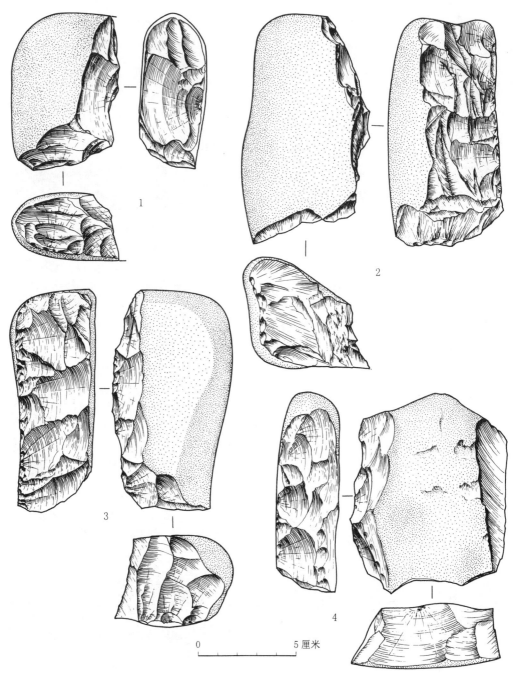

图一二八　库存双边刃砍砸器

1.K:311　2.KDT5:008　3.K:288　4.KDT8:002

明显的使用形成的崩疤。左侧刃角 70°，下端刃角 68°，长 10.4、宽 8.2、厚 3.3 厘米，重430 克（图一二八，4；图版三九，3）。

标本 K:304，细粒石英砂岩。器身平面略呈椭圆形，较厚。在砾石的一侧长边打制出刃面，刃面较陡直，刃面片疤较小、较浅，有二次修整痕迹，修整片疤较细碎。同一刃面的两侧均修整为较锋利的刃缘，两侧刃缘均有较小的崩疤，为使用痕迹。两侧刃角85°，长5.1、宽10.2、厚4.9厘米，重340克（图一二九，1；图版三九，2）。

标本K:300，灰黑色细砂岩。器身平面略呈三角形，上端较尖，下端为较窄的截断面，正面隆起。在砾石的一侧长边打制出刃面，打制片疤较大而浅，刃面有明显的修整痕迹，修整片疤较细碎。同一刃面的两侧边缘经修整均形成锋利的刃缘，两侧刃缘均有较小的崩疤，为使用痕迹。左、右刃角分别为82°、78°，长4.9、宽10.3、厚4.9厘米，重290克（图一二九，2）。

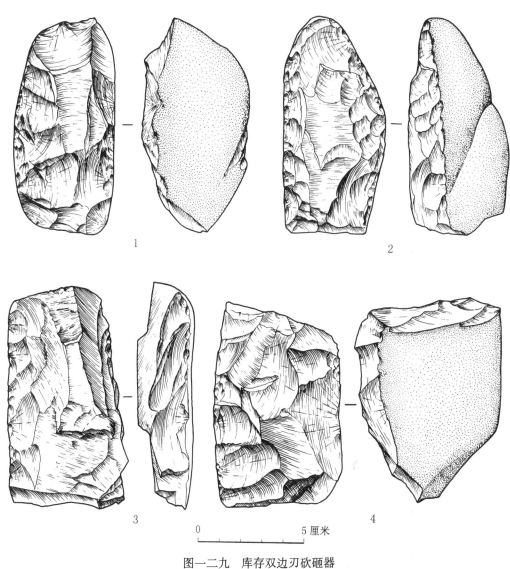

图一二九　库存双边刃砍砸器

1.K:304　2.K:300　3.K:295　4.KDT5:006

标本 K:295，黄褐色粉砂岩。器身为较扁薄的长方形，正面为砾石劈裂面，下端为截断面。以正面较平的劈裂面为刃面，在其两侧长边进行二次修整，从而形成两个刃缘，刃面片疤较大而浅，修整片疤较小。两侧刃缘均较直，左侧刃缘有较明显使用崩疤，右侧刃缘使用痕迹不明显。左、右刃角分别为 70°、75°，长 2.7、宽 10.8、厚 5.6 厘米，重 240 克（图一二九，3；图版三九，1）。

标本 KDT5:006，棕褐色石英粉砂岩。器体形状不规则，较厚，上端为砾石截断面，下端为较窄的砾石面。在砾石左侧较长边打制出刃面并加二次修整，在该刃面的两侧长边形成两个相对的刃缘，刃面片疤较大而浅，修整片疤较小。左侧刃缘呈圆弧形，从器身上端延伸至下端，右侧刃缘较直，较短，两侧刃缘均有较明显的小崩疤，为使用痕迹。左、右刃角分别为 82°、88°，长 7.2、宽 9.5、厚 6.1 厘米，重 500 克（图一二九，4）。

（3）切割器

18 件，占库房打制石器的 4.18%。质地以粉砂岩和细砂岩占绝大多数，大多以稍大而锋利的石片直接作为工具使用，少量利用适合的石片进行二次加工从而形成刃缘。器形多扁薄，多有明显的使用痕迹。

标本 K:409，灰黑色细砂岩。器体略呈梯形，用一块稍大的砾石石片制作，单边刃，背面为砾石面，正面和右侧为砾石劈裂面。正面上端弧拱形，正面下端为刃缘。刃缘略弧，刃缘处较细密的小坑疤，为使用痕迹。器长 7.4、刃宽 6、厚 2.1 厘米，重 110 克（图一三○，1）。

标本 K:408，灰黑色细砂岩。器身略呈方形，相对稍厚，用一块稍大的砾石石片制作，单边刃。正面和左侧有较清晰的打击点和放射线，正面下端为刃缘。刃缘稍直，刃缘处留有较多的小崩疤或坑疤，为使用痕迹。器长 7.3、刃宽 6.1、厚 2.8 厘米，重 140 克（图一三○，2；图版三九，6）。

标本 K:406，紫红色粉砂岩。器身平面呈椭圆形，扁薄，为周边刃。以较大的扁薄砾石石片作为切割工具，未另加打制。石片的下缘为刃面，刃部锋利，上有呈锯齿状的小崩疤，是较明显使用痕迹。器长 7、刃宽 8.2、厚 1.3 厘米，重 70 克（图一三○，3）。

标本 K:410，浅灰色细砂岩。器体形状不规则，较扁薄，单边刃。正面为劈裂面，左上和右上边较斜直，下端为刃缘。刃缘略弧，刃缘处留有较多的小崩疤或坑疤，为使用痕迹。器长 5.2、刃宽 7.2、厚 1.4 厘米，重 60 克（图一三○，4）。

标本 KDT7:003，灰褐色细砂岩。器身平面呈椭圆形，较扁薄，为周边刃。正面有清晰的打击点和放射线。在器周边大部边缘有呈锯齿状的小崩疤，是较明显的使用痕迹。器长 5.4、宽 6.7、厚 1.3 厘米，重 60 克（图一三○，5）。

标本 K:404，紫色粉砂岩。器身平面呈椭圆形，为周边刃，上端为砾石截断面，正面为砾石劈裂面。下端为长弧形的刃缘，刃缘处留有较多的小崩疤或坑疤，为使用痕迹。器长 5.2、刃宽 8.6、厚 1.8 厘米，重 120 克（图一三○，6）。

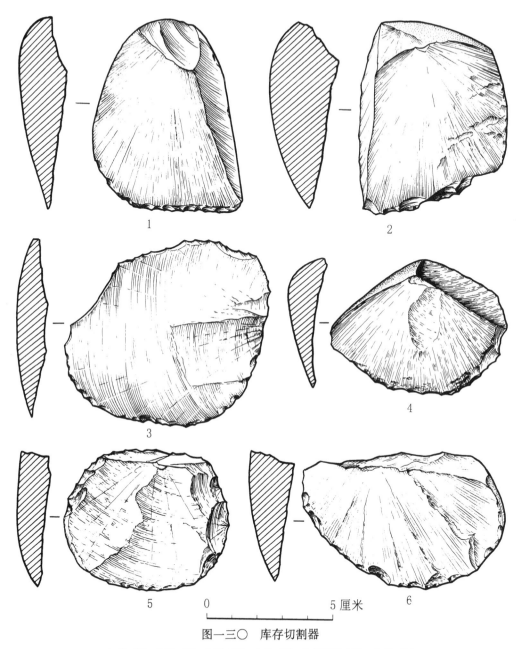

图一三〇 库存切割器

1.K:409 2.K:408 3.K:406 4.K:410 5.KDT7:003 6.K:404

标本 K:413，灰褐色细砂岩。器体平面略呈三角形，双边刃，上端为砾石的截断面。在器体右侧和左侧分别单向打制出刃面，打制片疤稍大，有明显的二次修整痕迹，修整片疤细碎。两侧刃缘均较锋利，较直但略有起伏，上有较多的使用凹痕。器长 6.4、宽 6.2、厚3.6 厘米，重 140 克（图一三一，1）。

标本 K:415，灰黑色粉砂岩。器体近半圆形，短小而扁薄，双边刃，上端为较直的截断

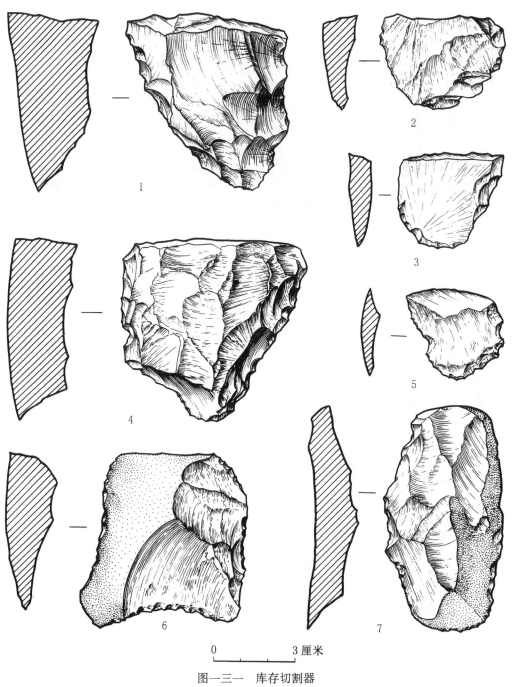

图一三一　库存切割器

1.K:413　2.K:415　3.K:416　4.K:412　5.K:417　6.K:414　7.K:411

面，正面为劈裂面。下端刃缘呈凸弧形，较锋利，刃缘左侧有细碎的崩疤，右侧有较大的凹槽，均为使用痕迹。器长 3.3、宽 4.7、厚 1.4 厘米，重 20 克（图一三一，2）。

标本K:416，灰黑色粉砂岩。器体近半椭圆形，短小而扁薄，双边刃，上端为较直的截断面，正面为劈裂面。下端刃缘呈凸弧形，刃缘处有连续的因使用而形成的小崩疤。器长3.3、宽3.9、厚0.9厘米，重20克（图一三一，3）。

标本 K:412，灰褐色粉砂岩。器体平面略呈三角形，为石核石器，较厚，双边刃，上端为较直的截断面，正面为劈裂面。在正面较长的两侧边缘斜向打击形成相交汇的两侧刃面和刃缘，下端形成较尖的刃部，打制采用单向打击法。两侧刃缘均较锋利，上有细碎的使用崩疤，器下端尖刃残断。器长6.7、宽7.1、厚2.5厘米，重160克（图一三一，4）。

标本 K:417，灰黑色粉砂岩。器体为细小的砾石薄片，形状不规则，双边刃。器周边均为锋利的边缘即刃缘，左、右两侧及下端有清晰而连续的小崩疤，为使用痕迹。器长3.2、宽3.6、厚0.6厘米，重10克，（图一三一，5）。

标本 K:414，紫色粉砂岩。器身近梯形，用稍大的砾石石片打制而成，为多边刃，背面为较平的砾石劈裂面，正面为隆起的砾石面。在正面的右侧和下端单向打片加工出刃面。右侧刃缘较直，下端刃缘呈凹弧形，刃缘处有呈锯齿状的使用形成的小崩疤。器长5.7、宽6.3、厚2厘米，重80克（图一三一，6）。

标本 K:411，灰绿色粉砂岩。器身近长方形，用长扁形的石片加工而成，双边刃，背面为较平的砾石劈裂面，正面为稍隆起的砾石面。在左侧打片单向加工出刃面，片疤小而浅。左侧刃缘略弧，有明显的使用痕迹，右侧边缘处也有较明显的使用凹痕。器长8.2、宽4.4、厚1.7厘米，重70克（图一三一，7）。

（4）棒形石凿

64件，占库房打制石器总数的14.85％。质地以粉砂岩和细砂岩为主，顶端多留下打击时的麻点或片疤，在下端则形成小崩疤。

标本 K:463，浅灰色粉砂岩。器体略呈长圆柱形，横断面近椭圆形，砾石下端残断，为受力崩裂面。砾石顶端成圆弧状，上端有较明显的敲击形成的麻点或浅凹痕。残长7.8、宽2.1、厚2厘米，重80克（图一三二，1；图版四〇，1）。

标本 K:439，灰黑色细砂岩。器体略呈略弯的长柱形，横断面近三角形，砾石下端残断，为受力崩裂面。砾石顶端成圆弧状，上有较细密的因敲击而形成的麻点或浅凹痕。残长7.8、宽3、厚2.2厘米，重70克（图一三二，2）。

标本 K:468，灰黑色碳质板岩。器体略呈长圆柱形，横断面近圆形，砾石下端残断，为受力崩裂面。砾石顶端成圆弧状，上有敲击形成的麻点或浅凹痕。残长7.8、宽2.3、厚1.7厘米，重50克（图一三二，3）。

标本 K:467，灰黑色细砂岩。器体长圆柱形，横断面近圆形。砾石下端有小的崩疤和因受力形成的麻点或凹疤，砾石顶端成圆弧状，上有敲击形成的麻点或浅凹痕。残长7.8、宽2.7、厚2.1厘米，重80克（图一三二，4）。

标本 K:419，灰黑色碳质板岩。器体略呈长扁圆柱形，横断面近椭圆形。砾石下端有明显的崩疤，砾石顶端成圆弧状，上有敲击形成的麻点痕。残长8.3、宽2.8、厚1.7厘米，

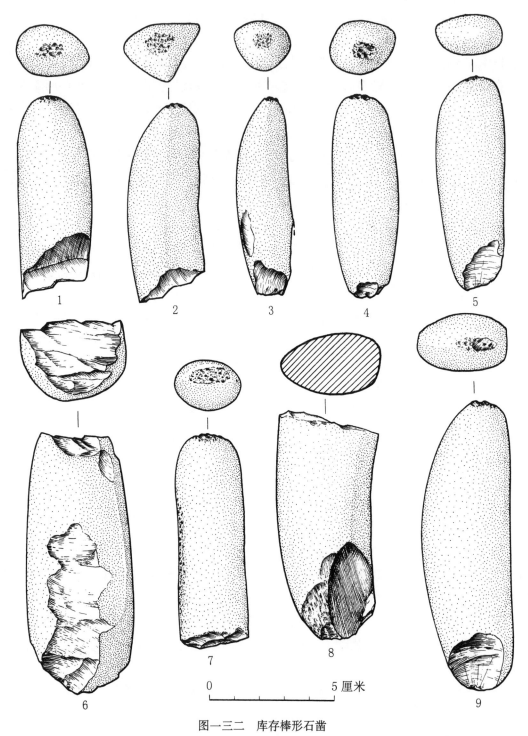

图一三二　库存棒形石凿

1.K:463　2.K:439　3.K:468　4.K:467　5.K:419　6.K:425　7.K:421　8.K:428　9.K:420

重 60 克（图一三二，5；图版四〇，2）。

标本 K:425，灰绿色泥质板岩。器身略呈长圆形，上、下两端均为受力崩裂截面，背面全为崩裂面，正面也有明显的崩疤。残长 10.1、宽 4.4、厚 3.1 厘米，重 190 克（图一三二，6；图版四〇，4）。

标本 K:421，灰色细砂岩。器体呈长圆柱形，砾石下端为凹凸不平的截断面，上端有较细密的因敲击而形成的麻点或浅凹痕。残长 8.4、宽 2.8、厚 2.2 厘米，重 100 克（图一三二，7；图版四〇，3）。

标本 K:428，灰色细砂岩。器体呈略弯的长柱形，截断面略呈椭圆形。下端有明显的崩疤，上端断面凹凸不平。残长 9、宽 4、厚 2.4 厘米，重 160 克（图一三二，8）。

标本 K:420，棕褐色泥质板岩。器身呈长扁圆形，横截面近椭圆形。砾石下端有明显的崩疤，砾石顶端成圆弧状，上有敲击形成的麻点或凹痕。残长 11.3、宽 3.6、厚 2.3 厘米，重 150 克（图一三二，9）。

标本 K:474，棕黄色粉砂岩。器身长扁形，顶圆弧形，两侧外张，下端略尖。下端有较大的打击片疤，上端有敲击形成的麻点或凹痕。长 12.6、宽 5.8、厚 2.8 厘米，重 270 克（图一三三，1）。

标本 K:477，浅灰色泥质板岩。器身呈略弯的长扁圆形，横截面近椭圆形。砾石下端有明显的崩疤，砾石顶端成圆弧状，上有敲击形成的麻点或凹痕。残长 12.4、宽 3.1、厚 2.4 厘米，重 140 克（图一三三，2；图版四〇，6）。

标本 K:475，灰黑色泥质板岩。器身长扁圆形，横截面近椭圆形。砾石下端有受力形成的麻点或凹疤，上端有较密集的打击凹痕或小崩疤。长 12.8、宽 4.8、厚 2.8 厘米，重 300 克（图一三三，3）。

标本 K:480，灰色泥质板岩。器体呈长圆柱形，横截面近圆形。下端有明显的打击崩疤，上有少许因敲击形成的麻点或凹痕。长 13.1、宽 5.1、厚 4 厘米，重 370 克（图一三三，4；图版四〇，5）。

标本 K:476，灰色细砂岩。器体略呈圆柱形，下端有明显的打击崩疤和持续砸击形成的磨损面，上有少许因敲击形成的麻点或凹痕。长 8.7、宽 4、厚 2.9 厘米，重 150 克（图一三三，5）。

标本 K:423，灰黑色泥质板岩。器体为不规则的弯曲长条形，砾石下端残断，为受力崩裂面。砾石顶端成圆弧状，上端有敲击形成的麻点或浅凹痕。残长 10.1、宽 4.5、厚 2.5 厘米，重 140 克（图一三三，6）。

标本 K:478，灰色细砂岩。器体略呈圆柱形。砾石下端残断，留有较大的崩疤，上端有敲击形成的麻点或浅凹痕。残长 9、宽 3.9、厚 2.8 厘米，重 150 克（图一三三，7）。

标本 K:418，深灰色粉砂岩。器体略呈扁圆柱形。砾石下端残断，留有较大的崩疤，上端有敲击形成的细密麻点或浅凹痕。残长 8.6、宽 4.5、厚 2 厘米，重 110 克（图一三三，8）。

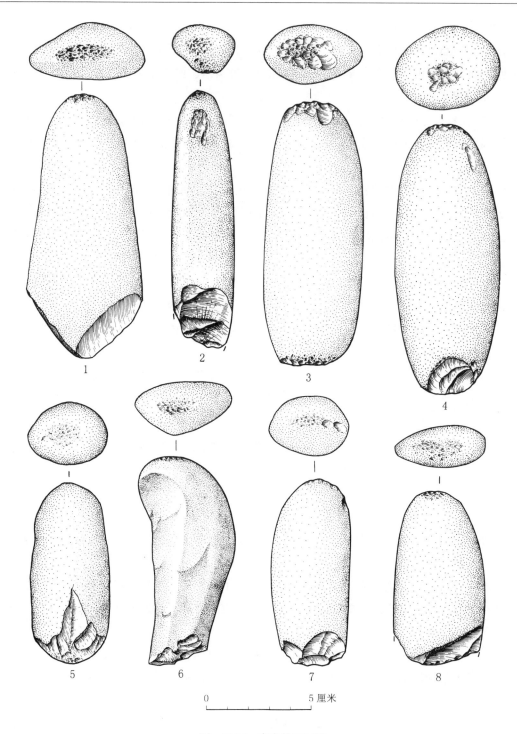

0　　　　　　　　　5 厘米

图一三三　库存棒形石凿

1.K:474　2.K:477　3.K:475　4.K:480　5.K:476　6.K:423　7.K:478　8.K:418

（5）穿孔石器

8件，占库房打制石器的 1.85%。质地以细砂岩和粉砂岩为主，中部对钻一孔。

标本 SBK:492，灰褐色细砂岩。器体圆而厚，中央钻磨穿孔，使用两边对钻法。孔内有钻磨而成的光滑痕迹，两面孔径大致相等。长 9.6、宽 7.7、厚 4、孔径 1.6 厘米（图一三四，1；图版四二，1）。

标本 SBK:493，灰色粉砂岩。器体圆形，中央钻磨穿孔，使用两边对钻法。孔内钻磨面略显粗涩，两面孔径大致相等。残长 8.7、厚 3.3 厘米，孔径 2.6 厘米（图一三四，2；图版四二，2）。

标本 SBK:494，灰褐色细砂岩。器身圆形，形体较小，中央钻磨穿孔，使用两边对钻法。孔内钻磨面较光滑，两面孔径大致相等。长 6.7、宽 5.9、厚 2.3、孔径 0.8 厘米（图

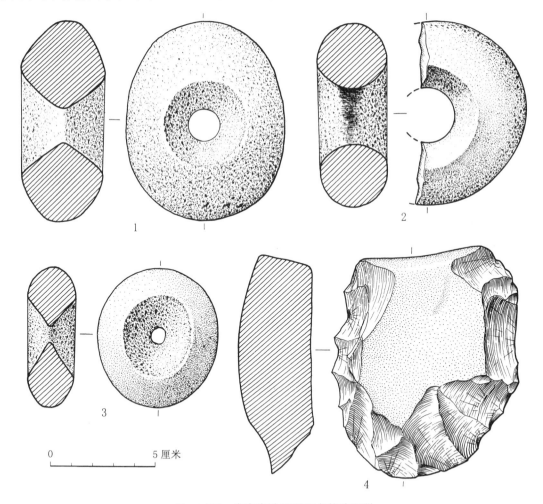

0　　　　　5 厘米

图一三四　库存穿孔石器和盘状砍砸器

1~3. 穿孔石器（SBK:492、SBK:493、SBK:494）　4. 盘状砍砸器（SBKDT6:005）

一三四，3；彩版一五，5）。

②磨制石器

21件，占库房石器总数的4.57%，包括石斧、石锛、石凿、石矛和石刀。

（1）石　斧

5件。占库房磨制石器总数的23.81%。质地以板岩为主，器身大部分磨制较精，刃部有较明显的使用痕迹。

标本K:495，褐色粉砂岩。器身平面近梯形，横截面呈椭圆形，顶部略平，两侧微外张，弧刃，正锋。刃部及绝大部分器身磨制，顶部留有砸击麻点或小凹疤，两侧可见打制时的片疤痕迹，右下刃端有一小崩疤，刃缘处使用痕迹不明显。器长12.7、宽6.5、厚3.3厘米，重390克（图一三五，1；图版四一，2）。

标本K:498，灰黑色碳质板岩。器身平面近三角形，顶部较尖，两侧外张，器身扁薄，刃部残缺。器身部分经过磨制，部分保留打制片疤。两侧边缘有较多的打击片疤，采用双向打击法，并形成了较为锋利的两侧刃缘，刃缘处有较明显的使用痕迹。从整体观察，该器原为磨制石斧，刃部残断以后又在两侧打制刃缘，充当砍砸器使用。器长9.9、宽6.1、厚2.2厘米，重170克（图一三五，2）。

标本K:497，灰黑色泥质板岩。器身平面近长方形，顶部略弧，两侧微外张，弧刃，正锋。刃部及绝大部分器身磨制，但风化较重。顶部留有砸击片疤，左侧可见打制时的片疤痕迹，背面有一处大的砸击凹疤，右下刃端有一较小崩疤及一些细碎的凹痕，为使用痕迹。器长16、宽7.1、厚3.6厘米，重660克（图一三五，3；图版四一，4）。

标本KBT1:001，灰黑色硅质泥质板岩。器身平面近长方形，顶部略弧，两侧微外张，弧刃，正锋。从规整的外形分析，刃部及绝大部分器身原为磨制，但由于严重风化，已看不出磨制痕迹。两侧边缘有较多的打制片疤。器长19.9、宽8.1、厚3.1厘米，重720克（图一三五，4；图版四一，1）。

（2）石　锛

11件，占库房磨制石器总数的52.38%。质地以细砂岩和粉砂岩为主，方形或长方形。器身大部磨制，刃部均有明显的使用痕迹。

标本KDT7:004，灰黑色粉砂岩。器身呈方形，平顶，两侧平直微外张，微弧刃，偏锋。器身磨制为主，但严重风化。顶部及两侧尚有小而浅的小片疤，刃缘处有明显的使用痕迹。长7.2、宽6.2、厚1.9厘米，重100克（图一三六，1）。

标本KBT2:002，灰黑色粉砂岩。器身略呈梯形，弧顶，两侧外张，锋略偏，弧刃，刃略偏向左端。刃部磨光，器身部分磨制。顶部及两侧有较多的打制崩疤。刃缘处有使用而形成的凹疤。长8.9、宽5.5、厚2.2厘米，重160克（图一三六，2；图版四一，5）。

标本KDT6:003，灰黑色细砂岩。器身略呈扁薄长方形，弧顶略残，两侧弧形，弧刃，偏锋。器身近通体磨光，两侧边缘有少许打制浅凹疤或损伤疤痕，刃缘处有使用而形成的凹

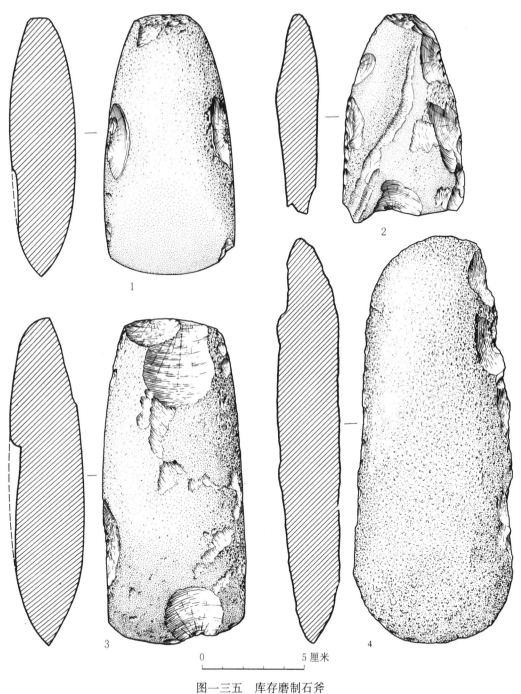

0　　　　　　　　5 厘米

图一三五　库存磨制石斧

1.K:495　　2.K:498　　3.K:497　　4.KBT1:001

疤。残长 9.5、宽 5.4、厚 1.4 厘米，重 110 克（图一三六，4；图版四一，6）。

标本 K:499，灰白色细砂岩。器身呈方形，顶部残，两侧平直，弧刃，偏锋。器身大部分磨制，但两侧边缘尚有较多的打制崩疤。刃缘有细碎的凹痕，为使用痕迹。残长 12.4、

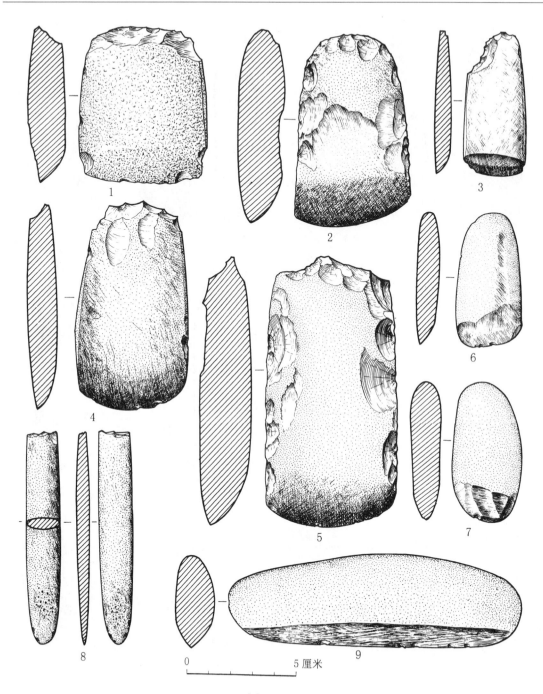

图一三六　库存磨制锛、凿、矛、刀

1、2、4、5.石锛（KDT7:004、KBT2:002、KDT6:003、K:499）　3、6、7.石凿（KDT5:016、KDT5:014、K:504）　8.矛（KDT5:015）　9.刀（KDT6:004）

宽6.2、厚2.4厘米，重290克（图一三六，5；图版四一，3）。

　　（3）石　凿

3件，占库房磨制石器总数的14.29％。质地为板岩和细砂岩，均有明显的使用痕迹。

标本 KDT5:016，灰黑色硅质泥质板岩。器身呈方形，短小而边薄，弧顶略残，两侧平直，偏锋，弧刃，刃面短，中部有浅的折线。器身大部磨光，背面有可见少许打制崩疤痕迹。器长6.6、宽2.9、厚0.8厘米，重24克（图一三六，3；图版四一，8）。

标本 KDT5:014，灰黑色碳质板岩。器身近梯形，器扁薄，顶端略弧，两侧略外张，刃略直，偏锋。刃部磨制，其他部位保留砾石面，刃缘处有细碎的使用凹痕。器长6.1、宽3.1、厚1厘米，重27克（图一三六，6）。

标本 K:504，灰褐色细砂岩。器身略呈椭圆形，器短小，保留大部分的砾石面。在砾石较短的下端双向打制出刃缘并加以磨制，磨制不完全，刃面尚可见到极浅的打制片疤痕迹，刃缘处有小凹痕，应为使用痕迹。长6.4、宽3.3、厚1.5厘米，重30克（图一三六，7）。

（4）石　矛

1件。占库房磨制石器总数的4.76％。

标本 KDT5:015，灰黑色碳质板岩。器身呈扁薄长形，上端残断，两侧平直，刃部凸弧形。通体磨制，上段磨光，下段有少许砾石的粗涩面。刃缘处有细碎的凹疤，为使用痕迹。残长9.8、宽1.6、厚0.5厘米，重16克（图一三六，8；图版四一，7）。

（5）石　刀

1件，占库房磨制石器总数的4.76％。

标本 KDT6:004，灰黑色粉砂岩。器身呈扁长形，保留绝大部分砾石面。在砾石的一条较长边缘的两侧相对磨制，使砾石的一侧形成一条长而直的凸出刃缘。两边刃面均狭长，刃缘处有明显的凹痕，为使用痕迹。长13.7、宽4.3、厚1.9厘米，重160克（图一三六，9；图版四一，9）。

③其　他

（1）砺　石

7件，占库房石器的1.52％。质地为砂岩或花岗岩，器身有明显的磨槽或磨滑面。

标本 K:484，风化中粒花岗岩。器身圆盘状，背面风化较多，有小蜂窝状的风化痕迹。正面中部为较光滑的凹面，是作为砺石使用时的磨面。器体周边有较多的砸击凹疤，为作为石锤使用时留下的痕迹。长10.3、宽9、厚5.3厘米，重670克（图一三七，1）。

标本 K:482，灰色中粒砂岩。器身形状不规则，右侧和下端为残断截面。正、背两面均内凹，正面凹面稍深，背面稍浅。器体有明显的风化痕迹，但正、背两面稍显光滑，正面形成了较为清晰的两个并列的小凹面，是较为明确的砺石磨面。背面中部和正面下缘有少许小凹疤，是作为石砧使用时的痕迹。长9、宽11.9、厚4.3厘米，重660克（图一三七，2）。

标本 K:483，棕黄色中细砂岩。器身略呈长椭圆形，厚重。砾石上、下两端有砸击形成的崩疤，且崩疤较大而深。正、背两面有明显的磨制凹槽，正面凹槽狭长而略深，背面的则较大而浅。从上面痕迹分析，该器是砺石，但也曾作为石锤使用。长18.6、宽10.2、厚5.6

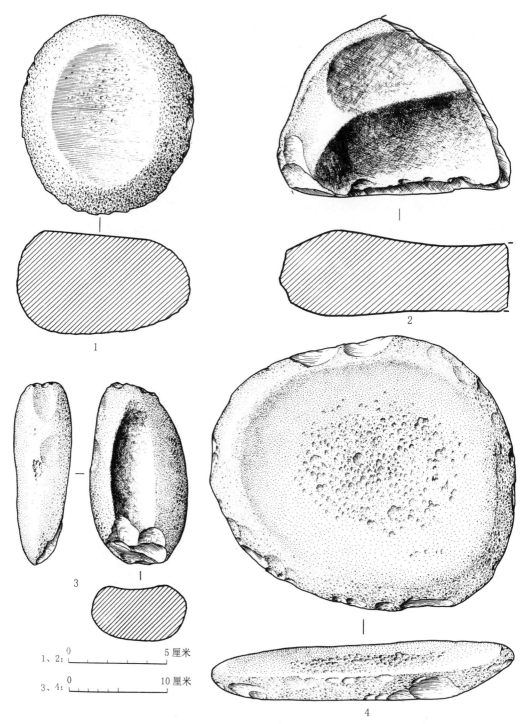

图一三七　库存砺石、石砧

1～3. 砺石（K:484、K:482、K:483）　　4. 石砧（K:481）

厘米，重 1520 克（图一三七，3；图版四二，3）。

（2）石　砧

1 件，占库房石器总数的 0.22%。器型宽大。

标本 K:481，灰色细砂岩。器身扁圆盘状，器体周边则有较多的明显是砸击使用而形成的崩疤或凹疤。正面有略凹的光滑面，背面较平直。正面中部有细密的因砸击而形成的凹疤。从整体观察，该器原为砺石，后作为石砧和石锤使用。长 28.2、宽 31.2、厚 6 厘米，重 7940 克（图一三七，4；图版四二，4）。

2.半成品

100 件，占库房石制品的 4.98%。质地以粉砂岩和细砂岩为主。器物以大、中型为主。有一个或多个明显的打击断面，断面多较陡直，有的断面则经过初步修整，但都没有形成明显的刃缘。

标本 K:358，灰色石英岩。器体呈扁薄的方形，在砺石的下端打击截断，截断面较平齐而陡直。打击点清晰，但没有二次修整痕迹，也没有形成刃缘。长 10.6、宽 10.5、厚 3.6 厘米，重 760 克（图一三八，1）。

标本 K:344，紫色粉砂岩。器身形状不规则，较扁薄。在砺石的下端和右侧单向打击截断，截断面较平齐而陡直，两侧仅各有一个清晰的打击点，下端截断面可见明显的放射线，两截断面均没有二次修整痕迹，没有形成刃缘。长 10.7、宽 10.3、厚 3.1 厘米，重 440 克（图一三八，2；图版三九，5）。

标本 K:395，紫色细砂岩。器身平面呈半椭圆，较扁薄。在扁圆形砺石的中间截断，打制出一个较长的断面，打击点位于右侧边缘，截面没有二次修整痕迹，没有形成刃缘。长 7.9、宽 12.8、厚 4.2 厘米，重 550 克（图一三八，3）。

标本 K:323，棕褐色粉砂岩。器身略呈方形，扁薄，右下凸出。在砺石的右侧和下端分别打制出两个截面，两截面没有二次修整痕迹，也没有形成刃缘。长 9.3、宽 7.7、厚 3.9 厘米，重 420 克（图一三八，4）。

3.石　块

共 1450 件，占库房石制品总数的 72.13%。为加工石器过程中截断的砺石碎块，形状多不规则。

（二）骨制品

64 件。其中骨器 40 件，骨器加工过程中产生的骨料和残次品 24 件。

1.骨　器

40 件，占骨制品的 62.5%。包括骨锥、骨铲、骨针、鱼镖、骨镞、饰品、骨凿及不明用途骨片。其中多数为残件。

（1）骨　锥

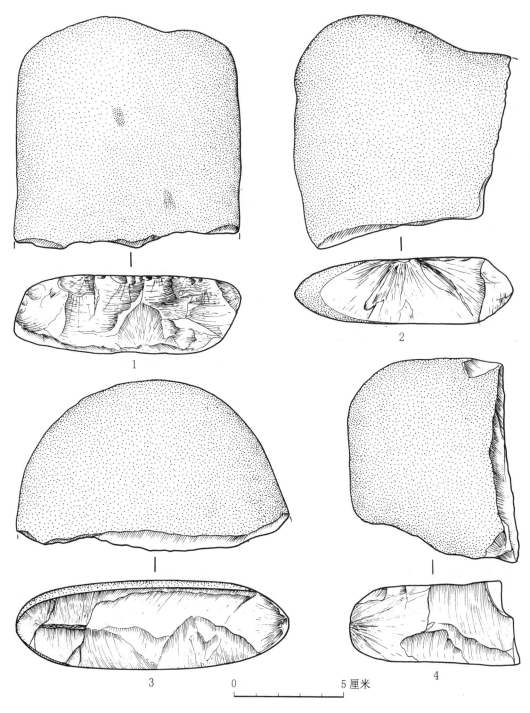

图一三八　库存半成品

1.K:358　　2.K:344　　3.K:395　　4.K:323

24 件，占骨器总数的 60％。器型种类较多，大多经火烤。

标本 K:005，上端残。横剖面近圆形。器表白中泛黄，有侵蚀痕迹。通体磨制。下端渐收成锋，锋端略残，当为使用所致。残长 5.9、宽 0.8 厘米（图一三九，1；图版四三，6）。

标本 K:030，上、下两端略残。横剖面圆形。器表浅黄色，夹杂因火烤而形成的黄褐色斑点。通体磨制。中部略粗，上、下渐收成两锋端。残长 8.4、宽 0.8 厘米（图一三九，2；彩版一四，1）。

标本 K:031，上、下两端略残。横剖面椭圆形。器表灰白色，夹杂稍多的因火烤而形成的黄褐色斑点。通体磨制。中部略粗，上、下渐收成两锋端。残长 9、宽 0.8 厘米（图一三九，3）。

标本 K 洞外堆土:001，上、下两端残。横剖面呈圆凹形。器表呈白色，夹杂有少许因火烤而形成的红褐色斑点。通体磨制，上有细密的磨痕。锋端略残，近锋尖有明显的磨滑面，应为使用所致。残长 6.3、宽 0.9 厘米（图一三九，4）。

标本 K:003，上端残。横剖面呈圆凹形。器表呈白色通体磨制，上有细微的磨痕。锋尖略钝，当为使用所致。残长 5、宽 0.9 厘米（图一三九，5）。

标本 KDT6:002，上、下两端残。横剖面近圆凹形。器表呈灰白色。通体磨制，上有细密的磨痕。残长 6.7、宽 1 厘米（图一三九，6）。

标本 K:007，上、下两端残。横剖面近椭圆形。器表呈浅黄色。通体磨制，上有细密的磨痕。残长 2.5、宽 0.9 厘米（图一三九，7）。

标本 K:008，上、下两端残。横剖面近椭圆形。器表灰黄色，上有较多因火烤而形成的黄褐斑点。通体磨制光滑。残长 3.2、宽 0.8 厘米（图一三九，8）。

标本 K:006，上端残。横剖面近方形。器表浅黄色，上有细碎的因火烤而形成的黄褐斑点。通体磨制。残长 5.1、宽 0.6 厘米（图一三九，9）。

标本 K 矮洞口:001，上端残。横剖面近斜方形。器表灰白色或灰黄色，上有少许因火烤而形成的黄褐斑点。两侧可见隐约的切削片疤痕和磨修痕，近锋处磨制较光。残长 5、宽 0.6 厘米（图一三九，10）。

标本 K:001，上、下两端残。横剖面扁薄，上端略宽，下端窄。器表白中略泛黄。正面两侧边缘可见明显的切削片疤和加磨痕迹。残长 7.2、宽 1.3 厘米（图一三九，11）。

标本 KDT6:001，上端残。横剖面近圆形，上端骨腔及骨壁保存完整。器表浅黄色。下端斜向切削成锋，片疤清晰。锋端有起伏的崩疤，当为使用痕迹。长 13.1、宽 1.6 厘米（图一三九，12）。

标本 K 洞内左堆土:002，锋端略残。横剖面略呈凹形。器表浅黄色，上有细碎的经火烤而形成的黄褐斑点。顶端为骨的关节面，在骨关节面的一侧切削成劈裂面，片疤或长而浅，或短而深，上端骨松质保留较好。锋尖残，为使用痕迹。长 10.9、宽 2.5 厘米（图一

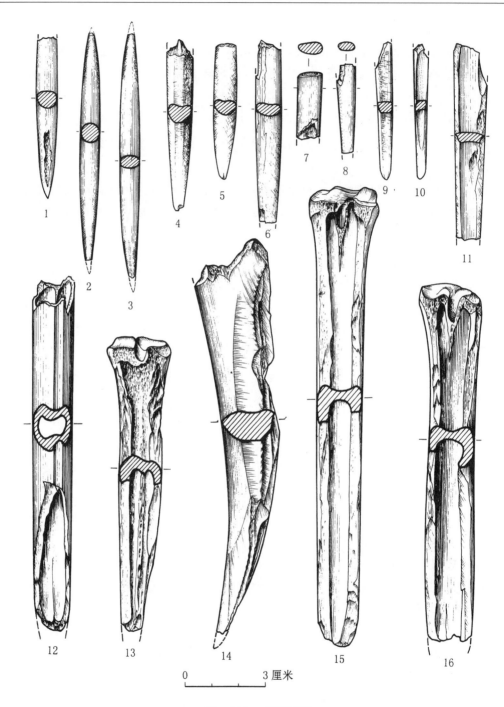

图一三九　库存骨锥

1.K:005　2.K:030　3.K:031　4.K洞外堆土:001　5.K:003　6.KDT6:002　7.K:007　8.K:008
9.K:006　10.K矮洞口:001　11.K:001　12.KDT6:001　13.K洞内左堆土:002　14.KDT5:002
15.KDT5:001　16.K洞内左堆土:001

三九，13；图版四三，8）。

标本 KDT5∶002，上端略残。器形似弯刀，横剖面近三角形，系较大型动物的肢骨。器表灰白色，上有细碎的经火烤而形成的黄褐斑点。右侧边缘可见长而大的切削片疤，锋端略残，为使用所致。长 14.6、宽 2.9 厘米（图一三九，14）。

标本 KDT5∶001，器型长而较宽，系较大型动物的肢骨制成。横剖面略呈凹形。器表呈浅黄色。顶端为骨关节面，有明显的切割断面。正面劈裂面两侧边缘可见长而浅的切削片疤，有明显的修整痕迹。下端略尖，锋端有细碎的崩疤，为使用痕迹。长 16.9、宽 2.7 厘米（图一三九，15；图版四三，7）。

标本 K 洞内左堆土∶001，下端残。横剖面呈深凹形。器表呈浅黄色，有少许经火烤而形成的黄褐色斑点。顶端为骨关节面，正面劈裂面右侧边缘可见较长的切削片疤，左侧切削片疤较细碎而深，背面骨凸棱有明显的修整痕迹。残长 13.2、宽 2.4 厘米（图一三九，16）。

（2）骨　铲

7 件，占总数的 17.5%。多为残件，经火烤的占相当数量，用较粗大的动物肢骨制成。

标本 K∶011，上端及右边残。横剖面近弯月形。器表灰白色，有较多的因火烤形成的红褐色斑点。左侧边缘经磨修，片疤痕迹不明显。下端为舌形刃，形成了明显的磨滑面，刃缘处有崩疤，为使用痕迹。残长 5.1、残宽 2 厘米（图一四〇，2）。

标本 K 洞内堆土∶003，上端残。横剖面近弯月形。器表灰白色，有很少的因火烤形成的红褐色斑点。正面两侧可见隐约的切削片疤。下端成舌形刃，近刃缘有明显的磨痕。刃缘处有细碎的崩疤，当为使用痕迹。残长 6.1、宽 2.5 厘米（图一四〇，3）。

标本 K∶012，上、下两端残。横剖面近弯月形。器表灰白色，有火烤形成的红褐色斑点。正面两侧可见明显的切削片疤，下端修整明显。刃缘处有较细碎的崩疤，为使用痕迹。残长 6.2、宽 2.7 厘米（图一四〇，4）。

标本 K∶013，上端残。横剖面近弯月形。器表浅黄色。正面两侧可见明显的切削片疤。下端为舌形刃，刃面形成明显的磨滑面。刃缘有起伏的小崩疤，当为使用痕迹。残长 6.5、宽 1.9 厘米（图一四〇，5）。

标本 K∶009，上端残。横剖面近弯月形。器表受侵蚀影响呈现较大块的黑色斑痕，其他部分则呈白色。左侧边缘有隐约的切削片疤，右侧边缘则磨制稍光。刃缘处有细碎的凹疤，当为使用痕迹。残长 7.7、宽 3 厘米（图一四〇，6）。

标本 KDT5∶003，上端残。横剖面近弯月形。器表灰白色。正面骨松质保存较多，两侧边缘的上段可见较大而深的切削片疤，边缘下段有较明显的磨痕。刃缘处有较多的细碎崩疤，当为使用痕迹。残长 11、宽 3.8 厘米（图一四〇，7）。

标本 K 矮洞口∶002，略残。横剖面呈扁薄凹形。器表灰白色，局部有火烤形成的红褐色斑点。利用动物的肩胛骨制成，正、背两面为自然的凹面。上端略加修整，形成合适的手

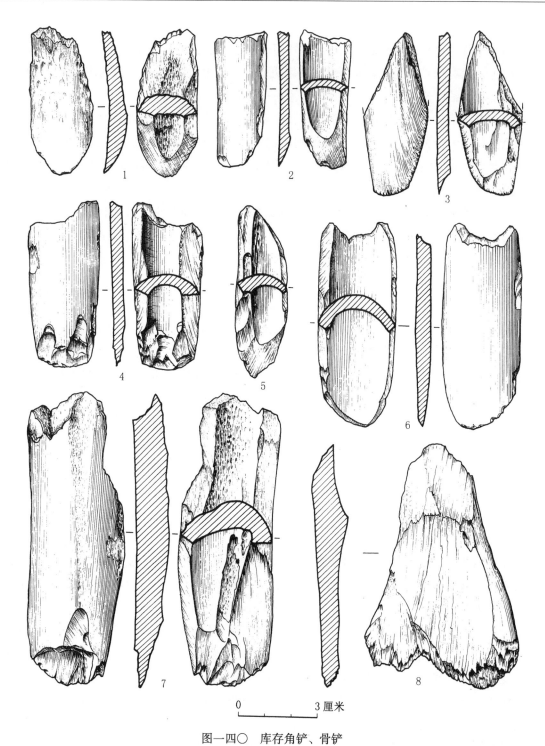

图一四〇　库存角铲、骨铲

1.角铲（K：010）　　2~8.骨铲（K：011、K洞内堆土：003、K：012、K：013、K：009、KDT5：003、K矮洞口：002）

柄状，下端有少许切削片疤。刃缘有参差不齐的崩疤和凹疤，当为使用所致。长9.2、宽6.1厘米（图一四〇，8）。

（3）骨鱼镖

3件，占骨器的7.5%。形态、装饰各异。

标本K:035，上、下两端略残。器形宽扁，中部一棱略显，两侧有略对称的三组粗短的倒刺。器表浅黄色。通体磨制。残长7.6、厚0.8厘米（图一四一，4；彩版一四，4）。

标本KDT5:004，上、下端残。横剖面略呈椭圆形，正面略弧拱，背面略平。器表灰白色，上有火烤形成的黄褐色斑点。器表装饰有剔雕法雕刻出的锯齿形纹饰，正面四组，背面两组，均竖向平行排列，共同组成似鱼鳞的装饰图案。近锋端两侧有垂直的小凸起，为鱼镖的刺。锋尖微钝，当为使用所致。残长6.3、宽1.6厘米（图一四一，5；彩版一四，5）。

标本K:015，上端残。横剖面呈扁凹形。器表经火仔细烘烤，呈深黑色，但器物硬而不脆。通体磨制，局部可见细密的磨痕。刃部光滑发亮，当为长期使用、摩擦所致。残长4.7、宽1.4厘米（图一四一，6；图版四三，1）。

（4）骨　针

2件，占骨器的5%。

标本KDT6:008，上端略残。横剖面圆形，中部略粗，上端略细，下端成锋。器表白中泛黄。顶端对钻一细孔，通体磨制光滑。残长9.6、宽0.6、孔径0.1厘米（图一四一，2）。

标本K:033，锋尖略残。横剖面圆形。器表浅黄色。顶端对钻一细孔，通体磨制光滑。残长8.2、宽0.6、孔径0.2厘米（图一四一，3；彩版一四，2）。

（5）骨　镞

1件，占骨器的2.5%。

标本K:032，上、下两端略残。上段横剖面为带凹槽的三角形，下端呈圆形。器表浅黄色。通体磨制精细。正面中部一棱凸起，背面成较深而规整的凹槽，下端渐收成圆尖形的锋端。残长10.8、宽1厘米（图一四一，1）。

（6）骨　片

1件，占骨器的2.5%。用途不明。

标本KBT2:001，横剖面近椭圆形，背面较平，正面略弧。器表灰白色。通体磨制较光，上、下两端也较圆滑，没有刃缘和崩疤，使用痕迹不明显。长5.2、宽1.3厘米（图一四一，7；图版四三，3）。

（7）饰　品

1件，占骨器的2.5%。

标本KBT1:001，上、下两端残。横剖面扁薄。器表浅黄色，有细微的因火烤形成的红褐斑点。上端稍宽，有两个单向的钻孔。中部呈束腰形，下端微张。通体磨制光滑。初步推测该器为饰品。残长4.4、残宽1.8厘米（图一四一，8；图版四三，2）。

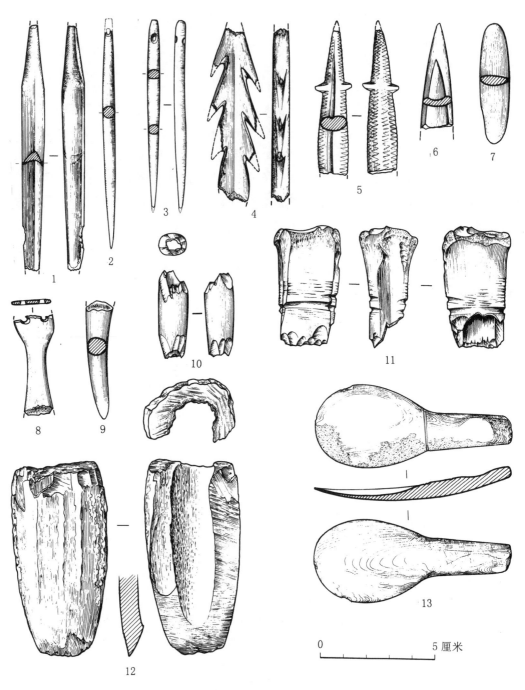

图一四一 库存骨镞、针、鱼镖、凿、骨片、饰品、骨料，角锥、铲，蚌勺

1. 镞（K：032） 2、3. 针（KDT6：008、K：033） 4、5、6. 鱼镖（K：035、KTD5：004、K：015） 7. 骨片（KBT2：001） 8. 饰品（KBT1：001） 9. 角锥（KBT3：001） 10. 骨料（K：014） 11. 骨凿（KDT5：005） 12. 角铲（K：036） 13. 蚌勺（K：017）

（8）骨　凿

1件，占骨器的 2.5%。用残断器物再加工制成。

标本 KDT5:005，下端残。横剖面形状不规则。器表灰白色，有经火烤形成的红褐色斑点。顶部为光滑的骨关节面，四周有横向的切割凹槽，当为系绳悬挂或携带方便之用。在下端残断的一侧缘有较明显的修整痕迹并形成刃缘，刃缘处有细碎的崩疤，当为使用痕迹。整体分析，该器物原为较大的骨锥或骨铲，残断之后，利用手柄制成一个骨凿类的器物。残长 5.4、宽 3 厘米（图一四一，11；图版四三，5）。

2. 骨　料

24 件，占骨制品总数的 37.5%，多为较粗大的动物肢骨。骨料均经过初步加工，但多没有二次加工痕迹，没有明显的刃缘，也没有使用痕迹。

标本 K:014，上、下两端残。横剖面圆形。器表浅黄色。残段骨腔保留完整，上、下两端有较明显的切削片疤。器物用途不明。残长 3.9、宽 1.4 厘米（图一四一，10）。

标本 K:016，系用较大型动物肢骨制成。横剖面近弯月形。器表灰白色。顶端为骨关节面，在骨关节面的一侧将骨砍劈开，下端呈尖形，劈裂面留下长而直的片疤。没有使用痕迹。长 10.2、宽 4.3 厘米（图一四二，1）。

标本 KDT6:004，系用较大型动物肢骨制成。横剖面近弯月形。表面浅黄色，有火烤形成的红褐色斑点。顶端为骨关节面，在骨关节面的一侧将骨砍劈开，劈裂面留下长而直的片疤，没有二次修整痕迹。长 12.7、宽 2.7 厘米（图一四二，2；图版四三，9）。

标本 K:019，系用较大型动物肢骨制成。横剖面呈凹形。器表浅黄色。顶端为骨关节面，在骨关节面的一侧将骨砍劈开，劈裂面留下较小而深的片疤，下端没有形成刃缘，也没有二次修整痕迹。长 10.8、宽 4.1 厘米（图一四二，3）。

标本 K:018，横剖面呈凹形。器表灰白色，有细微的因火烤而形成的红褐斑点。两侧有长直的切削片疤，下端没有形成刃缘，也没有二次修整痕迹。长 7.9、宽 1.7 厘米（图一四二，4）。

标本 KDT6:005，残。横剖面呈凹形。器表白中泛黄，夹杂稍多的因火烤而形成的红褐斑点。顶端为骨的关节面，两侧可见长而直或大而深的切削片疤，下端没有形成刃缘，也没有二次修整痕和磨痕。长 9.5、宽 2.2 厘米（图一四二，5）。

标本 KDT3:001，系用较大型动物肢骨制成。形似弯刀，横剖面呈凹形。器表白中泛黄，有细微的因火烤形成的红褐斑点。正面两侧可见长的切削片疤，一侧稍厚，一侧稍薄，右下端尖形，但没有明显的使用痕迹。长 13.3、宽 4.1 厘米（图一四二，6）。

标本 K 矮支 T1:001，系用较大型动物肢骨制成。横剖面呈深凹形。器表白中泛黄，有受侵蚀的黑斑。顶端为截断面，两侧可见长而直的片疤，下端没有形成刃缘，也没有二次修整痕和磨痕，背面有稍宽的横向砍砸形成的凹槽。长 12.1、宽 2.8 厘米（图一四二，7；图版四三，10）。

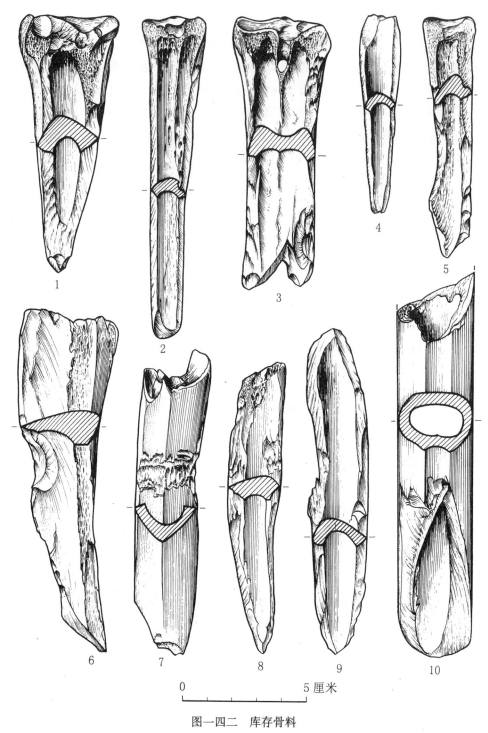

图一四二　库存骨料

1.K：016　2.KDT6：004　3.K：019　4.K：018　5.KDT6：005　6.KDT3：001　7.K 矮支 T1：001　8.K：
017　9.KDT6：003　10.K 矮支 T1：002

标本 K:017，横剖面近弯月形。器表白中泛黄。顶端为截断面，下端呈尖形，正面两侧可见较长较深的片疤，没有二次修整痕迹和使用痕迹。长 11.4、宽 2.1 厘米（图一四二，8）。

标本 KDT6:003，系用较大型动物肢骨制成。横剖面近弯月形。器表灰白色，有少许因火烤而形成的红褐斑点。两侧可见或长而直、或大而深的切削片疤，没有二次修整痕和使用痕。长 12.9、宽 2.5 厘米（图一四二，9）。

标本 K 矮支 T1:002，系用较大型动物肢骨制成。横剖面近圆形，骨腔保存完整。器表浅黄色。上、下两端为骨的截断面，可见一次性的砸击疤痕，没有二次修整痕迹。长 15.3、宽 3.2 厘米（图一四二，10）。

（三）角制品

4 件。有角锥和角铲。

（1）角　锥

2 件。器形较小。

标本 KBT3:001，上端残。横剖面圆形。器表灰白色。形体略弯，角尖处有细微的崩疤，当为使用所致。残长 5.2、宽 1.2 厘米（图一四一，9）。

（2）角　铲

2 件。用鹿角制成，器形较小。

标本 K:010，上端残。横剖面为扁凹形。器表浅黄色，有明显的火烤形成的红褐色斑点。背面为凹凸不平的鹿角面，正面下端近刃缘有斜向的磨滑面。刃缘处略呈锯齿状，为使用痕迹。残长 5.2、宽 2.5、厚 0.7 厘米（图一四〇，1；图版四三，4）。

标本 K:036，横剖面近弯月形。器表浅黄色，有较多的因火烤而形成的红褐色斑点。顶部为截断面，可见清晰的切割片疤，背面为凹凸不平的鹿角面，正面斜向切削出刃面，并有明显磨痕。刃缘处有起伏的细碎崩疤，为使用痕迹。长 8.5、宽 4.3 厘米（图一四一，12；彩版一四，7）。

（四）蚌制品

31 件，包括蚌勺和蚌刀。

（1）蚌　勺

1 件。完整，制作精致。

标本 K:017，利用整个蚌壳的自然形体加工而成。右侧铰合部切削成长条形的手柄，左侧为较宽略凹的勺体，手柄及勺体边缘均打磨光滑，手柄与勺体交界处有浅的横向凹槽，近手柄顶端磨制有一块小的凹面，以便适合紧握。勺体边缘有少许凹疤，当为使用痕迹。长 8.8、宽 3.7 厘米（图一四一，13；彩版一四，8）。

（2）蚌　刀

27 件。多为残件，并以穿孔器为多。

标本 K:001，大部残。在蚌的中部对钻两圆孔，顶端铰合部及右侧均有明显的加工打磨痕迹，形成了相对平整的面。残长 6.8、残宽 4.3、孔径 0.7 厘米（图一四三，1）。

标本 KDT5:002，大部残。蚌的中部对钻一圆孔，右侧及上端均有明显的因使用形成的磨滑面。下端为刃缘，刃缘处有呈锯齿状的使用崩疤。残长 3、残宽 5.9、孔径 0.6 厘米（图一四三，2）。

标本 KDT3:001，大部残。在蚌的中部对钻一圆孔，下端为刃缘。刃缘处有明显的使用崩疤，由于同一崩缺口连续使用，崩缺口也形成了磨滑面。残长 3.7、残宽 6、孔径 0.8 厘米（图一四三，3）。

标本 KDT3:003，左、右两侧为残断面。下端为圆弧形的刃缘，刃缘处有细碎的崩疤，为使用痕迹。残长 4.3、宽 5.8 厘米（图一四三，4）。

标本 KDT3:002，大部残。蚌的中部对钻一圆孔，右下有锯齿状的使用崩疤。由于使用较多，器表有细密的磨痕，刃缘处形成了较钝的磨滑面。残长 5.4、残宽 4.8、孔径 0.9 厘米（图一四三，5）。

标本 K:002，完整。蚌的左侧铰合部、上端及右侧远端经过修整，形成适于手握的磨面。下端为宽薄的刃缘，刃缘处有许多细微的凹痕，当为使用痕迹。长 5.4、宽 7.9 厘米（图一四三，6；图版四三，11）。

标本 KDT5:003，残。蚌的中部对钻一圆孔，上端为断裂面，左、右及下缘均有细密的使用凹疤，从而形成圆弧形的刃缘。由于使用较多，刃缘已较钝，正、背两面也形成了明显的磨滑面。残长 4.4、残宽 7、孔径 0.8 厘米（图一四三，7）。

标本 K:003，略残。蚌的上端铰合部有明显的修整，形成较钝的磨面。器周为圆弧形的刃缘，上有锯齿状的使用崩疤。长 6.4、宽 7.3 厘米（图一四三，8）。

标本 K 矮洞口:001，丽蚌。左侧铰合部尖部被打去，并略加修整以适于手握。壳背中部有 2 个钻孔未通形成的圆形凹坑，右下端有较大的崩疤，当为使用痕迹。长 10.5、宽 8.2 厘米（图一四四，1）。

标本 KDT5:001，丽蚌。右上铰合部尖部被打去，右下缘也修整成稍平的面，以适于手握。以蚌较薄的远端为刃缘，上有较大的使用崩疤。壳背中部有 11 个钻孔未通形成的大小不等的圆形凹坑。长 7.1、宽 12 厘米（图一四四，2）。

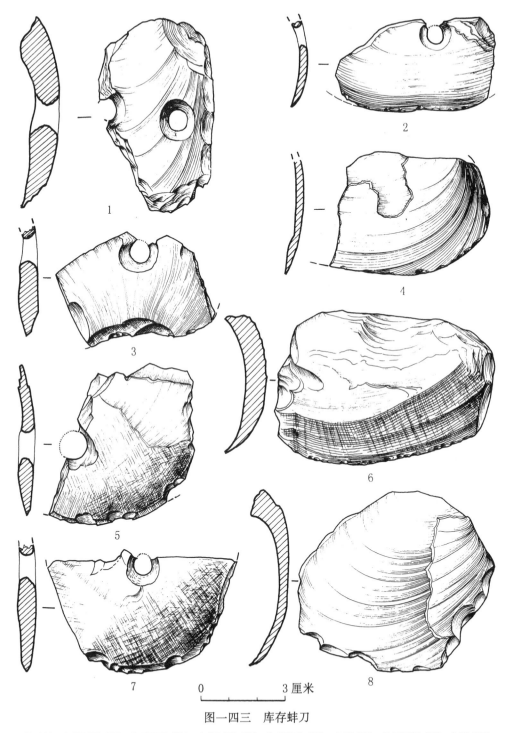

图一四三 库存蚌刀

1.K:001 2.KDT5:002 3.KDT3:001 4.KDT3:003 5.KDT3:002 6.K:002 7.KDT5:003 8.K:003

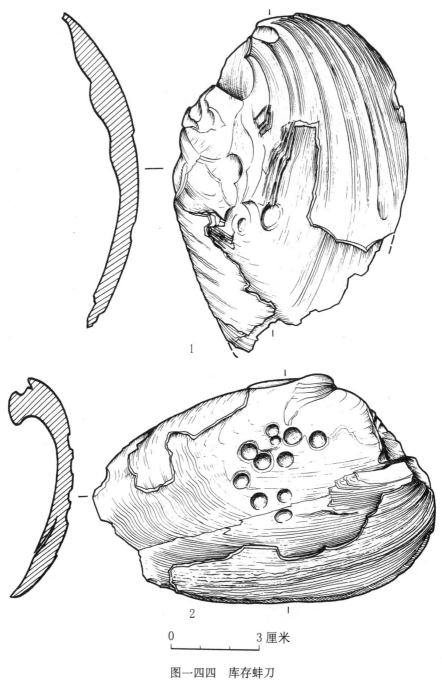

图一四四　库存蚌刀

1.K 矮洞口：001　2.KDT5：001

第五章　生存环境

自然环境包括两大部分，生物的（biotic）和非生物的（abiotic）自然环境。前者包括动物和植物以及动植物物种之间的相互作用和影响；后者包括气温、降雨、水资源、地理地貌环境等（Mackenzie et al., 1999）。自然环境中的许多要素，包括动植物、阳光和水，是人类赖以生存的基础，对甑皮岩史前人类也不例外。

甑皮岩遗址自然环境和资源的综合研究，在国内是起步比较早的。70 年代对出土动物遗存进行了鉴定分析，80 年代进行了孢粉分析。2001 年第二次发掘又进行了孢粉、植物硅酸体、浮选以及动物考古学的分析。通过整合多学科分析的结果并参考前人的研究成果，目前，我们已经可以初步复原甑皮岩遗址的史前环境，并了解当时可供先民利用的自然资源。以下分别介绍 2001 年以前和 2001 年发掘后有关史前环境和自然资源的研究成果，并对史前洞穴遗址孢粉组合与植物遗存的关系，水陆生动物遗存以及史前居民对自然资源的利用等问题作初步讨论。

第一节　孢粉种类所反映的生存环境

一、2001 年以前的研究

甑皮岩遗址 1973 年进行试掘，随后相继进行了动物群的分析（李有恒等，1978），淡水瓣腮类和腹足类的分析（黄宝玉，1981；王惠基，1983），孢粉分析（王丽娟，1989）以及植物硅酸体的分析。

1980 年代在甑皮岩遗址的 4 个地点采样并进行了孢粉分析，其中的 01 号采样点位于 DT5 探方北侧崩塌层下，采样 1 个；02 号在 DT6 探方东南坑壁，采样 5 个；03 号采样点用探铲打入 DT4 探方北侧地层 2.5 米，采样 8 个。04 号采样点则位于洞底钙华板层附近，采样 3 个；一共采集了 17 个样（图一四五）（王丽娟，1989）。据研究者报告，甑皮岩遗址早期地层中所含的孢粉数量较少，而中上层地层中有种类丰富的孢粉，包括了木本、草本、水生植物的孢粉以及大量蕨类、环纹藻、苔藓和菌类的孢子。根据孢粉组合，研究者认为甑皮岩史前的气候经过了三个时期的波动。早期为大约距今 1 万年左右，以编号 01 和 02 采样点的孢粉组合为代表，反映针、阔叶和草本混合的植被，也有蕨类和藻类植物，气温比现代偏

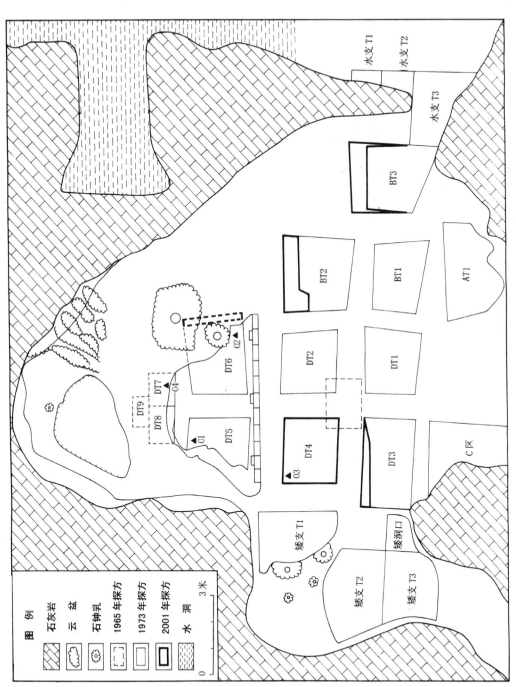

图例
石灰岩
云盆
石钟乳
1965年探方
1973年探方
2001年探方
水洞

水支 T1
水支 T2
水支 T3
BT3
BT2
BT1
AT1
DT2
DT1
DT6
DT7
04
02
DT9
DT8
DT5
01
DT4
03
DT3
C区
矮支 T1
矮支 T2
矮支 T3
矮洞口

0　　　3米

低，遗址附近为疏林景观。距今约 7000 余年的全新世中期为第二期，以编号为 03 剖面的孢粉组合为代表，反映的植物组合以阔叶植物为主，夹有针叶树、草本、蕨类植物，其中不少是热带、亚热带植物成分，气候暖热潮湿，遗址附近是针阔叶混交林景观。而到了距今大约四五千年左右，以 04 号剖面的孢粉组合为代表，植物中针叶树成分增加而阔叶树成分减少，其他热带、亚热带植物成分也减少，松科植物增加，似乎表明气候变凉干（图一四六 A、B）。这个分析是研究甑皮岩史前环境和植物组合的首次尝试。

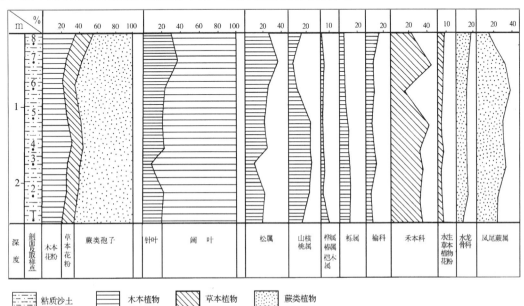

图一四六 A　1973 年 03 地点剖面孢粉采样图式

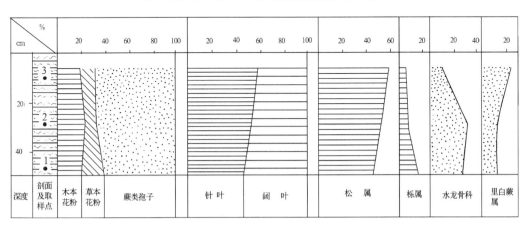

图一四六 B　1973 年 04 地点剖面孢粉采样图式

二、2001 年的采样和分析

上世纪 80 年代对甑皮岩动植物的分析无疑为我们了解甑皮岩的史前环境和自然资源提供了重要的资料。但由于甑皮岩 1970 年代发掘所处的特殊的历史背景，地层的划分存在相当的争议，因此也对上述分析采样工作造成了相当影响。有鉴于此，2001 年在进行第二次发掘时，同时进行了一次多学科综合研究，希望通过综合浮选与炭化植物遗存分析、孢粉、植物硅酸体、动物考古学分析的结果，比较全面和准确地了解甑皮岩遗址的史前环境和自然资源。其中的孢粉和植物硅酸体分析采样工作是在 2001 年发掘结束后进行的。

孢粉和植硅石的采样点选在遗址的 BT2、BT3、DT3、DT4 和 DT6 五个探方内。采样原则是在探方内每一地层均进行采样，收集一套从下到上的土样进行孢粉和植物硅酸体分析，以便提高孢粉和植硅石组合在各个时期变化的分辨率，并对比和研究各个时期环境的变化和人类对植物资源的利用。此外，在个别特殊现象点，如在 BT3 的 12 层和 18 层的大量灰白色遗存，也进行了采样（图一四七～一五〇）。另外在甑皮岩洞口西侧和邻近的大风山地表也进行了采样，目的是和遗址孢粉组合进行对比（图一五一、一五二；图版四四，1、2）。

2001 年的采样操作过程严格按照国内外考古遗址孢粉采样的程序，从地层底部向上采样。采样时在探方剖面每一小层选一个点，通常是堆积较厚的位置。每一个采样点先用彻底清洗过的手铲刮去表面浮土，再换另外一把经过水洗和干净纸张一次性清洗的手铲，向地层切入宽20厘米,高和深度大约5厘米的长方形采样小方,将土样取出分别装进两个密封口

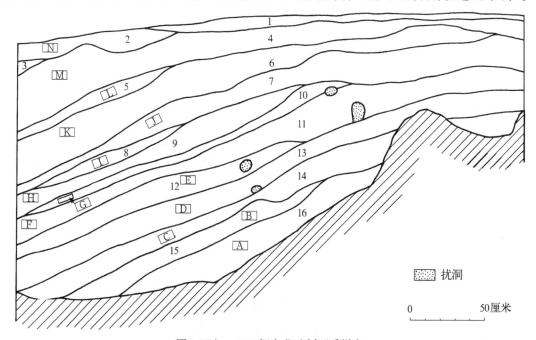

图一四七　DT3 探方北壁剖面采样点

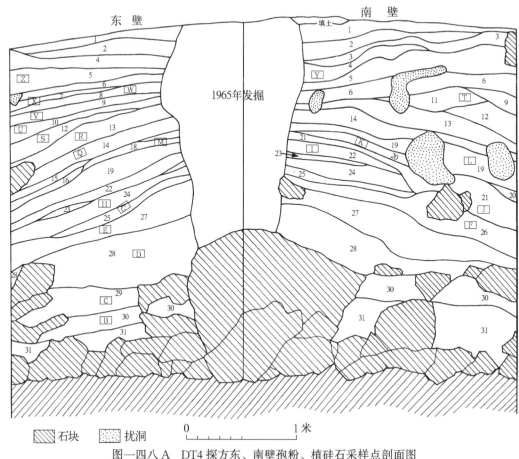

图一四八 A　DT4 探方东、南壁孢粉、植硅石采样点剖面图

的塑料袋中，外面再各套上一个密封口塑料袋，加上标签。对灰白色土，采样时也是先用干净手铲清除表面浮土，再换另一把干净手铲采样。每采完一个样，用过的两把手铲均用水反复刷洗后再用，以防止土样受交叉污染。每一个采样点均有采样记录，内容包括当日的气候、风向、风力以及采样开始和结束的准确时间，作为日后分析的参考。

采集的两套土样，分别送中山大学地球科学系和中国社会科学院考古研究所考古科技实验研究中心作孢粉和植物硅酸体鉴定分析。2001 年所采土样的植物硅酸体，已有专文分析（详见本书第六章），此不赘述。中山大学孢粉鉴定的结果也附在本书（附录一）。本节集中讨论由这些分析鉴定结果所见的甑皮岩不同时期的自然环境和资源。

在进行分期讨论之前，有必要简单回顾一下孢粉遗存在考古遗址中出现和保留的机制，以及这些植物遗存的文化意义。植物产生的花粉和孢子由风、水、动物或其他中介体传播，都有一定的传播距离，而且大多数都落在母体植株附近（姜钦华，1993）。许多以风为传播中介的植物花粉在孢粉组合中的比例能够大致准确地反映出它们在植被中的数量（www - class.unl.edu）。这些都是植物学孢粉分析所依据的基本规律，也是可以运用孢粉分析复原古代自然环境和气候的前提。

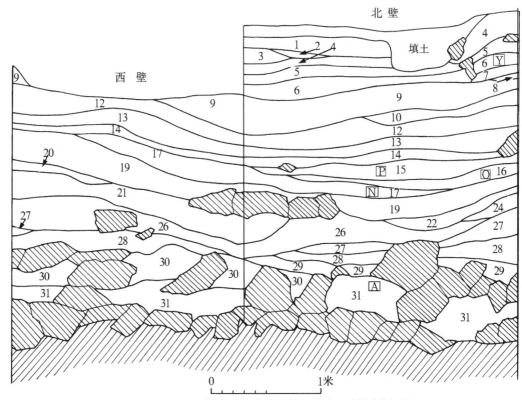

图一四八 B　DT4 探方西、北壁孢粉、植硅石采样点剖面图

　　但是，需要注意的是，考古遗址中所发现的孢粉，特别是洞穴遗址中的孢粉，与植被并不是简单的对等关系。首先，自然土壤中所含孢粉和当地的自然植被就不是完全相等的。这种不完全相等首先是由不同植物产生孢粉的数量差别所引起的。有些植物很少或根本不释放孢粉，或孢粉不易聚集，孢粉组合难以反映它们的存在。如在亚热带地区最具有代表性的樟树和水青冈，前者的花粉"难以捕获"，后者花粉产量低（李文漪，1998）。以昆虫作为传播媒介的植物往往产生较少的孢粉，此外有些植物的孢粉在水中传播，通常难以保留。这些都属于在孢粉组合中"低表现"或"不表现"的种类（Faegri et al.，1966）。另一方面，松科等植物每棵树每年产生数以百万计的花粉，通常在花粉组合中的比例超出它们在实际植被中的百分比，属于"超表现"的植物花粉（Faegri et al.，1966）。当然，不少植物如栲、栎、铁杉等在花粉组合中的比例与植株在植被组合中的实际比例相近（李文漪，1998），否则孢粉分析也就无法成立了。但这些不同表现率的孢粉共存，使孢粉组合反映植被群落的准确性受到一定影响。

　　第二，是不同植物孢粉的传播距离和传播媒体的差别，以及地形、植被、气流等等都对花粉的传播产生影响，从而影响孢粉组合反映植被群落的准确程度（李文漪，1998）。例如，以风为传播媒体的松属花粉，其传播距离以公里计，可以飞到数十上百公里之外，可以从山下随气流向上传播（李文漪，1998）。对比依靠昆虫或其他动物进行花粉传播的十字花科和豆科植物，其

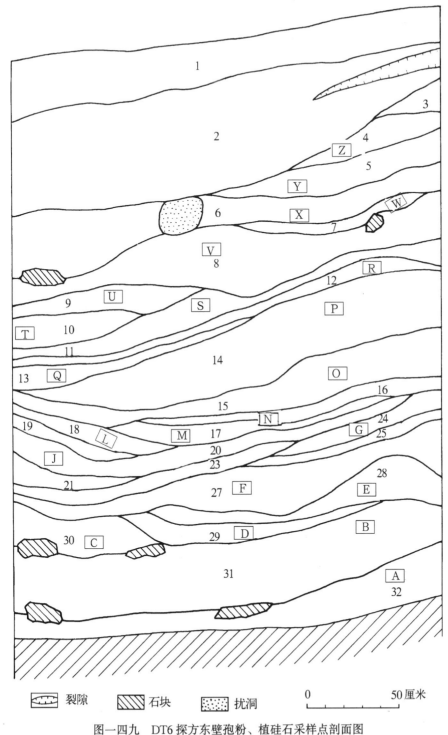

图一四九　DT6 探方东壁孢粉、植硅石采样点剖面图

传播距离却以米计，有些种类的花粉只能传播数米，差别甚大（www.geo.arizona.edu/palynol-ogy）。此外部分植物孢粉比较容易保存，部分则难以保存（宋国定等，2000）。这些因素都影响

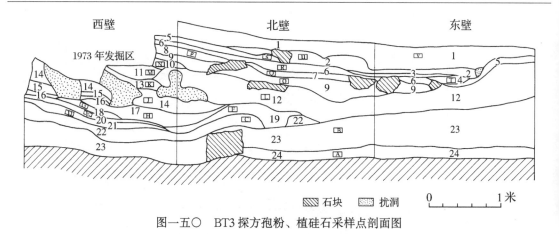

图一五〇　BT3 探方孢粉、植硅石采样点剖面图

孢粉组合反映植被的准确性。据研究,含松属花粉 30％以下的孢粉组合,所反映的植物群落中可能根本没有松,而乔木植物组合和花粉组合的相同率只有 40％到 60％(李文漪,1998)。

从 20 世纪 30 年代以来,不少中外学者都致力于解决不同植物在孢粉组合中"超表现"和"低表现"甚至"不表现"的问题,研究孢粉的传播和各种因素的关系,力图找出有一定规律性的校正值去减少误差,以使孢粉组合尽可能接近植物群落的原貌(Faegri et al., 1966;李文漪,1998)。但到目前为止,给每种植物花粉一个普遍的校正值仍然是比较困难的(李文漪,1998)。当我们运用孢粉分析为考古学服务的时候,也需要了解孢粉组合和植被组合之间的复杂关系,避免简单化的解读孢粉组合,并且需要通过对现代孢粉组合和植被的对比寻求本遗址的相关校正值。

通过孢粉组合去了解考古遗址附近古代自然环境和植被,还需要注意孢粉是如何被带进遗址,以及如何被保存下来的。首先,和植物硅酸体一样,考古地层中的孢粉,完全可能包括了自然形成和人类有意或无意中带进遗址的成分。要了解遗址的自然环境和植被,应当在遗址附近的自然堆积中进行采样以作比较。但这一方法直接牵涉到如何测定自然堆积年代以保证它们与遗址堆积"同时"的问题。另外,不同地貌类型遗址中由自然力带进的孢粉有无差别,例如洞穴遗址是否会较少受到花粉雨的影响,所含孢粉是否会少于露天遗址,以及孢粉在不同酸碱值、不同气候带和不同颗粒结构的土壤中如何保存,为何部分遗址较少孢粉发现等等,也都是直接关系到考古遗址孢粉分析的问题。在本节最后将会对其中部分问题有所讨论。

(一) 第一期文化的自然环境和植物资源

从孢粉分析的结果来看,甑皮岩此期地层中的孢粉极其稀少。探方 DT4 属于第一期的第 31 和 30 层两个土样中一共只发现了 12 粒孢粉,其中木本的松属 6 粒,占 50％,山麻杆属 1 粒,占 8.3％;草本的豆科 2 粒,占 16.67％,其余为蕨类的凤尾蕨 1 粒,三缝孢子和环纹藻各 1 粒(附录一)。从表面看来,这个孢粉组合大体反映了一种比较温凉的气候和稀

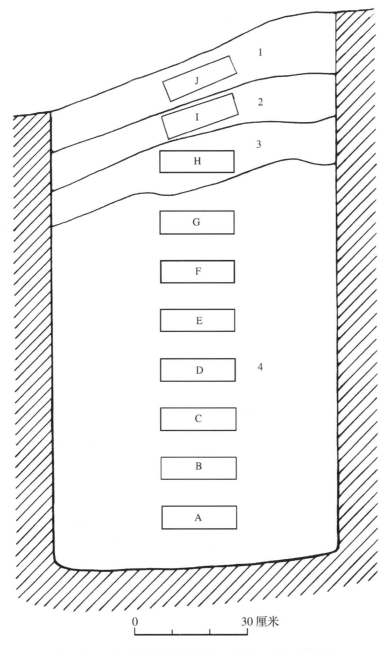

图一五一　甑皮岩洞口西侧孢粉、植硅石采样点剖面图

疏的植被。但如上所述，遗址的孢粉组合有其局限性，而且此期孢粉的数量过少。所以我们必须参考本地区自然堆积的孢粉分析结果和其他学科的研究结果来了解甑皮岩遗址早期的自然环境。

桂林地区有几个自然堆积点的孢粉分析（刘金荣等，2000），但都不属于本期文化所处的距今12000到11000年前这个时段。不过，除了孢粉分析之外，石笋沉积速率和碳氧同位

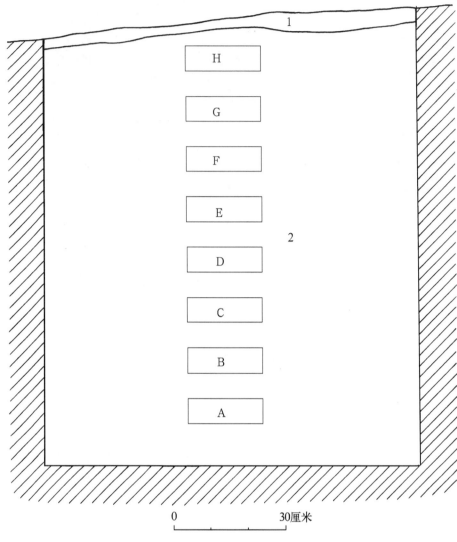

图一五二　大风山孢粉、植硅石采样点剖面图

素研究是岩溶地区复原古气候和古环境的高分辨率方法。根据 90 年代末期对广西北部包括桂林地区洞穴石笋的沉积速率和同位素研究，桂林地区在大约距今 12500 年之前是比较寒冷的，12500 年到 10800 年左右是过渡性的冷阶段，到大约 10800 年左右进入全新世升温期（张美良等，1998；覃家铭，1997）。

　　从这些研究来看，甑皮岩第一期文化所处的时代属于过渡性的冷阶段，这和全球范围内距今大约 11000 年出现的新仙女木冷期气候波动也是吻合的。在这种气候中，年平均温度降低，年降雨量减少，植被当主要以喜温凉的植物如松属以及禾本科、蒿等比较耐旱的植物为主。凤尾蕨有不同的种，现代分布于从暖温带到亚热带和热带的广泛区域之内（郭城孟，2001），它和环纹藻的存在表明气候属于温凉而并非严寒。

第一期地层孢粉所反映的植物虽少，但都是可供利用的资源。其中凤尾蕨类的根茎及嫩叶均可食用，而且含丰富的胡萝卜素和维生素 C，至今仍是重要的山野菜之一（戴宝合，1990）。而松属及山麻杆可作为燃料。此外还出现了 2 颗豆科的花粉。问题是，这些孢粉是人类带进洞中的，还是自然力作用的结果？由于松科花粉具有长距离传播的能力（李文漪，1998），因此遗址所见松科花粉不能排除是自然力送进洞内的。另一方面，由于松科花粉产量很大，而且在母体植株附近发现的量最多，而离植株越远花粉数量越少（李文漪，1998），所以，如果不考虑其他影响孢粉保存的因素，第一期所见的如此稀少的松属花粉似乎反映当时甑皮岩遗址附近没有松的存在，或者说松属植物与遗址有相当距离，花粉飘到遗址中已是强弩之末。

孢粉组合中不见其他木本的孢粉，而樟树之类在孢粉组合中"不表现"的木本又是属于亚热带及热带地区的植物，在更新世末期气候较冷的情况下，它们大量存在的可能性不高，因此，遗址附近可能比较缺乏木本植物。至于蕨类和草本植物的孢粉，根据桂林邻近猫儿山地区的孢粉组合研究，它们的植株数量和孢粉组合中所占比例大体相当（李文漪，1998）。因此，第一期地层中出现的豆科和凤尾蕨孢粉有两种可能。第一种是指示遗址附近有这类植物存在。另一个可能是孢粉由人类或其他动物有意识或无意识地带进遗址中。由于孢粉的数目太少，目前尚难以定论。

此外，根据植物硅酸体研究，此期的地层中有禾本科植物存在（详见本书第六章），但孢粉分析中未见禾本科孢粉。禾本科的植硅石主要来自籽实外壳、叶、茎等部分，其花粉的缺乏表明该科植物或者不是在开花季节，或者不是花朵部分进入遗址。这也进一步说明孢粉和植物组合之间的复杂关系，即考古遗址中没有发现这类植物的孢粉，不等于遗址附近就没有该类植物存在。浮选的结果表明块茎植物在本期有发现，显然是当时人类利用的食物资源。

综合孢粉和植物遗存的分析结果，在暂不考虑孢粉埋藏因素的前提下，第一期孢粉组合指示遗址附近的环境主要是非常稀疏的草地植被，但不排除少量乔木的存在，因为有不少乔木在花粉中属于"不表现"或"低表现"的种类（详见下文）。结合其他学科的分析，此期本地区受到全球新仙女木期气候波动的影响，气候比现代温凉，但由于所处地区纬度较低，其降温的程度可能比较有限。此期本地区可供人类利用的植物资源包括可作燃料的松科和可作食物的根茎类、蕨类、禾本科和豆科，尽管它们的分布不一定都靠近遗址。

（二）第二期文化的自然环境和植物资源

属于此期的孢粉采自探方 DT4 底部第 29 和 28 层共两个样品，数量也很少，总共 17 粒孢粉，包括松属 3 粒、菊科 2 粒、禾本科 1 粒、凤尾蕨 1 粒、单缝类孢子 2 粒、环纹藻 3 粒和三缝孢子 5 粒（附录一）。单就孢粉组合本身来看，松属减少，喜暖湿的藻类增加，反映气候趋暖湿；另一方面，菊科等耐旱植物的存在又似乎表明气候较干。如何解释这种互相矛盾的现象？

如上所述，由于松属花粉传播距离很远，少量花粉的存在通常难以作为遗址附近有松属植物存在的依据，而且松属适应一定程度的气候波动，今天在桂林地区也有该类植物生长，所以单凭这种植物难以全面反映气候的变化。耐旱的菊科和喜湿的环纹藻共存，在其他遗址如湖南舞阳贾湖遗址也有类似发现（张居中，1999）。从甑皮岩周围 5 公里的地貌环境来看，地势较低的小水洼和地势较高的草地在遗址附近都存在，完全可能为不同习性的植物提供不同的生境，故这两类植物的共存很可能是小环境不同所致，不一定反映气候的差异。我们仍然需要参考其他学科的研究成果来了解这一时期的自然环境和植被。

第二期文化所处的年代大约是距今 11000 到 10000 年左右。根据对桂林地区洞穴中石笋的同位素分析，此期本区经历了新仙女木期的气候波动，并且在大约距今 10700 年左右开始进入全新世升温期，气温可能接近现代水平（刘金荣，1997）。在这种气候中，温度与湿度都应当比前期有所提高。甑皮岩孢粉组合中藻类孢子的增加与这种变化也是吻合的。

植物中的松、蕨类、禾本科都是人类可以利用的自然资源。松属的花粉不排除由自然力带进遗址的可能。蕨类孢子太少，难以推论。植物硅酸体的分析表明这一期禾本科植物遗存的数量有所增加（详见本书第六章），可能反映了人类利用这类植物的活动，包括作为燃料。浮选样品的分析表明块茎类也是当时的重要食物资源。

（三）第三期文化的自然环境和植物资源

此期的孢粉组合采自三个探方，即 DT3 的第 16～6 层，DT4 的第 27～16 层，DT6 第 16 层，加上 DT6 采集的烧螺堆中的土样，一共 24 个样品。这一期年代大约是距今 10000 到 9000 年左右。孢粉组合和分布产生了明显的变化。

首先从孢粉的分布来看，在探方 DT4 所采集的 12 个土样依然含非常少的孢粉，其中的第 19～17 层以及第 25 层没有发现孢粉；在 DT6 两个样本中发现的孢粉也不多。与之相比，在探方 DT3 第 16～6 层发现了相当多的孢粉，包括松属、大量草本的十字花科及蕨类植物（附录一）。为何基本同一时期的堆积会出现这样明显的差别？

从孢粉样本所属探方分布的位置来看，孢粉比较丰富的 DT3 位于主洞左侧近洞口处，而 DT4 和 DT6 分别位于洞穴的中部和最靠里的位置（图一〇）。孢粉丰富程度是否与采样探方的位置有关？是否较靠近洞口的地方聚集沉积较多孢粉？根据对英国和西班牙洞穴遗址孢粉沉积和埋藏学的研究，洞穴遗址内不同地点与孢粉集聚的关系相当复杂。这一点在下文还要讨论。

单从孢粉组合来看，以孢粉较丰富的 DT3 组合为例，松属花粉增加比较明显，特别是在第 16 和第 10 层，分别发现了 44 和 48 粒松属花粉，在第 16 层中松属更占了孢粉组合的77.19%，反映遗址附近很可能有松属植物生长。此外在第 13 层发现了 4 粒喜暖的枫香属花粉，在探方 DT6 第 16 层中含有 3 粒野桐属、1 粒桑属和 1 粒栎属的孢粉（附录一）。据研究，栎属花粉含量基本能够代表植物含量（李文漪，1998），所以花粉虽少，表明遗址附近除了松科以外，其他木本植物，包括阔叶乔木如栎属和亚热带常见的枫香属开始出现，而蕨类和藻类的孢子数目也有明显增加，指示当时是比较温暖湿润的气候。

对桂林北部猫儿山地区自然地层孢粉组合的分析也表明，大约在9000年左右，本地区进入全新世"升温之末，温暖期之初"，出现了泥炭沉积（李文漪，1998）。这个变化与全球的全新世气候变化模式是一致的。由此可以推论，甑皮岩第三期文化所处的时期，气温逐渐升高，降雨量增加，植物的种类，特别是喜暖湿的种属应当比较繁盛。遗址附近除了松属外，出现了其他属于亚热带的木本植物。

值得特别注意的是在洞口的DT3探方第7、第10和第13层分别发现了大量的十字花科花粉，数目分别是1623、116和213粒。在其他各层，特别是位于这些地层之上的第6、第9和第12层都没有类似的发现，因此可以排除花粉由上层向下渗透的可能。在遗址发掘工作中一直注意区别啮齿类洞穴和其他后期自然或人类扰动的痕迹，而所采土样并非来自有扰乱迹象的堆积，所以也可以排除后期扰乱的可能。据研究，十字花科的大多数种类属于虫媒花，花粉产量少，颗粒互相粘连成组（www-class.unl.edu），并非靠风传播，故由风力带进洞中的可能性很小。又据研究，蜜蜂是十字花科主要的传粉媒体（www.beeculture.com），但蜜蜂的巢穴不是修筑在地上的，故也不可能将同一科花粉大量聚集在一个地点。如果是自然植被改变，应当表现为同类花粉在小层中连续出现而数量有所差别。但目前所见花粉只集中在上述三个小层出现，且三层之间并不连贯。因此，这应当反映了当时人们对这类植物的利用。

十字花科包含了许多可食用或药用的蔬菜。现在仍产于广西桂林地区的十字花科种类有蔊菜属（Rorippa）的青蓝菜（*Rorippa indica*）、蔊菜（*R. dubia*）和微子蔊菜（*R. cantoniensis*）三种，碎米荠属的琴叶碎米荠（*Cardamine lyrata*）、堇叶碎米荠（*C. violifolia*）、湿生碎米荠（*C. hygrophila*）、弯曲碎米荠（*R. flexuosa*）和碎米荠（*C. hirsuta*）五种，独行菜属（Lepidium）的琴叶独行菜（*Lepidium virginicum*）一种，以及荠属（Capsella）的荠菜（*C. bursa-pastoris*）一种，共10种野菜（广西植物研究所，1991）。据研究，青蓝菜、两种蔊菜、琴叶碎米荠、碎米荠和荠菜六种植物的幼苗都可作菜蔬食用。青蓝菜消肿解毒，治感冒发热、咽喉肿痛甚至肺炎、水肿。蔊菜治感冒发热、咽喉肿痛及疔疮。琴叶碎米荠清热除湿。弯曲碎米荠清热利湿、健胃止泄。碎米荠可治风湿和痢疾、腹胀。琴叶独行菜治咳嗽、水肿。荠菜则治内脏出血、水肿甚至高血压及感冒发热（广西植物研究所，1991）。当时人们可能采集这类野菜食用或药用，所采集的野菜可能曾放在洞口，故留下了大量的花粉。

除了十字花科以外，其他木本、草本和蕨类植物也是人类所需淀粉和纤维、燃料等多种不同资源的植物来源。植硅石的报告表明此期文化层中含一定数量的禾本科硅化细胞，浮选结果表明较多块茎类植物的存在（详见本书第六章），都反映了植物资源的多样性。总而言之，遗址附近当时应是针阔叶稀树草地环境，气候比较温暖潮湿，各种动植物资源应当比较丰富。

（四）第四期文化的自然环境和植物资源

这一期年代大约是距今 9000 到 8000 年左右。此期的孢粉组合采自两个探方，即探方 DT3 的第 5 和第 4 层，以及探方 DT4 的第 15～5 层，加上 DT4 灶 1 的样品，一共 14 个样品（附录一）。总体而言本期所见孢粉数量仍不是很丰富，在分布上却与第三期有些差别。位于洞口的探方 DT3，此期出土的孢粉明显减少，而位于较靠近洞内的探方 DT4，特别是较靠上层的第 6、第 7 和第 10 层，孢粉数目有所增加。增加的成分，主要是山麻杆属、刺朔麻属和无患子属，以及少量栎属和栲属阔叶乔木的花粉，指示遗址附近有亚热带阔叶林木及灌木生长。组合中依然有一定数量的蕨类，仍以凤尾蕨为主。引人注目的是在 DT4 的第 7 和第 6 层出现了比较多的豆科花粉，其中在第 7 层更达到 537 粒。由于豆科花粉也是虫媒，颗粒大而不易被风吹起，故应当不是被风吹入洞中的。而大量同一科的植物花粉集中在一个地层的一个地点出现，如上面对十字花科花粉聚合的分析，各种自然力因素的解释都不大合情理，应当是人类对这类植物利用的结果。

与猫儿山地区自然堆积的孢粉分析对比，桂林地区在距今 8000 年以后的气候均属于温暖湿润，阔叶树木比例上升（李文漪，1998）。甑皮岩第四期孢粉组合所反映的气候大体与之相符，和全新世早期全球普遍升温的大气候模式也吻合。大体而言，遗址附近当是稀树草地植被。植物硅酸体报告显示此期的地层中有比较多的禾本科植硅石，并出现少量黍亚科、竹亚科和木兰目的植硅石。块茎植物在本期依然存在。此外在此期上部地层发现了大量豆科花粉，而豆科包含了许多可食的种类，这些都应当是甑皮岩人采集的对象。

（五）第五期文化的自然环境和植物资源

此期文化大约在距今 8000 到 7000 年左右。本期的孢粉样采自探方 BT3 第 24～4 层的 20 个小层，加上 DT6 第 4 和第 5 层各一个样，一共 22 个样品。花粉数量不很丰富。以本期样品序列比较完整的探方 BT3 为例，木本花粉以松属为主，也有喜暖的栎属，并出现通常喜暖的杉属花粉（贝时璋，1991）（附录一），但数量都不多。草本方面只有一粒禾本科的花粉，但植硅石分析反映此期地层中含有不少禾本科的细胞（详见本书第六章），表明禾本科植物在此期仍有一定量的存在。本期大部分是蕨类和藻类的孢子。整个孢粉组合指示一种湿润温暖的气候。

与猫儿山地区自然堆积的孢粉分析对比，桂林地区在距今 8000 年以后的气候均属于温暖湿润，阔叶树本比例上升（李文漪，1998）。甑皮岩遗址的孢粉也反映了类似的现象，特别是亚热带阔叶乔木成分的增加。本地区石灰岩洞内石笋的同位素分析也表明在 7000 年左右的气候暖湿，年平均温当高于现代的温度（张美良等，1998）。植硅石分析表明此期的禾本科植物中有少量黍亚科、早熟禾亚科的细胞，并出现了棕榈科的植硅石（详见本书第六章），反映了一种亚热带的植物群落。以上这些植物大类都含有多种可食用和可供其他用途的种属，如蕨类的根茎和嫩叶，棕榈科的椰子等。加上禾本科若干植物种子，甑皮岩史前居民的植物资源当比前期更为丰富。

（六）宋代的自然环境和植被

属于此期的土样采自探方 BT3 的第 1 和第 2 层，其中第 1 层完全没有发现孢粉，第 2 层有比较丰富的孢粉，所反映的植物以藻类和蕨类为主，此外有木本的松属和少量野桐属（附录一），反映比较温暖湿润的气候。此期两个土样都含有大量的植物硅酸体，包括了禾本科的黍亚科、早熟禾亚科、虎尾草亚科以及棕榈科、木兰目等植物（详见本书第六章），显示温暖湿润的气候和植物资源的丰富性。综合孢粉和植物硅酸体的分析，当时的气候也是比较暖湿的，遗址附近当以草地植被为主。值得注意的是此期不见禾本科、十字花科、豆科等栽培植物的孢粉，指示附近没有农田。

（七）现代的地表植被和自然环境

甑皮岩遗址的地貌属于石灰岩地区峰丛平原，遗址周围以平地为主，零星分布着几座低矮的石灰岩孤丘。因为现代人类活动，遗址附近的自然植被早已面目全非，能够见到的只是一些栽培、次生林木和草地（附录二）。

我们在遗址的地表和遗址附近选择了几个采样点进行孢粉分析，并与遗址附近现代的植被对比，以便了解孢粉组合和植物群落之间的表现关系。采样地点分布在探方 AT1 的东北角，BT2 的东南和西北角地表，遗址外西侧的山坡和地表以及遗址南部大约 200 米的大风山山坡，一共 7 个采样点，采集了 7 个土样进行分析。采样方法与遗址文化层中采样方法一样，即先去除表土再采样。

据分析结果，遗址中 3 个探方地表的土样都有一定数量的孢粉，其中以甑皮岩遗址外独山斜坡地表所见孢粉最多，次为洞内遗址 BT2 东南角地表的土样（附录一）。从考古发现来看，甑皮岩自宋代以后已经基本没有人类在洞内生活，但从 70 年代以来在洞中进行的考古调查和发掘工作，显然会对地表孢粉的集聚产生影响。因此，洞内地表的孢粉组合既有自然力的作用，也有人为的影响，估计和现代植物组合有相当差距。事实上这三个土样的孢粉组合所反映的植物群落，与现代遗址附近植被调查结果的确有所出入，如 BT2 东南角土样中含有榛属孢粉，而遗址附近并不见榛属的植物。因此我们讨论的重点是遗址外面和大风山的四个土样。

这四个土样均含有一定量的孢粉，但其中来自大风山和甑皮岩洞外地表的两个土样孢粉明显较多，另外两个较少。甑皮岩遗址外的两个地表土样中，以蕨类、孢子植物和松属孢粉为主，其中松属花粉分别占 20.47% 和 27.69%，颗粒数目分别是 78 和 67 颗；常绿阔叶树和草本植物如菊科、禾本科等植物有一定的含量，但比例很低。单从孢粉组合来看，似乎反映了以针叶、草本和孢子、蕨类植物为主的自然植被，是比较温凉气候的产物。而事实上并非如此。

根据现代植物考察，甑皮岩遗址周围的现代植物组合有40％是乔木，其中以常绿阔叶树为主，包括百余棵阴香，总数超过200株，而松属乔木只有马尾松一种，数目大约10株，还不到全部乔木植物的2％，只占全部孢粉组合的0.76％。对比孢粉组合中松属花粉的比例，可见松属花粉的确属于"超表现"的植物，其超表现率在甑皮岩遗址达到19％到27％。此外，在遗址附近整个植物群落占到40％以上的常绿和落叶阔叶树，在孢粉组合中的比例总起来不到10％，而在乔木植物中占超过50％的300余株垂柏，以及超过200棵樟科植物的阴香和樟树，均属于长江以南温暖湿润地区的植物，在孢粉中居然完全没有出现，进一步证明樟科植物属于在孢粉中"不表现"的树种。显然，现代考察表明甑皮岩遗址附近的植被是一种温暖湿润气候下的组合，与孢粉所见有很大的差别。

另一方面，孢粉组合和现代考察也有吻合之处，例如乔木的女贞属、草本的菊科和禾本科及蕨类植物，在孢粉分析和现代考察中都有发现，而且两者的比例差别不至于南辕北辙，表明这些植物在孢粉组合中的表现率可能还是比较接近实际植物组合的。当然，这也有待今后更多的工作来检验。

在距离遗址大约200米的大风山现代地表分别采集了两个样品。从孢粉组合来看，当是以蕨类植物占绝大多数，草本和木本都很少。其中一个样的松属花粉占6.56％，只有4颗花粉；另外一个样发现了两颗松属花粉，只占孢粉组合的0.75％。两个采样点相距只有1米，从比例看，松属孢粉的含量有相当差别。从孢粉颗粒数目来看，两者的数目都属于稀少。这里带出另外一个问题，即在孢粉分析中，不仅要注意各类孢粉的比例，而且要注意孢粉的颗粒数目。下文还要讨论这个问题。

对比现代植物考察报告，该地点的确较少见乔木，所见的主要是阔叶树如阴香、垂柏、樟树等，而且没有松属植物。由此可见阔叶树的很多树种在孢粉组合中属于"不表现"或"低表现"，如果根据孢粉组合即断定没有阔叶树的存在，则所得结论往往有偏差。此外又可见松属花粉占10％以下，或者颗粒数量稀少的孢粉组合，很可能反映的是没有松的植被。由此可以印证我们对甑皮岩早期文化堆积孢粉组合中关于松属植物的解释是合理的。

对大风山现代植物考察表明，地表的植被主要是藤刺、灌木和草本，包括桑科、禾本科、菊科和忍冬科等，也有大量的蕨类植物。孢粉组合所见这类植物和现代植物考察对比基本吻合，但孢粉中大量的芒萁和里白孢子，在现代植物考察中没有发现。为何会出现这种差别，是否与现代人类活动有关，也是今后要进一步研究的。

此外，我们在大风山自然堆积剖面进行了采样，原意是与遗址文化层的孢粉组合对比，并了解当时遗址附近的植被。但由于大风山的自然堆积中缺乏可供测年的有机质，未能解决孢粉组合的年代问题，对比也就无法进行。这是需要今后继续努力的。

三、小　结

甑皮岩所处的峰丛平原地貌，其地质构造在更新世以前已经基本定型（朱德浩等，1997）。流经遗址附近的主要河流漓江，在桂林市志里不见有河流改道的记录。从距今12000年到宋代，人类在甑皮岩遗址断断续续地活动了将近一万年。这段时间内，遗址自然环境非生物方面的改变，主要是气候的变化，以及由于气候变化和人类活动造成的小生境改变，如季节性地下河水位抬高，或积水洼地等等。从遗址目前的情况来看，没有较大地貌变化的痕迹。

根据甑皮岩六个时期孢粉和植物硅酸体的组合，参考邻近地区自然孢粉组合和石笋分析的结果，甑皮岩早期居民在此活动的时期，受到全球性新仙女木期气候波动影响，当地的气候比较温凉，但并不到严寒的程度。到大约距今10000年左右的全新世初期，气候开始回升，以后虽然也可能有短期波动，但大体而言，一直都处在比较温暖湿润的气候条件之下。

据李文漪等人的研究，本地区的气候在距今8500年到距今3800年左右基本比较温暖湿润，期间有一些波动，并在大约距今8500、6800、5000和4000年左右有几次比较温暖的峰值（李文漪，1998）。甑皮岩孢粉和植硅石组合所反映出来的气候，与这个地区模式是吻合的。

众所周知，在不同的气候条件下，生长着不同的植物，而不同的气候环境和植物群落又生长着不同的动物。其中可以为人类利用的植物和动物物种，其丰富程度和季节性变化（seasonality），以及人类获取这些物种资源的难易程度（accessibility），都与古人的生存息息相关。现代考古学研究运用孢粉、植物硅酸体、浮选和动物考古学的分析，辅以器物的微痕和残余物分析来复原史前的自然环境和了解当时的自然资源。这些研究手段主要解决三个问题：第一，史前居民所生存的环境以及可供他们利用的资源（resource availability）；第二，他们利用了哪些资源（resource exploitation）；第三，他们如何利用这些资源。从孢粉分析的角度而言，主要是讨论前两点。

甑皮岩遗址周围的动物资源本书已有专文论述。植物资源的变化，从2001年的孢粉和植物硅酸体组合来看，总体而言以草地植被为主，有少量林木在遗址附近生长，在气候比较温暖的时期针阔叶林木的数量可能有所增加。蕨类植物孢子在遗址各期文化中都有发现，虽然并非各个小层都有，但仍然反映了蕨类植物在甑皮岩史前植物群中是比较主要的种类（图版四五，1～20）。

在以上植物中，如上所述，各种木本和草本的植物可以提供果实、纤维、药品、燃料等资源。木本的松属和桑科可供燃料，部分种子可食用（广西植物研究所编，1991），栎属、栲属和棕榈属中有可以食用的果实，这些植物也应当是甑皮岩史前居民重要的食物资源。禾本科中的许多亚科包括竹亚科、黍亚科，以及十字花科、豆科和棕榈科都包含了许多可以食用、药用、制成纤维等多种用途的品种。遗址中普遍发现的蕨类，不少种属的根茎含有丰富的可食淀粉和其他营养成分，其嫩叶也可食用。此外，根据浮选和器物残余物分析（附录四），在孢粉和植物硅酸体中"不表现"的块茎植物，也是当时重要的植物资源。

以上是可供甑皮岩史前居民利用的植物资源。那么，他们实际利用了哪些资源呢？史前居民对自然资源的选择，应当包括了几个方面的考虑。第一，资源的分布。据世界民族志材料，采集狩猎群体都有一个相对固定的活动领域，其面积视乎不同地区从数十到数百平方公里不等（Kelly，1995），每一个群体通常利用的主要是这个区域内的资源。第二，资源的丰富性和获得资源的难易程度，包括加工食物所需的时间和劳动与从这些食物所获得热量的比率。甑皮岩的植物浮选结果表明，史前居民主要利用块茎、野生植物种子和果类（详见本书第六章）。而蕨类的根茎亦属于块茎之一。蕨类孢子在遗址各期文化都有发现，这类植物可能一直是他们的食物资源之一。因为食用部分是根茎或嫩叶，采集蕨类应当是连根拔起，整棵植物带回居地，因此它们的孢子有较多机会留在遗址的地层中（当然，蕨类孢子的丰富也可能与其他因素有关。见下文）。在第三期编号 DT4 灶 1 的土样中有 37 粒凤尾蕨的孢子，12 粒金毛狗蕨的孢子。这两种蕨类都是可食用的（郭城孟，2001）。这种蕨类孢子在灶坑集聚的现象，应当是人类食用该类植物的证据。

当然，也不能忽视其他根茎类植物如薯芋等作为人类食物资源的重要性。这些植物通常不产生硅酸体。由于它们通常是无性繁殖，所以产生的花粉量也非常少，甚至不开花（Coursey，1968）。而且这类植物可以烤熟以后连皮整个吃掉，没有任何遗存留下。它们是孢粉或植硅石组合中"不表现"或者"低表现"的植物大类，却也很可能是该地区人类最重要的食物资源之一。就目前的科技手段，要寻找它们在考古遗址中的痕迹，除了浮选之外，只有通过淀粉遗存分析，而后者目前还在起步阶段。甑皮岩的浮选工作和初步的残余物分析（附录四）已经表明这些块茎植物是人类利用的资源之一。

从甑皮岩的整个孢粉组合来看，禾本科的孢粉始终比较少，没有证据可支持水稻栽培的存在。这与植物硅酸体分析的结果吻合，反映甑皮岩的史前经济主要是采集狩猎。

对比 2001 年孢粉和 80 年代孢粉分析的结果，在大气候变化模式上，两者的结论是相近的，特别是对于距今 10000 年左右到 7000 年左右气候变化的推论。至于两者的差别，主要是 2001 年所见的孢粉种类和数量都比较少。如何解释这种现象？其中一个原因当是采样地点的差别。孢粉的集聚有一定的随意性，在不同地点其丰富程度会有所差别，我们在地表的采样结果证明了这一点。此外，由于以前的地层多未曾发掘到底，地层的划分也有局限，因此 80 年代所采样品和 2001 年所采样品在年代和地层方面有相当的差别，也影响到两者孢粉组合的差异。

如上所述，史前洞穴遗址的孢粉分析，牵涉到孢粉如何进入遗址，以及进入遗址之后的保存问题。对石灰岩地区洞穴遗址的孢粉分析，除了甑皮岩 80 年代的工作以外，还有对甑皮岩邻近的庙岩和广东牛栏洞遗址的分析（陈先等，1991；顾海滨，1999），以及对江西万年王洞（即吊桶环）遗址的分析（姜钦华，2000）。这几个洞穴都是石灰岩洞穴，所处时代大体相近，都是从更新世末期到全新世早或早中期，而地理大位置处于长江南部到华南地区的暖温带到亚热带地区，可以通过比较帮助我们了解上述问题。

庙岩的孢粉报告没有给出孢粉的实际数量，而且将第一到第三文化层的孢粉样品合并表述，难以和甑皮岩的孢粉系列进行对比。从牛栏洞的孢粉报告来看，地层中，特别是早期地层的孢粉数量也比较少。种类方面有木本 4 类，草本 4 类，蕨类 14 种，明显以蕨类植物较多（顾海滨，1999）。王洞遗址的情形相似，木本和草本的花粉只有零星出现，整个孢粉组合只有 2 类木本，3 类草本和 5 类孢子植物，此外有若干未定孢粉。从孢粉数量而言，蕨类比例颇高，特别是在晚期的地层中数量更大（姜钦华，2000）。甑皮岩 2001 年的总体孢粉有木本 13 类，草本 9 类，孢子植物 11 类，但更新世末期到全新世早期的第一到第三期孢粉组合只有木本 3 类，草本 3 类和孢子植物 6 类（附录一）。

对比王洞、牛栏洞和甑皮岩 2001 年的孢粉组合，其共同特征是：第一，更新世末期到全新世早期孢粉的数量和多样性都比较有限。第二，孢粉中蕨类植物较多，木本和草本植物较少。为什么会出现这种情况？这是否反映了石灰岩洞穴地区孢粉遗存的某些共同特征？或者是否由于植物孢粉组合的偏差所造成？

从孢粉沉积和保存的埋藏学角度来看，根据孢粉学的分析，在泥沼湖泊的孢粉积聚数量最多，而岩厦遗址孢粉积聚较少（www.geo.arizona.edu/palynology）。前者是完全开放的遗址，后者是有一定岩石遮挡的半开放的遗址。洞穴遗址从地貌上比岩厦更加不开放，孢粉的积聚除了来自洞口附近或洞内植物之外，主要来自风力的传播，当然也不排除动物的传播。此外，在石灰岩地区，如果遗址靠近地下河，而且遗址部分堆积有可能被水淹没，则水流传播的可能性也不能排除。在英国进行的现代石灰岩洞穴孢粉沉积研究表明，空气气流经过不同地理位置、不同形状、不同深浅、不同洞口方向的洞穴时，其强度和时间，以及气流穿过洞中的位置都有差别，而孢粉的积聚自然受到这些差别的影响，数目比湖泊中的孢粉要少（Coles et al.，1994）。对西班牙石灰岩地区旧石器晚期洞穴的孢粉堆积研究则表明，部分孢粉保存较好，另外一些种类保存较差（Carrion et al.，1995）。该研究的结果认为在暖温 带半干旱地区，含有碳酸钙的地层相对而言有利于孢粉的保存。还探讨了遗址堆积物质粗细是否与孢粉保存有关，但未能确定两者之间有对应关系（Carrion et al.，1995）。此外，如果洞穴中有水流的活动，对孢粉和植物硅酸体这类细小植物遗存的保存就更加不利（详见本书第六章）。

英国的研究还表明洞口附近常有较多蕨类植物生长，导致蕨类孢子在孢粉组合中的比例较高（Coles et al.，1994）。如果史前时期蕨类植物有类似的分布情形，这一方面对人类是就近的植物资源，另一方面却表明蕨类植物在洞穴这种特定小生境附近特别繁茂，在根据蕨类植物的孢粉比例来推论古代气候的温暖程度时要考虑此因素。

欧洲的研究结果未必适合华南地区的情况，但可以作为我们进行研究的参考。以上种种因素都可能影响到孢粉在洞穴遗址的保存，由此影响到孢粉组合反映当时植被组合的准确程度。今后希望在南方地区开展进一步的孢粉埋藏学研究，为解决史前洞穴和其他遗址孢粉沉积和保存的情况提供更多资料。

除了埋藏学的因素之外，对比孢粉组合和现代植被考察，值得我们特别注意的是孢粉组合和植被组合之间对应的准确程度问题，或者说植物在孢粉组合中的表现率问题。这个问题，对于我们依靠孢粉组合了解古代植被有关键性的影响。根据我们对甑皮岩遗址和附近的大风山地表孢粉和植被的对比，植物孢粉的沉积和保存，或者哪些植物的孢粉得以保存，不是一个简单的过程，有许多未知的因素存在。不少植物在孢粉组合中属于不表现或低表现的种类，即使在植被中属于主要的植物，在孢粉中却完全没有出现，如上文提到的樟科和其他许多阔叶树植物。因此，考古遗址中比较少见乔木的花粉，不等于这些乔木不存在。这就进一步凸现了通过孢粉组合重建古代植被的复杂性。如果对这个复杂性不加以注意，简单的按照所见孢粉组合进行植物重建，往往会导致错误的结论。

此外，在进行孢粉研究和植物组合重建分析时，也需要注意到孢粉的颗粒数量和百分比，两个因素都需要加以考虑。如果单着眼于孢粉颗粒的多少，在进行植物组合分析时难免会遇到问题。但如果单看百分比，忽略了孢粉颗粒的差异，将基数有相当差别的百分比进行对比，不仅属于统计学上的疏忽，而且有可能导向偏差。

此次我们在本地区史前洞穴遗址的研究中尝试加入遗址附近现代孢粉积聚的研究，并和现代植被对比，目的是寻找孢粉组合和植被之间的差异，并且试图找出这些差异的规律性，以作为解读古代孢粉组合的参考。这一工作仅仅是开始。今后如果能够进一步加强这方面的研究，并且综合浮选标本、植物硅酸体和其他学科的研究结果，一定能够帮助我们更深入、准确和详细的了解古代人类生存的环境和他们对植物资源的利用。

第二节　水陆生动物所反映的生存环境

一、2001 年以前的研究

1973 年对甑皮岩遗址进行试掘后，相继进行了动物群、淡水瓣鳃类和腹足类遗骸的鉴定与分析。

由于甑皮岩遗址出土兽骨包含了相当数量的种群，并代表当时生活过一个与当地现生动物群有一定区别的动物群，李有恒等将之命名为"甑皮岩遗址动物群"（李有恒等，1978）。其中哺乳动物被分为五大类：一是绝灭和绝迹的动物，计有象、水牛、秀丽漓江鹿，其中秀丽漓江鹿为新属种；二是由人类饲养的动物，有家猪一种。其主要依据是在 40 个可准确估计年龄的个体中，一岁以下个体共 8 个占总数的 20％，2 岁以上共 6 个占 15％，1～2 岁（许多是在 1.5 岁以上）共 26 个占 65％，且可观察的全部标本中尚未见到有任何一枚猪的第 3 臼齿已经磨蚀得很深重的标本；三是主要的狩猎对象，有麂和梅花鹿；四是偶获的种类，有猴、苏门羚、水鹿、豹、猫、椰子猫、食蟹獴、小灵猫、大灵猫；五是穴居种类，有中华竹鼠、豪猪、褐家鼠、板齿鼠、猪獾、狗獾、貉、狐。而兽类以外的其他动物中，鱼类有两属两种，即鲤和鳡。龟鳖类有三个种类，一为现生的鳖，一为水龟，另一种较大型，应代表龟类中一个新的种类。鸟类有两属，一为雁，一为鸭。软体动物所有的属、种与现生种一致，蚌科中有背角无齿蚌、佛耳丽蚌、背瘤丽蚌、剑状矛蚌、圆头楔蚌、圆顶珠蚌、拟齿蚌属，蚬科中有河蚬，田螺科有中华圆田螺。通过对甑皮岩遗址动物群的分析，作者认为，1. 由于绝灭种秀丽漓江鹿的出现，其角及牙都具有原始性，故遗址年代可能相对较早，同时从猪的驯养水平尚处于初级阶段这一点来看，也似乎表示甑皮岩遗址年代较为古老。2. 在畜养动物问题上，比较清楚的是猪是人类驯养的，但饲养业可能并不兴旺。3. 在遗址的自然环境方面，遗址是处在一个多水的有小型湖沼分布的山间盆地之中，近处的山上生长了浓密的灌丛，远处的山区可能是茂密的原始森林地带。当时桂东北的气候条件，如果从大的区域上和今天相比，虽然可以说无重大变化，但可能更接近于现在西双版纳的或更南地区的气候。

1998 年，张镇洪等对甑皮岩出土兽骨进行了重新鉴定与整理（陈远琲等，1999），在原有基础上，新鉴定出九个种属，分别为食肉目的虎、棕熊、爪哇貂、水獭，偶蹄目的麝、獐、黄牛、羊，奇蹄目的犀牛，共计三目七科九种。在对动物群进行再分析研究的基础上，作者认为，1. 甑皮岩遗址动物群的成员大多数属于生活于热带、亚热带地区的种类，除秀丽漓江鹿外都是现生种。遗址动物群反映的遗址时代属全新世初期。2. 遗址动物群反映出在全新世初期甑皮岩附近水源和动植物资源都极为丰富，其气候曾产生较大波动，但总体上仍表现为高温湿润的热带、亚热带气候，气温较今天略高。3. 甑皮岩居民的经济方式是以狩猎、采集和捕捞为主的综合经济，但逐渐掌握了家畜饲养技术，开始驯化猪，并可能在距今 7000 年前有了原始的农业生产。

黄宝玉对甑皮岩遗址中的淡水瓣鳃类动物遗骸进行了鉴定和研究。鉴定出这批淡水瓣鳃类动物共 11 属 23 种，其中新属 1，新种 7，隶属于 Palaeoheterodonta 与 Heterodonta 二目，并可分成三个类群：一是 Unio - Lanceolaria - Cuneopsis 类群，二是 Lamprotula - Schistodesmus - Radioplicata 类群，三是 Pseudodon - Parrey - sia - Corbicula 类群。作者认为，由上述三个类群来看，甑皮岩的瓣鳃类动物群与我国现生的瓣鳃类有些相近，但又有一定区别，古老种（包括新种）的百分比较高，这种情况表示它的古老性。鉴定出的 23 种瓣鳃类动物分别为：杜氏珠蚌、短褶矛蚌、付氏矛蚌、甑皮岩楔蚌（新种）、近矛形楔蚌（新种）、厚重假齿蚌、弯边假齿蚌、坚固假齿蚌、梯形裂齿蚌（新种）、满氏丽蚌（褶丽蚌）、长方丽蚌（楔丽蚌）（新种）、精细丽蚌（中华丽蚌）、卵形丽蚌（中华丽蚌）（新种）、金黄雕刻蚌、冠蚌（未定种）、射褶蚌（新属）、广西射褶蚌（新属、新种）、船室无齿蚌、美好蓝蚬、斜截蓝蚬、原坚蓝蚬、曲凸蓝蚬、卓丁蓝蚬、横廷蓝蚬（新种）（黄宝玉，1981）。

王惠基对甑皮岩遗址的腹足类动物遗骸进行鉴定。鉴定出 7 种腹足类动物，分别为桶田螺、方形田螺铜录亚种、削田螺、方形环棱螺、净洁环棱螺、中华圆田螺河亚种、中华圆田螺高旋亚种（王惠基，1983）。7 种腹足类动物都有现生种。作者认为，甑皮岩含此腹足类的堆积，应属于全新世早期的产物。腹足类的保存状况，大部分缺少壳顶，如个体大的圆田螺（Cipangopaludina）属的壳顶，绝大部分均未保存，而个体小的如田螺（Viviparus）或环棱螺（Bellamya）属，保存壳顶的比圆田螺的多。作者认为这种现象说明当时的人类喜食个体大的圆田螺，同时也说明已经知道去了壳顶才能吸出肉体部分，且当时人类居住的洞穴不远之处，应有盛产田螺类的水域。

综上所述，甑皮岩遗址 70 年代的发掘共发现了 34 种哺乳动物，2 种鱼类，3 种龟鳖类，2 种鸟类，23 种淡水瓣腮类和 7 种腹足类。从动物的组合来看，部分动物是广泛分布于不同自然环境的物种，部分则是亚热带和热带特有的动物，似乎反映甑皮岩的史前气候基本与现代大气候接近。

二、2001 年的研究

（一）种属鉴定

2001 年的发掘采用了新的、更科学的发掘和提取自然和文化信息的方法，所以，2001 年出土的全部贝类和动物骨骼是严格按照出土单位收集的，有明确的探方和地层。我们的鉴定和分析研究主要以 2001 年的资料为主，同时，对 2001 年以前的资料重新进行分类和鉴定（附录三）。

我们在鉴定时的对比标本分别来自中国社会科学院考古研究所考古科技实验研究中心、中国科学院古脊椎动物与古人类研究所、中国科学院动物研究所这三个机构的动物标本室，并参考了一些中外文的贝类和动物骨骼图谱（中国科学院南京地质古生物研究所《中国的瓣鳃类化石》编写小组，1976；中国科学院古脊椎动物与古人类研究所《中国脊椎动物化石手册》编写组，1979；刘月英等，1979；伊丽莎白·施密德，1992；Simon Hillson，1992）。

通过鉴定，2001 年出土的贝类和动物骨骼中除原来已经发现的种属以外，新发现的贝类有放逸短沟蜷、大口伞管螺、凸圆矛蚌、珍珠蚌、膨凸锐棱蚌等 5 种。螃蟹 1 种，鳄鱼 1 种，草鹭、池鹭、鹭、鹳、鹮、天鹅、雕、石鸡、白马鸡、原鸡、雉、鹤、伯劳、鸦、沙鸡、鹦鹉科、似三宝鸟、桂林广西鸟类等鸟类 18 种，兔、白腹巨鼠、绒鼠、犀、野猪、水牛等哺乳动物 6 种。

这里将甑皮岩遗址出土的全部动物列表如下。

无脊椎动物　Invertebrate

　腹足纲　Gastropoda

　　中腹足目　Mcsogastropoda

　　　田螺科　Vivipariidae

　　　　中国圆田螺　*Cipangopaludina chinedsis*（Gray）

中华圆田螺河亚种　*Cipangopaludina chinedsis fiuminalis*（Heude）

中华圆田螺高旋亚种　*Cipangopaludina chinedsis longispira*（Heude）

桶田螺　*Viviparus doliaris*（Gould）

方形田螺铜录亚种　*Viviparus quadratus aeruginosus*（Reeve）

削田螺　*Viviparus mutica*（Kobelt）

方形环棱螺　*Bellamya quadrata*（Kobelt）

净洁环棱螺　*Bellamya purificata*（Heude）

环口螺科　Cyclophoridae

斯氏扁脊螺　*Platyrhaphe schmackeri* Moellendorff

黑螺科　Melaniidae

放逸短沟蜷　*Semisulcospira libertina*（Gredler）

柄眼目　Stylommatophora

烟管螺科　Clausiliidae

大口伞管螺　*Tropidauchenia fuchsi*（Gredler）

细小真管螺　*Euphaedusa ridicula*（Gredler）

真管螺未订种　*Euphaedusa* sp.

太平丽管螺　*Formosana pacifica*（Gredler）

细钻螺　*Opeas gracilis*（Hutton）

真瓣鳃目　Eulamellibranchia

蚌科　Unionidae

杜氏珠蚌　*Unio douglasiae* Griffith et Pidgeon

圆顶珠蚌　*Unio douglasae*（Gray）

圆头楔蚌　*Cuneopsis heudei* Heude

甑皮岩楔蚌　*Cuneopsis zhenpiyanensis* sp. nov.

近矛形楔蚌　*Cuneopsis subceltiformis* sp. nov.

剑状矛蚌　*Lanceolavia gladiona* Heude

短褶矛蚌　*Lanceolaria grayana*（Lea）

付氏矛蚌　*Lanceolaria fruhstorferi*（Bavay et Dautzenberg）

凸圆矛蚌　*Lanceolaria convexa* Huang et Wei

厚重假齿蚌　*Pseudodon crassus* Droutët Chaper

弯边假齿蚌　*Pseudodon resupinatus* Martens

坚固假齿蚌　*pseudodon solidus* Haas

梯形裂齿蚌　*Schistodesmus trapezoidus* sp. nov.

背瘤丽蚌　*Lamprotula leai*（Gray）

満氏丽蚌　*Lamprotula*（*Sulcatula*）*mansuyi*（Dautzenberg et Fischer）

长方丽蚌　*Lamprotula*（*Cuneolamprotula*）*aculeate* sp. nov.

精细丽蚌　*Lamprotula*（*Sinolamprotula*）*leai*（Heude）

卵形丽蚌　*Lamprotula*（*Sinolamprotula*）*obovata* sp. nov.

佛耳丽蚌　*Lamprothla mansuyi* Dautzerbery and Fischer

金黄雕刻蚌　*Parreysia aurora*（Heude）

冠蚌　*Cristaria* sp.

射褶蚌　*Radioplicata gen* nov.

广西射褶蚌　*Radioplicata guanxiensis* gen et. sp. nov.

背角无齿蚌　*Anodonta woodiana woodiana*（Lea）

船室无齿蚌　*Anodonta navicella* Heude

珍珠蚌　*Margaritiana* sp.

膨凸锐棱蚌　*Acuticosta inflata* Huang et Wei

异齿亚目　Heterodonta

蚬科　Corbiculidae

美好蓝蚬　*Corbicula scholastica* Heude

斜截蓝蚬　*Corbicula obtruncata* Heude

原坚蓝蚬　*Corbicula proeterita* Heude

曲凸蓝蚬　*Corbicula adunca* Heude

卓丁蓝蚬　*Corbicula jodina* Heude

横廷蓝蚬　*Corbicula rectipatula* sp. nov.

十足目　Dccapoda

脊椎动物 Vertebrate

鱼纲　Pisces

硬骨鱼纲　Osteichthyes

骨鳔目　Ostariophysi

鲤科　Cyprinidae

爬行纲　Reptilia

龟鳖目　Chelonia

鳖科　Trionychidae

鳄目　Grocodilia

鸟纲　Aves

鹳形目　Ciconiformes

鹭科　Ardeidae

草鹭　*Ardea purpurea* Linné

池鹭　*Ardeola* sp.

鹭　*Ardea* sp.

鹳科　Ciconiidae

鹳　*Ciconia* sp.

鹮科　Threskiornithidae

雁形目　Anseriformes

鸭科　Anatidae

天鹅　*Cyggnus* sp.

雁　*Anser* sp.

鸭　*Anas* sp.

隼形目　Falconiformes

鹰科　Accipitridae

雕　*Aquila* sp.

鸡形目　Galliformes

雉科　Phasianidae

石鸡　*Alectoris* sp.

白马鸡　*Crossoptilon* sp.

原鸡　*Gallus* sp.

雉　*Phasianus* sp.

鹤形目　Gruiformes

鹤科　Gruidae

鹤　*Grus* sp.

雀形目　Passeriformes

伯劳科　Laniidae

伯劳　*Lanius* sp.

鸦科　Corvidae

鸦　*Corvus* sp.

鸽形目　Columbiformes

沙鸡科　Pteroclididae

沙鸡　*Syrrhaptes* sp.

鹦形目　Psittaciformes

鹦鹉科　Psittacidae

佛法僧目　Corachformes

佛法僧科　Coraciidae

似三宝鸟　*Eurystomus* of *orientalis*

新目新科新种

桂林广西鸟　*Guangxiornis guilinnins* Gen et sp. nor.

哺乳纲　Mammalia

灵长目　Primates

猴科　Cercopithecidae

猕猴　*Macaca mulatta* Zimmermann

红面猴　*Macaca speciosa* F. Cuvier

兔形目　Lagomorpha

兔科　Leporidae

兔　*Lepus* sp.

啮齿目　Rodentia

仓鼠　*Cricetulus* sp.

褐家鼠　*Rattus norvegicus* Berkenhout

姬鼠　*Apodemus* sp.

鼠科　Muridae

白腹巨鼠　*Rattus cduardsi* Thomas

绒鼠　*Eothenomys* Miller

竹鼠科　Rhizomyidae

中华竹鼠　*Rhizomys sinensis* Gray

豪猪科　Hystricidae

豪猪　*Hystrix hodgsoni* Gray

食肉目　Carnivora

犬科　Canidae

貉　*Nyctereutes procyonoides*（Gray）

豺　*Cuon alpinus* Pallas

熊科　Ursidae

鼬科　Mustelidae

狗獾　*Meles meles* F. Cuvier

猪獾　*Arctonyx collaris* Cuvier

水獭　*Lutra lutra* Linné

灵猫科　Viverridae

大灵猫　*Viverra zibetha* Linné

　　　　　小灵猫　*Viverricula indica* Desmarest

　　　　　椰子猫　*Paradosurus hermaphroditus* Pallas

　　　　　花面狸　*Paguma larvata* Hamilton－Smith

　　　　　食蟹獴　*Herpesses urva* Hodgson

　　　猫科　Felidae

　　　　　猫　*Felis* sp.

　　　　　豹　*Panthera pardus* Linné

　　　　　虎　*Felis tigris* Linné

　　长鼻目　Proboscidea

　　　象科　Elephantidae

　　　　亚洲象　*Elephas maximus* Linné

　　奇蹄目　Perissodactyla

　　　犀科　Rhinocerotidae

　　　　犀　*Rhinoceros* sp.

　　偶蹄目　Artiodactyla

　　　猪科　Suidae

　　　　野猪　*Sus scrofa* Linné

　　　鹿科　Cervidae

　　　　獐　*Moschus moschiferus* Linnaeus

　　　　麝　*Hydropotes inermis* Swinhoe

　　　　赤麂　*Muntiacus muntjak* Zimmermann

　　　　小麂　*Muntiacus reevesi* （Ogilby）

　　　　水鹿　*Cervus unicolor* Kerr

　　　　梅花鹿　*Cervus nippon* Temminck

　　　　秀丽漓江鹿　*Lijiangocerus speciosus* （gen. et sp. nov.）

　　　牛科　Bovidae

　　　　水牛　*Bubalus* sp.

　　　　苏门羚　*Capricornis sumatracnsis* Bechstein

　　甑皮岩遗址出土贝类有中国圆田螺、中华圆田螺河亚种（图版四六，11、12）、中华圆田螺高旋亚种（图版四六，17、18）、桶田螺（图版四六，1、2）、方形田螺铜录亚种（图版四六，3~6）、削田螺（图版四六，7、8）、方形环棱螺（图版四六，13~16）、净洁环棱螺（图版四六，9、10）、斯氏扁脊螺、放逸短沟蜷、大口伞管螺、细小真管螺、真管螺未订种、太平丽管螺、细钻螺、杜氏珠蚌（图版四七，1~4）、圆顶珠蚌、圆头楔蚌、甑皮岩楔蚌（图版四八，3）、近矛形楔蚌（图版四七，5、6）、剑状矛蚌、短褶矛蚌（图版四七，11、

12)、付氏矛蚌（图版四七，7～10）、凸圆矛蚌、厚重假齿蚌（图版四八，11）、弯边假齿蚌（图版四八，4～6）、坚固假齿蚌（图版四八，9～10）、梯形裂齿蚌（图版四七，13、14；图版四八，1、2）、背瘤丽蚌、满氏丽蚌（图版四九，1、2）、长方丽蚌（图版四八，7、8）、精细丽蚌（图版四九，3）、卵形丽蚌（图版四九，6～8）、佛耳丽蚌、金黄雕刻蚌（图版五〇，16、17）、冠蚌（图版四九，4）、射褶蚌、广西射褶蚌（图版五〇，5、10～12）、背角无齿蚌、船室无齿蚌（图版四九，5）、珍珠蚌、膨凸锐棱蚌、美好蓝蚬（图版五〇，13～15）、斜截蓝蚬（图版五〇，6、7）、原坚蓝蚬（图版五〇，8）、曲凸蓝蚬（图版五〇，9）、卓丁蓝蚬（图版五〇，3、4）、横廷蓝蚬（图版五〇，1、2）等贝类47种。螃蟹1种（图版五一，1；图一五三，1），鲤鱼科1种（图版五一，2；图一五三，2），鱼1种（图一五三，3）、鳖1种（图版五一，3；图一五三，4），鳄鱼1种（图版五一，4；图一五三，5），草鹭（图版五一，5；图一五三，7）、池鹭（图版五一，19；图一五三，6）、鹭（图版五一，6；图一五三，8）、鹳（图版五一，7；图一五三，17）、鹬（图版五一，9；图一五三，10）、天鹅（图版五一，10；图一五三，11）、雁（图版五一，20；图一五三，13）、鸭（图版五一，21；图一五三，21）、雕（图版五一，14；图一五三，24）、石鸡（图版五一，12；图一五三，15）、白马鸡（图版五一，15；图一五三，16）、原鸡（图版五一，11；图一五三，14）、雉（图版五一，13；图一五三，22）、鹤（图版五一，16；图一五三，23）、伯劳（图一五三，18）、鸦（图版五一，8；图一五三，20）、沙鸡（图版五一，22；图一五三，12）、鹦鹉科（图版五一，17；图一五三，9）、似三宝鸟（图版五一，23；图一五三，19）、桂林广西鸟（图版五一，18；图一五三，25）等鸟类20种，猕猴（图版五二，1；图一五四，15）、红面猴（图版五二，2、3；图一五四，11）、兔（图版五一，24；图一五四，10）、仓鼠（图一五四，2）、褐家鼠（图一五四，1）、森林姬鼠（图一五四，4）、白腹巨鼠（图版五二，4；图一五四，3）、绒鼠（图一五四，8）、中华竹鼠（图版五二，7；图一五四，5）、豪猪（图版五二，5；图一五四，14）、貉（图版五二，8；图一五四，17）、豺（图版五二，6、16；图一五四，18）、熊（图版五二，11；图一五四，13）、狗獾（图版五二，10；图一五四，12）、猪獾（图版五二，9；图一五四，6）、水獭（图版五二，14；图一五四，7）、大灵猫（图版五三，1；图一五五，7）、小灵猫（图版五二，13；图一五四，9）、椰子猫（图版五三，2；图一五五，1）、花面狸（图版五三，6；图一五五，6）、食蟹獴（图版五三，3；图一五五，2）、猫（图版五二，15；图版五三，7；图一五五，8）、豹（图版五三，4；图一五五，4）、虎（图版五二，17；图版五三，5；图一五五，5）、亚洲象（图一五五，10）、犀牛（图版五三，8；图一五五，9）、野猪（图版五三，9、11；图版五四，1；图一五五，11；图一五六，1）、獐（图版五四，3；图一五六，6、7）、麝（图版五四，2；图一五六，2）、赤麂（图版五四，4；图版五五，1；图一五六，4；图一五七，3）、小麂（图版五五，2、4；图一五六，3；图一五七，2）、水鹿（图版五四，5；图一五六，5）、梅花鹿（图版五四，6；图版五五，3；图一五六，8；图一五七，5）、秀丽漓江鹿（图一五七，4）、大型鹿科、水牛

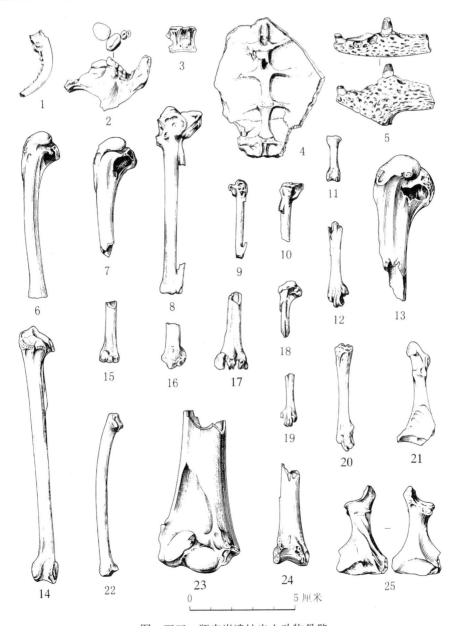

图一五三　甑皮岩遗址出土动物骨骼

1. 螃蟹钳(ZY0312)　2. 鲤科咽齿(ZY0310)　3. 鱼脊椎(DT4⑰)　4. 鳖板(ZY0401)　5. 鳄鱼左下颌骨(DT6⑤)　6. 池鹭左肱骨近端(DT1⑪)　7. 草鹭左肱骨近端(DT4⑮)　8. 鹭左腕掌骨(DT4⑮)　9. 鹦鹉科腕掌骨(DT6⑭)　10. 鹬腕掌骨近端(DT4⑪)　11. 天鹅趾骨(ZY0402)　12. 沙鸡右跗跖骨远端(DT4⑬)　13. 雁左肱骨近端(DT6㉔)　14. 原鸡右胫骨(DT4㉔)　15. 石鸡右肱骨远端(DT6㉔)　16. 白马鸡跗跖骨远端(DT6㉔)　17. 鹳跗跖骨远端(DT4⑨)　18. 伯劳左肱骨近端(DT4⑬)　19. 似三宝鸟左跗跖骨远端(DT6㉘)　20. 鸦跗跖骨(DT6⑮)　21. 鸭右喙骨(DT6 东部坍塌堆积)　22. 雉右尺骨(ZY0403)　23. 鹤右肱骨远端(DT4⑮)　24. 雕左胫跗骨远端(DT4㉑)　25. 桂林广西鸟左喙骨(DT6㉗)

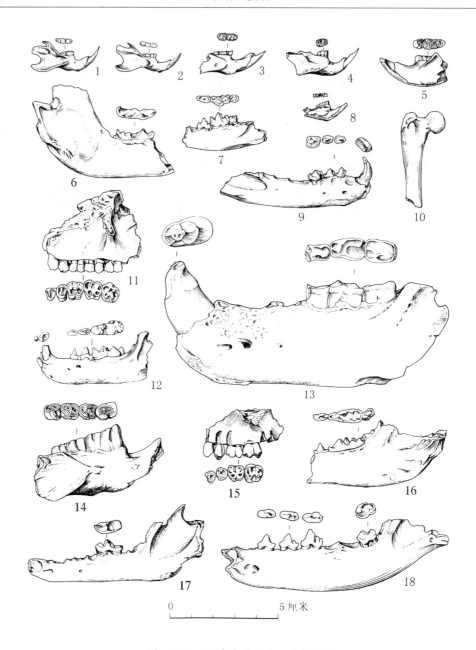

图一五四 甑皮岩遗址出土动物骨骼

1. 褐家鼠右下颌骨（ZY0024） 2. 仓鼠右下颌骨（ZY0023） 3. 白腹巨鼠右下颌骨（DT4㉔） 4. 森林姬鼠右下颌骨（ZY0022） 5. 中华竹鼠左下颌骨（ZY0019） 6. 猪獾左下颌骨（ZY0032） 7. 水獭左下颌骨（ZY0056） 8. 绒鼠右下颌骨（DT4⑬） 9. 小灵猫右下颌骨（ZY0047） 10. 兔右股骨近端（DT4⑫） 11. 红面猴左上颌骨（ZY0012） 12. 狗獾左下颌骨（DT4㉔） 13. 熊左下颌骨（BT3⑫） 14. 豪猪右下颌骨（ZY0029） 15. 猕猴左上颌骨（ZY0001） 16. 獾左下颌骨（ZY0038） 17. 貉左下颌骨（ZY0058） 18. 豺左下颌骨（ZY0059）

（图版五五，6；图一五七，6）、苏门羚（图版五五，5）等哺乳动物 37 种，共计 108 种。以上的种类包括 1973 年和 2001 年两次发掘出土的贝类和脊椎动物。

（二）动物种类所反映的环境特征

动物考古学研究的一个主要目的就是通过野生动物的生态特征来推测当时遗址附近的自然环境。因为家养动物可以通过人的意志去改变它们的生活习惯，但是野生动物则会选择一个适合它们生长的自然环境，特别是某些对自然环境特征反应敏感的野生动物更是如此。因此，根据遗址中出土的某些需要特定自然环境才能生存的野生动物的存在，就可以在一定范围内推测当时遗址附近的气候、地貌和植被。

我们比较详细地叙述的几种贝类如中国圆田螺生活在水草茂盛的湖泊、河流、池塘、河沟内，对干燥及寒冷有极大的适应性。圆顶珠蚌栖息于湖泊、河流及池塘沿岸，无论是泥底还是沙底都有大量发现。短褶矛蚌栖息于泥底或泥沙底的河流、湖泊及池塘内。背瘤丽蚌栖息于水流较急或缓流、水质澄清透明的河流及其相通湖泊的水较深，冬季不干枯之处，底质较硬，一般上层为泥质，下层为沙底。冬季温度低时钻入泥中 10 余厘米处。蚬栖息于淡水、咸淡水的江河、湖泊、沟渠及池塘内，底质多为沙底、沙泥底或泥底（浙江动物志编辑委员会，1991）。甑皮岩遗址还发现了一些陆生螺，如大口伞管螺、斯氏扁脊螺、细小针管螺、细钻螺、太平丽管螺等。这些螺大都生息于温暖潮湿地区腐殖质较多的灌木丛中（陈德牛等，1987）。

鸟类中比较典型的如草鹭、池鹭栖息于沼泽、池塘和其他丛生隐蔽物的浅水地带，鹳栖息于沼泽或近水地带，鹦栖息于沼泽或山边溪流附近的树林里，鸭科动物属于水域鸟类，石鸡栖息于暴露的岩坡、干燥的山谷间（郑作新，1966）。

哺乳动物中，猕猴栖息在石山的森林或地面上，特别喜欢栖息在河岸的岩壁上。红面猴属于热带或亚热带动物，栖息于多岩石而略有树木的山上。中华竹鼠多居于山坡上的竹林。豪猪一般居于山坡、草地或密林中。兔常栖息于山坡灌丛或杂草丛中。貉栖息于河谷、草原和靠近溪流、河、湖附近的树林里。豺栖息于丘陵、森林、山地和热带丛林里。狗獾、猪獾栖息于森林、山坡的灌丛及湖泊、河、溪旁边。水獭活动于河流、湖泊和溪水中。大灵猫栖息于灌木丛林及高草中。小灵猫、椰子猫栖息于多树山地。花面狸栖息于亚热带森林、灌木丛或岩裸地，食蟹獴栖息于沟谷及森林溪水边茂密丛林里。虎栖息于山林、灌木或野草丛生的地方。豹栖息于森林或树丛中。野猪多在灌木丛或较低湿的草地和阔叶林中栖息。麝栖息于多岩石或大面积的针叶林和针阔混交林。獐栖息于有芦苇的河岸或岸边的沼泽地，亦有在山边或长有草的旷野。赤鹿主要栖息在草丛、密林、山地、丘陵中。小鹿栖息在小丘陵、小山的低谷或森林边缘的杂草丛中。水鹿栖息于阔叶林、季雨林、稀树草原与高草地。梅花鹿栖息于混交林、山地草原和森林边缘附近，在茂密的大森林中或多岩石的地方较少。牛栖息于阔叶林、针阔混交林或稀疏草地中。苏门羚栖息于高山岩崖或山坡森林中（寿振黄，1962）。

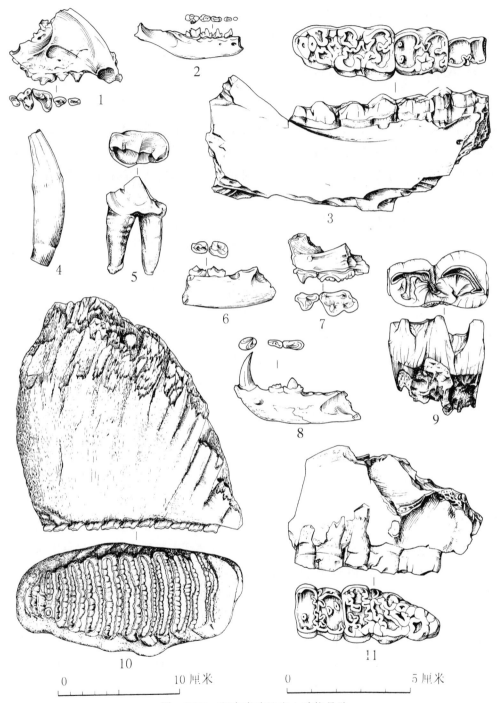

0 ——— 10 厘米　　　0 ——— 5 厘米

图一五五　甑皮岩遗址出土动物骨骼

1. 椰子猫右上颌骨（ZY0050）　2. 食蟹獴右下颌骨（ZY0053）　3. 猪右下颌骨（ZY0257）　4. 豹游离齿（ZY0063）　5. 虎游离齿（ZY0064）　6. 花面狸左下颌骨（ZY0051）　7. 大灵猫左上颌骨（ZY0044）　8. 猫左下颌骨（ZY0049）　9. 犀牛游离齿（ZY0068）　10. 亚洲象齿板（ZY0409）　11. 野猪左上颌骨（ZY0253）

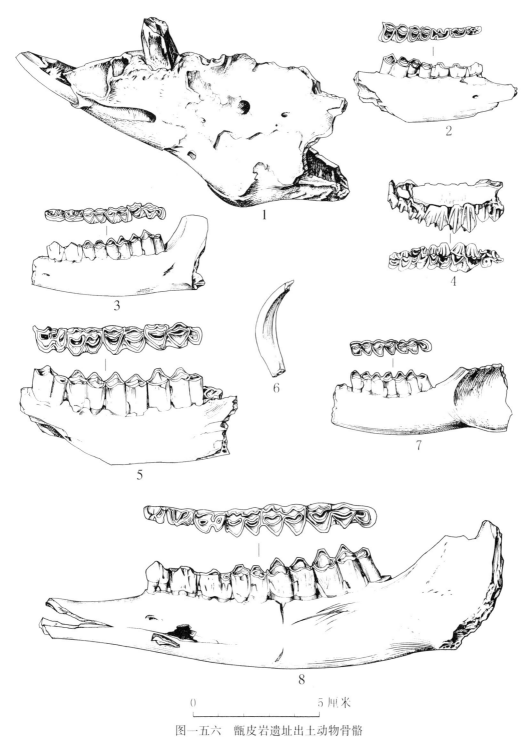

图一五六　甑皮岩遗址出土动物骨骼

1. 野猪下颌骨联合部（ZY0238）　2. 麝右下颌骨（ZY0085）　3. 小鹿左下颌骨（ZY0128）　4. 赤麂左上颌骨（ZY0123）　5. 水鹿左下颌骨（ZY0152）　6. 獐游离犬齿（ZY0081）　7. 獐左下颌骨（ZY0078）　8. 梅花鹿左下颌骨（ZY0194）

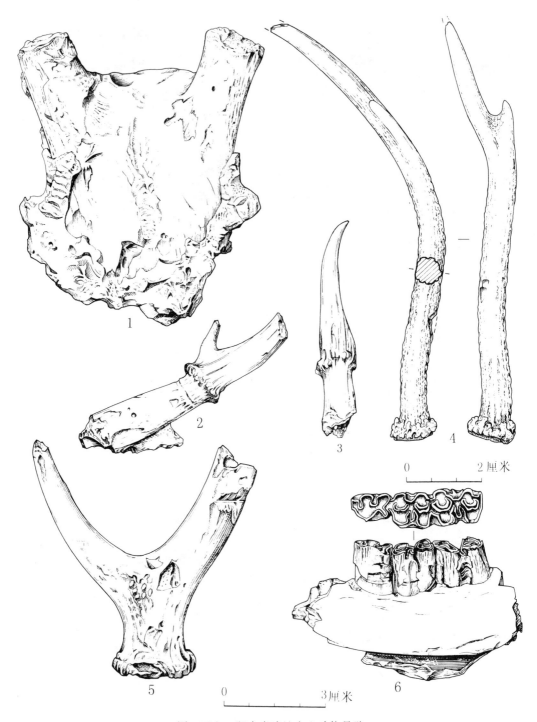

图一五七　甑皮岩遗址出土动物骨骼

1. 苏门羚头骨（ZY0404）　2. 小鹿角（ZY0405）　3. 赤鹿角（ZY0406）　4. 秀丽漓江鹿角（ZY0407）　5. 梅花鹿角（ZY0408）　6. 水牛左下颌骨碎块（ZY0222）

　　从上述动物的生存环境看，甑皮岩遗址附近的地貌环境为石山、河流或湖泊、沼泽、森林、灌木丛和草地等。另外，甑皮岩遗址发现了一些属于热带或亚热带的动物，特别是犀，属于热带动物，现在中国已经绝迹。当年甑皮岩遗址所在的地区存在犀，证明当时的气候明显地比现在要温暖湿润。

　　值得注意的是，甑皮岩遗址数量较多的哺乳动物种类与位于黄河流域、淮河流域和长江流域的不少新石器时代考古遗址出土的状况有相当大的区别（袁靖，1999），但与华南地区新石器时代早期包括贝丘遗址在内的洞穴遗址或长江三角洲地区年代较早的遗址，如广西柳州白莲洞洞穴遗址（柳州白莲洞洞穴科学博物馆等，1987）、广西柳州鲤鱼嘴贝丘遗址（刘文等，1991）、广西桂林庙岩洞穴遗址（张镇洪等，1999）、广东英德牛栏洞洞穴遗址（英德市博物馆等，1999）、海南三亚落笔洞洞穴遗址（郝思德等，1998）、江西万年仙人洞洞穴遗址（黄万波等，1966）、湖南道县玉蟾岩洞穴遗址（袁家荣，2000）却有一定的相似之处。这也从另一个角度说明，甑皮岩遗址与岭南地区同时代的其他遗址处于大体相同的自然环境中。

第六章　生业模式

在 2001 年的度发掘过程中，我们采用了在 70 年代尚未应用到考古工作的一些科技考古的方法和手段，对遗址及周边环境展开多学科的综合研究。其中包括应用浮选法获取遗址中埋藏的炭化植物遗存，应用筛选方法获取遗址中埋藏的水陆生动物遗存，另外，再辅助以植硅石的分析方法，对甑皮岩遗址的动植物遗存进行系统的研究，分析甑皮岩人与其所处环境中的动植物之间的关系，探讨与此相关的诸如农业起源、家畜驯养等问题，并试图以此为基础讨论甑皮岩人摄取食物的种类以及获取这些食物的方式。

第一节　植物遗存的研究

一、浮选与炭化植物遗存的研究

（一）采样与浮选

尽管我们选择了不同的地点进行了发掘和采样，但由于发掘面积较小，浮选样品的采集范围还是受到了很大的局限。为了尽可能多地了解遗址中植物遗存的埋藏情况，我们采取了完全浮选的方法，即在发掘过程中将清理出的文化堆积土壤全部收集起来进行浮选（已被扰乱的，或怀疑被扰乱的则一概不予采集）。为了便于分析植物遗存在时空上的分布规律及变化情况，在浮选土样的收集过程中，我们以探方为单位逐层进行采样，共获得浮选土样 81 份，总计土量 8742 升。由于是完全浮选，而每一个发掘单位面积的大小不同，文化层堆积的组成和厚薄也不同，因此所得到的每份样品的土量差别很大，少者仅 2 升，而多者达 600 余升。样品的平均土量约为 100 升。

浮选工作是在发掘现场进行的，所使用的浮选设备为水波浮选仪（彩版四，2）。该设备的主体是一个长方形的水箱，水箱一端的上部有凹口，并连结着一个突出的底部开孔的溢水槽，溢水槽下安置一个规格为 80 目（即网孔径 0.2 毫米）的分样筛，水箱另一端的下部安装有进水管，水管向内连接有两个纵向排列的朝上的浴室喷头，操作时，打开水源使水通过喷头灌入水箱，待水箱灌满后，继续保持水流畅通，水自然顺着水箱上部的凹口流入溢水槽排出，这时，开始均匀地将土样撒入水箱内，土样中比重小于水的部分包括炭化植物遗骸浮出水面，并随水流顺着凹口流入溢水槽，然后通过溢水槽的出水孔落入细筛中，这就是我们所要的浮选结果。

浮选的结果经阴干后被运回实验室进行分类和植物种属鉴定。

（二）浮选结果的分类与鉴定

尽管采用了完全浮选的方法，但浮选出的炭化植物遗存并不丰富，仅有约三分之二的浮选土样获得了炭化植物遗存，而且数量很少，平均每百升土浮选出的炭化物重量尚不到 0.5克。通过显微镜的观察，我们将这些炭化植物遗存进一步分成炭化木、块茎、硬果壳、种子等类别，分别加以鉴定和统计（表四）。

表四　浮选结果统计表

项目 期别	样品数量	土样总量（L）	炭化物总重（g）	碎蚌螺总重（g）	植物种子数量	块茎重量（g）
一期	6	1382	2.45	2.68	5	0.43
二期	4	1006	2	4.58	4	0.17
三期	34	4150	15.72	41.32	51	1.76
四期	15	1053	7.24	43.88	7	0.49
五期	22	1151	8.59	45.65	15	3.21
总计	81	8742	36	138.11	82	6.06

炭化木是指经过燃烧的各种木本植物的茎或枝的残存，一般而言，从考古遗址出土的炭化木如果还保存有一定的尺寸，我们就可以根据其组织结构的解剖特征进行植物种属的鉴定。然而，从甑皮岩遗址浮选出的炭化木均十分破碎，在显微镜下已经无法观察到完整的组织结构，不能进行种属鉴定，因此我们没有对炭化木进行单独的计量分析，而是将其笼统地包含在炭化物总量中统计。

块茎是指某些植物特有的变态地下茎，例如马铃薯就是一种典型的块茎，我国传统的栽培块茎类植物主要有山药、芋、莲藕、慈姑等。块茎的主要组成部分是富含淀粉的薄壁细胞，在显微镜下很容易将其与主要以导管、筛管和纤维组成的炭化木区分开。但是，从考古遗址中浮选出的炭化块茎一般都是一些不规则形的残块，除了个别的还保留有部分特征部位者外，大多数很难做进一步的植物种属鉴定。即便如此，将炭化块茎从炭化物中挑选出来单独进行分析还是很有意义的，因为这类植物遗存靠自然力进入遗址文化堆积中的几率比较小，而且又大多与可食用植物有关，因此很有可能是古代人类的食物遗存。

硬果壳是指植物的核果（drupe）或坚果（nut）的果皮，常见的如核桃、桃、杏、栗等。硬果壳的特征比较明显，一般仅用肉眼就可以识别，但要进一步做植物种属鉴定则需要一定的植物分类学知识。从甑皮岩遗址浮选结果中发现的硬果壳非常少，仅出现在 5 份样品中，总重量不到 1 克，因此我们在量化分析中对其忽略不计，就种属鉴定而言，仅有 1 例可以鉴定到胡桃科（Juglandaceae）的山核桃属（*Carya*）。

此次从甑皮岩遗址共浮选出 82 粒植物种子，其中大部分保存完整，我们请广西植物研究所的植物分类学家李光照先生对这些种子进行了植物种属的鉴定，并由中国科学院植物研究所的刘长江先生对鉴定结果进行了核查和补充（表五）。鉴定结果显示，这些种子包括有芸香科（Rutaceae）的山黄皮（*Clausena excavata*），清风藤科（Sabiaceae）的笔罗子（*Meliosma rigida*），大戟科（Euphorbiaceae）的粗糠柴（*Mallotus philinensis*），桃金娘科（Myrtaceae）的米碎木（*Decaspermum fruiticosum*）和水翁（*Cleistocalyx operculatus*），桑科（Moraceae）的畏芝（*Cudramia cochinchinensis*），榆科（Ulmaceae）的朴树（*Celtis tetrandra*），楝科（Meliaceae）的苦楝（*Melia azedarach*），木犀科（Oleaceae）的桂花（*Osmanthus fragrans*），蔷薇科（Rosaceae）的梅（*Prunus mume*），山茱萸科（cornaceae）的毛梾（*swida walteri*）以及葡萄科（Vitaceae）的葡萄属（*Vitis*），山矾科（Symplocaceae）的山矾属（*Symlocos*），莎草科（Cyperaceae）中的珍珠茅属（*Scleria*）等。另外，还有一些出土植物种子的特征很不明显，或者由于炭化过甚以及在埋藏和提取过程中遭到磨损而失去了特征部位，无法准确鉴定，因此将其暂称为未知或不可鉴定类型列入出土植物种子数量的统计中。

表五　甑皮岩遗址出土炭化植物种子统计表

植物种属	一期	二期	三期	四期	五期
Celitis tetrandra（朴树）		1	16		1
Clausena excavata（山黄皮）			4	1	1
Cleistocalyx eperculatus（水翁）				1	1
Cudrania cochinchinensis（畏芝）				1	
Coriandrum sativum（芫妥）			1		
Decaspormum fruticosum（米碎木）					1
Melia azedarach（苦楝）				1	
Meliosma rigida（笔罗子）		1	15		6
Mellotus philinensis（粗糠柴）				2	
Osmanthus fragrans（桂花）			1		
Prunus mume（梅）				1	
Swida walteri（毛梾）	1				
Scleria sp（珍珠茅属）			1		
Symplocos sp（山矾属）				1	
Vitis sp（葡萄属）	2				
Carye sp（山核桃属）			1		1
未知种属			1		4
不可鉴定种子		2	8	2	2
总　计	3	4	48	10	17

由于甑皮岩遗址文化堆积中含有大量的水、陆生动物遗骸，所以浮选结果中除了炭化植物外还见一些螺蚌碎片（兽类、鱼类、龟鳖类及鸟类等在浮选过程中已被拣选出来供它项研究），螺蚌由于过于破碎已无法做进一步的鉴定和个体统计，因此仅对其重量进行了计量。

（三）结果的分析

甑皮岩遗址浮选结果包含有炭化植物遗存和螺蚌碎片两类成分，经过称重计量，甑皮岩遗址堆积中的炭化植物含量自一期至五期呈平缓上升趋势，但螺蚌碎片的重量在四期时上升的幅度非常显著（图一五八）。甑皮岩遗址出土有大量的完整的螺蚌，经统计，其中河蚬和中华圆田螺的总计数量在一期和二期很少，三期时突然大幅度地增加，四期反而有所减少，到了五期又达到一个峰值（参见本书有关动物考古学研究的章节）。但从浮选结果中发现螺蚌碎片的重量的峰值却在第四期，这究竟说明的是一种文化现象还是反映了遗址堆积过程中出现的环境变化，或两者兼有之，仍有待于结合对遗址堆积成分和出土的其他文化遗物的分析尚可得知。

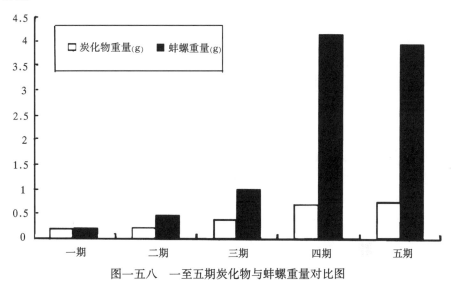

图一五八　一至五期炭化物与蚌螺重量对比图

甑皮岩遗址文化堆积中的炭化植物遗存的含量十分贫乏，平均每百升土所浮选出的炭化物重量不到 0.5 克，即便考虑到在浮选过程中可能会出现的遗漏，与一般的考古遗址相比这一含量也明显偏低。甑皮岩遗址是一处洞穴遗址，作为人类的居所，洞穴虽可遮风避雨，但洞内一般比较阴暗潮湿，当时应该常设有用于取暖、干燥、照明乃至加工食物和其他器具的火塘，而植物毫无疑问是古代人类用火的最主要的燃料来源，再考虑到甑皮岩洞穴内有限的空间以及漫长的使用年代，从逻辑上推理，遗址堆积中应该包含有十分丰富的炭化植物遗存，但事实却恰恰相反。需要指出的是，除了甑皮岩遗址外，笔者还曾经在另外三个石灰岩洞穴遗址开展过浮选工作，即江西万年的仙人洞遗址和吊桶环遗址以及广西临桂的大岩遗址，其结果都不理想。大岩遗址的浮选结果与甑皮岩遗址类似，而仙人洞遗址和吊桶环遗址的浮选结果更加贫乏，除了极少量的炭化木外，几乎不见任何其他炭化植物遗存。这四个遗址的浮选结果是否反映了石灰岩洞穴遗址植物遗存埋藏情况的一种共性呢？如果是，那么究竟是什么原因造成的？对此我们有必要进行一些初步的分析。

首先，埋藏环境可能是造成石灰岩洞穴遗址炭化植物遗存含量少的原因之一。考古遗物因埋藏在土壤中得以保存，但自然界中各种因素对土壤的作用会扰动或损坏埋藏中的古代文化遗存，由于炭化植物的物理性质非常脆弱，个体一般较小，在埋藏过程中更易受到扰动和损坏。石灰岩是一种可溶性岩石，在水的长期作用下不断地发生溶解和沉淀，并由此引发大面积的剥落和塌陷，这是石灰岩洞穴之所以能够发育形成的主要原因，即便到了石灰岩洞穴发育的晚期即干溶洞期，石灰岩的溶解的和沉淀以及与此相关的洞顶洞壁塌陷也时常发生，因此对洞内的文化堆积而言，石灰岩洞穴本身就是一种不稳定的堆积环境（这也是石灰岩洞穴遗址的地层一般比较难划分的原因之一），这种不稳定的堆积环境对埋藏的文化遗物尤其是炭化植物遗存必然会产生一定的影响。另外，在洞穴堆积过程中如果遭受到水的侵袭和浸泡，堆积中的石灰岩成分被溶解后所形成的溶解质被水带走，这种细微的搬运形式对其他文化遗物如动物骨骼也许影响不大，但对质地非常脆弱的、体积十分细小的炭化植物遗存就可能会造成一定的破坏或移动。炭化植物的物理性质虽然脆弱，但其化学性质却相对稳定，一般而言，土壤中的各种各样的化学侵蚀作用对炭化植物遗存应该不会产生影响，然而，石灰岩溶解与沉淀过程中所产生的化学作用是否不利于炭化植物遗存的长期保存，这还有待于今后的进一步研究。

其次，人类的行为与遗址堆积中炭化植物遗存的含量也存在着一定的关系，这实际涉及了考古遗址中植物遗存的形成、堆积与埋藏过程的问题。一般而言，考古遗址出土的植物遗存大多与当时人类的生活有关，属于人类的食物、燃料、建筑材料以及其他用具的遗存。以食物类植物遗存为例，由于不同植物的可食用部位的不同，被遗弃和埋藏在遗址中的机会是不一样的，而人类对不同食物的储藏、加工和食用方式的不同也会造成遗弃在遗址中的植物种类和数量的不均等，例如有些植物类食物可以直接生吃，有些则需要烹饪加工方可食用，如各种谷物、豆类、野生草籽等，很显然，需要加工方可食用的植物比直接就可食用的植物被遗弃和埋藏在遗址文化堆积中的几率要高得多。在甑皮岩遗址没有发现任何明显地需要加工的或可以长期保存的植物种类，经过鉴定已知的植物种类主要有各种鲜果的种子、块茎和硬果壳，其中鲜果类食物一般是生食而且难以保存，古人多在采集地点就地食用，可能仅有少量被带回居住地，因此在遗址中发现鲜果籽粒的数量一般都不会很多；块茎类食物大多也可以生食，有些品种从皮到瓤全可食用，因此被遗弃在遗址文化堆积中的机会也相对较小；各种硬果的壳是无法食用的，被遗弃在堆积中的可能性很大，但甑皮岩遗址出土的硬果壳数量极少，这可能与当时人类对食物的选择有关。据此，如果此次浮选结果所反映的确实是甑皮岩人的主要植物类食物组成，遗址堆积中埋藏的可食用植物遗存有可能原本就不丰富。

　　然而，比较难解释的是出土植物遗存中炭化木的含量也很低，如果也从人类行为的角度分析，这可能与当时人使用火的方式方法有一定的关联。所谓炭化是指植物在燃烧过程中未能被充分燃尽的结果，炭化植物的形成是由诸多因素所决定的，其中包括燃烧温度的高低、燃烧时间的长短、燃烧环境中氧气的含量、被燃烧的植物个体的大小和潮湿的程度等，而如果植物能够得以充分燃烧，其结果只能留下一堆灰烬。所以，甑皮岩人当时对燃料的选择以及对火的控制程度应该与遗址埋藏炭化木的多寡有着很密切的关系。

　　植物遗存在考古遗址中的分布规律也应该是我们要考虑的因素。不论形成的原因如何，被炭化的植物一般是失去了被人利用的价值，在当时属于废弃物，因此，古代居住遗址中那些最有可能用作堆放垃圾的位置，如灰坑、灰沟等应该是出土丰富炭化植物遗存的地点，根据笔者在二十余处各类考古遗址开展浮选工作的经验，这基本上是事实。而对于一个可利用面积仅在 100 至 200 平方米的洞穴遗址而言，日常清理的垃圾似乎应该堆放到洞外的某个地点，由于甑皮岩遗址的洞外堆积已被后期人类活动破坏，发掘仅限于洞内的文化堆积，因此，采样点不是遗址中炭化植物遗存埋藏最丰富的区域也可能是造成甑皮岩遗址浮选结果贫乏的原因之一。

　　需要指出的是，在甑皮岩遗址一期至五期长达数千年的被使用过程中，其居民的生活方式与行为不可能是一成不变的，而人类行为方式的改变一般是能够比较明显地反映在遗址文化堆积成分上，这也是我们进行文化分期的主要依据之一，但甑皮岩遗址出土的炭化植物遗存的含量从早至晚呈现的却是一种平缓的递增性的变化规律。另外，甑皮岩遗址出土有数量惊人的动物骨骼和螺蚌（见本章第二节），而动物骨骼和螺蚌在当时也应该属于废弃物的范畴，同样是出土于洞内的堆积，丰富的动物骨骼与贫乏的炭化植物遗存这一强烈反差似乎不太支持有关垃圾清理的分析。据此，仅就甑皮岩遗址而言，虽然我们不能排除文化因素的影响，但埋藏因素应该是造成炭化植物遗存含量少的最主要的原因。

　　由于甑皮岩遗址的炭化植物遗存的含量低，而且有将近 1/3 的样品根本不含炭化物，再加之样品之间的土量差异又很大，计算平均值也十分困难，我们很难以样品为单位对结果进行量化分析，因此，我们采用了以文化分期为计量单位的方法，即将每一个发掘单位中的每一期的所有浮选土样及其结果糅合在一起进行统计，计算平均值时则以百升土为基数，然后在期与期之间或探方与探方之间进行比较分析。

　　从图一五九可以看出，甑皮岩遗址各期出土的炭化块茎重量的变化与炭化植物遗存总量基本一致，正如我们在前面已经分析过的，这可能与埋藏因素有关，即年代越久远，埋藏的炭化植物遗存的损失越严重。但是，出土炭化植物种子数量却是以三期和五期最多，而其间的四期的数量相对较少。根据甑皮岩出土动物遗存的研究结果，动物骨骼和完整的螺蚌数量也是以三期和五期最为丰富，而四期较少。炭化植物种子与动物遗骸所表现出的这一相同的变化规律说明在三期至五期这一阶段遗址发生了某些变化，其中的一种可能性是遗址性质的转变，例如季节性的栖居地与常年的居所的转变，或者临时性的狩猎营地与基地性的居住地的转变。当然，这需要结合遗址出土的其他遗迹遗物进行综合分析。

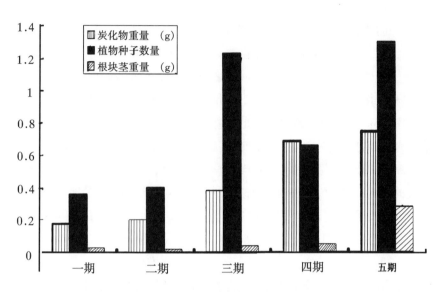

图一五九　一至五期炭化物、根块茎重量及植物种子数量对比图

此次发掘主要是对一些原探方的隔梁进行清理，虽然实际发掘面积很小，但所涉及的范围较大，这对我们分析出土植物遗存在空间上的分布规律提供了条件。发掘共涉及到五个探方，即 BT2 的北隔梁、BT3 的北隔梁、DT6 的东隔梁、DT3 的北隔梁以及 DT4 的 1973 年未发掘部分。从分期上讲，此次发掘出的一期至四期的堆积集中在 DT6、DT3 和 DT4 三个探方，而五期的堆积则主要集中在 BT2 和 BT3 两个探方；从布局上看，BT3、DT3 和 DT4 位置比较靠前接近洞口，而 BT2 的北隔梁和 DT6 的东隔梁比较偏后位于洞内深处。据此，我们选择了 DT3 与 DT6、BT2 与 BT3 这两组发掘单位分别对三期和五期出土植物遗存在空间上分布规律进行了比较。从图一六○和图一六一可以看出，三期与五期的各种炭化植物遗存的分布均以接近洞口处为多，这说明当时居民在洞内的主要活动区域可能是在洞口附近。甑皮岩洞穴高 8、阔 13 米，洞内面积约 200 平方米，洞口面朝西南，洞外是一片开阔地。该洞的空间、洞外的地势、洞口的朝向以及洞周边的环境，使其成为了一处良好的早期人类栖居场所，但人类是如何使用这一天然居所却是另一个问题。如果仅以洞内部分而言，当时居民的主要活动区域一般应该是以火塘为中心，火在古代洞穴居民的生活中是至关重要的，除了取暖、照明、烹饪食物、加工器具等外，还包括抵御野兽侵扰的功能，从恐吓野兽的角度讲，当时的火塘应该设在靠近洞口的位置。此次发掘在 DT4 发现火塘的遗迹 1 处，综合出土炭化植物遗存的分布规律判断，当时的火塘乃至甑皮岩人在洞内的主要活动区域应该是在靠近洞口一带。

在甑皮岩遗址发现的炭化植物种子数量虽不多，但特点比较突出（图版五六，1～6），其一，这些种子大多数属于适于石灰岩地区生长的喜钙或适钙的植物种属，如山黄皮、粗糠柴、米碎木、畏芝、朴树、苦楝、桂花等（广西植物研究所编，1991 年），说明这些植物种

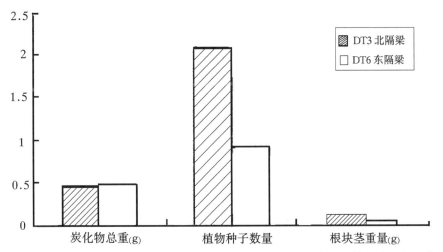

图一六〇　DT3 北隔梁与 DT6 东隔梁的炭化物、根块茎重量及植物种子数量对比图（三期）

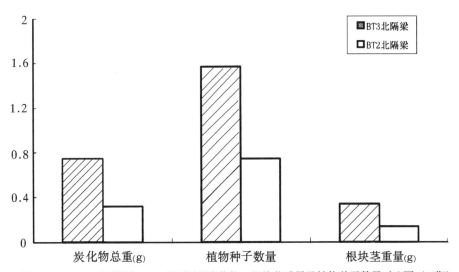

图一六一　BT3 北隔梁与 BT2 北隔梁的炭化物、根块茎重量及植物种子数量对比图（五期）

子的来源应该是当地。其二，有些种子属于可食用的植物种类，例如山核桃和梅至今仍是人们喜爱的果品，而山黄皮、畏芝、水翁、山葡萄以及朴树等植物的果实也或酸或甜，味美可食。最后需要指出的是，在甑皮岩遗址没有发现炭化稻谷或野生稻的遗存。这说明在甑皮岩存在稻作生产的可能性非常小。

二、植硅石的提取与研究

（一）样品的采集和植硅石的提取

与炭化植物遗骸相比，植硅石属微小植物遗存，其体积以微米计量，在高倍显微镜下方可观察到，植硅石这一特点使其样品的采集方法与浮选土样的采集有着很大的不同。由于植硅石体积小，所需样品的土量自然也很少，一般在50克左右就足够了；同样由于植硅石体积微小，在采样过程中很容易发生样品之间的交叉污染。因此，甑皮岩遗址植硅石样品的采集是在发掘基本结束、层位已经明确划分后进行的（图一四七～一五○），具体的操作方法是：首先在剖面上选择适当的采样点，然后在采样点处向内切出一条宽50、深20厘米的凹槽，最后在凹槽的中间部位切取适量的土样。采集土样的编号与地层编号相反，即从最下一层逐层向上采集。采取到的土样被立即置于双层塑料袋中密封，记录标签同样被置于小塑料袋中，避免与样品接触，然后送交实验室进行植硅石的提取和分析。

在实验室内，首先将土样完全干燥，从每份土样中称量出3克土进行植硅石提取，以保证各样品出土植硅石数量的可对比性，然后对土壤样品进行前处理，以保证土壤颗粒充分分散，包括用酸液去除钙化质、用双氧水去除氧化物、运用沉淀法去除粘土成分等步骤，最后用配置的重液对植硅石进行提取。植硅石提取物被烘干后制成载玻片，在高倍显微镜下进行植硅石观察、鉴定和数量统计。

（二）植硅石的观察与鉴定

植硅石是硅化的植物细胞或组织，其形状基本保持着植物细胞或组织的原本形态，因此我们可以根据从土壤中发现的植硅石的形状特征区别不同的植物细胞或组织类型，进而对植物种类进行鉴别。但是植硅石的植物种属鉴定能力有很大的局限性，首先，在植物界不是所有的植物种类都具有产生植硅石的能力，例如，包含有许多重要的块茎类栽培作物的薯蓣科的薯蓣属（*Dioscorea*）就属于不产植硅石的植物种类，对这类植物植硅石分析方法是无能为力的。其次，即便是能够产生植硅石的植物种类所拥有的植硅石类型和数量也很不一致，有些植物种类可以产生十几种乃至几十种不同的植硅石类型，而有些植物种类仅产生很少的几种植硅石类型。另一方面，有些植硅石类型仅属于一种植物种类，但有些可能存在于几十种、几百种甚至上千种不同的植物种类中，植硅石类型与植物种类之间的这种复杂的对应关系给利用植硅石鉴别植物种属造成了很大的困难。通过长期的研究，目前已对许多植物的植硅石类型有了一定的了解，但就总体而言，已知的可鉴定植硅石类型依然有限，而且这些可鉴定植硅石类型的植物种属鉴别能力也不同，有些可以被准确地鉴定到科、属甚至种，但有些仅能鉴定到目或纲（Piperno，1988）。

在甑皮岩样品中发现的可鉴定植硅石类型的种类不多，数量也很少，其中以禾本科的扇形植硅石占绝对优势（表六）。禾本科植物种属繁多，分布地域广泛，又是植硅石的高产科，因此在考古土壤样品中一般都可以发现一定数量的禾本科植硅石，甑皮岩样品也不例外。禾本科植硅石中可鉴定的类型大体可分为两大类，一类就是扇形植硅石（图版五七，1），其原本是禾本科植物叶片内的机动细胞，体形较大，硅化程度高，因此在土壤样品中提取的可鉴定植硅石类型中一般或多或少地都能够见到扇形植硅石。另一类是表皮短细胞，禾本科植物表皮短细胞类型很多，但却有一定的规律性，如其中的哑铃形（图版五七，2）、十字形、多铃形、串珠形等主要见于黍亚科（Panicoideae），圆形或椭圆形、方形或长方形、齿边长方形等是早熟禾亚科（Pooideae）的特有类型，鞍形仅见于虎尾草亚科（Chloridoideae）和竹亚科（Bambusoideae），但竹亚科的鞍形较长，其侧面呈竹节状（图版五七，3）。在甑皮岩样品中，除了虎尾草亚科外，其他几个亚科的表皮短细胞都有所见，但数量很少。

表六　甑皮岩遗址出土可鉴定植硅石类型统计表

	一期		二期		三期			四期			五期			宋代	
	DT4㉛	DT4㉚	DT4㉙	DT4㉘	DT4㉖	DT4㉒	DT4⑱	DT4⑭	DT4⑩	DT4⑥	BT3⑮	BT3⑧	BT3④	BT3②	BT3①
扇形（禾本科）	2	3	12	37	13	5	23	47	11	18	3	24	33	312	115
黍亚科短细胞（Panicoideae）								2				1	2	24	10
早熟禾亚科短细胞（Pooideae）							1					1		4	3
黍亚科/早熟禾亚科短细胞														10	4
竹亚科短细胞（Bambusoideae）									1					1	3
刺球形（棕榈科）													2	1	
光滑球形（双子叶类）														4	5
不规则形多面体（木兰目）										1				2	1
石细胞										2				6	1
平面几何形表皮细胞（双子叶类）							1					4			
海绵体										1					
硅藻										20					
炭屑（>50微米）	>1000	>1000	135	165	300	>1000	630	>1000	>1000	>1000		60		>1000	

相对禾本科而言，其他植物所产的植硅石类型大多比较单调，在一般情况下土壤样品中所发现的非禾本科植硅石的种类和数量都相对较少。非禾本科植硅石的植物种属鉴别能力也参差不齐，有些可鉴定到属，有些可以到科，还有一些仅能区别不同的目。在甑皮岩样品中，非禾本科植硅石类型中可以鉴定到科一级的仅有棕榈科（Palmae）的刺球型植硅石一种，其他有不规则形多面体，光滑球形、平面几何形表皮细胞、石细胞等（图版五七，4～6），不规则形多面体可能属于木兰科，也可能属于番荔枝科，目前暂定为木兰目（Magnoliidae）的鉴定类型；光滑球形和平面几何形表皮细胞属于双子叶植物的植硅石，而所谓石细胞，虽然在很多不相关的植物科属中都能见到，但以乔木为主。

通过显微镜观察，在甑皮岩样品还发现有棒形、方形、矩形、尖形等植硅石类型，但这些植硅石类型形态简单，表面缺乏特征，在各类高等植物中几乎都能见到，所以不具备最起码的植物种属鉴别价值，因此我们在观察和统计过程中对其忽略不计。

（三）结果的分析

从整体上讲，甑皮岩遗址文化堆积中提取出的植硅石含量是很低的，尤其是早期的样品，除了禾本科的扇形植硅石外，基本不见其他可鉴定植硅石类型，这可能是不利的埋藏环境对植硅石的侵蚀造成的。植硅石是石化的植物细胞或组织，在岩性分类上称之为蛋白石（$SiO_2 \cdot nH_2O$），蛋白石的物理性质十分坚硬，但其化学性质相对不稳定，实验证明，在高碱性（pH值＞9）的环境下，蛋白石会逐渐地被溶蚀（Piperno，1988）。石灰岩是一种碳酸盐，是在碱性条件下淀积的，因此对植硅石而言石灰岩洞穴堆积不是一个良好的埋藏环境，尤其通过漫长的埋藏过程，那些体积较小的、硅化程度较差的植硅石个体就有可能被溶蚀而逐渐地消失。在甑皮岩出土的植硅石组合上确实反映出了这种情况，例如，甑皮岩出土的禾本科植硅石中扇形的数量明显地多于表皮短细胞植硅石类型。然而，在禾本科植物体内表皮短细胞的数量实际要远远地高于机动细胞的数量，因此在埋藏条件比较好、堆积年代较短的土壤样品中提取的植硅石群体中，禾本科表皮短细胞植硅石类型的数量一般应该明显地多于扇形植硅石，这在许多以往的植硅石研究中得到了证实，事实上，由于从一般土壤中提取的禾本科表皮短细胞植硅石的数量过多，有的学者甚至为此专门设定了以200为极数的短细胞统计方法，以减轻显微镜观察过程中的工作量（Pearsall，1989）。但是，与表皮短细胞植硅石类型相比，扇形植硅石的个体较大，硅化程度高，其耐侵蚀能力自然要高，在埋藏条件差、堆积年代久远的土壤中，扇形植硅石的数量反而会超过表皮短细胞。据此，甑皮岩出土禾本科植硅石中扇形的数量多于表皮短细胞类型这一现象，说明了该遗址的埋藏环境是不利于植硅石的长期保存，特别是对那些耐侵蚀力较差的植硅石类型。另外，从表六中可以看出，甑皮岩遗址出土的植硅石含量从一期至五期基本表现的是一种递增的变化规律，但在五期之上的宋代以后堆积中的植硅石的数量和种类都显著地增加，这进一步地说明了埋藏因素确实是造成甑皮岩遗址植硅石含量低的主要原因。

植硅石类型与植物种属之间复杂的对应关系不仅表现在形态上，而且也表现在数量上，有些植物种类在其生长过程中能够生成大量的植硅石，例如禾本科植物，因而在提取出的植硅石群体中代表这些植物种类的植硅石在数量上往往十分突出，而有些植物种类产生植硅石的能力很弱，如大多数双子叶类植物，因而代表这些植物种类的植硅石在植硅石群体中所占的比例必然很小。据此，甑皮岩植硅石群体中以禾本科类型为主的现象是正常的，虽然这并不直接反映遗址埋藏的植物群体的真实组成。禾本科是植硅石的高产科，而其中的稻属

（*Oryza*）恰恰又是禾本科中的植硅石高产属，根据对现代植物样品的对比研究，禾本科中稻属植物的扇形植硅石特点很突出，在显微镜下很容易将其与其他属种的扇形植硅石区分开（Fujiwara，1993），稻属植物颖壳所产生的双峰状表皮毛细胞植硅石的特征也十分明显，不仅具有属一级的鉴别能力，而且还能被用来进一步识别栽培稻和野生稻（Zhao et al.，1998），这两种植硅石还有个共同的特点是，个体均比较大，硅化程度高。由于稻属植物所产的植硅石数量多，而其中的主要可鉴定类型的耐侵蚀能力又强，因此，只要稻属植物曾经出现在古代人类的生活中，遗址的文化堆积中就应该或多或少地保存有可鉴定的稻属植硅石类型，这在许多其他遗址的植硅石研究中得到了证实。例如，江西万年仙人洞和吊桶环遗址出土的植硅石含量也不丰富，但从中却发现了数量可观的稻属植硅石（Zhao et al.，1998）。然而，在甑皮岩样品中虽然出土了一定数量的扇形植硅石，但从中却未发现属于稻属植物的特定类型，这应该说明甑皮岩人与稻属植物可能没有发生过关系。

　　前面已经提到，植硅石分析所需土样的量非常少，就整个遗址堆积而言，一份植硅石样品所能代表的仅是一个很小的点，再则，由于实施了浮选法，我们没有对甑皮岩遗址进行大规模的植硅石分析，所选择的样品仅来自 DT4 和 BT3 两个探方的剖面，考虑到样品的这些局限性，我们不应该草率地断定甑皮岩遗址堆积中绝对没有稻属植硅石的埋藏。但是，考虑到稻属的植硅石数量多和易保存这些特点，我们可以肯定的是，甑皮岩遗址即便埋藏有稻属植硅石，其分布概率也不会很高。植物遗存在遗址中的分布概率是我们判断植物在当时人类生活中的地位和作用的主要依据，一般而言，与人类生活关系越为密切的植物种类被遗漏和埋藏在遗址中的几率越大，由此分布的概率也就越高，反之则较低。据此，植硅石的分析结果至少可以告诉我们，甑皮岩人与稻属植物从未发生过密切的关系，换句话讲，在长达几千年的历史进程中甑皮岩人经营过稻作农业生产的可能性极小，而且在其采集的野生植物种类中似乎也不包含野生稻的成分。

第二节　水陆生动物遗存的研究

　　我们整理、研究贝类和动物骨骼的方法是首先进行种属鉴定，确定其所属部位、左右位置，统计它们的数量，对贝类和动物的骨骼进行测量，观察骨骼表面有无人工或火烧的痕迹等等。在此基础上进行统计分析，确定各种贝类和动物的可鉴定标本数和最小个体数，动物牙齿和骨骼的尺寸范围，并结合考古现象进行探讨。

　　甑皮岩遗址出土的动物遗骸可以分为 2001 年出土的和 1973 年出土的两批。2001 年出土的全部贝类和动物骨骼是严格按照出土单位收集的，有明确的探方和地层。共计贝类81233 个，动物骨骼 27211 块，其保存状态较好。但是有 14992 块动物骨骼因为过于破碎，缺乏明显的特征，无法鉴定其种属或者具体部位，我们只能认定其属于大型、中型或小型哺乳动物，这类动物骨骼占这批动物骨骼总数的 55％。1973 年发掘出土的资料仅剩动物骨骼，且已经把不同探方、不同地层的动物骨骼混在一起，由于没有在每块骨骼上注明出土探方和层位，故不能再区分单位。这批资料共计动物骨骼 19302 块，其保存状态较好，但是有9605 块动物骨骼因为过于破碎，缺乏明显的特征，无法鉴定其种属或者部位，我们只能认定其属于大型、中型或小型哺乳动物，这类动物骨骼占这批动物骨骼总数的 50％。以下分别按照桂林广西鸟的鉴定、测量和观察各期动物的组成特征、对贝类的采集压和猪的驯养问题等分别叙述。

一、桂林广西鸟的鉴定

属于甑皮岩遗址第二期的 DT6 第 27 层发现一块鸟的比较完整的左侧喙骨，其特征为喙骨粗壮和较短，肩胛关节凹圆而小，肱骨关节面小，喙骨凹大，在肩胛凹的外上侧有窝，骨体特别厚，腹侧一丘状突起，末端胸骨关节凹不明显。骨体背侧近远端具一月形凹面，远端扩展。测量数据为残长 40、近端最宽 16、远端最宽 24、骨体最窄处 8、背腹最厚 10 毫米。

这块近于完整的鸟左喙骨短而粗壮。背侧面为近端肩胛窝面小而圆，其外上侧有一特殊的气窝，窝的外上侧部分肱骨关节面被保存，喙骨头残缺，故肱骨关节面不全。喙骨凹下缘特别扩展，形成一椭圆形平台，向内侧延伸，上乌喙骨突不发育。远端为胸肌压痕面小，靠外侧，值得注意的是，有一条斜向的肌线，自上部向内侧倾斜，直至远端，近远端处，有一月牙形的凹面横向扩展，特别明显，末端与胸骨关节的凹面十分窄，呈弧形。腹面为腹侧面构造粗糙，凹凸不平。近端为在喙骨凹的下侧有横向浅沟，沟的下缘凸起，外侧形成一显著的丘状突起，在丘状突的下方，乌喙骨体强烈收缩，为乌喙骨的最窄细处。在喙骨凹的内下方有嵴，向外下方伸展，至骨体下部变高呈丘状，在这一丘的内侧出

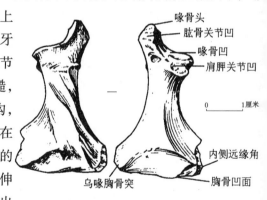

图一六二　桂林广西鸟乌喙骨图

现一更大的丘状突起。这些构造使得这一乌喙骨变得特别粗厚，还有与其他鸟类不同的是远端骨内缘薄，而外缘厚（图一六二）。

我们认为在更新世的脊椎动物化石中，特别是更新世晚期，发现绝灭属种的几率很少，一般不超过 1％。故像甑皮岩遗址这一不超过万年的地层里能发现构造如此特殊而原始的绝灭鸟类，实属罕见。

从这一乌喙骨的骨体短，但很粗壮，远端胸骨凹窄但末端比较宽，以及其肱骨关节面和肩胛骨关节窝都比较小和浅等特征分析它应属一潜水鸟类。

现生潜水鸟类，除潜鸟目（Gavuformes）外，还有鹈形目（Pelecaniformes）的鸬鹚（Pelecomes）和雁形目（Anseriforrmes）的潜鸭（Aythya）等。潜鸟目基本为海洋鸟类，但也常在淡水生活，我国自大连往南延沿海至我国东南沿海都有分布，属候鸟类。它们的特征

是嘴长而尖，前肢（翼）退化，跗蹠骨短而扁宽。乌喙骨相对比较不发育，但远端很宽，与广西化石相似，但其他构造与化石相差甚远。鹲形目的鸟类包括鸬鹚都是大型鸟类，乌喙骨的构造的特征是远端自内侧向外侧的倾斜度特别大，而且骨体背侧两端都有大小不等的气窝，而广西的化石仅在近端外侧有一小的气窝，其他构造相距太远。潜鸭与化石的相似之处，仅为近端也有气窝和乌喙骨远端扩展，总的形态构造相差亦较远。

潜鸟的化石，最早的记录是欧洲法国和西班牙的早中新世，法国的化石少而破碎，西班牙的材料较多，但没有说明是否为乌喙骨。更新世至少有四种潜鸟化石的记录，但都发现在欧洲和美洲。鸬鹚类的化石，最早也发现于法国的早中新世，材料包括肱骨的近端、股骨和肩胛骨。在亚洲，印度上新世发现了鸬鹚的右尺骨末端。晚更新世仅见于澳大利亚，标本为左方骨、右尺骨近端和跗蹠骨等。至于潜鸭的化石，最早发现于我国云南禄丰石灰坝，化石为左肱骨的近端和右肱骨的末端，更新世时仅在澳大利亚有化石记录。

通过以上现存和化石潜水鸟类的简介和对比，已知广西这不超过一万年前的绝灭潜水鸟类，既不能归属现存潜水鸟类的任何一目内，也与已知化石潜水鸟类无法对比。在查阅潜水鸟的资料时，我们发现北美最早的潜水鸟类，黄鹂（Hesperornis）的乌喙骨的形态与广西的标本有某些相近之处。黄鹂的前肢已十分退化，其乌喙骨也与其他鸟类不同，特别短、宽，呈一不规则四边形，远端向内侧扩展，近端没有乌喙骨头，顶端为一与肱骨远端关节的凹，其凹的下内侧有一向内下方伸展的突起，联想到广西这一乌喙骨的构造，其喙骨凹特殊，呈一关节状凹面，其内侧亦向内扩展。但广西的这一标本，已呈现出潜水鸟类的基本形态，毕竟它与黄鹂的时代相距太远，黄鹂生活在距今8000万年以前的中生代。两者不可能有直接的祖裔关系。

在没有更多材料来确定这一灭绝鸟的系统位置的情况下，我们建议先订一新属种，称之为桂林广西鸟（*Guangxiornis guilinnins* Gen et sp.nor.），等发现更多标本后，再进一步研究其演化关系。

二、测量和观察

（一）贝类

我们对贝类都进行了测量，其中对中国圆田螺分别测量其高度和宽度，由于其底部最尖处有时折断，故有些高度不能测量，但是其宽度没有受到影响。故测量宽度的标本要多于测量高度的标本。对双壳类则测量其数量较多一侧的宽度。

1. 中国圆田螺

在第一期中测量中国圆田螺高度的标本数为153，其最大值为45.01，最小值为11.48，平均值为33.05毫米，标准偏差为4.35。在第二期中测量其高度的标本数为188，其最大值为44.24，最小值为21.04，平均值为33.2毫米，标准偏差为4.54。在第三期中测量其高度的标本数为144，其最大值为43.44，最小值为18.77，平均值为29.98毫米，标准偏差为4.42。在第四期中测量其高度的标本数为101，其最大值为46.53，最小值为24.48，平均值为33.09毫米，标准偏差为4.8。在第五期中测量其高度的标本数为125，其最大值为47.16，最小值为21.49，平均值为32.26毫米，标准偏差为4.35～5.14。在第一期中测量其宽度的标本数为204，其最大值为36.3，最小值为9.51，平均值为20.59毫米，标准偏差为3.53。在第二期中测量其宽度的标本数为188，其最大值为27.07，最小值为13.05，平均值为20.53毫米，标准偏差为2.96。在第三期中测量其宽度的标本数为144，其最大值为30.75，最小值为11.67，平均值为19.56毫米，标准偏差为3.22。在第四期中测量其宽度的标本数为208，其最大值为35.99，最小值为14.56，平均值为21.89毫米，标准偏差为4.04。在第五期中测量其宽度的标本数为200，其最大值为34.79，最小值为13.39，平均值为20.95毫米，标准偏差为3.64。第一期高宽比例的标本数为153，其最大值为1.96，最小值为1.21，平均值为1.67毫米，标准偏差为0.14。第二期高宽比例的标本数为188，其最大值为1.99，最小值为1.39，平均值为1.63毫米，标准偏差为0.11。第三期高宽比例的标本数为144，其最大值为1.72，最小值为1.29，平均值为1.54毫米，标准偏差为0.1。第四期高宽比例的标本数为101，其最大值为1.76，最小值为1.03，平均值为1.53毫米，标准偏差为0.1。第五期高宽比例的标本数为125，其最大值为1.84，最小值为1.17，平均值为1.53毫米，标准偏差为0.15。

2．圆顶珠蚌

圆顶珠蚌都是按照左侧统计的，在第一期的标本数为61，最大值为49.6，最小值为27.31，平均值为38.36毫米，标准偏差为5.34。第二期的标本数为4，最大值为34.9，最小值为30.5，平均值为32.3毫米，标准偏差为1.87。第三期的标本数为1824，最大值为86.41，最小值为15.56，平均值为31.44毫米，标准偏差为5.67。第四期的标本数为357，最大值为75.56，最小值为20.07，平均值为35.12毫米，标准偏差为5.98。第五期的标本数为1073，最大值为64.44，最小值为20.12，平均值为32.56毫米，标准偏差为4.89。

3．短褶矛蚌

短褶矛蚌都是按照左侧统计的。第一期的标本数为5，最大值为74.88，最小值为49.93，平均值为50.18毫米，标准偏差为10.1。第三期左侧的标本数为32，最大值为75.11，最小值为41.32，平均值为49.64毫米，标准偏差为8.22。第四期左侧的标本数为13，最大值为81.93，最小值为42.73，平均值为62.76毫米，标准偏差为11.93。第五期左侧的标本数为10，最大值为83.4，最小值为47.58，平均值为58.66毫米，标准偏差为10.37。

4．背瘤丽蚌

背瘤丽蚌第一期无法测量，第二期左侧有1个，尺寸为44.71毫米。第三期左侧的标本数为27，最大值为75.11，最小值为41.32，平均值为49.64毫米，标准偏差为8.22。第四期左侧的标本数为7，最大值为54.08，最小值为37.25，平均值为47.02毫米，标准偏差为5.5。第五期右侧的标本数为19，最大值为59.28，最小值为34.6，平均值为46.71毫米，标准偏差为6.91。

5. 蚬

蚬都是按照左侧统计的。在第一期的标本数为65，最大值为34.61，最小值为18.61，平均值为27.75毫米，标准偏差为3.14。第二期蚬的标本数为30，最大值为33.43，最小值为18.11，平均值为25.37毫米，标准偏差为3.36。第三期蚬的标本数为3434，最大值为45.62，最小值为15.19，平均值为25.32毫米，标准偏差为3.75。第四期蚬的标本数为628，最大值为40.19，最小值为14.77，平均值为25.28毫米，标准偏差为3.84。第五期蚬的标本数为2763，最大值为40.73，最小值为11.45，平均值为22.01毫米，标准偏差为4.74。

（二）脊椎动物

1. 猪

（1）猪臼齿的萌生、磨损与年龄的关系

我们参考了国外学者有关猪臼齿的萌出和磨损状况的研究（Grant, A., 1982；小池裕子等，1984；新美伦子，1991；Barry V. Rolett and Min-yuan Chiu, 1994），对照多个中国新石器时代和商周时期的遗址中出土的各个年龄段的猪臼齿状况，建立了自己系统的判断年龄标准，同时绘制了示意图（图一六三），示意图上各个臼齿磨损的程度依据Grant设定的级别。这是中国迄今为止最为系统的一个依据猪臼齿的萌生、磨损状况判断年龄的标准。这里说明如下。

半岁时第1臼齿萌出完成。

1岁时第1臼齿的磨损由a级到e级，第2臼齿由从齿槽中露头到萌出一半。

1.5岁时第1臼齿的磨损由c级到e级，第2臼齿萌出完成。

2岁时第1臼齿的磨损由e级到g级，第2臼齿的磨损由c级到e级，第3臼齿由从齿槽中露头到萌出一半。

2.5岁时第1臼齿的磨损由e级到h级，第2臼齿的磨损由c级到e级，第3臼齿萌出完成。

3岁时第1臼齿的磨损由e级到j级，第2臼齿的磨损由d级到f级，第3臼齿的磨损为b级。

3.5岁时第1臼齿的磨损由g级到m级，第2臼齿的磨损由e级到g级，第3臼齿的磨损为c级。

4.5岁时第1臼齿的磨损由g级到m级，第2臼齿的磨损由e级到j级，第3臼齿的磨损由c级到d级。

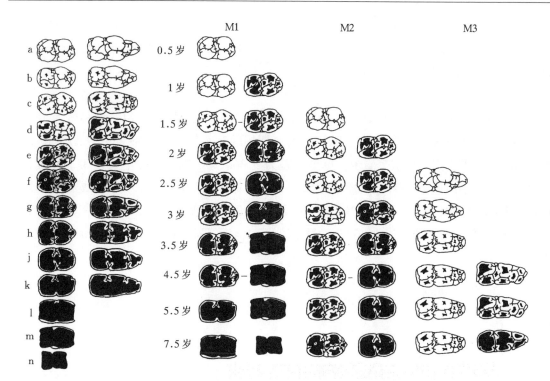

图一六三　猪臼齿磨耗图

5.5 岁时第 1 臼齿的磨损由 k 级到 m 级，第 2 臼齿的磨损由 e 级到 j 级，第 3 臼齿的磨损由 c 级到 d 级。

7.5 岁时第 1 臼齿的磨损由 l 级到 n 级，第 2 臼齿的磨损由 f 级到 j 级，第 3 臼齿的磨损由 c 级到 g 级。

（2）颌　骨

A. 上　颌

第一期猪的上颌骨中有 1 块左上颌骨，残存第 3 前臼齿到第 2 臼齿。第 1 臼齿的长为 16.72，前宽为 17.13，后宽为 17.39 毫米；第 2 臼齿的长为 25.08 毫米，宽度破碎，不能测量。还有 1 块左上颌骨仅有第 2 臼齿，其长为 24.27，前宽为 21.94，后宽为 21.31 毫米。1 块右上颌骨残存第 4 前臼齿到第 2 臼齿，第 1 臼齿的长为 16.8，前宽为 16.78，后宽为 17.68 毫米；第 2 臼齿的长为 24.48，前宽为 22.15，后宽为 21.48 毫米。

第二期仅有 1 块右上颌骨，残存乳第 4 前臼齿和第 1 臼齿，第 1 臼齿的长为 17.46，前宽为 16.01 毫米，后宽残，不能测量。

第三期仅有 1 块右上颌骨，残存第 3 臼齿，其长为 40.46，宽为 22.04 毫米。

1973 年发掘出土的猪上颌骨数量较多，其第 1 臼齿的标本数为 18，长度的最大值为 18.84，最小值为 13.19，中间值为 16.36，平均值为 16.39 毫米，标准偏差为 1.55。前宽的最大值为 16.97，最小值为 7.52，中间值为 15.94，平均值为 15.11 毫米，标准偏差为

2.5。后宽的最大值为 18.58，最小值为 9.66，中间值为 16.45，平均值为 15.38 毫米，标准偏差为 2.64。其第 2 白齿的标本数为 14，长度的最大值为 25.31，最小值为 17.16，中间值为 23.32，平均值为 22.68 毫米，标准偏差为 2.48。前宽的最大值为 21.4，最小值为 14.72，中间值为 20.08，平均值为 19.55 毫米，标准偏差为 1.97。后宽的最大值为 25.27，最小值为 13.71，中间值为 20.05，平均值为 19.96 毫米，标准偏差为 3.19。其第 3 白齿的标本数为 10，长度的最大值为 42.01，最小值为 33.91，中间值为 37.56，平均值为 37.53 毫米，标准偏差为 2.4。宽度的最大值为 29.71，最小值为 20.77，中间值为 22.59，平均值为 23.36 毫米，标准偏差为 2.64（表七）。

表七　甑皮岩猪上颌骨测量数据统计表

分期	牙齿	M^1 长	M^1 前宽	M^1 后宽	M^2 长	M^2 前宽	M^2 后宽	M^3 长	M^3 宽	P^2-P^4	M^1 磨蚀	M^2 磨蚀	M^3 磨蚀	年龄
第一期	P^3-M^2	16.72	17.13	17.39	25.08						h	f		>2.5 岁
第一期	P^4-M^2	16.80	16.78	16.68	24.48	22.15	21.48				g	e		>2.5 岁
第一期	M^2				24.27	21.94	21.31					d-e		>2 岁
第二期	dp^4+M^1	17.46	16.01											
第三期	P^2-P^4									37.26				
第三期	M^3							40.46	22.04					
1973	$P^3+P^4+M^1$	15.38	12.88	13.08										
1973	M^2				25.31	20.74	20.16							
1973	M^2+M^3							38.02	21.74				d	4 岁
1973	$P^4+M^1+M^2$	17.56	15.80		23.08	17.75						j		>2.5 岁
1973	M^1+M^2	17.39	15.52		24.35	19.59						d		3 岁
1973	M^2+M^3				25.98	20.76	20.86					b	E	2 岁
1973	$P^3+P^4+M^1+M^2$	16.81	16.08	15.75	24.36	19.81	25.27				d	c		>1.5 岁
1973	M^3							38.09	21.93					
1973	M^2+M^3				19.26	20.05	20.54	37.85	20.77			g	d	4 岁
1973	M^3							42.01	22.26					
1973	$P^3+P^4+M^1+M^2$	18.08	16.73	16.59								e		2 岁
1973	dp^4+M^1	17.16	14.72	13.71								c		1.5 岁
1973	M^3							33.91	22.18				c	3.5 岁
1973	M^3							37.75	29.71				b	3 岁
1973	$P^4+M^1+M^2$	18.84	16.82	16.90	25.17	20.67	19.50							

续表七

分期	牙齿	M¹长	M¹前宽	M¹后宽	M²长	M²前宽	M²后宽	M³长	M³宽	P²–P⁴	M¹磨蚀	M²磨蚀	M³磨蚀	年　龄
1973	M³							40.51	23.89				c	3.5岁
1973	M³							36.99	21.20				d	>3.5岁
1973	M¹+M²	16.09	16.66	17.93	21.01	21.38	20.51							
1973	P³+P⁴+M¹+M²	16.44	16.97	18.58										>1.5岁
1973	M¹+M²	16.49	16.39	16.72	24.58	20.44	19.41				f	c		>1.5岁
1973	M³												E	2岁
1973	P⁴+M¹	14.41	11.09	11.56										
1973	M³												E	2岁
1973	P⁴+M¹+M²	15.27	16.81	17.43	21.56	21.40	19.99				L	f		>3.5岁
1973	P⁴+M¹	16.28	15.70	17.73							g			3岁
1973	M¹–M³							35.20	23.04				b	3岁
1973	dp⁴+M¹										U			<0.5岁
1973	M³												U	>2.5岁
1973	M³							35.60	25.74				d	4岁
1973	P⁴+M¹	18.45	15.71	16.10							d			>1.5岁
1973	M¹+M²，M³脱落				22.58	20.08	20.11				f	d		>2.5岁
1973	P³+P⁴+M¹	18.37	16.71	16.39							d			>1.5岁
1973	P³+P⁴+M¹+M²	16.15	16.21	16.50	23.56	20.75	19.23				f	c	E	2岁
1973	M²+M³				25.05		25.12	37.37	22.91			f	c	3.5岁
1973	M¹+M²	15.43	12.11	13.47	22.02	16.97	17.83				g	e		>2.5岁
1973	M³													>2.5岁
1973	dp⁴+M¹	20.55	16.76	15.95										1.5岁
1973	P³+P⁴+M¹+M²，M³脱落	17.44	15.50		24.41	18.95	19.84				j	e		>4岁
1973	M¹+M²	16.04	16.03	15.36	21.25	20.86	19.81				l	h		>3岁
1973	计数	20	20	17	16	15	14	11	11					
	最大值	20.55	16.97	18.58	25.98	21.40	25.27	42.01	29.71					
	最小值	14.41	11.09	11.56	19.26	16.97	17.83	33.91	20.77					
	平均值	16.93	15.56	15.87	23.35	20.01	20.58	37.57	23.22					

B.下　颌

第一期发现 3 块猪的左下颌骨，1 块残存第 1 臼齿，其长为 17.33，前宽为 12.09，后宽为 12.86 毫米。另 1 块残存第 3 臼齿，其长为 46.12，宽为 19.95 毫米。还有 1 块残存破碎的第 3 臼齿，不能测量。

第四期发现 1 块带第 1、第 2 臼齿的右下颌骨，第 1 臼齿的长为 16.52，前宽为 11.43，后宽为 12.58 毫米；第 2 臼齿的长为 22.12，前宽为 15.52，后宽为 15.73 毫米。

1973 年发掘出土的猪下颌骨数量较多，其第 1 臼齿的标本数为 13，长度的最大值为 19.63，最小值为 14.93，中间值为 15.93，平均值为 16.43 毫米，标准偏差为 1.43。前宽的最大值为 13.01，最小值为 9.05，中间值为 11.75，平均值为 11.5 毫米，标准偏差为 1.34。后宽的最大值为 15.32，最小值为 9.61，中间值为 13.16，平均值为 12.83 毫米，标准偏差为 1.74。其第 2 臼齿的标本数为 12，长度的最大值为 25.98，最小值为 15.19，中间值为 22.91，平均值为 22.09 毫米，标准偏差为 3.22。前宽的最大值为 20.76，最小值为 11.72，中间值为 14.72，平均值为 14.99 毫米，标准偏差为 2.69。后宽的最大值为 20.86，最小值为 12.74，中间值为 16.57，平均值为 16.5 毫米，标准偏差为 2.32。其第 3 臼齿的标本数为 10，长度的最大值为 47.46，最小值为 36.57，中间值为 39.97，平均值为 40.9 毫米，标准偏差为 3.65。宽度的最大值为 20.9，最小值为 15.94，中间值为 19.55，平均值为 19 毫米，标准偏差为 1.63（表八）。

表八　甑皮岩猪下颌骨测量数据统计表

分期	牙齿	M_1 长	M_1 前宽	M_1 后宽	M_2 长	M_2 前宽	M_2 后宽	M_3 长	M_3 宽	M_1 磨蚀	M_2 磨蚀	M_3 磨蚀	年龄
第一期	M_1	17.33	12.09	12.86									
第一期	M_3							46.12	19.95				
第四期	$M_1 + M_2$	16.52	11.43	12.58	22.12	15.52	15.73						
1973	$M_1 + M_2$				15.19	11.72							
1973	M_3							40.36	20.90			d	3.5 岁
1973	M_3							46.34	19.72			c	>3.5 岁
1973	M_3							38.72	16.55			b	3 岁
1973	$P_3 + dp_4 + M_1$									E			<0.5 岁
1973	$dp_4 + M_1$										V		>0.5 岁
1973	M_3											0.5	2 岁
1973	$M_1 + M_2$，M_3 未萌出	16.24	10.81	12.97	21.59	13.67	16.43						1.5 岁 ~ 2.5 岁
1973	M_3											E	2 岁
1973	$dp_4 + M_1$		11.00								V		>0.5 岁
1973	$P_2 + P_3 + P_4 + M_1$	19.63	11.48	13.71						U			0.5 岁
1973	$M_1 - M_3$	15.64	11.75	12.75	24.75	16.55	17.28	40.09	20.06	1	h	e	>3.5 岁
1973	$C + P_2 + P_3$												

续表八

分期	牙齿	M_1长	M_1前宽	M_1后宽	M_2长	M_2前宽	M_2后宽	M_3长	M_3宽	M_1磨蚀	M_2磨蚀	M_3磨蚀	年龄
1973	左 I_1+C，右 I_1+P_2+P_3+P_4												
1973	P_2－dp_4－M_2	14.97	9.16	9.61							U	C	1.5岁
1973	M_3							39.24	18.66				
1973	P_2－P_4												
1973	M_1+M_2	17.76	11.88	13.04							b	0.5	1岁
1973	M_2+M_3				24.07	14.72	15.11	36.57	15.94			b	3岁
1973	P_3+dp_4+M_1										c		1.5岁
1973	M_1+M_2	15.47	9.60	10.37	17.75	12.06	12.87				c	b	V	>1.5岁
1973	P_3+P_4+M_1	18.14	12.41	13.27							e		>2岁
1973	M_3							39.85	18.52				a	2.5岁
1973	P_3+P_4+M_1	15.93	13.01	13.74							g		<2岁
1973	P_4+M_1+M_2	14.93	12.95	15.32	23.28		18.15				f	e	>2.5岁
1973	M_3							47.46	20.06				c	3.5岁
1973	P_3+P_4+M_1+M_2	16.84	12.70	14.70	22.54	15.53	17.22				1	g		>3.5岁
1973	P_4+M_1+M_2+M_3	17.33	12.94	14.07	23.39	14.61	16.57						E	2岁
1973	M_3							37.18	20.26					
1973	M_1+M_2，M_3脱落		11.72	12.86	25.20	16.37	16.45						c	>2岁
1973	M_3							43.15	19.37				e	4.5岁
1973	M_1										E			
1973	M_1+M_2+M_3	15.27	9.05	9.76	19.28	11.97	12.74						V	
1973	计　数	12	14	13	10	9	9	10	10				
	最大值	19.63	13.01	15.32	25.20	16.55	18.15	47.46	20.90				
	最小值	14.93	9.05	9.61	15.19	11.72	12.74	36.57	15.94				
	平均值	16.51	11.46	12.78	21.70	14.13	15.87	40.90	19.00				

C. 甑皮岩遗址猪的年龄结构

依据牙齿的萌生和磨损级别，我们推测 2001 年发掘出土的第一期 3 块上颌骨分别为大于 2.5 岁的 2 块和大于 2 岁的 1 块。

1973 年发掘出土的猪的上颌骨为 32 块，平均年龄为 2.46 岁，2.5 岁以上的占 60%以上。下颌骨为 25 块，平均年龄为 2.17 岁，2.5 岁以上的占 42%左右。

D. 寰椎和肢骨测量

我们对猪的寰椎和肢骨进行了测量，结果如下。这里需要说明的是，如只有 1~3 件标本，我们直接记录其数据，如 4 件以上（包括 4 件），则记录它们的最大值、最小值和平均值。其他动物骨骼测量也用这样的表现方法。

寰椎仅为 1973 年的 1 件，且破碎，仅能测量其宽为 47.29 毫米。

肩胛骨第二期仅 1 件，长 39.97、宽 27.12 毫米。第三期为 2 件，一件长 38.70、宽 26.53，另一件长 38.96、宽 25.97 毫米。1973 年为 7 件，长的最大值 46.44、最小值 37.98、平均值 41.24，宽的最大值 31.69、最小值 24.76、平均值 28.94 毫米。

肱骨远端第五期为 1 件标本，长 44.53、宽 44.55 毫米。1973 年为 4 件，长的最大值 50.65、最小值 44.78、平均值 47.03，宽的最大值 49.59、最小值 44.26、平均值 46.40 毫米。

桡骨近端第二期为 1 件标本，长 33.04、宽 22.75 毫米。第三期为 1 件标本，长 33.99、宽 24.05 毫米。第四期为 3 件标本，第一件长 25.08、宽 18.79，第 2 件长 37.56、宽 20.65，第 3 件长 38.64、宽 27.10。第五期为 1 件，长 32.66、宽 21.76。1973 年为 9 件，长的最大值 38.22、最小值 31.79、平均值 34.4，宽的最大值 28.64、最小值 21.97、平均值 23.98 毫米。

桡骨远端第四期为 1 件，长 36.96、宽 29.07，关节未愈合。1973 年为 4 件，长的最大值 48.32、最小值 39.19、平均值 42.47，宽的最大值 33.26、最小值 28.2、平均值 30.5 毫米。

胫骨远端第一期仅 1 件，长 38.92、宽 26.42 毫米。第四期仅 1 件，长 35.68、宽 31.25 毫米。1973 年为 6 件，长的最大值 44.34、最小值 33.49、平均值 36.49，宽的最大值 34.88、最小值 37.45、平均值 30.94 毫米。

跟骨第二期仅 1 件，关节未愈合，仅能测量宽 35.6 毫米。第三期为 1 件，长 88.06、宽 35.75 毫米。第四期为 2 件，第 1 件长 106.11、宽 41.75，第 2 件破碎，宽 33.02 毫米。第五期为 1 件，破碎，宽 31.33 毫米。1973 年为 7 件，长的最大值 103.45、最小值 96.43、平均值 99.35，宽的最大值 39.8、最小值 28.53、平均值 35.61 毫米。

距骨第一期 3 件，长 40.75、宽 23.09，长 42.94、宽 25.16，长 44.26、宽 24.52 毫米。第三期 3 件，第 1 件长 45.90、宽 27.14，第 2 件长 45.92、宽 28.83，第 3 件长 50.10、宽 29.48 毫米。第四期 2 件，第 1 件长 41.56、宽 26.57，第 2 件长 46.47、宽 28.27 毫米。1973 年为 16 件，长的最大值 54.25、最小值 27.84 毫米。平均值 47.4，宽的最大值 32.30、最小值 22.65、平均值 27.97 毫米。

第 2 节趾骨第三期仅 1 件，长 28.38 毫米。1973 年为 6 件，长的最大值 27.59、最小值 22.9、平均值 25.29 毫米。

第 3 节趾骨第一期仅 1 件，长 26.25 毫米。第四期仅 1 件，长 37.14 毫米。1973 年为 5 件，长的最大值 40.57、最小值 19.19、平均值 33.23 毫米。

2．鹿

（1）大型鹿科

我们对大型鹿科动物的寰椎和肢骨进行了测量，结果如下。

寰椎 1973 年标本 1 件，宽 42.00 毫米。

肩胛骨第三期标本 2 件，第 1 件长 62.12、宽 42.04，第 2 件长 41.07、宽 31.32 毫米。1973 年长测量 4 件，最大值 65.64、最小值 55.51、平均值 60.40，宽测量 4 件，最大值 44.32、最小值 37.06、平均值 40.77 毫米（图一六四）。

肱骨远端第二期 1 件，长 38.26、宽 37.06。1973 年长测量 7 件，最大值 64.78、最小值 41.13、平均值 55.45，宽测量 6 件，最大值 56.04、最小值 41.09、平均值 51.28 毫米（图一六六）。

桡骨近端第五期 1 件，长 57.55、宽 30.59，1973 年测量 5 件，长的最大值 61.26、最小值 38.55、平均值 51.75，宽的最大值 50.99、最小值 23.17、平均值 34.03 毫米（图一六七）。

桡骨远端第二期 1 件，长 35.88、宽 26.33 毫米。第三期 1 件，关节未愈合，长 49.35、宽 32.02，第五期 1 件，长 37.47、宽 27.87 毫米。1973 年测量 2 件，第 1 件长 49.20、宽 35.72，第 2 件长 47.69、宽 36.07 毫米（图一六八）。

掌骨远端 1973 年标本 3 件，第 1 件长 40.05、宽 27.05，第 2 件长 45.94、宽 27.58，第 3 件长 44.74、宽 29.06 毫米（图一七〇）。

股骨近端 1973 年标本 1 件，长 65.38、宽 34.06 毫米（图一七一）。

股骨远端第一期 1 件，长 48.66、宽 40.16 毫米。第三期 1 件，关节未愈合，长 49.44、宽 65.53 毫米。第四期 1 件，关节未愈合，长 53.59、宽 73.27 毫米。1973 年标本 1 件，关节未愈合，长 52.48、宽 74.25 毫米（图一七二）。

胫骨近端 1973 年标本长测量 10 件，最大值 66.28、最小值 50.12、平均值 57.34，宽测量 7 件，最大值 60.94、最小值 47.40、平均值 52.50 毫米（图一七三）。

胫骨远端 1973 年标本长测量 7 件，最大值 57.42、最小值 50.85、平均值 54.69，宽测量 8 件，最大值 44.61、最小值 40.06、平均值 42.50（图一七四）。

跟骨第一期 1 件，宽 40.36 毫米。第三期 2 件，第 1 件长 96.76、高 36.71，第 2 件长 122.57、高 45.76 毫米。1973 年长测量 4 件，最大值 129.62、最小值 93.62、平均值 114.68，宽测量 9 件，最大值 49.74、最小值 33.08、平均值 42.98 毫米（图一七五）。

距骨第一期 3 件，第 1 件长 67.23、宽 42.27，第 2 件长 62.60、宽 38.19，第 3 件长 55.78、宽 36.77 毫米。1973 年标本测量 13 件，长的最大值 67.09、最小值 55.57、平均值 61.27，宽的最大值 59.38、最小值 34.78、平均值 40.30 毫米（图一七六）。

距骨近端 1973 年标本测量 2 件，1 件长 66.38、宽 48.24，另 1 件长 62.63，宽 54.74 毫米（图一七七）。

跖骨远端 1973 年标本测量 6 件，长的最大值 46.64、最小值 38.77、平均值 36.12，宽的最大值 29.13、最小值 25.60、平均值 27.52 毫米（图一七八）。

第 1 节趾骨 1973 年标本 4 件，最大值 64.61、最小值 57.79、平均值 60.35 毫米。

第 2 节趾骨 1973 年标本 10 件，最大值 49.69、最小值 38.30、平均值 43.48 毫米。

第 3 节趾骨第一期 1 件，长为 57.56 毫米。第四期 1 件，长为 52.29 毫米。1973 年测量 31 件标本，最大值 57.93、最小值 41.99、平均值 50.81 毫米。

（2）中型鹿科

A．水鹿的下颌骨

在 1973 年的标本中确认了水鹿的下颌骨，测量数据见表九。

表九　甑皮岩遗址水鹿下颌骨测量数据统计表

	P$_2$ 前	M$_1$ 前	M$_1$ 长	M$_1$ 宽	M$_2$ 长	M$_2$ 宽	M$_3$ 长	M$_3$ 宽	M$_1$－M$_3$
标本数	5	4	7	7	5	5	5	5	2
最大值	30.22	35.22	19.47	12.62	21.42	14.25	27.44	14.87	74.68
最小值	18.76	23.26	9.02	8.21	10.71	9.26	15.14	10.46	53.77
平均值	23.54	27.08	15.04	10.37	17.52	11.39	23.32	12.09	64.23

B．颌　骨

对于大多数颌骨我们无法鉴定它们的具体种属，只能归入中型鹿科，一并测量。

（a）上颌骨

我们对中型鹿科的上颌骨进行了测量，结果如下。

第一期仅 1 件标本，第 2 前臼齿～第 4 前臼齿齿列长为 39.54 毫米。

第二期 3 件标本，第 1 件第 1 臼齿长 13.74、宽 14.42，第 2 件第 1 臼齿长 12.89、宽 11.64、第 2 臼齿长 13.48、宽 11.86，第 1 臼齿～第 3 臼齿齿列长 41.84，第 3 件第 2 臼齿长 19.74、宽 15.26，第 3 臼齿长 20.75、宽 15.51 毫米。

第三期第 1 臼齿长测量 12 件标本中，最大值 17.89、最小值 7.76、平均值 14.04，第 1 臼齿宽测量 11 件标本中，最大值 17.44、最小值 8.43、平均值 14.14，第 2 臼齿长测量 14 件标本中，最大值 20.5、最小值 9.31、平均值 15.66，第 2 臼齿宽测量 4 件标本中，最大值 18.03、最小值 8.96、平均值 14.37，第 3 臼齿长测量 6 件标本中，最大值 20.71、最小值 10.24、平均值 16.65，第 3 臼齿宽测量 6 件标本中，最大值 18.68、最小值 7.69、平均值 13.78 毫米。

第四期 1 件，第 1 臼齿长 15.7、宽 14.67，第 2 臼齿长 17.88、第 2 臼齿宽 16.67 毫米。

第五期 1 件，第 1 臼齿长 17.72、宽 10.15，第 2 臼齿长 13.27、第 2 臼齿宽 15.13、第 3 臼齿长 14.89 毫米。

1973 年 27 件标本中，第 1 臼齿长测量 25 件，最大值 19.24、最小值 7.73、平均值 13.04，第 1 臼齿宽测量 24 件，最大值 17.56、最小值 7.27、平均值 12.89，第 2 臼齿长测量27件，最大值20.7、最小值9.41、平均值15.07，第2臼齿宽测量27件，最大值23.78、最小值9.01、平均值14.87，第3臼齿长测量18件，最大值19.41、最小值9.20、平均值15.48，第3臼齿宽测量18件，最大值19.18、最小值9.03、平均值14.40，第1臼齿～第3臼齿齿列测量12件，最大值55、最小值26.45、平均值40.17毫米。

（b）下颌骨

我们对中型鹿科的下颌骨进行了测量，结果如下。

第一期17件标本中，第1臼齿长测量11件，最大值16.32、最小值12.42、平均值15.12，第1臼齿宽测量11件，最大值11.02、最小值9.43、平均值10.24，第2臼齿长测量8件，最大值20.95、最小值16.29、平均值18.07，第2臼齿宽测量8件，最大值12.49、最小值10.29、平均值11.27，第3臼齿长测量17件，最大值27.44、最小值13.33、平均值23.08，第3臼齿宽测量17件，最大值12.72、最小值6.21、平均值10.83毫米。

第二期5件标本中，第2臼齿长测量5件，最大值19.11、最小值11.29、平均值16.28，第2臼齿宽测量5件，最大值10.76、最小值5.48、平均值9.17，第3臼齿长测量4件，最大值26.39、最小值19.20、平均值23.23，第3臼齿宽测量4件，最大值10.83、最小值8.82、平均值9.83毫米。

第三期6件标本中，第1臼齿长测量6件，最大值17.94、最小值13.41、平均值15.60，第1臼齿宽测量6件，最大值11.33、最小值7.35、平均值9.53，第2臼齿长测量4件，最大值18.44、最小值16.07、平均值17.55，第2臼齿宽测量4件，最大值12.04、最小值10.24、平均值11.15，第3臼齿长测量4件，最大值26.25、最小值22.89、平均值24.35，第3臼齿宽测量4件，最大值12.10、最小值11.07、平均值11.39毫米。

第四期5件标本中，第1臼齿长测量5件，最大值17.19、最小值10.83、平均值13.93，第1臼齿宽测量5件，最大值10.33、最小值7.91、平均值9.52，第3臼齿长测量4件，最大值21.98、最小值17.28、平均值19.48，第3臼齿宽测量4件，最大值13.89、最小值8.31、平均值10.80毫米。

第五期3件标本中，第3臼齿长测量2件，最大值23.62、最小值12.95、平均值17.54，第3臼齿宽测量3件，最大值10.48、最小值6.47、平均值8.67毫米。

1973年61件标本中，第2前臼齿前测量17件，最大值22.13、最小值10.72、平均值16.27，第1臼齿前测量10件，最大值25.98、最小值8.56、平均值16.60，第3臼齿后测量11件，最大值37.10、最小值11.17、平均值26.11，第1臼齿测量54件，长的最大值21.54、最小值5.05、平均值13.59，宽的最大值13.23、最小值5.52、平均值8.72毫米。第2臼齿长测量58件，最大值25.05、最小值8.40、平均值14.51，宽测量57件，最大值15.00、最小值5.52、平均值9.35，第3臼齿长测量60件，最大值41.98、最小值10.51、平均值20.11，宽的最大值17.76、最小值5.35、平均值9.89，第2前臼齿～第4前臼齿测量 3 件，最大值 33.88、最小值 22.68、平均值 28.44 毫米，第 1 臼齿～第 3 臼齿测量 4 件，最大值 43.36、最小值 18.73、平均值 32.14 毫米。

C. 寰椎和肢骨

我们对鹿科动物的寰椎和肢骨进行了测量，结果如下。

寰椎第三期 1 件，宽 25.52，1973 年 1 件，长 83.64、宽 45.5 毫米。

肩胛骨第二期 1 件，宽 29.36，第三期 1 件，长 30.66、宽 20.28 毫米。第四期长测量 3 件，最大值 45.94、最小值 40.47、平均值 43.97，宽测量 4 件，最大值 32.87、最小值 25.73、平均值 29.46 毫米。1973 年长测量 35 件，最大值 49.87、最小值 33.15、平均值 41.9，宽测量 40 件，最大值 34.6、最小值 21.94、平均值 28.43 毫米（图一六四）。

肱骨近端第三期 1 件，长 29.19、宽 23.05 毫米。第四期 1 件，长 36.76，第五期标本 6 件，长的最大值 57.58、最小值 25.04、平均值 42.92，宽的最大值 77.18、最小值 32.74、平均值 50.10 毫米（图一六五）。

肱骨远端第一期长测量 6 件，最大值 44.94、最小值 35.28、平均值 40.56，宽测量 4 件，最大值 38.61、最小值 27.87、平均值 34.39。第二期测量 5 件，长的最大值 41.11、最小值 22.19、平均值 35.60，宽的最大值 38.12、最小值 20.73、平均值 32.28 毫米。第三期标本 2 件，第 1 件长 40.80、宽 40.53，第 2 件长 22.38、宽 19.53 毫米。第四期测量 4 件，长的最大值 46.89、最小值 39.94、平均值 43.51，宽的最大值 42.31、最小值 38.86、平均值 40.25 毫米。第五期标本 2 件，第 1 件长 38.60、宽 37.71，第 2 件未愈合，长 28.67、宽 26.47 毫米。1973 年长测量 79 件，最大值 49.25、最小值 19.77、平均值 39.10，宽测量 65 件，最大值 47.12、最小值 14.97、平均值 37.22 毫米（图一六六）。

桡骨近端第一期测量 5 件，长的最大值 45.30、最小值 37.93、平均值 41.14，宽的最大值 23.44、最小值 21.35、平均值 22.32 毫米。第二期测量 6 件，长的最大值 43.45、最小值 37.85、平均值 40.38，宽的最大值 25.92、最小值 20.33、平均值 22.03 毫米。第三期测量 9 件，长的最大值 44.97、最小值 29.27、平均值 39.45，宽的最大值 24.28、最小值 16.85、平均值 21.22 毫米。第四期测量 8 件，长的最大值 45.62、最小值 39.06、平均值 41.91，宽的最大值 23.67、最小值 20.63、平均值 21.72 毫米。第五期 1 件，长 42.01、宽 23.19。1973 年测量 67 件，长的最大值 46.91、最小值 29.52、平均值 39.52，宽的最大值 32.50、最小值 16.46、平均值 21.99 毫米（图一六七）。

桡骨远端第一期测量 6 件，长的最大值 37.55、最小值 31.46、平均值 33.60，宽的最大值 26.19、最小值 22.08、平均值 24.21 毫米。第二期 1 件，长 34.37、宽 24.88 毫米。第三期 2 件，第 1 件长 32.85、宽 24.64，第 2 件长 33.00、宽 21.76 毫米。第四期 1 件，长 38.50、宽 27.91 毫米，第五期 1 件，长 16.76、宽 11.78 毫米。1973 年测量 54 件，长的最大值 43.23、最小值 16.81、平均值 34.30，宽的最大值 30.89、最小值 12.35、平均值 25.38 毫米（图一六八）。

掌骨近端第一期 2 件，第 1 件长 26.72、宽 20.66，第 2 件长 27.04、宽 20.53 毫米。第二期 1 件，长 30.60、宽 21.35 毫米。第三期 2 件，第 1 件长 30.42、宽 21.43，第 2 件长 30.49、宽 21.68 毫米。第四期 2 件，第 1 件长 29.80、宽 22.65，第 2 件长 27.68、宽 21.18 毫米。第五期 3 件，第 1 件长 33.19、宽 24.74，第 2 件长 28.03、宽 19.56，第 3 件长 29.61、宽 20.95 毫米。1973 年测量 26 件，长的最大值 45.41、最小值 26.44、平均值 31.27，宽的最大值 34.08、最小值 19.14、平均值 22.95 毫米（图一六九）。

掌骨远端第二期 1 件，长 27.58、宽 20.58 毫米。第三期长测量 3 件，最大值 28.82、最小值 28.09、平均值 28.34，宽测量 4 件，最大值 20.92、最小值 20.02、平均值 20.52 毫米。第四期 1 件，长 31.25、宽 20.62 毫米。第五期 2 件，第 1 件长 21.07、宽 12.97，第 2 件长 28.07、宽 19.35 毫米。1973 年测量 23 件，长的最大值 31.86、最小值 26.68、平均值 29.30，宽的最大值 22.73、最小值 15.35、平均值 20.22 毫米（图一七〇）。

股骨近端第三期 1 件，长 42.35、宽 21.23 毫米。1973 年长测量 5 件，最大值 62.34、最小值 41.11、平均值 52.70，宽测量 2 件，最大值 29.87、最小值 26.52、平均值 28.20 毫米（图一七一）。

股骨远端第三期 1 件，长 30.14、宽 38.66 毫米。第四期 1 件，关节未愈合，长 28.81、宽 35.12 毫米。第五期 1 件，关节未愈合，长 38.28、宽 34.10 毫米。1973 年测量 15 件，长的最大值 58.66、最小值 27.00、平均值 40.87，宽的最大值 69.98、最小值 20.08、平均值 41.75 毫米（图一七二）。

胫骨近端第三期测量 5 件，长的最大值 30.06、最小值 26.85、平均值 28.16，宽的最大值 29.65、最小值 27.21、平均值 28.37 毫米。第四期 3 件，第 1 件长 32.74，第 2 件长 31.36，第 3 件长 26.94、宽 28.69 毫米。第五期 2 件，第 1 件长 32.93、宽 27.23，第 2 件长 53.59 毫米。1973 年长测量 13 件，最大值 79.18、最小值 29.36、平均值 47.93，宽测量 10 件，最大值 51.79、最小值 27.12、平均值 35.80 毫米（图一七三）。

胫骨远端第一期长测量 17 件，最大值 43.21、最小值 32.15、平均值 35.10，宽测量 16 件，最大值 29.52、最小值 18.64、平均值 26.44 毫米。第二期测量 6 件，长的最大值 37.52、最小值 33.68、平均值 35.27，宽的最大值 29.13、最小值 25.04、平均值 27.47 毫米。第三期测量 5 件，长的最大值 41.71、最小值 19.01、平均值 33.28，宽的最大值 30.90、最小值 13.58、平均值 25.64 毫米。第四期测量 5 件，长的最大值 39.07、最小值 35.20、平均值 36.91，宽的最大值 29.27、最小值 26.86、平均值 28.34 毫米。第五期测量 5 件，长的最大值 36.84、最小值 24.87、平均值 32.77，宽的最大值 27.04、最小值 19.18、平均值 23.82 毫米。1973 年长测量 84 件，最大值 92.95、最小值 24.75、平均值 36.68，宽测量 82 件，最大值 34.35、最小值 20.14、平均值 27.77 毫米（图一七四）。

跟骨第一期 3 件，第 1 件长 88.85、宽 32.41，第 2 件长 89.61，第 3 件宽 34.52 毫米。第二期 1 件，长 92.52、宽 32.34 毫米。第三期测量 5 件，长的最大值 95.16、最小值

34.33、平均值 89.69，宽的最大值 36.27、最小值 30.72、平均值 32.86 毫米。第四期长测量 3 件，最大值 67.83、最小值 33.68、平均值 55.14，宽测量 5 件，最大值 35.67、最小值 20.69、平均值 27.09 毫米。第五期 2 件，第 1 件长 86.03、宽 32.34，第 2 件宽 31.19 毫米。1973 年长测量 49 件，最大值 107.90、最小值 66.19、平均值 88.76，宽测量 70 件，最大值 64.27、最小值 22.69、平均值 33.42 毫米（图一七五）。

距骨第一期长测量 15 件，最大值 44.48、最小值 38.83、平均值 42.24，宽测量 17 件，最大值 36.85、最小值 20.22、平均值 26.43 毫米。第二期 3 件，第 1 件长 36.09、宽 25.66，第 2 件长 33.74、宽 19.20，第 3 件长 41.80、宽 24.65 毫米。第三期测量 13 件，长的最大值 45.81、最小值 21.24、平均值 41.04，宽的最大值 28.84、最小值 12.26、平均值 25.17 毫米。第四期长测量 7 件，最大值 44.13、最小值 38.93、平均值 41.47，宽测量 8 件，最大值 27.36、最小值 23.44、平均值 25.54 毫米。第五期测量 5 件，长的最大值 53.14、最小值 40.84、平均值 45.99，宽的最大值 36.08、最小值 24.58、平均值 27.77 毫米。1973 年长测量 136 件，最大值 48.06、最小值 36.75、平均值 42.51，宽测量 144 件，最大值 30.34、最小值 21.69、平均值 26.07 毫米（图一七六）。

跖骨近端第三期 3 件，第 1 件长 28.65、宽 26.37，第 2 件长 24.35、宽 28.36，第 3 件长 27.38、宽 30.80 毫米。第四期 1 件，长 27.16、宽 29.87 毫米。第五期长 29.74、宽 32.03 毫米。1973 年测量 15 件，长的最大值 36.98、最小值 21.44、平均值 28.49，宽的最大值 41.05、最小值 23.77、平均值 30.56 毫米（图一七七）。

跖骨远端第一期 1 件，长 31.23、宽 20.56 毫米。第二期 2 件，第 1 件长 27.96、宽 19.77，第 2 件长 28.42、宽 19.85 毫米。第三期测量 5 件，长的最大值 36.53、最小值 28.25、平均值 31.98，宽的最大值 22.82、最小值 20.98、平均值 21.90 毫米。第四期 2 件，第 1 件长 22.13、宽 15.13，第 2 件长 28.92、宽 18.08 毫米。第五期 2 件，第 1 件长 30.33、宽 21.75，第 2 件长 29.90、宽 20.79 毫米。1973 年长测量 26 件，最大值 33.36、最小值 22.69、平均值 29.58，宽测量 29 件，最大值 22.33、最小值 14.66、平均值 20.67 毫米（图一七八）。

第 1 节趾骨第一期 1 件，长 41.78。第三期测量 4 件，最大值 46.22、最小值 37.33、平均值 42.43 毫米。第四期 3 件，第 1 件 44.31、第 2 件 35.46、第 3 件 46.48 毫米。第五期测量 4 件，最大值 48.69、最小值 19.91、平均值 34.02 毫米。1973 年测量 19 件，最大值 50.72、最小值 32.90、平均值 45.91 毫米。

第 2 节趾骨第一期 2 件，第 1 件长 18.41，第 2 件长 31.24 毫米。第二期 1 件，长 34.08。第三期测量 8 件，最大值 35.56、最小值 17.82、平均值 24.14 毫米。第四期测量 4 件，最大值 32.02、最小值 25.87、平均值 27.71 毫米。第五期 2 件，第 1 件 33.04，第 2 件 25.59 毫米。1973 年测量 35 件，最大值 44.99、最小值 27.02、平均值 35.31 毫米。

第 3 节趾骨第一期测量 12 件，最大值 50.51、最小值 23.14、平均值 37.67 毫米。第二期测量 9 件，最大值 42.60、最小值 29.53、平均值 35.49 毫米。第三期测量 39 件，最大值 53.24、最小值 16.87、平均值 34.90 毫米。第四期测量 21 件，最大值 46.78、最小值 21.73、平均值 36.89 毫米。第五期测量 16 件，最大值 47.57、最小值 25.71、平均值 36.28 毫米。1973 年测量 21 件，最大值 59.87、最小值 27.59、平均值 40.92 毫米。

（3）小型鹿科

小型鹿科中除赤麂外，对其他骨骼我们无法确定其种属，除颌骨归入小型鹿科一并测量外，对肢骨可以按照大小再分为小型鹿科 A 和小型鹿科 B 两种。

A. 赤麂的下颌骨

在 1973 年的标本中确认了赤麂的下颌骨，测量数据见表一〇。

表一〇　甑皮岩遗址赤麂下颌骨测量数据统计表

	P_2 前	M_1 前	M_3 后	M_1 长	M_1 宽	M_2 长	M_2 宽	M_3 长	M_3 宽	P_2-P_4	M_1-M_3
标本数	23	19	5	23	23	14	14	10	10	9	7
最大值	14.16	16.46	18.92	18.39	9.70	11.09	11.31	13.78	11.57	22.72	33.80
最小值	9.45	8.83	17.44	8.48	5.31	9.09	6.06	10.56	5.60	20.20	29.67
平均值	11.91	14.28	18.12	9.83	6.17	10.06	7.22	12.66	6.98	21.40	31.70

B. 颌骨

（a）上颌骨

我们对小型鹿科的上颌骨进行了测量，结果如下。

第一期 1 件标本，第 1 臼齿长 9.66、宽 9.50，第 2 臼齿长 10.57 毫米。

第三期 8 件标本中，第 1 臼齿长测量 7 件，最大值 10.58、最小值 7.16、平均值 8.41，第 1 臼齿宽测量 7 件，最大值 10.67、最小值 6.57、平均值 8.36，第 2 臼齿长测量 8 件，最大值 12.82、最小值 6.77、平均值 9.67，第 2 臼齿宽测量 8 件，最大值 13.27、最小值 5.66、平均值 9.35，第 3 臼齿长测量 3 件，最大值 11.06、最小值 8.81、平均值 10.00，第 3 臼齿宽测量 3 件，最大值 10.67、最小值 7.72、平均值 9.55，第 1 臼齿～第 3 臼齿齿列长测量 4 件，最大值 29.24、最小值 25.49、平均值 27.25 毫米。

第四期 4 件标本中，第 1 臼齿长测量 4 件，最大值 10.15、最小值 8.28、平均值 9.06，第 1 臼齿宽测量 4 件，最大值 8.88、最小值 6.51、平均值 8.07，第 2 臼齿长测量 4 件，最大值 11.19、最小值 9.49、平均值 10.47，第 2 臼齿宽测量 4 件，最大值 10.55、最小值 9.04、平均值 9.82，第 3 臼齿长测量 3 件，最大值 10.68、最小值 9.91、平均值 10.21，第 3 臼齿宽测量 3 件，最大值 9.66、最小值 8.24、平均值 8.97 毫米。

第五期 4 件标本，第 1 件第 3 臼齿后 9.29、第 1 臼齿宽 9.30、第 2 臼齿长 10.04、第 2 臼齿宽 10.17 毫米，第 2 件第 3 臼齿后 9.04、第 1 臼齿宽 8.24 毫米，第 3 件第 3 臼齿后 12.35、第 1 臼齿宽 12.21、第 2 臼齿长 16.91、第 2 臼齿宽 14.35 毫米，第 4 件第 1 臼齿～第 3 臼齿齿列长 27.27 毫米。

　　1973 年 13 件标本中，第 1 臼齿测量 11 件，长的最大值 10.58、最小值 8.75、平均值 9.50，宽的最大值 10.31、最小值 8.52、平均值 9.60，第 2 臼齿测量 13 件，长的最大值 12.56、最小值 9.49、平均值 10.68，宽的最大值 11.82、最小值 8.80、平均值 10.25，第 3 臼齿测量 6 件，长的最大值 11.42、最小值 9.40、平均值 10.31，宽的最大值 10.99、最小值 9.45、平均值 10.39，第 1 臼齿～第 3 臼齿测量 5 件，最大值 31.04、最小值 27.50、平均值 29.38 毫米。

　　(b) 下颌骨

　　小型鹿科的下颌骨见表一一。

表一一　甑皮岩遗址小型鹿科动物下颌骨测量数据统计表

分期	项目	P_2 前	M_1 前	M_3 后	M_1 长	M_1 宽	M_2 长	M_2 宽	M_3 长	M_3 宽	$P_2 - P_4$	$M_1 - M_3$
第一期	标本数	3	3		4	3	3	3	6	6		
	最大值	14.47	15.51		10.47	6.03	11.44	7.20	15.60	7.59		
	最小值	11.56	6.62		7.31	5.53	8.05	5.13	12.47	6.06		
	平均值	13.11	9.67		9.31	5.77	10.20	6.32	13.98	6.91		
第二期	标本数	7	3		4	4			5	5		
	最大值	11.56	15.55		16.68	8.54			14.17	7.27		
	最小值	9.37	13.33		7.67	5.43			12.90	6.34		
	平均值	10.81	14.30		10.90	6.38			13.67	6.75		
第三期	标本数	16	11		22	22	15	15	9	9	3	
	最大值	16.38	17.12		14.20	9.71	16.85	11.22	13.93	7.22	22.24	
	最小值	8.15	12.81		7.14	4.97	9.70	6.06	12.38	6.10	21.14	
	平均值	10.74	14.12		9.48	6.23	11.16	7.31	13.47	6.68	21.52	
第四期	标本数	19	16	6	20	17	13	11	9	7		7
	最大值	17.48	16.83	21.04	16.32	10.46	11.68	7.01	19.42	7.15		36.03
	最小值	9.10	6.49	14.56	6.73	5.30	6.96	4.67	11.26	5.49		27.05
	平均值	11.81	13.72	17.32	10.09	6.33	10.14	6.23	14.04	6.34		32.63
第五期	标本数	4	4	5		5	4	4				
	最大值	16.71	15.59	10.30		6.25	10.69	7.18				
	最小值	10.23	13.31	9.28		5.64	9.72	6.73				
	平均值	12.54	14.01	9.68		6.00	10.35	6.93				
1973	标本数	27	9		20	20	17	17	10	10		
	最大值	18.15	19.72		14.24	9.11	17.19	11.96	26.94	12.29		
	最小值	9.02	12.26		7.99	5.04	8.34	5.54	9.54	5.86		
	平均值	11.68	15.01		10.09	6.29	11.29	7.42	15.38	7.81		

　　C. 小型鹿科 A 的肢骨

我们对小型鹿科 A 的肢骨进行了测量，结果如下。

肩胛骨 1973 年长测量 6 件，最大值 34.90、最小值 29.19、平均值 33.11，宽测量 7 件，最大值 23.55、最小值 18.18、平均值 22.03 毫米（图一六四）。

肱骨近端第三期 1 件，长 29.19、宽 23.05 毫米。1973 年测量 9 件，长的最大值 36.36、最小值 28.92、平均值 32.01，宽的最大值 26.80、最小值 22.67、平均值 24.10 毫米（图一六五）。

肱骨远端第二期 1 件，长 35.82、宽 27.59 毫米。第四期 1 件，长 29.96、宽 28.18，第五期 1 件，长 28.67、宽 26.47 毫米。1973 年测量 14 件，长的最大值 32.35、最小值 27.68、平均值 29.64，宽的最大值 30.13、最小值 25.25、平均值 27.58 毫米（图一六六）。

桡骨近端第四期 1 件，长 27.82、宽 16.00 毫米。第五期 1 件，长 24.57、宽 14.86 毫米。1973 年测量 6 件，长的最大值 28.91、最小值 27.34、平均值 28.10，宽的最大值 16.67、最小值 15.95、平均值 16.17 毫米（图一六七）。

桡骨远端第三期 1 件，长 22.66、宽 14.45 毫米。1973 年测量 5 件，长的最大值 25.93、最小值 33.16、平均值 24.68，宽的最大值 18.26、最小值 16.18、平均值 17.28 毫米（图一六八）。

掌骨近端第四期 1 件，长 19.71、宽 14.34 毫米。1973 年测量 8 件，长的最大值 22.64、最小值 17.71、平均值 20.94，宽的最大值 16.16、最小值 9.34、平均值 13.97 毫米（图一六九）。

掌骨远端第五期 1 件，长 21.07、宽 12.97 毫米。1973 年测量 4 件，长的最大值 22.63、最小值 20.96、平均值 21.87，宽的最大值 14.96、最小值 13.76、平均值 14.30 毫米（图一七〇）。

股骨近端第三期测量 5 件，长的最大值 30.58、最小值 28.40、平均值 29.46，宽的最大值 16.25、最小值 14.04、平均值 15.38 毫米。第四期测量 5 件，长的最大值 30.90、最小值 29.33、平均值 30.07，宽的最大值 18.27、最小值 15.74、平均值 16.43 毫米。1973 年测量 34 件，长的最大值 32.74、最小值 26.69、平均值 29.65，宽的最大值 18.51、最小值 13.87、平均值 16.41 毫米（图一七一）。

股骨远端第三期测量 6 件，长的最大值 30.14、最小值 26.71、平均值 28.32，宽的最大值 38.66、最小值 30.52、平均值 33.91 毫米。第四期测量 6 件，长的最大值 28.84、最小值 26.78、平均值 27.84，宽的最大值 35.12、最小值 31.04、平均值 33.49 毫米。第五期 1 件，长 26.13、宽 34.09 毫米。1973 年测量 36 件，长的最大值 31.25、最小值 25.40、平均值 28.14，宽的最大值 37.79、最小值 22.40、平均值 33.35 毫米（图一七二）。

胫骨远端第三期 1 件，长 24.18、宽 17.61 毫米。第五期 1 件，长 24.87、宽 19.18 毫米。1973 年测量 5 件，长的最大值 28.83、最小值 25.63、平均值 27.21，宽的最大值 21.80、最小值 20.14、平均值 20.72 毫米（图一七四）。

跟骨第四期 3 件，第 1 件长 63.90、宽 23.66，第 2 件长 67.83、宽 24.21，第 3 件长 69.50、宽 26.15 毫米。1973 年测量 5 件，长的最大值 71.10、最小值 53.55、平均值 64.84，宽的最大值 26.19、最小值 23.81、平均值 24.81 毫米（图一七五）。

距骨第二期 1 件，长 33.74、宽 19.20 毫米。第四期 2 件，第 1 件长 29.42、宽 20.00，第 2 件长 29.50、宽 17.52 毫米。1973 年长测量 22 件，最大值 35.55、最小值 27.39、平均值 31.55，宽测量 22 件，最大值 21.60、最小值 17.17、平均值 18.94 毫米（图一七六）。

跖骨近端 1973 年 2 件，第 1 件长 19.09、宽 21.56，第 2 件长 21.44、宽 23.77 毫米（图一七七）。

跖骨远端第三期 1 件，长 23.27、宽 14.52 毫米。第四期 1 件，长 22.13、宽 15.13 毫米。第五期 1 件，长 20.62、宽 14.41 毫米。1973 年 1 件，长 22.60、宽 14.66 毫米（图一七八）。

第 1 节趾骨第四期 2 件，第 1 件长 30.75，第 2 件长 30.85。1973 年测量 8 件，最大值 32.90、最小值 27.29、平均值 29.44 毫米。

第 2 节趾骨第四期 1 件，长 27.67 毫米。1973 年 1 件，长 27.48 毫米。

第 3 节趾骨第一期 2 件，第 1 件长 23.14，第 2 件长 23.41 毫米。第二期 1 件，长 29.53 毫米。第三期测量 9 件，最大值 28.61、最小值 21.51、平均值 24.90 毫米。第四期测量 7 件，最大值 26.11、最小值 20.51、平均值 23.10 毫米。1973 年测量 7 件，最大值 29.53、最小值 24.44、平均值 27.14 毫米。

D. 小型鹿科 B 的寰椎和肢骨

我们对小型鹿科 B 的寰椎和肢骨进行了测量，结果如下。

寰椎第四期宽测量 5 件，最大值 27.39、最小值 24.18、平均值 25.23 毫米。1973 年宽测量 7 件，最大值 35.08、最小值 24.18、平均值 25.23 毫米。

肩胛骨第二期 3 件，第 1 件长 22.44、宽 15.63，第 2 件宽 14.45，第 3 件宽 16.19 毫米。第三期长测量 15 件，最大值 24.22、最小值 18.63、平均值 21.86，宽测量 19 件，最大值 15.93、最小值 13.30、平均值 14.79 毫米。第四期长测量 14 件，最大值 24.60、最小值 20.92、平均值 22.86，宽测量 15 件，最大值 19.51、最小值 14.04、平均值 15.59 毫米。第五期测量 4 件，长的最大值 22.03、最小值 19.82、平均值 21.30，宽的最大值 15.24、最小值 13.65、平均值 14.44 毫米。1973 年长测量 50 件，最大值 29.19、最小值 14.30、平均值 22.61，宽测量 54 件，最大值 23.54、最小值 11.01、平均值 15.70 毫米（图一六四）。

肱骨近端第二期 1 件，长 27.32、宽 34.84 毫米。第三期 3 件，第 1 件长 31.32，第 2 件长 26.39，第 3 件宽 30.70 毫米。第四期长测量 4 件，最大值 27.76、最小值 22.38、平均值 24.73，宽测量 6 件，最大值 33.71、最小值 28.79、平均值 31.25 毫米。第五期 1 件，长 23.36、宽 30.44。1973 年长测量 17 件，最大值 36.36、最小值 22.28、平均值 28.68，宽测量 18 件，最大值 34.49、最小值 22.67、平均值 28.63 毫米（图一六五）。

肱骨远端第一期长测量 5 件，最大值 21.37、最小值 19.49、平均值 20.44，宽测量 4 件，最大值 18.60、最小值 13.69、平均值 16.98 毫米。第二期长测量 5 件，最大值 22.79、最小值 21.58、平均值 21.96，宽测量 3 件，最大值 19.28、最小值 18.52、平均值 18.97 毫米。第三期长测量 15 件，最大值 22.17、最小值 17.57、平均值 20.70，宽测量 13 件，最大值 19.31、最小值 14.13、平均值 18.06 毫米。第四期长测量 15 件，最大值 29.96、最小值 19.09、平均值 21.63，宽测量 12 件，最大值 28.18、最小值 16.80、平均值 19.21 毫米。第五期长测量 4 件，最大值 22.55、最小值 20.48、平均值 21.23，宽测量 3 件，最大值 19.74、最小值 17.96、平均值 18.86 毫米。1973 年长测量 108 件，最大值 28.88、最小值 19.11、平均值 21.46，宽测量 101 件，最大值 26.01、最小值 14.97、平均值 18.78 毫米（图一六六）。

桡骨近端第一期 2 件，第 1 件长 18.36、宽 11.29，第 2 件长 18.08、宽 10.38 毫米。第二期测量 5 件，长的最大值 21.21、最小值 18.76、平均值 19.39，宽的最大值 16.29、最小值 10.10、平均值 11.75 毫米。第二期长测量 15 件，最大值 19.57、最小值 16.75、平均值 18.54，宽测量 14 件，最大值 11.93、最小值 10.06、平均值 10.88 毫米。第三期测量 18 件，长的最大值 19.73、最小值 15.87、平均值 18.67，宽的最大值 12.42、最小值 9.51、平均值 10.93 毫米。第五期测量 8 件，长的最大值 24.57、最小值 17.56、平均值 19.63，宽的最大值 14.86、最小值 9.53、平均值 11.26 毫米。1973 年测量 46 件，长的最大值 28.91、最小值 16.25、平均值 20.09，宽的最大值 16.67、最小值 10.17、平均值 11.71 毫米（图一六七）。

桡骨远端第一期 3 件，第 1 件长 18.44、宽 13.58，第 2 件长 16.81、宽 12.34，第 3 件长 17.17、宽 12.96 毫米。第二期 3 件，第 1 件长 16.92、宽 12.12，第 2 件长 18.59、宽 12.44，第 3 件长 17.15、宽 12.11 毫米。第三期长测量 18 件，最大值 19.18、最小值 16.07、平均值 17.04，宽测量 16 件，最大值 14.19、最小值 9.84、平均值 12.45 毫米。第四期测量 12 件，长的最大值 19.70、最小值 16.41、平均值 17.79，宽的最大值 15.05、最小值 11.23、平均值 12.80 毫米。第五期测量 6 件，长的最大值 18.13、最小值 15.81、平均值 17.03，宽的最大值 13.64、最小值 11.00、平均值 12.45 毫米。1973 年长测量 35 件，最大值 25.93、最小值 15.72、平均值 18.26，宽测量 33 件，最大值 18.26、最小值 11.41、平均值 13.50 毫米（图一六八）。

掌骨近端第一期 1 件，长 15.02、宽 10.95 毫米。第二期 1 件，长 15.43、宽 10.96 毫米。第三期测量 6 件，长的最大值 15.95、最小值 13.31、平均值 14.79，宽的最大值 11.21、最小值 9.26、平均值 10.03 毫米。第四期 1 件，长 13.67、宽 9.15 毫米。第五期 1 件，长 15.75、宽 9.55 毫米。1973 年测量 23 件，长的最大值 27.70、最小值 13.71、平均值 16.61，宽的最大值 20.43、最小值 9.13、平均值 11.15 毫米（图一六九）。

掌骨远端第一期 2 件，第 1 件长 16.27、宽 9.49，第 2 件长 15.76、宽 9.65。第二期 1 件，长 15.66、宽 9.96 毫米。第三期测量 7 件，长的最大值 16.16、最小值 14.68、平均值 15.67，宽的最大值 9.93、最小值 9.29、平均值 9.52 毫米。第四期测量 6 件，长的最大值

16.30、最小值 13.97、平均值 15.28，宽的最大值 11.74、最小值 8.89、平均值 9.70 毫米。第五期 3 件，第 1 件长 14.92、宽 9.44，第 2 件长 14.78、宽 9.31，第 3 件长 14.73、宽 8.30 毫米。1973 年测量 28 件，长的最大值 29.48、最小值 13.24、平均值 15.98，宽的最大值 20.99、最小值 8.19、平均值 10.20 毫米（图一七〇）。

股骨近端第三期测量 5 件，长的最大值 30.58、最小值 28.40、平均值 29.46，宽的最大值 16.25、最小值 14.04、平均值 15.38 毫米。第四期测量 5 件，长的最大值 30.90、最小值 29.33、平均值 30.07，宽的最大值 18.27、最小值 15.74、平均值 16.43 毫米。1973 年测量 33 件，长的最大值 44.30、最小值 26.69、平均值 30.07，宽的最大值 23.64、最小值 13.87、平均值 16.55 毫米（图一七一）。

股骨远端第三期测量 5 件，长的最大值 29.49、最小值 26.71、平均值 27.95，宽的最大值 36.20、最小值 30.52、平均值 32.96 毫米。第四期测量 6 件，长的最大值 28.84、最小值 19.53、平均值 26.30，宽的最大值 34.92、最小值 19.69、平均值 30.92 毫米。第五期 1 件，长 26.13、宽 34.09 毫米。1973 年长测量 34 件，最大值 60.29、最小值 13.43、平均值 28.02，宽测量 31 件，最大值 78.18、最小值 14.80、平均值 33.62 毫米（图一七二）。

胫骨近端第三期测量 6 件，长的最大值 32.43、最小值 25.59、平均值 29.31，宽的最大值 32.34、最小值 24.60、平均值 28.48 毫米。第四期 3 件，第 1 件长 29.85、宽 29.85，第 2 件长 30.75、宽 28.87，第 3 件长 31.63、宽 30.32 毫米。第五期 1 件，长 26.41、宽 27.98。1973 年长测量 34 件，最大值 34.03、最小值 16.62、平均值 29.44，宽测量 32 件，最大值 32.21、最小值 16.84、平均值 26.77 毫米（图一七三）。

胫骨远端第一期长测量 5 件，最大值 21.06、最小值 17.66、平均值 18.99，宽测量 6 件，最大值 16.11、最小值 12.30、平均值 13.94 毫米。第二期 1 件，长 18.01、宽 14.13。第三期测量 17 件，长的最大值 20.88、最小值 15.39、平均值 18.96，宽的最大值 15.99、最小值 13.06、平均值 14.54 毫米。第四期测量 10 件，长的最大值 20.00、最小值 17.91、平均值 18.99，宽的最大值 15.67、最小值 12.90、平均值 14.33 毫米。第五期 3 件，第 1 件长 19.10、宽 14.90，第 2 件长 18.16、宽 14.06，第 3 件宽 13.40 毫米。1973 年长测量 62 件，最大值 20.75、最小值 16.74、平均值 19.82，宽测量 61 件，最大值 16.33、最小值 12.98、平均值 15.31 毫米（图一七四）。

跟骨第一期长测量 4 件，最大值 46.79、最小值 44.42、平均值 45.72，宽测量 3 件，最大值 17.11、最小值 13.78、平均值 15.59 毫米。第二期标本 4 件，第 1 件长 47.08、宽 16.83，第 2 件长 45.19，第 3 件长 45.79，第 4 件宽 16.69 毫米。第三期测量 20 件，长的最大值 48.85、最小值 13.18、平均值 42.24，宽的最大值 26.14、最小值 12.74、平均值 17.15 毫米。第四期长测量 12 件，最大值 69.50、最小值 42.55、平均值 47.95，宽测量 13 件，最大值 26.15、最小值 15.18、平均值 17.63 毫米。第五期测量 7 件，长的最大值 49.70、最小值 44.95、平均值 46.82，宽的最大值 18.37、最小值 14.76、平均值 16.68 毫米。1973年长测量52件，最大值65.65、最小值35.67、平均值46.58，宽测量55件，最大值23.81、最小值13.68、平均值16.99毫米（图一七五）。

距骨第一期测量9件，长的最大值23.05、最小值20.90、平均值22.05，宽的最大值13.81、最小值12.33、平均值13.15毫米。第二期2件，第1件长21.66、宽12.81，第2件长21.54、宽13.43。第三期测量18件，长的最大值24.04、最小值12.82、平均值21.44，宽的最大值22.99、最小值12.15、平均值13.80毫米。第四期测量11件，长的最大值29.50、最小值20.67、平均值22.84，宽的最大值17.52、最小值12.44、平均值13.50毫米。第五期测量6件，长的最大值23.97、最小值20.51、平均值22.08，宽的最大值14.78、最小值12.69、平均值13.28毫米。1973年长测量45件，最大值35.55、最小值19.41、平均值23.62，宽测量48件，最大值21.60、最小值12.33、平均值14.09毫米（图一七六）。

跖骨近端第一期1件，长14.43、宽13.56。第三期长测量8件，最大值16.33、最小值12.12、平均值14.45，宽测量7件，最大值15.94、最小值12.61、平均值14.41毫米。第四期3件，第1件长14.57、宽14.08，第2件长13.80、宽13.94，第3件宽14.60。第五期1件，长15.69、宽14.63。1973年测量12件，长的最大值19.09、最小值12.87、平均值15.05，宽的最大值21.56、最小值12.25、平均值15.13毫米（图一七七）。

跖骨远端第二期1件，长17.31、宽10.54。第三期测量5件，长的最大值23.27、最小值15.90、平均值17.61，宽的最大值14.52、最小值9.72、平均值10.92毫米。第四期3件，第1件长18.57、宽10.53，第2件长16.77、宽12.20，第3件长16.54、宽10.54。1973年长测量28件，最大值19.63、最小值13.81、平均值16.30，宽测量27件，最大值11.20、最小值8.72、平均值10.06毫米（图一七八）。

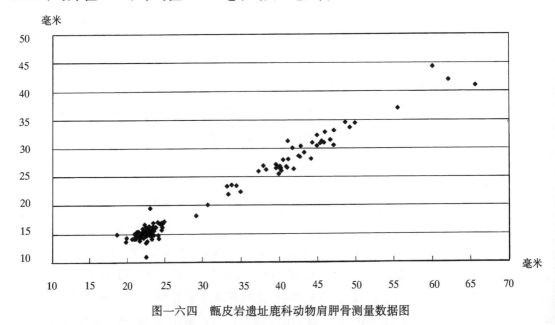

图一六四　甑皮岩遗址鹿科动物肩胛骨测量数据图

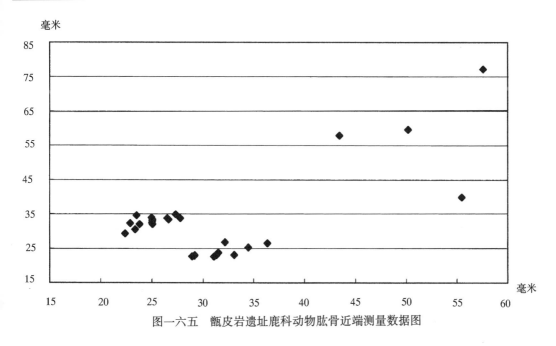

图一六五　甑皮岩遗址鹿科动物肱骨近端测量数据图

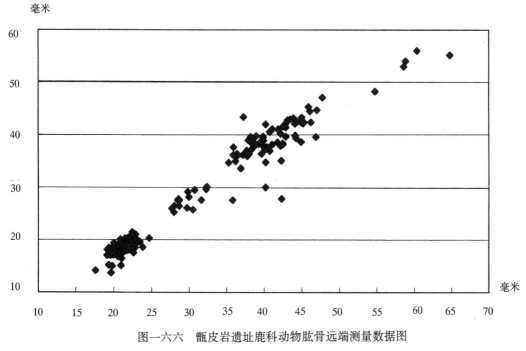

图一六六　甑皮岩遗址鹿科动物肱骨远端测量数据图

　　第 1 节趾骨第一期测量 4 件，最大值 24.15、最小值 19.45、平均值 21.64 毫米。第二期测量 8 件，最大值 24.45、最小值 13.81、平均值 20.95 毫米。第三期测量 39 件，最大值 24.90、最小值 15.57、平均值 21.42 毫米。第四期测量 16 件，最大值 30.75、最小值 20.19、平均值 23.72 毫米。第五期测量 8 件，最大值 23.99、最小值 18.83、平均值 21.62

毫米

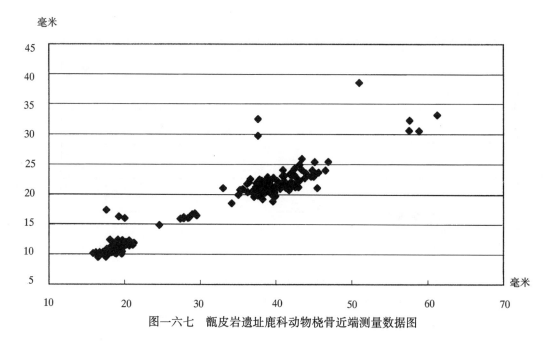

图一六七 甑皮岩遗址鹿科动物桡骨近端测量数据图

毫米

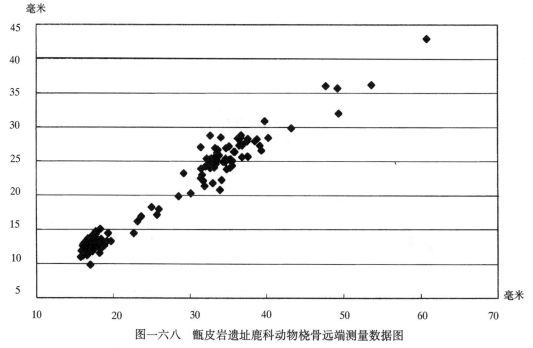

图一六八 甑皮岩遗址鹿科动物桡骨远端测量数据图

毫米。1973年测量23件，最大值46.05、最小值21.30、平均值29.82毫米。

第2节趾骨第一期测量8件，最大值19.53、最小值15.58、平均值17.23毫米。第二期测量5件，最大值18.75、最小值16.72、平均值18.23毫米。第三期测量38件，最大值33.03、最小值11.10、平均值17.62毫米。第四期测量15件，最大值27.67、最小值15.39、

毫米

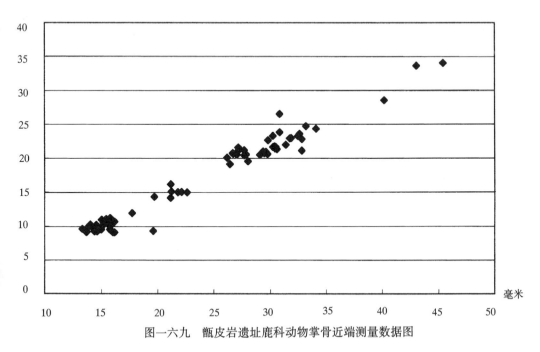

图一六九　甑皮岩遗址鹿科动物掌骨近端测量数据图

毫米

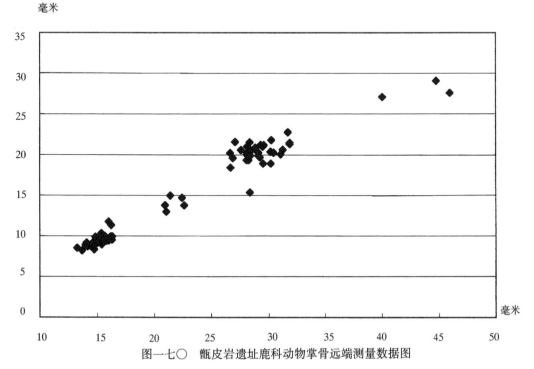

图一七〇　甑皮岩遗址鹿科动物掌骨远端测量数据图

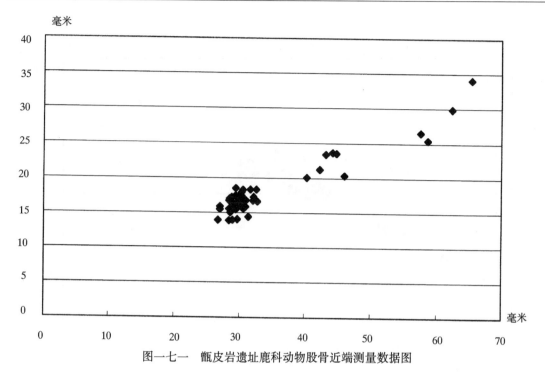

图一七一　甑皮岩遗址鹿科动物股骨近端测量数据图

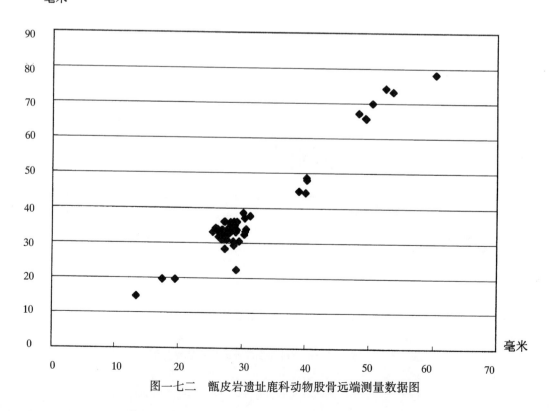

图一七二　甑皮岩遗址鹿科动物股骨远端测量数据图

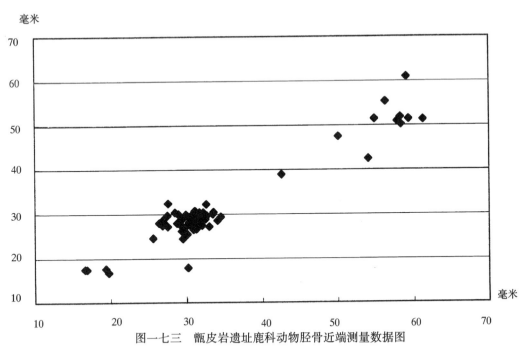

图一七三 甑皮岩遗址鹿科动物胫骨近端测量数据图

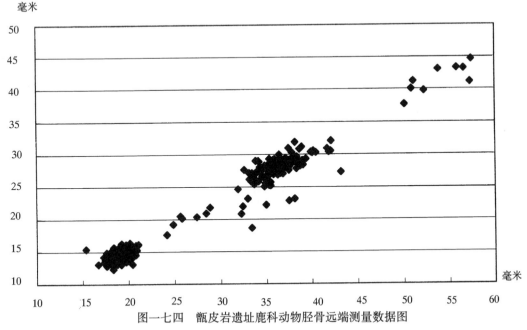

图一七四 甑皮岩遗址鹿科动物胫骨远端测量数据图

平均值 18.82 毫米。第五期测量 4 件，最大值 20.47、最小值 16.50、平均值 18.30 毫米。1973 年测量 18 件，最大值 34.32、最小值 16.30、平均值 21.58 毫米。

第 3 节趾骨第一期 1 件，长 23.41，第二期 2 件，第 1 件长 34.44，第 2 件长 13.02，第三期测量 32 件，最大值 37.77、最小值 14.46、平均值 20.45 毫米。第四期测量 18 件，最

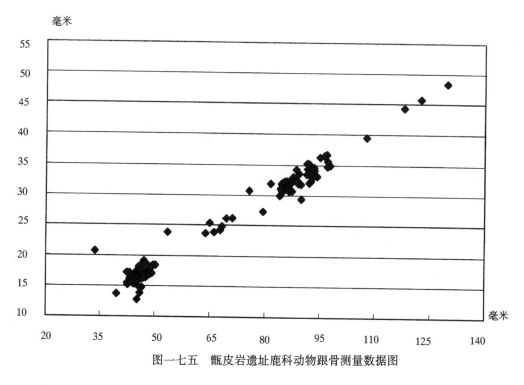

图一七五　甑皮岩遗址鹿科动物跟骨测量数据图

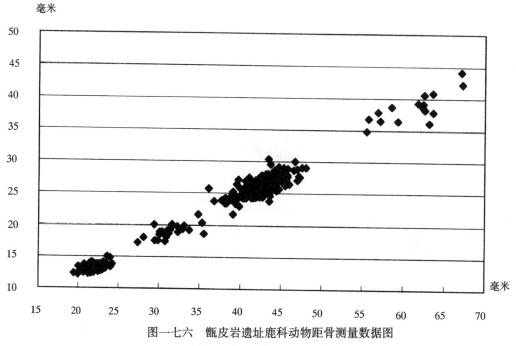

图一七六　甑皮岩遗址鹿科动物距骨测量数据图

大值 39.73、最小值 14.82、平均值 21.07 毫米。第五期测量 4 件,最大值 19.32、最小值 16.76、平均值 18.19 毫米。1973 年测量 71 件,最大值 46.77、最小值 19.20、平均值 35.76 毫米。

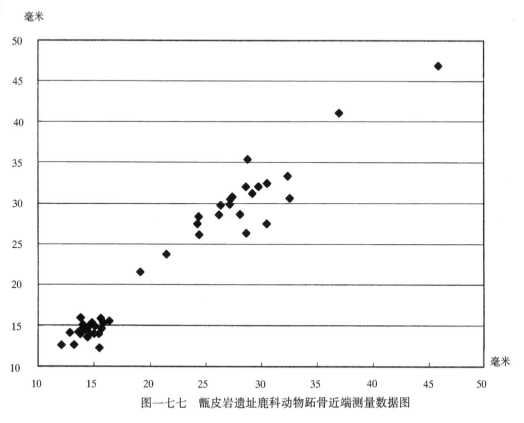

图一七七　甑皮岩遗址鹿科动物距骨近端测量数据图

3. 牛

(1) 牙齿

其牙齿的数据不多，都是 1973 年出土的，其中第 1 臼齿 3 个，分别为长 32.52、宽 18.63，长 30.19、宽 17.49，长 27.18、宽 17.91 毫米。第 2 臼齿 2 个，分别为长 30.02、宽 19.19，长 32.82、宽 18.18 毫米。第 3 臼齿 2 个，分别为长 43.37、宽 17.46，长 33.88、宽 13.06 毫米。

(2) 肢骨

我们对牛的肢骨进行了测量，结果如下。

肩胛骨第三期 1 件，长 98.15、宽 66.34，1973 年 2 件，第 1 件长 91.69、宽 62.29，第 2 件长 98.21、宽 67.49 毫米。

肱骨近端 1973 年标本 3 件，第 1 件长 108.83、宽 80.93，第 2 件长 130.57，第 3 件长 147.14 毫米。

肱骨远端第一期 2 件，第 1 件长 88.76、宽 62.77，第 2 件长 106.94 毫米。1973 年标本 2 件，第 1 件长 96.64、宽 96.54，第 2 件宽 99.66 毫米。

桡骨近端第一期 1 件，长 103.55 毫米。第三期 1 件，长 85.60、宽 49.85 毫米。1973 年标本 3 件，第 1 件长 103.80、宽 53.99，第 2 件长 107.70、宽 58.73，第 3 件长 104.83、

毫米

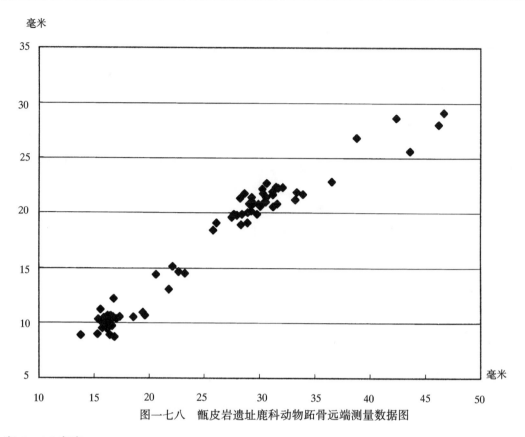

图一七八　甑皮岩遗址鹿科动物距骨远端测量数据图

宽 54.86 毫米。

桡骨远端 1973 年长测量 4 件，最大值 105.18、最小值 90.85、平均值 98.24，宽测量 3 件，最大值 66.65、最小值 61.67、平均值 64.23 毫米。

掌骨近端第三期 1 件，长 79.65、宽 76.97 毫米。1973 年测量 5 件，长的最大值 81.59、最小值 74.20、平均值 78.92 毫米，宽的最大值 49.94、最小值 44.36、平均值 46.99 毫米。

股骨近端 1973 年标本 1 件，长 151.44、宽 70.84 毫米。

胫骨近端 1973 年 2 件，第 1 件长 126.87，第 2 件宽 87.66 毫米。

胫骨远端 1973 年 3 件，第 1 件长 75.15、宽 61.06，第 2 件长 81.79、宽 63.18，第 3 件长 84.58、宽 58.21 毫米。

跟骨 1973 年 3 件，第 1 件长 109.30、宽 64.49，第 2 件宽 76.81，第 3 件宽 64.27 毫米。

距骨第一期测量 4 件，长的最大值 93.50、最小值 74.72、平均值 84.51 毫米，宽的最大值 64.20、最小值 57.96、平均值 60.87 毫米。第五期 1 件，长 88.82、宽 55.05 毫米。1973 年测量 2 件，第 1 件长 80.45、宽 55.19，第 2 件长 83.61、宽 56.71 毫米。

跖骨近端第一期 2 件，第 1 件长 63.36、宽 58.54，第 2 件长 65.01、宽 56.38 毫米，第三期 2 件，第 1 件长 70.54、宽 61.03，第 2 件长 70.55、宽 56.00 毫米。1973 年测量 4 件，长的最大值 75.93、最小值 60.64、平均值 66.40，宽的最大值 54.74、最小值 41.26、平均

值 48.17 毫米。

第 1 节趾骨第三期 2 件，第 1 件长 74.95，第 2 件长 79.45 毫米。第四期 1 件，长 80.23 毫米。1973 年 2 件，第 1 件 75.43，第 2 件 75.92 毫米。

第 2 节趾骨第三期 2 件，第 1 件长 54.94、宽 48.69，第 2 件长 58.56 毫米。第四期 1 件，长 60.75 毫米。第五期 1 件，长 56.79。1973 年 1 件，长 54.52 毫米。

第 3 节趾骨第一期 2 件，第 1 件长 88.69，第 2 件长 89.65 毫米。第三期 1 件，长 37.68 毫米。第四期 1 件，长 97.76 毫米。第五期 1 件，长 86.49 毫米。1973 年标本 11 件，最大值 106.53、最小值 78.56、平均值 90.10 毫米。

三、各期动物的组成特征

（一）贝　类

第一期中国圆田螺为 2524，占全部贝类总数的 91.71%，圆顶珠蚌为 120，占 4.36%，短褶矛蚌为 5，占 0.19%，背瘤丽蚌为 1，占 0.04%，珍珠蚌为 1，占 0.04%，种属不明蚌为 2，占 0.08%，蚬为 99，占 3.6%。

第二期中国圆田螺为 473，占全部贝类总数的 84.46%，圆顶珠蚌为 17，占 3.04%，短褶矛蚌为 2，占 0.36%，背瘤丽蚌为 5，占 0.89%，珍珠蚌为 2，占 0.36%，蚬为 61，占 10.89%。

第三期中国圆田螺为 14967，占全部贝类总数的 64.15%，田螺科为 4，占 0.02%，圆顶珠蚌为 3087，占 13.23%，短褶矛蚌为 82，占 0.35%，凸圆矛蚌 1，占 0.004%，背瘤丽蚌为 63，占 0.3%，珍珠蚌为 1，占 0.004%，蚬为 5128，占 21.98%。

第四期中国圆田螺为 8119，占全部贝类总数的 84.2%，田螺科为 3，占 0.03%，圆顶珠蚌为 552，占 5.72%，短褶矛蚌为 35，占 0.36%，背瘤丽蚌为 19，占 0.2%，珍珠蚌为 1，占 0.01%，膨凸锐棱蚌 1，占 0.01%，蚬为 913，占 9.47%。

第五期中国圆田螺为 23040，占全部贝类总数的 78.79%，田螺科为 4，占 0.01%，圆顶珠蚌为 1844，占 6.31%，短褶矛蚌为 32，占 0.11%，背瘤丽蚌为 56，占 0.19%，蚬为 4265，占 14.59%（图一七九）。

（二）脊椎动物

1. 可鉴定标本数

第一期

从大类看，鱼类 185，占可鉴定标本总数的 2.95%，爬行类 43，占 0.69%，鸟类 36，占 0.57%，哺乳类 6012，占 95.79%。

如果以纲为单位具体细分的话，鲤科 87，占鱼纲可鉴定标本总数的 47%，鱼 98，占

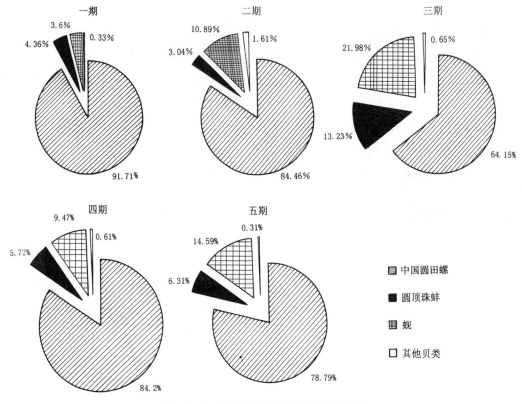

图一七九　甑皮岩遗址各期贝类比例图

53%。鳖43。雉1，占鸟纲可鉴定标本总数的3%，似三宝鸟1，占3%，鸟34，占94%。
猴6，占哺乳纲可鉴定标本总数的0.3%，兔1，占0.05%，绒鼠1，占0.05%，中华竹鼠
7，占0.4%，豪猪9，占0.5%，啮齿动物31，占1.6%，貉2，占0.1%，狗獾1，占
0.05%，猪獾1，占0.05%，獾4，占0.2%，猫科1，占0.05%，猫科或鼬科1，占
0.05%，大型食肉动物3，占0.2%，食肉动物38，占2%，小型食肉动物37，占1.9%，
猪84，占4%，小鹿4，占0.2%，大型鹿科28，占1.5%，中型鹿科1265，占67%，小型
鹿科A3，占0.2%，小型鹿科B292，占15%，水牛64，占3%，苏门羚1，占0.05%。大
型哺乳动物37，中型哺乳动物4081，小型哺乳动物10。

　　第二期

　　从大类看，鱼类233，占可鉴定标本总数的7.29%，爬行类69，占2.16%，鸟类50，
占1.56%，哺乳类2844，占88.99%。

　　如果以纲为单位具体细分的话，螃蟹2。鲤科83，占鱼纲可鉴定标本总数的36%，鱼
160，占64%。鳖69。鹭2，占鸟纲可鉴定标本总数的4%，雁1，占2%，原鸡3，占6%，
雉1，占2%，桂林广西鸟类1，占2%，鸟42，占84%。猴7，占哺乳纲可鉴定标本总数的
0.9%，兔1，占0.1%，白腹巨鼠3，占0.4%，绒鼠3，占0.4%，中华竹鼠4，占0.5%，

豪猪2，占0.3%，啮齿动物25，占3.3%，貉1，占0.1%，犬科1，占0.1%，鼬科1，占0.1%，猫科3，占0.4%，食肉动物16，占2%，小型食肉动物23，占3%，猪38，占5%，大型鹿科5，占0.7%，中型鹿科362，占49%，小型鹿科A3，占0.4%，小型鹿科B247，占33%。大型哺乳动物1，中型哺乳动物2097，小型哺乳动物12。

第三期

从大类看，鱼类1162，占可鉴定标本总数的12.56%，爬行类160，占1.73%，鸟类338，占3.65%，哺乳类7590，占82.05%。

如果以纲为单位具体细分的话，螃蟹1。鲤科315，占鱼纲可鉴定标本总数的27%，鱼847，占73%。鳖160。草鹭1，占鸟纲可鉴定标本总数的0.3%，池鹭1，占0.3%，鹭11，占3.25%，鹳1，占0.3%，雁19，占5.62%，鸭4，占1.18%，雕1，占0.3%，石鸡1，占0.3%，白马鸡2，占0.6%，原鸡17，占5.03%，雉8，占2.37%，雀形目2，占0.6%，鸦1，占0.3%，鹦鹉科1，占0.3%，鸟268，占79.29%。猴13，占哺乳纲可鉴定标本总数的0.7%，兔1，占0.05%，白腹巨鼠5，占0.3%，绒鼠5，占0.3%，鼠18，占0.9%，豪猪9，占0.5%，啮齿动物35，占1.8%，犬科2，占0.1%，狗獾1，占0.05%，獾1，占0.05%，水獭5，占0.3%，猫科3，占0.2%，猫科或鼬科1，占0.05%，大型食肉动物3，占0.2%，食肉动物35，占1.8%，小型食肉动物102，占5%，猪51，占3%，小鹿2，占0.1%，秀丽漓江鹿1，占0.05%，大型鹿科15，占0.8%，中型鹿科673，占34%，小型鹿科A36，占1.8%，小型鹿科B916，占47%，水牛36，占1.8%。大型哺乳动物24，中型哺乳动物5691，小型哺乳动物139。

第四期

从大类看，鱼类423，占可鉴定标本总数的9.73%，爬行类89，占2.05%，鸟类184，占4.23%，哺乳类3652，占83.99%。

如果以纲为单位具体细分的话，鲤科92，占鱼纲可鉴定标本总数的28%，鱼331，占72%。鳖89。草鹭2，占鸟纲可鉴定标本总数的1.09%，池鹭1，占0.54%，鹭10，占5.43%，鹳1，占0.54%，鹮1，占0.54%，天鹅3，占1.63%，雁24，占13.04%，鸭3，占1.63%，石鸡1，占0.54%，原鸡5，占2.72%，雉2，占1.09%，鹤1，占0.54%，伯劳1，占0.54%，鸦1，占0.54%，沙鸡1，占0.54%，鸟127，占69.01%。猴1，占哺乳纲可鉴定标本总数的0.1%，兔1，占0.1%，绒鼠1，占0.1%，鼠2，占0.2%，中华竹鼠1，占0.1%，啮齿动物2，占0.2%，貉2，占0.2%，狗獾1，占0.1%，獾1，占0.1%，鼬科1，占0.1%，猫科1，占0.1%，食肉动物1，占0.1%，小型食肉动物29，占3%，猪35，占3%，大型鹿科4，占0.4%，中型鹿科385，占38%，小型鹿科A40，占4%，小型鹿科B494，占49%，水牛13，占1%。大型哺乳动物11，中型哺乳动物2597，小型哺乳动物30。

第五期

从大类看，鱼类324，占可鉴定标本总数的7.82%，爬行类110，占2.66%，鸟类107，占2.58%，哺乳类3600，占86.94%。

如果以纲为单位具体细分的话，螃蟹1。鲤科146，占鱼纲可鉴定标本总数的27%，鱼178，占73%。鳖109。鳄鱼1。鹭4，占鸟纲可鉴定标本总数的3.74%，雁7，占6.54%，原鸡1，占0.93%，雉3，占2.8%，鹤1，占0.93%，鸟91，占85.05%。兔3，占哺乳纲可鉴定标本总数的0.4%，鼠1，占0.1%，中华竹鼠4，占0.5%，啮齿动物22，占3%，犬科1，占0.1%，小型犬科5，占0.7%，熊1，占0.1%，水獭1，占0.1%，猫科或鼬科1，占0.1%，大型食肉动物1，占0.1%，食肉动物14，占2%，小型食肉动物23，占3%，猪29，占4%，大型鹿科19，占3%，中型鹿科298，占41%，小型鹿科A12，占2%，小型鹿科B279，占38%，水牛16，占2%。大型哺乳动物11，中型哺乳动物2803，小型哺乳动物10。

1973年发掘出土的动物

从大类看，鱼类129，占可鉴定标本总数的0.67%，爬行类160，占0.83%，鸟类455，占2.36%，哺乳类18558，占96.15%。

如果以纲为单位具体细分的话，螃蟹1。鲤科95，占鱼纲可鉴定标本总数的79%，鱼26，占21%。鳖148。鳄鱼1。鹭2，占鸟纲可鉴定标本总数的0.44%，雁2，占0.44%，原鸡1，占0.22%，雉1，占0.22%，鸭3，占0.66%，天鹅2，占0.44%，鸟444，占97.58%。猕猴7，占哺乳纲可鉴定标本总数的0.1%，红面猴7，占0.1%，猴6，占0.09%，兔1，占0.01%，仓鼠1，占0.01%，褐家鼠1，占0.01%，森林姬鼠1，占0.01%，鼠3，占0.04%，中华竹鼠7，占0.1%，豪猪8，占0.1%，啮齿动物5，占0.08%，亚洲象1，占0.01%，貉3，占0.04%，熊1，占0.01%，狗獾1，占0.01%，猪獾9，占0.1%，獾10，占0.2%，水獭3，占0.04%，大灵猫2，占0.03%，小灵猫3，占0.04%，椰子猫1，占0.01%，花面狸2，占0.03%，食蟹獴1，占0.01%，猫2，占0.03%，豹5，占0.08%，虎1，占0.01%，猫科12，占0.2%，大型食肉动物9，占0.1%，食肉动物69，占1%，小型食肉动物59，占0.9%，犀牛1，占0.01%，猪341，占6%，獐23，占0.4%，麝6，占0.09%，赤鹿79，占1%，小鹿41，占0.7%，水鹿72，占1%，梅花鹿34，占0.5%，秀丽漓江鹿5，占0.08%，大型鹿科337，占5%，中型鹿科3101，占50%，小型鹿科A294，占5%，小型鹿科B1273，占20%，水牛274，占4%，苏门羚39，占0.6%。大型哺乳动物924，中型哺乳动物10896，小型哺乳动物118。

2. 最小个体数

因为一些动物不能进行细分，故在这里仅分别统计鸟和哺乳动物的最小个体数。

2001年发掘出土的动物

第一期

雉1，占鸟类可鉴定到目以下的标本总数的50%，似三宝鸟1，占50%。猴1，占哺乳动物可鉴定到目以下的标本总数的 1%，兔 1，占 1%，绒鼠 1，占 1%，中华竹鼠 2，占 3%，豪猪 1，占 1%，啮齿动物 1，占 1%，貉 1，占 1%，狗獾 1，占 1%，猪獾 1，占 1%，獾 1，占 1%，猫科 1，占 1%，猫科或鼬科 1，占 1%，大型食肉动物 1，占 1%，食肉动物 4，占 5%，小型食肉动物 4，占 5%，猪 3，占 4%，小麂 1，占 1%，大型鹿科 3，占 4%，中型鹿科 27，占 36%，小型鹿科 A1，占 1%，小型鹿科 B10，占 14%，水牛 4，占 5%，苏门羚 1，占 1%。

第二期

鹭 1，占鸟类可鉴定到目以下的标本总数的 20%，雁 1，占 20%，原鸡 1，占 20%，雉 1，占 20%，桂林广西鸟类 1，占 20%。猴 1，占哺乳动物可鉴定到目以下的标本总数的 2%，兔 1，占 2%，白腹巨鼠 1，占 2%，绒鼠 1，占 2%，中华竹鼠 1，占 2%，豪猪 1，占 2%，啮齿动物 1，占 2%，貉 1，占 2%，犬科 1，占 2%，鼬科 1，占 2%，猫科 2，占 5%，食肉动物 2，占 5%，小型食肉动物 4，占 10%，猪 2，占 5%，大型鹿科 1，占 2%，中型鹿科 9，占 21%，小型鹿科 A1，占 2%，小型鹿科 B11，占 26%。

第三期

草鹭 1，占鸟类可鉴定到目以下的标本总数的 5%，池鹭 1，占 5%，鹭 2，占 9%，鹳 1，占 5%，雁 6，占 27%，鸭 1，占 5%，雕 1，占 5%，石鸡 1，占 5%，白马鸡 1，占 5%，原鸡 3，占 14%，雉 1，占 5%，雀形目 1，占 5%，鸦 1，占 5%，鹦鹉科 1，占 5%。猴 2，占哺乳动物可鉴定到目以下的标本总数的 2%，兔 1，占 1%，白腹巨鼠 3，占 3%，绒鼠 4，占 4%，鼠 1，占 1%，豪猪 1，占 1%，啮齿动物 2，占 2%，犬科 1，占 1%，狗獾 1，占 1%，獾 1，占 1%，水獭 1，占 1%，猫科 1，占 1%，猫科或鼬科 1，占 1%，大型食肉动物 1，占 1%，食肉动物 2，占 2%，小型食肉动物 7，占 8%，猪 3，占 3%，小麂 1，占 1%，秀丽漓江鹿 1，占 1%，大型鹿科 2，占 2%，中型鹿科 13，占 14%，小型鹿科 A6，占 6%，小型鹿科 B36，占 39%，水牛 1，占 1%。

第四期

草鹭 1，占鸟类可鉴定到目以下的标本总数的 4%，池鹭 1，占 4%，鹭 2，占 8%，鹳 1，占 4%，鹮 1，占 4%，天鹅 2，占 8%，雁 6，占 25%，鸭 2，占 8%，石鸡 1，占 4%，原鸡 2，占 8%，雉 1，占 4%，鹤 1，占 4%，伯老 1，占 4%，鸦 1，占 4%，沙鸡 1，占 4%。猴 1，占哺乳动物可鉴定到目以下的标本总数的 2%，兔 1，占 2%，绒鼠 1，占 2%，鼠 1，占 2%，中华竹鼠 1，占 2%，啮齿动物 1，占 2%，貉 1，占 2%，狗獾 1，占 2%，獾 1，占 2%，鼬科 1，占 2%，猫科 1，占 2%，食肉动物 1，占 2%，小型食肉动物 2，占 3%，猪 2，占 3%，大型鹿科 1，占 2%，中型鹿科 10，占 17%，小型鹿科 A4，占 7%，小型鹿科 B28，占 47%，水牛 1，占 2%。

第五期

鹭 2，占鸟类可鉴定到目以下的标本总数的 22%，雁 2，占 22%，原鸡 1，占 11%，雉

3，占33％，鹤1，占11％。兔1，占哺乳动物可鉴定到目以下的标本总数的3％，鼠1，占3％，中华竹鼠1，占3％，啮齿动物3，占9％，熊1，占3％，犬科1，占3％，小型犬科1，占3％，水獭1，占3％，猫科或鼬科1，占3％，大型食肉动物1，占3％，食肉动物1，占3％，小型食肉动物3，占9％，猪1，占3％，大型鹿科1，占3％，中型鹿科6，占17％，小型鹿科A2，占6％，小型鹿科B8，占23％，水牛1，占3％。

1973年发掘出土的动物

鹭1，占鸟类可鉴定到目以下的标本总数的17％，天鹅1，占17％，雁1，占17％，鸭1，占17％，原鸡1，占17％，雉1，占17％。猕猴1，占哺乳动物可鉴定到目以下的标本总数的0.3％，红面猴1，占0.3％，猴1，占0.3％，兔1，占0.3％，仓鼠1，占0.3％，褐家鼠1，占0.3％，森林姬鼠1，占0.3％，鼠1，占0.3％，中华竹鼠2，占0.6％，豪猪3，占0.8％，啮齿动物1，占0.3％，亚洲象1，占0.3％，貉3，占0.8％，熊1，占0.3％，狗獾1，占0.3％，猪獾6，占2％，獾5，占1％，水獭3，占0.8％，大灵猫2，占0.6％，小灵猫2，占0.6％，椰子猫1，占0.3％，花面狸1，占0.3％，食蟹獴1，占0.3％，猫2，占0.6％，豹3，占0.8％，虎1，占0.3％，猫科6，占2％，大型食肉动物2，占0.6％，食肉动物7，占2％，小型食肉动物5，占1％，犀牛1，占0.3％，猪25，占7％，赤鹿23，占6％，小鹿5，占1％，獐9，占4％，麝4，占1％，秀丽漓江鹿1，占0.3％，梅花鹿4，占1％，水鹿4，占1％，大型鹿科17，占5％，中型鹿科94，占26％，小型鹿科A34，占10％，小型鹿科B48，占13％，水牛11，占3％，苏门羚9，占3％。

（三）讨　论

甑皮岩遗址可以分为五期，通过对各期的动物进行定性定量分析，可以看到一些有规律的现象。

首先，各种贝类在各期的百分比显示出不同时期人们获取的各种贝类比例并不总是一样的。如第一期的中国圆田螺比例最高，占据总数的91.68％，可是从第二期开始下降，为84.46％，第三期比例最低，仅为64.15％，而后第四期有回升的趋势，达到84.2％，但是到了第五期又下降为78.77％。而蚬在各期中的比例似乎正好与中国圆田螺相反。其第一期仅占总数的3.6％，第二期开始增加，为10.89％，第三期最多，达到21.95％，第四期减少，为9.47％，第五期又增加为15.59％。圆顶珠蚌在第一、二、四、五期中最多也没有超过7％，但是在第三期比例较高，达到13.21％，与蚬在这个时期的比例最高相一致，而此时又正好是中国圆田螺比例最低的时期。其他的贝类所占的比例都没有超过1％，这里就不涉及了。

其次再看脊椎动物。在脊椎动物中以哺乳动物最多，它们在各期都占据全部动物的80％以上。但是从各期所占的比例看又有不同。第一期最高，为95.79％，第二期开始下降，为88.99％，第三期最低，为82.05％，第四期稍有回升，为83.99％，第五期又略有增加，达到86.94％。而在脊椎动物中数量位居第二的鱼类在各期中所占的比例与哺乳动物有相反的趋势。如第一期最低，为2.95％，第二期增多，达到7.29％，第三期最多，为12.56％，第四期开始减少，为9.73％，第五期更加减少，为7.82％。其他的爬行类和鸟类也是第一期的比例最低，以后逐渐增加，其间也小有反复，由于它们在全部动物中所占的比例始终较低，这里就不展开讨论了。

这里要强调的一点是，2001年出土的动物与1973年出土的动物相比，鱼类在全部动物中所占的比例差距很大。在1973年出土的动物中鱼类的数量甚至没有超过1％。这主要是考古发掘及资料提取过程中的方法不同所致。在2001年的发掘过程中对发掘出的所有原生堆积土均用0.5厘米孔径的网筛进行了筛选和浮选，因而采集到大量的鱼脊椎骨。如果不采用这种方法，一般是很难采集到这些鱼骨的。

接下来我们再来看哺乳动物，无论是可鉴定标本数还是最小个体数，哺乳动物中的鹿科自第一期到第五期，及1973年发掘出土的结果中基本上都占据半数以上，尤其是可鉴定标本数，在各期中都占据80％以上。在数量上居第二位的猪的比例则始终很低，最多也没有超过7％。其他动物的数量则更少。

如果仔细观察鹿科内部的比例特征，也可以看到一个与前面所述内容接近的现象。如鹿科中中型鹿科所占的比例以第一期为最多，可鉴定标本数为全部动物的67％，最小个体数为全部动物的36％，第二期开始减少，可鉴定标本数为49％，最小个体数为21％，第三期最少，可鉴定标本数为34％，最小个体数为14％，第四期稍有回升，可鉴定标本数为38％，最小个体数为17％，第五期又增加一些，可鉴定标本数为41％，最小个体数为17％。而小型鹿科B的数量在各期中大致呈相反的趋势。第一期最少，可鉴定标本数占全部动物总数的15％，最小个体数占全部动物总数的14％，第二期开始增加，可鉴定标本数为33％，最小个体数为26％，第三期继续增多，可鉴定标本数为47％，最小个体数为39％，第四期比第三期更多一点，可鉴定标本数为49％，最小个体数为47％，第五期减少，可鉴定标本数为38％，最小个体数为23％。大型鹿科和小型鹿科A的数量均不多，这里不再阐述。

由此我们认为，从贝类中各期的中国圆田螺和蚬的比例多少对应，脊椎动物中各期的哺乳动物和鱼类的比例多少对应，鹿科中各期的中型鹿科和小型鹿科B的比例多少对应中都可以看出一个相同的趋势，即以第一期为最多或最少，然后逐渐减少或递增，其间主要以第三期，也包括第四期为转折点，又出现逐步增加或减少。这些方面的相同可能不是一个偶然的巧合，而是与当时的自然环境或人们的行为变化相关。在这一串有规律的数字背后，是否蕴藏着一个自然或历史的背景，尚有待于结合考古或其他自然科学领域的分析结果，进行进一步地研究。

四、对贝类的采集压

通过测量和统计，我们发现甑皮岩遗址出土贝类的尺寸从早到晚有一个减小的趋势。表现最明显的是圆顶珠蚌和蚬。如数量比较多的圆顶珠蚌，其中间值从第一期的 39.63 毫米，到第五期变为 32.38 毫米，小了 7.25 毫米。其平均值从第一期的 38.76 毫米，到第五期变为 32.56 毫米，小了 6.2 毫米。我们看到，圆顶蛛蚌在第一期最多的尺寸为 38～42 毫米，但是到第三、四期变为 32～34 毫米的最多，到第五期变为 30～32 毫米的最多。

数量较多的蚬，其中间值从第一期的 28 毫米，到第五期变为 21.38 毫米，小了 6.62 毫米。其平均值从第一期的 27.75 毫米，到第五期变为 22.01 毫米，小了 5.74 毫米。我们看到，蚬在第一期最多的尺寸为 28～30 毫米，但是到第二期变为 24～26 毫米的最多，以后变小的趋势逐渐增大，到第五期变为 20～22 毫米的蚬最多。

其他的短褶矛蚌和背瘤丽蚌从早到晚的中间值和平均值也分别小了几毫米。

中国圆田螺的高度和宽度从中间值和平均值上看区别不大。但还是有变小的趋势，如高度在第一期以 30～34 毫米的最多，34～36 毫米的超过 15%，到第二期变为集中以 32～34 毫米的为主，34～36 毫米的在 10% 左右，第三期变为以 28～30 毫米的为主，第四、五期变为 30～32 毫米的为主。宽度在第一、二期是以 20～22 毫米的最多，但是到第三期变为 18～20 毫米的为主，第四期变为 16～18 毫米的为主，第五期又变为 18～20 毫米为主。

我们在研究胶东半岛的贝丘遗址时也碰到几种贝类的尺寸从早到晚变小的现象。如我们对大仲家、蛤堆顶、翁家埠等贝丘遗址关键柱中自下而上出土的主要贝类都进行了测量统计。其结果表明，大仲家遗址属于邱家庄一期的第 4 层的蛤仔以 30～32 毫米的居多，其平均值为 31.85 毫米，中间值为 31.70 毫米，标准偏差为 4.74。而属于紫荆山一期的第 3 层的蛤仔则以 22～24 毫米的为主，其平均值为 27.03 毫米，中间值为 26.00 毫米，标准偏差为 5.36。相比之下，第 4 层的比例最高的蛤仔尺寸、平均值、中间值都要大于第 3 层。另外，其第 4 层 32～46 毫米的蛤仔数量也明显地较第 3 层要多，而第 3 层 16～28 毫米的蛤仔数量又明显地较第 4 层要多。

蛤堆顶遗址的第 3 层和第 4 层虽然都属于邱家庄一期，但是这两层的贝类尺寸还是有区别的。第 4 层的蛤仔以 30～32 毫米的为主，其平均值为 29.64 毫米，中间值为 30.00 毫米，标准偏差为 5.04。而第 3 层的蛤仔则以 28～30 毫米的最多，其平均值为 28.72 毫米，中间值为 29.00 毫米，标准偏差为 5.11。相比之下，第 4 层的比例最高的蛤仔尺寸、平均值、中间值都要大于第 3 层。另外，其第 4 层中 32～48 毫米的绝大多数蛤仔数量都明显地较第 3 层要多，而第 3 层 22～30 毫米的蛤仔数量又明显地较第 4 层要多。

翁家埠遗址的第 2 层、第 3 层、第 4 层都属于邱家庄一期，但是这三层中泥蚶的尺寸也有区别。第 4 层的泥蚶以 32～34 毫米的最多，其平均值为 29.76 毫米，中间值为 29.76 毫米，标准偏差为 6.69。第 3 层的泥蚶以 24～26 毫米的为主，其平均值为 24.98 毫米，中间值为 24.50 毫米，标准偏差为 4.51。第 2 层的泥蚶虽然也是以 24～26 毫米为主，但是其 16～22 毫米的泥蚶比例较第 3 层要多，其平均值为 24.30 毫米，中间值为 23.50 毫米，标准偏差为 5.63。相比之下，自下而上其比例最高的泥蚶尺寸、平均值、中间值都是越来越小。另外，第 4 层 34～48 毫米的泥蚶要多于第 3 层，第 3 层 26～44 毫米的泥蚶绝大多数都较第 2 层要多，第 2 层 14～22 毫米的泥蚶明显地较第 3 层要多，第 3 层 14～30 毫米的泥蚶明显地较第 4 层要多。

胶东半岛贝丘遗址的这些不同种类贝壳的尺寸在自下而上的堆积过程中表现出来的由大到小的趋势似乎反映出由于当时人长时间地捕捞某种特定的贝类食用，迫使贝类持续地非正常死亡，从而影响到这些贝类的自然生长规律。我们将这种由于人的行为所形成的致使贝类尺寸变小的原因称之为捕捞压。相比之下，甑皮岩遗址的圆顶珠蚌、蚬、短褶矛蚌和背瘤丽蚌也有同样的趋势，是否也可以考虑到是属于相同的原因。

但我们在这里还要注意的一点是从各种贝类在各期的百分比中可以看到，当时人类获取的各种贝类比例并不总是一样的。如第一期中国圆田螺占据总数的 91.68％，可是从第二期开始下降，第三期比例最低，而后第四期有回升的趋势，但是到了第五期又下降。而蚬在各期中的比例似乎正好与中国圆田螺相反。其第一期仅占总数的 3.6％，第二期开始增加，第三期达到 21.95％，第四期减少，第五期又增加。圆顶珠蚌在第三期比例较高，达到 13.21％，这个时期也正好是中国圆田螺比例最低的时期。其他的贝类所占的比例都没有超过 1％，这里就不涉及了。上面在讨论贝类的尺寸时，我们提到中国圆田螺在第三期时高度和宽度都明显地变小了，以后第四期、第五期的尺寸又和第一期、第二期大致相同。这种变化是由于自然环境的变迁引起的，还是与受制于人类长期食用形成的影响，这里很难做出明确的判断，只能记录在案，为以后的研究提供参考。

五、猪的驯养问题

（一）判断标准

猪可以分为家猪和野猪两种。我们秉承以今证古的原则，参考国外的研究成果，依据多年的工作实践，对判定考古遗址出土的猪是否为家猪提出以下 5 条标准，这 5 个标准在使用时常常是互相参考的。

1. 形体特征。考古遗址出土家猪的体形一般比野猪要小。由于是饲养，有人向猪提供食物，它可以不必像野猪那样用鼻吻部拱地掘食。时间长了引起鼻吻部及头骨长度缩短。另外，在饲养过程中猪的活动范围受到限制，一般不需要争夺和对抗，缺乏剧烈运动，这些都促使家猪的形体开始变小。通过对牙齿和骨骼的测量，可以对家猪和野猪进行明确的区分。我们依据对多个遗址出土猪臼齿的测量和研究，参考一些遗址出土猪臼齿的测量结果，认为上颌第 3 臼齿的平均长度达到 35 毫米，平均宽度达到 20 毫米，下颌第 3 臼齿的平均长度达到 40 毫米，平均宽度达到 17 毫米。这些大致是家猪牙齿平均值中的最大值，考古遗址出土家猪第 3 臼齿的平均值一般都小于这些数值，而野猪第 3 臼齿的平均值往往明显大于这些数值。

2. 年龄结构。考古遗址出土家猪的年龄结构往往比较年轻。因为当时养猪主要是为了吃肉。猪长到1~2岁后，体形和肉量不会再有明显地增加。如此继续饲养下去所能产生的肉量，不如再从一头小猪养起见效更快。且1~2岁的肉相对来说比较嫩。因此饲养的猪往往在1~2岁即被屠宰，故其年龄结构中以1~2岁左右的占据多数或绝大多数。而狩猎时杀死的野猪年龄大小不一，所以考古遗址中出土野猪的年龄结构一般没有规律。

3. 性别特征。考古遗址出土的家猪中性别比例不平衡。母猪或性别特征不明显的猪占据明显多数，可以确定为公猪的数量很少。因为饲养是一种人为控制的行为。母猪长大了，除了提供肉量以外，还可以繁殖小猪，因此母猪受到重视。而公猪则不同，除了提供肉量以外，只要保留极少量的公猪就可以承担对全部母猪的交配任务。且公猪长大后性格暴躁，不易管理。因此，除保留个别公猪作为种猪外，大部分公猪在幼年时就被阉割，阉割后的公猪长大后多具有母猪的体形特征。在阉割技术出现以前，大部分公猪可能在幼年时就被宰杀。

4. 数量比例。考古遗址出土的哺乳动物骨骼中家猪的骨骼占有相当的比例。因为饲养家猪的首要目的是获取肉食资源，其饲养的数量必须达到一定的规模才能满足供给的要求，所以家猪骨骼在出土动物骨骼中往往占有较大的比例。而如果是以狩猎为主，考古遗址出土的野生动物的种类和数量则依据它们的自然分布状况和被人捕获的难易程度。从中国新石器时代早期遗址出土的动物种类和数量看，鹿科的骨骼明显地占据首位。

5. 考古现象。在考古遗址中往往存在证明当时人有意识地处理过家猪的现象。如在遗址的土坑或墓葬中埋葬、随葬完整的猪或猪的头骨、颌骨。这是当时人有目的的行为。猪是中国新石器时代遗址里埋葬或随葬的动物中出现数量最多、频率最高的一种，在各个地区的很多遗址里都具有规律性。我们一般把这些埋葬或随葬现象认定是出现于饲养家猪起源以后。

我们在进行动物考古学研究时，以上述的标准做规范，就可以多一份科学性，少一些随意性（袁靖，2003）。

（二）牙齿的尺寸

我们从甑皮岩遗址出土的猪的牙齿测量结果可以看出，其尺寸偏大。如2001年发掘出土的第三期1块右上颌的第3臼齿长度为40毫米。1973年发掘出土的猪上颌的第3臼齿的标本数为10，长度的最大值为42.01，最小值为33.91，中间值为37.56，平均值为37.53毫米，标准偏差为2.4。宽度的最大值为29.71，最小值为20.77，中间值为22.59，平均值为23.36毫米，标准偏差为2.64。其下颌第3臼齿的标本数为10，长度的最大值为47.46，最小值为36.57，中间值为39.97，平均值为40.9毫米，标准偏差为3.65。宽度的最大值为20.9，最小值为15.94，中间值为19.55，平均值为19毫米，标准偏差为1.63。下颌第3臼齿的长度中超过40毫米的占据半数以上，其余的也没有低于35毫米。

这里列举公开发表的其他新石器时代遗址的资料。河北武安磁山遗址猪上颌第3臼齿2

个标本的长度分别是 35 和 37，平均值为 36 毫米，宽度分别为 20 和 17.5，平均值为 18.3
毫米。下颌第 3 臼齿的标本 3 个，长度的最大值为 45，最小值为 39.2，平均值为 41.4 毫
米，宽度的最大值为 20，最小值为 17.5，平均值为 18.3 毫米。内蒙古敖汉赵宝沟遗址猪下
颌的标本 3 个，第 3 臼齿长度的最大值为 45，最小值为 41，平均值为 43.3 毫米。安徽石山
子遗址下颌第 3 臼齿的标本 3 个，长度的最大值为 40，最小值为 36，平均值为 38.3 毫米，
宽度的最大值为 17，最小值为 16，平均值为 16.3 毫米。陕西西安半坡遗址只报道了 1 个猪
下颌第 3 臼齿的标本，其长度为 35.8，宽度为 16.3 毫米。陕西宝鸡北首岭遗址猪上颌的标
本数为 24，第 3 臼齿长度的最大值为 40.5，最小值为 31.5，平均值为 35.38 毫米，宽度的
最大值为 22，最小值为 18，平均值为 20.63 毫米，下颌的标本数为 25，第 3 臼齿长度的最
大值为 44，最小值为 32，平均值为 38 毫米，宽度的最大值为 18.5，最小值为 14，平均值
为 15.87 毫米。江苏圩墩遗址猪下颌的标本数为 11，第 3 臼齿长度的最大值为 47.5，最小
值为 36.5，平均值为 40.7 毫米。陕西临潼姜寨遗址猪上颌的标本数为 14，第 3 臼齿长度的
最大值为 39.4，最小值为 32，平均值为 35.26 毫米，宽度的最大值为 23.8，最小值为
18.7，平均值为 20.68 毫米，下颌的标本数为 19，第 3 臼齿长度的最大值为 41.7，最小值
为 30，平均值为 36.24 毫米，宽度的最大值为 20.3，最小值为 15.6，平均值为 17.45 毫米。
内蒙古赤峰朱开沟遗址猪上颌的第 3 臼齿的长度为 31.1，下颌的第 3 臼齿的长度为 32.8 毫
米（袁靖，2001b）。

从各个遗址出土的猪上下颌的牙齿尺寸比较看，上颌第 3 臼齿长度的平均值超过 37 毫
米、宽度的平均值超过 23 毫米的仅为甑皮岩遗址。尤其要强调的是甑皮岩遗址猪上颌第 3
臼齿的宽度比其他遗址中最大的也要多出 3 毫米，差别明显。下颌第 3 臼齿宽度的平均值为
19 毫米的仅甑皮岩遗址，其他遗址的平均值均比它要小。第 3 臼齿长度的平均值超过 40 毫
米的有磁山、赵宝沟和甑皮岩遗址。其中赵宝沟遗址的猪的第 3 臼齿尺寸最大，达 43.3 毫
米，其他几个分析指标的结果也有明显的野猪特征，但是研究者最后还是推定它们属于家
猪，不过没有做出令人信服的说明。我们认为其结论是值得商榷的。磁山遗址猪下颌的第 3
臼齿比甑皮岩遗址的要大 0.5 毫米，差别很不明显。但是磁山遗址发现多个放置 1 头或数头
完整的猪骨架的灰坑，骨架上还放置小米。可能与当时的祭祀行为相关。我们认为这是当时
存在家猪的证据。另外，虽然磁山遗址猪下颌第 3 臼齿长度的尺寸比甑皮岩遗址的要大 0.5
毫米，但宽度要比甑皮岩遗址的小 0.7 毫米，磁山遗址猪上颌第 3 臼齿的长度比甑皮岩遗址
的要小 1.53 毫米，宽度要小 5.06 毫米。另外，磁山遗址还存在半数以上未成年的幼小个
体，猪在全部动物中占有相当大的比例。这些特征都是和甑皮岩遗址有明显区别的。上面提
到的其他分别属于新石器时代和历史时期的几个遗址里猪的上下颌的第 3 臼齿的长度与磁
山、赵宝沟、甑皮岩遗址的猪均有明显的不同，年代越晚，尺寸越小。

依据甑皮岩遗址猪上、下颌第 3 臼齿的长、宽数据特征，我们认为其为野猪的可能性
较大。

（三）年龄结构

依据牙齿的萌生和磨损级别，我们推测第一期 3 块上颌分别为大于 2.5 岁的 2 块和大于 2 岁的 1 块。1973 年发掘出土的猪的上颌为 32 块，平均年龄为 2.46 岁，2.5 岁以上的占 60% 以上。下颌为 25 块，平均年龄为 2.17 岁，2.5 岁以上的占 42% 左右。这种年龄结构也是比较特殊的。

我们可以与其他地区考古遗址中出土的猪的年龄结构进行比较。

华南地区新石器时代的昙石山遗址猪的年龄结构中 2.5 岁以上的占据 82%（祁国琴，1977）。

长江三角洲地区新石器时代的浙江余姚河姆渡遗址猪的年龄结构中 2 岁以上的明显占据多数（魏丰等，1989）。浙江桐乡罗家角遗址猪的年龄结构中 2.5 岁以上的占据 57%（张明华，1981）。江苏苏州龙南遗址猪的年龄结构中 2.5 岁以上的占据大多数（吴建民，1991）。上海崧泽遗址猪的年龄结构中 2.5 岁以上的占据绝大多数（黄象洪等，1987）。马桥遗址良渚文化层里猪的平均年龄为 2.1 岁，2 岁以上的占据多数。在马桥文化前期层里，猪的平均年龄为 1.9 岁，2 岁以上的也占多数。到了马桥文化后期层里，平均年龄达到 2.4 岁，2 岁以上的同样占据大多数（袁靖等，2002）。

淮河流域地区新石器时代的安徽石山子遗址猪的年龄结构中 2.5 岁以上的占据绝大多数（安徽省文物考古研究所，1992）。安徽蒙城尉迟寺遗址大汶口文化层猪的年龄结构中 2 岁以上的仅占总数的 15% 左右，平均年龄为 1.4 岁左右。龙山文化层猪的年龄结构中 2 岁以上的占总数的 22% 左右，平均年龄为 1.5 岁左右（袁靖等，2001）。江苏沭阳万北遗址猪的年龄结构中 2.5 岁以上和 2.5 岁以下的基本上是各占一半（李民昌，1991）。

黄河流域地区新石器时代的河北武安磁山遗址的猪主要是未成年的幼小个体（周本雄，1981）。山西垣曲古城东关遗址猪的年龄结构中 2 岁以下的占据绝大多数（袁靖，2001a）。河南舞阳贾湖遗址猪的年龄结构中 2 岁以上的至少占据 50% 以上（黄万波，1999）。陕西临潼姜寨遗址猪的年龄结构中 2 岁以上的个体占总数的 17%（祁国琴，1988）。陕西西安半坡遗址猪的年龄结构中 2 岁以下的占据绝大多数（李有恒等，1959）。陕西扶风案板遗址猪的年龄结构中 2 岁以上和 2 岁以下的基本上是一半对一半（傅勇，2000）。甘肃天水傅家门遗址猪的年龄结构中基本上没有 2 岁以上的（袁靖，待刊）。青铜时代的河南安阳洹北花园庄遗址猪的平均年龄在 1.5 岁左右，其年龄结构中 2 岁以上的占据 18%（袁靖等，2000）。陕西长安沣西遗址猪的平均年龄在 1.4 岁左右，其年龄结构中 2 岁以下的占据大多数（袁靖等，2000）。

东北内蒙古地区新石器时代的吉林农安左家山遗址的老年猪占据 15%（陈全家，1993）。内蒙古敖汉距今 7000 年左右的赵宝沟遗址猪的年龄结构中以 2~3 岁的成年猪为主（黄蕴平，1997）。内蒙古伊克昭盟龙山晚期到商代的朱开沟遗址 2 岁以上的猪约占不到三分之一（黄蕴平，1996）。青铜时代的辽宁彰武的平安堡遗址猪的年龄结构中 2 岁以上的占据44％（傅仁义，1992）。辽宁大连的大嘴子遗址猪的年龄结构中 2 岁以下的占据绝大多数（傅仁义，2000）。

相比之下，甑皮岩遗址猪的年龄结构与所在的华南地区县石山遗址的猪的年龄结构相似，与安徽石山子、内蒙古敖汉赵宝沟等特定地区新石器时代早期遗址及长江三角洲地区新石器时代遗址出土的猪的年龄比较接近。即与家畜化还没有形成或属于刚刚开始形成阶段的猪的年龄结构相似。而与新石器时代中期以来或是历史时期的家猪的年龄结构有明显地区别。我们认为从年龄结构看，甑皮岩遗址的猪属于野猪的可能性极大。

（四）小　结

从牙齿的尺寸和年龄结构等形态特征和生理现象看，甑皮岩遗址的猪属于野猪的可能性很大。另外，甑皮岩遗址里猪在全部动物中所占的比例极小，其他各种野生动物较多。这种现象与新石器时代属于农耕社会的遗址中出土的动物种类里，猪占据相当多的数量，其他动物比例不高的状况也有很大的区别。从考古现象看也没有发现任何可以给我们推测其有可能是家猪的参考依据。故我们认为甑皮岩遗址出土的猪属于野猪。

第三节　甑皮岩人类生业模式的讨论

近 30 年来，甑皮岩人类的生业模式问题，即是否存在原始农业和家畜驯养，一直是学术界广泛关注的话题。尽管角度不同，着眼点不同，或对原始农业和家畜驯养在人类日常生活中所占分量的认识不同，但多数学者认为当时已有了原始的农耕，出现了原始农业（原始稻作农业或园圃式的块茎类植物的栽培）（广西壮族自治区文物工作队，1976；李有恒等，1978；何英德，1990；李泳集，1990；何乃汉，1990；袁家荣，1990；韦军等，1999；邱立诚等，1999；李富强，1990）。甑皮岩遗址新的发现和研究成果，使我们能够更为客观和准确地认识甑皮岩人类的生业模式，下面就此次所发现的植物和动物遗存分别加以讨论。

一、摄取植物的种类及方式

甑皮岩遗址文化堆积中炭化植物遗存和植硅石的含量均不丰富，根据对石灰岩洞穴遗址的特点以及这两种植物遗存的特性的分析，我们认为埋藏因素应该是造成出土植物遗存稀少的主要原因，但不能完全排除文化因素的影响。由于出土植物遗存在数量和种类上十分有限，对深入分析当时人与植物之间的关系造成了一定的困难，然而，根据这些有限的资料，我们仍可以就当时人类的生活方式做一些初步的判断和推测，其中最重要的问题是，在甑皮岩人的经济生活中是否包含了农业生产的成分，如是，其特点应该是什么。

虽然我们同时运用了浮选法和植硅石两种不同植物考古学研究手段，但都没有在甑皮岩遗址发现任何稻属植物的遗存，即便考虑到由于埋藏因素所造成的植物遗存的遗失，这一结果也足以说明甑皮岩遗址与栽培稻的起源乃至稻作农业的起源是无关的，至于在后期阶段是否有可能受到外来影响开始种植稻谷，则需要做进一步的分析。

甑皮岩遗址第四期的相对年代略晚于湖南北部澧阳平原的彭头山文化，第五期的年代大体相当于皂市下层文化，众所周知，彭头山遗址出土了早期栽培稻遗存，而皂市下层文化应该已经进入到了早期稻作农业生产阶段。根据对甑皮岩四期和五期出土陶器的形制分析，甑皮岩与澧阳平原地区在这一时期可能存在着某种文化上的联系（本书结语部分），但是，根据出土植物遗存的分析，在经济形态上甑皮岩人似乎并没有受到来自北方的影响。

1998～1999 年，广西壮族自治区文物工作队与资源县文物管理所对位于资源县的晓锦遗址进行了发掘（广西壮族自治区文物工作队等，待刊）。晓锦遗址是桂北地区一处重要的新石器时代文化遗址，根据地层和出土遗物关系分析，该遗址文化堆积大致可分为三期，其中第一期属新石器时代中期前段，大约相当于或略晚于甑皮岩第五期，即距今 7000 年左右，第二期属新石器时代中期后段，大约在距今 6000～5500 年间，第三期属新石器时代末期，年代大约在距今 5000～3500 年之间（本书结语部分）。晓锦遗址最重要的发现就是稻谷遗存，然而值得注意的是，虽然在二期和三期的堆积中出土了数量惊人的炭化稻粒，但在一期堆积中却未发现一例稻谷遗存。这一现象非常清楚地说明，在晓锦一期和二期之间出现过一次较大的经济形态转变，即自二期始，稻作生产技术传入该地区，稻作农业成为当地的主要经济形态。晓锦遗址在甑皮岩之北，二者之间直线距离仅百余公里，资源地处资水源头，桂林接近湘江源头（大约相当于灵渠的长度），因此，假设稻作农业确实是由北传入的，其对甑皮岩和晓锦的影响应该是大体同步的（暂且不考虑遗址微环境因素），据此，甑皮岩人与稻作农业无关是完全可能的。

需要强调的是，我们所说的稻作农业是指以稻作为主体的农业经济形态。考虑到在甑皮岩的晚期阶段特别是其中的第五期与北部澧阳平原的古代文化可能存在着某种文化交流，我们不能完全排除稻谷曾以物品的形式流传到桂北地区这种可能性，例如，通过我们在临桂大岩遗址开展的系统浮选，在相当于甑皮岩第五期的地层中就出土了少量的炭化稻谷遗存。

此次浮选的结果特别是植硅石的结果还显示，甑皮岩人不仅与稻作农业无关，在其采集的野生植物种类中可能也不包含野生稻。事实上，桂林地区是存在着比较丰富的野生稻资源的（广西野生稻普查考察协作组，1981），2001 年初冬，笔者曾在甑皮岩遗址周边地区亲眼见到了现生的野生稻。虽然在人的作用下这一带的生态环境已经有了很大的改观，但在一些流水缓慢的小河溪或人工开挖的沟渠边仍然生长着一定数量的多年生的普通野生稻（*Oryza rufipogon*），但是，经过仔细观察发现，这些野生稻的结实率很低，小穗看似饱满，实际大多为空壳。根据实验，采集六百余穗野生稻，经过脱粒后实际所得可食用稻粒总重还不到 30 克（Lu，L–D，待刊）。古代人类的食物取向是由多种因素制约的，在一个特定区域内某种可食用物质能否成为人的主要食物资源主要是由三个因素所决定的：（1）在人类活动范围内的总体产量，即个体可食部位的重量乘以群体的数量；（2）被获取的难易程度，即人类在单位时间内可获得这种食物的总量；（3）是否需要加工以及加工的难度。据此，虽然桂林地区有野生稻的分布，但也许是受到生态环境的影响或野生稻自身的品种问题，如当地野生稻的结实率非常低，再考虑到稻粒必须要经过加工方可食用，在有其他选择的情况下，甑皮岩人对野生稻不感兴趣就不足为怪了。所谓其他选择在这里最有可能的是块根茎类植物，广西石灰岩地区盛产各种各样野生的块根茎类植物（广西植物研究所编，1991），例如与山药和参薯同属薯蓣科的薯莨、粉背薯蓣、黄独、山葛薯，与芋同属天南星科的野魔芋、海芋，以及百合科的黄精、马兜铃科的朱砂莲、蓼科的何首乌、蕨类植物中的肾蕨，等等。这些植物的块根茎都富含淀粉，大多数直接或稍加加工便可食用。种类如此繁多的、营养丰富的、唾手可得的块根茎类食物资源自然应该成为甑皮岩人首选的采集对象。

甑皮岩遗址与栽培稻起源乃至稻作农业无关，但不能就此结论当时不存在任何形式的早期农业生产活动。原始农业的出现并不是以开始种植谷物为惟一标准的，在某些地区根茎繁殖类植物的栽培和种植有可能早于种子繁殖类植物（Sauer，1952）。现代根茎繁殖类作物最主要的品种有马铃薯、甘薯、山药、参薯、芋等，其中山药（*Dioscorea opposita*）的栽培应该起源于中国，参薯（*Dioscorea alata*）和芋（*Colocasia esculenta*）的起源地一般认为在东南亚一带（Harlan，1992），但也可能包括了中国的两广地区。山药、参薯和芋都是块茎类植物，块茎是一种变态的地下茎，茎内储藏了丰富的养料，表皮有许多小芽，只要外部条件适合，这些芽就可以依靠储藏养料萌发并成长为新植株。块茎类植物的这种特殊的繁殖能力使其栽培过程相对简单，例如，人类将采集到的野生块茎带回居住地食用，将吃剩下的残块随意地遗弃在周围，只要残块上还保留有小芽，来年就可以发芽生长。笔者在甑皮岩遗址周边进行勘察时，曾在一片荒地中发现了几株自然生长的栽培芋，应该是现代人不经意遗留的芋的残块发芽自然生长而成。当人们观察和了解到这一现象后，就有可能开始有意识地将采集到的野生块茎切成小块种植到地里，加以保护和照料，最后收获，在人类这些行为的不断作用下，野生块茎类植物就逐步进化而成栽培品种。

根据现有的资料，我们还无法判断某些块茎类作物如参薯或芋的起源是否与甑皮岩遗址有关，但有一点我们可以肯定的是，甑皮岩人的食物结构中始终包括有块茎类植物，此次浮选结果中各期样品中都发现有炭化块根茎植物遗存证实了这一点。另外，根据对甑皮岩出土工具类器物表面残余物的分析，在一些石器或骨器的刃部发现了附着的芋类淀粉颗粒，而且数量还比较丰富（附录四），这一现象不仅反映了这些工具的用途，而且也说明了块茎类植物在甑皮岩人生活中的地位。考虑到块茎类作物的栽培过程相对比较简单，再考虑到数千年间甑皮岩人对当地块茎类植物的认识和了解，某些块茎类作物的栽培过程发生在甑皮岩不是完全不可能的。最后顺便提一句，桂林市荔浦县所产的荔浦芋是现代栽培芋中最著名的品种，这与芋的起源似乎应该没有什么直接关联，但却说明了桂林地区的生态环境十分适合芋类作物的生长。

二、摄取动物的种类及方式

甑皮岩遗址出土的动物计有贝类 47 种，螃蟹 1 种，鱼类 1 种，爬行类 1 种，鸟类 20 种，哺乳动物 37 种，共计 108 种，种类非常丰富。其中值得注意的一点是数量较多的哺乳动物种类与我们以往整理的位于黄河流域、淮河流域和长江流域的不少新石器时代考古遗址出土的状况有相当大的区别（袁靖，1999）。相比之下，其与华南地区新石器时代早期包括贝丘遗址在内的洞穴遗址或长江三角洲地区年代较早的遗址却有一定的相似之处。

广西柳州白莲洞洞穴遗址出土的动物群有双棱田螺、李氏环棱螺、乌螺、大蜗牛、道氏珠蚌、鲤鱼、青鱼、蛙、陆龟、鸟类、竹鼠、鼠类、猕猴、金丝猴、貂、花面狸、狐、蝙蝠、野猪、水牛、斑鹿、赤鹿、鹿科、秀丽漓江鹿、羊等（柳州白莲洞洞穴科学博物馆等，1987）。从出土的动物群看，当时获取肉食资源的方式应该是以狩猎和捕捞鱼类为主。

广西柳州鲤鱼嘴贝丘遗址出土的动物群包括猕猴、野兔、咬洞竹鼠、黑鼠、无颈鬃豪猪、狐狸、熊、猪獾、虎、猞猁、犀牛、南方猪、麂、斑鹿、水鹿、羚羊、牛、爬行类和鱼类等。当时获取肉食资源的方式以狩猎和捕捞鱼类、贝类为主（刘文等，1991）。

广西桂林庙岩洞穴遗址出土的动物群包括竹鼠、扫尾豪猪、豪猪、野兔、黑熊、虎、野猫、貉、猪獾、秀丽丽江鹿、水鹿、斑鹿、赤鹿、水牛、猪、羚羊、杜氏珠蚌、近矛形楔蚌、卵形丽蚌、甑皮岩楔蚌、短褶矛蚌、弯边矛蚌、付氏矛蚌、精细丽蚌、斜截蓝蚬、曲突蓝蚬、中华圆田螺、方形环棱螺、桶田螺。从出土的动物群看，当时获取肉食资源的方式以狩猎为主（张镇洪等，1999）。

广东英德牛栏洞洞穴遗址出土的动物群包括麝鼩、南蝠、大马蹄蝠、猕猴短尾亚种、长臂猿、野兔、姬鼠、布氏田鼠、小巢鼠、针毛鼠、华南豪猪、黑鼠、豪猪、竹鼠、中国黑熊、猪獾、大灵猫、水獭、虎、狐狸、鼬、小灵猫、花面狸、金猫、小野猫、貉、云豹、野猪、水鹿、斑鹿、赤鹿、鬣羚、獐、水牛、野牛。牛栏洞洞穴遗址的研究者认为当时可能存在鹿类饲养（英德市博物馆等，1999）。但是我们对照华南地区同时期其他遗址出土的动物群研究来看，当时获取肉食资源的方式应该是以狩猎为主。

海南三亚落笔洞洞穴遗址出土的动物群包括鱼类、陆龟、蟒蛇、秃鹤、鹰、鹧鸪、原鸡、鹌鹑、雉鸡、孔雀雉、绿孔雀、鸨、蓝翡翠、蓝背八色鸫、红尾歌鸲、家燕、普通树鼩、棕果蝠、大马蹄蝠、鞘尾蝠、翅蝠、鼠耳蝠、菊头蝠、赤腹松鼠、巨松鼠、皮氏毛耳飞鼠、普通鼯鼠、田鼠、笔尾树鼠、绒鼠、爱氏巨鼠、针毛鼠、板齿鼠、扫尾豪猪、华南豪猪、黑长臂猿海南亚种、猕猴、豺、中国黑熊、青鼬、鼬、鼬獾、水獭、猪獾、小灵猫、椰子猫、花面狸、华南虎、豹、亚洲象、貘、野猪、赤鹿、小鹿、毛冠鹿、水鹿、鹿、牛、羚羊、昌螺、线纹蜒螺、田螺、笋锥螺、棒锥螺、望远螺、水晶凤螺、黑口乳玉螺、彩榧螺、土产螺、亮螺、蟹守螺、鹦鹉螺、格粗饰蚶、异毛蚶、胀毛蚶、托氏毛蚶、棕带仙女蚶、泥蚶、团聚牡蛎、海月贝、剑状方蚌、圆顶珠蚌、古氏蛤蜊。从出土的动物群看，当时获取肉食资源的方式以狩猎和捕捞贝类为主（郝思德等，1998）。

江西万年仙人洞洞穴遗址发掘的面积有限，动物种类有猕猴、野兔、狼、貉、猪獾、鼬、花面狸、豹、野猪、獐、斑鹿、水鹿、麂、羊。鸟类有属于鹰科的雕和鸡。贝类和龟类未做鉴定。从出土的动物群看，当时获取肉食资源的方式以狩猎为主（黄万波，1966）。

湖南道县玉蟾岩洞穴遗址出土的哺乳动物有 28 种。其中数量最多的是鹿科，有水鹿、梅花鹿、赤鹿、小鹿、麝。其次为野猪、牛、竹鼠、豪猪。食肉类多为小型动物，如青鼬、水獭、猪獾、狗獾、食蟹獴、斑灵猫、花面狸、椰子猫、野猫、大灵猫、小灵猫、貉、熊等。此外，还有猕猴、兔、羊、鼠及食虫目。这个遗址出土的鸟禽类的骨骼数量之多，令人注目。其个体数量可占全部动物骨骼总数的 30％以上。经鉴定有 27 个种属。其中与水泊环境相关的水栖种类 18 种，有鹭、雁、天鹅、鸭、鹤、鸳鸯等，占到鸟禽类骨骼的 67％。鱼类有鲤鱼、草鱼、青鱼、鳡鱼等。龟鳖类有龟、隐颈龟。螺科在 25 种以上，其中肯定为人类食用的有桶田螺、中国田螺双涨亚种、割田螺、沟田螺、方形田螺方形亚种等。蚌类有 7 种，如重美带蚌、短褶矛蚌、珍珠蚌、河北蓝蚬、蓝蚬等。从出土的动物群看，当时获取肉食资源的方式以狩猎和捕捞鱼类为主（袁家荣，2000）。

除以上几个年代较早的洞穴遗址以外，位于长江三角洲地区的年代较早的浙江余姚河姆渡遗址出土的动物中贝类有无齿蚌、方形环棱螺等 3 种，甲壳类有锯缘青蟹，鱼类有真鲨、鲟鱼、鲤鱼、鲫鱼、鳙鱼、鲇鱼、黄颡鱼、鲻鱼、灰裸顶鲷、乌鳢 10 种，爬行类有海龟、陆龟、黄缘闭壳龟、乌龟、中华鳖、中华鳄相似种 6 种，鸟类有鹈鹕、鸬鹚、鹭、鹤、鸭、雁、鸦、鹰 8 种，哺乳类有红面猴、猕猴、穿山甲、豪猪、黑鼠、鲸、狗、貉、豺、黑熊、青鼬、黄鼬、猪獾、水獭、江獭、大灵猫、小灵猫、花面狸、食蟹獴、虎、豹猫、亚洲象、苏门犀、爪哇犀、家猪、野猪、大角鹿、小鹿相似种、水鹿、梅花鹿、四不像鹿、獐、圣水牛、苏门羚 34 种。河姆渡遗址的研究者认为当时存在家猪（魏丰等，1989）。我们从出土的动物群看，当时获取肉食资源的方式应以狩猎和捕捞鱼类为主。

可以说，在新石器时代的早期阶段，尤其是在洞穴遗址里，当人们获取肉食资源的生存活动是狩猎与捕捞，家养动物的活动还没有形成时，其获取动物的活动有两个特点，一是获取的动物种类相当丰富。二是获取的动物中数量最多的为鹿科，野猪在全部动物中所占的比例相当低。

从甑皮岩遗址出土的动物群中可以看出，当时的人是通过狩猎野兽，捕捞鱼类，采集贝类来获取肉食资源的。这是史前时代的人获取肉食资源的一种方式。其在新石器时代早期具有比较典型的意义。

我们认为在中国各个地区的新石器时代居民获取肉食资源的方式并不是一致的。比如，在华南地区，距今 10000 年前完全通过渔猎活动获取肉食资源，在距今不到 4000 年前，仍以获取野生动物为主，但出现少量的家养动物，开始转变为以渔猎活动为主、家养动物为辅的获取肉食资源的方式。

　　长江三角洲地区自距今 7000 多年～距今 5000 年以前基本上保持着以渔猎活动为主、家畜饲养活动为辅的获取肉食资源的习惯，但是距今 5000 年以来，一段时间以内却转变为以家畜饲养活动为主、渔猎活动为辅的获取肉食资源的方式。待距今 4000 年左右开始，又回到以渔猎活动为主、家畜饲养活动为辅的获取肉食资源的习惯。

　　在黄淮下游地区，距今 7000 多年前主要通过渔猎活动获取肉食资源，家畜饲养活动占据次要地位。到距今 6000 年前开始变为主要通过家畜饲养活动来获取肉食资源，并且在以后的整个新石器时代里一直保持这样的习惯。但这里必须强调的是，在这个地区，家畜饲养活动在获取肉食资源的全部活动中所占的比例最终也没有像黄河中上游地区那样达到绝对多数。

　　在华北及黄河中上游地区，距今 10000 年前完全通过狩猎、捕捞活动获取肉食资源。到距今 7000 年前已经出现两种新的获取肉食资源的方式，一种是以狩猎活动为主、家畜饲养活动为辅；一种是以家畜饲养活动为主而以狩猎活动为辅，但家畜动物的比例还不是太高。从距今 6000 多年以来，在绝大多数遗址里发现的获取肉食资源的活动中，家畜饲养活动所占的比例越来越大，直至占据绝对多数。

　　在东北及内蒙古地区，距今 6000 年前获取肉食资源的方式主要有两种，一是完全通过渔猎活动；一是以渔猎活动为主、家畜饲养活动为辅。到距今 5000 年前又出现一种以家畜饲养活动为主、渔猎活动为辅的获取肉食资源的方式。到距今 4000 年前，完全以渔猎活动获取肉食资源的遗址再也没有发现，而以渔猎活动为主、家畜饲养活动为辅，或以家畜饲养活动为主、渔猎活动为辅这两种方式仍继续分别存在于不同的遗址中。

　　我们在探讨新石器时代居民获取肉食资源的方式时曾经提出过一个被动发展论的观点。即新石器时代的居民总是尽可能地通过狩猎或捕捞的方式获取动物，依赖于居住地周围自然环境所存在的肉食资源。而通过家养动物获取肉食资源这类开发自己另一种生存活动能力的行为似乎是在利用狩猎或捕捞动物的方式不能保证肉食来源的前提下形成的，是不得已而为之。我们认为当时人类由完全依赖于自然资源，到开始开发自然资源乃至主要依靠开发自然资源获取肉食资源的一系列行为变化总是在居住地周围自然环境资源的制约下被动地形成和发展的（袁靖，1999）。甑皮岩遗址尽管发现了大量的陶器，但是没有发现任何家畜和稻作农业的证据。可见当时的人类是充分地利用了居住地周围可以获取的食物资源，由此我们认为这再一次证明，新石器时代的居民获取肉食资源时依靠家畜活动是不得已而为之的，被动发展论的观点是正确的。

第七章　工艺技术

工艺技术的考察与研究，是史前考古学研究的一个重要内容。陶器、石器以及骨、角、蚌器，几乎涵盖了史前，尤其是早期史前遗存有关物质文化方面的全部内容。为了全面了解不同时期甑皮岩遗址史前人类的工艺技术和技术水平的演进以及工艺技术和其演进背后所蕴含的文化意义，我们对甑皮岩遗址出土的陶器、石器及骨、角、蚌器进行了全面、细致的观察，并进行了相应的考古学实验，然后将观察和实验的结果与史前器物的工艺制作技术进行对比与分析。本章分类介绍我们观察、实验以及对比分析的结果。

第一节　陶器制作工艺的分析与研究

陶器在史前人类的生活中占有十分重要的地位，它是新石器时代肇始的主要标志之一，也是衡量新石器时代人类发明创造和技术进步的主要指标之一。陶器的产生以及制陶工艺的发展，不仅反映了史前工艺技术的演变，也在一定程度上反映了史前经济形态的变化。

陶器的制作过程一般应包括四个阶段。第一阶段是陶器的原料和组合，包括陶土和羼和料的选择、采集和配比。第二阶段是器物的成型和制作方法，主要是不同的塑坯成型工艺。第三阶段是器物装饰，包括施纹和其他装饰方法。第四阶段是烧制技术和相应的技术设施，包括是否采用陶窑以及建构不同类型的陶窑。这同时也是研究史前陶器制作工艺的四项主要内容。要了解这些内容，除了需要仔细观察出土器物的结构、胎质、羼和料和纹饰等特征以及用科学方法检测陶土和羼和料的成分及陶器的烧成温度之外，还需要寻找陶土和羼和料的来源，并利用实验考古学的结果和民族学的材料作为参考，分析并复原史前人类制作陶器所采用的工艺和方法。为此，我们除了对陶器的成型、施纹等有关现象进行肉眼观察，然后进行实验考古学的验证，并参考民族学资料来分析和研究甑皮岩史前陶器的成型和施纹工艺外，还选择了不同时期的典型陶片标本，分别送中国有色金属工业总公司桂林矿产地质研究院和中国科学院上海硅酸岩研究所古陶瓷实验室进行了主、次量元素组成和微量元素组成分析，晶相组成分析以及烧成温度测定（附录五）。

一、出土陶器的观察与分析

依据地层叠压关系及出土器物的特征，甑皮岩出土陶器共分五期。以下分期叙述各期陶器的特征及制作方法。

（一）第一期陶器的制作工艺和技术水平

此期成型的陶器仅有 1 件，即标本 DT6⑱:072，为敞口、圆唇、斜弧壁的圜底釜，器表灰白色，近口沿部分颜色略深，呈灰褐色。器表开裂，呈鳞片状。口径 27、高 16.4、口沿厚 1.4、胎厚 3.6 厘米（图二七，彩版五，1～4）。该器物代表了甑皮岩早期陶器的制作工艺和水平。

1. 陶器的原料及组合

羼和料成分单一，为粗大的石英颗粒，碎粒大小不等，棱角明显，最大粒径达到 1.1～1.5 厘米。陶土材料原岩为硅泥质岩石。基本成分由隐晶质组成，84 倍显微镜下可见高岭石、绢云母小鳞片。根据现代学者对制陶工艺的研究，粗大而未经筛选的羼和料对陶器的制作，特别是成型之后、烧制之前的干燥阶段会产生不利的影响，容易引起陶胎的变形和开裂（Rice，1987）。甑皮岩第一期的陶器制作者显然还未认识到这一点，致使制作出的陶器器表开裂。由此可见第一期陶器在原料配比方面尚处于比较初级的阶段。

陶土很可能是随机取土（附录五）。至于羼和料的来源和制作，在此期的文化层中出土了数十件小石英砾石，最大直径在 2～4 厘米之间。甑皮岩的洞壁是石灰岩，所发现的石英砾石应是当时人类有意识采集带回洞中的。由于出土石器不见以石英为原材料而加工成的器物，这些石英当是作为陶器的羼和料而专门采集回来的。我们在甑皮岩遗址附近并未见到有石英矿脉露头，但在漓江中则发现有相同的石英砾石。因此推测，甑皮岩一期的石英羼和料可能也如该期的砾石打制石器一样采自于漓江河漫滩，经砸碎后羼入陶土中的。

2. 器物成型和制作方法

该器腹部较矮，胎壁厚薄不匀，下腹部最厚处达到 3.6 厘米。制作粗糙，形状不规整，而且不见泥片贴筑或泥条盘筑的痕迹，当是捏制成型（捏塑法）。由于制作者尚未能熟练掌握器物成型的技术，故胎壁非常厚，是目前国内所见早期陶器厚度之冠，同样也无法把器壁加高。一般认为手捏成型方法是陶器成型工艺的最早阶段（Rice，1987），而胎壁的厚重和腹部的低矮，更反映了陶器成型技术的原始性。

3. 器形和装饰的变化

陶器器形为敞口、圆唇、斜弧壁的圜底釜，其功能当是作为烹饪器。出现的原因当与食用介壳类动物有关。器表大部分为素面，仅在近口部分隐约可见纹饰，似为粗绳纹，纹饰最宽约 0.5 厘米。从纹饰的方向和叠压状态观察，施纹方法为滚压而成，后又把纹饰抹平。

4. 烧制技术和相应设施

肉眼观察，陶器的烧成温度很低，捏之即碎，尚未完全陶化，据测试，该器物的烧成温度应该不会超过 250℃（附录五）。此陶器的陶胎颜色不均匀，内外壁、胎心均呈灰白色，近口沿部分呈灰褐色。胎质疏松，而且器表开裂呈鳞片状。颜色不均匀、胎质疏松和烧成温度低等都表明该器物没有经过陶窑烧制,应当是平地无窑堆烧的(附录五;李家治等,1996)。

至于器表开裂的现象,根据现代学者对陶器工艺的分析,很可能是制作工艺不成熟所致。据研究,陶器成型之后和烧制之前的坯胎需要有一个干燥的过程。如果制陶技术不够成熟,包括羼和料颗粒太大,或者陶器原料配比时掺和的水分不均匀,或者干燥过程中温度和湿度掌握不好,或者干燥时间过快或温度过高等等,都可能导致陶器出现开裂的现象,而且这种开裂,有时在烧制之前并不明显,要到烧制完成后才显现(Rice,1987)。因此,第一期陶器表面的开裂现象表明,这件陶器不但烧成温度极低,而且器物成型、干燥和烧制工艺均不成熟。与国内年代大体相当的早期陶器对比,甑皮岩一期的这件陶器在各方面都表现出比较原始的特征,表明当时的陶器制作工艺处于初始阶段。

(二) 第二期陶器的制作工艺和技术水平

陶器数量有所增加,但器类单调,大体上可分两类。一类器形较大,为敞口、束颈、溜肩、鼓腹、圈底的釜罐类器;另一类器形较小,胎壁较薄,口沿有花边,因陶片破碎,器形不详。我们选择具有代表性的两件标本进行分析。

标本 DT4㉘:054,夹石英红褐陶,为敞口、束颈的罐类器颈部。器壁最大厚度为 0.8 厘米,厚薄比较均匀。器口内壁可见剔压痕及砾石垫窝。颈肩相交处可见贴片裂痕,断面不清晰。器壁外层的泥片最大残径 3.3×4.2 厘米,厚 0.4 厘米。器表饰中绳纹,纹饰最宽为 0.2 厘米,印痕较深,滚压痕清晰(图一八〇,1)。与第一期相比,陶胎较为致密,颜色亦比较均匀。

标本 DT4㉘:068,夹方解石灰褐陶,为敞口、束颈、溜肩、鼓腹的圈底罐类器领部,器壁最大厚度为 1.3 厘米,厚薄相对比较均匀,陶胎较为致密,颜色亦比较均匀。夹杂的方解石较多,颗粒较粗。陶片断面可见两层泥片贴筑痕,因砂粒粗大,部分位置贴片痕迹不清。器壁外层的泥片最大残径 6.6×5.2 厘米。器表饰中绳纹,纹饰最宽为 0.2 厘米,印痕较深(图一八〇,2;彩版一六,1、2)。

1. 陶器的原料及组合

陶土材料原岩包括粉砂质硅泥岩、粉砂质泥岩、细砂粉砂质泥岩等,基础材料种类增加,反映了人类对陶土的选择范围较大。羼和料除石英外,出现了方解石。羼和料颗粒仍然较大,如标本 DT4㉘:068,方解石最大粒径在 0.8 厘米左右。但部分器物的羼和料明显变小,如标本 DT4㉘:054,石英颗粒的最大直径为 0.6 厘米,与前期相比,颗粒变小,似乎表明粗大羼和料的不良作用已经受到史前制陶者的注意,并且开始逐步加以改进。羼和料中方解石的出现,表明人类在制作陶器的实践中已逐步意识到方解石具有比石英质软,更易碎的特点,改而采用新的羼和料。我们在甑皮岩遗址西 1.5 公里的石灰岩山,发现有这种方解石露头,证明甑皮岩附近有方解石存在。据我们调查,现在广西地区一些地方在制作陶器时仍然采用方解石为羼和料。

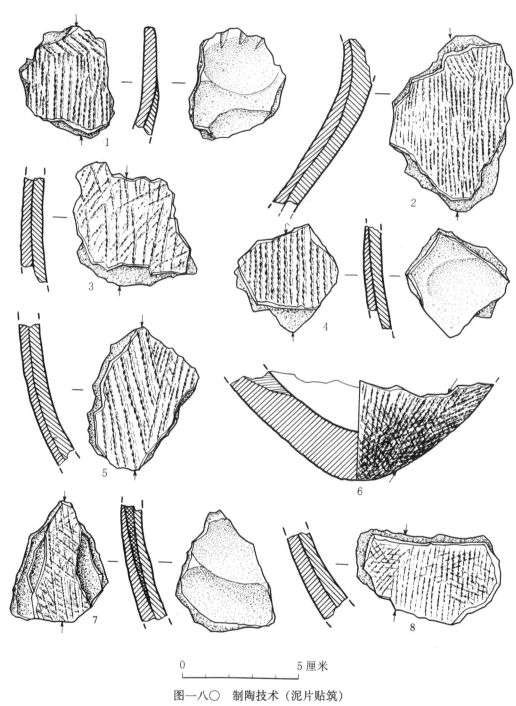

图一八〇　制陶技术（泥片贴筑）

1.DT4㉘:054　2.DT4㉘:068　3.DT4㉔:024　4.DT6⑳:019　5.DT4㉔:025　6.DT4⑯:004　7.DT6⑧:006
8.DT3④:010

2. 器物成型和制作方法

根据对出土陶片剖面的观察，此期陶器明显是由泥片贴筑成型。器物的成型工艺当是先制作大小不等的泥片，再贴筑成器壁。根据研究，泥片贴筑法制成的陶器，其陶胎容易从泥片之间开裂（李文杰，1996），因此需要较好的掌握成型工艺。上述两件标本的泥片最大长度在 4.3～6.6 厘米之间，而最大宽度在 3.8～6 厘米之间。从目前所见的陶片剖面可见，外层和内层泥片的结合并不是十分紧密，而且标本 DT4㉘:054 的颈部和肩部相交处出现裂痕，反映了当时泥片贴筑成型的技术尚未十分成熟，器物容易出现开裂的现象。不过，泥片贴筑法比手捏法相对容易成型，特别是在制作较大型器物时，泥片成型较为容易。此外，泥片贴塑法制成的陶器器壁也比较薄。此期陶器除底部较厚外，腹部厚度都在 0.6～1.3 厘米之间，最薄的仅有 0.4 厘米。这种改变当与成型工艺改用泥片贴筑方法有关。以下在实验考古学部分还会继续讨论这一点。

3. 器形和装饰的变化

器类单调，主要为器形较大的敞口、束颈的圜底釜罐类器，但出现了器形较小的器物，可能说明这一期的陶器已开始出现使用功能上的差异。器表所见仍然是滚压的绳纹，但绳纹窄，印痕较深而且清晰，并且没有用手抹平的现象。同时，出现少量宽度在 0.4 厘米左右的粗绳纹。在小型器物的口沿上开始出现简单的刻划、剔压及附加堆纹，标志着以装饰为目的的纹样开始出现。经观察和实验，我们认为，甑皮岩遗址陶器上的绳纹是用草缠在木棍上滚压而成的，其目的是使器壁厚薄更为匀称，泥片间粘合更为牢固，所以不存在装饰功能。此问题我们将在后面详述。与第一期相比，该期陶器的器形和制作工艺可以说产生了较大的变化，呈现出一种不连续的状态，其间应该存在着缺环。

4. 烧制技术和相应设施

此期的陶胎为红褐或灰褐色，与第一期陶器相比，胎质较致密，而色泽较均匀。肉眼观察，部分陶器的烧成温度很低，但部分口沿饰刻划纹的小型陶器，烧成温度略高，反映了在烧制技术上的进步。不过，从总体上考察，此期陶器仍然是平地堆烧而成。

第二期的陶器基本不见器表开裂的现象，表明此期陶器制作者已能够较好的控制陶土和羼和料的配比、陶胎干燥以及烧制等过程，从而解决陶器开裂的问题，这无疑反映了此期制陶技术的进步。

（三）第三期陶器的制作工艺和技术水平

我们选择 4 件比较具有代表性的标本进行描述和分析。

标本 DT4㉔:024，夹方解石红褐陶，为釜（罐）类之下腹片。陶胎内外同色，胎心呈褐色，壁厚 1 厘米，内壁可见三个相互叠压的小砾石垫窝。断面可见明显两片贴筑痕迹，外层泥片最大残长、宽为 5.1×4.7 厘米，厚 0.5 厘米。器表施粗绳纹，纹饰最宽为 0.3 厘米，印痕较深（图一八〇，3；彩版一六，3、4）。

标本 DT6㉚:019，夹石英红褐陶，为罐类炊器之下腹部。陶胎内外同色，胎心呈褐色，夹砂极细，砂粒较少，含量约占 8%。壁厚 0.9 厘米，泥片贴筑成型，外层泥片最大残长、宽为4.3×

3.2 厘米。器表施粗绳纹，最宽约 0.4 厘米。值得注意的是陶胎疏松呈多层状结构，而这种结构并不是泥片之间结合不良而形成的。器表敷一层薄泥，经火烧后呈红色（图一八〇，4）。

标本 DT4㉔:025，夹方解石红褐陶，为釜（罐）类之下腹片。器表、内壁同色。壁厚 1 厘米，含方解石颗粒较多、大小不匀称，含量约占 15%。断面可见清晰的两片贴筑痕，最大泥片残长、宽为 6.2×4.1 厘米，厚 0.4 厘米。器表施粗绳纹，最宽约 0.4 厘米（图一八〇，5）。

标本 DT4⑯:004，夹方解石红褐陶，釜（罐）类之器底。内外同色，胎心呈褐色。方解石颗粒较小，大小不匀称。器底较尖厚，底部不见贴片痕迹，当是手捏制而成，略靠上可见一层贴片。器表施粗绳纹，纹饰较凌乱（图一八〇，6）。

1. 陶器的原料及组合

陶土原岩包括细砂质泥岩、粉砂质泥岩、粉砂质硅质泥岩等，与第二期无太大区别。至于羼和料，仍然为石英和方解石两种，但以方解石为羼和料的陶器明显多于以石英为羼和料的陶器，羼和料普遍大小不匀称，少部分陶器中的羼和料开始变得较为细小，但仍然以粗大的方解石为主。值得注意的是，该期大部分陶片起层，呈千层饼状，如标本 DT6⑳:019，这种分层情况与泥片贴筑法形成的分层截然不同。根据现代学者的研究，在制作陶器的过程中，有多种因素可能导致陶器结构强度减低，包括了陶土和羼和料的成分，陶土中石英和钙质矿物，包括方解石、石灰等物质的含量，有机质的含量，羼和料的颗粒粗细、制坯过程中加入的水分是否合适，陶土是否经过沤制，以及陶坯干燥过程，器壁厚薄，烧制温度等等，都会对陶器的强度产生影响（Rice，1987）。经我们仔细观察，凡陶胎呈千层饼状的一般羼和料的比例都较小。因陶土尚未完全用自然科学进行分析，我们推测造成这种情况的原因可能是，第一，选择的陶土有问题，第二，这一期的陶器制作者未能完全掌握黏土与羼和料的配比比例，羼和料太少，引起陶胎起层。同时，羼和料过少，在作为炊器使用时容易引起陶器炸裂，为了解决这个问题，他们在使用这些陶器作为炊器时，便在器外敷上一层泥（图版五九，7），以缓解陶器的爆裂。该期发现的数件陶片器表都留存着一层经过火烧的泥土。当然，这只是一种解释，是否合乎实情，尚需今后做更多的分析和实验。

2. 器物成型和制作方法

根据出土陶片的观察，此期陶器的成型方法与第二期大体相同，主要是泥片贴筑成型，即先制作一定大小的泥片，再粘接成器。口沿部分贴片有两层和三层之分，腹部则多为两片贴筑而成。器物尖厚的底部普遍用手捏塑成型（图一八一；彩版一六，5、6；图版五八，1～6）。

3. 器形和装饰的变化

从大类上来看，第三期的陶器仍然只有器形较大的敞口罐和器形略小的带刻划纹的陶器两种，但是，敞口罐的种类增加，器形从第二期的瘦长，逐渐演变为宽圆肩，颈部也不如第二期收缩得那么厉害（图六〇～六二）。

器表全部施绳纹，第二期较细且印痕较深的绳纹依然存在，但大部分绳纹变得粗且浅。另外，在口沿下饰刻划纹的现象也仍然存在，图案及刻划方法与第二期相同。

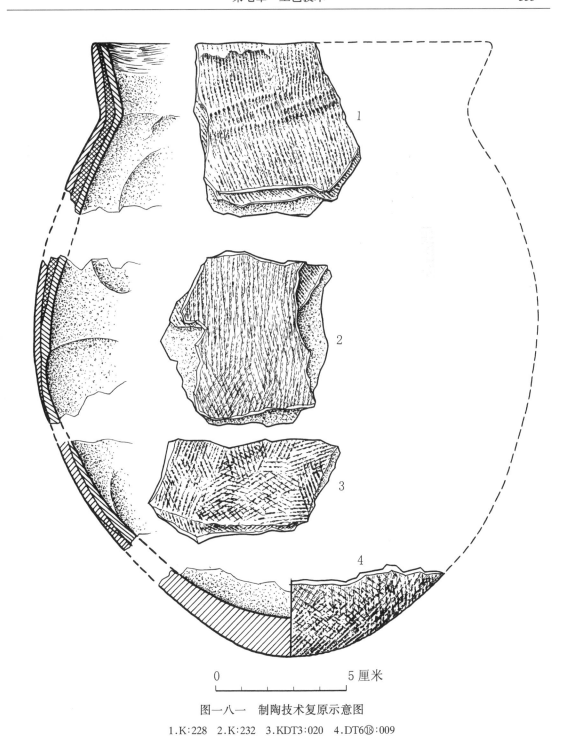

0　　　　　　　　　　5 厘米

图一八一　制陶技术复原示意图

1.K∶228　2.K∶232　3.KDT3∶020　4.DT6⑱∶009

4．烧制技术和相应设施

陶器烧成温度较第二期略有提高。从陶胎结构和颜色等现象分析，陶窑尚未出现，烧制的方法仍然是平地堆烧（附录五）。

（四）第四期陶器的制作工艺和技术水平

我们选择 6 件陶片作为此期陶器制作工艺和技术水平的代表性标本。

标本 DT6⑧:006，夹方解石灰褐陶，为罐类器下腹部。陶胎内壁呈红褐色，胎心灰褐。方解石颗粒较碎。壁厚 1.1 厘米。断面可见三层贴片，较清晰，外层泥片残长、宽为 5×2.3 厘米。陶器内壁可见两个清晰的砾石垫窝。器表施交错中绳纹，纹饰宽 0.2 厘米（图一八〇，7）。

标本 DT3④:010，夹方解石橙黄陶，为罐类器之近底部位。部分陶胎及器内壁呈黑褐色。壁厚 1.4 厘米。从断面观察，所夹方解石砂极细，颗粒直径在 0.2 毫米左右，大小比较均匀，似已经过筛选。成型仍为泥片贴塑，可见外层泥片残长、宽为 6×3.7 厘米。器表施浅细绳纹，纹饰最宽 0.1 厘米（图一八〇，8）。

标本 DT4⑨:024，夹石英红褐陶，器形难以复原。夹杂石英较少，但颗粒较大，最大粒径约 0.5 厘米。陶胎厚 0.8 厘米，疏松呈多层状；器表可见陶器制成后糊泥的痕迹，与三期部分陶器相同。成型工艺仍为泥片贴塑法，外层泥片残长、宽为 6×2.7 厘米。施浅细绳纹，纹饰最宽 0.1 厘米（图一八三，1）。

标本 DT6⑧:005，夹细石英红褐陶，为高领罐类器领部，直口，尖圆唇。壁厚 1.1 厘米，内外同色；断面可见三层贴片，外层泥片残长、宽为 3.7×3 厘米。器表施中绳纹，最大宽度 0.2 厘米，印痕略深（图一八三，2）。

标本 DT4⑫:011，夹方解石红褐陶，为圜底釜类器近底部位，较厚，达到 1.6 厘米。陶胎内外同色，胎心灰褐色。夹方解石较多，颗粒较小，最大直径在 0.25 厘米左右。陶胎断面的两层贴片不甚清晰。器表施中绳纹，最宽 0.2 厘米（图一八三，3）。

标本 DT4⑨:025，夹方解石红褐陶，为圜底釜类器近底部位。陶片表里同色，胎心褐色，壁厚 1.1 厘米。夹方解石较少，颗粒不匀称，最大 0.35 厘米。部分陶胎呈疏松的多层状。断面可见清晰两层泥片贴筑痕迹，外层泥片残长、宽为 5.4×4.5 厘米。器表施凌乱的中绳纹，最大宽度 0.2 厘米，印痕略浅（图一八三，4）。

1. 陶器的原料及组合

陶土原岩包括粉砂质泥岩、粉砂质硅质泥岩、硅质泥质岩等，与第二、三期无太大区别。羼和料仍然以方解石为主，石英次之。除少部分羼和料颗粒较大外，羼和料颗粒普遍趋于细小，且大小比较均匀，表明经过有意识的筛选，这是陶器工艺中的又一进步。据研究，包含细小而均匀颗粒羼和料的陶土具有更大的可塑性和强度（Rice，1987），所制作的陶器在质量上也有所提高。

2. 器物成型和制作方法

从出土陶片来看，此期仍然使用泥片贴筑法作为成型的主要工艺，陶轮尚未使用（图版五九，1~6、8；图版六〇，1~8）。此期出现的一种新的成型工艺是拼接法的出现，即一件陶器的不同部分分别制作，然后拼接成器。这种工艺主要用在高领罐的制作上，其领部与腹部分别制作，拼接成器，在领、肩相交处可见清晰的拼接痕迹（图七六，5、6）。

另一方面，从第三期出现的疏松多层状陶胎的问题，到此期仍未完全解决，出现这种陶胎的陶片，其陶胎厚度、羼和料的性质和颗粒大小，与第三期所见同类陶片相似。这表明陶器制作工艺技术仍然未能解决羼和料的配比问题。

3. 器形和装饰的变化

第三期的敞口罐在此期仍然沿用，但束颈较甚、器底尖厚的敞口罐已基本消失，器体变得矮圆，器底倾向圆缓（图一八二）。新出现高领罐和敛口釜，表明器形比以前各期较为多样，而且可能反映了开始将烹饪和储藏的功能分开，表明陶器开始有专门化的趋势。

器表以中绳纹为主，但出现一定数量的细绳纹。

4. 烧制技术和相应设施

肉眼观察，该期陶器烧成温度比第三期高。仍然采用平地堆烧的烧制方法（附录五）。

（五）第五期陶器的制作工艺和技术水平

此期陶器的数量显著增加，制作工艺上也有很大发展。我们选择 12 片陶片进行分析。

标本 BT3⑥:036，夹细方解石红褐陶，胎及内壁呈褐色，疑夹有部分有机物质。为器物折腹处，折腹处最厚 1.5 厘米，胎及内壁褐色，器表层为极薄的红褐色，似为陶衣。器物为泥片贴筑成型，贴片宽 2.7 厘米。折腹处的折棱，是器物成型后再贴附于器表的，部分已经脱落。折腹之上为素面，有三道凹弦纹，折腹之下施细绳纹。陶胎较硬，烧制火候较高（图一八三，5）。

标本 BT3⑫:049，夹细方解石浅灰黄陶，为罐类器口沿部位。方解石颗粒最大直径在 0.1 厘米左右，大小匀称，可能经过筛选。陶片的沿面略凹，内壁有轮修痕迹，断面可见清晰两层泥片贴筑痕迹，外层泥片残长、宽 3.4×3.3 厘米。器表施细绳纹。火候较高（图一八三，6）。

标本 BT2⑥:024，夹石英红褐陶，似为器物肩部。陶胎内外同色，壁厚 0.9 厘米。石英磨圆度较好，为天然石英砂。陶片断面可见清晰两层泥片贴筑痕迹，外片残长、宽为 3.4×2.6 厘米。内壁有捺窝。肩部施麦粒状细绳纹。火候较高（图一八三，7）。

标本 BT2⑥:025，夹细石英红褐陶，为圜底器近底部残片。陶胎及内壁灰褐色，厚 0.9 厘米，石英颗粒细碎，经人工筛选。断面可见清晰的两层泥片贴筑痕迹，外层泥片残长、宽 3.8×2.2 厘米。器表施交错细绳纹（图一八三，8）。

标本 BT3⑪:007，夹石英浅灰黄陶，为宽沿罐的口沿残片。陶胎内外同色，厚 0.9 厘米，夹杂细方解石颗粒。内壁有轮修留下的旋纹。陶片断面可见清晰的两层泥片贴筑痕迹，外层泥片残长、宽为 6×5.2 厘米。器表施细绳纹。火候较高（图一八三，9）。

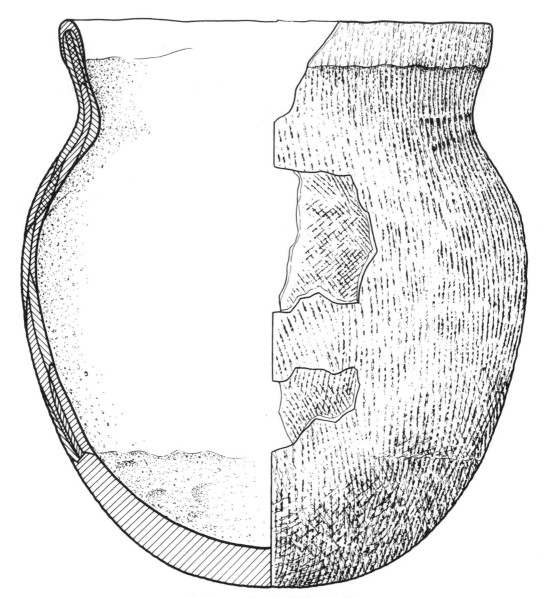

图一八二　制陶技术复原示意图

标本 BT3⑥:035，夹方解石红褐陶，为圜底器近底部残片。陶胎内外同色，器壁 0.8 厘米，底部略厚，方解石颗粒细碎，经人工筛选。断面贴筑痕迹不清晰。器物内壁有轮修痕迹。器表施细绳纹。胎质坚硬，烧制火候较高（图一八三，10）。

标本 BT3⑧:015，泥质灰白陶，器形不详。内外壁同色，胎心略呈褐色，厚 0.4 厘米，甚薄。陶片断面不见泥片贴筑的痕迹。器表施麦粒状中绳纹。陶片较轻，陶胎坚硬，表明烧制火候较高（图一八三，11）。

标本 BT3⑨:041，夹细方解石红褐陶，为器物肩部残片。器表红褐色，胎心及内壁灰褐

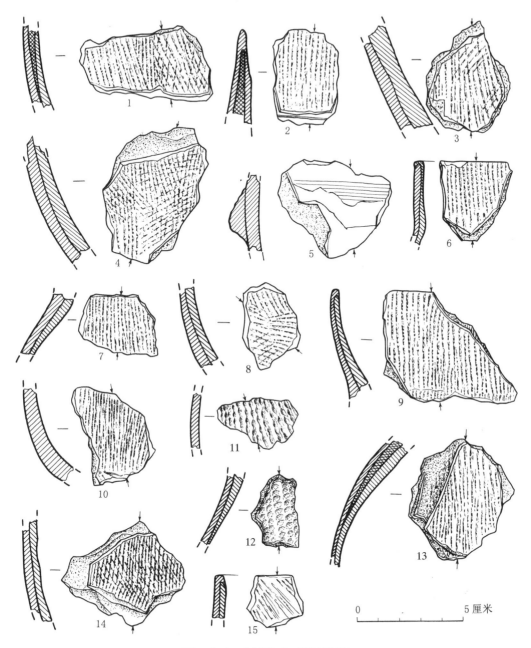

图一八三　制陶技术（泥片贴筑）

1.DT4⑨:024　2.DT6⑧:005　3.DT4⑫:011　4.DT4⑨:025　5.BT3⑥:036　6.BT3⑫:049　7.BT2⑥:024
8.BT2⑥:025　9.BT3⑪:007　10.BT3⑥:035　11.BT3⑧:015　12.BT3⑨:041　13.DT6⑧:007　14.BT3⑫:
050　15.BT3⑫:051

色，壁厚0.7厘米。断面可见两层泥片筑痕迹，外层泥片残长、宽为3×1.7厘米。器表施
麦粒状中绳纹。烧制火候较高（图一八三，12）。

标本 DT6⑧:007，夹细碎石英红褐陶，为釜类器肩部。器表颜色不匀，表里同色，胎心略呈灰色，厚1.2厘米。部分石英为人工破碎后加入。颈部断面可见三层泥片筑，肩以下断面为两层贴塑。外层泥片残长、宽为5.4×3.9厘米。器表施中绳纹，深浅不一（图一八三，13）。

标本 BT3⑫:050，夹石英红褐陶，为器物下腹残片。陶胎内外同色，胎心灰褐色，厚0.8厘米。胎质疏松呈多层状。石英磨圆度好，为天然石英砂。陶片断面可见清晰的两层泥片贴筑痕迹，外层泥片残长、宽为4.6×3.3厘米。器表施交错细绳纹。烧制火候较低（图一八三，14）。

标本 BT3⑫:051，夹石英红褐陶，为直口钵类口沿残片。陶胎内外壁及胎心同色，壁厚0.6厘米。部分石英为人工破碎后加入，部分为天然石英砂。器表可见轮修痕，断面可见两层泥片贴筑，外层泥片在口沿处内折，将内层泥片包裹形成口沿。外层泥片残长、宽为2.1×2.1厘米。器表施斜绳纹。烧制火候较高（图一八三，15）。

1. 陶器的原料及组合

陶土原岩包括粉砂质泥岩、粉砂质硅质泥岩、硅质泥质岩和钙质泥质岩等。羼和料仍然包括了石英和方解石，但方解石和石英经仔细筛选，大小匀称。出现了少量夹砂夹炭陶和泥质陶，但泥质陶陶土未经淘洗，质地不纯，不细腻，其原料配制工艺尚处于萌芽阶段。

2. 器物成型和制作方法

第五期陶器的制作成型方法仍然以泥片贴筑法为主，但工艺比前期有较大发展，其质的变化是慢轮修整技术的出现，疏松多层状的陶胎在此期已基本不见。盘口釜，一般仅在口、肩部内外进行慢轮修整，腹部一般手制，不轮修，故内壁常留有砾石垫窝，外表绳纹也保持原状。此外出现了陶衣、磨光等器物表面加工的工艺。拼接法制陶工艺进一步发展，除高领罐外，盘口釜、圈足盘等器物都是分别制作，而后拼接成器。

3. 器形和装饰的变化

器类增加，而且新出现了用于盛载食物的食具如钵、豆、盆和盘等类器物，反映了器物功能进一步专业化，已经能按照不同的功能制作不同的器物，表明史前居民对于生活器具的要求比以前提高，需要有专门的器皿盛载食物。

此期器表所见纹样仍然以绳纹为主，但出现了陶衣和各种刻划、戳印等新的纹饰，施纹的方法和工艺也相当多样。部分陶器为先施绳纹成器，而后在上部涂抹一层细泥浆，并刻意磨光，器表光亮。而后戳印圆点，并用弧线刻划纹将两个戳印圆点连接起来。构图巧妙，图案灵动，极具美感。在磨光部分隐约可见磨光前的绳纹痕迹。

部分器物，其施纹部位有一定格式，而且与器物的结构和功能相关。如盘口釜类，其颈、腹部位往往先用绳纹棒滚压成型，而后将颈部绳纹抹平，有的并涂抹一层细泥浆，磨光，然后在上面施刻划、捺压、戳印等多种纹饰。在颈、腹相交处有一周宽带刻划纹。颈部下端常常保留有细绳纹痕迹。长条形捺压或戳印纹常施于颈部，而绝不施于盘口。盘口部分多施各式各样的刻划纹和较小的戳印纹。这与盘口本身的特征有极大关系。一般来讲，盘口是拼接而成的，长条形戳印纹垂直施力较大，而刻划纹饰则基本是横向用力，故盘口部位只用小的尖状物戳印小三角和长方形图案，而不用长条形捺压，以免引起盘口变形。

4．烧制技术和相应设施

此期陶器多数器内外壁颜色与胎心不一致，有些器表陶色驳杂。形成这种现象的原因是没有陶窑，平地堆烧，陶器受热及冷却程度不一致，致使器表颜色驳杂。

二、陶器制作和施纹实验

限于本报告编写的时间太紧，而实验者又承担着其他必须完成的任务，所以，对甑皮岩遗址陶器的实验考古，主要集中在施纹方面。有关甑皮岩陶器的成型工艺，我们对出土标本作了大量的、细致的观察，认为除第一期外，其他各期的陶器大都是用泥片贴筑法制成的。此前我们曾对广西邕宁顶蛳山遗址的出土陶器进行过泥片贴筑成型工艺的实验，成功地制成了与出土陶器完全相同的复制品，实验及制作过程将另文详述。有了顶蛳山陶器成型工艺的实验，我们可以有把握的认为甑皮岩遗址的大部分陶器是用泥片贴筑法制成的。

甑皮岩遗址各期陶器的主体纹饰是绳纹，尽管在第二期刻划和剔压纹已经出现，但到第五期，这类纹饰才达到了顶峰状态。

绳纹是史前陶器最常见的纹饰之一，不仅黄河和长江流域的早期陶器常见绳纹，而且在东亚、东南亚和太平洋地区的史前陶器中，绳纹也相当常见（Rice，1999）。为什么绳纹在史前陶器中具有如此的普遍性？除了装饰之外，绳纹是否具有其他功能？在制作和施纹过程中使用什么工具？史前制陶者在施纹过程是否有意识设计纹饰图案的分布？为了寻求解决以上问题的资料，我们进行了陶器表面施制绳纹的实验。实验的程序是先观察出土器物表面的绳纹和其他相关现象，分析其可能使用的工具和施纹方法，然后制作类似的工具并在复制的陶器表面施纹。如果实验所得纹饰和出土器物纹饰相似或基本相同，则可推论史前制陶者的施纹方法与实验所用方法类似。

（一）第一期陶器的施纹工艺

前面提到此期成型的陶器仅有一件，即标本 DT6⑧：072。制作方法为捏塑成型，即将配比好的陶土置于地上，用手按压，并向上慢慢抻拉成型。为使器表光洁平整，用缠有草绳的小木棒在器表滚压，然后用手抹平，仅在口沿下隐约可见绳纹痕迹。从绳纹的粗细观察，我们认为绳纹的工具当是用草在竹、木棒上捆缠而成。所用的草需要一定的宽度和长度，同时需要一定的强度和韧性，否则无法捆缠，或捆缠后即断裂。同时，这种草也必须是遗址所在地区比较常见的，因为陶器的制作和施纹是经常性的活动。经过观察，我们采集了南方浅水沼泽、河岸常见的五节芒草，浸泡2小时以增加其韧性，然后将草顺时针方向拧紧，再缠到竹或木制成的小棒表面，制成施绳纹的工具。

（二）第二期陶器的施纹工艺

标本 DT4㉙:052，器表均施中绳纹，纹饰最宽为 0.2 厘米，印痕较深。器表没有用手抹平的痕迹。在直径 1.3 厘米，长约 20 厘米的小型木棒的根部开始捆缠草绳。先将单股草绳一端折向小棒中央方向，以草绳环绕缠缚结实使之固定，草绳随后节节向上缠绕，末端用泥糊住，使之不易松动。经大约 10 分钟制成绳纹棒。用此棒在泥片上反复滚压，即得到与陶片上的纹饰相同的效果。

（三）第三期陶器的施纹工艺

此期的出土标本 DT4㉖:020，夹方解石红褐陶，为陶釜颈部残片。器表施单股粗绳纹，绳纹粗 0.2 厘米，绳纹间隔 0.1~0.2 厘米，由上往下滚压，每组共 6 条，其宽度为 2.6 厘米，绳纹一次滚压长度为 3.5 厘米，多次重复滚压，随意性较大，可清楚看到绳纹间隔的泥棱上的绳纹印痕。绳纹组与组之间在交接处相互叠压。

草绳捆缠从直径 1.3 厘米，长约 20 厘米的小型木棒的根部开始。先将单股草绳一端折向小棒中央方向，以草绳环绕缠缚结实使之固定，草绳随后节节向上缠绕，末端用泥糊住，使之不易松动（图版六一，1、2）。经大约 10 分钟制成绳纹棒。用此棒在泥片上滚压（图版六二，2），反复滚压 5 次，即得到与 DT4㉖:020 陶片上的纹饰相同的效果（图版六四，5、6）。

标本 DT4㉑:004，陶釜颈部。夹方解石红褐陶。方解石最大粒径为 0.3 厘米。未见泥片贴塑痕。器表施双股粗绳纹，绳纹粗 0.23 厘米，绳纹间隔不均匀，由上往下滚压，一组绳纹 7~8 条，其宽度为 3.05 厘米，绳纹一次滚压长度为 2.35 厘米，多次重复滚压，随意性较大，滚压后绳纹间隔的泥棱上有清晰的绳纹印痕，绳纹组与组之间相互叠压。

此实验用草与 DT4㉖:020 相同，但使用双股草绳。先用两根草逆时针拧成单股向外压住另外两根草，然后再将另外两根草也逆时针往内拧一圈半，拧成单股向外压住它，依次交结至绳尾，绳的缠法与 DT4㉖:020 一样。

棒的直径为 1.2 厘米。草绳根部粗 0.09 厘米，中部粗 0.18 厘米，尾部粗 0.12 厘米。草绳缠在棒上的间隔不均匀。用绳纹棒在泥片上滚压，反复滚压 5 次与 DT4㉑:004 陶片上绳纹的效果相同（图版六三，5、6）。

标本 KDT6:017，陶釜颈部。夹方解石红褐陶，胎心黑色，方解石粒径 0.1~0.43 厘米。未见泥片贴塑痕。器表施单股粗绳纹，绳纹粗 0.29 厘米，由上往下滚压，一组 7 条，其宽度 2.75 厘米，一次滚压长 3.9 厘米，绳纹多次滚压，并且很随意，绳纹间隔不均匀（0.1~0.24 厘米），滚压后的泥棱上有清晰的绳纹印痕。绳纹组之间打破叠压，印痕深浅不均，交接处印痕较浅。

重复滚压 4 次与 KDT6:017 陶片上绳纹效果相同（图版六四，3、4）。

（四）第四期陶器的施纹工艺

标本 DT4⑨:009，陶釜口沿部。夹方解石红褐陶，胎心黑色，方解石粒径 0.1～0.48 厘米。未见泥片贴塑痕。器表施双股粗绳纹，绳纹粗 0.25 厘米，由上往下滚压，绳纹间隔不均匀。一组 5 条，其宽度 2.29 厘米，一次滚压长 3.43 厘米，绳纹多次滚压，在泥棱上可清楚地看到绳纹的印痕，绳纹组与组之间打破叠压，此绳纹印痕较深、较直。

实验用草与 DT4㉖:020 用草为同一种，绳纹的拧法与缠法也与之相同。草绳中部粗尾部细，绳中部粗 0.23 厘米，尾部粗 0.13 厘米。棒径 1.09 厘米。在实验泥片上滚压 4～6 次，获得与陶片 DT4⑨:009 上的绳纹相同的效果。

标本 K:006，陶釜颈部。夹方解石红褐陶，方解石粒径 0.1～0.3 厘米。未见泥片贴塑痕。器表施双股细绳纹，在口沿下部交错滚压，形成小棱形状，在颈部未有交错痕迹，以下又开始出现交错，绳纹粗 0.13 厘米，间距不均匀，一组共 7 条，其宽度为 1.63 厘米，一次性滚压长 2.5 厘米，反复多次滚压，在颈部有明显的停顿痕迹，当为用绳纹棒按压所至。

标本 KDT5:018，陶釜口沿部。夹方解石红褐陶，方解石粒径 0.1～0.27 厘米。未见泥片贴塑痕。器表施双股粗绳纹，绳纹粗 0.35 厘米，间距不均匀，一组共 7 条，其宽度为 3.38 厘米，一次滚压长 3.07 厘米，反复多次滚压，在交接处有明显的停顿，停顿处印痕深，在颈部用绳纹棒用力施压，形成一棒宽的明显绳纹。

草绳的拧法与缠法跟 DT4㉑:004 相同。绳纹棒直径 1.05 厘米，绳中部粗 0.35 厘米，尾部粗 0.27 厘米，间距不均匀。在泥片上滚压 4～5 次，所得绳纹与 KDT5:018 陶片上绳纹的效果相同（图版六四，1、2）。

标本 BT2⑬:001，陶釜的腹底部位。夹方解石灰褐陶，方解石最大粒径 0.14 厘米。未见泥片贴塑痕。器表施交错单股中绳纹，绳纹粗 0.17 厘米，间距不均匀，实验证明为随手缠绳所至，一组绳纹 6 条，其宽度为 2.48 厘米，一次滚压长 2.83 厘米，绳纹交错滚压，有的被挤压变细，从陶片上观察，其滚法为先向左滚压一棒，然后顺着棒势折向右滚压，接着又向左滚，其转折平缓，并且后一棒叠着前一棒绳纹的末梢，因为是器底，纹饰稍浅。

此实验用草与 KDT5:018 一样，都为五节芒草，拧成单股，边拧边往棒上缠。绳粗 0.13 厘米。绳纹棒直径 1.23 厘米。在泥片上重复滚压与 BT2⑬:001 陶片上的绳纹效果相同。

（五）第五期陶器的施纹工艺

标本 BT3⑫:008，陶釜肩部。夹方解石红褐陶，方解石最大粒径 0.19 厘米。未见泥片贴塑痕。器表饰扁草纹，纹饰是棒上缠扁草在器物上按压而成，纹粗 0.25 厘米，间距不均匀，一组 8 条，其宽度为 3.93 厘米，一次按压长度 0.8 厘米，一次与另一次的按压相互交错，并且是紧挨着的，有的地方有重叠现象。

　　实验证明，BT3⑫:008 陶片上的纹饰就是用扁草缠在棒上（图版六二，1），然后在器物上按压出来的。经过在泥片上的反复实验，用纹棒按压，前后两次相互错开，得出的效果基本与陶片 BT3⑫:008 上的纹饰一样（图版六三，3、4）。

　　标本 KBT1:010，陶釜颈肩部。夹方解石，方解石最大粒径为 0.19 厘米，大小不均匀。未见泥片贴塑痕。器表饰有刻划纹和绳纹，颈部饰刻划纹，肩部以下施绳纹，刻划纹疑为使用两种工具，近口沿处使用带两齿的工具所划，从陶片上可以观察到无论横划或是竖划，每两条一组的划纹间距一样，而这两条与另两条的间距则宽窄不一。刻划纹粗 0.11 厘米，间隔宽 0.11 厘米，颈部的划纹为单道，两两间隔不均匀，划纹不平直，有一定曲度，有的地方还交错刻划，划纹粗 0.14 厘米。肩部以下绳纹，滚压较乱，有直着滚压也有斜着滚压的，并且交错重叠。一组绳纹共 6 条，其宽度为 2.83 厘米，绳纹粗 0.24 厘米，一次滚压长 2.77 厘米。

　　标本 K:209，陶釜颈部。夹方解石灰褐陶。未见泥片贴塑痕。器表饰刻划和单股绳纹，从陶片上观察可以确定使用了 3 种（件）工具，近口沿处一次划出双道，应为带两齿的工具划出。划纹粗 0.09 厘米，间距宽 0.1 厘米，两条划纹为一组，组与组之间间隔很宽，并且不均匀，颈部竖着划单道，看起来较整齐，划纹粗 0.15 厘米，间隔不均匀，一次划 1.58 厘米长。颈下部细绳纹。陶片残，无法分组，绳纹粗 0.09 厘米，多次滚压。

　　标本 KAT1:002，陶釜口沿部位。夹方解石红褐陶。从口沿下 0.51 厘米处开始饰戳印纹，共 3 条，一组戳印纹宽 0.4 厘米，长 1.59 厘米，戳印纹有重叠现象，印纹上下边平直，左右边有一定圆弧（似括号）。

　　标本 KDT6:020，陶釜的口颈部。夹细方解石红褐陶。口沿至颈部饰刻划纹，颈部以下施单股细绳纹。口沿下部划纹用带两齿的工具划出，出现两条一组的划纹，中间间隔均匀，而组与组之间则宽窄不一。划纹宽 0.1 厘米，间隔宽 0.12 厘米，先竖划，再斜划，并且划两组斜直的，接着就是两组斜曲的，折角平缓，由上往下划，在颈部往里束的地方划纹与绳纹交接，并且打破细绳纹。因陶片残，无法分组，绳纹粗 0.09 厘米，多次重复滚压。

　　标本 K 洞内右堆土:001，陶釜腹部。夹细砂黑陶。器表施双股细绳纹，绳纹纵横交错，多次重复滚压，也很随意，后面滚压的打破前面的滚压纹，出现一个个的小方格。一组绳纹有多有少，有 6 条的、有 7 条的，主要是看绳纹棒与陶片的接触面，接触面宽就多，反之就少。绳纹粗 0.13 厘米，一组宽 1.93 厘米，一次滚压长 2.70 厘米。

　　实验证明，其绳纹先从颈部向下滚 2~3 次，然后再横着滚 2 次，斜着交叉又滚 2 次。经过反复滚压得出与标本 K 洞内右堆土:001 陶片上相同的绳纹（图版六三，1、2）。

　　标本 BT2⑤:011，陶釜颈部。夹方解石红褐陶。器表施双股细绳纹，绳纹粗 0.13 厘米。陶片残，无法给绳纹分组。一次滚压长 2.2 厘米，绳纹多次重复滚压呈小麦粒状。

　　由实验得出，将草顺时针向外拧成单股，然后再将两股逆时针向内合拧一股，成绳后往棒上缠。缠绳的方法无论是逆时针或是顺时针，其出来的效果都一样，其麦粒状都是自左上方向右下方倾斜，绳的松紧度影响麦粒的大小形状，但不影响其倾斜方向。经实验，改变其倾斜方向的只有绳的拧法，如果逆时针拧成单股，然后再顺时针合成一股绳，其出来的麦粒状倾斜方向将会改变，由左下方向右上方倾斜，绝大部分陶片都是此种情况（图版六二，2）。

标本 K 水支 T3∶004，陶釜颈部。夹方解石红褐陶，方解石粒径 0.09 厘米，在颈肩部饰两条戳印纹，绕器物一周，戳印纹宽 0.4 厘米，长 1.54 厘米，疑与 KAT1∶002 使用的为同一件工具。印纹叠压，有折角、不平直，在肩折向腹部的折肩上有一道凹弦纹，其下有模糊的划纹。一条凹弦纹打破划纹。刻划纹较细，凹弦纹宽 0.22 厘米。

根据实验，施绳纹所需的工具非常简单，只需要天然五节芒草和小木棒。草浸泡后在木棒上加以捆缠即可制成施纹工具。根据捆缠时单股或多股草、不同方向的捆缠等，又可以产生不同的绳纹，如单股绳纹、多双股绳纹，或斜向，或呈麦粒状，而施纹的过程不需要有意识的图案设计，可以在任何部位，向任何方向滚压，纹饰之间可以叠压，可以衔接，可以重复，随意性很大。显然，施绳纹的工具制作和工艺要求比较简单，容易掌握。而其他的纹饰如戳印、刻划纹等，都要求制作者对陶器表面的纹饰图案结构和分布"心中有数"，事先有相关的图案设计，其工艺和审美要求明显较高。由此不难理解，为何绳纹最常见于早期陶器的表面。

三、陶器原料的配制和烧制——民族学调查的启发

甑皮岩出土陶器的羼和料主要是方解石，与黄河及长江地区的早期陶器相比有一定差异。为何方解石会被选取作为羼和料？其加工和处理的程序又如何？我们试图通过民族学调查获得一些相关的资料。根据前人对广西地区进行的民族学调查，在广西西南部还有少数村落的居民用传统方法制作陶器，而所用的羼和料正是方解石。因此，我们在 2002 年 12 月到广西靖西县荣劳乡远猛村弄孟屯对该村所保留的原始制陶工艺技术进行了考察。

弄孟屯位于靖西县西约 30 公里，该屯目前尚有 20 户人家。目前，只有少数人能熟练掌握制陶技术。其制陶过程包括采集陶土、采集方解石、制泥、成型和烧制五个步骤。

陶土采自弄孟屯东偏北的一座石灰岩山，步行约需 30 分钟。此采泥点已有 100 多年的历史。自发现后全屯祖祖辈辈均在此采泥，而周围再未发现适合于制陶的陶土。采泥点在半山腰，坐北朝南，适合制陶的陶土在地表下 1.5 米左右。陶土呈灰白色，土层厚约 40 厘米，在陶土坑旁有晾晒场，采出的陶土先在此处晾晒干，然后再用竹篓担回村中。好的陶土晾干后，成片状，厚 1、长 3~4 厘米，略成弧形。泥晾干后担回，放入缸中，用清水浸泡。其实，陶泥挖出后，就可以直接制作陶器，晾干陶土并非是一个必须的过程。只是因为陶泥采集点距屯很远，为减轻运输的负担才就近晾干的。

制陶所用的羼和料为方解石，方解石采集点位于采泥点山下 300 米左右的一个石灰岩小山峰的半山腰处。方解石采回后，用陶炉，上置铁丝网，网上放一陶圈足器，将方解石放在

网上，用干草加树枝，点火烧约 30 分钟，方解石加热后会自动碎裂为小块，原来 10～20 厘米大小的方解石会碎裂成 2～5 厘米，以方便进一步粉碎。此后，将烧好的方解石放入石臼中，用木锤舂砸约 2 分钟，将砸碎的方解石放入方形筛中，双手端筛，均匀摇摆，将石粉筛在一长方形石板上。

羼和料准备好后，便将泡好的陶泥从缸内取出，放入砸好筛过的方解石粉，泥与方解石的比例为 2∶1，然后在石板上揉和，制成合适的陶泥。

成形方法为轮制，泥条盘筑。捏一长约 50 厘米的泥条，放在转盘上，转盘旋转时，用铁片划出一个同心圆印迹，将泥条盘在同心圆印迹上，形成一个圆圈，抹平，圈内放草木灰，再将泥放入圈中，抹平。用手指在泥上划出圆槽，再用泥条盘筑器壁，左手在外，右手在内挤压泥条，逐渐牵拉成型，并用眉刮修整，不断调整器形，直至成器。

在烧制之前，需要先对陶器进行预热。在平坦的地面上，放置 4 块天然石头，间距宽 30～40、长 150 厘米左右。长度依陶器数量而定，支架长度为 185 厘米。用木棍架在 4 个石块上。形成井字形支架，再用稍细些的木棍横放在支架上，形成一个木排。此次烧制的主要是风炉，其直径 36 厘米，将风炉叠放在木排上，在木排下放进柴草，点燃，不断向中间加柴，预热时，火力不能太大，一旦火势太大，则需要将柴草撤出，或挑到陶器上部。前后共预热 3 次，用时约 30 分钟。预热结束后，将陶器取下，调整木排高度，然后从一角开始点火，不断向陶器四周加柴，并基本将陶器覆盖，其间窑工不停拨弄火堆，使陶器受热均匀，并使柴草充分燃烧。烧出的风炉通体呈土黄色，局部为黑色。烧制需时约 40 分钟，用柴草 8 担，约 800 斤。

民族学调查的结果，结合陶器分析，有助于我们了解甑皮岩陶器的制作工艺和技术。据现代陶器分析，钙类的物质在陶器中具有重要的作用，主要是加强陶胎的硬度和减低吸水量（Lawrence，1972）。史前的制陶者当然不可能了解到矿物的化学性能，但他们在长期反复的实验中应当认识到遇水即软的泥土，需要混入某些坚硬的颗粒使其能够成型，而且在经火烧后不容易破裂。当然，石英颗粒或砂粒都具有类似的功能。但石英硬度较高，达到摩氏 7 度。在石灰岩地区，方解石一类矿物分布比较广泛，而且硬度较低，只有摩氏 3 度，容易砸成细小的颗粒。相比之下，以方解石作为陶器羼和料，可能比较省时省力。因此，方解石成为甑皮岩陶器的主要羼和料，而同样的现象也见于弄孟屯的传统制陶技术。

四、小　结

根据对甑皮岩五个时期出土标本的观察和分析，可以看到，甑皮岩第一期的陶器制作和工艺水平具有相当的原始性，原料配比粗糙，羼和料颗粒粗大未经筛选，器物成型是最原始的手捏法，绳纹作为装饰的功用并不明显，或者说陶器装饰的概念尚在萌芽阶段。而烧制火候低，器表出现开裂等等，都反映了此期陶器的制作尚处于初始阶段。

甑皮岩第二期到第四期的陶器，代表了从大约距今 11000 年到距今 8000 年左右桂林地区史前陶器工艺的发展。总体而言，这是一种比较缓慢的渐进式发展。在陶器原料的配制和组合方面，陶土的成分从早到晚无明显变化。石英和方解石一直是主要的羼和料，其中又以方解石为主。羼和料的颗粒由大逐渐变小，反映了制陶工艺的进步。方解石在本地有比较广泛的出露，而且在甑皮岩附近也有发现，故这种矿物作为主要羼和料反映了人们就近选择合适的陶器原料的行为。至于器物的装饰，第二到第四期都比较单调，主要都是作为陶胎强化工艺的绳纹。

到甑皮岩第五期，制陶工艺发生了较大的，甚至可以说是质的变化。不仅开始有意筛选方解石和石英羼和料，同时开始使用磨圆度较好的天然砂子作为羼和料。值得注意的是泥质陶一直到甑皮岩第五期才开始出现。直到第五期才出现比较多样的，而且主要是具有装饰功能的纹饰如戳印、刻划纹等。陶器的烧制一直停留在平地堆烧阶段。

一般认为绳纹是陶器的装饰手法之一，但根据观察出土器物和考古实验，甑皮岩陶器的绳纹是否作为装饰，是值得怀疑的。根据现代心理学和装饰工艺学的研究，人类对器物进行有意识的装饰，通常经过下列步骤：

1. 装饰图案和工艺的构思和设计（对史前人类而言，主要是脑海中形成的意念），通常表现为颜色、图案和材料的组合具有一定的结构和格局。

2. 采用一定的工艺方法和材料表现构思，包括颜色、构图、材料的组合和变化等等。这是制作者构思的物化阶段，也是装饰意念的表现阶段。

考古学的研究只能通过出土器物去分析史前制作者是否具有装饰意念，以及这种意念如何表现。根据以上标准，甑皮岩陶器表面的绳纹分布没有一定的规律和结构，未能体现一种有意设计的装饰图案。此外，第一期陶器的绳纹在滚压之后用手抹平，表明制陶者并不打算让绳纹留在器物表面。如果施绳纹的目的是装饰，这个抹平的步骤就不应当出现。换言之，我们看不到制作者表现其构思的意图。由此可见制作者并没有将绳纹作为装饰的手法。

甑皮岩第二期到第五期的出土标本中，不止一件陶片发现有内层泥片表面也施绳纹的情况，即用一层泥片贴塑成器，表面滚压绳纹，然后再加贴外层泥片，其表面再滚压绳纹。如果施绳纹的目的是装饰，在内层泥片表面施纹就完全没有必要，因为内层的绳纹在陶器表面根本不能表现。此外，第五期部分陶器器表出现涂抹泥浆覆盖绳纹，然后磨光再加施其他刻划、戳印等纹饰的现象，表明制作者并不将绳纹作为装饰图案。另外，甑皮岩陶器表面的绝大部分绳纹都是反复滚压而成，绳纹组合非常随意，没有一定的格局。如果是作为装饰，滚压一次已经可以留下纹饰，反复滚压只会令纹饰互相叠压，图案杂乱无章，不仅没有必要，而且浪费制作者的时间。其他装饰意义明显的纹饰如戳印、刻划纹等，几乎不见反复施纹令纹饰叠压的现象，可作为反证，证明甑皮岩制作者施绳纹的主要目的不是装饰。

据现代制陶工艺研究和民族学的材料，陶器制作过程中普遍需要用工具在陶胎内外加压和修理，以使器物成型，并加强陶胎的结合度和强度（Rice，1999）。在这个过程中各种文化使用的方法和工具各不相同，常见的是内壁用砾石衬垫，外部用陶拍修理加压（Rice，

1999），也有用齿形器刮抹的，如江西万年仙人洞的陶器（张弛，2000）。甑皮岩陶器的绳纹，是用草棒在陶胎表面滚压而成。我们认为滚压绳纹，首先是作为使器表光洁平整并强化泥片粘合的制陶工序，而不是作为装饰，因此陶器表面才会出现滚压绳纹后又用手抹平的现象。

从制陶工艺的角度分析，用草棒滚压陶胎是十分必要的。甑皮岩的陶器从第二期开始主要都是用泥片贴塑法成型的。这种方法是将两片或三片、四片泥片贴在一起形成器壁，泥片之间的结合面通常与器壁平行；而这个结合面正是最容易开裂的部位（李文杰，1996）。要保证陶胎的强度和质量，必须保证泥片不会沿结合面分开。要达到这个目的，就必须对泥片加压，以保证结合面能够紧密粘合。根据实验，在施绳纹的过程中，制陶者一手以砾石等垫石托在陶器内壁，另一手握草棒在器物表面反复滚压，这个过程实际也是对两片乃至三片泥片同时加压使其紧密粘合的过程。另外，由于陶器的成型是由多片泥片粘结而成，同一层的泥片之间也需要加压以保证其接口相连。实验表明，使用草棒滚压的方法亦可以帮助泥片接口粘结。在陶器成型时，很可能是先用一层泥片粘合，加草棒滚压使泥片的接口强化，器身厚薄较均匀；然后加贴第二层泥片，重复相同的步骤，最后完成器型。

由于施绳纹的方法是在器表来回滚压，陶器各部分的泥片能够均匀受力而加强粘合度。滚压所产生的力是均匀而缓和的压力，作用于有一定湿度，仍然比较软的陶胎之上，不易出现不良的效果。而戳印等施纹过程所产生的是冲击力，刻划等纹饰的施纹过程则产生局部而不均匀的挤压力，不仅没有加强陶胎的强度，而且如果处理不当，可能对陶胎产生负面的作用。施绳纹具有加强陶胎强度的功能，对于以泥片贴塑成器的制陶工业十分重要。因此可以解释为何甑皮岩的陶器中，滚压的绳纹一直占据主要的地位。

如果绳纹滚压是制陶工序，为何制作者要费时费力采集野草缠制滚压的小棒呢？为何不使用陶拍进行拍击，或只用光滑的竹、木小棒滚压？从实验结果来看，由于陶拍的接触面积较大，而且陶拍下落时产生的是爆发性的撞击力，陶拍提起时却产生将陶土向外拉起的分离力，对于用泥片贴筑的陶胎，不仅不能起到加强泥片之间粘合的作用，反而产生将泥片拉开的力量。而进行滚压时产生的是均匀而缓和的压力，对强化泥片粘合效果较好。在滚压时，如使用不缠草的小竹、木棒，由于这些小棒与陶土接触的面积较大，而且表面光滑没有摩擦面，小棒常常粘附在陶胎表面，滚动不够自如，制作效率受到影响。而使用缠上野草的小竹、木棒，由于其表面与陶胎不是全接触，而且粗糙的小棒与陶土之间有一定的摩擦面，操作时比较容易控制滚压的力度和方向，比较得心应手，而且比较容易将陶土从较厚的部位挤压到较薄的部位，使陶胎相对厚薄均匀。

值得注意的是，长江流域发现的早期陶器也反映出绳纹首先不是作为装饰图案。湖南道县玉蟾岩出土的陶器，以泥片贴塑法制成，在陶器的里外壁，以及内外层泥片表面都有绳纹的痕迹（袁家荣，2000），与甑皮岩所见相同，表明玉蟾岩的陶器制作者很可能也是利用滚压绳纹作为器物成型的方法。在江西万年仙人洞遗址发现的早期陶器，其成型方法有泥片贴塑和泥条盘筑法两种，出现绳纹的是用泥条盘筑法成型的器皿，研究者认为这是用缠以植物纤维的陶拍加强泥条衔接而留下的痕迹（张弛，2000）。由此可见，早期陶器表面的绳纹，主要是制作过程留下的痕迹。

最后，选择何种技术对陶胎进行加压和修理，可能与陶器成型的方法也有关系。如仙人洞用拍击法强化泥条盘筑成型的陶胎，而甑皮岩和玉蟾岩的制陶者用滚压法强化泥片贴筑法的陶胎。河北虎头梁出土的陶片，其工艺方法未见详细报道。对于陶器成型方法与修理、强化陶胎技术之间的关系，今后还要作更多研究。

第二节　石器制作工艺的分析与研究

石器是史前人类不可或缺的生产工具和器物加工工具。甑皮岩遗址两次发掘出土了大量的石制品，包括打制石器、磨制石器、石器加工工具、半成品以及制作石器过程中产生的石块、石片和碎屑。经统计，甑皮岩遗址共出土各类石器 844 件，半成品 234 件，石块 2512件，石片 388 件，碎屑 1360 件以及未经任何加工的砾石 398 件。其中，在 DT4 第 31 层约 5平方米的面积和大约 80 厘米厚的地层堆积中共发现石制品 2086 件。其中石器 223 件，半成品 59 件，石器加工过程中截断的石块 935 件、剥离下来的石片 258 件和碎屑 611 件。另外，还发现大、小砾石 194 件，其中可制作砾石石器的 5 件，可作为石凿的棒形砾石 7 件，其余均为较小的椭圆形小砾石（附表一）。尤其重要的是发现了可以拼合的石制品 4 件。可以确认，这是一处人类加工石器的场所。

甑皮岩遗址发现的石器加工点以及出土的丰富的石制品为我们了解甑皮岩石器的制作过程及工艺技术提供了十分珍贵的资料。我们对出土的有代表性的一部分打制石器及石器加工工具进行了观察、测量和分析，进行了石器制作及使用过程的模拟考古实验，并对出土石器和实验标本做了初步的微痕分析。通过这些工作，我们对甑皮岩各时期打制石器的制作方法及使用功能有了一个初步的认识。

一、出土石制品的观察和分析

石器的制作过程包括石料的选择和采集以及对石料进行打制毛坯和加工修理的过程。要了解这个过程，首先需要弄清出土石器的岩性，随后了解石料的来源，并对比史前遗址和石料产地的岩石在岩性上的差别，分析史前人群对石料的选择以及石器制作的工艺和方法。

（一）出土石器的岩性

我们邀请中国有色金属总公司矿产地质研究院的专家对出土的石器和石料进行了岩性鉴定。首先按地质学野外岩石鉴定的程序，用 20 倍放大镜对全部出土石器和石料进行了手标本鉴定。在放大镜鉴定的基础上，对未能确定岩性的少量石料，选择小碎屑进行切片鉴定。

然后以此为基础，再对全部出土石器和石料的岩性进行一次复核（附表二）。

综合放大镜观察和切片鉴定的结果，甑皮岩出土石制品的岩性包括了火成岩、沉积岩和变质岩三大类。其中大部分是沉积岩类的砂岩和石英砂岩，粒度从细砂到粉砂级，次为粒度从粗粒到中粗粒的风化花岗岩，此外有少量属于变质岩的板岩、角岩等。大部分的砂岩呈棕红色、紫红色或深浅不同的黄色，表明岩石是在氧化环境中形成的（宋春青等，1985）。变质岩中的部分角岩和所有的板岩、斑点板岩和泥岩呈灰黑色或暗灰色，表明含有一定的碳。不同时期的石器，岩性和颜色差别不大。

从石器制作的角度而言，无论是火成、沉积或变质岩，它们是否适合作为原料主要取决于三个要素：第一是岩石的硬度，第二是岩石的结构和构造，第三是所含矿物晶粒的粗细程度。根据我们制作和使用砾石工具的实验，石料硬度太低，制成的石器容易磨损，不具有耐用性，固然不是理想的材料。但如果硬度太高，打制困难，也不适宜作原料。比较合适的岩石硬度是在摩氏 5~7 度之间。根据摩氏硬度测试，甑皮岩出土石料的硬度以砂岩最低，大约是 5.5 度，因此比较容易打制。石英岩和角岩的硬度和强度均高于砂岩，在 6~7 度左右，因此打制较为费力，但也较为耐用。

此外，岩石的结构、构造和所含矿物的晶粒粗细也是决定其作为石器原料合适程度的重要因素。根据打制及使用石器的实验，具有细晶、粉晶或隐晶质结构，块状构造，风化程度较低的岩石，如细砂到粉砂级的砂岩、石英砂岩和角岩等，是比较合适的石材。这首先是因为这些岩石所含往往是经过风化甚至变质以后留下来的比较稳定的石英、白云母等矿物或它们的变质体，故岩石的硬度较高，而且有一定强度，加工成石器以后比较耐用。此外，这些岩石所含的碎屑/矿物晶体颗粒比较细小，如粉砂级的碎屑颗粒在 0.005~0.01 毫米之间，而细砂级的碎屑在 0.05~0.25 毫米之间（宋春青等，1985）。由于颗粒细小，而且矿物的抗风化能力接近，岩石结构比较均匀，故经过加工后容易形成比较规整而且薄锐的刃缘或刃锋。与页岩等岩石比较，砂岩和角岩等在加工及使用过程中也较少出现岩石从中间破裂的情况。至于晶粒细小但具有片理或板状构造的岩石如板岩、斑点板岩等，加工后能够形成规整锋利的刃缘或刃锋，但岩石在加工或使用过程中受力后容易沿着片理或板状构造的结构面破裂，成为废品，所以也不算是十分理想的石器原料。

晶粒较大和/或风化程度较高的岩石如中粗粒和中粒花岗岩，虽然新鲜时岩石的硬度较高，但由于所含多种矿物的硬度和抗风化能力差异较大，其中的长石容易风化，导致岩石结构疏松，加工和使用过程中容易破裂而成为废品。而且这类岩石的矿物晶体颗粒通常超过 0.25 毫米，经常可见在 0.5 毫米以上，如果作为石料，破裂后的边缘往往参差不齐，难以形成规整薄锐的刃缘，也不大适合作为切割、砍砸器一类的工具。

（二）石料的来源

甑皮岩打制石器的石料几乎全部是砾石。根据沉积学的砾石分类标准，砾石的球度分为近球状（sphere）、棒形（roller）、盘状（disc）和片状（blade）四种（Selley，1988）。甑皮岩出土的石器几乎包括了所有四种类型的砾石，其中作为石器加工工具的石锤主要由球状或近球状和盘状砾石组成，作为间接打击工具的石凿主要为棒形砾石，砍砸器则由片状、近球状和盘状砾石制成，其中以片状砾石为最多。据沉积学原理，砾石的形状和球度既受岩性的控制，也受到搬运距离的影响（Selley，1988）。此外，甑皮岩出土砾石制品的大小比较均匀，大多数的最大直径或长度在8~17厘米之间。大部分砾石的棱角基本或全部磨圆，在圆度分级中属于圆到极圆的第三和第四级（宋春青等，1985）（图版六五，1）。较高的球度和圆度表明出土石器的砾石原料经过了长期的流水搬运和互相碰撞摩擦，应是时间和距离都较长的河流运动的结果。

目前所见与甑皮岩遗址最接近的河流是漓江。漓江属珠江水系，是广西北部地区的两大主要河流之一（中国自然资源丛书编辑委员会，1995），流经遗址的东面。据考察，河中含有大量砾石。从地图上测得甑皮岩遗址到漓江的最近直线距离约4公里（地质矿产部岩溶地质研究所，1989）。除漓江之外，目前在甑皮岩附近未见存在有较多砾石的其他河流。

石器是史前人类不可或缺的生产和加工工具，需要量比较大，故人类寻找制作石器的原料，需要考虑的因素之一是石料数量的丰富以及运输上的方便。漓江距离甑皮岩遗址相当近，而且河中有大量的砾石，可能是甑皮岩石料的主要来源地。如果漓江砾石的岩性组合与甑皮岩出土石器的岩性组合基本一致，那么，就有理由认为甑皮岩的石料来自漓江。

2002年12月，我们在漓江右岸河漫滩的砾石堆积表面随机划出两个2×2米的取样小方（图版六五，3）进行砾石采集实验。此时为漓江枯水期，沉积在河漫滩上的砾石大面积出露，便于观察和采集。在1号取样方内，我们将表层的砾石不分大小、岩性悉数收集，然后与出土石器进行岩性和大小的对比，借此观察漓江砾石和出土石料的岩性组合和形状的异同。在2号取样方内，我们有选择的采集与甑皮岩遗址出土石料大小、形状和岩性相似的砾石，以便测定采集石料所需的时间。

在1号取样方内共采集大小砾石111件，在2号取样方内选择性采集的砾石共74件。1号方的采集用了一个青年男性采集者大约5分钟的时间，将石料搬运到岸上的时间大约需要18分钟，因为一人需要三次往返才可以将石块搬运完毕。2号样方选择性采集的时间是一人8分钟，因为选择砾石的过程花去一些时间，搬运的时间消耗则相对较少，大约是12分钟，因为虽然2号方离岸较远，但所采集的石料较少，只要一人两个来回即可运完。

当天的实地考察仅用人力将石料从河漫滩搬运到河岸上。为了解运输石料的劳动量，我们进行了石器搬运的实验和测算。由两个经常从事体力劳动的青年男性各搬运20公斤和10公斤砾石步行100米和200米，测量其步行所需时间，得到的平均值是：搬运20公斤石料步行100米需要2分零6秒到30秒，搬运10公斤砾石步行100米大约需要1分29秒到1分33秒。从这些简单的数据可以看出，第一，负重越大，步行速度越慢。负重增加一倍，则步行速度减慢的幅度超过80%。第二，按此数据估计，如果将大约10公斤重的石料从漓江岸边搬运回甑皮岩，按 4 公里计算，负重步行所需的时间大约 53 分钟到 1 个小时。如果搬运 20 公斤重的石料，则需要 1 小时 25 分钟或更多。

这些简单的数据当然只是参考资料，具体的采集、搬运速度和时间取决于采集者的体力、经验，以及河漫滩上砾石的丰富程度。不过由此可以说明，第一，冬季漓江河漫滩上的砾石资源相当丰富，石料的获取十分容易。如果夏季进行石料的采集，则需要涉水。第二，选择性采集所需的时间比无选择性采集的时间略长，因为前者耗费了选择的时间。但是，选择性采集减少了搬运石料的劳力和时间。第三，采集之后的石料搬运是石器制作中一个劳动量比较大的过程，所耗费的时间可能比采集活动本身更长。

我们对漓江采集来的岩石用低倍放大镜进行了岩性鉴定（表一二），并与出土石料的岩性，包括经过切片鉴定的岩性进行了对比，结果表明甑皮岩出土的石料岩性和采集于漓江的砾石的岩性和组合基本相似，但也有些差别。首先，从岩石的种类来看，绝大部分出土的岩石种类在采集所得的岩石中都有发现，其中出土岩石中最常见的砂岩，也是采集所得主要的岩石。个别出土岩石如千枚岩、石英岩等，在采集的岩石中没有发现。不过这些岩石在出土岩石中也只占极少数，在史前石料来源地应该也不是常见的岩石。而且漓江的砾石和出土石器的岩性组合略有差别是正常的。河流岩石的组合是大自然流水搬运作用的结果，而且随着河流的运动每时每地不断发生变化，具有很大程度的随机性，我们在一时一地采集的砾石，不可能反映漓江石料的全貌。此外，遗址出土石材的组合是史前人类不同时间在不同河流地段采集活动的结果，同样具有随机性。两组随机组合在不同的时间和地点出现差别应是完全正常的。反之，则不合常理。

表一二　漓江采集石料的岩性统计表

单位 \ 岩性数量		火成岩	沉积岩				变质岩			矿物
		中/粗粒花岗岩	细砂粉砂岩	石英细砂/粉砂岩	泥岩	灰岩	石英透辉透闪石角岩	碳质板岩	泥质板岩	石英
1号采样方	数量	8	63	27		1	2	1	4	5
	比例	7.12%	56.76%	24.32%		0.90%	1.80%	0.90%	3.60%	4.50%
	合计	111（比例合计：100%）								
2号采样方	数量	1	59	9	2				1	2
	比例	1.35%	79.73%	12.16%	2.70%				1.35%	2.70%
	合计	74（比例合计：100%）								
1、2号采样方比例平均值		4.28%	68.24%	18.24%	2.70%	0.97%		0.45%	2.48%	3.60%

很明显，甑皮岩各个时期出土的石制品与现代漓江砾石的总体岩性组合非常接近，都是以砂岩为主，含有少量的花岗岩和石英砂岩，此外是数量很少的其他岩石。河流沉积物来源于地表碎屑物质，因此河流中砾石的岩性及其组合是由河流发源地和流域内基岩的岩性和地质构造以及地貌决定的。例如，如果一个地区内没有花岗岩脉，那么发源和流经这个地区的河流中通常就不会出现这类砾石，所以，每条河流中的砾石当有自身的基本组合。而且由于基岩和地质构造及地貌具有一定的稳定性，这个组合也应当在时间上具有相对的稳定性。因此，史前漓江与现代漓江中的砾石岩性组合差别当不会太大。另一方面，现代的漓江和其他河流中的砾石组合，由于砾石来源的差别，却应当有所不同。由于甑皮岩出土的石器原料明显属于河流砾石，而漓江和甑皮岩出土石制品的岩性组合非常相似，所以，甑皮岩的石料应当来自漓江。据观察，甑皮岩各个时期出土石器的岩性、大小和形状并没有大的变化（表一三），表明其石料一直采自漓江。

（三）石料的选择

对于史前时期的石器制作者而言，他们能够看到的是岩石的大小、形状、颜色、结构（表面是否疏松）和粗糙程度（即晶体颗粒粗细级别），也许还可以通过打击岩石判断其相对硬度。因此，他们选择石料的过程应当是根据所积累的石器制作经验，来确认具有某种特征的岩石是比较合适的石料。如果长期在一个固定的地方选取石料，甚至可以依靠颜色、外观结构及粗糙度进行判断。我们今天探讨甑皮岩石器原料的选择，也应该从这些标准出发。正是基于这个原则，我们在岩性分类统计中所采用的标准，和地质学的标准稍微有些差别。例如，细砂和粉砂级的区别，用肉眼是难以判别的，这些人为划分的不同级别的颗粒，实际上往往共同存在于同一块岩石中。此外，细砂或粉砂岩作为石料而言也不构成明显的结构差别，因此我们在统计时将两种级别的砂岩合成一类。

从岩石的比例来看，出土石料和现代采集所得石料均以砂岩为主，其中1号采样方非选择性采集的砂岩比例是56％左右，而2号采样方选择性的采集则可以将比例增加到将近80％。在出土石制品较丰富的DT4第31层所见的砂岩，比例是81％左右。在其他几个探方地层出土的石器，砂岩的比例绝大部分都在75％以上。尽管出土石器不可能是史前石质工具的全部，但是这个反复出现的比例，表明砂岩是甑皮岩先民最乐于采用的石料。一方面这与石料的来源有关，因为漓江砾石的确以砂岩为多。另一方面，根据打制石器的实验，与石英砂岩和角岩相比，砂岩的打制较容易，而且形成的锋刃也比较规整，可能因此经常被选作石材。

在两个采样方中用选择法和非选择法采集的石料，最明显的差别是砂岩和石英砂岩及花岗岩比率的变化。在1号方中，砂岩的比率较低，而石英砂岩及花岗岩的比率较高。经过选择采集的石料，砂岩的比率接近DT4第31层出土石器砂岩的比例。2号方的石料采集者是在观察了出土石器的岩性组合后，有意识的采集与出土石制品的外观、颜色和颗粒粗细结构

表一三　甑皮岩遗址部分地层出土石器的岩性统计表

单位	分期	数量＼岩性	火成岩			沉积岩							变质岩					
			中/粗粒花岗岩	细粒花岗岩	花岗斑岩	细砂/粉砂岩	中粒砂岩	含砾砂岩	石英细砂/粉砂岩	中粒石英砂岩	泥质粉砂岩	灰岩	斜黝帘石透闪石角岩	石英透辉透闪石角岩	碳质板岩	泥质板岩	千枚岩	石英岩
DT4㉛	一	数量	11	1	2	225	2	1	13		1			1	8	8	1	1
		比例	4.00	0.36	0.73	81.82	0.73	0.36	4.73		0.36			0.36	2.91	2.91	0.36	0.36
		小计	14			242							19					
		比例	5.09			88							6.91					
		合计	275（比例合计：100%）															
DT4㉚	一	数量	1			11			1							1		
		比例	7.14			78.58			7.14							7.14		
		小计	1			12							1					
		比例	7.14			85.72							7.14					
		合计	14（比例合计：100%）															
DT4㉙	二	数量				34			3	1					1	2		1
		比例				80.95			7.14	2.38					2.38	4.76		2.38
		小计				38							4					
		比例				90.48							9.52					
		合计	42（比例合计：100%）															
DT4㉘	二	数量	1			36			1				1		2	3		
		比例	2.27			81.82			2.27				2.27		4.55	6.82		
		小计	1			37							6					
		比例	2.27			84.09							13.64					
		合计	44（比例合计：100%）															

续表一三

单位	分期		火成岩			沉积岩							变质岩					
		岩性\数量	中/粗粒花岗岗岩	细粒花岗岗岩	花岗斑岩	细砂/粉砂岩	中粒砂岩	含砾砂岩	石英细砂/粉砂岩	中粒石英砂岩	泥质粉砂岩	灰岩	斜黝帘石透闪石角岩	石英透辉透闪石角岩	碳质板岩	泥质板岩	千枚岩	石英岩
DT6㉘	一	数量				29						1						
		比例				96.67						3.33						
		小计	30															
		比例	100															
		合计	30（比例合计：100％）															
DT6㉗	二	数量	1		2	9			2			1	1					
		比例	6.25		12.5	56.25			12.5			6.25	6.25					
		小计	3			12							1					
		比例	18.75			75.00							6.25					
		合计	16（比例合计：100％）															

相似的砾石。结果表明，根据岩石的外表特征，完全可以选择比较适宜制作石器的砂岩等石料。因此，甑皮岩史前居民应该也是以砾石的上述特征为标准选择石料的。

根据观察，甑皮岩各个时期出土石器所用石料均有一定的规律。一般来说，石器加工工具如石锤，一般以花岗岩为主，也有一定数量的砂岩，而生产工具如砍砸器、切割器、尖状器等则主要是砂岩和石英砂岩，也有少量板岩和其他岩石。至于穿孔石器，除了属于第二期的1件用花岗岩作原料，但为未成器的废品之外，其他各期出土的穿孔石器均以砂岩为原料，而70年代发现的穿孔石器也都是砂岩，表明砂岩也是制作穿孔石器的主要原料。

石器打制实验表明，新鲜花岗岩硬度高达摩氏7度，如果作为石器原料，不仅打制较困难，并且因为岩石的颗粒粗大，也难以形成规整的石器刃缘，但由于其硬度大，却是作石锤的好材料。另一方面，硬度较低，颗粒细小、结构较均匀的细砂岩和粉砂岩不仅打制比较容易，而且能够打成相对规整和比较薄锐的刃缘（图版六五，2）。甑皮岩不同石器和不同岩石的对应关系反映出甑皮岩各个时期的石器制作者对石料的不同特性已经有了一定的认识，知道何种岩石较适宜作何种用途，并据此选择、使用不同的岩石。

此外，甑皮岩各个时期都直接利用天然砾石作为石器加工工具和生产工具，例如制作石锤的球状、盘状砾石，制作间接打击工具的棒形砾石以及制作穿孔石器的盘状砾石等（附表一）。我们测量了出土的8件棒形砾石和7件穿孔石器，后者包括了70年代出土的5件器物（表一四、表一五）。根据观察和测量，有6件棒形砾石是砂岩，2件是石英砂岩。8件标本的长度都在7~10厘米左右，平均长度是7.18厘米，最大直径在1.8~3.65厘米之间。长度和最大直径的平均比值是2.89厘米，其中5件的比值在2~3.11厘米之间。而穿孔石器所用的砾石，除了1件是花岗岩之外，其他都是砂岩。绝大部分标本的直径在7~10厘米左右，只有1件的直径是4.58厘米。每件石器的厚度差别很小，最厚和最薄的差别绝大多数在0.4厘米以下，平均差别0.29厘米。砾石形状规整，磨圆度很高。显然，这两类石器的形状、大小及岩性三方面都合乎一定标准，其石材是有意识选择的。根据2001年6月在漓江岸边的观察，当地确实存在与出土石器的形状和岩性都相同的砾石，但是必须留心寻找。我们花了大约7分钟找到1件与出土石器相似的棒形砾石，而寻找1件扁圆形，厚薄均匀，大小合适可作穿孔石器和盘状石锤的砂岩砾石则花去了23分钟。至于用作球状石锤或其他石料的花岗岩或砂岩砾石则只需要1~2分钟即可采集到1件。由此可见适宜作穿孔石器、盘状石锤或间接打击工具的圆形或棒形砾石并非唾手可得，亦可见甑皮岩的史前居民已能够根据不同的需要，有意识的选择不同形状和岩性的砾石作为石料或石器加工工具。

表一四 甑皮岩出土棒形砾石测量记录（单位：厘米）

出 土 编 号	长	最大直径	长/径比值	岩 性
DT4⑳:009	8.59	3.15	2.73	砂岩
DT4㉑:2	6.9	3.65	1.89	砂岩
DT4⑱:4	10.04	3.5	2.87	石英砂岩
DT4⑰:2	9.4	2.01	4.68	砂 岩
DT4⑬:1	7.05	2.58	2.73	砂 岩
DT4⑫:3	8.09	2.6	3.11	砂 岩
DT4⑩:3（残）	7.85（残长）	1.82	＞4.33	石英砂岩
DT4⑨:3	7.39	3.33	2.22	砂 岩
平均比值（不计残件）			2.89	

表一五 甑皮岩出土穿孔石器测量记录（单位：厘米）

出土编号	最大直径	最厚	最薄	最厚/薄差值	岩性
DT6㉗:041	7.1	4.0	3.6	0.4	花岗岩
DT6⑲:008	7.3	2.3	2.3	0.1	砂岩
K:510	8.72	2.56	2.4	0.16	砂岩
K:508	8.2	2.47	2.3	0.17	砂岩
K:528	10.14	4.6	4.26	0.34	砂 岩
K:529	8.53	5.1	4.3	0.8	砂 岩
K:003	4.58	2.74	2.7	0.04	砂 岩
平均差值				0.287	

（四）石器的制作及二次修整

石器毛坯在不同的石器工业中有不同的形态。在长江以南、岭南地区直到东南亚这一广袤区域内，以砾石作为原料的石器工业占据着主导地位，而石坯则以块状砾石为主，甚少见华北地区常见的石片和石核。因此，如果将打制石坯称为"打片"，对于砾石工业的制作而言并不准确。故本文将第一次加工的步骤称为制作石坯，并以 DT4 第 31 层出土的石制品为主要对象进行初步分析。

甑皮岩以 DT4 第 31 层发现的石器数量最多，为我们了解当时的石器制作工艺提供了十分珍贵的资料。DT4 第 31 层的石制品中，除大量的可以明确认定为已加工成型的石器外，还发现了较多的石片、石屑、砾石块和没有任何加工、使用痕迹的天然砾石。甑皮岩的山体是石灰岩，而这些砾石块主要是不同颜色的砂岩、石英砂岩、花岗岩和少量板岩，显然不是从洞顶脱落的。砾石块棱角分明，并无经过搬运磨损的痕迹，因此亦当与流水或其他自然力作用无关，而应是人类活动的结果。

经观察、整理和分析，DT4 第 31 层的石制品大体包括了四大类：石器、半成品、废弃品和天然砾石。我们选择石器中的主要器类，利用实验考古学的方法进行了打制实验。

1. 石器加工工具

打制石坯不可缺少的是用作打击的石器加工工具。甑皮岩第一至四期都出土了一定数量的（包括盘状、球状和半球状）一定花岗岩和砂岩砾石，表面没有其他刻意的人工加工痕迹，但有不少麻点和坑疤，而且这些坑疤通常集中在砾石的中心或者边缘部位，在中心部位的往往形成圆形凹面。我们推测这些砾石有可能是用于加工石器的石锤，并且从漓江岸边采集形状类似的砾石进行了打制石器的实验。实验使用后的砾石锤表面留下的坑疤与出土石器表面的疤痕相同，所以具有类似疤痕的各期出土的圆形砾石中，有相当部分应是制作器物的石锤。其中，有凹石锤中部的凹坑可能是在用间接打击法制作石器时与棒形石凿上端撞击而形成的，其他各类石锤周缘的砸击麻点和崩疤可能是直接砸击石器毛坯而形成的。当然，石锤的作用也可能不仅仅限于制作工具，或许还有其他用途，但目前尚难以明确认定存在其他功能。

2. 砍砸器的制作

DT4 第 31 层共出土砍砸器 124 件。据观察，这些石器一部分是在砾石的一侧和两侧截断砾石，打出大小合适的形状，然后在一长边或一长边一短边或两长边打出刃面，并进一步修整刃缘。一部分是不截断砾石，直接在砾石的一长边或一长边一短边打片，形成刃面，并进一步修整刃缘。

除可以明确认定为已加工成形的砍砸器外，还发现了较多的砾石块，其长宽通常在 5～12 厘米之间。通过与成形石器的比较，我们认为这些石块中除一部分是砍砸器的半成品外，其他则为制作石器时截断的废石块（以下简称"石块"）。为了证实这种看法，我们利用实验考古学的方法进行了打制实验。

首先到现代漓江河漫滩选择岩性相同、大小相近的砾石作为石料，然后分别进行了锤击法和摔击法打制石坯的试验。实验表明，用砾石作石锤，可以用锤击法将较大的砾石截断，打成若干大小合适的毛坯（图版六五，4、5），然后再作进一步加工修理。此外，也可以选择大小合适的砾石，直接在长边一侧打下若干片，形成刃部，成为石器。

根据实验，锤击法打制毛坯对砂岩这类比较软的石料较有效，但遇上较硬或较大的石料，如摩氏硬度为 6～7 度的石英砂岩或角岩，其打制难度则较大。因此我们也试验了用摔击法打制毛坯，即将石砧置于地面，手持石料向石砧摔击。这种方法也可产生块状石坯，但石坯的大小、形状难以被人有效控制，常常出现废品，成功率较低，应不是甑皮岩人常用的石器加工方法。

石器的加工修理是将石坯制成工具的重要步骤。我们主要通过观察加工石器的工具和出土石器表面的现象，进行制作实验，然后比对两者之间的异同来探讨这个过程。DT4 第 31 层共发现 59 件仅经截断，而未进一步加工修理的半成品。根据实验，用椭圆形或棒形砾石作为石锤，沿石坯的边缘向破裂面轻敲，即可修理出边刃。这种方法在破裂面留下一排若干个小石片疤，而修出的边刃往往呈波浪形。这些特征均与出土石器所见特征极其相似（图版六五，6、9）。甑皮岩其他时期的石器大部分都带有这种修理痕迹。因此，锤击法应是甑皮岩石器加工修理的方法之一。

甑皮岩历年出土的石器中均有一定数量的棒形砾石，其长度在 6.5～13 厘米之间。由于磨圆程度的差别，这些棒形砾石的横断面大致有近圆形和近椭圆形两种，前者的直径在 2.1～5.2 厘米之间，而后者的长轴在 1.6～4.2 厘米之间。在漓江河漫滩发现一定数量的同形状、同岩性砾石，故甑皮岩出土的棒形砾石当是史前人类到漓江采集搬运回遗址的。各个时期的棒形砾石除少部分表面没有使用痕迹外，多数在一端或两端存在有麻点、疤痕、崩损甚至脱落小石片的现象，显然经过使用，而且很可能是用于加工修理或制作器物的工具。

为了验证这一假说，我们进行了实验。首先以棒形砾石为中介体，一手持石锤，另一手将砾石棒固定在需要修理的石器边缘，然后以石锤敲击棒形砾石，即可打下小石片，达到修理石器边刃的目的。这其实是一种间接打击法，而棒形砾石起到了"凿"的功能，我们统一称之为"棒形石凿"，以与传统意义上的石凿相区别。使用时棒形砾石与石锤接触的上端主要接受砸击力，表面形成一个小平面（图版六五，7），在 15 倍放大镜下可见小平面由多个面积在 0.2～0.3 平方厘米左右的浅凹面组成，排列并无明显的方向。在这个平面的下缘则出现长 0.2～1.3 厘米的小石片疤。而与石料接触的下端除传递砸击的力量之外还接受了与石料撞击及反弹的力度，因此在刃部形成了沿着砾石断面密集排列的阶梯状凹坑，其长度在 0.3～0.45 厘米之间，而宽度在 0.08～0.15 厘米之间。在这些凹坑向着砾石中部的边缘还有密集重叠、长度在 0.3～1.3 厘米之间的小石片疤，在放大镜下可见两种痕迹紧密衔接（图版六五，8）。

根据实验，岩性不同，或者岩性相同但结构不同的棒形砾石在作为打击中介体使用以后留下的痕迹不尽相同。例如带有纵向节理面或沉积层理的砂岩棒形砾石，受到打击时往往很快从中部裂开，而节理面不发育且硬度较高的石英岩则比较耐用。总体而言，接触石料的棒形砾石下端往往比上端较快出现疤痕、崩落石屑等，而且疤痕的数量也比较多。棒形砾石的整体开裂往往也是从下端开始。在刚刚开始打击时，棒形砾石的上端出现小平面，而下端出现凹点，并很快出现崩落的小石片。随着打击次数的增加，棒形砾石上下端均会出现大片剥落石片，最后往往沿砾石的中轴线裂开而不能再用。第三期石器有一件棒形砾石即有类似的阶梯状凹坑和小平面。由此推断，出土的部分棒形砾石，特别是带有崩落石片疤痕的棒形砾石，很可能是用于修理石器的石凿。

用这种"凿击法"修理的石器边缘留下成排的小石片疤，每一个疤上有明显的打击点（图版六六，1），整个石器的刃缘则呈波浪形，与部分出土砍砸器刃缘的形态相似。因此，甑皮岩出土砍砸器的加工修理也应该使用了这种加工方法。需要说明的是，间接打击法和直接用小石锤打击修理在石器表面形成的疤痕和波浪形刃缘颇为相似，目前的实验结果暂时还不能将两者明确区分开，尚有待今后更进一步的研究。

实验结果及与出土石器的对比显示，甑皮岩的砍砸器既有先截断砾石，打出大小、形状适宜的毛坯，再进一步对刃面、刃缘进行修理而成器的，也有在大小、形状适宜的砾石上直接打片而成器的，同时，也存在间接打击制作石器的方法。

3. 石片石器的制作

除了用块状砾石作为原料制作石器外，甑皮岩第一期到第三期及库存石器中，均存在用石片加工而成的"切割器"。其中第一期40件，第二期5件，第三期1件，第四、五期无，库存18件。这些切割器刃缘有明显的二次加工痕迹，应是有意识选择加工的。此外2001年还发现了相当数量没有明显修理迹象的石片，长度从10厘米左右到只有3厘米左右不等。其中小石片在第一期的DT4第31层最多，一共发现了258件，其中小部分可以拼合；其他地层也有发现。

这些石片的岩性绝大部分是砂岩和石英砂岩，有极少数的板岩和个别灰岩，与其他石器的岩性一致。石片的打击点和半锥体集中在一端。打击台面都是原来的砾石面，没有经过修理。我们在打制砾石毛坯的实验过程中也不断产生类似的小石片（图版六六，2），具有和锤击法打制石片相似的特征。因此，这些石片应是打制石器时产生的碎片，它们的存在表明当时洞内有石器制作活动。据观察，甑皮岩人曾选择其中部分较大的石片，在边缘进行第二次加工修理，从而成为石片石器。同时也存在部分不经任何第二次加工而直接使用的石片石器。

甑皮岩2001年发掘的文化堆积全部用0.5厘米孔径的网筛过筛，因此在各探方和地层中还发现了数量不等的砂岩、石英砂岩等岩石碎屑和碎块。实验表明在打制毛坯的过程中也会产生形态和大小类似的碎屑和碎块（图版六六，3、4）。因此，地层中发现的上述碎屑物质应当是史前石器制作的副产品（debitage）。

我们将最大长/宽在 3 厘米以下的石屑称为碎屑，3 厘米以上的则称为碎块。在 DT4 第31 层出土了 611 片碎屑，935 块碎块，此外，还有 200 多件石器和半成品。在这一层一共发现了 2000 多件石器和相关的副产品，显然，甑皮岩早期居民在洞内曾经进行过规模可观的石器制作活动。

甑皮岩遗址第二期至第五期均出土有数量不等的打制石器。就目前所见，第一期用两种不同打制毛坯方法和二次修理方法制成的石器，在第一期至第五期均有发现，表明第二期以后打制石器的制作技术和第一期的并无太大差别。但需要注意的是，第一，甑皮岩遗址第二期和第三期均发现了较多的打制石器、半成品、石器加工过程中截断的石块和剥离下来的石片和碎屑以及天然砾石。如果将上述因素的存在作为石器制作的标志物，那就说明甑皮岩第二期和第三期的史前居民也在洞内进行过规模可观的石器制作活动。第二，第四期的打制石器、半成品、石器加工过程中截断的石块和剥离下来的石片和碎屑以及天然砾石明显减少，似乎说明该期人类的石器制作活动主要已不在洞内进行。相关发掘资料显示，1975 年，为配合甑皮岩遗址陈列馆的建设，在洞外西侧进行了清理发掘，该次发掘发现了较多的打制石器、半成品、石器加工过程中截断的石块和剥离下来的石片和碎屑以及天然砾石。因为当时特殊的原因，我们现在已无从准确判断这些石制品的年代，但至少说明甑皮岩史前人类也曾经在洞外进行过石器制作活动。第三，甑皮岩遗址第五期打制石器的数量显著下降，似乎说明这时打制石器的地位已逐渐让位于磨制石器。

4．穿孔石器的制作

石器制作的另一类产品是穿孔石器。2001 年出土的第一期到第三期石器中都有穿孔石器，此外 70 年代也出土了相当数量的穿孔石器。据观察，所有穿孔石器的孔壁上都有密集的小凹点（图版六六，6），而有的孔壁（漏斗状孔的最小径处）则相当光滑（图版六六，7）。根据这些痕迹，我们推测穿孔石器的制作可能包括了琢打和钻两种方法，而其工具很可能是棒形砾石。为证明这种推测，我们用实验考古学的方法进行了检验。

首先是琢打法的试验。挑选直径 9.9 厘米，厚 1.8~2.2 厘米的圆形砂岩砾石作为原料，制作者一手持石料，另一手持棒形砾石在石料的中心部位两面反复琢打，经过 7.5 小时打穿砾石制成穿孔石器。如果砾石较厚，如超过 2.5 厘米，或硬度较高（摩氏硬度 7 度），则所需时间可达 16 小时。成形后的穿孔石器孔壁平直，表面有密集的凹点，与出土石器表面现象相似（图版六六，8）。使用后的棒形砾石，一端没有使用痕迹，而用于琢打的另一端则出现了由许多密集小凹点组成的圆面（图版六六，5）。在第一和第三期出土的棒形砾石表面都有类似的痕迹，故甑皮岩出土的部分穿孔石器可能是用这种琢打法制成的。

我们也尝试了另外一种方法。以棒形砾石作为中介体，以石锤轻轻击打棒形砾石，慢慢打成圆孔。用这种间接"凿击法"，棒形砾石与石料接触的一面或出现剥落小石片，或很快裂开，或刃部迅速变钝变平不可用（图版六六，9）。此法的关键是掌握力度。如用力太大，圆形砾石琢打数下即开裂，成为废品。因为用力较小，所以进度很慢，制作一件穿孔石器所需的时间与直接打击法相近，也要7~8小时。"凿击法"和"琢打法"在穿孔砾石表面留下的都是密集的小凹点，形态区别不大，所以两种方法都可能曾用于甑皮岩穿孔石器的制作。甑皮岩第二期出土半件花岗岩圆形砾石（DT6㉗:041），中央有琢打痕迹，孔未穿透，而破裂面平齐，显然是穿孔过程中的废品。

此外，2001年第一期和70年代出土石器中各有1件残穿孔石器，孔壁最小径处表面光滑，有可能采用了"钻"的工艺。我们在漓江采集岩性和形状类似的棒形砾石作为磨棒，蘸水加细砂在直径5.9厘米，厚1.9~2.2厘米的圆形砂岩砾石中间两面研磨，经过8小时完成穿孔。成形后的穿孔呈弧形漏斗状，表面光滑（图版六六，10），但是，在出土的穿孔石器中并未见到类似的弧形漏斗状穿孔，因此它们当不是用全"钻"的方法制成的。不过，用于磨制穿孔砾石的棒形砾石则在端部形成一段非常明显的磨面，与原来的砾石面界限分明（图版六六，11）。在第四期出土的1件棒形砾石一端也见到非常相似的磨光面。由此看来，上述2件穿孔石器，可能是先用琢打或凿击法加工，在加工的最后阶段用棒形砾石以钻的方式完成穿孔，棒形砾石在此过程中与孔壁不断摩擦形成磨光面。

总之，根据制作实验和标本对比分析，甑皮岩各期均有部分石器使用了锤击法和间接的"凿击法"进行加工修理，所用的主要是硬锤。其中，穿孔石器是比较特殊的一类石器，因为其制作并没有经过打制毛坯的程序，而是挑选磨圆度高，形态合适的扁圆形砾石作为石坯直接穿孔成形，但很可能仍是使用直接琢打法或凿击法进行穿孔，在最后用"钻"的方法完成整个过程。

二、实验标本的制作和使用

石器的使用功能是史前石器研究的一个重要内容，而主要的研究方法是微痕和残余物分析。本文主要介绍微痕分析的结果。

如前所述，甑皮岩石器的石料主要是细砂、粉砂岩，石英细砂和粉砂岩以及花岗岩。除了花岗岩之外，其他岩石的碎屑颗粒直径在0.005~0.1毫米之间，但与燧石、黑曜石等隐晶质岩石相比，颗粒仍然粗大，而且结构也比较疏松，在15倍放大镜下可见在矿物晶体之间有其他的碎屑物质甚至孔隙。此外，除了石英砂岩的矿物成分相对比较单一之外，其他的岩石往往含有不同的矿物，如石英、长石、云母等。这些矿物的硬度不同，因此使用造成的磨损程度也不同。另外，不同的矿物在显微镜下呈现不同程度、不同角度的反光和折射光。这些特点决定了它们的使用痕迹有自身的特色。与矿物成分较单一的燧石和石英相比，对砂岩（包括石英砂岩）和花岗岩等含有不同矿物的粗颗粒岩石进行微痕观察的难度要大得多。但是，微痕观察对器物功能的研究相当重要，故这项分析是不可缺少的。

对这类粗颗粒、含多种矿物的岩石进行微痕研究是有待开辟的一个领域，目前国内尚未见到正式发表的有关报道，而在欧美类似的研究亦非常罕见。因此，我们对甑皮岩出土石器进行微痕分析缺乏可供参考和借鉴的资料，尚处于探索阶段。在进行微痕观察之前我们考虑了如下几个问题：

微痕研究主要是对器物的表面现象进行分类和结构分析，而最基本的前提之一是微痕现象的规律性。只有确认某种岩石用于一定功能便产生一定形态的使用痕迹，具有重复性和规律性，我们才可以将现代实验标本所见的微痕现象作为研究古代石器表面微痕的依据，进而推论石器的功能。因此，粗颗粒、含多种矿物的岩石是否可以进行微痕研究，关键在于这些岩石使用后出现的痕迹有无规律性。从理论上假设，任何材料使用之后一定会产生磨损并留下痕迹。而这些痕迹的形态、大小、深浅、明暗等现象是由材料的结构，包括组成材料的成分，材料的硬度和强度以及材料作用于加工对象的方向、角度和力度，两者接触的面积和位置，所加工对象的结构和成分等等所决定的。从材料力学的角度而言，同一种材料具有相同的硬度和结构（匡振邦等，1998）。所以，当用于同一种用途，作用于同一类加工对象的时候，所产生的磨损性质应该相同，所表现的形态应该相似。基于这个假设，任何材料的使用痕迹都应该具有一定的规律性，包括粗颗粒含多种矿物的岩石。

在上述假设的基础之上，下一个关键是观察的方法。理论上存在的自然现象，不一定都可以观察得到，或者未必都可以准确的观察和分辨。在微痕研究中一直存在所谓高倍法和低倍法的不同观察方法。我们一直认为，观察的方法是为分析的目的服务的，无需囿于手段而使研究受到局限，应当根据观察对象的结构和特征以及观察的效果决定采用哪一种方法，或者两种方法均加以采纳。确认这类石器的微痕分析的可行性和基本步骤之后，我们即按照微痕研究的步骤进行工作。

（一）实验标本的制作

我们从漓江采集与出土石器相同的石料，如砂岩、石英砂岩、花岗岩和板岩等，然后用锤击法、凿击法、琢打法等直接打击法加工出与出土石器形态相似的"砍砸"、"尖状"、"石片"、"刮削"器和穿孔石器等，并将制作所用时间加以记录（表一六）。

根据实验，除了穿孔石器之外，其他砾石器的制作并不需要很多时间。如实验标本1号细砂岩刮削器，用砸击法打出石坯，锤击法修理刃部，耗时28分。实验2号，石料较薄，直接用锤击法斜向打出刃部，耗时19分。实验3号和4号砍砸器，用长椭圆形砾石直接打出陡刃，分别用了16分和12分钟。又如实验26号，利用一件长方形砾石在一端打去三片石片，形成一个陡刃，只需9分钟。用同类石料打击尖状器的时间大致相似。实验标本27号是用锤击法打出半盘状石器，只需1分钟。实验标本的制作者为经常从事脑力劳动的中年女性。史前先民经常打制石器，其速度当会更快。

打制实验表明，甑皮岩所见的两种不同的打坯方法在成器时间上有相当差别。利用形状、大小合适的砾石一端直接打片成器的方法速度较快，而打出石坯再修理边刃的方法耗时较多。实验标本1号和2号对比相差9分钟，或者50%。由此可见，如果能够选择合适的砾石直接加工，比打出毛坯再修理成器要节省时间和劳动。

从制作实验来看，穿孔石器是甑皮岩工具套中制作耗时最久的器物，而且需要制作者掌握一定的技能，包括选择合适的石材，以保证石料不会中途裂开成为废品。从两面向中央琢制穿孔，如何掌握方向以保证可以对穿，以及在琢制过程中如何保证孔的圆度等。总之，制作的人力、技术和时间要求明显比较高。可能因为如此，一件穿孔石器大概会反复使用直至破裂为两半才被废弃。出土的穿孔石器，包括 70 年代发现的几件标本，绝大多数是制作过程或经过使用裂成两半的残、废品，似乎可以说明穿孔石器作为工具的价值比较重要。

（二）实验标本的使用及微痕观察

制作完成后，先将未经使用的标本刃部放在 15～50 倍显微镜下观察，主要是观察和记录打制后、使用前岩石的结构和矿物形态。随后将这些标本用于砍伐树木、竹子，挖掘竹笋，切割肉类和敲砸兽骨及敲砸椰子、割野生植物等多种用途，每件标本使用的时间均为 45 分钟。然后将使用标本用毛刷轻轻刷去表土，放在 30～60 倍显微镜下观察。此时可以观察到的主要是不同类型的残余物，如竹子、树木、草本植物纤维以及动物脂肪和肌肉纤维等，微痕往往被覆盖。将这些残余物的形态、位置及密集程度照相记录之后，再用清水将实验标本刷洗干净，自然干燥后观察表面的微痕，并且与使用前的刃部现象对比，分析刃部磨损情况，包括矿物颗粒外形的变化。为了验证微痕鉴定的可靠性，部分实验标本进行了"盲测"，即将标本交给其他人员使用，微痕分析者在不知道标本用途的情况下对微痕进行观察分析，推测其用途，再与使用者核对。一共观察了 16 件实验标本，得到一些初步结果（表一六）。

据观察，使用前的砂岩、石英砂岩和角岩等碎屑岩，在 30 倍显微镜下可见其平面的矿物晶体颗粒形态和颗粒之间的界限相当清晰。由于这些碎屑岩的颗粒较粗大，结构亦相对松散，故制成的石器边刃不如燧石等隐晶质石料的石器边刃那么整齐。未经使用的碎屑岩石器边刃，在 50 倍显微镜下呈锯齿状，但其锯齿较小而分布均匀（图版六七，1）。经过使用过程的碰撞和不同方向的摩擦等作用，碎屑岩表面的形态发生变化，显微镜下平面表现为晶体颗粒的形态和颗粒之间的界限变得不清晰，或连成磨光面/磨圆面，而刃部的变化是出现各种崩损、缺口、磨光、磨痕等（图版六七，2、3）。

据初步分析，实验标本使用后产生的微痕可分为三类。第一类是使用痕迹不明显或难以分辨的微痕。第二类是痕迹明显但不易细分的微痕。第三类是具有一定规律性和特征比较鲜明的微痕。

第一类的微痕是否明显，可能与石器的岩性有关。如实验标本 1 号和 12 号都用于刮削柞木 45 分，但在 50 倍显微镜下观察，1 号砂岩标本可见使用痕迹，而 12 号角岩标本则不见明显的使用痕迹。角岩的硬度比砂岩高大约摩氏 1～2 度，是否由于硬度较高，所以在同一使用时间内角岩的痕迹不明显，是今后要继续探讨的问题。此外，用于其他一些经济活动，如砸击软壳果的实验 27 号，刮削山薯皮的实验 13 号，或切割肉类的实验 14 号标本，在石器表面留下较多的植物或动物残余，但微痕或者不明显，或者只有特征模糊难以和其他使用功能区别的小平面。初步分析，由于所加工物质的硬度远远低于石器，若使用时间短则石器刃部不易产生磨圆、崩损、缺口等形态，而碎屑岩表面又难以鉴别磨光面的亮度差别，所以分辨这类微痕有一定难度。

第二类的微痕主要是加工有一定硬度又有弹性的物质所形成的，如伐木，砍竹子，或切割、刮削竹、木等。在使用过程中，石器和使用对象不断发生碰撞和摩擦，而竹、木纤维以及这些植物所含的植物硅酸体和水分，也对微痕的形成有重要作用。据实验和观察，用于加工竹木的石器，使用后刃部往往出现磨圆和磨光，而且出现和使用方向一致的磨痕，如切割运动会出现与刃锋线平行的磨痕，刮削和砍伐会出现与刃锋线垂直的磨痕。此外，砍伐产生的冲击力较大，所以在器物刃部往往形成较大的锯齿形缺口。实验标本4号和6号砂岩"砍砸器"都用于伐木45分钟。在30～45倍显微镜下观察，都见到刃口圆钝，有锯齿状缺口和点状磨光面，以及和刃锋线垂直的磨痕，矿物晶体都没有粉碎现象，据此可以和第三类微痕区别。问题是，砍竹子45分钟的实验3号砂岩"砍砸器"也观察到类似的使用痕迹，故伐木和砍竹子的微痕难以区别。至于刮削，实验标本1号和2号都是砂岩"刮削器"，分别用于刮削竹子和柞木45分钟，在30～45倍显微镜下所见的微痕也相似，都有矿物晶体经过磨平形成小平面的现象，没有锯齿状缺口，据此可以和砍伐的功能分开，但刮削竹木两者之间的分别难以鉴定。

根据以往对燧石器分析的经验，鉴别加工竹和木的微痕主要是依靠磨光面的亮度差别。加工竹子形成较高亮度的磨光面，而加工木材形成的磨光面亮度较低，有所谓"干涩"感，而且往往不连贯。这可能是由于竹子纤维较长，而且柔韧性大于木材纤维，与石器的摩擦均匀，此外竹子含水分和植物硅酸体较多，与燧石摩擦后形成的磨面亮度较高而且"润泽"。上文已经提到碎屑岩的多矿物结构决定了微痕磨光面亮度区别的困难度，因此目前尚未能准确分辨加工竹和木的痕迹，只能初步区别砍伐或刮削竹、木的使用痕迹。

第三类特征比较明显的包括加工坚硬物质形成的微痕和切割禾本科植物的微痕。例如用于剁砍兽骨的实验8号砍砸器，使用45分钟后刃部变钝，在45倍显微镜下出现光滑、亮度高而无方向性的平面，而且伴有大量粉碎性矿物晶体（图版六七，4）。另一件用于凿击硬壳果的实验26号砂岩"尖状器"，尖端变平，出现密集小坑，矿物晶体也出现粉碎性现象，但没有高亮度磨光的出现。这两者之间的共性是由于石器和硬物反复碰撞导致矿物晶体粉碎性破裂，而两者的差别是由于椰壳并没有油脂，而且使用时的力以冲击力为主，很少摩擦力，故不易出现磨平或磨光面。而剁砍兽骨过程中也有切割运动，因此产生一定的摩擦力，此外还产生大量油脂，导致石器表面出现高亮度的磨平或者磨光面。经过"盲测"复核，这一类微痕的特征是比较明显的。此外，用于收割狗尾巴草45分的实验10号细砂岩石片，则在刃部形成均匀而高亮度的磨光面（图版六七，5），与其他微痕有别。

另外一种特征相对明显的是挖掘根茎类。如实验9号细石英砂岩"尖状器"，用于挖掘竹笋 43 分钟，其尖部和两侧刃均出现磨圆、磨光和与刃尖平行或垂直的磨痕。如果挖掘过程用力向下撞击，特别是碰到土中的岩石碎屑，那么尖端也会出现矿物晶体破碎的现象。这是由于挖掘过程中石器不仅有向下的撞击，也有平行的刮挖运动，而且泥土中含有各种较硬的颗粒，故器物表面形成多种方向的痕迹。

表一六　石器实验标本微痕观察记录

标本编号	制作及耗时	用途及时间	放大倍数	微痕现象	微痕分类
实验 1 号	细砂岩，用砸击法打出石片及修理刃部。耗时 28 分钟。	未使用。	30X	未经使用的砂岩表面，矿物晶体颗粒之间的界限和结构清晰。	
实验 1 号	制作同上。	刮削柞木。用时 45 分钟。	30X	使用后砂岩表面矿物晶体颗粒之间界限不清晰，经磨损/磨平连成平面。	经盲测，与刮削竹子的微痕不易分辨。
实验 2 号	细砂岩，直接打击法制成"刮削器"。耗时 19 分钟。	刮竹子。用时 45 分钟。	15X	刃缘形成小的磨平面，矿物颗粒磨平，方向不清晰。	经盲测，与刮削硬物的微痕不易分辨。
实验 3 号	利用细砂岩砾石，锤击法修出陡刃"砍砸器"。耗时 16 分钟。	砍伐竹子，共砍断 5 根竹子，直径分别是 2.3、2.8、2.9、3 和 3.1 厘米。用时 45 分钟。	45X	刃部有大量植物纤维。刃部圆钝，有小缺口。矿物晶体无粉碎性。出现点状磨光面。	经盲测，与砍伐硬木的微痕不易分辨。
实验 4 号	细砂岩，直接打击法制成。耗时 12 分钟。	使用前刃部。	50X	边刃有均匀的小锯齿，无磨光现象。	
实验 4 号	制作同上。	伐木。用时 45 分钟。	50X	刃缘出现密集的锯齿状疤痕，锯齿较大，分布不均匀。整个刃缘略微磨圆。有垂直于刃锋线的深磨痕。	经盲测，与伐竹子的微痕有相似之处。
实验 5 号	细石英砂岩，用直接打击法制成"石斧"。耗时 12 分钟。	砍新鲜竹子。用时 45 分钟。	30X	刃缘变钝。刃锋出现有规律的缺口。石英颗粒有磨平现象。	与伐木的微痕有相似之处。
实验 6 号	石英细砂岩。用锤击法修理出刃部制成"砍砸器"。耗时 13 分钟。	砍伐桂花树直径 8 厘米的侧枝，砍断树枝。用时 43 分钟。	10X、45X	10 倍镜下见刃缘明显圆钝，形成圆弧状；有垂直于刃锋线的磨痕。45 倍镜下见大量植物纤维。刃部圆钝，有多个小缺口。矿物晶体无粉碎性，出现点状磨光面。	与伐竹子的微痕有相似之处。
实验 7 号	细砂岩盘状砾石，锤击法打出边刃。耗时 11 分钟。	砍伐竹子，共砍断 3 根竹子，直径分别是 2.3、2.5 和 2.6 厘米。用时 108 分钟。	45X	微痕现象同实验 5 号相似。	

续表一六

标本编号	制作及耗时	用途及时间	放大倍数	微痕现象	微痕分类
实验 8 号	细砂岩盘状砾石，锤击法打出边刃。耗时 12 分钟。	剁砍兽骨。用时 45 分钟。	10X、45X	刃缘变钝，出现平滑的小平面，亮度较高，无方向性。刃部出现大量粉碎性矿物晶体。	经盲测复核可分辨率较高。
实验 9 号	细石英砂岩砾石，锤击法修理成"尖状器"。耗时 13 分钟。	挖掘竹笋 43 分钟。得到竹笋 1 个。	50X	刃尖和两侧刃均磨圆，有磨光面及与刃锋线平行和垂直的摩擦痕。	经盲测复核可分辨率较高。
实验 10 号	细砂岩石片，未经二次加工。	使用前刃缘和刃锋。	50X	表面无磨光。刃锋见岩石原有的凹凸不平现象。	
实验 10 号	制作同上。	割狗尾巴草秆。用时 45 分钟。	50X	刃缘有大量植物纤维，出现高亮度磨光面，可见与刃锋成大约 45 度夹角的磨痕。	经盲测复核可分辨率较高。
实验 11 号	泥质板岩石片，未经二次加工。	未使用。	100X	无磨平面。磨光面不明显。	
实验 11 号	制作同上。	掐狗尾巴草穗。用时 45 分钟。	100X、200X	刃锋出现高亮度磨光面。	经盲测复核可分辨率较高。
实验 12 号	角岩石片，直接使用。	刮削柞木。用时 38 分钟。	50X	使用痕迹不明显。	可能与岩石硬度有关。
实验 13 号	砂岩石片，直接使用。	刮山薯皮。用时 45 分钟。	50X	有植物纤维及淀粉，但使用痕迹不明显。	
实验 14 号	砂岩石片，直接使用。	切割肉类。用时 45 分钟。	50X	表面有动物肉及脂肪残余。油脂磨光面，磨痕及磨面不明显。	
实验 26 号	砂岩，直接打击法制成"尖状器"。耗时 9 分钟。	砸击椰子果壳（硬壳果）。用时 45 分钟。	15X	刃端出现密集小坑，尖端变钝形成小平面。矿物晶体粉碎性分布。	经盲测复核，有一定可分辨性。
实验 27 号	细砂岩盘状砾石，用锤击法横向打出一断面。出土石器中有类似的器物。耗时 1 分钟。	砸击银杏果壳。用时 60 分钟。	45X	断面有大量白果淀粉，使用面圆钝，出现平面且光亮。亮度无方向感，无磨痕，无小坑，矿物晶体无破碎。	微痕不明显。

注：1. 石器制作者为以从事脑力劳动为主的中年女性。石器使用者为以从事体力劳动为主的青年和中年男性。理论上，不同年龄、性别以及职业的个体存在体力差别，这种差别会反映在制作石器的打击力度和使用石器的力度上，由此会造成制作和使用石器所需的时间别。

2. 实验标本 15～25 号为石器制作工具及石器加工过程中产生的石块和碎屑。

3. 10～45 倍用轴向投射照明 0lympus SZH，50 倍以上用 0lympus BX60M 金相显微镜。

三、出土石制品的微痕观察

石器出土后分件独立包装，以避免现代物质污染或器物互相碰撞产生现代"微痕"。部分石器表面经过残余物分析的采样程序（附录四）。刷洗后的石器首先根据形状进行初步分类，如棒形石凿、穿孔石器、尖状器、砍砸器、刮削器、切割器及石片等。前两类器物全部经过显微镜观察，其余各类则挑选出若干件代表不同类型器物且可能经过使用的标本，清洗及自然干燥后放在显微镜下观察，并与实验标本所见微痕相对比。较大的砾石工具使用OlymusSZH 轴向投射照明显微镜，而较小的石器则在 OlympusBX60M 金相显微镜下观察及记录。观察的倍数从 15 倍到 50～100 倍不等，视乎石器的结构和性质以及微痕现象而定。碎屑岩的观察一般用 15～65 倍，而板岩类颗粒较细密，在 50～100 倍镜下观察效果较好。此次一共观察了 86 件出土石器，其中有 58 件微痕不明显或未见到使用痕迹，有 28 件带有明显的使用痕迹，但大部分使用痕迹目前还不能有把握的鉴定。

与很多其他研究一样，微痕研究需要反复测试，反复进行对比和重复实验，才可以比较确定某种微痕的特征。起步最早的燧石器微痕分析，其研究对象是结构最佳的石料，经多个国家学者超过 60 年的共同努力，才达到今天比较成熟的阶段。而砾石器的微痕分析是微痕研究中最困难的题目，又还处在起步阶段，更加需要大量和反复的观察和"盲测"来检验。本次微痕分析仅仅是一个探索。而且限于种种条件，特别是研究者时间的限制，所做的分析远远不够，得到的结果也不成熟。考虑到这些因素，这里仅仅将一些我们认为比较有把握的微痕现象加以报道。

（一）第一期石制品

一共观察了 56 件石制品，其中 15 件观察到使用痕迹，但大部分目前未能确定其功能。其中特征比较明显的微痕，见于 DT4㉛:012 和 DT4㉛:346，还有 1 件未编号的砂岩石片共 3 件器物表面。

DT4㉛:012，盘状石锤，顶端有受到砸击形成的疤痕。

DT4㉛:346，棒形石凿，一端有凹陷的疤痕，当为琢制形成。

DT4㉛中的石片，刃缘圆钝，有多处小缺口，见矿物晶体粉碎性分布。

以上器物中，对比实验标本，DT4㉛:012 和 DT4㉛:346 当曾用作加工器物的锤和"凿"，第 31 层的石片当曾用于剁砍兽骨。

（二）第二期石制品

观察了 9 件属于此期的制品。其中只有 3 件有使用痕迹。微痕特征明显的 2 件器物，一件编号 DT4㉘:026，另一件编号为 DT4㉘:027，均为切割器，刃部有粉碎性矿物晶体，有磨光，当曾经用于剁砍兽骨。另外一件出于 DT6 第 27 层的石片，刃部出现粉碎状矿物晶体，有磨平和小缺口，除了可能用于剁砍兽骨之外，其密集分布的缺口也可能是其他用途形成的。

（三）第三期石制品

观察了 10 件属于此期的石制品，有 5 件不见明显的使用痕迹，另外 5 件中有 4 件可以见到使用痕迹，但功能待定。最后一件编号 DT4⑱:006 的石英砂岩棒形砾石，一端有琢打留下的疤痕，显然是曾经用于加工器物的"石凿"。在这些疤痕之上有 4 个小磨平面，呈向心分布，使砾石顶端呈"尖状"。这是否有意识将棒形砾石一端用磨制加以修理，使之形成较尖锐的刃部？目前所见只有这一件标本，有待今后发现更多材料。

（四）第四期石制品

属于此期经过观察的石制品 8 件，其中有 4 件是棒形砾石，另外一件风化严重无法观察。使用痕迹比较明显的只有两件器物，都是砂岩棒形砾石，编号分别是 DT4⑬:006 和 DT4⑫:012。前者的一端斜向崩损一大片，与石器制作实验中用于"凿击法"中介体的棒形砾石痕迹相似，当是曾用作加工器物的"石凿"。后者一端有一段非常明显的磨面，与制作实验中加水、细砂磨制穿孔石器所见痕迹相同，显然是一支"磨棒"。

（五）第五期石制品

此期打制石器数量很少，只挑选了 3 件器物进行观察。其中编号 BT3⑫:002 的器物风化严重不能观察。余下的两件，微痕的特征都比较模糊。

此外，穿孔石器，或称穿孔砾石的使用功能也未能解决。甑皮岩第一到第三期都发现了这种器物。在 70 年代的发掘中也有发现。对于这种器物，以往已经有不少学者进行过研究，认为扁圆形的穿孔石器可能是狩猎用的工具，或是掘土棒的加重器（宋兆麟等，1985）。我们根据这两个假设作了实验。初步结果显示，如果是前者，器物在落地时不可避免地会与地面发生碰撞，其表面会有碰撞形成的崩损疤痕或凹坑。此外在整个孔壁也会有和绳索摩擦产生的痕迹。如果是后者，则器物表面通常没有碰撞导致的疤痕或凹坑，但孔壁突出的中央部位当是与木棒紧贴的部位。由于木棒在穿孔内基本固定，并无摩擦运动，留下微痕的可能性很小。我们在 60 倍显微镜下观察编号 K:508 的穿孔石器孔壁，没有观察到明显的磨痕。甑皮岩部分穿孔石器器表有崩损疤痕或凹坑，因此，不排除这种器物作为狩猎工具的可能性，但有待今后做更多的实验来帮助解决问题。

综合以上初步微痕分析的结果，碎屑岩的微痕与石英、燧石等矿物的微痕现象的确有相当差异，而且有特别的难度。由于碎屑岩的矿物晶体较粗大，往往难以看到连续的磨痕和磨光面，而不同矿物在显微镜下有不同的反光，因此对微痕的亮度分析也构成严重干扰。此外，器物长期埋藏在土壤中，受到各种物理和化学埋藏作用影响，其光亮度也可能发生变化，而我们目前对这些变化都不清楚。至于观察的倍数，初步结果表明，由于碎屑岩的颗粒粗大，在高倍数显微镜下往往只见到矿物晶体颗粒，难以见到使用痕迹的全貌，观察效果反而不佳，而低倍法的效果则较好。

微痕研究的初步成果，反映了甑皮岩的部分石器作为加工和狩猎工具的功能，特别是用石片制成的切割器或者石片，有加工兽骨的痕迹。另外也反映了甑皮岩出土的石片有未经加工修理即使用的现象。此外，部分石器有一器多用的情形。不过，总体而言，对于碎屑岩石器的微痕研究尚在摸索阶段，大部分的微痕目前还难以辨别、确定其形成的功能。

在石器功能的研究中，残余物的分析也是一个重要的手段。此次观察在相当部分石器的刃部发现有植物纤维。由于这些观察标本出土后都不经清洗，立即分件独立包装，到室内观察之前才进行清洗，所以，基本可以排除植物纤维后期污染的可能性。另外一个可能的污染源是土壤中原有的植物纤维。今后希望能够进一步进行残余物的研究，特别是植物纤维的分类鉴定，以助于我们了解史前石器的功能。

四、小　结

通过器物的观察和分析，考古实验以及微痕的初步观察，我们对甑皮岩出土石器，特别是第一期石器从选择原料到制作和使用，以及个别种类的石器（主要是穿孔石器）的废弃，有了初步了解。这些研究有助于我们分析史前居民的行为模式和工艺水平。研究的结果与其他学科的研究成果相结合，也有助于我们了解甑皮岩史前居民的工具制作和经济活动。

总的来说，甑皮岩史前居民对石料的选择是有一定标准的，而且已经掌握了不同岩性的岩石的差异，并利用不同的岩石制作不同的工具。如花岗岩就基本不作为器物的原料，主要用作石锤，而硬度适中，打制较容易的砂岩，一直是主要的石料。这种选择行为在各个时期都有反映，但以第一期较明显。选料之后运回洞内，制作工具往往是在洞内进行，尤其第一期的工具制作活动颇具规模。器形方面，"切割器"有相当部分由石片制成，而砍砸等器类以砾石为主。

在打制工艺方面，甑皮岩史前居民主要用直接打击法，也有运用棒形砾石作为中介体的间接打击法。石坯的打制因不同的石器，采用不同的方向和打法。这反映出制作者在加工石器之前已经在脑中形成所要制作工具的基本蓝图，且根据这个蓝图选择材料、决定打制和加工的方法。部分石片或石坯有不经二次加工即使用的现象，不过相当部分的石器都经过加工修理。

人类制作工具的知识是不断积累、不断从错误中吸取经验的过程，而这个过程似乎也可以从甑皮岩出土石器中看到一些端倪。如第二期1件孔未曾穿透已经裂开的花岗岩半边圆形砾石，以及70年代出土的1件两面钻孔不对应的穿孔石器（K:510），都是史前工具制作者学习和掌握制作石器工艺的证据。

根据器物形态观察和初步微痕分析，甑皮岩的石器工具套，特别是在DT4第31层出土的较多石器中，不见投枪、箭头一类狩猎工具。类似的工具套组合在华南及邻近地区都有广泛分布。从出土的兽骨数量来看，狩猎应当是当时主要的经济活动之一，石器工具中的切割器也有加工肉类的痕迹。如何解释石制狩猎工具缺乏的现象？一个可能是狩猎的工具不是用石料而是用其他材料如兽骨或者竹、木等制成。另外一个可能是甑皮岩的史前居民主要的狩猎工具不是箭头或投枪，可能使用陷阱或其他技术打猎，包括穿孔石器。这是有待将来继续研究的课题。

从甑皮岩出土的石器看来，各个时期从选料到制作和使用都呈现相似性和稳定性，表现一种文化的延续性（cultural continuity）。虽然无法证明甑皮岩各个时期居民群体之间的关系，但是这种文化的延续性，也许反映了在桂北地区全新世早中期史前文化的相对稳定。这种稳定性，可能与本地区相对稳定的自然环境和资源有关，或者可能是一种最佳适应方式。

第三节　骨、角、蚌器制作工艺的分析与研究

用骨、角、贝壳、牙等有机原料制作的器物，是考古遗址中常见的文化遗物，并且是重要的工具大类。和石器的制作一样，骨角贝壳类器物也有一个从选择原料、制作毛坯、加工修理成器、使用到最后废弃的过程（chaîne operatoire）。甑皮岩遗址出土的牙器数量极少，反映不出什么特殊的意义，所以，本节主要通过考古实验、器物观察和参考前人研究结果，分析甑皮岩出土骨角贝壳类器物的制作过程、工艺和方法。由于甑皮岩所出贝壳类器物均以蚌类为原料，故称骨、角、蚌器。

2001 年发掘期间，在甑皮岩各地层中都出土了一定数量的骨、角、蚌器，分属五个不同的文化时期（附表三）。我们对这批器物进行了初步研究，研究内容和基本步骤如下：

1. 根据原料对不同时期的器物进行分类，把骨器、角器、蚌器和牙器等按大类分开。

2. 对不同大类的器物原料尽可能进行动物种属的鉴定，并分析原料的结构和硬度，以了解史前人类制作工具选择原料的行为模式。

3. 鉴别加工成形的器物和人工打制形成的骨片、毛坯等，注意区别自然因素如水的浸泡磨蚀或动物啃咬等形成的遗物与人类有意识加工形成的器物间的差异。

4. 通过考古实验，对比出土器物，辅以低倍显微镜观察，分析和复原骨、角、蚌器的制作工艺及过程。

此外，70 年代出土了不少骨、角、蚌器，为我们了解甑皮岩史前骨、角、蚌器的制作工艺及过程提供了不少关键性的资料。但是，因 70 年代的资料已失去了原生层位，我们在研究中仅将其作为参考材料。

除了分析骨、角、蚌器的制作之外，也进行了初步的微痕分析。

一、出土器物的观察和分析

史前考古遗址，尤其是贝丘遗址中，经常发现大量的骨、角、贝壳类遗骸，其中大部分

是人类获取食物后的遗弃物，只有少部分被利用并加工成工具。此外，史前遗址所见的少部分骨片，还有可能是食肉类或啮齿类动物啃咬形成的（吕遵谔等，1990）。如何辨别出土动物骨骼遗存是人类获取食物后的遗弃物还是有意识加工的工具，一直是国内外学者关注的问题之一。80 年代以来相关研究也逐步深入（吕遵谔等，1990；黄蕴平，1996）。此次我们对甑皮岩出土的大量骨、角、蚌制品进行了仔细观察，将人类有意识加工作为工具的遗物和获取食物后的遗弃物分开。区别的标准是观察这些器物表面有无人类进行有目的的加工、修理和磨制的痕迹。

从观察的结果来看，甑皮岩出土的大部分骨角贝类遗骸都属于人类获取食物后的遗弃物（垃圾），没有明显的加工痕迹。其中大量的骨片非常破碎，包括 70 年代发掘的骨片。这些应是当时人们或敲骨吸髓或剁砍兽骨形成的。数量很多的淡水贝类，绝大部分没有人工加工痕迹，也显然是获取食物后的遗弃物。只有很少部分的骨、角、蚌制品带有工具加工的痕迹，其中有些已完全成器，但在使用过程中残断，有些则是仅经初步加工的毛坯，还有少量加工过程中产生的废料。这类废料，虽然本身不作为器物使用，但可以为我们提供史前人类工具制作的重要信息，所以，我们将这些成品、毛坯（半成品）和器物加工过程中产生的废料统称为骨、角、蚌制品，一并在此讨论。

根据我们的实验，人类敲骨吸髓的活动可以产生大量的骨片。敲骨吸髓有两种不同的打击方法，一种是非控制性的，一种是控制性的（详见下文）。前者所形成的骨片大小不一、形状各异，其中一部分大小、形状适中的骨片可以作为制作工具的原料，但是，除非有进一步加工的痕迹，否则这类无意识形成的骨片和大量不适宜作工具而遗弃的骨片是很难区别的。慎重起见，没有明显人类进一步加工痕迹的骨片，都不在本节予以讨论。控制性打法，是为取得骨料而有意识地在动物骨骼的某个部位打击，如专门打去一个或两个关节面，或用间接打击法制取长骨料等（详见下文）。这类以制作工具为目的而打出的骨料，则归入骨制品中。部分无任何第二次加工痕迹，但有明确使用痕迹的骨片，也一并在骨制品中讨论。

以下分期叙述我们根据观察出土器物和考古实验对各期骨、角、蚌器制作工艺的分析。

（一）第一期骨、角、蚌器的制作

共出土骨、角、牙、蚌制品 119 件，其中大部分是残器。以骨制品占绝大多数，计 93 件，占 78.15%；蚌制品次之，计 22 件，占 18.49%；再次为角制品，共 3 件，占 2.52%。最少的是牙器，只有 1 件，占 0.84%。以下分类进行讨论。

1. 骨器的制作

根据对出土器物的观察，甑皮岩第一期骨制品包括锥、铲、鱼镖等骨器及半成品和残次品。据观察和实验，骨器的制作应包括选择骨料、打击取料和磨制成器三个基本步骤，也偶见琢打骨坯和穿孔技术的应用。

（1）骨料的选择

史前人类选择何种动物的骨骼，以及选择哪一部位的骨骼作为骨料，反映了他们对原材料的结构、硬度和厚度等特征的认识以及他们的工艺技术水平。研究史前工具制作者对原料的选择，首先需要判断原料来自何种动物，或者至少是哪一类动物的骨骼。2001年出土的经过磨制的骨器大部分已失去骨骼原来的形状，只有少量骨器还可以辨别出原来的骨骼并据以分辨其动物种属。从可以分辨的骨器来看，其原料都是食草类动物的肢骸，其中有几件标本可以确认为牛科或鹿科的肢骨。对于无法确认动物种属的大部分出土器物，我们选择骨器、骨片的厚度和最大长、宽度作为主要分析项目，通过与现代动物骨骼的最大长、宽和骨壁厚度的对比，分析史前人类主要选择何种动物的哪一部分骨骼作为骨器原料。

哺乳动物的骨骼大致可分四种，即长骨、短骨、扁骨和不规则骨（Campana，1989）。根据对比观测，甑皮岩出土的骨器和骨料，多数来自动物的长骨，此外有少数扁骨。长骨之所以被选作最常用的原料，与骨骼的结构和特征有关。哺乳类动物的骨骼中，长骨的骨壁通常含最多的骨密质，结构最为致密，沿长轴方向具有最大的强度，同时又具有一定的韧性。而其他骨骼如扁骨、不规则形骨骼等，骨松质成分较多，结构比较疏松，强度较低，一般不宜作为骨器材料。

从形态和结构而言，长骨特别适合制作一些细长形的工具如骨锥、针等。这不仅是因为骨骼的形状与所要制作器物的形态相近，制作相对容易，而且也因为在制作和使用过程中，长骨沿长轴方向的强度和韧性可保证器物不易破碎或折断。这是岩石所没有的特性。当然长骨也可以用作其他形状的骨器原料，特别是大型食草类动物的肢骨，如牛、鹿等，由于具有一定的宽度和长度，可以制成较大型的工具如骨铲等。由于具有以上特点，不论中外，动物的长骨都是史前人类制作骨器的主要原料之一。

根据我们对新鲜的现代牛科（Oxis sp.）和梅花鹿（Cervus nippon）骨骼的测试，两种动物的肢骨和扁骨（肩胛骨）硬度近似，都是大约摩氏3.5度左右。这个硬度比之石器自然要低得多。由于骨料硬度不高，太细小单薄或结构太疏松的骨骼容易破裂，不宜作为骨料。又由于骨器容易损坏（出土骨器大多是残器，可证此点），骨器制作应当是比较经常性的活动，因此所需的骨料也当来自人类经常猎取的动物。食肉类动物，不但猎取不易，而且这些动物的骨壁往往较薄（如表一七狗的肢骨。狼的骨壁厚度当与狗近似），不宜作为骨料。而食草类和杂食类动物既是人类经常猎取的对象，其肢骨的骨壁也比较厚，顺理成章的成为骨料的主要来源。

根据鉴定，甑皮岩出土的较大型食草类和杂食类动物有亚洲象、鹿科、水牛、羚羊和猪等（李有恒等，1978；见本书有关章节）。这些动物都有长的肢骨，都可能是骨料的来源。我们未能找到现代亚洲象的肢骨，但测量了与甑皮岩出土物种相似的几种现代动物的肢骨，测量项目包括了骨壁的长、宽和厚度（表一七）。然后随机选择了20件甑皮岩第一期出土的骨器标本，测量了它们的现存最大长、宽和厚度（表一八）。

表一七　现代部分动物肢骨测量记录※（单位：厘米）

动物种属	肢骨最宽	骨壁最大厚度
家鸡	0.9~1（腿）	0.2（腿）
狗	1.7（后肢）	0.24（后肢）
家羊	1.7~1.96（前下肢），1.52~1.65（后下肢）	0.12~0.21（前下肢），0.1~0.18（后下肢）※※
家猪	2.25（前肢），2.34（后肢）	0.35-0.4（前肢），0.35-0.51（后肢）
梅花鹿	2.1~2.4（前肢），2.2~3.3（后肢）	0.5（前肢），0.41~0.56（后肢）
牛科	5.5（前肢），5.15（后肢）	0.8~0.9（前肢），0.77~0.85（后肢）

※现代标本均购自市场，很可能不属于同一个体。

※※据黄蕴平先生研究，羊的股骨壁有厚达0.27厘米的（黄蕴平，1993）。

表一八　甑皮岩出土一期骨器测量记录（单位：厘米）

编号	器类	长	宽	厚
DT4①:229	骨铲	11.3	3.4	0.7
DT4①:230	骨铲	8.9	4.4	1
DT4①:231	骨铲	7	4.3	0.9
DT4①:232	骨铲	5.2	1.7	0.5
DT4①:237	骨锥	6.6	0.9	0.6
DT4①:239	骨锥	3.2	0.7	0.4
DT4①:240	骨锥	4.1	0.7	0.4
DT4①:241	骨锥	4	1.2	0.5
DT4①:242	骨锥	2.9	0.6	0.5
DT4①:243	骨锥	4	0.6	0.6
DT4①:244	骨锥	4.1	0.8	0.4
DT4①:247	骨锥	3.4	0.9	0.4
DT4①:248	骨锥	2.7	0.9	0.6
DT4①:249	骨锥	2.9	1.1	0.6
DT4①:259	骨锥	1.9	0.7	0.4
DT4①:265	骨锥	1.9	0.5	0.4
DT4①:266	骨锥	2.1	0.8	0.5
DT4①:267	骨锥	2.5	0.6	0.5
DT4①:273	骨锥	1.9	0.4	0.4
DT4①:274	骨锥	1.5	0.5	0.5

首先从长度分析，出土器物中残长在8厘米以上的2件骨器或骨料，其来源应当是大型食草类动物如牛或鹿科的长骨，因为只有这些长骨才能够产生这样长而且较笔直的骨料。根据我们的实验，限于长度和骨骼的弯曲形态，即使猪的肢骨也难以截取这类骨料。其次，从骨器的厚度分析，经过测量的出土骨器，虽然残长参差，但其厚度大都在0.31~0.5厘米之

间。根据实验，制作骨器过程中的厚度损耗至少是 0.1 厘米或以上，故骨器的原料厚度当至少在 0.4 厘米以上。显然，家鸡以及其他鸟纲动物，狗和类似的犬科动物，甚至羊科动物，其骨壁都比较薄，不能产生这样厚度的骨料。对比现代标本，长度在 8 厘米以下，而厚度在 0.3 厘米以上的骨器，其骨料来源当是猪、牛和大型鹿科动物。

除了长度和厚度以外，骨器的宽度也可作为判断骨料所属物种的参考指标。甑皮岩第一期骨器中有 3 件比较大型的骨铲，编号分别是 DT4㉛：229、DT4㉛：230 和 DT4㉛：231，其骨壁最大厚度分别是 0.7、1 和 0.9 厘米，而最大宽度分别是 3.4、4.4 和 4.3 厘米。对比现代标本，这样大型的骨器很可能是牛科动物肢骨打制而成的，当然也不排除用更大型的动物如象的骨骼作为原料的可能性。不过大象当不是经常可以猎取到的动物。总之，上述对比表明甑皮岩出土骨器的原料大部分是来自杂食和大型食草动物的肢骨，如猪、大型的鹿和牛科动物等，也不排除有更大型的食草类动物如亚洲象作为骨料来源。

（2）打击取料

关于截取骨料的方法，国内外都有学者做过观察和分析，并且提出了不同的取料方法（黄蕴平，1996）。根据我们的实验，截取骨料时，将肢骨放在石砧上，用石锤将肢骨两端的关节面横向打去，只取中间的骨管，将之破开，即可得到理想的骨料（图版六八，1）。在打击取料的过程中往往产生大小不等的骨片，其中有些具有规整或锋利的边缘（图版六八，2），须与骨器区别。

实验还表明，打击取料的过程也是将骨髓完整取出的过程。据我们的实验，将牛的股骨两端打去之后再劈开，骨壁中重 72.5 克的骨髓就可以完整取出。因此，敲骨吸髓完全可以和打击取料结合（吕遵谔等，1990）。如果将骨料从骨管中部打断，则骨料往往十分破碎，难以取得较大和较好的骨料。据实验，家猪的股骨全长大约 23 厘米，除去关节面，中部骨管的长度大约 12 厘米。如果选择股骨中央部位为打击点，所得骨片通常最长不超过 8 厘米。如果先截取两个关节面，则有可能得到长达 10 厘米的骨片（但家猪股骨中部弯曲，所得骨料不直）。此外，中间打法同时也将骨髓砸烂，不易取食。

在 70 年代和 2001 年甑皮岩出土的骨器中，都有这种两个关节面都被打去，只剩下中间部分的牛和鹿的肢骨，而且骨壁表面留有纵向裂纹（KDT6：001），显然是经过人工敲击作为骨料之用（图版六八，3），证明甑皮岩居民的确使用过这种打去两端关节面的取料方法。

此外，70 年代出土的骨器中，还有较多骨器的取料方法是只截取长骨一端关节面，而后将没有关节面的一端修理并磨制成器。目前所见，相当一部分这种骨器是采用较小型鹿类的前肢骨作为原料，所制成的多是锥形器。由于当时的地层划分有所局限，故我们目前无法确定这种截取一端关节面的方法是在哪一期出现的，但至少表明甑皮岩史前骨器的取料也有采用只打去一端长骨关节面的方法。

据我们的实验，打去一端关节面然后将整个骨管制成器物，所需的时间较短，但每一根长骨只可以做一件骨器，而且骨针之类的细长器物，如果用此法取料，则耗时很长。而打去两端关节面，得到长形的骨管，需进一步加工才可取得骨片，制成毛坯，所需时间较多，但每一根长骨可以制作两件或以上的骨器，因为一根长骨至少可以沿长轴劈开两半。截去一端或两端关节面的取料方法，实际上反映了制作者如何在制作工具的效率和骨料利用率之间取舍，以及如何根据所拟制作器物选择不同的取料方法。从出土器物来看，甑皮岩先民在这方面也是有所选择的。打去一端骨关节制成的通常是比较大型的骨锥，而其他细长形的锥、针类，或宽大的骨铲类，没有关节面留下，很可能是打去两端关节面，再加工取料制成的。

　　如上所述，打去两端关节面的骨管，需要进一步加工制取骨料。据实验，使用重约 750克的石锤直接在骨管上任意打击一点取料，打击点或者打击区基本在同一部位，打击的力量呈放射性向骨壁各个方向传递。由于骨壁受到的打击力度依其与打击点的距离远近而有所不同，而打击力的传递也具有多向性，所以骨壁破裂后的形状和大小具有很大的随意性，有长方、条形、三角等形状。这是一种非控制性的取料方法。据观察，出土的一部分骨片缺乏规整的形状，而且部分骨片呈长方形或条形，与实验打出的骨片形状相似。因此，第一期的部分骨片可能是用非控制性打击法产生的。

　　另外，在出土的骨片中有部分骨片呈比较规整的扁长方形。为了探讨这类骨片是否还有其他打制方法，我们试验了控制性的打击法，将已打去两端关节面的骨管，用石锤沿中轴线移动打击点进行打击。由于有超过一个的打击点，并且打击点的排列与骨骼的中轴平行，故骨壁基本沿中轴线开裂，打出两边平行，而且刃缘比较平齐的长方形骨料，与出土骨料的形状接近。这种骨料再加修理和磨制即可成为骨器。

　　用这种控制性打击法取得的骨料，其骨壁剖面会留下明显的打击点和半锥体，以及出现"台地状"和"负台地状"的现象（吕遵谔等，1990）。甑皮岩第一期以及 70 年代出土的骨制品，常见到骨壁上有打击点和半锥体的现象，说明甑皮岩第一期采用过这种沿骨料中轴打击取料的方法（图版六八，4）。

　　（3）修理、磨制成型

　　用直接打击法所得的骨料边缘锋利，形状亦不规整。在甑皮岩出土的骨制品中发现有若干骨片，其边缘比较规整，而且已经初具器物轮廓（图版六八，5），但表面没有磨制的痕迹。根据观察和实验，这种比较规整的边缘应当是二次加工修理骨片形成的。我们尝试了两种修理方法。一种是锤击法，即手持石锤直接敲击骨片的边缘。用这种方法修理后的骨片边缘及打击疤痕的大小和形状与石锤的大小有关。根据实验，如果用重 500 克的石锤作为工具，打击的力度较大，修理后的骨片边缘呈波浪形，在骨片表面留下浅而宽大的疤痕；如果用重 100 克的小石锤，打击的力度较小，则骨片边缘较直，在骨壁剖面形成短小的疤痕。另一种是间接修理法，即将骨片放在石砧表面，然后用棒形砾石在骨片边缘琢打修理。用这种方法修理的骨片边缘比较平直，留在骨片剖面上的疤痕短小，与使用小石锤的锤击法修理留下的疤痕相似。从初步实验的结果来看，小石锤直接打击和间接修理在骨坯上留下的痕迹差别似乎不很明显。

甑皮岩第一期出土的几件骨铲，包括上文提到的骨坯，边缘比较垂直，带有短小的疤痕，可能经过了小石锤或间接修理法修理。但这不是说修理骨料的方法仅限于这两种。虽然在出土骨器中尚未见到宽浅的疤痕，但不能因此排除较大石锤用作修理骨坯的可能性，因为骨坯随后还要经过磨制，而磨制的过程往往去除了修理的痕迹。

除了部分形状扁平的器物如铲等，甑皮岩第一期出土的大多数骨器是形体细长的骨针和骨锥。根据黄蕴平先生对辽宁海城小孤山遗址出土骨针的研究，骨针的制作包括了选材、截料、刮磨成型和加工针眼四个步骤，而经过刮磨的骨针在器表会留下刮痕和磨痕（黄蕴平，1993）。我们也进行了骨器的制作，主要是打制骨坯之后，用颗粒粗细不同的砂岩作为磨石直接磨制，然后在50倍显微镜下观察其制作痕迹。初步所见，用颗粒直径为0.5厘米左右的粗砂岩磨制的骨器，其表面可见深而宽的磨痕（图版六八，7）；而用颗粒直径为0.125厘米左右的细砂岩磨制成的骨器，表面的磨痕较窄（图版六八，8）。骨器磨制痕迹的共同特点是缺乏统一方向。由于磨制者不可能每次打磨都取同样的角度，所以骨器表面出现密集但不同方向的磨痕。这是和使用痕迹不同的主要特点之一。

据观察，甑皮岩出土骨器绝大多数都经过一定程度的磨制，而且相当一部分是用颗粒较细的砂岩磨制的。例如DT4㉛:282骨器标本表面就有密集而方向各异的磨痕，磨槽相当窄（图版六八，9）。此外，个别骨器表面有穿孔的现象。标本DT6㉘:036是一根细长的骨器，通体磨光，两端残断，最大直径0.63厘米，一端有一个椭圆形的孔，短轴只有0.13厘米；因孔已残断，故长轴无法测量（图版六八，6）。从残留的孔壁观察，该孔应是两面对钻而成，而且孔壁光滑，应当曾经使用过。这应是一件因针眼残断而废弃的骨针。

根据骨凿、骨铲、骨锥和骨针的制作实验，磨成一件小骨凿耗时24分钟，制成一件骨铲用了1小时12分钟，骨锥则用了15分钟，骨针用了45分钟，但仅通体打磨（图版六八，11），而未钻孔。我们的制作实验只有打击取料和磨制成器两个步骤。从实验来看，用磨制法制作骨器的效率不算太低。

2．角器的制作

角是另一种既有韧性又有强度的材料。根据研究，角的成分与骨相近，但强度和柔韧性比骨大约高30%（Knecht，1997），因此在使用过程中更不容易破碎，特别是作为镖枪投掷时更是如此。角通常是史前工具的另外一种主要原料，而且常常用作镖枪、鱼镖、箭头一类狩猎和渔猎工具。不过，2001年甑皮岩各期出土的角器数量都很少。第一期角器只见到3件，从出土标本来看，角器的原料均是鹿角。由于未能找到现代鹿角作为实验材料，故只能依靠观察出土标本并结合前人的研究成果来讨论制作工艺。

吕遵谔先生曾经复制了辽宁海城小孤山出土的鹿角鱼镖，并通过考古实验对其使用进行了分析，总结出制作鹿角器物包括了锯切原料、用锯切法制作雏形和用刮削法加工修整三个步骤（吕遵谔，1995）。甑皮岩出土角器的制作步骤，就初步观察，标本DT6㉘:033，在鹿角的两侧见有人工修理的疤痕，应是打击形成，一端磨成弧刃，磨出的平面非常清楚（图四七，3）。还有一件编号为 DT4③:289 的标本，是一片长 4.62、宽 2.15 厘米的鹿角片，两端都有人工打击的痕迹，打成人字形的边缘，但未见磨制和其他进一步加工的痕迹，可能是一件毛坯。可见，甑皮岩角器的加工可能采用了直接打击制成毛坯，然后加磨的技术。

3. 蚌器的制作

从出土标本来看，甑皮岩第一期绝大部分蚌器或未成器的原料都来自淡水瓣腮类，或称双壳类（刘月英等，1979）。因为本类动物外壳硬度和结构相似，所以在暂时无法取得与出土蚌类相同的现代标本时，对这类器物制作的分析，除了观察出土器物之外，也用其他种类的蚌壳作为对比材料进行了一些初步的制作实验。根据观察和考古实验，蚌器的制作包括了选择原料、打制毛坯、磨制成形、穿孔等几个步骤。

（1）选　料

甑皮岩遗址出土了大量的软体动物贝壳，其中大部分是人类获取食物后遗弃的垃圾，只有小部分进一步加工作为工具。黄宝玉等人对甑皮岩 70 年代出土的贝壳进行过研究，认为共有 30 个种、属的淡水贝类，分属珠蚌、矛蚌、丽蚌、雕刻蚌、射褶蚌、田螺和篮蚬等科（黄宝玉，1981；王惠基，1983）。这是甑皮岩史前居民作为食物而采集回来的种类。目前所见，只有蚌类用作工具材料。从 2001 年发掘出土的蚌器及其原料来看，被选择作为器物原料的都是个体比较大的种属，其中最常见的是丽蚌属（*Lamprotula* sp.）的贝壳，不仅整个作为原料，而且打下蚌片使用。因为这类贝壳大而厚重，尽管制作比较费力，但具有一定的硬度和强度，适宜作为工具。此外还有一部分是用珠蚌和矛蚌等其他淡水蚌类制成的。这些种类的个体相对较小，壳也较薄，但加工较为容易。

根据我们的测量，新鲜贝壳的硬度大约是摩氏 3.5 度，与骨料相似。因为硬度较低，故较薄的贝壳容易破裂，不宜作为工具，只有较厚的贝壳才具有一定的强度，可以制作器物。而贝壳的厚度既与不同物种有关，又与个体年龄有关。有些贝壳如丽蚌属的壳较厚，而另外一些贝壳如球蚬属的壳则非常薄。同一种贝壳，年龄越大贝壳越厚（刘月英等，1979）。通常年龄越大的贝类个体也越大，故史前先民当时应是选择较大的瓣腮类个体作为制作器物的原料。我们在出土蚌器中央部位最厚的一点测量，丽蚌贝壳最大厚度在 0.6～1.05 厘米之间，其他蚌类贝壳的最大厚度都在 0.15 厘米以上。实验表明这个厚度的贝壳具有一定的强度，在加工和使用过程中不太容易破裂。

（2）打制毛坯

据观察，出土的蚌器在制作上大体可以分为三类：第一类是用整个贝壳加工成器物；第二类是沿贝壳周缘打出合适的毛坯，再磨制或穿孔；第三类可能是利用残蚌器再加工成器。

第一类多以中小型的贝壳如珠蚌、射褶蚌属等为原料。出土的中小型贝壳最大长度在 6 厘米左右，宽度在 4 厘米以下，除了铰合部之外，壳厚在 0.15 厘米或以上。对这类贝壳一般只在上端钻一或两个孔，边缘不经磨制而直接使用，大部分刃缘有使用痕迹（图四八，7）。

第二类以较厚重的大型贝壳如丽蚌属作原料，如标本 DT4③:295，在贝壳周边用锤击法打制出合适的毛坯，然后再磨制（图四八，3）。

第三类以标本 DT6③:293 为代表，是蚌类接近壳顶部的残片，从其厚度判断也可能是丽蚌属。该片呈三角形，其中一边平直光滑，另一边有钻孔痕迹，其他各个边缘则参差不齐，当是打制形成（图版六八，10）。这件残片向蚌壳后端有残的穿孔，可能是将一件残穿孔蚌器，打去铰合部和顶部，重新制作蚌器时产生的废料。如果推测无误，这种改制工具的行为是否表明当时适宜作为工具的较大蚌类不容易获得？据刘月英等人研究，蚌的生长期比较长，"一般 3～4 年才能发育成熟"（刘月英等，1979）。由此看来，个体较大的蚌壳可能还是不算充裕的资源。

此外，在打制蚌片的过程中也产生相当多的蚌壳碎屑。制作实验中打制两个波纹巴非蛤壳，产生了 19 片大小不等的碎屑，最大长宽从 2.02×1.15 到 0.45×0.21 厘米不等。这些碎屑应当成为蚌器制作活动地点的标志。甑皮岩出的土均经过 0.5 厘米孔径的网筛过筛，且筛过的土全部经过浮选，在这两个过程中均发现有大量的螺、蚌碎屑。但是，因为甑皮岩遗址是以螺壳为主要堆积的贝丘遗址，加上蚌壳易风化的特性，几乎不可能判断出哪些碎屑是在蚌器加工过程中打出的碎屑，所以，蚌器的制作并不能像石器的制作活动那样可以明确认定是在洞内进行的。但考虑到石器在洞内加工的事实，蚌器的加工也很可能是在洞内进行的。

（3）穿　孔

甑皮岩出土的大部分蚌器都有人工穿孔的现象，而且完整的蚌器都是穿双孔。据观察，蚌器上的孔大部分是两面对穿而成的，只有少部分较薄的蚌器则是单面穿孔。用一件壳最大厚度为 0.51 厘米的丽蚌壳作凿击穿孔实验，以直径 0.6～0.7、长 7.4 厘米的一件石英砂岩小尖状器作为中介体，将贝壳贴在石砧上，然后左手将小尖状器的一端固定在需要穿孔的位置，右手持石锤轻轻敲击石棒。敲击过程必须要轻，用力稍大则贝壳碎裂为多块。用此凿击法大约 25 分钟可以打出小孔，孔缘不甚规整，呈波浪状。由甑皮岩出土部分厚壳贝壳类器物不甚规整的孔缘来看，穿孔的方法可能也是两面或单面凿击法。不过，有些穿孔比较圆，而且孔壁陡直，不排除用另外的方法制作。据实验，用小尖状器刮挖贝壳，也可以达到穿孔的目的。因只有一件丽蚌壳，所以另外用海产的波纹巴非蛤（*Paphia undulata*）壳进行过刮挖穿孔的实验。该种蚌壳的厚度是 0.2 厘米左右，和甑皮岩出土的其他蚌类厚度相近。方法是一手持蚌壳，另一手持花岗岩小尖状器进行刮挖。实验表明此法效率不高，10 分钟只在贝壳表面留下薄薄一层，而且在孔的周围有很多由于"跑刀"而留下的划纹。在出土蚌器表面不见这种"跑刀"痕迹，所以，相信甑皮岩出土蚌器用刮挖法钻孔的可能性不大。

此外，甑皮岩出土的一些蚌器，孔壁比较光滑，可能琢打后经过钻磨。至于穿孔和打制毛坯及修理成型的步骤孰先孰后，从制作器物的效率来看，两者的先后次序并无影响，因目前的材料太少尚不足以证实这个过程。

2001 年出土的第一期骨、角、蚌器数量较多，从中可以管窥当时骨、角、蚌器的制作工艺。大体上原料的选取有一定的标准，以具有一定硬度和强度的有机质原料为主，如骨料多数是骨壁较厚的长骨，蚌壳或选择较大而壳厚的种类和个体，或直接利用较薄蚌壳锋利的刃缘在顶部穿孔而成器。制作先打制，后磨制并施以穿孔。部分片状蚌器是利用原有的工具重新制作，似乎表明对这类厚壳蚌原料的珍视，可能也反映了这类原料来源有限。

（二）第二期骨、角、蚌器的制作

第二期出土的骨、角、蚌器数量较少，且多数是锥类器物。根据观察，第二期出土骨器在制作加工工艺方面与第一期没有明显的区别。所见骨片的形状较规范。此外有若干不见于第一期的器物，如标本为 DT6㉗:032，为长方形的骨片，在一端从骨壁内面向外面打出斜口然后磨制，并且在刃部中央磨出弧形凹刃。在刃部有明显的使用痕迹（图版六八，12）。惜因为刃部凹陷，无法在显微镜下观察微痕，故这件器物的功能尚不清楚。标本 DT4㉘:044 的圆形骨器，长 2、直径 0.6 厘米，有一个宽约 0.5、深约 1.8 厘米的凹槽，估计为啮齿类动物啃咬而成。该器物表面风化较严重，磨痕已不清楚（图五七，2）。

此期角器的制作基本与前期相似。蚌器的制作方面，依然存在用完整蚌壳和打出蚌片制作蚌器两大类，而用于打制蚌片的原料至少包括丽蚌，可能还有其他淡水贝类。标本 DT4㉙:045 是一件制作精细的蚌器。其制作方法应是先在蚌壳上打下一片长 6.2、宽 3.6 厘米以上的蚌片，然后磨成三角形。该蚌器最厚处达 0.54 厘米，两个边刃平整光滑，与锯切或打制的边缘截然不同，应当均经过磨制。另外一边则是打制形成的参差不齐的边缘（图五八，6）。

至于利用整个蚌壳打制的蚌器，以标本 DT4㉘:050 为例，采用宽度超过 7 厘米，厚度超过 0.55 厘米的蚌壳为原料，后端打去一大片，在蚌壳中央位置单面穿一孔，并且将铰合齿和壳顶部磨平（图五八，1）。孔的边缘不规整，当是凿击形成的。标本 DT6㉗:034，后端打去边缘，未见磨制现象。穿孔的两面均有凿打的痕迹，显然是两面琢打形成。

（三）第三期骨、角、蚌器的制作

第三期出土的骨器在工艺上没有明显的变化。与前期相比，骨锥类的器物长度增加，直径亦略大，有几件器物长度超过 7 厘米（表一九）。部分骨锥只磨制尖刃部位，但相当部分的骨锥形状规整，通体磨光，反映了骨器制作工艺的进一步成熟，包括截取较长的骨料制作骨器的能力。此期出土的一枚骨针（DT6㉑:002），残长 4.4、最大直径 0.3 厘米，一端有一个两面对钻，直径不足 0.1 厘米的小孔。由此可见当时骨器从制作取料到磨光、钻孔技术都已具备相当高的水平。

角器的制作方面仍然使用磨制技术。标本 DT4㉔:006，横剖面为扁凹形，器表灰黄色，背面为凹凸不平的鹿角自然面，下面为斜磨面（图六八，3），刃面上可见细磨痕。根据黄蕴平先生的研究（黄蕴平，1993）和我们的磨制实验，经过磨制的骨器表面出现类似的制作痕迹。角的外层硬度和结构与骨相似，而且属于骨的一种（O'Connor，1987），故经过加工以后，可能出现类似的结构。

此期的贝类器物制作工艺与前期相似，以打制和磨制相结合。原料仍以丽蚌为多，也见其他的淡水蚌类。仍使用整个蚌壳或打制蚌片作为器物原料。从出土标本来看，蚌类钻孔的工艺也不见明显的变化。

表一九　第三期部分骨锥测量记录（单位：厘米）

器物编号	残长	最大宽或直径
DT4㉗:001	9.6	0.9
DT4㉗:002	7.6	0.9
DT4㉗:003	5.8	0.9
DT4㉗:004	7.4	0.7
DT4㉗:005	6	0.6
DT4㉗:007	9.4（基本完整）	1.8
DT4㉗:008	9.8	1.2
DT4㉒:001	13.5	0.9
DT4⑱:001	7.4	0.8
DT3⑪:001	9	0.6

（四）第四期骨、角、蚌器的制作

第四期出土的骨、角、蚌器在数量上比前面三期明显减少，而且绝大多数均残缺不全。据观察，骨器制作的工艺与前期相比不见明显的差别。标本 BT2⑭:001，是一件长 7.8、最大直径 0.58 厘米的骨锥。从该器物看，截取较长的骨料用以磨制骨器的工艺依然延续（图八〇，1）。

用贝壳制作的器物在第四期为数不多，但穿孔似乎减少，而且磨制工艺似乎也呈下降趋势。出土编号 DT4⑫:001 的一件蚌器，是一件残长 12.5、厚 0.6 厘米的蚌壳，没有穿孔，在蚌壳腹部下沿有部分打磨过的痕迹，有一段明显的使用痕迹（图八〇，5）。从标本观察，这件器物是在蚌壳腹沿略为修理后直接使用。另外两件贝壳制作的器物均不见磨制的痕迹（图八〇，6、7）。

（五）第五期的骨、角、蚌器

2001 年出土的第五期有机质工具数量很少，而且只有骨器和角器，不见蚌器。出土的骨器分别发现于三个探方内，都很残破，在制作工艺上也不见明显的变化。比较值得一提的是标本 BT2⑦:001 的一件骨针，残长 5.1、最小直径只有 0.2 厘米，通体磨光，表明加工细长骨器的技术十分熟练。其余的骨器多残断，在形态和工艺上没有特别突出之处。

二、骨、角、蚌器的功能——微痕分析

现代考古学运用类型学、形态观察、考古实验、残余物分析和微痕研究等多种手段研究出土器物的功能。对于骨器制作的研究可以追溯到 20 世纪 50 年代，通过实验研究其功能可追溯到 30 年代，而对骨器的微痕分析则出现于 70 年代（Campana，1989）。美国 Michgan 大学博士研究生 Campana 在 70 年代后期对中东地区纳吐夫和其他前新石器时代文化的骨器进行了制作和功能的研究，但主要是根据器物表面微痕推论其功能，并没有制作对比标本和进行实验以检验其推论。此外，60 年代以来，西方的博物馆和文物修复专家对骨、角和贝类的结构、化学成分及材料性质都进行了研究（O'Connor，1987；Claassen，1998），也有考古学家通过实验的方法研究骨、角、象牙质标枪和锥状器的制作和使用（Khecht，1997）。对骨器微痕的研究也有相当广泛的应用。中国考古学家通过考古实验和微痕分析研究骨器的制作和使用则始于 90 年代（黄蕴平，1993）。

有机质工具的功能研究，主要依靠考古实验和微痕分析两个方法。而出土器物表面的微痕，是我们进行功能分析的重要依据。这里有若干先决条件。第一，必须比较肯定器物表面现在所见的是史前制作和使用者留下的痕迹，而不是其他自然或非人类活动留下的痕迹。有机质器物由于其硬度远低于石器，因此更加容易受到种种自然力的影响。除了动物啃咬之外，流水搬运产生的碰撞，或埋藏环境中土壤侵蚀以及其他的自然因素，都可能在这类器物表面形成各种痕迹。另一方面，有机器物被弃之后，土壤、水流以及其他因素有可能在埋藏过程中破坏或者改变原有的制作或者使用痕迹。在对史前有机质器物进行研究的时候，如何分辨自然力和人类活动营造的痕迹以及器物被弃之后自然环境造成的痕迹与原来人类使用留下的痕迹，是一个需要特别注意的问题，如果不能排除出土骨、角、蚌器所受到的自然力的影响，那么微痕分析就失去了学术基础，更可能形成误导性结论。

就甑皮岩遗址而言，考古发掘所见表明出土器物是原地埋藏的。水的浸泡可能令部分有机器物特别是骨器表面及破裂面比较圆滑，但只有很少量骨片有这种现象。至于土壤对器物的影响，经测试，甑皮岩遗址各层土壤的酸碱值在 6～6.5 度左右，大体属于中性土壤，因此对有机质的腐蚀应该是比较有限的。

第二个先决条件是必须将有机质工具表面的自然特征、制作痕迹和使用痕迹分开。首先，未经人工加工的有机质例如蚌壳，其壳边在显微镜下也可能观察到"圆钝"现象（详见下文），需通过反复实验、比较的方法与使用痕迹加以区别。此外，有机质工具经常使用磨制技术进行加工，在器物表面会留下磨制痕迹，也要与使用形成的磨痕区别。

第三是有机质工具表面的微痕是否具有规律性和共同性的问题。和石器微痕研究一样，这也是有机质器物微痕分析能否成立的关键。同样，从材料力学的原理分析，同类的材料作用于同样的功能时，应当产生相似的使用痕迹。因此，史前有机质工具表面的痕迹与现代同

类工具的使用痕迹应有共同性，而微痕的形成和特征也应该有其一定的规律性。但是，另一方面，虽然骨、角、蚌器的硬度都是摩氏 3.5 度左右，但不同动物种属、不同厚度、不同结构的材料，有不同的强度。据使用实验，壳厚超过 0.5 厘米的丽蚌属，其蚌壳的强度，包括抗剪力和抗冲击力的能力就比壳厚只有 0.06 厘米的球蚬属要大得多。同样，骨壁厚度超过 0.8 厘米的牛骨所制成的骨器，比厚度只有 0.2 厘米的家鸡骨制成的器物有较高的强度，能够抵抗较大的冲击和剪切力。因此，在制作现代对比标本时，不仅要用同一类的材料，而且要尽量选用与出土标本厚度相近的材料。

经过考虑，认为对甑皮岩出土有机质器物进行微痕分析具有一定的可行性，我们即按照考古学微痕分析的程序制作对比标本，加以使用，然后在显微镜下观察，并选择了刃部或尖部保存比较完整的出土骨、角、蚌器，进行对比观察，以了解器物的功能。根据前人研究成果以及笔者过往的经验，在 100～200 倍数的显微镜下进行有机质微痕观察的效果较好，因此骨、角、蚌器的微痕主要采用高倍法，所用的是 OlympusBX60M 金相显微镜。

此次微痕分析有相当大的局限性。首先是 2001 年出土的多数器物刃部或锋尖部分残缺，因此可以观察的标本数量有限。第二是由于无法获得现代厚壳蚌类和鹿角作为原料制作对比标本，所以微痕的分析主要集中在骨器部分，对角器和蚌器未能进行分析。第三是骨、角、蚌器的微痕研究在国内外都处于早期阶段，其中蚌器的分析更少，缺乏可参考的材料。因此，这次微痕分析只是一个初步的尝试。

观察的步骤，第一是将观察对象的天然结构和人工痕迹分开。方法是先观察天然的骨料和蚌壳的表面特征，如骨器长骨和骨关节面表面在显微镜下的结构，或蚌壳的边缘，加以记录，并与加工和使用痕迹对比加以区别。第二是将制作和使用痕迹分开。方法是将制作的痕迹观察记录，如骨器表面的磨痕，与使用痕迹对比，分辨磨制和使用骨器痕迹的差别（骨器的打制痕迹相对比较明显）。第三是分辨不同用途形成的不同微痕。方法是将制作实验标本上的痕迹和出土器物微痕对比，推论出土器物的最后一次用途。由于缺乏材料，角器未能遵循这个程序。蚌器方面也只能用其他贝类作为实验材料，所得的结果只作参考。

微痕初步观察的结果，有机质器物表面的使用痕迹大体可以分为两类。第一类是可以确定为使用痕迹，而且可以大概推论其使用功能的。第二类是可以确定为使用痕迹，但未能确定其用途的。此外相当部分器物表面不见明显的使用痕迹。考虑到有机质器物微痕分析目前尚处于开始阶段，而且本次分析观察的标本也太少，所得的结果肯定不成熟，因此，在此只报道我们认为特征比较明显的微痕现象。

（一）实验标本

一共制作了 14 件实验标本，其中 11 件是骨器，只有 3 件是贝类器物。将这些标本分别用于挖土、修理陶器坯胎、凿竹子、剔割树皮、挑取螺肉、收割水稻、钻兽皮和钻木等，每种活动历时 45 分钟。然后将实验标本清洗晾干后放在显微镜下放大 100 倍观察并用文字和照相记录微痕现象。以下选择有代表性的实验标本概括描述。

实验 2 号，骨刮削器，修理陶土坯胎 45 分钟。刃部有磨光、磨痕和密集的深磨槽，与刃锋线垂直，当是骨器在反复的垂直运动中与陶坯夹杂的方解石颗粒不断摩擦形成（图版六八，13）。

实验 3 号，小骨凿，凿击新鲜竹子 45 分钟。刃锋部有非常高亮度的磨光面及凹凸不平的磨圆现象（图版六九，1），背面刃缘有圆弧阶梯状的凹陷（图版六九，2）。竹子中的植物硅酸体和水分当对高亮度磨光面的形成有重要作用，而反复与有弹性的竹子撞击应是形成弧形凹陷的主要原因。

实验 5 号，骨铲，挖土 45 分钟。刃部磨圆，刃缘约 8 毫米范围内有纵横交错的深磨痕和密集的磨线，当是和土壤中的各种颗粒碰撞摩擦形成的（图版六九，3）。与未经人工加工的长骨骨壁表面结构对比，差别明显（图版六九，4）。

实验 7 号，骨刀，未使用前的刃部有磨制留下的线痕，方向交错（图版六九，5）。用以收割栽培水稻根部 45 分钟后，刃部出现与刃锋线平行的深磨痕，并有具一定亮度的磨光（图版六九，6）。所收割的水稻已成熟，稻秆的水分较少。法国学者曾研究过小麦成熟和未成熟时麦秆中水分含量的差异对收割工具表面微痕亮度的影响（Anderson，1992）。稻秆水分的差异对骨工具的微痕亮度可能也有一定的影响，有待今后做更多实验检验。

实验 8 号，贝壳小刀，利用球蚬科的蚌壳制成，厚 0.06 厘米。掐栽培水稻穗 45 分钟。使用前未经修理，但 100 倍显微镜下刃部有类似"磨痕"和"磨圆"的现象（图版六九，7），需注意和使用痕迹区别。使用后刃部出现高亮度磨光面以及密集排列和刃锋线垂直的磨痕（图版六九，8）。

实验 9 号，骨针，剔取螺肉 1 小时，无明显微痕。

实验 10 号，骨"刀"，制成形状似刮削器。用于剔割桑树皮 45 分钟。50 倍下见刃部磨光，纵横交错的磨痕及与刃锋线平行的深磨槽，刃尖开始出现略低的"梯级"（图版六九，9），宽度大约是 1.2 毫米。桑树皮厚度为 1.18~1.2 毫米。100 倍下磨痕扩大为密集分布方向交错的小磨槽（图版六九，10）。

实验 11 号，骨锥，钻新鲜猪皮 45 分钟。尖部有圆滑磨光面，亮度高，分布均匀，无方向感。无磨痕及磨槽（图版六九，11）。

实验 12 号，骨锥，钻干木 45 分钟。尖部有干涩不连续的点状磨光，磨圆度低，形成小平面，表面有纵横向的磨痕（图版六九，12）。

从以上初步观察结果来看，骨、蚌器的微痕有一定规律可寻，如微痕的方向基本上由使用时的方向所决定，亮度受所加工材料结构，包括材料所含水分和植物硅酸体或颗粒等等的影响，而是否出现崩损、磨槽、磨痕等则取决于加工材料的结构、硬度和柔韧性等因素。也有一些使用是基本不出现微痕的，如剔取螺肉，而这可能正是广西地区史前最重要的日常活动之一。

（二）出土器物的观察

1．第一期器物

第一期共观察了 12 件标本，包括 10 件骨器和 2 件蚌器。上文提到的两类情形都有发现。此外还有部分器物因为风化或刃部残缺未能观察微痕。其中微痕特征比较明显的器物有 2 件，有微痕但暂时不能确定其功能的 7 件，此外微痕不明显的有 1 件，因崩损或风化无法观察的 2 件。

DT4㉛:292，骨锥，右刃基本磨平，刃部有横向深磨痕，尖端有一磨损形成的较低"梯级"，宽约 1.2 毫米。显微镜下见刃锋有细小凹陷，有非常明亮的与刃锋平行的磨痕及磨圆（图版六九，13）。尖部形成的"梯级"推断是反复剔剥一定厚度的物质形成。对比实验标本 10 号，桑树皮的厚度大致在 1.2 毫米左右，而竹子维管的厚度通常较大，直径 8.5 毫米的竹枝，其管壁已经厚 3 毫米。故这件器物可能曾用于剔取树皮一类厚度在上述范围之内的纤维。

2．第二期器物

共观察了 9 件器物。其中有使用痕迹但未能确定功能的 3 件，没有明显人工痕迹的 2 件，因崩损或风化无法观察的 3 件。如标本 DT4㉙:046，丽蚌片，一端有明显的数个小缺口，在 100 倍显微镜下见有与刃缘平行的磨槽，并有磨光和磨圆，当是使用痕迹，且可能是锯切功能，但因没有对比标本无法确定。

3．第三期器物

共观察了 19 件器物。有使用痕迹但未能确定功能的 3 件，其中 DT4㉔:012，丽蚌片，一边缘有崩损。100 倍显微镜下见该处有磨圆及与刃锋线垂直的磨痕（图版六九，14），当为使用痕迹，可能与砍割不甚坚硬的物质有关。此外使用痕迹不明显的 9 件，因刃部风化或崩损不能观察的 7 件。

4．第四期器物

共观察了 3 件。其中刃部崩损不可观察的 2 件，使用痕迹不明显的 1 件。

5．第五期器物

共观察了 4 件器物，其中有使用痕迹但功能未能确定的 1 件，编号 BT3⑲:001，骨锥，尖部有崩损和小磨平面。在 200 倍镜头下可见磨平面上有磨痕（图版六九，15），尖锋并不形成圆弧，未能确定功能。另 1 件不见明显使用痕迹。

在经过观察的甑皮岩骨、蚌器中均未发现收割植物留下的微痕。

三、讨　论

自然界的某种物质被史前人类选为制作工具的材料，自然是因为这种物质具有某些适宜作为工具的特性。而作为工具，首先要求有一定的硬度和强度，才可以经历加工和使用过程中外力的冲击和/或者使用的磨耗。现代动物骨骼解剖学表明，动物的骨骼是由矿物质、骨胶原和水组成，所以既有一定的硬度和强度，又有韧性和抗冲击性（Campana，1989），是石器所缺乏的特性，很可能因此被加以利用。此外，由于硬度较低，容易加工，也许正是骨器被选择作为工具原料的另外一个原因。第三个原因是骨料，特别是长骨，由于其形态的特征，可以加工出细长形的锥、针、鱼叉等工具，而且因为骨骼沿长轴方向具有最大的强度和韧性，在加工和使用过程中不易断裂，这些也是石料不具备的优点。从世界范围来看，史前骨器都以上述细长形的工具为主（LeMoine，2001），正反映了史前人类选择骨料作为工具的共同取向和原因。从出土器物来看，甑皮岩各期骨器有相当大部分是残器，说明骨器的耐用程度不高，特别是尖部或刃部比较容易崩损。不过，骨料的来源充裕，加工容易，因此一直持续用于制作工具。

甑皮岩遗址出土了大量的鹿骨，鹿类应该也是当时狩猎的主要对象之一，所以鹿角作为原料应该是比较经常获得的。但发现的角器却相当少，而且箭头镖枪之类的器物很少。这个工具组合是否反映史前真实面貌？如果是，为何用鹿角制作的工具如此少？

据前人的实验成果，打下角料所需的劳动量是打制骨料的 2.7 倍（O'Connor，1987），制作角器所费的时间比制作骨器要长得多（Knetcht，1997；吕遵谔，1995）。甑皮岩鹿角类工具的稀少，如果的确接近史前工具套的组合，是否与鹿角加工难度较高有关？此外，鹿角在其他文化经常用于制作渔猎工具，那么，甑皮岩角器的稀少，又是否和先民渔猎的对象或者方法有关？这些都是今后需要继续探讨的问题。

贝壳类也是华南地区史前工具经常采用的原料之一，比较常见的是壳厚而坚硬的丽蚌属，在甑皮岩还有用其他壳较厚的射褶蚌一类蚌壳制成的器物。据测定，新鲜蚌壳的硬度在摩氏 3.5 度左右，和其他有机质硬度相近。但是，和其他两类工具不同，贝壳主要的成分是碳酸钙（Claassen，1998），没有骨胶原的成分，故和骨角器相比缺少了柔韧性。而且贝壳具有层状结构，根据初步的制作实验，在接受外力打击的时候贝壳容易成层脱落或者破碎。不过，和石器相比，贝壳硬度相对低，加工容易。而且较厚而大的贝壳既有一定的强度和硬度，又可以加工出一定长、宽度的刃部，这是贝壳器的优点。从大约 1 万多年前开始，世界各地包括华南地区的史前人类都有利用贝壳作为工具的现象，表明这种物质作为工具原料的特点开始被人们认识。

简而言之，据出土器物观察和考古实验，甑皮岩骨、角、蚌器的制作选择强度和尺寸适中的有机材料作原料，主要通过直接打击法取得毛坯。截取长形骨料的技术从早期到晚期日趋成熟，能够制成细长的骨器。70 年代和 2001 年出土的骨器中有用控制法打片的骨料，表明取料技术的成熟。在制作技术方面，采用了直接打击和磨制工艺，而且磨制工艺早在第一期就已经用于骨蚌器上。在器形方面，以细长形的锥、针一类器物为多，也有一些铲等器物。70 年代出土的还有鱼镖、箭头、完整的骨针和骨锥等器物。虽然目前无法断定 70 年代出土器物的分期，但这表明甑皮岩骨、角、蚌器的多样化。使用方面，虽然目前的微痕未能区别大部分有机质器物的使用痕迹，不过从器物的形态并参考个别器物微痕的现象，可能是用于渔猎及一些力度较小的活动如加工、处理动物毛皮和植物纤维之类。骨、角、蚌器在旧石器时代晚期出现于华南地区，表明当地的史前人类又掌握了一类新的大自然原料。这些器物可以用于锥、钻等石器工具难以完成的功能，特别是骨针的出现，为史前人类提供了制作衣服（兽皮或者植物纤维）的重要工具。骨、角、蚌器和用于砍砸、挖掘、切割等力度较大活动的石器相辅相成，构成华南史前先民赖以生存发展的更加多样化的工具套。

第八章 体质特征

在过去 30 年的历次发掘中，甑皮岩遗址共出土古人类遗骸 27 具。其中 2000 年之前发现 23 具，2001 年发现 4 具（其中 1 具为宋代）（附表四）。张银运（张银运等，1977）和张子模（张子模等，1994）等先生先后对上世纪 70 年代出土的人类骨骼进行了研究，取得了很大的成绩。甑皮岩遗址作为华南地区最早的新石器时代遗址之一，在考古学和人类学研究中都有着其他遗址不可替代的重要意义。由于保存条件差等自然原因，该批人类遗骸的头骨多数变形严重，有的无法提取，所以以需要进行矫形和修复工作，也因此影响了部分测量数据的准确性。此次我们对 2001 年甑皮岩遗址出土的 4 具人骨（史前 3 具，宋代 1 具，均原地保存）和目前我们所能见到的 2000 年之前出土的 16 具人类骨骼进行了重新整理，由于骨骼出土时间较长，且经多次搬运，对骨骼造成了重复性损坏，所以此次整理只能根据现实保存情况尽量多的提取有效数据。

第一节 鉴定和描述

一、骨骼的性别年龄鉴定与形态学描述

骨骼的性别年龄鉴定与形态学分类方法根据吴汝康等的《人体骨骼测量方法》（科学出版社，1965）和邵向清编著的《人体测量手册》（上海辞书出版社，1985）。

1.BT2M1　男，40±岁。保存较差，头骨破损严重且部分变形，颅底缺失，左侧颞骨内陷变形，下颌骨断为数截，未见肢骨。主要头骨特征为卵圆形颅，中颅、高颅配以中阔颅，狭额，中低眶、阔鼻、低面，颜面扁平度中等，平颌型，牙齿磨耗程度极大，达Ⅴ～Ⅵ级等（图版七〇，1、2、3）。

2.BT2M2　女，25～30 岁。骨骼保存极差，头骨破碎严重，虽经拼对整合，仍然有严重的变形和骨片缺失，对直接测量产生很大影响。同时还保留有部分下颌骨残段、左侧盆骨、左侧股骨、右侧股骨中下部、左侧肱骨、左侧桡骨下部、右侧桡骨中部及数枚椎骨及肋骨等。经观察，头骨的特征主要为卵圆形颅，长颅、中阔颅结合高颅，直额、狭额、低眶、阔鼻、低面，颜面扁平度较大，平颌型等。

3.BT2M3　性别不明，4～5 岁。为一小孩个体，骨骼保存较差，主要包括额骨、上颌

骨残片、下颌骨、左侧肱骨、左侧锁骨及左侧股骨残段等。

4.BT2M4　男，40～45岁。头骨、下颌骨相对较完整，但变形严重（额骨扭曲偏向左侧，顶骨及枕骨严重偏向右侧，左侧顶骨下部及枕骨下部缺失，颅底骨骼与颅骨其他部位严重偏离，枕部上部明显被压翘起变形）。肢骨包括左右股骨、胫骨、腓骨残段，左右肱骨及尺骨残段等。卵圆形颅，长颅、高颅结合中狭颅，窄额、低面、低眶、阔鼻，颜面扁平度中等，平颌型。

5.BT2M5　男？30±岁。保存头骨和下颌骨，头骨变形严重且骨片缺失较多（面部左侧向内凹陷，右侧由于长期受力挤压而向前突出，颅顶横向缺失较多，形成很大的穿孔，颅底缺失）。经观察，此头骨变形前主要特征是卵圆形颅，中长颅、高颅结合狭颅，狭额、低面、阔面、低眶、阔鼻，颜面扁平度较小及平颌型等。

6.BT2M6　性别不明，8～9岁。惟一的侧身屈肢葬，双手置于嘴部。骨骼保存极差，头骨破碎，能辨认的骨骼碎片主要有头骨片、下颌骨片、左右肱骨、尺桡骨及手骨、左右股骨、胫骨、腓骨、脚骨及肋骨、椎骨、盆骨片等。判断年龄根据上下颌残存的牙齿。

7.BT2M7　女，35～40岁。头骨、下颌骨相对较完整，还有部分肢骨残段，包括左右股骨、胫骨、腓骨、尺桡骨、右侧肱骨及盆骨残片等。颅呈卵圆形，长颅、正颅结合中狭颅，狭额、低面、中阔面、阔鼻、低眶，颜面扁平度中等偏大、面部在垂直方向上属平颌型，齿槽略突等。

8.BT2M8　男，25～30岁。该个体仍保存在遗址内的出土位置，未经提取和直接测量。头骨及下颌骨保存相对较好，肢骨保存较多但多数略有残损，多数长骨及椎骨、盆骨等都保存较好，但都经后期扰动，已不在原来的解剖学位置上。从葬式上属于典型的屈肢蹲葬。经观察，其头骨为卵圆形，长颅、高颅结合中阔颅，窄额、低面、低眶、阔鼻，面部水平方向上扁平度中等、在垂直方向上接近平颌型，齿槽略突等。

9.BT2M9　性别不明，1±岁。为一婴儿个体，在圆形墓坑中仅存有部分头骨残片、三枚残肢骨段及小盆骨残片等，看不出具体葬式。

10.BT1M1　性别不明，9～10岁。保存较差，仅余部分无法复原的头骨碎片和上下颌残片。体质特征无法判断。

11.DT2M1　男，40±岁。头骨面部大部缺失，枕部及颅底缺失较多，肢骨仅有数段残片，包括左右股骨、胫骨及腓骨的中部残片。颅呈卵圆形，长颅、高颅结合中狭颅，低眶，面部水平扁平度中等，其他特征不明。

12.DT2M3　女，35～40岁。头骨、下颌骨保存相对较好，肢骨较全，但多为残片段，主要有左右股骨、胫骨、腓骨、肱骨、尺桡骨及盆骨残片等。卵圆形颅，中颅、正颅结合中颅型，中额、阔面、阔鼻、低眶，面部突度属正颌型，面部在垂直方向上属平颌、在水平方向上扁平度偏大等（图版七○，7、8、9）。

13.DT2M4　性别不明，4～5岁。主要保存有极细碎的头骨残片、下颌骨及数段肢骨残段等。

14.DT2M5　女，35±岁。头骨仅余脑颅部分，面颅及枕大孔处缺失，下颌骨为残片，肢骨多较残，主要有左右股骨、肱骨、胫骨、右侧尺桡骨、盆骨残片及两枚腰椎等。颅呈卵圆形，长颅、正高颅结合中狭颅，窄额，面部不明。

15.DT1M1　女，35±岁。头骨、下颌骨保存相对较好，还有部分肢骨残段：左右股骨、胫骨、腓骨、尺骨及右侧肱骨残段等。卵圆形颅，圆颅、高颅结合中颅型，狭额、低面、阔鼻、低眶、狭上面型，面部在垂直方向上为平颌型、面部突度中等、在水平方向上偏平度较大，齿槽突度较大等（图版七〇，4、5、6）。

16.DT1M2　性别不明，30±岁。骨骼保存极差，仅余部分细小碎片，经辨别有肢骨片、指（趾）骨片及肋骨片等。其他特征不明。

17.DT1M4　女，30±岁。保存极差，仅余部分细碎的骨骼残片段：头骨碎片、肢骨残段、椎骨残块及盆骨残片等。由于头骨骨骼碎片太小，无法观察具体的体质特征。

18.DT3M1　男，35±岁。脑颅皆为碎片，面颅缺失，肢骨为残段，主要有盆骨残片、左右股骨、胫骨、肱骨、尺桡骨及右侧腓骨残段等。卵圆形颅，中长颅、正高颅结合中狭颅，窄斜额等，面部不明。

19.1998年6月BT2西隔梁　男性，30～40岁。骨骼保存极差，仅有部分碎骨片段：股骨、胫骨、腓骨、肱骨、肩胛骨及肋骨片等，未发现头骨片。其他特征不明。

20.AT1M1　宋代墓葬，女，20～25岁。骨骼保存较差，头骨被挤压成碎片，下颌骨成残段；下肢及右侧上肢被扰动缺失，其他骨骼如左侧肱骨、尺桡骨、肋骨、椎骨及盆骨等多为残片。经观察，其头骨为卵圆形，圆颅、高颅结合中颅，狭额、狭面、低面、低眶、阔鼻，颜面扁平度较大，平颌型、齿槽略突等。

以上是对2002年之前我们所能见到的甑皮岩遗址历次发掘出土人骨的保存状况，性别、年龄鉴定及头骨形态学特征的具体描述。从上面可以看出，绝大多数人骨保存状况较差或极差，这与当地的自然环境和埋藏条件有关，也与人骨起取后历次搬运及保存条件相对落后有关。但在新石器时代早期的华南地区，这些人骨的发现无疑还是很宝贵的。它为研究我国华南地区人类的起源与迁徙、新石器时代文化的交流与演变以及整个东南亚地区史前人类与文化的相互关系提供了宝贵的材料。

二、性别和年龄分析

为了更直观地研究甑皮岩遗址人骨的性别、年龄关系，特列表展示。

从表二〇可以看出，甑皮岩遗址历年出土的除AT1M1为宋墓外，其余19例个体皆属新石器时代。其中男性或倾向于男性的有7例，女性有6例，因为年龄较小或保存较差等原因无法确切判断性别的有6例，男女两性比例为116.67。虽然由于个体数量较少使这个比例有可能与实际性别比例有一定差距，并且这个比例较之我国新石器时代总体的性别比例偏低（王仁湘，1997），但总体的性别比例趋势，即男性明显多于女性的趋势是一致的。这批人的平均死亡年龄大约是27.2岁，这个数字大体反映了我国新石器时代早期人群的死亡年龄。同时从表二一可以看出，有约26.32％的人死于未成年期，这个比例明显高于同时期其他遗址未成年人的死亡率（张君等，待刊），且多数未成年人死亡时已经度过了0～3岁的婴儿死亡危险期，这或许说明甑皮岩人对少年时期的营养和生活控制不力，导致约1/4人口夭折。从表二一我们还可以看到，无论男女，都死于壮年期和中年期，且以壮年期为多，而死于青年期的几乎没有，这种现象与其他新石器时代遗址两性死亡的年龄分布不太一致*，这是一个比较独特的现象，这或许与统计个体数量较少有关，或者与此遗址特殊的生态方式有关，具体原因因个体数过少目前尚难以判断。

表二〇　甑皮岩遗址出土人骨性别、年龄表

序号	性别	年龄	序号	性别	年龄	序号	性别	年龄
AT1MI	女	20～25	BT2M6	？	8～9	DT2M1	男	40±
BT1M1	？	9～10	BT2M7	女	35～40	DT2M3	女	35～40
BT2M1	男	40±	BT2M8	男	25～30	DT2M4	？	4～5
BT2M2	女	25～30	BT2M9	？	1±	DT2M5	女	35±
BT2M3	？	4～5	DT1M1	女	35±	DT3M1	男	35±
BT2M4	男	40～45	DT1M2	？	30±	BT2西隔梁	男	30～40
BT2M5	男？	30±	DT1M4	女	30±			

表二一　两性死亡的年龄分布

年龄组	男　性		女　性	
	数量	比例（％）	数量	比例（％）
青年（15～24岁）	0	0	0	0
壮年（25～35岁）	4	57.1	4	66.7
中年（36～55岁）	3	42.9	2	33.3
未成年（0～14岁）	5（26.32％）			

第二节　种族类型鉴定及分析

一、种族类型鉴定

前面已经对20例个体进行了体质特征的简单描述，从这些描述中我们可以直观地看到甑皮岩人头骨的体质特征，即卵圆形颅，颅型偏长、颅型较高配以中颅型，窄额，面部低

---

* 多数新石器时代遗址两性死亡的年龄分布是在青年期女性多于男性，这与青年期女性妊娠阶段的卫生条件差有关；在中、壮年期男性死亡多于女性，这与中、壮年阶段男性承担过重的体力劳动有关；而活到老年阶段的女性明显多于男性。

矮、中面部相对较阔，眶较低、阔鼻，鼻根低平，面部水平方向扁平度中等、垂直颅面指数中等偏小，齿槽突出程度明显等。这些特征明显属于南亚蒙古人种的类型，并且在某些特征上接近赤道人种的变异范围。为了更明确地观察甑皮岩人的体质类型，我们对他们的细节特征进行了具体的观察、测量和统计，并把他们与蒙古人种各类型逐一进行对比，以确定他们的种族属性。

（一）非测量形态特征

从表二二可以看出，甑皮岩人男性颅骨的非测量性特征主要有卵圆形颅，眉弓突度和眉间突度中等，中等倾斜的额部，额中缝较少，矢状缝前囟段为微波形、顶段为锯齿和复杂形、顶孔段为微波和深波形、后段为锯齿和复杂形，乳突多为中等或较小，枕外隆突发育中等或稍显，方形眶、心形和梨形梨状孔，梨状孔下缘类型较复杂，有锐形、钝形和鼻前窝形等，鼻棘和犬齿窝多为中等，鼻根凹浅，H型翼区、凹凸型鼻梁、多Ⅰ型鼻骨，欠圆钝的颧形、弱的矢状嵴，U型和V型的腭形、嵴状和丘状腭圆枕，多方形下颏、下颌角外翻或内翻、颏孔位置多在P2或P2M1位上，无下颌圆枕，有一定的Rock下颌出现率等。女性颅骨上的非测量性特征与男性相似，只是在某些细节上与男性略有差异，如眉弓和眉间突度较弱、额较直、乳突和枕外隆突发育较弱、多梨形梨状孔和钝形梨状孔下缘、鼻棘和犬齿窝较弱、圆形颧形，圆形颏形、下颌角多内翻及Rock下颌出现率较低等。这些特征差异属于性别差异，不是种族类型之间的差异，换言之，非测量性特征显示，甑皮岩遗址男女两性属于同一种族类型。

（二）测量性形态特征

从附表五可以看出，甑皮岩人颅长值较大，颅宽值偏小，由此决定的颅指数偏小，属于长颅型；颅高值较大，颅长高指数为正颅型，颅宽高指数为狭颅型；中等额宽和中等倾斜的额部；上面高和颧宽都较小，而由此决定的上面指数却属于阔上面型；低眶型、阔鼻型、阔腭型；上颌齿槽指数和总面角为中颌型、齿槽面角为中颌型、鼻颧角中等及鼻根中等等。由此可以看出，甑皮岩遗址出土人骨的测量特征主要表现为长颅型、狭颅型结合正颅型、阔面、低面、阔鼻、低眶、面部水平扁平度中等、垂直扁平度中等等，具有南亚蒙古人种的典型特征。

（三）种族类型的确定

附表六显示甑皮岩组各项数据均落入亚洲蒙古人种的变异范围之内，说明甑皮岩人在大人种上属于亚洲蒙古人种。在与北亚蒙古人种比较中，甑皮岩组有5项落入其变异范围内（颅长、颅长高指数、最小额宽、鼻颧角和鼻根指数），几率为27.78%，说明甑皮岩人与北亚蒙古人种距离较远。甑皮岩组落入东北亚蒙古人种变异范围的有7项（颅长、颅宽、颅高、颅指数、颅长高指数、面角及鼻根角），几率为38.89%，它们的相似处主要集中在颅

表二二　甑皮岩遗址人骨的非测量形态特征

项目	性别	非测量形态特征及出现率（%）					
颅形		椭圆形	卵圆形	圆形	五角形	菱形	
	男		5 (100)				
	女		5 (100)				
眉弓突度		弱	中等	显著	特显	粗壮	
	男	1 (20)	4 (80)				
	女	5 (100)					
眉间突度		Ⅰ	Ⅱ	Ⅲ	Ⅳ	Ⅴ	
	男	1 (20)	4 (80)				
	女	5 (100)					
额坡度		直	中等倾斜	斜			
	男	1 (20)	4 (80)				
	女	5 (100)					
额中缝		无	<1/3	1/3~2/3	>2/3	全	
	男	4 (80)	1 (20)				
	女	5 (100)					
眶口平面		后斜	垂直	前倾			
	男		4 (100)				
	女		3 (100)				
矢状缝 前囟段		微波	深波	锯齿	复杂		
	男	3 (100)					
	女	3 (100)					
矢状缝 顶段		微波	深波	锯齿	复杂		
	男			1 (33.3)	2 (66.7)		
	女		1 (33.3)	1 (33.3)	1 (33.3)		
矢状缝 顶孔段		微波	深波	锯齿	复杂		
	男	2 (66.7)	1 (33.3)				
	女	3 (100)					
矢状缝 后段		微波	深波	锯齿	复杂		
	男			1 (33.3)	2 (66.7)		
	女		2 (66.7)	1 (33.3)			
乳突		特小	小	中等	大	特大	
	男		2 (50)	2 (50)			
	女		5 (100)				
枕外隆突		缺如	稍显	中等	显著	极显	喙状
	男		1 (20)	4 (80)			
	女		5 (100)				
眶形		椭圆形	方形	长方形	斜方形		
	男		3 (100)				
	女	1 (25)	3 (75)				

项目	性别	非测量形态特征及出现率（%）				
鼻棘		不显Ⅰ	稍显Ⅱ	中等Ⅲ	显著Ⅳ	特显Ⅴ
	男	1 (33.3)			2 (66.7)	
	女			4 (100)		
犬齿窝		无	浅	中等	深	极深
	男		1 (33.3)	2 (66.7)		
	女		4 (100)			
鼻根凹		无	浅	深		
	男		5 (100)			
	女		4 (100)			
翼区		H 型	I 型	K 型	X 型	
	男	5 (100)				
	女	4 (100)				
鼻梁		凹凸型	凹型	直型		
	男	4 (100)				
	女	3 (100)				
鼻骨		Ⅰ型	Ⅱ型	Ⅲ型		
	男	3 (75)	1 (25)			
	女	3 (75)	1 (25)			
颧形		圆钝	欠圆钝			
	男		3 (100)			
	女	2 (66.7)	1 (33.3)			
矢状嵴		弱	中等	显		
	男	5 (100)				
	女	4 (100)				
腭形		U 型	V 型	椭圆形		
	男	1 (50)	1 (50)			
	女	4 (100)				
腭圆枕		无	嵴状	丘状	瘤状	
	男		1 (33.3)	2 (66.7)		
	女	1 (33.3)		2 (66.7)		
颏形		方形	圆形	尖形	角形	
	男	3 (75)		1 (25)		
	女	1 (20)	3 (60)	1 (20)		
下颌角		内翻	直	外翻		
	男	3 (60)		2 (40)		
	女	4 (80)		1 (20)		
刻孔位置		P1P2 位	P2 位	P2M1 位	M1 位	
	男		1 (33.3)	2 (66.7)		
	女		1 (20)	4 (80)		

续表二二

项目	性别	非测量形态特征及出现率（%）			项目	性别	非测量形态特征及出现率（%）			
梨状孔	男	心形	梨形	三角形	下颌圆枕	男	无	小	中等	大
		2（66.7）	1（33.3）				5（100）			
	女	1（25）	3（75）			女	5（100）			
梨状孔下缘	男	人/锐形	婴儿/钝形	鼻前窝形	鼻前沟形	Rock 下颌	男	非	轻度	明显
		1（33.3）	1（33.3）	1（33.3）				2（40）	2（40）	1（20）
	女	1（25）	3（75）				女	4（80）	1（20）	

注：括号前的数字为例数，括号内数字为百分率。

部，其他部分差异较大，考虑到甑皮岩遗址的时代久远、东北亚蒙古人种的形成较晚及地理位置的差异较大等因素，我们认为甑皮岩人与东北亚蒙古人种之间存在较大的距离。甑皮岩组落入东亚蒙古人种变异范围的有 7 项（颅宽、颅高、最小额宽、颧宽、鼻颧角、面角及鼻骨角），几率为 38.89%，它们之间的相似点仅表现在个别测量性特征上，因此，甑皮岩人与东亚蒙古人种之间关系也比较疏远。甑皮岩组落入南亚蒙古人种变异范围之内的有 15 项（颅宽、颅高、颅宽高指数、最小额宽、额倾角、颧宽、上面高、垂直颅面指数、上面指数、鼻颧角、面角、眶指数、鼻指数、鼻根指数及鼻骨角），几率为 83.33%；同时较大的颅长及由其决定的颅指数属于长颅型，这与华南地区史前居民普遍存在的长颅型的趋势是一致的。总之，这说明甑皮岩人在与蒙古人种各类型的比较中，与南亚蒙古人种之间存在着较为密切的关系。

　　同时我们看到甑皮岩人头骨上也表现出若干"赤道人种"的倾向。主要表现在，阔上面型的上面指数、低矮的颅面指数、阔鼻型的鼻指数、较低的颅长高指数、低的鼻根指数和接近突颌型的齿槽面角等。同时，甑皮岩人头骨上也具有某些原始性状，如较长和较低的颅形及较小的垂直颅面指数等。对于甑皮岩组中赤道人种因素的特征和某些原始性状，我们认为旧石器时代晚期人类头骨的特征有助于对该问题的认识。颜訚也曾注意到我国旧石器时代晚期人类与新石器时代人类之间在体质特征上存在的明显的承继关系，认为"中国旧石器时代人类学资料与新石器时代人类学材料其间的继承关系是比较明确的"（颜訚，1965）。目前我国旧石器时代晚期古人类化石最具代表性的是柳江人和山顶洞人。根据吴汝康和吴新智分别对柳江人和山顶洞人的研究，认为它们都属于原始的正在形成中的蒙古人种，并且它们各自代表了蒙古人种形成过程中的南方类型和北方类型（吴汝康等，1959、1961、1962）。柳江人的上面指数为 48.9，与甑皮岩人同属于阔上面型；柳江人的鼻指数是 58.5，属于特阔鼻型，接近阔鼻型的上限，与甑皮岩人的阔鼻型一致；柳江人的颅指数是接近长颅型的中颅型，与甑皮岩人也很接近，都较现代人为低；柳江人的颅长高指数 71.2，与甑皮岩人同属于正颅型，与现代人相比属于相对较低的；柳江人的鼻根指数 28.3，与甑皮岩人的 30.0 很接近；柳江人的齿槽面角 75.0，与甑皮岩人的 80.0 较接近；柳江人的垂直颅面指数是 48.9，与甑皮岩人的 47 比较接近，较现代对比组为低。山顶洞人 1 例男性标本的颅长值及颅宽值较大，其颅指数属于长颅型；颅长高指数则属于明显的低颅型，与甑皮岩人不同；在颅宽高指数上山顶洞人与柳江人都属于中颅型，与甑皮岩人的狭颅型不同；山顶洞人和柳江人的眶型较甑皮岩人更低；三者的鼻指数都属于较阔的类型；而山顶洞人的上面指数属于中狭上面型，与甑皮岩人和柳江人的阔上面型不同；甑皮岩人和柳江人同属于中额型，与山顶洞人的阔额型不同；山顶洞人的上面高较大，与柳江人和甑皮岩人的低上面型不同；山顶洞人的颧颌指数明显大于柳江人和甑皮岩人的颧颌指数；山顶洞人的额倾角（∠g-m FH）和鼻颧角（∠fmo-n-fmo）较小，与柳江人和甑皮岩人不同……所有这些都显示：1. 甑皮岩人体质特征中的赤道人种倾向是继承了旧石器时代晚期人类体质中固有的特征，目前尚无确凿的证据显示甑皮岩人曾受到赤道人种基因的重大影响；2. 甑皮岩人体质中的赤道人种倾向是受到旧石器时代晚期正在形成中的蒙古人种中的南方类型，即柳江人的体质特征的影响而形成的，而不是承继自同属于旧石器时代晚期的北方类型的代表——山顶洞人的体质特征；3. 甑皮岩人在人类学和人类起源学上的位置似乎处于正在形成中的蒙古人种的南方类型——柳江人和现代南亚蒙古人种的过渡环节上，甑皮岩人在人类进化史上有重要意义；4. 甑皮岩人体质中尚残存的某些原始性状说明甑皮岩人在人类进化过程中并未完全摆脱原始人类体质基因的遗传，尚未完全进化到现代人的体质水平，尚处于进化过程中；5. 虽然甑皮岩人的总体体质特征属于南亚蒙古人种，但同时存在的赤道人种倾向和某些原始性状，说明他的主要体质特征来自当地更早期人类的遗传，是当地更早居民的直系后代，而不是从外地迁来的，虽然在甑皮岩人发展过程中，并不排除有其他人种基因的影响，但影响并不大，还是以当地更早居民的基因为主；6. 甑皮岩人体质中的原始性状也是源于当地更早居民的基因影响，同时说明他的体质并未完全进化到现代人的水平，尚处于现代人的形成过程中。

二、与古代对比组和近现代人群的比较

为了研究甑皮岩人与其他人群在时间和空间的关系以及他们之间的渊源关系，我们选择了25个古代与近现代人群与之进行对比，附表六列出了与甑皮岩组时间或空间上相关的古代人群以及近、现代人的体质特征的对比项目和数据，其中对比项目为21项，古代对比组包括柳江人（吴汝康，1959）、山顶洞人（吴新智，1961）、鲤鱼嘴组（刘文等，1994）、佛山河宕组（韩康信等，1982）、昙石山组（韩康信等，1976）、金坛三星村组（韩康信，待刊）、雕龙碑组（张君，1998）、贾湖组（张振标等，1999）、仰韶合并组（颜訚等，1960、1962）、大汶口组（颜訚，1972）、西吴寺组（朱泓，1990）、兴隆洼组（张君等，待刊）、庙子沟组（朱泓，1994）、柳湾组（潘其风等，1984）及庙后山组（朱泓，1997）等；近现代对比组包括壮族组（李富强等，1993）、华南组、华北组、蒙古组（潘其风等，1984）、越南组、老挝人、泰国人、现代日本人及波里尼西亚人（张子模等，1994）等。

　　首先我们使用分层聚类中的系统聚类法，其原理是将 n 个样品或对比组看成 n 类，然后将性质最接近的两类合并为一类（性质接近一般指距离近），从而得到 n－1 类，接着再从中找出最接近的两类合并成 n－2 类，如此下去，最后所有样品或对比组合并为一类。将上述合并过程画成一张聚类图，可直观观察聚类的过程及样品间的亲疏关系。

　　统计软件使用 SPSS for windows 10.0（黄海等，2001），聚类方法选择欧氏距离平方（Squared Euclidean distance），并以最小距离聚类。其公式为：EUCLID（x，y）＝∑（x－y）2，即两项之间的差（距离）是每个变量之差的平方和。聚类分析采用的变量和样本来自附表七，在计算过程中，原变量经过标准化。聚类结果见图一八四。

　　在古代对比组的聚类中，甑皮岩人与华南地区的鲤鱼嘴组、柳江组、河宕组、昙石山组等首先聚类，它们有密切的关系，说明它们在种族和体质特征方面存在广泛的联系。同时，甑皮岩组与雕龙碑组、贾湖组、仰韶合并组及大汶口合并组等也存在程度不同的接近关系，它们在聚类图上处于第二集团，说明他们在体质特征方面也具有一定的亲缘关系，只是他们之间的关系远不如前面一组密切。而山顶洞组、西吴寺组、兴隆洼组、庙子沟组、庙后山组、三星村组及柳湾组等与甑皮岩组之间的关系较为疏远，他们之间的体质特征差异较大，它们在种族关系上几乎不存在什么渊源关系。在近现代对比组中，甑皮岩组与华南组和越南人等有明显的接近关系，他们的体质特征具有很强的相似性，说明在现代华南人和东南亚人的形成过程中，甑皮岩人的基因起到了重要的作用。但是甑皮岩组与华北组、蒙古组、老挝人、泰国人、现代日本人及波里尼西亚人之间的亲缘关系都相对较为疏远，这一方面说明了东南亚地区以及太平洋岛屿现代居民在种族构成和种族渊源可能存在着不同，他们的体质特征本来就存在差异，而不是原来认为的差别不大，另一方面也说明了甑皮岩组与现代北方居民之间的体质特征的差异仍然很大，体质特征的地区性差异仍在延续。

　　这些结果表明：1. 在中国华南及部分东南亚地区自新石器时代早期甚至更早阶段就有规模不等而体质特征相似的人群生活，他们主要分布在我国浙、闽、粤、桂等沿海地区，有的学者称之为"古华南类型"（朱泓，1996），他们可能代表了广义"古越人"的种系特征，并认为南迁的北民与当地土著"古华南类型"居民长时间共存、同化及融合的基础上形成了今天的华南各族（朱泓，2002）；2. 现代华南人和部分东南亚人，特别是越南人与当地古代人群之间存在较密切的关系，即它们是在当地古代居民的直接血缘关系的不断发展和融合中形成的，即甑皮岩人是现代华南人和部分东南亚人的古老祖先之一；同时在东南亚现代人群的形成过程中，有很多来自不同地区、不同种族和体质特征的基因的介入，形成了今天东南亚及太平洋诸岛屿居民丰富多彩的体质类型，但甑皮岩组古代居民对他们体质特征的形成无疑贡献了很重要的基因元素，因此他们在体质特征上受甑皮岩组居民的影响是显而易见的，只是各地受影响的程度不同。3. 现代壮族与甑皮岩组在聚类中有一定的距离，且与其他古代居民都存在着一定距离，而与老挝人、泰国人和波利尼西亚人有密切的关系，聚类距离较近，这一方面说明壮族在体质特征上与东南亚大部分居民的种组类型一致，他们在大的种族

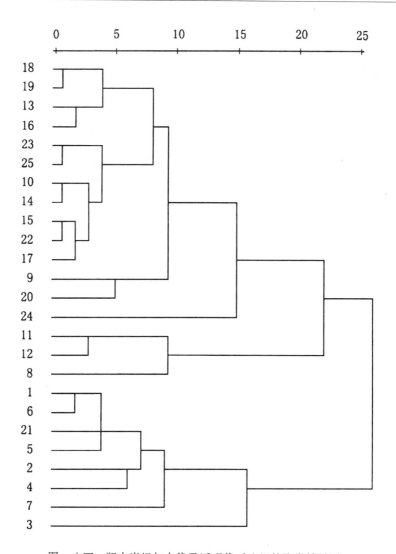

图一八四　甑皮岩组与古代及近现代对比组的聚类结果图

1. 甑皮岩组　2. 柳江组　3. 山顶洞组　4. 鲤鱼嘴组　5. 河宕组　6. 昙石山组　7. 三星村组　8. 雕龙碑组　9. 贾湖组　10. 仰韶合并组　11. 大汶口组　12. 西吴寺组　13. 兴隆洼组　14. 庙子沟组　15. 庙后山组　16. 柳湾组　17. 壮族组　18. 华南组　19. 华北组　20. 蒙古组　21. 越南人　22. 老挝人　23. 泰国人　24. 现代日本人　25. 波里尼西亚人

结构中属于一个大的类群；另一方面，说明壮族与古代居民之间有一定的距离，壮族的种族构成及种族来源相对较复杂，可能不是来源于单一的古代人群，而是多个不同体质类型古代人群混血后裔。因此它与其他几个古代对比组都保持一定距离，而它本身又属于华南和东南亚现代人群之一。

第三节 创伤与病理

一、创伤现象

1.BT2M1 头骨上有七处创伤：（1）前囟点处有一略呈三角形的穿孔，长径 3.9、短径 3 毫米；（2）左侧冠状缝中部有一椭圆形穿孔，长径 8、短径 4 毫米；（3）矢状缝前囟段中部有一圆形穿孔，直径约 2.8 毫米；（4）矢状缝顶端左侧有一前一后两处穿孔，前者大致呈三角形，底径 4.6、高 7.2 毫米，后者呈椭圆形，长径 8.7、短径 3.6 毫米；（5）矢状缝顶孔段前部左侧有一椭圆形穿孔，长径 6.1、短径 2.3 毫米；（6）顶孔右侧前方有一大致呈椭圆形的穿孔，长径 12.5、短径 4 毫米。经观察，这七处创伤皆属于人工打击形成，不是由于无意识碰撞等原因形成的。这七处创伤穿孔皆穿透颅骨骨壁，直达颅内；同时这七处穿孔的颅外壁创伤面较大，颅内壁创伤面较小，且创伤辐射比较均匀，即穿孔的截面呈比较规整的倒梯形，说明形成创伤的受力方向是自上而下基本与颅壁相垂直的。此七处创伤表面皆未发现明显的骨屑剥落的痕迹，颅内壁亦未发现明显的骨裂辐射线或骨骼塌陷区等，说明该个体虽然受到七处创伤，但创伤形成的穿孔都较小，没有形成致命的打击，故此人在受伤之后并未立即死亡，而是存活了一段时间，创伤表面开始愈合，打击点和辐射线等基本融合吸收，使创伤表面呈现圆滑的痕迹，所以难以发现创伤的骨裂和骨屑剥落现象。从创伤的愈合程度看，这七处创伤可能在同一时间形成，或在相对集中的时间内形成，相隔时间不会太长。据此推测该个体的死亡原因可能是由于在创伤愈合过程中又产生感染，破坏了细胞组织的自我修复功能，细菌由颅外壁侵入颅内壁造成的死亡。从创口形状及创伤性质看，造成此类创伤的器械有两种，一是钝器，在第六处创伤下部和第七处创伤附近，即百汇穴附近有一个近圆形的骨壁凹陷区，但未产生骨骼断裂，周围亦未发现骨裂线，凹陷区直径约 18 毫米左右，凹陷深度约 2~3 毫米，这属于钝器打击形成的骨骼凹陷；另一种器械是锐器，这种锐器的前端比较锋利、形状为尖圆形，后端截面呈椭圆形，由于打击的力度不同，在骨骼表面形成大小、深浅不一的穿孔（图版七一，1）。

2.BT2M3 在额骨中部及左侧有在一条直线上的三个穿孔，穿孔从中间向两侧逐渐增大。中间穿孔呈圆形，直径约 2.2 毫米；左后侧 19 毫米处有一椭圆形穿孔，长径 3.7、短径 2.1 毫米；再向左侧 22.2 毫米处有一不规则形穿孔，长约 8.8、宽约 7 毫米。这三个穿孔未见愈合迹象，穿孔内外壁几乎相等，估计是一种锐器以几乎垂直于骨面的方向连续打击形成，且力量较大，形成的创伤是直接导致该儿童的死亡原因。

3.BT2M4 该个体有两处创伤：（1）眉间有一长条形穿孔，从右侧眼眶内上角横向左侧眼眶内上角，长约 40、最宽约 12 毫米，穿透骨壁，但边缘参差不齐，未见颅外壁的辐射线和塌陷区，应属于人工钝器大力打击形成，在埋藏过程中细小的骨屑逐渐剥离创伤表面，最后形成较大的穿孔（图版七一，4）。（2）右侧冠状缝后部，距离冠状缝约 32 毫米处有一较大的长条形穿孔，方向与冠状缝平行，从矢状缝横向至右侧顶骨中下部，长约 77.2、宽约 4.4~25.3 毫米，穿透骨壁，边缘参差不齐，但未见明显的辐射线和塌陷区，颅内壁亦未见骨屑剥离现象。经观察，此创伤不像一般的人工锐器伤痕，而是高空坠落物砸击或不慎摔倒磕在石头等坚硬物体上形成的。

4.DT2M1　头骨上有三处创伤：（1）一处在左颧骨靠近左眼眶外下角，约呈三角形的穿孔性骨折。此处创伤的断裂痕迹明显，未发现断裂辐射线，直接打击在颅骨上形成，是在死后的埋藏环境中受挤压形成的断裂或重物自高处落下砸击形成，不是生前由人工打击形成的穿孔。（2）另一处创伤位于眉间，由额结节下方斜向左眼眶上内角，约呈长条形穿孔性骨折，边缘相对较为平整，说明创口表面已经愈合或开始愈合，创伤形成的辐射线和骨裂也已经愈合，看不到痕迹。经观察，应该是石斧类器械打击形成，属于人工创伤。（3）左侧额骨下侧、蝶骨上方有一穿孔，目前约呈长方形，长约 39、宽约 15 毫米。据观察此穿孔一部分是人工创伤的痕迹，边缘比较平整，打击点明显，应是钝器打击形成；另一部分是由于打击形成的粉碎性骨折在尸体腐烂和以后骨骼的多次搬运中，小骨片剥离和无意碰撞骨片缺失形成的，与原来的创伤混杂在一起。

5.DT2M5　头骨上未见明显的创伤，只是在两顶结节之间异常隆起，呈带状。经观察，这可能属于正常状态下的变异，不是人工有意使头颅变形。

6.BT2M7　（1）在颅顶前囟点右侧和后方有一个呈马鞍形的骨壁塌陷区，塌陷区包括前囟部、左右顶骨和额骨，边缘近似椭圆形，长径约 98、短径约 63.5 毫米。原报告认为不可能是死后在地层中受局部挤压所致、也不可能是死后被洞顶落石击伤所致，而是被棒状物猛击所致。经笔者观察，认为此塌陷区是死后在地层中长期受不同方向力量挤压后又经后期扰动骨片脱落所致，主要原因有：（a）若是棒状物生前猛击所致，则颅内壁应该有迸裂面，而经仔细观察并未发现迸裂面；（b）原报告认为的猛击形成的辐射线恰恰是由于长期缓慢挤压形成的不规则骨裂线，而不是猛击形成的放射状骨裂线；（c）此处骨骼经长期土壤腐蚀后比较脆弱，轻轻一敲，即能形成类似头骨穿孔的骨折，也就是说经土壤腐蚀疏松后的骨壁，一经挤压碰撞就能形成类似的骨折现象。（2）顶孔部位、矢状缝右侧有一米粒大的圆形穿孔穿透骨壁，经观察可能是发掘过程中无意间造成的，而不是生前形成。

7.DT1M1　头骨上有三个穿孔，分别位于前囟点左侧、左侧顶骨中部和枕骨中下部，穿孔皆不大，皆为近圆形，直径在 1 厘米左右，但据观察，前囟点左侧和枕骨中下部穿孔皆为死后形成；左侧顶骨中部穿孔也为死后头骨被压裂、小骨片缺失形成，皆与死因无关，即穿孔与人工创伤无关。

8.DT3M1　在该个体颅骨顶孔段前部有一近椭圆形骨骼凹陷区。凹陷在视觉上不很明显，四周骨骼平滑凹陷，边缘不很清晰，未产生骨折，此区域前后大约 50、左右大约 39 毫米。经观察，此凹陷似乎不是钝器打击形成，也不像是在埋藏过程中受力缓慢挤压形成，而可能是一种个体头骨变形或变异。鉴于此证只是孤例，因此也不像是人工有意的头骨变形形成，而应该是在一种无意识的劳作或生活习惯中形成的变形。

9.DT2M3　头骨上有五处穿透颅骨的穿孔，右侧顶结节前部一个、右侧翼区两个、枕外隆突右下方一个及左侧人字缝中下部一个。经观察，右侧翼区两处穿孔是由于此处骨壁较薄，骨壁受挤压断裂并产生骨片脱落所致，不具有明显的人工创伤的痕迹。右侧顶结节前部穿孔约呈三角形，长约17.5、高约11.2毫米，穿孔边缘平整，似乎有愈合痕迹，颅骨内壁有骨片迸裂现象，但未发现辐射线，亦未发现史前手术痕迹，它不是由麻风或梅毒病毒引起的，而是由锐器打击形成，或该人生前不慎撞击在坚硬石头的尖利的一角形成。枕外隆突右下方穿孔形状约呈刀把形，长约25、最宽约12.6毫米，特征与右侧顶结节前部穿孔相似，如骨骼断裂边缘平整，似有愈合痕迹，内壁有迸裂痕迹，未发现辐射线和史前手术痕迹，故此穿孔的成因与顶结节前部穿孔相似。人字缝左侧中下部穿孔与前两处穿孔略有不同，此穿孔位于一骨质塌陷区内；塌陷区从左侧顶骨中下部和颞骨中部向后下方延伸至左侧人字缝后部，呈长条形，长约97、宽约29.5～53毫米；塌陷区断裂线明显，显然是钝器打击产生大面积骨折导致塌陷；穿孔位于塌陷区内左侧人字缝中部，呈长条形，长约26.8、宽约6.6毫米，穿孔断裂面明显，内壁有骨屑迸裂现象，此穿孔形成于锐器打击（图版七一，2、3、9）。

10.DT2M2　头骨矢状缝右侧有一长条形穿孔，不是蛀虫样蚕食穿孔，而是边缘比较平整，创口表面有砍削的痕迹，创口从右侧向左侧逐渐加深扩大，穿孔位于创口的左侧，穿透颅壁，周围未发现骨折痕迹，创口表面相对平滑，有愈合迹象，此创伤属于人工有意形成，但是否属于手术创伤，有待进一步考察。

11.BT2M8　（1）与其他个体相似，此人下肢不发达，比较纤细，成女性化倾向，这似乎是甑皮岩人无论男女的共同特征，这可与现代华南人比较，不知是一种遗传特征，还是一种特例，或者与生活经济方式有关？（2）相对于下肢，此人上肢的粗壮程度较高，呈男性化倾向，这可能与此人上下肢活动量不同有关。(3)相对于牙齿磨耗与实际年龄差别不大的同时，此人的牙齿齿列、齿质等亦较好，未见任何齿病，而此人属于该文化的第四期，可能牙齿的磨耗与齿质的好坏和时代有关，但这仅是孤例。

12.AT1M1　宋代墓葬，头骨上未发现穿孔或打击痕迹。值得一提的是，此人牙齿磨耗与实际年龄已经完全吻合，几乎没有年龄差，与新石器时代的甑皮岩人有很大差异，这说明他们之间的食物结构完全不同。同时此人颅较短、较高，虽然也属于南亚蒙古人种，与甑皮岩人在体质上存在明显的承继关系，但又与甑皮岩人有所区别，这可能反映出宋代人体质特征较之甑皮岩人进化更完备，同时也可能存在基因混杂的情况。

由以上大量的创伤看来，在距今一万年左右的甑皮岩遗址周围生活着相当数量的人群，自然资源的丰富并不能使它们完全和平共处，而是存在着相互间的争斗，甚至你死我活的"战争"。在争夺资源的同时，也导致了大量的伤亡，从而在头骨及肢骨上留下了创伤痕迹。

虽然有些创伤可能是在无意间碰撞形成的，但大量的和不同骨骼部位的创伤使我们有理由相信当时存在着相当严重的不同人群间的争斗。

二、病理现象

1. BT2M1　牙齿磨耗极严重，多数生前或死后不久脱落，目前尚残存有上颌右侧 P2 和 M1 的齿冠以下部分及下颌左侧 I1、M2 和右侧 I1、I2、C 齿冠以下部分以及 P1、P2、M2 的齿根部分。（1）从残存的牙齿上发现了严重的牙结石。（2）从部分牙齿脱落后形成的齿孔判断，此人生前患有严重的齿根脓疡，使部分齿龈化脓，牙齿松动脱落。（3）从某些齿孔的大小深浅判断，此人生前患有维生素缺乏症，致使牙床不稳固，牙龈萎缩，牙齿脱落，也使某些牙齿磨耗过度，严重超过实际年龄的磨耗程度。

2. BT2M2　（1）左侧顶骨后部发现有连续的虫蚀状凹坑和麻点等，从表面看似乎是梅毒或麻风病毒侵蚀形成，但观察头骨其他部分，尤其是面骨和额骨等易感染病毒的部位，未见类似痕迹，说明此痕迹不属于病毒引起。经观察，应该是埋藏环境中的酸性土壤逐渐融蚀而成的。（2）第四腰椎有轻微的骨质增生现象，产生了砂粒大小的骨赘。

3. BT2M4　（1）牙齿除了下颌左右 M3 外皆生前脱落，且绝大多数齿孔已经闭合或正在闭合。上下颌牙齿齿槽骨严重萎缩退化，这与它们用牙过度有关，即与他们的食物结构有关：大量贝壳类食物的食用以及维生素和微量元素的缺乏，导致牙床萎缩，牙龈退化，从而导致牙齿过早脱落。（2）左侧股骨中部有啮齿类动物啃咬的痕迹；右侧上肢肘部的鹰嘴窝部位有炎症，且比较严重，致使鹰嘴窝产生穿孔。

4. BT2M5　主要在上下颌牙齿发现的病理现象。（1）上颌龋齿：右侧 M3 颊侧齿冠龋洞，大小为 5×3 毫米，左侧 P2、M1、M2 舌侧形成连成一体的龋洞，大小为 21.6×9.3 毫米，左侧 M3 近中面齿颈形成邻面龋。（2）上颌右侧犬齿齿根异常的长，刺穿上颌骨，直接压迫面部神经。（3）下颌龋齿：右侧 P1、P2 形成邻面齿冠龋，M1 的龋齿侵蚀掉齿冠和齿颈，仅余部分齿根，M2、M3 为邻面龋洞，大小为 7.8×8.6 毫米（图版七一，8）。（4）根尖脓疡：下颌右侧 P2、M1 根尖异常肿大，且形成长条形的瘘道。

5. DT2M1　（1）下颌左右 M1、M2、M3 都有程度不同的牙结石。（2）左侧 P1 和右侧犬齿死后脱落，但齿根脓疡形成的瘘道尚在，分别为 8.5×5.5 毫米和 10×6 毫米。（3）左侧 M1 根尖异常肿大，怀疑为牙囊肿。（4）牙齿磨耗极严重，以下颌为甚，达 5 级左右（图版七一，7）。

6. DT2M5　（1）上颌左侧犬齿齿根脓疡，形成三角形瘘道，大小为 9.4×5.2 毫米；左侧第一臼齿形成近圆形瘘道，大小为 10.4×9.8 毫米；左侧第二臼齿齿根脓疡，但未形成瘘道；下颌左侧 M2 齿根脓疡，牙齿脱落；左侧 M3 在齿冠咬合面的颊侧产生龋齿；左侧 P1、P2 的远中齿冠有米粒大的龋洞；龋齿的大量发现说明当时人对淀粉类食物的摄入已达到相当的程度（图版七一，6）。（2）仅余的两例腰椎（第四、五腰椎）上有明显的骨质增生现象，已产生唇状骨赘，但未产生连桥或强直，而此人的年龄较轻（35±岁），却已产生如此强烈的增生，这从另一方面说明当时人生存的艰难和劳动强度较大。

7.BT2M7 （1）在仅余的骶椎和一例腰椎上发现明显的骨质增生现象，产生唇状骨赘。（2）在右侧盆骨耳状关节面后部有瘤状骨囊肿，可能与某种妇科疾病有关。（3）牙齿磨耗极严重，多数齿冠磨耗殆尽、齿冠迸裂、齿质点暴露，上颌左侧 M2 和下颌右侧犬齿齿根脓疡，但牙齿生前未脱落。上颌左侧 M2 齿冠内侧近中部位龋洞大小为 7.2×6.2 毫米、深 7 毫米。

8.DT1M1 （1）上颌左侧 P2、M2，右侧 P2、M1 龋齿，除左侧 P2 为齿冠龋洞（5.4 ×5 毫米）外，其余皆为邻面齿颈龋；下颌左侧 M1、M3，右侧 M3 为里面齿颈龋。（2）下颌左右 P2—M2 皆生前缺失，齿孔完全闭合。牙齿脱落过早是这批人的共性，这应与食物结构和饮食卫生习惯有关。

9.DT3M1 （1）牙齿绝大多数磨耗过重，达 V～VI 级，多数齿冠磨尽，齿质大面积暴露，仅余 1～2 枚牙齿保存相对较好。（2）上下颌右侧 M1 皆齿根脓疡，牙齿脱落，留下牙床融蚀后的空洞，其中下颌右侧 M1 融蚀洞大小为 19.2×9.2、深 13.4 毫米（图版七一，5）。

10.DT2M3 （1）下颌牙齿保存相对较好，但牙齿磨耗较重，左侧 M1、M2 生前脱落，齿孔完全闭合。（2）上颌右侧牙齿生前完全脱落，齿孔完全闭合，齿槽完全萎缩，牙床几乎与上腭相平，其余牙齿皆死后断裂，仅余齿根；其中左侧臼齿位有齿根脓疡形成的融蚀洞，大小为 11.7×9.4、深 8.5 毫米。（3）此人腰椎骨质增生现象严重，已经产生明显的唇状骨赘。

三、讨 论

（一）关于牙齿磨耗

甑皮岩遗址出土的人骨上有特殊的"病理"现象，即牙齿磨耗过度，远远超过史前时期其他地区该年龄阶段牙齿的磨耗程度。若仅仅依靠牙齿磨耗程度来判断年龄将会出现很大的误差，以前的研究就是根据牙齿磨耗程度判断年龄的[*]，从而得出了甑皮岩人普遍死亡年龄较大的结论[**]。判断年龄的牙齿磨耗标准是根据近现代人群的牙齿磨耗程度而制定的，由于时代、经济方式及生活方式等方面的关系，古代人牙齿磨耗反映的年龄与其实际年龄之间会有一定的差距，所以在判断古代人的死亡年龄时要具体问题具体分析，尽量综合多方面的因

---

[*] 虽然其文中也曾提到有比较完整的骨盆材料为佐证，但据笔者观察，该批材料骨盆普遍保存较差，尤其耻骨联合面等有效判断年龄的部位多数经石蜡粘结和石膏加固后，变形严重，难以完全据此推断实际死亡年龄。

[**] 在可判断的 11 例成年个体中，有 10 例为中年或老年。

素来判断。

根据笔者的大量观察和记录，史前居民牙齿的磨耗程度反映的年龄普遍较其实际年龄大5～10岁左右，所以在判断时一般要减去相应的年龄差。但经过观察和对比，发现甑皮岩人牙齿磨耗反映的年龄与实际年龄之间的差距竟然有10～20岁。在可判断年龄的14例成年个体中，有11例能观察到臼齿磨耗，其中有7例臼齿的磨耗等级为5级左右，若以此为判断年龄的依据，必然是老年阶段，但根据头骨缝的愈合程度、耻骨联合面残片、耳状关节面残片以及长骨骨密度等综合判断，这批人绝大多数只处于中年阶段。如BT1M7臼齿磨耗极重，达5级，但头骨和肢骨残片骨密度较大、头骨骨缝未完全愈合、耻骨联合面和耳状关节面都显示该个体处于中年阶段。产生这么大年龄差的原因无疑与甑皮岩人的经济生活方式有关。甑皮岩遗址的年代大约在距今12000～7000年，属于新石器时代的早期，经济方式仍处于狩猎采集阶段；而甑皮岩遗址附近当时森林茂密、河流纵横、气候温暖湿润、物产丰富，甑皮岩人在这种优越的环境中生活。在遗址周围盛产天然的贝类，产量大、极易捕捞且营养价值高，甑皮岩人本能地选用它们作为食物资源。遗址中出土大量螺壳是甑皮岩人食用丢弃的，是研究他们食物结构的重要证据。食用螺壳，一般经过蒸煮和挑食，而螺壳内含有大量的泥沙，食用过程中对牙齿形成严重的磨耗。另外，由于生业模式的不同，甑皮岩人的食物，如动物性食物或螺壳类食物等，对牙齿的磨耗本来就重于以农业食物为主的人群。这些都是甑皮岩人的年龄差较大的原因之一。

另外，由于长期食用贝类食物，营养元素的摄入比较单一，维生素和其他微量元素相对缺乏及不良的卫生习惯等，导致牙齿釉质遭到破坏、牙龈萎缩、牙床松动，从而使牙齿磨耗严重。同时我们在甑皮岩遗址出土的牙齿上还发现另一种现象，属于较早时期的BT2M7个体，牙齿磨耗与实际年龄差在15～20岁左右，而属于第四期的BT2M8个体臼齿磨耗为3级左右，它反映的年龄与实际年龄之间只有5～10岁，而这已经很接近新石器时代其他人群牙齿磨耗与实际年龄之间的年龄差了。由于1973年发掘时对墓葬分期认识的不明确，使我们无法对其他墓葬的具体期别有系统认识，因此这两个个体所体现的牙齿磨耗度随时代不同而变化的现象是否是一种共性还是一种个别现象，还是暗示了什么其他现象，如食性的变化等，我们目前尚无法判断。

（二）关于齿病问题

一般认为，齿根脓疡是龋齿病的一种严重结果，若把两者皆以龋齿病例计算，甑皮岩人龋齿患病率以个体计算是42.11%，即在19个个体中有8个患有龋齿，且患病年龄分布在中壮年。由于有些个体未保留牙齿或残留牙齿及齿种较少，龋齿患病率应该更高。以所观察的牙齿数量计算，甑皮岩人的龋齿患病率为47.3%，即在74枚残存的牙齿中，有35枚患有程度不同的龋齿，且多数龋齿发生在臼齿和前臼齿上，几乎未见犬齿和门齿的患病情况。由于观察个体和牙齿数量较少，这个比例可能不完全反映甑皮岩遗址出土骨骼上的龋齿发病率，但仍可作为研究新石器时代早期人类牙齿健康状况的重要材料。这个龋齿率是相对比较高的，已经接近现代人的龋齿发病率。新石器时代早期的贾湖遗址和兴隆洼遗址的龋齿率分别是 2.45％和 88％，差别很大（表二三）。如果排除统计方法和判断标准的不同，则可能暗示新石器时代早期各地居民的龋齿发病率是不同的，甚至是差异十分显著的，这可能与他们不同的经济模式和饮食结构有关。一般认为，龋齿的形成是由于大量食用富含淀粉类的食物造成的。伴随着新石器时代农业社会的进步，龋齿的发病率逐渐升高（岳松龄主编，1993）。贾湖遗址已经进入种植水稻的农业阶段，有机会大量食用含淀粉类食物，从而造成龋齿发病率较高的现象。据研究，甑皮岩遗址至今未发现大量农业种植的迹象（本书第三章）。那么淀粉类食物的来源只能是很难留下遗迹现象的块茎类植物。因此我们推测甑皮岩人当时在大量食用田螺等肉食性资源外，还大量食用块茎类植物作为补充食物，因此在牙齿上既有因食用田螺等导致牙齿磨耗过度的痕迹，又有因食用含淀粉的块茎类食物导致的龋齿现象，由此可以判断甑皮岩人的食物结构并不是单一的肉食性资源。据环境考古学研究，一万年前的甑皮岩遗址比现在还要温暖湿润，自然环境适合大量的热带、亚热带植物生长，植物性食物资源比较丰富，除了有易于留下遗物的坚果类植物外，必然也有大量不易留下遗物的块茎类植物。而这些植物性食物的食用直接导致了龋齿的发生。同时不良的卫生和牙齿保健习惯也能导致龋齿的发生，甑皮岩文化时期的龋齿发生必然也有这方面的原因。另外，通过对牙齿磨耗程度的分析，甑皮岩遗址似乎存在随时代的变迁人们的饮食结构发生变化的迹象，而龋齿的发病率与时代变化还未发现有明确的关系。

表二三　龋齿发生的地区性比较

地点	年代	观察例数	患龋人数	龋齿病罹患率（％）
甑皮岩	新石器时代	19	8	42.11
兴隆洼	新石器时代	25	22	88.0
舞阳贾湖	新石器时代	163	4	2.45
河南青台	新石器时代	68	32	47.06
广西城市	现代	2050	1011	49.32
广西农村	现代	3500	1688	48.32

注：其余比较数据来自《人类学学报》第 16 卷第 4 期第 273 页。

（三）其　他

甑皮岩人大多数个体都有生前牙齿过早脱落或死后由于牙床不稳固而脱落的现象，而且常常伴随着龋齿现象的发生。如 DT1M1 下颌左右 P2 和 M2 皆生前缺失，齿孔闭合，而上颌左侧 P2 和 M2、右侧 P2 和 M1 以及下颌 M1 和 M3 都有程度不同的龋齿。这是由于食物结构中缺乏某种或几种微量元素，如缺乏钙和氟等易引发的齿槽萎缩和齿根暴露，再加之有不良的卫生习惯或发生齿病等原因，致使牙齿过早脱落。还有，甑皮岩人的齿根脓疡的发生率也很高，如 BT2M1、BT2M5、DT3M1 和 DT3M3 等，牙齿脱落，并形成瘘道或融蚀洞，这也与食物结构和不良的卫生习惯有关。

第四节　肢骨问题

一、关于身高问题

从肢骨长度计算身高是人类学研究常用的方法，一般采用肢骨的最大长进行计算，并对各个肢骨计算的身高值求算术平均值作为该个体的生前身高。虽然如此，求得的身高值只能是一种近似值，而不是绝对值。一般认为，以骨骼推算的身高的误差在 2～10 厘米，用下肢骨推算的可靠性高于上肢骨。因为人的身高受多种因素影响，它不仅受民族、种族、性别年龄的影响，也受风俗习惯、饮食结构、营养状况及个体差异等的影响，因此这种计算结果只能作为参考。同时如果参与计算的个体越多，则计算结果越接近事实，因此身高的计算无疑应成为古人类学研究中的重要参考。

甑皮岩遗址肢骨多保存较差，对身高的研究造成了一定的困难。目前人类学界从肢骨长度计算身高的公式很多，有的还包括各个种族和各个年龄阶段的不同的计算方法，经过无数实践的检验，我们认为以下几种公式比较适合甑皮岩遗址古人类的身高计算。这几种公式分别介绍如下：

莫世泰公式（男性公式）（莫世泰，1983）：

身高 $= 63.80 + 2.26 \times$ 股骨最大长

$\qquad = 54.13 + 3.01 \times$ 胫骨最大长

王永豪等公式（推算华南汉人的身高）（王永豪，1979）：

身高 $= 54.69 + 2.52 \times$ 股骨最大长

$\qquad = 64.33 + 2.80 \times$ 胫骨最大长

适合黄种人身高的公式（陈世贤，1980）：

男性身高 $=$ 股骨最大长 $\times 3.66 + 5$ 厘米

$\qquad = $ 胫骨最大长 $\times 4.53 + 5$ 厘米

女性身高 $=$ 股骨最大长 $\times 3.71 + 5$ 厘米

$\qquad = $ 胫骨最大长 $\times 4.61 + 5$ 厘米

邵象清的公式（分不同的年龄段，单位：毫米）（邵象清，1985）：

21～30 岁身高（左侧）$= 643.62 + 2.30 \times$ 股骨最大长

$\qquad\qquad\qquad = 853.39 + 2.22 \times$ 胫骨最大长

（右侧）$= 644.84 + 2.31 \times$ 股骨最大长

$\qquad\qquad = 833.10 + 2.28 \times$ 胫骨最大长

31～40 岁 身高(左侧) = 640.21 + 2.32 × 股骨最大长

$$= 776.34 + 2.44 × 胫骨最大长$$

（右侧） = 635.64 + 2.33 × 股骨最大长

$$= 759.27 + 2.49 × 胫骨最大长$$

表二四 甑皮岩遗址身高的估计

| | 黄种人公式 | | 莫世泰公式 | | 王永豪公式 | | 邵象清公式 | | | | 平均值 |
| | | | | | | | 股骨 | | 胫骨 | | |
	股骨	胫骨	股骨	胫骨	股骨	胫骨	左	右	左	右	
BT2M1 男	167.87	171.70	164.37	164.90	166.83	167.37	167.26	—	—	167.56	167.23
BT3M1 男		161.74		158.28		161.21			162.06	162.06	160.82
男性平均值	164.06										
BT2M2 女	154.51		154.88		156.25	—	157.05	—	—	—	155.67
DT2M5 女	169.35	—	163.92		166.33	—	—	166.78	—	—	166.60
女性平均值	161.14										

在表二四和附表八中可以看出，在可测量股骨与胫骨最大长的四个个体中，男性的平均身高 164.06 厘米，明显高于柳江人的身高 156.69 厘米。说明甑皮岩人较之柳江人有了明显的进化。在南方新石器时代古人类中，甑皮岩人身高与广东佛山河宕和福建闽侯昙石山古代人群的身高相似（分别为 166 厘米和 163.5 厘米）。但与其他新石器时代古人类相比，甑皮岩人身高属于较低的，这与黄河流域新石器时代居民的身高（168.4～172.3 厘米）相比低矮得多，说明身高方面的地区差异早在新石器时代早期就已经开始出现。甑皮岩人以及其他华南地区古代人群的身高值反映了华南以及沿海地区新石器时代居民较之华北地区矮小。同时，甑皮岩男性身高与现代广西汉族男性平均身高 163.6 厘米和壮族男性平均身高 163.5 厘米（张振标等，1983）很接近。甑皮岩人的女性身高值只有两例，平均值 161.14 厘米，明显偏高，这是由于个体较少且个体差异较大造成的，尤其 DT2M5 身高 166.6 厘米，比平均男性身高值还大，与一般的新石器时代女性身高较之男性身高低矮不同，因此甑皮岩女性身高均值并不能真正代表当时女性的真正活体身高。

二、股骨颈干角的问题

股骨颈干角是股骨骨干轴与股骨前颈轴相交形成的角度。它的大小及其与髋臼之间的角度直接决定了人的直立行走程度，在人类进化史上有重要意义。我们测量了较完整的股骨的颈干角，具体数据见表二五。

表二五　较完整的股骨的颈干角

BT2M1 男		DT3M1 男		男性平均	BT2M2 女	BT2M7 女	DT2M5 女	女性平均	贾湖组	
左	右	左	右	124.75	左	左	右	123.93	左	右
125.5	126	124	123.5		122.5	122.8	126.5		124.5	124.0

颈干角在现代不同组的变异为121°～133°，尼安德特人角度较小（110°～125°），山顶洞人为129°。甑皮岩人男性平均为124.75°，较之尼安德特人大，与贾湖组较为接近，但在现代人各组变异范围中是较低的，说明甑皮岩人与贾湖组一样在体质进化方面还存在一定缺陷，并未完全进化到现代人的状态，即甑皮岩人在直立行走方面尚无法像现代人一样自如，在行走步态上具有一定蹒跚特征。这从另一方面证实了甑皮岩人头骨上残存的原始特征。

三、肢骨的比较

甑皮岩遗址的肢骨保存极差，出土后又经多次搬运，多数不完整，无法获取大量有效数据，本次测量和观察的数量较之1993年已经逊色很多，只能就相对较完整的肢骨进行了研究，但因数据有限，可能无法完全体现甑皮岩人的肢骨特征，但也能从中管窥甑皮岩人一般的肢骨特征。从附表八可以看出，甑皮岩遗址出土肢骨的特征男女性比差异不大，这主要反映在股骨、胫骨和肱骨等的粗壮程度方面；而在与其他新石器时代遗址出土肢骨的对比中，甑皮岩遗址出土肢骨都趋向女性化。即男女肢骨的粗壮程度较低，普遍比较纤细。同时在甑皮岩遗址出土的上下肢骨的比较中，相对而言，上肢的粗壮程度要大于下肢的粗壮程度。肢骨的粗壮程度除受先天遗传因素影响外，后天的环境影响也起到很重要的作用。甑皮岩遗址出土肢骨的女性化倾向的原因，有两点值得考虑：1. 甑皮岩人反映了我国华南甚至东南亚地区普遍存在的现象，即由于受遗传因素的影响，他们肢骨上的性别差异不大，这与我国北方地区肢骨的性别差异较大不同。时至今日，这种体质特征在我国南方地区和东南亚地区仍不同程度的存在。甑皮岩人正是表现了这种特征，同时也说明至少到新石器时代早期阶段，这种体质特征就已经存在了，这也从另一侧面说明了甑皮岩人与现代华南人在体质特征上的承袭关系。2. 经济模式和生活方式的变化导致了甑皮岩遗址出土肢骨的性别差异较小。目前发现的我国北方以农业为主的新石器时代遗址出土的肢骨性比差异相对较大，如半坡、大汶口等遗址出土肢骨的性别差异都明显大于甑皮岩人。传统看法认为，从事农业劳动，男女之间的社会分工明显不同，而且逐渐趋向固定化，这使得男性从事的体力劳动大大繁重于女性，从而使他们的肌肉发达程度以及由其决定的骨骼粗壮程度也明显大于女性。而对于原始的渔猎采集经济来说，性别分工相对不那么明确和固定化，他们分担的劳动量没有明显的不同，从而使得他们的肌肉发达程度和骨骼粗壮程度不像从事农业经济人群的性别差异那么大。这也从另一方面反映当时的经济方式的确与北方多数新石器时代农业文化的经济模式不同。

关于上肢的粗壮程度大于下肢的粗壮程度的问题，由于存在着数据上的不可对比性和有效对比的个体较少的缘故，暂时还无法得出具体的结论，仅是凭观察结果得出的印象，还需进行大量的对比研究。存在上下肢粗壮程度差异的原因，可能与上下肢之间担当不同的劳动强度以及不同的生活方式有关，与游猎民族等擅长奔跑大量使用下肢的经济模式不同。

甑皮岩人肢骨的粗壮程度有随时代的不同产生变化的特征，如属于晚期的 DT3M1，该个体肢骨比较粗壮，是该批人中最具男性化特征的一例，这是否意味着随着文化的发展，人们的经济方式发生了某种程度的变化，而这种变化又不同程度地对肢骨的微观形态产生了影响。当然这只是个例，可能具有一定偶然性，但它从另一方面为我们提出了研究经济模式的可能性。因此甑皮岩遗址的经济模式研究可以与文化的分期研究相结合。

第五节　小　结

1. 张银运等 1977 年曾对其中的 14 具头骨进行了研究，认为其中有 10 例中老年，3 例幼童，1 例壮年。在种族特征上认为"甑皮岩新石器时代居民基本属于蒙古人种，且与蒙古人种中的南亚种族较接近，但与现代南亚种族在若干主要特征上仍有一定程度的差别"；认为"甑皮岩遗址居民与华北新石器时代各遗址的居民在头骨绝大部分形态特征上表现出彼此十分接近，但甑皮岩遗址居民与半坡、宝鸡、华县遗址居民接近的程度大些……与半坡遗址的居民最为接近"。1994 年张子模等重新对该批材料进行了研究，他们在原来 27 项测量项目和 8 项指数项目的基础上增至 94 项（主要增加了肢骨、躯干骨的测量和身高、脑容量的计算）。他们使用不同的判断标准，认为 14 例个体中有 1 例是青年，1 例成年，9 例中年及 3 例未成年。在原来研究的基础上，讨论了甑皮岩组群在不同时代上与周边不同组群的亲缘关系，认为甑皮岩组与柳江人有密切的亲缘关系；认为在华南地区与印支地区或者整个亚洲南部旧石器时代晚期的居民与该地区的新石器时代居民之间，以及该地区的新石器时代居民各组群之间均有着非常密切的亲缘关系。

2. 由于史前人类生活环境恶劣，其食物结构、卫生状况以及健康状况等无法与现代文明社会相比，他们的牙齿磨耗速度与效率也远远大于现代人类，因此仅以牙齿磨耗判断年龄的方法直接使用在不同地区、不同发展阶段的古代人类的年龄判断上是欠妥当的。直接使用这种方法会使判断年龄较之实际年龄大得多。在甑皮岩遗址出土人体骨骼的年龄判断中可以看出，单纯以牙齿磨耗、尤其是臼齿磨耗的程度来判断年龄的方法就有失片面，它受非年龄因素影响较大，尤其是针对经济形式多样化的新石器时代早期遗址。由于性别、年龄鉴定是一切研究的基础，应该尽可能综合多方面因素做出综合判断。就本文而言，笔者参考了牙齿磨耗程度、颅骨骨缝的愈合程度、长骨骨密度的变化、耻骨联合面和耳状关节面的变化等综合特征判断，从而得出与过去研究不完全相同的结论，并且我们认为这种结论比较接近甑皮岩居民的真实情况。曾有学者认为甑皮岩的估计年龄较之实际年龄偏老 15±5 岁左右（朱芳武等，1995）。本文中的实践表明，甑皮岩遗址人群的估计年龄较之实际年龄大 15~20 岁左右。因此在进行性别、年龄的初步判断时要避免仅及一点、不及其余的观察和分析方法。

3. 在分析的 19 例甑皮岩史前文化的个体中，男性或倾向于男性的个体有 7 例，女性个体 6 例，无法确切判断性别的有 6 例，男女两性比为 116.67。由于个体数量较少，这个比例可能与实际性别比例有一定差距，并且与绝大多数新石器时代遗址出土骨骼的两性比例相比是较低的，但总体的性比趋势是一致的，即男性明显多于女性个体。这批人的平均死亡年龄是 27.2 岁，这个数字大体反映了我国新石器时代早期人群的平均死亡年龄。在这批人中，有约 26.32% 的人死于未成年期，这个比例高于同时期其他遗址未成年人的死亡率；同时，全部可以判断具体年龄阶段的成年人皆死于壮年和中年期，几乎未见有死于老年期的，这也与其他遗址略有不同，这或许与统计个体数量较少有关，或与该文化的生态方式相关，具体原因目前尚难以判断。

4. 甑皮岩人男性头骨的非测量性特征主要有卵圆形颅，眉弓和眉间突度中等，中等倾斜的额部，额中缝较少，矢状缝前囟段多呈微波形、顶段为锯齿形或复杂形、顶孔段为微波或深波形、后段为锯齿形或复杂形，乳突较小或中等，枕外隆突发育中等或稍显，方形眶，心型梨状孔，梨状孔下缘有锐形、钝形和鼻前窝形，中等的鼻棘和犬齿窝，鼻根凹较浅，凹凸型鼻梁，I 型鼻骨，H 型翼区，欠圆钝的颧形，弱的矢状嵴，U 型和 V 型的腭形，嵴状或丘状腭圆枕，多方形下颏，下颌角外翻，颏孔位置多在 P2 或 P2M1 位上，无下颌圆枕，有一定的摇椅形下颌出现率等。同时甑皮岩人男性头骨的测量性特征是长头型、正颅型配以狭颅型，中等额宽和中等倾斜的额部，上面高和颧宽值较小，上面指数属于阔上面型，低眶、阔鼻、阔腭型，面部水平扁平度中等，垂直方向上属于中颌型以及鼻根中等等。

5. 甑皮岩人的种族类型在大人种上属于蒙古人种，在亚人种上与南亚蒙古人种之间存在较为密切的关系，多数特征落入南亚蒙古人种的变异范围之内。同时甑皮岩人头骨上也表现出若干"赤道人种"的倾向，经过分析，我们认为这种倾向是受到旧石器时代晚期柳江人的体质特征的影响而形成的，它们在体质特征上有一定的承袭关系，也进一步说明甑皮岩人在人类进化中尚存在一定的原始性状，尚处于向现代人的进化形成之中。

6. 通过聚类分析，甑皮岩人与华南地区的鲤鱼嘴组、柳江组、河宕组、昙石山组等距离较近，它们在种族和体质特征方面存在广泛而密切的联系；同时，甑皮岩组与雕龙碑组、贾湖组、仰韶合并组及大汶口合并组等也存在程度不同的接近关系，说明他们在体质特征方面也具有一定的亲缘关系，只是这种关系相对比前面一组疏远。而山顶洞组、西吴寺组、兴隆洼组、庙子沟组、庙后山组、三星村组及柳湾组等与甑皮岩组之间的关系较为疏远，他们之间的体质特征差异较大，它们在种族关系上几乎不存在什么渊源关系。在近现代对比组中，甑皮岩组与华南组和越南人等有明显的接近关系，说明在现代华南人和东南亚人的形成过程中，甑皮岩人的基因起到了重要的作用。但是甑皮岩组与华北组、蒙古组、老挝人、泰国人、现代日本人及波里尼西亚人之间的亲缘关系都相对较为疏远，这一方面说明了东南亚地区以及太平洋岛屿现代居民在种族构成和种族渊源可能存在着不同，另一方面也说明了甑皮岩组与现代北方人之间的体质特征的差异仍然很大。

这些结果表明，（1）在中国华南及部分东南亚地区自新石器时代早期甚至更早阶段就有规模不等而体质特征相似的人群生活，他们主要分布在我国浙、闽、粤、桂等沿海地区，有的学者称之为"古华南类型"，他们可能代表了广义"古越人"的种系特征，并认为南迁的北民在与当地土著"古华南类型"居民长时间共存、同化及融合的基础上形成了今天的华南各族；（2）现代华南人和部分东南亚人，特别是越南人与当地古代人群之间存在较密切的关系，即它们是在当地古代居民的直接血缘关系的不断发展和融合中形成的，即甑皮岩人是现代华南人和部分东南亚人的古老祖先之一；同时在东南亚现代人群的形成过程中，有很多来自不同地区、不同种族和体质特征的基因的介入，即它们是在当地古代居民的直接血缘关系的不断发展和融合中形成了今天东南亚及太平洋诸岛屿居民丰富多彩的体质类型，这其中甑皮岩组古代居民对他们体质特征的形成无疑贡献了很重要的基因元素，因此他们在体质特征上受甑皮岩组居民的影响是显而易见的，只是各地受影响的程度不同。因此可以说甑皮岩人是现代华南人和东南亚人的古老祖先之一。（3）现代壮族与甑皮岩组及其他古代对比组的相对疏远，同时又与其他东南亚现代居民有比较密切的关系，一方面说明壮族在体质类型上与大部分现代东南亚居民很相似，有较近的渊源关系，同时另一方面也说明现代壮族的来源可能不很单一，可能是多个不同体质类型古代居民的混血后裔。

7. 在甑皮岩遗址出土的 19 例史前个体中，有 9 例个体存在程度不同的创伤痕迹，占总个体数的 47.37%，考虑到有些个体骨质和骨骼保存较差而无法有效观察，实际的创伤比例有可能更高，而且多数个体骨骼上的创伤不止一处。当然，有些个体创伤属于死后形成，或者形成于生前的非人工性创伤，同时由于统计的个体数量较少，可能会存在一定程度的误差，但即使剔除这些因素，甑皮岩遗址古代居民的创伤比例仍然很高，明显高于多数其他新石器时代遗址。这从一方面说明了新石器时代早期的桂林地区存在着经常性的部族或聚落间争斗，而不是最初设想的"原始共产主义"的和平状态。这些创伤包括锐器和钝器等打击痕迹，但尚未发现史前手术的痕迹。肢骨由于多数保存较差，无法有效观察，目前发现的创伤多分布于头部，这也说明当时争斗之惨烈。

同时骨骼上的人为创伤并没有一定的规律，男女老幼皆有可能发生。发生创伤的位置亦不固定，有的在前额，有的在颅顶，有的在脑后；打击的器械亦无规律，有的是锐器打击，有的属于钝器打击形成；打击的方向和力度也不相同……这些都说明创伤的无规律性，因此它不可能是一种民族学上所谓的"棍棒礼"习俗。经过对创伤骨骼的仔细观察，我们无法发现开颅术中常见的刮削、切割痕迹和术后愈合痕迹，因此这些人为创伤也不是史前开颅术的证据。在创伤骨骼表面和周围我们也没有发现明显的梅毒或麻风病病毒侵蚀形成的融蚀性凹坑或虫蚀性的散在性小孔，因此这些创伤的形成不是由于病毒侵蚀性形成。我们在创伤骨骼四周也无法找到史前人吃人的迹象。所以这些骨骼上的创伤多数都属于人工有意为之的，属于人和人之间的暴力冲突的结果。

8. 甑皮岩遗址骨骼病理现象多发现于牙齿、椎骨及部分肢骨上。牙齿的病理现象主要有三类：（1）绝大多数成年个体的牙齿磨耗程度较之实际年龄为重，普遍达 4～5 级，甚至有的磨耗程度达 6 级，比参考其他特征得到的实际年龄高 10～20 岁。造成这种较大年龄差的原因与食性有关，考虑到遗址出土大量螺壳、蚬类及动物骨骼，牙齿磨耗较重可能与大量食用这些食物有关。同时还存在另一种现象，即在个别甑皮岩文化晚期个体的牙齿磨耗与实际年龄之间的年龄差在缩小，这是否说明随着文化的发展和时间的推移，人们的食性结构或结构比例发生了某种变化，使得体现在牙齿磨耗方面也产生变化，但这方面可对比的个体较少，目前无法准确判断。（2）在所有的 19 例个体中，有 8 例明显患有龋齿，以牙齿数量计算，有 47.3% 的牙齿患有程度不同的龋病，这在新石器时代早期人群中是比较高的罹患率。龋齿的发生一般认为与大量食用含淀粉类食物有关，而在未发现稻米等农作物遗物的情况下，考虑到当地的自然环境和植被，龋齿的发生可能与大量食用根块茎类食物有关，即在食用大量动物性食物的同时，甑皮岩人也大量食用自然生长的根块茎类植物。甑皮岩遗址居民与其他地区新石器时代早期居民的龋齿发病率差异显著，可能与不同的经济模式和食物结构有关。（3）牙齿上还存在程度不同的齿根脓疡和牙齿过早脱落现象，这除了与不良的卫生习惯有关外，还与食物结构相关。在所有 19 例中有 6 例发生了齿根脓疡，患病率相当高。椎骨上的等病理特征主要表现在产生唇状骨赘的腰椎骨质增生上，而他们的年龄并不大，如 DT2M5（35± 岁），从另一方面说明当时人的劳动强度相当大。其他骨骼上的疾病现象不多，仅有个别发现，如有的患骨鹰嘴窝炎症、有的患有盆腔方面的炎症等。

9. 关于肢骨问题：（1）甑皮岩遗址男性平均身高为 164.06 厘米，明显高于柳江人的身高，与南方新石器时代的广东佛山河宕和福建闽侯县石山遗址古代人类身高相似，而与某些北方新石器时代古人类相比则较低；同时，甑皮岩遗址男性身高与现代广西汉族男性和壮族男性平均身高很接近。（2）股骨颈干角大小决定了人体的直立行走程度，甑皮岩遗址的男性股骨颈干角是 124.75°，较之现代人的平均值略小，说明甑皮岩人在人类体质进化上虽然已经完成了晚期智人的进化，但在一些微观特征还存在一定的缺陷，无法完全像现代人一样自如的行走，可能存在一定的蹒跚或摇摆。当然，由于统计的个体有限，可能无法完全如实反映甑皮岩人的实际行走状态。（3）甑皮岩遗址出土的肢骨无论男女普遍比较纤细，在肢骨特征上都呈女性化，肢骨的性别差异不明显。相对而言，上肢的粗壮程度要大于下肢的粗壮程度，这可能反映了甑皮岩人对各肢骨的使用程度不同，而这从另一方面反映当时的经济方式与北方多数新石器时代遗址农业文化的经济模式不同，也与游猎民族大量使用下肢的经济模式不同。（4）甑皮岩人肢骨的粗壮程度有随时代的不同产生变化的特征，如属于文化晚期的 DT2M2，该个体肢骨比较粗壮，是该批人中最具男性化特征的一例，这是否意味着随着文化的发展，人们的经济方式发生了某种程度的变化，而这种变化又不同程度地对肢骨的微观形态产生了影响。虽然这只是个例，可能具有一定偶然性，但它从另一方向为我们提出了研究经济模式的可能性。

第九章　年代讨论

上世纪 70 年代甑皮岩遗址发掘后（广西壮族自治区文物工作队等，1976 年），围绕甑皮岩遗址的年代问题引发了一场争论。争论的焦点是关于石灰岩地区引起的年代偏老问题。为了解决这一问题，北京大学历史学系考古专业 ^{14}C 实验室和中国社会科学院考古研究所 ^{14}C 实验室先后两次去甑皮岩考察，并采集标本进行实验研究，使这一问题的探讨获得了进展（北京大学历史学系考古专业 ^{14}C 实验室等，1982 年）。2000 年中国社会科学院考古研究所会同当地文物部门在对该遗址进行清理、整理的基础上又作了新的发掘，并对该遗址的整体文化面貌作了更为系统、全面、深入的研究，确立了遗址的考古学文化分期，为进一步研究甑皮岩遗址的年代奠定了基础。为配合这一年代研究，中国社会科学院考古研究所 ^{14}C 实验室于 2002 年秋再次赴甑皮岩遗址考察，除了获得由考古学家提供的大量的出土标本外，还收集到有关的现代标本，希望通过进一步的工作使这一研究能有新的进展。另外，北京大学考古系 ^{14}C 实验室，澳洲国立大学 ^{14}C 实验室也做了一些样品（主要为木炭样品）的年代测定，这也有助于我们对该问题的分析与认识。

第一节　石灰岩地区的地质特征及碳十四测年结果校正

一、不同环境下年代标本碳十四水平的影响因素

进行年代研究，年代标本碳十四水平受影响的因素原本就是年代学研究中所要考虑的问题。但与以往我们所大量涉足的中原等地的年代标本不同，石灰岩地区由于地质构造的特点给碳十四标本测年带来了较大影响。有关这一问题北京大学历史学系考古专业 ^{14}C 实验室和中国社会科学院考古所 ^{14}C 实验室（北京大学历史学系考古专业 ^{14}C 实验室等，1982）以及原思训等曾撰文论述（原思训，1993 年）。对该问题的认识，从相关因素上考虑，主要涉及了两个基本方面：一是碳十四测年的基本原理，二是石灰岩地区的地质特征。所以我们的话题首先围绕这两个方面展开。

有关碳十四测年的基本原理对于考古学研究领域中的大多数学者来说应该不会太陌生，但为了方便后面对有关问题的分析，这里有必要再说明一下。

碳十四（^{14}C）是碳的放射性同位素，在自然界中丰度很低，仅为 10^{-10}％。半衰期为

5568 年，平均寿命 8030 年。碳十四测年所依据的基本原理是宇宙中子射线与大气中的氮反应生成碳十四，碳十四与氧结合生成二氧化碳（$^{14}CO_2$）。由碳十四生成的二氧化碳与普通的二氧化碳（CO_2）充分混合均匀后通过交换作用进入生物圈、水圈等。海水中的碳酸盐类物质通过与空气中的 $^{14}CO_2$ 发生交换而使含 ^{14}C 的物质进入海水中；植物经光合作用吸收 $^{14}CO_2$，动物通过食物链而使体内 ^{14}C 水平与大气 ^{14}C 水平保持一致……由此，整个自然界 ^{14}C 水平达到均衡。当动植物死亡时，其生物体处于封闭状态，不再与外界发生交换，体内 ^{14}C 水平通过本身自然衰变而呈负指数形式降低。将死亡物质中的 ^{14}C 水平与原始水平相比较即可推算出该物质的死亡年代。

一般可将自然界中的碳储存交换库归结为三个大圈，即生物圈、大气圈和水圈。在三个大圈中的碳十四水平受影响的主要因素有两个，一是库效应，二是分馏效应。虽然自然界动植物体中碳十四水平基本与大气水平保持一致，但在某些条件下情况有所改变。下面可以具体分析一下。

我们一般所涉及的测年样品主要为植物和动物骨骼、贝壳等。据其生存环境不同可以分为这样几种条件来考虑。

（一）陆相环境

植物生长依靠光合作用途径。目前发现的光合作用途径有三种，一种是卡尔文途径，一种是哈－斯途径，还有一种是多汁类植物所遵循的 CAM 途径。不同的光合作用途径，其最初产物不同，但无论何种途径，其产物如何，都具有一个共同的特征，即光合作用是通过吸收大气中二氧化碳来进行反应得到产物的。最终植物体内的碳是来自大气二氧化碳，所以陆相植物体内碳十四水平基本上可以反映大气碳十四水平。已有的研究结果表明，大气的 $\delta^{13}C$（δ 碳十三）值约为 $-6.3‰$〔生物的 $\delta^{13}C$ 分馏值是以产自美国卡罗莱（Caroline）南部白垩纪庇地层中的箭石（Cretaceous Belemnite, Belemnitella Amercana）为标准的，称为 PDB 标准（Peedee Belemnite Chicago Limestone Standard）〕。C_3 类植物，其 $\delta^{13}C$ 值范围为 $-23 \sim -30‰$，平均值为 $-26‰$。C_4 类植物，$\delta^{13}C$ 值范围为 $-8 \sim -14‰$，平均值为 $-11‰$。CAM 类，$\delta^{13}C$ 值范围为 $-12 \sim -23‰$，平均值为 $-17‰$（蔡莲珍等，1984 年）。由这些数值分析，植物体内碳十四水平与大气碳十四水平之间不完全相同。陆相动物依靠植物生存，使其体内碳十四水平与大气碳十四水平保持一致。同样，动物体内也存在着分馏效应，这一效应的结果是在骨质中 ^{14}C 稍有富集，因而最终的结果相对于植物来说使其分馏作用减小，其碳十四水平较之植物与大气碳十四水平更为接近。

（二）水相环境

海洋是自然界中最大的碳储存交换库，碳储存交换库中 95% 以上的碳都在这一储存库中。由于这一储存库太大，交换需要一个漫长的时间，所以深海层中碳十四水平与大气相比相差许多。这种由于交换缓慢而导致的碳十四水平降低成为海相生物体内碳十四水平的主要影响因素。所以深海生物碳十四水平除了与其本身的分馏效应有关外，更主要的差别成因在于海洋某一深度上所具有的碳十四水平。浅海层中由于交换比较充分，与大气的碳十四水平相差较小，其差值约为5％，而这一差别对于螺、贝壳来说，很容易由这类海洋生物形成碳酸盐的富集作用相抵消（原思训，1993）。

淡水环境碳十四水平的影响因素除了上面谈到的生物的分馏效应外主要还有由于岩溶释出的"老碳"导致碳十四水平的下降。

淡水环境可以分为碳酸盐岩地区和非碳酸盐岩地区。由于地壳内部运动致使地区之间地质构造各异，因而对于淡水水体的影响也不一样，这样形成了不同地区的湖泊、河流中碳十四水平的差别。但在非碳酸盐岩地区，这种"老碳"的作用极微，所引起的碳十四水平变化不大，一般并不会造成年代上明显的差别。然而在石灰岩地区，碳酸盐岩成为地质构成的主要成分，它在适当的条件下发生溶蚀，对水体碳十四水平带来了不容忽视的改变，成为年代研究中必须要考虑的问题。关于它的成因及作用机理，下面专门讨论。

二、石灰岩地区的地质特征对年代标本的影响及其校正

（一）地质特征对年代标本的影响

石灰岩地区含有大量以碳酸钙为主要成分的碳酸盐岩，由于这类碳酸盐岩的溶蚀，使得淡水水体的碳十四水平受到严重影响。

碳酸盐岩属可溶岩，其特点是在条件适当时会发生溶蚀，通常用一专业术语——岩溶来描述这一过程。中国地域广大，地质构成类型复杂多样，这种岩溶现象在一些地区发生得相当广泛而且典型，如华南地区的一些地方，这已受到国际地学界的高度关注，被列为国际岩溶研究区划。

岩溶过程发生的两个必要条件是水和酸。在这两个条件同时具备时，则岩溶发生。其具体反应表达式为：$H^+ + H_2O + CO_3^= \rightarrow HCO_3^-$ 结果产生可溶的碳酸氢盐。由于碳酸盐中的碳一般是"老碳"，"老碳"溶蚀后进入水中，显然会引起碳十四水平发生变化。然而，其变化程度如何与水的出处，酸的产生方式，以及具体的发生过程密切相关。水包括大气降水和地下生成的水。酸有大气二氧化碳形成的酸，土壤中的有机酸，枯枝落叶生成的酸，以及地热使碳酸盐岩分解产生二氧化碳生成的酸等。反应表达式为：

（1）$^*CO_2 + H_2O + CO_3^= \rightarrow H^*CO_3^- + HCO_3^-$（大气二氧化碳生成的酸）

（2）$CO_2 + H_2O + CO_3^= \rightarrow 2HCO_3^-$（碳酸岩分解产生二氧化碳生成的酸）

（3）$H^+ + CO_3^= \rightarrow HCO_3^-$（其他来源的酸）

可以看出，相比较而言，如果岩溶是由于源于大气二氧化碳生成的酸作用发生的，则导致水生物年代偏老的程度会相对小一些。

　　然而酸的形成与水的来源也有一定的相关性。如果是大气降水，则水中溶解大气二氧化碳相对较多，会促使（1）式的反应进行。而由地下水带入的酸，源于其他方式生成的酸的比例可能会更大些。所以，具体的岩溶发生，在不同的环境条件下，对年代的影响程度是不同的。显然，在多雨的地区，水中大气二氧化碳成酸所占的比例较大。反之，少雨地区由于其他来源的酸的比例增多，这种年代偏老相对会更加严重。

　　岩溶过程中生成的可溶的钙盐—碳酸氢钙，遇到合适的外界条件时又会以碳酸盐的形式重新沉积下来：$Ca(HCO_3)_2 \rightarrow CO_2 + H_2O + CaCO_3 \downarrow$ 其产物就是一般我们所说的钙华。所以岩溶过程中始终伴有这样一个平衡存在，即：溶蚀$\longleftrightarrow$沉积。至于平衡向哪个方向移动，这取决于具体的环境条件。如大量的降雨会导致溶蚀发生，而遇天气干旱，或外界条件使水流加快等则有利于已发生溶蚀的含可溶盐水体产生沉积。当然，这是一个比较复杂的过程。所以，钙华中的碳十四水平也受溶蚀和沉积条件的限制。比如对于一个有一定深度的溶洞来说，有可能靠洞口附近的钙华中的碳十四水平会高于洞穴深处的。（类似这种由地质构造因素导致碳十四年代偏离较大的还有如火山岩地区等）。

　　由上简单分析可以了解到，不同自然环境下的岩溶条件会导致水体碳十四水平变化程度的不同，给年代造成不同的偏离。

（二）石灰岩地区年代标本碳十四结果的校正

　　从前述可以看出，由于石灰岩地区的特征，在这样的环境下生长的水生动植物标本的年代需要校正，而这类样品的年代校正根据影响样品碳十四水平的相关因素，应该注意几个方面的问题。

　　首先要考虑的是同一环境区域条件因素下样品的比较。因为不同地区地质构造不同，气候变化不同，则对样品偏老影响的程度不同。所以测年标本应该选择同一区域环境中的。

　　生物的分馏效应对于年代有直接的影响，而且不同种类的生物分馏效应不同，对年代的影响也不同，必须具体一一考虑。

　　大气碳十四水平是我们做年代偏老分析需要参照的指标，因而也需要进行考察，做出判断。

　　具体样品的选择上，理想的比较标本应该选择同一环境下未受和已受到偏老因素干扰的年代标本，即石灰岩地区不受"老碳"影响的陆生生物和已受"老碳"影响的水生生物。

　　对于陆生生物，（植物，人和动物）因为由前关于植物生长光合作用的途径所述可以看出，陆相生物的食物链的初始链端为大气二氧化碳生成的产物，所以它们体内碳十四水平应与"老碳"无关。但也有人对于这一判断心存疑虑，担心滋润着植物根部的石灰岩地区的水是否会通过植物的吸收作用而使植物体中的碳的组成受到影响，从而给年代校正带来干扰。为此，有学者专门就此问题作了实验研究，以寻求确凿的答案。

　　如上世纪70年代初，Olsson等人选择加有碳酸钙和未加碳酸钙的泥炭做土豆栽培实验，以考察其叶及根的碳十四水平，测定结果显示两者没有明显差异（Olsson, et al.1972）。80

年代 Tauber 等人对石灰岩和非石灰岩两种土壤环境下树木年轮中的碳十四水平的研究等等，其结果都得到了相一致的结论（Tauber, H., 1983）。

由此可以获悉，石灰岩地区陆生动物如以陆生植物为主食则也不应受到这类影响。但以水生动、植物为生的动物，包括人类，如以河中的蚌、螺肉为主食，则对体内碳十四水平或许有不同程度的影响。北京大学、中国社会科学院考古研究所关于石灰岩地区年代研究报告中的研究结果对此已有很好的例证，可供参照。

第二节　2001 年碳十四数据结果及其讨论

2001 年之前有关甑皮岩年代的不同观点及讨论已在第二章第二节详述过，此处略过。

这次甑皮岩遗址的考古发掘工作中出土了大量的螺（包括蚌）壳、兽骨，还有少量的木炭。通过初步检验分析发现，其中骨头样品由于埋藏环境较差，石化严重，含有机碳极少，而且这种情况下的有机碳难以免遭污染，所以骨头样品的年代可靠性所涉及的问题可能更多。螺、蚌壳样品，虽其中大量被环境碳酸盐污染，但通过仔细筛选、处理有可能去除污染，得到较为理想的样品。木炭量较少，只有极个别的样品量可以做常规测定，其他只适合加速器方法。根据这种情况，考古所碳十四实验室主要作了螺、蚌壳标本的年代测定，另外有个别的木炭样品。

一、偏老年代数据的分析及其处理

在对所得到的年代数据进行分析之前，首先应对存在偏老的年代结果做出分析、判断。采集到的现代对比标本有来自甑皮岩附近的苇草、稻草、小树枝，漓江中的水草，附近水域中生长的新鲜螺以及饲养的鹿的骨头。标本测定结果见表二六。

表二六　现代样品的碳十四测定结果及放射性比度

实验室编号	样品物质	采集日期	采集区域	^{14}C 年代 B.P.	样品/现代碳（放射性比度）
ZK316861	螺	2002, 11	大岩附近水域	-143 ± 33	1.018 ± 0.003
ZK316862	稻草	2002, 12	甑皮岩附近	-503 ± 42	1.065 ± 0.004
ZK316863	树枝	2002, 12	甑皮岩附近	-546 ± 40	1.070 ± 0.004
ZK316864	苇草	2002, 12	甑皮岩附近	-679 ± 42	1.088 ± 0.005
ZK316865	水草	2002, 12	漓江	728 ± 44	0.913 ± 0.004
ZK316866	螺肉	2003, 1	大岩附近水域	59 ± 53	0.993 ± 0.006
ZK316869	鹿骨	2002, 11	甑皮岩附近	-993 ± 38	1.1315 ± 0.004

　　将上述结果与过去的数据相比较，可以看出：此次采集的陆生植物其碳十四放射性比度普遍低于70年代采集的样品，这可能是由于核爆实验高峰时期变化导致的结果。这里我们可以参照上世纪90年代学者们关于大气碳十四水平所作的研究评估结果（Leung, P.L. et al., 1995）。

　　通过研究发现，大气碳十四水平由于受人为因素的干扰，已发生了较大的波动。所谓人为干扰对大气碳十四水平产生作用的因素主要有三种，一是"工业革命以来大量的矿物燃料产生的二氧化碳对大气二氧化碳中的碳十四起了稀释作用，降低了大气中的碳十四浓度"。关于这一点已有实验结果显示"从1850年到1950年，大气中的碳十四浓度大约降低了3%"。二是核爆炸实验。由于从1945年以来核武器试验陆续开始，核爆结果使大气碳十四浓度明显升高。据统计研究仅在几十年的时间里所产生的碳十四"累计量差不多达到全球碳十四储量的3%"（梁宝鎏等，1995年）。三是核工业的兴起。核反应堆、核电站的逐步增多对大气碳十四水平产生了一定的贡献。目前的大气状况是三种因素总的作用结果。从三种因素的作用程度看，其中核试验的影响最为明显。图一八五显示了大气碳十四水平的变化状况。研究结果表明大气碳十四水平在60年代经历了一个高峰，相对于现代碳标准其 $\Delta^{14}C$ 高于100%，之后有逐渐回落的趋势，而且较为明显，这是因为核试验的影响在逐渐衰减。但曲线最终还是未能回落到原先的水平，它的下落可能是受到了零星核试验以及核工业作用的阻碍，使它僵持到某一水平上难以继续下落。

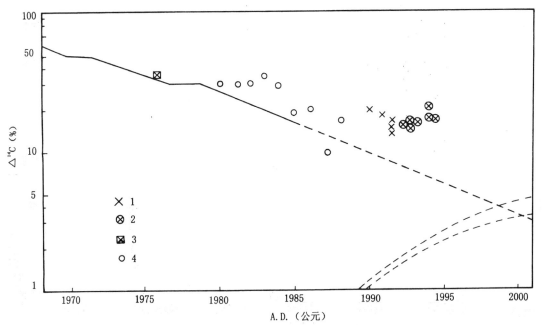

图一八五　预计大气 ^{14}C 浓度受核爆炸和核工业影响后的历年变化

（上方虚线预示大气 ^{14}C 浓度的历年变化，下方虚线预示受核爆炸和核工业影响后的变化）

1. 桂皮油样品　2. 香港样品　3. 中国糖碳　4. 北京小麦颗粒

根据图中的曲线，可以做一粗略的判断，即在 2000 年初，各种因素综合作用的结果，大气碳十四水平大体应该落在 $\Delta^{14}C$ 值为 10％上下的位置上。这里我们可以作进一步的分析。先回过头来结合表二六中的数据结果来看。我们可以把表中列出的稻草、树枝和苇草三种陆相植物的测定结果标到图一八五上作一比较。根据分馏效应，大气的 $\delta^{13}C$ 平均值为 $-6.3‰$，稻草的 $\delta^{13}C$ 值平均为 $-26‰$，校正之后 $\Delta^{14}C$ 值为 10.44％。树枝 $\delta^{13}C$ 值一般以 $-25‰$ 计算，校正后 $\Delta^{14}C$ 值为 10.74％。苇草有可能属 C_4 类，如果这样来粗算的话，其 $\Delta^{14}C$ 值为 9.74％。鹿骨的 $\Delta^{14}C$ 值未经 $\delta^{13}C$ 校正已达 13.15％。这样来看，如果考虑到仅仅一个样品有可能的不确定性以及相应的误差因素，大气碳十四水平应处于 10％～14％之间。

表二六中列出的水生生物在年代上是明显偏老的，但偏老的程度有别。螺肉、螺壳这种差别应该归结于分馏效应。

根据测定数据，则螺壳年代总的偏老约为 1000 年左右。但由岩溶形成条件可知，不同环境中形成的岩溶所造成的年代偏离程度不同，所以不同地点的螺壳的年代偏老是有变化的，相互之间很难一致。从 80 年代甑皮岩年代研究报告中看，几个不同地点的现代螺壳的数据结果也显示出了较大的差异，与大气相比的年代差别从 1000 年左右到 2000 年左右不等。考虑到各种不确定因素，加之我们这里只有一个样品，因而螺壳偏老的年代范围应该适当扩大。

至于扩大到怎样的范围，这里我们想依据已得到的数据来寻找一个合适的年代作为偏老年代的扣除值。我们采用了取中值的方法，取最年轻与最老值两者的平均值。但考虑到先前给出的数据与目前的计算结果的参照点不同，所以先要将这些数据统一于一个校准标准之下。其计算结果列于表二七中。

上面共 5 个数据的比较中，样品偏老最小的年代为 1000 年左右，偏老最大的为 2000 年，取两者的平均值并取整数，得到的值为 1500 年，以此作为螺蚌壳偏老年代的扣除值。

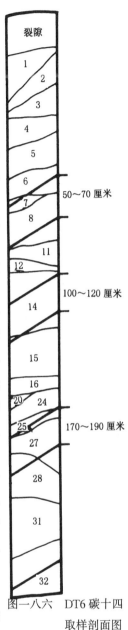

图一八六　DT6 碳十四取样剖面图

二、数据结果的考察与复核

根据样品情况和实验中遇到的问题，我们首先做了样品预处理中的考察与比较，探讨不同状况的样品对年代带来的影响，以把握数据的可靠性。

表二七　已有螺、蚌碳十四测定数据的 $\delta^{13}C$ 校正结果

实验室编号	样品名称	采样地点	样品 ^{14}C 比度比同时期大气 ^{14}C 比度降低百分数	经 $\delta^{13}C$ 校正后的偏老年代
BK79203－1	1979 年采活螺丝之壳	广西桂林芦笛岩附近池塘内	13.2	1157
BK79207－1	1979 年采活螺丝之壳	广西桂林漓江	12.2	1077
ZK－631－4	1978 年采鲜蚌壳	广西桂林东郊江东村	23.9	2013
ZK－857	1979 年采活河蚌	广西扶绥左江中	24	2021

据已有的经验，螺壳样品如果受到外来固结碳酸岩的污染，会使年代造成一定的偏离。但偏离的情况如何，我们不清楚，只能通过实验来解答。

视样品状况，我们将其大体分为三种类型：好的、稍差和差的。所谓好的，是指外来固结碳酸盐完全可以去除干净的样品；稍差的仅存有少量的外来固结碳酸盐；差的则是螺壳大部分被外来固结碳酸盐所污染。不同类型的样品测定结果如下。

表二八　不同状况样品的测定结果

实验室编号	样品物质	保存状况	层位	分期	^{14}C 年代 B.P.（5568）
ZK316807	螺、蚌	差	DT6 ㉜	一	11255±75
ZK316805	蚌	好	DT6 ㉛	一	11596±91
ZK316805b	螺	差	DT6 ㉛	一	10417±83
ZK316806	蚌	好	DT6 ㉘	一	11575±112
ZK316806b	蚌	稍差	DT6 ㉘	一	11438±85
ZK316811	蚌	好	DT6㉗	二	10996±68
ZK316811b	螺	差	DT6㉗	二	9726±70
ZK316827	蚌	好	DT4⑳	三	10975±84
ZK316827b	蚌	稍差	DT4⑳	三	10863±77
ZK316822	螺	好	DT4⑰	三	10628±59
ZK316822b	螺	差	DT4⑰	三	9615±54

先看一下好样品与差样品之间年代上的差别。样品 ZK316805 组，好与差样品之间相差 1179 年。ZK316811 组，两个样品相差 1270 年。ZK316822 组，两个样品相差 1013 年。再看一下两组与稍差样品比较的结果。ZK316806 组，两个样品之间相差 137 年。ZK316827 组，两个样品之间的差别是 112 年。由此可知，被外来碳酸盐污染严重的样品与好样品之间可相差 1000 年有余，而污染比较小的仅相差 100 年左右。但除了样品状况所造成的差别的因素外，其他如样品种类的不同，或取自于不同的生长环境、地点，也有可能成为造成差别

的因素，所以相同环境中的同一种生物的比较相对会更科学一些，结果也会更清楚。另外，层位 DT6㉜的 ZK316807b 也是相当差的样品，由于这个单位中选不出好的样品，但它是最底层的，所以也进行了制样测试。结果显示，它比紧挨着的上层年代偏轻 300 多年。这种差别应该说不能完全排除样品自身状况的因素。尽管如此，显然这个数据还是有参考价值的。

通过对比实验我们掌握了样品被污染对年代可能的影响，并以此为依据对样品的预处理进行了严格的把关，以选出符合要求的样品进入制样。上面对比实验中个别稍差的样品，由于年代相差不是太大，我们也将其列于表中，以供参考。另外，如果一个单位中螺和蚌分别有足够的量的话，我们也尽可能分开来做。

首先可将此次测定结果与以往测定作一比较。由于上次北京大学和中国社会科学院考古研究所研究报告中测定数据以半衰期 5730 计年，而这次测定为方便于做树轮校正以 5568 计年，所以这里先要将这次测定的年代数据转换成 5730 年的以作比较。见表二九。

表二九　甑皮岩遗址样品碳十四年代测定数据

样品编号	样品物质	层位	分期	^{14}C 年代 B.P.（5568）	^{14}C 年代 B.P.（5730）
ZK316805	蚌	DT6㉛	一	11596±91	11933±94
ZK316803	蚌	DT4㉛	一	11000±112	11320±115
ZK316803b	蚌	DT4㉛	一	11235±141	11562±145
ZK316806	蚌	DT6㉘	一	11575±112	11912±115
ZK316806b	蚌	DT6㉘	一	11438±85	11771±87
ZK316811	蚌	DT6㉗	二	10996±68	11316±70
ZK316813	蚌	DT6㉕	二	10944±132	11262±136
ZK316823	螺	DT4㉖	三	10571±63	10879±65
ZK316825	蚌	DT4㉕	三	10779±83	11093±85
ZK316829	蚌	DT4㉒	三	10599±100	10907±103
ZK3168302	螺	DT4㉑	三	10610±82	10919±84
ZK316827b	蚌	DT4⑳	三	10863±77	11179±79
ZK316827	蚌	DT4⑳	三	10975±84	11294±86
ZK316828	蚌	DT6㉑	三	10553±93	10860±96
ZK316821	螺	DT4⑲	三	10755±70	11068±72
ZK316822	螺	DT4⑰	三	10628±59	10937±61
ZK316822c	蚌	DT4⑰	三	10949±104	11268±107
ZK316830	蚌	DT6⑮	三	10828±99	11143±102
ZK316831	螺	DT4⑮	四	10633±56	10942±58
ZK316832	螺	DT4⑬	四	10580±56	10888±58
ZK316833	螺	BT2⑬	四	10095±70	10389±72

续表二九

样品编号	样品物质	层位	分期	¹⁴C 年代 B.P. (5568)	¹⁴C 年代 B.P. (5730)
ZK316834	蚌	DT6⑪	四	10738 ± 102	11050 ± 105
ZK316835	螺	DT4⑫	四	10640 ± 150	10950 ± 154
ZK316841	螺	BT3⑦	五	8538 ± 63	8786 ± 65
ZK316842	螺	BT3⑥	五	8342 ± 64	8585 ± 66
ZK316843	螺	BT3④	五	7783 ± 61	8009 ± 63
ZK316845	螺	BT2⑥	五	8998 ± 74	9260 ± 76
ZK316846	螺	BT2⑤	五	8602 ± 68	8852 ± 70
ZK316848	螺	BT3⑤	五	7979 ± 65	8211 ± 67
ZK316852	木炭	BT3②	宋	1655 ± 35	1703 ± 36
ZK316853	木炭	BT2③	宋	717 ± 41	738 ± 42

为方便比较，根据取样剖面图（图一八六）找出所涉及的相关层位及两次测定年代数据列于表三〇中。

表三〇　北京大学——中国社会科学院考古研究所 80 年代甑皮岩遗址样品碳十四年代测定结果及此次考古所测定的相关层位样品年代结果比较表

北京大学——社会科学院考古研究所 80 年代甑皮岩遗址样品 ¹⁴C 年代测定结果				此次考古所测定的相关层位样品 ¹⁴C 年代结果			
实验室编号	样品物质	¹⁴C 年代 B.P. (5730)	层位	相关层位	¹⁴C 年代 (5730) B.P.	样品物质	实验室编号
ZK - 906	螺蚌壳	10675 ± 150	79KJDT6, 上钙华板下 50～70 厘米	DT6⑥～⑧	DT6⑪ 11050 ± 105	蚌	ZK316834
ZK - 907	螺蚌壳	10780 ± 330	上钙华板下 100～120 厘米	DT6⑭～⑮	DT6⑮ 11143 ± 102	蚌	ZK316830
ZK - 908	螺蚌壳	11055 ± 230	上钙华板下 170－190 厘米	DT6㉕～㉘	DT6㉕ 11262 ± 136	蚌	ZK316813

由上表比较结果可以看出，此次样品的年代测定误差范围显然比前一次的小许多。但两次测定结果在误差范围内基本一致，这有利于对我们所得到的结果的进一步确证。

三、年代测定结果

根据前面所作的分析，将表二九中的螺蚌壳的碳十四年代做 δ¹³C 校正后减去偏老年代 1500 年再作树轮校正［本章树轮较正年代均按 QxCa(3.5 版)］。校正后的结果见表三一。

表中数据结果显示，由于此次测定结果误差明显小于上次测定的误差范围，且经过新的发掘，层位非常清楚，所以其年代结果相对更具体一些。

根据考古学分期，表中一期的年代最早的为 10900B.C.，最晚的为 9220B.C.。所以一期的年代范围应处于两者之间，即 10900B.C.～9220B.C.。二期的样品较少，只有两个，

表三一　甑皮岩遗址螺蚌壳样品碳十四年代经 δ^{13}C 校正后减去 1500 年及木炭样品碳十四年代树轮校正结果

实验室编号	样品物质	层位	分期	^{14}C 年代 B.P.（5568）	δ^{13}C 校正后减去 1500 年树轮校正年代（68.2%）
ZK316805	蚌	DT6㉛	一	11596±91	10900B.C.（66.5%）10350B.C. 10300B.C.（1.7%）10200B.C.
ZK316803	蚌	DT4㉛	一	11000±112	9610B.C.（14.1%）9510B.C. 9490B.C.（54.1%）9220B.C.
ZK316803b	蚌	DT4㉛	一	11235±141	10150B.C.（68.2%）9350B.C.
ZK316806	蚌	DT6㉘	一	11575±112	10900B.C.（60.4%）10350B.C. 10300B.C.（7.8%）10150B.C.
ZK316806b	蚌	DT6㉘	一	11438±85	10650B.C.（12.7%）10550B.C. 10450B.C.（54.4%）10000B.C. 9850B.C.（1.1%）9800B.C.
ZK316811	蚌	DT6㉗	二	10996±68	9600B.C.（6.7%）9560B.C. 9450B.C.（1.2%）9440B.C. 9390B.C.（60.3%）9240B.C.
ZK316813	蚌	DT6㉕	二	10944±132	9610B.C.（11.0%）9510B.C. 9500B.C.（57.2%）9140B.C.
ZK316823	螺	DT4㉖	三	10571±63	9110B.C.（9.8%）9070B.C. 9060B.C.（10.2%）9010B.C. 8820B.C.（39.2%）8680B.C. 8670B.C.（9.0%）8630B.C.
ZK316825	蚌	DT4㉕	三	10779±83	9250B.C.（38.4%）9110B.C. 9000B.C.（23.1%）8900B.C. 8880B.C.（6.7%）8840B.C.
ZK316829	蚌	DT4㉒	三	10599±100	9120B.C.（25.4%）8980B.C. 8920B.C.（39.1%）8680B.C. 8670B.C.（3.8%）8630B.C.
ZK3168302	螺	DT4㉑	三	10637±85	9140B.C.（31.1%）8980B.C. 8930B.C.（37.1%）8740B.C.
ZK316827b	蚌	DT4⑳	三	10863±77	9290B.C.（66.8%）9140B.C. 8970B.C.（1.4%）8960B.C.
ZK316827	蚌	DT4⑳	三	10975±84	9600B.C.（7.2%）9560B.C. 9460B.C.（1.8%）9440B.C. 9400B.C.（59.2%）9220B.C.
ZK316821	螺	DT4⑲	三	10755±70	9230B.C.（33.5%）9110B.C. 9000B.C.（26.0%）8900B.C. 8800B.C.（8.7%）8840B.C.

续表三一

实验室编号	样品物质	层位	分期	¹⁴C 年代 B.P. (5568)	δ^{13}C 校正后减去 1500 年树轮校正年代 (68.2%)
ZK316828	蚌	DT6㉑	三	10553±93	9150B.C.（17.8%）8950B.C. 8900B.C.（50.4%）8600B.C.
ZK316822	螺	DT4⑰	三	10628±59	9120B.C.（34.7%）8990B.C. 8910B.C.（7.8%）8870B.C. 8860B.C.（25.7%）8740B.C.
ZK316822c	蚌	DT4⑰	三	10949±104	9600B.C.（7.6%）9550B.C. 9540B.C.（1.2%）9520B.C. 9470B.C.（3.8%）9430B.C. 9410B.C.（55.6%）9210B.C.
ZK316830	蚌	DT6⑮	三	10828±99	9280B.C.（47.5%）9110B.C. 9000B.C.（17.4%）8910B.C. 8880B.C.（3.3%）8840B.C.
ZK316831	螺	DT4⑮	四	10633±56	9120B.C.（35.7%）8990B.C. 8910B.C.（8.7%）8870B.C. 8860B.C.（18.8%）8780B.C. 8770B.C.（4.9%）8740B.C.
ZK316832	螺	DT4⑬	四	10580±56	9120B.C.（23.4%）9000B.C. 8820B.C.（39.3%）8680B.C. 8670B.C.（5.5%）8630B.C.
ZK316833	螺	BT2⑬	四	10095±70	8290B.C.（45.5%）8160B.C. 8130B.C.（2.2%）8120B.C. 8110B.C.（6.4%）8080B.C. 8070B.C.（1.6%）8060B.C. 8050B.C.（10.1%）8010B.C. 7990B.C.（2.5%）7970B.C.
ZK316834	蚌	DT6⑪	四	10738±102	9220B.C.（25.0%）9110B.C. 9070B.C.（2.8%）9050B.C. 9010B.C.（40.4%）8810B.C.
ZK316835	螺	DT4⑫	四	10640±150	9200B.C.（68.2%）8650B.C.
ZK316841	螺	BT3⑦	五	8538±63	6390B.C.（68.2%）6230B.C.
ZK316842	螺	BT3⑥	五	8342±64	6210B.C.（24.2%）6130B.C. 6110B.C.（44.0%）6020B.C.
ZK316843	螺	BT3④	五	7783±61	5670B.C.（68.2%）5530B.C.
ZK316845	螺	BT2⑥	五	8998±74	7030B.C.（7.9%）6960B.C. 6950B.C.（3.5%）6930B.C. 6920B.C.（7.4%）6880B.C. 6830B.C.（49.4%）6640B.C.
ZK316846	螺	BT2⑤	五	8602±68	6430B.C.（41.6%）6330B.C. 6320B.C.（26.6%）6250B.C.

续表三一

实验室编号	样品物质	层位	分期	^{14}C 年代 B.P.（5568）	δ^{13}C 校正后减去 1500 年树轮校正年代（68.2%）
ZK316848	螺	BT3⑤	五	7979±65	5840B.C.（6.8%）5820B.C. 5810B.C.（58.5%）5710B.C. 5680B.C.（2.9%）5670B.C.
ZK316852	木炭	BT3②	宋代	1655±35	340A.D.（68.2%）430A.D.（未减 1500）
ZK316853	木炭	BT2③	宋代	717±41	1260A.D.（61.0%）1310A.D. 1370A.D.（7.2%）1380A.D.（未减 1500）

根据所测定的数据处于 9600B.C.～9140B.C. 之间。三期的年代范围为 9600B.C.～8600B.C.。同样，表上显示的四期的年代范围是 9220B.C.～7970B.C.。表中显示的五期的年代范围为 7030B.C.～5530B.C.。

按单个数据中值取值，每期的年代范围为：一期 10550B.C.～9415B.C.，二期 9420B.C.～9375B.C.，三期 9410B.C.～8875B.C.，四期 9015B.C.～8310B.C.，五期 6835B.C.～5600B.C.。

由上述分期年代可以看出，一期与二期之间，四期与五期之间比较清楚；二期与三期之间有重叠；三期与四期之间也存在重叠。五期与宋代分别处于钙华板上下，无需讨论。

四、与其他测定结果的比较

北京大学应用加速器方法测定了甑皮岩遗址出土的木炭样品，其结果见表三二。

表三二　甑皮岩遗址木炭样品的加速器方法测定结果

实验室编号	样品物质	层位	分期	^{14}C 年代 B.P.（5568）	树轮校正年代（68.2%）
BA01245	木炭	DT6㉓	一	10500±140	10900B.C.（60.8%）10350B.C. 10300B.C.（7.4%）10150B.C.
BA01246	木炭	DT6㉙	一	11960±240	12400B.C.（68.2%）11500B.C.
BA01239	木炭	DT6㉘	一	9440±280	9250B.C.（68.2%）8300B.C.
BA01244	木炭	DT4㉛	一	9380±170	9150B.C.（9.4%）8950B.C. 8900B.C.（58.8%）8300B.C.
BA01243	木炭	DT4㉚	一	9770±130	9400B.C.（49.2%）9050B.C. 9000B.C.（19.0%）8800B.C.
BA01238	木炭	DT6㉘	一	9380±180	9150B.C.（9.8%）8950B.C. 8900B.C.（58.4%）8300B.C.
BA01242	木炭	DT4㉘	二	9490±190	9200B.C.（68.2%）8600B.C.
BA01241	木炭	DT4㉗	三	9180±100	8530B.C.（8.1%）8490B.C. 8480B.C.（60.1%）8280B.C.

续表三二

实验室编号	样品物质	层位	分期	¹⁴C 年代 B.P.（5568）	树轮校正年代（68.2%）
BA01240	木炭	DT4㉖	三	9210±240	8800B.C.（68.2%）7900B.C.
BA01237	木炭	DT4㉔	三	8980±330	8550B.C.（68.2%）7650B.C.
BA01236	木炭	DT4㉓	三	8460±290	7950B.C.（68.2%）7050B.C.
BA01235	木炭	DT4㉑	三	10160±80	10150B.C.（65.7%）9600B.C. 9550B.C.（2.5%）9450B.C.
BA01234	木炭	DT4⑳	三	8970±80	8270B.C.（33.2%）8160B.C. 8130B.C.（11.7%）8080B.C. 8070B.C.（2.7%）8060B.C. 8050B.C.（20.6%）7970B.C.
BA01233	木炭	DT4⑲	三	9040±150	8450B.C.（43.9%）8150B.C. 8140B.C.（24.3%）7960B.C.
BA01232	木炭	DT4⑱	三	8890±160	8260B.C.（68.2%）7800B.C.
BA01231	木炭	DT4⑰	三	8870±80	8210B.C.（62.8%）7940B.C. 7930B.C.（1.9%）7910B.C. 7900B.C.（2.0%）7870B.C. 7860B.C.（1.5%）7840B.C.
BA01230	木炭	DT4⑯	三	9070±250	8650B.C.（68.2%）7800B.C.
BA01229	木炭	DT4⑮	四	9010±80	8290B.C.（46.3%）8160B.C. 8130B.C.（8.2%）8080B.C. 8070B.C.（1.6%）8060B.C. 8050B.C.（9.4%）8010B.C. 7990B.C.（2.7%）7970B.C.
BA01228	木炭	DT4⑭	四	6500±120	5610B.C.（3.6%）5590B.C. 5560B.C.（62.2%）5360B.C. 5350B.C.（1.5%）5340B.C. 5330B.C.（0.9%）5320B.C.
BA01227	木炭	DT4⑬	四	9010±150	8450B.C.（68.2%）7900B.C.
BA01226	木炭	DT4⑫	四	8740±170	8200B.C.（68.2%）7550B.C.
BA01225	木炭	DT4⑫	四	9040±100	8420B.C.（2.8%）8390B.C. 8380B.C.（1.2%）8370B.C. 8360B.C.（0.9%）8350B.C. 8340B.C.（43.8%）8160B.C. 8140B.C.（6.8%）8080B.C. 8070B.C.（1.5%）8060B.C. 8050B.C.（11.2%）7970B.C.
BA01224	木炭	BT3⑦	五	8790±170	8200B.C.（68.2%）7600B.C.

从表中数据与层位间的关系方面观察，有一些数据差别较大。例如一期的 BA01246DT6㉙与其下层的 BA01245DT6㉜相比，碳十四年代颠倒相差 1460 年，显然 BA01246 的年代太老。三期的 BA01235DT㉑的碳十四年代为 10160±80 年 B.P.，BA01236DT4㉓的碳十四年代为 8460±290 年 B.P.，两者颠倒相差 1700 年，而且都是离群的，前者过早，后者过晚。四期的 BA01228DT4⑭碳十四年代为 6500±120 年 B.P.，与相邻上下层的碳十四年代相比小了 2500 年。五期的 BA01224BT3⑦的碳十四年代为 8790±170 年 B.P.，且仅此一个数据，与五期的贝壳年代相比明显老得多。显然，这五个数据不剔除，就无法排出各期年表。将其剔除后，再对单个数据按中值处理，则各期的年代范围为：一期 10625B.C.～8725B.C.，二期 9200B.C.～8600B.C.，三期 8350B.C.～8025B.C.，四期 8195B.C.～7875B.C.。

现将贝壳样品的测定结果与加速器法测定木炭结果的年代范围列于表三三中，做一比较。

表三三 贝壳样品测定与木炭样品测定所得结果的考古学分期年代范围

考古学分期	贝壳样品年代范围	木炭样品年代范围
一	10550B.C.～9415B.C.	10625B.C.～8725B.C.
二	9420B.C.～9375B.C.	9200B.C.～8600B.C.（一个样品）
三	9410B.C.～8875B.C.	8350B.C.～8025B.C.
四	9015B.C.～8310B.C.	8195B.C.～7875B.C.
五	6835B.C.～5600B.C.	8200B.C.～7600B.C.（一个样品）

再看一下澳洲国立大学利用加速器质谱对甑皮岩遗址木炭样品的测定结果，见表三四。

表三四 澳洲国立大学应用加速器方法对甑皮岩遗址木炭样品的测定结果

实验室编号	样品物质	层位	分期	^{14}年代 B.P.（5568）	树轮校正年代（68.2%）
ANU-11734	木炭	DT6㉘:3	一	9350±250	9150B.C.（10.2%）8950B.C. 8900B.C.（58.0%）8250B.C.
ANU-11733	木炭	DT6㉗:3	二	10520±280	10950B.C.（68.2%）10000B.C.
ANU-11728	木炭	DT6㉘:3	二	9130±160	8650B.C.（66.9%）8200B.C. 8050B.C.（1.3%）8000B.C.
ANU-11732	木炭	DT6㉔:1	三	9060±220	8600B.C.（68.2%）7850B.C.
ANU-11731	木炭	DT6⑲:2	三	8770±210	8200B.C.（68.2%）7600B.C.
ANU-11730	木炭	DT6⑯:1	三	9270±220	9100B.C.（2.6%）9000B.C. 8850B.C.（65.6%）8200B.C.
ANU-11729	木炭	DT6⑬:2	三	9490±230	9250B.C.（68.2%）8550B.C.
ANU-11727	木炭	DT4㉘:2	三	9730±60	9280B.C.（65.0%）9140B.C. 8990B.C.（1.1%）8980B.C.
ANU-11726	木炭	DT4⑬:3	四	9570±280	930B.C.（68.2%）8450B.C.
ANU-11725	木炭	BT2②:1	宋代	1010±90	900A.D.（5.0%）920A.D. 960A.D.（63.2%）1160A.D.

由表三四可以看出，其中的数据不仅误差大，而且颠倒的情况多。例如一期的 ANU-

11734 的碳十四年代为 9350±250B.P.，而二期的 ANU－11733 的碳十四年代为 10520±280B.P，两者颠倒相差 1170 年。又如二期的 ANU－11728 的碳十四年代为 9130±160B.P.，而三期的 ANU－11727 的碳十四年代为 9730±60B.P.，两者颠倒相差 600 年。再如三期的 ANU－11731 的碳十四年代为 8770±210B.P.，而 ANU－11729 的碳十四年代为 9490±230B.P.，两者颠倒相差 720 年。由于数据较少，而颠倒的又多，所以几乎无法排出与地层相顺的年表。但整体看，数据值都在一万年左右，还是有参考价值的。

表三五列出牛津大学应用加速器方法对甑皮岩遗址人骨取样的测定结果。可以看出，虽然这些数据对前面的分期没有直接的作用，但与考古学家对所处地层的分期相吻合。

表三五　牛津大学应用加速器方法对甑皮岩遗址人骨样品的测定结果

实验室编号	样品物质	层位	分期	^{14}C 年代 B.P.（5568）	δ^{13}C	δ^{13}C 校正后树轮校正年代（68.2%）
OXA－12481	人骨	AT1M1	宋代	1193±26	－19.6	685A.D.（34.8%）725A.D. 740A.D.（33.4%）775A.D.

最后再看一下地质矿产部岩溶地质研究所对于甑皮岩遗址钙华板取样分析的结果见，表三六。

表三六　甑皮岩遗址钙华板测定结果

实验室编号	样品物质	层位	^{14}C 年代 B.P.（5730）	树轮校正年代（68.2%）	δ^{13}C 校正后树轮校正年代（68.2%）
1	钙华板	DT6②	5330±90	4220B.C.（4.6%）4200B.C. 4160B.C.（1.3%）4150B.C. 4140B.C.（2.8%）4120B.C. 4050B.C.（41.6%）3930B.C. 3880B.C.（17.9%）3800B.C.	4500B.C.（68.2%）4330B.C.
2	钙华板	DT6①	2360±100	520B.C.（68.2%）170B.C.	1000B.C.（68.2%）780B.C.

一般由于钙华的形成因素比较复杂，用于年代分析时应该谨慎。从表中的两个数据看，其结果与表三三中第五期的年代相比，晚于第五期的年代，在年代关系上是顺应的。

五、讨 论

按常理，木炭的年代应当比贝壳的年代可靠。一般考虑木炭的年代比地层的实际年代稍有偏老，而贝壳的年代不确定性则比较大，按我们给出的数据大约游移在 1000 年范围内。可是从贝壳和木炭这两个系列年代数据表看来，恰好相反。贝壳的年代数据比较稳定集中，而木炭的年代数据则离散度大、颠倒的数据多。所以要分析得出准确的地层年代比较困难。因而，以贝壳的年代系列为主，并结合木炭年代系列进行分析，可能更符合客观实际。这样可以比较肯定的是，一期的大致年代范围在距今 11400 年至 12500 多年，二、三、四期的年代大致在距今 10300 年至 11000 年，而五期的年代大致在距今 7600 至 8800 多年的范围。这种年代结论的可靠性上下游移不会超过 500 年。

第三节　结　论

1. 此次甑皮岩遗址年代研究较之以前数据误差明显减小，这是年代研究向前推进的基础。

数据结果全部进行了碳十三校正，而且是以木头为标准进行统一校正。标志着研究的精细化程度提高。

贝壳测年所导致的考古学文化分期之间的重叠，来自于这种样品的客观环境和自身特点，应该承认这其中游移空间的存在。

通过螺壳保存状况对年代结果影响的考察，给年代研究增添了依据。

2. 由前各方面的分析应该可以得出甑皮岩遗址考古学文化分期年代的大致范围。一期的年代应在距今 12500～11400 年，二、三、四期大致处于距今 11000～10300 年，五期为距今 8800 多年～7600 年。当然，由于贝壳年代偏老变化不太确定，各期年代划界还应参照考古内容推定。

至此，甑皮岩遗址的年代经过这次发掘又向前推进两千多年，而且确立了在年代上相对明确的考古学文化分期，它标志甑皮岩遗址考古学研究上的飞跃。

3. 甑皮岩遗址年代研究所形成的年代学研究模式，对于其他石炭岩地区的考古遗址研究具有可参照性。

第一〇章 结 语

自 20 世纪 70 年代发掘始，甑皮岩遗址便一直受到国内外考古学界的广泛关注。其文化上的重要性，可以简要归纳为三点。第一，甑皮岩遗址丰富而独特的文化内涵，例如蹲踞葬，大量的石器和骨角蚌器以及陶器等，为研究华南地区史前文化提供了崭新的考古资料。第二，当年的发掘和研究结果认为，甑皮岩遗址发现的可能是华南地区最早的以原始农业和家畜驯养为特征的考古学文化，其中的"家猪驯养"更可能是全国乃至世界最早的考古证据之一。因此，甑皮岩遗址的材料，一直被视作史前农业研究，包括稻作农业"华南起源说"的主要依据之一。第三，甑皮岩发现的人类遗骸为中国新石器时代不同地区人类体质特征的对比研究提供了宝贵资料。由此，甑皮岩遗址成为在中国史前考古学研究中占有重要位置的考古遗址之一。

甑皮岩遗址的重要性不仅仅局限于中国史前考古学，在东南亚史前考古学研究中，甑皮岩遗址也占有不可忽视的一席之地。华南地区的自然条件以及史前石器工业传统，与相邻的东南亚大陆的自然条件和史前文化存在不少相似之处，所以，不少西方学者往往将长江流域以南直到东南亚大陆（主要包括现在的越南、老挝、泰国、柬埔寨和缅甸）这一广大地区作为一个地理和史前文化单元来研究，而甑皮岩遗址则一向被视为岭南地区史前时代的代表性遗址之一，其文化遗存是进行东南亚史前文化对比分析时不可或缺的重要资料（Higham，1996）。

2001 年的再次发掘以及对过去考古资料的系统整理与研究，使我们得以从多个角度重新认识甑皮岩遗址的文化内涵及特征。其意义和价值可以用五个字来概括："推翻和重建"。

多学科的综合研究表明，在长达数千年的发展过程中，甑皮岩的史前居民不但没有发展稻作农业，甚至也没有家畜驯养。在本书有关章节中，相关学科的专家已为此提供了相当翔实的证据。

没有稻作农业，没有家猪饲养，失去了两个重要的支柱，甑皮岩遗址在华南和东南亚地区史前考古学中的地位是否会因此而动摇？其重要性是否会因此而降低？从此次发掘的资料来看，甑皮岩遗址文化堆积丰厚，出土器物丰富，其经济形态和埋葬风俗都具有强烈的地方特色，在甑皮岩遗址作为人类生活和居住地的数千年间，物质文化的发展相对平稳，但静中有动，稳中有变，依据其文化分期，基本上可以重建桂林地区史前文化的发展和演化序列。更重要的是，发现了中国目前所见最原始的陶器，为陶器起源及制陶工艺的演化的研究提供了珍贵的资料。甑皮岩遗址无疑依然是华南地区文化内涵最丰富的史前遗址之一。

第一节　甑皮岩遗址的文化内涵和主要特征

根据目前的发现，甑皮岩遗址的史前文化堆积可以分为五个时期，代表了当地从距今大约 12000 年到 7000 年间史前文化的发展及演化过程。

一、第一期文化遗存

年代约在距今 12000～11000 年间，大体相当于全新世初期（关于全新世开始的时间有不同的看法，我们采用距今 12000 年作为全新世之始）。文化遗物包括陶器、打制石器、骨器和蚌器等。石器均以河砾石为原材料，石质以砂岩占绝大部分，包括各种颜色的细砂岩、粉砂岩、石英砂岩等，另有少量的花岗岩、碳质板岩、泥质板岩和灰岩，均为打制石器，石器加工技术比较单一，大部分为单面单向直接打击成形，只有个别采用双面打击加工，二次修理可能有间接的硬锤打击技术。以石核石器为主，直接用砾石打制加工而成，少部分为石片石器。器类包括石锤、砍砸器、盘状器、切割器、尖状器、棒形石凿和穿孔石器等，以石锤和砍砸器为主。从出土器物的形态来看，此期的石器工业属于典型的中国南方砾石工业传统。对比分析的结果表明，石器原料基本上来源于漓江河滩。此期地层，尤其在 DT4 第 31 层中发现了较多砾石原料以及大量制作石器过程中产生的半成品、石块、石片和碎屑，其中部分可以拼合，表明当时石器的制作加工是在洞内进行的。骨器和蚌器的数量较多。磨制工艺已经存在，但主要用于加工有机质的工具如骨锥、骨铲和穿孔蚌器，尚未应用于石器制作。此期另外一个重要的技术发展是陶器的出现。这一时期的陶器主要是敞口、浅斜弧腹的圜底釜，羼和粗大的石英颗粒，手捏成型，在器物上部并有滚压粗绳纹的痕迹，器形低矮，器壁极厚，烧成温度极低（不超过 250℃），器表开裂，表现出一系列初级陶器工艺的特征，应是中国目前所见最原始的陶容器（附录五）。

多学科综合研究的结果表明，甑皮岩第一期所处的地质时代，正是最后一次大冰期已经过去，全球气候开始回升，动植物资源逐渐增加的时期。此期地层出土了大量的水陆生动物遗骸和植物遗存，表明甑皮岩史前居民的经济形态主要是采集渔猎。根据考古实验，依赖这些资源为生的甑皮岩居民，每天花费在生计活动上的时间可能只需要三到五个小时。因此他们应当有比较充裕的时间休闲或从事与获取食物没有直接关系的其他"非采集活动"（non-foraging activities）（Kelly, 1995），如社会礼仪、手工业技术的尝试，包括摸索如何制造陶器这种全新的器物等等。

二、第二期文化遗存

年代约在距今 11000～10000 年左右，即全新世早期。这一时期气候进一步回升，动植物的数目和种类有所增加。文化遗物包括陶器、打制石器、骨器、蚌器等。陶器数量比第一期明显增加，但器类单一，器形简单，大多为器形较大的敞口、束颈、鼓腹、圜底罐，另有部分饰刻划纹或附加堆纹的小件器物，因太破碎，器物整体特征不详。陶器以夹方解石灰褐或褐陶为主，部分夹石英，另有部分红褐陶。方解石或石英颗粒较多，大小不匀称，形状不规则。陶器的烧制火候仍然比较低，胎质疏松，显示烧制工艺仍处于早期阶段。器表均施分段多次重复滚压而成的绳纹，其中以印痕较深、较细密的中绳纹最具特点，少量在绳纹上加饰刻划纹；口沿多施绳纹，另有部分刻划纹，沿下还有少量附加堆纹。此期的主要文化特征之一是陶器制作工艺的进步，出现了泥片贴筑的成型技术，器形变高，器壁变薄。工具方面，石器和骨角蚌器的形态和制作工艺与前期相比变化不大。石器依然以单面加工的打制砾石石器为主，器类包括石锤、砍砸器、切割器和穿孔石器等。地层中仍然存在较多砾石原料以及大量制作石器过程中产生的半成品、石块、石片和碎屑，说明石器的制作加工还是在洞内进行的。骨器以骨锥为主，也有磨制的骨铲。蚌器多为穿单孔的蚌刀。地层中出土大量动植物遗存，说明此期的经济形态仍是采集和渔猎经济。

三、第三期文化遗存

年代约在距今 10000～9000 年左右，即全新世早中期。孢粉分析表明此期的气候温暖湿润，气温可能比现代略高。文化遗物包括陶器、打制石器、骨器和蚌器等。陶器仍以敞口罐为主，另有部分饰刻划纹或附加堆纹的小件器物。陶器数量较前期多，第二期束颈较甚的敞口罐仍然存在，但出现了口近直或略外敞的敞口罐。以夹方解石的红褐陶为主，夹石英陶较少，方解石颗粒较多、较粗大，且大小不匀称，形状不规则。火候低，胎质疏松。多数为泥片贴筑法制成，可见较明显的贴筑痕迹。该期大部分陶器因羼合方解石或石英的比例较小，陶片起层，呈千层饼状，与泥片贴筑法形成的分层有很大不同。纹饰以中绳纹为主，粗、细绳纹较少；另有部分刻划纹、捺压纹。刻划纹多在绳纹上施划，纹样简单，刻划随意，划痕较深。工具组合中，石器均为打制石器，器类包括石锤、砍砸器、切割器、棒形石凿、穿孔石器和锛形器等，以砍砸器为主。石质以砂岩占绝大部分，包括各种不同颜色的细砂岩、粉砂岩、石英砂岩等，另有少量的花岗岩。尽管未见磨制石器，但新出现的锛形器则应为磨制石锛的毛坯，推测该期或应有少量磨制石器出现。骨器磨制技术进一步发展，除原有的骨锥、骨铲之外，新出现了骨针。骨针的出现可能反映了人类衣着工具的演变。遗址出土大量的水陆生动物遗存，指示此期的经济形态依然是渔猎和采集，后者包括了采集草本植物如十字花科的野菜。这一时期的考古学文化与前期相比有所发展，但无质的变化。

四、第四期文化遗存

年代约在距今 9000～8000 年左右，即全新世中期。此期的气候仍然温暖潮湿，年平均温度可能略高于现代的温度，自然资源的丰富程度当与前期相似。文化遗物包括陶器、打制石器、骨器和蚌器等。陶器数量较多，器类也较第三期明显增多，以敞口罐为主，但第二、第三期流行的束颈较甚的敞口罐基本不见，新出现高领罐、敛口罐和敛口釜等，器物底部也变薄，变缓。以红褐陶为主，羼和料主要为石英，方解石较少，方解石、石英颗粒较粗较多，大小不匀称，形状不规则。陶器制法仍以泥片贴筑法为主，胎壁断面可见明显的贴筑痕迹。出现了分体制作工艺，如高领罐的领部与腹部就是分别制作，然后拼接而成的。胎壁变薄，大部分陶器火候仍较低，胎质疏松，易碎，但少部分陶器的火候有明显提高。器表均施绳纹，以中绳纹为主，次为细绳纹，粗绳纹较少，部分器物口沿也施绳纹。工具组合中，砾石打制石器仍是主要的工具，但磨制石器应该存在。骨蚌器的数量相对减少，其中骨器只有骨锥一种工具。蚌器也只有少量穿单孔的蚌刀。至于骨蚌器减少的现象是否真正反映了当时工具套的变化，还有待进一步的研究。在遗址地层中发现的植物硅酸体种类比前期明显增加，反映了史前居民可利用植物资源的丰富性，孢粉分析则表明豆类植物很可能是当时采集的对象之一。

第四期发现了 2 座墓葬，葬式均为蹲踞葬，没有随葬品，但人骨架上均放有大小不等的自然石块，其中 BT2M9 的人骨头部覆以两件大蚌壳。这种在墓坑中摆放石头和以蚌壳覆盖人骨头部的现象，不仅反映了当时已经出现关于死亡和丧葬的意识，而且反映了当时当地一种独特的埋葬习俗。

五、第五期文化遗存

第五期文化的年代在距今 8000～7000 年左右，即全新世的中期。此期的气候温暖湿润，植物基本上属于亚热带植物群落，而动物资源也比较丰富。文化遗物包括陶器、石器和骨器，未见蚌器。陶器数量较多，器形、陶色、纹饰种类比前几期都有大量的增加。器类包括敞口罐、高领罐、敛口釜、直口或敛口盘口釜、盆、钵、支脚、圈足盘和豆等。以夹细方解石颗粒的红褐陶为主，少部分夹石英，方解石和石英颗粒一般比较匀称，应经过仔细遴选；新出现泥质陶，但陶土均未经淘洗，质地不纯，不细腻，此外还有部分灰、灰黄、橙黄、红、灰褐、白陶等。部分器物采用泥片贴筑法制成，分体制作工艺有了进一步发展，器形规整，胎壁较薄，在近口沿部常可见到慢轮修整留下的匀称抹痕，表明陶轮已经发明。烧制火候较高，陶质较硬。纹饰种类丰富、样式复杂，主要有细绳纹、扁草纹以及种类繁多、组合复杂的刻划纹、戳印纹、捺压纹等，而以细绳纹和刻划纹为主。另有少部分素面陶，少部分器表施陶衣，并经磨光。此期另一个文化特征之一是磨制石器的数量增加，器形主要是磨制的斧、锛类，制作精致，大部分通体磨光。与之相比，打制砾石石器和骨器的数量减少，骨器以骨锥、骨针为主，不见蚌器。从出土的动植物遗存来看，此期的经济形态应当没有大的变化，仍然以采集渔猎为主。从整体文化面貌考察，该期与第四期相比已经产生了某种质的变化。

六、宋代文化遗存

第五期以后，甑皮岩遗址基本被废弃，不再有人类活动，逐渐在洞中形成了厚薄不等的钙华板，把文化层完整地覆盖在下面。此后，一直到宋代，估计是一个家庭的人口，又来到甑皮岩，将靠近洞口部分较薄的钙华板清理掉，平整地面，重新把甑皮岩作为居住地，并把死者埋葬在洞内。

甑皮岩发现的宋代陶瓷器均为民窑产品，并多为残片，难以一一准确判定产地和窑口。但除了两片方格纹陶片外，这些陶瓷器具有较为一致或相近的年代特征，如均采用轮制，多有垫珠或支钉痕，一些标本的窑口特征也较为明显。出土的碗、壶、杯等青瓷和青白瓷，从造型纹饰，胎质与釉色等方面分析，与广西各地北宋至南宋青瓷窑和青白瓷窑的产品有相同之处。如标本 BT2③:001 刻花碗和标本 BT2④:001 印花碗等器物，均采用青绿釉，灰胎，与广西宋代永福窑田岭窑址（广西壮族自治区文物工作队，1984）出土的同类青绿釉器如出一辙。而标本 BT2④:002 和标本 BT2④:004 印花碗等则为青黄釉，灰胎，内模印缠枝卷叶花卉纹，也与永福窑田岭另一类釉器即青黄釉印花碗一致。标本 BT2④:003 和标本 BT2④:005 青白瓷碗，无论席纹地缠枝花卉纹饰还是胎、釉等都与广西藤县宋代中和窑（韦仁义，1984）的同类器相近。标本 K:009 青瓷杯在桂林宋代窑里村窑址（蒋廷瑜，1992；桂林市文物工作队，2001），标本 BT3①:002 和标本 BT2③:002 等在永福宋代山北洲窑址（桂林市文物工作队，2002）均可以找到相同或相近的器物。标本 K:021 白瓷碗为芒口瓷，应为北宋定窑产品。标本 AT1M1:001 青瓷壶，弯长流、圆鼓腹的造型也具有两宋瓷壶的特点，M1 的年代应为两宋。标本 DT5 东隔梁:011 青瓷碗为浅玉璧底，年代可能至晚唐和北宋早期。宋代永福窑田岭窑址、宋代山北洲窑址、藤县宋代中和窑址、桂林宋代窑里村窑址的烧造年代约从北宋延续至南宋。由此分析，甑皮岩宋代出土的这些陶瓷器年代约为北宋早期至南宋晚期。至于方格纹硬灰陶片，其年代约为东汉时期，虽然其年代较早，但甑皮岩遗址地层没有更多的遗物加以印证，更没有任何同时期的遗迹存在，可以推断它们是在某些时候无意识混入的。综上所述，甑皮岩此期年代为北宋早期至南宋晚期。

在陶瓷器组合上，器形均为生活的实用器物，且以最常用的盛器碗和罐占绝大多数，伴出有储水、储食的瓮、壶、缸、坛及加工食物的擂钵等，基本包含了大概一个家庭所必需的生活用具，说明当时生活在这里的人是利用甑皮岩这一天然洞穴作为事实上的居所。同时从陶瓷残片的较多数量来看，宋代的定居者在这里生活了一个相对较长的时间。而且可以推测，AT1M1 的墓主应该就是当时的定居者之一。

七、关于"甑皮岩文化"

考古发现和多学科综合研究表明，甑皮岩遗址从全新世早期开始有人类在此生活，时间跨度长达 5000 年左右。在这段漫长的岁月里，甑皮岩先民在此生息繁衍，以渔猎采集为其主要生活来源，创造了丰富、独特的物质文化。尽管其物质文化的发展相对平稳，演变轨迹清晰，但是其发展并不是连绵不绝、延续不断的。这种物质文化上的缺环或不连续，主要表现在陶器方面，主要出现在两个阶段，即甑皮岩第一期与第二期以及第四期与第五期之间。相反，甑皮岩第二至四期间有变化，但演变轨迹清晰，文化面貌总体上基本一致，无质的差别。我们认为，它们之间的联系，表明它们属同一个考古学文化；它们之间的差异，既说明物质文化上的发展与进步，也说明它们属同一个考古学文化中不同的三个发展阶段。

桂林地区洞穴遗址考古早在 1935 年已经开始，但经科学发掘的遗址较少（不超过 5 处）。目前所见，与甑皮岩遗址第二至四期相同或相近的文化遗存，目前仅发现于临桂县大岩遗址（傅宪国等，2001）。尽管甑皮岩第二至四期文化遗存文化特征鲜明，时间关系清楚，但是，依考古界公认的考古学文化命名原则，从严格的意义上来讲，我们认为将其命名为一个考古学文化——"甑皮岩文化"的条件还未全部具备。但是，面对一个时间延续近 5000 年、文化内涵如此丰厚的史前遗址，从突出和把握甑皮岩遗址文化内涵的角度考虑，不妨暂时将以甑皮岩遗址第二至四期为代表的、分布在桂林及其附近地区的、主要以洞穴遗址为特征的一类遗存命名为"甑皮岩文化"。至于甑皮岩第一和第五期文化遗存，可在条件成熟时另行命名。

第二节　甑皮岩遗址的考古学意义

甑皮岩遗址地层堆积最厚超过 3 米，70 年代和 2001 年的发掘都发现了大量的考古遗迹和遗物，为史前考古学，尤其是华南和东南亚地区史前考古学研究提供了十分丰富的考古资料。甑皮岩遗址的考古学意义或者说重要性，大部分已经在本书其他章节中由相关学者进行了阐释。这里仅就相关的其他问题加以进一步说明。

一、甑皮岩遗址与陶器起源及相关的文化演化

陶器是史前人类最重要的技术发明之一。目前发现的世界上最早的与陶器有关的考古资料，是斯洛文尼亚 Dolni Vestonici 遗址的经过火烧的泥土，年代为距今 26000 年（Rice，1999）。表明人类有关水、火、土三者结合能够产生新物质的知识，可以追溯到旧石器时代晚期。不过，Dolni Vestonici 遗址所见的还不是成型的陶器。目前的考古资料表明，成型的陶容器最早出现于东亚地区。大约从距今 12000 年左右甚至更早，陶器便开始出现在日本列岛（堤隆，2000）、俄罗斯远东地区（zhushikhovskaya，1997）以及中国的华北、长江流域和华南地区。其中华南地区距今 10000 年或更早的陶器分别见于广西的邕宁顶蛳山、临桂大岩和桂林甑皮岩遗址以及湖南道县玉蟾岩遗址（中国社会科学院考古研究所广西工作队等，1998；傅宪国等，2001；袁家荣，2000）。在目前出土的众多早期陶器中，甑皮岩遗址第一期所出的陶器，在陶土配制、成型方法、器表纹饰以及烧成温度等方面，都具有非常原始的

特征，表明其处于陶器出现的初始阶段。同时，甑皮岩遗址堆积较厚，地层关系清楚，陶器演变轨迹清晰，为我们了解当地陶器的起源以及制陶工艺的发展和演变提供了相当完整的材料。

与任何技术的发明一样，陶器的出现和史前文化的发展是密切相关的。陶器起源研究是人类文化发展研究的重要课题之一，不少中外学者就此提出了多种假说。有的学者根据中东地区的材料，认为陶器的起源与制造建筑用的泥砖有关；相当一部分学者认为与人类烹饪的需要有关；此外有的学者认为是与人类生业形态的变化，特别是大量采集某种自然资源作为食物有关；亦有人提出陶器的出现可能与狩猎采集社会复杂化有关，认为陶器不仅是实用器皿，更是具有某种象征性意义的器物（Rice，1999）。

以上假说都是中外学者通过研究某一地区考古学文化的内涵，特别是早期陶器出现的文化背景而作出的推论，可以说都是对个案的研究，未必，也不可能普遍适用于其他地区陶器的起源问题。不同地区，不同自然环境下和不同考古学文化中的陶器，其出现的原因和产生的作用往往有许多差别。中国南、北方地区陶器起源问题的探讨，应当建基于对本地区考古学文化内涵的研究。正是在这一点上，甑皮岩遗址对探寻华南地区陶器起源的契机具有十分重要的意义。

甑皮岩遗址的陶器发现于第一期，年代在距今 12000～11000 年间。根据多学科综合研究的结果，甑皮岩遗址第一期尚不存在稻作农业，而采集植物种子如野生稻谷等也不是甑皮岩史前居民主要的经济活动。因此，陶器在本地区的起源与农业和采集植物种子的生业形态应该基本无关。广西地区的考古资料表明，该地区旧石器时代晚期考古遗址的堆积基本不含螺壳，至中石器时代开始出现含螺壳的堆积。而甑皮岩和大岩遗址的发掘资料表明，桂林地区陶器的出现与大量螺壳堆积的出现基本同时或略晚。为证明陶器起源与人类采食螺、蚌类水生动物之间的关系，我们作了一些实验。实验结果表明，从水里采集到的介壳类动物，假如不砸碎外壳，即便用铁制的钉、锥类器物也极难把肉挑出。同时，根据我们对大岩遗址和甑皮岩遗址出土螺、蚌壳的仔细观察，这些螺壳个体完整，甚至找不到过去一般认为的敲去尾端而食的现象。但是，这些螺、蚌一经加热，则极易把肉挑出而食用。如此，我们认为，在桂北地区陶器的出现很可能与采集螺、蚌作为主要食物的生业形态有关。换句话说，桂林，甚至包括华南大部分地区，陶器起源的动因或契机，大概是由于最后一次冰期结束，气候变暖，水生动物大量繁殖（甑皮岩遗址出土的动物共计 108 种，其中贝类 47 种，螃蟹 1 种，鱼类 1 种，爬行类 1 种，鸟类 20 种，哺乳动物 37 种），依最佳觅食模式（the optimal foraging model），因其容易采集，可以花最少的时间和气力获得最高的回报，人类开始大量捕捞和食用水生介壳类动物，而介壳类水生动物因其坚硬的外壳，不可能像鱼类和陆生动物那样可以直接在火上烤而食之，促使人类发明了陶器，由此也在该地区产生了与以往不同的生业形态。严文明先生就认为，陶器的起源，"有的地方与农业的产生有关系，有的地方则与相对定居的生活和集约的采集经济有关系"。曾经有观点认为，只有出现了真正意义上的栽培农业，才真正改变了史前人类的生活，甚至认为这是新石器时代的一场"革命"。事实说明，在某些特殊的地区、某种特定环境以及某些特殊的时期，渔猎和采集经济可以发展到很高的程度，其生产水平并不低于初期农业，其对人类的深远影响及意义——起码就该地区来讲，绝不亚于其他地区栽培植物起源对人类产生的影响及意义。

由此牵涉出人类文化发展研究的另一个重要课题，即新石器时代开始的标志问题。正是基于上述的认识，尽管甑皮岩遗址第一期文化的生业形态属于典型的渔猎、捕捞和采集经济，但我们仍然将其纳入新石器时代的范畴，并将陶器的出现作为判断其文化是否进入新石器时代的主要，也是惟一的标志。

作为新石器时代主要标志之一的陶器，其发生和发展需要一定的物质文化条件。虽然陶器往往发现于定居的农业社会之中，但正如张忠培先生所指出的，"在实现中、新石器时代转化时，既存在发明种植农业这类形态，又存在发展采集，尤其是渔猎经济的另一类形态"，渔猎采集社会同样也能够独立的发明陶器，实现了向新石器时代的转化（张忠培，2000）。从中国目前的材料来看，发现于虎头梁（郭瑞海等，2000）、南庄头（郭瑞海等，2000）、大岩和甑皮岩的早期陶器，都是由渔猎采集者制作的。长江流域的仙人洞和玉蟾岩的情形比较复杂，其最早的陶器制作者有可能是渔猎采集者，也有可能是早期的耕作者。在出现万年以前陶器的日本和俄罗斯远东地区，陶器制作者也是渔猎采集者（堤隆，2000），这与中东和美洲地区早期陶器出现于农业社会的情形完全不同。以往，我们一直试图引用或归纳、总结出一个甚至在世界范围内都适用的普遍法则，并以此来解释不同地区、不同环境和不同文化背景下人类文化的发展过程，事实上，这是很难做得到的。这种陶器起源的文化背景的差异性不但说明陶器应当是在世界多个地区独立起源的，而且也说明人类文化的演化具有多样性，不宜随意提出和应用所谓普遍适用于世界各地的、单一的文化演化规律，去分析不同区域的考古学文化现象。

甑皮岩遗存中发现的早期陶器和共生的文化遗物，不仅可以帮助我们了解陶器产生的物质文化背景，如经济形态的变化、生计活动乃至社会结构的改变与陶器起源的关系等等。而且，甑皮岩遗址从早期到晚期跨越了5000余年，出土的各种不同类型的陶制品，更有助于我们了解甑皮岩遗址制陶工艺的发展与演化以及与之密切相关的物质文化的发展和不同地区间的文化交流。甑皮岩遗址史前陶器制作工艺的分析与研究，已体现在本书第七章第一节中。甑皮岩文化遗存与沅水中游及洞庭湖地区的文化联系——其中主要是陶器方面的异同，我们也将在下面进行讨论。但是，湖南道县玉蟾岩遗址，因其地理位置与甑皮岩遗址接近，时代大体相同，并且自然地理环境也基本相似，所以，我们在此进行进一步的分析。

玉蟾岩位于道县寿雁镇白石寨村，与甑皮岩遗址的直线距离约200余公里，也属于洞穴遗址。遗址堆积厚1.2~1.8米，地层保存基本完好。地层变化复杂，自然堆积层次近40层。遗迹主要是地面烧火的灰堆，无明显的灶坑。文化遗物包括陶器和石器，另有骨、角、牙、蚌器。陶器极少，且多为碎片，仅一件陶器可复原。为黑褐色夹炭夹石英粗砂陶，器形为圜底略尖的釜形器物，火候很低，质地非常疏松，胎厚近2厘米，贴塑成器，可见交错层理，内外有绳纹，可能是滚压而成，估计其年代当在1万年前。石制品全部打制，有石核、石片、砍砸器、刮削器、切割器、石刀、锄形器等。石器制作粗陋，以中小型石器为主，缺乏细小石器。加工技术简单，基本上为单面加工。其石器工业风格与甑皮岩遗址出土石器相类。特别的是，发现了水稻谷壳和稻属的植硅体，经分析，认为其中有普通野生稻，但具有人类初期干预的痕迹；有栽培稻，但是一种由野稻向栽培稻演化的古栽培稻类型。此外，在遗址中还发现了大量的水陆生动物遗骸以及植物种、核、茎、叶40余种（袁家荣，1996a、2000）。

从陶器形态和碳十四年代可以看出，玉蟾岩遗址出土的陶器，应晚于甑皮岩遗址第一期发现的陶器。前边已经谈到，在甑皮岩遗址第一期文化和第二期文化间存在着一个缺环，若单纯从陶器类型学方面来考察，玉蟾岩遗址发现的陶器正好填补了两者间的空白。当然，这绝对不意味着我们认为玉蟾岩遗址与甑皮岩第一期文化间存在着什么直接的承继关系，我们纯粹是从陶器形态学和陶器制作工艺的演化这两个方面来讨论这个问题的。若把玉蟾岩遗址的陶器置于甑皮岩遗址第一期之后，那么，该地区陶器器形及制作工艺的演变可以表述为：1. 甑皮岩遗址第一期：捏制成型，在陶器外表上部滚压绳纹，以保证器表平整，之后又抹去纹饰；羼和粗大的石英颗粒；火候极低，甚至还没有完全陶化；因处于制作陶器初始阶段，制陶水平较低，尚不能将器壁加高，所以，器壁厚而矮；器类仅见1种1件。2. 玉蟾岩遗址：泥片贴筑成型，可见交错层理，代表一种新的制陶工艺的出现；通体滚压粗绳纹；羼和粗大的石英颗粒，口沿部分夹炭；火候很低，质地非常疏松；制陶水平略有提高，已能将器壁做高（通高29厘米），但胎壁仍较厚，口仍为斜敞口（口径31厘米），还不具备把颈部内束的能力；器类仅见1种2件。3. 甑皮岩遗址第二期：泥片贴筑成型，但底部仍为捏制，尖厚；通体滚压粗绳纹；羼和粗大的方解石颗粒，表明制陶者对这种较软、较易破碎的物质已有认识；火候较低；胎壁较薄，并具备了将颈部内束的能力。其实，把玉蟾岩遗址的陶器上部内束，并把口沿外敞，便成为甑皮岩第二期的敞口釜。器类增加到2种以上，数量增加。4. 甑皮岩遗址第三期：泥片贴筑成型，但底部仍为捏制，部分器底尖厚，但部分已较薄；通体滚压粗绳纹；羼和粗大的方解石或英石颗粒；火候较低；胎壁较薄，口沿变化较多；器类、数量均增加。5. 甑皮岩遗址第四期：泥片贴筑成型，部分器物底部捏制，但大部分可能已用贴筑法，器底变得浑圆；通体滚压粗绳纹；羼和料变得细碎；火候较高；胎壁较薄；器类、数量均增加。6. 甑皮岩遗址第五期：大部分贴筑法成型，部分分别制作，拼接成器，出现慢轮修整技术；纹饰形式多样，除细绳纹外，出现大量纯粹出于装饰、美观目的的刻划纹、戳印纹等；火候较高；羼和料除细碎的方解石等外，并以天然砂子作为羼和料，出现泥质陶；器类、数量大幅度增加。

如此，以甑皮岩遗址为标尺，桂林及附近地区陶器的最初形态及其以后器物形态和制作工艺的演化过程，便清晰地、几乎无太大缺环地呈现在我们面前（图一八七）。

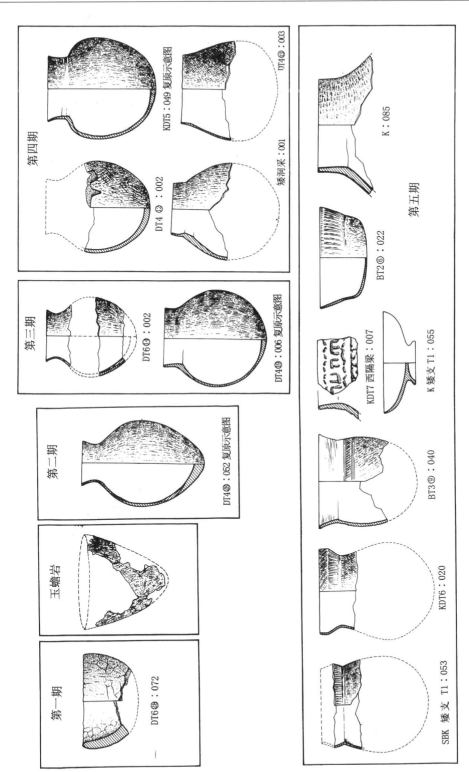

图一八七 甑皮岩遗址陶器演变图

如上所述，甑皮岩遗址陶器出现得比较早，但在一段时间内器类较单调，发展较缓慢。其原因，一方面，符合器物起源及初始阶段基本都发展较缓慢的一般规律，另一方面，或许与岭南地区丰富的竹、木材料可以用作食具、盛器甚至炊器有关。广西地区直到今天仍有以竹筒炊饭和煮菜的烹饪习惯。

现代考古学对陶器的研究，不限于对器物类型变化和制作工艺的分析，而且注意到陶器产生和演变的考古学文化内涵，包括生计模式、定居与否的生活方式、社会结构、人类思维和意识的演化等等。陶器不仅是史前人类技术发展的标志物，而且包含了很多其他方面的信息。此外，现代考古学不仅要研究为何某一地区的史前文化发生明显变化，也应当研究为何文化变化并不明显。毫无疑问，甑皮岩遗址丰富的陶器资料和比较完备的整体文化发展序列，为我们研究史前陶器的起源和发展以及相关的文化演化提供了非常珍贵的资料。

二、甑皮岩遗址与桂林地区史前考古

甑皮岩遗址的第一个重要性，是建立了桂北地区史前文化最基本的发展演化序列。

甑皮岩遗址位于广西北部，在自然地貌上属于石灰岩峰丛小平原地貌，其间发育众多的石灰岩溶洞和地面或地下河流，分布着各种各样的水陆动植物资源，是史前人类生活的理想环境。早在 20 世纪 30 年代，德日进、丁文江、杨钟健、裴文中等学者就开始对这一带史前遗存进行考古调查，在桂林市北门附近发现了"D洞"（裴文中，1935）。新中国成立以后，考古工作者又进行了大量的野外调查工作。据我们的调查和统计，迄今为止，桂林及其附近地区发现含有人类活动遗存的洞穴遗址共 38 处（附表一〇），其中经过正式发掘的有宝积岩（王令红等，1982）、庙岩（谌世龙，1999）、甑皮岩、轿子岩（桂林市地方志编纂委员会，1997b）、朝桂岩、大岩（傅宪国等，2001）和太平岩等，

从附表一中可以看出，未经发掘的洞穴遗址，其堆积内涵存在着一定的差别。除宝积岩、东洞遗址可以认定属旧石器时代晚期，平头山遗址年代难以确定外，其他未经发掘的遗址，其年代目前尚难以准确认定，无法进行归类，只能从堆积内涵上，大体推定属中石器时代或新石器时代，权且搁置不论。

20 世纪 90 年代中期以前，通过对宝积岩、庙岩、甑皮岩等遗址的发掘，基本排出了宝积岩、庙岩、甑皮岩三者之间的早晚关系。其中宝积岩被认为是更新世末期的考古学遗存，庙岩的年代在更新世末到全新世之初，而甑皮岩属于全新世早期（原思训等，1990；谌世龙，1999）。但因种种原因，直到 1990 年代为止，桂北乃至广西地区从更新世末期到全新世中期的史前文化发展，特别是新石器时代开始的标志以及新石器各个时期的文化特征和序列等都还是不清楚的（蒋廷瑜，1998）。

2001 年甑皮岩遗址的发掘，为我们解决这个问题提供了基础。综合以往的考古资料，包括宝积岩、东洞、庙岩、轿子岩、朝桂岩、大岩、甑皮岩和晓锦（广西壮族自治区文物工作队等，待刊）等遗址的出土资料，基本可以重建桂北地区从旧石器时代晚期到新石器时代

末期文化发展的序列和年代框架，并基本认定各个时期的文化特征。

旧石器时代晚期。以宝积岩遗址为代表，包括东洞遗址，年代在距今 35000～28000 之间。堆积中不含螺、蚌壳等水生动物遗骸。人类遗骸包括牙齿化石。文化遗物主要是砾石打制石器，包括砍砸器、刮削器等。动物化石包括华南豪猪、巴氏大熊猫、野猪、鹿、牛、猕猴、长臂猿、中国熊、猪獾、最后斑鬣狗、巨貘、竹鼠、中国犀、剑齿象、麂等。其中巴氏大熊猫、最后斑鬣狗、巨貘、中国犀、剑齿象为更新世晚期绝灭种（吴新智等，1962；王令红等，1982）。

旧石器时代末期。以大岩第一期文化遗存为代表，距今约 15000 年以上。文化特征以砾石打制石器为主，器形主要是砍砸器，出土少量的兽骨。石器的打制风格基本是单面加工，技术比较简单，属于岭南旧石器时代晚期的工艺传统。

中石器时代。以大岩第二期文化遗存为代表，包括轿子岩遗址，距今约 15000～12000年。工具仍然以砾石打制石器为主，器形以砍砸器为多，新出现的磨制骨锥和穿孔蚌器代表了磨制和穿孔工艺的出现，这两种工艺首先用于制作质料较软的有机质工具。值得注意的是，在大岩遗址发现了两件烧制的陶土块，泥质，均残，一件为圆柱形，另一件呈凹形。两件陶土块虽然不是陶容器，但显然经过人工捏制和烧制，表示当时的史前居民开始尝试用土、水和火三种自然元素结合创造出一种新的材料。这两件烧过的陶制品为探寻陶器的起源提供了非常重要的信息。

在经济活动方面，此阶段地层堆积中螺壳的数量开始增加，反映了贝类采集已经成为当时比较重要的生计方式之一。在大岩遗址发现了两座墓葬，一座仰身屈肢葬，一座是侧身屈肢葬，轿子岩遗址发现蹲踞葬一座，都没有随葬品，但死者的头骨和肢骨部位都压放数件未经加工的石块，可能反映了当时某种特殊的丧葬习俗和死亡观念。从以上文化特征来看，此期应当属于从旧石器时代向新石器时代的过渡阶段，或称为中石器时代。

新石器时代早期前段。以庙岩、大岩第三期和甑皮岩第一期文化遗存为代表，距今约12000～11000 年。单面打制的砾石石器仍然占主导地位，器型有砍砸器、尖状器、切割器、穿孔石器等，还有制作石器用的石锤和石凿等。打制方法仍以直接打击为主，也有二次修理，部分石片有未经修理直接使用的情况。骨器种类增加，有骨锥、骨镞、骨铲等器类，数量较前期明显增加，磨制和加工技术也有所发展。蚌器穿双孔或单孔，在甑皮岩有利用蚌壳打成蚌片然后磨制成器的情形。

此期最重要的发现之一是原始的陶容器，分别发现于大岩第三期和甑皮岩第一期文化层中。这些陶器捏制成型，器壁最厚达 2.9 厘米，夹杂粗大的方解石或石英颗粒。器物制作粗糙，烧成温度很低，是中国目前最早的成型陶容器之一。陶器形状为敞口、浅弧腹的圜底釜，其主要功能为烹饪。从出土的大量水陆生动物遗骸，包括贝类遗存来看，此期的经济活动仍然是以渔猎和采集为主，贝类的采集显然已成为主要生计方式之一，形成了广谱的渔猎采集经济形态。由于贝类必须煮熟才可以食用，所以，陶器的发明，很可能是因应着这个经济活动的需要而产生的；而陶器的出现又进一步推动了贝类采集经济的发展。陶器和广谱渔猎采集经济的出现是这一时期最重要的文化特征，前者反映了人类工艺技术上的一次重大发明，后者反映了人类经济生活上的一个重要改变。

新石器时代早期后段。以甑皮岩文化，即甑皮岩遗址第二至四期文化遗存为代表，距今约11000～8000年。又可分为三段。第一段，以甑皮岩第二期文化遗存为代表。打制砾石石器和磨制骨器、穿孔蚌器仍是主要器物；陶器制作出现了新的技术，泥片贴筑法成为主要的成型工艺，陶器的数量明显增加，表明这个新器类的重要性不断提高。第二段，以大岩第四期和甑皮岩第三期文化遗存为代表。代表性器物是石器、骨蚌器和夹砂陶器等。石器仍以砾石打制石器为主，在大岩发现了少量的磨制石斧、石锛等；骨器包括骨锥、骨铲等，新出现磨制精细的骨针。蚌器有穿孔的蚌刀。陶器以夹砂红褐陶为主，有少量灰褐陶；羼和料仍是方解石或石英颗粒。器形以敞口、束颈、鼓腹的圜底釜、罐为主；在甑皮岩第三期出现了敞口、短颈近直的圜底器。此期地层中仍然有大量螺壳和其它水陆生动物的发现，表明狩猎采集经济仍是当时主要的生计方式。第三段，以甑皮岩第四期遗存为代表。此期砾石打制石器仍然存在，以砍砸器为主，但数量较少。磨制石器有斧、锛等。骨器的数量减少，只有骨锥一种。蚌器也只有少量穿孔蚌刀。陶器仍以夹砂红褐陶为主，羼和料除了前期所见的方解石和石英颗粒之外，出现了少量天然砂粒。陶器的制法仍为泥片贴塑，但器壁较薄，烧成的温度也较高。纹饰以粗绳纹为主。器型方面，除了承袭前期的圜底器之外，新出现宽圆肩、圜底的高领罐等。墓葬葬式为蹲踞葬，墓坑为不规则圆形竖穴土坑。无随葬品，但在墓坑填土和人骨架上部均放有数量不等、大小不一，未经加工的石块。从出土贝类和其他动植物遗存来看，此期的生计方式仍然是采集狩猎经济。

新石器时代中期前段。以大岩第五期、甑皮岩第五期和晓锦第一期文化遗存为代表，距今大约8000～7000年。此期砾石打制石器仍然存在，但数量极少，而磨制石器数量明显增加，包括磨制的斧、锛等。骨器的种类也比较多。陶器以夹细砂的红褐陶和灰白陶为主，另有部分夹细砂或夹炭的灰黑、灰褐、灰白陶，并出现泥质陶。制陶技术方面，泥片贴塑法继续使用，但出现了慢轮修整。陶器的胎壁较薄，烧制火候也较高。器类明显增加，器形包括罐、釜、圈足盘、盆、钵、支座等。器表纹饰的种类大增，除了绳纹以外还出现了各式刻划纹、戳印纹、弦纹等，部分器物口缘并捺印花边。此期大岩发现墓葬8座，主要葬式是仰身屈肢、蹲踞和俯身直肢葬。8座墓葬均有随葬品，有石器、骨器和穿孔蚌器等，但不见陶器。随葬品的出现，反映了此期丧葬习俗和死亡观念的又一个变化。生计方式主要从事采集、狩猎的经济生活，生活在山区河旁台地或山坡上的人类（如晓锦）或许已开始了通过种植水稻来补充食物来源。

新石器时代中期后段。以晓锦第二期文化遗存为代表，距今6500～5500年左右。此期砾石打制石器基本不见，磨制石器数量明显增加，包括磨制的斧、锛、镞、矛等。制陶技术方面，泥片贴塑法继续使用，但出现了慢轮修整。陶器器形仍以圜底器占绝大多数，有少量的圈足器和平底器，器物有折腹罐、直领罐、盘口罐、器座、圈足碗、器盖、支脚。陶器纹饰有绳纹、刻划纹、戳印纹、锥刺纹。发现较多的细长粒炭化稻米、炭化果核，说明当时人类的生计方式除采集和狩猎外，已开始农业耕作并掌握种植水稻的方法。

新石器时代末期。以晓锦第三期和大岩遗址第六期文化遗存为代表，距今 5000～3500 年左右，其最后阶段可能已进入商代。陶器以夹砂陶为主，出现较多的泥质陶。陶器制作方法仍为泥片贴筑，并经慢轮加工。陶器器形仍以圜底器为主，出现凹底器，器形包括卷沿釜、卷沿罐、圈足罐、泥质陶盘、钵、纺轮等。陶器纹饰已极少见刻划纹，新出现方格纹、叶脉纹、花瓣纹、镂空、绳纹弦纹组合纹，也有较多的素面陶。晓锦遗址第三期所出土的大量颗粒饱满的炭化稻米，表明种植水稻以开始成为人类主要的生计方式。

根据上述主要遗址的资料，目前可以大体排出桂林地区自旧石器时代末期至新石器时代末期的年代序列，并确认其主要文化特征（表三七）。

表三七　桂林地区旧石器时代晚期至新石器时代末期文化发展序列及基本特征

年代		地层特征、出土遗物和遗迹	代表性遗址或文化层
旧石器时代晚期（距今 35000～28000 年）		单面打制的砾石石器，砍砸器为主。有哺乳动物骨骼遗存（包括晚更新世绝灭种）。地层中无螺壳。	宝积岩、东洞遗址。
旧石器时代末期（距今 15000 年以上）		含极少量水陆生动物遗骸和打制砾石石器	大岩第一期文化遗存。
中石器时代（距今 15000～12000 年）		含较多的水陆生动物遗骸；发现磨制骨器、穿孔蚌器和经火烧的陶制品。屈肢葬，墓内放置石块。	大岩第二期文化遗存。
新石器早期前段（距今 12000～11000 年）		含大量水陆生动物遗骸；骨器数量增加；出现穿孔石器和原始陶容器。	大岩第三期、甑皮岩第一期、庙岩文化遗存。
新石器时代早期后段（距今 11000～8000 年）	第一段	陶器工艺进步，出现泥片贴筑法。	甑皮岩第二期文化遗存。
	第二段	陶器，出现磨制石器如石斧、石锛等。	大岩第四期、甑皮岩第三期文化遗存。
	第三段	夹砂陶器制作进步。蹲踞葬。墓内放置石块。	甑皮岩第四期文化遗存。
新石器中期前段（距今 8000～7000 年）		磨制石器增加，打制石器减少。出现泥质陶；器形种类增加。墓葬出现随葬品。	大岩第五期、甑皮岩第五期、晓锦第一期文化遗存。
新石器中期后段（距今 6500～5500 年）		夹细砂红陶和灰白陶器，磨制精细的石斧、锛、镞等。炭化稻米。	晓锦第二期文化遗存。
新石器时代末期（距今 5000～3500 年左右）		夹砂陶和较多的泥质陶。少见刻划纹，出现方格纹、叶脉纹、花瓣纹、镂空。较多的炭化稻米。	晓锦第三期、大岩第六期文化遗存。

综观桂林地区旧石器时代晚期至新石器时代末期的文化发展序列，可概述其要点如下：

1. 至新石器时代中期，人类的居住始终集中在洞穴中。这些洞穴多数位于石灰岩峰丛平原地区，洞厅宽敞，洞口背风向阳，附近多有河流，是人类的天然居所。

2. 从旧石器时代到新石器时代，砾石打制工具在本地石器工具套中始终占有一定的比例。年代越早，砾石工具所占的比重越大。磨制石器在本区出现的时间大约是距今 8000 到 7000 年左右，晚于邻近的长江中游地区磨制石器出现的时间。与其他地区不同的是，本区目前尚未在旧石器末期文化堆积中见到小石片或者细石器。

3. 磨制骨角蚌器的出现和穿孔石器的出现大致同时。磨光工艺先用于骨角蚌器，后见于石器。穿孔工艺先用于蚌器，后用于穿孔石器。穿孔石器这种比较特殊的器物，在甑皮岩遗址第一到第三期都有发现，年代从距今 12000～8000 年左右，是本区新石器时代早期的工具之一。

4. 本地区陶器的出现不仅年代早，而且发现经火烧的非容器的陶制品，当为陶器起源的前奏。陶器的出现和当时生计活动中贝类采集的发展很有相当密切的关系，换言之，该地区陶器的起源是伴随着人类食用介壳类动物而产生的。

5. 至新石器时代中期前段之前，经济形态始终处于渔猎采集阶段，而新石器时代的开始是以广谱渔猎采集经济作为标志，包括大量采集淡水贝类作为主要食物来源，地层中出现大量的贝壳堆积。直到新石器时代中期后段，才在位于桂北山区的晓锦第二期文化遗存中发现确切的稻作农业的痕迹。该阶段陶器的风格与澧阳平原的皂市下层文化具有一定的相似性，不能排除该地区稻作农业受洞庭湖地区稻作农业影响而产生的可能性。

6. 墓葬和葬式具有地方特色。本区从距今大约 12000～8000 年左右的墓中都没有随葬品而放置石块，但到了 8000 年以后的墓葬则以工具作为随葬品，反映了该地区丧葬习俗和死亡观念的变化。

从现有材料来看，桂林地区旧石器时代末期到新石器时代的文化具有强烈的延续性和稳定性，无论是经济生活、居住模式、工具套，乃至陶器的制作都呈现出一脉相传的特点。在新石器早期后段至中期前段的考古遗存中出现了与洞庭湖地区史前文化如彭头山文化和皂市下层文化相同的因素，但这些相同性仅仅体现在陶器方面，其生业模式则完全不同。从晓锦遗址的发现来看，具有一定规模的稻作农业在大约距今 6500 年左右的新石器时代中期后段才进入桂林地区，这个时间是否还会提前，则有待今后的考古发现。桂北地区出现的这种文化上的相对稳定性，应与区内相对丰富和稳定的自然资源有关。

从表三七可见，宝积岩考古遗存分别代表了更新世末期的史前文化，大岩的材料代表了从更新世末期到全新世中期的文化，但其中有缺环。而甑皮岩遗址恰恰代表了从全新世早期到中期桂北地区的史前文化，而且补充了大岩全新世时期的某些缺环，从而建立了一套比较完整的桂北地区新石器早期到中期的地层堆积和文化序列。根据这套序列，桂北地区其他洞穴中的文化遗存就可以分别归类，而整个地区的史前文化脉络就比较清晰了。甑皮岩遗存在这里起到了史前文化发展的标尺作用。当然，目前桂林地区不少洞穴遗址未经发掘，要将其他遗址按上述年代序列分门别类进行研究还不可能。但随着今后发掘和研究的深入，应该可以在上述文化序列的基础上，比较全面的重建桂北地区从更新世末期到全新世早期文化发展的面貌。

此外，以上述地层堆积特征和文化序列作为框架，不仅有助于我们了解各个洞穴遗址的相对年代，而且有助于我们了解不同遗址的性质。在桂林地区不到100平方公里的范围内分布的数十个遗址，其中有多少是大体同时期，有多少具有年代先后关系？在大体同时期的遗址中，是否可能根据不同的器物、遗迹和动植物遗存，分辨出不同类型的遗址，如临时的狩猎地点或季节性的居住地？某些洞穴中没有石器，只有螺壳和陶器，它们显然已经进入新石器时代，但为何没有石器的发现？这类遗存与含有螺壳、石器和陶片的遗存在性质上有无差别？要比较全面的了解这一地区的史前文化发展，我们有必要在将来进行更深入而细致的分析，而这一分析必须依靠根据甑皮岩和其他遗址建立起来的地区史前文化序列。

三、甑皮岩遗址与湖南地区史前考古

发源或部分支流发源于湘桂交界处的广西桂林市兴安县、资源县以及湖南省城步苗族自治县和通道侗族自治县，北流注入洞庭湖的主要水系包括湘江、资水和沅水。因相关地区考古工作的关系，甑皮岩遗址与湘江和资水流域地区史前文化的关系目前尚不清楚，但甑皮岩遗址与湖南西南部沅水中游地区以及澧水和沅水下游洞庭湖地区史前文化的关系已初露端倪。

（一）甑皮岩文化遗存与沅水中游地区史前文化的关系

沅水，又名沅江，为长江南岸一级支流，发源于贵州省东部云雾山，至湖南黔阳县黔城镇始称沅水，在常德德山注入洞庭湖。沅水中游，通常指上自黔阳县圮口，下至沅陵县五强溪河段。从上到下，主要支流包括渠水、沅水、巫水、溆水、辰水、武水和酉水。七大支流全部在沅水中游河段汇流（袁家荣，1996b）。其中巫水及渠水支流通道河与牙屯堡河分别源自湖南省城步苗族自治县和通道侗族自治县，而上述两县分别与隶属于桂林市的资源县和龙胜各族自治县为邻。

沅水中游地区与广西地区史前文化的关系可以追溯到旧石器时代（袁家荣，1996b），因该阶段已超出本文的讨论范围，此不赘述。

目前，沅水中游地区发现并较完整公布的新石器时代文化遗存主要是高庙遗址。高庙遗址位于沅水中游怀化市原黔阳县东北约5公里沅江北岸的一级阶地上。遗址被分为上下两层，其下层被命名为"高庙下层文化"，上层大体与大溪文化相当（湖南省文物考古研究所，2000）。与甑皮岩遗址年代大体相当，文化关系比较密切的是高庙下层文化遗存。

高庙遗址下文化层以水陆生动物遗骸为主要堆积，属典型的河旁贝丘遗址。遗迹发现有

灰坑、火塘、房基、居住面和墓葬等。文化遗物包括陶器、磨制石器、打制石器、磨盘、磨棒、石锤、网坠等。陶器于制但已采用轮修工艺，器壁厚薄均匀，部分内壁有刮削和手指按窝。95％以上为夹砂陶，多呈褐红色，灰褐色。白陶器均夹有细小的石英砂末，泥质陶很少。因火候不匀，器表颜色驳杂。器表纹样主要有绳纹、戳印篦点纹、在戳印篦点纹上填饰暗红彩三种，另见很少的凸点纹。绳纹中，细绳纹和中绳纹各占一半，不见粗绳纹。戳印纹丰富，包括波浪纹、带状纹、连续梯形纹、垂帘纹、凤鸟纹、兽面纹等。陶器造型以圜底器为大宗，次为圈足器，不见三足器。器类包括釜、罐、钵、盘、簋、碗等。石器加工粗糙，多为打制，少数通体磨光，磨制石器包括斧、锛、凿、刀；打制石器包括砍砸器、穿孔石器、石片石器、网坠等。其中，腰形网坠和石片石器数量很多，说明渔猎和采集是其主要的生产方式。

与高庙下层相同的文化遗存在沅水中游的松溪口遗址下层、台坎大地遗址均有发现，（湖南省文物考古研究所，2000）作者建议将该类文化遗存命名为"高庙下层文化"。

高庙遗址下层有两个碳十四数据，分别为距今 6740±80 年（BK92033，校正后年代为距今 7360±80 年）和距今 6790±90 年（BK92038，校正后年代为距今 7410±115 年）。据此，高庙下层文化的年代大体在距今 7400 年左右。

高庙遗址与甑皮岩遗址地域上相近，顺沅水支流巫水和渠水逆流而上便可到达与湖南省城步苗族自治县和通道侗族自治县相邻的隶属于桂林市的资源县和龙胜各族自治县。另外，高庙下层文化与甑皮岩第五期文化遗存年代上大体相同，均在距今 7500 年左右。或许正是因为这种地域上的相近与年代上的大体相同，高庙下层文化遗存与甑皮岩第五期文化遗存存在着一定的文化联系。这种联系主要体现在，第一，从文化遗物上来看，两者陶器的制作方法都是手制但采用轮修工艺；均以夹砂陶为主，泥质陶较少；陶器器表颜色驳杂，采用的可能都是平地堆烧的方法；器表纹样均以细绳纹为主，都存在一定数量的戳印纹、刻划纹等，同时，这些以美化、装饰陶器为目的的戳印、刻划纹，大部分施于上腹部；器形上，高庙下层文化的 A 型罐、C 型罐、E 型罐、J 型罐、L 型罐以及 C 型釜等，均可在甑皮岩第五期文化遗存中找到相同或相近的器形。第二，从埋葬习俗上来看，高庙下层文化的屈肢葬与甑皮岩第五期文化遗存发现的墓葬无疑具有相同的特征，墓葬中不置随葬品的习俗也与甑皮岩第五期文化遗存的墓葬暗合。第三，两者的生业形态相同，渔猎和采集是他们维持生计的主要方式。但是，两者间存在的差异也是显而易见的。高庙下层有相当数量的白陶，而甑皮岩第五期文化遗存白陶则较少；高庙下层文化的圈足盘基本不见于甑皮岩第五期文化遗存；高庙下层文化的陶器纹饰繁缛，以戳印篦点凤鸟纹、兽面纹最具特色，而甑皮岩第五期文化遗存的陶器纹饰较为简洁，以几何形图案为主；高庙下层文化陶器存在彩色装饰，而甑皮岩遗址则不见彩陶。简言之，从整体文化面貌上观察，高庙下层文化具有比甑皮岩第五期文化遗存更为先进的特征。

（二）甑皮岩文化遗存与洞庭湖地区史前文化的关系

洞庭湖地区史前文化的发展序列，学者多有精辟论述。一般认为，彭头山文化—皂市下层文化—汤家岗文化—大溪文化—屈家岭文化—石家河文化，大体代表了该地区近 5000 年的史前文化基本的发展序列，其文化发展轨迹清楚，呈现出连续性、系统性的特征。从时间及文化特征上看，甑皮岩遗址与该地区史前文化间的关系主要体现在彭头山文化和皂市下层文化阶段。

1. 甑皮岩文化遗存与彭头山文化

彭头山文化以彭头山遗址为代表，主要分布在澧水下游澧阳平原，地点包括澧县的彭头山、李家岗、刘家湾、八十垱、肖家岗、黄麻岗、胡家坟山、曹家湾等（湖南省文物考古研究所等，1986；湖南省文物考古研究所等，1990；湖南省文物考古研究所，1996）。经发掘的遗址主要有彭头山、八十垱和李家岗三处，遗址多处于平原之中的低矮岗地。

遗迹包括围墙、围沟、房基、灰坑和墓葬等。彭头山遗址出土的 18 座墓葬，墓坑小而浅，有方形、长条形、圆形和不规则形等，随葬品主要是陶器，也有打制的石器和磨制的石质装饰品，数量 1～4 件不等。因墓内多数不见骨骼，发掘者认为是二次葬，但 M17 被判定为可能是屈肢葬。

文化遗物包括陶器和石器两大类。陶器质地没有明显的夹砂和泥质的区别，但含原料中固有的细砂，并人为羼和大量稻壳、草叶等有机物，烧成后胎呈碳黑色，普遍胎厚而质轻。器表深红或深红褐色，少量深或灰褐色，多数似有细泥薄层陶衣。一般火候不匀，陶色驳杂。器表纹饰以通体的交错粗乱绳纹为主，交错细绳纹仅见于较小的器物上，另见指甲纹、戳印纹、刻划纹、痂瘢纹以及少量镂孔和红、白彩陶衣。成型工艺以泥片贴筑法为主，陶器底部明显厚于腹部，剖面可见贴片痕迹。主要器类包括大口深腹罐、小口深腹罐、圆腹罐、双耳罐、盘、钵、支脚以及碗、碟、盆、三足罐等，以圜底器为主。石器包括打制石器和磨制石器两种。打制石器包括细小的燧石刮削器、锥形器和雕刻器以及大型的砾石砍砸器、刮削器和石锤等。磨制石器较少，有锛、凿和装饰品如棒、管、珠等（湖南省文物考古研究所等，1990；裴安平，1996）。无论陶器的质地、纹饰、器形和制作方法还是石器的种类，都表现出一定的原始特征。

彭头山文化的年代大致在距今 9000～8000 年之间。

目前来看，甑皮岩文化（第二至四期文化遗存）与彭头山文化遗存存在着一定的共性。这种共性主要体现在文化遗物的相似上，如两者陶器的成型工艺都以泥片贴筑法为主，陶器底部明显厚于腹部，剖面可见贴片痕迹；陶器器表颜色驳杂，采用的可能都是平地堆烧的方法；器表纹样均以粗绳纹为主，都存在少量的戳印纹、刻划纹等；器形上，甑皮岩第三期文化各种类型的敞口罐与彭头山文化的大口深腹罐、小口深腹罐等在器物造型及器表纹饰风格上均大体相同或相近。石器方面，两者都有砾石砍砸器等。但是，两者间存在的差异则远远大于两者间的共性。首先，从文化遗物上看，尽管甑皮岩文化早、中、晚三期陶器器形有比较明显的变化，但器类单一，始终以敞口罐为大宗，只在甑皮岩文化的晚期（第四期）出现了高领、圆肩的高领罐，相比之下，彭头山文化陶器的器类明显要丰富得多；甑皮岩文化陶器中的羼和料主要为较粗大的方解石和石英颗粒，而彭头山文化则以羼和大量稻壳、草叶等有机物为主；彭头山文化陶器存在镂孔和红、白彩陶衣，甑皮岩文化则无；彭头山文化有较多的细小燧石石器，甑皮岩文化则不见。其次，甑皮岩文化的生业形态为渔猎和采集，始终不见稻作农业存在的痕迹，而彭头山文化却已经有了比较发达的稻作农业。第三，在埋葬习俗上，两者可能存在一定程度的相似性（屈肢葬），但彭头山文化墓葬中放置随葬品的习俗则不见于甑皮岩文化。从整体文化面貌上观察，彭头山文化无疑比甑皮岩文化更为进步。

2. 甑皮岩文化遗存与皂市下层文化

皂市下层文化是彭头山文化之后洞庭湖地区一个新的考古学文化。分布范围涉及澧水中下游和沅水、湘水下游，相对集中在澧县和临澧县境内澧水以北地区，遗址多处于河流的一、二级阶地。以石门皂市下文化层（湖南省博物馆，1986）为代表，经发掘的遗址还有澧县黄家岗（湖南省文物考古研究所等，1986）、澧县胡家屋场（湖南省文物普查办公室等，1986；湖南省文物考古研究所，1993）、南县涂家台（益阳地区博物馆等，1994）、岳阳钱粮湖农场坟山堡（岳阳市文物工作队等，1994）等。

皂市下层文化发现的遗迹，主要是平地起建的房址，此处不赘述。

文化遗物包括陶器和石器两大类。陶器以夹炭陶为主，夹砂夹炭陶次之，夹砂陶较少，另有少量的泥质黑陶和泥质红陶，但随时间的推移，夹炭陶逐渐让位于夹砂夹炭和夹砂陶，泥质陶的比例也日渐增多。器外表多敷设一层薄而细腻、颜色深浅不一的陶衣。陶器多采用泥片贴筑法制成，部分陶片断面可见二或三层泥片相贴，较晚阶段可能采用泥条叠筑法，而圈足器则为圈足和器身分别制作，然后拼接。大部分器物表面打磨光滑，应出现慢轮修整技术。器物仍以圜底器为大宗，但有相当数量的圈足器和平底器，典型器物包括镂孔圈足盘、双耳亚腰罐、高领双耳罐、敛口双耳罐、折沿罐、卷沿深腹罐、高领罐、盘口罐、折腹钵、盆、器盖、支座等。纹饰有绳纹、刻划纹、镂孔、压印纹、戳印纹及其组合纹饰。石器以打制石器为主，并以砾石盘状器最有特点，另有一定数量的燧石石器。磨制石器打磨较为精致，有斧、锛、凿、刀等。

在坟山堡、胡家屋场和皂市遗址均发现有稻谷遗存，水稻种植可能已经比较普遍。胡家屋场遗址发现的动物遗骸，经鉴定，有水牛、羊、猪、鹿和鼠、兔等小型啮齿类动物。从猪、牛、羊等骨骼的丰富程度推测，似属于人工饲养（湖南省文物考古研究所，1993）。

胡家屋场遗址的三个碳十四年代分别为（未经树轮校正）：

BK87045　T102⑦　木炭　7190±140 年

BK87046　T4④　木炭　7210±110 年

BK87047　T102⑤　木炭　6960±100 年

皂市遗址下层标本测定年代为 6920±200 年（BK82081）。故，皂市下层文化绝对年代为距今 8000～7000 年。

皂市下层文化分布范围广泛，延续时间较长，已有不少学者对该文化的分期提出了相当深刻的见解（何介钧，1996；尹检顺，1996；张春龙，1997、1999；罗仁林，1994）。甑皮岩文化遗存与皂市下层文化的关系集中体现在甑皮岩第五期文化阶段。其共性主要体现在文化遗物的相似上，如两者陶器的成型工艺都以泥片贴筑法为主，剖面可见贴片痕迹，部分陶器采用分别制作然后拼接成器的方法，都出现了慢轮修整技术；器表纹样以细绳纹为主，戳印、刻划的几何形纹样大量存在；器形上均以圜底器为大宗，甑皮岩第五期文化中的敞口罐、高领罐直口盘口釜、敛口盘口釜等均可在皂市文化中找到大体相同或相近的对应物。但是，两者间存在的差异也十分明显。从文化遗物上看，甑皮岩第五期文化陶器的器类不如皂市下层文化丰富多样，皂市下层文化数量较多的镂孔大圈足盘、双耳罐、平底盆等不见于甑皮岩第五期文化；尽管甑皮岩的五期文化的直口和盘口釜与皂市下层文化的敛口罐、直口罐整体形态相同，但甑皮岩第五期文化的直口和盘口釜无双耳；皂市下层文化陶器以夹炭陶为主，夹砂夹炭陶次之，夹砂陶较少，甑皮岩第五期文化陶器则以夹砂陶为主，仅见少量夹砂夹炭陶。从生业形态上观察，甑皮岩第五期文化仍以渔猎和采集为主，不见明显的稻作农业的痕迹，而皂市下层文化却已经有了比较发达的稻作农业，并可能存在家畜饲养。从整体文化面貌上观察，皂市下层文化无疑具有比甑皮岩第五期文化更为进步的特征。

（三）小　结

通过上述比较，可以看出，甑皮岩遗址各期文化与沅水中游及洞庭湖地区史前文化间存在着一定的相似性，这种相似性主要体现在陶器和部分埋葬习俗的相同、相似或相近上。从整体文化面貌上看，无论是较早的彭头山文化，还是略晚的高庙下层文化和皂市下层文化，都明显比甑皮岩各期文化遗存更为丰富和进步；从年代上来看，彭头山文化晚于甑皮岩第一、二期文化遗存，而高庙下层文化和皂市下层文化则与甑皮岩第五期文化遗存大体相当或略晚。尽管这种相似性目前并不能说明太多的问题，也不容易讲得太清楚，但这毕竟是湖南和广西史前考古学上一个十分有趣的文化现象，应该引起我们足够的关注，并在今后的考古工作中给予相当程度的重视。作为北接湖南，南连广东、香港以及大陆东南亚地区的一个中间环节，广西在上述地区史前时期文化交流中的作用是不言自明的。对此，早已有学者给予了说明（裴安平，1994）。目前，与湖南地域相连的桂林市兴安、全州和灌阳三县在史前考古方面几乎还是个空白，相信随着我们进一步的努力，这个问题会日趋明朗。

四、甑皮岩遗址与岭南地区史前考古

甑皮岩遗址的考古学意义不仅仅局限于桂北地区。甑皮岩遗址的文化序列，不仅为本地区的文化发展提供了相对年代的断代标尺，而且为一直悬而未决的岭南新石器时代开始的标

志问题以及全新世早、中期文化演变的序列和特征提供了关键性的资料。从 20 世纪 80 年代以来，对于岭南地区从旧石器向新石器时代的转变以及新石器时代开始的地层和文化特征，有不少学者进行过探讨。何乃汉认为中石器和新石器早期的地层均以包含螺壳为特征，而磨制石器、骨器，陶器和农业的出现当为新石器时代开始的特征（何乃汉，1988）。张之恒提出华南新石器时代的早期是一个"前陶新石器时代"，此期的地层堆积包含螺壳，而磨制石器和骨角器的出现则是这一时期的文化特征（张之恒，1989）。焦天龙分析了岭南地区从更新世末期到全新世初期的考古遗存，认为陶器的出现在磨刃石斧的出现之后，而陶器与磨制石器的普遍出现当作为新石器早期的标志（焦天龙，1994）等等，各家意见不一。此外，历年考古资料表明，在岭南地区全新世早、中期的考古遗址发现于不同类型的自然地貌环境中，包括洞穴遗址、贝丘遗址和台地遗址三大类（焦天龙，1994）。由于受到石灰岩地区碳十四测年异常和部分遗址地层不清晰等问题的困扰，各类遗址之间的年代早晚和文化关系，一直没有得到很好解决。

甑皮岩遗址出土的材料以及近年在桂林地区的其他考古发现，为解决上述问题提供了关键性资料。基于这些发现，可以比较有把握地说，岭南地区从旧石器时代向新石器时代的转变，以首先用于制作骨、角、蚌器的磨制工艺和开始采集淡水贝类作为标志。对水、火和泥土三种自然物质混合的尝试，在岭南地区亦出现于这个时期。到了新石器时代早期，岭南地区的地层堆积中同样含有螺壳，但数量大增，而螺壳一般都比较完整，反映了陶器出现以后，史前居民应该是用煮熟挑食的方法食用螺肉。有了陶器，本来就容易采集的螺肉变得更加易于取食，相应地，淡水贝类作为食物来源的重要性增加，因此出现大量采集贝类等淡水资源的渔猎经济。所以，陶器和大量螺壳的出现是岭南新石器时代早期最主要的文化特征。至于磨制石器，在本区的出现当在陶器以后。

根据表三七所列出的文化序列和各个时期的文化特征，可以对更新世末期到全新世初期岭南地区见于不同自然环境的各类型遗址作出新的归纳。

（一）洞穴遗址

据焦天龙的统计，这类遗址已发现四十多个，主要见于两广地区的石灰岩山区（焦天龙，1994），重要遗存包括广西桂林宝积岩（王令红等，1982）、大岩（傅宪国等，2001），柳州白莲洞（柳州白莲洞洞穴科学博物馆等，1987）、鲤鱼嘴（柳州市博物馆，1983），广东阳春独石仔（邱立诚等，1982）等的早期堆积。其中的白莲洞东部第 4 层出现磨制骨角器和一件磨刃石，有少量螺壳；独石仔第三和第四层也有类似的情况但不见磨刃石器（原思训等，1990）。这类文化层应当属于旧石器末期向新石器过渡阶段的堆积。

至于含有大量螺壳和极少量陶片的洞穴遗址地层，如庙岩下层、大岩第三期和甑皮岩第一期等，当属新石器时代初期的堆积。独石仔第二层虽然未见陶片，但出现大量螺壳，有可能也属于这一时期。因为早期陶器刚刚出现的时候恐怕还是数量很少的器物，除非破碎，不会轻易弃置，所以，全新世早期未必每个遗址都可发现陶片的遗存。但大量螺壳的出现表明广谱渔猎采集经济的出现，而这是岭南地区新石器时代初期的标志之一。

值得注意的是，根据目前的材料，岭南洞穴遗址的堆积年代，大部分都在距今 7000 年以前。这之后的史前文化发生了何种变化，为何人类不再或较少选择洞穴作为生活地点，这种生活方式的改变与经济形态变化或者文化交往有无关系，是我们今后要进一步探讨的问题。

（二）河流阶地遗址*

这类遗址主要见于岭南地区河流两岸，通常位于一级阶地上。其中又以广西地区发现较多，主要分布于中部的柳江、东部的郁江、浔江两岸和南部的邕江及其上游左、右江流域（蒋廷瑜，1998）。代表性遗址有南宁豹子头、邕宁顶蛳山等。从目前的材料来看，这类遗址中年代最早的如顶蛳山第一期，含螺壳不多，但已经出现了陶器，当与甑皮岩第一期相当或略晚，属于新石器初期文化遗存。顶蛳山第二至三期的遗存，以大量螺壳堆积、陶器、磨制石器和骨、蚌器为文化特征，代表了距今大约 8000～7000 年广西地区河流阶地遗址所反映的一种沿河流生活，以渔猎采集经济为主的史前文化。而根据对顶蛳山遗址的研究，到了大约距今 6500 年左右，可能已经出现了稻作栽培农业。是否这一时期的河流阶地遗址都出现类似的经济形态变化，则是我们需要进一步探讨的问题。

（三）山坡遗址

这类遗址多见于广西北部和南部。经过发掘的有灌阳五马山、钦州独料等，出土大量的磨光石器和陶器，慢轮技术和泥质陶已经出现，其年代当在全新世中期以后（蒋廷瑜，1998）。

（四）海滨遗址

这类遗址主要见于广东和广西沿海地区。从出土器物判断其年代一般到全新世中期以后，这里不作详细讨论。

根据甑皮岩和其他考古遗址资料所建立起来的文化序列，比较过往发现的材料，可以看出岭南地区分布于不同地貌单元的遗址之间有年代早晚的差别。本地区在更新世末期的文化遗存主要见于洞穴遗址中，这类遗址一直延续到中全新世，随后开始式微。另一方面，全新世初期开始出现了河流阶地遗址，表明部分人群离开石灰岩地区向开阔的河流地区移动，并

---

* 这里不用"贝丘遗址"一词，因为该词指的是遗址文化层堆积的内涵，而我们分析的是遗址所处的地貌环境特征。而且洞穴遗址中也有大量贝壳堆积，故以"洞穴遗址"和"贝丘遗址"作为分类，其实是用两个不同的分类标准，并不合适。此外，通常所称的"河流台地"，准确的名称应是"河流阶地"。

且沿河流生活。稻作农业在大约距今 6500 年左右出现于部分河流阶地遗址中。

是什么原因导致人类放弃遮风挡雨的天然洞穴，移到空旷的河流阶地去面对如何寻找和建立栖身之所的难题？从早期河流阶地遗址中发现的大量动植物遗存，包括贝类遗存来看，驱使史前人类这一生活方式改变的最主要动力，很可能是对食物的需求。限于考古资料，对于洞穴遗址和河流阶地遗址之间的文化关系，目前还不是十分清晰。相信随着今后工作的深入，我们能够比较完整的重建岭南地区从更新世末期到全新世中期文化演变的面貌。

甑皮岩遗址所处的自然环境属于典型的石灰岩峰丛平原地貌。类似的自然环境在五岭以北的长江流域南缘如湖南道县，广西中部如柳州地区，广东北部和西部的山区都有发现，其间发育的石灰岩洞穴中经常发现史前人类活动的遗迹，包括从更新世末期到全新世中期的文化遗存，其中具代表性的遗址有湖南道县玉蟾岩（袁家荣，2000），广西桂林庙岩、大岩和柳州鲤鱼嘴（柳州市博物馆，1983）以及广东英德牛栏洞（英德市博物馆等，1999）等。简要而言，在这些遗址中出土的主要文化遗物也是单面打制的砾石工具，磨制的骨器以及夹杂矿物羼和料的夹砂陶器。遗址中往往发现大量的水陆生动植物遗存，包括贝类和鱼类的遗存，反映了一种广谱渔猎采集文化。显然，更新世末期到全新世初期，在五岭南北地区广泛分布着一种以直接打制的砾石石器为主要工具，以渔猎采集为主要生计方式的考古学文化。其中有相似之处，如砾石石器工业和早期陶器的出现，包括玉蟾岩与甑皮岩制陶工艺的相似性。也有差异性，如在道县和牛栏洞出现的水稻采集和栽培活动不见于甑皮岩和大岩遗址。为何会出现这些文化的相同和差异？与自然环境和文化交往有无关系？是否反映了不同群体在不同自然环境下的不同适应方式，还是不同文化在相似自然环境下不同的适应方式？这些问题都有待进一步深入研究。无疑，甑皮岩的考古遗存为研究距今万余年到 6000 年之间五岭南北地区史前文化的发展和交流提供了非常重要的资料。

五、甑皮岩遗址与东南亚地区史前考古

与甑皮岩类似的石灰岩地区岩厦和洞穴遗存在东南亚大陆，特别是越南和泰国北部也有相当广泛的分布。近年在印度尼西亚爪哇南部山地也发现了时代相近的洞穴遗存（Simanjuntak，2001）。从目前的考古材料来看，这些岩厦和洞穴中的文化遗存年代从距今 15000 年左右到 6000 年左右，其文化序列大体包括了山韦文化（距今 20000～11000 年左右）、"和平文化"（距今 11000 年～5000 年左右）以及北山文化（距今 10000 年开始）（Higham，1989）。而在泰国北部则以距今大约 11000 年的仙人洞遗址（Spirit Cave）和附近的 Steep Cliff 洞穴遗址为代表，后者的年代在距今 7500～5500 年左右（Higham，1989）。根据越南北部的发现，这三种文化有先后承接的关系。越南北部的 Con Moong 洞穴遗址最底层是山韦文化堆积，出土打制砾石石器，主要原料是石英，打制工艺通常是单面加工，主要器形有刃部垂直的砍砸器和沿砾石长轴加工一边缘的单刃器，还有少数端刃砾石器，并有少量双面加工的石器（Higham，1989）。山韦文化的工具组合除了石器之外，还有少量骨镞和蚌器

（焦天龙，1994）。由这些描述来看，其石器与甑皮岩出土的砾石石器有颇多相似之处，但山韦遗址的堆积多数见于平原台地上，只有少量发现于洞穴中，如 Con Moong（Higham，1989）。这与岭南地区更新世末期堆积主要见于洞穴中的情况不同。

从山韦到和平文化[*]的转变，根据现有的考古资料，大约发生在距今 12000～11000 年左右（Higham，1989），与甑皮岩遗址第一期的年代相当。这一时期的考古学遗存在东南亚大陆主要发现于洞穴和岩厦中。越南的和平文化遗址大多分布在红河流域的西部，代表性的遗址除了 Con Moong 之外，还有其他一些洞穴遗址如 Hang Pong 1 号（Higham，1989）。法国学者科拉尼早在 20 年代已经发掘了大约 20 个和平文化的遗址，并且提出和平文化的石器是以河流砾石作为原料，用直接打击法打制，而代表性的石器是所谓"苏门答腊"石器，即单面打击，圆形或椭圆形的砾石器，砾石的边缘几乎全部经过打片修理，整件石器的边缘都形成刃部。据研究，早期和平文化遗址通常位于石灰岩地区的洞穴或岩厦中，洞口与地面通常有一定高度，以保证洪水泛滥季节河水不会淹没人类的生活面。遗址附近常有河流，史前居民既可采集河流中的自然资源，亦可获取附近山地的资源。遗址文化层中经常发现大量的水陆生动物遗骸，包括大量的淡水贝类、鱼类、鸟类、爬行类以及哺乳类动物。和平文化的石器工业以单面打击的砾石工具为主，石器类型相当有限，包括所谓"苏门答腊石器"，即单面打击的椭圆型石器。器形以砍砸器为多。除了"苏门答腊"石器之外，主要是用单面打击法加工一边刃部的砾石，还有一种刃部垂直的"短斧"，形状似将"苏门答腊"石器从中间打断。此外也有部分砾石不经打制直接使用。部分遗址出现打制石片，但都没有细石器。

除了石器之外，和平文化的另一个特色是骨器，器形以骨锥、骨针一类器物为主，蚌器也有发现。但早期和平文化遗址没有陶器发现。此期的墓葬发现不多。科拉尼 1927 年发掘的 Lang Cao 遗址，发现了超过 200 个头骨和部分肢骨，都没有随葬品，而且是二次葬。另外在 Hang Dang 和 Moc Long 两个洞穴遗址则发现了屈肢葬，随葬有石器，死者身上有赤铁矿粉。根据碳十四测年的结果，早期和平文化遗址的年代大约从距今 11000～7500 年左右。比和平文化年代稍晚的是北山文化，主要的器物是磨光石器。关于和平和北山文化之间的关系，越南考古学者有不同的意见，目前也还没有充分的考古资料来解决这个问题。比较可以确定的是，在全新世早期，刃部磨制石器开始在越南北部的洞穴遗址中出现。根据在越南北部的 Bo Lum 和 Bo Nam 洞穴的发掘，部分"苏门答腊"石器出现刃部磨光的现象，但这两个洞穴中都没有发现陶器，似乎表明石器磨光工艺的出现早于陶器的制作。用螺壳测得 Bo Nam 的年代为距今 8000 年左右，而 Bo Lum 的年代为距今 10000 年。考虑到石灰岩地区死碳污染的问题，刃部磨光石器在越南北部开始出现的时间可能是距今 9000～8000 年左右，

---

 [*] "和平文化"是一个争论不休的术语。有的学者认为这是一种考古学文化，另外有人认为是一种石器工艺传统。越南学者一般认为和平文化作为一个考古学文化，在越南是存在的（黄春征，1982）。

大致与甑皮岩的第二和第三期文化相当，然而文化的内涵有相当差别。在岭南地区早已出现的陶器，在越南北部此期还没有发现。

到了大约距今 6500 年左右，史前人类活动的遗址在越南沿海地区也有发现，所出的遗物包括绳纹陶器、有肩磨光石斧、石锛和"石锄"等，墓葬多为屈肢葬，通常有随葬品。越南考古学者通常将出现陶器和磨光石器的这些史前遗存称为新石器时代文化，并根据石器组合认为此期已经出现农业。

东南亚大陆考古另外一个重要的区域是泰国北部。从 70 年代以来，不少西方学者在那里工作，近年也有很多本土学者进行研究，取得了丰富的成果。泰国更新世末到全新世初期最著名的遗址是仙人洞（Spirit Cave），坐落在泰国北部的石灰岩山地。Kiernan 等人在 80 年代对该地区进行了一次全面考察，发现不少岩厦和洞穴中含有史前文化遗存，主要沿河流分布，但具体资料不详（Higham，1989）。

泰国仙人洞遗址 60 年代由戈尔曼（Gorman）进行发掘。该洞穴坐落在名为 Khong 的小溪旁边的山坡上，周围有非常茂密的热带雨林草本和木本植被。所有发掘出土均经过筛选，因此获得大量植物遗存。经过发掘，该遗址地层共分为 4 层。底部的第 4 层发现了灰烬层、石器以及食物遗存等，其上的第 3 层中发现了灶。第 2 层发现了灶和灰坑，出土方形石锛和石刀。在第 2 层的上层发现了几片陶片。表土层则相当薄（Higham，1989）。

戈尔曼选用竹碳标本进行测年。根据碳十四测年的结果，第 2 层的年代是距今 8000 年左右，第 3 到第 4 层之间的年代大约距今 9500 年，第 4 层距今 11000 到 12000 年。与甑皮岩比较，仙人洞第 2 层与甑皮岩的第三期文化相当，第 3 层与甑皮岩的第二期相近，而第 4 层与甑皮岩一期大体同时。仙人洞第 2~4 层出土的所有砾石石器均与越南北部同时期遗址所见石器相似，如"苏门答腊"石器、磨石、石片等，其中相当部分未经二次修理而有使用痕迹（Higham，1989）。在第 2 层发现四百余片陶片，大部分用方解石作为羼和料，以草茎捆缠陶拍修理和强化陶胎，在器表留下顺时针或反时针方向的绳纹，另外有少量陶片表面有松脂类的涂层。此外，第 2 层还发现了磨光石锛和石刀。

一般认为仙人洞的第 2 层代表了全新世早、中期的文化，第 3 到第 4 层则属于更新世末期文化。由于洞中发现大量植物遗存，包括豆类和根茎类等，因此一度有学者认为当时已经有园艺栽培。最近对仙人洞一件陶片表面的松脂进行加速器测年，所得的年代为距今 3000 年，比原来测年的结果要晚 4500 年，这件陶片显然不属于第 2 层的堆积（Lampert et al.，2003）。仙人洞其他出土陶片的情形如何，暂时还不清楚。但从所描述的陶器制作工艺，对比甑皮岩所出的羼和料，仙人洞大部分夹方解石绳纹陶的年代应当还是比较早的。

仙人洞发现大量的动植物遗存，包括贝类、鱼类和各种陆地动物如鹿类、竹鼠、鸟类、灵长类、小型食肉类等的骨骼以及超过 22 个科的植物遗存，包括各种果仁、果实、竹笋、豆类等（Higham，1989）。这表明当时的经济形态是一种广谱采集渔猎经济。

戈尔曼在 70 年代发掘了泰国 Banyan 河谷洞穴遗址。该遗址坐落在仙人洞东部约 30 公里处，所出的石器、绳纹陶器和动植物遗存与仙人洞出土材料颇多相似之处，此外更发现了110 颗很可能是野生稻的谷壳（Higham，1989）。该遗址还发现了磨石，而且经过实验，这类磨石可以用作为野生稻谷脱粒。看来，野生稻的采集在全新世早期也是当地生计活动的一个内容。

对比甑皮岩遗址和东南亚大陆从全新世初期到中期的遗址，不难发现两者在地理分布和文化内涵方面有一定的相似性，例如在遗址的自然地貌方面，都是以坐落在石灰岩地区的洞穴遗址为主，在遗址的堆积中都含有大量的水陆生动植物遗存，包括淡水贝类和鱼类，反映一种广谱的渔猎采集经济。野生水稻的采集在部分岭南和东南亚的遗址有发现。在工具套方面，都是以单边打制的河流砾石器作为主要的石器工具，都有利用石片不经修理作为工具的现象，骨器和蚌器的出现在越南和岭南也大体都在这一时期。葬式方面，岭南和东南亚在这一时期似乎都比较流行屈肢甚至蹲踞葬式。

当然，甑皮岩遗址和东南亚大陆的同时期遗址也有不相同之处，如陶器在甑皮岩以及岭南地区的出现早于磨制石器，而在东南亚大陆的情形似乎正好相反。值得特别注意的是，东南亚大陆的这些遗址所代表的考古学文化，其文化发展序列和各期文化及文化特征之间的关系，如砾石工业和出现磨制石器的考古学文化之间的关系，陶器和磨制石器发展的先后次序以及陶器与经济形态的关系等等，一直未得到完全解决（Higham，1989）。甑皮岩遗址所处的地理位置和气候环境与东南亚大陆同期文化所处地理位置颇为接近，两者所赖以生存的自然资源和文化内涵又有很多相似之处。因此，甑皮岩遗址的文化内涵及发展演化序列，可以为研究东南亚大陆同时期遗址的文化发展，以及不同地区文化的接触和交往，提供非常重要的参考材料。

六、小 结

从以上讨论可以看出，甑皮岩的考古遗存对陶器起源和发展的研究，对桂北地区史前文化发展的研究以及对五岭南北乃至东南亚地区史前考古学的研究，都具有极其重要的意义。甑皮岩遗址长时期的文化堆积和清晰的地层序列，以及其中蕴藏的丰富的文化内涵，使它成为华南乃至东南亚史前考古最重要的标尺和资料库之一。

对史前考古学文化的评价，不应该只限于一套标准。换言之，农业和驯养动物的出现与否，不应当作为评价一种考古学文化价值的惟一标准。评价一种考古学文化，应当考虑这种文化是否适应当地的自然环境和资源，其文化的创造者是否可以充分利用当地的自然资源，同时以最可持续的方式生存和发展。甑皮岩遗存所代表的文化是符合这个标准的。以桂林地区所见遗址为例，第一，这些洞穴通常位于石灰岩峰丛小平原地区。洞穴所在的小环境通常是比较低矮而孤立的石灰岩小山丘或河流岸边。洞口距现在地面的高度通常是十米以下，相当部分洞口离现在地面高度在 5 米以下。洞口多数向南或东南、西南，只有少数洞穴的洞口是向北或偏北。向北的洞穴如大岩遗址，洞穴所在的山丘前面另有一座小山阻挡北风。洞穴所在的山丘周围通常是一片平地，而洞穴附近或洞穴底部往往有地面或地下河，或池塘等水源，此外，水中往往有鱼类和/或淡水贝类。从地貌和地理位置来看，这类洞穴的朝向大多数是冬暖夏凉的南或偏南方向。洞穴离地面有一定高度，除了遮风挡雨之外，可使人类在潮湿的南方气候中得到较干爽的居住环境，更可以避免雨季水灾的侵害。而洞穴离地面又不是太高，方便人类出入。洞穴附近的水源为人类生活提供方便，而水中所含的动物资源是他们主要的食物来源之一。可以看出，桂北地区的史前人类在选择居住环境时是有一定标准的，而他们所选择的可以说是在当时当地条件下的最优地点。

第二，从五岭南北到东南亚大陆的广袤区域，属于亚热带到热带地区。由于纬度较低，这片区域的动植物资源在更新世末期的大冰期所受影响比高纬度地区要小，而在全新世升温期开始之后，自然资源比高纬度地区要丰富得多，而且其季节性资源的丰富程度也要稳定得多。在这片区域内生存的史前居民，充分利用了本区丰富的自然资源。考古实验和民族学材料表明，在亚热带和热带地区以渔猎采集作为主要生计方式的群体，可以用比较少的时间获得足够的食物。而砾石工具套也能够满足这种经济形式的需要。因此，在漫长的数千年间，本地区的经济形态和工具套基本处于稳定的状态。直到近现代，在东南亚少数地区仍然存在着狩猎采集群体（Higham，1989），说明这种生计形态在本地区的可持续性。可以说，在农业出现之前，渔猎采集经济是本地区的最佳生计形式。甚至有学者认为，依靠多种动植物生存的渔猎采集经济，比之依赖数种动植物生存的农业，具有更高的可持续性和可靠性（Kealhofer，2002）。综合以上两点，有理由认为，以甑皮岩考古遗存为代表的这一种以广谱渔猎采集、简单陶器和砾石工具为特征的史前文化，其实代表了全新世早期到中期史前人类在亚热带和热带地区的一种最佳适应方式。

值得注意的是，从目前可以判断年代的遗址来看，桂北地区大部分的洞穴遗存，其年代下限都在大约距今7000年左右。换言之，这种居住于洞穴或岩厦，以渔猎采集为生的史前文化，大约在此期之后就在桂林地区逐渐失去了其主导作用。在东南亚大陆，这类洞穴遗存延续的时间则相对较晚，如所谓"和平文化"遗址的洞穴可到距今5000年左右（Higham，1989）。显然，在距今7000年左右，五岭以南的这一大片地区的史前文化发生了重要的改变。这种改变的内容是什么？是经济形态的变化，还是自然资源的变化？或者是自然资源的变化导致了经济形态的变化？这些问题，牵涉到甑皮岩史前文化遗存的去向问题，是值得我们今后进一步深入探讨的。

第三节 余 论

甑皮岩遗址在距今7000年以后基本上被废弃了。根据洞内的沉积现象，甑皮岩遗址废弃之后在洞内文化层之上形成了厚薄不一的钙华板，即较低的主洞后部较厚，而较高的前半部则较薄或没有钙华板存在。目前孢粉、古动物等学科的分析结果，也并没有提供强有力的证据来说明六千年以来桂林地区的气候和环境经历过一个很大的变化。从甑皮岩地层中出土的动物遗存如螺壳等，其个体大小和数量从早到晚也没有十分明显的改变。因此，没有证据表明甑皮岩遗址的废弃是由于自然环境和资源的变化。我们认为活动空间的减少应是甑皮岩遗址废弃的主要原因之一。随着遗址堆积逐渐增高，人类的活动空间越来越小，部分区域人已无法直立。在这种情况下，遗址可能会被放弃。

另外一个废弃的可能原因是物质文化的变化。上文提到，桂北地区洞穴遗址的下限年代多在大约 7000 年左右。如果遗址废弃是由于洞内活动空间减小，史前人类大可寻找新的洞穴居住。然而目前的普遍情况并非如此。如何解释这种现象？

我们已经指出，甑皮岩第二至五期的陶器与洞庭湖地区农业社会，如彭头山、皂市下层等的陶器有一定的趋同现象，假如这种趋同，尤其是与皂市下层文化陶器的趋同，是受洞庭湖地区的文化影响而产生的，那么，这种影响很可能不仅仅限于陶器的工艺技术。众所周知，距今 8000 年前的洞庭湖地区已出现了发达的稻作农业，到了距今 6000 年左右，洞庭湖地区的农业社会已空前繁荣，出现了像城头山那样大型的城址，标志着社会的分层化、复杂化和人口的增长。根据贝尔伍德（Bellwood）的分析，农业社会具有高度的扩张性，因为其人口增长速度很快，不断需要更多的土地，所以这些社会不断分离出小群向外寻求新土地，他们往往向邻近地区扩张，在这个过程中取代或融合本地原有的采集狩猎群体（Bellwood, 1995）。很可能，最早出现在长江中游的农业社会不断扩展，在大约距今 7000 年左右到达桂林地区，为当地带来了根本性的文化变化。桂林地区原有的渔猎采集群体或者受到其文化影响而改变了原有的经济方式，改营农耕，因而离开洞穴而到更宜于耕作的平地或河流阶地居住，或者迁徙到其他地区而继续其原有的经济方式。无论是哪一种可能，在考古学遗存的表现都是桂林地区洞穴遗存的式微。

当然，以上这个解释目前只还是一种推论，目前的考古材料尚不足以为甑皮岩及其类似遗存的去向问题提供圆满的答案。这是我们在今后的工作中需要进一步探讨的问题。自 70 年代以来，贝尔伍德和其他一些西方学者就提出了史前稻作农业社会从长江流域向南扩展，一直到达东南亚大陆的假说，并且认为这一过程同时是原南岛语族的起源、分布和迁徙的过程（Bellwood, 1995）。这一假说的目的是建立整个亚洲和太平洋地区史前文化发展、交流和人类迁徙以及语言发展和扩散的根本性框架。对于这一假说，国际学术界一直有不同的看法。桂林地区正好坐落在从长江流域到岭南地区的一个通道上，如果农业社会的确是从长江中游经岭南地区向东南亚大陆和太平洋地区迁徙，那么，在桂林地区应该有他们留下的痕迹。显然，对以甑皮岩遗址为代表的桂北地区考古学文化变迁的研究，能够为检验这个假说提供非常关键的材料，从而有助于解决亚洲和太平洋地区史前考古的若干根本性问题。

注　释

（按拼音或英文排序）

安徽省文物考古研究所，1992，《安徽省溪县石山子遗址动物骨骼鉴定与研究》，《考古》2 期第 253～262 页。

安志敏，1979，《略论三十年来我国的新石器时代考古》，《考古》5 期第 393～407 页。

　　　　1981，《中国的新石器时代》，《考古》3 期第 252～260 页。

北京大学历史系考古专业[14]C 实验室等，1982，《石灰岩地区碳－14 样品的可靠性与甑皮岩遗址的年代问题》，《考古学报》2 期第 243～250 页。

贝时璋主编，1991，《中国大百科全书－生物学》，中国大百科全书出版社。

陈德牛等，1987，《中国经济动物志（陆生软体动物）》，科学出版社。

蔡莲珍等，1984，《碳十三测定和古代食谱研究》，《考古》10 期第 949～955 页。

谌世龙，1999，《桂林庙岩洞穴遗址的发掘与研究》，《中石器文化及有关问题研讨会论文集》第 150～165 页，广东人民出版社。

陈世贤，1980，《法医骨学》第 227 页，群众出版社。

陈先等，1991，《桂林庙岩文化遗址及其形成环境》，《科技考古论丛》第 192～196 页，中国科学技术大学出版社。

陈全家，1993，《农安左家山遗址动物骨骼鉴定及痕迹研究》，《青果集》第 57～71 页，知识出版社。

陈星灿等，1996，《史前时期的头骨穿孔现象》，《考古》11 期第 62～74 页。

陈远琲等，1999，《甑皮岩遗址动物群的再研究》，《中石器文化及有关问题研讨会论文集》第 237～244 页，广东人民出版社。

戴宝合，1990，《野生植物资源学》，中国农业出版社。

邓小红，1999，《两广地区原始穿孔石器用途考》，《中石器文化及有关问题研讨会论文集》第 268～274 页，广东人民出版社。

堤隆，2000，《日本列岛晚冰期人类对环境的适应和陶器起源》，《稻作，陶器和都市的起源》第 65～80 页，文物出版社。

地质矿产部岩溶地质研究所，1989，《桂林岩溶水文地质图（说明书）》第 1 页。

　　　　1991，《桂林岩溶区晚泥盆早石炭世碳酸盐岩地层划分和对比》第 6 页，广西科学技术出版社。

杜百廉等，1982，《河南青台原始社会遗址人骨研究》，《解剖学通报》第 5 卷增刊Ⅰ。

傅仁义，1992，《平安堡遗址兽骨鉴定报告》，《考古学报》4 期第 474～475 页。

　　　　2000，《大嘴子遗址出土动物遗骸研究》，《大嘴子》第 285～294 页，大连出版社。

傅勇，2000，《陕西扶风案板遗址动物遗存的研究》，《扶风案板遗址发掘报告》第 290～294 页，科学出版社。

傅宪国等，2001，《桂林地区史前文化面貌轮廓出现》，《中国文物报》4 月 4 日第 1 版。

　　　　2002，《桂林甑皮岩遗址发现目前中国最原始的陶器》，《中国文物报》9 月 6 日第 1 版。

顾海滨，1999，《广东英德牛栏洞遗址硅质体、孢粉、碳屑分析》，《英德史前考古报告》113～122 页，广东人民出版社。

广西植物研究所编，1991，《广西植物志》第一卷，广西科学技术出版社。

广西壮族自治区文物工作队，1984，《广西永福窑田岭宋代窑址发掘简报》，《中国古代窑址调查发掘报告集》第 201～212 页，文物出版社。

广西壮族自治区文物工作队等，1976，《广西桂林甑皮岩洞穴遗址的试掘》，《考古》3 期第 175～179 页。

桂林市地方志编纂委员会，1997a，《桂林市志》，中华书局。

　　1997b，《轿子岩洞穴遗址》，《桂林市志》第 2978 页，中华书局。

桂林市文物工作队，2001，桂林市文物工作队窑里村窑址调查资料。

　　2002，桂林市文物队永福县山北洲窑址调查资料。

桂林岩溶地质研究所，1990，《甑皮岩洞穴新石器时期人类遗址》，《甑皮岩遗址研究》第 139～145 页，漓江出版社。

郭城孟，2001，《蕨类图鉴》，远流台湾馆。

郭瑞海等，2000，《从南庄头遗址看华北地区农业和陶器的起源》，《稻作，陶器和都市的起源》第 51～63 页，文物出版社。

郝思德等，1998，《三亚落笔洞遗址》第 40～109 页，南方出版社。

韩康信等，1976，《闽侯昙石山遗址的人骨》，《考古学报》1 期第 121～130 页。

　　1982，《广东佛山河宕新石器时代晚期墓葬人骨》，《人类学学报》1 期第 42～52 页。

何介钧，1996，《长江中游原始文化再论》，《长江中游史前文化暨第二届亚洲文明学术讨论会论文集》第 183～209 页，岳麓书社。

　　1984，《古代中国人种成份研究》，《考古学报》2 期第 245～263 页。

何乃汉，1988，《岭南旧石器时代向新石器时代的过渡及其有关的几个问题》，《中国考古学会第五次年会论文集》第 158～166 页，文物出版社。

　　1990，《关于桂林甑皮岩遗址的年代和华南新石器时代的早期开发问题》，《甑皮岩遗址研究》第 193～206 页，漓江出版社。

何英德，1990，《甑皮岩氏族初探》，《甑皮岩遗址研究》第 232～239 页，漓江出版社。

胡大鹏等，1999，《广西桂林甑皮岩遗址历次发掘出土的陶器》，《中石器文化及有关问题研讨会论文集》第 213～225 页，广东人民出版社。

湖南省博物馆，1986，《湖南石门县皂市下层新石器遗存》，《考古》1 期第 1～11 页。

湖南省文物考古研究所，1993，《湖南临澧胡家屋场新石器时代遗址》，《考古学报》2 期第 171～206 页。

　　1996，《湖南澧县梦溪八十垱新石器时代早期遗址发掘简报》，《文物》12 期第 26～38 页。

　　2000，《湖南黔阳高庙遗址发掘简报》，《文物》4 期第 4～23 页。

湖南省文物考古研究所等，1986，《湖南澧县新石器时代早期遗址调查报告》，《考古》10 期第 865～875 页。

　　1990，《湖南澧县彭头山新石器时代早期遗址发掘简报》，《文物》8 期第 17～29 页。

湖南省文物普查办公室等，1986，《湖南临澧县早期新石器文化遗存调查报告》，《考古》5 期第 385～393 页。

黄海等，2001，《SPSS 10.0 for Windows 统计分析》，人民邮电出版社。

黄宝玉，1981，《广西桂林甑皮岩洞穴遗址中的淡水瓣鳃类》，《古生物学报》20 卷 3 期第 199～207 页。

黄春征，1982，《关于和平文化阶段》，《考古学参考资料》五辑第119～140页，文物出版社。

黄万波等，1966，《江西万年仙人洞全新世洞穴堆积》，《古脊椎动物与古人类》7卷3期第266～271页。

黄万波，1999，《动物群落》，《舞阳贾湖》785～805页，科学出版社。

黄象洪等，1987，《崧泽遗址中的人类和动物遗骸》，《崧泽》第108～114页，文物出版社。

黄蕴平，1993，《小孤山骨针的制作和使用研究》，《考古》3期第260～268页。

1996，《内蒙古朱开沟遗址兽骨的鉴定与研究》，《考古学报》3期第515～536页。

1997，《动物骨骼概述》，《敖汉赵宝沟》第180～200页，中国大百科全书出版社。

姜钦华，1993，《花粉分析与植硅石分析的结合在考古学中的应用》，《考古》4期第372～375页。

2000，《江西万年县旧石器晚期至新石器时期遗址的孢粉与植硅石分析初步报告》，《环境考古研究》第二辑第152～158页。科学出版社。

蒋廷瑜，1992，《桂林窑里村窑址调查记略》，《桂林文博》1期第92～94页。

1998，《广西考古四十年概述》，《考古》11期第1～10页。

焦天龙，1994，《更新世末至全新世初岭南地区的史前文化》，《考古学报》1期1～24页。

考古所体质人类学组，1977，《陕西华阴横阵的仰韶文化人骨》，《考古》4期第247～250页。

匡振邦等，1998，《材料的力学行为》，北京高等教育出版社。

李富强，1990，《试论华南地区原始农业的起源》，《农业考古》2期第84～95页。

李富强等，1993，《壮族体质人类学研究》，广西人民出版社。

李家治等，1996，《新石器时代早期陶器的研究——兼论中国陶器起源》，《考古》5期第83～91页。

李锦山，1987，《史前猎头习俗中的宗教色彩》，《文史杂志》2期第31～33页。

李民昌，1991，《江苏沭阳万北新石器时代遗址动物骨骼鉴定报告》，《东南文化》3、4期第179～182页。

李松生，1987，《桂林甑皮岩遗址的年代问题》，《人类学论文选集》第2辑第56～75页，中山大学出版社。

李泳集，1990，《华南地区原始农业起源试探》，《农业考古》2期第96～100页。

李有恒等，1959年，《陕西西安半坡新石器时代遗址中之兽类骨骼》，《古脊椎动物与古人类》1卷4期第173～185页。

1978，《广西桂林甑皮岩遗址动物群》，《古脊椎动物与古人类》16卷4期第244～254页。

李文杰，1996，《中国古代制陶工艺研究》，科学出版社。

李文漪，1998，《中国第四纪植被与环境》，科学出版社。

梁宝鎏等，1995，《香港地区环境^{14}C水平研究》，《地球化学》24卷增刊第115～118页。

廖国一等，1996，《试论广西地区先秦两汉时期墓葬所反映的几种特殊风格》，《桂林文博》1期第34～41页。

刘金荣，1997，《广西热带岩溶地貌发育历史及序次探讨》，《中国岩溶》16卷4期第332～345页。

刘金荣等，2000，《用古植被面貌重建桂林地区3.7万年以来的气候变化》，《中国岩溶》19卷1期第5～12页。

刘式今，1982，《试论中国古代文明之发祥地》，《考古与文物》4期第63～70页。

刘月英等，1979，《中国经济动物志－淡水软体动物》，科学出版社。

刘文等，1991，《广西柳州大龙潭鲤鱼嘴石器时代贝丘遗址动物群的研究》，《纪念黄岩洞遗址发现三十周年论文集》第87～95页，广东旅游出版社。

1994，《柳州大龙潭鲤鱼嘴新石器时代遗址的人骨》，《广西民族研究》3 期第 22～37 页。

柳州白莲洞洞穴科学博物馆等，1987，《广西柳州白莲洞石器时代洞穴遗址发掘报告》，《南方民族考古》1
　　辑第 143～160 页。

柳州市博物馆，1983，《柳州市大龙潭鲤鱼嘴新石器时代贝丘遗址》，《考古》9 期第 769～774 页。

吕烈丹，2002，《考古器物的残余物分析》，《文物》5 期第 83～92 页。

吕遵谔，1995，《海城小孤山仙人洞鱼镖头的复制和使用研究》，《考古学报》1 期第 1～18 页。

吕遵谔等，1990，《大型食肉类动物啃咬骨骼和敲骨吸髓破碎骨片的特征》，《纪念北京大学考古专业三十周
　　年论文集》第 4～39 页，文物出版社。

罗仁林，1994，《试论皂市下层文化的分期及相关问题》，《湖南考古辑刊》6 辑（《求索》增刊）第 142～
　　153 页。

莫世泰，1983，《华南地区男性成年人由长骨长度推算身高的回归方程》，《人类学学报》2 卷 1 期第 80～85
　　页。

潘其风等，1984，《柳湾墓地的人骨研究》，《青海柳湾》第 261～303 页，文物出版社。

裴安平，1994，《中原商代"牙璋"南下沿海的路线与意义》，《南中国及邻近地区古文化研究》第 69～78
　　页，香港中文大学出版社。

　　1996，《彭头山文化初论》，《长江中游史前文化暨第二届亚洲文明学术讨论会论文集》第 81～104
　　页，岳麓书社。

裴文中，1935，《广西洞穴内之中石器时代（？）文化》，《中国地质学会志》14 卷 3 期第 393～412 页。

祁国琴，1977，《福建闽侯县石山新石器时代遗址中出土的兽骨》，《古脊椎动物与古人类》15 卷 4 期第 301
　　～306 页。

　　1988，《姜寨新石器时代遗址动物群的分析》，《姜寨》第 504～538 页，文物出版社。

漆招进，1991，《谈桂林甑皮岩洞穴遗址与华南早期新石器文化的几个问题》，《纪念黄岩洞遗址发现三十周
　　年论文集》第 80～85 页，广东旅游出版社。

　　2000，《桂林甑皮岩遗址研究的新进展》，《中国文物报》4 月 5 日第 3 版。

覃彩銮，1984，《壮族地区新石器时代墓葬及有关问题的探讨》，《广西民族学院学报》3 期第 35～42 页。

覃家铭，1997，《古气候变化的石笋同位素记录研究——以桂林盘龙洞为例》，《地球学报》18 卷 3 期。

邱立诚，1985，《略论华南洞穴新石器时代早期文化》，《史前研究》1 期第 24～28 页。

邱立诚等，1982，《广东阳春独石仔新石器时代洞穴遗址发掘》，《考古》5 期第 456～459 转 475 页。

　　1999，《史前农业起源与生态环境的关系》，《中石器文化及有关问题研讨会论文集》第 343～350
　　页，广东人民出版社。

邵向清编著，1985，《人体测量手册》，上海辞书出版社。

宋春青等，1985，《地质学基础》，人民教育出版社。

宋国定等，2000，《郑州商代遗址孢粉与植物硅酸体分析报告》，《环境考古研究》2 辑第 180～187 页，科
　　学出版社。

宋兆麟等，1985，《原始掘土棒上的穿孔重石》，《农史研究》五辑第 170～176 页。

寿振黄，1962，《中国经济动物志（兽类）》，科学出版社。

童恩正，1989，《中国南方农业的起源及其特征》，《农业考古》2 期第 57～71 页。

王惠基，1983，《广西桂林甑皮岩洞穴中的腹足类化石》，《古生物学报》22 卷 4 期第 483～485 页。

王丽娟，1989，《桂林甑皮岩洞穴遗址第四纪孢粉分析》，《人类学学报》8 卷 1 期第 69～76 页。

王令红等，1982，《桂林宝积岩发现的古人类化石和石器》，《人类学学报》1 卷 1 期第 30～35 页。

王克荣，1978，《建国以来广西文物考古工作的主要收获》，《文物》9 期第 8～13 页。

王仁湘，1997，《我国新石器时代人口性别构成再研究》，《考古求知集》第 68～82 页，中国社会科学出版社。

王永豪，1979，《中国西南地区男性成年由长骨推算身高的回归方程》，《解剖学报》10 卷 1 期。

王维达，1984，《河姆渡和甑皮岩陶片热释光年代的测定》，《考古学集刊》4 辑第 321～327 页，中国社会出版社。

魏丰等，1989，《浙江余姚河姆渡新石器时代遗址动物群》，海洋出版社。

韦军等，1999，《从甑皮岩遗址的骨、蚌器看农业起源》，《中石器文化及有关问题研讨会论文集》第 226～236 页，广东人民出版社。

翁金桃，1981，《石灰岩洞穴中文化层盖板的成因新见》，《地质评论》27 卷 2 期第 181～183 页。

韦仁义，1984，《广西藤县宋代中和窑址》，《中国古代窑址调查发掘报告集》第 119～174 页，文物出版社。

吴建民，1991，《龙南新石器时代遗址出土动物遗骸的初步鉴定》，《东南文化》3、4 期第 179～182 页。

吴汝康，1959，《广西柳江发现的人类化石》，《古脊椎动物与古人类》1 卷 3 期第 97～104 页。

吴新智，1961，《周口店山顶洞人化石的研究》，《古脊椎动物与古人类》3 卷 3 期第 181～211 页。

吴新智等，1962，《广西东北地区调查简报》，《古脊椎动物与古人类》6 卷 4 期第 408～414 页。

夏鼐，1977，《^{14}C 测定年代和中国史前考古学》，《考古》4 期第 217～232 页。

小池裕子等，1984，《关于遗址出土野猪的年龄确定》，《关于古文化财的保存科学和自然科学》第 519～524 页（日文）。

新美伦子，1991，《关于爱知县伊川津遗址出土的野猪年龄及死亡时期的确定》，《国立历史民俗博物馆研究报告》29 卷第 123～148 页（日文）。

颜訚，1965，《从人类学上观察中国旧石器时代晚期与新石器时代的关系》，《考古》10 期第 513～516 页。

　　　1972，《大汶口新石器时代人骨的研究报告》，《考古学报》1 期第 91～122 页。

颜訚等，1960，《宝鸡新石器时代人骨的研究报告》，《古脊椎动物与古人类》1 期第 33～44 页；《西安半坡人骨的研究》，《考古》9 期第 36～47 页。

　　　1962，《华县新石器时代人骨的研究报告》，《考古学报》2 期第 85～104 页。

阳吉昌，1980，《甑皮岩洞穴遗址》，《化石》1 期第 25 页。

　　　1992，《简论甑皮岩遗址植物群及其相关问题》，《考古》1 期第 90～93 页。

伊丽莎白·施密德著，李天元译，1992，《动物骨骼图谱》，中国地质大学出版社。

益阳地区博物馆等，1994，《南县涂家台早期新石器时代遗址调查报告》，《湖南考古辑刊》（《求索》增刊）6 辑第 34～43 页。

尹检顺，1996，《长江中游史前文化暨第二届亚洲文明学术讨论会论文集》第 105～125 页，岳麓书社。

英德市博物馆等，1999，《英德史前考古报告》，广东人民出版社。

袁家荣，1990，《从湖南省新石器早期文化看桂林甑皮岩遗址》，《甑皮岩遗址研究》第 243～256 页，漓江出版社。

1996a,《玉蟾岩获水稻起源重要新物证》,《中国文物报》3 月 3 日第 1 版。

1996b,《湖南旧石器文化的区域性类型及其地位》,《长江中游史前文化暨第二届亚洲文明学术讨论会论文集》第 20～47 页,岳麓书社。

2000,《湖南道县玉蟾岩 1 万年以前的稻谷和陶器》,《稻作,陶器和都市的起源》第 31～42 页,文物出版社。

袁靖,1999,《论中国新石器时代居民获取肉食资源的方式》,《考古学报》1 期第 1～22 页。

2001a,《山西垣曲古城东关遗址出土动物骨骼研究报告》,《垣曲古城东关》第 575～588 页,科学出版社。

2001b,《中国新石器时代家畜起源的问题》,《文物》5 期第 51～58 页。

《甘肃省武山县傅家门遗址动物骨骼研究报告》待刊。

2003,《古代家猪的判断标准》,《中国文物报》8 月 1 日第 7 版。

袁靖等,1997,《上海市马桥遗址出土动物骨骼的初步研究》,《考古学报》2 期第 225～231 页。

2000,《洹北花园庄遗址动物骨骼研究报告》,《考古》11 期第 75～81 页;《沣西出土动物骨骼研究报告》,《考古学报》2 期第 246～256 页。

2001,《尉迟寺遗址动物骨骼研究报告》,《蒙城尉迟寺》第 424～441 页,科学出版社。

2002,《自然遗存（二）——动物》,《马桥》第 347～369 页,上海书画出版社。

原思训,1993,《华南早期新石器^{14}C 年代数据引起的困惑与真实年代》,《考古》4 期第 367～375 页。

原思训等,1990,《阳春独石仔和柳州白莲洞遗址的年代测定－试探华南旧石器文化—新石器文化的过渡时间》,《纪念北京大学考古专业成立三十周年论文集》第 40～47 页,文物出版社。

岳松龄主编,1993,《现代龋病学》,北京医科大学北京协和医科大学联合出版社。

岳阳市文物工作队等,1994,《钱粮湖坟山堡新石器时代遗址试掘报告》,《湖南考古辑刊》(《求索》增刊) 6 辑第 17～33 页。

张超凡,1990,《桂林甑皮岩屈肢蹲葬根源之我见》,《桂林甑皮岩遗址研究》第 345～359 页,漓江出版社。

张弛,2000,《江西万年早期陶器和稻属植硅石遗存》,《稻作陶器和都市的起源》第 43～49 页,文物出版社。

张居中主编,1999,《舞阳贾湖》,文物出版社。

张春龙,1997,《皂市文化初论》,《一剑集》(北京大学考古专业八六届毕业十周年纪念文集) 第 30～44 页,中国妇女出版社。

1999,湖南新石器文化早期陶器特征分析,《考古耕耘录》(湖南中青年考古学者论文选集),第 27～41 页,岳麓书社。

张君,1998,《湖北枣阳市雕龙碑新石器时代人骨分析报告》,《考古》2 期第 76～84 页。

张君等,待刊,《内蒙古敖汉旗兴隆洼遗址人骨》,《敖汉兴隆洼》。

张美良等,1998,《广西灌阳响水洞石笋的同位素年龄及古气候意义》,《中国岩溶》17 卷 4 期第 311～318 页。

张明华,1981,罗家角遗址的动物群,《浙江省文物研究所学刊》第 43～53 页,文物出版社。

张树春,1999,《甑皮岩洞穴遗址出土陶片研究——陶文》,《社会科学家》6 期第 70～72 页。

张银运等,1977,《广西桂林甑皮岩新石器时代遗址的人类头骨》,《古脊椎动物与古人类》15 卷 1 期第 4～

13 页。

张振标等，1983，《广西壮族体质特征》，《人类学学报》2 卷 3 期第 260～271 页。

1999，《人类学研究》，《舞阳贾湖》（下卷）第 835～882 页，科学出版社。

张镇洪等，1999，《桂林庙岩遗址动物群的研究》，《中石器文化及有关问题研讨会论文集》第 185～195 页，广东人民出版社。

张之恒，1989，《华南地区新石器时代文化的分期和特征》，《中国考古学会第七次年会论文集》第 13～23 页，文物出版社。

张子模，1990a，《甑皮岩洞穴遗址及其年代浅析》，《甑皮岩遗址研究》第 169～192 页，漓江出版社。

1990b，《甑皮岩等遗址"屈肢、屈肢蹲葬"辨析》，《甑皮岩遗址研究》第 257～328 页，漓江出版社。

张子模等，1994，《桂林甑皮岩新石器时代遗址的人骨》，《广西民族研究》3 期第 1～21 页。

张子模等，1999，《广西桂林甑皮岩遗址人骨葬式的再研究》，《中石器文化及有关问题研讨会论文集》第 197～212 页，广东人民出版社。

张忠培，2000，《20 世纪后半期中国新石器时代考古学的历程》，《中国考古学跨世纪的回顾与前瞻》第 27～41 页，科学出版社。

赵平，1998，《甑皮岩先民非正常死亡现象纵横析》，《桂林文博》2 期第 5～18 页。

1999，《对甑皮岩遗址两个疑议的探索》，《桂林文博》1 期第 26～33 页。

赵志军，2001，《植物考古学的学科定位与研究内容》，《考古》7 期第 55～61 页。

郑作新，1966，《中国经济动物志（鸟类）》，科学出版社。

中国地质科学院岩溶地质研究所，1987，《桂林岩溶与碳酸盐岩》第 154～155 页，重庆出版社。

1988，《桂林岩溶地貌与洞穴研究》第 8 页，地质出版社。

中国地质科学院岩溶地质研究所等，2002，《广西桂林甑皮岩遗址抢救性防水保护方案》第 3～4 页，甑皮岩遗址博物馆资料。

中国硅酸盐学会编，1982，《中国陶瓷史》第 50 页，文物出版社。

中国科学院古脊椎动物与古人类研究所《中国脊椎动物化石手册》编写组，1979，《中国脊椎动物化石手册》，科学出版社。

中国科学院南京地质古生物研究所《中国的辨鳃类化石》编写小组，1976，《中国的辨鳃类化石》，科学出版社。

中国社会科学院考古研究所，1999，《胶东半岛贝丘遗址环境考古》，社会科学文献出版社。

中国社会科学院考古研究所[14]C 实验室，1997，《放射性碳素测定年代报告（四）》，《考古》3 期第 200～204 页。

1978，《放射性碳素测定年代报告（五）》，《考古》4 期第 280～287 页。

中国社会科学院考古研究所广西工作队等，1998，《广西邕宁顶蛳山遗址的发掘》，《考古》11 期第 11～33 页。

中国社会科学院考古研究所实验室，1977，《放射性碳素测定年代报告（四）》，《考古》3 期第 200～204 页。

中国植被编辑委员会，1995，《中国植被》第 861～863 页，科学出版社。

中国自然资源丛书编辑委员会，1995，《中国自然资源丛书，广西卷》，中国环境科学出版社。

周本雄，1981，《河北武安磁山遗址的动物骨骸》，《考古学报》3 期第 339～346 页。

周鸿，1990，《从葬俗特点看甑皮岩原始先民的神灵崇拜和祖先崇拜》，《甑皮岩遗址研究》第 329～344 页，漓江出版社。

周开保，1998，《揭开甑皮岩人颅骨穿孔之谜》，《桂林文博》2 期第 19～20 页。

朱德浩等，1997，《桂林市志——自然环境志》，中华书局。

朱芳武等，1995，《桂林甑皮岩新石器时代遗址 2 例儿童的年龄问题》，《人类学学报》14 卷 2 期第 147～150 页。

1997，《桂林甑皮岩新石器时代遗址居民的龋齿》，《人类学学报》16 卷 4 期第 271～273 页。

朱泓，1990，《兖州西吴寺龙山文化颅骨的人类学特征》，《考古》10 期第 908～914 页。

1992，《中国南方新石器时代居民体质类型的聚类分析》，《中国考古学会第七次年会论文集》第 68～75 页，文物出版社。

1993，《体质人类学家》第 247 页，吉林大学出版社。

1994，《内蒙古察右前旗庙子沟新石器时代颅骨的人类学特征》，《人类学学报》2 期第 126～133 页。

1996，《建立具有自身特点的中国古人种学研究体系》，《我的学术思想》第 471～478 页吉林大学出版社。

1997，本溪庙后山青铜时代居民的种系归属，《考古学文化论集》（四）第 211～218 页，文物出版社。

2002，中国南方地区的古代种族，《吉林大学社会科学学报》5 期第 5～12 页。

Anderson, Patritia C., 1992, Ed. *Prehistoire de L' Agriculture*. Parice: CNRS Press.

Barry V. Rolett and Min-yuan Chiu, 1994, Age Estimation of Prehistoric Pigs (*Sus scrofa*) by Molar Eruption and Attrition, *Journal of Archaeological Science Vol*. 21:, PP. 377～386.

Barton, H. R. Torrence and R. Fullagar, 1998, Cluse to stone function re-examined: comparing starch grain frequencies on used and unused obsidian artefacts. *Journal of Archaeological Science* Vol.25: PP.1231－1238.

Bellwood, P. 1995, The origins and spread of agriculture in the Indo-Pacific region: gradualism and diffusion or revolution and colonization? In *The Origins and Spread of Agriculture and Pastoralism in Eurasia*, PP.465－498. Ed. by David R. Harris. London: UCL Press.

Campana, Douglas V., 1989, *Natufian and Protoneolithic Bone Tools*. Oxford: BAR International Series 494.

Carrion et al., 1995, The palaeoenvironment of Carihuela Cave (Granada, Spain): a reconstruction on the basis of palynological investigation of cave sediments. *Review of Palaeobotany and Palynology*. Vol.99 (3－4), PP.317－340.

Claassen, Cheryl, 1998, *Shells*. Cambridge: Cambridge University Press.

Coles, G. M. et al., 1994, The airfall-pollen budget of archaeologically important caves: Creswell Crages, England. *Journal of Archaeological Science* Vol. 21, PP.735－755.

Coursey, J.A., 1968, The origins of yam cultivation, in "*The Domestication and Exploitation of Plants and*

Animals", PP. 406 – 425. Eds. by Peter Ucko and G.W. Dimbleby. London: Gerald Duckworth & Co.

Faegri, Knut et al., 1966, *Textbook of Pollen Analysis*.Copenhagen: Munksgaard.

Fujiwara, Hirosh., 1993, Research into the history of rice cultivation using plant opal analysis. In *Current Research in Phytolith Analysis*: *Application in Archaeology and Paleoecology*, edited by D.M. Pearsall and D.R. Piperno, PP.147 – 158. MASCA, University of Pennsylvania, Philadelphia.

Grant, A. , 1982, The use of tooth wear as a guide to the age of domestic animals. In *Ageing and sexing animal bones from archaeological sites* (eded by B. Wilson, C. Grigson & S. Payne) . Oxford: BAR British Series 109, PP.91 – 108.

Harlan, Jack R., 1992, Crops and Man, American Society of Agronomy, Inc..

Higham, C. , 1989, *The Archaeology of Mainland Southeast Asia*.Cambridge: The University of Cambridge Press.

　　1996, *The Bronze Age of Southeast Asia*.Cambridge and New York: Cambridge University Press.

Kealhofer, L., R. Torrence and R. Fullagar, 1999, Integrating phytoliths within use-wear/residue studies of stone tools.*Journal of Archaeological Science* Vol. 26, PP.527 – 546.

Kelly, Robert L. 1995, *The Foraging Spectrum*.Washington and London: The Smithsonian Institute Press.

Kealhofer, L. 2002, Changing perception of risk: the development of agro-ecosystems in Southeast Asia.*American Anthropologist* Vol. 104 (1): PP.178 – 194.

Knecht, Heidi, 1997 Ed., *Projectile Technology*.New York and London: Plenum Press.

LeMoine G., 2001, Skeletal Technology in Context: An Optimistic Overview, in *Crafting Bone*: *Skeletal Technologies* through Time and Space: 1 – 8, Eds. by A.M.Choyke and L.Bartosiewicz. BAR International Series 937.

Lampert, C.D. et al., 2003, Dating resin coating on pottery: the Spirit Cave early ceramic dates revised.*Antiquity* Vol. 77, Issue 295, PP.126 – 133.

Lawrence, W. G. , 1972, *Ceramic Science for the Potter* . New York and London: Chilton Book Company.

Leung, P.L., Stokes, M.J., Qiu Shihua and Cai Lianzhen, 1995, *A Survey of Environmental* ^{14}C *Levels in Hong Kong* .Radiocarbon Vol.37, No.2, PP.505 – 508.

Loy, Thomas, 1994, Methods in the analysis of starch residues on prehistoric stone tools, in *Tropical Archaeology – Applications and New Developments*, PP.86 – 114. Ed. by J. G. Hather. London: Routledge.

Lu, L – D, Harvesting wild rice in South China. (to be published) .

　　Survival of starch residue in sub – tropical environments. To be published in the *Proceedings of the International Conference on Phytolith and Starch Residue*.

Mackenzie, A. et al.1999, *Instant Notes in Ecology*.Oxford: Bios Science Publishers.

O'Connor, T.P. 1987, On the structure, chemistry and decay of bone, antler and ivory, in *Archaeological Bone*, *Antler and Ivory* PP.6 – 9. Eds. by Katharine Starling and David Watkinson. London: The UK Insititute for Conservation.

Olsson, I.U., et al, 1972, *Uppsala natural radiocarbon measurements* XI.Radiocarbon14 (1), PP.268 – 269。

Pearsall, D.M., 1989, *Paleoethnobotany*: *A Handbook of Procedures*. PP.392. Academic Press, San Diego.

Piperno, D.R., 1988, *Phytolith analysis: An archeological and ecological perspective*.Academic Press, San Diego.

Simon Hillson, 1992, *Mammal Bones and Teeth*. Institute of Archaeology University College London.

Rice , Prudence M. 1987.*Pottery Analysis － A Source Book*.Chicago and London: The University of Chicago Press.

1999, On the Origin of Pottery.*Journal of Archaeological Method and Theory*.Vol. 6 (1): PP.1－54.

Sauer, C.O., 1952.*Agricultural Origins and Dispersals*.American Geographical Society, New York.

Simanjuntak, T. 2001. New Light on the Prehistory of the Southern Mountains of Java.*Bulletin of the Indo － Pacific Prehistory Association* Vol. 21, PP.152－156.

Selley, Richard C. 1988, *Applied Sedimontology*.London: Academic Press.

Tauber, H., 1983, *Possible depletion in ^{14}C trees growing in calcareous soils*. Radiocarbon 25 (2): PP.417－420.

www. beeculture.com, Chapter 6 Common Vegetables for Seeds and Fruit, accessed on 19th March 2003.

www－class.unl.edu, Production and Dispersion, accessed on 15th March 2003.

www. geo.arizona.edu/palynology, Pollen Production and Dispersal, accessed on 20[th]March 2003.

Zhao , Zhijun, D.M. Pearsall, R.A. Benfer, J., and D.R. Piperno., 1998, Distinguishing rice (*Oryza sativa* , Poaceae) from wild *Oryza* species through phytolith analysis, II: Finalized method. Economic Botany 52 (2), PP.134－145.

Zhushikhovskaya, 1997, On the Pottery Making in the Russian Far EAst, *Asian Perspectives* vol. 36, No, 2 PP. 159－174.

附表一　甑皮岩遗址石器统计表

单位	期别	打制石器														半成品、废料				磨制石器					穿孔石器	砺石	石砧	合计
		石锤						砍砸器				切割器	尖状器	棒形石凿	锛形器	半成品	石块	石片	碎屑	石锛	石斧	石凿	石矛	石刀				
		有凹	盘状	球状	半球状	条状	不规则	单边直刃	单边弧刃	双边刃	盘状																	
DT4㉛	一	11	26		4	2	4	51	39	33	1	34	7	10		59	935	258	611						1			2086
DT4㉚			2					3	3	3	1					3	10	8	69									102
DT6㉜												1							3									4
DT6㉛			1					2	5	1		1				6	1	2	3									22
DT6㉙		1														2	2	5	5									15
DT6㉘			2			1		5	7	4		4	3			8	27	36	221									318
DT4㉙	二		4					5	7	6		3				17	19	11	122									194
DT4㉘		1	1		1			8	4	4		2				16	16	20	133									206
DT6㉗					2			4	2	1						8	3	8	17						1			46
DT6㉕								1	2							2	1		1									7
DT3⑭	三								1	1									1									3
DT3⑫			1														1											2
DT3⑪																	1											1
DT3⑥																1												1
DT4㉗																	8	5	47									60
DT4㉖		1	1					2								1	3	3	8									19
DT4㉕			1						1								1	9	5									17
DT4㉔												1		1			4	5	39									50
DT4㉓																	2											2
DT4㉒																		1										1
DT4㉑																1	5		18									24
DT4⑳																		1	4									5
DT4⑲								1							1	2	1		1									6
DT4⑱																		1										1
DT4⑰									1									1										2
DT4⑯																			2									2
DT6㉔			1					1	1					1				2	3									9
DT6㉓			2													1	1		3									7
DT6㉑										1							1		6									8
DT6⑳								1	1								1	2	4									9
DT6⑲																	4	5	10						1			20

续附表一

单位	期别	有凹	盘状	球状	半球状	条状	不规则	单边直刃	单边弧刃	双边刃	盘状	切割器	尖状器	棒形石凿	锛形器	半成品	石块	石片	碎屑	石锛	石斧	石凿	石矛	石刀	穿孔石器	砺石	石砧	合计
			石锤					砍砸器								半成品、废料				磨制石器								
DT6⑱	三																		2									2
DT6⑯	三															1												1
DT6⑮	三		1			1		2	4							1	1		1									11
BT2⑭	四															1												1
DT2⑩	四	1							1																			2
DT3④	四								2																			2
DT4⑭	四																		2									2
DT4⑬	四															1	4	1										6
DT4⑫	四																2	5										7
DT4⑩	四																		2									2
DT4⑨	四		1															1	3									5
DT4⑤	四								1							1	3		1									6
DT6⑧	四																		1									1
BT2⑦	五															1												1
BT2⑥	五		1	1				1																				3
BT3㉓	五							1	1																			2
BT3⑮	五																1											1
BT3⑫	五		1													2	2	1	5	1								12
BT3⑪	五	1																										1
BT3⑨	五			1																								1
BT3⑧	五															1												1
BT3⑦	五																2											2
DT6③	五	1	1																									2
BT2②	宋代													1														1
BT2①	宋代					1								1				1										3
BT3②	宋代															1												1
KBT1	库存																					1						1
KBT2	库存		1																	1								2
KDT5	库存		4	2				1	4							2						2	1					16
KDT6	库存	1	1									1								1			1					5
KDT7	库存	1	1										1							1								4

续附表一

单位 \ 器类别	期别	打制石器														半成品、废料				磨制石器					穿孔石器	砺石	石砧	合计
		石锤						砍砸器				切割器	尖状器	棒形石凿	锛形器	半成品	石块	石片	碎屑	石锛	石斧	石凿	石矛	石刀				
		有凹	盘状	球状	半球状	条状	不规则	单边直刃	单边弧刃	双边刃	盘状																	
KDT8	库存	1																								1		2
K水支T3	库存															1												1
K无探方	库存	53	90	15	8	22	2	48	56	29		17		64		97	1450			8	4	1			7	7	1	1979
小　计		72	145	17	17	26	6	138	143	83	3	64	10	78	1	234	2512	388	1360	12	5	3	1	1	11	7	1	
合　计		283						367				64	10	78	1	234	4260			22					11	7	1	5338

附表二　甑皮岩遗址石器岩性统计表

单位（岩性）	期别	打制石器 石锤	砍砸器	切割器	尖状器	棒形石凿	穿孔石器	锛形器	半成品	磨制石器 石锛	石斧	石凿	石矛	石刀	砺石	石砧	小计	百分比	合计
砂岩	一	36	140	37	10	8	1		74								306	87.18	351
花岗岩		13	1														14	3.99	
花岗斑岩		2															2	0.57	
石英岩		1	4						2								7	1.99	
板岩		2	10	3					2								17	48.5	
石灰岩			2			1											3	0.86	
泥岩						1											1	0.28	
千枚岩			1														1	0.28	
砂岩	二	6	39	3					36								84	82.35	102
花岗岩		2					1										3	2.94	
石英岩			2														2	1.96	
板岩		1	1	1					3								6	5.89	
石灰岩			1						2								3	2.94	
火山岩									2								2	1.96	
角岩			1	1													2	1.96	
砂岩	三	7	17	1		2	1		6								34	85.00	40
花岗岩		2															2	5.00	
板岩			1					1	1								3	7.50	
石灰岩									1								1	2.50	
砂岩	四	2	4						2								8	100	8
砂岩	五		3						2	1							6	46.15	13
花岗岩		6															6	46.15	
石灰岩		1															1	7.70	
砂岩	库存	142	123	15		51	8		93	4	1	2		1	4	1	445	79.46	560
花岗岩		48													2		50	8.93	
石英岩		2	2						1						1		6	1.07	
板岩		10	14	3		3			6	7	3	1					57	10.18	
页岩											1						1	0.18	
千枚岩													1				1	0.80	
小计		283	366	64	10	76	11	1	233	12	5	3	1	1	7	1			
百分比		34.9	45.13	7.89	1.23	9.37	1.36	0.12	100	54.55	22.73	13.64	4.54	4.54			100		
合计		811							233	22					7	1			1074

附表三　甑皮岩遗址骨器统计表

单位＼期别＼器类		骨制品									角制品		牙制品	蚌制品	合计
		骨器								骨料/残次品	角器		牙锥	蚌器	
		骨锥	骨针	骨铲	骨镞	骨镖	骨凿	骨片	骨饰品		角锥	角铲			
DT4㉛	一	39		10		2				12			1	3	67
DT4㉚	一	4									1				5
DT6㉛	一	3		1											4
DT6㉙	一													2	2
DT6㉘	一	15	1	1						2	4	1		17	41
DT4㉙	二	4									1			2	7
DT4㉘	二	10		3										2	15
DT6㉗	二	8		4		1				5				1	19
DT6㉕	二		1											2	3
DT4㉗	三	12		1						3			1		17
DT4㉖	三	4								2				5	11
DT4㉕	三	1													1
DT4㉔	三	5	1			1					1	1		2	11
DT4㉓	三	1													1
DT4㉒	三	1				1								2	4
DT4㉑	三	2													2
DT4⑳	三	1	1												2
DT4⑲	三		1												1
DT4⑱	三	1											1		2
DT6㉔	三	1		1										4	6
DT6㉓	三	1												1	2
DT6㉑	三		1												1
DT6⑲	三	2													2
DT6⑮	三	1								1					2
DT6⑭	三	1													1
DT3⑫	三	2													2
DT3⑪	三	2													2
DT3⑥	三	3	2												5

续附表三

器 单位	期 类别	骨制品 骨器								骨料/残次品	角制品 角器		牙制品 牙维	蚌制品 蚌器	合计
		骨锥	骨针	骨铲	骨镞	骨镖	骨凿	骨片	骨饰品		角锥	角铲			
DT4⑮		1												4	5
DT4⑭														1	1
DT6⑪	四	1													1
DT6⑧		1													1
BT2⑭		2													2
DT6⑤		1													1
BT2⑦			2												2
BT3㉓		1													1
BT3⑲	五	1													1
BT3⑫		1		1											2
BT3⑨											1				1
BT3⑦		1													1
KBT1								1							1
KBT2		1					1							1	3
KBT3		1									2			2	5
KDT1														1	1
KDT2		1												1	2
KDT3	库存									1				4	5
KDT5		2		1		1	1			5				3	13
KDT6		3	1							3				1	8
K矮支T1										3					3
K矮洞口		1		1										1	3
K洞外堆土		1													1
K洞内堆土		2		1											3
K无探方		12	1	4	1	2				14		2		17	53
小　计		158	12	29	1	8	1	1	1	51	10	4	3	79	
合　计		262									14		3	79	358

附表四 甑皮岩遗址墓葬登记表

序号	墓号	葬式	保存状况	性别	年龄	备注
1	AT1M1	仰身直肢	较差	女性	20～25	2001
2	BT1M1	屈肢蹲葬	较差	?	9～10	1973
3	BT2M1	屈肢蹲葬	较差	男性	40±	1973
4	BT2M2	屈肢蹲葬	极差	女性	25～30	1973
5	BT2M3	?	较差	?	4～5	1973
6	BT2M4	屈肢蹲葬	较好	男性	40～45	1973
7	BT2M5	屈肢蹲葬	较差	男性	30±	1973
8	BT2M6	侧身屈肢	极差	?	8～9	1973
9	BT2M7	屈肢蹲葬	较好	女性	34～40	1973
10	BT2M8	屈肢蹲葬	较好	男性	25～30	2001
11	BT2M9	屈肢蹲葬	较差	?	1±	2001
12	BT2 西隔梁	?	极差	男性	30～40	1998，无编号
13	BT3M1	?	?	?	?	1975
14	DT1M1	屈肢蹲葬	较好	女性	35±	1973
15	DT1M2	?	极差	?	30±	1973
16	DT1M3	屈肢蹲葬	?	?	?	1973
17	DT1M4	?	极差	女性	30±	2001
18	DT2M1	屈肢蹲葬	较差	男性	40±	1973
19	DT2M2	屈肢蹲葬	?	?	?	1973
20	DT2M3	?	较好	女性	35～40	1973
21	DT2M4	屈肢蹲葬	极差	?	4～5	1973
22	DT2M5	屈肢蹲葬	较差	?	35±	1973
23	DT2M6	?	?	?	?	1973
24	DT2M7	屈肢蹲葬	?	?	?	1973
25	DT2M8	屈肢蹲葬	?	?	?	1973
26	DT2M9	屈肢蹲葬	?	?	?	1973
27	DT3M1	屈肢蹲葬	较差	男性	35±	1973

附表五　甑皮岩遗址头骨测量表（男性）

马丁号	项目	BT2M1	BT2M4	BT2M5	DT2M1	DT3M1	平均数
1	颅长 g－op	190.0	196.0	183.5	189.3	193.2	190.4
8	颅宽 eu－eu	142.2	134.0	136.4	136.3	145.1	138.8
17	颅高 ba－b		140.0				140.0
	耳上颅高	133.3					133.3
9	最小额宽 ft－ft	94.0	89.7	92.3	93.0		92.25
25	颅矢状弧 arc n－o	380.0					380.0
26	额弧 arc n－b	127.5	130.0			121.0	126.17
27	顶弧 arc b－l	140.5				138.0	139.25
28	枕弧 arc l－o	112.0					112.0
29	额弦 n－b	112.5	113.6			109.2	111.77
30	顶弦 b－l	122.2				119.7	120.95
31	枕弦 l－o	97.4					97.4
23	颅周长	538.0				546.0	542.0
24	颅横弧						
5	颅基底长 ba－n		113.4				113.4
40	面基底长 ba－pr						
48	上面高 n－pr/sd	69.4　71.3		62.2　64.1			65.8　67.7
45	颧宽 zy－zy			134.6			134.6
46	中面宽 zml－zml	108.7					108.7
	中面高 sub. Zml－ss－zml	65.0　64.5					65.0　64.5
43－1	两眶外缘宽 fmo－fmo	97.0	100.7	98.9	98.3		98.73
	眶外缘间高 sub. fmo－n－fmo	50.2　50.0	53.2　52.7				51.7　51.35
50	眶间宽 mf－mf/d－d	15.0　21.0	20.2　24.4	18.9　23.0		19.8　24.2	18.48　23.15
	颧骨高 fmo－zm　L	43.5					53.5
	颧骨高　R	43.2					43.2
	颧骨宽 zm－rim orb　L	25.0	23.0				24.0
	颧骨宽　R	23.3	24.0				23.65
	鼻骨最小宽	7.7	7.7				7.7
	鼻骨最小宽高	4.3　4.0	5.0　4.4				4.65　4.2
51	眶宽 mf－ek/d－ek　L	44.6　40.0	44.0　40.4	45.0　41.4			44.53　40.6
	眶宽　R	45.1　41.0	43.3　40.7	42.5　40.5	41.6		43.13　40.73
52	眶高　L	33.6					33.6

续附表五

马丁号	项　目	BT2M1	BT2M4	BT2M5	DT2M1	DT3M1	平均数
	R	35.8					35.8
54	鼻宽	28.6	27.0				27.8
55	鼻高	53.5	52.4				52.95
60	齿槽长	59.8		54.7			57.25
61	齿槽宽	64.7		66.5			65.6
62	腭长 ol－sta	47.1					47.1
63	腭宽 enm－enm	44.6					44.6
65	下颌髁间宽						
66	下颌角宽 go－go		109.7	96.4		105.0	103.7
67	颏孔宽		52.8			52.6	52.7
69	下颌联合高						
71a	下颌枝最小宽　L		36.0	34.5			35.25
	R		36.0				36.0
	下颌体高－臼齿位　L			30.2			30.2
	R			31.3	32.3		31.8
	下颌体厚－臼齿位　L			17.2	16.3		16.75
	R			17.3	16.7		17.0
	额角 n－b　FH	57.5					57.5
32	额倾角 n－m　FH	87.5					87.5
	额倾角 g－m　FH	78.0					78.0
	前凶角 g－b　FH	53.5					53.5
72	面角 n－pr　FH	83.5					83.5
73	鼻面角 n－ns　FH	90.0					90.0
74	齿槽面角 ns－pr　FH	80.0					80.0
	颧上颌角 zml－ss－zml	115.5					115.5
77	鼻颧角 fmo－fmo	146.5	143.0				144.75
75－1	鼻骨角	16.5					16.5
8：1	颅指数	74.84	68.37	74.33	72.00	75.10	72.93
17：1	颅长高指数		73.53				73.53
17：8	颅宽高指数		100.86				100.86
54：55	鼻指数	53.46	51.53				52.50
	鼻根指数	24.68	35.32				30.0

续附表五

马丁号	项　目	BT2M1		BT2M4		BT2M5		DT2M1		DT3M1		平均数	
52：51	眶指数 mf/d　L	75.34	84.00									75.34	84.00
	R	79.38	87.32									79.38	87.32
48：17	垂直颅面指数												
48：45	上面指数					46.21	47.62					46.21	47.62
48：46	中面指数	63.85	65.69									63.85	65.69
63：62	腭指数	94.69										94.69	
61：60	齿槽弓指数	92.43		82.26								87.35	

附表六　头骨测量值与亚洲蒙古人种各种类型的比较（男性）

马丁号	比较项目	甑皮岩组	亚　洲　蒙　古　人　种				
			北亚蒙古人种	东北亚蒙古人种	东亚蒙古人种	南亚蒙古人种	亚洲蒙古人种范围
1	颅长	190.4	176.7－192.7	181.8－192.4	175.0－180.8	168.4－181.3	168.4－192.7
8	颅宽	138.8	142.3－154.6	134.3－142.6	137.6－142.6	135.7－143.6	134.3－154.6
8：1	颅指数	72.93	75.4－85.9	69.8－79.0	77.1－81.5	76.6－83.4	69.8－85.9
17	颅高	140.0	125.0－135.8	133.8－141.1	136.4－140.2	134.0－140.9	125.0－141.1
17：1	颅长高指数	73.53	67.4－74.8	73.2－75.6	75.3－80.2	75.8－80.2	67.4－80.2
17：8	颅宽高指数	100.86	83.5－94.5	92.1－100.0	96.8－100.3	94.4－101.3	83.5－101.3
9	最小额宽	92.25	89.0－97.0	94.6－98.2	89.0－93.7	89.7－95.4	89.0－98.2
32	额倾角	87.5	77.5－84.2	77.9－80.0	83.3－86.4	82.5－91.7	77.5－91.7
45	颧宽	134.6	139.0－143.7	137.5－142.4	130.6－136.7	131.4－136.2	130.6－143.7
48	上面高	67.7	73.3－79.6	74.5－79.2	71.0－76.6	59.8－71.9	59.8－79.6
48：17	垂直颅面指数	47.00	56.1－61.2	54.1－58.5	51.7－54.9	43.8－52.5	43.8－61.2
48：45	上面指数	47.62	51.2－55.4	51.3－56.2	51.7－56.8	45.1－53.7	45.1－56.8
77	鼻颧角	144.75	144.3－151.4	146.2－152.0	144.0－147.3	141.0－147.8	141.0－152.0
72	面角	83.5	84.8－89.0	83.1－86.3	80.6－86.5	80.6－86.7	80.6－89.0
52：51	眶指数	79.38	79.6－86.0	81.3－84.5	80.7－85.0	78.2－86.8	78.2－86.8
54：55	鼻指数	52.50	47.2－50.7	42.7－47.3	45.2－50.3	47.7－55.5	42.7－55.5
SS：SC	鼻根指数	30.0	26.7－49.7	34.8－45.8	31.7－37.2	26.1－43.2	26.1－49.4
75－1	鼻骨角	16.5	16.9－24.9	14.8－23.9	13.7－19.8	12.0－18.3	12.0－24.9

注：1. 表中长度单位：毫米，角度：度，指数：百分比。

　　2. 亚洲蒙古人种组间变异值取自 H.H. 切博克萨罗夫的《中国民族人类学》，科学出版社，1982 年（俄文）。

附表七　甑皮岩组与古代、近代对比组的比较

	甑皮岩组	柳江组	山顶洞组	鲤鱼嘴组	河宕组	昙石山组	三星村组	雕龙碑组	贾湖组	仰韶合并组	大汶口组	西吴寺组	兴隆洼组
颅长	190.4	189.3	204	194.0	181.4	189.7	183.0	171.5	182.0	180.9	168.71	167.35	179.97
颅宽	138.8	142.2	143	128.3	132.5	139.2	140.5	139.0	150.5	142.7	150.08	150.50	140.50
颅指数	72.93	75.1	70.1	66.1	73.1	73.4	76.5	81.0	82.7	79.1	90.46	89.97	78.60
颅高	140.0	134.8	136	—	142.5	141.3	140.5	154.0	144.0	143.8	147.86	141.00	138.30
颅长高指数	73.53	71.2	66.7	—	78.4	73.8	75.8	89.8	79.1	78.62	88.24	89.34	77.20
颅宽高指数	100.86	94.8	95.1	—	106.2	99.5	101.8	110.8	95.7	99.41	97.46	93.72	98.50
最小额宽	92.25	95.2	107	92.7	91.5	91.0	94.0	94.3	93.5	93.5	91.64	90.67	89.30
额宽指数	67.27	66.95	74.83	72.25	69.4	65.4	67.4	67.8	62.13	65.59	60.17	63.34	63.56
上面高（n-sd）	67.7	68.4*	77	78.0	67.9	71.1	72.7	74.0	76.7	74.2	74.84	74.33	78.10
颧宽	134.6	136.0	143	134.5	130.5	135.6	138.4	135.7	137.5	136.7	140.56	139.17	134.20
眶宽（mf-ek 右）	43.13	43.1	48.0	42.0	41.1	42.2	43.5	43.3*	42.8	43.41	42.82	43.50	42.6
眶高（右）	35.8	29	33.2	33.8	33.0	33.8	33.3	34.5	32.8	33.48	35.05	35.13	35.5
鼻宽	27.8	26.8	32	26.0	26.7	29.5	27.8	27.4	27.4	27.7	27.45	27.33	26.60
鼻高	52.95	45.8	58	56.0	51.9	51.9	54.7	56.5	56.9	53.3	54.72	53.27	57.90
面角（n-pr FH）	83.5	86.0	84	82.0	82.3	81.0	87.7	91.0	85.0	82.1	83.61	81.83	91.10
鼻颧角	144.75	143.5	135	148.1	142.6	143.8	147.5	145.1	146.8	146.4	149.76	147.33	149.80
鼻指数	52.50	58.5	55.2	51.0	51.6	57.0	51.0	48.5	48.1	52.08	49.45	51.31	47.00
眶指数（mf-ek 右）	79.38	67.3	64.9**	83.66	80.3	80.0	76.7	79.5	78.2	77.18	81.94	80.75	81.80
上面指数	46.21	48.5	53.8	58.21	51.3	52.5	52.9	54.5	55.7	54.58	54.31	53.42	60.00
鼻根指数	30.00	28.3	57.1	27.40	26.3	37.4	22.3	26.6	39.0	30.44	33.6	39.72	23.40
垂直颅面指数	47.0	48.9	56.6	—	45.7	48.1	51.0	48.1	53.3	51.6	51.37	53.62	58.20

续附表七

	庙子沟组	庙后山组	柳湾组	壮族组	华南组	华北组	蒙古组	越南人	老挝人	泰国人	现代日本人	波里尼西亚人
颅长	177.63	192.8	185.93	178.28	179.9	178.5	182.20	188.6	182.4	182.7	181.2	185.71
颅宽	137.03	144.0	136.41	140.58	140.9	138.2	149.00	133.4	138.6	139.8	138.8	143.0
颅指数	77.22	74.80	73.92	79.06	78.75	77.56	82.00	70.7	76.0	76.5	76.6	77.07
颅高	140.93	143.5	139.38	136.61	137.8	137.2	131.40	135.1	137.7	170.4	138.2	140.09
颅长高指数	79.57	74.50	74.74	76.57	77.02	77.02	72.12	71.6	75.5	76.8	76.3	74.61
颅宽高指数	102.95	99.65	100.96	94.82	97.81	99.53	88.19	101.3	99.4	100.4	99.7	98.0
最小额宽	90.36	99.0	90.30	94.29	91.5	89.4	94.30	96.0	95.0	96.8	93.2	95.13
额宽指数	66.03	68.8	65.94	67.07	64.9	64.87	63.29					
上面高（n-sd）	73.5	75.5	78.19	69.38	73.8	75.3	78.00	70.1	71.4	72.7	71.5	73.21
颧宽	136.64	145.3	137.24	135.48	132.6	132.7	141.80	133.1	134.8	135.2	133.2	138.56
眶宽（mf-ek 右）	43.93	44.6	43.87	43.03	42.1	44.0	43.20				42.1	
眶高（右）	32.93	32.6	34.27	33.89	34.6	35.5	35.80	32.9	34.6	36.0	34.0	34.58
鼻宽	26.23	25.9	27.26	26.23	25.2	25.0	27.40	27.3	27.6	27.1	25.5	26.06
鼻高	52.63	54.1	55.77	51.77	52.6	55.3	56.50	51.1	53.0	54.8	51.5	52.7
面角（n-pr FH）	82.33	85.0	89.21	84.60	84.7	83.4	87.50				85.2	
鼻颧角	149.81	151.0	146.49	145.30	—	—						
鼻指数	49.9	48.02	49.09	53.82	48.5	45.33	48.60	53.4	52.1	49.5	49.5	50.55
眶指数（mf-ek 右）	74.94	74.94	78.46	79.01	81.2	80.66	82.9	73.8	79.4	86.1	80.9	84.3
上面指数	53.68	51.96	57.60	51.31	55.67	56.80	55.01	52.2	53.0	53.8	53.9	52.8
鼻根指数	38.69	29.71	36.90	29.49	—	—						
垂直颅面指数	52.05	51.10	56.57	50.86	54.2	53.6	59.40					

注：1. 广东曾城金兰寺、浙江余姚河姆渡遗址遗址仅有1例相对较完整的成年男性颅骨，个体数较少，故不予采用。

2. ＊号代表此数字由上面高（n-pr）数值计算所得，即在原数值上加2.5毫米。

3. ＊＊号代表此数字是眶指数（mf-ek）的左侧数字。

附表八　甑皮岩遗址人骨肢骨测量表

项目		组别	甑皮岩组			兴隆洼组		贾湖组		大汶口组	
			男	女	女	男	女	男	女	男	女
股骨	最大长	左	445.0	403.0		443.08	421.42	465.7	449.3	460.8	438.6
		右			443.0	437.1	413.38	468.5	442.3		
	生理长	左		399.0		438.69	416.83	461.9	443.5	455.5	433.8
		右			435.0	431.7	408.88	464.9	438.0		
	头最大径	左	43.7	39.6		46.15	40.8	48.0	43.7		
		右	44.0		41.6	45.97	41.97	48.4	43.7		
	头周长	左	140.5	128.0		146.42	129.33	155.2	142.0		
		右	141.5		136.0	145.18	133.58	156.1	141.4		
	体上部矢径	左	21.7	22.3		24.03	21.92	25.2	22.7		
		右	21.9		20.3	23.75	21.11	25.4	22.4		
	体上部横径	左	32.5	30.3		31.54	29.39	33.0	30.4		
		右	32.5		26.6	31.24	28.41	32.8	30.7		
	体中部矢径	左	28.0	27.6		29.07	25.5	30.8	28.2		
		右	28.0		25.5	28.31	24.97	30.9	27.5		
	体中部横径	左	27.0	22.8		25.43	24.27	27.1	25.2		
		右	26.3		23.0	24.92	23.55	27.2	25.1		
	体下部矢径	左	28.0	26.4		27.58	25.0	31.3	28.5		
		右	27.7		29.3	27.34	24.32	31.0	28.0		
	体下部横径	左	38.2	36.2		39.49	37.94	37.6	35.9		
		右	39.8		35.6	37.88	36.12	36.3	36.5		
	体中部周长	左	87.0	83.0		85.76	77.78	92.6	87.2		
		右	86.5		81.0	83.59	75.62	92.9	86.8		
	颈高	左	31.5	28.2		32.67	34.08	34.1	29.7		
		右	29.8		26.0	32.19	28.69	34.4	29.3		
	颈矢径	左	24.6	23.7		26.07	23.53	26.9	24.3		
		右	23.9		23.6	25.31	22.87	27.8	24.3		
	干中部指数	左	96.4	82.6		87.8	95.24	88.11	90.0	90.29	98.04
		右	93.9		90.2	88.57	94.5	88.34	92.9		
	嵴指数	左	103.7	121.1		114.85	105.25	113.5	111.1	111.98	102.76
		右	106.5		110.9	114.16	106.19	113.2	107.7		
	扁平指数	左	66.77	73.6		76.46	75.37	76.1	74.8	79.8	74.34
		右	67.4		76.3	75.78	74.11	77.3	73.3		
	粗壮指数	左		12.63		12.43	11.99	12.5	12.4		
		右			11.15	12.19	11.93	12.6	12.7		

续附表八

项目		组别	甑皮岩组 男	甑皮岩组 女	甑皮岩组 女	兴隆洼组 男	兴隆洼组 女	贾湖组 男	贾湖组 女	大汶口组 男	大汶口组 女
肱骨	最大长	左	332.0	308.0	286.0	311.67	296.36	325.9	327.5	318.2	305.9
		右		310.0		313	299.75	329.9			
	全长	左	330.0	307.5	284.0	307.39	291.21				
		右		308.5		311.32	294.5				
	头横径	左		36.0	35.4	41.4	37.18	42.7	39.7		
		右				42.7	37.65	44.3	38.0		
	头纵径	左	43.4	38.4	37.8	44.17	40.18	47.5	43.5		
		右		39.2		45.05	40.1	48.7	43.2		
	头周长	左		121.5	116.0	134.0	122.28	144.4	132.6		
		右				138.0	122.13	146.1	130.0		
	干中部最大径	左	20.8	18.0	19.1	20.67	19.2	23.7	21.9		
		右		18.7		21.21	19.93	25.0	22.1		
	干中部最小径	左	16.0	12.0	13.7	15.7	13.92	19.7	17.1		
		右		12.2		15.84	14.19	20.4	17.5		
	中部横径	左	16.1	12.6	14.0	18.97	17.24	19.1	18.0		
		右		12.5		18.75	16.97	20.3	18.6		
	中部矢径	左	20.4	17.6	18.7	19.57	18.32	21.8	20.3		
		右		18.5		20.15	19.03	23.0	21.5		
	骨干最小周长	左	62.0	54.5	57.0	57.89	52.55	64.6	60.6		
		右		55.5		59.35	53.78	67.7	62.1		
	下端宽	左	63.8	51.7	52.1	58.28	53.5	62.0	57.0		
		右		53.5		58.7	54.67	62.6	57.3		
	滑车上孔	左	×	√	×15 √3	×7 √4					
		右	×	√	×15 √1	×6 √4					
	横断面指数	左	76.92	66.7	71.73	76.09	72.59	83.1	78.1		
		右		65.3		74.81	71.36	81.6	79.2		
	粗壮指数	左	18.67	17.7	19.93	18.49	17.71	19.6	18.5		
		右		17.9		18.87	17.65	20.5			

续附表八

组别 项目		别	甑皮岩组		兴隆洼组		贾湖组		大汶口组	
			男	男	男	女	男	女	男	女
胫 骨	最大长	左	346.0		369.08	347.0	383.1	374.0	368.5	361.3
		右	346.0	368.0	368.64	345.4	377.7	360.8		
	生理长	左	334.0		335.83	318.75	363.2	339.5	344.4	340.8
		右	333.5	353.0	339.05	316.3	353.9	354.7		
	滋养孔处横径	左	18.6	20.6	22.46	20.02	22.8	20.7		
		右	18.4	21.6	22.82	19.76	23.2	22.0		
	滋养孔处矢状径	左	29.6	33.7	34.57	31.01	37.7	32.5		
		右	29.8	33.5	34.19	30.5	35.6	34.4		
	下段矢径	左	32.2	37.3	37.72	34.14	40.0	37.0		
		右	32.0	38.4	37.78	33.63	40.0	38.4		
	下段宽	左	42.4		46.62	42.25	50.4	45.8		
		右	42.3		47.08	42.5	50.5	50.6		
	胫骨指数	左	62.84	61.13	65.03	64.55	60.6	63.1		
		右	61.74	64.48	66.99	64.747	63.5	63.1		
	胫股指数	左			76.53	76.46	77.5	80.4		
		右			77.31	76.7	77.2	79.5		

附表九　华南地区史前碳十四数据及校正结果

遗址名称	实验室编号	样品物质	出土层位	碳十四年代 B.P.（5730）	树轮校正年代（B.C.）（68.2%）	δ¹³C 校正后树轮校正年代（B.C.）（68.2%）	δ¹³C 校正后减去 1500 年树轮校正年代（B.C.）（68.2%）
仙人洞	ZK‑0092	兽骨	下层	8825±240	8200（1.7%）8100 8000（66.5%）7300	8250（68.2%）7600	
	ZK‑0039	蚌壳	上层	10870±240	10950（68.2%）10150	11350（0.8%）11300 11250（59.4%）10850 10800（8.1%）10650	9200（68.2%）8450
甑皮岩	ZK‑910	炭	第一层钙华板下 79KJDT6 30CM	7680±150	6450（61.9%）6200 6190（2.8%）6160 6140（3.6%）6110		
	ZK‑906‑1	螺壳	79KJDT6 50‑70CM	10675±150	10700（66.3%）9950 9850（1.9%）9800	11100（67.3%）10650 10500（0.9%）10450	8690（3.9%）8660 8650（64.3%）8290
	ZK‑907‑1	螺壳	79KJDT6 100‑120CM	10789±330	11000（68.2%）9800	11400（2.8%）11300 11250（65.4%）10350	9150（68.2%）8250
	ZK‑908‑1	螺壳	79KJDT6 170‑190CM	11055±230	11100（68.2%）10350	11450（68.2%）10990	9300（68.2%）8600
	ZK‑909‑1	螺壳	79KJDT6 190‑250CM	10990±330	11200（68.2%）10100	11550（65.0%）10850 10800（3.2%）10700	9400（68.2%）8300
	BK‑9309	螺壳	79KJDT5 80CM	10300±100	97400（1.4%）9720 9700（66.8%）9300	10700（66.5%）10150 10050（1.7%）10000	8240（68.2%）7940
	BK‑9310	螺壳	79KJDT5 130CM	10270±150	9800（68.2%）9250	10700（67.3%）9950 9850（1.2%）9800	8240（68.2%）7810
	BK‑9316	螺壳	79KJDT5 170CM	10090±105	9600（2.2%）9550 9400（64.2%）9100 9000（1.8%）8950	10350（5.9%）10250 10200（62.3%）9600	7940（6.4%）7890 7880（3.2%）7850 7840（58.6%）7590
	BK‑9314	兽骨	79KJDT5 170CM	9100±250	8250（68.2%）7600	8550（68.2%）7800	
	ZK‑11	兽骨	第二层钙华板下 79KJDT630CM	9000±150	8200（4.5%）8050 8000（63.7%）7600	8290（63.2%）7910 7900（2.9%）7870 7860（2.0%）7840	
	BK‑8308	钙华板	第一层钙华板底部	6600±150	5530（67.2%）5210 5160（1.0%）5150	5850（62.6%）5610 5590（5.6%）5550	

续附表九

遗址名称	实验室编号	样品物质	出土层位	碳十四年代 B.P. (5730)	树轮校正年代（B.C.）(68.2%)	δ¹³C校正后树轮校正年代（B.C.）(68.2%)	δ¹³C校正后减去1500年树轮校正年代（B.C.）(68.2%)
甑皮岩	BK－9308	螺壳	79KJDT5 第一层钙华板底部	8970±100	7950（6.9%）7890 7880（3.5%）7850 7840（57.8%）7600	8520（1.2%）8510 8460（67.0%）8230	6600（66.7%）6380 6280（1.5%）6270
	ZK－279－1	螺壳	DT5 第三层	11310±180	11230（68.2%）10900	11850（4.6%）11750 11600（63.6%）11150	9950（1.2%）9900 9800（67.0%）9150
	ZK－280－0	兽骨	DT5 第三层	7580±410	6650（68.2%）5800	7100（68.2%）6000	
	ZK－630	木炭	洞中地表采集	5950±265	4950（68.2%）4300		
豹子头	ZK－0284	螺壳	T2（3）	10720±260	10900（68.2%）9800	11200（60.2%）10650 10550（8.0%）10400	9150（8.6%）8950 8900（59.6%）8250
	ZK－0856	兽骨	T2（2）	5155±300	4250（65.2%）3500 3450（3.0%）3350	4350（68.2%）3700	
	ZK－0839	螺壳	50CM	9985±200	9350（68.2%）8700	10150（68.2%）9300	8200（1.1%）8100 8000（67.1%）7450
	ZK－0843	螺壳	100CM	10155±200	9800（63.7%）9100 9000（4.5%）8900	10700（68.2%）9600	8200（68.2%）7600
	ZK－0840	螺壳	110CM	9625±120	8790（3.3%）8760 8750（61.6%）8430 8390（0.9%）8380 8370（1.0%）8360 8350（1.5%）8330	9310（46.9%）9110 9000（16.0%）8890 8880（5.3%）8830	7480（15.5%）7390 7380（46.0%）7170 7160（3.9%）7130 7100（2.7%）7080
	ZK－0841	螺壳	190CM	10565±200	10700（68.2%）9600	11050（68.2%）10350	8750（66.3%）8150 8100（1.9%）8000
	ZK－0842	螺壳	200CM	10735±200	10900（68.2%）10000	11190（54.4%）10840 10800（13.8%）10690	9100（2.7%）9000 8850（65.5%）8250
白莲洞	BK－2092	钙华	东区第1层	7080±125	5880（68.2%）5630	6240（68.2%）5990	
	BK－2096	钙华	东区第7层	11670±150	11520（68.2%）11190	12100（9.6%）11950 11900（58.6%）11500	
	BK－2097	钙华	西区第2层	19910±180	21450（68.2%）20550	21850（68.2%）21050	
	BK－2098	钙华	西区第4层	26680±625	／	／	
	BK－2101	钙华	西区第10层	3700±2000	／	／	

续附表九

遗址名称	实验室编号	样品物质	出土层位	碳十四年代 B.P. (5730)	树轮校正年代（B.C.）(68.2%)	δ¹³C校正后树轮校正年代（B.C.）(68.2%)	δ¹³C校正后减去1500年树轮校正年代（B.C.）(68.2%)
鲤鱼嘴	PV-376	螺壳	扰乱层	5820±100	4600（68.2%）4360	5200（2.4%）5180 5070（65.8%）4800	3500（5.7%）3460 3380（62.5%）3090
	PV-378（2）	螺壳	上层	7820B±100	6590（1.7%）6580 6570（4.7%）6540 6530（54.2%）6370 6320（7.6%）6260	7070（66.7%）6750 6720（1.5%）6700	5610（2.1%）5590 5560（1.1%）5550 5540（64.9%）5360
	PV-401	人骨	下层	10510±150	10400（66.9%）9600 9550（1.3%）9450	10850（3.1%）10800 10700（65.1%）10000	
	PV-402	人骨	下层	11450±150	11380（9.9%）11300 11250（58.3%）10980	11520（68.2%）11190	
	PV-379（1）	螺壳	下层	18560±300	20000（68.2%）19000	20450（68.2%）19450	18700（68.2%）17750
	PV-379（2）	螺壳	下层	21020±450	18950（68.2%）18000	19350（68.2%）18400	21600（68.2%）20300
	BK-2090	螺壳	下层	12880±220	13500（15.4%）13100 13000（52.8%）12200	14100（55.4%）13200 12800（12.8%）12400	11850（10.9%）11700 11600（57.3%）11150
	BK-82091	螺壳	下层	23330±250	20970（68.2%）20480	21370（68.2%）20880	19870（68.2%）19370
独石仔	ZK-714-1	螺壳	T3,上层	14900±300	15850（68.2%）14950	16300（68.2%）15400	14600（68.2%）13650
	BK-83009	螺壳	T5,上层	13220±130	13900（50.8%）13200 12800（17.4%）12400	14300（68.2%）13650	12100（9.7%）11950 11900（58.5%）11500
	BK-83016	骨	T6,上层中部	14260±130	14950（68.2%）14400	15200（68.2%）14600	
	BK-83010	螺壳	T6,上层中部	17700±200	18950（68.2%）18100	19400（68.2%）18550	17650（68.2%）16850
	BK-83017	骨	T6,下层中部	15350±250	16300（68.2%）15500	16550（68.2%）15700	
	BK-83011	螺壳	T6,下层中部	17170±180	18300（68.2%）17550	18800（68.2%）18000	17050（68.2%）16300
	BK-83018	骨	T6,下层	16680±570	18100（68.2%）16600	18400（68.2%）16900	

续附表九

遗址名称	实验室编号	样品物质	出土层位	碳十四年代 B.P. (5730)	树轮校正年代（B.C.）(68.2%)	δ¹³C校正后树轮校正年代（B.C.）(68.2%)	δ¹³C校正后减去1500年树轮校正年代（B.C.）(68.2%)
江西岸	ZK-0848	螺壳	25CM	9385±140	8560（68.2%）8200	9150（26.5%）8970 8960（36.6%）8720 8710（2.6%）8690 8670（1.6%）8640	7140（2.7%）7100 7090（65.5%）6690
江西岸	ZK-0850	螺壳	60CM	8950±130	7950（68.2%）7590	8550（66.6%）8200 8050（1.6%）8000	6590（57.6%）6340 6320（10.6%）6250
江西岸	ZK-0851	螺壳	110CM	9245±140	8300（68.2%）7800	9150（7.8%）9000 8850（60.4%）8300	7040（68.2%）6590
黄岩洞	ZK-0676	螺壳	洞口	11930±200	11900（65.1%）11350 11300（3.1%）11250	12400（68.2%）11550	10900（68.2%）10000
黄岩洞	ZK-0677	螺壳	洞厅	10950±300	11050（68.2%）10150	11500（65.8%）10850 10800（2.4%）10700	9300（68.2%）8450
罗髻岩	ZK-678-1	螺壳		11175±500	11500（68.2%）10000	12100（1.6%）12000 11900（66.6%）10700	10200（68.2%）8400
朱屋岩	BK-83019	螺壳		17140±260	18350（68.2%）17450	18800（68.2%）17900	17050（68.2%）16200

注：碳十三校正，螺、蚌壳、钙华样品统一校正400年。骨头样品，考虑到石灰岩地区年代研究至今仍属年代框架上的讨论，而非较小年代范围内的细究，其校正年代可做一粗估，统一加200年。

附表一○ 广西壮族自治区桂林市史前洞穴遗址登记表

编号	遗址名称	遗 址 位 置	遗 物	时 代	保存情况
01	宝积岩	桂林市叠彩区中山北路西侧宝积山南麓。洞口朝向西南	人牙化石2枚；哺乳类动物化石包括猕猴、长臂猿、中国熊、猪獾、巴氏大熊猫、最后斑鬣狗、华南豪猪、竹鼠、巨獏、中国犀、野猪、鹿、麂、水牛、羊、剑齿象等6目16种；石制品12件，包括砍砸器4件、刮削器1件，其余为石核	旧石器时代晚期	
02	D洞	桂林市北门附近	堆积含炭粒、烧骨和较多螺蚌壳。共存的动物均属现生种，包括猪獾、狸、猕猴、鹿、牛等。并发现有晚期智人化石。文化遗物有砾石打制石器、穿孔石器及磨盘、磨棒。未见陶器	新石器时代（？）	
03	丹桂岩	桂林市七星公园月牙山西面山腰，襟江阁西约50米，洞口向西南，高出漓江河床约10米	磨制骨针1件、磨制石斧1件、石料以及猪、牛、羊、鹿等哺乳类动物骨骼及牙齿。另外还有鱼、鳖等水生动物化石，未见陶片	新石器时代	较差
04	象山顶	桂林市象山区象山公园内象山山顶北端普贤塔附近	较多的夹砂陶片和砾石	新石器时代	较差
05	牯牛洞	桂林市象山区东安街牯牛山（又称古柳山）。洞口朝东北，高程约7米	夹砂粗绳纹陶片、磨制石器及石料等	新石器时代	
06	观音岩	桂林市东郊大何乡天圣山观音岩。洞口朝南，高出地面约3米。主洞未见文化堆积，在西侧矮洞内发现成片的灰褐色胶结堆积	含大量螺壳、蚌壳、鹿牙、兽骨、石料等	新石器时代（？）	
07	媳妇岩	桂林市东郊穿山路穿山西麓。洞口朝南，洞内面积10余平方米	发现了大量的螺蚌壳胶结堆积，并采集到磨制石斧1件及大量的兽骨、烧骨，未发现陶片	新石器时代	
08	上岩	桂林市东郊穿山公园内的穿山南面山腰。洞口朝南偏西，高出现在地面10余米，高出漓江河床约20米。岩口宽约6米，深10余米，洞内宽约3米	含大量螺壳、蚌壳、兽骨、烧骨等。华南豪猪、猫、牛、鹿等化石，双边刃砍砸器、石片，磨制石斧1件，夹砂粗绳纹陶片3件以及哺乳类动物牙齿和肢骨5件	新石器时代	
09	鼻子岩	桂林市西郊甲山乡路口村齐头山南麓。洞口向南，高程4米，因洞口全为钙化物封死，洞内堆积不详	在洞口周围保留有大量的螺壳、蚌壳、鹿角及竹鼠和豪猪牙齿等	新石器时代（？）	较好
10	琴潭岩	桂林市甲山乡唐家村琴潭岩	石器、陶片、兽骨、螺壳	新石器时代	
11	轿子岩	桂林市甲山乡唐家村轿子山东南麓，紧临桂林两江国际机场路西侧。洞口东南向，高程约10米。洞内分主洞和支洞。文化堆积主要分布在主洞，面积约30平方米	螺壳、蹲踞葬1座、椭圆形灶坑1个和大量灰烬、砾石打制石器10余件、石料10余件、双孔蚌刀1件、骨锥1以及大量水、陆生动物遗骸。哺乳类动物遗骸包括猕猴、竹鼠、豪猪、野猪、鹿、麂等，水生动物遗骸有龟、鱼、螺、蚌等，均为现生种。未见陶器	中石器时代（？）	1980年试掘，发掘面积16平方米

续附表一○

编号	遗址名称	遗 址 位 置	遗 物	时 代	保存情况
12	释迦岩	桂林市西郊甲山乡唐家村附近红庙斜对面轿子岩西南麓。洞口高程5米，洞宽20米	螺壳、蚌壳以及猕猴、鹿、猪和羊等兽牙、砾石打制石器、炭屑等，未见陶器	中石器时代（?）	
13	菩萨岩	桂林市田心村西的狮子山南麓西侧。洞分两支洞，主洞南偏西15度，高程约20米，洞口形状不规则，两旁垂有钟乳石，状如门帘。洞内明亮干爽	近洞口处有螺壳堆积，发现砾石2件。左侧支洞洞口较小，在农民挖岩泥扰乱的螺壳堆积中发现砾石打制石器17件，夹砂绳纹陶片1件	新石器时代	原生文化堆积已遭破坏
14	马鞍山	桂林市西南郊平桂疗养院南，洞口南偏西15度，高程约20米，口呈长拱形，高4米，宽2.5米，深约15米	在岩壁处发现含少量螺壳的黄色堆积，未见文化遗物	?	
15	甑皮岩	详见本报告			
16	朝桂岩	桂林市平山乡大风山东山腰，高程约10米。洞口向东，呈半圆拱形，内分二支洞，左支洞较浅，右支洞较深，右支洞后部又有一洞向右拐，进深约15米	堆积中含螺壳、蚌壳、兽骨，并发现砾石石片、石核及打制石器。另外在左右支洞堆积中也发现有打制石器	?	1965年区文物队开2×0.4米探沟一条，深0.7米。
17	大岩口	桂林市柘木镇何家（苏家?）行政村马岩自然村南一公里左右，何家中心小学之北，紧临小学后围墙，为一石灰岩孤峰。洞口朝南略偏东，高程5米，洞口宽50、高10、进深10米，实为一岩厦遗址	文化堆积主要位于洞口右侧，为黄色含螺壳堆积，左侧堆积已被破坏。堆积中含较多螺壳，螺壳大而完整，蚌壳较少，出土遗物包括兽骨、砾石打制石器、石片、穿孔蚌器和陶片等。陶片为夹细砂红陶，其中一片施陶衣，为高领罐领部	新石器时代中期，相当于甑皮岩遗址第五期，大岩遗址第五期	
18	白竹境	桂林市奇峰镇白竹境水库旁。洞口朝向东南，高程约20米，洞口宽20、高10、进深约15米	少量螺壳，未见文化遗物	?	
19	火灰岩	桂林市二塘公社红光大队东村东北面。岩为二洞口，南北相通，洞与附近地面近平。两洞口南北基本在一直线上，中部较宽阔	洞中部右侧岩壁处残存有螺壳堆积，含螺壳较少，质松，发现砾石打制石器、夹粗砂粗绳纹灰陶片等文化遗物	新石器时代	
20	雷神庙	桂林市二塘乡常村南的大月山之北麓，洞口高程约20米，方向东偏北45度。洞口宽敞，高约4米，宽约3米	主洞南壁有螺壳堆积，发现螺壳堆积和较多夹砂陶片，未见石器	新石器时代	
21	琴头岩	新石器时代桂林市二塘乡常村南的大月山上，东距二塘村约1.5公里。洞口方向东偏北30度，高程约5米，洞口高5米，宽4.6米，进深7.8米	新石器时代堆积灰黄色，较疏松，含螺壳、碎骨、炭屑等，发现大量砾石打制石器和少量陶片	新石器时代	

续附表一〇

编号	遗址名称	遗 址 位 置	遗 物	时 代	保存情况
22	象鼻岩	桂林市二塘乡上月村东南，洞口向南，高程约10米，洞平面呈马蹄形	堆积中含少量螺壳，未见文化遗物	？	
23	后背山岩	桂林市二塘乡下月村南，洞口向南，高程约10米，洞内高4、宽4米，进深约9米	洞东壁可见螺壳堆积，发现打制石器4件和夹砂大方格纹陶片、素面刻划纹陶片	新石器时代	
24	唐僧山	桂林市二塘乡四合大队佛殿村，与临桂烂桥堡为界。洞有二口，主洞口北偏西15度，高程约5米，洞口高3、宽25、进深5.5米	含较多螺壳，发现砾石打制石器、夹粗砂厚胎粗绳纹陶片	新石器时代	
25	肚里岩	桂林市二塘乡四合大队佛殿村陶竹山西麓，高程约6米，洞口高2、宽7、进深16米	洞内发现松散的螺壳堆积，发现砾石打制石器、夹砂陶片等	新石器时代	
26	钝头岩	桂林市二塘乡四合村崴村西南0.5公里。有大、小两洞，堆积主要在大洞	含大量螺壳，少许蚌壳、烧骨和炭屑，发现砾石打制石器、夹砂绳纹陶片、组合纹陶片等	新石器时代	
27	看鸡岩	桂林市雁山区东立行政村立家岗村西1公里，青龙岩西北1.5公里	兽骨、螺蛳	？	
28	庙岩	桂林市南郊雁山镇东北李家塘村东半公里的庙岩南麓。有南、东两个洞口，海拔高程为150米，相对高出当地平原地面20米	共发现人骨两具、石器300多件（大部分为粗糙的打制石器，其中有50-60件加工较好），骨簪29余枚以及陶片、螺壳、蚌壳、灰烬等遗物	新石器时代	1988年7~8月，桂林市文物队对该遗址进行了发掘
29	平头山	桂林市南郊大埠乡都贵村平头山。为一石灰岩孤山，附近有小河，山腰有洞穴	在山下沙堆中发现大量兽骨、兽牙及鹿角。沙堆中的遗物可能因流水冲刷，从洞内搬移出洞外，积存于塘中	？	
30	塘后山	阳朔县白沙镇福龙村塘后山东北麓。洞口朝北偏东，高程3米，洞内高8、宽6、进深20余米	洞内暴露一片灰褐色胶结堆积，含大量兽骨、兽牙和螺壳。发现砾石打制石器、石片及夹细砂灰陶片	新石器时代	破坏较严重
31	穿岩山	临桂县庙岭乡小山头村穿岩山。该岩南北相通，高程15米，深长50米左右。北洞口高8、宽12米	含大量螺壳、兽牙、烧骨及夹粗砂红陶和灰陶片	新石器时代	

续附表一〇

编号	遗址名称	遗　址　位　置	遗　　物	时　代	保存情况
32	太平岩	临桂县二塘镇小太平村东约200米。为一西南－东北向的穿洞，洞高10－25米，宽15－30米。遗址位于西南洞口道路西北侧一带，现存面积约350平方米	陶器、打制石器、磨制石器、穿孔蚌器、骨器、角器、蚌器等遗物以及大量的水、陆生动物遗骸	新石器时代	1983、1999年两次试掘
33	大岩	临桂县临桂镇二塘行政村小太平自然村东南约0.5公里的下岩门山北麓，由A、B两洞组成。A洞位于东侧，B洞位于西侧，两洞洞口相邻，均朝向正北。B洞堆积残存面积仅约15平方米；A洞比较完整地保留了原生堆积，现存总面积约300平方米	共发现墓葬10座，用火遗迹10余处，完整的陶、石、骨、蚌器数百件。获得了大量地层关系明确的重要的文化和自然遗物，包括陶片、石器、骨器和蚌器等史前人类生活用具、生产工具以及人类食用后遗弃的水、陆生动物遗骸。遗址堆积最厚处达2.3米	旧石器时代晚期、中石器时代、新石器时代早期、新石器时代中期、新石器时代晚期、新石器时代末期	2000年10月至2001年1月发掘
34	螺蛳岩	临桂县二塘镇黄家村东南1.5公里，螺蛳山西麓中段。洞口向西，地面至洞口高程约10米，洞口高约10、宽12、洞厅深15米。洞口较大，愈往内愈小，并蜿蜒通到螺蛳山东麓。在洞口及洞口外20×15平方米的范围内有螺蛳壳堆积，深度不详	采集遗物仅有砾石打制石器2件以及数量较多的水、陆生动物遗骸	？	
35	铜钱岩	临桂县四塘乡李矮村大山南麓。洞口朝南，呈半圆形，洞内宽敞，洞口至洞内10余米处为钙华板覆盖	文化层堆积为黄褐色，和炭屑等，未见文化遗物	？	
36	青龙岩	临桂县六塘乡塘背村东北2公里，马山南麓。洞口朝西南，高程约6米，洞口宽敞，面积约60平方米	洞口附近的灰褐色土堆积中发现大量兽骨、螺壳及砾石砍砸器	？	
37	新　岩	灵川县定江镇莲花行政村聚田村西100米，新岩山东麓靠近漓江支流桃花江。山上共有4洞，其中1号、4号洞有文化堆积，但大部分已遭破坏，仅残存少量含螺壳、兽骨、炭屑的胶结土	兽骨、砾石砍砸器、磨制石斧、穿孔石器、陶片	新石器时代	共4洞，其中1号、4号洞有文化遗物
38	东洞	荔浦县双江镇苏村西北的水岩山东洞内	发现1枚人牙化石和5种哺乳动物化石，未见螺壳，其中巴氏大熊猫为更新世晚期绝灭种。后来在洞内还找到几件打制的砾石石器	旧石器时代	

附录一

甑皮岩遗址孢粉分析报告

郑　卓

（中山大学地球科学系）

　　孢粉分析是进行古环境变化研究最好的方法之一。本次孢粉分析的样品取自广西桂林甑皮岩遗址探方 BT3、DT3、DT4、DT6 及洞内地表和大风山、甑皮岩自然堆积。本次孢粉化学分离的结果表明，除个别样品含孢粉丰富以外，大部分样品只含少量蕨类和苔藓类孢子，高等植物的花粉含量普遍较少。

　　孢粉样品的实验室分析参照标准的分析方法并进行了一些改进。对含有大量钙质泥土的样品，先用稀盐酸多次浸泡过筛，之后用重液法进行分离处理。孢粉浓度的计算采用 P. COUR 的体积法。孢粉类型分为木本（AP）、草本花粉（NAP）和蕨类孢子（FS）（含藻类等）。各类型的相对含量用百分比值来表示。相对含量的基数采用孢粉总量（含花粉、孢子和藻类）来计算。

　　分析结果表明，除部分样品含有丰富的孢粉外，其他样品分离出的孢粉化石稀少，且多以蕨类孢子为主。本次鉴定的孢粉种类 50 多个，多为华南地区亚热带常绿阔叶林常见类型。

　　该区孢粉分析结果以及相应植物群所反映的植被生态环境变化简述如下（表一～一〇；图一～三）：

　　第一期（DT4③①，DT4③⓪）：该层样品经孢粉化学分离和镜下鉴定，发现孢粉颗粒稀少，仅检出少量的松属、豆科、三缝孢子、单缝孢子、凤尾蕨属等。本期相对多的松属植物花粉，可能表明这一时期气候偏干，植物类型的组成仍反映亚热带生态环境。

　　第二期（DT4②⑨，DT4②⑧）：该带的特征与第一期没有明显的变化，禾本科花粉和蕨类植物孢子有所增加。仍然反映相对凉干的气候环境。

　　第三期（DT3⑯～⑥，DT4②⑦～⑯，DT6⑮，DT6⑯）：该期共同特点是含有凤尾蕨、单缝孢子、松属、十字花科等。凤尾蕨在亚热带潮湿区域分布较广，在该期的频繁出现和较高的含量，可能与气候变得相对潮湿有关，但孢粉总的含量浓度较低，十字花科的出现可能与人类活动有关。此外，个别样品还含有枫香属、杉科、茜草科、无患子科、栎属，以及草本类的菊科等。

　　第四期（DT3⑤、DT3④，DT4⑮～⑤，DT4 灶 1）：该期的典型特征是凤尾蕨仍保持较

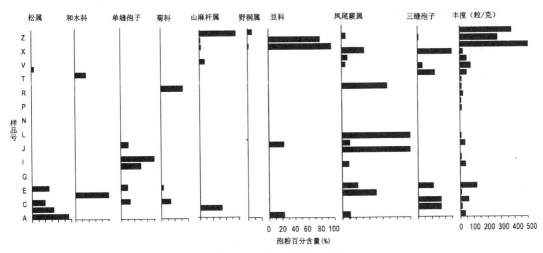

图一 DT4 孢粉含量图式

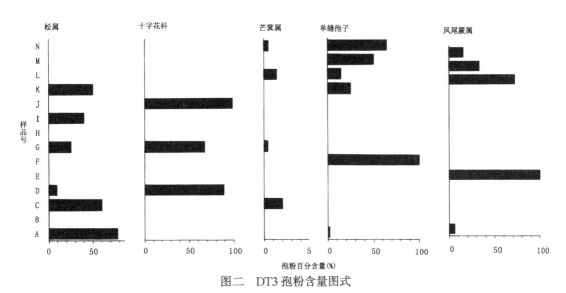

图二 DT3 孢粉含量图式

高的含量，单缝孢子和芒箕类孢子含量增加，显示人类此时对林木的砍伐和破坏加剧。其中
DT4 探方的第 7～5 层、灶 1 孢粉浓度较高，含有丰富的豆科、山麻杆属、野桐属等，个别
样品还有较多的无患子科和栎属。这些植物中，豆科可能属于伴人植物，其他许多是山地次
生林植物类型，可能是人类砍伐用于取火等用途。该期整体的孢粉组合综合反映了较湿热的
气候环境。

第五期（BT3㉔～⑥，BT3⑫灰白土，DT6④，DT6⑤）：这一阶段的孢粉组合的特征为
凤尾蕨、单缝孢子、三缝孢子、芒箕、金毛狗、海金砂属等蕨类孢子为主要优势，松花粉在
本层 BT3 剖面的底部和顶部相对较多，此外还有少量的栎属、杉科和草本类的禾本科、毛
茛科等。

宋及近现代文化层（BT3②，BT3①）：仅 BT3②含丰富的孢粉，主要有三缝孢子类、

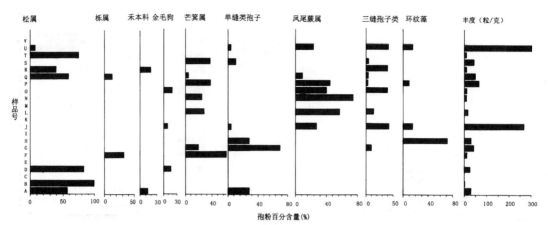

图三　BT3 孢粉含量图式

凤尾蕨属、松属、环纹藻、单缝类孢子、海金砂属、野桐属、芒箕属等。大量的湿生蕨类，反映了潮湿的生态环境。

地表孢粉（大风山和遗址洞内），大风山其中一个地点有较多的芒箕属孢子，而甑皮岩遗址探方 BT2 东南角有较多的松属花粉。其他地点的孢粉较少，以蕨类植物为主。

本区孢粉分析结果的解释，如果能够结合野外观察和文化层的堆积规律研究，才能更为准确地进行环境分析。

表一　DT4 孢粉统计表（统计粒数）

	Pollen name	样品号	DT4㉛	DT4㉚	DT4㉙	DT4㉘	DT4㉗	DT4㉖	DT4㉕	DT4㉔
		中文名	A	B	C	D	E	F	G	H
1	*Alchornea*	山麻杆属		1						
1	*Alnus*	赤杨属								
1	Araliaceae	五加科								
1	*Castanopsis*	栲属								
1	Hamamelidaceae	金缕梅科								
1	Labietae	唇形科								
1	Leguminosae	豆科	2							
1	*Mallotus*	野桐属								
1	Moraceae	桑科								
1	*Pinus*	松属	5	1	3		8			
1	*Quercus*	栎属								
1	*Sapindus*	无患子属								
1	Taxodiaceae	杉科					1			
1	Theaceae	山茶科								
1	Thymelaeaceae	瑞香科								
1	*Triumferta*	刺蒴麻属								
2	*Artemisia*	蒿属								
2	Compositae	菊科			2		1			
2	Gramineae	禾本科				1				
3	*Cibotium*	金毛狗属						1		
3	*Dicranopteris*	芒箕属								
3	*Hicriopteris*	里白属								
3	*Lycopodium*	石松属					3			
3	*Lygodium*	海金砂属								
3	Monolete spores	单缝类孢子			2		3			3
3	*Pteris*	凤尾蕨属	1			1	7			1
3	*Selaginella*	卷柏属								
3	Trilete Spore	三缝孢子类		1	5		7			
4	Concentricystes	环纹藻	1		3		1			6
4	Zygnema	双星藻								
1	AP	木本合计	7	2	3	0	9	0	0	0
2	NAP	草本合计	0	0	2	1	1	0	0	0
3 + 4	FS	蕨类合计	2	1	10	1	21	1	0	10
	TOTAL SUM	总计	9	3	15	2	31	1	0	10
	grains/g soil	丰度（粒/克）	36	12	60	8	123	4	0	40

续表一

	Pollen name	样品号	DT4㉒	DT4㉒	DT4㉑	DT4⑳	DT4⑲	DT4⑱	DT4⑰	DT4⑯	DT4⑮
		①	P	中文名	I	I	J	K	L	M	N
1	*Alchornea*	山麻杆属									
1	*Alnus*	赤杨属									
1	Araliaceae	五加科									
1	*Castanopsis*	栲属									
1	Hamamelidaceae	金缕梅科									
1	Labietae	唇形科									
1	Leguminosae	豆科			2						
1	*Mallotus*	野桐属									
1	Moraceae	桑科									
1	*Pinus*	松属									
1	*Quercus*	栎属									
1	*Sapindus*	无患子属									
1	Taxodiaceae	杉科									
1	Theaceae	山茶科									
1	Thymelaeaceae	瑞香科									
1	*Triumferta*	刺朔麻属									
2	*Artemisia*	蒿属									
2	Compositae	菊科									
2	Gramineae	禾本科									
3	*Cibotium*	金毛狗属									
3	*Dicranopteris*	芒萁属									
3	*Hicriopteris*	里白属									
3	*Lycopodium*	石松属									
3	*Lygodium*	海金砂属									
3	Monolete spores	单缝类孢子	1		1						
3	*Pteris*	凤尾蕨属		1	1	2					
3	*Selaginella*	卷柏属	1		3						
3	Trilete Spore	三缝孢子类									
4	Concentricystes	环纹藻			2					3	2
4	Zygnema	双星藻									
1	AP	木本合计	0	0	2	0	0	0	0	0	0
2	NAP	草本合计	0	0	0	0	0	0	0	0	0
3＋4	FS	蕨类合计	2	1	7	2	0	0	0	3	2
	TOTAL SUM	总计	2	1	9	2	0	0	0	3	2
	grains/g soil	丰度（粒/克）	8	4	36	8	0	0	0	12	8

续表一

	Pollen name	样品号	DT4⑭	DT4⑬	DT4⑫	DT4⑪	DT4⑩	DT4⑨	DT4⑧	DT4⑦
		中文名	Q	R	S	T	U	V	W	X
1	*Alchornea*	山麻杆属						1		13
1	*Alnus*	赤杨属					3			1
1	Araliaceae	五加科								
1	*Castanopsis*	栲属					2			
1	Hamamelidaceae	金缕梅科								
1	Labietae	唇形科								1
1	Leguminosae	豆科								537
1	*Mallotus*	野桐属								8
1	Moraceae	桑科								
1	*Pinus*	松属					2			
1	*Quercus*	栎属								
1	*Sapindus*	无患子属						1		
1	Taxodiaceae	杉科								
1	Theaceae	山茶科								
1	Thymelaeaceae	瑞香科								
1	*Triumferta*	刺朔麻属					37		1	
2	*Artemisia*	蒿属								
2	Compositae	菊科		1						
2	Gramineae	禾本科			2					
3	*Cibotium*	金毛狗属						3		1
3	*Dicranopteris*	芒箕属								
3	*Hicriopteris*	里白属								
3	*Lycopodium*	石松属								
3	*Lygodium*	海金砂属								
3	Monolete spores	单缝类孢子								
3	*Pteris*	凤尾蕨属		2			3	1	2	
3	*Selaginella*	卷柏属						1		1
3	Trilete Spore	三缝孢子类				3	4		3	
4	Concentricystes	环纹藻	5		3	7	6	5	2	
4	Zygnema	双星藻								
1	AP	木本合计	0	0	0	0	44	2	1	560
2	NAP	草本合计	0	1	0	2	0	0	0	0
3＋4	FS	蕨类合计	5	2	3	10	13	10	7	2
	TOTAL SUM	总计	5	3	3	12	57	12	8	562
	grains/g soil	丰度（粒/克）	20	12	12	48	80	48	20	2233

表二　DT4、DT6 孢粉统计表（统计粒数）

	Pollen name	样品号	DT4⑥	DT4⑤	DT4灶1	DT6⑮	DT6⑯	DT6⑯	DT6④	DT6⑤
		中文名	Y	Z		烧螺	2号样	6号样	Z	Y
1	*Alchornea*	山麻杆属	1	53	2					
1	*Alnus*	赤杨属								
1	Araliaceae	五加科			3					
1	*Castanopsis*	栲属								
1	Hamamelidaceae	金缕梅科				1				
1	Labietae	唇形科	5							
1	Leguminosae	豆科	54				2			
1	*Mallotus*	野桐属		6	2	3				
1	Moraceae	桑科				1				
1	*Pinus*	松属			5	2	2			1
1	*Quercus*	栎属		13		1				
1	*Sapindus*	无患子属		21						
1	Taxodiaceae	杉科								
1	Theaceae	山茶科			1					
1	Thymelaeaceae	瑞香科	4							
1	*Triumferta*	刺蒴麻属								
2	*Artemisia*	蒿属			2		3	1		
2	Compositae	菊科								
2	Gramineae	禾本科					2			
3	*Cibotium*	金毛狗属		1	12	4				1
3	*Dicranopteris*	芒萁属								
3	*Hicriopteris*	里白属			2	1				
3	*Lycopodium*	石松属			3					
3	*Lygodium*	海金砂属			1	1				
3	Monolete spores	单缝类孢子			5					
3	*Pteris*	凤尾蕨属	4	1	37	13	15	2	2	
3	*Selaginella*	卷柏属								
3	Trilete Spore	三缝孢子类	1		11	5	2			
4	Concentricystes	环纹藻			8	2	2	3		1
4	Zygnema	双星藻			3	7	3			
1	AP	木本合计	64	93	13	3	9	0	0	1
2	NAP	草本合计	0	0	2	0	5	1	0	0
3 + 4	FS	蕨类合计	5	2	82	33	22	5	2	2
	TOTAL SUM	总计	69	95	97	36	36	6	2	3
	grains/g soil	丰度（粒/克）	274	378	386	143	143	24	8	12

表三 DT4 孢粉百分含量表（%）

	Pollen name	样品号	DT4㉛	DT4㉚	DT4㉙	DT4㉘	DT4㉗	DT4㉖	DT4㉕	DT4㉔
		中文名	A	B	C	D	E	F	G	H
1	*Alchornea*	山麻杆属		33.3						
1	*Alnus*	赤杨属								
1	Araliaceae	五加科								
1	*Castanopsis*	栲属								
1	Hamamelidaceae	金缕梅科								
1	Labietae	唇形科								
1	Leguminosae	豆科	22.2							
1	*Mallotus*	野桐属								
1	Moraceae	桑科								
1	*Pinus*	松属	55.6	33.3	20.0		25.8			
1	*Quercus*	栎属								
1	*Sapindus*	无患子属								
1	Taxodiaceae	杉科					3.2			
1	Theaceae	山茶科								
1	Thymelaeaceae	瑞香科								
1	*Triumferta*	刺蒴麻属								
2	*Artemisia*	蒿属								
2	Compositae	菊科			13.3		3.2			
2	Gramineae	禾本科				50.0				
3	*Cibotium*	金毛狗属							100	
3	*Dicranopteris*	芒萁属								
3	*Hicriopteris*	里白属								
3	*Lycopodium*	石松属						9.7		
3	*Lygodium*	海金砂属								
3	Monolete spores	单缝类孢子			13.3		9.7			30.3
3	*Pteris*	凤尾蕨属	11.1			50.0	22.6			10.0
3	*Selaginella*	卷柏属								
3	Trilete Spore	三缝孢子类		33.3	33.3		22.6			
4	Concentricystes	环纹藻	11.1		20.0		3.2			60.0
4	Zygnema	双星藻								
1	AP	木本合计	77.8	66.7	20.0	0.0	29.0	0.0	0.0	0.0
2	NAP	草本合计	0.0	0.0	13.3	50.0	3.2	0.0	0.0	0.0
3＋4	FS	蕨类合计	22.2	33.3	66.7	50.0	67.7	100	0.0	100

续表三

	Pollen name	中文名	DT4㉓	DT4㉒	DT4㉑	DT4⑳	DT4⑲	DT4⑱	DT4⑰	DT4⑯	DT4⑮
			I	I	J	K	L	M	N	O	P
1	*Alchornea*	山麻杆属									
1	*Alnus*	赤杨属									
1	Araliaceae	五加科									
1	*Castanopsis*	栲属									
1	Hamamelidaceae	金缕梅科									
1	Labietae	唇形科									
1	Leguminosae	豆科			22.2						
1	*Mallotus*	野桐属									
1	Moraceae	桑科									
1	*Pinus*	松属									
1	*Quercus*	栎属									
1	*Sapindus*	无患子属									
1	Taxodiaceae	杉科									
1	Theaceae	山茶科									
1	Thymelaeaceae	瑞香科									
1	*Triumferta*	刺朔麻属									
2	*Artemisia*	蒿属									
2	Compositae	菊科									
2	Gramineae	禾本科									
3	*Cibotium*	金毛狗属									
3	*Dicranopteris*	芒箕属									
3	*Hicriopteris*	里白属									
3	*Lycopodium*	石松属									
3	*Lygodium*	海金砂属									
3	*Monolete spores*	单缝类孢子	50.0		11.1						
3	*Pteris*	凤尾蕨属		100	11.1	100					
3	*Selaginella*	卷柏属	50.00		33.3						
3	Trilete Spore	三缝孢子类									
4	Concentricystes	环纹藻			22.2					100	100
4	Zygnema	双星藻									
1	AP	木本合计	0.0	0.0	22.2	0.0	0.0	0.0	0.0	0.0	0.0
2	NAP	草本合计	0.0	0.0	0.0	0.0	0.0	0.0	0.0	0.0	0.0
3 + 4	FS	蕨类合计	100	100	77.8	100	0.0	0.0	0.0	100	100

续表三

	Pollen name	样品号	DT4⑭	DT4⑬	DT4⑫	DT4⑪	DT4⑩	DT4⑨	DT4⑧	DT4⑦
		中文名	Q	R	S	T	U	V	W	X
1	*Alchornea*	山麻杆属						8.3		2.3
1	*Alnus*	赤杨属					5.3			0.2
1	Araliaceae	五加科								
1	*Castanopsis*	栲属					3.5			
1	Hamamelidaceae	金楼梅科								
1	Labietae	唇形科								0.2
1	Leguminosae	豆科								95.6
1	*Mallotus*	野桐属								1.4
1	Moraceae	桑科								
1	*Pinus*	松属					3.5			
1	*Quercus*	栎属								
1	*Sapindus*	无患子属						8.3		
1	Taxodiaceae	杉科								
1	Theaceae	山茶科								
1	Thymelaeaceae	瑞香科								
1	*Triumferta*	刺朔麻属					64.9		16.7	
2	*Artemisia*	蒿属								
2	Compositae	菊科		33.3						
2	Gramineae	禾本科				16.7				
3	*Cibotium*	金毛狗属						25.0		0.2
3	*Dicranopteris*	芒箕属								
3	*Hicriopteris*	里白属								
3	*Lycopodium*	石松属								
3	*Lygodium*	海金砂属								
3	Monolete spores	单缝类孢子								
3	*Pteris*	凤尾蕨属		66.7			5.3	8.3	33.3	
3	*Selaginella*	卷柏属						8.3		0.2
3	Trilete Spore	三缝孢子类				25.0	7.0		50.0	
4	Concentricystes	环纹藻	100		100	58.3	10.5	41.7		
4	Zygnema	双星藻								
1	AP	木本合计	0.0	0.0	0.0	0.0	77.2	16.7	16.7	99.6
2	NAP	草本合计	0.0	33.3	0.0	16.7	0.0	0.0	0.0	0.0
3 + 4	FS	蕨类合计	100	66.7	100	83.3	22.8	83.3	83.3	0.4

表四　DT4、DT6孢粉百分含量表（%）

	Pollen name	样品号	DT4⑥	DT4⑤	DT4 灶1	DT5⑮	DT6⑩	DT6⑩	DT6④	DT6⑤
		中文名	Y	Z		烧螺	2号样	6号样	Z	Y
1	*Alchornea*	山麻杆属	1.4	55.8	2.1					
1	*Alnus*	赤杨属								
1	Araliaceae	五加科			3.1					
1	*Castanopsis*	栲属								
1	Hamamelidaceae	金楼梅科					2.8			
1	Labietae	唇形科	7.2							
1	Leguminosae	豆科	78.3					5.6		
1	*Mallotus*	野桐属		6.3	2.1		8.3			
1	Moraceae	桑科					2.8			
1	*Pinus*	松属			5.2	5.6	5.6			33.3
1	*Quercus*	栎属		13.7			2.8			
1	*Sapindus*	无患子属		22.1						
1	Taxodiaceae	杉科								
1	Theaceae	山茶科			1.0					
1	Thymelaeaceae	瑞香科	5.8							
1	*Triumferta*	刺朔麻属								
2	*Artemisia*	蒿属			2.1		8.3	16.7		
2	Compositae	菊科								
2	Gramineae	禾本科					5.6			
3	*Cibotium*	金毛狗属		1.1	12.4	11.1				33.3
3	*Dicranopteris*	芒箕属								
3	*Hicriopteris*	里白属			2.1	2.8				
3	*Lycopodium*	石松属			3.1					
3	*Lygodium*	海金砂属			1.0	2.8				
3	Monolete spores	单缝类孢子			5.2					
3	*Pteris*	凤尾蕨属	5.8	1.1	38.1	36.1	41.7	33.3	100	
3	*Selaginella*	卷柏属								
3	Trilete Spore	三缝孢子类	1.4		11.3	13.9	5.6			
4	Concentricystes	环纹藻			8.2	5.6	5.6	50.0		33.3
4	Zygnema	双星藻			3.1	19.4	8.3			
1	AP	木本合计	92.8	97.9	13.4	8.3	25.0	0.0	0.0	33.3
2	NAP	草本合计	0.0	0.0	2.1	0.0	13.9	16.7	0.0	0.0
3＋4	FS	蕨类合计	7.2	2.1	84.5	91.7	61.1	83.3	100	66.7

表五　DT3 孢粉统计表（统计粒数）

	Pollen name	样品号 中文名	BT3⑯ A	BT3⑮ B	BT3⑭ C	BT3⑬ D	BT3⑫ E	BT3⑪ F	BT3⑩ G	BT3⑨ H	BT3⑧ I	BT3⑦ J	BT3⑥ K	BT3⑤ L	BT3④ M	BT3② N
1	*Liquidambar*	枫香属				4										
1	*Pinus*	松属	44		3	22			43		2		2			
1	*Quercus*	栎属										2				
1	Sapindaceae	无患子科			1							4				
1	Tarena	茜草科										9				
1	Taxodiaceae	杉科							5							1
2	Convolvulaceae	旋花科										3				
2	Cruciferae	十字花科				213			116			1623				
2	Gramineae	禾本科									3					
3	*Dicranopteris*	芒萁属			1				7					1		1
3	*Lygodium*	海金砂属													1	
3	Monolete spores	单缝类孢子	1					3					1	1	3	13
3	*Pteris*	凤尾蕨属	3				1		1					5	2	3
3	Trilete spores	三缝孢子	9													2
4	Concentricystes	环纹藻										4	1			
1	AP	木本合计	44	0	4	26	0	0	48	0	2	15	2	0	0	1
2	NAP	草本合计	0	0	0	213	0	0	116	0	3	1626	0	0	0	0
3＋4	FS	蕨类合计	13	0	1	0	1	3	8	0	0	4	2	7	6	19
	TOTAL SUM	总计	57	0	05	239	1	3	172	0	5	1645	4	7	6	20
	grains/g soil	丰度（粒/克）	241	0	12	793	2	7	426	0	12	14079	10	17	15	50

表六　DT3 孢粉百分含量表（%）

	Pollen name	样品号 中文名	BT3⑯ A	BT3⑮ B	BT3⑭ C	BT3⑬ D	BT3⑫ E	BT3⑪ F	BT3⑩ G	BT3⑨ H	BT3⑧ I	BT3⑦ J	BT3⑥ K	BT3⑤ L	BT3④ M	BT3② N
1	*Liquidambar*	枫香属				1.674										
1	*Pinus*	松属	77.19		60	9.205			25		40		50			
1	*Quercus*	栎属										0.122				
1	Sapindaceae	无患子科			20							0.243				
1	Tarena	茜草科										0.547				
1	Taxodiaceae	杉科							2.907							5
2	Convolvulaceae	旋花科										0.182				
2	Cruciferae	十字花科				89.12			67.44			98.66				
2	Gramineae	禾本科									60					
3	*Dicranopteris*	芒箕属			20				4.07					14.29		5
3	*Lygodium*	海金砂属													16.67	
3	Monolete spores	单缝类孢子	1.754					100					25	14.29	50	65
3	*Pteris*	凤尾蕨属	5.263				100		0.581					71.43	33.33	15
3	Trilete spores	三缝孢子	15.79													10
4	Concentricystes	环纹藻										0.243	25			
1	AP	木本合计	77.19	0	80	10.88	0	0	27.91	0	40	0.912	50	0	0	5
2	NAP	草本合计	0	0	0	89.12	0	0	67.44	0	60	98.84	0	0	0	0
3＋4	FS	蕨类合计	22.81	0	20	0	100	100	4.651	0	0	0.243	50	100	100	95
	TOTAL SUM	总计	100	0	100	100	100	100	100	0	100	100	100	100	100	100

表七　BT3 孢粉统计表（统计粒数）

	Pollen name	样品号	BT3㉔	BT3㉓	BT3㉒	BT3㉑	BT3⑳	BT3⑲	BT3⑱	BT3⑰	BT3⑮	BT3⑭	BT3⑬	BT3⑫
		中文名	A	B	C	D	E	F	G	H	I	J	K	L
1	*Mallotus*	野桐属												
1	*Pinus*	松属	4	1		5								
1	*Quercus*	栎属						1						
1	Taxodiaceae	杉科												
2	Gramineae	禾本科	1											
2	Ranunculaceae	毛茛科												
3	*Cibotium*	金毛狗属				1						11		
3	*Dicranopteris*	芒萁属						2	2			1		2
3	*Lygodium*	海金砂属												
3	Monolete spores	单缝类孢子	2						7	2		5		
3	*Pteris*	凤尾蕨属										32		4
3	Trilete spore	三缝孢子类							1			49		1
4	Concentricystes	环纹藻								5		18		
1	AP	木本合计	4	1	0	5	0	1	0	0	0	0	0	0
2	NAP	草本合计	1	0	0	0	0	0	0	0	0	0	0	0
3 + 4	FS	蕨类合计	2	0	0	1	0	2	10	7	0	116	0	7
	TOTAL SUM	总计	7	1	0	6	0	3	10	7	0	116	0	7
	grains/g soil	丰度（粒/克）	30	4	0	26	0	13	43	30	0	268	0	16

续表七

	Pollen name	中文名	M	N	O	P	Q	R	S	T	U	V	红土	灰白土	灰白土
	样品号		BT3⑪	BT3⑩	BT3⑨	BT3⑧	BT3⑦	BT3⑥	BT3⑤	BT3④	BT3②	BT3①	BT3⑫	BT3⑱	BT3⑫
1	*Mallotus*	野桐属									4				
1	*Pinus*	松属					13	2		3	21				12
1	*Quercus*	栎属					3								
1	Taxodiaceae	杉科					2								
2	Gramineae	禾本科						1							6
2	Ranunculaceae	毛茛科									3				
3	*Cibotium*	金毛狗属			1										6
3	*Dicranopteris*	芒萁属		1		11	1		7		1				
3	*Lygodium*	海金砂属				1			9	1	5				
3	Monolete spores	单缝类孢子							2		11				
3	*Pteris*	凤尾蕨属		3	2	13	2				59				36
3	Trilete spore	三缝孢子类			2	1	1	2	1		103				12
4	Concentricystes	环纹藻				3					39				24
1	AP	木本合计	0	0	0	0	18	2	0	3	25	0	0	0	12
2	NAP	草本合计	0	0	0	0	0	1	0	0	3	0	0	0	6
3＋4	FS	蕨类合计	0	4	5	29	4	2	19	1	218	0	0	0	78
	TOTAL SUM	总计	0	4	5	29	22	5	19	4	246	0	0	0	96
	grains/g soil	丰度（粒/克）	0	9	12	67	51	12	44	9	567	0	0	0	222

表八　BT3 孢粉百分含量表（%）

	Pollen name	样品号	BT3㉔	BT3㉓	BT3㉒	BT3㉑	BT3⑳	BT3⑲	BT3⑱	BT3⑰	BT3⑮	BT3⑭	BT3⑬	BT3⑫
		中文名	A	B	C	D	E	F	G	H	I	J	K	L
1	*Mallotus*	野桐属												
1	*Pinus*	松属	57.1	100		83.3								
1	*Quercus*	栎属						33.3						
1	Taxodiaceae	杉科												
2	Gramineae	禾本科	14.3											
2	Ranunculaceae	毛茛科												
3	*Cibotium*	金毛狗属				16.7						9.5		
3	*Dicranopteris*	芒萁属						66.7	20.0			0.9		28.6
3	*Lygodium*	海金砂属												
3	Monolete spores	单缝类孢子	28.6						70.0	28.6		4.3		
3	*Pteris*	凤尾蕨属										27.6		57.1
3	Trilete spore	三缝孢子类							10.0			42.2		14.3
4	Concentricystes	环纹藻								71.4		15.5		
1	AP	木本合计	57.1	100	0	83.3	0	33.3	0	0	0	0	0	0
2	NAP	草本合计	14.3	0	0	0.0	0	0.0	0	0	0	0	0	0
3 + 4	FS	蕨类合计	28.6	0	0	16.7	0	66.7	100	100	0.0	100	0.0	100
	TOTAL SUM	总计	100	100	0	100	0	100	100	100	0	100	0	100

续表八

	Pollen name	样品号	BT3⑪	BT3⑩	BT3⑨	BT3⑧	BT3⑦	BT3⑥	BT3⑤	BT3④	BT3②	BT3①	BT3⑫	BT3⑬	BT3⑫
		中文名	M	N	O	P	Q	R	S	T	U	V	红土	灰白土	灰白土
1	*Mallotus*	野桐属									1.6				
1	*Pinus*	松属					59.1	40.0		75.0	8.5				12.5
1	*Quercus*	栎属					13.6								
1	Taxodiaceae	杉科					9.1								
2	Gramineae	禾本科						20.0							6.3
2	Ranunculaceae	毛茛科									1.2				
3	*Cibotium*	金毛狗属			20.0										6.3
3	*Dicranopteris*	芒萁属		25.0		37.9	4.5		36.8		0.4				
3	*Lygodium*	海金砂属				3.4			47.4	25.0	2.0				
3	Monolete spores	单缝类孢子							10.5		4.5				
3	*Pteris*	凤尾蕨属		75.0	40.0	44.8	9.1				24.0				37.5
3	Trilete spore	三缝孢子类			40.0	3.4	4.5	40.0	5.3		41.9				12.5
4	Concentricystes	环纹藻				10.3					15.9				25.0
1	AP	木本合计	0	0	0	0	81.8	40.0	0	75.0	10.2	0	0	0	12.5
2	NAP	草本合计	0	0	0	0	0	20.0	0	0.0	1.2	0	0	0	6.3
3+4	FS	蕨类合计	0	100	100	100	18.2	40.0	100	25.0	88.6	0	0	0	81.3
	TOTAL SUM	总计	0	100	100	100	100	100	100	100	100	0	0	0	100

表九　大风山、甑皮岩地表样孢粉统计表（统计粒数）

	Pollen name	中文名	大风山采样点左侧1米	大风山地表	甑皮岩BT2东南角地表下1cm	甑皮岩BT1东北角地表下3cm	甑皮岩BT2西北角地表下2cm	甑皮岩遗址外地表	甑皮岩地表采样点左侧1米
			J	I	1号样	2号样	3号样	ZK	L
1	*Alcnornea*	山麻杆属			43				2
1	*Calophanoides*	杜根藤属	2						
1	*Carpinus*	鹅耳枥属							
1	*Castanopsis*	栲属							3
1	*Corylus*	榛属			5				
1	Cupressaceae	柏科							
1	*Cycas*	苏铁属							
1	Euphorbiaceae	大戟科							1
1	*Flacourtia*	大风子属							
1	Hamamelidaceae	金缕梅科							
1	*Juglans*	胡桃属							
1	*Ligustrum*	女贞属							2
1	*Liquidambar*	枫香属							
1	Magnoliaceae	木兰科							
1	*Mallotus*	野桐属			31				
1	Moraceae	桑科	5			1			
1	*Myrica*	杨梅属			1				
1	Oleaceae	木犀科							
1	Papilionaceae	蝶形花科							1
1	*Pinus*	松属	2	4	132	5		78	67
1	*Quercus*	栎属			10		3		5
1	Sapindaceae	无患子科							2
1	Taxodiaceae	杉科							1
1	Umbelliferae	伞形科			2				3
2	*Artemisia*	蒿属			34			9	
2	Caryophyllaceae	石竹科							
2	Chenopodiaceae	藜科							2
2	Compositae	菊科	2		7			9	21
2	Convolvulaceae	旋花科							1
2	Cruciferae	十字花科							2
2	Cyperaceae	莎草科	5						
2	Gramineae	禾本科			12			9	2
2	*Polygonum*	蓼属							1

续表九

	Pollen name	中文名	大风山采样点左侧1米	大风山地表	甑皮岩BT2东南角地表下1cm	甑皮岩AT1东北角地表下3cm	甑皮岩BT2西北角地表下2cm	甑皮岩遗址外地表	甑皮岩地表采样点左侧1米
			J	I	1号样	2号样	3号样	ZK	L
2	Ranunculaceae	毛茛科							2
2	Rostellularia	爵床属						12	13
3	Adiantum	铁线蕨属	13						
3	Cibotium barome	金毛狗						3	9
3	Dicranopteris	芒箕属	137	34	32	23		117	
3	Hicriopteris	里白属	35	10	15	8		15	5
3	Lycopodium	石松属	3			17	3	6	
3	Lygodium	海金砂属	4				6		
3	Monolete spores	单缝类孢子	18	8	5		12	15	31
3	Osmunda	紫萁属						6	2
3	Polypodium	水龙骨属							
3	Pteris	凤尾蕨属	5		10	52	18	27	
3	Selaginella	卷柏属							
3	Trilete spore	三缝孢子类	24		11	19	42	33	44
4	Concentricystes	环纹藻	11	5	4	17	6	42	20
4	Zygnema	双星藻属							
1	AP	木本合计	9	4	224	6	3	78	87
2	NAP	草本合计	7	0	53	0	0	39	44
3+4	FS	蕨类合计	250	57	77	136	87	264	111
	TOTAL SUM	总计	266	61	354	142	90	381	242
	grains/g soil	丰度(粒/克)	3192	122	3894	568	153	5715	1694

表一〇 大风山、甑皮岩地表样孢粉百分含量表（%）

	Pollen name	中文名	大风山采样点左侧1米	大风山地表	甑皮岩BT2东南角地表下1cm	甑皮岩BT1东北角地表下3cm	甑皮岩BT2西北角地表下2cm	甑皮岩遗址外地表	甑皮岩地表采样点左侧1米
			J	I	1号样	2号样	3号样	ZK	L
1	*Alcmornea*	山麻杆属			12.15				0.83
1	*Calophanoides*	杜根藤属	0.75						
1	*Carpinus*	鹅耳枥属							
1	*Castanopsis*	栲属							1.24
1	*Corylus*	榛属			1.41				
1	Cupressaceae	柏科							
1	*Cycas*	苏铁属							
1	Euphorbiaceae	大戟科							0.41
1	*Flacourtia*	大风子属							
1	Hamamelidaceae	金缕梅科							
1	*Juglans*	胡桃属							
1	*Ligustrum*	女贞属							0.83
1	*Liquidambar*	枫香属							
1	Magnoliaceae	木兰科							
1	*Mallotus*	野桐属			8.76				
1	Moraceae	桑科	1.88			0.70			
1	*Myrica*	杨梅属			0.28				
1	Oleaceae	木犀科							
1	Papilionaceae	蝶形花科							0.41
1	*Pinus*	松属	0.75	6.56	37.29	3.52		20.47	27.69
1	*Quercus*	栎属			2.82		3.33		2.07
1	Sapindaceae	无患子科							0.83
1	Taxodiaceae	杉科							0.41
1	Umbelliferae	伞形科			0.56				1.24
2	*Artemisia*	蒿属			9.60			2.36	
2	Caryophyllaceae	石竹科							
2	Chenopodiaceae	藜科							0.83
2	Compositae	菊科	0.75		1.98			2.36	8.68
2	Convolvulaceae	旋花科							0.41
2	Cruciferae	十字花科							0.83
2	Cyperaceae	莎草科	1.88						
2	Gramineae	禾本科			3.39			2.36	0.83
2	*Polygonum*	蓼属							0.41

续表一○

	Pollen name	中文名	大风山采样点左侧1米	大风山地表	甑皮岩BT2东南角地表下1cm	甑皮岩AT1东北角地表下3cm	甑皮岩BT2西北角地表下2cm	甑皮岩遗址外地表	甑皮岩地表采样点左侧1米
			J	I	1号样	2号样	3号样	ZK	L
2	Ranunculaceae	毛茛科							0.83
2	*Rostellularia*	爵床属						3.15	5.37
3	*Adiantum*	铁线蕨属	4.89						
3	Cibotium barome	金毛狗						0.79	3.72
3	*Dicranopteris*	芒萁属	51.50	55.74	9.04	16.20		30.71	
3	*Hicriopteris*	里白属	13.16	16.39	4.24	5.63		3.94	2.07
3	*Lycopodium*	石松属	1.13			11.97	3.33	1.57	
3	*Lygodium*	海金砂属	1.50				6.67		
3	Monolete spores	单缝类孢子	6.77	13.11	1.41		13.33	3.94	12.81
3	*Osmunda*	紫萁属						1.57	0.83
3	*Polypodium*	水龙骨属							
3	*Pteris*	凤尾蕨属	1.88		2.82	36.62	20.00	7.09	
3	*Selaginella*	卷柏属							
3	Trilete spore	三缝孢子类	9.02		3.11	13.38	46.67	8.66	18.18
4	Concentricystes	环纹藻	4.14	8.20	1.13	11.97	6.67	11.02	8.26
4	*Zygnema*	双星藻属							
1	AP	木本合计	3.38	6.56	63.28	4.23	3.33	20.47	35.95
2	NAP	草本合计	2.63	0.00	14.97	0.00	0.00	10.24	18.18
3+4	FS	蕨类合计	93.98	93.44	21.75	95.77	96.67	69.29	45.87

附录二

甑皮岩附近现代植被及其植物种类调查

李光照

（广西植物研究所）

本文将桂林甑皮岩的植被分为甑皮岩本身所在的独山和其周围多个山体的植被两部分加以叙述。其植物种类已按有关系统汇编成《桂林甑皮岩及其周围主要地区植物名录》附于文后。

一、甑皮岩遗址所在山体的植被

（一）人工植被类型（即常绿阔叶、针叶人工林）

1. 概况 本林型位于独山山脚底部、屋旁、池边及路旁，面积约 20 余亩，海拔约 180 米，主要分布于山的南向及东南向。此地域地势平坦，有地面也有湖面，湖面约占全面积的三分之一。这里的林木外貌终年常绿，绝大多数为常绿阔叶树种，仅少数为落叶阔叶树及针叶树。本林型的营造目的主要是绿化、美化甑皮岩遗址周围环境。

2. 结构组成 可分乔木层、灌木层和草木层。

乔木层覆盖度约 40%，终年常绿并以常绿阔叶树为主，杂有少数阔叶落叶树种及针叶树种。常绿阔叶树以阴香（约 118 余株）、樟树（约 24 株）、海桐（约 26 株）、樟叶槭（约 20 株）为主，此外还有女贞（10 余株）、棕榈（12 株）、蒲葵（1 株）、柚（1 株）、枇杷（3 株）及吊丝竹 8 丛。落叶阔叶树有桂林白蜡（36 株）、构树（41 株）、狗骨木（约 20 株）。针叶树有 2 种，即马尾松（约 10 株）和垂柏（300 余株）。马尾松、阴香、樟树、狗骨木、构树和桂林白蜡应视为本地的原生树种，其余树种应被看作是外来植入树种。上述树种多数为小乔木，高一般在 2~8 米，胸径 4~30 厘米，少有更大者。

灌木层覆盖度约占 15%，结构疏散，由常绿和落叶阔叶树种组成，林冠参差不齐，高 1~3.5 米，局部达 5 米，人工破坏较大。这层树木，有属于人为破坏后长出来的次生林木，也有人工种植的观赏种类。天然生长的灌木约有 10 余种，其中最常见的有火把果、小果蔷薇、竹叶椒、黄荆、小叶女贞、雀梅藤、千里光、红背山麻杆、鸡桑、南蛇簕、白饭树等；人工种植的有迎春花、月季花等。

草本层处于植被的最下层，覆盖度约 10%，种类约 30 余种，以多年生者为主，也有一定数量的一年生种类。多年生种类如斑茅、五节芒、白叶莓、火炭母、红花酢酱草、五月艾等；一年生者如四叶葎、石龙芮、黄鹌菜、小飞蓬等。在池边，多年生的铺地黍常占有较大的面积。

除上述三个层次外，还有层外层植物，即各种零星生长的藤本，如山木通、九龙藤、鸡矢藤、爬山虎（人工种植）等。这一层植物种类不多，但九龙藤常占有较大的面积，属本层的优势种之一。

（二）次生天然藤刺灌丛类型

1. 概况　本类型位于独山山脚至山顶的所有地区，几乎占全山总面积的98%，海拔为185~235米左右。本类型有以下特点：①乔木层缺乏，仅有极个别的乔木植株。②次生性质明显，即这些灌木层植物多属原生植被尤其原生林木被人为破坏或砍伐后长出的种类，有的甚至是经多次人为砍伐后长出的植物。③有钩刺的灌木占有较大比例。④木质藤木和灌木状种类普遍。⑤从山脚到山顶的种类变化不大，山腰以下灌丛高一般不超过5.5米，山顶灌丛高一般不超过4米。

2. 结构组成　主要分灌木层和草木层。

灌木层覆盖度约占整个山体表面的75%，仅有约25%的山体表面为露岩。土层几乎看不见，仅在石穴、石缝零星分布有深达数厘米或10余厘米的土层。枯枝落叶也少有成层，仅在石穴、石缝中略有堆积。植物的根系发达，常可以从石缝下穿数米至10余米。优势种有常绿的火把果、九龙藤、雀梅藤、皱叶雀梅藤、小果蔷薇等及落叶的铜钱树、构树、红背山麻杆、山石榴。此外，黄荆、岭南花椒、牡荆也有一定数量的分布。在山顶部分还有较多的光叶崖豆藤、柘木、石山棕、野漆树及石山巴豆。在山的下半部还有零星的美丽胡枝子、竹叶椒等。

草木层覆盖度约占整个山体表面的2%。其种类约有40余种，高度一般在30~50厘米，个别种类高可达1.5~2米。常见的种类如五节芒、珠穗苔草、荩草、野菊花、香茶菜一种、石油菜、火炭母、凤尾草、白叶莓、地榆、白茅、南大戟、肾蕨等。

（三）甑皮岩洞口周围样方及植被类型

在甑皮岩洞口四周，我们作了一个约200平方米的样方调查。结果表明，洞口植被兼有人工植被和次生天然藤刺灌丛两种类型。洞前平地部分属人工常绿、落叶阔叶林，洞口外面左右两侧及洞顶上后方侧属次生天然藤刺灌丛。其具体情况如下：

洞前平地的人工常绿、落叶阔叶林面积约80平方米，覆盖度65%，由乔木层、落木层和草本层组成。乔木层的常绿树种有桂花（3株，高5~6米，胸径12~30厘米）、樟树（1株，高7米，胸径10厘米）、女贞（1株，高12米，胸径25厘米）、垂柏（3株，高7~9米，胸径15~30厘米）；落叶树种有构树（5株，高12~14米，胸径8~18厘米，最大1

株高 14 米，胸径 25 厘米）和苦楝（1 株，高 15 米，胸径 38 厘米）。此外，尚有棕榈 2 株（高均约 5 米，胸径 10 厘米）。灌木层覆盖度约 10％，仅有阴香（小树 12 株，高 2.5～3 米，胸径 1.5～3 厘米）、全缘栾树 3 株（高 0.8～4 米，胸径 2～4 厘米）和迎春花 36 丛（高 1～2 米，人工种植）。草木层覆盖度 2％，主要有凤尾草、乌毛蕨、苎麻、首乌、红花酢酱草、野菊花、黄鹌菜等。

洞口外两侧及洞顶上方后侧次生天然藤刺灌丛。这种植被类型与独山山上的完全相同，仅是组成结构稍有变化。洞顶上方后侧及洞口左右两侧因是崖壁，人无法前往，但从下面往上看，大致可知一二。这里的植被覆盖度可达 90％以上。主要树种仍以铜钱树、九龙藤、雀梅藤、斜叶榕、红背山麻杆、竹叶椒占压倒性优势，其林冠高约 5～6 米左右。林的长势明显较山顶或其他山坡要好。在洞口右侧石壁上长有 1 株斜叶榕，其树冠覆盖面积约达 100 平方米，树干分为 15 条大枝，树枝粗 3～10 厘米，有少数分枝因影响遗址安全而被砍去，余下的分枝长势十分旺盛。

二、大风山植被及植物种类简况

大风山位于独山南部约 200 米处，高度与独山大体相同，但山体稍大。我们仅在其北侧作了简易观察。这里的植被类型与独山的次生天然藤刺灌丛相同，但人为破坏比独山严重得多，人工林也十分稀薄。

人工林主要在山脚坡地，树种有阴香、油桐、夹竹桃、垂柏、樟树、泡桐、苦楝等，数量不多，植株多数只种植数年，既未成林，又杂草丛生，十分杂乱。

天然藤刺灌丛主要分布在上坡及山顶，覆盖度约 40％，常见种类有光叶崖豆藤、火把果、铜钱树、小果蔷薇、红背山麻杆、雀梅藤等，有的地方杂有山石榴、金丝梅、羊奶果、鸡桑等种类，看不出有什么较独山特殊的种类。但是铜钱树和南蛇簕在山脚很多。

山脚一带的草本层比独山要茂盛得多。主要有白茅、五节芒、野菊花、荩草、地榆、南大戟、黄花蒿、凤尾草、火炭母、大蓟、小蓟、金银花、山乌龟等，其中白茅、五节芒常常占有较大的面积。

三、西部铁路边无名小山植被简况

这里植被只有次生天然藤刺灌丛一类，但人工破坏程度远大于独山和大风山。其半山以下的灌木种类只有数种，且长得零星矮小，半山以上稍有改观，但也很稀疏。

这里新发现的、不见于独山和大风山的种类包括翻白草、宝泽草、金竹、柘木、凉粉果、榔榆等。其余种类基本上与独山、大风山相同，如常见的小果蔷薇、铜钱树、竹叶椒、山石榴、黄荆、九龙藤、山木通、紫薇、老虎刺等。此外，柘木、天葵、酢酱草、红背山麻杆、光叶崖豆藤、了哥王、苎麻等也较多。乔木仅有泡桐 1 种。由于山体仅 20 多米高，离铁道甚近，旁边又有工厂，因此植被破坏十分严重，即便是次生的天然灌丛也所剩无几。

四、北部相人山一带的植被及植物

相人山高约 40 多米，植被类型也是次生天然藤刺灌丛，但山脚一带因居民多，土层厚而肥沃，人工植被也占有一定的分量。总体来看，植被覆盖次于独山，但却优于大风山及西部铁路旁无名小山。同时植物种类也比较丰富，计有维管植物近百种。

这里的人工植被不如甑皮岩集中，大都是零散种植的经济树木和行道观赏树种，如泡桐、樟树、阴香、川泡桐、枇杷、柑橘、橙、柚、桂花及吊丝竹等。其中樟树、阴香最多，此外还有数株菜豆树。

这里的天然次生植被没有乔木层，只有灌丛。常见的植物种类也与独山的近似，如最为常见的野蔷薇、小果蔷薇、金樱子、铜钱树、小叶女贞、蔓胡颓子、金刚兜、红背山麻杆、南蛇簕、雀梅藤、光叶崖豆藤等。草本层常见的有海芋、路边菊、酢酱草、红花酢酱草、蛇莓、凤尾草、黄堇、苎麻、千里光等。

这里出现的、在上述各山体未见到的种类有零星的枹栎、厚壳树、菜豆树及草本的海芋、灌木的大叶紫珠等。此外还有 1 丛人工种植的麻竹和 1 株香椿。

五、东部空军学院周围平原区的植被及植物

该区域包括雪芙莲日用化工厂、桂阳公路和桂林空军学院前后的广阔平地。其植被90％以上为人工林，仅个别墙边、地角及土丘才有破坏严重的次生植被。

人工林树种主要有大叶榕、樟树、阴香、泡桐、桂花、苦楝、桉树及红桴木、紫茉莉、锦绣杜鹃、棕榈、蒲葵、含笑、白兰等花卉和园林植物。

零星的次生植被主要分布在空军学院北侧和东侧墙边及田边山坡，主要树种有马尾松、苦楝、构树、酸枣、小叶女贞及少量的火把果、小果蔷薇、柘木、九龙藤、牡荆、紫薇等灌木或木质藤本。原生草本常见的有荩草、车前草、酢酱草、扫把枝、天胡荽、崩大碗、五节芒、苎麻等。

六、主要食用植物种类及其食用部位

经初步调查，这些可食用的植物种类及其食用部位如下：

1. 肾蕨（块根）　2. 马尾松（种子）　3. 荠菜（全草）　4. 弯曲碎米荠（全草）
5. 蒒菜（全草）　6. 红花酢酱草（块根）　7. 蛇莓（果）8. 火把果（果）　9. 金樱子（果）　10. 小果蔷薇（果）　11. 野蔷薇（果）　12. 白叶莓（果）　13. 茅莓（果）
14. 白栎（种子）　15. 柘树（果）　16. 桑（果）　17. 鸡桑（果）　18. 凉粉果（胶汁）　19. 雀梅藤（果）　20. 皱果雀梅藤（果）　21. 蔓胡颓子（果）　22. 苦楝（果肉，但易泻肚）　23. 酸枣（果）　24. 狗骨木（果）　25. 菝葜（块根，果）　26. 蕻芝（果）　27. 山杠木（果）　28. 朴（果）

附　录：桂林甄皮岩及其周围主要地区植物名录

蕨类植物门 Pleridophyta

P3 卷柏科 Selaginellaceae

深绿卷柏 *Selaginella doederleinii* Hieron. 　1

P21 碎骨补科 Davalliaceae

肾蕨 *Nephrolepis cordifolia*（L.）Presl　1

P23 凤尾蕨科 Pteridaceae

凤尾蕨 *Pteris multifida* Poir. 　1、2、4、

半边旗 *Pteris semipinnata* L. 　1

P31 乌毛蕨科 Blechnam

乌毛蕨 *Blechnum orientale* L. 　1、2、3

种子植物门 Spermatophyta

裸子植物亚门 Gymnospermae

G4 松科 Pinaceae

马尾松 *Pinus massoniana* Lamb. 　1、4、5

G6 柏科 Cupressaceae

* 垂柏 *Cupressus funebris* Endl. 　1、2、4、5

* 龙柏 *Sabina chinensis*（L.）Antoine F.globosa（Hornibr.）Iwata et Kusaka　1

被子植物亚门 Angiospermae

11 樟科 Lauraceae

阴香 *Cinnamomum burmanni*（Ness）B1. 　1、2、4、5

樟　 *Cinnamomum camphora*（L.）Presl　1、2、4、5

15 毛茛科 Ranunculaceae

山木通 *Clematis armandi* Fr. 　1、3、4

威灵仙 *Clematis chinensis* Osb. 　1、4

石龙芮 *Ranunculus secleratus* L. 　1

天葵 *Semiaquilegia adoxoides*（DC.）Msk. 　1、3

23 防已科 Menispermaceae

金线吊乌龟 *Stephania cepharantha* Hay. 　2

30 紫堇科 Fumariaceae

黄堇 *Corydalis racemosa*（Thunb.）Pers. 　1、4

39 十字花科 Cruciferae

荠菜 *Capsella bursa* - pastoris Medic． 3

弯曲碎米荠 *Cardamine fleruosa* With． 4

蔊菜 *Rorippa montana*（Wall.）Small 2、3

42 远志科 Polygalaceae

小远志 *Polygala japonica* Houtt． 1

57 蓼科 Polygonaceae

火炭母 *Polygonum chinense* L． 1、2

水蓼 *Polygonum hydropiper* L． 1、4、5

首乌 *Polygonum multiflorum* Thunb． 4

羊蹄 *Rumex japonicus* Meissn． 3

69 酱草科 Oxalidaceae

黄花醡酱草 *Oxalis corniculata* L． 1、3、4、5

红花醡酱草 *Oxalis corymbosa* DC． 1、3、4、5

72 千屈菜科 Lythraceae

紫薇 *Lagerstroemia indica* L． 2、3

紫薇属一种 *Lagerstroemia* sp． 1

81 瑞香科 Thymelaeaceae

了哥王 *Wikstroemia indica*（L.）C.A.Mey． 1、3

88 海桐花科 Pittosporaceae

﹡海桐花 *Pittosporum tobira*（Thunb.）Ait． 1

118 桃金娘科 Myrtaceae

﹡大叶桉 *Eucalyptus robira* Sm． 4、5

﹡细叶桉 *Eucalyptus umbellata*（Gaertn.）Domin 4

123 金丝桃科 Hypericaceae

金丝梅 *Hypericum patulum* Thunb 1、2

136 大戟科 Euphorbiaceae

山麻杆 *Alchornea rugosa*（Lour.）M.－A． 1、2

红背山麻杆 *Alchornea trewioides* M.－A． 1、2、3、4

﹡三年桐 *Vernicia fordii*（Hemsl.）Airy－Shaw 2

﹡千年桐 *Vernicia motana* Lour． 1、2、4

石山巴豆 *Croton cavaleriei* Gagnep． 1、3

南大戟 *Euphorbia pekinensis* Rupr． 2、3

白饭树 *Fluggea virosa*（Willd.）Baill． 1、3

石岩枫 *Mallotus repandus*（Willd.）M.－A． 1、2、3

烂头钵 *Phyllanthus reticulata* Poir.　2

叶下珠 *Phyllanthus urinaria* L.　4

乌桕 *Sapium sebiferum*（L.）Roxb.　1、2

143　蔷薇科 Rosaceae

　　蛇莓 *Duchesnea indica*（Andr.）Focke　1、4

　　＊枇杷 *Eriobotrya japonica*（Thunb.）Lindl.　1、4

　　山杠木 *Photinia glabra*（Thunb.）Maxim.　4

　　翻白草 *Potentilla discolor* Bunge　2、3

　　＊桃 *Prunus persica*（L.）Batsch.　4

　　＊李 *Prunus salicina* Lindl.　4

　　火把果 *Pyracantha fortuneana*（Maxim.）H.L.Li　1、2、3、4、5

　　＊梨 *Pyrus pyrifolia*（Burm f.）Nakai　4

　　＊月季花 *Rosa chinensis* Jacq.　1

　　小果蔷薇 *Rosa cymoda* Tratt.　1、2、3、5

　　金樱子 *Rosa laevigata* Michx.　2、4、5

　　野蔷薇 *Rosa multiflora* Thunb.　3、4

　　白叶莓 *Rubus parvifolius* L.　2、3

　　茅莓 *Rubus parvifolius* L.　2、3

　　地榆 *Sanguisorba officinalis* L.　2、3

146　含羞草科 Mimosaceae

　　楹树 *Albizzia chinensis*（Osb.）Merr.　4

　　＊合欢 *Albizzia julibrissin* Durazz.　4、5

147　苏木科 Caesalpiniaceae

　　九龙藤 *Bauhinia championi* Benth.　1、2、3、4

　　南蛇簕 *Caesalpinia minax* Hance　1、2、4

　　云实 *Caesalpinia sepiaria* Roxb.　1

　　鸡嘴簕 *Caesalpinia tsoongii* Merr.　3

　　草决明 *Cassia tora* L.　2

　　老虎刺 *Pterolobium punctatum* Hemsl.　1、2、3

148　蝶形花科 Papilionaceae

　　鸡眼草 *Kummerowia striata*（Thunb.）Schindl.　4

　　铁扫把 *Lespedeza cuneata* G.Don　3、5

　　光叶崖豆藤 *Millettia nitida* Benth.　1、2、3、4

　　蛋果崖豆藤 *Millettia oosperma* Dunn　1

葛藤 *Pueraria pseudohirsuta* Tang et Wang　1、4

151 金缕梅科 Hamamelidaceae

枫香 *Liquidambar formosana* Hance　1、2、3、5

檵木 *Loropetalum chinense*（R.Br.）Oliv.　1、2、4

163 壳斗科 Fagaceae

＊板栗 *Castanea mollissima* Bl.　4

白栎 *Quercus fabri* Hance　1、4

165 榆科 Ulmaceae

朴树 *Celtis sinensis* Pers.　5

榔榆 *Ulmus parvifolia* Jacq.　3

167 桑科 Moraceae

藤构 *Broussonetia kazinoki* Sieb.　1、2、5

构树 *Broussonetia papyrifera*（L.）Vent.　1、2、4、5

柘树 *Cudrania tricuspidata*（Carr.）Bureau　1、2、3

葨芝 *Cudrania cochinchinensis* Kudo et Masam.　1

斜叶榕 *Ficus gibbosa* Bl.　1、2、3

榕树一种 *Ficus* sp. L.　3

凉粉果 *Ficus pumila* L.　3

桑树 *Morus alba* L.　1、4

鸡桑 *Morus australis* Poir.　1、2、3

169 荨麻科 Urticaceae

苎麻 *Boehmeria nivea*（L.）Gaud.　1、2、4、5

苎麻属一种 *Boehmeria* sp.　3

蔓苎麻 *Memorialis hirta*（Bl.）Well.　2、4

石油菜 *Pilea cavaleriei* Lévl.　2

170 大麻科 Cannabinaceae

葎草 *Humulus scandens*（Lour.）Merr.　1、2

173 卫矛科 Celastraceae

卫矛属一种 *Euonymus* sp.　3

190 鼠李科 Rhamnaceae

多花勾儿茶 *Berchemia floribunda*（Wall.）Brongn.　4

铜钱树 *Paliurus hemsleyanus* Rehd.　1、2、3、4

皱雀梅藤 *Sageretia rugosa* Hance　1、2、4

雀梅藤 *Sageretia thea*（Orbck.）Johnt　1、2、4

191 胡颓子科 Elaeagnaceae

　　蔓胡颓子 *Elaeagnus glabra* Thunb． 2、4

193 葡萄科 Vitaceae

　　爬山虎 *Parthenocissus heterophylla*（Bl.）Merr． 1、4

194 芸香科 Rutaceae

　　＊柚 *Citrus grandis*（L.）Osbeck 1、4

　　＊柑 *Citrus reticulata* Blanco 4

　　＊橙 *Citrus sinensis*（L.）Osbeck 4

　　岭南花椒 *Zanthoxylum austrosinense* Huang var. stenophyllum Huang 1、2

　　竹叶椒 *Zanthoxylum armatum* DC． 1、2、3

197 楝科 Meliaceae

　　苦楝 *Melia azedarach* L． 1、2、5

　　香椿 *Toona sinensis*（A.Juss.）Roem． 4

198 无患子科 Sapindaceae

　　全缘栾树 *Koelreuteria itegrifoliola* Merr． 4

200 槭树科 Aceraceae

　　樟叶槭 *Acer cinnamomifolium* Hay 1

　　亮叶槭 *Acer lucidum* Metc． 1

205 漆树科 Anacardiaceae

　　酸枣 *Choerospondias axillaris*（Roxb.）Burtt et Hill 1、5

　　野漆树 *Toxicodendron succedaneum*（L.）O.Kuntze 2

207 胡桃科 Juglandaceae

　　枫杨 *Pterocarya stenoptera* C． DC． 1

209 山茱萸科 Cornaceae

　　狗骨木 *Cornus wilsoniana* Wanger． 1

210 八角枫科 Alangiaceae

　　八角枫 *Alangium chinense*（Lour.）Harms 2、3

212 五加科 Araliaceae

　　刺茎楤木 *Aralia echinocaulis* H.－M． 1、4

213 伞形科 Umbelliferae

　　崩大碗 *Centella asiatica*（L.）Urb． 2、5

　　天胡荽 *Hydrocotyle sibthorpioides* Lam． 2、5

　　破子草 *Torilis anthriscus*（L.）Gmel． 1、2

224 安息香科 Styracaceae

狗奶紫 *Styrax confusa* Hemsl. 1、2

229 木犀科 Oleaceae

桂林白蜡 *Fraxinus guilinensis* S.Lee et F.N.Wei 1

迎春花 *Jasminum mesnyi* Hance 1

女贞 *Ligustrum lucidum* Ait. 1、5

小叶女贞 *Ligustrum sinense* Lour. 1、2、5

*桂花 *Osmanthus fragrans* Lour. 1、4、5

230 夹竹桃科 Apocynaceae

夹竹桃 *Nerium indicum* Mill. 1、2

络石 *Trachelospermum axillaris* HK.f. 1

232 茜草科 Rubiaceae

四叶葎 *Galium bungei* (Bl.) Steud. 1

鸡矢藤 *Paederia scandens* (Lour.) Merr. 1

山石榴 *Randia spinosa* (Thunb.) Poir. 1、2、3

六月雪 *Serissa japonica* (Thunb.) Thunb. 1、2、4

233 忍冬科 Caprifoliaceae

金银花 *Lonicera japonica* Thunb. 2、3、4

坚荚蒾 *Viburnum sempervirens* C.Koch 3

238 菊科 Compositae

牡蒿 *Artemisia japonica* Thunb. 1

黄花蒿 *Artemisia annua* L. 2、4

五月艾 *Artemisia vulgaris* L. 1、2、4、5

路边菊 *Kalimeris indica* (L.) Ach-Bip. 1、4、5

小蓟 *Cirsium chinense* Gardn.et Champ. 2、4

蓟 *Cirsium japonicum* DC. 2、4

小飞蓬 *Erigeron canadensis* L. 1

千里光 *Senecio scandens* Buch.-Ham. 1、2、4

野菊花 *Chrysanthemum indicum* L. 1、2

黄鹌菜 *Youngia japonica* (Thunb.) DC. 1

242 车前草科 Plantaginaceae

车前草 *Plantago major* L. 4、5

249 紫草科 Boraginaceae

厚壳树 *Ehretia thyrsiflora* (S.et Z.) Nakai 4

252 玄参科 Scrophulariaceae

母草 *Lindernia crustacea*（L.）F.Muell.　2、3、4

通泉草 *Mazus japonicus*（Thunb.）O.Ktze.　1、2、3、4

＊泡桐 *Paulownia fortunei*（Seem.）Hems l.　1、2、3、4、5

＊川泡桐 *Paulownia fargesii* Franch.　4

257 紫葳科 Bignoniaceae

菜豆树 *Radermachera frondosa* Chun et How　4

263 马鞭草科 Verbenaceae

红灯笼 *Clerodendrun fortunatum* Lindl.　3

豆腐柴 *Premna microphylla* Turcz.　2、3

黄荆 *Vitex negundo* L.　1、2、5

牡荆 *Vitex negundo* L. var. cannabifolia（Sieb.et Zucc）H.－M.　1、2、3、5

大叶紫珠 *Callicarpa macrophylla* Vahl.　4

264 唇形科 Labiatae

筋骨草一种 *Ajuga* sp.　3

活血丹 *Glechoma longituba*（Nakai）Kupr.　4

香茶菜 *Rabdosia striatus* Benth.　2、3

香茶菜属一种 Rabdosia sp.　1

耳挖草 *Scutellaria indica* L.　1

293 百合科 Liliaceae

宝泽草 *Disporum sessile* D.Don　3

＊黄花菜 *Hemerocallis fulva*（L.）L.　4

297 菝葜科 Smilacaceae

菝葜 *Smilax china* L.　2、3、4

302 天南星科 Araceae

海芋 *Alocasia macrorrhiza*（L.）Schott　4

311 薯蓣科 Dioscoreaceae

三叶薯 *Dioscorea simulans* Prain et Burk.　1、3

314 棕榈科 Palmaceae

＊蒲葵 *Livistona chinensis* R.Br.　1

＊棕榈 *Trachycarpus fortunei*（Hook.f.）Wendl.　1

石山棕 *Trachycarpus argyratus* S.Lee et F.N.Wei　1、2

331 莎草科 Cyperaceae

珠穗苔草 *Carex ischnostachya* Steud.　1、2

332A 竹亚科 Bambusoideae

* 单竹 *Lingnania cerosissima* (McClure) McClure 　1

金竹 *Phyllostachys sulphurea* (Carr.) A. et C.Riv.　3

* 吊丝球竹 *Sinocalamus affinis* (Rendle) McClure　1、4

* 麻竹 *Sinocalamus latiflorus* (Munro) McClure　4

332B 禾亚科 Agrostidoideae

荩草 *Arthraxon hispidus* (Thunb.) Mak.　1、2

硬杆子草 *Capillipedium assimile* (Steud.) A.Camus　1

狗牙草 *Cynodon dactylon* (L.) Pers.　4

双花草 *Dichanthium annulatum* (Forsk.) Stapf　1

白茅 *Imperata cylindrica* (L.) Beauv.var. major (Nees) C.E.Hubb. et Vaughan　2

五节芒 *Miscanthus floridulus* (Labill.) Warb.　1、2

类芦 *Neyraudia reynaudiana* (Kunth) Keng　4

斑茅 *Saccharum arundinaceum* Retz.　1

铺地黍 *Panicum repens* L.　1

注：

1. 上述名录共收有维管束植物 64 科 140 属 181 种及变种。

2. 植物中名前有"＊"者为栽培种或外来种，无"＊"者为本地原生种。植物拉丁文字名后的阿拉伯数字为该种植物在调查时所见到的分布地点，即："1"为甑皮岩所在的独山；"2"为大风山；"3"为西部铁路边及储煤气场旁的无名小山；"4"为北部砖厂旁的相人山；"5"为雪芙莲日用化工厂以东及空军学院背后的平地。

3. 本名录所收入的种类仅为 3~4 月所见到的植物。

4.P，蕨类植物：按秦仁昌系统排列；G，裸子植物：按《中国植物志》系统排列；1~332B，被子植物：按哈钦逊系统排列。

附录三

甑皮岩遗址各期出土的水陆生动物

袁　靖　杨梦菲

（中国社会科学院考古研究所）

这里分别按照 1973 年和 2001 年发掘出土的动物介绍如下。

一、1973 年发掘出土的动物

螃蟹

钳 1。

鲤科

咽齿 95。

鱼

齿骨 5，背鳍 3，脊椎 16，部位不明 2。

鳄鱼

鳄鱼板 1。

鳖

鳖板 137，肢骨 23。

鹭

颈椎 1，腕掌骨骨干 1。

天鹅

趾骨 1。

雁

左喙骨 1，左肱骨远端 1。

鸭

右喙骨 1。

原鸡

右喙骨近端 1。

雉

右尺骨 1。

鸟

肢骨碎块 444。

猕猴

左上颌骨 1，游离齿 6。

红面猴

左上颌骨 1，右上颌骨 1，游离齿 5。

猴

游离齿 6。

兔

左股骨远端 1。

仓鼠

右下颌骨 1。

褐家鼠

右下颌骨 1。

森林姬鼠

右下颌骨 1。

鼠

盆骨 3。

中华竹鼠

上颌骨 1，左下颌骨 2，右下颌骨 4。

豪猪

右上颌骨 1，右下颌骨 3，游离门齿 4。

啮齿动物

游离门齿 4，右股骨 1。

亚洲象

齿板 1。

貉

左下颌骨 3。

熊

上颌骨 1。

狗獾

右下颌骨 1。

猪獾

左下颌骨 3，右下颌骨 6。

獾

左下颌骨 5，右下颌骨 1，游离齿 4。

水獭

左下颌骨 3。

大灵猫

左上颌骨 2。

小灵猫

右下颌骨 2，游离齿 1。

椰子猫

右上颌骨 1。

花面狸

左下颌骨 1，下颌骨碎块 1。

食蟹獴

右下颌骨 1。

猫

左下颌骨 2。

豹

左下颌骨 3，右下颌骨 1，游离齿 1。

虎

游离齿 1。

猫科

左肱骨远端 2，右肱骨远端 6，肱骨远端 4。

大型食肉动物

左肱骨远端 2，右肱骨远端 1，右桡骨远端 1，掌骨 2，第 1 节趾骨 2，第 3 节趾骨 1。

食肉动物

左下颌骨 1，左下颌骨髁突 1，游离齿 4，右肩胛骨 1，左肱骨近端 1，左肱骨远端 7，右肱骨 1，右肱骨远端 5，肱骨近端 2，肱骨远端 2，桡骨近端 1，左尺骨 4，左尺骨近端 1，右尺骨 4，尺骨 3，掌骨 1，掌骨近端 1，左盆骨碎块 1，盆骨碎块 4，左股骨近端 2，左股骨远端关节 2，右股骨近端 1，股骨近端 2，股骨远端 2，左胫骨远端 4，左距骨 1，距骨碎块 2，左跟骨 2，右跟骨 1，跟骨碎块 1，第 1 节趾骨 3，趾骨碎块 1。

小型食肉动物

右上颌骨 1，左下颌骨 3，右下颌骨 2，右下颌骨下颌支 1，寰椎 1，左肩胛骨 2，左肱骨近端 1，左肱骨远端 4，右肱骨远端 4，左桡骨近端 1，左桡骨远端 1，右桡骨远端 1，左尺骨 5，右尺骨 4，掌骨 3，左盆骨 1，右盆骨 2，左股骨远端 4，右股骨近端 2，右股骨远端 3，股骨远端 2，左胫骨近端 1，左胫骨远端 1，右胫骨远端 2，左距骨 1，右距骨 1，左跟骨 1，右跟骨 1，第 1 节趾骨 2，趾骨碎块 1。

犀牛

游离齿 1。

猪

头骨碎块 1，左上颌骨 24，右上颌骨 25，上颌骨碎块 1，左下颌骨 25，右下颌骨 21，右下颌骨髁突 1，下颌骨联合部 4，下颌骨下颌角 1，下颌骨碎块 4，左游离齿 18，右游离齿 11，游离门齿 9，游离齿 65，寰椎 1，左肩胛骨 11，右肩胛骨 9，左肱骨 2，左肱骨远端 4，右肱骨近端 1，右肱骨远端 4，左桡骨近端 3，左桡骨远端 2，右桡骨近端 7，右桡骨远端 2，右尺桡近端 1，左尺骨 2，左尺骨近端 1，右尺骨 5，掌骨 19，右盆骨 2，髌骨 1，左胫骨远端 3，右胫骨骨干 1，右胫骨远端 5，左距骨 9，右距骨 7，左跟骨 7，右跟骨 5，距骨近端 1，跖骨碎块 4，第 1 节趾骨 1，第 2 节趾骨 5，第 3 节趾骨 6。

赤麂

头骨（带角柄＋角环）3，角（角柄＋角环）2，角（角柄＋角环＋主枝）1，角（角环＋主枝＋眉枝）2，角碎块 16，左上颌骨 1，右上颌骨 1，左下颌骨 21，右下颌骨 23，游离左臼齿 3，游离右臼齿 5，游离齿碎块 1。

小麂

头骨（带角柄＋角环＋主枝＋眉枝）2，头骨（带角柄＋角环）1，头骨（带角柄）1，角（角柄＋角环＋主枝＋眉枝）3，角环 3，角碎块 20，左下颌骨 5，右下颌骨 5，左游离齿 1。

獐

左下颌骨 8，右下颌骨 9，游离犬齿 1，游离右臼齿 2，游离齿碎块 3。

麝

左下颌骨 2，右下颌骨 4。

秀丽漓江鹿

头骨（带角柄＋角环＋主枝＋眉枝）1，角（角环＋主枝＋眉枝）1，角碎块 3。

梅花鹿

角（角柄＋角环＋主枝＋眉枝）1，角（角环＋主枝＋眉枝）1，角（主枝＋眉枝）1，角碎块 11，左下颌骨 4，右下颌骨 2，游离左臼齿 6，游离右臼齿 8。

水鹿

角（角环＋主枝＋眉枝）1，角碎块 34，左上颌骨 1，左下颌骨 8，右下颌骨 4，下颌骨碎块 3，游离左臼齿 13，游离右臼齿 4，游离齿碎块 4。

大型鹿科

寰椎 1，左肩胛骨 2，右肩胛骨 3，左肱骨远端 2，右肱骨近端 2，右肱骨远端 2，左桡骨近端 4，左桡骨远端 2，右桡骨近端 5，右桡骨远端 3，左尺骨 8，左尺骨近端 1，右尺骨 7，右尺骨近端 3，腕骨 18，左掌骨近端 2，右掌骨近端 3，掌骨远端 5，左盆骨 2，右盆骨 5，左股骨近端 8，左股骨远端 6，左股骨远端关节 2，右股骨近端 4，右股骨远端 8，右股骨远端关节 1，股骨股骨头 1，髌骨 2，左胫骨近端 8，左胫骨近端关节 1，左胫骨远端 7，右胫骨近端 17，右胫骨远端 10，左距骨 6，右距骨 11，左跟骨 11，右跟骨 12，左跗骨 3，右跗骨 6，左跖骨近端 5，右跖骨近端 3，跖骨远端 6，炮骨远端 10，第 1 节趾骨 23，第 2 节趾骨 17，第 2 节趾骨远端 1，第 3 节趾骨 42，第 3 节趾骨近端 1，趾骨近端 1。

中型鹿科

头骨（带角柄）1，角（角环＋主枝）2，角环 13，角尖 51，角碎块 127，左上颌骨 23，右上颌骨 26，右上颌骨碎块 1，上颌骨碎块 36，左下颌骨 94，左下颌骨齿隙 1，左下颌骨冠状突 1，左下颌骨下颌支 2，左下颌骨髁突 4，左下颌骨碎块 7，右下颌骨 83，右下颌骨齿隙 5，右下颌骨下颌支 3，右下颌骨髁突 5，右下颌骨碎块 1，下颌骨齿隙 1，下颌骨冠状突 1，下颌骨碎块 5，游离左门齿 7，游离右门齿 4，游离门齿碎块 3，游离左臼齿 236，游离右臼齿 259，游离齿碎块 61，寰椎 4，枢椎 1，左肩胛骨 54，右肩胛骨 43，肩胛骨碎块 2，左肱骨近端 4，左肱骨远端 56，右肱骨近端 8，右肱骨远端 48，肱骨近端 1，左桡骨近端 40，左桡骨远端 36，左桡骨远端关节 1，右桡骨近端 52，右桡骨远端 32，右桡骨远端关节 3，桡骨碎块 1，左尺骨 19，左尺骨近端 3，右尺骨 28，右尺骨近端 2，腕骨 51，左掌骨近端 25，右掌骨近端 20，掌骨骨干 8，掌骨远端 35，掌骨远端碎块 13，左盆骨 14，左盆骨髋臼 4，左盆骨髂骨 3，左盆骨碎块 6，右盆骨 29，右盆骨髋臼 9，右盆骨碎块 2，盆骨髋臼 2，左股骨 1，左股骨近端 11，左股骨远端 21，左股骨远端关节 3，右股骨近端 16，右股骨远端 4，右股骨远端关节 2，股骨股骨头 1，股骨近端 1，髌骨 9，左胫骨近端 7，左胫骨远端 56，右胫骨近端 6，右胫骨远端 71，左距骨 79，右距骨 102，距骨碎块 1，左跟骨 58，右跟骨 61，左跗骨 25，右跗骨 25，跗骨碎块 21，左跖骨近端 30，右跖骨近端 31，跖骨骨干 5，跖骨远端 43，跖骨碎块 2，炮骨 2，炮骨近端碎块 2，炮骨骨干 2，炮骨远端 187，炮骨远端碎块 4，炮骨碎块 6，第 1 节趾骨 99，第 1 节趾骨近端 1，第 1 节趾骨远端 1，第 2 节趾骨 67，第 2 节趾骨远端 3，第 3 节趾骨 168，趾骨远端 2，趾骨碎块 50，骶骨 2。

小型鹿科 A

左肩胛骨 2，右肩胛骨 4，左肱骨近端 6，左肱骨远端 8，右肱骨近端 7，右肱骨远端 8，左桡骨近端 1，左桡骨远端 2，右桡骨近端 6，右桡骨远端 6，左掌骨近端 1，右掌骨近端 8，掌骨远端 4，左股骨近端 34，左股骨远端 28，右股骨近端 21，右股骨远端 27，左胫骨近端 23，左胫骨远端 3，右胫骨近端 22，右胫骨远端 2，左距骨 8，右距骨 8，左跟骨 3，右跟骨 3，右跖骨近端 3，跖骨远端 1，第 1 节趾骨 28，第 2 节趾骨 8，第 3 节趾骨 7，

小型鹿科 B

角碎块 2，左上颌骨 9，右上颌骨 8，左下颌骨 48，左下颌骨齿隙 6，左下颌骨下颌支 2，左下颌骨髁突 6，右下颌骨 21，右下颌骨齿隙 3，右下颌骨下颌支 5，右下颌骨髁突 6，右下颌骨碎块 4，下颌骨碎块 2，游离左臼齿 30，游离右臼齿 12，游离齿碎块 48，寰椎 12，枢椎 1，左肩胛骨 56，右肩胛骨 50，左肱骨近端 21，左肱骨远端 71，右肱骨近端 4，右肱骨远端 55，肱骨近端 2，左桡骨近端 25，左桡骨远端 21，右桡骨近端 23，右桡骨远端 20，右桡骨远端关节 1，左尺骨 21，左尺骨近端 6，右尺骨 17，右尺骨近端 3，腕骨 6，左掌骨近端 8，右掌骨近端 7，掌骨近端 4，掌骨骨干 1，掌骨远端 33，左盆骨 6，左盆骨髂骨 2，右盆骨 9，右盆骨髋臼 1，右盆骨髂骨 1，左股骨 1，左股骨远端 2，右股骨 1，右股骨近端 9，右股骨远端 4，左胫骨近端 2，左胫骨远端 43，右胫骨近端 5，右胫骨远端 31，左距骨 27，右距骨 17，距骨碎块 1，左跟骨 41，右跟骨 35，左跗骨 2，右跗骨 9，左跖骨近端 14，右跖骨近端 6，跖骨骨干 3，跖骨远端 30，炮骨远端 33，炮骨远端碎块 27，炮骨碎块 1，第 1 节趾骨 46，第 1 节趾骨近端 1，第 2 节趾骨 16，第 2 节趾骨远端 4，第 3 节趾骨 41，骶骨 1。

水牛

左上颌骨碎块 1，左下颌骨髁突 3，左下颌骨碎块 11，右下颌骨髁突 1，右下颌骨齿隙 2，右下颌骨碎块 4，下颌骨冠状突 1，下颌骨碎块 1，游离左臼齿 24，游离右臼齿 17，游离臼齿碎块 23，寰椎碎块 1，左肩胛骨 2，右肩胛骨 1，肩胛骨碎块 2，左肱骨近端 2，左肱骨近端关节 1，左肱骨远端 7，右肱骨近端 2，右肱骨远端 1，右肱骨碎块 1，肱骨近端 3，肱骨近端碎块 2，肱骨远端碎块 1，左桡骨近端 5，左桡骨近端碎块 1，左桡骨远端 4，右桡骨近端 1，右桡骨远端 3，桡骨近端碎块 1，桡骨碎块 1，左尺骨 3，左尺桡近端 1，右尺骨 5，尺骨碎块 1，腕骨 3，左掌骨近端 3，右掌骨近端 5，左盆骨髂骨 1，左盆骨碎块 1，右盆骨碎块 1，盆骨碎块 1，左股骨近端 3，左股骨远端 2，右股骨近端 1，股骨近端 1，股骨远端 1，左胫骨近端 3，左胫骨近端关节 1，左胫骨远端 1，右胫骨近端 2，右胫骨远端 5，左距骨 2，左距骨碎块 1，右距骨 4，左跟骨 2，右跟骨 4，跟骨关节 1，跟骨碎块 1，左跗骨 2，右跗骨 5，左跖骨近端 5，右跖骨近端 5，跖骨远端 2，炮骨远端 14，第 1 节趾骨 14，第 2 节趾骨 14，第 3 节趾骨 19，趾骨碎块 4。

苏门羚

头骨（带角柄）3，角碎块 1，右上颌骨 1，左下颌骨 9，右下颌骨 9，游离左臼齿 5，游离右臼齿 9，游离齿碎块 2。

大型哺乳动物

头骨碎块 14，脊椎碎块 98，肋骨碎片 147，肢骨碎块（5～10 厘米）8，碎骨片（10 厘米以下）657（其中烧焦 40）。

中型哺乳动物

头骨碎块 45，头骨听骨 1，左下颌骨髁突 5，左下颌骨碎块 3，左下颌骨下颌支 1，右下颌骨髁突 1，右下颌骨碎块 12，下颌骨碎块 13，下颌骨下颌支 6，游离门齿碎块 1，游离左臼齿碎块 3，游离齿碎块 12，寰椎碎块 1，左肩胛骨碎块 6，右肩胛骨碎块 7，肩胛骨碎块 16，左肱骨近端 1，左肱骨骨干 1，左肱骨远端 6，右肱骨近端 2，右肱骨远端 5，肱骨近端 3，肱骨近端关节 1，肱骨近端碎块 1，肱骨远端 2，肱骨碎块 5，左桡骨近端 6，左桡骨远端 1，左桡骨远端关节 2，右桡骨近端 4，右桡骨远端 3，右桡骨远端关节 3，桡骨近端 3，桡骨远端 4，桡骨远端碎块 1，桡骨碎块 7，左尺骨近端 1，尺骨碎块 5，腕骨 141，左盆骨坐骨 1，左盆骨碎块 21，右盆骨髂骨 4，右盆骨坐骨 7，右盆骨碎块 3，盆骨碎块 66，左股骨股骨头 2，左股骨近端 6，左股骨远端 4，右股骨股骨头 1，右股骨近端 6，右股骨远端 9，股骨股骨头碎块 11，股骨近端 6，股骨远端 10，股骨远端碎块 4，股骨碎块 5，髌骨 1，左胫骨近端 5，左胫骨远端 8，右胫骨近端 7，右胫骨远端 1，胫骨近端 5，胫骨远端 1，胫骨远端碎块 1，胫骨碎块 1，左距骨碎块 5，右距骨碎块 1，距骨碎块 1，左跟骨碎块 8，右跟骨碎块 5，跟骨关节 1，跟骨碎块 24，跗骨碎块 1，右跖骨近端 1，右跖骨碎块 2，跖骨近端 2，炮骨近端 3，炮骨远端碎块 3，第 1 节趾骨 1，第 2 节趾骨 2，趾骨近端 1，趾骨碎块 37，脊椎 69，脊椎碎块 709（其中烧焦 6），脊椎碎块 10，骶骨 1，尾椎 7，肋骨碎片 382，肢骨碎块（大于 15 厘米）24，肢骨碎块（5～10 厘米）111，碎骨片 8948。

小型哺乳动物

左肱骨碎块 1，左肱骨远端 3，右肱骨远端 1，脊椎碎块 98，肋骨碎片 15。

二、2001 年发掘出土的动物

这里按照各期分别阐述。其出土探方、层位请参见表一、二。

（一）贝 类

1. 第一期

中国圆田螺为 2524 个，其中完整的 1084 个，破碎的 1440 个；圆顶珠蚌 224 个，其中左侧完整的 61 个，破碎的 59 个，右侧完整的 55 个，破碎的 44 个，左右不明的碎块 5 个；短褶矛蚌 14 个，其中左侧完整的 3 个，破碎的 3 个，右侧完整的 5 个，破碎的 3 个。背瘤丽蚌 3 个，其中右侧破碎的 1 个，左右不明的碎块 2 个；珍珠蚌 3 个，其中左侧破碎的 1 个，右侧完整的 1 个，破碎的 1 个。蚬 189 个，其中左侧完整的 69 个，破碎的 30 个，右侧完整的 54 个，破碎的 34 个，左右不明的碎块 2 个；种属不明的碎蚌 2 个。

2. 第二期

中国圆田螺为 473 个，其中完整的 91 个，破碎的 382 个；圆顶珠蚌 36 个，其中左侧完整的 4 个，破碎的 13 个，右侧完整的 8 个，破碎的 9 个，左右不明的碎块 2 个；短褶矛蚌 3 个，其中左侧破碎的 2 个，右侧破碎的 1 个。背瘤丽蚌 6 个，其中左侧完整的 1 个，破碎的 4 个，右侧破碎的 1 个；珍珠蚌 3 个，其中左侧破碎的 2 个，右侧破碎的 1 个；蚬 124 个，其中左侧完整的 29 个，破碎的 32 个，右侧完整的 25 个，破碎的 26 个，左右不明的碎块 12 个。

3．第三期

中国圆田螺为 14967 个，其中完整的 4322 个，破碎的 10645 个；田螺科碎块 4；放逸短沟蜷 4 个，其中完整的 3 个，破碎的 1 个；圆顶珠蚌 6074 个，其中左侧完整的 1906 个，破碎的 1181 个，右侧完整的 1942 个，破碎的 1032 个，左右不明的碎块 13 个；短褶矛蚌 164 个，其中左侧完整的 37 个，破碎的 35 个，右侧完整的 31 个，破碎的 51 个，左右不明破碎的 10 个；凸圆矛蚌右侧 1，背瘤丽蚌 133 个，其中左侧完整的 36 个，破碎的 23 个，右侧完整的 26 个，破碎的 37 个，左右不明的碎块 11 个；珍珠蚌 5 个，完整的 1 个，左右不明的碎块 4 个；蚬 9807 个，其中左侧完整的 3350 个，破碎的 1778 个，右侧完整的 3018 个，破碎的 1617 个，左右不明的碎块 44 个。

4．第四期

中国圆田螺为 8119 个，其中完整的 1967 个，破碎的 6152 个；田螺科碎块 3；放逸短沟蜷 1 个，完整；圆顶珠蚌 1093 个，其中左侧完整的 373 个，破碎的 163 个，右侧完整的 381 个，破碎的 171 个，左右不明的碎块 5 个；短褶矛蚌 62 个，其中左侧完整的 17 个，破碎的 6 个，右侧完整的 22 个，破碎的 13 个，左右不明破碎的 4 个；背瘤丽蚌 36 个，其中左侧完整的 10 个，破碎的 2 个，右侧完整的 18 个，破碎的 1 个，左右不明的碎块 5 个；珍珠蚌破碎的 1 个；膨凸锐棱蚌左侧 1；蚬 1836 个，其中左侧完整的 644 个，破碎的 269 个，右侧完整的 657 个，破碎的 250 个，左右不明的碎块 16 个。

5．第五期

中国圆田螺为 23040 个，其中完整的 10642 个，破碎的 12398 个；田螺科碎块 4；放逸短沟蜷 2 个，完整；大口伞管螺 1 个，破碎；圆顶珠蚌 3635 个，其中左侧完整的 1126 个，破碎的 646 个，右侧完整的 1177 个，破碎的 667 个，左右不明的碎块 19 个；短褶矛蚌 65 个，其中左侧完整的 12 个，破碎的 15 个，右侧完整的 19 个，破碎的 13 个，左右不明破碎的 6 个；背瘤丽蚌 98 个，其中左侧完整的 15 个，破碎的 21 个，右侧完整的 32 个，破碎的 24 个，左右不明的碎块 6 个；蚬 8473 个，其中左侧完整的 2722 个，破碎的 1543 个，右侧完整的 2643 个，破碎的 1256 个，左右不明的碎块 309 个。

（二）脊椎动物

1．第一期

鲤科

咽齿 87。

<u>鱼</u>

齿骨 1，咽齿 3，牙 8，背鳍 1，脊椎 84，部位不明骨 1。

鳖

鳖板 35，肢骨 8。

雉

右跗跖骨远端 1。

似三宝鸟

左跗跖骨（雄性）1。

鸟

肱骨碎块 12，肢骨碎块 22。

猴

游离齿 6。

兔

右肱骨远端 1。

绒鼠

右下颌骨 1。

中华竹鼠

左下颌骨 1，右下颌骨 2，游离门齿 1，游离臼齿 2，右盆骨 1。

豪猪

左下颌骨 1，游离臼齿碎块 8。

啮齿动物

右下颌骨碎块 1，游离门齿碎块 16，游离齿碎块 13，右股骨近端碎块 1。

貉

左下颌骨 1，游离上第 4 前臼齿 1。

狗獾

左下颌骨 1。

猪獾

左下颌骨 1

獾

左下颌骨碎块 1，游离齿碎块 3。

猫科

游离齿 1。

猫科或鼬科

右肱骨远端 1。

大型食肉动物

左游离齿 1，肱骨远端 1，距骨 1。

食肉动物

左上颌骨 1，左下颌骨 3，左游离齿 2，右游离齿 1，游离齿碎块 10，左肱骨远端 1，右肱骨远端 1，桡骨远端 1，右尺骨 4，盆骨 1，距骨 1，左跟骨 1，右跟骨 1，掌骨 6，第 1 节趾骨 4。

小型食肉动物

右上颌骨 1，左下颌骨 2，右下颌骨 4，游离犬齿 2，游离齿碎块 9，左肱骨远端 1，左尺骨 2，右尺骨 1，左股骨近端 2，右股骨近端 3，股骨头 1，左胫骨远端 1，左距骨 2，左跟骨 1，掌骨 4。

猪

左上颌骨 2，右上颌骨 2，右上颌骨吻部 1，左下颌骨 3，下颌骨联合部 1，游离门齿 9，游离犬齿 2，左游离齿 3，右游离齿 9，游离齿碎块 26，右肩胛骨 2，右肱骨远端 2，左盆骨髋臼 1，髌骨 2，左胫骨远端 1，左距骨 1，右距骨 2，跖骨 1，掌骨 6，掌骨远端 1，掌骨碎块 3，第 2 节趾骨 2，第 3 节趾骨 2。

小麂

角碎块 4。

大型鹿科

右下颌骨髁突 2，游离门齿 1，左游离齿 1，游离齿碎块 2，肩胛骨碎块 1，左肱骨远端 1，腕骨 2，左胫骨远端 2，左距骨 2，右距骨 1，右跟骨 3，右跗骨 1，跗骨碎块 1，炮骨远端 1，第 1 节趾骨 1，第 1 节趾骨近端 2，第 2 节趾骨 1，第 2 节趾骨远端 1，第 3 节趾骨 1。

中型鹿科

角碎块 118，左上颌骨 2，右上颌骨 1，左下颌骨 17，左下颌骨齿隙 4，右下颌骨 27，右下颌骨齿隙 3，右下颌骨下颌支 3，左下颌骨髁突 1，右下颌骨髁突 2，下颌骨碎块 9，游离左门齿 1，游离右门齿 1，左游离齿 117，右游离齿 124，游离齿碎块 83，寰椎 2，枢椎 6，左肩胛骨 4，右肩胛骨 3，肩胛骨碎块 3，左肱骨远端 7，左肱骨远端碎块 1，右肱骨远端 5，肱骨近端 1，肱骨远端 3，左桡骨近端 7，左桡骨远端 4，右桡骨近端 5，右桡骨远端 4，右桡骨远端关节 1，桡骨远端 1，左尺骨近端 1，右尺骨 1，右尺骨近端 3，尺骨头 1，腕骨 43，左掌骨近端 5，左掌骨碎块 1，右掌骨近端 6，掌骨近端 1，掌骨骨干 3，掌骨碎块 28，掌骨远端 1，左盆骨 2，左盆骨髂骨 1，左盆骨碎块 1，右盆骨 3，右盆骨髂骨 1，右盆骨坐骨 1，右盆骨碎块 3，盆骨碎块 5，左股骨股骨头 1，左股骨远端 1，右股骨股骨头 2，右股骨近端 3，股骨头碎块 1，股骨远端碎块 3，髌骨 6，左胫骨 1，左胫骨关节 1，左胫骨近端 1，左胫骨远端 18，右胫骨远端 10，胫骨远端 1，炮骨 26，炮骨近端 2，炮骨骨干 2，炮骨远端 51，炮骨远端碎块 11，炮骨碎块 57，左距骨 8，右距骨 16，左跟骨 11，右跟骨 7，跟骨 1，跟骨近端 2，左跗骨 5，右跗骨 3，跗骨碎块 11，左跖骨近端 13，右跖骨近端 12，跖骨近端 2，跖骨干 16，跖骨远端 1，跖骨碎块 72，第 1 节趾骨 50，第 1 节趾骨近端 12，第 1 节趾骨碎块 5，第 1 节趾骨远端 17，第 2 节趾骨 35，第 2 节趾骨近端 12，第 2 节趾骨远端 12，第 3 节趾骨 28，趾骨近端 1，趾骨碎块 26。

小型鹿科 A

第 3 节趾骨 3。

小型鹿科 B

角尖 1，角碎块 2，左上颌骨 1，右下颌骨 10，左下颌骨 8，左下颌骨齿隙 1，左下颌骨下颌支 2，左下颌骨髁突 1，右下颌骨齿隙 4，右下颌骨冠状突 1，右下颌骨髁突 2，下颌骨齿隙 2，左游离齿 39，右游离齿 27，游离齿碎块 9，寰椎 1，左肩胛骨 3，右肩胛骨 1，左肱骨近端 1，左肱骨远端 4，右肱骨远端 4，左桡骨近端 1，右桡骨近端 4，右桡骨远端 2，右桡骨远端关节 1，左尺骨 3，右尺骨 2，腕骨 4，右掌骨近端 2，掌骨远端 2，左盆骨 1，右盆骨 2，盆骨碎块 3，左股骨远端 4，右股骨近端 1，右股骨远端 3，股骨头 1，髌骨 5，左胫骨远端 5，右胫骨近端 2，右胫骨远端 8，胫骨近端 1，胫骨远端 2，左距骨 9，右距骨 6，左跟骨 4，左跟骨碎块 1，右跟骨 6，跟骨碎块 2，左跗骨 3，右跗骨 3，跗骨碎块 3，左跖骨近端 1，右跖骨近端 2，跖骨近端 1，跖骨骨干 4，炮骨近端 2，炮骨远端 12，炮骨远端关节 1，第 1 节趾骨 11，第 1 节趾骨远端 6，第 2 节趾骨 14，第 2 节趾骨近端 4，第 2 节趾骨远端 1，第 3 节趾骨 5，趾骨远端 2，趾骨碎块 4。

水牛

左下颌骨 1，下颌骨冠状突 1，下颌骨下颌角 1，下颌骨碎块 2，左游离齿 3，右游离齿 3，游离齿碎块 12，左肱骨头 1，左肱骨远端 2，肱骨近端 1，右桡骨近端 1，桡骨远端 1，腕骨 2，掌骨近端 1，左股骨近端 1，左胫骨近端 1，左距骨 4，左跟骨 1，左跗骨 1，右跗骨 3，跗骨 3，左跖骨近端 2，右跖骨远端 1，跖骨碎块 1，跖骨近端 1，炮骨远端 3，第 1 节趾骨 2，第 2 节趾骨近端 1，第 3 节趾骨 6，趾骨远端 1。

苏门羚

右游离齿 1。

大型哺乳动物

脊椎 4，肋骨碎片 4，肢骨碎块（10～15 厘米）3，肢骨碎块（5～10 厘米）3，碎骨片 23。

中型哺乳动物

头骨碎块 1，头骨听骨 1，左下颌骨碎块 1，下颌骨碎块 4，游离门齿碎块 1，游离齿碎块 68，枢椎碎块 1，左肩胛骨碎块 2，右肩胛骨碎块 3，肩胛骨碎块 5，右肱骨近端 1，肱骨近端 1，肱骨远端 1，肱骨远端碎块 3，肱骨碎块 1，尺骨头 1，尺骨碎块 1，左桡骨近端 1，右桡骨远端 1，右桡骨远端关节 1，桡骨远端 1，腕骨 34，左髂骨 1，右坐骨 1，右盆骨碎块 2，盆骨碎块 9，左股骨近端 2，股骨头 3，股骨远端 6，髌骨 5，左胫骨远端 2，右胫骨远端 2，距骨碎块 1，跟骨关节 1，跟骨碎块 4，跗骨 2，趾骨碎块 7，关节 3，胸椎 1，脊椎碎块

196，尾椎 2，肋骨碎片 80，肢骨碎块（大于 15 厘米）3，肢骨碎块（10～15 厘米）95，肢骨碎块（5～10 厘米）378，碎骨片 3141。

小型哺乳动物

左下颌骨碎块 3，右下颌骨碎块 1，左跟骨碎块 2，脊椎 3，尾椎 1。

2．第二期

螃蟹

钳 2。

鲤科

下咽齿 1，咽齿 82。

鱼

齿骨 10，背鳍 1，脊椎 136，不明部位骨骼 3。

鳖

鳖板 62，肢骨 7。

鹭

右肱骨近端 1，右肱骨远端 1。

雁

右肩胛骨 1。

原鸡

右喙骨 1，右胫骨远端 1，跗跖骨（雄性）1。

雉

右跗跖骨（雄性）1。

桂林广西鸟

喙骨 1。

鸟

肢骨碎块 42。

猴

游离齿 7。

兔

胫骨 1。

白腹巨鼠

右下颌骨 1，游离门齿 2。

绒鼠

上颌骨碎块 2，左下颌骨 1。

中华竹鼠

右下颌骨 1，游离上门齿 3。

豪猪

左下颌骨 1，游离门齿 1。

啮齿动物

右下颌骨碎块 1，游离门齿碎块 7，游离齿碎块 12，右盆骨 1，左胫骨 1，掌骨 1，肢骨碎块 2。

貉

左下颌骨 1。

犬科

肱骨远端 1。

鼬科

游离上臼齿 1。

猫科

左肱骨远端 1，右肱骨远端 2。

食肉动物

右上颌骨碎块 1，左下颌骨碎块 2，游离齿 2，左胫骨远端 2，右距骨 1，第 1 节趾骨 2，第 2 节趾骨 1，第 3 节趾骨 1，趾骨碎块 4。

小型食肉动物

左上颌骨碎块 2，左下颌骨碎块 2，右下颌骨碎块 1，游离犬齿 1，游离齿碎块 3，肩胛骨碎块 1，左尺骨 4，掌骨碎块 1，左股骨近端 1，左股骨远端 1，左胫骨远端 1，左距骨 1，左跟骨 2，第 1 节趾骨 1，趾骨碎块 1。

猪

头骨碎块 1，右上颌骨 1，游离左上第 3 臼齿 1，游离门齿 3，左游离臼齿 2，右游离臼齿 3，游离臼齿碎块 18，寰椎 1，右肩胛骨 2，右桡骨近端 1，右尺骨 1，右跟骨 1，距骨 1，掌骨 1，第 2 节趾骨 1。

大型鹿科

右游离齿 1，左尺骨 1，左股骨近端 1，右胫骨远端 1，第 1 节趾骨 1。

中型鹿科

角碎块 19，右前颌骨 1，左上颌骨 2，右上颌骨 2，左下颌骨 9，左下颌骨齿隙 1，左下颌骨髁突 3，右下颌骨 4，右下颌骨髁突 1，下颌骨碎块 2，左游离臼齿 34，右游离臼齿 24，游离齿碎块 34，枢椎 2，左肩胛骨 1，右肩胛骨 2，右肩胛骨碎块 1，左肱骨远端 2，右肱骨远端 2，左桡骨近端 4，左桡骨远端 1，右桡骨近端 4，右桡骨远端 1，左尺骨 2，左尺骨近端 1，右尺骨 6，尺骨 1，腕骨 13，左掌骨近端 6，右掌骨近端 7，掌骨骨干 9，掌骨远端 1，掌骨碎块 4，左盆骨碎块 3，右盆骨髂骨 1，右盆骨坐骨 1，右盆骨碎块 2，左股骨近端 1，

股骨近端 1，左胫骨远端 6，右胫骨远端 5，右胫骨远端关节 1，左距骨 1，右距骨 2，左跟骨 1，右跟骨 2，左跗骨 3，右跗骨 2，左跖骨近端 6，右跖骨近端 5，跖骨骨干 12，跖骨远端 3，跖骨碎块 13，炮骨骨干 5，炮骨远端 9，第 1 节趾骨 17，第 1 节趾骨近端 4，第 1 节趾骨远端 2，第 2 节趾骨 15，第 2 节趾骨近端 2，第 2 节趾骨近端关节 1，第 2 节趾骨远端 3，第 3 节趾骨 19，第 3 节趾骨近端 1，趾骨碎块 3，骶骨 1。

小型鹿科 A

右肱骨远端 1，左距骨 1，第 3 节趾骨 1。

小型鹿科 B

角碎块 5，左上颌骨 1，上颌骨碎块 1，左下颌骨 11，左下颌骨齿隙 2，右下颌骨 5，右下颌骨齿隙 4，右下颌骨髁突 1，右下颌骨下颌支 3，下颌骨碎块 1，下颌骨齿隙 2，下颌骨冠状突 1，下颌骨下颌支 2，下颌骨碎块 2，游离左上第 1 前臼齿 1，游离左上臼齿 2，游离左门齿 1，游离左下臼齿 4，游离左下第 3 臼齿 2，游离左臼齿碎块 14，游离右上前臼齿 1，游离右门齿 7，游离右下前臼齿 1，游离右下臼齿 2，游离右臼齿碎块 8，游离齿碎块 10，寰椎 1，枢椎 1，左肩胛骨 6，右肩胛骨 4，左肱骨远端 2，右肱骨近端 1，右肱骨远端 6，左桡骨近端 2，左桡骨远端 3，右桡骨近端 4，右桡骨远端 2，桡骨远端 1，桡骨远端关节 1，左尺骨 4，右尺骨 5，腕骨 1，左掌骨近端 1，掌骨骨干 2，掌骨远端 2，右盆骨髂骨 1，右盆骨碎块 2，盆骨坐骨碎块 1，左股骨近端 2，右股骨近端 1，右股骨远端 1，右股骨远端关节 1，股骨头 2，髌骨 4，左胫骨骨干 1，左胫骨近端 1，左胫骨远端 1，右胫骨 1，右胫骨远端 1，左距骨 2，左跟骨 2，右跟骨 7，左跖骨近端 2，右跖骨近端 1，跖骨骨干 3，跖骨远端 2，跗骨 4，炮骨远端 11，第 1 节趾骨 12，第 1 节趾骨近端 5，第 1 节趾骨远端 1，第 2 节趾骨 11，第 2 节趾骨近端 3，第 2 节趾骨远端 3，第 3 节趾骨 5，趾骨远端 5，趾骨碎块 1，骶骨 1。

大型哺乳动物

肢骨碎块（5～10 厘米）1。

中型哺乳动物

头骨碎块 1，头骨听骨 4，下颌骨碎块 2，左游离齿碎块 1，右游离齿碎块 1，右肩胛骨碎块 1，肩胛骨碎块 1，右肱骨远端 1，肱骨近端 1，肱骨远端 2，左桡骨远端 1，右桡骨远端关节 1，桡骨碎块 1，尺骨 1，腕骨 8，左盆骨髂骨 1，左盆骨坐骨 1，右盆骨坐骨 3，盆骨碎块 2，右股骨远端 2，股骨远端 2，左胫骨骨干 1，胫骨近端 3，胫骨碎块 2，右跟骨碎块 2，跟骨碎块 2，炮骨远端 3，第 3 节趾骨 2，趾骨碎块 2，关节 2，脊椎 85，脊椎碎块 4，尾椎 8，肋骨碎片 60，肢骨碎块（10～15 厘米）23，肢骨碎块（5～10 厘米）261，碎骨片 1599。

小型哺乳动物

头骨碎块 1，右下颌骨 1，游离齿 3，盆骨髂骨 1，盆骨碎块 3，右跟骨 1，脊椎 2。

3．第三期

螃蟹

钳 1。

鲤科

颌骨碎块 2，咽齿 313。

鱼

齿骨 59，咽齿 12，左鳃盖骨 2，腮盖骨碎块 1，背鳍 32，刺棘 9，脊椎 720，不明部位骨骼 13。

鳖

鳖板 138，肢骨 22。

草鹭

颈椎 1。

池鹭

颈椎 1。

鹭

左肱骨近端 2，左肱骨远端 2，右肱骨远端 1，腕掌骨 1，腕掌骨近端 1，腕掌骨远端 1，腕掌骨骨干 3。

鹳

跗跖骨（雌性）1。

雁

左喙骨近端 3，右喙骨 1，右喙骨近端 5，左肩胛骨近端 3，右肩胛骨近端 3，左肱骨近端 2，左肱骨远端 1，右肱骨远端 1。

鸭

颈椎 1，右喙骨 1，桡骨 1，右胫骨远端 1。

雕

左胫跗骨远端 1。

石鸡

右肱骨远端 1。

白马鸡

尺骨远端 1，跗跖骨远端 1。

原鸡

左喙骨近端 4，右喙骨 1，右喙骨近端 3，右肩胛骨 1，左肱骨远端 1，左胫骨远端 3，右胫骨 1，右胫骨远端 2，腕掌骨 1。

雉

右喙骨近端 1，左肱骨远端 1，右肱骨远端 1，胫骨远端 1，跗跖骨（雄性）2，跗跖骨远端（雄性）1，趾骨 1。

雀形目

桡骨近端1。

鸦

跗跖骨（雌性）1。

鹦鹉科

腕掌骨1。

鸟

肢骨碎块268。

猴

左下颌骨1，右下颌骨2，游离臼齿9，游离齿碎块1。

兔

左肱骨1。

白腹巨鼠

右下颌骨3，游离上门齿2。

绒鼠

左下颌骨1，右下颌骨4。

鼠

上颌骨碎块4，左肱骨远端1，右肱骨远端1，左尺骨1，盆骨1，左股骨近端1，左胫骨远端1，肢骨碎块8。

豪猪

上颌骨2，右下颌骨1，游离上门齿2，游离下门齿3，游离齿碎块1。

啮齿动物

左下颌骨碎块2，右下颌骨碎块1，下颌骨碎块2，游离上门齿7，门齿碎块10，游离臼齿2，游离齿碎块5，右肱骨远端1，右桡骨1，左盆骨1，肢骨3。

犬科

游离上第1臼齿1，左距骨1。

狗獾

左下颌骨1。

獾

左下颌骨1。

水獭

左下颌骨1，右下颌骨1，游离左上第4前臼齿1，游离右上第4前臼齿1，游离左上第1臼齿1。

猫科

游离齿 2，左肱骨远端 1。

猫科或鼬科

右肱骨远端 1。

大型食肉动物

肱骨远端 1，第 3 节趾骨 2。

食肉动物

左上颌骨 1，左下颌骨 1，右下颌骨 2，游离犬齿 1，游离齿 2，左肩胛骨 1，左肱骨近端 1，右肱骨远端 1，肱骨远端 3，左尺骨 1，右尺骨 2，距骨 1，左跟骨 2，右跟骨 1，跟骨碎块 2，掌骨 2，第 1 节趾骨 3，第 2 节趾骨 3，第 3 节趾骨 2，趾骨碎块 3。

小型食肉动物

右上颌骨 1，左下颌骨 6，右下颌骨 2，游离门齿 3，游离上第 4 前臼齿 1，游离犬齿 1，游离第 1 臼齿 1，游离齿 6，枢椎 2，左肩胛骨 1，右肩胛骨 1，左肱骨远端 1，肱骨远端 1，右桡骨远端 1，桡骨 1，桡骨近端 3，左尺骨 4，右尺骨 7，右盆骨 2，盆骨 2，股骨头 2，股骨远端 1，左胫骨近端 2，左距骨 4，右距骨 1，左跟骨 1，右跟骨 4，掌骨 14，第 1 节趾骨 19，第 2 节趾骨 3，第 3 节趾骨 1，趾骨碎块 3。

猪

右上颌骨 3，左下颌骨 2，右下颌骨 1，下颌骨联合部 1，游离门齿 3，游离左臼齿 1，游离齿碎块 9，枢椎 1，左肩胛骨 2，右肩胛骨 1，左桡骨远端 2，右桡骨近端 1，髌骨 1，左距骨 3，右距骨 1，右跟骨 1，掌骨 6，掌骨近端 1，掌骨远端 1，第 1 节趾骨 2，第 2 节趾骨 6，第 3 节趾骨 2。

小麂

左角（角柄＋主枝）1。

秀丽漓江鹿。

角碎块 1。

大型鹿科

右肩胛骨 1，左桡骨远端 1，右桡骨远端 1，左尺骨 1，右尺骨 2，尺骨近端 1，左股骨干 1，右股骨远端 1，炮骨远端 1，左跟骨 1，距骨远端关节 2，第 2 节趾骨 1，第 3 节趾骨 1。

中型鹿科

头骨（带角柄）2，角碎块 12，左上颌骨 13，右上颌骨 11，右上颌骨碎块 1，左下颌骨 5，左下颌骨齿隙 2，左下颌骨下颌支 1，右下颌骨 11，右下颌骨齿隙 1，右下颌骨髁突 1，右下颌骨下颌支 1，下颌骨齿隙 2，下颌骨碎块 2，游离左上臼齿 4，游离右上前臼齿 1，游离右上臼齿 4，游离上臼齿碎块 1，游离左门齿 4，游离左臼齿 28，游离右下前臼齿 2，游离右臼齿 26，游离齿碎块 16，寰椎 1，枢椎 5，右肩胛骨 5，右肱骨远端 4，肱骨近端 2，左桡骨近端 8，左桡骨远端 2，右桡骨 1，右桡骨近端 6，右桡骨远端 3，桡骨干 1，左尺骨 5，右尺骨 4，腕骨 46，左掌骨近端 6，右掌骨近端 1，掌骨 5，掌骨骨干 7，掌骨远端 7，掌骨远端关节 2，掌骨碎块 1，左盆骨 1，左盆骨碎块 1，左盆骨坐骨 2，右盆骨 2，盆骨 1，盆骨坐骨 1，左股骨近端 1，右股骨近端 1，股骨远端 2，髌骨 6，左胫骨近端 1，左胫骨近端关节 1，左胫骨远端 2，左胫骨远端关节 2，右胫骨近端 1，右胫骨远端 4，左距骨 6，右距骨 7，左跟骨 6，右跟骨 5，左跗骨 3，右跗骨 4，跗骨碎块 9，左跖骨近端 2，右跖骨近端 6，跖骨骨干 17，跖骨远端 8，跖骨远端关节 2，跖骨碎块 13，炮骨 7，炮骨近端 1，炮骨骨干 5，炮骨远端 26，炮骨远端关节 7，第 1 节趾骨 65，第 1 节趾骨近端 4，第 1 节趾骨远端 10，第 2 节趾骨 39，第 2 节趾骨近端 6，第 2 节趾骨远端 12，第 3 节趾骨 67，趾骨远端 2，趾骨碎块 17。

小型鹿科 A

左肩胛骨 1，左肱骨近端 1，左桡骨近端 1，左桡骨远端 1，左股骨近端 2，左股骨远端 1，右股骨近端 3，右股骨远端 6，左胫骨近端 6，左胫骨远端 1，右胫骨近端 6，跖骨远端 1，第 2 节趾骨 3，第 3 节趾骨 9。

小型鹿科 B

左角碎块 1，右角碎块 1，左上颌骨 3，右上颌骨 12，左下颌骨 22，左下颌骨齿隙 1，左下颌骨下颌支 2，左下颌骨髁突 3，右下颌骨 36，右下颌骨齿隙 7，右下颌骨下颌支 1，右下颌骨髁突 3，下颌骨碎块 2，下颌骨下颌支碎块 4，游离左上前臼齿 4，游离左上臼齿 4，游离右上前臼齿 5，游离右上臼齿 6，游离上臼齿 4，游离左门齿 7，游离右门齿 4，游离左臼齿 16，游离左第 3 臼齿 3，游离右前臼齿 2，游离右臼齿 13，游离右第 3 臼齿 1，游离齿碎块 15，寰椎 2，枢椎 11，左肩胛骨 19，右肩胛骨 17，肩胛骨 1，左肱骨近端 8，左肱骨远端 11，右肱骨近端 4，右肱骨远端 10，肱骨近端 1，肱骨远端 2，左桡骨 3，左桡骨近端 12，左桡骨远端 10，左桡骨远端关节 1，右桡骨近端 13，右桡骨远端 12，右桡骨远端关节 3，左尺骨 18，左尺骨近端 1，右尺骨 14，尺骨 2，尺骨碎块 1，腕骨 29，左掌骨 2，左掌骨近端 3，右掌骨近端 4，掌骨 3，掌骨近端 2，掌骨骨干 3，掌骨远端碎块 15，掌骨碎块 2，左盆骨 1，左盆骨髋臼 1，左盆骨髂骨 3，左盆骨坐骨 1，左盆骨碎块 1，右盆骨 8，右盆骨髂骨 2，右盆骨坐骨 1，右盆骨碎块 4，盆骨碎块 4，左股骨头 1，左股骨近端 7，左股骨远端 4，右股骨近端 6，右股骨远端 3，股骨头碎块 5，髌骨 17，左胫骨近端 3，左胫骨远端 23，左胫骨远端关节 1，右胫骨近端 1，右胫骨远端 13，胫骨近端 1，胫骨远端 1，左距骨 17，右距骨 9，左跟骨 20，右跟骨 19，左跗骨 5，右跗骨 7，跗骨碎块 3，左跖骨近端 10，右跖骨近端 10，右跖骨远端 1，跖骨近端 1，跖骨骨干 8，跖骨远端 11，跖骨碎块 4，炮骨 1，炮骨骨干 2，炮骨远端 24，炮骨远端关节 7，第 1 节趾骨 75，第 1 节趾骨近端 6，第 1 节趾骨远端 1，第 2 节趾骨 78，第 2 节趾骨近端 3，第 2 节趾骨远端 5，第 3 节趾骨 47，趾骨远端 1，趾骨碎块 4，骶骨 4。

水牛

角碎块 1，左下颌骨 1，下颌骨碎块 1，游离左门齿 1，游离右门齿 1，游离门齿碎块 1，游离左前臼齿 1，游离右臼齿 1，游离齿碎块 2，寰椎 1，左肩胛骨 1，肱骨近端 1，右桡骨近端 1，腕骨 3，右掌骨近端 1，股骨骨干 1，炮骨远端 1，左跗骨 1，右跗骨 1，左距骨近端 1，右距骨近端 1，距骨远端 1，第 1 节趾骨 2，第 2 节趾骨 3，第 3 节趾骨 1。

大型哺乳动物

脊椎 2，肋骨碎片 18，肢骨碎块（10～15 厘米）3，碎骨片 1。

中型哺乳动物

头骨碎块 6，头骨听骨 6，左下颌骨碎块 2，下颌骨下颌支 2，下颌骨碎块 3，游离门齿碎块 1，左游离臼齿碎块 1，游离齿碎块 7，寰椎 1，肩胛骨碎块 11，左肱骨远端 2，右肱骨远端 2，肱骨近端 3，肱骨近端关节 1，肱骨远端 1，肱骨碎块 1，左桡骨远端 1，右桡骨远端 3，右桡骨远端关节 1，桡骨骨干 1，左尺骨 1，右尺骨 2，尺骨近端 1，尺骨碎块 2，腕骨 22，掌骨碎块 2，左盆骨坐骨 2，右盆骨髂骨 5，左盆骨碎块 2，右盆骨坐骨 1，盆骨髂骨 1，盆骨坐骨 1，盆骨碎块 12，左股骨远端 1，右股骨近端 1，右股骨远端 1，股骨关节 1，股骨远端 1，髌骨 9，左胫骨 1，左胫骨近端 3，胫骨近端 1，胫骨近端关节 1，腓骨 1，距骨碎块 2，跟骨 1，跟骨关节 4，跗骨 6，距骨碎块 6，第 1 节趾骨 2，第 2 节趾骨 1，趾骨远端 1，趾骨碎块 14，关节 3，胸椎 2，脊椎 282，脊椎碎块 16，尾椎 7，肋骨碎片 287，肢骨碎块（大于 15 厘米）3，肢骨碎块（10～15 厘米）539，肢骨碎块（大于 5 厘米）23，碎骨片 4369。

小型哺乳动物

头骨碎块 2，左上颌骨 1，左下颌骨 1，游离犬齿 2，右肩胛骨 2，左肱骨远端 1，肱骨骨干 2，左尺骨 1，股骨远端 2，肱骨远端 1，桡骨近端 3，桡骨远端 1，左胫骨近端 1，右胫骨远端 2，掌骨 2，盆骨 3，左髌骨 1，第 1 节趾骨 1，第 2 节趾骨远端 1，关节碎块 3，脊椎 31，脊椎碎块 15，尾椎 6，肋骨碎片 30，碎骨片 20。

4．第四期

鲤科

咽齿 92。

鱼

齿骨 14，右鳃盖骨 4，鳃盖骨碎块 2，背鳍 11，刺棘 1，脊椎 295，不明部位骨骼 4。

鳖

鳖板 83，肢骨 6。

草鹭

左肱骨近端 1，右肱骨近端 1。

池鹭

左肱骨近端 1。

鹭

颈椎 1，左肱骨远端 2，右肱骨 1，左肱骨近端 1，右肱骨骨干 1，左腕掌骨 1，腕掌骨近端 2，腕掌骨骨干 1。

鹳

跗跖骨远端 1。

鹮

腕掌骨 1。

天鹅

左肱骨近端 2，左肱骨远端 1。

雁

左喙骨 2，左喙骨近端 4，右喙骨 2，右喙骨近端 2，左肩胛骨近端 3，右肩胛骨近端 4，左肱骨近端 1，左肱骨远端 3，右肱骨远端 5。

鸭

右胫骨远端 2。

石鸡

左肱骨远端 1。

原鸡

左喙骨近端 1，右喙骨近端 2，左肩胛骨 1，左肱骨远端 1。

雉

腕掌骨 1，趾骨 1。

鹤

右肱骨远端 1。

伯劳

左肱骨近端 1。

鸦

右胫骨远端 1。

沙鸡

跗跖骨远端 1。

鸟

肢骨碎块 127。

猴

游离齿 1。

兔

右股骨近端1。

绒鼠

右下颌骨1。

鼠

游离门齿1，肱骨远端1。

中华竹鼠

右下颌骨1。

啮齿动物

游离门齿2，

貉

左上颌骨1，右下颌骨1。

狗獾

左下颌骨1。

獾

左下颌骨1。

鼬科

右下颌骨1。

猫科

右肱骨远端1。

食肉动物

右肱骨近端1

小型食肉动物

右肱骨远端1，掌骨11，右股骨2，左距骨2，距骨碎块1，右跟骨2，第1节趾骨5，第2节趾骨1，第3节趾骨1，趾骨碎块1，尾椎2。

猪

左下颌骨髁突1，右下颌骨1，右下颌骨髁突1，下颌骨碎块1，游离犬齿1，游离前臼齿1，游离右臼齿1，游离前臼齿碎块1，游离臼齿碎块4，枢椎1，左桡骨近端2，左桡骨远端1，左桡骨近端关节1，右桡骨远端关节1，左尺骨1，右尺骨1，掌骨2，掌骨近端2，髌骨4，左胫骨远端1，左距骨2，左跟骨1，右跟骨1，第1节趾骨1，第3节趾骨1。

大型鹿科

左尺骨1，左股骨远端关节1，股骨远端1，第3节趾骨1。

中型鹿科

角碎块14，左上颌骨2，右上颌骨1，左下颌骨10，左下颌骨冠状突1，右下颌骨4，右下颌骨髁突1，下颌骨碎块1，游离左前臼齿6，游离左上臼齿2，游离右上前臼齿3，游离右上臼齿 6，游离左臼齿 23，游离右前臼齿 1，游离右臼齿 18，游离齿碎块 14，寰椎 1，左肩胛骨 3，右肩胛骨 5，肩胛骨碎块 2，左肱骨远端 2，右肱骨远端 2，肱骨近端 1，左桡骨近端 2，右桡骨近端 8，右桡骨远端 2，右桡骨远端关节 1，左尺骨 2，右尺骨 3，尺骨碎块 1，腕骨 8，左掌骨近端 7，右掌骨近端 2，掌骨近端 1，掌骨骨干 11，掌骨远端 4，左盆骨髂骨 1，右盆骨髋臼 3，右盆骨髂骨 1，右盆骨碎块 2，盆骨碎块 3，左股骨近端 1，左股骨远端 2，右股骨近端 1，右股骨远端关节 1，股骨近端 2，股骨远端 1，髌骨 2，左胫骨 1，左胫骨近端 1，左胫骨近端关节 1，左胫骨远端 3，左胫骨远端关节 1，右胫骨近端 1，右胫骨远端 5，左距骨 2，右距骨 6，左跟骨 4，右跟骨 2，左跗骨 3，右跗骨 1，跗骨碎块 2，左跖骨近端 3，右跖骨近端 5，跖骨骨干 10，跖骨远端 1，跖骨碎块 6，炮骨近端 1，炮骨骨干 1，炮骨远端 6，炮骨远端关节 6，第 1 节趾骨 45，第 1 节趾骨近端 4，第 2 节趾骨 25，第 2 节趾骨远端 1，第 3 节趾骨 39，趾骨碎块 5。

小型鹿科 A

左肱骨远端 1，左桡骨近端 1，左掌骨近端 1，左股骨近端 1，左股骨远端 4，右股骨近端 4，右股骨远端 2，左胫骨近端 2，右胫骨近端 2，右距骨 2，左跟骨 2，右跟骨 1，跖骨远端 1，第 1 节趾骨 27，第 2 节趾骨 7，第 3 节趾骨 27。

小型鹿科 B

头骨（带角主枝）2，右角（角柄＋主枝）1，角碎块 14，左上颌骨 7，右上颌骨 4，左下颌骨 28，左下颌骨齿隙 1，左下颌骨下颌支 1，右下颌骨 24，右下颌骨齿隙 3，右下颌骨冠状突 1，右下颌骨下颌支 3，右下颌骨髁突 1，下颌骨齿隙 3，游离上臼齿 2，游离左门齿 1，游离右门齿 1，游离左臼齿 13，游离右臼齿 7，游离前臼齿碎块 3，游离臼齿碎块 9，寰椎 5，枢椎 8，左肩胛骨 15，右肩胛骨 4，肩胛骨碎块 1，左肱骨近端 5，左肱骨远端 6，右肱骨近端 6，右肱骨远端 11，肱骨近端 1，肱骨远端 1，左尺桡近端 3，左桡骨近端 11，左桡骨远端 6，左桡骨远端关节 1，右桡骨近端 5，右桡骨远端 6，右桡骨远端关节 2，桡骨干 1，桡骨远端 1，左尺骨 5，左尺骨近端 3，右尺骨 5，右尺骨近端 3，尺骨近端 1，腕骨 6，左掌骨近端 2，右掌骨 1，右掌骨近端 1，掌骨骨干 1，掌骨远端 10，掌骨碎块 1，左盆骨 1，左盆骨髂骨 1，左盆骨坐骨 4，右盆骨 3，右盆骨髂骨 6，右盆骨坐骨 4，盆骨碎块 4，左股骨近端 3，右股骨 2，右股骨近端 2，右股骨远端 2，右股骨远端关节 2，股骨头 1，髌骨 12，左胫骨近端关节 1，左胫骨远端 10，右胫骨近端 1，右胫骨远端 7，左距骨 6，右距骨 8，左跟骨 10，右跟骨 11，右跟骨碎块 1，跟骨碎块 1，左跗骨 4，右跗骨 3，跗骨碎块 3，左跖骨 1，左跖骨近端 4，右跖骨近端 3，跖骨干 6，跖骨远端 5，跖骨碎块 2，炮骨近端 1，炮骨远端 13，炮骨远端关节 2，第 1 节趾骨 25，第 1 节趾骨近端 3，第 1 节趾骨远端 4，第 2 节趾骨 25，第 2 节趾骨远端 4，第 3 节趾骨 19，趾骨碎块 1，骶骨 1。

水牛

左下颌支 1，下颌骨碎骨 1，游离右门齿 1，游离臼齿 1，游离臼齿碎块 2，寰椎 1，右

尺骨近端1，第1节趾骨2，第2节趾骨1，第3节趾骨1，尾椎1，

大型哺乳动物

尺骨近端1，左盆骨碎块1，左胫骨1，肋骨碎片3，碎骨片5。

中型哺乳动物

头骨碎块13，头骨听骨8，左下颌骨髁突1，下颌骨碎块1，下颌骨下颌角1，游离臼齿碎块5，寰椎碎块1，左肩胛骨碎块2，右肩胛骨碎块1，肩胛骨碎块13，肱骨干1，左桡骨近端1，左桡骨远端1，右桡骨远端1，尺骨2，腕骨40，左盆骨碎块3，右盆骨碎块3，盆骨髂骨1，盆骨坐骨1，盆骨碎块4，右股骨近端1，右股骨远端1，股骨远端3，股骨远端关节2，髌骨2，左胫骨近端2，左胫骨骨干1，右胫骨近端1，右胫骨干2，胫骨近端2，胫骨远端1，跗骨2，跖骨1，跟骨关节4，骶骨1，关节15，脊椎257，脊椎碎块1，尾椎3，肋骨碎片216，肢骨碎块（大于15厘米）55，肢骨碎块（10～15厘米）55，肢骨碎块（5～10厘米）182，碎骨片1683。

小型哺乳动物

右下颌骨齿隙1，左肩胛骨碎块2，左肱骨近端1，盆骨坐骨1，盆骨碎块1，股骨远端1，髌骨1，右胫骨近端1，右胫骨干1，脊椎19，尾椎1。

5. 第五期

螃蟹

钳1。

鲤科

咽齿146。

鱼

齿骨9，咽齿1，背鳍3，刺棘8，脊椎154，部位不明骨骼3。

鳖

鳖板103，肢骨6。

鳄鱼

左下颌骨1。

鹭

左肱骨近端1，右肱骨近端1，右肱骨远端2。

雁

左喙骨近端2，左肩胛骨近端2，左肱骨远端1，右肱骨远端1，左腕掌骨近端1。

原鸡

右喙骨近端1。

雉

右肱骨远端3。

鹤

右肱骨远端 1。

鸟

肢骨碎块 91。

兔

左股骨远端 1，胫骨近端 1，胫骨远端 1。

鼠

游离上门齿 1。

中华竹鼠

游离齿 4。

啮齿动物

左下颌骨 2，右下颌骨 3，游离上门齿 3，游离下门齿 12，右肱骨 1，左股骨 1。

熊

左下颌骨 1。

犬科

游离犬齿 1。

小型犬科

游离犬齿 2，游离前白齿 3。

水獭

右下颌骨 1。

猫科或鼬科

左肱骨远端 1。

大型食肉动物

趾骨 1。

食肉动物

游离齿 2，左肱骨近端 1，左肱骨远端 1，右桡骨远端 1，左尺骨 1，掌骨 1，股骨远端 1，距骨 1，第 3 节趾骨 1，趾骨碎块 4。

小型食肉动物

右下颌骨 1，左肩胛骨 1，左肱骨远端 1，右肱骨 1，右肱骨干 1，桡骨近端 3，右尺骨 3，掌骨 3，股骨远端 1，右胫骨近端 1，右距骨 1，第 1 节趾骨 1，第 2 节趾骨 2。

猪

左上颌骨 1，游离乳第 4 前白齿 1，游离左白齿 1，游离右白齿 2，游离白齿碎块 13，游离第 3 白齿 1，左肱骨远端 1，左桡骨近端 1，掌骨 2，右跟骨 1，第 2 节趾骨 1，第 3 节趾骨 3，趾骨碎块 1。

大型鹿科

左桡骨近端 1，左桡骨远端关节 1，左尺骨 1，右尺骨 1，掌骨远端关节 1，右股骨远端关节 1，右胫骨近端 1，右跟骨 1，右距骨 1，左跗骨 1，右跗骨 1，第 1 节趾骨 2，第 1 节趾骨近端 1，第 2 节趾骨 3，第 2 节趾骨近端 1，第 3 节趾骨 1。

中型鹿科

角碎块 17，角尖 1，右上颌骨 1，左下颌骨 3，右下颌骨 6，游离左上前臼齿 3，游离左上臼齿 2，游离右上前臼齿 6，游离右上臼齿 2，游离左前臼齿 4，游离上前臼齿碎块 14，游离上臼齿碎块 5，游离门齿 3，游离左臼齿 3，游离左第 3 臼齿 1，游离右前臼齿 2，游离右臼齿 1，游离前臼齿碎块 8，游离臼齿碎块 15，枢椎 2，左肩胛骨 1，右肩胛骨 1，右肱骨远端 2，左桡骨远端 1，右桡骨近端 1，腕骨 13，左掌骨近端 4，右掌骨近端 3，掌骨 3，掌骨骨干 1，掌骨远端 7，掌骨远端关节 2，掌骨远端碎块 2，右盆骨 1，右股骨远端 1，髌骨 1，左胫骨近端 1，左胫骨远端 1，右胫骨近端 2，右胫骨远端 7，左距骨 4，距骨碎块 1，左跟骨 5，右跟骨 1，跟骨关节 1，左跗骨 4，右跗骨 3，跗骨碎块 6，左跖骨 1，左跖骨近端 3，右跖骨近端 2，跖骨骨干 15，跖骨远端 2，跖骨碎块 2，炮骨 1，炮骨骨干 1，炮骨远端 10，炮骨远端关节 2，炮骨碎块 3，第 1 节趾骨 22，第 1 节趾骨远端 1，第 2 节跖骨 3，第 2 节趾骨 26，第 3 节趾骨 24，趾骨碎块 20。

小型鹿科 A

左肱骨远端 1，右桡骨近端 1，左股骨远端 1，左胫骨近端 2，右胫骨远端 1，掌骨远端 1，跖骨远端 1，第 3 节趾骨 2。

小型鹿科 B

左上颌骨 1，右上颌骨 4，左下颌骨 8，右下颌骨 7，下颌骨碎块 1，游离左上臼齿 3，游离右上前臼齿 1，游离右上臼齿 1，游离上臼齿碎块 11，游离左前臼齿 4，游离左臼齿 3，游离右前臼齿 3，游离前臼齿碎块 11，游离右臼齿 4，游离臼齿碎块 21，游离下第 3 臼齿 1，左肩胛骨 3，右肩胛骨 3，左肱骨近端 1，左肱骨远端 2，右肱骨近端 1，右肱骨远端 6，左桡骨近端 5，左桡骨远端 5，右桡骨近端 3，右桡骨远端 3，左尺骨 3，右尺骨 1，腕骨 8，左掌骨近端 2，右掌骨近端 1，掌骨远端 8，掌骨远端关节 1，右盆骨 3，盆骨碎块 2，左股骨近端 1，右股骨远端 3，髌骨 2，左胫骨远端 3，右胫骨近端 1，右胫骨远端 6，左距骨 2，右距骨 5，左跟骨 5，右跟骨 6，跟骨碎块 1，左跗骨 4，右跗骨 2，跗骨碎块 1，左跖骨近端 1，右跖骨近端 5，跖骨远端 3，炮骨骨干 1，炮骨远端 9，炮骨远端碎块 1，第 1 节趾骨 44，第 2 节趾骨 18，第 3 节趾骨 7，趾骨碎块 8。

水牛

左下颌骨 1，下颌骨冠状突 1，游离左臼齿 1，游离齿碎块 1，右掌骨近端 1，盆骨髋臼 1，盆骨碎块 1，股骨 1，右距骨 1，左跟骨 1，跟骨碎块 1，跗骨 1，第 1 节趾骨 2，第 2 节趾骨 1，第 3 节趾骨 1。

大型哺乳动物

头骨碎块 1，脊椎 4，肋骨碎片 2，肢骨碎块（5～10 厘米）4。

中型哺乳动物

头骨碎块 2，头骨听骨 1，枕骨碎块 1，枕骨枕髁 1，颌骨碎块 1，游离齿碎块 6，肩胛骨碎块 11，左肱骨近端 1，右肱骨远端 1，左桡骨远端关节 1，右桡骨近端 1，右桡骨远端关节 1，尺骨 1，腕骨 10，右盆骨碎块 1，盆骨碎块 6，右股骨远端 2，股骨股骨头 1，股骨远端 1，左胫骨近端 1，左胫骨近端关节 1，胫骨近端 1，胫骨骨干 1，胫骨远端关节 1，跟骨碎块 1，跟骨关节 2，跗骨 1，跖骨骨干 1，第 2 节趾骨碎块 1，第 3 节趾骨碎块 1，趾骨碎块 6，关节 20，脊椎 104，尾椎 2，肋骨碎片 66，肢骨骨干（大于 15 厘米）15，肢骨碎块（10～15 厘米）63，肢骨碎块（5～10 厘米）263，碎骨片 2202。

小型哺乳动物

脊椎 9，关节 1。

本报告中全部鸟类骨骼是由中国科学院古脊椎动物与古人类研究所的侯连海研究员帮助鉴定的，中国科学院动物研究所陈德牛研究员、刘月英研究员和厦门大学海洋系李复雪教授帮助鉴定了部分贝类，中国科学院动物研究所张春光研究员帮助鉴定了部分鱼类骨骼，中国科学院古脊椎动物与古人类研究所金昌柱研究员和刘金毅博士帮助鉴定了部分啮齿类和食肉类动物骨骼，在此表述衷心地感谢。另外，北京大葆台汉墓博物馆的白岩同志、中国科学技术大学科技史与科技考古系的刘歆益和栾天同学也参与整理了甑皮岩遗址出土的贝类和动物骨骼。在此深表谢意。

表一 甑皮岩遗址 2001 年出土贝类遗骸统计表

探方号	层位	种属	左/右	保存状况	件数	探方号	层位	种属	左/右	保存状况	件数
BT2	14	中国圆田螺		完整	131	BT2	7	河蚬			1
BT2	14	中国圆田螺		碎	96	BT2	7	蚌		碎	16
BT2	14	圆顶珠蚌	左	完整	23	BT2	6	中国圆田螺		完整	1470
BT2	14	圆顶珠蚌	左	碎	2	BT2	6	中国圆田螺		碎	2151
BT2	14	圆顶珠蚌	右	完整	11	BT2	6	圆顶珠蚌	左	完整	260
BT2	14	圆顶珠蚌	右	碎	13	BT2	6	圆顶珠蚌	左	碎	162
BT2	14	短褶矛蚌	左	完整	3	BT2	6	圆顶珠蚌	右	完整	280
BT2	14	短褶矛蚌	右	完整	2	BT2	6	圆顶珠蚌	右	碎	141
BT2	14	短褶矛蚌	右	碎	2	BT2	6	圆顶珠蚌		碎	1
BT2	14	背角无齿蚌			1	BT2	6	短褶矛蚌	左	完整	5
BT2	14	河蚬	左	完整	36	BT2	6	短褶矛蚌	左	碎	4
BT2	14	河蚬	左	碎	6	BT2	6	短褶矛蚌	右	完整	7
BT2	14	河蚬	右	完整	32	BT2	6	短褶矛蚌	右	碎	6
BT2	14	河蚬	右	碎	9	BT2	6	背瘤丽蚌	左	完整	4
BT2	14	碎贝壳		碎	13	BT2	6	背瘤丽蚌	左	碎	3
BT2	13	中国圆田螺		完整	8	BT2	6	背瘤丽蚌	右	完整	4
BT2	13	中国圆田螺		碎	9	BT2	6	背瘤丽蚌	右	碎	2
BT2	13	圆顶珠蚌	左	完整	1	BT2	6	背瘤丽蚌		碎	3
BT2	13	圆顶珠蚌	右	完整	2	BT2	6	河蚬	左	完整	499
BT2	13	圆顶珠蚌		完整	1	BT2	6	河蚬	左	碎	163
BT2	13	河蚬		完整	1	BT2	6	河蚬	右	完整	443
BT2	13	河蚬	左		1	BT2	6	河蚬	右	碎	111
BT2	8	螺			1	BT2	6	碎贝壳		碎	99
BT2	8	蚌	左		3	BT3	24	中国圆田螺		完整	24
BT2	8	河蚬	左		1	BT3	24	中国圆田螺		碎	18
BT2	8	河蚬	右		1	BT3	24	圆顶珠蚌		碎	1
BT2	7	中国圆田螺		完整	222	BT3	24	河蚬	左	完整	3
BT2	7	中国圆田螺		碎	211	BT3	24	河蚬	左	碎	1
BT2	7	圆顶珠蚌	左	完整	12	BT3	24	河蚬	右	完整	7
BT2	7	圆顶珠蚌	左	碎	6	BT3	24	河蚬	右	碎	2
BT2	7	圆顶珠蚌	右	完整	20	BT3	24	碎贝壳		碎	3
BT2	7	圆顶珠蚌	右	碎	10	BT3	23	中国圆田螺		完整	14
BT2	7	短褶矛蚌		完整	1	BT3	23	中国圆田螺		碎	110
BT2	7	河蚬	左	完整	31	BT3	23	短褶矛蚌		碎	1
BT2	7	河蚬	左	碎	23	BT3	23	河蚬	左	碎	1
BT2	7	河蚬	右	完整	31	BT3	23	河蚬	右	完整	2
BT2	7	河蚬	右	碎	12	BT3	23	河蚬	右	碎	2

续表一

探方号	层位	种属	左/右	保存状况	件数	探方号	层位	种属	左/右	保存状况	件数
BT3	23	河蚬			1	BT3	12	圆顶珠蚌	左	完整	55
BT3	23	蚌		碎块	1	BT3	12	圆顶珠蚌	左	碎	48
BT3	23	碎大贝壳			3	BT3	12	圆顶珠蚌	右	完整	38
BT3	22	中国圆田螺		完整	115	BT3	12	圆顶珠蚌	右	碎	54
BT3	22	中国圆田螺		碎	279	BT3	12	圆顶珠蚌		完整	1
BT3	22	圆顶珠蚌	左	完整	32	BT3	12	圆顶珠蚌		碎	5
BT3	22	圆顶珠蚌	左	碎	11	BT3	12	短褶矛蚌	左	碎	2
BT3	22	圆顶珠蚌	右	完整	52	BT3	12	背瘤丽蚌	左	完整	1
BT3	22	圆顶珠蚌	右	碎	11	BT3	12	背瘤丽蚌	左	碎	1
BT3	22	短褶矛蚌	左	完整	1	BT3	12	背瘤丽蚌	右	完整	1
BT3	22	短褶矛蚌	左	碎	2	BT3	12	背瘤丽蚌	右	碎	3
BT3	22	短褶矛蚌	右	完整	1	BT3	12	河蚬	左	完整	630
BT3	22	背瘤丽蚌	左	完整	1	BT3	12	河蚬	左	碎	304
BT3	22	背瘤丽蚌	右	完整	3	BT3	12	河蚬	右	完整	627
BT3	22	背瘤丽蚌	右	碎	2	BT3	12	河蚬	右	碎	227
BT3	22	河蚬	左	完整	65	BT3	12	河蚬			5
BT3	22	河蚬	左	碎	30	BT3	12	蚌	左		2
BT3	22	河蚬	右	完整	76	BT3	12	蚌	右		2
BT3	22	河蚬	右	碎	10	BT3	12	碎贝壳			29
BT3	21	螺			3	BT3	11	中国圆田螺		完整	280
BT3	21	河蚬	左		1	BT3	11	中国圆田螺		碎	108
BT3	18	螺			2	BT3	11	圆顶珠蚌	左	完整	3
BT3	18	蚌		碎块	1	BT3	11	圆顶珠蚌	左	碎	1
BT3	17	中国圆田螺		完整	19	BT3	11	圆顶珠蚌	右	完整	9
BT3	17	中国圆田螺		碎	13	BT3	11	短褶矛蚌	左	碎	1
BT3	17	圆顶珠蚌	左	完整	12	BT3	11	短褶矛蚌	右	碎	5
BT3	17	河蚬		完整	1	BT3	11	河蚬	左	完整	49
BT3	15	中国圆田螺		完整	20	BT3	11	河蚬	左	碎	68
BT3	15	中国圆田螺		碎	39	BT3	11	河蚬	右	完整	44
BT3	15	圆顶珠蚌		碎	1	BT3	11	河蚬	右	碎	99
BT3	13	螺			15	BT3	11	河蚬			1
BT3	13	蚌	左		1	BT3	11	蚌	左		3
BT3	13	河蚬	左		1	BT3	11	蚌	右		3
BT3	13	河蚬	右		1	BT3	11	碎贝壳			2
BT3	12	中国圆田螺		完整	2600	BT3	10	中国圆田螺		完整	63
BT3	12	中国圆田螺		碎	3167	BT3	10	中国圆田螺		碎	66
BT3	12	小螺			2	BT3	10	圆顶珠蚌	左	完整	3

续表一

探方号	层位	种属	左/右	保存状况	件数	探方号	层位	种属	左/右	保存状况	件数
BT3	10	圆顶珠蚌	左	碎	1	BT3	7	背瘤丽蚌	右	碎	8
BT3	10	圆顶珠蚌	右	完整	6	BT3	7	背瘤丽蚌		完整	1
BT3	10	圆顶珠蚌	右	碎	1	BT3	7	河蚬	左	完整	209
BT3	10	背瘤丽蚌	左	完整	1	BT3	7	河蚬	左	碎	93
BT3	10	背瘤丽蚌	右	碎	1	BT3	7	河蚬	右	完整	218
BT3	10	河蚬	左	完整	1	BT3	7	河蚬	右	碎	91
BT3	10	河蚬	左	碎	8	BT3	7	河蚬			46
BT3	10	河蚬	右	完整	2	BT3	7	蚌	左		15
BT3	10	河蚬	右	碎	4	BT3	7	蚌	右		14
BT3	10	碎大贝壳		碎	1	BT3	7	碎贝壳		碎	13
BT3	9	中国圆田螺		完整	100	BT3	6	中国圆田螺		完整	649
BT3	9	中国圆田螺		碎	226	BT3	6	中国圆田螺		碎	679
BT3	9	圆顶珠蚌	左	碎	5	BT3	6	圆顶珠蚌	左	完整	222
BT3	9	圆顶珠蚌	右	碎	5	BT3	6	圆顶珠蚌	左	碎	124
BT3	9	河蚬	左	完整	3	BT3	6	圆顶珠蚌	右	完整	216
BT3	9	河蚬	左	碎	218	BT3	6	圆顶珠蚌	右	碎	145
BT3	9	河蚬	右	完整	3	BT3	6	短褶矛蚌	左	完整	2
BT3	9	河蚬	右	碎	213	BT3	6	短褶矛蚌	左	碎	2
BT3	9	河蚬		碎块	13	BT3	6	短褶矛蚌	右	完整	3
BT3	9	蚌	左		40	BT3	6	短褶矛蚌	右	碎	3
BT3	9	蚌	右		37	BT3	6	背瘤丽蚌	左	完整	1
BT3	9	碎大贝壳		碎	1	BT3	6	背瘤丽蚌	左	碎	5
BT3	8	蚌	左		2	BT3	6	背瘤丽蚌	右	完整	1
BT3	8	蚌	右		1	BT3	6	背瘤丽蚌	右	碎	3
BT3	8	螺			9	BT3	6	背瘤丽蚌		完整	5
BT3	7	中国圆田螺		完整	2607	BT3	6	背瘤丽蚌		碎	1
BT3	7	中国圆田螺		碎	1225	BT3	6	河蚬	左	完整	264
BT3	7	圆顶珠蚌	左	完整	78	BT3	6	河蚬	左	碎	150
BT3	7	圆顶珠蚌	左	碎	37	BT3	6	河蚬	右	完整	328
BT3	7	圆顶珠蚌	右	完整	87	BT3	6	河蚬	右	碎	111
BT3	7	圆顶珠蚌	右	碎	45	BT3	6	碎贝壳		碎	21
BT3	7	圆顶珠蚌		碎	1	BT3	5	中国圆田螺		完整	1075
BT3	7	短褶矛蚌		完整	1	BT3	5	中国圆田螺		碎块	1549
BT3	7	短褶矛蚌		碎	1	BT3	5	圆顶珠蚌	左	完整	148
BT3	7	背瘤丽蚌	左	完整	3	BT3	5	圆顶珠蚌	左	碎	138
BT3	7	背瘤丽蚌	左	碎	5	BT3	5	圆顶珠蚌	右	完整	120
BT3	7	背瘤丽蚌	右	完整	8	BT3	5	圆顶珠蚌	右	碎	128

续表一

探方号	层位	种属	左/右	保存状况	件数	探方号	层位	种属	左/右	保存状况	件数
BT3	5	圆顶珠蚌		碎块	11	DT3	19	河蚬	右	碎	1
BT3	5	短褶矛蚌		完整	1	DT3	16	中国圆田螺		完整	4
BT3	5	短褶矛蚌		碎块	1	DT3	16	中国圆田螺		碎	7
BT3	5	背瘤丽蚌	左	碎	3	DT3	16	圆顶珠蚌	左	完整	1
BT3	5	背瘤丽蚌	右	完整	1	DT3	16	圆顶珠蚌	左	碎	2
BT3	5	背瘤丽蚌	右	碎	2	DT3	16	圆顶珠蚌	右	完整	3
BT3	5	背瘤丽蚌		完整	2	DT3	16	圆顶珠蚌	右	碎	3
BT3	5	河蚬	左	完整	261	DT3	16	河蚬	左	完整	1
BT3	5	河蚬	左	碎	281	DT3	16	河蚬	左	碎	2
BT3	5	河蚬	右	完整	292	DT3	16	河蚬	右	完整	3
BT3	5	河蚬	右	碎	225	DT3	16	河蚬			2
BT3	5	河蚬		碎块	13	DT3	16	蚌			5
BT3	5	贝壳		碎块	52	DT3	15	中国圆田螺		完整	8
BT3	4	中国圆田螺		完整	337	DT3	15	圆顶珠蚌	左	完整	13
BT3	4	中国圆田螺		碎	207	DT3	15	圆顶珠蚌	右	碎	12
BT3	4	圆顶珠蚌	左	完整	25	DT3	15	圆顶珠蚌			1
BT3	4	圆顶珠蚌	左	碎	15	DT3	15	河蚬	左	完整	20
BT3	4	圆顶珠蚌	右	完整	37	DT3	15	河蚬	右	碎	22
BT3	4	圆顶珠蚌	右	碎	14	DT3	15	河蚬			4
BT3	4	短褶矛蚌		完整	1	DT3	15	蚌	左		2
BT3	4	河蚬	左	完整	26	DT3	14	中国圆田螺		完整	29
BT3	4	河蚬	左	碎	14	DT3	14	中国圆田螺		碎	99
BT3	4	河蚬	右	完整	37	DT3	14	圆顶珠蚌	左	完整	17
BT3	4	河蚬	右	碎	7	DT3	14	圆顶珠蚌	左	碎	25
BT3	4	河蚬		碎	217	DT3	14	圆顶珠蚌	右	完整	22
BT3	4	碎贝壳		碎	4	DT3	14	圆顶珠蚌	右	碎	20
BT3	Z3	中国圆田螺		完整	27	DT3	14	圆顶珠蚌		碎	1
BT3	Z3	中国圆田螺		碎	49	DT3	14	河蚬	左	完整	15
BT3	Z3	圆顶珠蚌		完整	1	DT3	14	河蚬	左	碎	18
BT3	Z3	圆顶珠蚌		碎	2	DT3	14	河蚬	右	完整	13
BT3	Z3	背瘤丽蚌		完整	1	DT3	14	河蚬	右	碎	49
BT3	Z3	河蚬	左	完整	1	DT3	14	河蚬	右		1
BT3	Z3	河蚬	右	碎	1	DT3	14	蚌	左		1
DT3	19	中国圆田螺		完整	5	DT3	14	蚌	右		2
DT3	19	中国圆田螺		碎	18	DT3	14	碎贝壳		碎	9
DT3	19	河蚬	左	碎	2	DT3	13	中国圆田螺		完整	19
DT3	19	河蚬	右	完整	1	DT3	13	中国圆田螺		碎	118

续表一

探方号	层位	种属	左/右	保存状况	件数	探方号	层位	种属	左/右	保存状况	件数
DT3	13	圆顶珠蚌	右	完整	68	DT3	11	短褶矛蚌	左	完整	3
DT3	13	圆顶珠蚌	右	碎	21	DT3	11	短褶矛蚌	左	碎	1
DT3	13	背瘤丽蚌		碎	1	DT3	11	短褶矛蚌	右	完整	2
DT3	13	河蚬	左	完整	16	DT3	11	短褶矛蚌	右	碎	1
DT3	13	河蚬	左	碎	24	DT3	11	背瘤丽蚌	左	完整	1
DT3	13	河蚬	右	完整	20	DT3	11	背瘤丽蚌	左	碎	2
DT3	13	河蚬	右	碎	25	DT3	11	背瘤丽蚌	右	完整	2
DT3	13	河蚬			4	DT3	11	背瘤丽蚌	右	碎	2
DT3	13	蚌	右		2	DT3	11	背瘤丽蚌		完整	3
DT3	13	碎贝壳		碎	4	DT3	11	河蚬	左	完整	139
DT3	12	中国圆田螺		完整	56	DT3	11	河蚬	左	碎	76
DT3	12	中国圆田螺		碎	103	DT3	11	河蚬	右	完整	152
DT3	12	圆顶珠蚌	左	完整	16	DT3	11	河蚬	右	碎	63
DT3	12	圆顶珠蚌	左	碎	20	DT3	11	河蚬			5
DT3	12	圆顶珠蚌	右	完整	25	DT3	11	蚌	左		4
DT3	12	圆顶珠蚌	右	碎	23	DT3	11	蚌	右		1
DT3	12	短褶矛蚌	左	碎	2	DT3	11	贝壳		碎块	19
DT3	12	短褶矛蚌	右	完整	2	DT3	10	中国圆田螺		完整	6
DT3	12	短褶矛蚌	右	碎	3	DT3	10	中国圆田螺		碎	25
DT3	12	背瘤丽蚌		完整	1	DT3	10	圆顶珠蚌	左	完整	2
DT3	12	背瘤丽蚌		碎	1	DT3	10	圆顶珠蚌	左	碎	9
DT3	12	河蚬	左	完整	17	DT3	10	圆顶珠蚌	右	完整	2
DT3	12	河蚬	左	碎	27	DT3	10	圆顶珠蚌	右	碎	11
DT3	12	河蚬	右	完整	22	DT3	10	短褶矛蚌	左	碎	1
DT3	12	河蚬	右	碎	10	DT3	10	短褶矛蚌	右	碎	1
DT3	12	河蚬	右		1	DT3	10	河蚬	左	完整	2
DT3	12	河蚬			3	DT3	10	河蚬	左	碎	14
DT3	12	蚌	左		1	DT3	10	河蚬	右	完整	2
DT3	12	蚌	右		1	DT3	10	河蚬	右	碎	14
DT3	12	碎贝壳		碎	9	DT3	10	蚌	左		3
DT3	11	中国圆田螺		完整	459	DT3	10	蚌	右		3
DT3	11	中国圆田螺		碎	1395	DT3	10	碎大贝壳		碎	2
DT3	11	圆顶珠蚌	左	完整	106	DT3	9	中国圆田螺		碎	79
DT3	11	圆顶珠蚌	左	碎	100	DT3	9	圆顶珠蚌	左	完整	6
DT3	11	圆顶珠蚌	右	完整	136	DT3	9	圆顶珠蚌	左	碎	7
DT3	11	圆顶珠蚌	右	碎	76	DT3	9	圆顶珠蚌	右	完整	8
DT3	11	圆顶珠蚌		完整	5	DT3	9	圆顶珠蚌	右	碎	8

续表一

探方号	层位	种属	左/右	保存状况	件数	探方号	层位	种属	左/右	保存状况	件数
DT3	9	短褶矛蚌	左	完整	1	DT3	6	河蚬	左	碎	9
DT3	9	短褶矛蚌	右	完整	1	DT3	6	河蚬	右	完整	1
DT3	9	短褶矛蚌	右	碎	1	DT3	6	河蚬	右	碎	15
DT3	9	河蚬	左	完整	3	DT3	6	河蚬		碎块	5
DT3	9	河蚬	左	碎	13	DT3	6	蚌	左		2
DT3	9	河蚬	右	完整	5	DT3	6	蚌	右		2
DT3	9	河蚬	右	碎	18	DT3	6	蚌		碎块	5
DT3	9	河蚬			1	DT3	5	中国圆田螺		完整	171
DT3	9	蚌	左		1	DT3	5	中国圆田螺		碎	382
DT3	9	碎贝壳		碎	1	DT3	5	圆顶珠蚌	左	完整	38
DT3	8	中国圆田螺		完整	1	DT3	5	圆顶珠蚌	左	碎	28
DT3	8	中国圆田螺		碎	18	DT3	5	圆顶珠蚌	右	完整	38
DT3	8	圆顶珠蚌	左	碎	9	DT3	5	圆顶珠蚌	右	碎	21
DT3	8	圆顶珠蚌	右	碎	10	DT3	5	短褶矛蚌		完整	1
DT3	8	河蚬	左	完整	16	DT3	5	河蚬	左	完整	29
DT3	8	河蚬	左	碎	11	DT3	5	河蚬	左	碎	41
DT3	8	河蚬	右	碎	12	DT3	5	河蚬	右	完整	58
DT3	7	中国圆田螺		完整	350	DT3	5	河蚬	右	碎	34
DT3	7	中国圆田螺		碎	352	DT3	5	河蚬			2
DT3	7	圆顶珠蚌	左	完整	29	DT3	5	蚌	左		1
DT3	7	圆顶珠蚌	左	碎	13	DT3	5	蚌	右		1
DT3	7	圆顶珠蚌	右	完整	37	DT3	5	碎贝壳		碎	11
DT3	7	圆顶珠蚌	右	碎	11	DT4	31	中国圆田螺		完整	1
DT3	7	短褶矛蚌		碎	1	DT4	31	中国圆田螺		碎	38
DT3	7	背瘤丽蚌		碎	1	DT4	31	圆顶珠蚌		完整	1
DT3	7	河蚬	左	完整	70	DT4	31	圆顶珠蚌		碎	2
DT3	7	河蚬	左	碎	31	DT4	31	短褶矛蚌		完整	1
DT3	7	河蚬	右	完整	73	DT4	31	蚌	左		3
DT3	7	河蚬	右	碎	34	DT4	31	蚌	右		4
DT3	7	碎贝壳		碎	3	DT4	31	蚌		碎块	19
DT3	6	中国圆田螺		碎	9	DT4	31	河蚬	左	完整	7
DT3	6	圆顶珠蚌	左	碎	2	DT4	31	河蚬	左	碎	10
DT3	6	圆顶珠蚌	右	完整	1	DT4	31	河蚬	右	完整	3
DT3	6	圆顶珠蚌	右	碎	7	DT4	31	河蚬	右		6
DT3	6	短褶矛蚌	左	完整	1	DT4	31	河蚬			1
DT3	6	短褶矛蚌	右	完整	1	DT4	31	碎大贝壳		碎	11
DT3	6	背瘤丽蚌		完整	1	DT4	30	蚌	左		2

续表一

探方号	层位	种属	左/右	保存状况	件数	探方号	层位	种属	左/右	保存状况	件数
DT4	30	蚌			4	DT4	27	河蚬	左	完整	2
DT4	29	中国圆田螺		完整	28	DT4	27	河蚬	左	碎	7
DT4	29	中国圆田螺		碎	101	DT4	27	河蚬	右	完整	1
DT4	29	圆顶珠蚌	左	完整	3	DT4	27	河蚬	右	碎	16
DT4	29	圆顶珠蚌	左	碎	7	DT4	27	河蚬		碎块	4
DT4	29	圆顶珠蚌	右	完整	2	DT4	27	碎大贝壳		碎	24
DT4	29	圆顶珠蚌	右	碎	3	DT4	26	中国圆田螺		完整	355
DT4	29	短褶矛蚌	左	碎	2	DT4	26	中国圆田螺		碎	623
DT4	29	短褶矛蚌	右	碎	1	DT4	26	圆顶珠蚌	左	完整	199
DT4	29	背瘤丽蚌	左	碎	4	DT4	26	圆顶珠蚌	左	碎	86
DT4	29	蚌	左		2	DT4	26	圆顶珠蚌	右	完整	204
DT4	29	蚌	右		4	DT4	26	圆顶珠蚌	右	碎	54
DT4	29	蚌		碎块	2	DT4	26	圆顶珠蚌		碎	3
DT4	29	河蚬	左	完整	11	DT4	26	短褶矛蚌	左	完整	6
DT4	29	河蚬	左	碎	28	DT4	26	短褶矛蚌	左	碎	6
DT4	29	河蚬	右	完整	12	DT4	26	短褶矛蚌	右	完整	8
DT4	29	河蚬	右	碎	16	DT4	26	短褶矛蚌	右	碎	9
DT4	29	河蚬			6	DT4	26	背瘤丽蚌	左	完整	5
DT4	29	碎大贝壳		碎	15	DT4	26	背瘤丽蚌	左	碎	2
DT4	28	中国圆田螺		完整	1	DT4	26	背瘤丽蚌	右	完整	10
DT4	28	中国圆田螺		碎	5	DT4	26	背瘤丽蚌	右	碎	4
DT4	28	圆顶珠蚌		碎	2	DT4	26	背瘤丽蚌		碎	1
DT4	28	蚌	左		4	DT4	26	蚌	左		2
DT4	28	蚌	右		5	DT4	26	河蚬	左	完整	684
DT4	28	蚌			3	DT4	26	河蚬	左	碎	137
DT4	28	河蚬		碎	4	DT4	26	河蚬	右	完整	297
DT4	28	碎大贝壳		碎	5	DT4	26	河蚬	右	碎	109
DT4	27	中国圆田螺		完整	10	DT4	26	贝壳		碎块	117
DT4	27	中国圆田螺		碎	38	DT4	25	中国圆田螺		完整	7
DT4	27	圆顶珠蚌	左	完整	1	DT4	25	中国圆田螺		碎	59
DT4	27	圆顶珠蚌	左	碎	10	DT4	25	圆顶珠蚌	左	完整	55
DT4	27	圆顶珠蚌	右	碎	11	DT4	25	圆顶珠蚌	左	碎	49
DT4	27	短褶矛蚌	左	碎	1	DT4	25	圆顶珠蚌	右	完整	52
DT4	27	短褶矛蚌	右	碎	3	DT4	25	圆顶珠蚌	右	碎	56
DT4	27	背瘤丽蚌	左	碎	1	DT4	25	短褶矛蚌	左	完整	1
DT4	27	背瘤丽蚌	右	碎	2	DT4	25	背瘤丽蚌		碎	1
DT4	27	蚌			8	DT4	25	蚌	右		1

续表一

探方号	层位	种属	左/右	保存状况	件数	探方号	层位	种属	左/右	保存状况	件数
DT4	25	蚌		碎块	1	DT4	22	中国圆田螺		碎	72
DT4	25	河蚬	左	完整	101	DT4	22	圆顶珠蚌	左	完整	53
DT4	25	河蚬	左	碎	112	DT4	22	圆顶珠蚌	左	碎	47
DT4	25	河蚬	右	完整	140	DT4	22	圆顶珠蚌	右	完整	24
DT4	25	河蚬	右	碎	108	DT4	22	圆顶珠蚌	右	碎	29
DT4	25	碎贝壳		碎	1	DT4	22	河蚬	左	完整	1
DT4	24	中国圆田螺		完整	164	DT4	22	河蚬	左	碎	6
DT4	24	中国圆田螺		碎	447	DT4	22	河蚬	右	完整	2
DT4	24	圆顶珠蚌	左	完整	381	DT4	22	河蚬	右	碎	5
DT4	24	圆顶珠蚌	左	碎	253	DT4	22	碎贝壳			1
DT4	24	圆顶珠蚌	右	完整	399	DT4	21	中国圆田螺		完整	253
DT4	24	圆顶珠蚌	右	碎	212	DT4	21	中国圆田螺		碎	759
DT4	24	短褶矛蚌	左	完整	2	DT4	21	圆顶珠蚌	左	完整	153
DT4	24	短褶矛蚌	左	碎	1	DT4	21	圆顶珠蚌	左	碎	121
DT4	24	短褶矛蚌	右	完整	2	DT4	21	圆顶珠蚌	右	完整	161
DT4	24	短褶矛蚌	右	碎	3	DT4	21	圆顶珠蚌	右	碎	119
DT4	24	背瘤丽蚌	左	碎	3	DT4	21	短褶矛蚌	左	完整	3
DT4	24	背瘤丽蚌	右	完整	4	DT4	21	短褶矛蚌	右	碎	1
DT4	24	背瘤丽蚌	右	碎	1	DT4	21	短褶矛蚌		完整	1
DT4	24	蚌	左		6	DT4	21	短褶矛蚌		碎	2
DT4	24	蚌	右		4	DT4	21	背瘤丽蚌	左	完整	2
DT4	24	河蚬	左	完整	170	DT4	21	背瘤丽蚌	左	碎	6
DT4	24	河蚬	左	碎	134	DT4	21	背瘤丽蚌	右	完整	5
DT4	24	河蚬	右	完整	163	DT4	21	背瘤丽蚌	右	碎	3
DT4	24	河蚬	右	碎	126	DT4	21	蚌	左		8
DT4	24	河蚬			2	DT4	21	蚌	右		5
DT4	24	碎贝壳			40	DT4	21	河蚬	左	完整	9
DT4	23	中国圆田螺			8	DT4	21	河蚬	左	碎	46
DT4	23	中国圆田螺		碎	18	DT4	21	河蚬	右	完整	8
DT4	23	圆顶珠蚌	左	碎	2	DT4	21	河蚬	右	碎	13
DT4	23	圆顶珠蚌	右	完整	1	DT4	21	碎贝壳			38
DT4	23	圆顶珠蚌	右	碎	4	DT4	20	中国圆田螺		完整	46
DT4	23	河蚬	左	完整	10	DT4	20	中国圆田螺		碎	168
DT4	23	河蚬	左	碎	5	DT4	20	圆顶珠蚌	左	完整	16
DT4	23	河蚬	右	完整	11	DT4	20	圆顶珠蚌	左	碎	23
DT4	23	河蚬	右	碎	9	DT4	20	圆顶珠蚌	右	完整	15
DT4	22	中国圆田螺		完整	25	DT4	20	圆顶珠蚌	右	碎	21

续表一

探方号	层位	种属	左/右	保存状况	件数	探方号	层位	种属	左/右	保存状况	件数
DT4	20	短褶矛蚌		碎	3	DT4	18	中国圆田螺		碎	89
DT4	20	背瘤丽蚌	左	完整	3	DT4	18	圆顶珠蚌	左	完整	155
DT4	20	背瘤丽蚌	右	完整	1	DT4	18	圆顶珠蚌	右	完整	1
DT4	20	珍珠蚌		完整	1	DT4	18	圆顶珠蚌	右	碎	68
DT4	20	珍珠蚌		碎	1	DT4	18	短褶矛蚌	左	碎	3
DT4	20	蚌	左		2	DT4	18	短褶矛蚌	右	碎	3
DT4	20	蚌	右		5	DT4	18	背瘤丽蚌	左	完整	5
DT4	20	河蚬	左	完整	85	DT4	18	背瘤丽蚌	左	碎	1
DT4	20	河蚬	左	碎	33	DT4	18	背瘤丽蚌	右	完整	2
DT4	20	河蚬	右	完整	69	DT4	18	背瘤丽蚌		完整	2
DT4	20	河蚬	右	碎	28	DT4	18	背瘤丽蚌		碎	4
DT4	20	河蚬			6	DT4	18	蚌			2
DT4	20	碎大贝壳		碎	7	DT4	18	河蚬			2
DT4	19	中国圆田螺		完整	35	DT4	18	河蚬	左	完整	56
DT4	19	中国圆田螺		碎	409	DT4	18	河蚬	左	碎	57
DT4	19	圆顶珠蚌	左	完整	56	DT4	18	河蚬	右	完整	56
DT4	19	圆顶珠蚌	左	碎	39	DT4	18	河蚬	右	碎	60
DT4	19	圆顶珠蚌	右	完整	65	DT4	18	碎贝壳		碎	18
DT4	19	圆顶珠蚌	右	碎	45	DT4	17	中国圆田螺		完整	959
DT4	19	圆顶珠蚌		完整	1	DT4	17	中国圆田螺		碎	1804
DT4	19	短褶矛蚌	左	完整	5	DT4	17	圆顶珠蚌	左	完整	154
DT4	19	短褶矛蚌	左	碎	4	DT4	17	圆顶珠蚌	左	碎	56
DT4	19	短褶矛蚌	右	完整	4	DT4	17	圆顶珠蚌	右	完整	147
DT4	19	短褶矛蚌	右	碎	4	DT4	17	圆顶珠蚌	右	碎	44
DT4	19	背瘤丽蚌	左	完整	2	DT4	17	圆顶珠蚌		完整	1
DT4	19	背瘤丽蚌	右	完整	1	DT4	17	圆顶珠蚌		碎	1
DT4	19	背瘤丽蚌	右	碎	2	DT4	17	短褶矛蚌	左	完整	2
DT4	19	背瘤丽蚌		完整	1	DT4	17	短褶矛蚌	右	完整	2
DT4	19	背瘤丽蚌		碎	2	DT4	17	背瘤丽蚌	左	完整	1
DT4	19	蚌	右		1	DT4	17	背瘤丽蚌	左	碎	3
DT4	19	蚌			2	DT4	17	背瘤丽蚌	右	完整	4
DT4	19	河蚬	左	完整	146	DT4	17	背瘤丽蚌	右	碎	2
DT4	19	河蚬	左	碎	66	DT4	17	背瘤丽蚌		完整	1
DT4	19	河蚬	右	完整	154	DT4	17	蚌	左		3
DT4	19	河蚬	右	碎	90	DT4	17	蚌	右		1
DT4	19	碎贝壳		碎	13	DT4	17	河蚬	左	完整	386
DT4	18	中国圆田螺		完整	133	DT4	17	河蚬	左	碎	32

续表一

探方号	层位	种属	左/右	保存状况	件数	探方号	层位	种属	左/右	保存状况	件数
DT4	17	河蚬	右	完整	373	DT4	15	河蚬	右	碎	27
DT4	17	河蚬	右	碎	74	DT4	15	碎贝壳		碎	12
DT4	17	蚌		完整	19	DT4	14	中国圆田螺		完整	70
DT4	17	碎贝壳			17	DT4	14	中国圆田螺		碎	274
DT4	16	中国圆田螺		完整	20	DT4	14	圆顶珠蚌	左	完整	8
DT4	16	中国圆田螺		碎	124	DT4	14	圆顶珠蚌	左	碎	5
DT4	16	圆顶珠蚌	左	完整	3	DT4	14	圆顶珠蚌	右	完整	7
DT4	16	圆顶珠蚌	左	碎	11	DT4	14	短褶矛蚌	右	碎	7
DT4	16	圆顶珠蚌	右	完整	4	DT4	14	背瘤丽蚌	右	完整	1
DT4	16	圆顶珠蚌	右	碎	5	DT4	14	背瘤丽蚌		碎	2
DT4	16	背瘤丽蚌		碎	1	DT4	14	蚌	左		1
DT4	16	蚌	左		1	DT4	14	蚌	右		1
DT4	16	蚌			2	DT4	14	河蚬	左	完整	21
DT4	16	河蚬	左	完整	30	DT4	14	河蚬	左	碎	9
DT4	16	河蚬	左	碎	15	DT4	14	河蚬	右	完整	21
DT4	16	河蚬	右	完整	28	DT4	14	河蚬	右	碎	8
DT4	16	河蚬	右	碎	28	DT4	14	碎大贝壳		碎	10
DT4	16	碎贝壳		碎	4	DT4	13	中国圆田螺		完整	311
DT4	15	中国圆田螺		完整	483	DT4	13	中国圆田螺		碎	1213
DT4	15	中国圆田螺		碎	1247	DT4	13	小螺			3
DT4	15	小螺		1		DT4	13	圆顶珠蚌	左	完整	16
DT4	15	圆顶珠蚌	左	完整	71	DT4	13	圆顶珠蚌	左	碎	8
DT4	15	圆顶珠蚌	左	碎	35	DT4	13	圆顶珠蚌	右	完整	24
DT4	15	圆顶珠蚌	右	完整	69	DT4	13	圆顶珠蚌	右	碎	12
DT4	15	圆顶珠蚌	右	碎	13	DT4	13	圆顶珠蚌		完整	3
DT4	15	短褶矛蚌	右	完整	4	DT4	13	背瘤丽蚌		碎	1
DT4	15	短褶矛蚌	左	碎	21	DT4	13	蚌	左		1
DT4	15	短褶矛蚌	右	碎	8	DT4	13	蚌	右		3
DT4	15	背瘤丽蚌		完整	4	DT4	13	蚌		碎块	1
DT4	15	背瘤丽蚌		碎	1	DT4	13	河蚬	左	完整	75
DT4	15	珍珠蚌		碎	1	DT4	13	河蚬	左	碎	33
DT4	15	蚌	左	完整	1	DT4	13	河蚬	右	完整	72
DT4	15	蚌	右		1	DT4	13	河蚬	右	碎	37
DT4	15	蚌		完整	2	DT4	13	碎贝壳		碎	24
DT4	15	河蚬	左	完整	191	DT4	12	中国圆田螺		完整	222
DT4	15	河蚬	左	碎	40	DT4	12	中国圆田螺		碎	974
DT4	15	河蚬	右	完整	188	DT4	12	圆顶珠蚌	左	完整	32

续表一

探方号	层位	种属	左/右	保存状况	件数	探方号	层位	种属	左/右	保存状况	件数
DT4	12	圆顶珠蚌	左	碎	34	DT4	9	圆顶珠蚌	左	碎	3
DT4	12	圆顶珠蚌	右	完整	23	DT4	9	圆顶珠蚌	右	完整	3
DT4	12	短褶矛蚌	左	完整	2	DT4	9	圆顶珠蚌	右	碎	4
DT4	12	短褶矛蚌	右	碎	19	DT4	9	背瘤丽蚌	左	完整	1
DT4	12	背瘤丽蚌	左	完整	1	DT4	9	背瘤丽蚌	右	完整	2
DT4	12	背瘤丽蚌	右	完整	1	DT4	9	背瘤丽蚌	右	碎	1
DT4	12	蚌	右		3	DT4	9	背瘤丽蚌		碎	2
DT4	12	河蚬	左	完整	61	DT4	9	蚌	右		1
DT4	12	河蚬	左	碎	70	DT4	9	河蚬	左	完整	3
DT4	12	河蚬	右	完整	55	DT4	9	河蚬	右	完整	4
DT4	12	河蚬	右	碎	61	DT4	9	河蚬	右	碎	2
DT4	12	碎大贝壳			27	DT4	9	碎大贝壳		碎	4
DT4	11	中国圆田螺		完整	37	DT4	7 南壁	蚌	右		1
DT4	11	中国圆田螺		碎	332	DT4	7 南壁	河蚬	左		1
DT4	11	圆顶珠蚌	左	完整	5	DT4	7 南壁	河蚬	右		1
DT4	11	圆顶珠蚌	左	碎	6	DT4	6	中国圆田螺		完整	1
DT4	11	圆顶珠蚌	右	完整	6	DT4	6	圆顶珠蚌	左	完整	1
DT4	11	圆顶珠蚌	右	碎	5	DT4	6	圆顶珠蚌	右	完整	1
DT4	11	短褶矛蚌		完整	1	DT4	6	圆顶珠蚌	右	碎	1
DT4	11	蚌	右		1	DT4	5 南壁	蚌	左		1
DT4	11	河蚬	左	完整	34	DT4	5 南壁	河蚬	左		5
DT4	11	河蚬	左	碎	25	DT4	5 南壁	河蚬	右		6
DT4	11	河蚬	右	完整	25	DT4	4	中国圆田螺		完整	141
DT4	11	河蚬	右	碎	17	DT4	4	中国圆田螺		碎	460
DT4	11	碎贝壳		碎	3	DT4	4	河蚬	左	完整	23
DT4	10	中国圆田螺		完整	12	DT4	4	河蚬	左	碎	13
DT4	10	中国圆田螺		碎	15	DT4	4	河蚬	右	完整	25
DT4	10	圆顶珠蚌	左	完整	2	DT4	4	河蚬	右	碎	7
DT4	10	蚌	左		2	DT4	4	碎大贝壳			3
DT4	10	河蚬	左	完整	1	DT4	3	圆顶珠蚌		完整	4
DT4	10	河蚬	左	碎	2	DT4	3	圆顶珠蚌		碎	1
DT4	10	河蚬	右	完整	1	DT4	3 南壁	蚌	左		1
DT4	10	河蚬	右	碎	2	DT4	3 南壁	蚌		碎块	2
DT4	10	大贝壳			6	DT4	3	河蚬		完整	1
DT4	9	中国圆田螺		完整	10	DT5	9	中国圆田螺		完整	37
DT4	9	中国圆田螺		碎	50	DT5	9	中国圆田螺		碎	47
DT4	9	圆顶珠蚌	左	完整	1	DT5	9	圆顶珠蚌	左	完整	9

续表一

探方号	层位	种属	左/右	保存状况	件数	探方号	层位	种属	左/右	保存状况	件数
DT5	9	圆顶珠蚌	右	完整	11	DT6	28	圆顶珠蚌	左	碎	59
DT5	9	圆顶珠蚌	右	碎	1	DT6	28	圆顶珠蚌	右	完整	55
DT5	9	短褶矛蚌	左	完整	1	DT6	28	圆顶珠蚌	右	碎	44
DT5	9	短褶矛蚌	右	完整	1	DT6	28	圆顶珠蚌		碎	1
DT5	9	河蚬	左	完整	4	DT6	28	短褶矛蚌	左	完整	3
DT5	9	河蚬	左	碎	5	DT6	28	短褶矛蚌	左	碎	3
DT5	9	河蚬	右	完整	8	DT6	28	短褶矛蚌	右	完整	5
DT5	9	河蚬	右	碎	2	DT6	28	短褶矛蚌	右	碎	3
DT5	9	碎贝壳		碎	3	DT6	28	短褶矛蚌		完整	1
DT6	32	中国圆田螺		完整	10	DT6	28	背瘤丽蚌	右	碎	1
DT6	32	中国圆田螺		碎	46	DT6	28	背瘤丽蚌		碎	1
DT6	32	圆顶珠蚌	左	完整	1	DT6	28	蚌	左		2
DT6	32	圆顶珠蚌	左	碎	1	DT6	28	蚌	右		3
DT6	32	圆顶珠蚌	右	碎	2	DT6	28	蚌		碎块	2
DT6	32	蚌			1	DT6	28	河蚬	左	完整	56
DT6	32	河蚬		碎	1	DT6	28	河蚬	左	碎	24
DT6	31	中国圆田螺		完整	2	DT6	28	河蚬	右	完整	47
DT6	31	中国圆田螺		碎	4	DT6	28	河蚬	右	碎	26
DT6	31	圆顶珠蚌		碎	2	DT6	28	河蚬			1
DT6	31	蚌	右		1	DT6	28	碎大贝壳			57
DT6	31	背瘤丽蚌		碎	1	DT6	27	中国圆田螺		完整	252
DT6	31	河蚬	左	碎	1	DT6	27	中国圆田螺		碎	510
DT6	31	河蚬	右	完整	1	DT6	27	圆顶珠蚌	左	完整	11
DT6	31	河蚬	右	碎	1	DT6	27	圆顶珠蚌	左	碎	27
DT6	31	碎贝壳		碎	3	DT6	27	圆顶珠蚌	右	完整	22
DT6	29	中国圆田螺		碎	22	DT6	27	圆顶珠蚌	右	碎	20
DT6	29	圆顶珠蚌	右	完整	1	DT6	27	短褶矛蚌	左	碎	1
DT6	29	河蚬	左	完整	1	DT6	27	短褶矛蚌	右	碎	1
DT6	29	河蚬	左	碎	3	DT6	27	背瘤丽蚌	左	完整	1
DT6	29	河蚬	右	完整	1	DT6	27	背瘤丽蚌	右	碎	1
DT6	29	河蚬	右	碎	7	DT6	27	背瘤丽蚌		完整	1
DT6	29	蚌	左		1	DT6	27	河蚬	左	完整	13
DT6	29	蚌	右		2	DT6	27	河蚬	左	碎	11
DT6	29	碎大贝壳		碎	2	DT6	27	河蚬	右	完整	9
DT6	28	中国圆田螺		完整	1081	DT6	27	河蚬	右	碎	11
DT6	28	中国圆田螺		碎	1379	DT6	27	河蚬		碎块	2
DT6	28	圆顶珠蚌	左	完整	61	DT6	27	蚌	左	碎	8

续表一

探方号	层位	种属	左/右	保存状况	件数	探方号	层位	种属	左/右	保存状况	件数
DT6	27	蚌	右	碎块	10	DT6	24	河蚬	右	完整	20
DT6	27	蚌		碎块	5	DT6	24	河蚬	右	碎	22
DT6	27	碎大贝壳		碎	13	DT6	24	碎大贝壳		碎	10
DT6	25	中国圆田螺		完整	62	DT6	23	中国圆田螺		完整	33
DT6	25	中国圆田螺		碎	167	DT6	23	中国圆田螺		碎	140
DT6	25	圆顶珠蚌	左	完整	1	DT6	23	圆顶珠蚌	左	完整	22
DT6	25	圆顶珠蚌	左	碎	6	DT6	23	圆顶珠蚌	右	完整	19
DT6	25	圆顶珠蚌	右	完整	6	DT6	23	圆顶珠蚌	右	碎	10
DT6	25	圆顶珠蚌	右	碎	6	DT6	23	短褶矛蚌	左	完整	1
DT6	25	背瘤丽蚌	左	完整	1	DT6	23	短褶矛蚌	左	碎	2
DT6	25	背瘤丽蚌	右	碎	1	DT6	23	短褶矛蚌	右	碎	4
DT6	25	河蚬	左	完整	12	DT6	23	蚌	左		2
DT6	25	河蚬	左	碎	4	DT6	23	蚌	右		4
DT6	25	河蚬	右	完整	13	DT6	23	蚌		碎块	3
DT6	25	河蚬	右	碎	4	DT6	23	河蚬	左	完整	45
DT6	25	蚌	左		2	DT6	23	河蚬	左	碎	14
DT6	25	蚌		完整	1	DT6	23	河蚬	右	完整	37
DT6	25	蚌		碎	1	DT6	23	河蚬	右	碎	17
DT6	25	碎大贝壳		碎	6	DT6	23	碎大贝壳		碎	15
DT6	24	中国圆田螺		完整	102	DT6	22	螺			136
DT6	24	中国圆田螺		碎	434	DT6	22	小螺			1
DT6	24	圆顶珠蚌	左	完整	25	DT6	22	河蚬	左		15
DT6	24	圆顶珠蚌	左	碎	52	DT6	22	河蚬	右		12
DT6	24	圆顶珠蚌	右	完整	30	DT6	22	蚌	左		18
DT6	24	圆顶珠蚌	右	碎	13	DT6	22	蚌	右		11
DT6	24	短褶矛蚌	左	完整	2	DT6	21	中国圆田螺		完整	269
DT6	24	短褶矛蚌	左	碎	6	DT6	21	中国圆田螺		碎	886
DT6	24	短褶矛蚌	右	碎	2	DT6	21	小螺			2
DT6	24	背瘤丽蚌	左	完整	4	DT6	21	圆顶珠蚌	左	完整	120
DT6	24	背瘤丽蚌	左	碎	2	DT6	21	圆顶珠蚌	左	碎	63
DT6	24	背瘤丽蚌	右	完整	6	DT6	21	圆顶珠蚌	右	完整	134
DT6	24	背瘤丽蚌	右	碎	5	DT6	21	圆顶珠蚌	右	碎	52
DT6	24	蚌	左		3	DT6	21	短褶矛蚌	左	完整	4
DT6	24	蚌	右		4	DT6	21	短褶矛蚌	左	碎	2
DT6	24	蚌			1	DT6	21	短褶矛蚌	右	完整	3
DT6	24	河蚬	左	完整	19	DT6	21	短褶矛蚌	右	碎	3
DT6	24	河蚬	左	碎	20	DT6	21	背瘤丽蚌	左	完整	1

续表一

探方号	层位	种属	左/右	保存状况	件数	探方号	层位	种属	左/右	保存状况	件数
DT6	21	背瘤丽蚌	右	碎	3	DT6	19	短褶矛蚌	左	完整	2
DT6	21	背瘤丽蚌		完整	2	DT6	19	短褶矛蚌	右	完整	1
DT6	21	蚌	左		50	DT6	19	短褶矛蚌	右	碎	4
DT6	21	蚌	右		32	DT6	19	背瘤丽蚌	左	完整	1
DT6	21	河蚬	左	完整	400	DT6	19	背瘤丽蚌	左	碎	3
DT6	21	河蚬	左	碎	357	DT6	19	背瘤丽蚌	右	完整	2
DT6	21	河蚬	右	完整	388	DT6	19	背瘤丽蚌	右	碎	3
DT6	21	河蚬	右	碎	315	DT6	19	背瘤丽蚌		完整	1
DT6	21	碎贝壳		碎	11	DT6	19	背瘤丽蚌		碎	1
DT6	20	中国圆田螺		完整	24	DT6	19	河蚬	左	完整	596
DT6	20	中国圆田螺		碎	94	DT6	19	河蚬	左	碎	98
DT6	20	圆顶珠蚌	左	完整	97	DT6	19	河蚬	右	完整	586
DT6	20	圆顶珠蚌	左	碎	51	DT6	19	河蚬	右	碎	53
DT6	20	圆顶珠蚌	右	完整	93	DT6	19	碎大贝壳		碎	16
DT6	20	圆顶珠蚌	右	碎	57	DT6	18	中国圆田螺		完整	1
DT6	20	圆顶珠蚌		完整	1	DT6	18	中国圆田螺		碎	35
DT6	20	圆顶珠蚌		碎	1	DT6	18	圆顶珠蚌	左	完整	7
DT6	20	短褶矛蚌	左	完整	1	DT6	18	圆顶珠蚌	左	碎	2
DT6	20	短褶矛蚌	左	碎	2	DT6	18	圆顶珠蚌	右	完整	7
DT6	20	短褶矛蚌	右	完整	3	DT6	18	圆顶珠蚌	右	碎	3
DT6	20	短褶矛蚌	右	碎	4	DT6	18	背瘤丽蚌		完整	1
DT6	20	短褶矛蚌		碎	2	DT6	18	蚌	左		1
DT6	20	背瘤丽蚌		碎	1	DT6	18	蚌	右		4
DT6	20	蚌	左		24	DT6	18	河蚬	左	完整	20
DT6	20	蚌	右		21	DT6	18	河蚬	左	碎	21
DT6	20	蚌			1	DT6	18	河蚬	右	完整	15
DT6	20	河蚬	左	完整	179	DT6	18	河蚬	右	碎	12
DT6	20	河蚬	左	碎	231	DT6	18	河蚬			3
DT6	20	河蚬	右	完整	302	DT6	18	碎贝壳		碎	11
DT6	20	河蚬	右	碎	91	DT6	17	中国圆田螺		完整	5
DT6	20	碎大贝壳		碎	22	DT6	17	中国圆田螺		碎	34
DT6	19	中国圆田螺		完整	558	DT6	17	圆顶珠蚌	左	完整	3
DT6	19	中国圆田螺		碎	961	DT6	17	圆顶珠蚌	左	碎	2
DT6	19	圆顶珠蚌	左	完整	144	DT6	17	圆顶珠蚌	右	完整	4
DT6	19	圆顶珠蚌	左	碎	55	DT6	17	圆顶珠蚌	右	碎	4
DT6	19	圆顶珠蚌	右	完整	149	DT6	17	背瘤丽蚌	左	完整	1
DT6	19	圆顶珠蚌	右	碎	32	DT6	17	背瘤丽蚌	右	碎	1

续表一

探方号	层位	种属	左/右	保存状况	件数	探方号	层位	种属	左/右	保存状况	件数
DT6	17	背瘤丽蚌		完整	1	DT6	14	背瘤丽蚌		完整	1
DT6	17	蚌	左		5	DT6	14	蚌	左		3
DT6	17	蚌	右		4	DT6	14	蚌	右		4
DT6	17	蚌		碎块	1	DT6	14	河蚬	左	完整	27
DT6	17	河蚬	左	完整	12	DT6	14	河蚬	左	碎	8
DT6	17	河蚬	左	碎	18	DT6	14	河蚬	左		7
DT6	17	河蚬	右	碎	33	DT6	14	河蚬	右	完整	27
DT6	17	河蚬		完整	1	DT6	14	河蚬	右	碎	10
DT6	17	河蚬		碎块	2	DT6	14	河蚬	右		18
DT6	17	碎大贝壳		碎	4	DT6	14	碎贝壳		碎	9
DT6	16	中国圆田螺		碎	7	DT6	13	中国圆田螺		完整	122
DT6	16	圆顶珠蚌	左	完整	4	DT6	13	中国圆田螺		碎	549
DT6	16	圆顶珠蚌	左	碎	3	DT6	13东部	中国圆田螺			3
DT6	16	圆顶珠蚌	右	完整	3	DT6	13	小螺			1
DT6	16	圆顶珠蚌	右	碎	5	DT6	13	圆顶珠蚌	左	完整	63
DT6	16	短褶矛蚌		碎	2	DT6	13	圆顶珠蚌	左	碎	8
DT6	16	蚌	左		3	DT6	13	圆顶珠蚌	右	完整	142
DT6	16	蚌			1	DT6	13	圆顶珠蚌	右	碎	4
DT6	16	河蚬	左	完整	10	DT6	13	短褶矛蚌	左	完整	1
DT6	16	河蚬	左	碎	11	DT6	13	短褶矛蚌	左	碎	1
DT6	16	河蚬	右	完整	4	DT6	13	短褶矛蚌	右	完整	2
DT6	16	河蚬	右	碎	12	DT6	13	背瘤丽蚌	左	完整	4
DT6	15	螺			192	DT6	13	背瘤丽蚌	左	碎	1
DT6	15	河蚬	左		113	DT6	13	背瘤丽蚌	右	完整	1
DT6	15	河蚬	右		126	DT6	13	背瘤丽蚌		完整	1
DT6	15	蚌	左		72	DT6	13	背瘤丽蚌		碎	1
DT6	15	蚌	右		71	DT6	13	蚌	左		1
DT6	14	中国圆田螺		完整	15	DT6	13	蚌	右		3
DT6	14	中国圆田螺		碎	65	DT6	13	河蚬	左	完整	92
DT6	14	圆顶珠蚌	左	完整	34	DT6	13	河蚬	左	碎	11
DT6	14	圆顶珠蚌	右	完整	35	DT6	13	河蚬	右	完整	34
DT6	14	圆顶珠蚌	右	碎	12	DT6	13	河蚬	右	碎	12
DT6	14	短褶矛蚌	左	碎	4	DT6	13	碎大贝壳		碎	12
DT6	14	短褶矛蚌	右	碎	5	DT6	12	中国圆田螺		完整	1
DT6	14	背瘤丽蚌	左	完整	1	DT6	12	螺			1
DT6	14	背瘤丽蚌	右	完整	2	DT6	12	圆顶珠蚌	左	完整	1
DT6	14	背瘤丽蚌	右	碎	1	DT6	12	圆顶珠蚌	左	碎	1

续表一

探方号	层位	种属	左/右	保存状况	件数	探方号	层位	种属	左/右	保存状况	件数
DT6	12	圆顶珠蚌	右	碎	2	DT6	8	中国圆田螺		碎	431
DT6	12	河蚬	左	完整	1	DT6	8	小螺			1
DT6	12	河蚬	左	碎	1	DT6	8	圆顶珠蚌	左	完整	53
DT6	12	河蚬	右	完整	1	DT6	8	圆顶珠蚌	左	碎	18
DT6	12	河蚬			1	DT6	8	圆顶珠蚌	右	完整	61
DT6	11	中国圆田螺		完整	233	DT6	8	圆顶珠蚌	右	碎	11
DT6	11	中国圆田螺		碎	1015	DT6	8	圆顶珠蚌		碎	2
DT6	11	圆顶珠蚌	左	完整	110	DT6	8	短褶矛蚌	左	完整	4
DT6	11	圆顶珠蚌	左	碎	22	DT6	8	短褶矛蚌	左	碎	2
DT6	11	圆顶珠蚌	右	完整	119	DT6	8	短褶矛蚌	右	完整	5
DT6	11	圆顶珠蚌	右	碎	38	DT6	8	短褶矛蚌	右	碎	5
DT6	11	圆顶珠蚌		完整	1	DT6	8	背瘤丽蚌	左	完整	4
DT6	11	圆顶珠蚌		碎	2	DT6	8	背瘤丽蚌	右	完整	10
DT6	11	短褶矛蚌	左	完整	4	DT6	8	背瘤丽蚌		完整	2
DT6	11	短褶矛蚌	左	碎	2	DT6	8	背瘤丽蚌		碎	1
DT6	11	短褶矛蚌	右	完整	11	DT6	东部8	蚌	右		2
DT6	11	短褶矛蚌		完整	1	DT6	8	蚌		碎块	4
DT6	11	短褶矛蚌		碎	2	DT6	8	河蚬	左	完整	116
DT6	11	背瘤丽蚌	左	完整	3	DT6	8	河蚬	左	碎	16
DT6	11	背瘤丽蚌	左	碎	2	DT6	8	河蚬	右	完整	127
DT6	11	背瘤丽蚌	右	完整	4	DT6	8	河蚬	右	碎	20
DT6	11	背瘤丽蚌		碎	1	DT6	东部8	河蚬	左		1
DT6	11	河蚬	左	完整	60	DT6	东部8	河蚬	右		2
DT6	11	河蚬	左	碎	21	DT6	8	河蚬			4
DT6	11	河蚬	右	完整	66	DT6	6	中国圆田螺		完整	23
DT6	11	河蚬	右	碎	11	DT6	6	中国圆田螺		碎	51
DT6	11	河蚬	右		1	DT6	6	小螺			1
DT6	11	河蚬			1	DT6	6	圆顶珠蚌	左	完整	4
DT6	11	碎贝壳		碎	20	DT6	6	圆顶珠蚌	左	碎	3
DT6	9	螺			16	DT6	6	圆顶珠蚌	右	完整	8
DT6	9	河蚬	左		1	DT6	6	圆顶珠蚌	右	碎	4
DT6	9	河蚬	右		6	DT6	6	蚌	左		2
DT6	9	河蚬		碎块	3	DT6	6	蚌	右		2
DT6	9	蚌	左		5	DT6	东部6	蚌	右		1
DT6	9	蚌	右		5	DT6	6	河蚬	左		5
DT6	9	碎大贝壳		碎	1	DT6	6	河蚬	右		4
DT6	8	中国圆田螺		完整	219	DT6	6	河蚬		完整	22

续表一

探方号	层位	种属	左/右	保存状况	件数	探方号	层位	种属	左/右	保存状况	件数
DT6	6	河蚬		碎	9	DT6	3	中国圆田螺		碎	155
DT6	5	中国圆田螺		完整	147	DT6	3	圆顶珠蚌	左	完整	25
DT6	5	中国圆田螺		碎	287	DT6	3	圆顶珠蚌	左	碎	6
DT6	5	圆顶珠蚌	左	完整	44	DT6	3	圆顶珠蚌	右	完整	20
DT6	5	圆顶珠蚌	左	碎	13	DT6	3	圆顶珠蚌	右	碎	3
DT6	5	圆顶珠蚌	右	完整	55	DT6	3	短褶矛蚌	左	完整	1
DT6	5	圆顶珠蚌	右	碎	15	DT6	3	短褶矛蚌	右	完整	1
DT6	5	短褶矛蚌	左	碎	2	DT6	3	河蚬	左	完整	38
DT6	5	短褶矛蚌	右	完整	2	DT6	3	河蚬	左	碎	6
DT6	5	短褶矛蚌	右	碎	2	DT6	3	河蚬	右	完整	40
DT6	5	背瘤丽蚌	左	完整	1	DT6	3	河蚬	右	碎	6
DT6	5	背瘤丽蚌	右	碎	1	DT6	3东部	河蚬		完整	1
DT6	5	背瘤丽蚌		完整	1	DT6	1	中国圆田螺		完整	561
DT6	5	蚌	左		3	DT6	1	中国圆田螺		碎	1100
DT6	5	蚌	右		2	DT6	1	圆顶珠蚌	左	完整	204
DT6	5	蚌		碎块	2	DT6	1	圆顶珠蚌	左	碎	60
DT6	5	河蚬	左	完整	142	DT6	1	圆顶珠蚌	右	完整	192
DT6	5	河蚬	左	碎	71	DT6	1	圆顶珠蚌	右	碎	68
DT6	5	河蚬	右	完整	17	DT6	1	短褶矛蚌	左	完整	3
DT6	5	河蚬	右	碎	6	DT6	1	短褶矛蚌	左	碎	2
DT6	5	河蚬		完整	2	DT6	1	短褶矛蚌	右	完整	7
DT6	5	碎大贝壳		碎	8	DT6	1	短褶矛蚌	右	碎	2
DT6	4	中国圆田螺		完整	43	DT6	1	短褶矛蚌		完整	1
DT6	4	中国圆田螺		碎	100	DT6	1	短褶矛蚌		碎	2
DT6	4	圆顶珠蚌	左	完整	10	DT6	1	背瘤丽蚌	左	完整	3
DT6	4	圆顶珠蚌	左	碎	7	DT6	1	背瘤丽蚌	左	碎	4
DT6	4	圆顶珠蚌	右	完整	9	DT6	1	背瘤丽蚌	右	完整	14
DT6	4	圆顶珠蚌	右	碎	9	DT6	1	背瘤丽蚌	右	碎	2
DT6	4	背瘤丽蚌		完整	1	DT6	1	背瘤丽蚌		完整	1
DT6	4	蚌	左	完整	2	DT6	1	背瘤丽蚌		碎	2
DT6	4	蚌	右	完整	6	DT6	1	蚌	左	完整	1
DT6	4	河蚬	左	完整	13	DT6	1	河蚬	左	完整	401
DT6	4	河蚬	左	碎	9	DT6	1	河蚬	左	碎	93
DT6	4	河蚬	右	完整	22	DT6	1	河蚬	右	完整	413
DT6	4	河蚬	右	碎	15	DT6	1	河蚬	右	碎	62
DT6	4	河蚬		完整	10	DT6	1	碎贝壳		碎	15
DT6	3	中国圆田螺		完整	114						

表二 甑皮岩遗址 2001 年出土动物遗骸统计表

探方号	层位	种属	左/右	部位	保存状况	件数	探方号	层位	种属	左/右	部位	保存状况	件数
BT2	13	鱼		背鳍		1	BT2	14	小型鹿科 B		第 3 节趾骨		3
BT2	14	鱼		脊椎		1	BT2	14	小型鹿科 B		趾骨		1
BT2	14	鱼		刺		1	BT2	14	哺乳动物		肩胛骨		1
BT2	14	鸟	右	喙骨		1	BT2	14	哺乳动物		腕骨		2
BT2	14	兔		胫骨		13	BT2	14	哺乳动物		肋骨		6
BT2	14	小型食肉动物		掌骨		1	BT2	14	哺乳动物		脊椎		5
BT2	14	猪		掌骨	近端	1	BT2	14	哺乳动物		肢骨		5
BT2	14	梅花鹿		掌骨	远端	1	BT2	14	哺乳动物		肢骨	5-10	4
BT2	14	梅花鹿		第 1 节趾骨		1	BT2	14	哺乳动物		肢骨	10-15	2
BT2	14	梅花鹿		第 2 节趾骨		1	BT2	14	哺乳动物			碎骨片	40
BT2	14	中型鹿科		掌骨	远端	1	BT2	14	哺乳动物		关节		1
BT2	14	中型鹿科		炮骨	远端	1	BT2	13	中型鹿科		第 3 节趾骨		1
BT2	14	中型鹿科		第 1 节趾骨		1	BT2	13	中型鹿科		趾骨		1
BT2	14	中型鹿科		第 2 节趾骨		1	BT2	13	小型鹿科 B	右	肱骨	近端	1
BT2	14	中型鹿科		第 3 节趾骨		4	BT2	13	小型鹿科 B	右	盆骨	髂骨	1
BT2	14	小型鹿科 A	左	跟骨		1	BT2	13	哺乳动物			碎块	19
BT2	14	小型鹿科 B	右	上颌骨		1	BT2	9	小型鹿科 B		角	碎块	1
BT2	14	小型鹿科 B	左	下颌骨		2	BT2	9	小型鹿科 B	左	尺桡	近端	1
BT2	14	小型鹿科 B	右	下颌骨		1	BT2	9	大型哺乳动物			碎骨片	5
BT2	14	小型鹿科 B	右	下颌骨	齿隙	1	BT2	9	哺乳动物		肋骨		3
BT2	14	小型鹿科 B	右	下颌骨	冠状突	1	BT2	9	哺乳动物		脊椎		1
BT2	14	小型鹿科 B	右	下颌骨	下颌支	1	BT2	9	哺乳动物		碎骨片		22
BT2	14	小型鹿科 B	右	游离齿		1	BT2	8	鱼		齿骨		2
BT2	14	小型鹿科 B		游离齿		2	BT2	8	兔	左	股骨	远端	1
BT2	14	小型鹿科 B		游离齿	上 M	1	BT2	8	中型鹿科	左	下颌骨		2
BT2	14	小型鹿科 B		枢椎		1	BT2	8	中型鹿科		游离齿		2
BT2	14	小型鹿科 B	右	尺骨		1	BT2	8	中型鹿科	右	股骨	远端	1
BT2	14	小型鹿科 B		掌骨	远端	2	BT2	8	小型鹿科 A	左	肱骨	远端	1
BT2	14	小型鹿科 B		骶骨		1	BT2	8	小型鹿科 B	左	游离齿		1
BT2	14	小型鹿科 B	右	股骨		2	BT2	8	小型鹿科 B		第 1 节趾骨		1
BT2	14	小型鹿科 B	左	胫骨	远端	2	BT2	8	哺乳动物		头骨枕髁		1
BT2	14	小型鹿科 B	左	跟骨		1	BT2	8	哺乳动物		头骨枕骨	碎块	1
BT2	14	小型鹿科 B	右	蹠骨		1	BT2	8	哺乳动物		胫骨		1
BT2	14	小型鹿科 B		距骨	骨干	1	BT2	8	哺乳动物		脊椎		1
BT2	14	小型鹿科 B		炮骨	远端	1	BT2	8	哺乳动物		碎骨片		11
BT2	14	小型鹿科 B		第 1 节趾骨		2	BT2	7	鱼		刺		4
BT2	14	小型鹿科 B		第 2 节趾骨		1	BT2	7	鱼		脊椎		7

续表二

探方号	层位	种属	左/右	部位	保存状况	件数	探方号	层位	种属	左/右	部位	保存状况	件数
BT2	7	鳖		板		6	BT2	5	草鱼		咽齿		7
BT2	7	雁	左	喙骨	近端	1	BT2	6	鲤科		咽齿		5
BT2	7	雁	左	腕掌骨	近端	1	BT2	6	鱼		脊椎		16
BT2	7	雉	右	肱骨	远端	1	BT2	6	鱼		刺		1
BT2	7	鸟		肢骨		7	BT2	6	鳖		板		12
BT2	7	鸟		不明骨骼		2	BT2	6	鳖		肢骨		2
BT2	7	食肉动物		趾骨		1	BT2	6	鸟		尺骨		1
BT2	7	梅花鹿	右	下颌骨		1	BT2	6	鸟		股骨	远端	1
BT2	7	梅花鹿		游离齿	上 M	2	BT2	6	鸟		肢骨		18
BT2	7	中型鹿科	右	下颌骨		1	BT2	6	竹鼠	右	下颌骨		1
BT2	7	中型鹿科	左	游离齿	上 P	1	BT2	6	啮齿动物	右	下颌骨		1
BT2	7	中型鹿科	右	游离齿	下 M	1	BT2	6	啮齿动物	右	肱骨		1
BT2	7	中型鹿科		游离齿		1	BT2	6	啮齿动物	左	股骨		1
BT2	7	中型鹿科		腕骨		2	BT2	6	食肉动物	左	肱骨	近端	1
BT2	7	中型鹿科		炮骨	碎块	3	BT2	6	食肉动物	右	桡骨	远端	1
BT2	7	中型鹿科		第 2 节趾骨		1	BT2	6	食肉动物		掌骨		1
BT2	7	中型鹿科		第 3 节趾骨		1	BT2	6	小型食肉动物	右	尺骨		1
BT2	7	小型鹿科 B	右	上颌骨		2	BT2	6	小型食肉动物		桡骨	近端	1
BT2	7	小型鹿科 B	左	游离齿	下 M	1	BT2	6	猪		游离齿	M1	1
BT2	7	小型鹿科 B	右	游离齿	上 P	1	BT2	6	猪		游离齿	dp4	1
BT2	7	小型鹿科 B		游离齿	下 M	1	BT2	6	猪		第 2 节趾骨		1
BT2	7	小型鹿科 B	左	尺骨		1	BT2	6	猪		第 3 节趾骨		2
BT2	7	小型鹿科 B		掌骨	远端	2	BT2	6	猪		趾骨	碎块	1
BT2	7	小型鹿科 B		炮骨	远端	1	BT2	6	大型鹿科	右	尺骨		1
BT2	7	小型鹿科 B		第 1 节趾骨		1	BT2	6	大型鹿科		第 1 节趾骨		1
BT2	7	小型鹿科 B		第 2 节趾骨		3	BT2	6	中型鹿科	左	游离齿		3
BT2	7	小型鹿科 B		第 3 节趾骨		1	BT2	6	中型鹿科	左	掌骨	近端	1
BT2	7	小型鹿科 B		关节		1	BT2	6	中型鹿科	右	掌骨	近端	1
BT2	7	哺乳动物		第 2 节趾骨	碎块	1	BT2	6	中型鹿科		腕骨		7
BT2	7	哺乳动物		第 3 节趾骨	碎块	1	BT2	6	中型鹿科		髌骨		1
BT2	7	哺乳动物		肋骨		4	BT2	6	中型鹿科	左	胫骨	远端	1
BT2	7	哺乳动物		脊椎		5	BT2	6	中型鹿科	左	跟骨		1
BT2	7	哺乳动物		肢骨	5 - 10	35	BT2	6	中型鹿科	左	跗骨		1
BT2	7	哺乳动物		肢骨	碎块	1	BT2	6	中型鹿科	左	距骨	近端	2
BT2	7	哺乳动物		碎骨片		67	BT2	6	中型鹿科		第 1 节趾骨		1
BT2	7	哺乳动物		关节		2	BT2	6	中型鹿科		第 2 节趾骨		5
BT2	7	不明动物		骨骼		1	BT2	6	中型鹿科		第 3 节趾骨		5

续表二

探方号	层位	种属	左/右	部位	保存状况	件数	探方号	层位	种属	左/右	部位	保存状况	件数
BT2	6	中型鹿科		关节		1	BT3	24	中型鹿科	左	游离齿	下 M	1
BT2	6	小型鹿科 A	右	桡骨	近端	1	BT3	24	哺乳动物		距骨	骨干	1
BT2	6	小型鹿科 A	右	掌骨	近端	1	BT3	24	哺乳动物		肋骨		2
BT2	6	小型鹿科 A	右	距骨	近端	1	BT3	24	哺乳动物		碎骨片		7
BT2	6	小型鹿科 A		距骨	远端	1	BT3	23	鱼		脊椎		1
BT2	6	小型鹿科 A		第 3 节趾骨		1	BT3	23	鹭	左	肱骨	近端	1
BT2	6	小型鹿科 B	左	下颌骨		1	BT3	23	鹤	右	肱骨	远端	1
BT2	6	小型鹿科 B	右	下颌骨		4	BT3	23	鸟		趾骨		1
BT2	6	小型鹿科 B	左	游离齿	下 P	1	BT3	23	鸟		不明骨骼		1
BT2	6	小型鹿科 B	右	游离齿	下 M	1	BT3	23	大型食肉动物		趾骨		1
BT2	6	小型鹿科 B		游离齿	上 M	3	BT3	23	猪		游离齿		1
BT2	6	小型鹿科 B		游离齿	下 M	2	BT3	23	猪	右	跟骨		1
BT2	6	小型鹿科 B	右	尺骨		1	BT3	23	中型鹿科	右	上颌骨		1
BT2	6	小型鹿科 B	左	桡骨	近端	1	BT3	23	中型鹿科	左	游离齿		3
BT2	6	小型鹿科 B		掌骨	远端	1	BT3	23	中型鹿科	右	游离齿		2
BT2	6	小型鹿科 B	右	盆骨		1	BT3	23	中型鹿科		游离齿		2
BT2	6	小型鹿科 B	右	股骨	远端	1	BT3	23	中型鹿科	右	肩胛骨		1
BT2	6	小型鹿科 B	右	距骨		2	BT3	23	中型鹿科	左	掌骨	近端	1
BT2	6	小型鹿科 B	左	跗骨		1	BT3	23	中型鹿科		掌骨	远端	1
BT2	6	小型鹿科 B	右	跗骨		1	BT3	23	中型鹿科	左	跟骨		1
BT2	6	小型鹿科 B		距骨	远端	1	BT3	23	中型鹿科	左	距骨		1
BT2	6	小型鹿科 B		第 1 节趾骨		6	BT3	23	中型鹿科		距骨	骨干	4
BT2	6	小型鹿科 B		第 2 节趾骨		3	BT3	23	中型鹿科		第 1 节趾骨		1
BT2	6	小型鹿科 B		第 3 节趾骨		1	BT3	23	中型鹿科		第 2 节趾骨		5
BT2	6	牛		第 1 节趾骨		1	BT3	23	中型鹿科		第 3 节趾骨		6
BT2	6	哺乳动物	右	肱骨	远端	1	BT3	23	小型鹿科 B	左	桡骨	远端	1
BT2	6	哺乳动物		盆骨		1	BT3	23	牛	左	游离齿		1
BT2	6	哺乳动物		股骨	股骨头	1	BT3	23	牛		游离齿		1
BT2	6	哺乳动物		股骨	远端	1	BT3	23	哺乳动物		肢骨	>15	4
BT2	6	哺乳动物	左	胫骨	近端	1	BT3	23	哺乳动物		肢骨	10－15	17
BT2	6	哺乳动物		跟骨	关节	2	BT3	23	哺乳动物		肢骨	5－10	38
BT2	6	哺乳动物		肋骨		1	BT3	23	哺乳动物		碎骨片		115
BT2	6	哺乳动物		脊椎		15	BT3	22	鳖		板		1
BT2	6	哺乳动物		肢骨	5－10	35	BT3	22	鹭	右	肱骨	近端	1
BT2	6	哺乳动物		碎骨片		291	BT3	22	鹭	右	肱骨	远端	2
BT2	6	哺乳动物		关节		6	BT3	22	雁	左	喙骨	近端	1
BT2	6	不明动物		游离齿		3	BT3	22	雁	左	肩胛骨	近端	2

续表二

探方号	层位	种属	左/右	部位	保存状况	件数	探方号	层位	种属	左/右	部位	保存状况	件数
BT3	22	原鸡	右	喙骨	近端	1	BT3	22	小型鹿科 B		腕骨		1
BT3	22	鸟	左	喙骨	远端	2	BT3	22	小型鹿科 B	左	掌骨	近端	2
BT3	22	鸟	右	肱骨	近端	1	BT3	22	小型鹿科 B		掌骨	远端	2
BT3	22	鸟		肢骨		1	BT3	22	小型鹿科 B	右	盆骨		2
BT3	22	食肉动物	左	肱骨	远端	1	BT3	22	小型鹿科 B	左	股骨	近端	1
BT3	22	食肉动物	左	尺骨		1	BT3	22	小型鹿科 B	左	股骨	远端	1
BT3	22	食肉动物		第 3 节趾骨		1	BT3	22	小型鹿科 B	左	胫骨	近端	1
BT3	22	小型食肉动物	右	肱骨	骨干	1	BT3	22	小型鹿科 B	右	跟骨		2
BT3	22	小型食肉动物		第 1 节趾骨		1	BT3	22	小型鹿科 B	左	距骨		1
BT3	22	大型鹿科	右	股骨	远端关节	1	BT3	22	小型鹿科 B	右	距骨	近端	1
BT3	22	中型鹿科		角		2	BT3	22	大型哺乳动物		脊椎		1
BT3	22	中型鹿科	左	下颌骨		1	BT3	22	哺乳动物		肩胛骨		11
BT3	22	中型鹿科	右	下颌骨		1	BT3	22	哺乳动物	左	肱骨	近端	1
BT3	22	中型鹿科		枢椎		2	BT3	22	哺乳动物	右	桡骨	近端	1
BT3	22	中型鹿科	左	肩胛骨		1	BT3	22	哺乳动物	右	盆骨		1
BT3	22	中型鹿科	右	肱骨	远端	1	BT3	22	哺乳动物		盆骨		1
BT3	22	中型鹿科	左	桡骨	近端	1	BT3	22	哺乳动物		脊椎		9
BT3	22	中型鹿科		腕骨		1	BT3	22	哺乳动物		肢骨	10－15	14
BT3	22	中型鹿科	右	盆骨		1	BT3	22	哺乳动物		肢骨	5－10	6
BT3	22	中型鹿科	左	跟骨		1	BT3	22	哺乳动物		碎骨片		85
BT3	22	中型鹿科	左	距骨		2	BT3	21	小型鹿科 B		第 1 节趾骨		1
BT3	22	中型鹿科		距骨	骨干	1	BT3	20	鳖		板		3
BT3	22	中型鹿科		第 1 节趾骨		1	BT3	20	哺乳动物		碎骨片		2
BT3	22	中型鹿科		第 2 节趾骨		5	BT3	18	哺乳动物		游离齿	碎块	1
BT3	22	中型鹿科		第 3 节趾骨		1	BT3	18	哺乳动物		碎骨片		11
BT3	22	小型鹿科 A	左	距骨	近端	1	BT3	15	哺乳动物		碎骨片		7
BT3	22	小型鹿科 A		第 1 节趾骨		23	BT3	13	中型鹿科		第 1 节趾骨		2
BT3	22	小型鹿科 B	左	上颌骨		1	BT3	13	哺乳动物		趾骨		1
BT3	22	小型鹿科 B	右	上颌骨		1	BT3	13	哺乳动物		脊椎		1
BT3	22	小型鹿科 B	左	下颌骨		3	BT3	13	哺乳动物		碎骨片		8
BT3	22	小型鹿科 B	左	游离齿		1	BT3	12	青鱼		咽齿		6
BT3	22	小型鹿科 B	右	游离齿		1	BT3	12	鲤科		咽齿		101
BT3	22	小型鹿科 B	左	肩胛骨		1	BT3	12	鱼		脊椎		61
BT3	22	小型鹿科 B	右	肩胛骨		1	BT3	12	鱼		不明骨骼		3
BT3	22	小型鹿科 B	右	肱骨	远端	2	BT3	12	鱼		背鳍		1
BT3	22	小型鹿科 B	左	桡骨	近端	1	BT3	12	鱼		刺		2
BT3	22	小型鹿科 B	左	桡骨	远端	1	BT3	12	鱼		刺棘		1

续表二

探方号	层位	种属	左/右	部位	保存状况	件数	探方号	层位	种属	左/右	部位	保存状况	件数
BT3	12	鳖		板		39	BT3	12	大型鹿科	右	跟骨		1
BT3	12	雁	左	肱骨	远端	1	BT3	12	大型鹿科	右	距骨		1
BT3	12	雁	右	肱骨	远端	1	BT3	12	大型鹿科	左	跗骨		1
BT3	12	雉	右	肱骨	远端	2	BT3	12	大型鹿科	右	跗骨		1
BT3	12	鸟	右	肱骨	远端	1	BT3	12	大型鹿科		第1节趾骨		1
BT3	12	鸟		肢骨		15	BT3	12	大型鹿科		第2节趾骨		3
BT3	12	竹鼠		游离齿		4	BT3	12	大型鹿科		第3节趾骨		1
BT3	12	啮齿动物	左	下颌骨		2	BT3	12	中型鹿科		角	碎块	2
BT3	12	啮齿动物	右	下颌骨		1	BT3	12	中型鹿科	左	游离齿		2
BT3	12	啮齿动物		游离齿	上I	3	BT3	12	中型鹿科	左	游离齿	上M	2
BT3	12	啮齿动物		游离齿	下I	2	BT3	12	中型鹿科	左	游离齿	下M	2
BT3	12	啮齿动物		游离齿	I	8	BT3	12	中型鹿科	左	游离齿	上P	2
BT3	12	狗		游离齿	C	1	BT3	12	中型鹿科	左	游离齿	下P	4
BT3	12	小型犬科动物		游离齿	P	3	BT3	12	中型鹿科	右	游离齿		2
BT3	12	小型犬科动物		游离齿	C	2	BT3	12	中型鹿科	右	游离齿	上M	2
BT3	12	食肉动物		游离齿		2	BT3	12	中型鹿科	右	游离齿	上P	6
BT3	12	食肉动物		趾骨		3	BT3	12	中型鹿科	右	游离齿	下P	1
BT3	12	猪		游离齿	M3	1	BT3	12	中型鹿科		游离齿		7
BT3	12	猪		游离齿	M	1	BT3	12	中型鹿科		游离齿	碎块	8
BT3	12	猪	左	肱骨	远端	1	BT3	12	中型鹿科		游离齿	I	2
BT3	12	猪	左	桡骨	近端	1	BT3	12	中型鹿科	左	桡骨	远端	1
BT3	12	猪		掌骨		2	BT3	12	中型鹿科	左	掌骨	近端	1
BT3	12	梅花鹿		游离齿	上M	3	BT3	12	中型鹿科		掌骨	远端关节	2
BT3	12	梅花鹿		游离齿	下M	2	BT3	12	中型鹿科	右	掌骨	近端	1
BT3	12	梅花鹿		游离齿	上P	12	BT3	12	中型鹿科		掌骨	远端	3
BT3	12	梅花鹿		掌骨	远端	1	BT3	12	中型鹿科	左	胫骨	近端	1
BT3	12	梅花鹿		掌骨	远端碎块	2	BT3	12	中型鹿科	右	胫骨	近端	1
BT3	12	梅花鹿	右	掌骨	近端	1	BT3	12	中型鹿科	右	胫骨	远端	4
BT3	12	梅花鹿	右	胫骨	远端	1	BT3	12	中型鹿科	左	跟骨		1
BT3	12	梅花鹿	左	跟骨		1	BT3	12	中型鹿科		跟骨	关节	1
BT3	12	梅花鹿		距骨	碎块	1	BT3	12	中型鹿科	左	距骨		1
BT3	12	梅花鹿		第3节趾骨		1	BT3	12	中型鹿科	左	跗骨		1
BT3	12	梅花鹿		趾骨	碎块	12	BT3	12	中型鹿科	右	跗骨		2
BT3	12	大型鹿科	左	尺骨		1	BT3	12	中型鹿科		跗骨		7
BT3	12	大型鹿科	左	桡骨	近端	1	BT3	12	中型鹿科		距骨	骨干	4
BT3	12	大型鹿科	左	桡骨	远端关节	1	BT3	12	中型鹿科		炮骨	远端关节	2
BT3	12	大型鹿科		掌骨	远端关节	1	BT3	12	中型鹿科		炮骨	远端	3

续表二

探方号	层位	种属	左/右	部位	保存状况	件数	探方号	层位	种属	左/右	部位	保存状况	件数
BT3	12	中型鹿科		第1节趾骨		9	BT3	12	小型鹿科B		第1节趾骨		8
BT3	12	中型鹿科		第2节趾骨		11	BT3	12	小型鹿科B		第2节趾骨		6
BT3	12	中型鹿科		第3节趾骨		4	BT3	12	小型鹿科B		第3节趾骨		1
BT3	12	中型鹿科		趾骨		6	BT3	12	小型鹿科B		趾骨		8
BT3	12	小型鹿科A		腕骨		1	BT3	12	牛	右	掌骨	近端	1
BT3	12	小型鹿科A		掌骨	远端	1	BT3	12	牛		盆骨	碎块	1
BT3	12	小型鹿科A	右	胫骨	远端	1	BT3	12	牛	左	跟骨		1
BT3	12	小型鹿科B	左	下颌骨		1	BT3	12	牛	右	距骨	完整	1
BT3	12	小型鹿科B		下颌骨	碎块	1	BT3	12	大型哺乳动物		脊椎		2
BT3	12	小型鹿科B	左	游离齿	上M	3	BT3	12	哺乳动物		游离齿	碎块	1
BT3	12	小型鹿科B	左	游离齿	下M	2	BT3	12	哺乳动物		腕骨		7
BT3	12	小型鹿科B	右	游离齿	上M	1	BT3	12	哺乳动物		跗骨		1
BT3	12	小型鹿科B	右	游离齿	下M	1	BT3	12	哺乳动物		肋骨		8
BT3	12	小型鹿科B	右	游离齿	下P	2	BT3	12	哺乳动物		尾椎		1
BT3	12	小型鹿科B		游离齿	M3	1	BT3	12	哺乳动物		脊椎		31
BT3	12	小型鹿科B		游离齿	上M	6	BT3	12	哺乳动物		肢骨	10-15	24
BT3	12	小型鹿科B		游离齿	下M	7	BT3	12	哺乳动物		肢骨	5-10	67
BT3	12	小型鹿科B		游离齿	P	11	BT3	12	哺乳动物		肢骨	3-5	33
BT3	12	小型鹿科B		游离齿	碎块	9	BT3	12	哺乳动物		肢骨	<3	48
BT3	12	小型鹿科B	左	肩胛骨		1	BT3	12	哺乳动物		碎骨片		867
BT3	12	小型鹿科B	右	肩胛骨		1	BT3	12	哺乳动物		不明骨骼		2
BT3	12	小型鹿科B	左	肱骨	远端	1	BT3	12	哺乳动物		关节		10
BT3	12	小型鹿科B	左	桡骨	近端	1	BT3	12	小型哺乳动物		脊椎		9
BT3	12	小型鹿科B	右	桡骨	近端	3	BT3	11	鲤科		咽齿		4
BT3	12	小型鹿科B		盆骨	碎块	1	BT3	11	鱼		脊椎		23
BT3	12	小型鹿科B		髌骨		1	BT3	11	鳖		板		3
BT3	12	小型鹿科B	左	胫骨	远端	2	BT3	11	中型鹿科		角	角尖	1
BT3	12	小型鹿科B	右	胫骨	远端	5	BT3	11	中型鹿科		掌骨	骨干	1
BT3	12	小型鹿科B	左	跟骨		4	BT3	11	中型鹿科		炮骨		1
BT3	12	小型鹿科B	左	距骨		1	BT3	11	中型鹿科		炮骨	远端	2
BT3	12	小型鹿科B	右	距骨		3	BT3	11	中型鹿科		第1节趾骨		1
BT3	12	小型鹿科B		腕骨		3	BT3	11	中型鹿科		第3节趾骨		1
BT3	12	小型鹿科B	左	跗骨		1	BT3	11	中型鹿科		趾骨		1
BT3	12	小型鹿科B	右	跗骨		1	BT3	11	小型鹿科B		游离齿		1
BT3	12	小型鹿科B	右	距骨	近端	1	BT3	11	小型鹿科B	左	尺骨		1
BT3	12	小型鹿科B		距骨	远端	1	BT3	11	小型鹿科B	左	桡骨	远端	1
BT3	12	小型鹿科B		炮骨	远端	1	BT3	11	小型鹿科B		腕骨		1

续表二

探方号	层位	种属	左/右	部位	保存状况	件数	探方号	层位	种属	左/右	部位	保存状况	件数
BT3	11	小型鹿科B		蹠骨		1	BT3	9	小型鹿科B		炮骨	远端	1
BT3	11	小型鹿科B		第2节趾骨		3	BT3	9	小型鹿科B		第3节趾骨		1
BT3	11	哺乳动物		脊椎		1	BT3	9	哺乳动物		肋骨		2
BT3	11	哺乳动物		肢骨	骨干	8	BT3	9	哺乳动物		尾椎		1
BT3	11	哺乳动物		碎骨片		59	BT3	9	哺乳动物		脊椎		2
BT3	10	鲤科		咽齿		8	BT3	9	哺乳动物		碎骨片		161
BT3	10	鱼		脊椎		13	BT3	8	鱼		脊椎		2
BT3	10	水獭	右	下颌骨		1	BT3	8	中型鹿科	左	游离齿		1
BT3	10	小型食肉动物		掌骨		2	BT3	8	小型鹿科A		第1节趾骨		1
BT3	10	小型食肉动物		第2节趾骨		1	BT3	8	小型鹿科B		腕骨		1
BT3	10	中型鹿科		角	碎块	1	BT3	8	哺乳动物		碎骨片		30
BT3	10	中型鹿科	右	游离齿	下P	1	BT3	7	鲤科		咽齿		6
BT3	10	中型鹿科		第1节趾骨		1	BT3	7	鱼		齿骨		2
BT3	10	小型鹿科B		腕骨		1	BT3	7	鱼		背鳍		2
BT3	10	小型鹿科B	左	蹠骨		1	BT3	7	鱼		脊椎		4
BT3	10	小型鹿科B		炮骨	远端	1	BT3	7	鳖		板		10
BT3	10	小型鹿科B		第3节趾骨		1	BT3	7	鳖		肢骨		1
BT3	10	哺乳动物		盆骨		1	BT3	7	鸟		脊椎		1
BT3	10	哺乳动物		肋骨		2	BT3	7	小型食肉动物	右	尺骨		1
BT3	10	哺乳动物		脊椎		1	BT3	7	小型食肉动物		桡骨	近端	1
BT3	10	哺乳动物		碎骨片		48	BT3	7	小型食肉动物		掌骨		1
BT3	9	鲤科		咽齿		1	BT3	7	小型食肉动物	右	距骨		1
BT3	9	鱼		脊椎		3	BT3	7	小型食肉动物		不明骨骼		3
BT3	9	鱼		齿骨			BT3	7	中型鹿科		角		1
BT3	9	鳖		板		5	BT3	7	中型鹿科		掌骨	远端	1
BT3	9	啮齿动物		游离齿	I		BT3	7	中型鹿科	右	胫骨	远端	1
BT3	9	小型食肉动物		桡骨	近端	1	BT3	7	中型鹿科	左	蹠骨		1
BT3	9	小型食肉动物		第2节趾骨		1	BT3	7	中型鹿科	右	蹠骨		1
BT3	9	中型鹿科		游离齿	上P	2	BT3	7	中型鹿科		距骨	骨干	4
BT3	9	中型鹿科		腕骨		1	BT3	7	中型鹿科		炮骨	远端	3
BT3	9	中型鹿科	右	距骨	近端	1	BT3	7	中型鹿科		炮骨	骨干	1
BT3	9	小型鹿科B	右	游离齿	下M	1	BT3	7	中型鹿科		第1节趾骨		1
BT3	9	小型鹿科B	右	游离齿	下P	1	BT3	7	中型鹿科		第3节趾骨		2
BT3	9	小型鹿科B		游离齿	上M	1	BT3	7	小型鹿科B	左	下颌骨		1
BT3	9	小型鹿科B	右	肱骨	远端	2	BT3	7	小型鹿科B		游离齿	上M	1
BT3	9	小型鹿科B	右	跟骨		1	BT3	7	小型鹿科B	左	肩胛骨		1
BT3	9	小型鹿科B	左	蹠骨		1	BT3	7	小型鹿科B	左	肱骨	近端	1

续表二

探方号	层位	种属	左/右	部位	保存状况	件数	探方号	层位	种属	左/右	部位	保存状况	件数
BT3	7	小型鹿科B	左	桡骨	近端	1	BT3	5	猫科或鼬科	左	肱骨	远端	1
BT3	7	小型鹿科B	左	桡骨	远端	1	BT3	5	中型鹿科		腕骨		1
BT3	7	小型鹿科B	右	桡骨	远端	1	BT3	5	中型鹿科		跖骨	骨干	1
BT3	7	小型鹿科B		跟骨		1	BT3	5	中型鹿科		第1节趾骨		3
BT3	7	小型鹿科B		炮骨	骨干	1	BT3	5	中型鹿科		第3节趾骨		1
BT3	7	小型鹿科B		炮骨	远端	2	BT3	5	哺乳动物		胫骨	骨干	1
BT3	7	小型鹿科B		第1节趾骨		2	BT3	5	哺乳动物		肋骨		8
BT3	7	小型鹿科B		第2节趾骨		1	BT3	5	哺乳动物		脊椎		2
BT3	7	牛		肢骨	5-10	3	BT3	5	哺乳动物		肢骨	5-10	14
BT3	7	哺乳动物		头骨		1	BT3	5	哺乳动物		碎骨片		17
BT3	7	哺乳动物		腕骨		1	BT3	5	哺乳动物		关节		1
BT3	7	哺乳动物		跟骨		1	BT3	5	不明动物		尺骨		1
BT3	7	哺乳动物		肋骨		7	BT3	Z3	鱼		脊椎		1
BT3	7	哺乳动物		脊椎		7	BT3	Z3	鸟	左	肱骨	远端	1
BT3	7	哺乳动物		肢骨	5-10	6	BT3	Z3	中型鹿科		第3节趾骨		1
BT3	7	哺乳动物		碎骨片		52	BT3	Z3	哺乳动物		肢骨		3
BT3	6	鲤科		咽齿		2	BT3	Z3	哺乳动物		趾骨		5
BT3	6	鱼		脊椎		5	BT3	Z3	哺乳动物		碎骨片		7
BT3	6	鱼		齿骨		1	BT3	Z5	鱼		脊椎		1
BT3	6	鳖		肢骨		1	DT3	16	鲤科		咽齿		4
BT3	6	鸟	左	股骨	远端	1	DT3	16	鱼		脊椎		9
BT3	6	中型鹿科		掌骨	远端	1	DT3	16	鸟		喙骨	碎块	1
BT3	6	小型鹿科B	右	肱骨	近端	1	DT3	16	鼠	左	下颌骨		1
BT3	6	小型鹿科B		掌骨	远端	1	DT3	16	小型鹿科B	右	盆骨	碎块	1
BT3	6	小型鹿科B	右	胫骨	近端	1	DT3	16	小型鹿科B		第3节趾骨		1
BT3	6	哺乳动物		腕骨		1	DT3	16	哺乳动物		肩胛骨	碎块	1
BT3	6	哺乳动物	右	股骨	远端	1	DT3	16	哺乳动物		脊椎	碎块	1
BT3	6	哺乳动物		肋骨		3	DT3	16	哺乳动物		肢骨	5-10	6
BT3	6	哺乳动物		脊椎		3	DT3	16	哺乳动物		碎骨片		41
BT3	6	哺乳动物		肢骨	5-10	5	DT3	15	鲤科		咽齿		1
BT3	6	哺乳动物		碎骨片		20	DT3	15	鱼		脊椎		11
BT3	5	鲤科		咽齿		1	DT3	15	鱼		刺		3
BT3	5	鱼		脊椎		7	DT3	15	鱼		骨骼		2
BT3	5	鳖		板		2	DT3	15	鳖		板		1
BT3	5	鳖		肢骨		2	DT3	15	中型鹿科		腕骨		1
BT3	5	兔		胫骨	近端	1	DT3	15	中型鹿科		第1节趾骨	远端	1
BT3	5	兔		胫骨	远端	1	DT3	15	中型鹿科		第2节趾骨	远端	1

续表二

探方号	层位	种属	左/右	部位	保存状况	件数	探方号	层位	种属	左/右	部位	保存状况	件数
DT3	15	中型鹿科		第3节趾骨		2	DT3	13	鲤科		咽齿		5
DT3	15	小型鹿科B		下颌骨	碎块	1	DT3	13	鱼		脊椎		12
DT3	15	小型鹿科B		游离齿	碎块	1	DT3	13	鱼		齿骨		1
DT3	15	小型鹿科B	左	肩胛骨		1	DT3	13	鱼		骨骼		2
DT3	15	小型鹿科B	左	股骨	近端	1	DT3	13	鳖		板		2
DT3	15	小型鹿科B		第3节趾骨		1	DT3	13	鸟		趾骨		1
DT3	15	哺乳动物		肋骨		4	DT3	13	鸟		肢骨		1
DT3	15	哺乳动物		肢骨	5-10	3	DT3	13	啮齿动物	左	盆骨		1
DT3	15	哺乳动物		碎骨片		45	DT3	13	食肉动物		跟骨		1
DT3	15	哺乳动物		关节		1	DT3	13	小型食肉动物		游离齿		1
DT3	14	鲤科		咽齿		4	DT3	13	猪	右	上颌骨		1
DT3	14	鱼		齿骨		2	DT3	13	猪		游离齿		1
DT3	14	鱼		脊椎		15	DT3	13	猪		掌骨		2
DT3	14	鱼		刺		1	DT3	13	中型鹿科	右	上颌骨		1
DT3	14	鳖		肢骨		1	DT3	13	中型鹿科		腕骨		1
DT3	14	鳖		板		1	DT3	13	中型鹿科	左	胫骨	近端关节	1
DT3	14	灵长动物		游离齿	M	1	DT3	13	中型鹿科		第2节趾骨		1
DT3	14	猫科动物		游离齿	下	1	DT3	13	小型鹿科B	左	下颌骨		1
DT3	14	猫科动物		游离齿		1	DT3	13	小型鹿科B	左	游离齿	上P	1
DT3	14	中型鹿科	右	桡骨	近端	1	DT3	13	小型鹿科B	左	游离齿	上M	1
DT3	14	中型鹿科		腕骨		1	DT3	13	小型鹿科B		游离齿	上M	1
DT3	14	小型鹿科B	右	上颌骨		1	DT3	13	小型鹿科B		游离齿	上P	1
DT3	14	小型鹿科B	右	游离齿	上M	1	DT3	13	小型鹿科B	左	尺骨		1
DT3	14	小型鹿科B		游离齿	P	1	DT3	13	小型鹿科B	右	桡骨	远端	1
DT3	14	小型鹿科B		游离齿	上M	2	DT3	13	小型鹿科B		腕骨		1
DT3	14	小型鹿科B	左	尺骨		1	DT3	13	小型鹿科B	左	胫骨	远端	1
DT3	14	小型鹿科B		腕骨		1	DT3	13	小型鹿科B		距骨	远端	1
DT3	14	小型鹿科B		掌骨		1	DT3	13	小型鹿科B		第1节趾骨		2
DT3	14	小型鹿科B		炮骨	远端关节	1	DT3	13	小型鹿科B		第2节趾骨		2
DT3	14	小型鹿科B		第1节趾骨		3	DT3	13	小型鹿科B		第3节趾骨		1
DT3	14	小型鹿科B		第2节趾骨		3	DT3	13	牛		腕骨		1
DT3	14	小型鹿科B		第3节趾骨		1	DT3	13	哺乳动物		脊椎		2
DT3	14	哺乳动物		腕骨		2	DT3	13	哺乳动物		肢骨	5-10	11
DT3	14	哺乳动物		脊椎		5	DT3	13	哺乳动物		碎骨片		100
DT3	14	哺乳动物		肢骨	5-10	15	DT3	13	小型哺乳动物		游离齿	C	1
DT3	14	哺乳动物		碎骨片		111	DT3	12	鲤科		咽齿		2
DT3	14	小型哺乳动物		肢骨		1	DT3	12	鱼		背鳍		1

续表二

探方号	层位	种属	左/右	部位	保存状况	件数	探方号	层位	种属	左/右	部位	保存状况	件数
DT3	12	鱼		脊椎		16	DT3	11	鱼		脊椎		24
DT3	12	鳖		板		1	DT3	11	鱼		刺		2
DT3	12	鸟		喙骨		1	DT3	11	鳖		肢骨		2
DT3	12	鸟	右	肱骨	近端	1	DT3	11	鸟		喙骨		1
DT3	12	鸟		趾骨		1	DT3	11	鸟	左	肱骨	远端	1
DT3	12	鸟		肢骨		5	DT3	11	鸟	右	肱骨	远端	1
DT3	12	小型食肉动物	右	上颌骨		1	DT3	11	鸟		腰骶骨		1
DT3	12	猪	右	上颌骨		1	DT3	11	鸟		胫骨	近端	1
DT3	12	猪		游离齿		2	DT3	11	鸟		肢骨	碎块	13
DT3	12	中型鹿科		掌骨		1	DT3	11	小型食肉动物		第1节趾骨		1
DT3	12	中型鹿科	右	胫骨	近端	1	DT3	11	猪		掌骨	近端	1
DT3	12	中型鹿科	左	距骨		1	DT3	11	猪	左	距骨		1
DT3	12	中型鹿科		炮骨	远端	1	DT3	11	猪		第2节趾骨		1
DT3	12	小型鹿科 A	右	股骨	远端	1	DT3	11	大型鹿科	右	肩胛骨		1
DT3	12	小型鹿科 B	右	上颌骨		1	DT3	11	大型鹿科	右	尺骨		1
DT3	12	小型鹿科 B	左	肩胛骨		1	DT3	11	大型鹿科	左	跟骨		1
DT3	12	小型鹿科 B	右	桡骨	近端	1	DT3	11	中型鹿科		角		1
DT3	12	小型鹿科 B	右	桡骨	远端关节	1	DT3	11	中型鹿科	左	游离齿		1
DT3	12	小型鹿科 B	右	桡骨	远端	1	DT3	11	中型鹿科	右	游离齿		1
DT3	12	小型鹿科 B		掌骨	远端	3	DT3	11	中型鹿科	右	尺骨		2
DT3	12	小型鹿科 B	右	跟骨		1	DT3	11	中型鹿科	右	桡骨	近端	2
DT3	12	小型鹿科 B		炮骨	远端	1	DT3	11	中型鹿科	左	掌骨	近端	1
DT3	12	小型鹿科 B		第1节趾骨		2	DT3	11	中型鹿科	右	胫骨	近端	1
DT3	12	小型鹿科 B		第3节趾骨		1	DT3	11	中型鹿科		第2节趾骨		1
DT3	12	哺乳动物		髋骨		2	DT3	11	中型鹿科		第3节趾骨		2
DT3	12	哺乳动物		腕骨		2	DT3	11	中型鹿科		趾骨		
DT3	12	哺乳动物		肋骨		8	DT3	11	小型鹿科 A	左	股骨	近端	1
DT3	12	哺乳动物		脊椎		14	DT3	11	小型鹿科 B	左	上颌骨		1
DT3	12	哺乳动物		肢骨	5-10	6	DT3	11	小型鹿科 B	右	上颌骨		2
DT3	12	哺乳动物		碎骨片		216	DT3	11	小型鹿科 B	左	下颌骨		1
DT3	12	小型哺乳动物		股骨	远端	2	DT3	11	小型鹿科 B	右	下颌骨		1
DT3	12	小型哺乳动物	右	胫骨	远端	2	DT3	11	小型鹿科 B	右	下颌骨	齿隙	1
DT3	12	小型哺乳动物		肋骨		7	DT3	11	小型鹿科 B	左	游离齿		1
DT3	11	鲤科		咽齿		5	DT3	11	小型鹿科 B	左	游离齿	上 M	1
DT3	11	鱼		鳃盖骨		1	DT3	11	小型鹿科 B	右	游离齿		3
DT3	11	鱼		齿骨		1	DT3	11	小型鹿科 B		游离齿		1
DT3	11	鱼		背鳍		1	DT3	11	小型鹿科 B		游离齿	上 M	1

续表二

探方号	层位	种属	左/右	部位	保存状况	件数	探方号	层位	种属	左/右	部位	保存状况	件数
DT3	11	小型鹿科B	左	肩胛骨		1	DT3	10	鱼		脊椎		15
DT3	11	小型鹿科B	左	肱骨	远端	1	DT3	10	鱼		齿骨		1
DT3	11	小型鹿科B	右	肱骨	远端	1	DT3	10	鳖		板		1
DT3	11	小型鹿科B	左	尺骨		1	DT3	10	鸟	右	肱骨	近端	1
DT3	11	小型鹿科B	右	尺骨		1	DT3	10	鸟		肢骨		1
DT3	11	小型鹿科B	右	桡骨	近端	2	DT3	10	灵长动物		游离齿		1
DT3	11	小型鹿科B	右	桡骨	远端	1	DT3	10	小型食肉动物	右	尺骨		1
DT3	11	小型鹿科B	右	盆骨		2	DT3	10	小型食肉动物	右	盆骨		1
DT3	11	小型鹿科B	左	股骨	近端	2	DT3	10	中型鹿科	右	距骨		1
DT3	11	小型鹿科B	左	胫骨	远端	4	DT3	10	中型鹿科		第3节趾骨		1
DT3	11	小型鹿科B	右	胫骨	远端	1	DT3	10	中型鹿科		趾骨		3
DT3	11	小型鹿科B	左	跟骨		1	DT3	10	小型鹿科B	左	肩胛骨		1
DT3	11	小型鹿科B	左	距骨		1	DT3	10	小型鹿科B		掌骨	骨干	1
DT3	11	小型鹿科B	右	距骨		3	DT3	10	小型鹿科B	右	盆骨		1
DT3	11	小型鹿科B	右	跗骨		1	DT3	10	小型鹿科B	右	胫骨	远端	1
DT3	11	小型鹿科B		掌骨		1	DT3	10	小型鹿科B	左	跟骨		1
DT3	11	小型鹿科B		掌骨	远端	1	DT3	10	小型鹿科B		第2节趾骨		1
DT3	11	小型鹿科B	右	距骨	近端	1	DT3	10	哺乳动物		腕骨		1
DT3	11	小型鹿科B		距骨	远端	1	DT3	10	哺乳动物		肋骨		6
DT3	11	小型鹿科B		第1节趾骨		1	DT3	10	哺乳动物		脊椎		2
DT3	11	小型鹿科B		第2节趾骨		3	DT3	10	哺乳动物		碎骨片		25
DT3	11	小型鹿科B		第3节趾骨		7	DT3	10	小型哺乳动物		脊椎		1
DT3	11	牛		角		1	DT3	8	鸟	右	肱骨	近端	1
DT3	11	牛		寰椎		1	DT3	8	鸟		肢骨		5
DT3	11	牛		肱骨	近端	1	DT3	8	中型鹿科	右	下颌骨	髁突	1
DT3	11	牛		第3节趾骨		1	DT3	8	小型鹿科B	右	肱骨	远端	1
DT3	11	大型哺乳动物		肋骨		7	DT3	8	哺乳动物		掌骨	碎块	2
DT3	11	哺乳动物	左	桡骨	远端	1	DT3	9	鲤科		咽齿		5
DT3	11	哺乳动物	左	胫骨	近端	1	DT3	9	鱼		脊椎		1
DT3	11	哺乳动物		腕骨		1	DT3	9	鱼		不明骨骼		1
DT3	11	哺乳动物		肋骨		20	DT3	9	鳖		板		1
DT3	11	哺乳动物		脊椎		14	DT3	9	小型鹿科B	右	角		1
DT3	11	哺乳动物		肢骨	10－15	7	DT3	9	小型鹿科B	左	距骨		1
DT3	11	哺乳动物		肢骨	5－10	29	DT3	9	哺乳动物		脊椎	碎块	4
DT3	11	哺乳动物		碎骨片		215	DT3	9	哺乳动物		碎骨片		55
DT3	11	哺乳动物		关节		1	DT3	6	鸟		喙骨		1
DT3	10	鲤科		咽齿		1	DT3	6	鸟	左	肱骨	近端	1

续表二

探方号	层位	种属	左/右	部位	保存状况	件数	探方号	层位	种属	左/右	部位	保存状况	件数
DT3	6	鸟	右	肱骨	近端	1	DT3	5	小型鹿科 B	右	下颌骨		1
DT3	6	大型鹿科	右	股骨	远端	1	DT3	5	小型鹿科 B	左	游离齿 I		1
DT3	6	中型鹿科	右	下颌骨		1	DT3	5	小型鹿科 B	右	游离齿 I		1
DT3	6	中型鹿科	右	桡骨	近端	1	DT3	5	小型鹿科 B		游离齿	上 M	1
DT3	6	中型鹿科		掌骨		2	DT3	5	小型鹿科 B		游离齿	下 M	1
DT3	6	中型鹿科		炮骨	远端	3	DT3	5	小型鹿科 B	左	肩胛骨		1
DT3	6	中型鹿科		第1节趾骨	近端	1	DT3	5	小型鹿科 B	右	肱骨	远端	1
DT3	6	小型鹿科 B		枢椎		1	DT3	5	小型鹿科 B		掌骨	远端	2
DT3	6	小型鹿科 B		腕骨		2	DT3	5	小型鹿科 B		炮骨	远端关节	1
DT3	6	小型鹿科 B	右	盆骨	坐骨	1	DT3	5	小型鹿科 B		炮骨	远端	1
DT3	6	小型鹿科 B		髌骨		1	DT3	5	小型鹿科 B		第1节趾骨		2
DT3	6	小型鹿科 B	左	跗骨		1	DT3	5	小型鹿科 B		第2节趾骨		1
DT3	6	小型鹿科 B		第1节趾骨		2	DT3	5	小型鹿科 B		第3节趾骨		2
DT3	6	牛	右	桡骨	近端	1	DT3	5	牛		寰椎		1
DT3	6	哺乳动物		肋骨		5	DT3	5	哺乳动物		腕骨		2
DT3	6	哺乳动物		脊椎		4	DT3	5	哺乳动物		骶骨		1
DT3	6	哺乳动物		尾椎		1	DT3	5	哺乳动物		跗骨		1
DT3	6	哺乳动物		肢骨	5–10	5	DT3	5	哺乳动物		肋骨		10
DT3	6	哺乳动物		碎骨片		53	DT3	5	哺乳动物		脊椎		6
DT3	5	鱼		脊椎		9	DT3	5	哺乳动物		肢骨	5–10	4
DT3	5	鸟	右	喙骨		1	DT3	5	哺乳动物		碎骨片		178
DT3	5	鸟		股骨	远端	1	DT3	5	哺乳动物		关节		2
DT3	5	鸟		肢骨		1	DT3	4	鱼		脊椎		1
DT3	5	猪		第3节趾骨		1	DT3	4	灵长动物		游离齿		1
DT3	5	中型鹿科	左	下颌骨		1	DT3	4	中型鹿科		角		1
DT3	5	中型鹿科	左	游离齿		2	DT3	4	中型鹿科	左	下颌骨		1
DT3	5	中型鹿科	右	游离齿		2	DT3	4	中型鹿科	左	游离齿		2
DT3	5	中型鹿科	左	掌骨	近端	1	DT3	4	中型鹿科	右	游离齿		1
DT3	5	中型鹿科		掌骨	远端	1	DT3	4	中型鹿科	左	肩胛骨		1
DT3	5	中型鹿科	左	胫骨	远端	1	DT3	4	小型鹿科 B		下颌骨	齿隙	1
DT3	5	中型鹿科		第3节趾骨		1	DT3	4	小型鹿科 B	左	桡骨	远端	1
DT3	5	小型鹿科 A	左	游离齿	上 M	1	DT3	4	小型鹿科 B		掌骨	远端	1
DT3	5	小型鹿科 A	左	游离齿	下 M	1	DT3	4	小型鹿科 B	左	跟骨		1
DT3	5	小型鹿科 A	右	距骨		1	DT3	4	小型鹿科 B		第2节趾骨		1
DT3	5	小型鹿科 A		第2节趾骨		1	DT3	4	哺乳动物	右	盆骨		1
DT3	5	小型鹿科 B		角		1	DT3	4	哺乳动物		盆骨		1
DT3	5	小型鹿科 B	左	下颌骨		1	DT3	4	哺乳动物		脊椎		1

续表二

探方号	层位	种属	左/右	部位	保存状况	件数	探方号	层位	种属	左/右	部位	保存状况	件数
DT3	4	哺乳动物		肢骨	5-10	7	DT4	31	食肉动物		第1节趾骨		1
DT3	4	哺乳动物		肢骨	10-15	3	DT4	31	小型食肉动物	左	下颌骨		3
DT3	4	哺乳动物		碎骨片		12	DT4	31	小型食肉动物	右	下颌骨		3
DT4	31	鲤科		咽齿		20	DT4	31	小型食肉动物		游离齿		3
DT4	31	鱼		背鳍		1	DT4	31	小型食肉动物		游离齿	C	3
DT4	31	鱼		骨		1	DT4	31	小型食肉动物	左	肱骨	远端	1
DT4	31	鱼		脊椎		8	DT4	31	小型食肉动物	左	尺骨		2
DT4	31	鱼		牙		8	DT4	31	小型食肉动物	左	股骨	近端	2
DT4	31	鳖		板		10	DT4	31	小型食肉动物		股骨	股骨头	1
DT4	31	鳖		肢骨		1	DT4	31	小型食肉动物	左	距骨		2
DT4	31	鸟		肢骨		1	DT4	31	猪	右	上颌骨	吻部	1
DT4	31	鸟		脊椎	碎块	1	DT4	31	猪	左	上颌骨		1
DT4	31	灵长动物		游离齿	M	1	DT4	31	猪	一副	上颌骨		1
DT4	31	竹鼠		游离齿	I	1	DT4	31	猪	右	上颌骨		1
DT4	31	豪猪		臼齿		3	DT4	31	猪	左	下颌骨		2
DT4	31	豪猪		游离齿		2	DT4	31	猪		下颌骨	联合部	1
DT4	31	豪猪		游离齿	M	1	DT4	31	猪	左	游离齿		3
DT4	31	啮齿动物	右	下颌骨		1	DT4	31	猪	右	游离齿		9
DT4	31	啮齿动物		游离齿		4	DT4	31	猪		游离齿		15
DT4	31	啮齿动物		游离齿	I	14	DT4	31	猪		游离齿	M	1
DT4	31	貉		游离齿		1	DT4	31	猪		游离齿	I	6
DT4	31	猪獾	左	下颌骨		1	DT4	31	猪		游离齿	C	2
DT4	31	獾	左	下颌骨		1	DT4	31	猪		游离齿	碎块	9
DT4	31	獾		游离齿		2	DT4	31	猪	右	肩胛骨		2
DT4	31	獾		游离齿	M1	1	DT4	31	猪		掌骨	远端	1
DT4	31	大型食肉动物		肱骨	远端	1	DT4	31	猪		掌骨	碎块	3
DT4	31	大型食肉动物		距骨		1	DT4	31	猪		掌骨		4
DT4	31	食肉动物	左	上颌骨		1	DT4	31	猪		髌骨		2
DT4	31	食肉动物	左	下颌骨		2	DT4	31	猪	左	胫骨	远端	1
DT4	31	食肉动物	右	游离齿		1	DT4	31	猪	左	距骨		1
DT4	31	食肉动物		游离齿		7	DT4	31	猪	右	距骨		2
DT4	31	食肉动物	左	肱骨	远端	1	DT4	31	猪		距骨		1
DT4	31	食肉动物	右	肱骨	远端	1	DT4	31	猪		第2节趾骨		2
DT4	31	食肉动物	右	尺骨		1	DT4	31	猪		第3节趾骨		1
DT4	31	食肉动物		桡骨	远端	1	DT4	31	鹿		角	碎块	4
DT4	31	食肉动物		掌骨		1	DT4	31	大型鹿科	右	下颌骨	髁突	2
DT4	31	食肉动物	左	跟骨		1	DT4	31	大型鹿科	左	游离齿		1

续表二

探方号	层位	种属	左/右	部位	保存状况	件数	探方号	层位	种属	左/右	部位	保存状况	件数
DT4	31	大型鹿科		游离齿	M	2	DT4	31	中型鹿科	右	游离齿	下 M	8
DT4	31	大型鹿科		肩胛骨	碎块	1	DT4	31	中型鹿科	右	游离齿	下 M3	1
DT4	31	大型鹿科	左	肱骨	远端	1	DT4	31	中型鹿科		游离齿		46
DT4	31	大型鹿科		腕骨		2	DT4	31	中型鹿科		游离齿	I	1
DT4	31	大型鹿科	左	胫骨	远端	2	DT4	31	中型鹿科		游离齿	上 M	4
DT4	31	大型鹿科	右	跟骨		3	DT4	31	中型鹿科		游离齿	碎块	23
DT4	31	大型鹿科	左	距骨		2	DT4	31	中型鹿科		寰椎		1
DT4	31	大型鹿科	右	距骨		1	DT4	31	中型鹿科		枢椎		4
DT4	31	大型鹿科	右	跗骨		1	DT4	31	中型鹿科	左	肩胛骨		4
DT4	31	大型鹿科		跗骨		1	DT4	31	中型鹿科	右	肩胛骨		3
DT4	31	大型鹿科		炮骨	远端	1	DT4	31	中型鹿科		肩胛骨		3
DT4	31	大型鹿科		第 1 节趾骨		1	DT4	31	中型鹿科	左	肱骨	远端	4
DT4	31	大型鹿科		第 1 节趾骨	近端	1	DT4	31	中型鹿科	左	肱骨	远端碎块	1
DT4	31	大型鹿科		第 2 节趾骨	远端	1	DT4	31	中型鹿科	右	肱骨	远端	3
DT4	31	大型鹿科		第 3 节趾骨		2	DT4	31	中型鹿科		肱骨	近端	1
DT4	31	中型鹿科		角		92	DT4	31	中型鹿科		肱骨	远端	3
DT4	31	中型鹿科		角	碎块	16	DT4	31	中型鹿科	左	尺骨	近端	1
DT4	31	中型鹿科	左	上颌骨		1	DT4	31	中型鹿科	右	尺骨	近端	4
DT4	31	中型鹿科	右	上颌骨		1	DT4	31	中型鹿科	左	桡骨	近端	6
DT4	31	中型鹿科	左	下颌骨		10	DT4	31	中型鹿科	左	桡骨	远端	3
DT4	31	中型鹿科	左	下颌骨	齿隙	3	DT4	31	中型鹿科	右	桡骨	近端	3
DT4	31	中型鹿科	右	下颌骨		18	DT4	31	中型鹿科	右	桡骨	远端	3
DT4	31	中型鹿科	右	下颌骨	齿隙	1	DT4	31	中型鹿科	右	桡骨	远端关节	1
DT4	31	中型鹿科	右	下颌骨	髁突	3	DT4	31	中型鹿科		桡骨	远端	1
DT4	31	中型鹿科	右	下颌骨	下颌支	3	DT4	31	中型鹿科		腕骨		40
DT4	31	中型鹿科		下颌骨	碎块	8	DT4	31	中型鹿科	左	掌骨	近端	4
DT4	31	中型鹿科	左	游离齿		66	DT4	31	中型鹿科	左	掌骨	碎块	1
DT4	31	中型鹿科	左	游离齿	I	2	DT4	31	中型鹿科	右	掌骨	近端	5
DT4	31	中型鹿科	左	游离齿	上 P	2	DT4	31	中型鹿科		掌骨		15
DT4	31	中型鹿科	左	游离齿	下 P	3	DT4	31	中型鹿科		掌骨	近端	1
DT4	31	中型鹿科	左	游离齿	上 M	5	DT4	31	中型鹿科		掌骨	远端	1
DT4	31	中型鹿科	左	游离齿	下 M	6	DT4	31	中型鹿科		掌骨	骨干	3
DT4	31	中型鹿科	右	游离齿		73	DT4	31	中型鹿科		掌骨	碎块	8
DT4	31	中型鹿科	右	游离齿	I	1	DT4	31	中型鹿科	左	盆骨	碎块	3
DT4	31	中型鹿科	右	游离齿	上 P	3	DT4	31	中型鹿科	左	盆骨	髂骨	1
DT4	31	中型鹿科	右	游离齿	下 P	1	DT4	31	中型鹿科	右	盆骨	碎块	6
DT4	31	中型鹿科	右	游离齿	上 M	2	DT4	31	中型鹿科	右	盆骨	髂骨	1

续表二

探方号	层位	种属	左/右	部位	保存状况	件数	探方号	层位	种属	左/右	部位	保存状况	件数
DT4	31	中型鹿科	右	盆骨	坐骨	1	DT4	31	中型鹿科		第1节趾骨	远端	26
DT4	31	中型鹿科		盆骨	碎块	5	DT4	31	中型鹿科		第2节趾骨		28
DT4	31	中型鹿科	左	股骨	股骨头	1	DT4	31	中型鹿科		第2节趾骨	近端	9
DT4	31	中型鹿科	左	股骨	远端	1	DT4	31	中型鹿科		第2节趾骨	远端	8
DT4	31	中型鹿科	右	股骨	近端	3	DT4	31	中型鹿科		第3节趾骨		12
DT4	31	中型鹿科	右	股骨	股骨头	2	DT4	31	中型鹿科		趾骨		7
DT4	31	中型鹿科		股骨	远端	3	DT4	31	中型鹿科		趾骨	近端	1
DT4	31	中型鹿科		髌骨		5	DT4	31	中型鹿科		趾骨	碎块	12
DT4	31	中型鹿科	左	胫骨	关节	1	DT4	31	小型鹿科B	左	上颌骨		1
DT4	31	中型鹿科	左	胫骨	近端	1	DT4	31	小型鹿科B	左	下颌骨		4
DT4	31	中型鹿科	左	胫骨	远端	14	DT4	31	小型鹿科B	左	下颌骨	齿隙	1
DT4	31	中型鹿科	右	胫骨	远端	9	DT4	31	小型鹿科B	左	下颌骨	髁突	1
DT4	31	中型鹿科	左	跟骨		10	DT4	31	小型鹿科B	左	下颌骨	下颌支	1
DT4	31	中型鹿科	右	跟骨		5	DT4	31	小型鹿科B	右	下颌骨		5
DT4	31	中型鹿科		跟骨	近端	2	DT4	31	小型鹿科B	右	下颌骨	齿隙	2
DT4	31	中型鹿科		跟骨		1	DT4	31	小型鹿科B	左	游离齿		30
DT4	31	中型鹿科	左	距骨		5	DT4	31	小型鹿科B	左	游离齿	I	1
DT4	31	中型鹿科	右	距骨		17	DT4	31	小型鹿科B	左	游离齿	下M	3
DT4	31	中型鹿科	右	跗骨		1	DT4	31	小型鹿科B	左	游离齿	下P	1
DT4	31	中型鹿科	右	跗骨		1	DT4	31	小型鹿科B	右	游离齿		18
DT4	31	中型鹿科		跗骨		1	DT4	31	小型鹿科B	右	游离齿	上P	1
DT4	31	中型鹿科	左	跗骨		4	DT4	31	小型鹿科B	右	游离齿	下P	1
DT4	31	中型鹿科	右	跗骨		1	DT4	31	小型鹿科B	右	游离齿	上M	3
DT4	31	中型鹿科		跗骨		7	DT4	31	小型鹿科B	右	游离齿	下M	1
DT4	31	中型鹿科	左	跖骨	近端	17	DT4	31	小型鹿科B		游离齿		4
DT4	31	中型鹿科	右	跖骨	近端	16	DT4	31	小型鹿科B		游离齿	M	2
DT4	31	中型鹿科		跖骨		20	DT4	31	小型鹿科B		游离齿	P	2
DT4	31	中型鹿科		跖骨	骨干	25	DT4	31	小型鹿科B	左	肱骨	远端	3
DT4	31	中型鹿科		跖骨	近端	2	DT4	31	小型鹿科B	右	肱骨	远端	3
DT4	31	中型鹿科		跖骨	碎块	46	DT4	31	小型鹿科B	左	尺骨		1
DT4	31	中型鹿科		跖骨	远端	1	DT4	31	小型鹿科B	右	桡骨	近端	1
DT4	31	中型鹿科		炮骨		18	DT4	31	小型鹿科B	右	桡骨	远端关节	1
DT4	31	中型鹿科		炮骨	近端	2	DT4	31	小型鹿科B	右	掌骨	近端	2
DT4	31	中型鹿科		炮骨	碎块	8	DT4	31	小型鹿科B		掌骨	远端	1
DT4	31	中型鹿科		炮骨	远端	31	DT4	31	小型鹿科B	右	盆骨		1
DT4	31	中型鹿科		炮骨	远端碎块	6	DT4	31	小型鹿科B		盆骨		1
DT4	31	中型鹿科		第1节趾骨		32	DT4	31	小型鹿科B	左	股骨	远端	3

续表二

探方号	层位	种属	左/右	部位	保存状况	件数	探方号	层位	种属	左/右	部位	保存状况	件数
DT4	31	小型鹿科 B	右	股骨	近端	1	DT4	31	牛		游离齿	上 M	1
DT4	31	小型鹿科 B		髌骨		1	DT4	31	牛		游离齿	下 M	2
DT4	31	小型鹿科 B	左	胫骨	远端	1	DT4	31	牛	左	肱骨	肱骨头	1
DT4	31	小型鹿科 B	右	胫骨	近端	2	DT4	31	牛	左	肱骨	远端	2
DT4	31	小型鹿科 B	右	胫骨	远端	5	DT4	31	牛		肱骨	近端	1
DT4	31	小型鹿科 B		胫骨	近端	1	DT4	31	牛		桡骨	远端	1
DT4	31	小型鹿科 B	左	跟骨		3	DT4	31	牛		腕骨		2
DT4	31	小型鹿科 B	右	跟骨		3	DT4	31	牛		掌骨	近端	1
DT4	31	小型鹿科 B		跟骨	碎块	2	DT4	31	牛	左	跟骨		1
DT4	31	小型鹿科 B	左	距骨		3	DT4	31	牛	左	距骨	完整	4
DT4	31	小型鹿科 B	右	距骨		3	DT4	31	牛	左	跗骨		1
DT4	31	小型鹿科 B	左	跗骨		1	DT4	31	牛	右	跗骨		2
DT4	31	小型鹿科 B	左	跖骨	近端	1	DT4	31	牛		跗骨		3
DT4	31	小型鹿科 B	右	跖骨	近端	2	DT4	31	牛	左	跖骨	近端	2
DT4	31	小型鹿科 B		跖骨	骨干	3	DT4	31	牛	右	跖骨	近端	1
DT4	31	小型鹿科 B		跖骨	近端	1	DT4	31	牛		跖骨		1
DT4	31	小型鹿科 B		炮骨	近端	2	DT4	31	牛		跖骨	近端	1
DT4	31	小型鹿科 B		炮骨	远端	7	DT4	31	牛		炮骨	远端	3
DT4	31	小型鹿科 B		炮骨	远端关节	1	DT4	31	牛		第 1 节趾骨		2
DT4	31	小型鹿科 B		第 1 节趾骨		6	DT4	31	牛		第 2 节趾骨	近端	1
DT4	31	小型鹿科 B		第 1 节趾骨	远端	6	DT4	31	牛		第 3 节趾骨		5
DT4	31	小型鹿科 B		第 2 节趾骨		6	DT4	31	牛		趾骨	近端	1
DT4	31	小型鹿科 B		第 2 节趾骨	近端	4	DT4	31	牛		脊椎		2
DT4	31	小型鹿科 B		第 2 节趾骨	远端	1	DT4	31	牛		肢骨		1
DT4	31	小型鹿科 B		第 3 节趾骨		1	DT4	31	牛		肢骨	10 - 15	2
DT4	31	小型鹿科 B		趾骨	碎块	4	DT4	31	苏门羚	右	游离齿	下 M	1
DT4	31	小型鹿科 B		趾骨	远端	2	DT4	31	大型哺乳动物		脊椎		1
DT4	31	牛	左	下颌骨		1	DT4	31	大型哺乳动物		肋骨		3
DT4	31	牛		下颌骨	下颌角	1	DT4	31	哺乳动物		头骨	听骨	19
DT4	31	牛		下颌骨	冠状突	1	DT4	31	哺乳动物	左	下颌骨		1
DT4	31	牛		下颌骨		1	DT4	31	哺乳动物		游离齿		21
DT4	31	牛	左	游离齿		2	DT4	31	哺乳动物		游离齿	碎块	43
DT4	31	牛	左	游离齿	I	1	DT4	31	哺乳动物	左	肩胛骨		1
DT4	31	牛	右	游离齿		2	DT4	31	哺乳动物	右	肩胛骨		3
DT4	31	牛	右	游离齿	下 P	1	DT4	31	哺乳动物		肩胛骨		4
DT4	31	牛		游离齿		6	DT4	31	哺乳动物		肱骨	近端	1
DT4	31	牛		游离齿	碎块	1	DT4	31	哺乳动物		肱骨	远端	3

续表二

探方号	层位	种属	左/右	部位	保存状况	件数	探方号	层位	种属	左/右	部位	保存状况	件数
DT4	31	哺乳动物		肱骨	远端碎块	3	DT4	30	鳖		肢骨		2
DT4	31	哺乳动物		尺骨	碎块	1	DT4	30	鸟		肱骨		12
DT4	31	哺乳动物		尺骨	尺骨头	1	DT4	30	鸟		肢骨		1
DT4	31	哺乳动物	左	桡骨	近端	1	DT4	30	灵长动物		游离齿		4
DT4	31	哺乳动物	右	桡骨	远端关节	1	DT4	30	豪猪		游离齿		2
DT4	31	哺乳动物		腕骨		32	DT4	30	啮齿动物		门齿		4
DT4	31	哺乳动物	右	盆骨	碎块	1	DT4	30	食肉动物	右	尺骨		1
DT4	31	哺乳动物	左	盆骨	髂骨	1	DT4	30	食肉动物	右	跟骨		1
DT4	31	哺乳动物	右	盆骨	坐骨	1	DT4	30	食肉动物		距骨		1
DT4	31	哺乳动物		盆骨	碎块	4	DT4	30	食肉动物		第1节趾骨		1
DT4	31	哺乳动物		股骨	远端	1	DT4	30	小型食肉动物	右	上颌骨		1
DT4	31	哺乳动物		股骨	股骨头	3	DT4	30	小型食肉动物	左	下颌骨		1
DT4	31	哺乳动物		髌骨		4	DT4	30	小型食肉动物		游离齿		3
DT4	31	哺乳动物	左	胫骨	远端	1	DT4	30	小型食肉动物	右	尺骨		1
DT4	31	哺乳动物	左	胫骨	远端	1	DT4	30	猪		游离齿		1
DT4	31	哺乳动物	右	胫骨	远端	2	DT4	30	猪		门齿		3
DT4	31	哺乳动物		跟骨	碎块	3	DT4	30	猪		掌骨		1
DT4	31	哺乳动物		跟骨	关节	1	DT4	30	大型鹿科		门齿		1
DT4	31	哺乳动物		跗骨		2	DT4	30	大型鹿科		第1节趾骨	近端	1
DT4	31	哺乳动物		趾骨	碎块	7	DT4	30	大型鹿科		第3节趾骨		1
DT4	31	哺乳动物		尾椎		1	DT4	30	中型鹿科		角		3
DT4	31	哺乳动物		肋骨	碎块	53	DT4	30	中型鹿科	左	下颌骨		4
DT4	31	哺乳动物		脊椎	碎块	76	DT4	30	中型鹿科	右	下颌骨		3
DT4	31	哺乳动物		肢骨	>15	3	DT4	30	中型鹿科		下颌骨	碎块	1
DT4	31	哺乳动物		肢骨	10－15	95	DT4	30	中型鹿科	左	游离齿		12
DT4	31	哺乳动物		肢骨	5－10	277	DT4	30	中型鹿科	右	游离齿		18
DT4	31	哺乳动物		肢骨	<5	46	DT4	30	中型鹿科		游离齿		2
DT4	31	哺乳动物		碎骨片		2420	DT4	30	中型鹿科		枢椎		1
DT4	31	哺乳动物		关节		3	DT4	30	中型鹿科	右	肱骨	远端	1
DT4	31	小型哺乳动物	左	下颌骨		3	DT4	30	中型鹿科	左	桡骨	远端	1
DT4	31	小型哺乳动物	右	下颌骨		1	DT4	30	中型鹿科	右	桡骨	远端	1
DT4	31	小型哺乳动物	左	跟骨		2	DT4	30	中型鹿科		股骨	股骨头	1
DT4	31	小型哺乳动物		脊椎		1	DT4	30	中型鹿科		髌骨		1
DT4	30	鲤科		咽齿		27	DT4	30	中型鹿科	左	胫骨		1
DT4	30	鱼		咽齿		3	DT4	30	中型鹿科	左	胫骨	远端	1
DT4	30	鱼		背鳍		1	DT4	30	中型鹿科		胫骨	远端	1
DT4	30	鳖		板		5	DT4	30	中型鹿科	左	跟骨		2

续表二

探方号	层位	种属	左/右	部位	保存状况	件数	探方号	层位	种属	左/右	部位	保存状况	件数
DT4	30	中型鹿科	右	跟骨		1	DT4	30	小型鹿科 B	右	胫骨	远端	2
DT4	30	中型鹿科	左	距骨		1	DT4	30	小型鹿科 B		胫骨	远端	2
DT4	30	中型鹿科		跗骨		2	DT4	30	小型鹿科 B	左	跟骨		1
DT4	30	中型鹿科	左	跖骨	近端	1	DT4	30	小型鹿科 B	左	跟骨	碎块	1
DT4	30	中型鹿科		跖骨	碎块	1	DT4	30	小型鹿科 B	右	跟骨		3
DT4	30	中型鹿科		炮骨	远端	12	DT4	30	小型鹿科 B	左	距骨		4
DT4	30	中型鹿科		炮骨	碎块	49	DT4	30	小型鹿科 B	右	距骨		2
DT4	30	中型鹿科		炮骨	远端	4	DT4	30	小型鹿科 B	左	跗骨		1
DT4	30	中型鹿科		炮骨	骨干	2	DT4	30	小型鹿科 B		跗骨		3
DT4	30	中型鹿科		第 1 节趾骨	近端	2	DT4	30	小型鹿科 B	右	跗骨		2
DT4	30	中型鹿科		第 1 节趾骨		6	DT4	30	小型鹿科 B		炮骨	远端	4
DT4	30	中型鹿科		第 2 节趾骨	远端	4	DT4	30	小型鹿科 B		第 1 节趾骨		4
DT4	30	中型鹿科		第 2 节趾骨		3	DT4	30	小型鹿科 B		第 2 节趾骨		4
DT4	30	中型鹿科		第 3 节趾骨		3	DT4	30	哺乳动物		头骨	听骨	1
DT4	30	小型鹿科 A		第 3 节趾骨		6	DT4	30	哺乳动物		游离齿	碎块	12
DT4	30	小型鹿科 B		角	角尖	1	DT4	30	哺乳动物		枢椎		1
DT4	30	小型鹿科 B	左	下颌骨		2	DT4	30	哺乳动物		腕骨		1
DT4	30	小型鹿科 B	左	下颌骨	下颌支	1	DT4	30	哺乳动物		股骨	远端	1
DT4	30	小型鹿科 B	右	下颌骨		2	DT4	30	哺乳动物		跟骨		1
DT4	30	小型鹿科 B	右	下颌骨	髁突	1	DT4	30	哺乳动物		脊椎		69
DT4	30	小型鹿科 B	右	下颌骨	齿隙	1	DT4	30	哺乳动物		碎骨片		210
DT4	30	小型鹿科 B	左	游离齿		1	DT4	30	小型哺乳动物		脊椎		2
DT4	30	小型鹿科 B	左	肩胛骨		2	DT4	29	鲤科		咽齿		8
DT4	30	小型鹿科 B	右	肩胛骨		1	DT4	29	鱼		脊椎		3
DT4	30	小型鹿科 B	左	肱骨	远端	1	DT4	29	鱼		骨骼		1
DT4	30	小型鹿科 B	右	肱骨	远端	1	DT4	29	鳖		板		21
DT4	30	小型鹿科 B	左	尺骨		1	DT4	29	鳖		肢骨		2
DT4	30	小型鹿科 B	右	尺骨		1	DT4	29	雁	右	肩胛骨	近端	1
DT4	30	小型鹿科 B	右	桡骨	近端	2	DT4	29	原鸡	右	喙骨	完整	1
DT4	30	小型鹿科 B	右	桡骨	远端	1	DT4	29	鸟		脊椎		1
DT4	30	小型鹿科 B		腕骨		4	DT4	29	巨鼠	右	下颌骨		1
DT4	30	小型鹿科 B	右	盆骨		1	DT4	29	啮齿动物		门齿		1
DT4	30	小型鹿科 B		盆骨		2	DT4	29	啮齿动物		游离齿	上 I	5
DT4	30	小型鹿科 B	右	股骨	远端	3	DT4	29	啮齿动物		游离齿	下 I	5
DT4	30	小型鹿科 B		股骨	股骨头	1	DT4	29	青鼬	左	下颌骨		1
DT4	30	小型鹿科 B		髌骨		4	DT4	29	鼬科动物		游离齿	上 M	1
DT4	30	小型鹿科 B	左	胫骨	远端	3	DT4	29	猫科动物	右	肱骨	远端	1

续表二

探方号	层位	种属	左/右	部位	保存状况	件数	探方号	层位	种属	左/右	部位	保存状况	件数
DT4	29	食肉动物		第3节趾骨		1	DT4	29	中型鹿科		第2节趾骨		4
DT4	29	小型食肉动物		游离齿		2	DT4	29	中型鹿科		第3节趾骨		2
DT4	29	小型食肉动物		游离齿	C	1	DT4	29	小型鹿科B		角		1
DT4	29	小型食肉动物	左	尺骨		1	DT4	29	小型鹿科B	右	下颌骨	下颌支	1
DT4	29	小型食肉动物	左	股骨	近端	1	DT4	29	小型鹿科B	右	下颌骨	齿隙	1
DT4	29	小型食肉动物	左	跟骨		2	DT4	29	小型鹿科B	左	游离齿	下M	2
DT4	29	小型食肉动物	左	距骨		1	DT4	29	小型鹿科B	左	游离齿	M3	1
DT4	29	猪		游离齿	I	2	DT4	29	小型鹿科B	右	游离齿	I	1
DT4	29	猪	左	游离齿	上M3	1	DT4	29	小型鹿科B		游离齿	C	1
DT4	29	猪		游离齿	M1	2	DT4	29	小型鹿科B	右	桡骨	近端	1
DT4	29	猪		寰椎		1	DT4	29	小型鹿科B		掌骨	骨干	1
DT4	29	猪	右	跟骨		1	DT4	29	小型鹿科B		掌骨	远端	1
DT4	29	中型鹿科		角		3	DT4	29	小型鹿科B	左	距骨		1
DT4	29	中型鹿科	左	游离齿	上M	7	DT4	29	小型鹿科B		距骨	骨干	2
DT4	29	中型鹿科	左	游离齿	下M	1	DT4	29	小型鹿科B		炮骨	远端	3
DT4	29	中型鹿科	左	游离齿	上P	3	DT4	29	小型鹿科B		第1节趾骨		2
DT4	29	中型鹿科	右	游离齿	下M	4	DT4	29	小型鹿科B		第2节趾骨		2
DT4	29	中型鹿科	右	游离齿	上P	2	DT4	29	偶蹄动物		第3节趾骨		1
DT4	29	中型鹿科	右	游离齿	下P	3	DT4	29	偶蹄动物		趾骨		1
DT4	29	中型鹿科	右	游离齿	下I	1	DT4	29	大型哺乳动物		肢骨	5－10	1
DT4	29	中型鹿科	右	游离齿	上M	1	DT4	29	哺乳动物		肱骨	远端	1
DT4	29	中型鹿科		枢椎		1	DT4	29	哺乳动物		腕骨		3
DT4	29	中型鹿科	左	肱骨	远端	1	DT4	29	哺乳动物	左	胫骨		1
DT4	29	中型鹿科	右	尺骨		3	DT4	29	哺乳动物		胫骨	近端	1
DT4	29	中型鹿科	右	桡骨	近端	2	DT4	29	哺乳动物		跟骨		1
DT4	29	中型鹿科		腕骨		3	DT4	29	哺乳动物		肋骨		5
DT4	29	中型鹿科	左	掌骨	近端	2	DT4	29	哺乳动物		脊椎		1
DT4	29	中型鹿科		掌骨	骨干	5	DT4	29	哺乳动物		肢骨	5－10	49
DT4	29	中型鹿科	右	盆骨	坐骨	1	DT4	29	哺乳动物		肢骨	10－15	13
DT4	29	中型鹿科	左	股骨	近端	1	DT4	29	哺乳动物		碎骨片		295
DT4	29	中型鹿科	右	胫骨	远端	1	DT4	29	哺乳动物		关节		2
DT4	29	中型鹿科	右	胫骨	远端关节	1	DT4	29	小型哺乳动物		盆骨		1
DT4	29	中型鹿科	左	距骨	近端	2	DT4	29	小型哺乳动物		脊椎		1
DT4	29	中型鹿科	右	距骨	近端	1	DT4	28	鲤科		咽齿		8
DT4	29	中型鹿科		距骨	骨干	8	DT4	28	鱼		骨骼		1
DT4	29	中型鹿科		炮骨	骨干	5	DT4	28	鱼		脊椎		5
DT4	29	中型鹿科		第1节趾骨		8	DT4	28	鳖		板		1

续表二

探方号	层位	种属	左/右	部位	保存状况	件数	探方号	层位	种属	左/右	部位	保存状况	件数
DT4	28	原鸡		胫骨	远端	1	DT4	28	中型鹿科		第3节趾骨		11
DT4	28	鸟		肢骨		3	DT4	28	小型鹿科A	左	距骨		1
DT4	28	鸟		第3节趾骨		1	DT4	28	小型鹿科B	左	下颌骨		2
DT4	28	灵长动物		游离齿	M	1	DT4	28	小型鹿科B	右	下颌骨		1
DT4	28	灵长动物		游离齿		6	DT4	28	小型鹿科B		下颌骨	齿隙	2
DT4	28	绒鼠	左	下颌骨		1	DT4	28	小型鹿科B	左	游离齿		1
DT4	28	鼠		下颌骨		1	DT4	28	小型鹿科B	左	游离齿	下 M3	1
DT4	28	豪猪		门齿		1	DT4	28	小型鹿科B	左	游离齿	上 P	1
DT4	28	啮齿动物		肢骨		2	DT4	28	小型鹿科B	左	游离齿	上 M	1
DT4	28	啮齿动物		游离齿	上 I	1	DT4	28	小型鹿科B	左	游离齿	下 M	2
DT4	28	小型啮齿动物		门齿		1	DT4	28	小型鹿科B	右	游离齿		3
DT4	28	似浣熊貉		游离齿		1	DT4	28	小型鹿科B	右	游离齿	下 P	2
DT4	28	食肉动物		趾骨		2	DT4	28	小型鹿科B	右	游离齿	下 M	1
DT4	28	小型食肉动物		趾骨		1	DT4	28	小型鹿科B	右	肱骨	远端	1
DT4	28	猪	左	游离齿		2	DT4	28	小型鹿科B		腕骨		1
DT4	28	猪	右	游离齿		1	DT4	28	小型鹿科B		股骨	股骨头	1
DT4	28	猪		门齿		1	DT4	28	小型鹿科B	右	胫骨		1
DT4	28	猪		距骨		1	DT4	28	小型鹿科B	右	跟骨		3
DT4	28	大型鹿科	右	游离齿		1	DT4	28	小型鹿科B	左	距骨		1
DT4	28	中型鹿科		角		5	DT4	28	小型鹿科B		跗骨		1
DT4	28	中型鹿科	左	下颌骨		1	DT4	28	小型鹿科B		炮骨	远端	2
DT4	28	中型鹿科	左	下颌骨	髁突	1	DT4	28	小型鹿科B		第1节趾骨	近端	4
DT4	28	中型鹿科	右	下颌骨	髁突	1	DT4	28	小型鹿科B		第2节趾骨	近端	3
DT4	28	中型鹿科	右	下颌骨		1	DT4	28	小型鹿科B		第2节趾骨		2
DT4	28	中型鹿科	左	游离齿		4	DT4	28	小型鹿科B		第3节趾骨		1
DT4	28	中型鹿科	右	游离齿		2	DT4	28	小型鹿科B		趾骨	远端	5
DT4	28	中型鹿科		游离齿		1	DT4	28	哺乳动物		头骨	听骨	1
DT4	28	中型鹿科		尺骨		1	DT4	28	哺乳动物		头骨		1
DT4	28	中型鹿科		腕骨		7	DT4	28	哺乳动物	右	肱骨	远端	1
DT4	28	中型鹿科	右	掌骨	近端	1	DT4	28	哺乳动物		桡骨	碎块	1
DT4	28	中型鹿科		掌骨	碎块	1	DT4	28	哺乳动物		盆骨		1
DT4	28	中型鹿科	左	胫骨	远端	1	DT4	28	哺乳动物	左	胫骨	骨干	1
DT4	28	中型鹿科		距骨		11	DT4	28	哺乳动物		炮骨	远端	3
DT4	28	中型鹿科		炮骨	远端	1	DT4	28	哺乳动物		第3节趾骨		1
DT4	28	中型鹿科		第1节趾骨		2	DT4	28	哺乳动物		尾椎		3
DT4	28	中型鹿科		第2节趾骨	近端关节	1	DT4	28	哺乳动物		肋骨		9
DT4	28	中型鹿科		第2节趾骨		5	DT4	28	哺乳动物		脊椎		5

续表二

探方号	层位	种属	左/右	部位	保存状况	件数	探方号	层位	种属	左/右	部位	保存状况	件数
DT4	28	哺乳动物		肢骨		3	DT4	27	小型鹿科 B		肱骨	远端	1
DT4	28	哺乳动物		肢骨	5－10	23	DT4	27	小型鹿科 B	左	尺骨	近端	1
DT4	28	哺乳动物		碎骨片		420	DT4	27	小型鹿科 B	右	尺骨		1
DT4	28	小型哺乳动物		头骨		1	DT4	27	小型鹿科 B		腕骨		1
DT4	28	小型哺乳动物	右	下颌骨		1	DT4	27	小型鹿科 B	右	掌骨	近端	1
DT4	28	小型哺乳动物		游离齿	C	3	DT4	27	小型鹿科 B	左	股骨	远端	1
DT4	27	鱼		脊椎		3	DT4	27	小型鹿科 B	右	股骨	远端	1
DT4	27	鳖		板		6	DT4	27	小型鹿科 B		胫骨	远端	1
DT4	27	鸟		掌骨		1	DT4	27	小型鹿科 B	右	跟骨		2
DT4	27	啮齿动物		门齿		4	DT4	27	小型鹿科 B	左	距骨		1
DT4	27	啮齿动物		肢骨		3	DT4	27	小型鹿科 B	左	跗骨		1
DT4	27	食肉动物		第2节趾骨		1	DT4	27	小型鹿科 B	左	距骨	近端	1
DT4	27	小型食肉动物		掌骨		2	DT4	27	小型鹿科 B		距骨	远端	4
DT4	27	小型食肉动物		第1节趾骨		1	DT4	27	小型鹿科 B		炮骨	远端	3
DT4	27	猪	左	桡骨	远端	2	DT4	27	小型鹿科 B		第1节趾骨		2
DT4	27	猪		掌骨		1	DT4	27	小型鹿科 B		第2节趾骨		2
DT4	27	中型鹿科		角		1	DT4	27	小型鹿科 B		第2节趾骨	远端	2
DT4	27	中型鹿科	左	游离齿		6	DT4	27	小型鹿科 B		趾骨		1
DT4	27	中型鹿科	右	游离齿		1	DT4	27	牛		距骨	远端	1
DT4	27	中型鹿科	右	肱骨	远端	1	DT4	27	牛		第1节趾骨		1
DT4	27	中型鹿科		肱骨	近端	1	DT4	27	哺乳动物		头骨	碎块	1
DT4	27	中型鹿科	右	胫骨	远端	1	DT4	27	哺乳动物		头骨	听骨	1
DT4	27	中型鹿科	右	跗骨		1	DT4	27	哺乳动物		下颌骨		1
DT4	27	中型鹿科		炮骨	近端	1	DT4	27	哺乳动物		肩胛骨		1
DT4	27	中型鹿科		第1节趾骨		2	DT4	27	哺乳动物	左	尺骨		1
DT4	27	中型鹿科		第1节趾骨	远端	1	DT4	27	哺乳动物	右	尺骨		1
DT4	27	中型鹿科		第2节趾骨		2	DT4	27	哺乳动物		尺骨	碎块	1
DT4	27	中型鹿科		第2节趾骨	近端	2	DT4	27	哺乳动物		腕骨		3
DT4	27	中型鹿科		第2节趾骨	远端	4	DT4	27	哺乳动物		髌骨		1
DT4	27	中型鹿科		第3节趾骨		4	DT4	27	哺乳动物		距骨	碎块	1
DT4	27	小型鹿科 B	左	下颌骨		1	DT4	27	哺乳动物		距骨	碎块	6
DT4	27	小型鹿科 B	左	下颌骨	齿隙	1	DT4	27	哺乳动物		第2节趾骨		1
DT4	27	小型鹿科 B	右	下颌骨		2	DT4	27	哺乳动物		趾骨		10
DT4	27	小型鹿科 B	左	游离齿		2	DT4	27	哺乳动物		肋骨		6
DT4	27	小型鹿科 B		游离齿	碎块	2	DT4	27	哺乳动物		脊椎		12
DT4	27	小型鹿科 B		游离齿		1	DT4	27	哺乳动物		肢骨	10－15	5
DT4	27	小型鹿科 B	右	肱骨	近端	1	DT4	27	哺乳动物		肢骨	5－10	32

续表二

探方号	层位	种属	左/右	部位	保存状况	件数	探方号	层位	种属	左/右	部位	保存状况	件数
DT4	27	哺乳动物		碎骨片		100	DT4	26	中型鹿科	左	盆骨	碎块	1
DT4	26	鲤科		咽齿		4	DT4	26	中型鹿科	左	盆骨	坐骨	1
DT4	26	鱼		背鳍		1	DT4	26	中型鹿科	左	胫骨	远端	1
DT4	26	鱼		不明骨骼		2	DT4	26	中型鹿科	右	胫骨	近端	1
DT4	26	鱼		齿骨		7	DT4	26	中型鹿科	左	距骨		2
DT4	26	鱼		脊椎		9	DT4	26	中型鹿科		跗骨		4
DT4	26	鳖		肢骨		2	DT4	26	中型鹿科		距骨	远端	1
DT4	26	鳖		板		5	DT4	26	中型鹿科		距骨	碎块	1
DT4	26	雁	左	肩胛骨	近端	1	DT4	26	中型鹿科		炮骨	远端	2
DT4	26	鸟	左	喙骨	远端	1	DT4	26	中型鹿科		第1节趾骨		2
DT4	26	鸟		肱骨	远端	1	DT4	26	中型鹿科		第2节趾骨		5
DT4	26	鸟		腕掌骨		1	DT4	26	中型鹿科		第3节趾骨		4
DT4	26	鸟		肢骨	碎块	13	DT4	26	小型鹿科B	右	上颌骨		1
DT4	26	兔	左	肱骨		1	DT4	26	小型鹿科B	右	下颌骨		2
DT4	26	巨鼠	右	下颌骨		1	DT4	26	小型鹿科B	右	下颌骨	髁突	1
DT4	26	鼠	右	肱骨	远端	1	DT4	26	小型鹿科B		下颌骨	下颌支	3
DT4	26	啮齿动物		门齿		2	DT4	26	小型鹿科B	右	游离齿	下M	1
DT4	26	食肉动物		游离齿		1	DT4	26	小型鹿科B		寰椎		1
DT4	26	食肉动物		肱骨	远端	2	DT4	26	小型鹿科B	左	肩胛骨		2
DT4	26	食肉动物		掌骨		1	DT4	26	小型鹿科B	右	肩胛骨		1
DT4	26	食肉动物		第1节趾骨		1	DT4	26	小型鹿科B	左	尺骨		1
DT4	26	食肉动物		趾骨		1	DT4	26	小型鹿科B	右	尺骨		1
DT4	26	小型食肉动物		游离齿	I	2	DT4	26	小型鹿科B	右	桡骨	近端	1
DT4	26	小型食肉动物		股骨	头骨	1	DT4	26	小型鹿科B	右	桡骨	远端	1
DT4	26	小型食肉动物	左	距骨		1	DT4	26	小型鹿科B		腕骨		7
DT4	26	小型食肉动物		第1节趾骨		1	DT4	26	小型鹿科B		掌骨	近端	2
DT4	26	小型食肉动物		第2节趾骨		1	DT4	26	小型鹿科B	左	盆骨	髂骨	1
DT4	26	猪		第2节趾骨		2	DT4	26	小型鹿科B	左	股骨	远端	1
DT4	26	大型鹿科	左	桡骨	远端	1	DT4	26	小型鹿科B		髌骨		1
DT4	26	中型鹿科		角		1	DT4	26	小型鹿科B	左	胫骨	远端	1
DT4	26	中型鹿科	左	下颌骨	下颌支	1	DT4	26	小型鹿科B	左	跟骨		2
DT4	26	中型鹿科	左	游离齿		1	DT4	26	小型鹿科B	右	跟骨		2
DT4	26	中型鹿科	右	游离齿		3	DT4	26	小型鹿科B	左	距骨		2
DT4	26	中型鹿科		游离齿		3	DT4	26	小型鹿科B	右	跗骨		1
DT4	26	中型鹿科	右	肩胛骨		1	DT4	26	小型鹿科B		炮骨	远端	2
DT4	26	中型鹿科	左	桡骨	近端	2	DT4	26	小型鹿科B		炮骨	远端关节	1
DT4	26	中型鹿科	右	桡骨	远端	1	DT4	26	小型鹿科B		第1节趾骨		6

续表二

探方号	层位	种属	左/右	部位	保存状况	件数	探方号	层位	种属	左/右	部位	保存状况	件数
DT4	26	小型鹿科 B		第 2 节趾骨		4	DT4	25	哺乳动物		肩胛骨		1
DT4	26	小型鹿科 B		第 3 节趾骨		4	DT4	25	哺乳动物		肋骨		10
DT4	26	小型鹿科 B		趾骨		1	DT4	25	哺乳动物		脊椎		5
DT4	26	牛		游离齿		2	DT4	25	哺乳动物		肢骨	5 - 10	4
DT4	26	牛		第 2 节趾骨		1	DT4	25	哺乳动物		碎骨片		42
DT4	26	哺乳动物		下颌骨	下颌支	2	DT4	24	鲤科		咽齿		4
DT4	26	哺乳动物		游离齿		1	DT4	24	草鱼或鲤鱼	左	下颌骨		1
DT4	26	哺乳动物		肩胛骨	碎块	1	DT4	24	草鱼或鲤鱼		游离齿		6
DT4	26	哺乳动物		肱骨	远端	1	DT4	24	鱼		齿骨		2
DT4	26	哺乳动物		盆骨	碎块	2	DT4	24	鱼		脊椎		15
DT4	26	哺乳动物	右	股骨	近端	1	DT4	24	鳖		肢骨		1
DT4	26	哺乳动物		腓骨		1	DT4	24	鳖		板		1
DT4	26	哺乳动物		跟骨		1	DT4	24	原鸡	右	胫骨	完整	1
DT4	26	哺乳动物		尾椎		1	DT4	24	雉	左	肱骨	近端	1
DT4	26	哺乳动物		肋骨		20	DT4	24	雉		附跖骨		1
DT4	26	哺乳动物		脊椎		28	DT4	24	鸟	左	肱骨	远端	1
DT4	26	哺乳动物		肢骨	10 - 15	18	DT4	24	鸟	右	股骨	近端	1
DT4	26	哺乳动物		肢骨	5 - 10	65	DT4	24	鸟		胫骨		1
DT4	26	哺乳动物 B		碎骨片		297	DT4	24	鸟		胫骨	远端	1
DT4	26	小型哺乳动物		脊椎		3	DT4	24	鸟		脊椎		1
DT4	26	小型哺乳动物		肋骨		1	DT4	24	鸟		肢骨	碎块	8
DT4	26	不明动物		骨骼		1	DT4	24	啮齿动物		门齿		1
DT4	25	鳖		板		3	DT4	24	啮齿动物	右	下颌骨		1
DT4	25	鳖		肢骨		2	DT4	24	犬科动物		游离齿	上 M1	1
DT4	25	鸟		肢骨		1	DT4	24	犬科动物	左	距骨		1
DT4	25	小型食肉动物	左	肱骨	远端	1	DT4	24	狗獾	左	下颌骨		1
DT4	25	小型食肉动物	右	桡骨	远端	1	DT4	24	食肉动物	左	上颌骨		1
DT4	25	小型食肉动物		第 1 节趾骨		1	DT4	24	食肉动物	左	下颌骨		1
DT4	25	中型鹿科		腕骨		1	DT4	24	食肉动物	右	下颌骨		2
DT4	25	中型鹿科		掌骨	远端	1	DT4	24	食肉动物	左	肩胛骨		1
DT4	25	中型鹿科		第 1 节趾骨		1	DT4	24	食肉动物	左	尺骨		1
DT4	25	中型鹿科		第 2 节趾骨		3	DT4	24	食肉动物		掌骨		1
DT4	25	中型鹿科		第 3 节趾骨		2	DT4	24	食肉动物	左	跟骨		1
DT4	25	小型鹿科 B	右	游离齿		1	DT4	24	食肉动物	右	跟骨		1
DT4	25	小型鹿科 B	左	尺骨		1	DT4	24	食肉动物		第 2 节趾骨		1
DT4	25	小型鹿科 B	右	股骨	近端	1	DT4	24	食肉动物		趾骨		1
DT4	25	小型鹿科 B		髋骨		1	DT4	24	猪	左	肩胛骨		1

续表二

探方号	层位	种属	左/右	部位	保存状况	件数	探方号	层位	种属	左/右	部位	保存状况	件数
DT4	24	猪	右	桡骨	近端	1	DT4	24	小型鹿科 B		第 1 节趾骨		1
DT4	24	中型鹿科		角		3	DT4	24	小型鹿科 B		第 2 节趾骨	远端	1
DT4	24	中型鹿科	左	下颌骨		2	DT4	24	小型鹿科 B		第 2 节趾骨		4
DT4	24	中型鹿科		下颌骨	齿隙	2	DT4	24	小型鹿科 B		趾骨		1
DT4	24	中型鹿科	左	游离齿		1	DT4	24	牛		门齿		1
DT4	24	中型鹿科		游离齿		1	DT4	24	哺乳动物		头骨	听骨	2
DT4	24	中型鹿科		游离齿	碎块	1	DT4	24	哺乳动物	左	下颌骨		1
DT4	24	中型鹿科	右	尺骨		1	DT4	24	哺乳动物		游离齿	碎块	1
DT4	24	中型鹿科	左	桡骨	近端	2	DT4	24	哺乳动物		寰椎		1
DT4	24	中型鹿科		髋骨		1	DT4	24	哺乳动物		盆骨		2
DT4	24	中型鹿科	右	蹠骨		1	DT4	24	哺乳动物		股骨	远端	1
DT4	24	中型鹿科		蹠骨		1	DT4	24	哺乳动物	左	胫骨	近端	2
DT4	24	中型鹿科	左	跖骨	近端	1	DT4	24	哺乳动物		蹠骨		2
DT4	24	中型鹿科	右	跖骨	近端	1	DT4	24	哺乳动物		趾骨		1
DT4	24	中型鹿科		炮骨	远端	1	DT4	24	哺乳动物		趾骨	碎块	1
DT4	24	中型鹿科		第 1 节趾骨	近端	1	DT4	24	哺乳动物		肋骨		7
DT4	24	中型鹿科		第 1 节趾骨	远端	2	DT4	24	哺乳动物		脊椎	胸椎	2
DT4	24	中型鹿科		第 1 节趾骨		1	DT4	24	哺乳动物		脊椎		9
DT4	24	中型鹿科		第 2 节趾骨	近端	1	DT4	24	哺乳动物		肢骨	10 - 15	1
DT4	24	中型鹿科		第 2 节趾骨	远端	5	DT4	24	哺乳动物		肢骨	5 - 10	24
DT4	24	中型鹿科		第 3 节趾骨		5	DT4	24	哺乳动物		碎骨片		191
DT4	24	中型鹿科		趾骨		1	DT4	24	哺乳动物		门齿		1
DT4	24	小型鹿科 B	左	下颌骨	髁突	2	DT4	24	小型哺乳动物		头骨	碎块	1
DT4	24	小型鹿科 B	右	下颌骨	髁突	1	DT4	24	小型哺乳动物		桡骨	近端	1
DT4	24	小型鹿科 B	左	游离齿	下 M	1	DT4	24	小型哺乳动物		桡骨	远端	1
DT4	24	小型鹿科 B	左	游离齿	下 M3	1	DT4	24	小型哺乳动物		脊椎	碎块	6
DT4	24	小型鹿科 B		游离齿		1	DT4	24	小型哺乳动物		关节	碎块	3
DT4	24	小型鹿科 B	左	桡骨		2	DT4	23	鱼		脊椎		16
DT4	24	小型鹿科 B	右	桡骨	远端	1	DT4	23	鱼		不明骨骼		2
DT4	24	小型鹿科 B		腕骨		1	DT4	23	鸟		肱骨	近端	1
DT4	24	小型鹿科 B		掌骨	远端	3	DT4	23	鸟		肢骨	碎块	2
DT4	24	小型鹿科 B		掌骨	远端碎块	2	DT4	23	小型鹿科 B		第 2 节趾骨		1
DT4	24	小型鹿科 B	右	胫骨	远端	1	DT4	23	哺乳动物		肋骨		2
DT4	24	小型鹿科 B		跖骨		2	DT4	23	哺乳动物		脊椎		2
DT4	24	小型鹿科 B		跖骨	近端	1	DT4	23	哺乳动物		碎骨片		90
DT4	24	小型鹿科 B		跖骨	远端	1	DT4	23	不明动物		游离齿		1
DT4	24	小型鹿科 B		炮骨	远端	3	DT4	21	鲤科		咽齿		37

续表二

探方号	层位	种属	左/右	部位	保存状况	件数	探方号	层位	种属	左/右	部位	保存状况	件数
DT4	21	鱼		脊椎		84	DT4	21	中型鹿科	右	股骨	近端	1
DT4	21	鱼		齿骨		6	DT4	21	中型鹿科	右	胫骨	近端	1
DT4	21	鳖		板		2	DT4	21	中型鹿科	左	跟骨		1
DT4	21	草鹭		颈椎		1	DT4	21	中型鹿科		距骨	远端	1
DT4	21	鹭	左	肱骨	近端	1	DT4	21	中型鹿科		炮骨	远端关节	5
DT4	21	鹭	左	肱骨	远端	2	DT4	21	中型鹿科		炮骨		7
DT4	21	鹭	右	肱骨	远端	1	DT4	21	中型鹿科		第2节趾骨		2
DT4	21	鹭		腕掌骨	骨干	1	DT4	21	中型鹿科		第3节趾骨		2
DT4	21	雁	左	喙骨	近端	1	DT4	21	中型鹿科		趾骨	碎块	1
DT4	21	雁	右	喙骨	近端	2	DT4	21	小型鹿科A		第3节趾骨		1
DT4	21	雁	右	肩胛骨	近端	1	DT4	21	小型鹿科B	左	上颌骨		1
DT4	21	雁	左	肩胛骨	近端	1	DT4	21	小型鹿科B	左	下颌骨		1
DT4	21	雕	左	胫骨	远端	1	DT4	21	小型鹿科B	右	下颌骨		3
DT4	21	原鸡	左	喙骨	近端	2	DT4	21	小型鹿科B	右	下颌骨	齿隙	1
DT4	21	鸟	左	肱骨	近端	1	DT4	21	小型鹿科B	右	下颌骨	髁突	1
DT4	21	鸟		肢骨	骨干	3	DT4	21	小型鹿科B	左	游离齿		1
DT4	21	鸟		肢骨		16	DT4	21	小型鹿科B	左	肩胛骨		1
DT4	21	鼠		股骨	远端	1	DT4	21	小型鹿科B	右	肩胛骨		2
DT4	21	豪猪	右	下颌骨		1	DT4	21	小型鹿科B	左	肱骨	近端	1
DT4	21	猫科动物	左	肱骨	远端	1	DT4	21	小型鹿科B	左	肱骨	远端	1
DT4	21	大型食肉动物		第3节趾骨		2	DT4	21	小型鹿科B	右	肱骨	远端	1
DT4	21	小型食肉动物		游离齿		2	DT4	21	小型鹿科B	右	尺骨		1
DT4	21	猪		掌骨		1	DT4	21	小型鹿科B		尺骨	碎块	1
DT4	21	猪		髌骨		1	DT4	21	小型鹿科B	左	桡骨	近端	1
DT4	21	猪	左	距骨		1	DT4	21	小型鹿科B	左	桡骨	远端	2
DT4	21	漓江鹿		角		1	DT4	21	小型鹿科B	右	桡骨	近端	1
DT4	21	小鹿	左	角		1	DT4	21	小型鹿科B	右	掌骨	近端	2
DT4	21	大型鹿科	右	尺骨		1	DT4	21	小型鹿科B		掌骨	远端	1
DT4	21	大型鹿科	左	股骨	骨干	1	DT4	21	小型鹿科B	左	股骨	远端	1
DT4	21	大型鹿科		距骨	远端关节	2	DT4	21	小型鹿科B	右	股骨	近端	1
DT4	21	中型鹿科	右	下颌骨		2	DT4	21	小型鹿科B		股骨	股骨头	3
DT4	21	中型鹿科	左	游离齿		2	DT4	21	小型鹿科B		髌骨		2
DT4	21	中型鹿科	右	桡骨	近端		DT4	21	小型鹿科B	左	胫骨	远端	2
DT4	21	中型鹿科		腕骨		4	DT4	21	小型鹿科B	左	胫骨	远端关节	1
DT4	21	中型鹿科		掌骨	远端		DT4	21	小型鹿科B	右	胫骨	远端	1
DT4	21	中型鹿科	左	盆骨		1	DT4	21	小型鹿科B	左	跟骨		2
DT4	21	中型鹿科	左	股骨	近端	1	DT4	21	小型鹿科B	右	跟骨		2

续表二

探方号	层位	种属	左/右	部位	保存状况	件数	探方号	层位	种属	左/右	部位	保存状况	件数
DT4	21	小型鹿科 B	左	距骨		1	DT4	20	鱼		背鳍		3
DT4	21	小型鹿科 B	左	距骨	近端	2	DT4	20	鱼		齿骨		2
DT4	21	小型鹿科 B	右	距骨	近端	1	DT4	20	鱼		脊椎		27
DT4	21	小型鹿科 B		距骨	远端	3	DT4	20	鱼	左	鳃盖骨		1
DT4	21	小型鹿科 B		炮骨	远端	1	DT4	20	鳖		板		3
DT4	21	小型鹿科 B		第 1 节趾骨		5	DT4	20	鹭		腕掌骨	远端	1
DT4	21	小型鹿科 B		第 2 节趾骨		7	DT4	20	雁	右	喙骨	近端	1
DT4	21	小型鹿科 B		第 3 节趾骨		2	DT4	20	鸟		肱骨		1
DT4	21	牛	左	跗骨		1	DT4	20	鸟		肢骨		6
DT4	21	牛	右	跗骨		1	DT4	20	豪猪		游离齿	I	2
DT4	21	牛	左	距骨	近端	1	DT4	20	小型食肉动物		第 1 节趾骨		2
DT4	21	牛	右	距骨	近端	1	DT4	20	中型鹿科	左	游离齿	I	1
DT4	21	大型哺乳动物		肋骨		2	DT4	20	中型鹿科	右	桡骨	近端	1
DT4	21	大型哺乳动物		脊椎		1	DT4	20	中型鹿科		腕骨		3
DT4	21	大型哺乳动物		肢骨	碎块	1	DT4	20	中型鹿科	左	掌骨	近端	1
DT4	21	哺乳动物		头骨		1	DT4	20	中型鹿科		髌骨		1
DT4	21	哺乳动物	右	桡骨	远端	1	DT4	20	中型鹿科	左	跗骨		1
DT4	21	哺乳动物		腕骨		1	DT4	20	中型鹿科	右	距骨	近端	1
DT4	21	哺乳动物	左	盆骨		1	DT4	20	中型鹿科		炮骨	骨干	1
DT4	21	哺乳动物		胫骨	近端关节	1	DT4	20	中型鹿科		第 1 节趾骨		4
DT4	21	哺乳动物		趾骨		1	DT4	20	中型鹿科		第 2 节趾骨		3
DT4	21	哺乳动物		尾椎		1	DT4	20	中型鹿科		第 3 节趾骨		3
DT4	21	哺乳动物		肋骨		15	DT4	20	小型鹿科 A	右	股骨	远端	1
DT4	21	哺乳动物		脊椎		1	DT4	20	小型鹿科 B	左	下颌骨		3
DT4	21	哺乳动物		肢骨	>15	1	DT4	20	小型鹿科 B		下颌骨	下颌支	1
DT4	21	哺乳动物		肢骨	10–15	7	DT4	20	小型鹿科 B		枢椎		1
DT4	21	哺乳动物		肢骨	5–10	22	DT4	20	小型鹿科 B	左	肩胛骨		1
DT4	21	哺乳动物		肢骨	3–5	31	DT4	20	小型鹿科 B	右	肩胛骨		1
DT4	21	哺乳动物		肢骨	<3	37	DT4	20	小型鹿科 B	左	尺骨		1
DT4	21	哺乳动物		碎骨片		124	DT4	20	小型鹿科 B	左	胫骨	远端	1
DT4	21	小型哺乳动物		盆骨		3	DT4	20	小型鹿科 B	右	胫骨	远端	1
DT4	21	小型哺乳动物		脊椎		7	DT4	20	小型鹿科 B	左	跟骨		1
DT4	21	小型哺乳动物		肋骨		7	DT4	20	小型鹿科 B	右	跗骨		1
DT4	21	小型哺乳动物		碎骨片		19	DT4	20	小型鹿科 B	右	距骨	近端	1
DT4	20	鲤科		咽齿		16	DT4	20	小型鹿科 B		距骨	骨干	1
DT4	20	骨鳔目				1	DT4	20	小型鹿科 B	左	距骨	近端	1
DT4	20	鱼		第 1 刺棘骨		1	DT4	20	小型鹿科 B		炮骨	远端	2

续表二

探方号	层位	种属	左/右	部位	保存状况	件数	探方号	层位	种属	左/右	部位	保存状况	件数
DT4	20	小型鹿科B		第1节趾骨		1	DT4	19	猪		游离齿		1
DT4	20	小型鹿科B		第2节趾骨		1	DT4	19	大型鹿科	左	尺骨		1
DT4	20	小型鹿科B		第3节趾骨		1	DT4	19	中型鹿科		角	角+头骨	2
DT4	20	牛	左	游离齿	I	1	DT4	19	中型鹿科	左	上颌骨		1
DT4	20	牛		炮骨	远端	1	DT4	19	中型鹿科	右	上颌骨		3
DT4	20	哺乳动物		头骨		1	DT4	19	中型鹿科	右	下颌骨		1
DT4	20	哺乳动物		肋骨		10	DT4	19	中型鹿科		下颌骨		1
DT4	20	哺乳动物		脊椎		6	DT4	19	中型鹿科	左	游离齿		1
DT4	20	哺乳动物		肢骨	5-10	3	DT4	19	中型鹿科	右	游离齿		1
DT4	20	哺乳动物		碎骨片		104	DT4	19	中型鹿科		游离齿4		
DT4	20	不明动物		骨骼		1	DT4	19	中型鹿科	左	尺骨		2
DT4	19	鲤科		咽齿		26	DT4	19	中型鹿科	左	桡骨	近端	1
DT4	19	鱼		背鳍		2	DT4	19	中型鹿科	右	桡骨	远端	1
DT4	19	鱼		齿骨		14	DT4	19	中型鹿科		掌骨	骨干	1
DT4	19	鱼		脊椎		139	DT4	19	中型鹿科	左	盆骨	坐骨	1
DT4	19	鳖		板		14	DT4	19	中型鹿科		盆骨	坐骨	1
DT4	19	鳖		肢骨		2	DT4	19	中型鹿科	左	胫骨	近端	1
DT4	19	鸭	右	喙骨		1	DT4	19	中型鹿科	右	距骨		1
DT4	19	鸭	右	胫骨	远端	1	DT4	19	中型鹿科	右	跗骨		1
DT4	19	鸟		喙骨		1	DT4	19	中型鹿科	左	距骨	近端	1
DT4	19	鸟	左	肱骨	近端	1	DT4	19	中型鹿科		炮骨	远端	4
DT4	19	鸟	左	肱骨	远端	1	DT4	19	中型鹿科		炮骨	骨干	1
DT4	19	鸟	右	肱骨	近端	1	DT4	19	中型鹿科		第1节趾骨		13
DT4	19	鸟	右	肱骨	远端	1	DT4	19	中型鹿科		第1节趾骨	远端	2
DT4	19	鸟		肱骨	远端	1	DT4	19	中型鹿科		第2节趾骨		1
DT4	19	鸟		肱骨	骨干	1	DT4	19	中型鹿科		第2节趾骨	近端	1
DT4	19	鸟		掌骨		5	DT4	19	中型鹿科		第3节趾骨		4
DT4	19	鸟		附跖骨	远端	1	DT4	19	中型鹿科		趾骨		2
DT4	19	鸟		肢骨		18	DT4	19	中型鹿科		趾骨	远端	1
DT4	19	猴		游离齿		1	DT4	19	小型鹿科A	左	股骨	远端	1
DT4	19	食肉动物		游离齿		1	DT4	19	小型鹿科A	右	股骨	远端	1
DT4	19	食肉动物	右	肱骨	远端	1	DT4	19	小型鹿科B	左	下颌骨		2
DT4	19	小型食肉动物	右	尺骨		1	DT4	19	小型鹿科B	右	下颌骨		1
DT4	19	小型食肉动物		掌骨		1	DT4	19	小型鹿科B	左	游离齿		1
DT4	19	小型食肉动物		第1节趾骨		3	DT4	19	小型鹿科B	左	肩胛骨		4
DT4	19	小型食肉动物		第3节趾骨		1	DT4	19	小型鹿科B	右	肩胛骨		2
DT4	19	猪		下颌骨	联合部	1	DT4	19	小型鹿科B	左	肱骨	近端	1

续表二

探方号	层位	种属	左/右	部位	保存状况	件数	探方号	层位	种属	左/右	部位	保存状况	件数
DT4	19	小型鹿科 B	右	肱骨	近端	1	DT4	19	哺乳动物		趾骨	远端	1
DT4	19	小型鹿科 B	右	肱骨	远端	2	DT4	19	哺乳动物		肋骨		11
DT4	19	小型鹿科 B	左	桡骨	近端	1	DT4	19	哺乳动物		脊椎		19
DT4	19	小型鹿科 B	右	桡骨	远端	1	DT4	19	哺乳动物		肢骨	10－15	35
DT4	19	小型鹿科 B		腕骨		2	DT4	19	哺乳动物		碎骨片		225
DT4	19	小型鹿科 B	左	股骨	股骨头	1	DT4	19	小型哺乳动物		桡骨	近端	1
DT4	19	小型鹿科 B	左	股骨	远端	1	DT4	19	小型哺乳动物		尾椎		1
DT4	19	小型鹿科 B		髌骨		2	DT4	19	小型哺乳动物		肋骨		4
DT4	19	小型鹿科 B	左	胫骨	远端	2	DT4	18	鲤科		咽齿		14
DT4	19	小型鹿科 B	左	跟骨		1	DT4	18	鱼		背鳍		1
DT4	19	小型鹿科 B	右	跟骨		1	DT4	18	鱼		齿骨		3
DT4	19	小型鹿科 B	左	距骨		1	DT4	18	鱼		脊椎		13
DT4	19	小型鹿科 B	右	距骨		1	DT4	18	鱼		咽齿		1
DT4	19	小型鹿科 B	右	蹠骨		1	DT4	18	鳖		板		21
DT4	19	小型鹿科 B	右	距骨	近端	1	DT4	18	鳖		肢骨		1
DT4	19	小型鹿科 B		距骨	骨干	2	DT4	18	鸟		喙骨		1
DT4	19	小型鹿科 B		炮骨	远端	2	DT4	18	鸟	左	肱骨	近端	2
DT4	19	小型鹿科 B		第 1 节趾骨		1	DT4	18	鸟	左	肱骨	远端	1
DT4	19	小型鹿科 B		第 1 节趾骨	远端	1	DT4	18	鸟	右	肱骨	近端	1
DT4	19	小型鹿科 B		第 2 节趾骨		5	DT4	18	鸟	右	肱骨	远端	1
DT4	19	小型鹿科 B		第 2 节趾骨	远端	2	DT4	18	鸟		掌骨		4
DT4	19	小型鹿科 B		第 3 节趾骨		4	DT4	18	鸟		肢骨	碎块	5
DT4	19	牛	右	游离齿		1	DT4	18	小型食肉动物		掌骨		1
DT4	19	牛	右	掌骨	近端	1	DT4	18	猪		掌骨	远端	1
DT4	19	大型哺乳动物		肋骨		2	DT4	18	大型鹿科		第 2 节趾骨		1
DT4	19	哺乳动物	左	下颌骨	碎块	1	DT4	18	中型鹿科		角		1
DT4	19	哺乳动物		游离齿		2	DT4	18	中型鹿科	左	上颌骨		2
DT4	19	哺乳动物		肱骨	近端关节	1	DT4	18	中型鹿科	右	上颌骨		2
DT4	19	哺乳动物		腕骨		3	DT4	18	中型鹿科	左	下颌骨		1
DT4	19	哺乳动物	左	盆骨		1	DT4	18	中型鹿科	左	游离齿		5
DT4	19	哺乳动物	右	盆骨	髂骨	1	DT4	18	中型鹿科	右	游离齿		3
DT4	19	哺乳动物	右	盆骨	髂骨	2	DT4	18	中型鹿科		寰椎		1
DT4	19	哺乳动物		盆骨		1	DT4	18	中型鹿科		腕骨		3
DT4	19	哺乳动物		髌骨		1	DT4	18	中型鹿科	左	掌骨	近端	1
DT4	19	哺乳动物		跟骨	关节	1	DT4	18	中型鹿科		掌骨	骨干	2
DT4	19	哺乳动物		距骨		1	DT4	18	中型鹿科	左	胫骨	近端	1
DT4	19	哺乳动物		趾骨	碎块	1	DT4	18	中型鹿科	左	距骨		1

续表二

探方号	层位	种属	左/右	部位	保存状况	件数	探方号	层位	种属	左/右	部位	保存状况	件数
DT4	18	中型鹿科	右	距骨		1	DT4	18	小型鹿科B		第2节趾骨		1
DT4	18	中型鹿科	左	跗骨		1	DT4	18	小型鹿科B		第2节趾骨	近端	2
DT4	18	中型鹿科	右	距骨	近端	1	DT4	18	小型鹿科B		第3节趾骨		2
DT4	18	中型鹿科		距骨	骨干	3	DT4	18	哺乳动物		头骨		1
DT4	18	中型鹿科		距骨	碎块	4	DT4	18	哺乳动物		肩胛骨		1
DT4	18	中型鹿科		第1节趾骨		1	DT4	18	哺乳动物		肱骨	近端	2
DT4	18	中型鹿科		第1节趾骨	近端	1	DT4	18	哺乳动物		尺骨	近端	1
DT4	18	中型鹿科		第2节趾骨	近端	1	DT4	18	哺乳动物	右	桡骨	远端	2
DT4	18	中型鹿科		第3节趾骨		3	DT4	18	哺乳动物		腕骨		1
DT4	18	中型鹿科		趾骨	远端	1	DT4	18	哺乳动物	左	盆骨	坐骨	1
DT4	18	小型鹿科A	右	股骨	近端	1	DT4	18	哺乳动物	右	盆骨	坐骨	1
DT4	18	小型鹿科A		第3节趾骨		2	DT4	18	哺乳动物	右	盆骨	髂骨	1
DT4	18	小型鹿科B	右	上颌骨		1	DT4	18	哺乳动物		髌骨		2
DT4	18	小型鹿科B	左	下颌骨	下颌支	1	DT4	18	哺乳动物		第1节趾骨		2
DT4	18	小型鹿科B	左	下颌骨		1	DT4	18	哺乳动物		尾椎		1
DT4	18	小型鹿科B	右	下颌骨		1	DT4	18	哺乳动物		肋骨		12
DT4	18	小型鹿科B	左	肱骨	近端	3	DT4	18	哺乳动物		脊椎		23
DT4	18	小型鹿科B	左	肱骨	远端	1	DT4	18	哺乳动物		肢骨	5－10	23
DT4	18	小型鹿科B	左	尺骨		2	DT4	18	哺乳动物		肢骨	＜5	15
DT4	18	小型鹿科B	左	桡骨	远端	1	DT4	18	哺乳动物		碎骨片		70
DT4	18	小型鹿科B	左	桡骨		1	DT4	17	鲤科		咽齿		7
DT4	18	小型鹿科B	右	桡骨	近端	1	DT4	17	鱼		脊椎		55
DT4	18	小型鹿科B	左	掌骨	近端	1	DT4	17	鱼		咽齿		7
DT4	18	小型鹿科B	右	盆骨		1	DT4	17	鱼		齿骨		2
DT4	18	小型鹿科B	右	股骨	近端	1	DT4	17	鱼		背鳍		1
DT4	18	小型鹿科B		股骨	股骨头	1	DT4	17	雁	左	肱骨	近端	1
DT4	18	小型鹿科B	左	胫骨	远端	3	DT4	17	鸟	右	肱骨	近端	1
DT4	18	小型鹿科B	右	胫骨	远端	1	DT4	17	鸟	右	肱骨	远端	1
DT4	18	小型鹿科B	左	跟骨		1	DT4	17	鸟		股骨	远端	1
DT4	18	小型鹿科B	右	跟骨		3	DT4	17	鸟		脊椎		3
DT4	18	小型鹿科B	左	距骨		1	DT4	17	鸟		肢骨		7
DT4	18	小型鹿科B	左	距骨	近端	1	DT4	17	绒鼠	右	下颌骨		1
DT4	18	小型鹿科B	右	距骨	近端	1	DT4	17	小型啮齿动物		第2节趾骨		1
DT4	18	小型鹿科B	右	距骨	远端	1	DT4	17	小型啮齿动物		肢骨		8
DT4	18	小型鹿科B		距骨	远端	1	DT4	17	食肉动物	左	肱骨	近端	1
DT4	18	小型鹿科B		第1节趾骨		4	DT4	17	食肉动物	右	尺骨		1
DT4	18	小型鹿科B		第1节趾骨	近端	1	DT4	17	食肉动物	左	跟骨		1

续表二

探方号	层位	种属	左/右	部位	保存状况	件数	探方号	层位	种属	左/右	部位	保存状况	件数
DT4	17	食肉动物		距骨		1	DT4	17	小型鹿科 B	右	游离齿	下 M3	1
DT4	17	食肉动物		第 1 节趾骨		1	DT4	17	小型鹿科 B		枢椎		1
DT4	17	食肉动物		第 2 节趾骨		1	DT4	17	小型鹿科 B	左	肩胛骨		1
DT4	17	食肉动物		第 3 节趾骨		1	DT4	17	小型鹿科 B	右	肩胛骨		3
DT4	17	小型食肉动物		游离齿	M1	1	DT4	17	小型鹿科 B		肱骨	近端	1
DT4	17	小型食肉动物	左	肩胛骨		1	DT4	17	小型鹿科 B	左	尺骨		2
DT4	17	小型食肉动物	右	跟骨		1	DT4	17	小型鹿科 B	右	尺骨		2
DT4	17	猪	左	游离齿		1	DT4	17	小型鹿科 B	左	桡骨	远端	1
DT4	17	中型鹿科	左	下颌骨	齿隙	1	DT4	17	小型鹿科 B	左	桡骨	远端关节	1
DT4	17	中型鹿科	右	下颌骨		1	DT4	17	小型鹿科 B	右	桡骨	近端	1
DT4	17	中型鹿科	左	游离齿		1	DT4	17	小型鹿科 B		掌骨	碎块	2
DT4	17	中型鹿科	右	游离齿		3	DT4	17	小型鹿科 B	右	盆骨		2
DT4	17	中型鹿科		游离齿		1	DT4	17	小型鹿科 B		骶骨		1
DT4	17	中型鹿科		游离齿	上 M	1	DT4	17	小型鹿科 B	左	距骨		2
DT4	17	中型鹿科		枢椎		1	DT4	17	小型鹿科 B		跗骨		1
DT4	17	中型鹿科	右	肱骨	远端	1	DT4	17	小型鹿科 B	右	距骨	近端	2
DT4	17	中型鹿科	左	桡骨	远端	1	DT4	17	小型鹿科 B		炮骨	远端	3
DT4	17	中型鹿科		股骨	远端	1	DT4	17	小型鹿科 B		第 1 节趾骨		1
DT4	17	中型鹿科		髌骨		2	DT4	17	小型鹿科 B		第 2 节趾骨		4
DT4	17	中型鹿科	右	胫骨	近端	1	DT4	17	小型鹿科 B		第 3 节趾骨		3
DT4	17	中型鹿科	右	胫骨	远端	1	DT4	17	哺乳动物		头骨	听骨	1
DT4	17	中型鹿科	右	跟骨		1	DT4	17	哺乳动物		游离齿	C	1
DT4	17	中型鹿科		炮骨	远端	2	DT4	17	哺乳动物		肩胛骨	碎块	1
DT4	17	中型鹿科		第 1 节趾骨		2	DT4	17	哺乳动物		腕骨		6
DT4	17	中型鹿科		第 1 节趾骨	近端	1	DT4	17	哺乳动物		跟骨	关节	1
DT4	17	中型鹿科		第 2 节趾骨		8	DT4	17	哺乳动物		肋骨		5
DT4	17	中型鹿科		第 2 节趾骨	近端	1	DT4	17	哺乳动物		脊椎		42
DT4	17	中型鹿科		第 3 节趾骨		3	DT4	17	哺乳动物		肢骨	5 - 10	10
DT4	17	中型鹿科		趾骨	碎块	4	DT4	17	哺乳动物		碎骨片		167
DT4	17	中型鹿科		脊椎		1	DT4	17	哺乳动物		不明骨骼		1
DT4	17	小型鹿科 A	左	肱骨	近端	1	DT4	16 下	鲤科		咽齿		2
DT4	17	小型鹿科 B	左	下颌骨		2	DT4	16 下	鱼		齿骨		1
DT4	17	小型鹿科 B	右	下颌骨		5	DT4	16 下	雁	右	喙骨	完整	1
DT4	17	小型鹿科 B	右	下颌骨	齿隙	2	DT4	16 下	食肉动物	右	尺骨		1
DT4	17	小型鹿科 B	左	游离齿	下 M	2	DT4	16 下	食肉动物		第 1 节趾骨		1
DT4	17	小型鹿科 B	右	游离齿	I	1	DT4	16 下	小型食肉动物	左	下颌骨		1
DT4	17	小型鹿科 B	右	游离齿	上 M	1	DT4	16 下	中型鹿科	左	上颌骨		1

续表二

探方号	层位	种属	左/右	部位	保存状况	件数	探方号	层位	种属	左/右	部位	保存状况	件数
DT4	16下	中型鹿科	右	上颌骨		1	DT4	16	小型食肉动物		第1节趾骨		1
DT4	16下	中型鹿科	左	游离齿		1	DT4	16	中型鹿科		角	碎块	2
DT4	16下	中型鹿科		枢椎		1	DT4	16	中型鹿科	右	下颌骨		1
DT4	16下	中型鹿科	左	桡骨	近端	1	DT4	16	中型鹿科		游离齿		3
DT4	16下	中型鹿科		掌骨		2	DT4	16	中型鹿科		枢椎		1
DT4	16下	中型鹿科	左	距骨		1	DT4	16	中型鹿科		掌骨	远端	1
DT4	16下	中型鹿科		第1节趾骨		1	DT4	16	中型鹿科		掌骨	碎块	1
DT4	16下	中型鹿科		趾骨		2	DT4	16	中型鹿科	左	胫骨	近端	1
DT4	16下	小型鹿科B	右	下颌骨		1	DT4	16	中型鹿科	右	跟骨		1
DT4	16下	小型鹿科B		枢椎		2	DT4	16	中型鹿科	右	跗骨		1
DT4	16下	小型鹿科B	右	桡骨	远端	1	DT4	16	中型鹿科		距骨	远端关节	1
DT4	16下	小型鹿科B	右	盆骨	髂骨	1	DT4	16	中型鹿科		炮骨	远端	1
DT4	16下	小型鹿科B	左	股骨	近端	1	DT4	16	中型鹿科		第1节趾骨		3
DT4	16下	小型鹿科B	右	股骨	近端	1	DT4	16	中型鹿科		第2节趾骨		1
DT4	16下	小型鹿科B	左	胫骨	近端	1	DT4	16	中型鹿科		第3节趾骨		3
DT4	16下	小型鹿科B	左	胫骨	远端	1	DT4	16	小型鹿科B	右	下颌骨	齿隙	1
DT4	16下	哺乳动物	左	盆骨	坐骨	1	DT4	16	小型鹿科B	右	下颌骨		1
DT4	16下	哺乳动物	右	盆骨	髂骨	1	DT4	16	小型鹿科B	右	游离齿		1
DT4	16下	哺乳动物		肋骨		3	DT4	16	小型鹿科B	左	尺骨		1
DT4	16下	哺乳动物		脊椎		8	DT4	16	小型鹿科B	左	桡骨	近端	2
DT4	16下	哺乳动物		肢骨	5-10	5	DT4	16	小型鹿科B	左	桡骨	远端	1
DT4	16下	哺乳动物		碎骨片		36	DT4	16	小型鹿科B	左	盆骨		1
DT4	16	螃蟹		钳		1	DT4	16	小型鹿科B		盆骨	碎块	1
DT4	16	鲤科		咽齿		2	DT4	16	小型鹿科B	左	胫骨	近端	1
DT4	16	鱼		脊椎		13	DT4	16	小型鹿科B	左	胫骨	远端	1
DT4	16	鱼		背鳍		1	DT4	16	小型鹿科B	左	跟骨		1
DT4	16	鱼		齿骨		1	DT4	16	小型鹿科B	右	跟骨		1
DT4	16	鳖		肢骨		1	DT4	16	小型鹿科B		第1节趾骨		1
DT4	16	鳖		板		3	DT4	16	小型鹿科B		第3节趾骨		3
DT4	16	鹭		腕掌骨	完整	1	DT4	16	哺乳动物		肋骨		5
DT4	16	雁	左	喙骨	近端	1	DT4	16	哺乳动物		脊椎		19
DT4	16	雁	左	肱骨	远端	1	DT4	16	哺乳动物		肢骨	碎块	7
DT4	16	鸭		颈椎		1	DT4	16	哺乳动物		肢骨	5-10	6
DT4	16	马鸡?		附跖骨	远端	1	DT4	16	哺乳动物		碎骨片		75
DT4	16	雉		附跖骨	远端	1	DT4	16	小型哺乳动物		尾椎		1
DT4	16	雀形类		桡骨	近端	1	DT4	15	鲤科		咽齿		27
DT4	16	啮齿动物		门齿		1	DT4	15	鱼		背鳍		9

续表二

探方号	层位	种属	左/右	部位	保存状况	件数	探方号	层位	种属	左/右	部位	保存状况	件数
DT4	15	鱼		齿骨		1	DT4	15	大型鹿科	左	尺骨		1
DT4	15	鱼		鳃盖骨		1	DT4	15	大型鹿科	左	股骨	远端关节	1
DT4	15	鱼	右	鳃盖骨		4	DT4	15	大型鹿科		股骨	远端	1
DT4	15	鱼		齿骨		7	DT4	15	中型鹿科		角	碎块	1
DT4	15	鱼		脊椎		124	DT4	15	中型鹿科	右	上颌骨		1
DT4	15	鳖		板		31	DT4	15	中型鹿科	右	下颌骨		1
DT4	15	草鹭	左	肱骨	近端	1	DT4	15	中型鹿科	左	游离齿		1
DT4	15	草鹭	右	肱骨	近端	1	DT4	15	中型鹿科	左	游离齿	上 M	1
DT4	15	鹭	左	肱骨	远端	1	DT4	15	中型鹿科	左	游离齿	下 M	1
DT4	15	鹭		腕掌骨	基本完整	1	DT4	15	中型鹿科	左	游离齿	上 P	5
DT4	15	雁	左	喙骨	完整	1	DT4	15	中型鹿科	右	游离齿	下 P	1
DT4	15	雁	右	喙骨	近端	1	DT4	15	中型鹿科	右	游离齿	上 M	6
DT4	15	雁	左	肱骨	近端	1	DT4	15	中型鹿科	右	游离齿	上 P	3
DT4	15	原鸡	左	喙骨	近端	1	DT4	15	中型鹿科	右	游离齿	下 P	1
DT4	15	鹤	右	肱骨	远端	1	DT4	15	中型鹿科	左	肩胛骨		1
DT4	15	大型鸟类	右	肱骨	远端	1	DT4	15	中型鹿科	右	肩胛骨		2
DT4	15	鸟	右	喙骨		2	DT4	15	中型鹿科	右	肱骨	远端	1
DT4	15	鸟		肱骨	近端	1	DT4	15	中型鹿科	左	桡骨	近端	2
DT4	15	鸟		股骨	远端	1	DT4	15	中型鹿科	左	掌骨	近端	2
DT4	15	鸟		脊椎		8	DT4	15	中型鹿科		掌骨	远端	1
DT4	15	鸟		腕掌骨		2	DT4	15	中型鹿科		掌骨	骨干	7
DT4	15	鸟		附跖骨		1	DT4	15	中型鹿科		髌骨		1
DT4	15	鸟		肢骨		19	DT4	15	中型鹿科	左	胫骨	远端关节	1
DT4	15	鸟		不明		1	DT4	15	中型鹿科	右	胫骨	远端	1
DT4	15	鼠		肱骨	远端	1	DT4	15	中型鹿科		第 1 节趾骨		17
DT4	15	狗獾	左	下颌骨		1	DT4	15	中型鹿科		第 2 节趾骨		5
DT4	15	獾	左	下颌骨		1	DT4	15	中型鹿科		第 3 节趾骨		6
DT4	15	小型食肉动物	右	肱骨	远端	1	DT4	15	小型鹿科 A	左	掌骨	近端	1
DT4	15	小型食肉动物		掌骨		3	DT4	15	小型鹿科 A	右	股骨	近端	1
DT4	15	小型食肉动物	右	跟骨		1	DT4	15	小型鹿科 A	左	胫骨	远端	1
DT4	15	小型食肉动物	左	距骨		1	DT4	15	小型鹿科 A		跗骨		1
DT4	15	小型食肉动物		第 1 节趾骨		1	DT4	15	小型鹿科 A		第 3 节趾骨		1
DT4	15	小型食肉动物		第 2 节趾骨		1	DT4	15	小型鹿科 B		角		3
DT4	15	猪		游离齿	M	1	DT4	15	小型鹿科 B	左	下颌骨		1
DT4	15	猪		游离齿	P	1	DT4	15	小型鹿科 B	右	下颌骨	髁突	1
DT4	15	猪		髌骨		1	DT4	15	小型鹿科 B		枢椎		1
DT4	15	猪		第 1 节趾骨		1							

续表二

探方号	层位	种属	左/右	部位	保存状况	件数	探方号	层位	种属	左/右	部位	保存状况	件数
DT4	15	小型鹿科B	左	尺骨		1	DT4	14	貉	左	上颌骨		1
DT4	15	小型鹿科B	右	桡骨	远端	1	DT4	14	貉	右	下颌骨		1
DT4	15	小型鹿科B	左	掌骨	近端	1	DT4	14	小型食肉动物	右	股骨		1
DT4	15	小型鹿科B	右	盆骨	髂骨	1	DT4	14	猪		游离齿		1
DT4	15	小型鹿科B	右	盆骨	坐骨	1	DT4	14	猪	右	跟骨		1
DT4	15	小型鹿科B	左	胫骨	远端	1	DT4	14	大型鹿科		第3节趾骨		1
DT4	15	小型鹿科B	右	胫骨	远端	1	DT4	14	中型鹿科	左	游离齿		1
DT4	15	小型鹿科B	右	跟骨		1	DT4	14	中型鹿科	右	游离齿		2
DT4	15	小型鹿科B	右	距骨		1	DT4	14	中型鹿科		腕骨		3
DT4	15	小型鹿科B	左	跗骨		1	DT4	14	中型鹿科		掌骨	骨干	1
DT4	15	小型鹿科B	右	距骨	近端	1	DT4	14	中型鹿科	左	盆骨	耻骨	1
DT4	15	小型鹿科B		距骨	骨干	3	DT4	14	中型鹿科	右	胫骨	近端	1
DT4	15	小型鹿科B		炮骨	远端	4	DT4	14	中型鹿科	右	距骨	近端	1
DT4	15	小型鹿科B		第1节趾骨		2	DT4	14	中型鹿科		距骨	骨干	3
DT4	15	小型鹿科B		第2节趾骨		5	DT4	14	中型鹿科		炮骨	远端关节	2
DT4	15	小型鹿科B		第3节趾骨		3	DT4	14	中型鹿科		第1节趾骨		3
DT4	15	牛		第1节趾骨		1	DT4	14	中型鹿科		第2节趾骨		3
DT4	15	哺乳动物		头骨		2	DT4	14	中型鹿科		第3节趾骨		2
DT4	15	哺乳动物		下颌骨	下颌角	1	DT4	14	小型鹿科A	左	股骨	远端	1
DT4	15	哺乳动物		肩胛骨		3	DT4	14	小型鹿科A	右	跟骨		1
DT4	15	哺乳动物		腕骨		6	DT4	14	小型鹿科A		第3节趾骨		2
DT4	15	哺乳动物		髌骨		1	DT4	14	小型鹿科B		角		2
DT4	15	哺乳动物	右	胫骨	骨干	2	DT4	14	小型鹿科B	左	前颌骨		1
DT4	15	哺乳动物		肋骨		21	DT4	14	小型鹿科B	右	前颌骨		1
DT4	15	哺乳动物		脊椎		31	DT4	14	小型鹿科B	右	下颌骨	齿隙	1
DT4	15	哺乳动物		肢骨	5－10	28	DT4	14	小型鹿科B	右	下颌骨		2
DT4	15	哺乳动物		碎骨片		275	DT4	14	小型鹿科B	左	肩胛骨		1
DT4	15	哺乳动物		关节		11	DT4	14	小型鹿科B	右	肩胛骨		1
DT4	15	小型哺乳动物	右	下颌骨	齿隙	1	DT4	14	小型鹿科B	右	肱骨	近端	1
DT4	15	小型哺乳动物	右	胫骨	骨干	1	DT4	14	小型鹿科B	右	尺骨		1
DT4	14	鲤科		咽齿		2	DT4	14	小型鹿科B	右	桡骨	近端	1
DT4	14	鱼		脊椎		7	DT4	14	小型鹿科B	右	桡骨	远端关节	1
DT4	14	鳖		板		6	DT4	14	小型鹿科B	右	盆骨	坐骨	1
DT4	14	鳖		肢骨		1	DT4	14	小型鹿科B		髌骨		1
DT4	14	鹭		颈椎		1	DT4	14	小型鹿科B	右	跗骨		1
DT4	14	天鹅	左	肱骨	近端	1	DT4	14	小型鹿科B		距骨	远端	1
DT4	14	石鸡	左	肱骨	远端	1	DT4	14	小型鹿科B		第1节趾骨		1

续表二

探方号	层位	种属	左/右	部位	保存状况	件数	探方号	层位	种属	左/右	部位	保存状况	件数
DT4	14	小型鹿科 B		第 2 节趾骨		1	DT4	13	小型食肉动物		趾骨		1
DT4	14	小型鹿科 B		第 3 节趾骨		1	DT4	13	小型食肉动物		尾椎		2
DT4	14	哺乳动物		肩胛骨		3	DT4	13	猪		下颌骨		1
DT4	14	哺乳动物		肱骨		1	DT4	13	猪		游离齿		1
DT4	14	哺乳动物		肋骨		8	DT4	13	猪	右	尺骨		1
DT4	14	哺乳动物		尾椎		1	DT4	13	猪	左	桡骨	近端	2
DT4	14	哺乳动物		脊椎		7	DT4	13	猪	右	桡骨	远端关节	1
DT4	14	哺乳动物		肢骨	5－10	1	DT4	13	猪		掌骨		1
DT4	14	哺乳动物		碎骨片		121	DT4	13	猪		髌骨		2
DT4	13	鲤科		咽齿		26	DT4	13	猪	左	跟骨		1
DT4	13	鱼		脊椎		67	DT4	13	猪	左	距骨		2
DT4	13	鱼		齿骨		4	DT4	13	中型鹿科		角		1
DT4	13	鳖		板		22	DT4	13	中型鹿科	右	游离齿		1
DT4	13	鳖		肢骨		1	DT4	13	中型鹿科		游离齿		2
DT4	13	鹭	左	肱骨	远端	1	DT4	13	中型鹿科	左	肱骨	远端	2
DT4	13	鹭	右	肱骨	完整	1	DT4	13	中型鹿科	右	尺骨		1
DT4	13	鹭	右	肱骨	近端	1	DT4	13	中型鹿科	右	桡骨	近端	3
DT4	13	鹭	右	肱骨	骨干	1	DT4	13	中型鹿科		腕骨		3
DT4	13	鹭		腕掌骨	骨干	1	DT4	13	中型鹿科	左	掌骨	近端	2
DT4	13	雁	左	喙骨	完整	1	DT4	13	中型鹿科		掌骨	骨干	1
DT4	13	雁	右	喙骨	完整	1	DT4	13	中型鹿科		股骨	近端	1
DT4	13	雁	左	肩胛骨	近端	2	DT4	13	中型鹿科	左	胫骨	远端	2
DT4	13	雁	右	肩胛骨	近端	1	DT4	13	中型鹿科	右	胫骨	远端	1
DT4	13	雁	左	肱骨	远端	2	DT4	13	中型鹿科	左	距骨		1
DT4	13	雁	右	肱骨	远端	1	DT4	13	中型鹿科	左	跗骨		1
DT4	13	雉		腕掌骨	骨干	1	DT4	13	中型鹿科	右	跗骨		1
DT4	13	雉类		趾骨		1	DT4	13	中型鹿科	左	距骨	近端	1
DT4	13	伯劳	左	肱骨	近端	1	DT4	13	中型鹿科	右	距骨	近端	1
DT4	13	沙鸡		附跖骨	远端	1	DT4	13	中型鹿科		炮骨	远端	2
DT4	13	鸟	左	喙骨		1	DT4	13	中型鹿科		炮骨	近端	1
DT4	13	鸟	右	喙骨		1	DT4	13	中型鹿科		第 1 节趾骨		7
DT4	13	鸟		第 3 节趾骨		1	DT4	13	中型鹿科		第 2 节趾骨		8
DT4	13	绒鼠	右	下颌骨		1	DT4	13	中型鹿科		第 3 节趾骨		4
DT4	13	小型食肉动物		掌骨		3	DT4	13	小型鹿科 A	左	股骨	远端	1
DT4	13	小型食肉动物	左	距骨		1	DT4	13	小型鹿科 A		第 3 节趾骨		1
DT4	13	小型食肉动物		第 1 节趾骨		4	DT4	13	小型鹿科 B	右	角	角柄－角尖	1
DT4	13	小型食肉动物		第 3 节趾骨		1	DT4	13	小型鹿科 B		角		4

续表二

探方号	层位	种属	左/右	部位	保存状况	件数	探方号	层位	种属	左/右	部位	保存状况	件数
DT4	13	小型鹿科B	左	前颌骨		1	DT4	13	小型鹿科B		第2节趾骨		5
DT4	13	小型鹿科B	左	下颌骨		7	DT4	13	小型鹿科B		第3节趾骨		5
DT4	13	小型鹿科B	右	下颌骨	下颌支	1	DT4	13	哺乳动物		头骨	听骨	2
DT4	13	小型鹿科B	右	下颌骨		2	DT4	13	哺乳动物		头骨		8
DT4	13	小型鹿科B	左	游离齿		7	DT4	13	哺乳动物		腕骨		3
DT4	13	小型鹿科B	右	游离齿		3	DT4	13	哺乳动物		盆骨	坐骨	1
DT4	13	小型鹿科B		游离齿		5	DT4	13	哺乳动物		股骨	远端	2
DT4	13	小型鹿科B		寰椎		1	DT4	13	哺乳动物	左	胫骨	近端	2
DT4	13	小型鹿科B		枢椎		6	DT4	13	哺乳动物	右	胫骨	近端	1
DT4	13	小型鹿科B	左	肩胛骨		3	DT4	13	哺乳动物		胫骨	近端	1
DT4	13	小型鹿科B	左	肱骨	远端	2	DT4	13	哺乳动物		胫骨	远端	1
DT4	13	小型鹿科B	右	肱骨	近端	1	DT4	13	哺乳动物		跟骨	关节	2
DT4	13	小型鹿科B	右	肱骨	远端	4	DT4	13	哺乳动物		肋骨		31
DT4	13	小型鹿科B	左	尺骨		2	DT4	13	哺乳动物		脊椎		70
DT4	13	小型鹿科B	右	尺骨		2	DT4	13	哺乳动物		肢骨	5－10	1
DT4	13	小型鹿科B	左	桡骨	近端	3	DT4	13	哺乳动物		碎骨片		380
DT4	13	小型鹿科B	左	桡骨	远端	3	DT4	12	鲤科		咽齿		5
DT4	13	小型鹿科B	右	桡骨	远端	2	DT4	12	鱼		脊椎		20
DT4	13	小型鹿科B	左	掌骨	近端	1	DT4	12	鱼		鳃盖骨		1
DT4	13	小型鹿科B		掌骨	远端	1	DT4	12	鱼		背鳍		1
DT4	13	小型鹿科B	右	盆骨	髂骨	3	DT4	12	鱼		不明骨骼		4
DT4	13	小型鹿科B	右	盆骨	坐骨	2	DT4	12	鳖		板		1
DT4	13	小型鹿科B	右	盆骨	耻骨	1	DT4	12	雁	左	喙骨	近端	2
DT4	13	小型鹿科B	左	股骨	近端	1	DT4	12	雁	右	喙骨	近端	1
DT4	13	小型鹿科B	右	股骨	近端	1	DT4	12	雁	左	肩胛骨	近端	1
DT4	13	小型鹿科B		髌骨		7	DT4	12	雁	右	肩胛骨	近端	2
DT4	13	小型鹿科B	左	胫骨	远端	1	DT4	12	雁	左	肱骨	远端	1
DT4	13	小型鹿科B	右	胫骨	远端	1	DT4	12	雁	右	肱骨	远端	1
DT4	13	小型鹿科B	左	跟骨		1	DT4	12	原鸡	左	肱骨	远端	1
DT4	13	小型鹿科B	右	跟骨		3	DT4	12	鸟	左	肩胛骨		1
DT4	13	小型鹿科B	左	距骨		3	DT4	12	鸟	右	肱骨	远端	1
DT4	13	小型鹿科B	右	距骨		1	DT4	12	鸟	左	腕掌骨		1
DT4	13	小型鹿科B	左	跗骨		1	DT4	12	鸟	右	腕掌骨		1
DT4	13	小型鹿科B	右	跖骨	近端	1	DT4	12	鸟		股骨	近端	1
DT4	13	小型鹿科B		跖骨	远端	1	DT4	12	鸟		肢骨		3
DT4	13	小型鹿科B		炮骨	远端	4	DT4	12	小型啮齿动物		门齿		1
DT4	13	小型鹿科B		第1节趾骨		9	DT4	12	鼬科动物	右	下颌骨		1

续表二

探方号	层位	种属	左/右	部位	保存状况	件数	探方号	层位	种属	左/右	部位	保存状况	件数
DT4	12	小型食肉动物		掌骨		1	DT4	12	小型鹿科B	左	游离齿		4
DT4	12	小型食肉动物	右	股骨	完整	1	DT4	12	小型鹿科B	右	游离齿		1
DT4	12	猪		枢椎		1	DT4	12	小型鹿科B		寰椎		1
DT4	12	猪	右	下颌骨		1	DT4	12	小型鹿科B	左	肩胛骨		7
DT4	12	猪	右	游离齿		1	DT4	12	小型鹿科B	右	肩胛骨		2
DT4	12	猪		游离齿	C	1	DT4	12	小型鹿科B	左	肱骨	近端	1
DT4	12	猪	左	桡骨	近端关节	1	DT4	12	小型鹿科B	右	肱骨	近端	1
DT4	12	中型鹿科	左	下颌骨		1	DT4	12	小型鹿科B		肱骨	近端	1
DT4	12	中型鹿科		游离齿	碎块	5	DT4	12	小型鹿科B	左	桡骨	近端	1
DT4	12	中型鹿科		游离齿		1	DT4	12	小型鹿科B	左	桡骨	远端	1
DT4	12	中型鹿科		寰椎		1	DT4	12	小型鹿科B	右	桡骨	近端	1
DT4	12	中型鹿科	右	肩胛骨		1	DT4	12	小型鹿科B	右	桡骨	远端	1
DT4	12	中型鹿科	左	尺骨		1	DT4	12	小型鹿科B		桡骨	骨干	1
DT4	12	中型鹿科	右	桡骨	远端	1	DT4	12	小型鹿科B		腕骨		1
DT4	12	中型鹿科		腕骨		1	DT4	12	小型鹿科B	左	盆骨	髂骨	1
DT4	12	中型鹿科	右	掌骨	近端	1	DT4	12	小型鹿科B	右	盆骨	髂骨	1
DT4	12	中型鹿科		掌骨	骨干	1	DT4	12	小型鹿科B	左	盆骨	坐骨	1
DT4	12	中型鹿科	右	胫骨	远端	1	DT4	12	小型鹿科B	右	股骨	远端关节	1
DT4	12	中型鹿科	左	跟骨		1	DT4	12	小型鹿科B		股骨	股骨头	1
DT4	12	中型鹿科	右	距骨		3	DT4	12	小型鹿科B		髌骨		1
DT4	12	中型鹿科	左	跗骨		1	DT4	12	小型鹿科B	左	胫骨	近端关节	1
DT4	12	中型鹿科	右	跖骨	近端	1	DT4	12	小型鹿科B	右	胫骨	近端	2
DT4	12	中型鹿科		跖骨	骨干	5	DT4	12	小型鹿科B	右	胫骨	远端	2
DT4	12	中型鹿科		第1节趾骨		6	DT4	12	小型鹿科B	右	跟骨	碎块	1
DT4	12	中型鹿科		第3节趾骨		5	DT4	12	小型鹿科B	右	跟骨		1
DT4	12	小型鹿科A	左	肱骨	远端	1	DT4	12	小型鹿科B	右	距骨		1
DT4	12	小型鹿科A	左	桡骨	近端	1	DT4	12	小型鹿科B		跗骨		1
DT4	12	小型鹿科A	左	股骨	近端	1	DT4	12	小型鹿科B	左	距骨	近端	1
DT4	12	小型鹿科A	右	股骨	近端	1	DT4	12	小型鹿科B		距骨	骨干	1
DT4	12	小型鹿科A	左	跟骨		1	DT4	12	小型鹿科B		炮骨	远端	1
DT4	12	小型鹿科B		角		1	DT4	12	小型鹿科B		第1节趾骨	近端	2
DT4	12	小型鹿科B	左	上颌骨		1	DT4	12	小型鹿科B		第1节趾骨	远端	4
DT4	12	小型鹿科B	右	上颌骨		1	DT4	12	小型鹿科B		第1节趾骨		1
DT4	12	小型鹿科B	左	下颌骨		2	DT4	12	小型鹿科B		第2节趾骨		4
DT4	12	小型鹿科B	右	下颌骨		1	DT4	12	小型鹿科B		第2节趾骨	远端	3
DT4	12	小型鹿科B	右	下颌骨	下颌支	1	DT4	12	小型鹿科B		第3节趾骨		2
DT4	12	小型鹿科B	左	下颌骨	齿隙	1	DT4	12	牛	左	下颌骨	下颌支	1

续表二

探方号	层位	种属	左/右	部位	保存状况	件数	探方号	层位	种属	左/右	部位	保存状况	件数
DT4	12	牛		下颌骨	碎骨	1	DT4	11	中型鹿科	左	游离齿		4
DT4	12	牛	右	游离齿	I	1	DT4	11	中型鹿科	右	游离齿		1
DT4	12	牛		游离齿	M	1	DT4	11	中型鹿科	右	桡骨	远端关节	1
DT4	12	牛		第1节趾骨		1	DT4	11	中型鹿科		掌骨	骨干	1
DT4	12	牛		第2节趾骨		1	DT4	11	中型鹿科	右	盆骨		1
DT4	12	牛		肋骨		1	DT4	11	中型鹿科	左	跟骨		1
DT4	12	牛		尾椎		1	DT4	11	中型鹿科	右	距骨	近端	1
DT4	12	哺乳动物		头骨	听骨	4	DT4	11	中型鹿科		炮骨	骨干	1
DT4	12	哺乳动物		肩胛骨		1	DT4	11	中型鹿科		炮骨	远端关节	1
DT4	12	哺乳动物	左	桡骨	近端	1	DT4	11	中型鹿科		第1节趾骨		5
DT4	12	哺乳动物	右	桡骨	远端	1	DT4	11	中型鹿科		第2节趾骨		1
DT4	12	哺乳动物		腕骨		8	DT4	11	中型鹿科		第3节趾骨		1
DT4	12	哺乳动物		股骨	远端	1	DT4	11	小型鹿科 B		角		2
DT4	12	哺乳动物		髌骨		1	DT4	11	小型鹿科 B	左	下颌骨		1
DT4	12	哺乳动物		跟骨	关节	1	DT4	11	小型鹿科 B	右	尺骨		1
DT4	12	哺乳动物		肋骨		30	DT4	11	小型鹿科 B	左	盆骨		1
DT4	12	哺乳动物		脊椎		42	DT4	11	小型鹿科 B	右	盆骨		1
DT4	12	哺乳动物		肢骨	5－10	25	DT4	11	小型鹿科 B		髌骨		2
DT4	12	哺乳动物		肢骨	10－15	14	DT4	11	小型鹿科 B	左	胫骨	远端	2
DT4	12	哺乳动物		碎骨片		172	DT4	11	小型鹿科 B	右	胫骨	远端	1
DT4	12	小型哺乳动物		盆骨	坐骨	1	DT4	11	小型鹿科 B	左	跟骨		1
DT4	12	小型哺乳动物		股骨	远端	1	DT4	11	小型鹿科 B	右	跟骨		1
DT4	12	小型哺乳动物	右	胫骨	近端	1	DT4	11	小型鹿科 B		距骨	远端	1
DT4	11	鲤科		咽齿		3	DT4	11	哺乳动物		头骨		1
DT4	11	鱼		脊椎		4	DT4	11	哺乳动物	右	肩胛骨		1
DT4	11	鳖		板		2	DT4	11	哺乳动物		肩胛骨		1
DT4	11	鳖		肢骨		1	DT4	11	哺乳动物	左	桡骨	远端	1
DT4	11	池鹭	左	肱骨	近端	1	DT4	11	哺乳动物		腕骨		4
DT4	11			腕掌骨		1	DT4	11	哺乳动物		盆骨		1
DT4	11	雁	右	肱骨	远端	1	DT4	11	哺乳动物	右	股骨	近端	1
DT4	11	原鸡	右	喙骨	近端	1	DT4	11	哺乳动物		股骨	远端关节	2
DT4	11	原鸡	左	肩胛骨		1	DT4	11	哺乳动物		跟骨	关节	1
DT4	11	鸟	左	肱骨	近端	2	DT4	11	哺乳动物		肋骨		19
DT4	11	鸟		肢骨		7	DT4	11	哺乳动物		尾椎		1
DT4	11	小型食肉动物		掌骨		1	DT4	11	哺乳动物		脊椎		16
DT4	11	中型鹿科	左	下颌骨		1	DT4	11	哺乳动物		肢骨	5－10	10
DT4	11	中型鹿科	右	下颌骨		1	DT4	11	哺乳动物		碎骨片		57

续表二

探方号	层位	种属	左/右	部位	保存状况	件数	探方号	层位	种属	左/右	部位	保存状况	件数
DT4	11	哺乳动物		关节		1	DT4	10	哺乳动物		碎骨片		70
DT4	10	鱼		脊椎		2	DT4	10	小型哺乳动物	左	肱骨	近端	1
DT4	10	鹭		腕掌骨	近端	2	DT4	10	不明动物		骨骼		1
DT4	10	天鹅	左	肱骨	近端	1	DT4	9	鲤科		咽齿		5
DT4	10	天鹅	左	肱骨	远端	1	DT4	9	鳖		板		3
DT4	10	雁	左	喙骨	近端	1	DT4	9	鹳		附跖骨	远端	1
DT4	10	鸭	右	胫骨	远端	2	DT4	9	雁	左	喙骨	近端	1
DT4	10	鸟	左	喙骨		1	DT4	9	雁	右	喙骨	完整	1
DT4	10	鸟		肢骨		1	DT4	9	雁	右	肩胛骨	近端	1
DT4	10	中型鹿科	左	下颌骨		2	DT4	9	原鸡	右	喙骨	近端	1
DT4	10	中型鹿科	左	掌骨	近端	2	DT4	9	鸟		喙骨		1
DT4	10	中型鹿科	左	跗骨		1	DT4	9	鸟	右	肱骨	近端	1
DT4	10	中型鹿科		跖骨	骨干	2	DT4	9	鸟		肱骨	远端	4
DT4	10	中型鹿科		炮骨	远端关节	1	DT4	9	鸟		肢骨		33
DT4	10	中型鹿科		第2节趾骨		1	DT4	9	食肉动物	右	肱骨	近端	1
DT4	10	中型鹿科		第3节趾骨		2	DT4	9	猪	左	下颌骨	髁突	1
DT4	10	小型鹿科A		第3节趾骨		1	DT4	9	猪	右	下颌骨	髁突	1
DT4	10	小型鹿科B	左	上颌骨		1	DT4	9	猪		掌骨	近端	1
DT4	10	小型鹿科B	左	下颌骨		1	DT4	9	猪		髌骨		1
DT4	10	小型鹿科B	左	肩胛骨		1	DT4	9	猪	左	胫骨	远端	1
DT4	10	小型鹿科B	右	肩胛骨		1	DT4	9	中型鹿科		角		9
DT4	10	小型鹿科B	右	肱骨	远端	1	DT4	9	中型鹿科	左	前颌骨		1
DT4	10	小型鹿科B	右	掌骨	近端	1	DT4	9	中型鹿科	左	下颌骨		4
DT4	10	小型鹿科B	右	盆骨		1	DT4	9	中型鹿科	左	下颌骨	冠状突	1
DT4	10	小型鹿科B		盆骨		3	DT4	9	中型鹿科	右	下颌骨	髁突	1
DT4	10	小型鹿科B		炮骨	远端关节	1	DT4	9	中型鹿科	右	下颌骨		2
DT4	10	哺乳动物		头骨		1	DT4	9	中型鹿科		下颌骨		1
DT4	10	哺乳动物		下颌骨	碎块	1	DT4	9	中型鹿科	左	游离齿		9
DT4	10	哺乳动物		肩胛骨		3	DT4	9	中型鹿科	右	游离齿		8
DT4	10	哺乳动物		腕骨		7	DT4	9	中型鹿科		游离齿		3
DT4	10	哺乳动物	左	胫骨	骨干	1	DT4	9	中型鹿科		寰椎		1
DT4	10	哺乳动物		跖骨		1	DT4	9	中型鹿科	左	肩胛骨		1
DT4	10	哺乳动物		尾椎		1	DT4	9	中型鹿科	右	肩胛骨		2
DT4	10	哺乳动物		肋骨		7	DT4	9	中型鹿科		肩胛骨		2
DT4	10	哺乳动物		脊椎		9	DT4	9	中型鹿科	右	尺骨		1
DT4	10	哺乳动物		肢骨	5－10	10	DT4	9	中型鹿科		尺骨		1
DT4	10	哺乳动物		肢骨	10－15	1	DT4	9	中型鹿科	右	桡骨	近端	2

续表二

探方号	层位	种属	左/右	部位	保存状况	件数	探方号	层位	种属	左/右	部位	保存状况	件数
DT4	9	中型鹿科	右	桡骨	远端	1	DT4	9	小型鹿科 B		尺骨	尺骨头	1
DT4	9	中型鹿科	右	掌骨	近端	1	DT4	9	小型鹿科 B	左	尺骨		1
DT4	9	中型鹿科		掌骨	近端	1	DT4	9	小型鹿科 B	左	桡骨	近端	2
DT4	9	中型鹿科	右	盆骨	髋臼	1	DT4	9	小型鹿科 B	左	桡骨	远端关节	1
DT4	9	中型鹿科		股骨	远端	1	DT4	9	小型鹿科 B	右	桡骨	近端	3
DT4	9	中型鹿科	左	胫骨	近端	1	DT4	9	小型鹿科 B	右	桡骨	远端	3
DT4	9	中型鹿科	右	胫骨	近端	1	DT4	9	小型鹿科 B	左	尺桡	近端	2
DT4	9	中型鹿科	右	胫骨	远端	2	DT4	9	小型鹿科 B		腕骨		4
DT4	9	中型鹿科	左	胫骨		1	DT4	9	小型鹿科 B		掌骨	远端	2
DT4	9	中型鹿科	左	跟骨		1	DT4	9	小型鹿科 B		掌骨	骨干	1
DT4	9	中型鹿科	右	跟骨		1	DT4	9	小型鹿科 B	左	盆骨	坐骨	2
DT4	9	中型鹿科	右	距骨		4	DT4	9	小型鹿科 B	右	盆骨		1
DT4	9	中型鹿科	左	距骨	近端	1	DT4	9	小型鹿科 B	左	股骨	近端	1
DT4	9	中型鹿科		距骨	远端	2	DT4	9	小型鹿科 B	右	股骨	远端	2
DT4	9	中型鹿科		距骨		6	DT4	9	小型鹿科 B	左	胫骨	远端	2
DT4	9	中型鹿科		炮骨	远端关节	2	DT4	9	小型鹿科 B	右	胫骨	远端	1
DT4	9	中型鹿科		炮骨	远端	3	DT4	9	小型鹿科 B	右	跟骨		4
DT4	9	中型鹿科		第 1 节趾骨	近端	2	DT4	9	小型鹿科 B		跟骨		1
DT4	9	中型鹿科		第 2 节趾骨		6	DT4	9	小型鹿科 B	左	距骨		1
DT4	9	中型鹿科		第 3 节趾骨		3	DT4	9	小型鹿科 B	右	距骨		2
DT4	9	中型鹿科		趾骨	碎块	2	DT4	9	小型鹿科 B		第 1 节趾骨		3
DT4	9	中型鹿科		趾骨		1	DT4	9	小型鹿科 B		第 1 节趾骨	近端	1
DT4	9	小型鹿科 A	左	尺骨		1	DT4	9	小型鹿科 B		第 2 节趾骨		2
DT4	9	小型鹿科 A	右	尺骨		1	DT4	9	牛		游离齿		2
DT4	9	小型鹿科 A	右	股骨	近端	1	DT4	9	大型哺乳动物		尺骨	尺骨头	1
DT4	9	小型鹿科 A	右	距骨		1	DT4	9	大型哺乳动物	左	盆骨	耻骨	1
DT4	9	小型鹿科 A		距骨	远端	1	DT4	9	大型哺乳动物	左	胫骨		1
DT4	9	小型鹿科 B	左	上颌骨		2	DT4	9	哺乳动物		头骨	碎块	1
DT4	9	小型鹿科 B	左	下颌骨		5	DT4	9	哺乳动物	左	下颌骨	髁突	1
DT4	9	小型鹿科 B	左	下颌骨	齿隙	1	DT4	9	哺乳动物		寰椎		1
DT4	9	小型鹿科 B	右	下颌骨		3	DT4	9	哺乳动物	左	肩胛骨		1
DT4	9	小型鹿科 B	右	下颌骨	齿隙	1	DT4	9	哺乳动物		肩胛骨		1
DT4	9	小型鹿科 B		下颌骨	齿隙	2	DT4	9	哺乳动物		尺骨		1
DT4	9	小型鹿科 B		寰椎		1	DT4	9	哺乳动物		腕骨		2
DT4	9	小型鹿科 B	左	肩胛骨		2	DT4	9	哺乳动物	右	盆骨	坐骨	1
DT4	9	小型鹿科 B	左	肱骨	近端	1	DT4	9	哺乳动物		盆骨	髂骨	1
DT4	9	小型鹿科 B	左	肱骨	远端	3	DT4	9	哺乳动物		盆骨		2

续表二

探方号	层位	种属	左/右	部位	保存状况	件数	探方号	层位	种属	左/右	部位	保存状况	件数
DT4	9	哺乳动物	右	股骨	远端	1	DT4	5南壁	中型鹿科		盆骨		2
DT4	9	哺乳动物		胫骨	近端	1	DT4	5南壁	中型鹿科	左	股骨	近端	1
DT4	9	哺乳动物		跗骨		1	DT4	5南壁	中型鹿科	左	胫骨	近端	1
DT4	9	哺乳动物		肋骨		56	DT4	5南壁	中型鹿科	左	跟骨		1
DT4	9	哺乳动物		脊椎		20	DT4	5南壁	中型鹿科		第1节趾骨	近端	2
DT4	9	哺乳动物		肢骨	5－10	38	DT4	5南壁	中型鹿科		第3节趾骨		1
DT4	9	哺乳动物		肢骨	10－15	23	DT4	5南壁	小型鹿科A	右	股骨	远端关节	1
DT4	9	哺乳动物		肢骨		32	DT4	5南壁	小型鹿科A		炮骨	远端	3
DT4	9	哺乳动物		肢骨	＞15	18	DT4	5南壁	小型鹿科A		第1节趾骨		1
DT4	9	哺乳动物		碎骨片		66	DT4	5南壁	小型鹿科A		趾骨		1
DT4	9	小型哺乳动物		脊椎		19	DT4	5南壁	小型鹿科B	右	下颌骨		5
DT4	7南壁	大型哺乳动物		肋骨		2	DT4	5南壁	小型鹿科B	左	游离齿		1
DT4	7南壁	哺乳动物		肋骨		2	DT4	5南壁	小型鹿科B		寰椎		1
DT4	6	鸟		掌骨		1	DT4	5南壁	小型鹿科B	左	桡骨	近端	2
DT4	6	猪		游离齿		1	DT4	5南壁	小型鹿科B	左	盆骨	坐骨	1
DT4	6	中型鹿科	左	游离齿		2	DT4	5南壁	小型鹿科B	右	股骨	近端	1
DT4	6	中型鹿科	右	盆骨		1	DT4	5南壁	小型鹿科B	右	胫骨	远端	1
DT4	6	中型鹿科	右	股骨	近端	1	DT4	5南壁	小型鹿科B	左	距骨	近端	1
DT4	6	中型鹿科		第3节趾骨		2	DT4	5南壁	小型鹿科B		距骨	碎块	1
DT4	6	小型鹿科B	左	下颌骨		2	DT4	5南壁	牛		第3节趾骨		1
DT4	6	小型鹿科B	右	下颌骨		1	DT4	5南壁	哺乳动物		尺骨		1
DT4	6	小型鹿科B	左	肱骨	近端	1	DT4	5南壁	哺乳动物		腕骨		1
DT4	6	小型鹿科B		第2节趾骨	远端	1	DT4	5南壁	哺乳动物		肋骨		2
DT4	6	哺乳动物		游离齿		1	DT4	5南壁	哺乳动物		脊椎		11
DT4	6	哺乳动物		腕骨		1	DT4	5南壁	哺乳动物		肢骨	5－10	4
DT4	6	哺乳动物		肋骨		1	DT4	5南壁	哺乳动物		碎骨片		30
DT4	6	哺乳动物		肢骨	5－10	4	DT4	5南壁	小型哺乳动物	左	肩胛骨		2
DT4	6	不明动物		碎骨片		12	DT4	5南壁	小型哺乳动物		盆骨		1
DT4	5南壁	鲤科		咽齿		1	DT4	3南壁	鸟		肢骨	碎块	5
DT4	5南壁	鳖		板		2	DT4	3	中型鹿科	右	下颌骨		1
DT4	5南壁	鸟	右	肱骨	近端	1	DT4	3	中型鹿科	右	距骨	近端	1
DT4	5南壁	猪	左	尺骨		1	DT4	3南壁	中型鹿科		第1节趾骨	远端	1
DT4	5南壁	中型鹿科		角		1	DT4	3	中型鹿科		第2节趾骨		1
DT4	5南壁	中型鹿科	右	桡骨	近端	2	DT4	3	小型鹿科B	左	肱骨	远端	1
DT4	5南壁	中型鹿科	左	盆骨	髂骨	1	DT4	3	哺乳动物	右	股骨	远端	1
DT4	5南壁	中型鹿科	右	盆骨	髂骨	1	DT4	3	哺乳动物		肋骨		1
DT4	5南壁	中型鹿科	右	盆骨	髋臼	2	DT4	3南壁	哺乳动物		肋骨		3

续表二

探方号	层位	种属	左/右	部位	保存状况	件数	探方号	层位	种属	左/右	部位	保存状况	件数
DT4	3南壁	哺乳动物		脊椎		2	DT6	29	中型鹿科		游离齿		1
DT4	3南壁	哺乳动物		肢骨	5-10	11	DT6	29	中型鹿科		游离齿	碎块	4
DT4	3南壁	哺乳动物		碎骨片		30	DT6	29	中型鹿科		炮骨	远端	1
DT6	32	鲤科		咽齿		1	DT6	29	中型鹿科		炮骨	远端碎块	2
DT6	32	鱼		脊椎		1	DT6	29	中型鹿科		第1节趾骨		1
DT6	32	猪		掌骨		1	DT6	29	中型鹿科		第3节趾骨		1
DT6	32	中型鹿科		第1节趾骨		2	DT6	29	中型鹿科		趾骨	碎块	3
DT6	32	中型鹿科		第2节趾骨		3	DT6	29	牛		游离齿		1
DT6	32	中型鹿科		第3节趾骨		1	DT6	29	哺乳动物		头骨	听骨	1
DT6	32	小型鹿科B		角		1	DT6	29	哺乳动物		肱骨		1
DT6	32	哺乳动物		碎骨片		14	DT6	29	哺乳动物		盆骨	碎块	3
DT6	32	小型哺乳动物		尾椎		1	DT6	29	哺乳动物		髌骨		1
DT6	31	食肉动物		第1节趾骨		1	DT6	29	哺乳动物		腕骨		1
DT6	31	小型食肉动物		游离齿	M1	1	DT6	29	哺乳动物		肋骨		5
DT6	31	中型鹿科		角		3	DT6	29	哺乳动物		脊椎		1
DT6	31	中型鹿科	左	下颌骨		1	DT6	29	哺乳动物		碎骨片		71
DT6	31	中型鹿科	右	游离齿	上M	1	DT6	28	鲤科		咽齿		35
DT6	31	中型鹿科	左	肱骨	远端	1	DT6	28	鱼		背鳍		2
DT6	31	中型鹿科	右	桡骨	近端	1	DT6	28	鱼		齿骨		4
DT6	31	中型鹿科		第1节趾骨		2	DT6	28	鱼		脊椎		68
DT6	31	牛		下颌骨	碎块	1	DT6	28	鳖		板		20
DT6	31	牛	右	桡骨	近端	1	DT6	28	鳖		肢骨		5
DT6	31	牛	左	胫骨	近端	1	DT6	28	雉	右	附跖骨	远端	1
DT6	31	牛	右	跗骨		1	DT6	28	似三宝鸟	左	附跖骨	远端	1
DT6	31	牛		肋骨		1	DT6	28	鸟		喙骨		1
DT6	31	大型哺乳动物		肢骨	5-10	3	DT6	28	鸟	左	肱骨	远端	1
DT6	31	大型哺乳动物		脊椎		1	DT6	28	鸟	右	肱骨	远端	1
DT6	31	哺乳动物		碎骨片		44	DT6	28	鸟		掌骨		1
DT6	29	鲤科		咽齿		4	DT6	28	鸟		肢骨		15
DT6	29	鱼		脊椎		1	DT6	28	灵长动物		游离齿	M	1
DT6	29	啮齿动物		门齿		1	DT6	28	兔	右	肱骨	远端	1
DT6	29	啮齿动物	右	股骨	近端	1	DT6	28	绒鼠	右	下颌骨		1
DT6	29	猫科动物		游离齿		1	DT6	28	竹鼠	左	下颌骨		2
DT6	29	食肉动物		游离齿		1	DT6	28	竹鼠	右	下颌骨		1
DT6	29	食肉动物		掌骨		2	DT6	28	鼠	右	下颌骨		1
DT6	29	食肉动物		第1节趾骨		1	DT6	28	豪猪	左	下颌骨		1
DT6	29	中型鹿科		角		1	DT6	28	啮齿动物		游离齿	上I	4

续表二

探方号	层位	种属	左/右	部位	保存状况	件数	探方号	层位	种属	左/右	部位	保存状况	件数
DT6	28	啮齿动物		游离齿	下 I	3	DT6	28	中型鹿科	左	游离齿	下 M3	2
DT6	28	啮齿动物		游离齿	I	2	DT6	28	中型鹿科	右	游离齿		12
DT6	28	似浣熊貉	左	下颌骨		1	DT6	28	中型鹿科	右	游离齿	下 M	2
DT6	28	狗獾	左	下颌骨		1	DT6	28	中型鹿科	右	游离齿	上 P	1
DT6	28	猫科动物或鼬科动物	右	肱骨	远端	1	DT6	28	中型鹿科	右	游离齿	I	2
DT6	28	大型食肉动物	左	游离齿		1	DT6	28	中型鹿科		游离齿		1
DT6	28	食肉动物	左	游离齿		2	DT6	28	中型鹿科		游离齿	碎块	1
DT6	28	食肉动物		游离齿		1	DT6	28	中型鹿科		寰椎		1
DT6	28	食肉动物	右	尺骨		2	DT6	28	中型鹿科		枢椎		1
DT6	28	食肉动物		掌骨		1	DT6	28	中型鹿科	左	肱骨	远端	2
DT6	28	食肉动物		盆骨		1	DT6	28	中型鹿科	右	肱骨	远端	1
DT6	28	小型食肉动物		游离齿	上 M	1	DT6	28	中型鹿科		尺骨	尺骨头	1
DT6	28	小型食肉动物		掌骨		4	DT6	28	中型鹿科	左	桡骨	近端	1
DT6	28	小型食肉动物	右	股骨	近端	3	DT6	28	中型鹿科	右	桡骨	近端	1
DT6	28	小型食肉动物	左	胫骨	远端	1	DT6	28	中型鹿科	左	掌骨	近端	1
DT6	28	小型食肉动物	左	跟骨		1	DT6	28	中型鹿科	右	掌骨	近端	1
DT6	28	食肉动物或灵长动物		游离齿		1	DT6	28	中型鹿科		掌骨		5
DT6	28	食肉动物或灵长动物		掌骨		2	DT6	28	中型鹿科	左	胫骨	远端	4
DT6	28	猪	左	下颌骨		1	DT6	28	中型鹿科	右	胫骨	远端	1
DT6	28	猪	右	肱骨	远端	2	DT6	28	中型鹿科	左	跟骨		1
DT6	28	猪	左	盆骨	髋臼	1	DT6	28	中型鹿科	右	跟骨		1
DT6	28	猪		第 3 节趾骨		1	DT6	28	中型鹿科	左	距骨		2
DT6	28	中型鹿科		角		3	DT6	28	中型鹿科		腕骨		3
DT6	28	中型鹿科	左	上颌骨		1	DT6	28	中型鹿科	左	跗骨		1
DT6	28	中型鹿科	左	下颌骨		2	DT6	28	中型鹿科		跗骨		1
DT6	28	中型鹿科	左	下颌骨	齿隙	1	DT6	28	中型鹿科	右	距骨	近端	1
DT6	28	中型鹿科	右	下颌骨		1	DT6	28	中型鹿科		距骨		5
DT6	28	中型鹿科	右	下颌骨		5	DT6	28	中型鹿科		炮骨		8
DT6	28	中型鹿科	右	下颌骨	齿隙	2	DT6	28	中型鹿科		炮骨	远端	3
DT6	28	中型鹿科	左	游离齿		15	DT6	28	中型鹿科		炮骨	远端碎块	3
DT6	28	中型鹿科	左	游离齿	下 I	1	DT6	28	中型鹿科		第 1 节趾骨		6
DT6	28	中型鹿科	左	游离齿	上 M	1	DT6	28	中型鹿科		第 1 节趾骨	碎块	5
DT6	28	中型鹿科	左	游离齿	下 M	1	DT6	28	中型鹿科		第 1 节趾骨	远端	1
DT6	28	中型鹿科	左	游离齿	上 P	1	DT6	28	中型鹿科		第 2 节趾骨		2
DT6	28	中型鹿科	左	游离齿	下 P	2	DT6	28	中型鹿科		第 2 节趾骨	近端	3

续表二

探方号	层位	种属	左/右	部位	保存状况	件数	探方号	层位	种属	左/右	部位	保存状况	件数
DT6	28	中型鹿科		第3节趾骨		8	DT6	28	小型鹿科B		第3节趾骨		1
DT6	28	中型鹿科		趾骨		4	DT6	28	牛		游离齿		1
DT6	28	小型鹿科A		第3节趾骨		1	DT6	28	牛	左	股骨	近端	1
DT6	28	小型鹿科B		角		1	DT6	28	牛		第3节趾骨		1
DT6	28	小型鹿科B	左	下颌骨		2	DT6	28	哺乳动物		头骨		1
DT6	28	小型鹿科B	右	下颌骨		3	DT6	28	哺乳动物		下颌骨		4
DT6	28	小型鹿科B	右	下颌骨	齿隙	1	DT6	28	哺乳动物	左	肩胛骨		1
DT6	28	小型鹿科B	右	下颌骨	冠状突	1	DT6	28	哺乳动物		肩胛骨		1
DT6	28	小型鹿科B	右	下颌骨	髁突	1	DT6	28	哺乳动物	右	肱骨	近端	1
DT6	28	小型鹿科B		下颌骨	齿隙	2	DT6	28	哺乳动物	右	桡骨	远端	1
DT6	28	小型鹿科B	左	游离齿	上M	1	DT6	28	哺乳动物		桡骨	远端	1
DT6	28	小型鹿科B	左	游离齿	上P	1	DT6	28	哺乳动物	右	盆骨		1
DT6	28	小型鹿科B	左	游离齿	下P	1	DT6	28	哺乳动物		盆骨		2
DT6	28	小型鹿科B	右	游离齿	上M	1	DT6	28	哺乳动物	左	股骨	近端	2
DT6	28	小型鹿科B	右	游离齿	上P	1	DT6	28	哺乳动物		股骨	远端	4
DT6	28	小型鹿科B		游离齿		1	DT6	28	哺乳动物		距骨	碎块	1
DT6	28	小型鹿科B		寰椎		1	DT6	28	哺乳动物		肋骨		22
DT6	28	小型鹿科B	左	肩胛骨		1	DT6	28	哺乳动物		尾椎		1
DT6	28	小型鹿科B	左	肱骨	近端	1	DT6	28	哺乳动物		脊椎		51
DT6	28	小型鹿科B	左	尺骨		1	DT6	28	哺乳动物		肢骨	碎块	5
DT6	28	小型鹿科B	右	尺骨		1	DT6	28	哺乳动物		肢骨	5-10	90
DT6	28	小型鹿科B	左	桡骨	近端	1	DT6	28	哺乳动物		碎骨片		360
DT6	28	小型鹿科B	右	桡骨	近端	1	DT6	27	鲤科		咽齿		64
DT6	28	小型鹿科B	右	桡骨	远端	1	DT6	27	鱼		不明骨骼		1
DT6	28	小型鹿科B		掌骨	远端	1	DT6	27	鱼		齿骨		9
DT6	28	小型鹿科B	左	盆骨		1	DT6	27	鱼		脊椎		128
DT6	28	小型鹿科B	左	股骨	远端	1	DT6	27	鳖		板		38
DT6	28	小型鹿科B	左	胫骨	远端	1	DT6	27	鳖		肢骨		5
DT6	28	小型鹿科B	右	胫骨	远端	1	DT6	27	鹭	右	肱骨	近端	1
DT6	28	小型鹿科B	左	距骨		2	DT6	27	鹭	右	肱骨	远端	1
DT6	28	小型鹿科B		距骨		1	DT6	27	原鸡		附跗骨		1
DT6	28	小型鹿科B	左	跗骨		1	DT6	27	雉		附跗骨		1
DT6	28	小型鹿科B	右	跗骨		1	DT6	27	桂林广西鸟	左	喙骨	基本完整	1
DT6	28	小型鹿科B		距骨	骨干	1	DT6	27	鸟		喙骨		5
DT6	28	小型鹿科B		炮骨	远端	1	DT6	27	鸟	左	肱骨	近端	1
DT6	28	小型鹿科B		第1节趾骨		2	DT6	27	鸟	左	肱骨	远端	1
DT6	28	小型鹿科B		第2节趾骨		4	DT6	27	鸟		肱骨	远端	2

续表二

探方号	层位	种属	左/右	部位	保存状况	件数	探方号	层位	种属	左/右	部位	保存状况	件数
DT6	27	鸟		肱骨	碎块	1	DT6	27	小型食肉动物		掌骨	碎块	1
DT6	27	鸟	右	股骨	远端	1	DT6	27	小型食肉动物	左	股骨	远端	1
DT6	27	鸟		股骨	远端	1	DT6	27	小型食肉动物	左	胫骨	远端	1
DT6	27	鸟		胫骨	远端	1	DT6	27	猪		头骨		1
DT6	27	鸟		肢骨	骨干20		DT6	27	猪	右	上颌骨		1
DT6	27	兔		胫骨		1	DT6	27	猪	右	游离齿		2
DT6	27	绒鼠	一副	上颌骨		2	DT6	27	猪		游离齿		5
DT6	27	绒鼠		门齿		1	DT6	27	猪		游离齿	碎块	1
DT6	27	竹鼠	右	下颌骨		1	DT6	27	猪	右	肩胛骨		2
DT6	27	竹鼠		游离齿	I	3	DT6	27	猪	右	尺骨		1
DT6	27	竹鼠	右	盆骨		1	DT6	27	猪	右	桡骨	近端	1
DT6	27	豪猪	左	下颌骨		1	DT6	27	猪		掌骨		1
DT6	27	啮齿动物		游离齿		1	DT6	27	猪		第2节趾骨		1
DT6	27	啮齿动物		游离齿	I	2	DT6	27	大型鹿科	左	尺骨		1
DT6	27	啮齿动物	左	胫骨		1	DT6	27	大型鹿科	左	股骨	近端	1
DT6	27	啮齿动物		掌骨?		1	DT6	27	大型鹿科	右	胫骨	远端	1
DT6	27	小型啮齿动物		门齿		1	DT6	27	大型鹿科		第1节趾骨		1
DT6	27	似浣熊貉	左	下颌骨		1	DT6	27	中型鹿科		角		6
DT6	27	犬科动物		肱骨	远端	1	DT6	27	中型鹿科		角	碎块	5
DT6	27	猫科动物或鼬科动物	左	肱骨	远端	1	DT6	27	中型鹿科	右	前颌骨		1
DT6	27	猫科动物或鼬科动物	右	肱骨	远端	1	DT6	27	中型鹿科	左	上颌骨		1
DT6	27	食肉动物	右	上颌骨		1	DT6	27	中型鹿科	右	上颌骨		2
DT6	27	食肉动物	左	下颌骨		1	DT6	27	中型鹿科	左	下颌骨		8
DT6	27	食肉动物		游离齿		2	DT6	27	中型鹿科	左	下颌骨	齿隙	1
DT6	27	食肉动物	左	胫骨	远端	2	DT6	27	中型鹿科	左	下颌骨	髁突	2
DT6	27	食肉动物	右	距骨		1	DT6	27	中型鹿科	右	下颌骨		3
DT6	27	食肉动物		第1节趾骨		2	DT6	27	中型鹿科		下颌骨	碎块	2
DT6	27	食肉动物		第2节趾骨		1	DT6	27	中型鹿科	左	游离齿		14
DT6	27	食肉动物		趾骨		2	DT6	27	中型鹿科	左	游离齿	上P	2
DT6	27	小型食肉动物	左	上颌骨		2	DT6	27	中型鹿科	左	游离齿	下P	2
DT6	27	小型食肉动物	左	下颌骨		1	DT6	27	中型鹿科	左	游离齿	上M	1
DT6	27	小型食肉动物	右	下颌骨		1	DT6	27	中型鹿科	右	游离齿		10
DT6	27	小型食肉动物		游离齿		1	DT6	27	中型鹿科	右	游离齿	上M	1
DT6	27	小型食肉动物		肩胛骨	碎块	1	DT6	27	中型鹿科		游离齿		27
DT6	27	小型食肉动物	左	尺骨		3	DT6	27	中型鹿科		游离齿	碎块	5

续表二

探方号	层位	种属	左/右	部位	保存状况	件数	探方号	层位	种属	左/右	部位	保存状况	件数
DT6	27	中型鹿科		枢椎		1	DT6	27	中型鹿科		第1节趾骨		8
DT6	27	中型鹿科	左	肩胛骨		1	DT6	27	中型鹿科		第1节趾骨	近端	4
DT6	27	中型鹿科	右	肩胛骨		2	DT6	27	中型鹿科		第1节趾骨	远端	2
DT6	27	中型鹿科	右	肩胛骨	碎块	1	DT6	27	中型鹿科		第2节趾骨		6
DT6	27	中型鹿科	左	肱骨	远端	1	DT6	27	中型鹿科		第2节趾骨	近端	2
DT6	27	中型鹿科	右	肱骨	远端	1	DT6	27	中型鹿科		第2节趾骨	远端	3
DT6	27	中型鹿科	左	尺骨		2	DT6	27	中型鹿科		第3节趾骨		8
DT6	27	中型鹿科	左	尺骨	近端	1	DT6	27	中型鹿科		第3节趾骨	近端	1
DT6	27	中型鹿科	右	尺骨		3	DT6	27	中型鹿科		趾骨		3
DT6	27	中型鹿科	左	桡骨	近端	4	DT6	27	小型鹿科A	右	肱骨	远端	1
DT6	27	中型鹿科	左	桡骨	远端	1	DT6	27	小型鹿科A		第3节趾骨		1
DT6	27	中型鹿科	右	桡骨	近端	2	DT6	27	小型鹿科B		角		3
DT6	27	中型鹿科	右	桡骨	远端	1	DT6	27	小型鹿科B	左	上颌骨		1
DT6	27	中型鹿科	左	掌骨	近端	4	DT6	27	小型鹿科B		上颌骨		1
DT6	27	中型鹿科	右	掌骨	近端	4	DT6	27	小型鹿科B	左	下颌骨		8
DT6	27	中型鹿科		掌骨	骨干	7	DT6	27	小型鹿科B	左	下颌骨	齿隙	2
DT6	27	中型鹿科		掌骨	远端	1	DT6	27	小型鹿科B	右	下颌骨		3
DT6	27	中型鹿科	左	盆骨	碎块	3	DT6	27	小型鹿科B	右	下颌骨	齿隙	3
DT6	27	中型鹿科	右	盆骨	髂骨	1	DT6	27	小型鹿科B	右	下颌骨	髁突	1
DT6	27	中型鹿科	右	盆骨	碎块	2	DT6	27	小型鹿科B	右	下颌骨	下颌支	2
DT6	27	中型鹿科		骶骨		1	DT6	27	小型鹿科B		下颌骨	下颌支	2
DT6	27	中型鹿科		股骨	近端	1	DT6	27	小型鹿科B		下颌骨	冠状突	1
DT6	27	中型鹿科	左	胫骨	远端	5	DT6	27	小型鹿科B		下颌骨	碎块	3
DT6	27	中型鹿科	右	胫骨	远端	4	DT6	27	小型鹿科B	左	游离齿		11
DT6	27	中型鹿科	左	跟骨		1	DT6	27	小型鹿科B	左	游离齿		4
DT6	27	中型鹿科	右	跟骨		2	DT6	27	小型鹿科B	左	游离齿	I	1
DT6	27	中型鹿科	左	距骨		1	DT6	27	小型鹿科B	右	游离齿		5
DT6	27	中型鹿科	右	距骨		2	DT6	27	小型鹿科B	右	游离齿	I	6
DT6	27	中型鹿科		腕骨		3	DT6	27	小型鹿科B	右	游离齿	上P	2
DT6	27	中型鹿科	左	跗骨		3	DT6	27	小型鹿科B	右	游离齿	下P	2
DT6	27	中型鹿科	右	跗骨		3	DT6	27	小型鹿科B	右	游离齿	下M	1
DT6	27	中型鹿科	左	跖骨	近端	4	DT6	27	小型鹿科B		游离齿		9
DT6	27	中型鹿科	右	跖骨	近端	4	DT6	27	小型鹿科B		寰椎		1
DT6	27	中型鹿科		跖骨		2	DT6	27	小型鹿科B		枢椎		1
DT6	27	中型鹿科		跖骨	远端	3	DT6	27	小型鹿科B	左	肩胛骨		6
DT6	27	中型鹿科		跖骨	骨干	4	DT6	27	小型鹿科B	右	肩胛骨		4
DT6	27	中型鹿科		炮骨	远端	8	DT6	27	小型鹿科B	左	肱骨	远端	2

续表二

探方号	层位	种属	左/右	部位	保存状况	件数	探方号	层位	种属	左/右	部位	保存状况	件数
DT6	27	小型鹿科B	右	肱骨	近端	1	DT6	27	小型鹿科B		第1节趾骨	远端	1
DT6	27	小型鹿科B	右	肱骨	远端	5	DT6	27	小型鹿科B		第2节趾骨		5
DT6	27	小型鹿科B	左	尺骨		4	DT6	27	小型鹿科B		第2节趾骨	远端	3
DT6	27	小型鹿科B	右	尺骨		5	DT6	27	小型鹿科B		第3节趾骨		2
DT6	27	小型鹿科B	左	桡骨	近端	2	DT6	27	哺乳动物		头骨	听骨	3
DT6	27	小型鹿科B	左	桡骨	远端	2	DT6	27	哺乳动物	左	游离齿		1
DT6	27	小型鹿科B	右	桡骨	近端	3	DT6	27	哺乳动物	右	游离齿		1
DT6	27	小型鹿科B	右	桡骨	远端	1	DT6	27	哺乳动物	右	肩胛骨		1
DT6	27	小型鹿科B		桡骨	远端关节	1	DT6	27	哺乳动物		肩胛骨		1
DT6	27	小型鹿科B		桡骨	远端	1	DT6	27	哺乳动物		肱骨	近端	1
DT6	27	小型鹿科B	左	掌骨	近端	1	DT6	27	哺乳动物		肱骨	远端	1
DT6	27	小型鹿科B		掌骨	远端	1	DT6	27	哺乳动物		尺骨		1
DT6	27	小型鹿科B		掌骨	骨干	1	DT6	27	哺乳动物	左	桡骨	远端	1
DT6	27	小型鹿科B	右	盆骨	髂骨	1	DT6	27	哺乳动物	右	桡骨	远端关节	1
DT6	27	小型鹿科B	右	盆骨	碎块	2	DT6	27	哺乳动物	左	盆骨	坐骨	1
DT6	27	小型鹿科B		盆骨	坐骨	1	DT6	27	哺乳动物	左	盆骨	髂骨	1
DT6	27	小型鹿科B		骶骨		1	DT6	27	哺乳动物	右	盆骨	坐骨	3
DT6	27	小型鹿科B	左	股骨	近端	2	DT6	27	哺乳动物		盆骨		1
DT6	27	小型鹿科B	右	股骨	近端	1	DT6	27	哺乳动物	右	股骨	远端	2
DT6	27	小型鹿科B	右	股骨	远端关节	1	DT6	27	哺乳动物		股骨	远端	1
DT6	27	小型鹿科B	右	股骨	远端	1	DT6	27	哺乳动物		胫骨		1
DT6	27	小型鹿科B		股骨	股骨头	1	DT6	27	哺乳动物		胫骨	近端	2
DT6	27	小型鹿科B		髌骨		4	DT6	27	哺乳动物	右	跟骨		2
DT6	27	小型鹿科B	左	胫骨	近端	1	DT6	27	哺乳动物		跟骨		1
DT6	27	小型鹿科B	左	胫骨	远端	1	DT6	27	哺乳动物		腕骨		5
DT6	27	小型鹿科B	左	胫骨	骨干	1	DT6	27	哺乳动物		肋骨		46
DT6	27	小型鹿科B	右	胫骨	远端	1	DT6	27	哺乳动物		尾椎		5
DT6	27	小型鹿科B	左	跟骨		1	DT6	27	哺乳动物		脊椎	碎块	80
DT6	27	小型鹿科B	右	跟骨		4	DT6	27	哺乳动物		肢骨	5-10	181
DT6	27	小型鹿科B		跗骨		1	DT6	27	哺乳动物		肢骨	10-15	7
DT6	27	小型鹿科B	左	跖骨	近端	2	DT6	27	哺乳动物		肢骨	3-5	28
DT6	27	小型鹿科B	右	跖骨	近端	1	DT6	27	哺乳动物		碎骨片		809
DT6	27	小型鹿科B		跖骨	骨干	1	DT6	27	小型哺乳动物		盆骨	髂骨	1
DT6	27	小型鹿科B		跖骨	远端	1	DT6	27	小型哺乳动物	右	跟骨		1
DT6	27	小型鹿科B		炮骨	远端	5	DT6	27	小型哺乳动物		脊椎		1
DT6	27	小型鹿科B		第1节趾骨		9	DT6	27	不明动物		下颌骨		1
DT6	27	小型鹿科B		第1节趾骨	近端	1	DT6	25	鲤科		咽齿		3

续表二

探方号	层位	种属	左/右	部位	保存状况	件数	探方号	层位	种属	左/右	部位	保存状况	件数
DT6	25	鱼		背鳍		1	DT6	24	鱼		咽齿		3
DT6	25	鱼		齿骨		1	DT6	24	鱼		脊椎		59
DT6	25	鱼		脊椎		10	DT6	24	鱼		齿骨		2
DT6	25	鳖		板		2	DT6	24	鱼		不明骨骼		4
DT6	25	鸟		喙骨		1	DT6	24	鱼		背鳍		9
DT6	25	鸟	左	肱骨	远端	2	DT6	24	鳖		板		19
DT6	25	鸟	右	股骨	远端	1	DT6	24	鳖		肢骨		5
DT6	25	啮齿动物		门齿		1	DT6	24	雁	左	肱骨	近端	1
DT6	25	小型食肉动物	左	下颌骨		1	DT6	24	石鸡	右	肱骨	远端	1
DT6	25	小型食肉动物		第1节趾骨		1	DT6	24	马鸡		尺骨	远端	1
DT6	25	中型鹿科	左	上颌骨		1	DT6	24	原鸡	左	喙骨	近端	2
DT6	25	中型鹿科		游离齿		1	DT6	24	原鸡?		腕掌骨	近端	1
DT6	25	中型鹿科	右	肱骨	远端	1	DT6	24	原鸡	左	胫骨	远端	1
DT6	25	中型鹿科	右	掌骨	近端	2	DT6	24	鸟	左	肱骨	近端	1
DT6	25	中型鹿科		第1节趾骨		1	DT6	24	鸟	左	肱骨	远端	1
DT6	25	小型鹿科B		角		1	DT6	24	鸟	右	肱骨	近端	1
DT6	25	小型鹿科B	左	下颌骨		1	DT6	24	鸟	右	肱骨	远端	2
DT6	25	小型鹿科B	右	下颌骨		1	DT6	24	鸟	左	掌骨		1
DT6	25	小型鹿科B	左	游离齿		2	DT6	24	鸟		脊椎		1
DT6	25	小型鹿科B	左	游离齿	上M	1	DT6	24	鸟		不明骨骼		1
DT6	25	小型鹿科B	左	桡骨	远端	1	DT6	24	鸟		肢骨		13
DT6	25	小型鹿科B	左	跟骨		1	DT6	24	巨鼠	右	下颌骨		1
DT6	25	小型鹿科B		跗骨		2	DT6	24	绒鼠		头骨	基本完整	3
DT6	25	小型鹿科B		距骨	远端	1	DT6	24	绒鼠	左	下颌骨		2
DT6	25	小型鹿科B		炮骨	远端	1	DT6	24	绒鼠	右	下颌骨		1
DT6	25	小型鹿科B		第1节趾骨		1	DT6	24	绒鼠	上	游离齿		1
DT6	25	小型鹿科B		第2节趾骨		2	DT6	24	鼠		上颌骨		4
DT6	25	小型鹿科B		趾骨	碎块	1	DT6	24	鼠	左	下颌骨		1
DT6	25	哺乳动物	右	前颌骨		1	DT6	24	鼠	右	下颌骨		1
DT6	25	哺乳动物		股骨	远端	1	DT6	24	鼠		游离齿		3
DT6	25	哺乳动物		趾骨		1	DT6	24	鼠	左	肱骨	远端	1
DT6	25	哺乳动物		脊椎		3	DT6	24	鼠	右	肱骨	远端	1
DT6	25	哺乳动物		肢骨	5-10	8	DT6	24	鼠	左	尺骨		1
DT6	25	哺乳动物		碎骨片		47	DT6	24	鼠		盆骨		1
DT6	25	小型哺乳动物		盆骨		2	DT6	24	鼠	左	胫骨	远端	1
DT6	24	鲤科		咽齿		47	DT6	24	豪猪		上颌骨		2
DT6	24	骨鳔目		背鳍		2	DT6	24	豪猪		游离齿		1

续表二

探方号	层位	种属	左/右	部位	保存状况	件数	探方号	层位	种属	左/右	部位	保存状况	件数
DT6	24	豪猪		游离齿	下 I	2	DT6	24	中型鹿科		炮骨	骨干	1
DT6	24	啮齿动物		游离齿		5	DT6	24	中型鹿科		炮骨	远端	1
DT6	24	啮齿动物	右	桡骨		1	DT6	24	中型鹿科		第 1 节趾骨		5
DT6	24	小型啮齿动物		指骨		1	DT6	24	中型鹿科		第 2 节趾骨		5
DT6	24	小型食肉动物	右	下颌骨		1	DT6	24	中型鹿科		第 3 节趾骨		8
DT6	24	小型食肉动物		枢椎		2	DT6	24	中型鹿科		脊椎		1
DT6	24	小型食肉动物	右	尺骨		1	DT6	24	小型鹿科 B	左	下颌骨		4
DT6	24	小型食肉动物		掌骨		5	DT6	24	小型鹿科 B	右	下颌骨		4
DT6	24	小型食肉动物		股骨	远端	1	DT6	24	小型鹿科 B		下颌骨		1
DT6	24	小型食肉动物	左	胫骨	近端	1	DT6	24	小型鹿科 B	左	游离齿		1
DT6	24	小型食肉动物	左	跟骨		1	DT6	24	小型鹿科 B	左	游离齿	M	1
DT6	24	小型食肉动物	右	跟骨		2	DT6	24	小型鹿科 B	左	游离齿	下 I	1
DT6	24	小型食肉动物		第 1 节趾骨		5	DT6	24	小型鹿科 B	右	游离齿		1
DT6	24	小型食肉动物		第 2 节趾骨		1	DT6	24	小型鹿科 B		游离齿	C	1
DT6	24	猪		第 3 节趾骨		1	DT6	24	小型鹿科 B	左	肩胛骨		2
DT6	24	猪	左	下颌骨		2	DT6	24	小型鹿科 B	右	肱骨	远端	1
DT6	24	大型鹿科		炮骨	远端	1	DT6	24	小型鹿科 B	左	尺骨		1
DT6	24	中型鹿科	左	上颌骨		2	DT6	24	小型鹿科 B	右	尺骨		2
DT6	24	中型鹿科	左	下颌骨		1	DT6	24	小型鹿科 B		尺骨		1
DT6	24	中型鹿科	右	下颌骨	齿隙	1	DT6	24	小型鹿科 B	左	桡骨	远端	1
DT6	24	中型鹿科	右	下颌骨		2	DT6	24	小型鹿科 B	右	桡骨	远端	3
DT6	24	中型鹿科	左	游离齿		4	DT6	24	小型鹿科 B	左	掌骨	近端	2
DT6	24	中型鹿科	左	游离齿	I	1	DT6	24	小型鹿科 B		掌骨		1
DT6	24	中型鹿科	右	游离齿		4	DT6	24	小型鹿科 B		掌骨	骨干	1
DT6	24	中型鹿科	右	游离齿	下 M	1	DT6	24	小型鹿科 B		盆骨		2
DT6	24	中型鹿科		游离齿		2	DT6	24	小型鹿科 B		盆骨	坐骨	1
DT6	24	中型鹿科	右	尺骨		1	DT6	24	小型鹿科 B		股骨	股骨头	1
DT6	24	中型鹿科	左	桡骨	近端	1	DT6	24	小型鹿科 B	右	股骨	远端	1
DT6	24	中型鹿科	右	桡骨	远端	1	DT6	24	小型鹿科 B		髌骨		5
DT6	24	中型鹿科		掌骨	骨干	1	DT6	24	小型鹿科 B	左	胫骨	远端	1
DT6	24	中型鹿科		掌骨	远端	3	DT6	24	小型鹿科 B	右	胫骨	远端	2
DT6	24	中型鹿科		盆骨		1	DT6	24	小型鹿科 B		胫骨	近端	1
DT6	24	中型鹿科		腕骨		3	DT6	24	小型鹿科 B	右	跗骨		2
DT6	24	中型鹿科		跗骨		1	DT6	24	小型鹿科 B		距骨	骨干	2
DT6	24	中型鹿科		距骨	骨干	6	DT6	24	小型鹿科 B		炮骨		1
DT6	24	中型鹿科		距骨	碎块	5	DT6	24	小型鹿科 B		第 1 节趾骨		5
DT6	24	中型鹿科		距骨	远端	3	DT6	24	小型鹿科 B		第 1 节趾骨	近端	5

续表二

探方号	层位	种属	左/右	部位	保存状况	件数	探方号	层位	种属	左/右	部位	保存状况	件数
DT6	24	小型鹿科B		第2节趾骨		3	DT6	23	雉		附跖骨		1
DT6	24	小型鹿科B		第2节趾骨	近端	1	DT6	23	鸟		喙骨	远端	1
DT6	24	小型鹿科B		趾骨	远端	1	DT6	23	鸟	右	肱骨	远端	1
DT6	24	牛	左	游离齿	下P	1	DT6	23	鸟		综荐骨		1
DT6	24	大型哺乳动物		脊椎		1	DT6	23	鸟		肢骨		8
DT6	24	哺乳动物		下颌骨	碎块	1	DT6	23	猴		游离齿		2
DT6	24	哺乳动物	左	游离齿		1	DT6	23	小型食肉动物	右	尺骨		1
DT6	24	哺乳动物		游离齿		1	DT6	23	小型食肉动物		桡骨	近端	1
DT6	24	哺乳动物		肩胛骨		2	DT6	23	小型食肉动物		掌骨		1
DT6	24	哺乳动物	左	肱骨	远端	1	DT6	23	小型食肉动物		盆骨		2
DT6	24	哺乳动物	右	尺骨		1	DT6	23	小型食肉动物	左	胫骨	近端	1
DT6	24	哺乳动物	右	桡骨	远端关节	1	DT6	23	小型食肉动物	右	跟骨		1
DT6	24	哺乳动物		盆骨	髂骨	1	DT6	23	猪	右	下颌骨		1
DT6	24	哺乳动物	右	股骨	远端	1	DT6	23	猪		游离齿	I	1
DT6	24	哺乳动物		腕骨		1	DT6	23	猪		掌骨		1
DT6	24	哺乳动物		趾骨	碎块	1	DT6	23	猪		第2节趾骨		1
DT6	24	哺乳动物		肋骨		45	DT6	23	中型鹿科		角		1
DT6	24	哺乳动物		尾椎		1	DT6	23	中型鹿科	左	上颌骨		1
DT6	24	哺乳动物		脊椎		30	DT6	23	中型鹿科	右	下颌骨	下颌支	1
DT6	24	哺乳动物		肢骨		1	DT6	23	中型鹿科	右	下颌骨		2
DT6	24	哺乳动物		肢骨	5－10	68	DT6	23	中型鹿科	左	游离齿		2
DT6	24	哺乳动物		碎骨片		360	DT6	23	中型鹿科	右	游离齿	下P	1
DT6	24	小型哺乳动物		头骨	碎块	1	DT6	23	中型鹿科	左	游离齿	上P	1
DT6	24	小型哺乳动物	左	上颌骨		1	DT6	23	中型鹿科	右	游离齿	上M	1
DT6	24	小型哺乳动物	右	肩胛骨		1	DT6	23	中型鹿科		枢椎		1
DT6	24	小型哺乳动物	左	髌骨		1	DT6	23	中型鹿科	左	掌骨	近端	1
DT6	24	小型哺乳动物		第2节趾骨	远端	1	DT6	23	中型鹿科	右	跟骨		1
DT6	24	小型哺乳动物		肋骨		12	DT6	23	中型鹿科		腕骨		3
DT6	24	小型哺乳动物		尾椎		1	DT6	23	中型鹿科		距骨	骨干	1
DT6	24	小型哺乳动物		脊椎		1	DT6	23	中型鹿科		第1节趾骨		4
DT6	23	鲤科		咽齿		3	DT6	23	中型鹿科		第2节趾骨		1
DT6	23	鱼		脊椎		4	DT6	23	小型鹿科A	右	股骨	远端	2
DT6	23	鳖		板		2	DT6	23	小型鹿科B	左	游离齿		1
DT6	23	鹭		腕掌骨	骨干	2	DT6	23	小型鹿科B	右	游离齿		1
DT6	23	雁	左	肩胛骨	近端	1	DT6	23	小型鹿科B	右	游离齿	下P	1
DT6	23	雁	右	肱骨	远端	1	DT6	23	小型鹿科B		炮骨	远端	1
DT6	23	原鸡	右	胫骨	远端	1	DT6	23	小型鹿科B		第1节趾骨		4

续表二

探方号	层位	种属	左/右	部位	保存状况	件数	探方号	层位	种属	左/右	部位	保存状况	件数
DT6	23	小型鹿科 B		第 2 节趾骨		2	DT6	22	小型食肉动物		股骨	股骨头	1
DT6	23	小型鹿科 B		第 3 节趾骨		2	DT6	22	小型食肉动物	左	距骨		1
DT6	23	牛		第 1 节趾骨		1	DT6	22	小型食肉动物	右	距骨		1
DT6	23	哺乳动物		桡骨	骨干	1	DT6	22	小型食肉动物		第 1 节趾骨		1
DT6	23	哺乳动物	左	胫骨		1	DT6	22	猪		游离齿	碎块	1
DT6	23	哺乳动物		肋骨		2	DT6	22	猪	左	距骨		1
DT6	23	哺乳动物		脊椎		4	DT6	22	中型鹿科	左	游离齿	上 M	2
DT6	23	哺乳动物		肢骨	5－10	23	DT6	22	中型鹿科	右	游离齿	上 M	1
DT6	23	哺乳动物		肢骨	10－15	7	DT6	22	中型鹿科	右	游离齿	下 M	1
DT6	23	哺乳动物		碎骨片		130	DT6	22	中型鹿科	右	游离齿	上 P	1
DT6	23	小型哺乳动物	右	肩胛骨		1	DT6	22	中型鹿科	左	桡骨	近端	1
DT6	22	鲤科		咽齿		50	DT6	22	中型鹿科		掌骨	骨干	1
DT6	22	鱼		脊椎		38	DT6	22	中型鹿科	右	胫骨	远端	1
DT6	22	鱼		背鳍		1	DT6	22	中型鹿科	右	距骨		1
DT6	22	鱼		齿骨		2	DT6	22	中型鹿科		腕骨		3
DT6	22	鳖		板		27	DT6	22	中型鹿科		距骨	骨干	1
DT6	22	鸟	右	喙骨	近端	1	DT6	22	中型鹿科		炮骨	远端	4
DT6	22	灵长动物		游离齿	M	5	DT6	22	中型鹿科		第 1 节趾骨		9
DT6	22	巨鼠		游离齿	下 I	1	DT6	22	中型鹿科		第 2 节趾骨		2
DT6	22	巨鼠		游离齿	上 I	3	DT6	22	小型鹿科 B	左	游离齿	上 M	2
DT6	22	绒鼠	右	下颌骨		2	DT6	22	小型鹿科 B	左	游离齿	下 M	1
DT6	22	绒鼠		游离齿	上 I	4	DT6	22	小型鹿科 B	左	游离齿	上 P	1
DT6	22	绒鼠		游离齿	下 I	4	DT6	22	小型鹿科 B	左	游离齿	下 P	1
DT6	22	竹鼠		游离齿	下 I	4	DT6	22	小型鹿科 B	左	游离齿	下 M3	2
DT6	22	竹鼠		游离齿	M	2	DT6	22	小型鹿科 B	左	游离齿	I	4
DT6	22	鼠	左	股骨	近端	1	DT6	22	小型鹿科 B	右	游离齿	上 M	2
DT6	22	豪猪		游离齿	下 I	1	DT6	22	小型鹿科 B	右	游离齿	上 P	1
DT6	22	獾	左	下颌骨		1	DT6	22	小型鹿科 B	右	游离齿	下 P	1
DT6	22	猫科动物或鼬科动物	右	肱骨	远端	1	DT6	22	小型鹿科 B	右	游离齿	I	1
DT6	22	小型食肉动物	左	下颌骨		3	DT6	22	小型鹿科 B		枢椎		1
DT6	22	小型食肉动物	左	游离齿	上 M	1	DT6	22	小型鹿科 B		肱骨	远端	1
DT6	22	小型食肉动物		游离齿	I	1	DT6	22	小型鹿科 B		掌骨	远端	1
DT6	22	小型食肉动物		游离齿	C	1	DT6	22	小型鹿科 B	右	股骨	近端	1
DT6	22	小型食肉动物		肱骨	远端	1	DT6	22	小型鹿科 B		髌骨		3
DT6	22	小型食肉动物	左	尺骨		2	DT6	22	小型鹿科 B	右	胫骨	远端	1
DT6	22	小型食肉动物	右	尺骨		1	DT6	22	小型鹿科 B	左	跟骨		1

续表二

探方号	层位	种属	左/右	部位	保存状况	件数	探方号	层位	种属	左/右	部位	保存状况	件数
DT6	22	小型鹿科B		第1节趾骨		4	DT6	21	中型鹿科	左	游离齿	上M	2
DT6	22	小型鹿科B		第2节趾骨		1	DT6	21	中型鹿科	右	游离齿	上M	2
DT6	22	哺乳动物		头骨		1	DT6	21	中型鹿科	左	桡骨	近端	1
DT6	22	哺乳动物		股骨	关节	1	DT6	21	中型鹿科	左	桡骨	远端	1
DT6	22	哺乳动物		跟骨	关节	1	DT6	21	中型鹿科	右	桡骨	近端	1
DT6	22	哺乳动物		肋骨		8	DT6	21	中型鹿科	左	胫骨	近端	1
DT6	22	哺乳动物		脊椎		5	DT6	21	中型鹿科	左	距骨		1
DT6	22	哺乳动物		碎骨片		130	DT6	21	中型鹿科		炮骨	远端关节	1
DT6	22	小型哺乳动物		肱骨	骨干	2	DT6	21	中型鹿科		炮骨	远端	2
DT6	22	小型哺乳动物	左	尺骨		1	DT6	21	中型鹿科		第1节趾骨		1
DT6	22	小型哺乳动物		掌骨		2	DT6	21	中型鹿科		第3节趾骨		4
DT6	22	小型哺乳动物		股骨?		1	DT6	21	小型鹿科A	左	掌骨	近端	1
DT6	22	小型哺乳动物		第1节趾骨		1	DT6	21	小型鹿科B	右	下颌骨		4
DT6	21	鲤科		咽齿		9	DT6	21	小型鹿科B	左	游离齿		1
DT6	21	鱼		脊椎		26	DT6	21	小型鹿科B		游离齿		6
DT6	21	鱼		刺		1	DT6	21	小型鹿科B	右	肩胛骨		2
DT6	21	鱼		齿骨		1	DT6	21	小型鹿科B	右	桡骨	近端	1
DT6	21	鱼		背鳍		1	DT6	21	小型鹿科B	右	桡骨	远端	1
DT6	21	鳖		板		2	DT6	21	小型鹿科B	右	胫骨	远端	1
DT6	21	鳖		肢骨		1	DT6	21	小型鹿科B	左	跟骨		1
DT6	21	雁	左	喙骨	近端	1	DT6	21	小型鹿科B	右	跟骨		1
DT6	21	雁	右	喙骨	近端	2	DT6	21	小型鹿科B		腕骨		1
DT6	21	雁	右	肩胛骨	近端	1	DT6	21	小型鹿科B		第1节趾骨		3
DT6	21	原鸡	右	喙骨	近端	2	DT6	21	小型鹿科B		第2节趾骨		1
DT6	21	原鸡	右	肩胛骨	近端	1	DT6	21	小型鹿科B		第3节趾骨		1
DT6	21	雉	右	肱骨	远端	1	DT6	21	牛		第2节趾骨		1
DT6	21	鸟	左	喙骨	远端	2	DT6	21	大型哺乳动物		肋骨		6
DT6	21	鸟		肱骨	远端	1	DT6	21	哺乳动物		游离齿	碎块	1
DT6	21	鸟		肢骨	碎块	18	DT6	21	哺乳动物		肱骨	近端	1
DT6	21	鸟		脊椎		1	DT6	21	哺乳动物		盆骨		3
DT6	21	啮齿动物		门齿		1	DT6	21	哺乳动物		腕骨		1
DT6	21	小型食肉动物		游离齿		2	DT6	21	哺乳动物		肋骨		9
DT6	21	小型食肉动物	左	尺骨		1	DT6	21	哺乳动物		脊椎		4
DT6	21	猪		掌骨		1	DT6	21	哺乳动物		碎骨片		119
DT6	21	中型鹿科	左	上颌骨		2	DT6	21	小型哺乳动物	左	下颌骨		1
DT6	21	中型鹿科	左	游离齿		1	DT6	21	小型哺乳动物		尾椎		2
DT6	21	中型鹿科	右	游离齿		1	DT6	21	小型哺乳动物		脊椎		3

续表二

探方号	层位	种属	左/右	部位	保存状况	件数	探方号	层位	种属	左/右	部位	保存状况	件数
DT6	20	鲤科		咽齿		10	DT6	20	中型鹿科	右	距骨		1
DT6	20	鱼	左	鳃盖骨		1	DT6	20	中型鹿科		腕骨		8
DT6	20	鱼		背鳍		4	DT6	20	中型鹿科		跗骨		1
DT6	20	鱼		齿骨		2	DT6	20	中型鹿科		距骨	远端	1
DT6	20	鱼		脊椎		34	DT6	20	中型鹿科		距骨		3
DT6	20	鳖		板		5	DT6	20	中型鹿科		炮骨	远端	3
DT6	20	鸭		桡骨		1	DT6	20	中型鹿科		第1节趾骨		2
DT6	20	原鸡	左	胫骨	远端	1	DT6	20	中型鹿科		第2节趾骨		3
DT6	20	原鸡	右	胫骨	远端	1	DT6	20	中型鹿科		第3节趾骨		5
DT6	20	鸟		喙骨		1	DT6	20	小型鹿科B	左	下颌骨		2
DT6	20	鸟	右	肱骨	近端	2	DT6	20	小型鹿科B	右	下颌骨		1
DT6	20	鸟	左	掌骨		1	DT6	20	小型鹿科B	右	下颌骨	齿隙	1
DT6	20	鸟		腕掌骨		2	DT6	20	小型鹿科B	左	游离齿	上P	2
DT6	20	鸟		肢骨		5	DT6	20	小型鹿科B	左	游离齿	下M	1
DT6	20	鼠		桡骨	近端	1	DT6	20	小型鹿科B	左	游离齿	I	1
DT6	20	啮齿动物		游离齿	上I	1	DT6	20	小型鹿科B	右	游离齿	上P	2
DT6	20	水獭	左	下颌骨		1	DT6	20	小型鹿科B	右	游离齿	下M	1
DT6	20	水獭	右	下颌骨		1	DT6	20	小型鹿科B	右	游离齿	I	1
DT6	20	水獭	左	游离齿	上P4	1	DT6	20	小型鹿科B		游离齿	M	2
DT6	20	水獭	右	游离齿	上P4	1	DT6	20	小型鹿科B		枢椎		1
DT6	20	水獭	左	游离齿	上M1	1	DT6	20	小型鹿科B	左	肩胛骨		1
DT6	20	小型食肉动物	左	尺骨		1	DT6	20	小型鹿科B	右	肩胛骨		1
DT6	20	小型食肉动物		掌骨		1	DT6	20	小型鹿科B	左	肱骨	近端	1
DT6	20	小型食肉动物		第1节趾骨		1	DT6	20	小型鹿科B	右	尺骨		1
DT6	20	食肉动物或鸟		第3节趾骨		1	DT6	20	小型鹿科B		尺骨		1
DT6	20	猪	右	上颌骨		1	DT6	20	小型鹿科B	左	桡骨	近端	1
DT6	20	猪		游离齿		1	DT6	20	小型鹿科B	左	桡骨	远端	1
DT6	20	猪		游离齿	I	1	DT6	20	小型鹿科B	右	桡骨	近端	1
DT6	20	鹿		角	角柄-角干	1	DT6	20	小型鹿科B	右	掌骨	近端	1
DT6	20	中型鹿科		角		1	DT6	20	小型鹿科B	右	盆骨		1
DT6	20	中型鹿科	右	上颌骨	碎块	1	DT6	20	小型鹿科B		髌骨		1
DT6	20	中型鹿科	右	游离齿		1	DT6	20	小型鹿科B	左	跟骨		2
DT6	20	中型鹿科		枢椎		1	DT6	20	小型鹿科B	右	跟骨		1
DT6	20	中型鹿科	左	桡骨	远端	1	DT6	20	小型鹿科B	左	距骨		1
DT6	20	中型鹿科	左	掌骨	近端	1	DT6	20	小型鹿科B	右	距骨		1
DT6	20	中型鹿科	右	盆骨		2	DT6	20	小型鹿科B		腕骨		3
DT6	20	中型鹿科		髌骨		1	DT6	20	小型鹿科B	左	跗骨		3

续表二

探方号	层位	种属	左/右	部位	保存状况	件数	探方号	层位	种属	左/右	部位	保存状况	件数
DT6	20	小型鹿科B	左	跗骨	近端	3	DT6	19	小型食肉动物	右	肩胛骨		1
DT6	20	小型鹿科B		炮骨	远端	3	DT6	19	小型食肉动物	右	尺骨		2
DT6	20	小型鹿科B		第1节趾骨		4	DT6	19	小型食肉动物		第1节趾骨		1
DT6	20	小型鹿科B		第2节趾骨		7	DT6	19	猪		游离齿	I	1
DT6	20	小型鹿科B		第3节趾骨		8	DT6	19	猪		第2节趾骨		1
DT6	20	大型哺乳动物		脊椎		1	DT6	19	中型鹿科	右	上颌骨		2
DT6	20	哺乳动物		肩胛骨		1	DT6	19	中型鹿科	右	游离齿		6
DT6	20	哺乳动物	左	肱骨	远端	1	DT6	19	中型鹿科	右	肩胛骨		1
DT6	20	哺乳动物		盆骨	坐骨	1	DT6	19	中型鹿科	右	肱骨	远端	1
DT6	20	哺乳动物		盆骨	碎块	2	DT6	19	中型鹿科		肱骨	近端	1
DT6	20	哺乳动物		肋骨		22	DT6	19	中型鹿科		掌骨	骨干	1
DT6	20	哺乳动物		脊椎		9	DT6	19	中型鹿科		髌骨		1
DT6	20	哺乳动物		肢骨	10-15	8	DT6	19	中型鹿科	左	胫骨	远端关节	1
DT6	20	哺乳动物		肢骨	5-10	28	DT6	19	中型鹿科	右	胫骨	远端	1
DT6	20	哺乳动物		肢骨	碎块	1	DT6	19	中型鹿科	右	距骨		1
DT6	20	哺乳动物		碎骨片		300	DT6	19	中型鹿科		跗骨		2
DT6	20	小型哺乳动物		肱骨	远端	1	DT6	19	中型鹿科		距骨	远端	1
DT6	20	小型哺乳动物		桡骨	近端	1	DT6	19	中型鹿科		距骨	骨干	1
DT6	20	小型哺乳动物		脊椎		15	DT6	19	中型鹿科		炮骨	远端	
DT6	19	鲤科		咽齿		10	DT6	19	中型鹿科		第1节趾骨		2
DT6	19	鱼		脊椎		32	DT6	19	中型鹿科		第2节趾骨		1
DT6	19	鱼		齿骨		1	DT6	19	中型鹿科		第3节趾骨		3
DT6	19	鳖		板		3	DT6	19	中型鹿科		趾骨		2
DT6	19	雁	右	肩胛骨	近端	1	DT6	19	小型鹿科A	右	股骨	远端	1
DT6	19	原鸡	右	喙骨	完整	1	DT6	19	小型鹿科B	右	上颌骨		1
DT6	19	原鸡	左	肱骨	远端	1	DT6	19	小型鹿科B	左	下颌骨		1
DT6	19	雉类		第1节趾骨		1	DT6	19	小型鹿科B	右	下颌骨	下颌支	1
DT6	19	鸟		肱骨	远端	1	DT6	19	小型鹿科B	右	下颌骨		1
DT6	19	鸟		附跖骨		1	DT6	19	小型鹿科B	左	游离齿		1
DT6	19	鸟		肢骨		12	DT6	19	小型鹿科B	左	肩胛骨		1
DT6	19	猴	右	下颌骨		1	DT6	19	小型鹿科B	左	尺骨		1
DT6	19	巨鼠	右	下颌骨		1	DT6	19	小型鹿科B		髌骨		1
DT6	19	啮齿动物		游离齿		2	DT6	19	小型鹿科B	右	胫骨	远端	1
DT6	19	食肉动物		游离齿	C	1	DT6	19	小型鹿科B	右	距骨		1
DT6	19	食肉动物		第3节趾骨		1	DT6	19	小型鹿科B		跗骨		1
DT6	19	小型食肉动物	左	下颌骨		1	DT6	19	小型鹿科B		距骨	骨干	1
DT6	19	小型食肉动物		游离齿		1	DT6	19	小型鹿科B		炮骨	远端关节	2

续表二

探方号	层位	种属	左/右	部位	保存状况	件数	探方号	层位	种属	左/右	部位	保存状况	件数
DT6	19	小型鹿科 B		炮骨	远端	2	DT6	16	雉		胫骨		1
DT6	19	小型鹿科 B		第 1 节趾骨		1	DT6	16	鸟		掌骨		1
DT6	19	小型鹿科 B		第 2 节趾骨		3	DT6	16	鸟		肢骨		6
DT6	19	小型鹿科 B		第 3 节趾骨		1	DT6	16	小型食肉动物		掌骨		1
DT6	19	小型鹿科 B	右	趾骨		1	DT6	16	小型食肉动物		第 2 节趾骨		1
DT6	19	哺乳动物		下颌骨		1	DT6	16	中型鹿科		角		1
DT6	19	哺乳动物	左	股骨	近端	1	DT6	16	中型鹿科	左	上颌骨		1
DT6	19	哺乳动物		跗骨		4	DT6	16	中型鹿科	左	跟骨		1
DT6	19	哺乳动物		肋骨		11	DT6	16	中型鹿科		第 2 节趾骨	远端	1
DT6	19	哺乳动物		脊椎		9	DT6	16	中型鹿科		第 3 节趾骨		1
DT6	19	哺乳动物		肢骨	5 - 10	25	DT6	16	小型鹿科 A		第 3 节趾骨		1
DT6	19	哺乳动物		肢骨	＜5	23	DT6	16	小型鹿科 B	右	距骨		1
DT6	19	哺乳动物		碎骨片		132	DT6	16	哺乳动物		肋骨		8
DT6	19	不明动物		骨骼		1	DT6	16	哺乳动物		脊椎		2
DT6	18	鱼		脊椎		1	DT6	16	哺乳动物		碎骨片		25
DT6	18	鱼		齿骨		1	DT6	15	鲤科		咽齿		3
DT6	18	鳖		板		1	DT6	15	鱼		脊椎		17
DT6	18	中型鹿科		趾骨		1	DT6	15	鱼		齿骨		1
DT6	18	小型鹿科 B	右	游离齿		2	DT6	15	鳖		板		4
DT6	18	小型鹿科 B	右	游离齿	上 M	2	DT6	15	池鹭		颈椎		1
DT6	18	小型鹿科 B	右	游离齿	上 P	1	DT6	15	鹳		附跖骨		1
DT6	18	小型鹿科 B	右	股骨	近端	1	DT6	15	鸦		附跖骨		1
DT6	18	哺乳动物		头骨	听骨	2	DT6	15	鸟		肢骨		16
DT6	18	哺乳动物		肱骨	碎块	1	DT6	15	鸟		不明骨骼		1
DT6	18	哺乳动物		盆骨		2	DT6	15	大型食肉动物		肱骨	远端	1
DT6	18	哺乳动物		肋骨		1	DT6	15	小型食肉动物	左	下颌骨		1
DT6	18	哺乳动物		碎骨片		32	DT6	15	小型食肉动物	右	盆骨		1
DT6	17	鱼		脊椎		2	DT6	15	小型食肉动物	左	距骨		1
DT6	17	鱼		背鳍		1	DT6	15	小型食肉动物		趾骨		2
DT6	17	鸟	左	肱骨	远端	1	DT6	15	小型食肉动物		不明骨骼		1
DT6	17	鸟		肢骨		1	DT6	15	猪		游离齿		1
DT6	17	中型鹿科		炮骨	骨干	1	DT6	15	中型鹿科	左	上颌骨		2
DT6	17	中型鹿科		第 1 节趾骨		1	DT6	15	中型鹿科	左	游离齿	下 M	1
DT6	17	哺乳动物		脊椎		1	DT6	15	中型鹿科		游离齿		1
DT6	17	哺乳动物		碎骨片		20	DT6	15	中型鹿科	右	肩胛骨		2
DT6	16	鳖		板		4	DT6	15	中型鹿科		桡骨	骨干	1
DT6	16	鹭	左	肱骨	近端	1	DT6	15	中型鹿科	右	掌骨	近端	1

续表二

探方号	层位	种属	左/右	部位	保存状况	件数	探方号	层位	种属	左/右	部位	保存状况	件数
DT6	15	中型鹿科		掌骨	骨干	1	DT6	14	鱼		齿骨		4
DT6	15	中型鹿科	左	跟骨		1	DT6	14	鱼		背鳍		1
DT6	15	中型鹿科	右	跟骨		2	DT6	14	鱼		刺棘		1
DT6	15	中型鹿科		距骨	骨干	2	DT6	14	鳖		板		2
DT6	15	中型鹿科		炮骨	远端关节	1	DT6	14	鹭		腕掌骨	近端	1
DT6	15	中型鹿科		炮骨	远端	1	DT6	14	雉	右	喙骨	近端	1
DT6	15	中型鹿科		炮骨	骨干	1	DT6	14	鹦鹉科		腕掌骨	基本完整	1
DT6	15	中型鹿科		第1节趾骨		3	DT6	14	鸟		综荐骨		1
DT6	15	中型鹿科		第2节趾骨		1	DT6	14	狗獾	左	下颌骨		1
DT6	15	小型鹿科B	左	角		1	DT6	14	小型食肉动物		桡骨	近端	2
DT6	15	小型鹿科B		游离齿		1	DT6	14	小型食肉动物		掌骨		2
DT6	15	小型鹿科B	左	肱骨	近端	1	DT6	14	小型食肉动物	左	距骨		1
DT6	15	小型鹿科B	左	肱骨	远端	1	DT6	14	小型食肉动物		第1节趾骨		1
DT6	15	小型鹿科B	左	尺骨		1	DT6	14	猪	左	肩胛骨		1
DT6	15	小型鹿科B	右	尺骨		1	DT6	14	猪	右	肩胛骨		1
DT6	15	小型鹿科B	右	桡骨	远端关节	1	DT6	14	猪	右	距骨		1
DT6	15	小型鹿科B		掌骨	远端	1	DT6	14	猪		第1节趾骨		2
DT6	15	小型鹿科B	右	盆骨		1	DT6	14	猪		第2节趾骨		1
DT6	15	小型鹿科B	左	股骨	近端	1	DT6	14	猪		第3节趾骨		1
DT6	15	小型鹿科B	左	胫骨	近端	1	DT6	14	大型鹿科	右	距骨		1
DT6	15	小型鹿科B	左	胫骨	远端	3	DT6	14	中型鹿科	右	上颌骨		2
DT6	15	小型鹿科B	右	胫骨	近端	1	DT6	14	中型鹿科	左	下颌骨	齿隙	1
DT6	15	小型鹿科B	右	胫骨	远端	1	DT6	14	中型鹿科	左	游离齿	I	2
DT6	15	小型鹿科B	左	跟骨		1	DT6	14	中型鹿科	左	尺骨		3
DT6	15	小型鹿科B	左	距骨		1	DT6	14	中型鹿科		腕骨		12
DT6	15	小型鹿科B		炮骨	远端关节	3	DT6	14	中型鹿科		掌骨	远端	1
DT6	15	小型鹿科B		炮骨	骨干	1	DT6	14	中型鹿科	左	胫骨	远端	1
DT6	15	小型鹿科B		第1节趾骨		5	DT6	14	中型鹿科	右	胫骨	近端	2
DT6	15	小型鹿科B		第2节趾骨		3	DT6	14	中型鹿科		距骨	远端	1
DT6	15	牛		腕骨		2	DT6	14	中型鹿科	右	距骨	近端	2
DT6	15	哺乳动物		尾椎		2	DT6	14	中型鹿科		距骨	骨干	3
DT6	15	哺乳动物		肋骨		10	DT6	14	中型鹿科		第1节趾骨		2
DT6	15	哺乳动物		脊椎		9	DT6	14	中型鹿科		第3节趾骨		5
DT6	15	哺乳动物		肢骨	5-10	8	DT6	14	小型鹿科A	右	游离齿	下P	1
DT6	15	哺乳动物		碎骨片		138	DT6	14	小型鹿科A	左	桡骨	远端	1
DT6	14	鲤科		咽齿		24	DT6	14	小型鹿科A	左	股骨	近端	1
DT6	14	鱼		脊椎		11	DT6	14	小型鹿科A	左	股骨	远端	1

续表二

探方号	层位	种属	左/右	部位	保存状况	件数	探方号	层位	种属	左/右	部位	保存状况	件数
DT6	14	小型鹿科 A	右	股骨	近端	2	DT6	14	小型鹿科 B	左	股骨	近端	1
DT6	14	小型鹿科 A	左	胫骨	远端关节	1	DT6	14	小型鹿科 B	右	股骨	远端	1
DT6	14	小型鹿科 A		腕骨		3	DT6	14	小型鹿科 B	左	胫骨	远端	1
DT6	14	小型鹿科 A		炮骨	远端	2	DT6	14	小型鹿科 B	左	跟骨		3
DT6	14	小型鹿科 A		第1节趾骨		3	DT6	14	小型鹿科 B	右	跟骨		2
DT6	14	小型鹿科 A		第2节趾骨		1	DT6	14	小型鹿科 B	左	距骨		4
DT6	14	小型鹿科 A		第3节趾骨		1	DT6	14	小型鹿科 B	右	距骨		1
DT6	14	小型鹿科 B	右	上颌骨		4	DT6	14	小型鹿科 B		腕骨		10
DT6	14	小型鹿科 B	左	下颌骨		3	DT6	14	小型鹿科 B	右	跗骨		1
DT6	14	小型鹿科 B	左	下颌骨	下颌支	1	DT6	14	小型鹿科 B	左	距骨	近端	2
DT6	14	小型鹿科 B	右	下颌骨		7	DT6	14	小型鹿科 B	右	距骨	近端	2
DT6	14	小型鹿科 B	左	游离齿	下 M	1	DT6	14	小型鹿科 B		距骨		1
DT6	14	小型鹿科 B	右	游离齿	下 M	1	DT6	14	小型鹿科 B		距骨	骨干	3
DT6	14	小型鹿科 B		寰椎		1	DT6	14	小型鹿科 B		炮骨	骨干	1
DT6	14	小型鹿科 B		枢椎		2	DT6	14	小型鹿科 B		第1节趾骨		12
DT6	14	小型鹿科 B	左	肩胛骨		2	DT6	14	小型鹿科 B		第2节趾骨		14
DT6	14	小型鹿科 B	右	肩胛骨		1	DT6	14	小型鹿科 B		第3节趾骨		7
DT6	14	小型鹿科 B		肩胛骨		1	DT6	14	牛	左	下颌骨		1
DT6	14	小型鹿科 B	左	肱骨	近端	1	DT6	14	牛		下颌骨	碎块	1
DT6	14	小型鹿科 B	右	肱骨	近端	2	DT6	14	牛	左	肩胛骨		1
DT6	14	小型鹿科 B	右	肱骨	远端	2	DT6	14	牛		股骨	骨干	1
DT6	14	小型鹿科 B	左	尺骨		2	DT6	14	牛		肢骨	10-15	3
DT6	14	小型鹿科 B	右	尺骨		4	DT6	14	哺乳动物		肩胛骨	碎块	2
DT6	14	小型鹿科 B	左	桡骨	近端	5	DT6	14	哺乳动物	右	肱骨	远端	2
DT6	14	小型鹿科 B	左	桡骨	远端	1	DT6	14	哺乳动物		尺骨		1
DT6	14	小型鹿科 B	右	桡骨	近端	3	DT6	14	哺乳动物		胫骨	近端	1
DT6	14	小型鹿科 B	右	桡骨	远端关节	1	DT6	14	哺乳动物		跟骨	关节	1
DT6	14	小型鹿科 B	右	桡骨	远端	1	DT6	14	哺乳动物		肋骨		23
DT6	14	小型鹿科 B	左	掌骨	近端	1	DT6	14	哺乳动物		脊椎		2
DT6	14	小型鹿科 B		掌骨	远端	2	DT6	14	哺乳动物		肢骨	5-10	24
DT6	14	小型鹿科 B		掌骨	骨干	1	DT6	14	哺乳动物		肢骨	骨干	1
DT6	14	小型鹿科 B	左	盆骨	髋臼	1	DT6	14	哺乳动物		碎骨片		137
DT6	14	小型鹿科 B	左	盆骨	髂骨	2	DT6	14	哺乳动物		关节		1
DT6	14	小型鹿科 B	左	盆骨	坐骨	1	DT6	14	小型哺乳动物	左	肱骨	远端	1
DT6	14	小型鹿科 B	右	盆骨	髂骨	1	DT6	14	小型哺乳动物	左	胫骨	近端	1
DT6	14	小型鹿科 B	右	盆骨	耻骨	2	DT6	13	鲤科		咽齿		9
DT6	14	小型鹿科 B		骶骨		2	DT6	13	东部鲤科		咽齿		4

续表二

探方号	层位	种属	左/右	部位	保存状况	件数	探方号	层位	种属	左/右	部位	保存状况	件数
DT6	13东部	鱼		脊椎		1	DT6	13东部	小型鹿科 B	左	上颌骨		1
DT6	13	鱼		脊椎		16	DT6	13东部	小型鹿科 B	右	下颌骨	齿隙	1
DT6	13东部	鱼		齿骨		1	DT6	13东部	小型鹿科 B	右	下颌骨		1
DT6	13东部	鳖		肢骨		4	DT6	13东部	小型鹿科 B		枢椎		2
DT6	13东部	鸟		跗骨		1	DT6	13东部	小型鹿科 B	右	肩胛骨		4
DT6	13东部	灵长类?	左	下颌骨		1	DT6	13东部	小型鹿科 B	左	肱骨	远端	6
DT6	13东部	灵长类?	右	下颌骨		1	DT6	13东部	小型鹿科 B	右	肱骨	远端	2
DT6	13东部	食肉动物		肱骨	远端	1	DT6	13东部	小型鹿科 B	左	尺骨		2
DT6	13东部	食肉动物		跟骨		1	DT6	13东部	小型鹿科 B	左	桡骨	近端	2
DT6	13东部	食肉动物		趾骨		1	DT6	13东部	小型鹿科 B	左	桡骨	远端	1
DT6	13	小型食肉动物		趾骨		1	DT6	13东部	小型鹿科 B	右	桡骨	近端	1
DT6	13东部	猪		游离齿		2	DT6	13东部	小型鹿科 B	左	掌骨	近端	1
DT6	13东部	猪		枢椎		1	DT6	13东部	小型鹿科 B	左	盆骨	碎块	1
DT6	13东部	猪	右	跟骨		1	DT6	13东部	小型鹿科 B	右	盆骨	碎块	1
DT6	13	中型鹿科	左	上颌骨		1	DT6	13东部	小型鹿科 B		骶骨		1
DT6	13	中型鹿科	右	下颌骨		1	DT6	13东部	小型鹿科 B	左	股骨	近端	1
DT6	13东部	中型鹿科	左	下颌骨		1	DT6	13东部	小型鹿科 B	左	胫骨	远端	1
DT6	13东部	中型鹿科		下颌骨	碎块	1	DT6	13东部	小型鹿科 B	右	胫骨	远端	1
DT6	13东部	中型鹿科	右	肩胛骨		1	DT6	13东部	小型鹿科 B	左	跟骨		3
DT6	13东部	中型鹿科	右	肱骨	远端	1	DT6	13东部	小型鹿科 B	右	跟骨		3
DT6	13	中型鹿科		掌骨	远端关节	2	DT6	13	小型鹿科 B	右	距骨		1
DT6	13东部	中型鹿科		股骨	远端	1	DT6	13东部	小型鹿科 B	右	距骨	近端	1
DT6	13东部	中型鹿科	左	胫骨	近端	3	DT6	13东部	小型鹿科 B		第 1 节趾骨		5
DT6	13东部	中型鹿科	左	胫骨	远端	1	DT6	13东部	牛	右	门齿		1
DT6	13东部	中型鹿科	左	跟骨		2	DT6	13东部	牛		第 2 节趾骨		1
DT6	13东部	中型鹿科	左	距骨		1	DT6	13东部	哺乳动物		肢骨	5－10	6
DT6	13东部	中型鹿科	左	跗骨		1	DT6	13东部	哺乳动物		头骨	碎块	1
DT6	13东部	中型鹿科	右	距骨	近端	1	DT6	13	哺乳动物		碎骨片		107
DT6	13东部	中型鹿科		距骨	远端关节	1	DT6	13东部	哺乳动物		脊椎	碎块	1
DT6	13	中型鹿科		第 1 节趾骨		2	DT6	13	小型哺乳动物		尾椎		1
DT6	13东部	中型鹿科		第 1 节趾骨		3	DT6	13东部	小型哺乳动物		脊椎	碎块	9
DT6	13	中型鹿科		第 2 节趾骨		4	DT6	12	鱼		脊椎		2
DT6	13东部	中型鹿科		第 2 节趾骨		1	DT6	12	鱼		背鳍		1
DT6	13东部	中型鹿科		第 3 节趾骨		3	DT6	12	鳖		板		4
DT6	13东部	小型鹿科 A	左	肩胛骨		1	DT6	12	大型鹿科		尺骨	近端	1
DT6	13东部	小型鹿科 A		距骨	远端	1	DT6	12	大型鹿科	右	桡骨	远端	1
DT6	13东部	小型鹿科 A		第 3 节趾骨		1	DT6	12	中型鹿科	左	游离齿		1

续表二

探方号	层位	种属	左/右	部位	保存状况	件数	探方号	层位	种属	左/右	部位	保存状况	件数
DT6	12	中型鹿科		第1节趾骨		1	DT6	11	小型鹿科B	右	肱骨	近端	1
DT6	12	小型鹿科A		第3节趾骨		1	DT6	11	小型鹿科B	右	肱骨	远端	4
DT6	12	小型鹿科B	右	上颌骨		1	DT6	11	小型鹿科B	左	尺骨	近端	3
DT6	12	小型鹿科B	左	下颌骨	髁突	1	DT6	11	小型鹿科B	左	桡骨	近端	2
DT6	12	小型鹿科B	右	游离齿		1	DT6	11	小型鹿科B	右	桡骨	远端关节	1
DT6	12	小型鹿科B	左	肱骨	远端	1	DT6	11	小型鹿科B		桡骨	远端	1
DT6	12	小型鹿科B		炮骨	远端	1	DT6	11	小型鹿科B		掌骨	远端	1
DT6	12	小型鹿科B		第2节趾骨		1	DT6	11	小型鹿科B		掌骨		1
DT6	12	小型鹿科B		趾骨		1	DT6	11	小型鹿科B	左	股骨	近端	1
DT6	12	哺乳动物		髌骨		3	DT6	11	小型鹿科B	右	股骨	远端关节	1
DT6	12	哺乳动物		碎骨片		10	DT6	11	小型鹿科B	左	跟骨		3
DT6	11	鲤科		咽齿		5	DT6	11	小型鹿科B	左	距骨		2
DT6	11	鱼		脊椎		13	DT6	11	小型鹿科B	右	距骨		1
DT6	11	鱼		齿骨		1	DT6	11	小型鹿科B		跗骨		2
DT6	11	鳖		板		8	DT6	11	小型鹿科B	左	距骨		1
DT6	11	鳖		肢骨		1	DT6	11	小型鹿科B		距骨	远端	1
DT6	11	鸟		肱骨	远端	1	DT6	11	小型鹿科B		炮骨	远端	2
DT6	11	鸟		肢骨		2	DT6	11	小型鹿科B		第1节趾骨		2
DT6	11	小型食肉动物		掌骨		1	DT6	11	小型鹿科B		第2节趾骨		4
DT6	11	猪	左	桡骨	远端	1	DT6	11	牛	右	尺骨	尺骨头	1
DT6	11	中型鹿科		角		1	DT6	11	哺乳动物	左	盆骨	碎块	3
DT6	11	中型鹿科	右	肱骨	远端	1	DT6	11	哺乳动物	右	盆骨	碎块	1
DT6	11	中型鹿科	右	尺骨	近端	2	DT6	11	哺乳动物		肋骨		13
DT6	11	中型鹿科		股骨	近端	1	DT6	11	哺乳动物		脊椎		24
DT6	11	中型鹿科	左	股骨	远端	2	DT6	11	哺乳动物		肢骨	10-15	12
DT6	11	中型鹿科	左	胫骨	近端	1	DT6	11	哺乳动物		肢骨	5-10	13
DT6	11	中型鹿科	左	距骨		1	DT6	11	哺乳动物		碎骨片		77
DT6	11	中型鹿科		跗骨		1	DT6	9	鱼		脊椎		20
DT6	11	中型鹿科		第1节趾骨		1	DT6	9东部	鸟		喙骨		1
DT6	11	中型鹿科		第3节趾骨		1	DT6	9	小型食肉动物		掌骨		1
DT6	11	小型鹿科A	左	股骨	远端	2	DT6	9	中型鹿科		游离齿		2
DT6	11	小型鹿科A	右	股骨	远端	1	DT6	9东部	中型鹿科		肱骨	近端	1
DT6	11	小型鹿科A		第3节趾骨		2	DT6	9东部	中型鹿科		髌骨		1
DT6	11	小型鹿科B	左	下颌骨		4	DT6	9东部	中型鹿科	右	跟骨		1
DT6	11	小型鹿科B	右	下颌骨		2	DT6	9东部	中型鹿科		第2节趾骨		2
DT6	11	小型鹿科B		游离齿		1	DT6	9东部	小型鹿科B	左	下颌骨		1
DT6	11	小型鹿科B	左	肱骨	近端	1	DT6	9东部	小型鹿科B	右	下颌骨		4

续表二

探方号	层位	种属	左/右	部位	保存状况	件数	探方号	层位	种属	左/右	部位	保存状况	件数
DT6	9东部	小型鹿科B		肩胛骨		1	DT6	8	中型鹿科	左	胫骨	近端关节	1
DT6	9东部	小型鹿科B	右	掌骨	近端	1	DT6	8	中型鹿科	左	距骨	近端	1
DT6	9	小型鹿科B	右	距骨		1	DT6	8	中型鹿科		第1节趾骨		2
DT6	9东部	小型鹿科B		炮骨	近端	1	DT6	8东部	中型鹿科		第1节趾骨		1
DT6	9	小型鹿科B		第1节趾骨		1	DT6	8	中型鹿科		第2节趾骨		2
DT6	9东部	小型鹿科B		第1节趾骨		1	DT6	8东部	中型鹿科		第2节趾骨	远端	1
DT6	9东部	哺乳动物		游离齿	碎块	3	DT6	8	中型鹿科		第3节趾骨		1
DT6	9东部	哺乳动物	左	肩胛骨		1	DT6	8东部	中型鹿科		第3节趾骨		2
DT6	9东部	哺乳动物		肋骨		3	DT6	8东部	小型鹿科B		角	头骨－角干	2
DT6	9东部	哺乳动物		脊椎		5	DT6	8东部	小型鹿科B	右	下颌骨		1
DT6	9东部	哺乳动物		肢骨	5－10	7	DT6	8东部	小型鹿科B	左	下颌骨	下颌支	1
DT6	9东部	哺乳动物		肢骨	＜5	12	DT6	8东部	小型鹿科B	左	下颌骨		1
DT6	9东部	哺乳动物		碎骨片		1	DT6	8	小型鹿科B	左	游离齿		1
DT6	8	鲤科		咽齿		11	DT6	8东部	小型鹿科B	右	游离齿		2
DT6	8东部	鲤科		咽齿		5	DT6	8东部	小型鹿科B		游离齿	碎块	3
DT6	8	鱼		脊椎		19	DT6	8东部	小型鹿科B	左	肱骨	远端	1
DT6	8东部	鱼		脊椎		4	DT6	8东部	小型鹿科B	左	尺骨	近端	1
DT6	8东部	鱼		齿骨		1	DT6	8东部	小型鹿科B	右	尺骨	近端	1
DT6	8	鳖		板		3	DT6	8东部	小型鹿科B	左	桡骨	远端	1
DT6	8东部	鳖		板		3	DT6	8东部	小型鹿科B		掌骨	远端	1
DT6	8东部	鳖		肢骨		1	DT6	8东部	小型鹿科B	右	股骨	远端	1
DT6	8东部	鸭		桡骨		1	DT6	8东部	小型鹿科B	左	胫骨	远端	2
DT6	8	鸦	右	胫骨	远端	1	DT6	8东部	小型鹿科B	左	跟骨		1
DT6	8东部	鸟		喙骨		1	DT6	8东部	小型鹿科B	右	跟骨		1
DT6	8东部	鸟	右	肱骨	近端	1	DT6	8	小型鹿科B	左	距骨	近端	1
DT6	8东部	鸟	右	肱骨	远端	1	DT6	8	小型鹿科B		距骨	远端	1
DT6	8东部	鸟		附跖骨		1	DT6	8	小型鹿科B		第1节趾骨		1
DT6	8	鸟		肢骨	骨干	2	DT6	8	小型鹿科B		第2节趾骨		1
DT6	8东部	鸟		肢骨		9	DT6	8东部	小型鹿科B		第2节趾骨		1
DT6	8	鸟		不明		1	DT6	8	小型鹿科B		第3节趾骨		2
DT6	8东部	猫科动物	右	肱骨	远端	1	DT6	8东部	哺乳动物		头骨	听骨	2
DT6	8	小型食肉动物	右	跟骨		1	DT6	8东部	哺乳动物		游离齿		1
DT6	8	小型食肉动物		距骨		1	DT6	8东部	哺乳动物		腕骨		4
DT6	8东部	猪		游离齿		1	DT6	8东部	哺乳动物		肋骨		4
DT6	8东部	猪		掌骨		1	DT6	8东部	哺乳动物		脊椎		10
DT6	8东部	中型鹿科	右	游离齿		2	DT6	8东部	哺乳动物		肢骨	5－10	23
DT6	8东部	中型鹿科		游离齿	碎块	1	DT6	8	哺乳动物		碎骨片		50

续表二

探方号	层位	种属	左/右	部位	保存状况	件数	探方号	层位	种属	左/右	部位	保存状况	件数
DT6	8东部	哺乳动物		碎骨片		50	DT6	5	鸟		肱骨	近端	1
DT6	8	小型哺乳动物		髌骨		1	DT6	5	鸟		掌骨		1
DT6	8	小型哺乳动物		尾椎		1	DT6	5	鸟		肢骨		5
DT6	7	鸟		肢骨	碎块	1	DT6	5	猪	左	游离齿		1
DT6	7	哺乳动物		碎骨片		3	DT6	5	猪		游离齿		1
DT6	6	鲤科		咽齿		2	DT6	5	中型鹿科		角		7
DT6	6	鱼		脊椎		3	DT6	5	中型鹿科		掌骨		1
DT6	6	鳖		板		1	DT6	5	中型鹿科	左	胫骨	近端	1
DT6	6东部	鳖		板		1	DT6	5	中型鹿科	右	胫骨	近端	1
DT6	6东部	鸟		喙骨		1	DT6	5	中型鹿科		距骨		1
DT6	6东部	鸟	左	肱骨	远端	2	DT6	5	中型鹿科		第3节趾骨		2
DT6	6	啮齿动物		门齿		1	DT6	5	小型鹿科B		游离齿	碎块	1
DT6	6东部	啮齿动物		门齿		1	DT6	5	小型鹿科B	左	游离齿		1
DT6	6东部	中型鹿科	左	上颌骨		1	DT6	5	小型鹿科B	左	胫骨	远端	1
DT6	6东部	中型鹿科	右	桡骨	近端	1	DT6	5	小型鹿科B	右	跟骨		1
DT6	6东部	中型鹿科		腕骨		1	DT6	5	小型鹿科B		炮骨	远端	2
DT6	6东部	中型鹿科	右	距骨	近端	1	DT6	5	小型鹿科B		第2节趾骨		1
DT6	6东部	小型鹿科A	右	股骨	近端	1	DT6	5	哺乳动物		盆骨		1
DT6	6东部	小型鹿科A		第1节趾骨		1	DT6	5	哺乳动物		肋骨		4
DT6	6东部	小型鹿科B	右	下颌骨		1	DT6	5	哺乳动物		脊椎		7
DT6	6	小型鹿科B		肱骨	远端	1	DT6	5	哺乳动物		肢骨	5-10	6
DT6	6东部	小型鹿科B	右	肱骨	远端	1	DT6	5	哺乳动物		碎骨片		60
DT6	6	小型鹿科B		髌骨		1	DT6	5	不明动物		骨骼		1
DT6	6东部	小型鹿科B		腕骨		1	DT6	4	螃蟹		钳		1
DT6	6	小型鹿科B	右	跗骨		1	DT6	4	鱼		脊椎		3
DT6	6	小型鹿科B	左	距骨	近端	1	DT6	4	鳖		板		3
DT6	6东部	小型鹿科B	右	距骨	近端	1	DT6	4	鸟		肢骨	骨干	2
DT6	6东部	哺乳动物		肢骨	5-10	3	DT6	4	鼠		游离齿	上I	1
DT6	6	哺乳动物		碎骨片		15	DT6	4	啮齿动物		游离齿	下I	1
DT6	6东部	哺乳动物		碎骨片		20	DT6	4	中型鹿科		腕骨		1
DT6	5	鳄鱼	左	下颌骨		1	DT6	4	中型鹿科		距骨	骨干	1
DT6	5	鲤科		咽齿		4	DT6	4	小型鹿科B	右	下颌骨		2
DT6	5	鱼		齿骨		2	DT6	4	小型鹿科B	右	肱骨	远端	2
DT6	5	鱼		脊椎		6	DT6	4	小型鹿科B		盆骨	坐骨	1
DT6	5	鳖		板		17	DT6	4	小型鹿科B	右	距骨	近端	2
DT6	5	鸟	左	肱骨	近端	1	DT6	4	小型鹿科B		炮骨	远端	1
DT6	5	鸟		肱骨		1	DT6	4	牛		盆骨	髋臼	1

续表二

探方号	层位	种属	左/右	部位	保存状况	件数	探方号	层位	种属	左/右	部位	保存状况	件数
DT6	4	哺乳动物		头骨	听骨	1	DT6	1	小型食肉动物	右	胫骨	近端	1
DT6	4	哺乳动物		游离齿		1	DT6	1	猪	右	游离齿		1
DT6	4	哺乳动物		肢骨	5-10	7	DT6	1	大型鹿科	右	胫骨	近端	1
DT6	4	哺乳动物		肢骨	10-15	1	DT6	1	大型鹿科		第1节趾骨	近端	1
DT6	4	哺乳动物		碎骨片		80	DT6	1	大型鹿科		第2节趾骨	近端	1
DT6	4	哺乳动物		不明骨骼		8	DT6	1	中型鹿科		角		3
DT6	3东部	鲤科		咽齿		1	DT6	1	中型鹿科	右	游离齿		3
DT6	3东部	鱼		脊椎		1	DT6	1	中型鹿科		游离齿		1
DT6	3东部	鸟		肱骨	碎块	1	DT6	1	中型鹿科	右	肱骨	远端	1
DT6	3	小型食肉动物	右	肱骨		1	DT6	1	中型鹿科	右	桡骨	近端	1
DT6	3东部	小型食肉动物	左	肱骨	远端	1	DT6	1	中型鹿科		掌骨		2
DT6	3东部	小型食肉动物		股骨	远端	1	DT6	1	中型鹿科	右	胫骨	远端	1
DT6	3	中型鹿科		角		1	DT6	1	中型鹿科	右	跟骨		1
DT6	3东部	中型鹿科	右	下颌骨		2	DT6	1	中型鹿科	左	跗骨		1
DT6	3东部	中型鹿科	左	游离齿	下M3	1	DT6	1	中型鹿科	左	距骨		1
DT6	3东部	中型鹿科		游离齿	I	1	DT6	1	中型鹿科	左	距骨	近端	1
DT6	3东部	中型鹿科	左	掌骨	近端	1	DT6	1	中型鹿科		距骨	远端	2
DT6	3东部	中型鹿科		第3节趾骨		1	DT6	1	中型鹿科		距骨		1
DT6	3东部	小型鹿科B	右	胫骨	远端	1	DT6	1	中型鹿科		炮骨	远端	2
DT6	3东部	小型鹿科B		第3节趾骨		1	DT6	1	中型鹿科		第1节趾骨		1
DT6	3东部	牛		下颌骨	冠状突	1	DT6	1	中型鹿科		第2节趾骨		1
DT6	3东部	牛		第1节趾骨		1	DT6	1	中型鹿科		趾骨		1
DT6	3东部	大型哺乳动物		头骨		1	DT6	1	小型鹿科B	右	上颌骨		1
DT6	3东部	大型哺乳动物		脊椎		1	DT6	1	小型鹿科B	左	下颌骨		2
DT6	3东部	大型哺乳动物		骨板		1	DT6	1	小型鹿科B	右	下颌骨		1
DT6	3东部	哺乳动物		肢骨	5-10	12	DT6	1	小型鹿科B	右	肩胛骨		1
DT6	3东部	哺乳动物		碎骨片		35	DT6	1	小型鹿科B	左	桡骨	远端	1
DT6	1	鲤科		咽齿		1	DT6	1	小型鹿科B	右	桡骨	远端	2
DT6	1	鱼		齿骨		1	DT6	1	小型鹿科B	右	股骨	远端	2
DT6	1	鳖		板		2	DT6	1	小型鹿科B	左	跟骨		1
DT6	1	鸟		喙骨		2	DT6	1	小型鹿科B	右	跟骨		2
DT6	1	鸟	左	肱骨	远端	2	DT6	1	小型鹿科B		掌骨	远端关节	1
DT6	1	鸟	右	肱骨	远端	1	DT6	1	小型鹿科B		掌骨	远端	1
DT6	1	鸟		肢骨		15	DT6	1	小型鹿科B		第1节趾骨		1
DT6	1	食肉动物		股骨	远端	1	DT6	1	牛	左	下颌骨		1
DT6	1	小型食肉动物	左	肩胛骨		1	DT6	1	牛		股骨		1
DT6	1	小型食肉动物	右	尺骨		1	DT6	1	牛		跟骨		1

续表二

探方号	层位	种属	左/右	部位	保存状况	件数	探方号	层位	种属	左/右	部位	保存状况	件数
DT6	1	牛		跗骨		1	DT6	1	哺乳动物		盆骨		2
DT6	1	牛		第2节趾骨		1	DT6	1	哺乳动物	左	胫骨	近端关节	1
DT6	1	牛		第3节趾骨		1	DT6	1	哺乳动物		胫骨	远端关节	1
DT6	1	哺乳动物		头骨		1	DT6	1	哺乳动物		肋骨		23
DT6	1	哺乳动物		颌骨		1	DT6	1	哺乳动物		脊椎		17
DT6	1	哺乳动物	左	桡骨	远端关节	1	DT6	1	哺乳动物		肢骨	10-15	7
DT6	1	哺乳动物	右	桡骨	远端关节	1	DT6	1	哺乳动物		肢骨	5-10	21
DT6	1	哺乳动物		腕骨		1	DT6	1	哺乳动物		碎骨片		60

附录四

甑皮岩出土石器表面残余物的初步分析

吕烈丹

（香港中文大学）

出土器物表面残余物的研究是 1980 年代开始出现的考古学研究方法，包括了对淀粉、植物硅酸体和血液等残余物的提取和分析（吕烈丹，2002）。为了收集更多资料帮助了解甑皮岩史前的经济形态，此次对部分出土石器进行了残余物分析，重点是植物淀粉残余。采样工作在 2001 年 6 月进行，经过实验室处理样品并观察分析。本文报告这个分析的初步结果。

一、标本采样和处理方法

为了进行残余物分析，甑皮岩所有石器在出土时都未经刷洗，用干净的塑料袋分件独立包装。采样程序参考澳大利亚昆士兰大学 Loy 博士的方法，并加以一定的改良，主要根据我们研究的目的去决定采样的数量和位置。

淀粉残余研究要解决的基本上是三个问题。第一，器物表面有无淀粉残余。第二，淀粉残余的分类分析。第三，淀粉残余的存在与器物使用功能是否相关，或者说淀粉是否为器物使用所形成的残余。要解答第一个问题，除了显微镜下的观察之外，还需要考虑出土器物的埋藏环境、土壤的酸碱度以及遗址的性质——如属于洞穴遗址或露天遗址。这些因素都影响到淀粉残余的保存，在采样时需要加以注意并且进行相关资料的收集。至于第二个问题，主要方法是将出土标本和现代淀粉标本进行对比分析。首先需要收集当地现有主要可食用植物的淀粉作为对比标本，在显微镜下仔细观察其形态、大小、结构以及是否具有某些可以鉴定的特征等等。在此认识的基础上，再对出土器物表面的淀粉残余进行观察和对比分析。第三点是比较复杂的问题。国外已有报道，淀粉颗粒在自然土壤中也有发现（Barton et al.，1998）。因此，在进行淀粉分析时必须考虑用不同的方法去收集有关资料解决这个问题。我们是在一件石器的不同部位，通常是在刃部和背部都进行采样，然后进行同样的处理、观察和对比。假如淀粉残余是器物使用后留下的，理论上只应见于器物的刃部；如果是土壤中的自然淀粉颗粒，那么，在刃部和其他部位都有可能发现。要做到这一点，先决条件是所有出土石器都不能进行清洗，要防止器物之间的交叉污染，而且还要防止出土器物受到现代土壤或其他带有现代淀粉物质的污染。

如果人力和时间允许，进行残余物分析的标本自然是越多越好。限于时间和条件必须进行选择性采样的时候，最好在每一个文化时期选择不同类型的器物进行采样。我们在甑皮岩2001年出土的石制品中选择了80件器物，一共采集了208个样品。不过，并非所有样品都能够提取到残余物。

（一）采样程序

1. 操作者彻底清洗双手。手套通常不需要，而且现代实验室手套通常含有淀粉，会造成污染。清理出干净的工作台，注意远离一切可能含有现代淀粉的物质，如手套，甚至实验室浆洗过的工作服等。

2. 刚出土的器物表面泥土通常比较潮湿，甚至粘附在器表。在这种情况下最好是等泥土自然干燥后再进行采样，以保证去除表土时不会同时丧失器表的残余物。从塑料袋中取出石器，用干净竹签剔去器表的泥土。淀粉残余通常附着在器表，特别是器物刃部有凹陷的部位，因此采样应在器物表面进行。

3. 以干净的小油画笔将采样部位表面物质刷到标本瓶或烧杯中，特别注意粘结在刃部缝隙的残余物。再用滴管将大约10微毫升纯水（或蒸馏水）滴到取样部位，以小塑料棒搅拌，尽量使表面物质溶解，然后将液体吸到烧杯或标本瓶中，立即加盖以防污染。这个过程不宜使用硬物，以免在器物表面形成刮擦之类的"现代微痕"，妨碍以后的器物微痕研究。国外有用超声波仪器将器表残余物分离的方法，但控制不当可能对器物造成伤害，特别是对有机质器物。

4. 烧杯或标本瓶贴上样品号。采样和编号过程做好记录，要用草图记录器物不同的采样部位和样品编号。这些资料对后来的分析至为重要。

5. 每采完一个样，操作者必须洗净双手再采下一个样。如果可能，每采一个样所用的竹签即用即弃。油画笔如果要重复使用，每采完一个样以后，必须在流动的水源中用刷子彻底反复清洗。不可在固定的水源（如水桶内）进行清洗，以避免造成交叉污染。

（二）样品的提取

样品的提取程序亦参考 Loy 和 Fullagar 两位博士的方法但作了调整。具体步骤如下：

1. 样品放入250毫升高型烧杯中，测试酸碱值。

2. 如样品含水较多，放入离心机在2000转速离心5分钟，倒去上部液体。用5%碳酸氢钠溶液将样品从离心瓶倒进烧杯中。如含水不多可免去这一步骤。

3. 如样品容积不超过5毫升，可注入5%碳酸氢钠溶液至200毫升。

4. 用玻璃搅棒充分搅动样品。如有振荡器，可将烧杯在低速度下振荡1小时。如没有，可每半小时加以搅动，共搅动10次左右。主要是让土壤尽量分解以利淀粉释出。

5. 样品静置24小时，让淀粉颗粒充分沉淀。

6. 配备重液。如只提取淀粉，比重 1.8 即可。如希望同时提取植物硅酸体，可将比重提高到 2.35。

7. 倒去样品上部液体，将土样转入离心瓶甩干。

8. 加入重液，充分搅拌然后在 2000 转速离心 15 分钟。

9. 收集上部液体，转入另一个离心瓶。

10. 重复步骤 8 和 9。

11. 将收集的液体加水离心 2000 转 15 分钟。淀粉的比重只有 1.5 到 1.6，故如使用 2.35 的重液，这一步要注意通过计算容积减低重液比重。为保险起见，第一次离心后（步骤 11）上部的液体也可以收集。

12. 重复步骤 11。倒去上部液体，底部即为残余物。干燥后上载玻片。残余物本身不需用任何固着剂，只需用少量树胶将盖玻片固着即可。

二、样品观察和初步分析

经过上述处理程序，从 123 个样品中成功提取出残余物质。在这 123 个样品中，只有部分样品是"成套"的。所谓成套，就是同一器物不同部位所采的样都能够提取出残余物。从研究淀粉残余和器物功能关系的角度来考虑，只有成套的样品才可以对比，才具有一定的意义。因此，我们选择了采自 25 件器物的 58 个样品进行了观察和分析。表一是初步的分析结果。

表一　甑皮岩出土石制品表面残余物分析记录

文化分期	样品编号	名称	采样部位	初步观察结果
第一期	DT4③:6a	砾石器	刃部	不见淀粉。
	DT4③:6b	同上器物	背部	不见淀粉。
	DT6③:2a	砍砸器	刃部	植硅石。不见淀粉。
	DT6③:2b	同上器物	背部	零星禾本科淀粉及植硅石。
	DT6㉒:1a	砍砸器	刃部	零星禾本科淀粉。
	DT6㉒:1b	同上器物	背部	不见淀粉。
	DT6㉘:2a	尖状器	刃部	芋类淀粉和植硅石。
	DT6㉘:2b	同上器物	背部	植硅石。不见淀粉。
	DT6㉘:3a	砍砸器	左侧刃	零星禾本科淀粉。
	DT6㉘:3b	同上器物	下端	零星禾本科淀粉。
	DT6㉘:3c	同上器物	背部	不见淀粉。

续表一

文化分期	样品编号	名称	采样部位	初步观察结果
第二期	DT4⑧:3a	骨器	刃部	芋类及零星禾本科淀粉。
	DT4⑧:3b	同上器物	柄部	不见淀粉。
	DT4⑧:5a	砍砸器	端刃	零星根茎类淀粉。
	DT4⑧:5b	同上器物	左侧刃	不见淀粉。
	DT4⑧:5c	同上器物	右侧刃	不见淀粉。
	DT4⑧:5d	同上器物	砾石背部	不见淀粉。
	DT6㉗:4a	尖状器？	刃部	不见淀粉。
	DT6㉗:4b	同上器物	背部	不见淀粉。
	DT6㉗:6a	骨器	刃端	不见淀粉。
	DT6㉗:6b	同上器物	上端	不见淀粉。
第三期	DT3⑭:1a	砾石片	下端	不见淀粉。
	DT3⑭:1b	同上器物	上端	植硅石。不见淀粉。
	DT3⑭:1c	同上器物	刃部	植硅石。不见淀粉。
	DT4⑱:2a	砾石片	刃部	植硅石。不见淀粉。
	DT4⑱:2b	同上器物	背部	植硅石。不见淀粉。
	DT4⑰:2a	砾石棒	下端	无残余物。
	DT4⑰:2b	同上器物	上端	少量植硅石。
	DT6㉔:3a	穿孔蚌器	下端	零星禾本科淀粉。
	DT6㉔:3b	同上器物	右侧边缘	不见淀粉。
	DT6㉔:3c	同上器物	上端	不见淀粉。
	DT6㉔:3d	同上器物	左侧边缘	芋类淀粉。
	DT6㉑:1a	砍砸器	刃部	不见淀粉。
	DT6㉑:1b	同上器物	背部	不见淀粉。
	DT6⑲:1a	穿孔石器	内孔缘	不见淀粉。
	DT6⑲:1b	同上器物	外缘	不见淀粉。
	DT6⑲:1c	同上器物	断面	不见淀粉。
	DT6⑮:1a	砍砸器	刃部	不见淀粉。
	DT6⑮:1b	同上器物	背部	不见淀粉。
第四期	DT3④:1a	长石片	左刃部	植硅石，有一定数量的扇形细胞。不见淀粉。
	DT3④:1b	同上器物	右刃部	芋类淀粉。
	DT4⑮:1a	砍砸器	刃部	不见淀粉。
	DT4⑮:1b	同上器物	砾石上端	不见淀粉。
	DT4⑬:4a	砾石片	刃部	不见淀粉。
	DT4⑬:4b	同上器物	石片上端	不见淀粉。
	DT4⑫:3a	砾石棒	上端	不见淀粉。

续表一

文化分期	样品编号	名称	采样部位	初步观察结果
第四期	DT4⑫:3b	同上器物	下端	不见淀粉。
	DT4⑫:4a	砍砸器	下端刃部	植硅石。不见淀粉。
	DT4⑫:4b	同上器物	左侧刃	植硅石。不见淀粉。
	DT4⑫:4c	同上器物	右侧刃	植硅石。不见淀粉。
	DT4⑨:3a	砾石棒	上端	少量植硅石。无淀粉。
	DT4⑨:3b	同上器物	下端	少量植硅石。无淀粉。
第五期	BT2⑤:1a	砍砸器	刃部	芋类淀粉及植硅石。
	BT2⑤:1b	同上器物	背部	植硅石。不见淀粉。
	BT2⑤:2a	长石片	左刃部	大量植硅石。不见淀粉。
	BT2⑤:2b	同上器物	右刃部	不见淀粉。大量植硅石。有水稻亚科的扇形体。
	BT3㉓:3a	砍砸器	刃部	不见淀粉。
	BT3㉓:3b	同上器物	背部	不见淀粉。

三、讨　论

最早对考古器物进行淀粉残余分析的是澳大利亚学者，目前在欧洲和美国也有学者从事这方面的研究。淀粉作为有机质如何能够在器物表面长期保存，目前还不清楚。笔者在1999年进行过淀粉在不同环境下保存情况的实验，结果表明淀粉在有遮盖的环境下保存相当完整（吕烈丹，2002）。从上面的初步分析来看，在所观察的58个标本中，11个标本有零星或较多量的淀粉残余，表明淀粉是有可能在考古遗存中保存下来的。甑皮岩考古地层土壤的酸碱值是6度左右，属于中性，这种土壤对淀粉保存是否有利，是今后需要进一步研究的问题。

淀粉的鉴定和分类是另外一个问题。对淀粉的鉴别主要是根据其结构和特征，如层状结构（生长线），核心点（nucleation point, or hilum），特别是在正交偏光显微镜下出现的消光十字（extinction cross）是淀粉独有的特征。至于分类鉴定主要是依靠现代植物淀粉的对比标本，根据淀粉颗粒的形状、大小，以及消光十字的位置等进行分类。据前人研究结果和笔者初步观察，并非所有淀粉颗粒在正交偏光下都可以见到消光十字，这主要和颗粒在显微镜下的位置有关。此外，一种植物往往产生大小和形状都有一定差异的淀粉颗粒，其中部分是该属植物特有的，部分则可能见于不同科属的植物。某些植物大类的淀粉颗粒，如芋类、薯类，以及豆类和禾本科的淀粉，互相之间的差别比较明显。如芋类淀粉极为细小（图版七二，1），直径在$1\sim5\mu m$之间，是这类植物的特征，但通常难以进一步观察和分类（Loy，1994）。薯类则正好相反，淀粉颗粒一般都很大，但不同属种的淀粉颗粒之间也会有相似的形态。至于禾本科中的稻亚科和粟属，其淀粉颗粒大小介乎两者之间，部分颗粒具有各自的特点，但也有部分形态相似。如果没有发现该属特有的淀粉颗粒，则只能归入禾本科。豆科的淀粉大部分有自己的特点，但也有部分与禾本科的淀粉相似。总之，要对淀粉残余进行进一步的分类，需要做更多的工作，而且需要一个非常丰富的现代对比标本系列。甑皮岩的工作只是一个开始，现代对比标本也有限，因此目前对甑皮岩出土淀粉残余的分析还是非常初步的。

此次观察的第一到第五期标本，各有一件标本含有数量较多的芋类淀粉颗粒（图版七二，2、3。箭头所指为可见的消光十字）。考虑到淀粉残余都是在器物的刃部发现，而且淀粉颗粒在自然土壤中含量很低（Barton et.，1998），洞穴又不是芋类植物生长的自然环境，因此，芋类淀粉在出土器物表面的发现很可能与器物使用的功能有关。零星的禾本科淀粉虽然也有发现，但由于数量太少，未必与器物使用功能有关，可能是土壤中含有的淀粉。初步的淀粉残余分析结果与植物浮选分析是一致的，表明根茎类植物是甑皮岩先民主要的食物之一。

在提取的残余物中经常发现相当数量的植硅石，其中有些标本表面的植硅石数量较多，有些则较少。植硅石也是器物表面残余物分析的其中一项内容，但必须在器物附近同时采集土样，与器物表面植硅石残余进行数量和种类对比，并综合微痕和其他残余物分析，才可以断定器物表面植硅石的遗存是否与器物使用有关，还是属于土壤中的遗存（Kealhofer et al.，1999）。限于种种条件，甑皮岩的器物遗存分析未能做到这一点。为了稳妥起见，我们倾向于认为器物表面所见植硅石是来自土壤中的遗存。此外，在属于第五期的1件器物表面发现了稻亚科的植硅石（图版七二，4），但数量较少，暂且存疑，有待今后做更多的工作。

和微痕分析一样，淀粉和其他残余物分析的对象也只是考古器物最后一次使用所留下的物质，不能反映这件器物其他的功能。另一方面，器物表面没有发现淀粉，不等于这件器物未曾用于加工淀粉植物，只是淀粉残余可能没有保存下来而已。在这里，定量分析的意义是不大的。但通过淀粉残余物分析，和浮选、植物硅酸体、孢粉以及微痕分析相结合，可以为我们了解史前社会的经济形态提供更多实在的资料。

附录五

甑皮岩遗址出土陶器的检测与分析

吴　瑞　邓泽群　吴　隽　李家治

（中国科学院上海硅酸盐研究所）

傅宪国

（中国社会科学院考古研究所）

2001 年 4~8 月，中国社会科学院考古研究所、广西壮族自治区文物工作队、桂林甑皮岩遗址博物馆及桂林市文物队联合对广西桂林甑皮岩洞穴遗址进行了新的发掘，发现了大量地层关系清楚的史前陶片。依据地层叠压关系及出土文化遗物的变化，甑皮岩遗址史前文化遗存共分为五期，年代为距今 12000~7000 年之间。

受中国社会科学院考古研究所傅宪国的邀请，我们 2003 年初亲临甑皮岩遗址，共同考察了遗址发掘现场。

为了解甑皮岩遗址陶器的成分特点与烧制方法，我们选取了具有代表性的、属于不同时期的 38 件陶片样品供作化学组成、晶相组成、显微结构以及烧成温度的分析（表一）。同时，为了解甑皮岩遗址出土陶器陶土的来源，我们在遗址附近选择了 3 个地点，分别在不同深度收集了 3 个自然泥土标本，进行晶相组成分析（表二）。因各种原因，我们仅对 9 件陶片进行了主、次量元素组成和微量元素组成分析（其中第一期 1 件，第二~五期各 2 件）；对 3 件陶片和 3 个自然土样进行了晶相组成分析；对 2 件陶片进行了烧成温度测定。

表一　甑皮岩遗址陶器检测标本登记表

序号	期别	单位	地层	编号	肉眼观察及描述	备　注
01	一	DT6	28	F01	夹粗石英灰白陶，石英颗粒较大、较多，胎质酥松，火候极低，似略经火烧。素面，为敞口、斜弧壁圈底釜近底部位残片。	厚 2.8cm；重 40.5g
02		DT6	25	F01	夹方解石褐陶，内壁浅红色。含方解石颗粒较多，但粒径较小。火候较低，质酥松。饰交错细绳纹，印痕较深，内壁有垫窝。为敞口、束颈圈底釜类器近底部位。	厚 1cm；重 28.1 克
03	二	DT6	27	F01	夹石英褐陶，内壁略呈红褐色，胎褐色，石英颗粒较多。质酥松。粗绳纹，印痕较深。腹片，不见贴片痕迹。	厚 0.6cm；重 12.7g
04		DT4	28	F01	夹石英红陶，内外同色，胎心略褐色。质酥松。细绳纹，印痕较深。下腹片，可见两片相贴痕迹，内壁有捺窝。	厚 1.1cm；重 29.6g

续表一

05	二	DT4	28	F02	夹石英红褐陶，器表陶色不匀，部分呈褐色，内外同色，石英多，粒径多小。质酥松。中绳纹，较凌乱。器下腹部，可见两层贴片。	厚0.7cm；重15.9g
06		DT4	28	F03	夹方解石褐陶，内外同色，夹方解石较多，粒径大。质酥松。细绳纹，印痕深，纹饰较乱，但可见5组滚压痕迹。下腹片，断面略可见两层贴片。	厚0.9cm；重35g
07		DT4	28	F04	夹粗石英灰白陶，石英颗粒较大、较多，胎质酥松，火候极低，似略经火烧。素面，为敞口、斜弧壁圈底釜近底部位残片。	厚1.2cm；重16g
		DT4	29	F01	夹方解石灰褐陶，内壁红色，方解石较多，粒径大小不一。质酥松。细绳纹，印痕深且清晰。腹片。	厚0.7cm；重5.5g
09		DT6	14	F01	夹石英红褐陶，器表陶色不匀，部分呈褐色，内壁灰色，胎心褐色。石英较多，粒径中等。质酥松。粗绳纹，印痕较深。釜类器下腹部，可见两层贴片。	厚0.8cm；重49.6g
10		DT6	15	F01	夹方解石红褐陶，内外同色，胎心略褐。方解石粒径大。交错粗绳纹，印痕略深，凌乱。下腹片，部分可见贴片。	厚1cm；重91.5g
11		DT6	18	F01	夹方解石红陶，胎心、器表及器内壁同色。石英较多，颗粒粗大。质酥松。粗绳纹，印痕略深，略乱。近底部位，不见贴片痕迹。	厚13cm；重43.1g
12		DT4	17	F01	夹石英浅红陶，内外同色，胎心褐色。夹石英较少，起层，非贴片痕迹，而与夹砂较少有关。质酥松。粗绳纹，较凌乱。圈底釜类器近底部位。	厚1cm；重25.2g
13		DT4	19	F01	夹方解石红褐陶，胎及内壁灰褐色，方解石较多，中等粒径。细绳纹。腹片。质酥松。	厚0.9cm；重11.8g
14	三	DT4	23	F01	夹方解石红褐陶，内外同色，胎略深褐色。方解石较多，粒径较大。下腹片，内壁可见垫窝。质酥松。粗绳纹，略规整。	厚1.3cm；重54.2g
15		DT4	26	F01	夹石英灰黄陶，内壁红色，褐色胎心。釜类器近底部。质酥松。粗绳纹，印痕深，凌乱。贴片痕迹不清。	厚1.1cm；重35.4g
16		DT4	26	F02	夹石英方解石）红褐陶，内外同色，褐色胎心。石英较多，粒径粗大。粗绳纹，凌乱。不见贴片痕迹。釜类器近底部位。	厚1.1cm；重45.1g
17		DT4	26	F03	夹方解石红褐陶，胎及内壁红色，方解石较多，粒径较大。质酥松。粗绳纹，印痕深。可见清晰两片贴痕。	厚1.2cm；重42.7g
18		DT4	26	F04	夹方解石较少，故起层，器表皮已脱落，色泽不详。胎褐色，内壁红色。质酥松。	厚0.6cm；重10.1g
19		DT4	26	F05	夹石英灰褐陶，内壁红色，石英较多，粒径较大。器物肩部，可见两层贴片，内壁可见垫窝。粗绳纹，印痕略深。	厚1cm；重37.8g
20		DT3	11	F01	夹方解石红褐陶，内外同色，胎心褐色。方解石较多，粒径较大。交错粗绳纹，印痕较深，近底部位，可见两层贴片。	厚1.2cm；重29.2g

续表一

21		DT4	9	F01	夹石英红褐陶，内外同色，胎心褐色。夹砂较少，起层。中绳纹，较规整，釜类器近底部位，可见两层贴片。	厚0.9cm；重39.8g
22		DT4	9	F02	夹方解石红褐陶，内壁红色，胎心褐色。方解石较少，粒径较大，成层状结构。中绳纹，规整。下腹片。	厚1cm；重26.8g
23		DT4	11	F01	夹细石英，石英较少，故起层，外表皮已脱落，脱落部分附着一层钙质。胎褐色，内壁红褐，可见垫窝。	厚0.7cm；重22.2g
24	四	DT4	11	F02	夹方解石红褐陶，胎心略褐。方解石粒径较大，量较少，故起层。器表附着一层钙质。	厚0.8cm；重27.8g
25		DT4	12	F01	夹方解石褐陶，内壁红褐，胎心褐色。含方解石较多，粒径大小不一。中绳纹，较规整。釜近底部位。器表可见贴片脱落痕迹。火候较高。	厚1cm；重64.5g
26		DT4	13	F01	夹方解石红褐陶，内外同色，胎褐色，方解石较少，较碎，起层。交错粗绳纹。下腹片，可见两层贴片。	厚1cm；重28.1g
27		DT4	15	F01	夹石英红褐陶，色不匀，部分呈褐色，内壁橘红色，胎心褐色。石英较多，部分粒径较大。腹片，粗绳纹，印痕深，质酥松。	厚0.7cm；重32.4g
28		BT3	7	F01	夹砂红褐陶，胎、内外壁同色。天然砂粒，砂较细，磨圆度较好，火候较高，器表有一块脱落，或许与烧制时骤热、骤冷有关。浅细绳纹。下腹片。	厚0.9cm；重40.5g
29		BT3	7	F02	夹细砂橙黄陶，天然砂，质细，胎薄，火候高，饰极细浅之绳纹。下腹片。	厚0.9cm；重40.5g
30		BT3	7	F03	近泥质陶，但陶土似未经淘洗。外表灰红，内壁红色，胎心褐色。素面。	厚0.4cm；重16.3g
31		BT3	7	F04	近泥质灰白陶，陶土似未经淘洗。胎薄，火候高，器表刻划纹两道。	厚0.3cm；重3.5g
32		BT3	9	F01	夹细石英红褐陶，胎及内壁褐色。似为天然砂粒，饰极浅细之绳纹，施纹后似经手抹平。下腹近底片。	厚0.7cm；重43.3g
33	五	BT3	9	F02	近泥质灰白陶，内外同色，胎略灰褐，可见两层贴片，细绳纹。	厚0.7cm；重4.8g
34		BT3	9	F03	夹细石英红褐陶，胎及内外同色。刻划竖条纹，火候较高。器物领部。	厚0.5cm；重14.3g
35		BT3	12	F01	夹细石英红褐陶，内外同色，胎心略褐色。压印长方格纹，已被抹平。火候高，腹片，可见两层贴片。	厚0.7cm；重28.6g
36		BT3	12	F02	夹细石英红褐陶，内外同色，胎心略褐。火候略高。饰压印长方格纹。	厚0.5cm；重18g
37		BT3	12	F03	夹细石英褐陶，色不匀，部分呈红褐色，胎心褐色。压印长方格纹，火候不高。	厚0.6cm；重12.4g
38		K矮支T1		F01	泥质白陶，胎轻，胎、内外同色。器物口沿部位，沿下一周刻划纹。火候较高。	厚0.6cm；重14.3g

表二　现代对比样品

序号	地点	送检目的	采样时间
A	大风山东北山脚，北距甑皮岩约200米。采样点距地表1.4米。	化学及矿物成分分析，并与甑皮岩遗址出土陶器进行分析对比。	2002年12月6日上午。多云。
B	桂林砖厂鱼塘断崖，东距甑皮岩遗址约200米。采样点距地表1.8米。	化学及矿物成分分析，并与甑皮岩遗址出土陶器进行分析对比。	2002年12月6日上午。多云。
C	甑皮岩遗址洞口西南断崖，距洞口约20米。采样点距地表1.1米。	化学及矿物成分分析，并与甑皮岩遗址出土陶器进行分析对比。	2002年12月6日上午。多云。

在此基础上，我们将甑皮岩遗址出土的陶片与时代相近的江西万年仙人洞遗址出土的陶片进行了分析对比，希望能有助于中国陶器的起源与发展问题的探讨。

一、实验结果

（一）化学组成

使用 EDXRF 法对陶片和自然土样的化学组成进行了测定，其中对 DT4㉘：F01 和 BT3⑦：F04 两个陶片中所含砂粒进行了微区分析，结果如下（表三、四）。

表三　主、次量元素组成（wt%）

序号	编号	分期	SiO_2	Al_2O_3	Fe_2O_3	TiO_2	CaO	MgO	K_2O	Na_2O	P_2O_5	MnO_2	烧失
1	DT6㉘：F01	一	52.46	24.86	4.59	0.99	2.02	2.59	3.83	0.41	0.21	0.09	8.26
2	DT4㉘：F01		54.63	19.01	6.23	1.34	1.36	2.48	1.01	0.10	0.29	0.11	13.83
3	DT4㉘：F01（砂粒）	二	15.55	2.58	1.85	0.48	57.16	2.13	0.00	4.55	0.28	0.08	15.71
4	DT4㉘：F03		46.07	23.32	6.68	1.32	1.13	4.53	0.61	0.00	0.17	0.02	16.32
4	DT4㉘：F03	三	54.66	17.39	4.36	1.04	4.99	2.09	0.77	2.90	0.27	0.13	11.51
5	DT4㉖：F02		56.55	16.70	7.46	1.74	5.24	2.71	1.31	0.92	0.26	0.03	7.37
7	DT4⑫：F01	四	47.90	20.46	5.88	1.21	1.37	2.67	0.61	1.15	0.10	0.02	18.76
8	DT4⑬：F01		54.51	16.40	6.38	1.48	6.03	3.51	0.50	2.04	0.41	0.08	9.16
9	BT3⑦：F01		39.70	18.21	9.26	1.04	8.80	3.12	1.86	1.08	0.28	0.11	16.92
10	BT3⑦：F04	五	62.24	8.31	13.56	0.51	1.25	7.34	0.04	3.10	0.05	0.21	3.65
11	BT3⑦：F04（砂粒）		21.82	7.35	2.93	0.23	58.36	1.81	0.00	3.86	0.48	0.23	3.64
12	ZPY-A	现代土样	47.73	24.62	14.07	1.66	0.50	2.72	2.47	0.00	0.04	0.10	6.22
13	ZPY-B		53.50	23.31	10.75	1.24	0.14	1.39	3.19	0.00	0.05	0.03	6.49
14	ZPY-C		50.74	23.55	12.95	1.41	0.74	2.83	1.46	0.00	0.06	0.23	6.32

表四　微量元素组成（μg/g）

序号	编号	分期	Rb₂O	SrO	Y₂O₃	ZrO₂	Cr₂O₃	Ni₂O₃	CuO	ZnO	PbO₂
1	DT6⊗:F01	一	308.32	21.98	51.19	306.35	58.62	116.14	43.59	308.44	32.08
2	DT4⊗:F01	二	187.89	14.31	29.88	371.94	120.24	85.12	67.81	197.71	32.08
3	DT4⊗:F01（砂粒）		67.41	421.01	27.26	158.46	7.35	99.22	4.47	207.44	32.08
4	DT4⊗:F03		238.35	76.12	37.01	349.28	384.91	167.11	82.45	344.17	88.28
5	DT4⊗:F02	三	171.64	51.6	46.03	492.19	152.05	55.1	53.51	175.89	65.88
6	DT4⊗:F03		226.91	93.84	51.88	867.33	167.5	90.76	193.21	229.41	112.52
7	DT4⑫:F01	四	168.15	54.08	53.75	289.24	123.33	111.81	51.49	155.86	32.08
8	DT4⑬:F01		119.79	42.5	55.82	447.5	117.15	59.43	47.51	134.39	32.08
9	DT3⑦:F01	五	99.32	27.64	35.73	256.67	124.6	105.46	53.92	852.46	52.42
10	BT3⑦:F01		39.41	0	28.97	204.45	462.71	156.03	119.89	244.47	32.08
11	BT3⑦:F04（砂粒）		42.6	9.28	24.34	195.27	3.54	126.92	10.88	207.3	32.08
12	ZPY-A	现代土样	235.46	36.11	36.25	380.49	143.6	118.56	64.91	203.26	105.23
13	ZPY-B		170.67	69.41	26.93	357.1	114.24	83.91	53.58	187.41	112.11
14	ZPY-C		197.77	16.23	30.84	335.86	87.88	85.92	57.42	192.53	124.34

（二）晶相组成

甑皮岩遗址出土陶片均夹杂大量砂粒，从外观上看不同时期陶片所含砂粒的种类大同小异，为确定这些砂粒的矿物组成，选取了第一期的DT6⊗:F01，第二期的DT4⊗:F03和第五期的BT3⑦:F04号陶片，以及三个自然土样，通过X衍射法测试了它们的晶相组成（表五，图一）。

表五　晶相组成

编　号	晶相组成
DT6⊗:F01	石英、钡长石、方解石、微斜长石、绢云母
DT4⊗:F03	石英、钡长石、方解石、微斜长石、绢云母
BT3⑦:F04	石英、钡长石、方解石、微斜长石
ZPY-A	石英、钡长石、高岭石、绢云母、绿泥石
ZPY-B	石英、钡长石、高岭石、绢云母、绿泥石
ZPY-C	石英、钡长石、高岭石、绢云母、绿泥石

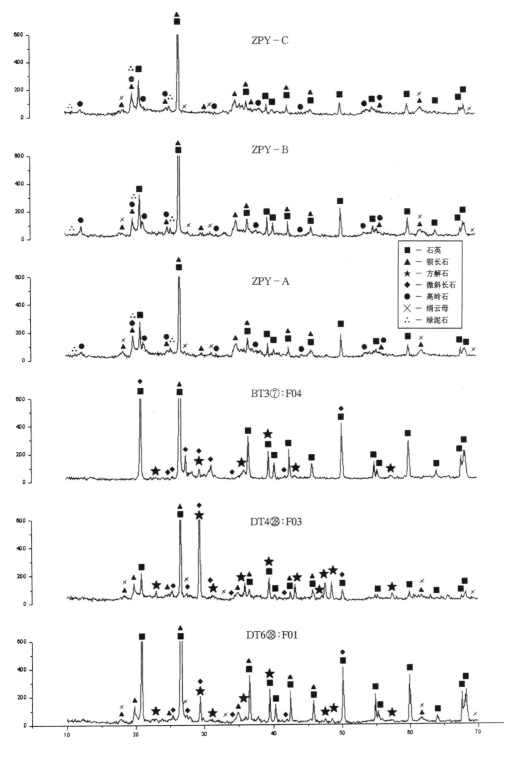

图一　XRD图谱

（三）烧成温度

甑皮岩遗址出土的陶片结构都非常疏松，夹杂的颗粒尺寸都比较大，而且普遍采用了泥片贴塑的成型方法，使得这些陶片样品都非常酥脆易剥落，很难加工成测试烧成温度所需的膨胀条。最后只有 DT4㉖∶F02 和 BT3⑦∶F01 陶片的烧成温度得以测定，它们分别属于第三期和第五期，对说明甑皮岩陶器的烧成温度的发展具有一定帮助（图二，表六）。

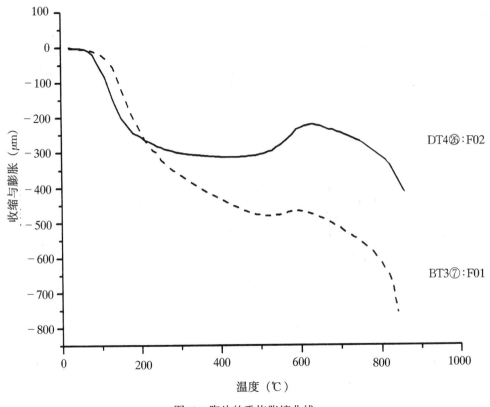

图二　陶片的重烧胀缩曲线

表六　陶片的烧成温度

地层	分期	烧成温度（℃）
DT4㉖∶F02	三	840±20
BT3⑦∶F01	五	800±20

二、讨　论

1. 从化学组成和晶相组成可以明显地看出，从遗址附近的不同地点和不同地层所取得的土样与出土陶片并不存在原料上的相关性，主次量元素的成分相差较大，尤其是 Fe 的含量，自然土样中的含量在 13% 左右，而陶片中的含量则在 1%～9% 之间，相差了 2～3 倍。

其他元素也存在很大的差异，而且从 X 衍射分析中发现矿物组成也并不一致，比如陶片中均含有方解石，土样中没有，而土样中所含的高岭石，陶片中也没有。说明这些陶器不是所取泥土烧制的。

这一点与江西万年仙人洞遗址的陶器生产情况不同。通过研究可以肯定仙人洞遗址的陶器是以该遗址附近的同地层土样为原料制造的。而甑皮岩遗址附近的地貌特别容易受到风化和溶蚀，数千年来已经被大自然很大程度地改造了，所以很难找到陶器烧制所需的原料来源。

但是从各期陶器的化学组成的无规律变化来看，还是属于随机取土，并且由于所含砂粒的数量不一，使得成分的变化也杂乱无章。这也是新石器时代早期陶器的共性，在万年仙人洞遗址的早期陶器（距今 11000～7000 年）上也有类似现象。

2. DT6㉘:F01 号标本取样于 DT6㉘:072 号陶器，这是一块主要以少量泥土裹以大量尺寸较大的砂粒的泥块，表面灰白色，较致密，有一定的耐水性，而内层则非常疏松，遇水则立即解离开来。它的化学组成和晶相组成并没有什么特别之处，关键在于确定它是否经过烧制以及所属的时间，这对于研究该遗址陶器的出现过程具有十分重要的意义。为此我们专门对其进行了分析。

首先假定它是烧制过的，那么我们就使用热释光技术测定它的烧制年代。因为陶瓷器在超过 250℃的温度加热后就会释放掉矿物中所含的辐射能量，冷却后则随着时间的流逝重新吸收积累，它积累的辐射能量与时间的长短是成比例关系的。热释光技术就是利用这样的原理，测试陶瓷器中的矿物所吸收的辐射能量，来确定器物的烧制年代。

我们选取了 DT6㉘F01、DT4㉘:F01 和 BT3⑦:F01 三个样品，分属于第一、二和五期，在上海博物馆文物保护与科学考古实验室进行了热释光测试，结果如下（表七）：

表七　甑皮岩遗址陶器热释光年代

编　号	分　期	年代（距今）
DT6㉘:F01	一	几十万年（得不出具体年代）
DT4㉘:F01	二	8700±900
BT3⑦:F01	五	6200±1200

从表中我们可以看出，DT4㉘:F01 和 BT3⑦:F01 两个陶片的年代基本符合考古地层学及碳十四测年法对其所属年代的断定。说明数据是比较可靠的。而 DT6㉘:F01 的年代则远到了几十万年，属于没被烧过的粘土的年龄。这与考古地层学及碳十四的结果相差太远，如果单纯从材料的角度来看，那它应该属于未经过 250℃以上温度烧制过的粘土，也就是说这一样品是没有经过 250℃以上的温度烧制过的。

通过热释光技术的测定，我们已经基本肯定 DT6㉘:F01 号样品是未经过 250℃以上温度烧制过的。虽然经过热释光测试以及结合它遇水立即解离的特点，我们已经基本肯定它未经过 250℃ 以上温度烧制过,但这并不能说明它没有重要的研究价值,相反,我们更应该重视它,深入研究它,弄清它的来龙去脉。因为它有可能就是陶器从无到有的发展阶段中的一个产物,对研究中国陶器的起源问题有着十分关键的作用。

我们一般说的陶器具有三个特点,一是通过一定方法成型,二是经过一定程度的烧制,三是具有某种特定的用途。对于 DT6㉘:F01 号样品来说,它没有经过 250℃ 以上温度烧制,但它最大的特点是已经成型,经研究可以确定该件陶器为捏塑法成型,这就说明它不是普通的土块,而是甑皮岩先民为了某种目的而手工制作的器物,应该是陶器的雏形。如果确实如此,那对研究中国陶器的起源将是非常重要的。

任何新生事物都不可能是一下子出现的,总要有个孕育、发展乃至慢慢成熟的过程。陶器的出现也不例外。我们研究陶器的起源就是要弄清楚它从无到有的发展过程,因此就需要能够发现陶器产生过程中不同阶段的产物,这在我们以往研究各新石器时期遗址的陶器过程中是非常困难的。因为这些早期产物或未经烧制,或烧制温度很低,或制造工艺粗糙,导致其结构疏松,强度很弱,再加上保存环境恶劣,在长达万年的历史过程中早已经受不住环境的侵蚀和自身的分解,消失在深深的地下了。我们现在所能见到的陶器基本上是技术已经发展到一定程度,成型较好和烧制温度较高的产品,比如江西万年仙人洞遗址发现的最早的陶器距今 11000 年,它的烧成温度也达到了 800℃ 左右,而更早的能说明它出现的原因和过程的陶器却还没有发现,不能不说是有点遗憾。

而在这方面,甑皮岩遗址要幸运得多。这件通过捏塑法成型而没有经过较高温度烧制的陶器能够较好的保存至今并被发现,确实是非常重要的,它是研究陶器起源弥足珍贵的信息载体,通过对它及在它之后出现的第二至五期陶器的研究,我们可以从中解读陶器出现的原因和演变过程,取得陶器起源研究的重大突破!

3.BT3⑦:F04 号陶片的成分极为独特,这是甑皮岩陶片中仅有的几件白陶之一,化学组成中 SiO_2 的含量高达 62.24%,同时其所含 Al_2O_3 的量也只有 5.47%,烧失量也大大少于其他陶片。

其晶相组成则主要含有石英、长石及方解石,显然,这一白陶所用的原料已不是一般的粘土,而是多种天然矿物的混合物。其出现的成因仍需要进一步探讨。

4.各期陶片中所含的砂粒都比较类似,对这些矿物的微区分析说明这是一种以钙为主矿物,结合 X 衍射和显微结构观察的结果,可以认定所夹杂的砂粒大部分为方解石颗粒。随着时间的推移,陶器中的砂粒数量逐步减少,并且砂粒的尺寸也逐渐缩小和均匀,使得陶器的胎质逐渐致密。这种情况与万年仙人洞遗址的陶器的发展是一致的。说明这一地区的陶器的制作也经历了从就地取土到就地选土,到对原料进行初步处理这样的发展过程。

5.甑皮岩陶片大多为黑色内胎,内外表面呈桔红或桔黄。从表一中可以看出它们的烧失都非常大,特别是胎质较黑的 DT4㉘:F01、DT4㉘:F03、DT4㉖:F02 以及 DT4⑫:F01 号陶片其烧失量均非常大,在 11%～18% 之间。从化学组成可以看出这些陶片中含有一定的

P，基本上在0.2～0.5％之间，说明制陶原料中含有少量的草木茎，在烧制过程中炭化，使得胎心成黑色，所以烧失量也非常大。不过，比较独特的是BT3⑦∶F01号陶片，其胎质为红色，应该说含炭很少，但是其烧失量也达到了16.92％，其原因尚有待进一步探讨。

6．不论陶片呈桔红或桔黄色，还是中间层为黑色，内外表面成桔红或桔黄色，都说明这些陶片并不是在特定气氛中烧成的，这也是无窑烧成的陶器的特点，与仙人洞遗址陶器相一致。

X衍射的结果表明，陶片中仍然存在微斜长石，这就证明了这些陶片的烧成温度不会超过900℃，因为微斜长石在900℃将转变成透长石。而我们通过对陶片进行重烧胀缩曲线的测定，确实得出其烧成温度在800～840℃左右。这与万年仙人洞遗址的陶器是相似的。这一温度低于有窑烧成的温度，从另一个侧面说明它们是无窑烧成的。

和仙人洞遗址一致的是，虽然烧成温度一直没有发生明显的变化，但是原料选取处理和制作工艺一直都在发展，使得在相近温度下制成了胎质与性能更好的陶器。

三、结 论

甑皮岩遗址陶器作为中国最早出现的陶器之一，既有着与同时期其他各个地区陶器相同的特点，又有着自己的独特之处：

1．根据考古资料及碳十四测年，甑皮岩遗址第一期的年代为距今12000年左右，在其中出土了未经250℃以上温度烧制的成型陶器，应该属于陶器形成过程中的一个阶段产物。这在以往的考古发掘中是绝无仅有的，是陶器研究史上的重大发现，对研究陶器的起源有着重大的意义。同时甑皮岩遗址的陶器延续到距今7000年左右，对研究陶器的发展也有着十分重要的作用。

2．陶器制作的原料经过了从随机取土到随机选土，到进行初步处理的发展过程。许多陶器中除了含有矿物颗粒外，还含有一定量的炭，是原料中含有的草木茎炭化后形成的。后期出现的白陶片所用的原料并不是一般的粘土，而是多种天然矿物的混合物，其出现的成因需要进一步探讨。

3．陶器均是无窑烧成，烧成温度在800～840℃左右。烧成气氛得不到很好控制的，造成不同陶片或同一陶片不同部分的颜色差异。

附录六

The Microstructure and Mechanical Properties of the Calf Bone before and after Baking

Ng Hang Leung and Yu Peng

(Department of Physics, the Chinese University of Hong Kong)

1. Scanning electron microscopy (SEM)

Micrographs of the calf bone (cross section) before baking

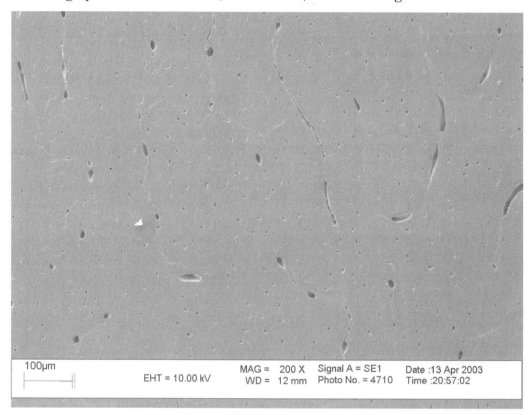

100μm				
	EHT = 10.00 kV	MAG = 200 X WD = 12 mm	Signal A = SE1 Photo No. = 4710	Date :13 Apr 2003 Time :20:57:02

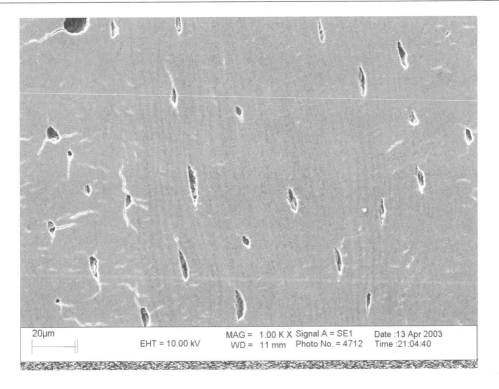

Micrographs of the calf bone (cross section) after baking

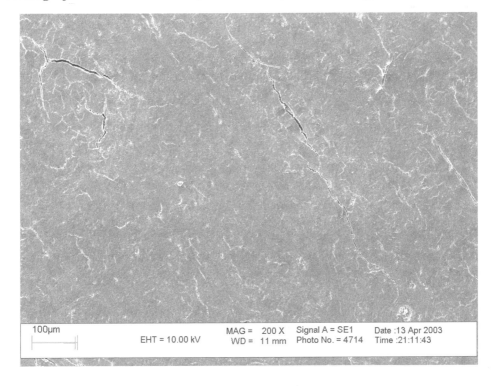

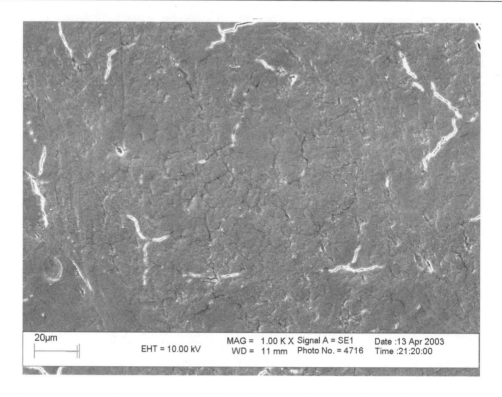

Some pores are found in the calf bone before baking. After baking, the pores disappear, but extensive cracking networks are formed. These networks, which act as stress intensifiers, lower the mechanical strength of the materials. In comparison between the polished surfaces of the samples before baking and after baking, the polished surface of baked sample is not as smooth as that of the un-baked sample, thus this indicates that the surface of the baked sample is harder than that of the un-baked sample.

2. Energy dispersive x-ray (EDX) analysis

The SEM-EDX results indicate that the chemical compositions of the calf bone before and after baking are almost identical. Both samples contain mainly C, O, P, Ca with some traces of Na and K. The concentration of the elements (in atomic %) are:

$$
\begin{array}{ll}
C & 18-24 \\
O & 48-52 \\
P & 8.8-9.4 \\
Ca & 17.5-19.5
\end{array}
$$

(The hydrogen is too light to be detected by EDX)

3. Microhardness

The hardness measurement of the samples was conducted by a Vickers hardness indenter. It is found that the hardness value of the calf bone before baking is slightly lower than that of the baked one. Their average Vickers hardness numbers of the un-baked bone and the baked one are 341 MPa and 376 MPa, respectively.

4. Bending strength

The bending tests were performed by a Instron loading machine, and the results are listed below. It is found that the bending strength of the calf bone decreased after baking. The reason is that the cracks are created due to thermal stresses in the baking process. At the same time, the structure becomes more brittle. These cracks intensify the stress in various parts of the sample, thus lowers the strength of the baked bone.

Sample cut from	Region 1	Region 2	Region 3	Average
Un-baked bones	251.8 MPa	198.7 MPa	176.3 MPa	209 MPa
Samples cut from	Region 4	Region 5	Region 6	Average
Baked bones	149.3 MPa	172.7 MPa	236.2 MPa	186 MPa

附录七

甑皮岩遗址大事记

周　海　　韦　军
（甑皮岩遗址博物馆）

20 世纪 40 年代

二战期间，为修建飞机跑道，甑皮岩洞口上方一部分岩石被美国"飞虎队"雇民工爆破取石。

1965 年

5 月，由广西壮族自治区文物管理委员会组织的文物普查工作在桂林专区（即现桂林市辖境）展开。普查队以区博物馆历史组王克荣为实际负责人，队员包括区博物馆的韦仁义、庄礼伦、巫惠民、蒋廷瑜、邱钟仑、陆仰渊、潘世雄、张世铨、陈左眉、罗坤馨、李玉瑜、刘笑微以及桂林市文物管理委员会的周安民、张益桂、罗标元等人。

6 月 3 日，发现甑皮岩遗址。因受人误导，把甑皮岩所在的独山当作其北的相人山（1973 年以后才纠正过来。1973 年甑皮岩发掘之初的陶片上仍可见"相人山"字样）。

6 月 4 日，将洞内左侧一现代扰坑扩展为 2×2 平方米探方进行试掘，至 9 日下午结束，并回填探方。试掘深度 3 米多。地层被划分为三层：第 1 层，扰土层，灰褐色黏土，含近现代瓷片、灰烬等。厚 0.2 米。第 2 层，乳黄色钙华板层，仅分布在试掘坑西北角。厚 0.1～0.3 米。第 3 层，文化层，质疏松，含螺壳、兽骨等。厚 2.6 米。第三层又分为三个亚层：3a 层，浅灰色，厚 0.8 米；3b 层，灰白色夹红土，厚 0.1 米；3c 层，浅灰色，层次较错乱。在距地表深 1.1、1.5、1.6、1.9、2.5 米处，共发现人骨 5 具，包括 1 个儿童和 4 个成年个体。另外，还发现夹砂绳纹陶片 39 件、刻划纹陶片 1 件、砾石打制石器 38 件、穿孔石器 1 件、磨制石器 2 件、骨器 1 件、蚌器 7 件。推断属新石器时代早期文化，经济生活以采集渔猎为主。

上述人类遗骸及文化遗物均运往南宁，在"文化大革命"中下落不明。

1973 年

6 月 11 日，桂林市文物管理委员会阳吉昌、王静宜、赵平三人到甑皮岩遗址插文物保护牌时，发现桂林市大风山第一小学在甑皮岩洞内修建防空洞。此时 D 区约 0.5 米厚的文化堆积已被破坏。

6月12日，桂林市革命委员会接甑皮岩遗址遭破坏的报告后，决定拨款2000元，由市文物管理委员会立即进行清理。

6月16日，桂林市文物管理委员会成立清理试掘小组，由阳吉昌、赵平负责遗址发掘的领导及技术指导工作，对遗址进行抢救性发掘。

6月20日，清理试掘小组正式开始工作。遗址被分成A、B、C、D四个区，共布探方十二个（AT1、BT1、BT2、CT1、DT1~DT8）。

8月，广西壮族自治区教育局局长、广西壮族自治区文物管理委员会委员黄云（此前为桂林市市委书记）以及市委宣传部部长尹伊等参观、考察发掘现场。黄云明确指示，第一，可在现场建立一个陈列馆；第二，要尽快上报自治区相关单位；第三，要尽快编写试掘简报。

8月，桂林市文化局郭文纲副局长等人在甑皮岩遗址召开现场会，讨论在甑皮岩原址建立陈列馆事宜。

10月，桂林市文化局郭文纲陪同广西壮族自治区宣传部副部长贺亦然、区文化局熊树和、博物馆何乃汉等人到甑皮岩遗址参观、考察，并在工地召开现场会，讨论在甑皮岩原址建立陈列馆事宜。

10月，桂林市革命委员会在独山进口和甑皮岩洞口分别竖立"关于禁止在独山范围内开山取石和挖洞的通知"的告示牌，同时确定遗址由桂林市文物管理委员会进行管理。

11月，根据贺亦然的指示，在甑皮岩洞口建砖墙及铁门以有效保护遗址安全。

1974年

1月，自治区文化局熊树和、自治区博物馆巫惠民、桂林市文物管理委员会阳吉昌三人赴京，向有关方面汇报甑皮岩遗址的发掘成果，并征求保护意见。中国科学院考古研究所夏鼐、王仲殊、安志敏、卢兆荫，中国科学院古脊椎动物与古人类研究所贾兰坡、吴新智、张银运，国家文物事业管理局王冶秋等先后听取汇报，他们充分肯定了甑皮岩遗址在考古学研究上的价值，同意建立陈列馆，原地保护遗址。

1~5月，谭加华、张银运、徐加华、赵平等人对人骨进行修复、加固和起取。

2月，广西壮族自治区革命委员会同意建立陈列馆。

3月，中国科学院古脊椎动物与古人类研究所张银运协助进行人骨清理、保护及鉴定。

7月，遗址遭受洪水袭击，地下河水上涨，导致DT2和DT4北隔梁局部坍塌。

11月，为保护文化堆积，在DT2和DT4北隔梁处修筑保护性挡水砖墙，墙体长5、高2.5、宽0.24米。

中国科学院古脊椎动物与古人类研究所对出土兽骨进行鉴定、分析；中国科学院南京古地质研究所在遗址采集蚌、螺等样品进行鉴定、分析。

1975年

8月，自1974年12月始，发掘工作主要集中在水洞和矮洞。在水洞布探方三个（水支

T1~T3），矮洞布探方四个（矮洞口、矮支 T1~T3），另外，在主洞新布探方 BT3 和 DT9，总计九个探方。至 8 月，各探方的发掘工作基本结束。

1976 年

4 月，自治区文化局同意在甑皮岩遗址修建陈列室、工作室及附属建筑。

8 月，经自治区革命委员会审核批准，将独山南侧国有荒坡洼地二十亩拨给桂林市文物管理委员会建"甑皮岩洞穴遗址陈列室"，并明确独山归桂林市文物管理委员会进行管理并开始封山育林。

9 月，甑皮岩遗址发掘简报在《考古》第 3 期发表。

1977 年

8 月，配合陈列馆建设，清理洞口外右侧至现陈列厅东墙之间文化堆积。

1978 年

4~9 月，中国科学院南京地质古生物研究所黄宝玉、王惠基采集瓣鳃类、腹足类动物遗骸，进行鉴定分析。

12 月 21 日，在庆祝广西壮族自治区成立 20 周年之际，桂林甑皮岩洞穴遗址陈列馆（面积 360 平方米）正式对外开放。第一任馆长为阳吉昌（1978 年 12 月 21 日~1984 年 12 月 17 日）。

1978 年至 1979 年，中国社会科学院考古研究所^{14}C 实验室和北京大学历史系考古专业^{14}C实验室、上海博物馆先后进行^{14}C 样品和陶片热释光样品的系统采集。

1981 年

8 月 25 日，广西壮族自治区人民政府公布甑皮岩遗址为自治区重点文物保护单位。

1982 年

桂林市人民政府拨款 12 万元，修建办公室、接待室、简易库房、值班室、大门及保护围墙。

1983 年

地质矿产部岩溶地质研究所王丽娟到甑皮岩遗址采样作孢粉分析。

1984 年

10 月，桂林市人民政府公布甑皮岩遗址保护范围和建设控制地带。

12 月，桂林市文化局任命张子模为甑皮岩洞穴遗址陈列馆馆长（1984 年 12 月 17 日~1987 年 2 月 17 日）；余德梅为甑皮岩洞穴遗址陈列馆副馆长（1984 年 12 月 17 日~1989 年 12 月 19 日）。

1985 年

桂林市文物管理委员会在甑皮岩洞穴遗址陈列馆大门外右侧竖立石质保护标志牌。

1986 年

1 月 26 日，邓小平、王震等党和国家领导人到甑皮岩洞穴遗址陈列馆视察。

10 月中国世界史学会在桂林举办了"原始社会史暨甑皮岩遗址学术研讨会"。

地质矿产部岩溶地质研究所王丽娟、中国科学院南京地质古生物研究所刘金陵来甑皮岩遗址采样作孢粉分析。

1987 年

8 月，桂林市编制委员会报经桂林市委员会、桂林市政府审核，批准甑皮岩洞穴遗址陈列馆为科级事业单位。

1989 年

12 月，桂林市文化局任命胡大鹏为甑皮岩洞穴遗址陈列馆馆长（1989 年 12 月 19 日～2000 年 4 月 13 日）。

1990 年

2 月，桂林市文化局任命漆招进为甑皮岩洞穴遗址陈列馆副馆长（1990 年 2 月 14 日～1994 年 8 月 4 日）。

12 月，张子模主编的《甑皮岩遗址研究》一书由漓江出版社出版发行。

对甑皮岩洞顶滴水进行埋管引流处理。

1991 年

5 月，桂林市政府拨款 5 万元，将遗址南及东南部原斜边坡水塘修建成片石驳岸，并修建塘边步行道。

1992 年

8 月，桂林市编制委员会批准甑皮岩洞穴遗址陈列馆人员编制由 7 名增至 9 名。

1993 年

3 月，广西民族研究所对甑皮岩遗址人骨重新进行测量分析。

1994 年

8 月，桂林市文化局任命周开保为甑皮岩洞穴遗址陈列馆副馆长（1994 年 8 月 4 日～1997 年 1 月 16 日）。

1995 年

广西壮族自治区和桂林市政府拨款 25 万元，用于独山的植树绿化并修建登山道。

1997 年

1 月，桂林市文化局任命张树春为甑皮岩洞穴遗址陈列馆副馆长（1997 年 1 月 16 日～）。

1998 年

修建新的文物库房约 70 平方米。

6 月，桂林市遭遇特大洪水，地下河水上涨，遗址长时间浸泡在水中。

8 月，出于安全需要，将遗址门口的半封闭砖墙置换为铁质全封闭栅栏门。

12 月，在中山大学人类学系张镇洪指导下，对甑皮岩遗址历次发掘出土的文化和自然遗物重新进行整理、鉴定和分析。

1999 年

12 月，北京大学考古文博学院严文明教授到桂林甑皮岩洞穴遗址陈列馆考察、指导工作。

2000 年

4 月，桂林市文化局任命周海为甑皮岩洞穴遗址陈列馆馆长（2000 年 4 月 13 日～），陈远琲为副馆长（2000 年 4 月 13 日～）。

7 月，桂林市人民政府重新调整甑皮岩遗址的保护范围和建设控制地带，并上报自治区人民政府。

11 月，国家文物局局长张文彬到甑皮岩洞穴遗址陈列馆考察、指导工作。

11 月，中国社会科学院考古研究所副所长王巍到甑皮岩洞穴遗址陈列馆考察、指导工作。

12 月，湖南省文物考古研究所副所长裴安平到甑皮岩洞穴遗址陈列馆考察、指导工作。

2001 年

3 月，桂林市文物管理委员会办公室副主任林京海和甑皮岩洞穴遗址陈列馆馆长周海赴京，与中国社会科学院考古研究所商定甑皮岩遗址再次发掘事宜。确定由中国社会科学院考古研究所、广西壮族自治区文物工作队、桂林甑皮岩洞穴遗址陈列馆、桂林市文物工作队联合对遗址进行发掘，发掘工作定于 2001 年 4 月开始。

4 月，国家文物局批准甑皮岩遗址发掘方案，并颁发《中华人民共和国考古发掘证照》【考执字（2001）第 066 号】。

4～8 月，对甑皮岩遗址进行再次发掘。参加发掘的工作人员包括中国社会科学院考古研究所傅宪国，广西壮族自治区文物工作队李珍、何安益，甑皮岩遗址陈列馆周海、韦军，桂林市文物工作队刘琦、贺战武、苏勇。傅宪国为领队。

5 月，委托中国地质科学院桂林工程勘察院对遗址岩溶地质构造进行地质雷达探测，并形成探测报告。

5 月 23 日，北京大学考古文博学院李水城、哈佛大学人类学系 Bar. Yosef 和焦天龙、波士顿大学考古学系 Paul. Goldberg、以色列威迈考古研究中心 Steve. Weiner 来遗址参观、考察。

6 月 25 日，国务院公布甑皮岩遗址为全国重点文物保护单位。

7 月 13 日，中国社会科学院考古研究所所长刘庆柱来甑皮岩遗址考察、指导发掘工作。并就 2003 年在桂林举办"华南及东南亚地区史前考古——纪念甑皮岩遗址发掘三十周年国际学术研讨会"达成初步意向。

7 月～11 月，桂林市人民政府、广西壮族自治区文化厅和中国社会科学院考古研究所先后批复，同意于 2003 年 12 月在桂林市联合举办"华南及东南亚地区史前考古——纪念甑皮岩遗址发掘三十周年国际学术研究会"。

8月，桂林甑皮岩洞穴遗址陈列馆更名为"桂林甑皮岩遗址博物馆"。

9月，桂林市测绘研究院对桂林甑皮岩遗址博物馆进行地形现状测绘，甑皮岩遗址保护利用规划工作由此迈出重要一步。

9月，委托桂林市测绘院测绘遗址的保护范围及建设控制地带图。

10月，委托中国地质科学院岩溶地质研究所和广西壮族自治区文物工作队对遗址及周边地区进行水文地质调查，并提出了《广西桂林甑皮岩遗址抢救性防水保护方案》。

2002 年

6月，桂林市遭遇特大洪水，地下河水上涨，DT4 东隔梁局部坍塌，对遗址部分探方采取回填等保护措施。

8月，北京大学考古文博学院教授吕遵谔、黄蕴平，湖南省文物考古研究所所长袁家荣到遗址考察指导。

10月11日，桂林市文化局主持召开"甑皮岩遗址保护与展示规划"评审会。

11月，中国社会科学院考古研究所研究员安志敏、仇士华到遗址考察指导。

12月20日，桂林市计委主持召开"甑皮岩遗址保护项目可行性研究报告"。

12月，自4月始，中国社会科学院考古研究所、广西壮族自治区文物工作队、桂林甑皮岩遗址博物馆和桂林市文物工作队对历年出土遗物进行全面整理。参加此次整理和报告编写的人员有傅宪国、袁靖、赵志军、李淼、郑若葵、刘建国、王浩天、张雪莲、王明辉、刘方、吕烈丹、李珍、何安益、周海、张树春、陈远琲、韦军、彭敏、刘琦、贺战武、苏勇、黄志荣、卢引科、曹桂梅、师孝明、毕道全、蒋新荣、张小波等人。

2003 年

1月，故宫博物院教授张忠培到遗址考察指导。

2月，桂林市人民政府在甑皮岩遗址博物馆召开"华南及东南亚地区史前考古——纪念甑皮岩遗址发掘三十周年国际学术研讨会"筹备工作会议。

5月，甑皮岩遗址出土遗物的整理和报告的编写工作基本结束。

附录八

甑皮岩遗址研究目录索引

韦 军

（甑皮岩遗址博物馆）

一、综合研究

安志敏，1979，《略论三十年来我国的新石器时代考古》，《考古》5 期第 393～407 页。

　　1981，《关于华南早期新石器的几个问题》，《文物集刊》3 期第 98～105 页。

　　1981，《中国的新石器时代》，《考古》3 期第 252～260 页。

傅宪国、李珍、周海、刘琦、贺战武，2002 年 9 月 6 日，《桂林甑皮岩遗址发现目前中国最
原始的陶器》，《中国文物报》第 1 版。

广西壮族自治区文物工作队、桂林市革命委员会文物管理委员会，1976，《广西桂林甑皮岩
洞穴遗址的试掘》，《考古》3 期第 175～179 页。

桂林岩溶地质研究所，1990，《甑皮岩洞穴新石器时期人类遗址》，《甑皮岩遗址研究》第
139～145 页，漓江出版社。

何乃汉，1984，《广西贝丘遗址初探》，《考古》11 期第 1021～1029 页。

　　1988，《岭南旧石器时代向新石器时代的过渡及其有关的几个问题》，《中国考古学
会第五次年会论文集》第 158～166 页，文物出版社。

　　1991，《关于岭南中石器、早期新石器文化与越南和平文化、北山文化的关系的初
步探讨》，《纪念黄岩洞遗址发现三十周年论文集》第 55～64 页，广东旅游出版社。

蒋廷瑜，1984，《广西新石器时代考古论述》，《中国考古学会第三次年会论文集》第 96～
106 页，文物出版社。

蒋廷瑜、彭书琳，1984，《广西古人类的发现与研究》，《史前研究》2 期第 26～33 页。

蒋远金，2001，《试析华南中石器时代文化》，中国博物馆学会史前遗址博物馆专业委员会第
四次年会论文，待刊。

李珍、李富强，1999，《华南地区旧石器时代向新石器时代过渡的探讨》，《中石器文化及有
关问题研讨会论文集》第 94～106 页，广东人民出版社。

漆招进，1991，《谈桂林甑皮岩洞穴遗址与华南早期新石器文化的几个问题》，《纪念黄岩洞遗址发现三十周年论文集》第 80～85 页，广东旅游出版社。

2000，《桂东北漓江流域的石器时代洞穴遗址及其分期》，《农业考古》1 期第 47～54 页。

2000 年 4 月 5 日，《桂林甑皮岩遗址研究的新进展》，《中国文物报》第 3 版。

2000，《桂东北漓江流域的石器时代文化及其与周边地区石器文化的联系》，《史前研究》第 101～108 页，三秦出版社。

乔晓勤、张镇洪、李秀国、黄建秋，1991，《华南史前文化若干问题的思考》，《纪念黄岩洞遗址发现三十周年论文集》第 65～79 页，广东旅游出版社。

邱立诚，1985，《略论华南洞穴新石器时代早期文化》，《史前研究》1 期第 24～28 页。

王克荣，1978，《建国以来广西文物考古工作的主要收获》，《文物》9 期第 8～13 页。

严文明，1985，《新石器时代的考古研究与前瞻》，《文物》3 期第 20～27 页。

1992，《略论中国文明的起源》，《文物》1 期第 40～49 页。

阳吉昌，1980，《甑皮岩洞穴遗址》，《化石》1 期第 25 页。

1980，《略论桂林甑皮岩洞穴遗址的重大意义》，《广西师院学报》2 期第 15～22 页。

1994，《桂林新石器时代洞穴遗址及有关问题》，《中日古人类与史前文化渊源关系国际学术研讨会论文集》第 94～102 页，中国国际广播出版社。

1994，《桂林新石器时代遗址的调查与试掘》，《桂林文博》2 期第 10～16 页。

1996，《桂林新石器时代洞穴遗址及有关问题》，《桂林文博》2 期第 13～18 页。

1997，《桂林甑皮岩洞穴遗址的发掘与研究》，《桂林文博》2 期第 26～33 页。

俞伟超，1986，《中国早期的“模制法”制陶术》，《文物与考古论集》第 228～238 页，文物出版社。

袁家荣，1990，《从湖南省新石器早期文化看桂林甑皮岩遗址》，《甑皮岩遗址研究》第 243～256 页，漓江出版社。

曾　骐，1982，《百越地区的新石器时代文化》，《百越民族史论集》第 29～46 页，中国社会科学出版社。

1983，《试论华南地区新石器时代文化》，《史前研究》创刊号第 57～70 页。

1996，《从甑皮岩到彭头山——生态环境对新石器时代初期文化的影响》，《长江中游史前文化暨第二届亚洲文明学术讨论会论文集》第 261～266 页，岳麓书社。

张树春，1999，《甑皮岩洞穴遗址出土陶片研究——陶文》，《社会科学家》6 期第 70～72 页。

张镇洪、邱立诚，1997，《人类历史转折点——论中石器时代》，广西人民出版社。

张子模，1986，《桂林甑皮岩洞穴遗址博物馆》，《广西文物》1 期第 59～62 页。

张之恒，1984，《新石器时代早期文化几个问题的探讨》，《考古与文物》1 期第 86～91 页。

赵　平，1999，《对甑皮岩遗址两个疑义的探索》，《桂林文博》1 期第 26～33 页。

赵善德，1991，《西江流域新石器文化遗存分析》，《纪念黄岩洞遗址发现三十周年论文集》
　　　　第 160～171 页，广东旅游出版社。

中国硅酸盐学会，1982，《中国陶瓷史》第 50 页，文物出版社。

二、年代研究

安志敏，1984，《碳十四断代和中国新石器时代》，《考古》3 期第 271～277 页。
　　　　1994，《碳十四断代和中国史前考古学》，《文物》3 期第 83～87 页。

北京大学历史系考古专业[14]C 实验室，1979，《碳十四年代测定报告（三）》，《文物》12 期第
　　　　77～80 页。

北京大学历史系考古专业[14]C 实验室、中国社会科学院考古研究所[14]C 实验室，1982，《石灰
　　　　岩地区[14]C 样品年代的可靠性与甑皮岩等遗址的年代问题》，《考古学报》2 期第
　　　　243～250 页。

北京大学考古系[14]C 实验室，1984，《碳十四年代测定报告（六）》，《文物》4 期第 92～96
　　　　页。

陈铁梅、原思训、王良训、马力，1984，《桂林地区几个溶洞化学沉积物的[14]C 年代测定及
　　　　讨论》，《第一次全国[14]C 学术会议论文集》第 198～200 页，广东旅游出版社。

戴国华，1989，《华南地区新石器时代早期文化的类型与分期》，《考古学报》3 期第 263～
　　　　274 页。

何乃汉、覃圣敏，1985，《试论岭南地区中石器时代》，《人类学学报》4 期第 308～312 页。

何乃汉，1990，《关于桂林甑皮岩遗址的年代和华南新石器时代的早期开发问题》，《甑皮岩
　　　　遗址研究》第 193～206 页，漓江出版社。

胡大鹏、漆招进、韦军，1999，《广西桂林甑皮岩遗址历次发掘出土的陶器》，《中石器文化
　　　　及有关问题研讨会论文集》第 213～225 页，广东人民出版社。

李松生，1987，《桂林甑皮岩遗址的年代问题》，《人类学论文选集》2 辑第 56～75 页，中山
　　　　大学出版社。
　　　　1991，《两广史前考古的年代问题》，《纪念黄岩洞遗址发现三十周年论文集》，第
　　　　198～209 页，广东旅游出版社。

李家治、张志刚、邓泽群、梁宝鎏，1996，《新石器时代早期陶器的研究——兼论中国陶器
　　　　起源》，《考古》5 期第 83～91 页。

仇士华、蔡莲珍，1982，《碳十四测定年代与考古研究》，《考古》3 期第 316～319 页。

王维达，1984，《河姆渡和甑皮岩陶片热释光年代的测定》，《考古学集刊》4 辑第 321～327
　　　　页，中国社会科学出版社。

夏　鼐，1977，《¹⁴C 测定年代和中国史前考古学》，《考古》4 期第 217～232 页。

原思训，1993，《华南早期新石器¹⁴C 年代数据引起的困惑与真实年代》，《考古》4 期第 367～375 页。

张子模，1990，《甑皮岩洞穴遗址及其年代浅析》，《甑皮岩遗址研究》第 169～192 页，漓江 出版社。

中国社会科学院考古研究所¹⁴C 实验室，1977，《放射性碳素测定年代报告（四）》，《考古》 3 期第 200～204 页。

　　　1978，《放射性碳素测定年代报告（五）》，《考古》4 期第 280～287 页。

　　　1982，《放射性碳素测定年代报告（九）》，《考古》6 期第 657～662 页。

三、生业形态研究

陈远琲，1999，《论述与甑皮岩原始人类经济生活相关的若干问题》，《桂林文博》2 期第 34～40 页。

邓小红，1999，《两广地区原始穿孔石器用途考》《中石器文化及有关问题研讨会论文集》第 268～274 页，广东人民出版社。

何乃汉，1986，《华南穿孔石器初探》，《广西文物》1 期第 10～15 页。

何英德，《广西史前饮食文化述略》，中国博物馆学会史前遗址博物馆专业委员会第四次年会 论文，待刊。

李富强，1990，《试论华南地区原始农业的起源》，《农业考古》2 期第 84～95 页。

李泳集，1990，《华南地区原始农业起源试探》，《农业考古》2 期第 96～100 页。

李有恒，1981，《与中国的家猪早期畜养有关的若干问题》，《古脊椎动物与古人类》19 卷 3 期，第 276～280 页。

龙家有，1991，《两广西江流域史前遗存经济生活方式的演变》，《纪念黄岩洞遗址发现三十 周年论文集》第 172～177 页，广东旅游出版社。

覃圣敏，1984，《从桂林甑皮岩猪骨看家猪的起源》，《农业考古》2 期第 339 页。

邱立诚、张镇洪，1999，《史前农业起源与生态环境的关系》，《中石器文化及有关问题研讨 会论文集》第 343～350 页，广东人民出版社。

韦贵耀，1999，《华南地区新石器时代早期经济的探讨》，《中石器文化及有关问题研讨会论 文集》第 124～135 页，广东人民出版社。

韦　军、胡大鹏、罗　耀，1999，《从甑皮岩遗址的骨、蚌器看农业起源》，《中石器文化及 有关问题研讨会论文集》第 226～236 页，广东人民出版社。

张森水、阳吉昌，1997，《甑皮岩新石器时代遗址打击石制品研究》，《演化的实证——纪念 杨钟健教授百年诞辰论文集》第 77～92 页，海洋出版社。

周有光，2001，《从考古发现探讨桂林史前人类的生存环境及经济生活》，《桂林文博》2 期第 62~67 页。

四、墓葬与人种

陈星灿、傅宪国，1996，《史前时期的头骨穿孔现象》《考古》11 期第 62~74 页。

陈远琲，2001，《史前墓葬结构及建造技术初探》，中国博物馆学会史前遗址博物馆专业委员会第四次年会论文，待刊。

桂林甑皮岩洞穴遗址陈列馆，1987，《桂林甑皮岩新石器时代人骨标本整理报告》，《广西文物》3、4 合期第 32~34 页。

韩康信、潘其风，1984，《古代中国人种成份研究》，《考古学报》2 期第 245~263 页。

何英德，1990，《甑皮岩氏族初探》，《甑皮岩遗址研究》第 232~239 页，漓江出版社。

阚 勇，1982，《我国古代屈肢葬仪初探》，《云南文物》12 期第 69~82 页。

李富强、朱芳武，1993，《壮族体质人类学研究》，广西人民出版社。

李锦山，1987，《史前猎头习俗中的宗教色彩》，《文史杂志》2 期第 31~33 页。

李 岩，1987，《浅谈两广地区新石器时代的屈肢葬》，《广西文物》总第九、十期第 34~37 页。

李志伟，1998，《"日本最早的居民源自华南"为何得以成说?》，《社会科学家》6 期第 72~75 页。

廖国一、卢 伟，1996，《试论广西地区先秦两汉时期墓葬所反映的几种特殊风格》，《桂林文博》1 期第 34~41 页。

覃彩銮，1984，《壮族地区新石器时代墓葬及有关问题的探讨》，《广西民族学院学报》3 期第 35~42 页。

容观瓊，1983，《我国古代屈肢葬俗研究》，《中南民族学院学报（哲学版）》2 期第 40~49 页。

曾 骐，1985，《我国史前时期的墓葬》，《史前研究》2 期第 18~26 页。

张超凡，1990，《桂林甑皮岩屈肢蹲葬根源之我见》，《甑皮岩遗址研究》第 345~359 页，漓江出版社。

张银运、王令红、董兴仁，1977，《广西桂林甑皮岩新石器时代遗址的人类头骨》，《古脊椎动物与古人类》15 卷 1 期第 4~13 页。

张振标、王令红、欧阳莲，1982，《中国新石器时代居民体征类型初探》，《古脊椎动物与古人类》第 75~76 页。

张子模，1990，《甑皮岩等遗址"屈肢、屈肢蹲葬"辨析》，《甑皮岩遗址研究》第 257~328 页，漓江出版社。

张子模、漆招进、朱芳武、卢为善、李富强、凌树东，1994，《桂林甑皮岩新石器时代遗址的人骨》，《广西民族研究》3 期第 1~37 页。

张子模、周　海，1999，《广西桂林甑皮岩遗址人骨葬式的再研究》，《中石器文化及有关问题研讨会论文集》第 197～212 页，广东人民出版社。

赵　平，1998，《甑皮岩先民非正常死亡现象纵横析》，《桂林文博》2 期第 5～18 页。

周　鸿，1990，《从葬俗特点看甑皮岩原始先民的神灵崇拜和祖先崇拜》，《甑皮岩遗址研究》第 329～344 页，漓江出版社。

周开保，1998，《揭开甑皮岩人颅骨穿孔之谜》，《桂林文博》2 期第 19～20 页。

五、生存环境

陈远璋、胡大鹏、易西兵，1999，《甑皮岩遗址动物群的再研究》，《中石器文化及有关问题研讨会论文集》第 237～244 页，广东人民出版社。

戴国华，1985，《华南地区新石器时代早期文化的动物考古学研究》，《史前研究》2 期第 95～98 页。

陈远璋，2001，《从桂林史前遗址探讨古生态环境》，《桂林文博》1 期第 21～25 页。

黄宝玉，1981，《广西桂林甑皮岩洞穴遗址中的淡水瓣鳃类》，《古生物学报》20 卷 3 期第 199～207 页。

李炎贤，1981，《我国南方第四纪哺乳动物群的划分和演变》，《古脊椎动物与古人类》1 期第 73 页。

李有恒、韩德芬，1978，《广西桂林甑皮岩遗址动物群》，《古脊椎动物与古人类》16 卷 4 期第 244～254 页。

王惠基，1983，《广西桂林甑皮岩洞穴中的腹足类化石》，《古生物学报》22 卷 4 期第 483～485 页。

王丽娟，1989，《桂林甑皮岩洞穴遗址第四纪孢粉分析》，《人类学学报》8 卷 1 期第 69～76 页。

阳吉昌，1981，《来自桂林甑皮岩遗址动物群》，《博物》3 期 26～31 页。

1991，《试论桂林"甑皮岩遗址植物群"的科学价值及其有关问题》，《史前研究》1990～1991 辑刊第 124 页。

1992，《简论甑皮岩遗址植物群及其相关问题》，《考古》1 期第 90～93 页。

阳吉昌、熊　松，1985，《桂林甑皮岩洞穴遗址古植物初探》，《广西植物》5 卷 1 期第 31～37 页。

六、地质地貌

翁金桃，1980，《广西桂林甑皮岩洞穴文化层盖板的成因探讨》，《岩溶科技》2 期第 8～14 页。

1981，《石灰岩洞穴中文化层盖板的成因新见》，《地质评论》27 卷 2 期第 181～183 页。

后　记

岁月如奔腾不息的江河，带走了它该带走的，留下了它该留下的。

中国有句老话，叫"三十而立"。不经意间，甑皮岩遗址正式发掘至今已整整 30 个年头了。本着完全理解、充分肯定、公正客观的态度，我们用整整一章的篇幅对她的成长过程作了详细的回顾与评述，只是为了让更多的人能够记住曾经为甑皮岩遗址的发掘与研究而付出了热忱与辛劳的人们。若没有阳吉昌、赵平等前辈考古学者在那种特殊环境下的辛勤工作以及后来甑皮岩遗址博物馆历任领导及同仁们的不懈努力，很难想象甑皮岩遗址会有今天的境况。阳吉昌先生已于 1998 年故去，未能看到甑皮岩发掘资料的完整公布。赵平先生对甑皮岩遗址的第二次发掘工作给予了极大的关注和支持，提供了自己在业余时间记录并精心保存下来的 1973～1979 年间的发掘记录。蒋廷瑜先生则无私地提供了自己 1965 年 6～7 月间在桂林进行文物普查的调查手记，较详细地记录了甑皮岩遗址首次发现和试掘的过程以及桂林地区洞穴遗址的调查情况。上述种种，对参加第二次发掘工作的人来讲，无疑是一份弥足珍贵的原始资料。

需要特别提出的是，许多专家、学者对甑皮岩遗址的第二次发掘给予了极大的鼓励、支持与关注。曾经亲临遗址考察指导的有安志敏先生、严文明先生、张忠培先生、吕遵谔先生和仇士华先生，先生们对发掘资料的整理及研究都提出了十分重要的意见。另外，在遗址第二次发掘及整理的过程中，湖南省文物考古研究所的袁家荣先生、裴安平先生、尹检顺先生等也都给本书作者提供了许多帮助，提出了很有价值的意见。国家文物局、广西壮族自治区文化厅、桂林市政府、桂林市文化局、桂林市文物管理委员会办公室的领导在业务及行政管理等事务上也都提供了尽可能大的支持。参加第二次发掘工作的全体工作人员在此表示无尽的感谢，并将永铭于心。

参加第二次发掘及整理的全体工作人员，即下面记录的各章节的执笔者、器物修复者、绘图者、照相者等，在发掘及整理工作的过程中无一不付出了自己全部的智慧和心血。实事求是地说，没有大家的艰苦工作、精诚团结、相互包容和不懈努力，甑皮岩报告是根本不可能在两年多的时间内如此顺利地完成并出版的。本书撰写分工如下：张子模、傅宪国前言；傅宪国第一章第一节、第二章第一节及第三节、第三章及第十章；周海第一章第二节；韦军、傅宪国第二章第二节；刘琦第四章第一节；苏勇第四章第二节；何安益第四章第三节；贺战武第四章第四节、第六节；李珍第四章第五节；傅宪国、张树春第四章第七节中石器部分；陈远琲第四章中所有骨、角、蚌器部分；袁靖第五章第二节、第六章第三节之二；袁靖、杨梦菲第六章第二节；侯连海第六章第二节之一；吕烈丹第五章第一节、第七章第二、三节；赵志军第六章第一节、第三节之一；王浩天、傅宪国第七章第一节；王明辉第八章；张雪莲第九章。最后，由傅宪国统稿，并完成全书的审定工作。

考古遗址从发掘到资料的公布牵涉到方方面面的工作，有些工作不胜其烦而又不得不为之，尤其是后勤管理工作。所有参加工作的专业工作者都在本书中负责了一部分撰写任务，但因分工不同，部分同志忙于后勤管理及其他行政事务，而无法承担更多的撰写工作，但是，这并不表明其工作就少，贡献就小。

器物修复在王浩天指导下，由蒋新荣、张小波二人完成；刘建国负责遗址平、剖面的测量和绘制；所有文化遗物底图由卢引科、曹桂梅、师孝明、毕道全、张小波、蒋新荣等同志绘制，卢引科、曹桂梅二人最后修改并成稿；刘方负责动物遗骸的绘制；李淼负责遗迹及地层平、剖面图的绘制，并对全书插图进行最后审定；纹饰拓片由黄志荣完成；器物照相由郑若葵、封小明完成；英文提要由吕烈丹完成。

感谢文物出版社的杨轲编辑，在他的辛勤劳动、不懈努力下，稿件变成了铅印的报告。

感谢无法在此列出名字，而又一直关注、关心和支持着我们的领导、先生和朋友们。

此为记。

编　者

2003 年 3 月

ZENGPIYAN

——A PREHISTORIC SITE IN GUILIN

(Abstract)

Since its first excavation in the 1970s, the Zengpiyan assemblage has attracted extensive academic attentions. The cultural significance of this assemblage was then considered threefold. First, its archaeological discoveries, including large quantities of stone, bone and shell implements, pottery, animal and shell remains, as well as burials in a crouched position, are rich database for studying the prehistoric cultures in South China. Second, in the 1970s excavation, pig remains accounted for a substantial proportion, and was identified as possibly domesticated. Therefore, Zengpiyan was perceived as possibly the earliest archaeological assemblage with domesticated pig in South China, even amongst the earliest in the world, and was cited as evidence for the hypothesis on the origin of agriculture in South China. Third, the prehistoric human remains found in Zengpiyan provided valuable data for physical anthropological study. Thus Zengpiyan became one of the most important archaeological sites in China. In addition, the Zengpiyan assemblage also shares many cultural similarities with those in mainland Southeast Asia, and has also been considered important data for Southeast Asian archaeology .

However, the Zengpiyan stratigraphy was not clear after the excavations in the 1970s, and the subsistence strategies and cultural chronology were not well established. In order to solve these problems, Zengpiyan was re-excavated in 2001. Archaeological data found in the 2001 excavation, as well as those found in the 1970s, have been subjected to multi-disciplinary analyses, including soil floatation, pollen and phytolith analysis, use-wear and residue analysis. Charcoal, bone and shells were collected systematically from each archaeological phase and were sent to the laboratories at the Institute of Archaeology CASS, the Australian National University, the Beijing University and the Oxford University for conventional and AMS radiocarbon dating. Animal remains were subjected to zooarchaeological analysis and human bones to physical anthropological study. The characteristics, structures, tempering agents and firing temperatures of potsherds from different layers were analyzed and tested, and the methods of making pottery were investigated by using archaeological experiments and ethnographic survey. Experimental methods were also used to study the process of making stone and bone tools, and the efficiency of foraging activities including harvesting wild rice, digging bamboo shoot and wild yam, and collecting shellfish. The objective of this multi-disciplinary study is to obtain more data for us to better understand the environments, the natural resources available and exploited by prehistoric occupants, and the development of the prehistoric cultures when Zengpiyan was occupied.

The results of these analytical works have falsified some of the previous conclusions and revealed new contents and significance of the Zengpiyan assemblage. It is now clear that the prehistoric dwellers of Zengpiyan did not develop rice farming over the five thousand years' occupation of the cave, nor did they herd domesticated animals.

However, it is argued that the Zengpiyan assemblage is still important in respect to South China and Southeast Asian archaeology even without rice farming and domesticated pig. First, its rich archaeological remains provide valuable data for South China and Southeast Asian archaeology, and enable an establishment of local cultural chronology. Second, the earliest pottery found in Zengpiyan facilitates a much better understanding of the origin and development of ceramic in China and Asia.

1. Cultural contents and characteristics of the Zengpiyan assemblage

Based on current data, the Zengpiyan assemblage consists of five phases, representing cultural developments from approximately 12000 to 7000 years ago.

1) Phase I

Briefly, the earliest phase of the Zengpiyan assemblage is characterized by early pottery and a toolkit made of stone, bone and shell. The major raw materials for stone tools are river pebbles gathered from the nearby Lijiang River. Most of the pebbles are sandstone, and the rest are granite, carbonized and muddy slate, and limestone. Choppers, points and pieced stone rings dominate the stone implements. According to our experiments and observation, except for the pieced stone rings, the majority of other lithic tools seem to have been made by unifacial and direct percussion, although bifacially direct and indirect percussion with hard hammer also present. Pierced stone rings might have been made by pecking. Grinding occurred in this period but only applied to the manufacturing of bone and shell tools, most of which were bone drills and points, and pieced shell knives.

Apart from stone tools, substantial quantities of river pebbles without traces of manufacturing, as well as small flakes, unfinished products and debitage have also been found in layer 31 of Trench DT4. Some of the flakes can be refitted. All these indicate that the manufacturing of stone tools were carried out inside the cave.

The occurrence of pottery is an important characteristic of this phase. Fired in a very low temperature (no over 250℃), the potsherds were all made by hand pinching, and were very crumbly with crushed quartz as a tempering agent. Some of the quartz grains are measured up to 1.5 cm in dimension, while others are much smaller, indicating that they had not been sieved before mixing with the clay. The walls are measured up to 2.9 cm thick. Cord-mark occurred as a surface finishing. There were also cracks on the surface, suggesting technical incompetence. Manifesting a very initial stage of pottery production, the potsherds of this phase should represent the earliest pottery found in China to date. A large-mouth and shallow hemispherical vessel called fu in Chinese archaeology has been reconstructed, which is the only type of vessel recognizable in this period.

Based on radiocarbon dating and cross-cultural comparison, this phase is dated between 12000 and 11000 years ago. The outcome of our multi-disciplinary research indicates that the local palaeoclimate during this time became mild after the Last Glacial Maximum, and both the quantity and diversity of floral and faunal resources increased. The substantial remains of birds, animals, shells and fish found in this phase indicate that hunting and gathering were major subsistence strategies. Archaeological experiments suggest that the Zengpiyan foragers probably only needed to spend three to five hours daily on subsistence. Therefore, they should have had sufficient time for non-foraging activities , such as rituals and craftsmanship experiments, including the manufacturing of a brand new item——pottery.

2) Phase Ⅱ

The second phase of the Zengpiyan assemblage contains flaked pebble tools, ground bone and pierced shell tools similar to that of phase I in terms of both manufacturing techniques and typological compositions. Natural pebbles, primary products and debitage have also been found inside the cave, indicating an *in situ* manufacturing of stone tools.

The major characteristic of this phase is a technical development of ceramic production. The quantity of potsherds found in this period increased. Although still fired in low temperature, pottery was now built by the new technique of slab building. Crushed calcite became the major tempering agent, supplemented by crushed quartz. The walls became relatively thinner and the vessels taller, illustrating improved skills on body construction. Cord mark remained a surface finishing, but linear incision and high relief now occurred as decorations. The typological composition remained simple, dominated by a bottle-necked hemispherical *fu*.

Based on radiocarbon dating and cross-cultural comparison with those found in the Yangzi Basin, this phase is dated to between 11000 and 10000 years ago. Pollen and phytolith analyses indicate that the climate became warmer and the natural resources were also richer in this period. Ecofacts found in this phase suggest that hunting and gathering were still the major subsistence strategies.

3) Phase III

Artefacts of Phase III include flaked stone tools, bone and shell implements, and pottery. Stone tools consist of hammer, choppers and cutting tools, pebble sticks used as chisels, pieced stone rings, and the newly-occurred flaked adze, the latter probably being a primary product or a prelude towards ground adze. Sandstone remained the major raw material, supplemented by granite. The occurrence of bone needles in addition to bone drills and shovels in this period maybe illustrates the technical development for clothing.

Still fired in a low temperature, potsherds found in this period remained crumbly with coarse calcite grains as tempering agent. Slab building was still the major technique. The potsherd walls of this period had a laminated structure consisting of many thin layers, which was different from the structure formed by slab-building, and might have been the result of technical incompetence during the production process. Various sizes of cord-marks remained on surface, but incision and thumb-pressing decorations also occurred. Apart from the round-based *fu* similar to those found in previous periods, a round-based pot with short neck and big mouth also made its appearance in this phase three.

Dated to between 10000 and 9000 years ago, the palaeoclimate of this period was warmer and moister than that of the previous periods. Remains of terrestrial animals, birds, shells, fish, pollen of cruciferous plants, roots and nuts suggest that hunting, fishing and gathering were the major subsistence strategies of the Zengpiyan occupants during this time.

4) Phase IV

Dated to between 9000 and 8000 years ago, the ensuing forth phase of the Zengpiyan assemblage witnessed a much warmer and humid climate, with temperature probably higher than that of the present, and rich natural resources. Flaked pebble tools were still major implements in this period, while the quantity and variety of organic implements reduced. Only bone drills and pieced shell knives were present. Whether the reduction of organic tools represents a toolkit change remains a question.

Both the quantity and diversity of pottery increased in this period. Slab building was still the major technique for pottery formation. The vessels seem to have been constructed by joining the slabs of the bodies and bases together. Vessel bases became thinner and smoother compared to those found in previous periods. Firing temperature was also higher. Apart from crushed calcite, sand was also used as a tempering agent. The bottle-necked *fu* commonly found in previous phases was now absent, but a new type of round-based pot with tall neck and broad shoulder occurred.

In addition, two burials have been found in this period in crouched squatting position. No grave goods have been discovered, but natural stones of various sizes and quantities have been located inside the burial pits and on human skeletons. In burial No. BT2M9, two large calms had been placed together to cover the human skull. These phenomena not only suggest the existence of the notions of death and burial, but also represent unique and local burial custom and beliefs.

5) Phase V

Dated to between 8000 and 7000 years ago, the climate in this period was basically subtropical, when floral and faunal species flourished. Ceramic, lithic and bone implements have been found in this phase, but shell tools were absent. It is noticeable that the quantity of flaked pebble and bone tools now reduced significantly, the latter consisting of drills and needles; meanwhile, a substantial quantity of well-ground axe and adze occurred.

Phase five also witnessed an impressive development of ceramic production. The quantity, typological variety, colour and decoration motifs all increased or diversified significantly. Vessels consist of various types of *fu*, pots, basins, bowls, stands, and plates and cups with high ring foot. Crushed calcite was still the major tempering a-gent, but the grains were smaller and in similar sizes, indicating that they had been sieved. Fine (chalk) pottery and the application of potter's wheel also occurred. The firing temperature was higher. Decorative motifs included cord mark, string press, various combinations of incisions, as well as stamped and impressed patterns.

Although the ecofacts found in this period still illustrate hunting and gathering as major subsistence strategies, it seems that the cultural contents of this phase changed significantly.

6) Remains of the Song Dynasty

After 7000 B.P. the Zengpiyan cave was not occupied for several thousand years. Gradually, a layer of calcium deposit formed, and the prehistoric deposits were covered entirely until the Song Dynasty, when a small group, probably a family, moved in the cave. It seems that they cleared the relatively thinner calcium layer near the entrance and dwelled there, also buried their dead nearby. Judged from the colour and decoration motifs of the porcelain fragments, this period should belong to the Song dynasty (A.D.10 – 13th century). The ceramic assemblage consisted of bowls, big jars, pots, urns and grinding tools, all of which were practical items for daily life. The substantial quantity of unearthed potsherds suggests that this group might have resided here for quite a long period of time.

7) About the Zengpiyan Culture

Archaeological data and the outcome of multi-disciplinary research manifest that Zengpiyan was occupied from the beginning to the middle of the Holocene, lasting for approximately 5000 years. During this long period of time, the Zengpiyan residents lived on hunting and gathering, created pottery and other cultural elements. Howev-er, the cultural development at Zengpiyan was not without discontinuity. It seems that there were three stages of cultural development at prehistoric Zengpiyan, with phase I as the first stage, phases II to IV as the second, and phase V the last. There were missing links between phases I and II, and between phases IV and V. On the other hand, the development trajectory from phase II to phase IV was quite clear, and the characteristics obvious.

Although archaeological excavation commenced as early as in the 1930s in Guilin, only five sites have been properly dug so far. Based on current data, archaeo-logical remains similar to those found in phases II to IV at Zengpiyan have only been found in the Dayan cave nearby. Although the spatial distribution is not yet clear, it is still proposed here that the archaeological remains from phase II to phase IV can be named the "Zengpiyan Culture" in order to give a clear notion of their cultural contents. Remains of phases I and V will be further defined when more data are available.

2. Archaeological Significance of the Zengpiyan Assemblage

With a maximum thickness of cultural deposits up to 3 meters and very rich archaeological remains, the Zengpiyan assemblage has provided valuable data for the prehistoric archaeology of South China and Southeast Asia in several aspects, as elaborated in the following sections.

1) The origin and development of pottery and related cultural context

Human beings' utilization of water, clay and fire can be traced back at least to the terminal Pleistocene, as fired clay dated to 26000 years ago have been found at Dolni Vestonici, Slovenia. However, current archaeological data suggest that the earliest pottery containers occurred in East Asia by 12000 years ago, distributing from Siberia, Japan, the Yellow and Yangzi Basins, to South China. Among the early ceramics, the potsherds found in phase I at Zengpiyan seem to be the most "primitive" in terms of clay mixing, body formation, decoration and firing temperature, indicating that they were at the very beginning of pottery production. Meanwhile, the cultural deposits in Zengpiyan were thick and the strategraphy clear, thus facilitate a better understanding of the origin and technical development of pottery.

Like any technological innovations, the creation of pottery must have embedded in its own cultural context and related to the development of the latter. Many scholars have proposed different hypotheses on how and why pottery was created . While some argue that the origin of pottery might have related to constructing mud-brick houses, others consider that it was to meet the culinary needs, or social/symbolic elaboration, or was stimulated by the changed subsistence strategies.

All these hypotheses, however, were based on research on a certain area and certain archaeological remains, and may not be suitable for the case in South China. It is likely that the origin of pottery had different impetus in different natural and cultural contexts.

As mentioned above, the early pottery was found in phase I of the Zengpiyan assemblage, which is dated to between 12000 and 11000 years ago. The outcome of multi-disciplinary research suggests that there was no rice farming, and even wild rice gathering was not the major economic activity of the prehistoric occupants at this time. Therefore, the origin of pottery was not related to grass seed gathering and consumption in this area. On the other hand, it should be noticed that the occurrence of pottery was contemporary or slightly later than the occurrence of substantial quantities of shells in Guangxi, the majority being gastropods. Our experiment indicates that it is necessary to cook the shellfish before consumption, otherwise the meat cannot be released unless one crush the entire shell, but this will also crush the meat. Therefore, it is highly possible that the origin of pottery was stimulated by the need of cooking and consuming fresh water shellfish in Guangxi, probably also in South China where large quantities of shellfish have been found.

Thus, at least in South China, the occurrence of pottery was not related to sedentism and agriculture, but to extensive foraging, including shellfish gathering. Similar situations have also been found in other areas, from Siberia, Japan, to Hutouliang and Nanzhuangtou of the Yellow Basin; although the subsistence strategies of the potters in Xianrendong and Diaotonghuan of the Yangzi Basin are not very clear. This is quite different from ceramics found in the middle East and the New World, which were made by farmers. Apparently, the development of human cultures is quite diversified, and it would not be prudent if we are trying to propose and apply an "universal model" to cultural remains in different areas of the world.

This raises another question on the definition of the Neolithic, which is an issue often under hot debate. Although farming, sedentism, pottery and grinding tools are often considered the primary characteristic of Neolithic, we argue that in certain areas with rich resources, such as Guangxi, the return of foraging can be very high, even higher than that of initial farming; and that such highly developed foraging might also have produced profound influences over the local cultural developments. In these areas, pottery became an important utensil for foraging activities; meanwhile, its occurrence accelerated foraging and other cultural developments. Thus we consider the presence of pottery a major indicator of the beginning of Neolithic in Guangxi, and define the Zengpiyan assemblage as Neolithic remains.

Further, potsherds found in different cultural phases at Zengpiyan also enable a chronological and detailed study on the morphological and technical development of pottery. This study will be enriched by comparing early pottery found in adjacent areas, particularly that found in the Yuchan Cave of the Yangzi Basin, as the Yuchan assemblage is dated approximately contemporary to the early stage of Zengpiyan.

Located about 200 km east to Zengpiyan, the Yuchan site is also a cave in limestone area. The Yuchan assemblage contains early pottery, stone tools made by unifacial striking, bone, antler and shell implements, large quantities of aquatic and terrestrial animal species, and rice husks which might have been at the initial stage of human interference. Dated to approximately 10000 years ago, the quantity of potsherds found in Yuchan was very limited and the potsherds very fragmental, as only one hemispherical *fu* can be reconstructed (ibid.). Built by slab building, the walls of the Yuchan pottery were measured up to 2 cm, with charcoal and quartz as tempering agents. The potsherds are very crumbly, indicating low firing temperatures. Cord-mark also presents as surface fishing (ibid.).

It seems that the morphological and technical features of the Yuchan pottery was just in between phases Ⅰ and Ⅱ of the Zengpiyan pottery. If we place the Yuchan pottery into the potsherds found in Zengpiyan, then the ceramic development in the south and north flanks of the Five Mountain Range is as follows[*] (Figure 187):

a) Phase Ⅰ of the Zengpiyan pottery. Body built by hand pinching, cord-mark was rolled to level the surface, but was "wiped out" later. Techniques for body formation were not well-developed, so the vessel body was quite short. Large grains of quartz were used as tempering agent. Only one type of vessel was recognized.

b) Yuchan pottery. Built by the new technique of slab building, the whole surface was covered by cord-mark. The technique of body formation seems to have improved, as the vessel became taller. Only one type of vessel was reconstructed.

c) Phase Ⅱ of the Zengpiyan pottery. Body built by slab building but the base was hand pinched. Calcite became tempering agent. The walls became relatively thinner. The potter now was able to shape the neck of the vessel. Two types of vessels occurred.

d) Phase Ⅲ of the Zengpiyan pottery. The thickness of walls reduced further. Both the quantity and typological variety increased.

e) Phase Ⅳ of the Zengpiyan pottery. The base of the vessels was rounder and smoother. The size of the grains of the tempering agents reduced. Firing temperature

---

[*] This comparison and synthesis is purely based on technical and morphological criteria. We do not infer that the Yuchan pottery was from Zengpiyan.

increased. Both the quantity and typological variety further increased.

f) Phase V of the Zengpiyan pottery. The majority was still built by slab building and joining. Potter's wheel occurred. Various decoration motifs also applied to vessels. Apart from crushed calcite, sand was also used as tempering agent. Many new types of vessels also occurred in this period.

Although the occurrence of pottery was quite early in Zengpiyan and adjacent areas, it has been noticed that the ceramic development in this area was quite static in terms of typological variety and techniques. While it is normal for the beginning of a new industry, this might have also related to the local resources. As bamboo and wood have often been used as materials for cooking and storage in South China, the development of pottery manufacturing might have been hindered. Whether the mobility and/or social structures of the prehistoric cultures in South China relate to the slow development of pottery, is a topic for further study.

2) Zengpiyan and the prehistoric archaeology in Guilin

Located in a limestone plain with small hills, streams, and diversified natural resources in northeast Guangxi, the Zengpiyan cave and its vicinity is an ideal place for prehistoric human beings. As early as in the 1930s, renowned scholars like P. de Chardin, Ding Wenjiang, Yang Zhongjian and Pei Wenzhong began to conduct archaeological survey in this area. They discovered several caves in Guangxi, one of them called "Cave D" at the north gate of the Guilin City. More extensive archaeological work has been carried out since 1949, and 38 caves have been located to date, of which the Baojiyan, Miaoyan, Jiaoziyan, Zengpiyan, Dayan and another three caves have been excavated.

Based on excavated data from these caves, particularly on data from Baojiyan, Miaoyan, Dayan and Zengpiyan, as well as a riverine site called Xiaojin in the Ziyuan county north to the Guilin City, it is now possible to establish the prehistoric chronology in northeast Guangxi (Table 1).

The late Palaeolithic in this area is represented by the Baojiyan assemblage. Dated to approximately between 35000 and 28000 years ago, this assemblage contains human teeth, flaked pebble tools, animal species of the terminal Pleistocene such as the giant panda (*Ailuropoda melanoleuca baconi*), stegodon (*Stegodon* sp.), hyena (*Crocuta ultima*), giant tapir (*Tapirus sinensis*) and Chinese rhinoceros (*Rhinoceros sinensis*), plus some existing species. No shell remains have been found in this type of deposits.

Table 1 Cultural Chronology from the late Palaeolithic to the late
Neolithic in the Guilin Area

Date		Cultural deposits and archaeological remains	Representative deposits and sites
Late Palaeolithic (35000 ~ 28000 B.P.)		Unifacially flaked pebble tools, mainly choppers. Animal remains included extinct Pleistocene species but no shells.	Biaojiyan and Dongdong cave sites.
Terminal Palaeolithic (15000 B.P. or earlier)		Unifacially flaked pebble tools, small quantities of animal.	Phase I of the Dayan assemblage.
Mesolithic (15000 – 12000 B.P.)		Increased quantity of shells and animal remains. Occurrence of ground bone and pieced shell implements, fired clay and flexed burial with slabs but without grave goods.	Phase II of the Dayan assemblage.
Phase I of the early Neolithic (12000 – 11000 B.P.)		Large quantities of fresh water and terrestrial animal remains. Increased bone tools and the occurrence of pottery and pieced stone rings.	Phase III of the Dayan assemblage; phase I of the Zengpiyan assemblage and the Miaoyan assemblage.
Late stage of the early Neolithic (11000 – 8000 B.P.)	Period (a)	Occurrence of slab building.	Phase II of the Zengpiyan assemblage.
	Period (b)	Occurrence of ground stone adze and axe.	Phase IV of the Dayan assemblage and phase III of the Zengpiyan assemblage.
	Period (c)	Advance of pottery manufacturing. Burials with slabs.	Phase IV of the Zengpiyan assemblage.
Early stage of the middle Neolithic (8000 – 7000 B.P.)		Increase of ground stone tools and decrease of pebble tools. Occurrence of fine pottery and grave goods.	Phase V of both the Dayan and Zengpiyan assemblages, and phase I of the Xiaojin assemblage.
Late stage of the middle Neolithic (6500 – 5500 B.P.)		White pottery. Well ground stone adze, axe, arrowhead and spearhead. Rice.	Phase II of the Xiaojin assemblage.
Late Neolithic (5000 – 3500 B.P.)		Further enriched pottery with rich motifs. More rice.	Phase III of the Xiaojin assemblage and phase IV of the Dayan assemblage.

The local terminal Palaeolithic is represented by phase I of the Dayan assemblage, which is located approximately 18 km southwest of the Guilin City. Dated to approximately 15000 years ago or earlier, this cultural deposit consists of unifacial flaked pebble tools and animal bones.

Phase II of the Dayan assemblage represents the ensuing Mesolithic in this region. Remains found in Jiaoziyan also belong to this period. Dated to between 15000 and 12000 years ago, the local Mesolithic culture is characterized by the presence of ground bone drills and pieced shell implements, manifesting the occurrence of grinding and piecing techniques, and the initial application of these techniques onto organic materials. Flaked pebble tools remained in the toolkit, the majority being choppers and chopping tools. It is noticeable that two pieces of fired clay have been found in Dayan, one piece in a cylinder and another in a concave shape. Although not ceramic containers, these two pieces indicate human's effort to combine water, clay and fired in order to create a new material, and are possibly the prelude to the origin of ceramic. Meanwhile, the quantity of shells increased, indicating that shellfish gathering became an important subsistence strategy at this time.

Two flexed burials have been found in Dayan and one crouched squatting burial found in Jiaoziyan, all without grave goods but with some stone slabs being placed on the head and the body of the dead. This phenomenon suggests unique burial custom and beliefs.

The local prehistoric culture then proceeded into the beginning of the Neolithic, or the phase I of the early Neolithic, which is dated from 12000 to 11000 years ago. Archaeological remains found in Miaoyan, phase III of Dayan and phase I of Zengpiyan all belong to this period. The lithic toolkit still dominated by unifacially flaked pebble tools, but pieced stone rings and cutting tools occurred as new types of implements. Some flakes were directly used without retouch. The typological diversity of bone tools increased, as new tools such as bone shovel and adze presented. But the most important feature of this period is the occurrence of pottery containers, which have been found in Dayan and Zengpiyan. As described above, the potsherds were very crumbly with large grains of crushed calcite or quartz, the walls were thick and the firing temperature very low. In a word, they represent the very earliest stage of pottery manufacturing, and should be the earliest pottery in China to date.

The vessels in this period were all in a shallow hemispherical shape with big mouth, suggesting that their major function was cooking. Large quantities of shells have been discovered, indicating that shells became staple food at this time. As mentioned above, the need to cook gastropods for consumption might have been the major impetus for the production of pottery. Thus the origin of pottery and the occurrence of broad-spectrum foraging, including shellfish gathering, became the major characteristics of the beginning of the Neolithic in this region.

At around 11000 to 8000 yeas ago the local prehistoric culture entered the second phase of the early Neolithic, represented by phases II to IV of the Zengpiyan assemblage, and phase Ⅳ of the Dayan assemblage. These remains can be arranged in the following sequence:

a) Phase Ⅱ of the Zengpiyan assemblage, characterized by the presence of slab building and the quantitative increase of pottery.

b) Phases Ⅲ of the Zengpiyan and Ⅳ of the Dayan assemblage, characterized by the occurrence of bone shovel and needles, and the presence of ground stone adze and axe in Dayan.

c) Phase Ⅳ of the Zengpiyan assemblage, characterized by advanced pottery manufacturing skills, the decline of pebble and bone tools and the increase of ground stone tools. Burials were without grave goods but with large stone slabs covering the dead.

The early Neolithic ended at around 8000 years ago in this area, and the first stage of the middle Neolithic is defined from 8000 to 7000 years ago, represented by phase Ⅴ of both the Dayan and Zengpiyan assemblages, and phase I of the Xiaojin assemblage. Major characteristics of this period were the increase of ground stone tools and further decrease of pebble tools, the occurrence of fine pottery including white pottery, and the invention and application of potter's wheel. Both the quantity and typological variety of pottery increased substantially in this period, as well as decoration motifs.

A total of eight burials have been found in Dayan, and the dead were in the positions of prone, squatting, or lying on the back. Grave goods of lithic, bone or pieced shell implements were found in all burials, but pottery was absent. The occurrence of grave goods indicates another change in terms of burial custom and belief. Judged from ecofacts found in various sites, foraging remained the major subsistence strategy, but farming might have begun at riverine sites like the Xiaojin site.

The second stage of the middle Neolithic in this area is represented by phase Ⅱ of the Xiaojin assemblage dated between 6000 and 5500 years ago. Pebble tools almost disappeared at this time, apparently being replaced by ground stone adzes and axes, plus new tools such as ground arrowheads and spearheads. Pottery manufacturing further developed, but the most noticeable feature is the occurrence of rice grains at Xiaojin, which suggests the beginning of farming in this area.

Phase Ⅲ of the Xiaojin assemblage and phase Ⅵ of the Dayan assemblage represent the final stage of the Neolithic in this area. Dated to between 5000 and 3500 years ago, the last stage might have proceeded into the Bronze Age era. Archaeological remains found in Xiaojin indicate that rice farming now became a major subsistence strategy, associated with rich and diversified pottery vessels decorated with various motifs.

In summary, the characteristics of the prehistoric cultural development in the Guilin area are as follows:

• People had been residing in caves until the middle Neolithic. Located in limestone plains with small hills, often with streams nearby, the caves were ideal residences for the local peoples.

• Pebble tools were constantly a major part of the lithic toolkit from the Palaeolithic to the Neolithic in this area. However, the proportion of pebble tools decreased after the middle Neolithic. Ground stone tools occurred at around 8000 – 7000 B.P. in this area, later than that in the Yangzi Basin. It is also noticeable that small flakes and microblades have not been found in this area, although these lithic implements have been found in neighbouring areas.

• The technique of grinding was first applied to bone tools, then to stone tools, while piecing was first applied to shell and then to stone rings. Pieced stone rings occurred in this area from 12000 to 8500 years ago, and was one of the major local implements, although its function is still being investigated.

• The occurrence of fired clay and early pottery in this area provides fundamental information for investigating the origin and development of pottery, which seems to have related to the intensive gathering and consumption of shellfish.

• Local subsistence strategies remained hunting and gathering until the early stage of the middle Neolithic. The beginning of the local Neolithic era was marked by broad-spectrum foraging, including shellfish gathering. Rice farming occurred only in the late stage of the middle Neolithic at Xiaojin. As pottery dated to this period shares considerable similarities with those found in the Liyang Plain of the middle Yangzi Basin, the occurrence of farming in this region might have been a result of cultural contact and influence from the Yangzi.

• The local burial custom is unique. Natural stone slabs instead of grave goods have been found in burials dated from 12000 to 8500 years ago; but tools were offered in burials dated after 8000 years ago, indicating changes of burial custom and concepts.

The prehistoric cultural development in the Guilin area apparently was a continuous process. Although pottery found in deposits after the early Neolithic shares some similarities with that found in the Yangzi Basin, the subsistence strategies were different. Based on current data, local farming did not occur until about 6500 years ago. This relative stability of economics might have been the result of rich and diversified natural resources in the region.

As seen in table 1, the Zengpiyan assemblage is critical for the establishment of a cultural chronology in northeast Guangxi. Based on this chronology, we can further investigate the other prehistoric sites found in this area, particularly those not being excavated, in order to better understand the local prehistoric cultures. Archaeological survey reveals that stone tools have been found in some caves but not in others, whereas shells and pottery were present in the majority of sites in Guilin. Why the stone tools were absent in some caves? Were the function of those cave sites with stone tools, pottery and shells different from those without stone tools? We have to make more effort to solve these problems, and the established chronology has given us a sound foundation to move forward.

3) Zengpiyan and the prehistoric archaeology in the middle Yangzi Basin

There are several tributaries connecting the middle Yangzi Basin and northeast Guangxi, namely the Li and Yuan rivers in the present western Hunan province, and the Zi and Xiang rivers in central Hunan. At present, the relationship between prehistoric cultures in the middle and lower Yuan River, the Dongting Lake and that in the Guilin area seems to be revealing.

A) Zengpiyan and the prehistoric cultures in the middle Yuan River

Originated in the Guizhou province, the Yuan River flows northwards from the border between northeast Guangxi and southern Hunan, then pours into the Dongting lake of the Yangzi Valley. To date, the most important prehistoric site in the middle Yuan valley is Gaomiao, which is a shellmidden site located on the first terrace of the river. Dated to approximately 7400 – 6800 years ago, the lower layer of Gaomiao is contemporary with the late phases of the Zengpiyan assemblage; while the upper layer of Gaomiao is dated to about 6500 – 5300 year ago, contemporary with the Daxi Culture.

Large quantities of aquatic and terrestrial animal remains, pottery, flaked and ground stone tools, net-sinkers, as well as hearth, houses and burials have been found in Gaomiao (ibid.). Potter's wheel had been applied to produce vessels, and very rich decoration motifs have also been found, among them the patterns of phoenix and mysterious animal face. The toolkits and animal remains suggest major subsistence strategies being hunting, fishing and gathering (ibid.). Similar archaeological remains have also been found in Songxikou and Taikandadi dadi of the middle Yuan River (ibid.).

As the Yuan River runs through the boundary area from the present northeast Guangxi into Hunan, or from South China into the Yangzi Basin, it is possible for prehistoric people to travel along this river. Indeed, there are some similarities between the lower Gaomiao assemblage and that of the phase V of the Zengpiyan assemblage, as follows:

• Pottery from both sites were hand-made but refined by potter's wheel, with the majority containing tempering materials. Cord-mark dominates the decoration motif, followed by incision and stamping. Types A, C, E, J and L of pots and type C of cooking *fu* in lower Gaomiao are similar to pots found in phase V of the Zengpiyan assemblage. The uneven colour of vessels suggests that they were probably fired without kilns.

• Flexed burials without grave goods have been found in both sites.

• Foraging was the major subsistence strategy in both sites.

However, there are differences too. The painted pottery and phoenix and animal motifs are found in Gaomiao but not in Zengpiyan either. It seems that the Gaomiao assemblage is more developed than Zengpiyan.

B) Zengpiyan and the prehistoric cultures in the Dongting Lake area

Since the discovery of the Pengtoushan and Bashidang culture in the late 1980s, many scholars have discussed the cultural chronology and development in the Dongting Lake area. The Pengtoushan and Zaoshi assemblages seem to have some similarities with the Zengpiyan assemblage.

a) Zengpiyan and the Pengtoushan culture

Represented by the Pengtoushan and Bashidang assemblage, the Pengtoushan culture distributes over river terraces or small platforms in the Liyang Plain of the middle Yangzi Basin. Archaeological features of the Pengtoushan culture include protective ditches, houses, rubbish pits and burials with grave goods, including one flexed burial. Pottery and stone tools have also been found.

Dated to between 9000 and 8000 years ago, there are similarities and differences between the Pengtoushan culture (Phase Ⅱ-Phase Ⅳ) and contemporary phases of the Zengpiyan culture, as follows:

• Pottery were built by slab building in both cultures. The uneven colour of vessels suggests that they were probably fired without kilns. Cord-mark dominated the vessels in both cultures, supplemented by incisions and stamping decorations. The pots found in phase Ⅲ of Zengpiyan are morphological similar to those found in Pengtoushan.

• Choppers and chopping tools are present in both cultures.

• However, the pottery in Pengtoushan was much more diversified than that in Zengpiyan.

• Flexed burial occurred in both cultures, but grave goods were only found in Pengtoushan.

• Pengtoushan is a farming society, while foraging was the major subsistence strategy at Zengpiyan.

In summary, it seems that the Pengtoushan culture was more developed than the Zengpiyan culture.

b) Zengpiyan and the Zaoshi culture

Located on terraces in the lower reaches of the Li, Yuan and Xiang rivers, the Zaoshi culture is a new archaeological entity in the middle Yangzi Basin. Pottery tempering with charcoal and sand, fine pottery, and ground stone tools have been discovered, as well as house remains. Domesticated rice and pig, goat and water buffalo have been discovered in several sites belonging to the Zaoshi culture, indicating agriculture being the major subsistence strategy.

Dated to between 8000 and 7000 years ago, the Zaoshi culture also shares some similarities with phase Ⅴ of the Zengpiyan assemblage. Briefly, pottery was made by slab building with potter's wheel in both cultures. Cord-mark prevailed the ceramic decoration found in both sites, followed by incision and stamping motifs. Several pots found in Zengpiyan are also morphologically similar to those found in Zaoshi.

On the other hand, there are also apparent differences between the two. The ceramic assemblage in Zaoshi was much more diversified than that in Zengpiyan. Some vessels such as plates with high ring foot, pots with handles, and basins of the Zaoshi assemblage are not found in Zengpiyan. The most salient difference is that agriculture is the major subsistence strategy of Zaoshi, but foraging is the primary economic of

Zengpiyan. In summary, Zaoshi seems to have developed much further than the Zengpiyan assemblage.

c) Summary

The above comparison suggests that there were certain similarities between the Zengpiyan assemblage and the prehistoric cultures in the middle Yangzi Basin. Although the significance of these similarities is not yet clear, this phenomenon is worth noting. Located between the Yangzi Basin, coastal South China and inland Southeast Asian, Guangxi might have played an crucial role in prehistoric cultural and human exchanges. In the future, we will focus on the boundary areas between the Yangzi Basin and Guangxi in order to collect more information and to further our study.

4) Zengpiyan and the prehistoric archaeology in South China (*Lingnan*)

Since the 1980s, many scholars have been debating on the cultural and stratigraphic characteristics of the transition from the Palaeolithic to the Neolithic in South China. Some argue that the occurrence of ground stone and bone tools, pottery and agriculture should be the hallmarks of the Neolithic in South China, while other points out that the early Neolithic was pre-pottery with shells and ground lithic and organic tools. Jiao considers the occurrence of pottery and ground stone tools signaling the beginning of Neolithic in this area. Furthermore, archaeological remains have been found in caves, shellmidden and river terraces, and the chronological and cultural relationships among the three types of sites are not clear due to the problematic ^{14}C dating in limestone areas.

The discovery of Zengpiyan and other archaeological assemblages in the Guilin area has provided a foundation for the study of prehistoric archaeology in South China. Based on the chronology as illustrated in table 1, it is now possible to synthesize the cultural remains dated from the late Pleistocene to the early Holocene found in different geographic settings in South China.

a) Cave sites

To date, more than 40 cave sites have been discovered in the limestone areas of South China, of which Baojiyan, Dayan, Bailiandong , Liyuzui and Dushizi are the most important ones. Ground bone and antler tools and an edge-ground stone tool have been found in layer 4 of Bailiandong and layers 3 and 4 of Dushizi. These assemblages should belong to the transitional period from the Palaeolithic to the Neolithic.

Deposits containing large quantities of shells and limited potsherds, like the lower layer of Miaoyan and phase III of Dayan, as well as phase I of Zengpiyan, should be dated to the beginning of the Neolithic. Layer 2 of the Dushizi site may also belong to this period, as the extensive gathering of shells is a hallmark of the beginning of the Neolithic in South China.

It should be noticed that the majority of cave remains in South China are dated to approximately 7000 years ago. Why caves were not common residences after the middle Holocene, whether this changed dwelling pattern has related to the changes of subsistence strategies or cultural contacts, are questions for further study.

b) River terrace sites

The majority of this type of sites have been located along rivers in South China, particularly in Guangxi, with the Baozitou and Dingsishan sites being the most important ones. Potsherds and a small amount of shells have been found in phase I of the Dingsishan assemblage, suggesting that it belongs to the early Neolithic. Phases II and III of the Dingsishan assemblage contain large quantities of shells, pottery, ground bone and lithic tools, as well as pieced shell implements, representing a fishing and hunting society dated to between 8000 and 7000 years ago. Based on phytolith analysis, rice farming might have occurred at around 6500 years at Dingsishan. Whether this changed subsistence strategy was a common phenomenon in South China remains another question.

c) Hill sites

Mainly located on hilly flanks in South China, these sites contain ground stone tools and pottery, including fine pottery made by potter's wheel. They should belong to the middle Neolithic or later.

d) Coastal sites

Mainly found in the coastal areas of Guangdong and Guangxi, these sites are also dated after the mid-holocene.

Based on the Zengpiyan assemblage and other archaeological data found in South China to date, it is apparent that there are chronological differences between sites in different geographic settings. Cultural remains dated from the terminal Pleistocene to the middle Holocene are mainly found in caves; yet the caves seem to have been deserted after the mid-holocene. On the other hand, river terrace sites occurred in the early Holocene, and rice farming appeared in some river terrace sites at approximately 6500 years ago.

ZENGPIYAN——A PREHISTORIC SITE IN GUILIN

What was the impetus for the prehistoric peoples in South China to give up the natural shelters of caves, and move to river terraces, where they had to face and solve the problem of constructing human-made shelters for themselves? Judged from the large amount of shells and other animal and plant remains found in river terrace sites, it is possible that their major impetus was to search for food resources. However, our understanding on the relationship between cave and river terrace sites to date is still quite limited, and we will study this issue in the future.

As mentioned above, Zengpiyan is located in a limestone area with small hills and streams. Many other cave sites such as the Yuchan cave in the Yangzi Basin, and several caves in central Guangxi and northern and western Guangdong are also situated in a similar environment. Briefly, unifacial pebble tools, ground bone implements and pottery with tempering material have all been found in these sites, associated with large quantities of aquatic and terrestrial floral and faunal remains. Apparently, the prehistoric economics from the late Pleistocene to the middle Holocene in the landmass from the Yangzi Basin to South China was a broad-spectrum strategy of hunting and gathering. However, rice gathering was practiced in the Yuchan cave in the Yangzi and the Niulan cave in northern Guangdong, but was absent in other caves. What are the causes for these cultural similarities and differences? Have them indicated various adaptive strategies of different groups in different environments, or different cultures in similar environments? All these questions will be investigated further.

5) Zengpiyan and Southeast Asian prehistoric archaeology

Cave sites similar to Zengpiyan have been located in mainland Southeast Asia, particularly in Vietnam and northern Thailand; some have also been found in Indonesia in recent years. Current archaeological data suggest that these cave sites are dated from 15000 to 6000 years ago, and the chronology consists of Son Vi (20000 – 11000 B.P.), Hoabinhian (11000 – 5000 B.P.) and Basconian (10000 –). The Spirit Cave and Steep Cliff cave in northern Thailand are dated to approximately 11000 and 7500 – 5500 years ago respectively.

Current archaeological data suggest that there are similarities between the Zengpiyan assemblage and the prehistoric remains in Southeast Asia. For example, the Son Vi toolkit consists of mainly unifacial pebble tools, and some ground bone implements and shell tools. This seems similar to the Zengpiyan toolkit. However, Son Vi sites are mainly located on river terraces, while contemporary archaeological deposits are found in caves in South China.

The transition from Son Vi to Hoabinhian occurred at around 12000 to 11000 years ago, which is contemporary with phase I of the Zengpiyan assemblage. There are more common features between Zengpiyan and the Hoabinhian culture. The Hoabinhian sites are commonly found in caves and rock shelters. The Hoabinhian toolkits mainly consist of unifacial pebble tools, and flakes without retouch but with use-wear in some sites. Large quantities of shells, fish, birds, and other animal remains have also been found in Hoabinhian deposits, associated with ground bone drills and needles (ibid.). But no pottery has been found in early Hoabinhian remains.

Burials have also been found in Hoabinhian deposits. According to Colani, many of them were secondary burials without grave goods, but flexed burials have been found in Hang Dang and Moc Long. Although the relationship between the Hoabinhian and Basconian cultures, as well as the absolute dates of these two are still under debate, it seems that edge-ground stone tools occurred in northern Vietnam at the beginning of the Holocene, or approximately 9000 – 8000 years ago. Pottery has not been found in these sites, suggesting that the production of ground stone tools might have preceded the manufacturing of pottery in northern Vietnam, which differs from that at Zengpiyan.

By approximately 6500 years ago, cord-mark pottery, ground and shouldered axes, adzes and "hoes", as well as flexed burials with grave goods have been found in the coastal area of Vietnam (ibid.). These remains are considered Neolithic entities by the Vietnam archaeologists. Judged from the stone tools, they also infer that agriculture might have occurred (ibid.)

Another important area of Southeast Asian archaeology is northern Thailand. Since the 1970s, many scholars have been working in this area and substantial data have been found, among them the Spirit Cave and another cave site in the Banyan Valley. Rich archaeological remains have been discovered in the Spirit Cave in the 1960s, as well as plant and animal species (ibid.). The unifacial pebble tools and grinding slabs found in the Spirit Cave are similar to those found in northern Vietnam, associated with used flakes without retouch. Pottery has been discovered in layer 2, tempered with crushed calcite and the surface was finished by grass-string pressing (ibid.). All these seem similar to the artefacts of phases I and II of Zengpiyan.

According to Gorman, layer 2 of the Spirit Cave is dated to 8000 years ago, the deposit between layers 3 and 4 is dated to around 9500 years ago, and layer 4 is dated between 12000 and 11000 years ago. A recent AMS test on the surface material of a potsherd from layer 2 gave a date of 3000 B.P., which is 4500 years younger than the previous date of this layer. However, judged from the manufacturing techniques and the use of crushed calcite, pottery found in layer 2 of the Spirit Cave should be earlier than 3000 years ago.

Another excavation conducted by Gorman in the 1970s in the Banyan Valley discovered 110 husks of possible wild rice, associated with grinding slabs, which can be used for husking. It seems that wild rice gathering was also a subsistence strategy in northern Thailand in the early Holocene.

Comparing Zengpiyan and the archaeological sites dated from the beginning to the middle Holocene in Southeast Asia, it is apparent that there are similarities in terms of geographic setting and cultural contents. For example, Zengpiyan and the sites in Southeast Asia are all located in limestone areas. Large quantities of aquatic and terrestrial plant and animal remains, including shells and fish, have been found in the deposits of both, suggesting a broad-spectrum foraging strategy. Unifacial pebble tools dominated the toolkits of both Zengpiyan and the sites in Southeast Asia, associated with used flakes without secondary retouch. Ground bone and shell tools occurred in Vietnam and South China approximately at the same time. Flexed burials or squatting burials were also common in both areas.

Of course, there are differences between Zengpiyan and the archaeological sites in Southeast Asia. For example, pottery seems to have preceded ground stone tools in South China, but in Vietnam it seems to have been the contrary. It should be noticed that there are many unsolved questions in Southeast Asian archaeology, including the chronology and characteristics of each cultural phases, the relationship between pebble stone and ground stone tool industries, the sequence of pottery and ground stone tools, and the relationship between pottery manufacturing and subsistence strategies. As the geographic settings, natural environments and resources of Zengpiyan and the Southeast Asian sites are similar, the Zengpiyan assemblage may be able to make important contribution to the study of the prehistoric cultural development and contacts in Southeast Asia.

6) Conclusion

As discussed above, the continuous deposits and rich archaeological remains

桂林甑皮岩

found in Zengpiyan are important database for the origin and development of pottery, and for the prehistoric study in northast Guangxi, South China and Southeast Asia. Although no traces of agriculture have been found in Zengpiyan, its academic values should not be reduced. The cultural contents of the Zengpiyan assemblage represent suitable and sustainable subsistence strategies in the limestone area in South China, and the success of these strategies has been proven by the continuity of the Zengpiyan culture.

First, the Zengpiyan and other cave residents in South China had selected their residency carefully. The majority of the caves with cultural remains in the Guilin area are opened towards south or southeast, which ensured the receiving of sunshine in the winter and cool wind in the summer. In addition, many caves are located a few meters above the ground, thus the dwellers would not have been threaten by the summer flood. Streams are often found near these caves, where fish and shells can be caught.

Second, as the natural resources in the landmass from South China to Southeast Asia have been rich and diversified with limited seasonal fluctuations after the Last Glacial Maximum, it is understandable that the prehistoric groups in this area had developed and lived on broad-spectrum foraging strategies until the middle Holocene. Ethnographic and experimental data suggest that such strategies in subtropical and tropical areas are efficient, that people can obtain sufficient food in limited time. Therefore, the economics and toolkits in South China and Southeast Asia remained stable over the long period from the terminal Pleistocene to the middle Holocene, which indicates the sustainability of these strategies. It is even argued that such broad-spectrum foraging might have been more reliable and sustainable than agriculture was. In a word, the prehistoric culture represented by the Zengpiyan assemblage manifests the best human adaptation in subtropical and tropical areas from the beginning to the middle Holocene.

On the other hand, it is also obvious that at approximately 7000 years ago, the subsistence strategies in South China changed, and the foraging strategy disappeared in the Guilin area, although it lasted longer in Southeast Asia. Apparently, some important processes occurred in the landmass from South China to Southeast Asia in the middle Holocene. What were the contents, causes and significance of these changes? Were such changes due to environmental and resources changes, or other factors? These are questions for further study.

3. Epilogue

Except for the small-scale occupation in the Song Dynasty, Zengpiyan was aban-
doned after 7000 years ago. As the result of our multi-disciplinary research does not
indicate any significant changes in respect to climate or natural resources after this pe-
riod, a possible reason for the abandon would be the reduced space in the cave. As the
cultural deposits became thicker, spaces inside the cave would have become smaller.

Another possibility would be the change of subsistence strategy. If it were a
problem of space, people could have moved to a new cave, and there should have been
cave sites dated after the middle Holocene in the Guilin area. But as discussed above,
this was not the case. We have pointed out that pottery found in phases II to V in
Zengpiyan is similar to those found in the middle Yangzi Basin in some aspects. As
farming occurred in the Yangzi Basin by 8000 years ago, which might have resulted
in the emergence of complex society and population increase. According to Bellwood,
farming societies need to expand outwards in order to search for new land. Thus it is
possible that the farming society in the Yangzi Basin expanded towards South China in
the middle Holocene, bringing profound cultural changes into the Guilin area. Thus
the local foragers either shifted to farming and moved to open areas in order to culti-
vate plants, or were driven by the new arrivers to other areas. Whatever the case,
this would have resulted in the decline of cave deposits dated after 7000 years in the
Guilin area.

This is only a hypothesis at the present, as archaeological data are insufficient at
present. However, we are going to investigate this issue in our future work. Since
the 1970s the origin and expansion of the Proto-Austronesian from inland East Asia to
Southeast Asia and the Pacific has been a topic under hot debate. The Guilin area is
located on the pathway from the Yangzi Basin to South China, and our study in this
area can provide novel and crucial information for this issue.

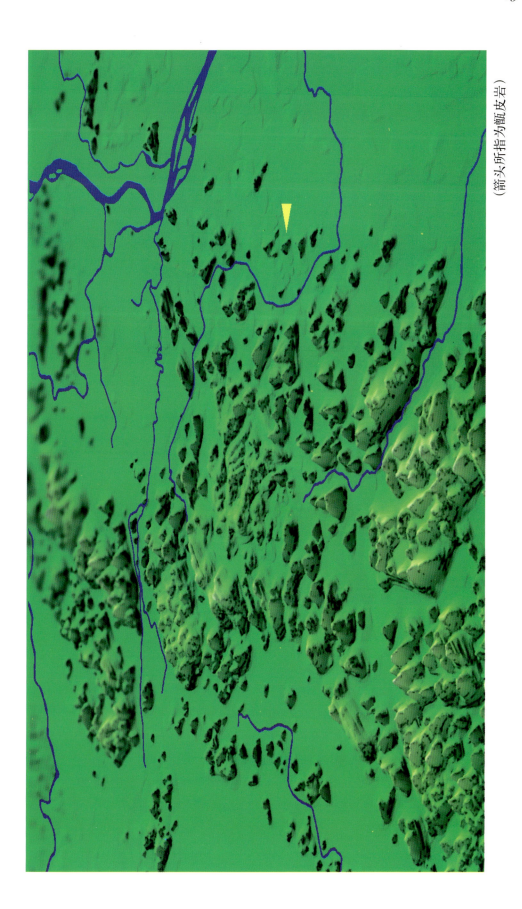

彩版一(I′)

桂林市岩溶地貌图

（箭头所指为甑皮岩）

1. 甑皮岩遗址西侧地貌

2. 甑皮岩遗址东侧地貌

甑皮岩遗址地貌

1.独山远景(南－北)

2.独山远景(西－东)

独山远景

1.甑皮岩洞口近景(西南－东北)

2.浮选工作照

甑皮岩洞口近景及浮选工作照

1.侧面

2.外壁

3.近底部

4.内壁

第一期陶器(DT6 ㉘：072)

1.盘状石锤(DT4㉛：015)

2.单边弧刃砍砸器(DT4㉛：050)

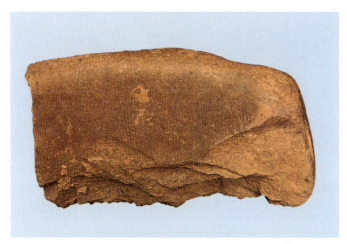

3.单边直刃砍砸器(DT4㉛：086)

4.有凹石锤(DT4㉛：003)

5.盘状砍砸器(DT4㉛：199)

6.单边直刃砍砸器(DT4㉚：001)

第一期盘状、有凹石锤，单边直刃、弧刃砍砸器

1.双边刃砍砸器(DT4㉛：038)

2.半成品(DT4㉛：162)

3.双边刃砍砸器(DT4㉙：018)

4.单边直刃砍砸器(DT4㉙：007)

5.单边直刃砍砸器(DT4㉙：006)

6.单边弧刃砍砸器(DT6㉕：002)

第一期双边刃砍砸器、半成品，第二期双边刃、单边直刃、单边弧刃砍砸器

1.陶器(DT4㉘：052)

2.陶器底(DT4⑰：002)

第二期陶器和第三期陶器底

1.BT2M8 上层石块

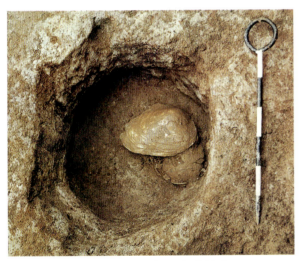

2.BT2M8 人骨

3.BT2M9 人骨上覆盖的蚌壳

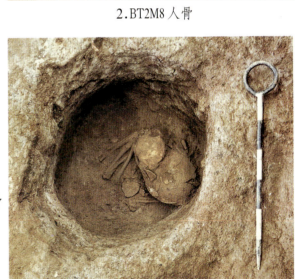

4.BT2M9 人骨

第四期墓葬

1. 敞口罐(DT4⑫：002)

2. 敞口罐(KDT5：050)

3. 釜(DT4⑬：003)

4. 敞口罐(DT4⑫：003)

第四期陶敞口罐、釜

1.盆(BT2⑥:022)

2.敞口罐(KAT1:037)

3.豆(K矮支T1:055)

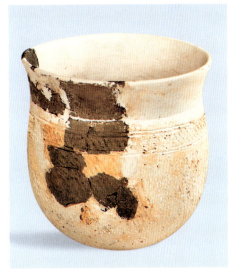

4.敞口罐(BT3⑥:040)

第五期陶盆、敞口罐、豆

1.敞口罐(SBK：238)

2.敛口盘口釜(SBK矮支T1：237)

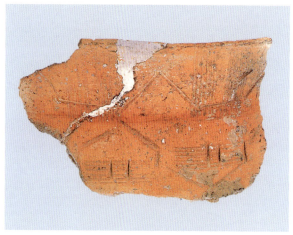

3.高领罐(KAT1：001)

4.高领罐(KDT7西隔梁：007)

5.未定名器(BT3⑦：014)

6.直口盘口釜(K矮支T1：009)

第五期陶敞口、高领罐，敛口盘口、直口盘口釜及未定名器

1.未定名器(KBT3：013)

2.直腹釜(K：011)

3.直口盘口釜(KBT1 石板上：010)

4.敛口盘口釜(KBT3 北隔梁：047)

第五期陶未定名器，直腹、直口盘口、敛口盘口釜

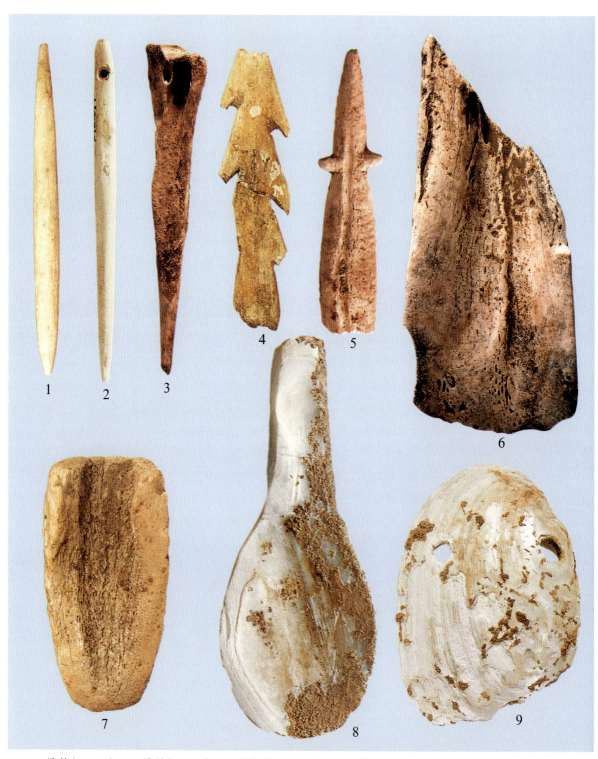

1.骨锥(K∶030)　2.骨针(K∶033)　3.骨锥(DT4㉗∶007)　4.骨鱼镖(K∶035)　5.骨鱼镖(KDT5∶004)
6.骨铲(DT6㉛∶020)　7.角铲(K∶036)　8.蚌勺(K∶017)　9.蚌刀(DT6㉘∶055)

第一期骨铲、蚌刀；第三期骨锥；库存骨锥、针、鱼镖，角铲，蚌勺

1.盘状砍砸器(SBKDT6：005)

2.单边弧刃砍砸器(K：296)

3.有凹石锤(K：007)

4.双边刃砍砸器(K：288)

5.穿孔石器(SBK：494)

6.单边直刃砍砸器(K：220)

库存盘状、单边直刃、单边弧刃、双边刃砍砸器，有凹石锤，穿孔石器

1.DT4 ㉘:068 正面

2.DT4 ㉘:068 侧面

3.DT4 ㉔:024 正面

4.DT4 ㉔:024 侧面

5.K:228 正面

6.K:228 侧面

制陶工艺

1.1975 年独山外貌

2.1975 年甑皮岩近景

独山外景

图版二(Ⅱ)

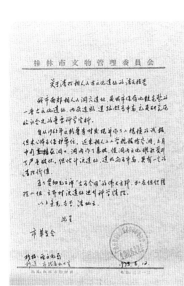

1.1973年桂林市文管办发掘请示函

2.赵平有关甑皮岩发掘的日记

中华人民共和国
考古发掘证照

考执字（2001）第066号

发掘单位：中国社会科学院考古研究所
　　　　　广西壮族自治区文物工作队

发掘地点：广西桂林市独山西南麓甑皮岩洞穴遗址

发掘面积：10平方米

发掘时间：2001年4至7月

发掘领队：傅宪国

3.2001年国家文物局颁发的甑皮岩遗址发掘执照

1973和2001年有关发掘资料

1.探方分布照(西南－东北)

2.探方分布照(西－东)

1973年甑皮岩遗址探方分布

1.BT1、BT2 发掘现场

2.张银运(左二)等工作照

3.阳吉昌(右)、赵平(左)发掘DT5

4.赵平发掘矮洞口

1973 年发掘现场

1.DT5~DT8发掘现场

2.工作照

3.工作照

4.DT2、DT4发掘现场

1973年发掘现场

1.墓葬分布照(东－西)

2.墓葬分布照(南－北)

3.BT2M1

4.BT2M5

1973 年 BT2 墓葬分布照

1.DT4（东—西）

2.BT2（西—东）

3.DT3（南—北）

4.BT3（南—北）

2001 年发掘前 BT2、BT3、DT3、DT4 探方状况

1.BT2 北壁

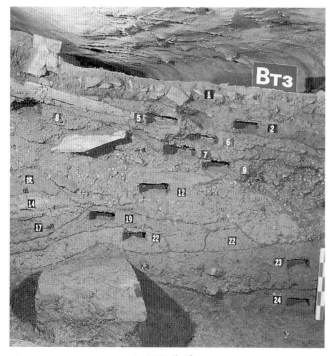

2.BT3 北壁

3.DT6 东壁

2001 年发掘的 BT2、BT3、DT6 探方剖面

1.盘状石锤(DT4㉛：013)

2.盘状石锤(DT4㉛：014)

3.有凹石锤(DT4㉛：001)

4.有凹石锤(DT4㉛：002)

5.有凹石锤(DT4㉛：004)

6.半球状石锤(DT4㉛：032)

第一期盘状、有凹、半球状石锤

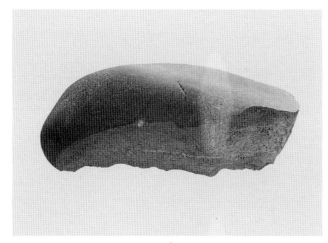

2.DT4③ : 104

1.DT4③ : 078

3.DT4③ : 117

4.DT4③ : 073

5.DT4③ : 071

6.DT4③ : 079

第一期单边直刃砍砸器

1.单边直刃砍砸器(DT4③:123)

2.单边直刃砍砸器(DT4③:114)

3.单边弧刃砍砸器(DT4③:119)

4.单边弧刃砍砸器(DT4③:087)

5.单边直刃砍砸器(DT4③:098)

6.单边弧刃砍砸器(DT4③:005)

第一期单边直刃、弧刃砍砸器

1. 单边弧刃砍砸器(DT4㉛:131)

2. 单边弧刃砍砸器(DT4㉛:112)

3. 单边弧刃砍砸器(DT4㉛:109)

4. 双边刃砍砸器(DT4㉛:048)

5. 双边刃砍砸器(DT4㉛:049)

6. 盘状砍砸器(DT4㉚:004)

第一期单边弧刃、双边刃、盘状砍砸器

1.切割器(DT4③:182)

2.切割器(DT4③:187)

3.切割器(DT4③:124)

4.切割器(DT4③:168)

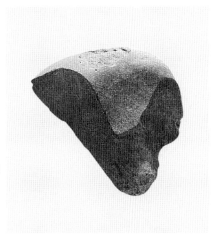

5.尖状器(DT4③:034)

6.尖状器(DT4③:164)

第一期切割器、尖状器

1.棒形石凿(DT4㉛:193)

2.棒形石凿(DT4㉛:194)

3.棒形石凿(DT4㉛:196)

4.棒形石凿(DT4㉛:195)

5.棒形石凿(DT4㉛:198)

6.穿孔石器(DT4㉛:200)

7.半成品(DT4㉛:161)

8.半成品(DT4㉛:160)

第一期棒形石凿、穿孔石器和半成品

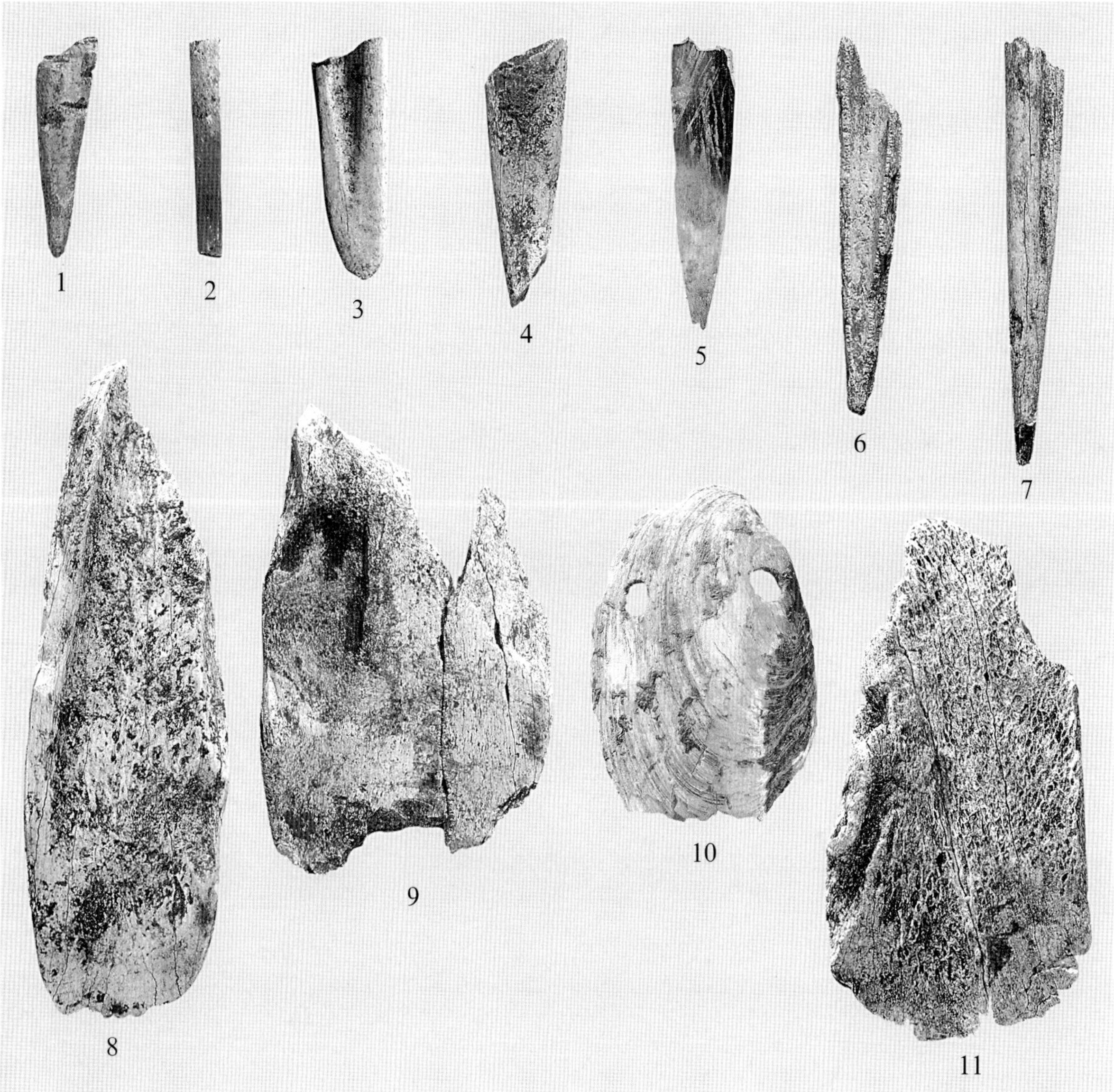

1.角锥(DT4㉚:015) 2.骨锥(DT4㉛:243) 3.骨锥(DT4㉛:292) 4.骨锥(DT4㉛:241) 5.骨锥(DT4㉛:019) 6.骨锥(DT4㉛:236) 7.骨锥(DT4㉛:237) 8.骨铲(DT4㉛:229) 9.骨铲(DT4㉛:231) 10.蚌刀(DT6㉘:054) 11.骨铲(DT4㉛:230)

第一期角锥，骨锥、铲，蚌刀

1.敞口罐(DT4㉘:052)

2.敞口罐(DT6㉕:009)

3.敞口罐(DT6㉕:011)

4.敞口罐(DT6㉗:035)

5.未定名器(DT4㉘:055)

6.敞口罐(DT6㉕:010)

第二期陶敞口罐及未定名器

1.盘状石锤(DT4㉙：001)

2.单边直刃砍砸器(DT4㉙：009)

3.有凹石锤(DT4㉘：001)

4.盘状石锤(DT4㉙：004)

5.单边直刃砍砸器(DT4㉘：003)

6.单边直刃砍砸器(DT4㉘：005)

第二期盘状、有凹石锤，单边直刃砍砸器

1.单边弧刃砍砸器(DT4㉙:013)

2.单边弧刃砍砸器(DT4㉙:011)

3.双边刃砍砸器(DT4㉙:017)

4.双边刃砍砸器(DT4㉘:014)

5.半成品(DT4㉘:021)

6.穿孔石器(DT6㉗:041)

第二期单边弧刃、双边刃砍砸器,半成品,穿孔石器

1.骨铲(DT6㉗:017)

2.蚌刀(DT4㉘:050)

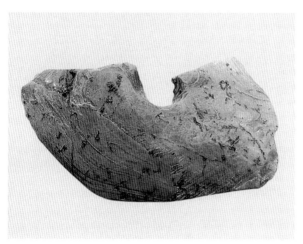

3.蚌刀(DT6㉕:008)

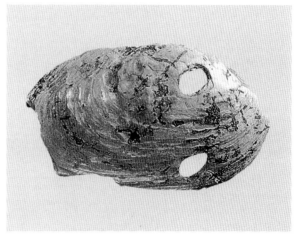

4.蚌刀(DT6㉕:007)

第二期骨铲、蚌刀

1.DT3⑪:003

2.DT3⑪:005

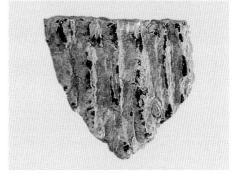

3.DT4㉔:016

5.DT4㉔:013

4.DT6⑱:010

6.KDT4:001

第三期陶敞口罐

1.敞口罐(K：009)

2.敞口罐(DT6⑬：010)

3.敞口罐(KDT5：004)

4.敞口罐(DT4㉑：005)

5.敞口罐(K：283)

6.未定名器(DT6㉓：007)

7.未定名器(DT6㉓：009)

8.未定名器(DT6㉔：013)

9.器底(DT4⑰：002)

第三期陶敞口罐、器底及未定名器

1.有凹石锤(DT4㉖:003)

2.条状石锤(DT6⑮:006)

3.单边直刃砍砸器(DT6⑮:002)

4.单边直刃砍砸器(DT6⑳:002)

5.单边直刃砍砸器(DT6⑮:001)

6.单边弧刃砍砸器(DT6⑮:003)

第三期有凹条状、石锤，单边直刃、弧刃砍砸器

1.单边弧刃砍砸器(DT6⑮:004)

2.双边刃砍砸器(DT6㉑:001)

3.切割器(DT4㉔:023)

4.棒形石凿(DT4㉔:003)

5.穿孔石器(DT6⑲:008)

6.锛形器(DT4⑲:018)

7.半成品(DT6⑯:001)

第三期单边弧刃、双边刃砍砸器，切割器，棒形石凿，穿孔石器，锛形器，半成品

1.骨针(DT6㉑:002) 2.骨针(DT4㉔:002) 3.骨锥(DT4㉗:005) 4.骨锥(DT3⑪:001) 5.骨锥(DT4⑱:001) 6.骨锥(DT4㉗:002) 7.骨锥(DT4㉗:008) 8.骨锥(DT4㉒:001) 9.骨锥(DT4㉗:011) 10.骨锥(DT3⑥:004) 11.骨锥(DT4㉗:004) 12.骨锥(DT4㉗:001) 13.骨鱼镖(DT4㉔:007) 14.蚌刀(DT4㉒:003)

第三期骨针、鱼镖、锥，蚌刀

2.敞口罐(SBKDT5③:048)

1.敞口罐(DT6采:012)

3.敞口罐(DT4灶1:002)

4.敞口罐(DT4⑮:002)

5.敞口罐(DT4⑮:007)

6.釜(DT4⑩:003)

第四期陶敞口罐、釜

1.敛口罐(矮洞采:001)

2.高领罐(DT4⑬:001)

3.高领罐(KDT5:049)

4.敞口罐(KDT7:008)

5.敞口罐(DT4⑨:010)

6.敛口罐(矮洞采:002)

第四期陶敛口、高领、敞口罐

2.单边弧刃砍砸器
(DT3④:001)

1.有凹石锤(BT2⑩:001)

3.单边弧刃砍砸器(DT3④:002)

4.半成品(DT4⑤:001)

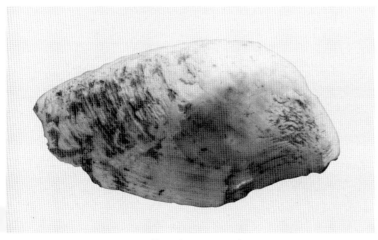

5.蚌刀(DT4⑫:001)

6.蚌刀(DT4⑮:003)

第四期有凹石锤、单边弧刃砍砸器、半成品，蚌刀

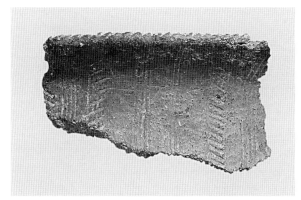

1.敞口罐(K 洞内右堆积 : 002)

2.敞口罐(BT3⑦ : 029)

3.高领罐(K : 021)

4.高领罐(BT3④ : 001)

5.高领罐(K 矮支 T1 : 007)

6.直口盘口釜(KDT6 : 020)

第五期陶敞口、高领罐，直口盘口釜

1.BT3⑪:004

2.K洞内右:003

3.K矮支T1:010

4.KBT3:007

5.KDT5南隔梁:010

6.KBT1:011

第五期陶直口盘口釜

1.直口盘口釜(K：118)

2.直口盘口釜(BT2⑥：004)

3.直口盘口釜(KBT3：003)

4.直口盘口釜(K矮支T1：004)

5.敛口盘口釜(K：004)

6.敛口盘口釜(KBT3：001)

第五期陶直口盘口、敛口盘口釜

1.KBT3：068

2.K：209

3.KBT3：069

4.KAT1：007

5.BT3⑥：019

6.K矮洞口：027

第五期陶敛口盘口釜

1.敛口盘口釜(K矮支T1：001)

2.未定名器(KBT3：004)

3.未定名器(KBT3：010)

4.未定名器(KBT3：062)

5.支脚(K矮支T1：002)

6.支脚(K水支T3：020)

第五期陶敛口盘口釜、未定名器、支脚

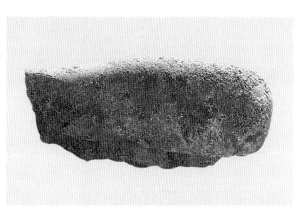

1.单边直刃砍砸器(BT3㉓:002)

2.单边弧刃砍砸器(BT3㉓:003)

3.盘状石锤(BT3⑫:043)

4.石锛(BT3⑫:001)

5.半成品(BT3⑫:044)

6.有凹石锤(BT3⑪:001)

第五期单边直刃、弧刃砍砸器，盘状、有凹石锤，石锛，半成品

1.盘状石锤(K：057)

2.盘状石锤(K：071)

3.盘状石锤(K：060)

4.盘状石锤(K：104)

6.有凹石锤(K：009)

5.有凹石锤(KDT6：001)

库存盘状、有凹石锤

1.有凹石锤(K：008)

4.条状石锤(K：169)

2.有凹石锤(K：005)

5.条状石锤(K：171)

3.球状石锤(K：143)

库存有凹、球状、条状石锤

1.K：187

2.K：227

3.K：201

4.K：253

5.K：192

6.K：219

库存单边直刃砍砸器

1.单边直刃砍砸器(K：257)

2.单边直刃砍砸器(K：202)

3.单边直刃砍砸器(K：247)

4.单边直刃砍砸器(K：237)

5.单边直刃砍砸器(K：259)

6.单边弧刃砍砸器(K：243)

库存单边直刃、弧刃砍砸器

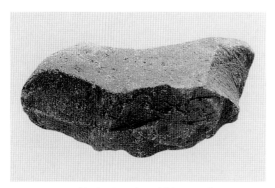

1.单边弧刃砍砸器(K∶231)

2.单边弧刃砍砸器(K∶271)

3.单边弧刃砍砸器(K∶186)

4.单边弧刃砍砸器(K∶233)

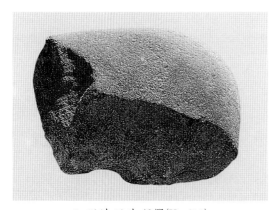

5.双边刃砍砸器(K∶311)

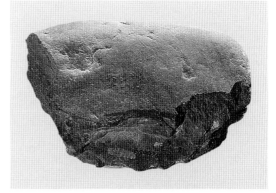

6.双边刃砍砸器(KDT5∶008)

库存单边弧刃、双边刃砍砸器

1.双边刃砍砸器(K：295)

2.双边刃砍砸器(K：304)

3.双边刃砍砸器(KDT8：002)

4.半成品(K：358)

5.半成品(K：344)

6.切割器(K：408)

库存双边刃砍砸器、半成品、切割器

1. K : 463

2. K : 419

3. K : 421

4. K : 425

5. K : 480

6. K : 477

库存棒形石凿

1.石斧(KBT1：001)

2.石斧(K：495)

3.石锛(K：499)

4.石斧(K：497)

5.石锛(KBT2：002)

6.石锛(KDT6：003)

7.石矛(KDT5：015)

8.石凿(KDT5：016)

9.石刀(KDT6：004)

库存磨制石斧、锛、矛、凿、刀

1.穿孔石器(SBK：492)

2.穿孔石器(SBK：493)

3.砺石(K：483)

4.石砧(K：481)

库存穿孔石器、砺石、石砧

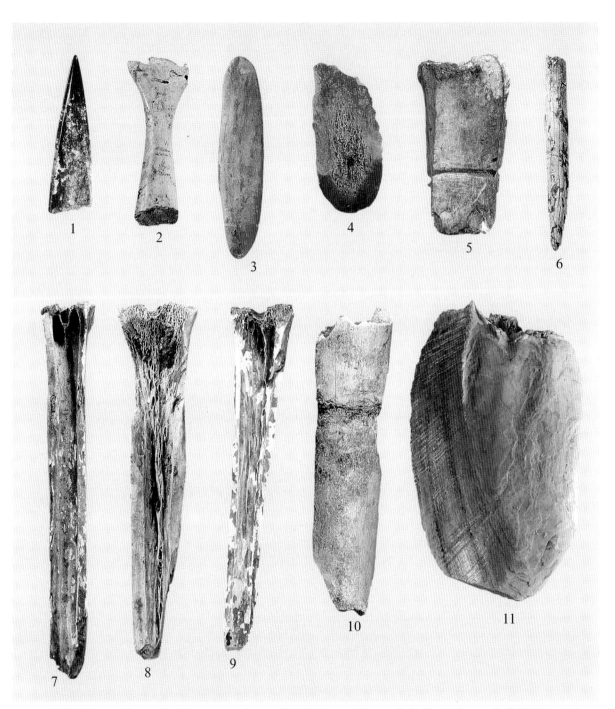

1.骨鱼镖(K：015) 2.饰品(KBT1：001) 3.骨片(KBT2：001) 4.角铲(K：010) 5.骨凿(KDT5：005)
6.骨锥(K：005) 7.骨锥(KDT5：001) 8.骨锥(K洞内左堆土：002) 9.骨料(KDT6：004) 10.骨料
(K矮支T1：001) 11.蚌刀(K：002)

库存骨、蚌器

1.甑皮岩洞口西侧孢粉、植硅石采样剖面

2.大风山孢粉、植硅石采样剖面

甑皮岩洞口西侧及大风山孢粉、植硅石采样剖面

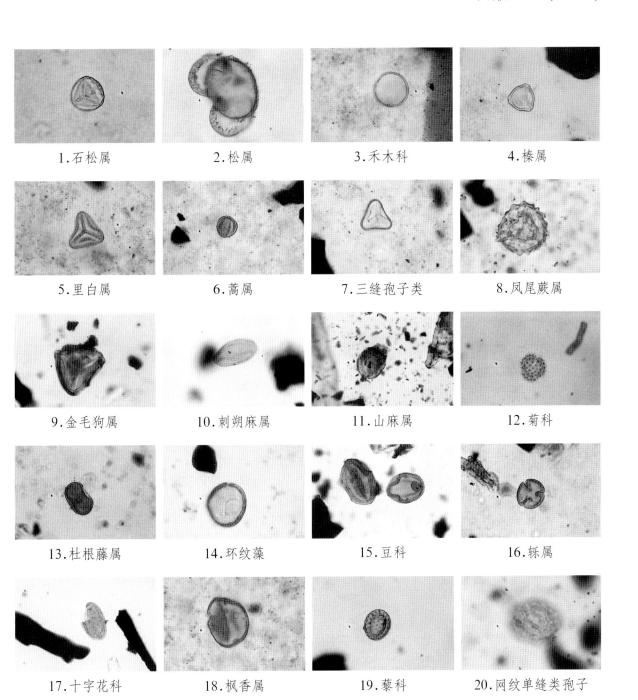

1.石松属　　　2.松属　　　3.禾木科　　　4.榛属

5.里白属　　　6.蒿属　　　7.三缝孢子类　　　8.凤尾蕨属

9.金毛狗属　　　10.刺朔麻属　　　11.山麻属　　　12.菊科

13.杜根藤属　　　14.环纹藻　　　15.豆科　　　16.轹属

17.十字花科　　　18.枫香属　　　19.藜科　　　20.网纹单缝类孢子

甑皮岩遗址孢粉显微照片

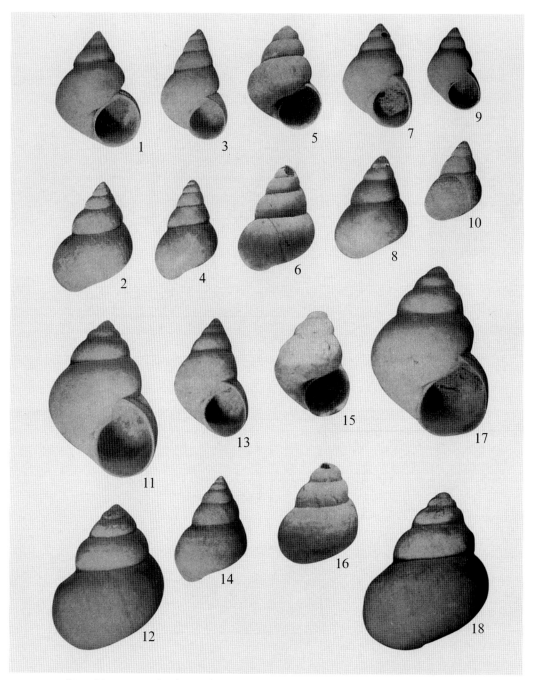

1、2.桶田螺　3～6.方形田螺铜录亚种　7、8.削田螺　9、10.净洁环棱螺
11、12.中华圆田螺河亚种　13～16.方形环棱螺　17、18.中华圆田螺高旋亚种
(引自王惠基，1983)

1~4.杜氏珠蚌　5、6.近矛形楔蚌　7~10.付氏矛蚌　11、12.短褶矛蚌

13、14.梯形裂齿蚌　（图版四七~五〇引自黄宝玉，1981）

甑皮岩遗址出土贝类

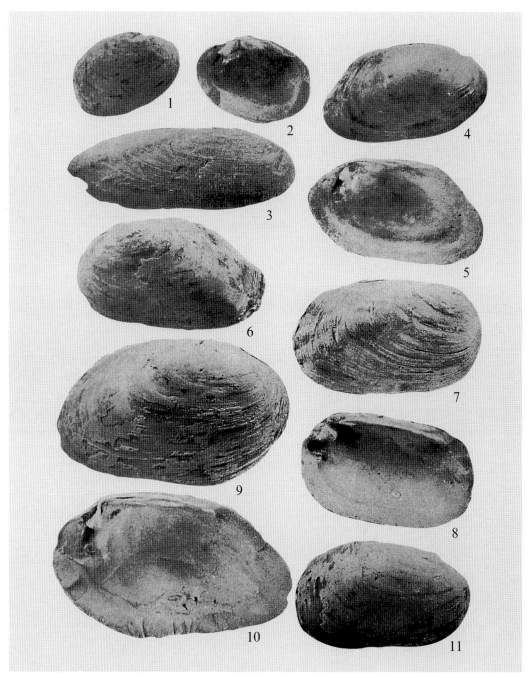

1、2.梯形裂齿蚌　3.甑皮岩楔蚌　4~6.弯边假齿蚌　7~8.长方丽蚌　9~10.坚固假齿蚌　11.厚重假齿蚌

甑皮岩遗址出土贝类

1、2.满氏丽蚌　3.精细丽蚌　4.冠蚌　5.船室无齿蚌　6～8.卵形丽蚌

1、2横廷蓝蚬　3、4卓丁蓝蚬　5、10～12.广西射褶蚌　6、7斜截蓝蚬　8.原坚蓝蚬　9.曲凸蓝蚬　13～15.美好蓝蚬　16～17.金黄雕刻蚌

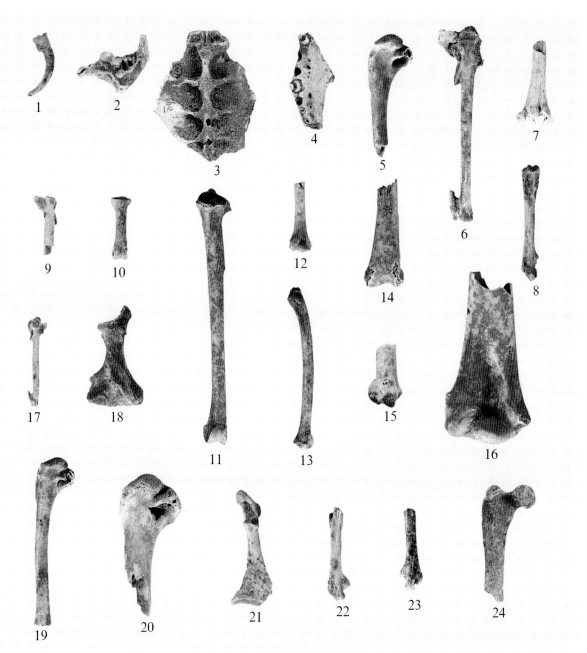

1.螃蟹钳(ZY0312) 2.鲤科咽齿(ZY0310) 3.鳖板(ZY0401) 4.鳄鱼左下颌骨(DT6⑤) 5.草鹭左肱骨近端(DT4⑮) 6.鹭左腕掌骨(DT4⑮) 7.鹳跗跖骨远端(DT4⑨) 8.鸦右跗跖骨(DT6⑮) 9.鹮腕掌骨近端(DT4①) 10.天鹅趾骨(ZY0402) 11.原鸡右胫骨(DT4㉔) 12.石鸡右肱骨远端(DT6㉔) 13.雉右尺骨(ZY0403) 14.雕左胫跗骨远端(DT4㉑) 15.白马鸡左尺骨远端(DT6㉔) 16.鹤右肱骨远端(DT4⑮) 17.鹦鹉科腕掌骨(DT6⑭) 18.桂林广西鸟左喙骨(DT6㉗) 19.池鹭左肱骨远端(DT1⑩) 20.雁左肱骨近端(DT6㉔) 21.鸭右喙骨(DT6东部坍塌堆积) 22.沙鸡附跖骨远端(DT4⑬) 23.似三宝鸟左跗跖骨远端(DT6㉘) 24.兔右股骨近端(DT4⑫)

甑皮岩遗址出土动物骨骼

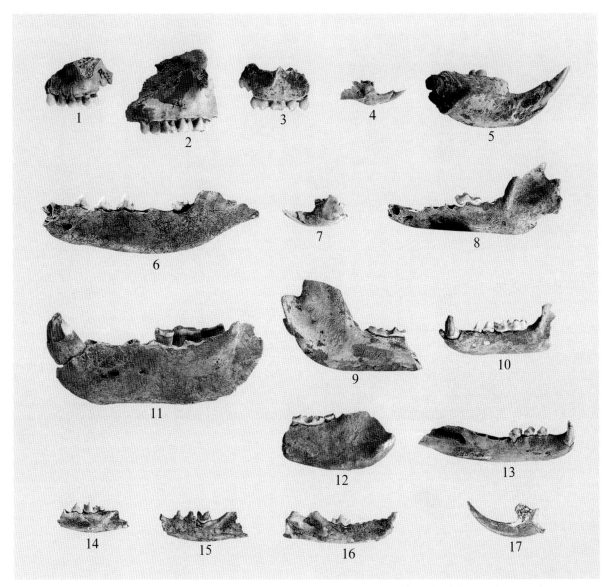

1.猕猴左上颌骨(ZY0001) 2.红面猴左上颌骨(ZY0012) 3.红面猴右上颌骨(ZY0013) 4.白腹巨鼠右下颌骨(DT4㉙) 5.豪猪右下颌骨(ZY0029) 6.豺左下颌骨(ZY0059) 7.中华竹鼠左下颌骨(ZY0019) 8.貉左下颌骨(ZY0058) 9.猪獾左下颌骨(ZY0032) 10.狗獾左下颌骨(DT4㉔) 11.熊左下颌骨(BT3⑫) 12.獾左下颌骨(ZY0038) 13.小灵猫右下颌骨(ZY0047) 14.水獭左下颌骨(ZY0056) 15.猫左下颌骨(ZY0410) 16.豺右下颌骨(ZY0062) 17.虎第三节趾骨(ZY0311)

甑皮岩遗址出土动物骨骼

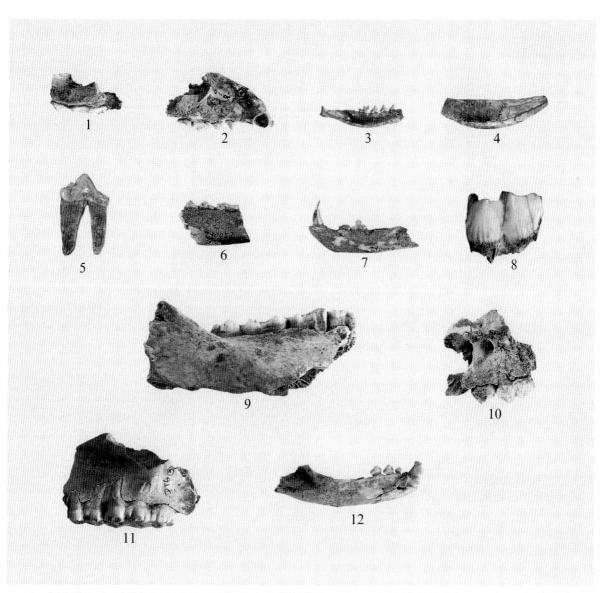

1.大灵猫左上颌骨(ZY0044) 2.椰子猫右上颌骨(ZY0050) 3.食蟹獴下颌骨(ZY0053) 4.豹游离齿(ZY0063) 5.虎游离齿(ZY0064) 6.花面狸左下颌骨(ZY0051) 7.猫左下颌骨(ZY0049) 8.犀牛游离齿(ZY0068) 9.野猪右下颌骨(ZY0257) 10.熊上颌骨(ZY0065) 11.野猪左上颌骨(ZY0253) 12.沙獾右下颌骨(ZY0035)

甑皮岩遗址出土动物骨骼

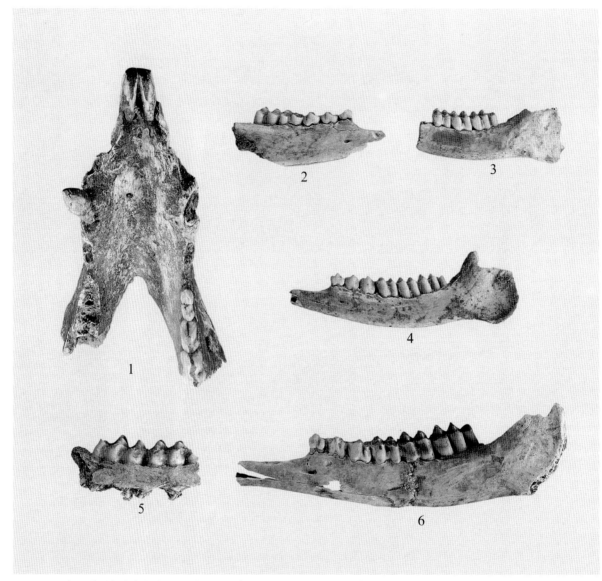

1.野猪下颌骨联合部(ZY0238) 2.麝右下颌骨(ZY0085) 3.獐左下颌骨(ZY0078) 4.赤麂左下颌骨
(ZY0122) 5.水鹿右下颌骨(ZY0150) 6.梅花鹿左下颌骨(ZY0194)

甑皮岩遗址出土动物骨骼

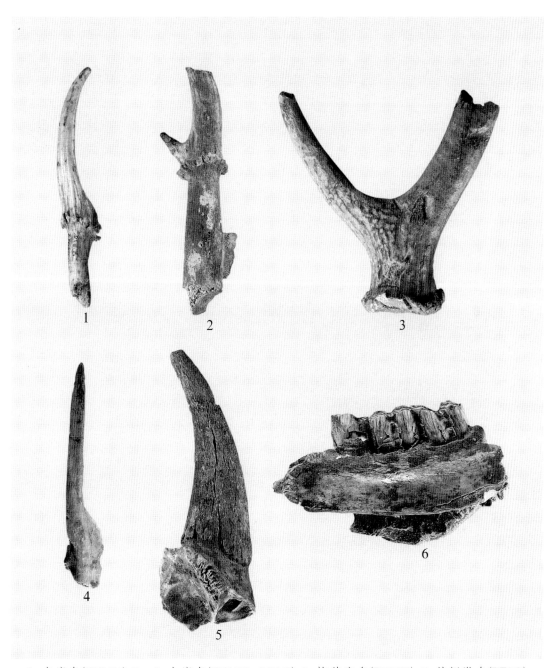

1.赤麂角(ZY0406) 2、4.小麂角(ZY0405、DT1③) 3.梅花鹿角(ZY0408) 5.苏门羚角(DT3③)
6.水牛左下颌骨碎块(ZY0222)

甑皮岩遗址出土动物骨骼

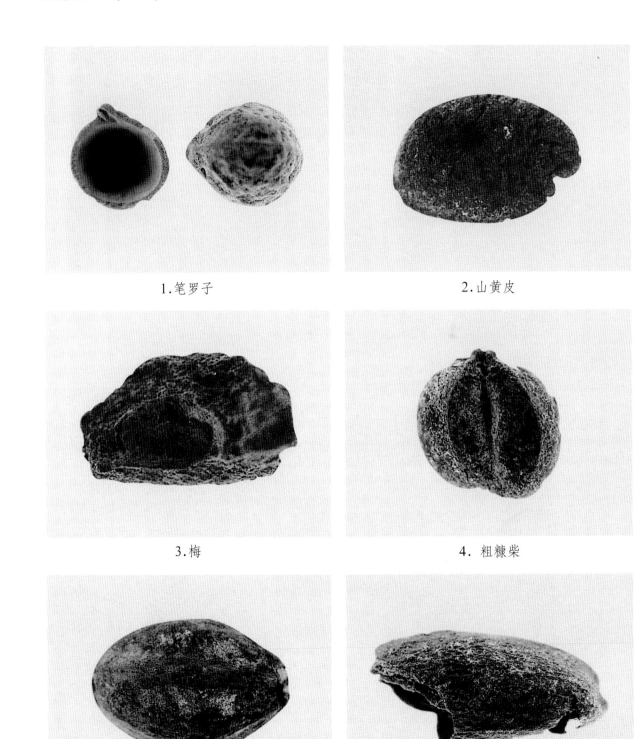

1.笔罗子

2.山黄皮

3.梅

4.粗糠柴

5.苦楝

6.桂花

甑皮岩遗址炭化植物种子

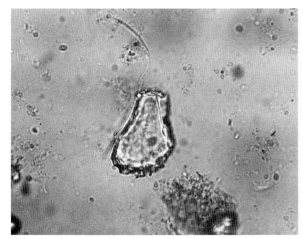

1.禾木科的扇形植硅石

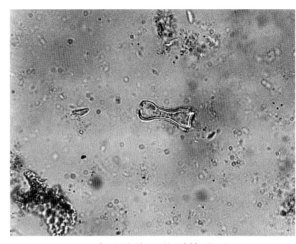

2.黍亚科的哑铃形植硅石

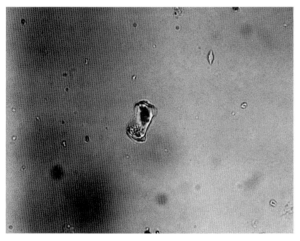

3.竹亚科的鞍形植硅石

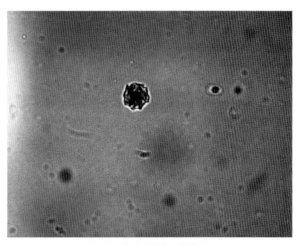

4.棕榈科的刺球形植硅石

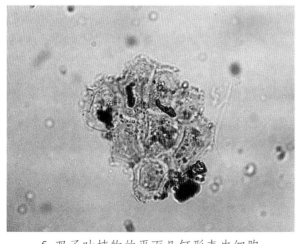

5.双子叶植物的平面几何形表皮细胞

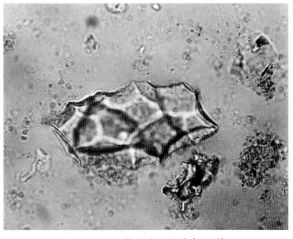

6.玉兰目的不规则形多面体

甑皮岩遗址植硅石显微照

1.K:251 贴筑痕迹(正、侧视)

2.K:257 贴筑痕迹(正、仰视)

3.K:248 贴筑痕迹(正、侧视)

4.K:287 贴筑痕迹(正、侧视)

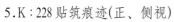

5.K:228 贴筑痕迹(正、侧视)

6.K:221 贴筑痕迹(正、侧视)

陶器成型工艺

1.K：229 贴筑痕迹(正视)

2.K：222 贴筑痕迹(正视)

3.K：223 贴筑痕迹(正视)

4.K：226
贴筑痕迹(侧视)

5.K：227 贴筑痕迹(正视)

6.K：055 贴筑痕迹(正视)

7.K：230 贴筑痕迹(正视)

8.K：231 贴筑痕迹(正视)

1.K：232 砾石垫窝痕迹(内侧)

2.K：259 贴筑痕迹(侧视)

3.K：256
贴筑痕迹(侧视)

4.K：258
贴筑痕迹(正视)

5.K：275 贴筑痕迹(正视)

6.K：252 贴筑痕迹(侧视)

7.K：285 贴筑痕迹(正视)

8.K：290 贴筑痕迹(侧视)

陶器成型工艺

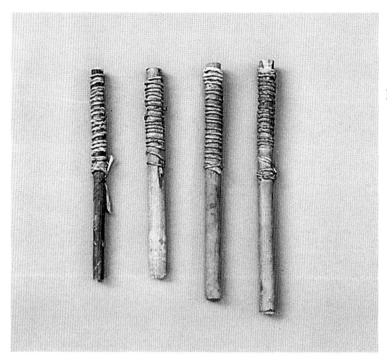

1.粗绳纹施纹工具

2.细绳纹施纹工具

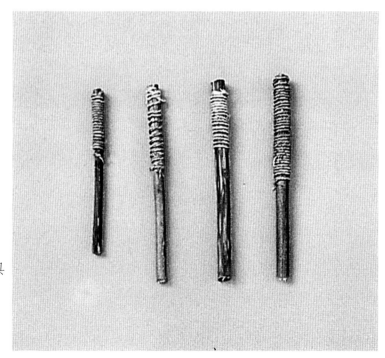

陶器施纹工具

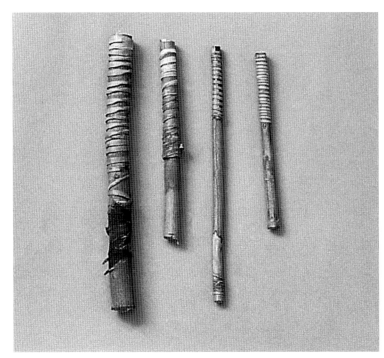

1.扁草纹施纹工具

2.施纹实验

陶器施纹工具及施纹实验

1.K 洞内右堆土：001 纹饰原样

2.K 洞内右堆土：001 模拟纹样

3.BT3⑫：008 纹饰原样

4.BT3⑫:008 模拟纹样

5.DT4㉑:004 纹饰原样

6.DT4㉑:004 模拟纹样

陶器施纹工艺

1.KDT5：018 纹饰原样

2.KDT5：018 模拟纹样

3.KDT6：017 纹饰原样

4.KDT6：017 模拟纹样

5.DT4 ㉖：020 纹饰原样

6.DT4 ㉖：020 模拟纹样

陶器施纹工艺

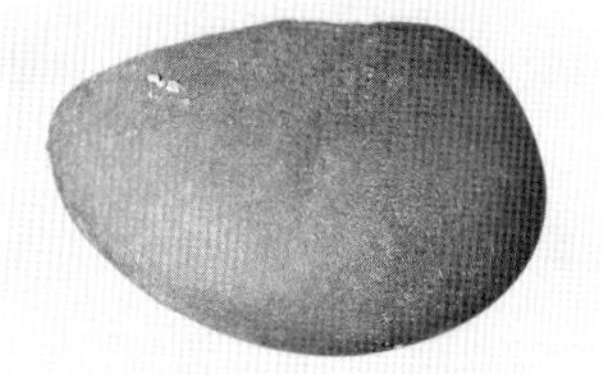

1.DT4㉛:159石器磨圆度

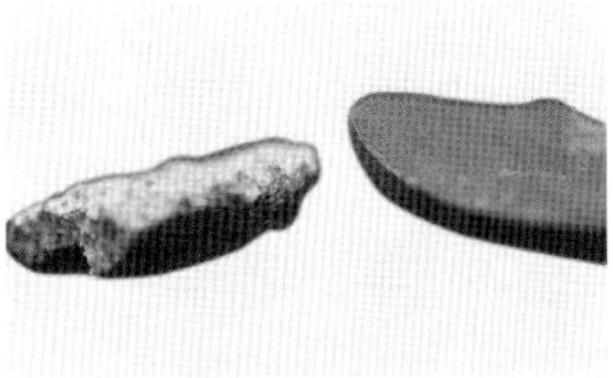

2.边刃比较
(左:花岗岩 右:砂岩)

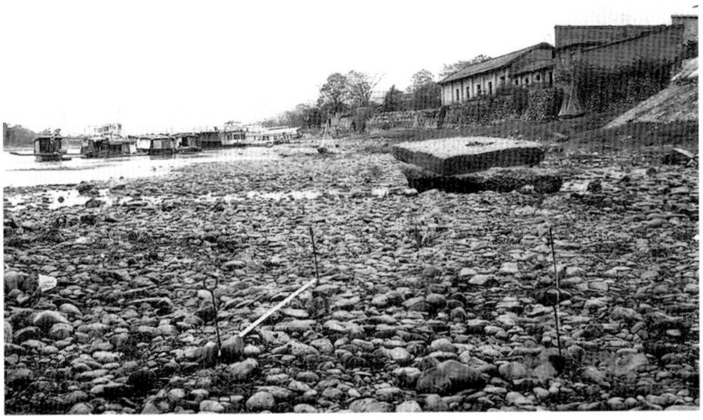

3.漓江右侧河滩砾石采样小方

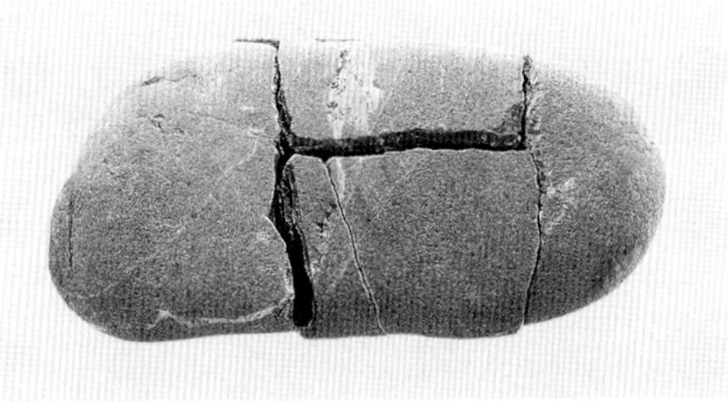

4.实验24拼合

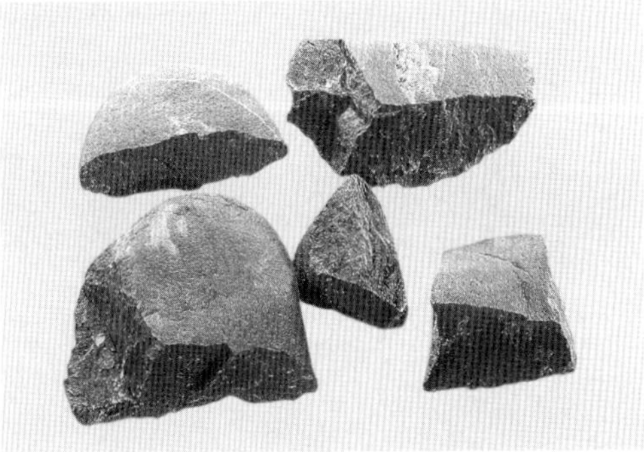

5.实验24拆分

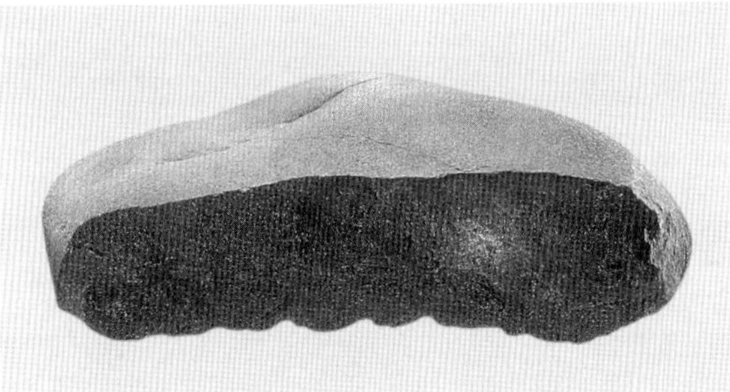

6.DT4㉙:006刃部打制痕

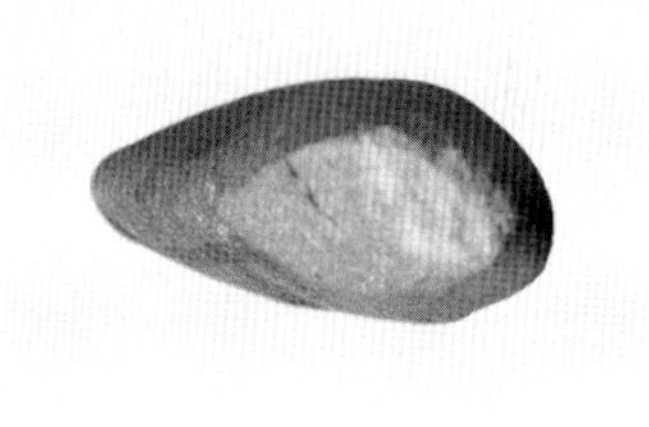

7.实验18顶部使用痕

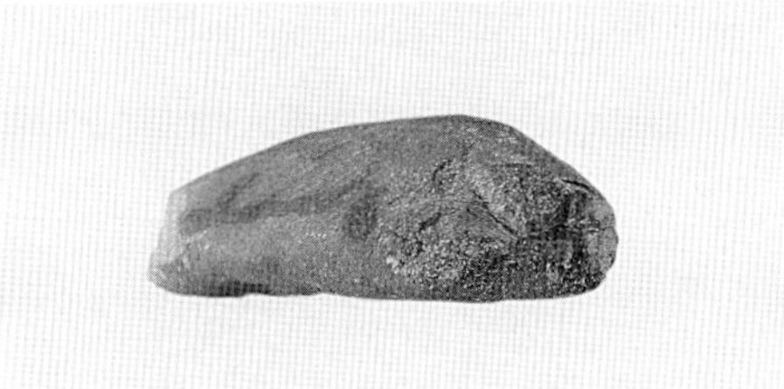

8.实验18底部使用痕

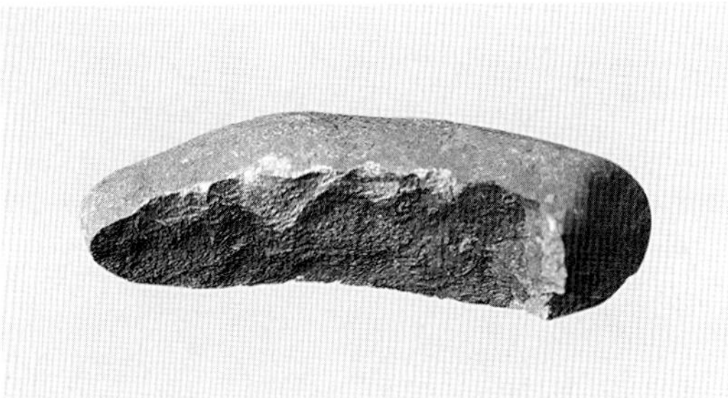

9.实验21刃部打制痕

1.实验21、22石器片疤及打击点

2.锤击法产生的小石片(中)

3.实验20拼合

4.实验20拆分

5.实验16底部使用痕

6.K:508石器孔壁凹点

7.K:508孔壁磨痕

8.实验19石器孔壁凹点

9.实验18平面

10.钻出的石器孔壁

11.棒形砾石钻磨痕

石器制作工艺

1.使用前的石器边刃

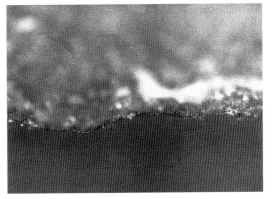

2.使用后的石器边刃

3.使用后的边刃微痕

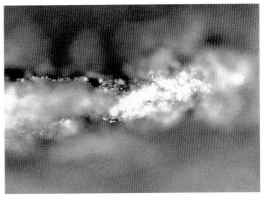

4.实验8号使用后的边刃微痕

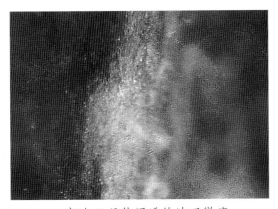

5.实验10号使用后的边刃微痕

石器微痕

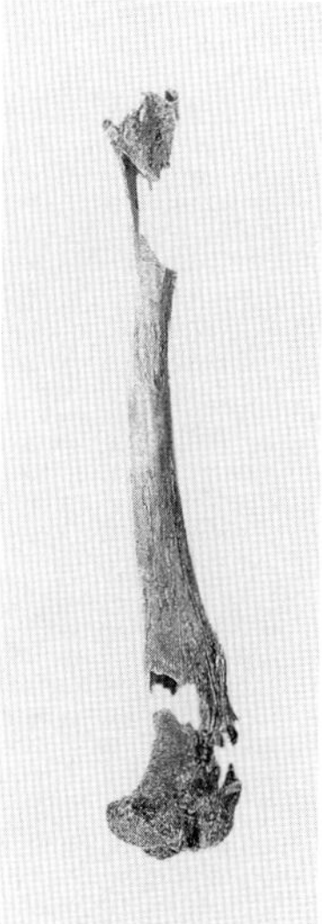

1.锤击截取的骨料

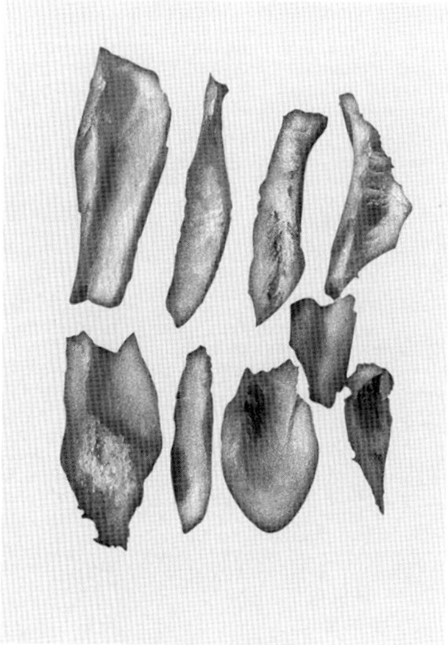

2.截取骨料产生的骨片

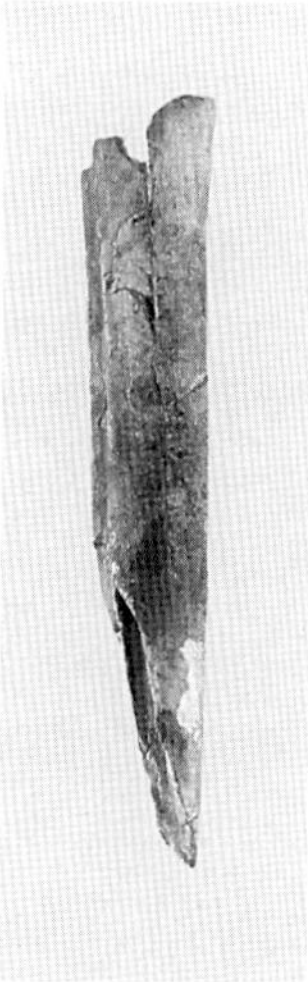

3.取料产生的骨壁裂缝
(KDT6:001)

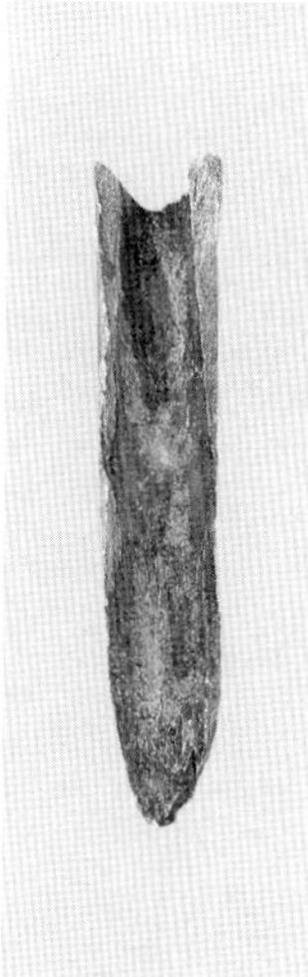

4.骨壁打击点和
半锥体 (KDT5:009)

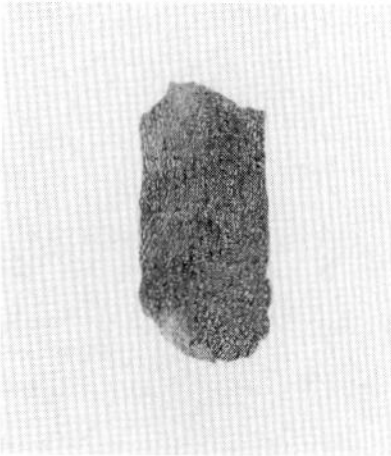

5.骨料 (DT4㉛:233)

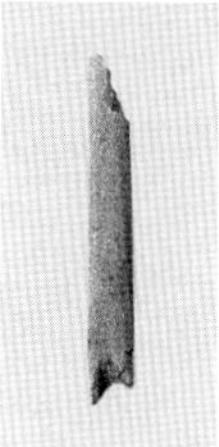

6.骨针上的穿孔
(DT6㉘:036)

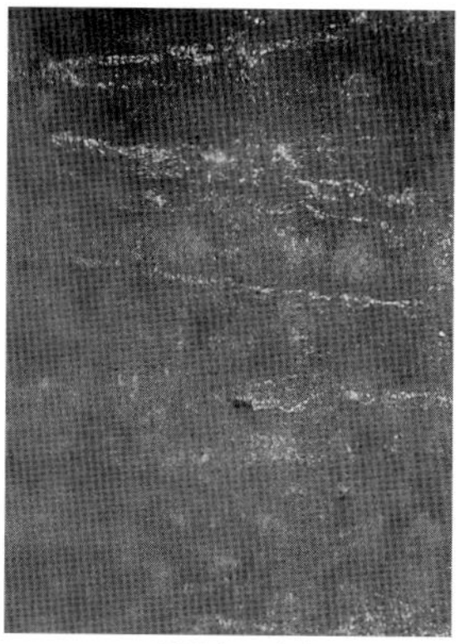

7.骨器表面磨痕

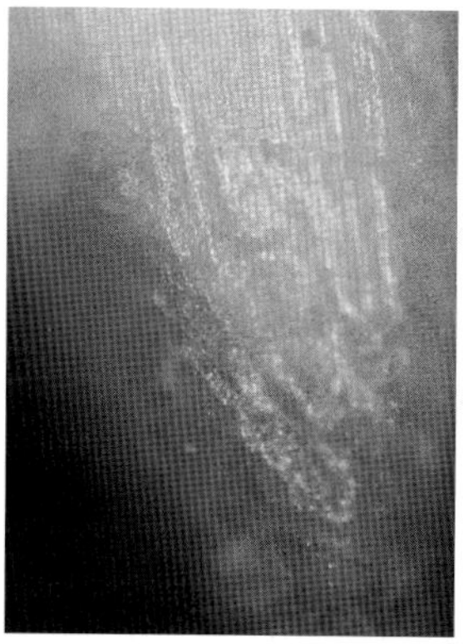

8.骨器表面磨痕

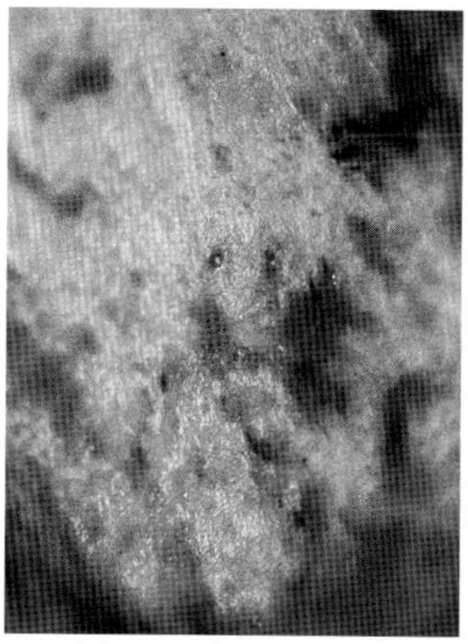

9.磨痕方向和磨槽 (DT4㉛:282)

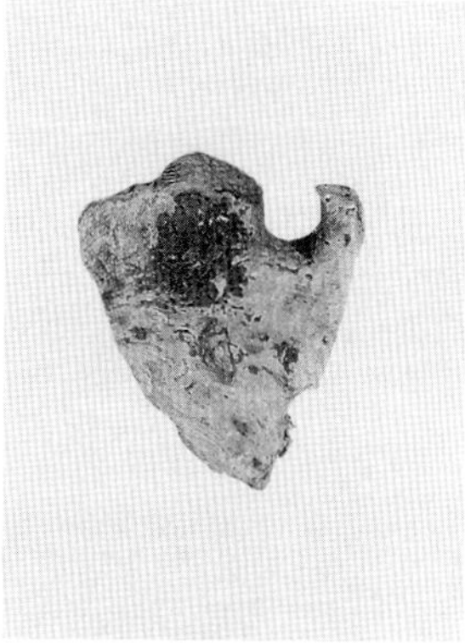

10.蚌器穿孔及打制痕
(DT6㉛:293)

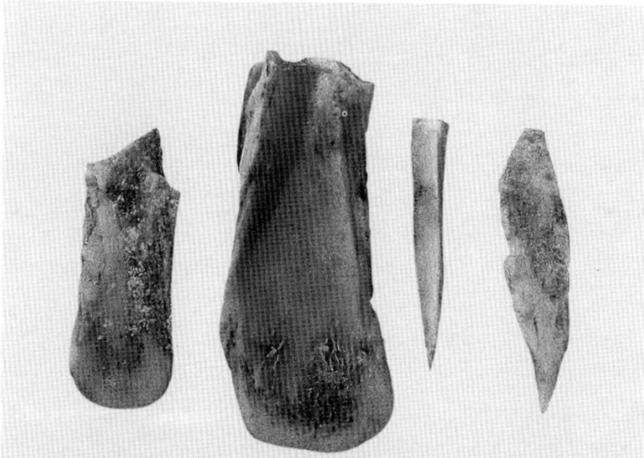

11.磨制骨器实验标本 (自左至右:凿、铲、锥、锥)

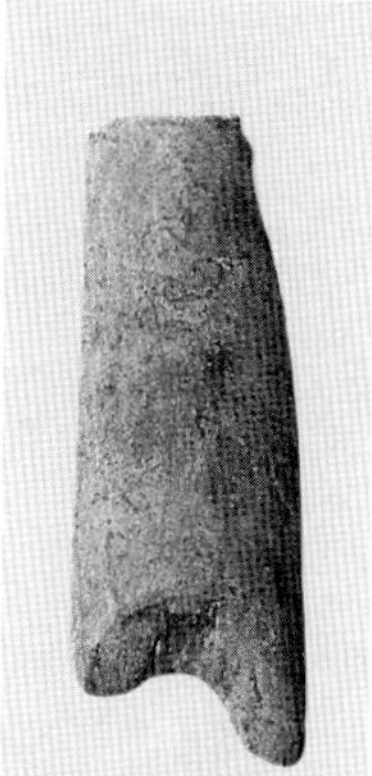

12.骨片刃部
(DT6㉗:032)

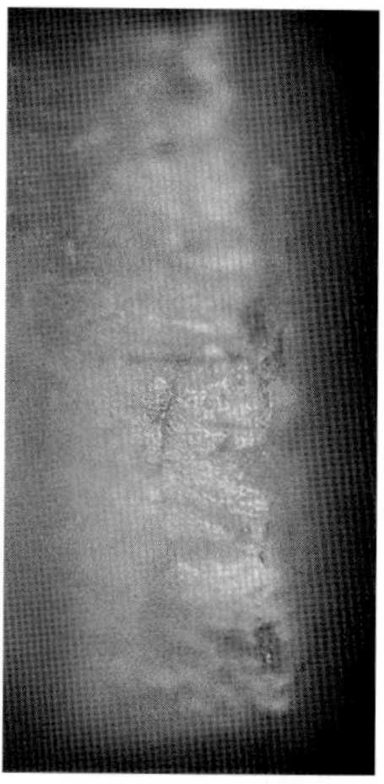

13.实验2号使用痕

骨、蚌器制作工艺

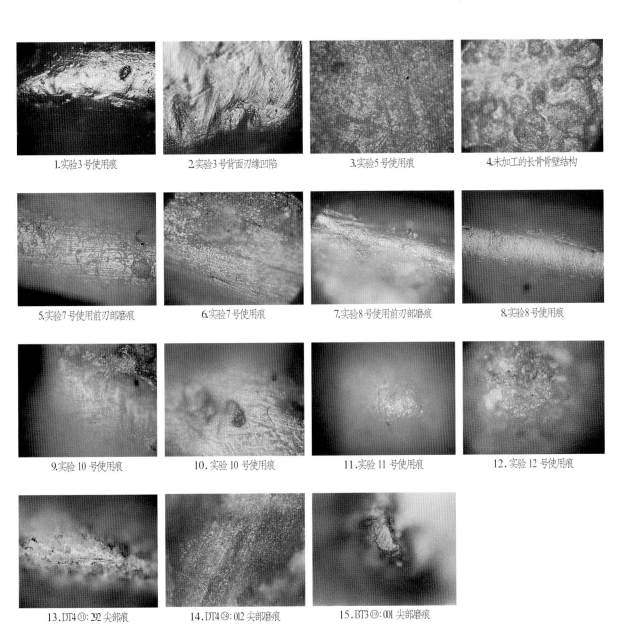

1.实验3号使用痕　　　2.实验3号背面刃缘凹陷　　　3.实验5号使用痕　　　4.未加工的长骨骨壁结构

5.实验7号使用前刃部磨痕　　6.实验7号使用痕　　7.实验8号使用前刃部磨痕　　8.实验8号使用痕

9.实验10号使用痕　　10.实验10号使用痕　　11.实验11号使用痕　　12.实验12号使用痕

13.DT4③:292 尖部痕　　14.DT4㉔:012 尖部磨痕　　15.BT3⑲:001 尖部磨痕

骨、蚌器微痕

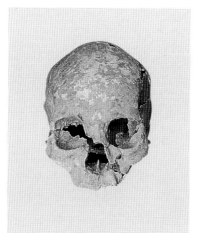

1.BT2M1 头骨正视图

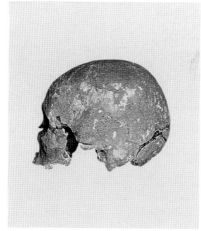

2.BT2M1 头骨侧视图

3.BT2M1 头骨俯视图

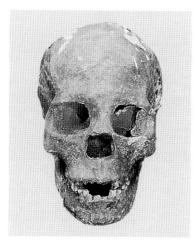

4.DT1M1 头骨正视图

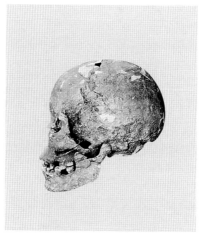

5.DT1M1 头骨侧视图

6.DT1M1 头骨俯视图

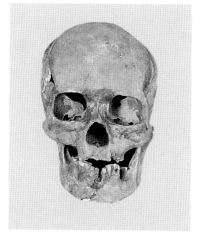

7.DT2M3 头骨正视图

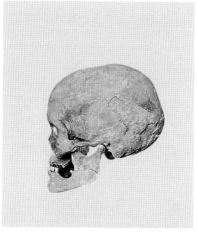

8.DT2M3 头骨侧视图

9．DT2M3 头骨俯视图

甑皮岩遗址出土人骨

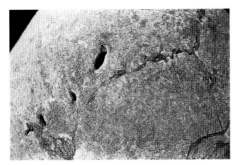
1.BT2M1 头骨创伤(局部)

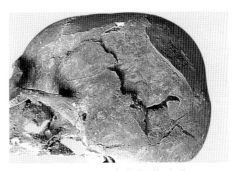
2．DT2M3 头骨创伤痕迹

3.DT2M3 头骨创伤痕迹

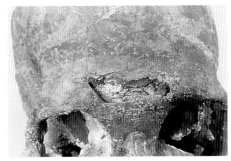
4.BT2M4 额骨创伤

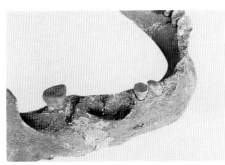
5.DT3M1 下颌齿根脓肿

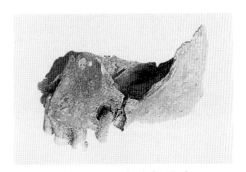
6.DT2M5 上颌齿根脓肿

7.DT2M1 下颌磨耗

8.BT2M5 下颌齿龋齿

9.DT2M3 额骨创伤痕迹

甑皮岩遗址出土人骨

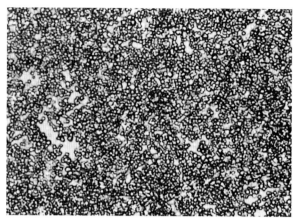

1.现代芋类淀粉(约900倍，正交偏光)

2.DT6㉘:2a残留芋类淀粉
(约900倍，正交偏光)

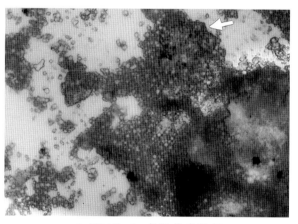

3.DT4㉘:3a残留芋类淀粉
(约900倍，正交偏光)

4.DT4⑤:2b残留稻亚科植硅石(约900倍)

甑皮岩遗址芋类淀粉颗粒和稻亚科显微照